SCHÄFFER POESCHEL myBook

Ihr Online-Material zum Buch

Als kostenloses Bonusmaterial finden Sie online **Prüfungsklausuren inklusive Musterlösungen** für alle drei Prüfungstage.

So funktioniert Ihr Zugang

1. Gehen Sie auf das Portal sp-mybook.de und geben den Buchcode ein, um auf die Internetseite zum Buch zu gelangen.
2. Oder scannen Sie den QR-Code mit Ihrem Smartphone oder Tablet, um direkt auf die Startseite zu kommen.

SP myBook:

www.sp-mybook.de

Buchcode: 5418-prgir

Die Steuerberaterprüfung 2022, Band 2

Michael Preißer/Gerhard Girlich (Hrsg.)

Unternehmenssteuerrecht und Steuerbilanzrecht

Die Steuerberaterprüfung 2022, Band 2

21., überarbeitete und aktualisierte Auflage

Schäffer-Poeschel Verlag Stuttgart

Bearbeiterübersicht:

G. Girlich/K. Melzer:	Teil A
T. Maurer:	Teil C
J. Missal:	Teil D
M. Preißer:	Teil B

Bibliografische Information der Deutschen Nationalbibliothek

Die Deutsche Nationalbibliothek verzeichnet diese Publikation in der Deutschen Nationalbibliografie; detaillierte bibliografische Daten sind im Internet über http://dnb.dnb.de/ abrufbar.

Print:	ISBN 978-3-7910-5414-8	Bestell-Nr. 20471-0009
ePub:	ISBN 978-3-7910-5415-5	Bestell-Nr. 20471-0101
ePDF:	ISBN 978-3-7910-5416-2	Bestell-Nr. 20471-0158

Michael Preißer/Gerhard Girlich (Hrsg.)
Unternehmenssteuerrecht und Steuerbilanzrecht
Die Steuerberaterprüfung 2022, Band 2
21., überarbeitete und aktualisierte Auflage, März 2022

© 2022 Schäffer-Poeschel Verlag für Wirtschaft · Steuern · Recht GmbH
www.schaeffer-poeschel.de
service@schaeffer-poeschel.de

Produktmanagement: Rudolf Steinleitner
Lektorat: Thomas Stichler | www.conscripto.de

Schäffer-Poeschel Verlag Stuttgart
Ein Unternehmen der Haufe Group SE

Die Herausgeber

Prof. Dr. Dr. h.c. Michael Preißer

ist Rechtsanwalt und Steuerberater, seit 01.01.2012 Partner bei PRS Preißer von Rönn und Partner – Partnerschaftsgesellschaft mbB – in Hamburg (vormals Of counsel bei Graf von Westphalen in Hamburg) und war Professor für Steuerrecht und Wirtschaftsprivatrecht an der Leuphana Universität Lüneburg (bis Oktober 2015). Er war vorher in der bayerischen Finanzverwaltung, dann als Professor an der Beamtenfachhochschule in Hamburg tätig. Gastprofessuren in Paris (2004/2005), in Orel (Russland, 2007/2008) und Pinsk (Weißrussland) runden den Dozenteneinsatz ab. Herr Prof. Preißer war 2008 Mitbegründer des europäischen Steuerrechtsinstituts »2isf« mit Sitz in Paris. Er ist Autor zahlreicher Aufsätze und Monographien sowie Referent des BMF, des DAI und der BFA. Er war im UN-Sonderauftrag mit der Installierung des Steuerberater-Berufs in Weißrussland befasst, der 2017 erfolgreich abgeschlossen wurde. Seit Oktober 2015 fungiert er als Leiter des Studiengangs »Tax Master L. L. M.« an der Universität Lüneburg.

Prof. Dr. Gerhard Girlich

ist Professor für Rechnungswesen und Steuern an der Hochschule Biberach an der Riß. Zuvor war er als Prüfungsleiter in der Konzernbetriebsprüfung in der bayerischen Finanzverwaltung und als Mitglied der Bund-Länder-Arbeitsgruppe zur Betriebsstättenbesteuerung tätig. Zudem ist er fachlicher Leiter der Steuerlehrgänge Dr. Bannas und als Referent in der Aus- und Fortbildung mit den Schwerpunkten nationales und internationales Bilanzsteuerrecht sowie Umwandlungssteuerrecht, Konzernsteuerrecht und internationales Steuerrecht tätig. Daneben ist er Lehrbeauftragter für internationales Steuerrecht an der Universität Augsburg und der Universität Freiburg i.Br. sowie Gastdozent an der Bundesfinanzakademie.

Die Autoren

Prof. Dr. Gerhard Girlich

s. oben: Die Herausgeber

Prof. Dr. Torsten Maurer

ist Steuerberater, Studiengangsleiter und Professor für Unternehmenssteuerrecht und Wirtschaftsrecht an der Dualen Hochschule Baden-Württemberg Stuttgart und Referent in der Aus- und Fortbildung von Steuerberatern bei der Steuerberaterkammer Stuttgart. Daneben ist er Lehrbeauftragter der Steinbeis Hochschule Berlin und Autor in verschiedenen Fachzeitschriften zu Fragen des Gesellschafts- und Steuerrechts.

Karsten Melzer

ist Rechtsanwalt und Steuerberater in Köln, Lehrbeauftragter an den Hochschulen München und Köln sowie Dozent im Rahmen der Aus- und Fortbildung für Wirtschaftsprüfer, Steuerberater und Fachanwälte.

Johann Missal

Diplom-Wirtschaftsjurist (FH), M.I.Tax, ist als Steuerberater bei der PricewaterhouseCoopers GmbH in Hamburg tätig. Seine Beratungsschwerpunkte liegen im Bereich des internationalen Steuerrechts sowie der Unternehmenstransaktionen und -strukturierungen.

Prof. Dr. Dr. h.c. Michael Preißer

s. oben: Die Herausgeber

Vorwort der Herausgeber zur 21. Auflage (Prüfung 2022)

Mit drei Bänden unternehmen wir den Versuch, den umfangreichen Stoff für die Steuerberaterprüfung kompakt und umfänglich darzustellen. Mit der vorliegenden 21. Auflage ist der Inhalt gestrafft worden, um den Kandidaten einen noch besseren Überblick zu verschaffen.

So wichtig und richtig es ist, dass man in der Vorbereitung eine größere Anzahl von Klausuren (am besten 10 Arbeiten pro Einzelklausur, also insgesamt 30 Klausuren) schreibt, um ein Gespür für eine sechsstündige Arbeit – und für die Korrektur derselben – zu bekommen, so wenig darf man sich auf die lediglich thematische Wiederholung der einmal gestellten Aufgaben verlassen. Das Problem der »Sachverhaltsquetsche« bezieht sich auf alle drei Klausuren und führt zu einer entsprechenden Abwertung der Arbeiten.

Nur mit einem breiten steuerrechtlichen Grundlagenwissen sowie der Kenntnis fachgebietsübergreifender bzw. interdisziplinärer Zusammenhänge und nicht zuletzt mit dem notwendigen Klausuren-Know-how lassen sich die Arbeiten im schriftlichen Teil gut bewältigen. Dazu gehören ferner eine Portion Mut und die Gelassenheit, sich auf jede Aufgabe neu einzustellen. Das erlernte Wissen muss flexibel einsetzbar und frisch abrufbar sein.

Alle Autoren der vorliegenden drei Bände haben sich daher seit der ersten Auflage dem Ziel verschrieben, dem Leser flexibel einsetzbares Fach- und Klausurwissen als sichere Basis für den Prüfungserfolg zu vermitteln. Ab der 21. Auflage kann die Flexibilität und das erlernte Wissen sogleich anhand der drei von den »Steuerlehrgängen Dr. Bannas« zur Verfügung gestellten Klausuren auf der SP-myBook-Seite zum Buch überprüft werden.

Die Herausgeber möchten sich bei allen Autoren bedanken, die teils seit nunmehr 20 Jahren ihre Beiträge abliefern und somit den Grundstein für das theoretische Bestehen einer der schwierigsten Prüfungen in Deutschland legen.

Stuttgart, im Januar 2022   Michael Preißer und Gerhard Girlich

Vorwort der Autoren zur 21. Auflage (Prüfung 2022)

Teil A   Besteuerung der Einzelunternehmen

Nicht nur Goethe war ein Freund der Buchführung, wohl wegen seiner Vorliebe für geschlossene Systeme. Ohne im zweiten Band Grundkenntnisse der Buchführung zu vermitteln (vielmehr werden diese vorausgesetzt), erhält der Leser zahlreiche Gelegenheiten, seine Fähigkeiten auf diesem Gebiet im Eigenstudium zu testen und zu vervollkommnen.

Zunächst wird die **Einnahmeüberschussrechnung** (EÜR) erläutert. Getreu dem Konzept, so strukturiert wie möglich vorzugehen, wird die EÜR anhand der Vermögenskategorien vorgestellt, so wie sie auch im Bilanzrecht wiederkehren. Dies erlaubt eine fast synoptische Darstellung beider Gewinnermittlungstechniken, der EÜR und des Betriebsvermögensvergleichs, die sich spätestens bei der Verprobung (Wechsel der Gewinnermittlung) bezahlt macht.

Die Darstellung des **Bilanzsteuerrechts**, oft auch als »Mathematik des Steuerrechts« bezeichnet, schließt sich an und wird abgerundet durch »technische Aspekte«. Kernpunkt der Abhandlung des Bilanzsteuerrechts ist der Vergleich der Handelsbilanz mit der Steuerbilanz, welcher für die steuerliche Gewinnermittlung von Bedeutung ist. Sie ist gegliedert in Bilanzierungsgrundsätze, Bewertungsgrundsätze und Bewertungsvorschriften. Im Hauptteil werden die Bilanzierungs- und Bewertungsvorschriften des Steuerrechts und ihre Anwendung im Rahmen der Maßgeblichkeit dargestellt und erläutert.

Die Darstellung wird abgerundet durch die Besprechung der einzelnen Bilanzpositionen unter Berücksichtigung der bindenden höchstrichterlichen Finanzrechtsprechung.

Im Abschnitt »Technische Aspekte« werden die Auswirkungen der Berichtigungen von Bilanzposten und Posten der Gewinn- und Verlustrechnung auf den steuerlichen Gewinn erläutert. Beschrieben werden die Methoden der Mehr- und Wenigerrechnung, wie sie in der steuerlichen Außenprüfung verwendet werden (häufiger Prüfungsgegenstand). Darüber hinaus wird die Notwendigkeit der Anpassung der von der steuerlichen Außenprüfung berichtigten Posten in der Buchführung des geprüften Unternehmens dargestellt.

Teil B   Besteuerung der Personengesellschaften

Der knappen »Ressource« Gesetz (hauptsächlich: § 15 Abs. 1 Nr. 2, § 15 Abs. 3 und § 16 Abs. 1 Nr. 2 EStG) steht ein umfangreiches Themengebiet gegenüber. Die (nur im deutschsprachigen Wirtschaftsraum sehr) populäre Personengesellschaft stellt immer noch die am weitesten verbreitete Rechtsform des sog. Mittelstandes dar. Damit wird zwanglos die Praxis- und Prüfungsrelevanz verdeutlicht.

Hauptthemen in der geschlossenen Darstellung (einzig § 15a EStG und § 6 Abs. 5 EStG werden in anderem Sachzusammenhang erläutert) der Steuerfragen und Gewinnermittlung der Personengesellschaften sind:

- die weitgehende steuerrechtliche Verselbständigung der Personengesellschaften, die ihren Niederschlag in dem Terminus »**Mitunternehmerschaft**« gefunden hat;
- die sich daraus ableitende Divergenz zwischen der Handelsbilanz einer Personengesellschaft einerseits und der Steuerbilanz einer Mitunternehmerschaft andererseits;
- insbesondere aber das Phänomen der sog. **Doppelgesellschaften** (allen voran die Betriebsaufspaltung und die GmbH & Co. KG), die hauptsächlich unter dem Regime der Besteuerung der Mitunternehmerschaften, aber auch der Kapitalgesellschaften stehen und von daher beide Techniken in sich vereinen.

Eine immer größere Bedeutung – auch in der Klausuren-Praxis – kommt den Vorschriften zur **betrieblichen Umstrukturierung** von Personenunternehmen zu, auf die verstärkt eingegangen wird. In diesen Bereichen kommt es sowohl bei der Realteilung (»unechte Realteilung«) wie auch bei § 24 UmwStG zu Neuansätzen.

Den Abschluss der Darstellung bilden (bis heute ungelöste) Fragen der Bilanzierung der Beteiligung an einer Personengesellschaft, die Folgen einer Veräußerung der Beteiligung und schließlich die Thematik des Ausscheidens durch An-/Abwachsung, bei der sich bis heute die Fachleute streiten, ob sie ein Fall der Einzel- oder der Gesamtrechtsnachfolge ist.

Die Erläuterung zu den Steuerfragen der Personengesellschaft dient in erster Linie der kritischen Aufbereitung und Auseinandersetzung mit der umfangreichen Judikatur, da viele der vorgestellten Rechtsinstitute »Geschöpfe« der BFH-Rechtsprechung sind.

Teil C   Körperschaftsteuer

Das Körperschaftsteuergesetz ist seit dem grundlegenden Wandel 2001 laufend weiteren umfangreichen Änderungen unterzogen worden. Dieser Wandel betrifft zwar in erster Linie die Rechtsfolgen von Gewinnausschüttungen; er hat aber auch Auswirkungen auf die Einkommensermittlung von Kapitalgesellschaften. Diese Auswirkungen sind in erster Linie systembedingte Änderungen (z. B. §§ 8b Abs. 1 und 2, 8c und d KStG oder § 4h EStG i. V. m. § 8a KStG).

Mit der Abgeltungsteuer (2009) ist die Besteuerungsebene der Anteilseigner komplett neu geregelt worden. Die Reflexwirkungen auf die Ebene der »dividenden-produzierenden« Kapitalgesellschaft sind angesprochen und werden aufgezeigt.

Innerhalb des vorliegenden Gesamtwerkes nimmt das Körperschaftsteuerrecht nur einen vergleichsweise kleinen Raum ein. Dieser entspricht aber der Wertigkeit dieses Rechtsgebietes innerhalb des Steuerberaterexamens, das mit einem Anteil von 40 % der zweiten Klausur das Körperschaftsteuerrecht umfasst. Das Werk folgt weitgehend dem Klausurschema von Körperschaftsteuerklausuren. Zunächst sind Ausführungen zur persönlichen Steuerpflicht zu machen, die bei einer Kapitalgesellschaft mit Sitz im Inland relativ knapp ausfallen können, aber nie fehlen dürfen.

Der Schwerpunkt der Klausuren liegt auf der Ermittlung des Einkommens bzw. auf der Berechnung der Körperschaftsteuerbelastung. Bei Problemstellungen in Bezug auf die Ermittlung des Einkommens kommt es neben der Lösung der Detailprobleme vor allem auf die Systematik der Einkommensermittlung an; der Nutzer sollte sich deswegen an dem in Kap. III 2.2 vorgelegten Schema orientieren und sich überlegen, ob ein Vorgang zu Änderungen innerhalb oder außerhalb der Bilanz führt.

Es ist davon auszugehen, dass die Steuerfolgen von **Gewinnausschüttungen**, insbesondere die verdeckte Gewinnausschüttung (aber auch die **verdeckte Einlage**) weiterhin einen wesentlichen Schwerpunkt von Klausuren bilden werden. Daher sind in diesem Teil Beispiele eingearbeitet worden, die selbständig gelöst werden sollten.

Teil D   Umwandlungssteuerrecht

Der Beruf des Steuerberaters ist gekennzeichnet durch die Vielfalt des verwobenen Steuerrechts, das trotz der Bekundungen der Politik bzw. des Gesetzgebers in den letzten Jahren nicht einfacher geworden ist. Die Schnelllebigkeit der Gesetze ist unter anderem sehr gut am Umwandlungssteuerrecht nachzuvollziehen: Wurde gerade die letzte Gesetzesänderung »verdaut«, steht schon die nächste vor der Tür. Die Idee der Herausgeber und des Verlages, für die Praxis und zur Vorbereitung auf die Steuerberaterprüfung ein kompaktes, aber dennoch auf alle Themengebiete des Examens hinführendes Werk zu schaffen, wurde auch in diesem Teil zielorientiert umgesetzt. Von besonderer Bedeutung ist die Vorherigkeit (Präzedenz) des Zivilrechts (hier: des Umwandlungsrechts). Mit der thematischen Fokussierung auf die Besteuerung von Gesellschaften wird dem Leser in dem Teilbereich »Umwandlungssteuerrecht« ein Weg aufgezeigt, sich in allen einschlägigen steuerrelevanten Themen schnell zurechtzufinden. Die Bedeutung des Umwandlungssteuerrechts (innerhalb und außerhalb des UmwStG!) für die Steuerberaterprüfung wächst zusehends.

Stuttgart, im Januar 2022

Gerhard Girlich
Torsten Maurer
Karsten Melzer
Johann Missal
Michael Preißer

Inhaltsübersicht »Die Steuerberaterprüfung« Bände 1–3

Themen des Prüfungsstoffs, geordnet nach Prüfungstagen

Tag 1: Gemischte Klausur		Tag 2: Klausur »Einkommen-steuer- und Ertragssteuerrecht«		Tag 3: Klausur »Buchführung und Bilanzwesen«	
Band 3		**Band 1**		**Band 2**	
Teil A	Abgabenordnung/Fi-nanzgerichtsordnung	Teil A	Einkommensteuer I	Teil A	Besteuerung der Einzelunternehmen
Teil B	Umsatzsteuerrecht	Teil B	Einkommensteuer II	Teil B	Besteuerung der Personengesellschaft als Mitunternehmer-schaft
Teil C	Erbschaftsteuerrecht	Teil C	Gewerbesteuer		
		Teil D	Internationales Steuerrecht		
		Band 2			
		Teil A, Kapitel I	Grundfragen der Gewinnermittlung		
		Teil C	Körperschaft-steuerrecht		
		Teil D	Umwandlungs-steuerrecht		

Inhaltsverzeichnis

Abkürzungsverzeichnis

A	Abschnitt
a. A.	anderer Ansicht
a. a. O.	am angegebenen Ort
AB	Anfangsbestand
ABl. EG	Amtsblatt der Europäischen Gemeinschaften
Abs.	Absatz
Abschn.	Abschnitt
abzgl.	abzüglich
AdV	Aussetzung der Vollziehung
a. E.	am Ende
AE	Anteilseigner
AEAO	Anwendungserlass zur Abgabenordnung
a. F.	alte Fassung
AfA	Absetzung für Abnutzung
AfaA	Absetzung für außergewöhnliche Abnutzung
AFG	Arbeitsförderungsgesetz
AG	Aktiengesellschaft; Arbeitgeber
aG	ausschüttbarer Gewinn
AIG	Gesetz über steuerliche Maßnahmen bei Auslandsinvestitionen der deutschen Wirtschaft (Auslandsinvestitionsgesetz)
AK	Anschaffungskosten
AktG	Aktiengesetz
Alt.	Alternative
AN	Arbeitnehmer
AnfG	Gesetz über die Anfechtung von Rechtshandlungen außerhalb des Insolvenzverfahrens vom 05.10.1994 (BGBl I 1994, 2911)
Anm.	Anmerkung
AO	Abgabenordnung
arg.	argumentum
Art.	Artikel
AStG	Außensteuergesetz
AV	Anlagevermögen
Az.	Aktenzeichen
BA	Betriebsausgabe
BaföG	Bundesausbildungsförderungsgesetz
BAG	Bundesarbeitsgericht
BauGB	Baugesetzbuch
BayLfSt	Bayerisches Landesamt für Steuern
BayObLG	Bayrisches Oberstes Landesgericht
BB	Betriebs-Berater (Zeitschrift)
BBauG	Bundesbaugesetz
Bd.	Band
BE	Betriebseinnahme/-n
BesitzG	Besitzgesellschaft

BetriebsG	Betriebsgesellschaft
BeurkG	Beurkundungsgesetz
BewG	Bewertungsgesetz
BfF	Bundesamt für Finanzen
BFH	Bundesfinanzhof
BFHE	Bundesfinanzhof-Entscheidungen
BFH/NV	Sammlung amtlich nicht veröffentlichter Entscheidungen des Bundesfinanzhofes
BgA	Betrieb gewerblicher Art
BGB	Bürgerliches Gesetzbuch
BGBl	Bundesgesetzblatt
BGH	Bundesgerichtshof
BGHSt	Bundesgerichtshof in Strafsachen
BGHZ	Amtliche Entscheidungssammlung des Bundesgerichthofs
BilReG	Bilanzreformgesetz
BiRiLiG	Bilanzrichtliniengesetz
BMF	Bundesminister/-ium für Finanzen
BMG	Bemessungsgrundlage
BP	Betriebsprüfung
BPO	Betriebsprüfungsordnung
BRAGO	Bundesgebührenverordnung für Rechtsanwälte
BRD	Bundesrepublik Deutschland
BR-Drs.	Bundesratsdrucksache
BS	Buchungssatz/Betriebsstätte
BStBl	Bundessteuerblatt
BT-Drs.	Bundestagsdrucksache
Buchst.	Buchstabe
BV	Betriebsvermögen
BVerfG	Bundesverfassungsgericht
BVerfGE	Bundesverfassungsgericht-Entscheidungen
BVerfGG	Bundesverfassungsgerichtgesetz
BVerwG	Bundesverwaltungsgericht
BVV	Betriebsvermögensvergleich
Bw	Buchwert
bzgl.	bezüglich
BZRG	Bundeszentralregistergesetz
bzw.	beziehungsweise
CH	Schweiz
DB	Der Betrieb (Zeitschrift)
DBA	Doppelbesteuerungsabkommen
DepotG	Depotgesetz
dgl.	dergleichen
d. h.	das heißt
DNotl	Informationsdienst des Deutschen Notarinstituts
DStjG	Deutsche Steuerjuristische Gesellschaft e. V. (Band)

DStR	Deutsches Steuerrecht (Zeitschrift)
DStRE	Deutsches Steuerrecht Entscheidungsdienst
DStZ	Deutsche Steuer-Zeitung
EAV	Ergebnisabführungsvertrag
EB	Eröffnungsbilanz
EBITDA	Earnings before Interests, Taxes, Depreciation and Amortisation
EFG	Entscheidungen der Finanzgerichte (Zeitschrift)
EFH	Einfamilienhaus
EG	Erdgeschoss; Europäische Gemeinschaft
EGAO	Einführungsgesetz zur Abgabenordnung
EGHGB	Einführungsgesetz zum HGB
EGV	Vertrag zur Neugründung der europäischen Gemeinschaft vom 25.03.1957
EigZulG	Eigenheimzulagengesetz
Einf.	Einführung
ErbbauVO	Erbbaurechtsverordnung
ErbGleichG	Erbrechtsgleichstellungsgesetz vom 16.12.1997, BGBl I 1997, 2968
ErbStG	Erbschaftsteuergesetz
Erl.	Erlass
ESt	Einkommensteuer
EStDV	Einkommensteuer-Durchführungsverordnung
EStG	Einkommensteuergesetz
EStR	Einkommensteuer-Richtlinien
ETW	Eigentumswohnung
EU	Europäische Union
EuGH	Gerichtshof der Europäischen Gemeinschaften
EÜR	Einnahmen-Überschuss-Rechnung
E-USt	Einfuhrumsatzsteuer
EV	Eigentumsvorbehalt
e.V.	eingetragener Verein
evtl.	eventuell
EW	Einheitswert
EWIV	Europäische wirtschaftliche Interessenvereinigung
EZ	Erhebungszeitraum
f., ff.	folgende, fortfolgende
FA/FÄ	Finanzamt/Finanzämter
FAGO	Geschäftsordnung für die Finanzämter
FG	Finanzgericht
FGG	Reichsgesetz über die freiwillige Gerichtsbarkeit vom 17.05.1898
FGO	Finanzgerichtsordnung
FGO-ÄndG	FGO-Änderungsgesetz
FinMin	Finanzministerium
FinVerw	Finanzverwaltung
FN	Fußnote
FN-IdW	Fachnachrichten des Instituts der Wirtschaftsprüfer

FörderGG	Fördergebietsgesetz
FR	Finanz-Rundschau
FusionsRL	Fusionsrichtlinie
FVG	Gesetz über die Finanzverwaltung
GABl.	Gemeinsames Amtsblatt des Landes Baden-Württemberg
GbR	Gesellschaft bürgerlichen Rechts
geb.	geboren
gem.	gemäß
GenG	Genossenschaftsgesetz
GewO	Gewerbeordnung
GewSt	Gewerbesteuer
GewStDV	Gewerbesteuer-Durchführungsverordnung
GewStG	Gewerbesteuergesetz
GewStR	Gewerbesteuer-Richtlinien
GF	Geschäftsführer
G'fter	Gesellschafter
GFZ	Geschossflächenzahl
GG	Grundgesetz
ggf.	gegebenenfalls
GmbH	Gesellschaft mit beschränkter Haftung
GmbHG	Gesetz betreffend die Gesellschaft mit beschränkter Haftung
GmbHR	GmbH-Rundschau
GrESt	Grunderwerbsteuer
GrEStG	Grunderwerbsteuergesetz
GrS	Großer Senat
GrStG	Grundsteuergesetz
GrStR	Grundsteuer-Richtlinien
GruBo	Grund und Boden
G+V	Gewinn- und Verlustrechnung
GVG	Gerichtsverfassungsgesetz
GWG	Geringwertige Wirtschaftsgüter
H	Hinweis (zu Richtlinien)
h. A.	herrschende Auffassung
HB	Handelsbilanz
HFA	Hauptfachausschuss
HFR	Höchstrichterliche Finanzrechtsprechung (Entscheidungssammlung)
HGB	Handelsgesetzbuch
HK	Herstellungskosten
h. L.	herrschende Lehre
h. M.	herrschende Meinung
HR	Handelsregister
HS	Halbsatz
HV	Handelsvertreter

i. d. F.	in der Fassung
i. d. R.	in der Regel
IdW	Institut der Wirtschaftsprüfer
i. e.	id est
i. e. S.	im engeren Sinne
i. H. v.	in Höhe von
inkl.	inklusive
insb.	insbesondere
InsO	Insolvenzordnung
InvZulG	Investitionszulagengesetz
i. R. d.	im Rahmen des/der
i. R. v.	im Rahmen von
i. S. d.	im Sinne des/der
i. S. e.	im Sinne eines/einer
IStR	Internationales Steuerrecht (Zeitschrift)
i. S. v.	im Sinne von
i. Ü.	im Übrigen
i. V. m.	in Verbindung mit
i. w. S.	im weiteren Sinne
JGG	Jugendgerichtsgesetz i. d. F. vom 11.12.1974
jPdöR	juristische Person(en) des öffentlichen Rechts
JStG	Jahressteuergesetz
Kap.	Kapitel
KapErhStG	Gesetz über steuerrechtliche Maßnahmen bei Erhöhung des Nennkapitals aus Gesellschaftsmitteln (»Steuerliches Kapitalerhöhungsgesetz«)
KapESt	Kapitalertragsteuer
KapG	Kapitalgesellschaft
KapVermStG	Kapitalvermögensteuergesetz
Kfz	Kraftfahrzeug
KG	Kommanditgesellschaft
KGaA	Kommanditgesellschaft auf Aktien
Kj.	Kalenderjahr
Komm.	Kommentar
KöMoG	Gesetz zur Modernisierung des Körperschaftsteuerrechts
KÖSDI	Kölner Steuerdialog (Zeitschrift)
KraftStG	Kraftfahrzeugsteuergesetz
KSt	Körperschaftsteuer
KStG	Körperschaftsteuergesetz
KStR	Körperschaftsteuer-Richtlinien
KWG	Kreditwesengesetz
LAG	Landesarbeitsgericht
Lit.	Literatur
LSG	Landessozialgericht

LSt	Lohnsteuer
LStDV	Lohnsteuer-Durchführungsverordnung
LStR	Lohnsteuer-Richtlinien
lt.	laut
L+F	Land- und Forstwirtschaft
L+L	Lieferungen und Leistungen
m. a. W.	mit anderen Worten
m. E.	meines Erachtens
MEG	Miterbengemeinschaft
MFH	Mehrfamilienhaus
Mio.	Millionen
MoMiG	Gesetz zur Modernisierung des GmbH-Rechts und zur Bekämpfung von Missbräuchen
MoPeG	Gesetz zur Modernisierung des Personengesellschaftsrechts
Mrd.	Milliarden
MU	Mitunternehmer
MüKo	Münchener Kommentar
Mu-To-RL	Mutter-Tochter-Richtlinie
m. w. N.	mit weiteren Nachweisen
nat.	natürliche/-r/-s
Nato	Nordatlantischer Verteidigungspakt (»North Atlantic Treaty Organization«)
ND	Nutzungsdauer
n. F.	neue Fassung
NJW	Neue Juristische Wochenschrift
n. n. v.	noch nicht veröffentlicht
Nr.	Nummer
nrkr.	nicht rechtskräftig
NWB	Neue Wirtschaftsbriefe
o. Ä.	oder Ähnliches
OECD-MA	OECD-Musterabkommen
OFD	Oberfinanzdirektion
o. g.	oben genannte/-r/-s
OG	Obergeschoss
oGA	offene Gewinnausschüttung
OHG	Offene Handelsgesellschaft
OLG	Oberlandesgericht
OrgG	Organgesellschaft
OrgT	Organträger
OVG	Oberverwaltungsgericht
OWiG	Gesetz über Ordnungswidrigkeiten
PartG	Partnerschaftsgesellschaft (steht auch für Parteiengesetz)
PartGG	Partnerschaftsgesellschaftsgesetz

PassG	Passgesetz
PersG	Personengesellschaft
PersHG	Personenhandelsgesellschaft
PV	Privatvermögen
R	Richtlinie
RA	Rechtsanwalt
RAP	Rechnungsabgrenzungsposten
RennwLottAB	Ausführungsbestimmungen zum Rennwett- und Lotteriegesetz
RfE	Rücklage für Ersatzbeschaffung
RFH	Reichsfinanzhof
RG	Reichsgericht
RIW	Recht der Internationalen Wirtschaft
rkr.	rechtskräftig
Rn.	Randnummer
Rspr.	Rechtsprechung
Rz.	Randziffer
S.	Satz/Sätze
s.	siehe
SB	Schlussbilanz
s. b.	sonstiger betrieblicher
SEStEG	Gesetz über steuerliche Begleitmaßnahmen zur Einführung der Europäischen Gesellschaft und zur Änderung weiterer steuerrechtlicher Vorschriften
SE-VO	Verordnung über das Statut der Europäischen Gesellschaft (SE)
SGB	Sozialgesetzbuch
sog.	sogenannte/-r/-s
SolZ	Solidaritätszuschlag
StÄndG	Steueränderungsgesetz
StB	Steuerbilanz; Steuerberater
StBerG	Steuerbereinigungsgesetz
StBG	Steuerberatergesetz
StBGebV	Steuerberatergebührenverordnung
StbJb	Steuerberater-Jahrbuch
StBp	Die steuerliche Betriebsprüfung (Zeitschrift)
StED	Steuerlicher Eildienst (Zeitschrift)
StEntlG	Steuerentlastungsgesetz vom 24.03.1999, BGBl I 1999, 402
Steufa	Steuerfahndung
StGB	Strafgesetzbuch
StKl.	Steuerklasse
StMBG	Gesetz zur Bekämpfung des Missbrauchs und zur Bereinigung des Steuerrechts
stpfl.	steuerpflichtig
StPfl.	Steuerpflichtige/-r
StPO	Strafprozessordnung

str.	strittig
StSenkG	Steuersenkungsgesetz vom 23.10.2000, BGBl I 2000, 1428
StuW	Steuern und Wirtschaft
StVBG	Steuerverkürzungsbekämpfungsgesetz
StVergAbG	Steuervergünstigungsabbaugesetz
TabakStG	Tabaksteuergesetz
TB	Teilbereich
TW	Teilwert
Tz.	Textziffer
u. a.	unter anderem
u. Ä.	und Ähnliches
Ubg	Die Unternehmensbesteuerung (Zeitschrift)
UE	Umwandlungssteuererlass
u. E.	unseres Erachtens
UmwG	Umwandlungsgesetz
UmwStAE	Umwandlungssteuer-Anwendungserlass
UmwStErl	Umwandlungssteuererlass
UmwStG	Umwandlungssteuergesetz
UntStFG	Unternehmenssteuerfortentwicklungsgesetz vom 20.12.2001, BGBl I 2001, 3858
UntStRefG	Unternehmenssteuerreformgesetz
UR	Umsatzsteuer-Rundschau (Zeitschrift)
USt	Umsatzsteuer
UStÄndG	Umsatzsteueränderungsgesetz
UStB	Der Umsatz-Steuer-Berater (Zeitschrift)
UStDV	Umsatzsteuer-Durchführungsverordnung
UStG	Umsatzsteuergesetz
USt-IdNr.	Umsatzsteueridentifikationsnummer
USt-VA	Umsatzsteuervoranmeldung
u. U.	unter Umständen
UV	Umlaufvermögen
UVR	Zeitschrift für Umsatzsteuer- und Verkehrsteuerrecht
VA	Voranmeldung, Verwaltungsakt
Var.	Variante
VAZ	Voranmeldungszeitraum
vE	verdeckte Einlage
vEK	verwendbares Eigenkapital
VermBG	Vermögensbildungsgesetz
VerwGrS	Verwaltungsgrundsätze
vGA	verdeckte Gewinnausschüttung
vgl.	vergleiche
VollStrA	Vollstreckungsanweisung
VRt	Verlustrücktrag
vs.	versus

VSt	Vorsteuer
VStG	Vermögensteuergesetz
V+V	Vermietung und Verpachtung
VVt	Verlustvortrag
VwGO	Verwaltungsgerichtsordnung
VwVG	Verwaltungsvollstreckungsgesetz
VwZG	Verwaltungszustellungsgesetz
VZ	Veranlagungszeitraum
WertV	Wertermittlungsverordnung
WG	Wirtschaftsgut
wG	wirtschaftlicher Geschäftsbetrieb
wistra	Zeitschrift für Wirtschaft, Steuer, Strafrecht
Wj.	Wirtschaftsjahr
WK	Werbungskosten
WM	Wertpapier-Mitteilungen
WoP	Wohnungsbauprämie
WP	Wirtschaftsprüfer
WPg	Die Wirtschaftsprüfung (Zeitschrift)
ZASt	Zinsabschlagsteuer
z. B.	zum Beispiel
ZEV	Zeitschrift für Erbrecht und Vermögensnachfolge
ZFH	Zweifamilienhaus
ZG	Zollgesetz
Ziff.	Ziffer
ZPO	Zivilprozessordnung
z. T.	zum Teil
z. v. E.	zu versteuerndes Einkommen
ZVG	Zwangsversteigerungsgesetz
zzgl.	zuzüglich

A   Besteuerung der Einzelunternehmen

Das Gliederungskonzept des zweiten Bandes folgt der wirtschaftlichen Realität und zugleich den rechtlichen Rahmenbedingungen, die auch für das Steuerrecht bindend sind. Es gibt nach dem deutschen Unternehmensrechtsverständnis nur drei Unternehmensträger: die Einzelperson, die Personengesellschaft (PersG) und die Kapitalgesellschaft (KapG). Die Unternehmens-Trias ist als Konstante für das (Ertrag-)Steuerrecht bindend, wenngleich die Wissenschaft immer wieder eine Gleichbesteuerung aller Unternehmensträger postuliert (sog. rechtsformneutrale Besteuerung). Sämtliche Versuche, die Rechtsformneutralität im Ertragsteuerrecht einzuführen, scheiterten weitgehend. Mit der Verabschiedung von § 1a KStG hat der Gesetzgeber aber erstmals ein Optionsrecht für PersG eingeführt, nachdem diese zur Besteuerung mit KSt wechseln können. Zudem werden PersG, die ihre Gewinne einbehalten, seit dem VZ 2008 auf Tarifebene Steuersätze gewährt, die denen von KapG angenähert sind (die sog. Thesaurierungsbesteuerung).

Jeder dieser Unternehmensträger ermittelt als Ergebnis seiner wirtschaftlichen Betätigung den Gewinn mit eigenen Bilanzvorschriften, der sodann die betriebliche[1] Besteuerungsgrundlage darstellt. Die Gewinnermittlungen der PersG und der KapG folgen – auch hier – als jeweilige Spezialregelung der Gewinnermittlung des Einzelunternehmers. Die betriebliche Besteuerungsgrundlage des Einzelunternehmers ist die vorgezogene Klammer für alle Unternehmensträger.

---

[1]   Hier als Sammelbegriff für gewerbliche, selbständige und L+F-Einkünfte.

I Grundfragen der Gewinnermittlung (inklusive § 4 Abs. 3-Rechnung)

Das deutsche Einkommensteuerrecht fußt auf einer Zweiteilung der Einkünfte in Gewinn- und Überschusseinkünfte (sog. **Dualismus** der Einkunftsarten bzw. der Einkunftsermittlung; § 2 Abs. 2 EStG).

Für die **Gewinnermittlung** sind mehrere Ermittlungstechniken vorgesehen. Die wichtigsten sind dabei der – auf einer Bilanz basierende – Betriebsvermögensvergleich (BVV) nach § 4 Abs. 1 S. 1 EStG und die Überschussrechnung nach § 4 Abs. 3 EStG.[2] Beide Ermittlungstechniken sind gleichberechtigt und stehen selbständig nebeneinander.

Beginnend mit der Überschussrechnung werden im ersten Gliederungspunkt die wichtigsten Gemeinsamkeiten und Unterschiede der betrieblichen Gewinn-Einkunftsermittlungen dargestellt. Die thematische Überleitung zum Bilanzrecht, dem die anschließende Darstellung gewidmet ist, leistet hier der »Wechsel der Gewinnermittlung«, dem zugleich die Funktion eines Kurzrepetitoriums der Bilanztechnik zukommt.

1 Betriebsvermögensvergleich und Einnahmenüberschussrechnung

1.1 Überblick

Natürlich führen nur Geschäftsvorfälle, die durch **WG des Betriebsvermögens** ausgelöst werden, zu berücksichtigungsfähigen Ergebnissen bei der Überschussrechnung. Anders formuliert: Erträge oder Aufwendungen mit WG des Privatvermögens sind für die steuerliche Gewinnermittlung nach § 4 Abs. 3 EStG obsolet. Damit ist gleichzeitig zum Ausdruck gebracht, dass zentrale Begriffe der betrieblichen Gewinnermittlung wie Betriebseinnahmen (BE), Betriebsausgaben (BA) oder der Begriff des WG in beiden Ermittlungsmethoden einheitlich gebraucht werden.

Anders als die bilanzielle Gewinnermittlung durch BVV nach § 4 Abs. 1 und §§ 5 ff. EStG (inkl. §§ 4a – j EStG) ist die Überschussrechnung vom Gesetzgeber in § 4 Abs. 3 EStG sehr zurückhaltend mit (heute) nur fünf Sätzen geregelt worden. Die Regelungslücken werden dabei weitestgehend – unter dem Gesichtspunkt der »**Totalgewinnidentität**« – durch einen Rückgriff auf die Rechtsfolgen der bilanzierenden Gewinnermittlung geschlossen. Die Rspr. lässt sich dabei in der Beurteilung der Gewinnauswirkung von Geschäftsvorfällen, bezogen auf die gesamte Lebensdauer des Unternehmens, von einem **einheitlichen** Gewinnbegriff leiten (BFH vom 06.12.1972, BStBl II 1973, 293).

1.2 Der technische Unterschied im Einzelnen

Als Eckpfeiler zur Charakterisierung der Hauptunterschiede werden herkömmlich die Begriffe »Soll-Rechnung« bei der Bilanzierung und »Ist-Rechnung« bei § 4 Abs. 3 EStG verwendet.

Beispiel 1: Ermittlungsbedarf bei Kleinunternehmer U

U erbringt am 27.12.01 ordnungsgemäß eine – umsatzsteuerfreie – Lieferung (bzw. eine Dienstleistung) gegenüber dem Kunden K. Hierüber wird noch in 01 eine Rechnung über 10.000 € erstellt. Die Rechnung wird im Februar 02 von K bezahlt.

Gleichzeitig bestellt U am 22.12.01 Ware auf Ziel vom Lieferanten L (5.000 € zzgl. 19 % USt). Die Ware wird am 20.01.02 bezahlt; die Wiederbeschaffungskosten (TW) der Ware betragen am 31.12.01 nur noch 4.000 €.

U möchte die Auswirkungen wissen, je nachdem, ob er bilanziert oder nach § 4 Abs. 3 EStG seinen Gewinn ermittelt.

---

2 Daneben kommt noch die Gewinnermittlung nach Durchschnittssätzen in der Landwirtschaft (§ 13a EStG) sowie die ertragsunabhängige Tonnagesteuer nach § 5a EStG (aus dem Betrieb von Handelsschiffen) in Betracht.

Während beim BVV die Inventur bzw. die Bestandskonten (Grundlagen der Schlussbilanz) die maßgeblichen Informationen für die Gewinnermittlung nach § 4 Abs. 1 EStG liefern, spielt die Ermittlung und Bewertung des BV bei der Überschussrechnung grundsätzlich keine Rolle. Damit sind insb. Forderungen und Verbindlichkeiten für die Gewinnermittlung nach § 4 Abs. 3 EStG irrelevant.

Unter dem Regime des § 4 Abs. 3 EStG werden im jeweiligen VZ nur die **tatsächlichen Betriebs-Einnahmen und Betriebs-Ausgaben** dieser Periode erfasst. Anders als bei den Überschusseinkünften nach § 2 Abs. 2 Nr. 2 EStG (§ 2 Abs. 1 Nr. 4 – 7 EStG) werden jedoch bei der § 4 Abs. 3-Rechnung auch **realisierte Wertveränderungen** des BV (Hauptfall: Veräußerungen von Anlage-WG) berücksichtigt.

Lösung:

Bei ordnungsgemäßer[3] Lieferung (Leistung) des U ist unter dem Gewinnregime des BVV die Forderung des U als Aktivposten und damit als Gewinn (i. H. v. 10.000 €) in 01 auszuweisen, während bei der Kassenrechnung (»Ist- oder Cash-Prinzip«) des § 4 Abs. 3 EStG erst die Bezahlung in 02 zu einem Gewinnausweis führt.

Ebenso bleibt nach der Überschussrechnung der Wareneinkauf in 01 unberücksichtigt – und dies in zweifacher Hinsicht:

- Erstens erfolgt eine Gewinn- (hier: Verlust-)Berücksichtigung erst mit der Bezahlung in 02 und
- zweitens bleibt die beim Bilanzierenden ggf. vorzunehmende TW-AfA nach § 6 Abs. 1 Nr. 2 S. 2 EStG (bei voraussichtlich dauernder Wertminderung) unberücksichtigt, da eine Bestandsermittlung und -bewertung bei der Überschussrechnung gerade nicht stattfindet.

Die steuerlichen Auswirkungen hängen demnach von den persönlichen Leistungsmerkmalen im jeweiligen VZ ab und können – je nach Gewinnermittlungsart und Steuersatz – zu einer unterschiedlich hohen Steuerbelastung führen. Es gibt **kein Gebot** einer »**Totalsteueridentität**«.

1.3   Der Personenkreis für die Überschussrechnung

Ausgehend von **§ 2 Abs. 2 Nr. 1 EStG** i. V. m. **§ 2 Abs. 1 Nr. 1 – 3 EStG** kommen als (Gewinn-)Überschussrechner nur Land- und Forstwirte (L+F), Freiberufler und Gewerbetreibende in Betracht. Nachdem L+F in diesem Buch nicht näher behandelt wird, erschließt sich das Wahlrecht der Gewinnermittlung nach § 4 Abs. 1 EStG bzw. nach § 4 Abs. 3 EStG grundsätzlich nur für Freiberufler und Gewerbetreibende. Für die Gewerbetreibenden sehen allerdings §§ 140, 141[4] AO regelmäßig die Buchführungspflicht vor, sodass im Ergebnis nur Freiberufler und nichtkaufmännische Kleinstgewerbetreibende zwischen beiden Techniken wählen dürfen.

Gem. § 241a HGB besteht für Einzelkaufleute dann **keine Buchführungspflicht**, wenn bei zwei aufeinander folgenden Geschäftsjahren sowohl die **Umsatzerlöse unter 600.000 €** als auch der **Jahresüberschuss unter 60.000 €** blieb(en).

---

3   Wegen des Realisationsgebotes nach § 252 Abs. 1 Nr. 4 HGB (ggf. i. V. m. § 5 Abs. 1 S. 1 1. HS EStG) ist der Gewinn aus der Lieferung (Dienstleistung) nur dann als Forderung auszuweisen, wenn der Anspruch (hier: aus Kaufvertrag) entstanden ist und ihm keine Gewährleistungsansprüche (z. B. Minderung, Schadensersatz) gegenüberstehen.

4   Eine originäre steuerliche Buchführungspflicht besteht für alle Gewerbetreibende, die die dort genannten Grenzen für den Umsatz (600.000 €) bzw. den Gewinn (60.000 €) überschreiten; diese gilt allerdings erst nach Aufforderung durch das FA ab Beginn des nächsten Jahres, das der Aufforderung folgt (§ 141 Abs. 2 AO).

Beispiel 2: Steuerliche Zweiklassengesellschaft auf dem Flohmarkt

Ein Angestellter A (Dipl.-Ing.) und ein Selbständiger S (Dipl.-Ing. FH) verkaufen auf dem Flohmarkt je einen **zwei Jahre alten Laptop** (AK: 2.100 €; betriebsgewöhnliche ND: drei Jahre) für 1.000 € (netto). Der Laptop wurde in beiden Fällen ausschließlich bei der Arbeit eingesetzt und ist in den Veranlagungen vom FA als Arbeitsmittel anerkannt worden.

Lösung: A konnte bei seiner Einkunftsermittlung nach § 19 EStG die jährliche AfA für den Laptop i. H. v. je 700 € als WK nach §§ 19, 9 Abs. 1 S. 3 Nr. 6 S. 2 i. V. m. Nr. 7 S. 1 i. V. m. § 7 Abs. 1 S 1 f. EStG absetzen, ohne den Veräußerungsgewinn zu besteuern.

Der selbständige Ingenieur S hatte ebenso bei der laufenden Gewinnermittlung die (betragsmäßig identische) AfA als BA nach § 4 Abs. 4 i. V. m. § 4 Abs. 3 S. 3 und § 7 Abs. 1 S. 1 und 2 EStG zu berücksichtigen. Anders als bei Überschusseinkünften sind jedoch bei der Gewinneinkunftsart des § 18 EStG die Wertsteigerungen der eingesetzten betrieblichen WG zu berücksichtigen. Nachdem der Restwert des Laptop 700 € (2.100 € AK ./. 1.400 € AfA) und der Kaufpreis 1.000 € betragen, hat S noch einen Veräußerungsgewinn von 300 € zu versteuern. Mit der **Steuerverhaftung** der bei den Gewinneinkunftsarten eingesetzten WG (sog. **BV**) ist – im Unterschied zum PV (WG, die im Bereich der Überschusseinkünfte verwendet werden) – der eigentliche Unterschied der Einkunftsarten i. S. d. Dualismusdiskussion angesprochen. WG des PV sind nicht steuerverstrickt und Wertentwicklungen (nach oben/unten) werden dort nur ausnahmsweise respektive selektiv (§§ 17, 23 EStG) erfasst.

1.4   Wahl der Ermittlungsart

Für den verbleibenden Kreis der Gewinneinkunftserzieler (**Freiberufler und Kleinstgewerbetreibende**), die zwischen der Ermittlung nach § 4 Abs. 1 EStG und nach § 4 Abs. 3 EStG wählen dürfen, stellt sich wegen der z. T. deutlichen Steuerauswirkungen die Frage, wie (und wie häufig) dieses **Wahlrecht** ausgeübt werden kann. Die umfangreiche Rspr. des BFH – und ihre Übernahme seitens der Verwaltung[5] – kann man auf drei zentrale Aussagen zurückführen:

- Mit der Erstellung einer **Eröffnungsbilanz** hat der Steuerbürger sein Wahlrecht konkludent ausgeübt und sich für den BVV (§ 4 Abs. 1 EStG) entschieden.
- Die **Nichteinrichtung einer Buchführung** lässt nur dann auf eine entsprechende Ausübung des Wahlrechts (Überschussrechnung) schließen, wenn sich der StPfl. über die Voraussetzung des Wahlrechts im Klaren war.
- Das Wahlrecht ist grundsätzlich für jeden Gewinnermittlungszeitraum (neu) und zu Beginn des VZ auszuüben; es darf aber nicht zu einem willkürlichen (beliebigen) Wechsel der Ermittlungsart kommen.

2   Die Überschussrechnung im Einzelnen

2.1   Der »Überschuss« der Betriebseinnahmen über die Betriebsausgaben

2.1.1   Die Betriebseinnahmen im Gewinnsteuerrecht

Anders als die BA (§ 4 Abs. 4 EStG) und anders als die Einnahmen (§ 8 EStG) sind die BE nicht gesetzlich definiert. Abstrakt-theoretisch wird der Anwendungsbereich durch eine doppelte Analogie zu den o. g. Bestimmungen erschlossen: BE sind Zugänge (Zuflüsse), die in Geld oder Geldeswert bestehen und durch den Betrieb veranlasst sind.

Beispiel 3: Die Incentive-Reise des schlitzohrigen Steuerberaters

StB Cleverle C konzentriert sich auf die Beratung von KapG. Ohne zum Prüfungstestat berechtigt zu sein, prüft und zertifiziert C die Abschlüsse der Neumax-AG. Vom Vorstand der AG erhält er dafür kostenlos eine Informationsreise zur Steueroase Bahamas (Flugticket zu 2.000 €). Der Flug mit der Lufthansa bringt C einen Bonus im Rahmen seines Miles & More-Vertrages (Wert: 200 €) ein. Bei Reiseantritt hatte C seine StB-Zulassung bereits zurückgeben müssen; außerdem ist der Flugschein auf ihn als Privatperson ausgestellt.

---

5   R 4.5 Abs. 1 EStR sowie H 4.5 Abs. 1 EStH.

Häufig wird in der Überschussrechnung, insb. bei Freiberuflern, nicht der monetäre Zahlungsweg eingeschlagen. Die »Abrechnung« in Form von Naturalien oder von erhaltenen Dienstleistungen führt über die analoge Anwendung von § 8 Abs. 2 EStG zum Ansatz des objektiven Endverbraucherpreises als BE.

Andererseits ist geklärt, dass in folgenden Fällen **keine BE** anzusetzen ist:

- ersparte Aufwendungen;
- fiktive Einnahmen (Grund: Es werden nur Ist-Einnahmen besteuert);
- steuerfreie Einnahmen[6];
- Einnahmen im Rahmen anderer Rechtsverhältnisse (anderer Einkunftsquellen);
- das Fehlen eines Zustandstatbestandes (= private Veranlassung).

Lösung:

Der Gewinneinkunftserzieler C (§ 18 EStG) erhält von seinem Auftraggeber das Honorar für eine unerlaubte, aber steuerrelevante Tätigkeit in Form eines Reisegutscheins. Weil dieser erst nach Rückgabe seiner Bestellungsurkunde eingelöst wurde, liegt eine nachträgliche BE (§ 24 Nr. 2 EStG) vor, die durch die vorherige freiberufliche Tätigkeit verursacht war. Die Bezeichnung – »privates Geschenk« – ist dabei unbeachtlich. Der am Flugschalter zu zahlende Preis von 2.000 € ist als BE anzusetzen (BFH vom 20.04.1989, BStBl II 1989, 641).

Problematisch ist allerdings die Prämie der Lufthansa. Zwar werden mittelbare Vorteile wie Bonusgutschriften als wirtschaftlicher Wertzugang nach § 8 Abs. 2 EStG gewertet,[7] die mögliche Steuerfolge (BE) setzt jedoch auch hier eine eindeutige betriebliche Veranlassung voraus, wie dies z. B. bei Dienstleistern des Hotel- und Fluggewerbes der Fall ist. Zwar rechtfertigt die Zuwendung eines Dritten (Lufthansa; »verursachender« Vertragspartner ist die Neumax-AG) die Annahme einer BE, letztlich scheitert die Steuerpflicht jedoch an § 3 Nr. 38 EStG, da der eingeräumte Bonus von 200 € nicht den Jahresfreibetrag von 1.080 € überschreitet.

Ähnliche Probleme treten in der häufig diskutierten Fallgruppe des **Einnahmeverzichts** (besser: Forderungsverzichts) auf.

Beispiel 4: Der großzügige Dr. Mabuse (M)

M behandelt seinen Kollegen Frankenstein F wegen dessen Blutarmut in 01. Die ärztliche Leistung (Liquidationswert: 3.000 €) wird dem Kollegen nicht in Rechnung gestellt.

Lösung: Bekanntlich führt eine Rechnung allein (mit einem offenen Zahlungsbetrag) zu keiner Ist-Einnahme. Erst recht kann – wie hier – aus der unterlassenen Rechnungsstellung nicht auf eine Einnahme nach § 4 Abs. 3 EStG geschlossen werden. **Für 01 sind zwei Lösungen denkbar:**

- Entweder haben sich M und F im Voraus auf eine unentgeltliche Behandlung verständigt (vergleichbar der Dienstleistung unter Angehörigen). Dann kann eine Forderung nicht entstehen; ein Verzicht ist begrifflich nicht möglich. Eine BE liegt nicht vor.
- Eine allein praxisgerechte Auslegung führt hier jedoch zu einem Honoraranspruch. Dabei wird – im Anschluss an die ständige BFH-Rspr. (BFH vom 31.07.1991, BStBl II 1992, 375) – danach differenziert, ob der Forderungserlass privat oder betrieblich motiviert war. Bei einem betrieblich verursachten Verzicht (Beispiel: Aufrechterhalten des Kundenkontaktes) ist der Erlass steuerunbeachtlich, wie dies im Ergebnis auch bei einem Bilanzierenden der Fall wäre.[8] Ein privat veranlasster Verzicht führt hingegen zu einer Entnahme der Forderung – und somit in der Auswirkung zu einer BE.

Das Motiv des M ist als privat einzustufen; er hat daher **in 01** zusätzlich 3.000 € zu versteuern.

---

6   Neben den bei § 4 Abs. 3 EStG häufigen Befreiungstatbeständen von § 3 Nr. 26 EStG (Übungsleiterpauschale von 2.400 €) und von § 3 Nr. 38 EStG (Sachprämien i. H. v. 1.080 €) hat dies vor allem Auswirkung auf das Teileinkünfteverfahren (TEV), soweit die Beteiligung an einer KapG im BV eines § 4 Abs. 3-Rechners gehalten wird (vgl. § 3 Nr. 40 S. 2 EStG, der ausdrücklich auf die Subsidiaritätsbestimmung von § 20 Abs. 8 EStG verweist).

7   BFH vom 22.07.1988 (BStBl II 1988, 995).

8   Die gewinnwirksame Einbuchung der Forderung wird durch die erfolgswirksame Ausbuchung der Forderung ausgeglichen, sodass im Ergebnis ein neutraler Vorgang gegeben ist.

2.1.2   Besonderheiten bei den Betriebseinnahmen

In einer der Hauptfallgruppen der Überschussrechnung (Gewinnermittlung von Ärzten) ist auf folgende Besonderheit in der Rspr. zu verweisen, die bereits zur Technik des § 11 EStG überleitet.

Beispiel 5: Ärztliche Liquidation (vor und nach der Gesundheitsreform)

Zahnarzt Z rechnet mit seinen Privatpatienten über eine Inkasso-GmbH ab, während die Honorarabrechnung mit den Kassenpatienten durch quartalsmäßige Abschlagszahlung der Kassenärztlichen Vereinigung (KV) erfolgt. Bei der GmbH ging am 30.12.01 der Scheck des Patienten P über 1.000 € ein; der Betrag wurde am 14.01.02 dem Z auf dessen Konto gutgeschrieben. Die KV überwies den Betrag für das III. Quartal 01 i. H. v. 120.000 € am 05.01.02; der Betrag wurde am 08.01.02 dem Konto des Z gutgeschrieben.

Aufgrund der Geltung des § 11 EStG bei allen Überschussermittlungen (d. h. für § 4 Abs. 3 EStG ebenso wie für die eigentlichen Überschusseinkünfte nach § 2 Abs. 1 Nr. 4 – 7 EStG) ist in zeitlicher Hinsicht der Zufluss der Einnahmen in dem jeweiligen VZ zu erfassen. Die einzige Ausnahme hiervon bildet § 11 Abs. 1 S. 2 EStG, wenn sog. regelmäßig wiederkehrende Einnahmen vorliegen und der Zufluss dieser Einnahmen kurzzeitig, d. h. innerhalb von **zehn Tagen** (H 11 EStH), erfolgt und **in diesem Zeitraum auch fällig** sind (H 11 »Allgemeines« sowie OFD Nordrhein-Westfalen, StED 2016, 364).

Lösung:

- Mit dem Eingang des Schecks bei der Inkasso-GmbH am 30.12.01, die insoweit als (Empfangs-)Bevollmächtigte des Z (vgl. § 164 BGB) angesehen wird, ist das Honorar des P dem Z noch in 01 zugeflossen (H 11 EStH).
- Umgekehrt wird die Überweisung der Abschlagszahlung seitens der KV als regelmäßig wiederkehrende Einnahmen des Z behandelt (vgl. BFH vom 06.07.1995, BStBl II 1996, 266). Bei Gutschrift bis zum 10.01. des Folgejahres wird sie dem alten VZ, hier dem Jahr 01, zugerechnet.

Z hat in 01 noch 121.000 € als BE zu versteuern.

Eine weitere Besonderheit bei § 4 Abs. 3, § 11 EStG sind **betriebliche Sachgeschenke** und dabei insb. die Frage des Zuflusses.

Weitere Hinweise:

1. USt-Vorauszahlungen sind regelmäßig wiederkehrende Ausgaben. Umgekehrt sind USt-Erstattungen regelmäßig wiederkehrende Einnahmen.[9]
2. Bei **Investitionszuschüssen** hat der § 4 Abs. 3-Rechner ein Wahlrecht, diese als AK-Minderung oder als Betriebseinnahme zu erfassen (R 6.5 EStR). Falls er sich für die Option als Betriebseinnahme entscheidet, muss der StPfl. – nach dem BFH-Urteil vom 29.11.2007, BStBl II 2008, 561 – das Wahlrecht im Jahr der Zusage ausüben.
3. Zum Wert einer Arztpraxis hat der BFH am 09.08.2011 (BStBl II 2011, 875) entschieden, dass sich bei einer Vertragsarztpraxis der beim Verkauf der Praxis erzielte Kaufpreis (= Praxiswert) untrennbar auf die Zulassung als Vertragsarzt bezieht.

---

9   BFH vom 01.08.2007 (BStBl II 2008, 282); dem folgend BMF vom 10.11.2008 (BStBl I 2008, 958). Mit Urteil vom 27.06.2018 (X R 44/16, BFH/NV 2018, 1350) hat der BFH entschieden, dass eine USt-Vorauszahlung für Dezember auch dann dem Vorjahr zuzuordnen ist, wenn diese zwar wegen des § 108 Abs. 3 AO nach dem 10. Januar fällig, der Abfluss aber bis zum 10. Januar erfolgt ist.

4. Für den Fall, dass ein RA Honorare für eine **Betreuung über mehrere Jahre** (hier: Erb-rechtsmandat) vereinnahmt, kommt die Tarifermäßigung des § 34 Abs. 2 Nr. 4 EStG nicht in Betracht (BFH vom 30.01.2013, DB 2013, 969).

5. Mit Beschluss vom 08.03.2016 (BFH/NV 2016, 1008) hat der BFH klargestellt, dass bei einer Zahlung im **Lastschriftverkehr** ein Abfluss i. S. d. § 11 Abs. 2 S. 1 EStG dann vor-liegt, wenn der StPfl. durch die Erteilung einer Einzugsermächtigung sowie einer ausrei-chenden Deckung seines Girokontos alles getan hat, um die Zahlung zum Zeitpunkt der Fälligkeit zu gewährleisten.[10]

6. Für die häufig gestellte Frage des üblichen Disagios gem. § 11 Abs. 2 S. 3 EStG gilt die 5 %-Grenze der Verwaltung nach der Erkenntnis des BFH vom 08.03.2016 (DStR 2016, 1408; dortiges Disagio: 10 %) lediglich als **Nichtaufgriffsgrenze** für die Verwaltung. Die Marktüb-lichkeit sei eine Frage der Beweislast mit Umkehrung der Beweislast zulasten des FA!

2.1.3   Die Sonderbehandlung durchlaufender Posten (§ 4 Abs. 3 S. 2 EStG)

Der 1965 zusätzlich eingefügte S. 2 von § 4 Abs. 3 EStG stellt eine Ausnahme vom Zufluss- und Abflussgrundsatz der Überschussrechnung dar. Durch die Nichterfassung von BE/BA, die im Namen und für Rechnung eines anderen vereinnahmt oder verausgabt werden (sog. durchlaufende Posten), sollte ein Aufblähen des Zahlenwerks vermieden werden, wie nach-folgender Fall belegt.

Beispiel 6: Das umfangreiche Zahlenmaterial eines RA

Rechtsanwalt R zahlt für den Mandanten M1 im November 01 einen Gerichtskostenvorschuss über 1.000 € beim Landgericht ein, den er im Februar 02 von M1 – zusammen mit den Portoauslagen von 100 € und dem Honorar von 10.000 € zzgl. 19 % USt – zurückerhält.

   Ähnlich geht R bei M2 vor (Zeugengebühr i. H. v. 500 € im Dezember 01); nur erhält er – nach Einlei-tung des Verbraucherinsolvenzverfahrens – den verauslagten Betrag nicht zurück.

Als durchlaufende Posten kommen nur die im **fremden Namen** und auf **fremde Rechnung** erhaltenen sowie geleisteten Beträge in Betracht. Aus diesem Grunde können z. B. die vom Geschäftspartner erhaltenen USt-Beträge lt. Rechnung (»brutto«) nie durchlaufende Posten sein, da nur der leistende Unternehmer ein USt-Schuldverhältnis mit dem Staat begründet und in dieser Eigenschaft **selbst (USt-)Schuldner** ist (§ 13a UStG).[11]

Lösung:

- Gerichtskostenvorschüsse (sowie verauslagte Gebühren für Genehmigungen bei Behörden) sind der Prototyp durchlaufender Posten, da die Streitpartei zur Zahlung verpflichtet ist. Damit wird der Kos-tenvorschuss für M1 in der Überschussrechnung des R weder in 01 als BA noch in 02 als BE erfasst.
- Anders verhält es sich mit den Portoauslagen, da diese nicht im Namen des Mandanten anfallen, sondern eigene Kosten des RA sind. Diese (100 €) werden in 02 ebenso erfasst wie das Honorar von 10.000 €; beide Beträge sind mit 19 % USt behaftet, sodass R 12.019 € (10.100 € zzgl. 19 % = 1.919 € USt) im Februar 02 zu versteuern hat. Die Portokosten sind, ebenso wie die an das FA abzuführende USt, erst im Zeitpunkt der Zahlung als BA zu erfassen.
- Im Abrechnungsverhältnis zu M2 greift R 4.5 Abs. 2 S. 3 EStR, wonach R nicht in 01 den Vorschuss als BA abziehen kann, sondern erst in dem Jahr, in dem mit einer Erstattung nicht mehr zu rech-nen ist (hier in 02).

---

10   Der Zeitpunkt der Abbuchung ist demnach für § 11 Abs. 2 EStG in dieser Fallgruppe nicht entscheidend.

11   Dies ändert nichts daran, dass der private Geschäftspartner (der Privatverbraucher) die USt wirtschaftlich trägt (= Kennzeichen der indirekten Steuer).

Hinweis: Veruntreute Fremdgelder eines RA/Notars behalten auch bei der Verwendung für eigene Zwecke ihre Eigenschaft als »durchlaufende Posten« (BFH vom 10.12.2014, BStBl II 2015, 643) und sind folglich nicht anzusetzende BE.

2.2 Die Technik des § 11 EStG

Das bei der Überschussrechnung grundsätzlich obwaltende »Kassenprinzip« ist Ausfluss von § 11 EStG. Wenn dort von Zu- und Abfluss die Rede ist, werden diese Vokabeln in der Rspr. substituiert durch die Begriffe »Erlangung (Zufluss) und Verlust (Abfluss) der wirtschaftlichen Verfügungsmacht«. Dieser Auslegung kommt insb. bei bargeldlosen Zahlungen sowie bei Leistungen erfüllungshalber große Bedeutung zu.

2.2.1 Leistungen an Erfüllungs statt und erfüllungshalber

Bei der nachfolgenden Auflistung ist insb. darauf zu achten, dass der Zufluss- und Abflusszeitpunkt immer auf die jeweilige Person und Situation des § 4 Abs. 3-Rechners zu beziehen ist und beide Zeitpunkte nicht identisch sein müssen.

- **Abtretung**: Zufluss und Abfluss im Zeitpunkt der Abtretung, wenn Abtretung an Erfüllungs statt (§ 364 Abs. 1 BGB). Bei Abtretung erfüllungshalber (d. h. die Forderung bleibt daneben bestehen) erst Zufluss und Abfluss, wenn der Schuldner tatsächlich zahlt. Dagegen soll es nach der Rspr. des BFH (vom 30.10.1980, BStBl II 1981, 305) auch bei der Abtretung zahlungshalber zum sofortigen Zufluss und Abfluss kommen, wenn die Forderung fällig, unbestritten und einziehbar ist.
- **Aufrechnung**: Maßgeblich ist die Aufrechnungserklärung mit einer fälligen Gegenforderung.
- **Kreditkarte**: Zufluss durch **Zahlung** des Kartenausgebers. Abfluss nach h. M. mit Unterschriftsverpflichtung.
- **Scheck**: Zufluss bei Entgegennahme, wenn der Scheck gedeckt ist (auch, wenn er sich auf gesetzwidrige Geschäfte bezieht; s. BFH vom 20.03.2001, BStBl II 2001, 482 für Bestechungsgelder). Abfluss mit Hingabe des Schecks.
- **Überweisung**: Zufluss grundsätzlich erst mit Gutschrift. Abfluss mit Eingang des Überweisungsauftrages bei der Schuldnerbank, falls Konto gedeckt (bzw. Kreditrahmen vorhanden) ist.[12]
- **Wechsel**: Einheitlicher Zeitpunkt: Diskontierung (Einlösung) des Wechsels.

2.2.2 Der »kurze Zeitraum« bei den regelmäßig wiederkehrenden Betriebseinnahmen und -ausgaben

Rspr. und Verwaltung gehen von **zehn Tagen** als dem maßgeblichen »Kurzzeit-Zeitrahmen« **vor und nach dem 31.12.** aus.

Beispiel 7: Eine »aufrechnende Psychologin«

Die Dipl.-Psychologin A betreibt ihre Praxis in gemieteten Räumen. Sie hat die Miete (1.000 €/Monat) im Nachhinein zu entrichten (spätestens zum 3. des Folgemonats). Ab November 01 zählt auch der Vermieter der Praxis (V) zu ihren Patienten. A verrechnet daraufhin am 06.01.02 die noch ausstehende Miete für Dezember 01 und für Januar 02 mit der Honorarforderung 01 in gleicher Höhe (erfolgreiche Behandlung).

---

12 So auch H 11 »Überweisungen« EStH.

Lösung: Aus Sicht der A ist zunächst festzuhalten, dass ihre Honorarforderung in 01 für die Gewinnermittlung ohne Bedeutung ist.[13]

Mietzinsen hingegen sind regelmäßig wiederkehrende Einnahmen (bei V) bzw. Ausgaben (bei A).

Nachdem die wirksame Aufrechnung[14] am 06.01.02 erfolgte, könnte die Miete für Dezember 01 als regelmäßig wiederkehrende BA zu berücksichtigen sein. Der »Verlust der wirtschaftlichen Verfügungsmacht« über diesen Betrag liegt innerhalb des Zehn-Tages-Zeitraumes.

Die Miete für Dezember 01 (fällig bis spätestens 03.01.02) kann ohne Probleme noch bei der Gewinnermittlung 01 berücksichtigt werden.

2.2.3   § 11 EStG und der Betriebsausgaben-Abfluss

In Zusammenhang mit dem Betriebsausgabenabzug und mit § 11 Abs. 2 EStG sind auch die Darlehensgeschäfte eines Überschussrechners zu sehen. Während für BA generell § 4 Abs. 4 ff. EStG sowie § 12 EStG zu berücksichtigen sind, sind beim § 4 Abs. 3-Rechner zusätzlich § 11 Abs. 2 EStG sowie »systemimmanente« Regeln zu befolgen.

Beispiel 8: Der fremdfinanzierte Unternehmensberater U

U, selbständiger Unternehmensberater, finanziert seit Geschäftsbeginn am 20.12.01 Büro und Sekretärin mittels eines sog. Vorzugsdarlehens. Die Valuta beträgt 200.000 € bei einem Auszahlungsbetrag von 190.000 €; 10 % Zinssatz (jährlich im Voraus) sowie 1 % Tilgung (ebenfalls jährlich im Voraus) und zehnjährige Zinsfestschreibung waren vereinbart. Wie ist die vertragsgemäße Abwicklung am 27.12.01 (Überweisung der Bank von 190.000 €; Tilgungsleistung von 2.000 € für 02; Zinszahlung von 20.000 €) bei der Gewinnermittlung des U zu behandeln?

Lösung: Das Darlehen ist betrieblich veranlasst, sodass auch die Zinsen gem. § 4 Abs. 4 EStG zum Abzug zuzulassen sind (§ 4 Abs. 4a EStG ist nicht einschlägig; § 12 EStG steht nicht entgegen). Die Überweisung selbst (190.000 €) ist ebenso wenig wie die Tilgung (2.000 € für 02) bei der Überschussrechnung steuerrelevant, da es sich um unbeachtliche **Bewegungen im Vermögensbereich** handelt.[15]

Die am 27.12.01 für das Jahr 02 überwiesenen Zinsen sind regelmäßig wiederkehrende BA, die innerhalb des Zehn-Tages-Zeitraumes fällig waren (»jährlich im Voraus«) und auch bezahlt wurden: Die Zinsen (20.000 €) sind BA des Jahres 02.

Hingegen ist das einbehaltene Disagio (Damnum) von 10.000 € sofortige BA des Jahres 01, da eine Aktivierung als Rechnungsabgrenzungsposten und Verteilung über die zehnjährige Laufzeit – wie dies bei der Bilanzierung der Fall ist (§ 5 Abs. 5 S. 1 Nr. 1 EStG) – bei der Überschussrechnung nicht möglich ist. Das Damnum stellt auch keine periodisch wiederkehrende gleichartige Zahlung dar, da – erst in zehn Jahren – neu verhandelt wird und dann die Restvaluta ggf. ohne weiteres Abgeld fällig gestellt wird. Zwar unterliegt das Damnum dem Anwendungsbereich des § 11 Abs. 2 S. 3 EStG (Entgelt für längerfristige Kapitalüberlassung), die Verwaltung (BMF vom 15.12.2005, BStBl I 2005, 1052) belässt es aber in diesem Fall bei der Altregelung (Rz. 15 des BMF-Schreibens vom 20.10.2003, BStBl I 2003, 546: Sofortabzug).[16]

Gegen das Damnum als BA bestehen – wegen § 42 AO und insb. wegen der Höhe (nur 5 % der Valuta) und wegen des Zeitraumes (Leistung innerhalb von drei Monaten seit Auszahlung) gem. BMF vom 20.10.2003, BStBl I 2003, 546 – dort zum neuen Bauherren-Erlass – keine grundsätzlichen Bedenken.

In 02 ist das Damnum des U voll (10.000 €) als BA abzuziehen.

---

13   Umgekehrt muss V die Miete für Dezember 01 erst in 02 als Einnahmen §§ 8, 21 EStG erfassen.

14   Eine wirksame Aufrechnung setzt nach § 387 BGB zwei gleichartige und gegenseitige Forderungen voraus, von denen die Aktivforderung (mit der aufgerechnet wird) erfüllbar und die Passivforderung (gegen die aufgerechnet wird) fällig ist.

15   Andere Erklärung: Gleichbehandlung mit der Bilanzierung, bei der mit der Aufnahme des Darlehens eine erfolgsneutrale Aktiv-Passivmehrung verbunden ist.

16   S. auch H 11 »Zeitliche Anwendung« EStH.

2.3 Einzelne Posten der Überschussrechnung

Vorbemerkung: Wegen des didaktisch angestrebten, von der Rspr. des BFH immer wieder durchgesetzten und von der Wissenschaft geforderten **einheitlichen Gewinnverständnisses** hält sich der Aufbau an die Begriffswelt des Bilanzrechts, um sogleich die technischen Unterschiede bei der §4 Abs. 3-Rechnung aufzuzeigen.

2.3.1 Das Umlaufvermögen

Wie beim Bilanzierenden gibt es natürlich auch beim Überschussrechner Umlaufvermögen (UV), so wie es in R 6.1 Abs. 2 EStR definiert ist: WG, die zur Veräußerung, Verarbeitung oder zum Verbrauch bestimmt sind. Im Unterschied zur Gewinnermittlung durch BVV erfährt das UV beim Überschussrechner jedoch eine andere Behandlung.

Für den Regelfall des UV nimmt sich §4 Abs. 3 EStG dieser Vermögenskategorie nicht ausdrücklich an, sodass es bei der Aussage von §11 EStG verbleibt, wonach mit der Bezahlung der angeschafften Waren (bzw. der Roh-, Hilfs- und Betriebsstoffe) diese Geschäftsvorfälle als BA abschließend gewürdigt sind. Spätere Ereignisse wie Verlust, Diebstahl, Zerstörung können **nicht ein zweites Mal erfolgswirksam** (auch nicht durch eine Teilwertabschreibung) berücksichtigt werden. Dies liegt zum einen an der für die Gewinnermittlung nach §4 Abs. 3 EStG irrelevanten Inventur, zum anderen an dem Grundsatz der »Totalgewinnidentität«, verglichen mit dem Bilanzierenden. Nachdem sich bei diesem die Anschaffung als erfolgsneutral[17] erweist, wird die **erst- und einmalige** Gewinnauswirkung später durch Verkauf oder durch betrieblichen Verlust dokumentiert.

Um das Steuersparmodell mit **gewerblichen GbR für Wertpapieranlagen** zu stoppen, sind im Jahre 2006 mit §4 Abs. 3 S. 4 und S. 5 EStG auch Anteile an KapG, Wertpapiere und vergleichbare nicht verbriefte Forderungen und Rechte, Grund und Boden sowie Gebäude **des UV** in den Anwendungsbereich des §4 Abs. 3 S. 4 EStG einbezogen worden.[18] Für Letztere (d. h. für die aktuell einbezogenen WG des UV) gilt daher die Behandlung wie beim nicht abnutzbaren Anlagevermögen.

Nach dem Verbot der Doppelberücksichtigung (keine zweimalige BA) wird das UV bei der Überschussrechnung nur einmal, nämlich beim bezahlten Erwerb oder in den Fällen der Neuregelung des §4 Abs. 3 S. 4 EStG bei Veräußerung bzw. Entnahme, aufwandswirksam berücksichtigt.

Beispiel 9: Die »Goldrochade« bei Zahnärzten

Der Zahnarzt Z verfährt wie einige seiner Kollegen: Die Schmerzen des Patienten (P) können – lege artis – nur durch eine neue Goldfüllung behoben werden. Zu diesem Zweck entnimmt Z das Altgold des P mit einem Tauschwert von 1.000 €. Damit soll das Behandlungshonorar zur Hälfte abgegolten sein. P erhält eine Füllung mit Neugold. Das gesammelte Altgold (insgesamt 10.000 €) tauscht Z später gegen Feingoldpräparate, um es zukünftig bei anderen Patienten schmerzlindernd einzusetzen. Beim Tausch (Altgold gegen Feingold) geht ein Fünftel durch Unachtsamkeit verloren.

---

17 Aktiv-Passivmehrung bei Kauf auf Ziel bzw. Aktivtausch bei Barzahlung.
18 »Gesetz zur Eindämmung missbräuchlicher Gestaltungen« vom 28.04.2006, BGBl I 2006, 1095. Dies gilt für die dort genannten WG des **UV**, die nach dem 05.05. angeschafft, hergestellt oder in das BV eingelegt worden sind.

Lösung:
a)   Das einbehaltene Altgold stellt als betrieblicher Zufluss eines wirtschaftlichen Vorteils in Geldeswert eine BE nach § 8 Abs. 2 EStG (Honorarersatz[19]: Ansatz mit dem gemeinen Wert) dar; 1.000 € (Gold) + 1.000 € (unterstellt: bezahltes Honorar) als BE.

b)   Wenn, wie hier, das Altgold zur betrieblichen Wiederverwendung (wenngleich nur für Tauschzwecke) aufbewahrt wird, ist damit Vorratsvermögen angeschafft. Dies ist jedoch eine BA (i. H. v. 1.000 €), sodass sich BE und BA wieder ausgleichen. Etwas anderes (kein betriebliches UV, da kein BV) gilt nur, wenn das gesammelte Altgold nicht verbraucht wird, sondern zur privaten Vermögensbildung angeschafft sein soll.[20] Dies muss zwangsläufig eine Entnahme sein (s. sogleich).

c)   Der spätere Tausch des Altgoldes gegen Feingoldpräparate (Wert: 10.000 €) zur Verwendung als neues Zahngold stellt eine erneute BE (Hilfsgeschäft: Veräußerung von BV) und gleichzeitig eine BA (Anschaffung des neuen Zahngoldes) in derselben Höhe dar. Die beiden Vorgänge gleichen sich hier wieder aus.[21]

d)   Schließlich kann der Verlust von 1/5 des Altgoldes (2.000 €) keine nochmalige BA-Berücksichtigung finden, da ausschließlich der Ersterwerb als BA behandelt wird.

Hinweis: Für den Fall, dass der § 4 Abs. 3-Rechner es irrtümlich unterlässt, die BA für Umlaufvermögen im Jahr des Abflusses geltend zu machen und der Steuerbescheid schon bestandskräftig ist, hat der BFH am 30.06.2005 (BStBl II 2005, 758) entschieden, dass die BA erst im Zeitpunkt der Veräußerung bzw. der Entnahme abgezogen werden können. Das BFH-Urteil deckt sich mit der in 2006 überarbeiteten gesetzlichen Regelung für nicht abnutzbares Anlagevermögen und bestimmte WG des UV (u. a. GruBo und Gebäude; § 4 Abs. 3 S. 4 EStG) und ist als rechtsfolgenkonsistente Erkenntnis zu begrüßen.

2.3.2   Das abnutzbare Anlagevermögen

Bereits früh hatte man erkannt, dass das Abflussprinzip bei WG des abnutzbaren Anlagevermögens (mit der Folge: AK als BA) zugunsten der wirtschaftlichen Verursachung – **nunmehr: AfA als BA** – zurücktreten müsse. Mit § 4 Abs. 3 S. 3 EStG finden – analog zur Bilanzierung – die Vorschriften der §§ 7, 7a ff. EStG, § 82a EStDV über die AfA Anwendung. Dies gilt sowohl für die »Planabschreibung« des § 7 EStG, als auch für die Absetzung für erhöhte Abnutzung, sowie für Sonderabschreibungen. Keine Anwendung findet § 4 Abs. 3 S. 3 EStG hingegen für die außerplanmäßige Teilwertabschreibung nach § 6 Abs. 1 Nr. 1 EStG, da die dortige bilanzmäßige Bewertung gerade beim Überschussrechner nicht greift.[22]

Andererseits findet die GWG-Regelung des § 6 Abs. 2 EStG bzw. die Sammelpostenregelung des § 6 Abs. 2a EStG Anwendung, da es sich hierbei um eine materielle AfA-Regelung handelt.

Beispiel 10: Die rasante Fahrt der Hebamme mit Ikone

Hebamme H benutzt seit Januar 01 einen Citroën 2 CV ausschließlich für Dienstfahrten. Nachdem für eine Hebamme eine Pauschalregelung für BA nicht in Betracht kommt, möchte sie wissen, wie sich die Anschaffung der »Ente« zu 6.000 € (brutto) steuerlich amortisiert. Dabei ist zu berücksichtigen, dass sie im März 06 auf der Fahrt zu einer Hausgeburt einen Totalschaden (Versicherungsentschädigung: 500 €)

---

19   Für den Fall, dass P über den Verbleib des Altgoldes uninformiert bleibt (und er es nicht in Anrechnung bringt), kommt ein Betrug(-sversuch) nach § 263 StGB durch Unterlassen in Betracht. Dies wird aber nur bei einer Aufklärungspflicht aus vorausgegangenem Tun (Ingerenz) bejaht, die nicht vorliegen dürfte.

20   Nach BFH vom 26.05.1994 (BStBl II 1994, 750) ist dies dann der Fall, wenn es in max. sieben Jahren nicht verbraucht wurde.

21   BFH vom 12.07.1990 (BStBl II 1991, 13 – Altgold gegen Zahngold) gegen BFH vom 17.04.1986 (BStBl II 1986, 607 – Altgold gegen privates Feingold).

22   An dieser Stelle bekommt die AfA § 7 Abs. 1 S. 7 EStG erhöhte Bedeutung, da auf diese gesetzlich Bezug genommen ist.

erlitten hat. Im Pkw von H fuhr immer eine baumelnde Ikone des Heiligen Christophorus mit, die sie gleichzeitig mit dem Pkw zu 150 € erworben hat. Der Schutzzweck der Ikone versagte offensichtlich bei dem Unfall.

Eine der Vorfragen zur Berücksichtigung der AfA als BA wird immer sein, ob die konkreten WG überhaupt **BV-Eigenschaft** haben oder PV darstellen. Die Annahme von (notwendigem) BV bei ausschließlicher betrieblicher Nutzung bereitet keine Probleme. Dies gilt hier sowohl für den »2 CV« als auch für den »Christophorus«.[23] Bei der Ikone, die keine Sachgesamtheit mit dem Pkw bildet, ist eventuell die Eigenschaft als »**abnutzbares**« WG fraglich. Bei Kunstgegenständen kommt allenfalls eine wirtschaftliche Abnutzung (s. aber BFH vom 26.01.2001, BStBl II 2001, 194)[24] in Betracht. Dies ist nach gesicherter BFH-Rspr. (BFH vom 09.08.1989, BStBl II 1990, 50) jedoch bei Kunstwerken anerkannter Meister[25] sowie bei Sammelstücken nicht der Fall, da hier eher mit einem Wertzuwachs zu rechnen ist.

Lösung:

Nachdem H Einkünfte in einem ähnlichen Beruf nach § 18 EStG (BFH vom 23.08.1996, BStBl III 1966, 677) erzielt, kann sie ihren Gewinn nach der Überschussrechnung ermitteln (§ 18, § 2 Abs. 2 Nr. 1, § 4 Abs. 3 EStG).

- Beim **Pkw** ist im Anschaffungsjahr **01** nach § 4 Abs. 3 S. 3 EStG i. V. m. § 7 EStG nur die AfA als BA zu berücksichtigen. AfA-BMG ist nach § 9b Abs. 1 EStG der Bruttobetrag i. H. v. 6.000 €, da H nach § 4 Nr. 14 UStG steuerbefreite Umsätze tätigt. Bei unterstellter linearer AfA[26] nach § 7 Abs. 1 macht H für zwölf Monate die AfA geltend. Als betriebsgewöhnliche ND für Pkw wird seitens der Fin-Verw (BStBl I 2000, 1532) ein Zeitraum von sechs Jahren angenommen; die jährliche lineare AfA beträgt 1.000 €. Für den Pkw können **in 01** und in den Folgejahren (**02 – 06**) bis zum Unfall je 1.000 € als jährlicher AfA-Betrag angesetzt werden.
- Bei der **Ikone** wurde festgestellt, dass es sich um ein abnutzbares (und eigenständiges) WG des betrieblichen AV handelt und dass sie bei einem Wert von 150 € sofort nach § 6 Abs. 2 EStG als GWG abgeschrieben werden kann (BA), da der Grenzwert von 800 € immer netto ermittelt wird.[27]
- Der (Betriebs-[28])Unfall in **06** führt – in Analogie zur Bilanzierung – zur »Ausbuchung« des **Restwerts als BA** und zum Ansatz der Versicherungsentschädigung als BE. Bis zum Ausscheiden ist zunächst die »laufende« AfA[29] von 3/12 (d. h. 1/4) der Jahres-AfA als BA (250 €) zu erfassen. Sodann ist der Restwert von 750 € als BA anzusetzen.
- Die Versicherungsentschädigung von 500 € ist bei einem – wie hier – ausschließlich betrieblich eingesetzten Pkw in voller Höhe als BE zu erfassen.

Bei einem **gemischt genutzten** Pkw soll die Versicherungsentschädigung nach dem (vom BFH aus verfahrensrechtlichen Gründen aufgehobenen) Urteil des FG Hamburg vom 15.04.2002 (EFG 2002, 1285; dort: Kaskoversicherung gegen Diebstahl) entsprechend dem Nutzungsgrad aufgeteilt werden. Danach führt nur der betriebliche Anteil zu BE, während der private Anteil einen steuerneutralen Zugang im PV (sog. Privateinnahme) darstellt. Der BFH hat im Urteil vom 20.11.2003 (BStBl II 2006, 7) die Frage der Aufteilung ausdrücklich offen gelassen.

---

23 Eine private Veranlassung (§ 12 Nr. 1 EStG) ist wegen des identischen Erwerbszeitpunktes und des identischen Einsatzes mit dem Betriebs-Pkw auszuschließen (a. A. vertretbar).

24 Ausnahmefall: über 300 Jahre alte Meistergeige, die im Konzertalltag eingesetzt wird; hier kann es nach BFH vom 26.01.2001 (BStBl II 2001, 194) – Fall zu § 9 EStG – zu einem technischen Verschleiß kommen, auch wenn ein wirtschaftlicher Wertzuwachs gegeben ist.

25 Hierfür gibt es – je nach OFD-Bezirk – unterschiedliche Auffassungen. In den meisten Fällen liegt bei Überschreiten der 10.000-€-Anschaffungsgrenze ein Kunstwerk eines anerkannten Meisters vor.

26 Für Anschaffungen nach dem 31.12.2019 und vor dem 01.01.2022 kann statt der linearen AfA auch die degressive AfA nach § 7 Abs. 2 EStG in Anspruch genommen werden.

27 Bei der Grenzberechnung ist immer vom Nettobetrag auszugehen (R 9b Abs. 2 S. 2 EStR). Dies gilt unabhängig davon, ob ein VSt-Abzug besteht oder nicht.

28 Bei einem privat veranlassten Unfall (bzw. bei einem Unfall unter Alkoholeinfluss) wird ebenfalls der Restwert ausgebucht (BFH vom 24.05.1989, BStBl II 1990, 8). Keine Entnahme!

29 Bei Ausscheiden des WG galt immer schon die »Pro rata temporis«-Regelung.

Exkurs: Die **GWG**-Regelung bei § 4 Abs. 3 EStG[30]

- Die Wertgrenze für GWG beträgt **800 €**. Dabei handelt es sich um die AK/HK, vermindert um einen darin enthaltenen VSt-Betrag (§ 9 Abs. 1 EStG) oder den nach § 6 Abs. 1 Nr. 5 bis 6 EStG an deren Stelle tretenden Wert (Einlagewert).
- Die Aufwendungen für die GWG **sind** im Jahr der Anschaffung, Herstellung oder Einlage des WG oder der Betriebseröffnung **in voller Höhe als Betriebsausgaben abzusetzen**.
- Für abnutzbare bewegliche WG des Anlagevermögens, die einer selbständigen Nutzung fähig sind, kann im Wj. der Anschaffung, Herstellung oder Einlage des WG oder der Eröffnung des Betriebs ein Sammelposten **gebildet werden**[31], wenn die AK/HK, vermindert um einen darin enthaltenen Vorsteuerbetrag (§ 9 Abs. 1 EStG) oder der nach § 6 Abs. 1 Nr. 5 bis 6 an deren Stelle tretende Wert für das einzelne WG **250 €, aber nicht 1.000 € übersteigen**.
- Der in der Nr. 4 genannte **Sammelposten** ist im Wj. der Bildung und in den folgenden vier Wj. mit jeweils **einem Fünftel gewinnmindernd aufzulösen**.
- **Scheidet ein WG** i. S. d. Nr. 4 aus dem BV **aus**, so wird der **Sammelposten nicht gemindert**.

2.3.3   Das nicht abnutzbare Anlagevermögen

Ohne die Klarstellung in § 4 Abs. 3 S. 4 und 5 EStG würden sämtliche Überschussrechner mit hohen Investitionen, die beim Kauf von Grundbesitz oder beim Erwerb von betrieblichen Beteiligungen erforderlich sind, auf einen (zu) langen Zeitraum steuerliche Verluste generieren. Von daher werden die AK in dieser betrieblichen Vermögenskategorie erst bei der späteren Veräußerung oder Entnahme – als Gegengröße zum Verkaufserlös – angesetzt.

Beispiel 11: Die Vorfreude des Architekten

Architekt (A) – Überschussrechner – erhält von seinem jetzigen Auftraggeber, der Neuen Heimat-AG als Honorar 100 neue Aktien eben dieser AG für Arbeiten in 02 (kein Dividendenrecht). Ein Jahr vorher hatte er 1.000 Wertpapiere der N.H.-AG zu einem Börsenkurs von 100 € erworben. In den Jahren 11 – 13 erhält er 10 % Nettodividende auf den Nennbetrag der Aktie (52,50 €). In 02 stieg der Kurs auf 150 € und in 03 auf 200 €, als er die Aktien verkaufte.
  Freut sich A zu früh über den realisierten Wertzuwachs?

Aktien gehören dann zum nicht abnutzbaren AV, wenn sie – wie hier – nicht zur kurzfristigen Spekulation (sodann UV, aber gleiche Behandlung gem. § 4 Abs. 3 S. 4 und 5 EStG) erworben werden und in Bezug zur eigenen beruflichen (betrieblichen) Tätigkeit des Erwerbers stehen. Reine Geldgeschäfte, bei denen die Kapitalanlage im Vordergrund steht (d. h. bei einem eigenen wirtschaftlichen Gewicht, bei dem die Gewinnung eines Auftraggebers nicht im Vordergrund steht), erfüllen nicht die BV-Eigenschaft, sondern bleiben nach BFH vom 31.05.2001 (BStBl II 2001, 828) PV.

  Nach § 4 Abs. 3 S. 5 EStG treten die skizzierten Steuerfolgen nur ein, wenn die WG in einem Anlageverzeichnis geführt werden.

Lösung:

- Der Erwerb der 1.000 Aktien **in 01** zu 100 € führt zu AK von 100 T€, die erst beim Verkauf **in 03** als BA berücksichtigt werden, wenn gleichzeitig der Erlös von 200 T€ als BE anzusetzen ist.
- Schwieriger gestaltet sich der Erwerb der 100 Wertpapiere **in 02**. Diese repräsentieren als geldwerte Leistung das Honorar und sind nach § 8 Abs. 2 EStG zu versteuern.
  Gleichzeitig stellen sie AK für WG des nicht abnutzbaren AV dar, die als BA erst **in 03** zu erfassen sind. Mit dem Urteil des BFH vom 01.02.2001 (BStBl II 2001, 546) ist daher die realisierte Wertstei-

---

30   Für eine eingehende Betrachtung s. Kap. V.
31   Derzeit wird die Erhöhung der GWG-Grenze auf 1.000 € und die Abschaffung des Sammelpostens diskutiert.

gerung der Aktien als BE **in 03 m**it einem Betrag von 5 T€ (20 T€ ./. 15 T€) zu erfassen. Dabei spielt es im betrieblichen Bereich keine Rolle, ob der Aktienerwerb zu einer »wesentlichen« Beteiligung nach § 17 EStG führte, da die Aktien hier ihrer Rechtsnatur nach BV sind.

- Unter Geltung des **Teileinkünfteverfahrens** wird die Dividende gem. § 3 Nr. 40 S. 1 Buchst. d S. 2 EStG nur mit 60 % angesetzt.
- In einem – vor allem dogmatisch – interessanten Urteil vom 07.11.2001 (BStBl II 2002, 865) hat der BFH etwaige **Wertänderungen** von Dividendenansprüchen losgelöst von der (im Urteilsfall aufgrund DBA gegebenen) Steuerfreiheit des Dividendenbezugs behandelt. Danach können solche Wertveränderungen, z. B. aufgrund von Wechselkursschwankungen zwischen dem Ausschüttungsbeschluss und der tatsächlichen Dividendenzahlung, durchaus zu steuerrelevanten Ergebnissen führen. Soweit sich solche Wertpapiere im BV eines Überschussrechners befinden, tritt der steuerliche Erfolg erst mit Zufluss der Dividende ein. Bis zu diesem Zeitpunkt eingetretene Kursveränderungen ordnet der BFH den Einkünften zu, konkret: Sie erhöhen oder vermindern die heute nach dem (Halb-)Teileinkünfteverfahren (TEV) besteuerten Kapitalerträge.

Nochmals: In § 4 Abs. 3 S. 4 und S. 5 EStG sind folgende Gegenstände des UV in den Anwendungsbereich des § 4 Abs. 3 S. 4 EStG einbezogen:
- Anteile an KapG,
- Wertpapiere und vergleichbare nicht verbriefte Forderungen und Rechte,
- Grund und Boden sowie Gebäude.

2.4 Spezialfragen der Überschussrechnung

2.4.1 Entnahmen und Einlagen (technische Fragen)

Wie bereits erwähnt, ist § 4 Abs. 3 EStG eine lückenhafte Vorschrift. So sind alle Vorgänge, die beim BVV als Entnahmen und Einlagen einen Korrekturposten zum reinen Vermögensvergleich (§ 4 Abs. 1 S. 1 EStG) bilden, um somit das rein betriebliche Ergebnis zu ermitteln, bei der Überschussrechnung nicht vorgesehen. Da sich die Tatbestände auch hier nicht vermeiden lassen, sah sich die Rspr. gezwungen, außerbetriebliche Wertzugänge (Einlagen) sowie Wertabführungen (Entnahmen) im Ergebnis der Gewinnermittlung nach § 4 Abs. 1 EStG gleichzustellen. In der »Sprache« der Überschussrechnung sind **Entnahmen wie BE und Einlagen wie BA** zu behandeln.

> **Beispiel 12: Der Standardfall einer Pkw-Privatfahrt – die gesetzliche Luxusantwort**
>
> Kioskverkäufer K (kein buchführungspflichtiger Kaufmann, § 141 AO-Grenzen sind unterschritten) fährt täglich (300 x pro Jahr) mit seinem am 02.01.01 erworbenen, gebrauchten E-Klasse Mercedes (umgerechneter Listenpreis 25.000 €) von der Wohnung an der Außenalster in Hamburg zu seinem Kioskstand (Jungfernstieg); Entfernung ca. 1 km. Ansonsten ist er lt. ordnungsgemäß geführtem Fahrtenbuch zu 80 % mit dem Pkw betrieblich (Einkaufsfahrten und Fahrten zwischen Wohnung und Kiosk) unterwegs. 2.000 km werden für Privatfahrten nach Sylt (zweite Wohnung) zurückgelegt. Insgesamt fährt er mit seinem Mercedes 20.000 km/Jahr, die zu genau 20.000 € Pkw-Kosten (netto; davon 2.000 € ohne VSt-Abzug; inkl. AfA) führen. Die Pkw-Kosten i. H. v. 20.000 € wurden voll als BA abgezogen.
>
> **Alternative:** K ist ohne Fahrtenbuch unterwegs.

Die Eigengesetzlichkeit der § 4 Abs. 3-Rechnung ist in allen Einzelfällen der Entnahmen und Einlagen zu beachten. Für die – wegen der Charakterisierung des Pkw als WG des notwendigen BV[32] – hier vorliegenden Nutzungsentnahme (§ 4 Abs. 1 S. 2 EStG analog) der Privatfahrten bedeutet dies:

---

32 Bei einem betrieblichen Nutzungsgrad von über 50 % (R 4.2 Abs. 1 EStR) ist der Pkw in vollem Umfang sog. notwendiges BV und als solches unproblematisch bei der Überschussrechnung als BV anzusetzen; so auch BMF vom 18.11.2009 (BStBl I 2009, 1326, Rz. 1 ff).

Lösung:

Im **Ausgangsfall** führt die private Nutzung des Pkw zu einer **Nutzungsentnahme** gem. § 6 Abs. 1 Nr. 4 S. 2 und 3 EStG und damit zu einer Hinzurechnung als BE, da K die Pkw-Kosten vollumfänglich als BA behandelt hat.

Aufwendungen für Fahrten zwischen Wohnung und Betrieb zählen grundsätzlich zu den betrieblichen Aufwendungen gem. § 4 Abs. 5 S. 1 Nr. 6 EStG, sofern der Pkw dem BV zuzuordnen ist. Die private Nutzung wird bei einer betrieblichen Nutzung von mehr als 50 % durch einen pauschalen Nutzungswert (1 % des inländischen Listenpreises[33]) berücksichtigt gem. § 6 Abs. 1 Nr. 4 S. 2 EStG. Wahlweise kann stattdessen aber auch der tatsächliche private Nutzungswert ermittelt werden gem. § 6 Abs. 1 Nr. 4 S. 3 EStG.

Bei ordnungsgemäßer und laufender Führung eines Fahrtenbuches ermittelt sich der Nutzungsanteil nach gefahrenen Kilometern. Dabei zählen Fahrten zwischen Wohnung und Betrieb zu betrieblichen Fahrten.

Die »eigentlichen« Privatfahrten werden in dem obigen Beispiel bei einem Anteil von 20 % (2.000 km) bei einem Fahrtenbuch wie folgt abgerechnet:

20.000 € x 20 % = 4.000 € private Nutzungsentnahme (BE i. H. v. 4.000 €).

Dabei ist noch die USt i. H. v. 19 %, bezogen auf 3.600 €[34], zu berücksichtigen (684 €); somit erhöht sich – wegen § 12 Nr. 3 EStG – die Nutzungsentnahme auf **4.684 €**.

Für Fahrten zwischen Wohnung und Betriebsstätte und Familienheimfahrten sind die nicht abziehbaren Betriebsausgaben nach § 4 Abs. 5 S. 1 Nr. 6 S. 3 2. Alt. EStG zu ermitteln.

In der **Alternative (kein Fahrtenbuch)** erfolgt die Berechnung aufgrund der 1 %-Regelung gem. §§ 4 Abs. 5 Nr. 6 i. V. m. 6 Abs. 1 Nr. 4 S. 2 EStG.[35]

- 1 %-Regelung – Privater Nutzungsanteil gem. § 6 Abs. 1 Nr. 4 S. 2 EStG:

25.000 € x 1 % x 12 Monate =	3.000 €

- Hinzurechnung – Pauschaler Wertansatz Fahrten Wohnung – Betrieb gem. § 4 Abs. 5 S. 1 Nr. 6 S. 3 EStG:

25.000 € x 0,03 % x 1 km x 12 Monate =	90 €	
abzgl. 0,30 x 1 km x 300 Tage =	90 €	
Differenz	0 €	0 €

- Prüfung der Kostendeckelung

Gesamtaufwendungen:	20.000 €
Pauschale Wertansätze (Summe 1 + 2):	3.000 €
Höchstbetrag der pauschalen Wertansätze:	20.000 €

Ein Betrag von 3.000 € ist nach der 1 %-Regelung als Entnahme zu berücksichtigen und wieder hinzuzurechnen.

Dabei ist noch die USt i. H. v. 19 %, bezogen auf 2.400 €[36], zu berücksichtigen (456 €); somit erhöht sich – wegen § 12 Nr. 3 EStG – die Nutzungsentnahme auf **3.456 €**.

---

33 Bei Benutzung von **Elektrofahrzeugen** erfolgte gem. § 6 Abs. 1 Nr. 4 S. 2 2. HS EStG eine Reduzierung des Listenpreises. Für Kfz, die ab dem 18.02.2016 erworben wurden (Kauf oder Leasing), gibt es einen **Umwelt-Bonus** von 4.000 € (rein elektrisch betrieben) bzw. 3.000 € (Plug-in-Hybride). Der zur Hälfte von den **Herstellern als Rabatt** zu gewährende Anteil führt zu **niedrigeren AK**. S. auch BFH vom 30.11.2016 (DB 2017, 345) zur Berücksichtigung von Kraftstoffkosten des AN, die er selbst getragen hat.

34 Von den 20.000 € sind 2.000 € nicht vorsteuerverhaftet gewesen; diese münden bei der Berechnung der USt nach § 3 Abs. 9a Nr. 1 UStG nicht in die BMG, sodass nur 20 % von 18.000 €, d. h. 3.600 € den USt-pflichtigen Umsatz nach § 10 UStG darstellen.

35 Inländischer Listenpreis des Kfz im Zeitpunkt seiner Erstzulassung zzgl. der Kosten für Sonderausstattung; s. hierzu (inländischer Listenpreis; auch für reimportierte Kfz; auch für gemietete oder geleaste Kfz) auch BMF vom 18.11.2009 (BStBl I 2009, 1326); der BFH prüft, ob der Ansatz des höheren Listenpreises anstelle des handelsüblichen Verkehrspreises rechtmäßig ist (Az.: VI R 51/11).

36 Von den 3.000 € können 20 % (= 600 €) als nicht vorsteuerverhaftet angesehen werden; diese münden bei der Berechnung der USt nach § 3 Abs. 9a Nr. 1 UStG nicht in die BMG, sodass nur 80 % von 3.000 €, d. h. 2.400 €, den umsatzsteuerpflichtigen Umsatz nach § 10 UStG darstellen.

Hinweis: Verwendet der StPfl. das zum BV gehörende Kfz zur Erzielung anderer, außerbetrieblicher Einkünfte, so ist diese Nutzung nicht durch die Bewertung der privaten Nutzung nach der 1 %-Regelung abgegolten.[37] Der BFH begründet diese Entscheidung damit, dass die 1 %-Regelung sich explizit nur auf die private Nutzung bezieht. Daraus folgt, dass die Verwendung des Fahrzeugs zur Erzielung anderer steuerbarer Einkünfte nicht von der 1 %-Regelung gedeckt ist.[38] Die Nutzung in solchen Fällen ist mit den auf sie tatsächlich entfallenden Kosten als Entnahme zu erfassen. Bei den anderen steuerbaren Einkünften mindern sie allerdings als BA oder WK (bis auf Kapitalvermögen) die Einkünfte.

Neben der Nutzungsentnahme kommt die Entnahme von Gegenständen in Betracht. Im Unterschied zu den Entnahmen sind (bloße) Nutzungen und Dienstleistungen nicht einlagefähig, Sachgegenstände (oder allgemeiner: WG) hingegen schon.

Beispiel 12a: Das geänderte Fahrverhalten des K (aus Beispiel 12)

Spätestens nach der Lösung zu Beispiel 12 besinnt sich K seiner politischen Aufgabe als ökobewusster Kioskbesitzer. Er schenkt den voll abgeschriebenen Mercedes (AK in 01: 20.000 €) im Dezember 07 seiner Lebensgefährtin.

Von ihr erhält er im Gegenzug ein gleichwertiges, höchstens noch zwei Jahre nutzbares Motorrad (Marke Chopper-Rex) mit einem Schätzwert von 100 €. Seitdem »choppt« K morgens und abends beruflich an der Binnenalster.

Bei Umwidmung eines Gegenstandes vom bisherigen BV in nunmehriges PV (Entnahme des Mercedes) und umgekehrt bei einer Überführung eines WG vom PV in das BV (Einlage des Motorrads) findet unmittelbar kein Zahlungsvorgang statt. Die Überschussrechnung muss aber die Frage beantworten, wie sich diese Vorgänge im Zeitpunkt der Nutzungsänderung und später auf die Ermittlung des betrieblichen Ergebnisses auswirken. Dabei ist als Ausgangspunkt für alle weiteren Überlegungen vom **Teilwert** des eingelegten, wie des entnommenen WG, auszugehen. § 6 Abs. 1 Nr. 4 und 5 EStG sind analog anzuwenden (BFH vom 09.11.2000, BStBl II 2001, 190). Die Kernaussage des (Teil-)Wertansatzes ist in das System der Überschussrechnung einzupassen.

Lösung:

Die **Entnahme** des Mercedes **Ende 07** ist mit dem TW von 100 € (§ 6 Abs. 1 Nr. 4 S. 1 1. HS EStG analog) anzusetzen und als BE zu erfassen. Wiederum vergleichbar mit einem Bilanzierenden hat der § 4 Abs. 3-Rechner den Restwert als BA abzuziehen, da bei der vorliegenden Realisierung von betrieblichen Wertsteigerungen bei beiden Gewinnermittlungsarten nur die **stillen Reserven** zu versteuern sind. Diese setzen sich **nur aus der Differenz** zwischen dem TW und dem noch nicht abgeschriebenen Rest- oder Buchwert zusammen. K hat, da der Mercedes bereits auf »0« gesetzt ist, nur 100 € als Entnahmedifferenz (BE) zu versteuern.

Für die **Einlage** des Motorrads gilt § 6 Abs. 1 Nr. 5 S. 1 1. HS EStG ebenfalls analog mit dem TW. Da die Einlage eines WG – für die weitere Behandlung dieses WG – mit einer Anschaffung vergleichbar ist, gelten die gleichen Grundsätze bei § 4 Abs. 3 EStG wie beim Erwerb. Entsprechend der Rechtsnatur des jeweiligen WG – hier: abnutzbares AV – wird der Einlagewert (TW) nicht im Zeitpunkt der Einlage (als BA) erfasst, sondern nur sein Wertverzehr während der betrieblichen Nutzung.

Bezogen auf die zweijährige Nutzungsdauer des Chopper-Rex wird beim Einlagewert von 100 € eine Jahres-AfA von 50 € gebildet und grundsätzlich nur diese als BA gem. § 4 Abs. 3 S. 4 EStG analog berücksichtigt. Alternativ kann von der Regelung des § 6 Abs. 2 EStG (GWG) Gebrauch gemacht werden.

In einer häufig vorkommenden Fallgruppe (Freiberufler mit mehrstöckigem Haus, das sowohl betrieblich genutzt wird und auch fremden bzw. eigenen Wohnzwecken dient) hat der BFH im

---

37 BFH vom 26.04.2006, Az.: X R 35/05, DStR 2006, 1876. Hier wurde der Pkw eines Gewerbebetriebs zusätzlich zur Ausführung einer anderen Tätigkeit als Prokurist bei einer Fabrik benutzt.

38 Der Auslegung des BFH nach Sinn und Zweck zufolge ist die Verwendung des Kfz zur Erzielung weiterer Einkünfte nicht als private Nutzung i. S. d. Vorschrift anzusehen.

Urteil vom 10.11.2004 (BFH/NV 2005, 605) für den Fall einer **vorübergehenden** Umwidmung von zwei Zimmern (statt betrieblicher Nutzung: nunmehrige übergangsweise Vermietung zu Wohnzwecken) eine denkwürdige Entscheidung getroffen. Nachdem er in bekannter Weise darauf abstellte, dass eine Entnahme auch ohne Entnahmeerklärung durch bloße Nutzungsänderung angenommen werden kann, wurde die Rechtsfolge einer **Zwangsentnahme** aber teleologisch reduziert und gilt folglich nur für den Fall, dass es zu einer **dauernden** (privaten) **Nutzungsänderung** kommt. Ist diese nur vorläufig geplant, so bedarf es einer eindeutigen Entnahmeerklärung, da das strittige WG (zwei Zimmer) nicht dauernd dem BV entzogen sei. Diese Entscheidung ist nur vor dem Hintergrund der geänderten Rspr. zum gewillkürten BV beim EÜ-Rechner nachvollziehbar, da nunmehr auch bei § 4 Abs. 3 EStG neben dem Begriff des »geduldeten BV« auch gewillkürtes BV möglich ist.

In diese restriktive Rspr. (Zurückdrängen von »Entnahme-Sachverhalten«) fügt sich auch das Urteil des BFH vom 21.08.2012 (BStBl II 2013, 117), wonach bei einer **Absenkung der betrieblichen Nutzung unter 10 %** (gegenüber dem Vorjahr: > 10 %) nicht alleine von Gesetzes wegen von einer **Entnahme** ausgegangen werden kann. Bei gewillkürtem BV verliert das WG diese Eigenschaft nur durch eine Auflösung des betrieblichen Zusammenhangs.

Werden diese Überlegungen auf alle denkbaren (Kategorien von) WG übertragen, die bei der Überschussrechnung entnommen oder eingelegt werden können, ergibt dies in Übereinstimmung mit der Rspr. des BFH[39] folgendes Bild:

Entnahme von:	Auswirkung auf die Überschussrechnung:
Umlaufvermögen	Teilwert als (fiktive) BE In den Fällen des § 4 Abs. 3 S. 4 EStG sind die AK erst jetzt als BA zu erfassen Gemeiner Wert als (fiktive) BE in den Fällen des § 4 Abs. 1 S. 3 EStG
Abnutzbares AV	s. Lösung zu Beispiel 12a [Teilwert (= BE) ./. Restwert (= BA)] Gemeiner Wert als (fiktive) BE in den Fällen des § 4 Abs. 1 S. 3 EStG [Gemeiner Wert (= BE) ./. Restwert (BA)]
Nicht abnutzbares AV	Teilwert als (fiktive) BE Gem. § 4 Abs. 3 S. 4 EStG sind die AK erst jetzt als BA zu erfassen Gemeiner Wert als (fiktive) BE in den Fällen des § 4 Abs. 1 S. 3 EStG
Nutzungsentnahme	s. Lösung zu Beispiel 12 (Privatanteil = fiktive BE)
Forderungen	BE i. H. d. Werts der Forderung, da kein späterer Eingang möglich
Verbindlichkeiten (Tilgung mit Privatmitteln)	BA bei Verbindlichkeiten, die beim Kauf von UV eingegangen worden sind (Ausnahme: UV i. S. d. § 4 Abs. 3 S. 4 EStG), sonst keine Auswirkung

Umgekehrt hat die Einlage[40] folgende Auswirkungen:

Einlage von:	Auswirkung auf die Überschussrechnung:
Umlaufvermögen	BA In den Fällen des § 4 Abs. 3 S. 4 EStG erst im Zeitpunkt der Veräußerung oder Entnahme als BA (= Teilwert, bzw. gemeiner Wert in den Fällen des § 4 Abs. 1 S. 7, 2. HS EStG) zu erfassen

---

39   BFH vom 25.04.1990 (BStBl II 1990, 742) vom 24.05.1989 (BStBl II 1990, 8) vom 26.01.1994 (BStBl II 1994, 353) und vom 18.05.2000 (BStBl II 2000, 524 – zu L+F).

40   So auch BFH vom 09.11.2000 (BStBl II 2001, 190).

Einlage von:	Auswirkung auf die Überschussrechnung:
Abnutzbares AV	s. Lösung zu Beispiel 12a (Teilwert als Einlagewert, der über die AfA in der Folgezeit abgeschrieben wird; GWG sofort) Gemeiner Wert als Einlagewert in den Fällen des § 4 Abs. 1 S. 7, 2. HS EStG
Nicht abnutzbares AV	§ 4 Abs. 3 S. 4 EStG: Erst im Zeitpunkt der Veräußerung oder Entnahme als BA (= Teilwert) zu erfassen In den Fällen des § 4 Abs. 1 S. 8, 2. HS EStG ist die BA = gemeiner Wert
Forderungen (selten)	BA im Zeitpunkt der Einlage und BE bei Zahlung
Verbindlichkeiten	Unbeachtlich

Mit Urteil vom 27.01.2016 (BStBl II 2016, 534) hat der BFH klargestellt, dass eine Entschädigung für den Nutzungsausfall insgesamt als BE zu erfassen ist, wenn das Kfz als notwendiges oder als gewillkürtes BV behandelt wurde.

2.4.2 Die Bedeutung von (Bar-)Geld

Die soeben geführte Entnahmen-/Einlagendiskussion erleichtert das Verständnis für die Aussage, dass Geld an sich zwar als die Recheneinheit bei der Überschussrechnung (Ist-Einnahmen) bezeichnet werden kann, Veränderungen des Kassenbestandes durch **private** Zu- und Abgänge aber **keinen Einfluss** auf das Ergebnis bei § 4 Abs. 3 EStG haben. Anders als bei einem Bilanzierenden bildet der Kassenbestand hier keine Grundlage für die Gewinnermittlung und der Vorfall an sich, der zur Erhöhung (Einlage) oder Verminderung des Geldbestandes (Entnahme) geführt hat, ist eben nicht betrieblich veranlasst. Da Geld die »Währungseinheit« der § 4 Abs. 3 EStG-Rechnung ist, darf eine Beeinflussung dieses Grundparameters durch außerbetriebliche Vorgänge nicht zu einem Gewinn-(Verlust-)Ausweis führen.

Seit dem BFH-Urteil vom 28.11.1991 (BStBl II 1992, 343; bestätigt, BFH vom 12.12.2001, StuB 2002, 508) ist geklärt, dass Geldverluste, die ihre Ursache im **betrieblichen** Bereich haben, auch bei der Überschussrechnung zu **BA** führen (Beispiel: Gelddiebstahl durch Betriebsangehörige).

2.4.3 Probleme mit der Umsatzsteuer bei der Überschussrechnung

Zu den zentralen Aussagen zur Behandlung der USt bei der Überschussrechnung gehören:
* Die USt ist kein durchlaufender Posten bei § 4 Abs. 3 EStG, da sie vom Unternehmer auf eigene Rechnung und in eigenem Namen an das FA abgeführt wird (Kennzeichen der indirekten Steuer);
* **strenge Unterscheidung** zwischen der **privatrechtlich** vereinnahmten USt als BE sowie der dem Geschäftspartner bezahlten VSt als BA und der demgegenüber an das FA **öffentlich-rechtlich** abgeführten USt(-Zahllast) als BA – und umgekehrt der VSt-Erstattung als BE;
* Bedeutung des VSt-Abzugs für § 9b EStG (bei fehlender VSt-Abzugsberechtigung ist die bezahlte USt = Teil der AK/HK);
* (BA-)Abzugsverbot der USt bei der »Entnahme-USt« gem. § 12 Nr. 3 EStG.

Daneben treten in der Praxis immer wieder folgende Probleme auf:
  a) die Erstattung (von zu viel gezahlter USt/VSt),
  b) das zeitliche Auseinanderfallen bei der »Entnahme-USt«[41] sowie
  c) überhaupt die zeitliche Erfassung von USt-Vorauszahlung und Erstattung als regelmäßig wiederkehrende Beträge.

---

41 USt für unentgeltliche Wertabgaben.

Zu a): Eine seitens des FA geleistete **Steuererstattung**, die in Zusammenhang mit USt/VSt steht, kann mehrere Gründe haben, z. B. einen VSt-Überhang, zu hohe Vorauszahlungen oder aber eine Verrechnung mit einer privaten (persönlichen) Steuer des Unternehmers (z. B. mit dessen Einkommensteuer). Je nach betrieblicher oder privater Veranlassung des Zahlungs-vorgangs ist die Erstattung als BE (betriebliche Veranlassung) oder überhaupt nicht (private Veranlassung) zu erfassen. Entsprechendes gilt für die Verrechnung.

Beispiel 13: Drunter und drüber

Unternehmer U hat in 01 gegenüber dem FA in der letzten USt-Voranmeldung (für Dezember 01) 10.000 € VSt zu Recht geltend gemacht. Am 20.01.02 erhält U den Erstattungsbetrag, gemindert um eine ESt-Abschlusszahlung von 6.000 €. Der Saldo von 4.000 € wird auf sein Betriebskonto überwie-sen.

   Lösung:
- In 01 ist wegen § 11 EStG nichts veranlasst.
- In 02 kann die »Verrechnung mit der ESt-Schuld«, wegen § 12 Nr. 3 EStG (hier: ESt als Personen-steuer) nicht zu einer Minderung der Einnahmen führen.
- Folglich hat U in 02 den rechnerischen Erstattungsbetrag von 10.000 € als BE zu erfassen.

Zu b): Bei der »**Entnahme-USt**« wird häufig der Bruttobetrag angesetzt (s. Beispiel 12: Nutzungsentnahme private Pkw-Fahrt mit 4.684 € statt mit 4.000 €). Für den Fall, dass die Entnahme noch in 01 einkommensteuerlich brutto erfasst wird, die darauf entfallende USt jedoch erst in 02 bezahlt wird, stellt sich die Frage, ob – wegen § 12 Nr. 3 EStG – diese Zahlung in 02 als BA erfasst werden darf.
- Isoliert betrachtet, verstößt der BA-Abzug in 02 gegen § 12 Nr. 3 EStG. Sodann ist rück-bezüglich die einkommensteuerliche Behandlung als **Bruttoentnahme** in 02 falsch und ggf. über § 174 AO zu korrigieren. Deshalb ist es korrekt, in Hinblick auf § 12 Nr. 3 EStG die Entnahme netto anzusetzen und folgerichtig, weil gesetzeskonform, die hierauf bezahlte USt nicht als BA abzuziehen.
- Wegen der häufig anders geübten Praxis hat sich jedoch die sog. Praktikermethode durchgesetzt, die Entnahme einkommensteuerlich brutto anzusetzen und die hierauf bezahlte USt zum BA-Abzug zuzulassen.

Bei einer in sich geschlossenen, konsistenten Gesamtlösung ist gegen die Praktikermethode nichts einzuwenden.

   Zu c): USt-Vorauszahlungen sind **regelmäßig wiederkehrende** Ausgaben.
   Gleichwohl gilt für die Ermittlung des kurzen Zeitraums (Zehn-Tages-Frist) zu beachten, dass sich der Zehn-Tages-Zeitraum nicht durch § 108 Abs. 3 AO (Sonnabend, Sonntag oder Feiertag) verlängert (vgl. BFH vom 11.11.2014, VIII R 34/12, BStBl II, 2015, 285).
   Nach dem BFH-Urteil vom 01.08.2007 (BStBl II 2008, 282), dem sich die Verwaltung ange-schlossen hat (BMF vom 10.11.2008, BStBl I 2008, 958) ist es jedoch nicht zu beanstanden, wenn **sämtliche USt-Zahlungsvorgänge einheitlich nicht** als regelmäßig wiederkehrende Einnahmen/Ausgaben behandelt werden (sog. Praktikermethode).
   Hinweis: Der BFH hat mit Urteil vom 12.11.2014 (BFH/NV 2015, 486) auch zu **Unrecht erstattete Vorsteuern als Betriebseinnahmen** erfasst.

2.4.4 Der Tausch

Der praxisrelevante Fall[42] des Tausches mit Zuzahlung (sog. Tausch mit Baraufgabe) führt zu einem Realisationstatbestand einerseits (altes WG) und zum Erwerb eines neuen WG andererseits. Damit ist ganz allgemein die Wertermittlung beider WG relevant, die sodann in das »Raster« der Überschussrechnung einzustellen ist. Die zentrale Formel lautet: **Der gemeine Wert des hingegebenen WG – zzgl. einer Zuzahlung – stellt die AK des neuen WG dar (vgl. § 6 Abs. 6 EStG).** Um zu (auch rechnerisch) richtigen Ergebnissen zu gelangen, empfiehlt sich eine Zerlegung des Tausches in ein Veräußerungsgeschäft und in ein Erwerbsgeschäft.[43]

Beispiel 14: Neu gegen alt

Der mobile Verkäufer M startet seine selbständige Verkaufskarriere im Januar 01 mit einem geschenkten Mini-Cooper (Wert 2.000 €; zweijährige ND), um eilige Arzneimittel von Castrop nach Rauxel zu befördern. In 02 zeichnet sich ein erster Erfolg ab, obwohl M immer noch in der Umsatz- und Gewinnzone von § 4 Abs. 3 EStG (§ 141 AO) verharrt. Als Optimist legt er sich für sein Geschäft einen neuen BMW-Mini zu. Der ortsansässige BMW-Händler erstellt am 30.12.02 folgende Rechnung:

BMW-Mini	20.000 €
./. Inzahlungnahme Mini-Cooper (MC)	./. 200 €
Zuzahlung netto	19.800 €
+ 19 % USt auf 20.000 €[44]	3.800 €
Rechnungsbetrag	23.600 €

Es wird ein Skonto von 2 % bei Zahlung innerhalb von sieben Tagen gewährt.

Trotz Skontoabzug macht M mit dem neuen Pkw noch schlechtere Geschäfte.

Lösung: M, der kein Angehöriger eines freien Berufs, sondern Gewerbetreibender ist, ermittelt dennoch zu Recht seinen Gewinn durch Einnahmen-Ausgaben-Rechnung.

Für den MC (alt) kann der M die planmäßige AfA als BA zum Abzug bringen, in 01 und 02 je 1.000 €. Nachdem der Restwert 0 beträgt, stellen die angesetzten 200 € einen sonstigen betrieblichen Ertrag dar: BE i. H. v. 238 € (brutto).

Für den neuen BMW-Mini ermittelt der vorsteuerabzugsberechtigte M die AfA-BMG nicht nach dem Netto-Zuzahlungsbetrag von 19.800 €, sondern inkl. des gemeinen Werts des MC, also i. H. v. 20.000 €. Hiervon werden als AK-Minderung 2 % Skonto (2 % von 23.600 € x 100/119 = 396 €) abgezogen. Die AfA-BMG beträgt somit 19.604 €. Die AfA in 02 beträgt nach § 7 Abs. 1 S. 1 und 2 EStG 272,28 € (19.604 € x 1/6, davon 1/12).[45] Die gezahlte USt i. H. v. 3.724 € stellt eine BA dar.

2.4.5 Gewillkürtes Betriebsvermögen bei § 4 Abs. 3 EStG

Der BFH hat sich im Urteil vom 02.10.2003 (BStBl II 2004, 985) erstmalig zum gewillkürten BV bei der Überschussrechnung bekannt, wenngleich er in der Sache selbst (Pkw mit < 10 % betrieblicher Nutzung = PV) zu einem anderen Ergebnis kam (kommen musste).

Bei der Erleichterung über die BFH-Entscheidung darf aber nicht vergessen werden, dass im Ergebnis nur der **Veräußerungsgewinn** des jeweiligen WG betroffen ist, da die Ermittlung

---

42 Auf den schulmäßigen Grundfall, dass sich zwei gleichwertige WG gegenüberstehen und diese getauscht werden, wird mangels Praxisbedeutung nicht näher eingegangen.

43 Dies entspricht auch der zivilrechtlichen Konzeption in § 480 BGB.

44 Der gemeine Wert des in Zahlung genommenen Autos abzüglich USt ist als Teil der Gegenleistung der USt-Bemessungsgrundlage hinzuzurechnen (vgl. § 10 Abs. 1 S. 2 UStG).

45 Die mit dem Zweiten Corona-Steuerhilfegesetz für nach dem 31.12.2019 und vor dem 01.01.2022 erfolgte Anschaffungen von beweglichen WG im AV wieder eingeführte degressive AfA wird hier vernachlässigt. Vgl. hierzu die Ausführungen zur degressiven AfA unter 4.1.2.

des richtigen laufenden Gewinns ohnehin zu identischen Ergebnissen führt. Mit der Zulässigkeit der (willkürlichen) Erfassung gewinnt der §4 Abs. 3-Rechner nur eine Nachweis-Erleichterung, da er ansonsten jede einzelne betriebliche Nutzung (im Beispiel: jede Betriebsfahrt) wegen §88 AO (und den allgemeinen Beweisregeln) nachweisen muss. Der Veräußerungsgewinn ist hingegen zu 100% (falls BV) oder gar nicht (falls PV) stpfl.

Im o. g. Urteil hat der BFH die Anerkennung des gewillkürten BV bei §4 Abs. 3 EStG allerdings von der **unmissverständlichen und zeitnahen Zuordnung** zum BV des StPfl. abhängig gemacht.

Die Verwaltung folgte mit Schreiben vom 17.11.2004 (BStBl I 2004, 1064) der BFH-Rspr. und macht die Anerkennung von folgenden Voraussetzungen abhängig:

1. Das WG muss zu mindestens 10% betrieblichen Zwecken dienen.[46]
2. Der Nachweis ist durch zeitnah erstellte Aufzeichnungen zu erbringen; zeitnah ist eine Aufzeichnung, wenn sie bis zum Ende des VZ erfolgt; bei **unterjährigem** Erwerb und Zuordnung eines gewillkürten BV erscheint eine vorher dokumentierte Zuordnung ratsam.
3. Der Nachweis der Zuordnung (inkl. der Unterlagen) ist beim zuständigen FA mit der Einnahmenüberschussrechnung einzureichen.

2.4.6 §4 Abs. 3 EStG bei Erwerb und Verkauf mit wiederkehrenden Zahlungen

Auf zwei Besonderheiten der Überschussrechnung ist noch hinzuweisen. Beim Erwerb einzelner WG des Anlagevermögens oder des Umlaufvermögens i. S. d. §4 Abs. 3 S. 4 EStG gegen wiederkehrende Zahlungen (hier: Leibrenten) ergeben sich die AK aus dem Barwert der Leibrentenverpflichtung. Bei den laufenden Rentenzahlungen ist grundsätzlich nur der Zinsanteil, der sich aus dem Unterschiedsbetrag zwischen den laufenden Zahlungen und dem jährlichen Rückgang des Barwerts ergibt, als BA abzuziehen (der Rest ist der unbeachtliche Tilgungsanteil). R 4.5 Abs. 4 S. 4 EStR erlaubt als Vereinfachungsregelung, dass die laufenden Rentenzahlungen mit dem Barwert verrechnet werden und lässt nach Überschreiten dieses Barwerts den Abzug der vollen Rentenzahlung als BA zu.

Umgekehrt ist beim **Verkauf** von WG des UV i. S. d. §4 Abs. 3 S. 4 EStG gegen **Ratenzahlung** (oder Veräußerungsleibrente) grundsätzlich R 4.5 Abs. 5 S. 1 EStR zu berücksichtigen. Danach ist in jedem Wj. i. H. d. in demselben Wj. zufließenden Kaufpreisraten (oder Rentenzahlungen) ein Teilbetrag der AK/HK als BA abzusetzen.

Beim abnutzbaren Anlagevermögen räumt R 4.5 Abs. 5 S. 2 EStR dem Veräußerer ein Wahlrecht ein. Danach kann in jedem Jahr ein Teilbetrag der noch nicht als BA (d. h. noch nicht als AfA) berücksichtigten AK/HK i. H. d. in diesem Jahr zufließenden Kaufpreisraten (oder Rentenzahlungen) als BA abgesetzt werden.

2.4.7 Zusammenfassung (Schema zur §4 Abs. 3-Rechnung)

Die wichtigsten Aussagen zur Überschussrechnung sind in der nachfolgenden **Übersicht**[47] zusammengefasst:

---

46 S. hierzu aber bereits oben BFH vom 21.08.2012, BStBl II 2013, 117: Die Reduzierung auf < 10% hat keine automatische Entnahme zur Folge!
47 Übersicht erstellt im Rahmen einer Studienarbeit von *Jens Schäfermeier*, *Frank Hülskamp* und *Dominic Reuters* (FH Lüneburg).

§ 4 Abs. 3-Rechnung: Bewertung/Berechnung der Bilanzpositionen

Posten der Überschussrechnung	Posten der Überschussrechnung	Posten der Überschussrechnung
Allgemeines (Überschuss der BE über die BA)	• § 4 Abs. 4, § 8 EStG analog (BE sind Zugänge in Geld, die durch den Betrieb veranlasst sind) • § 4 Abs. 4, § 8 Abs. 2 EStG analog (**Naturalien**; BE sind Zugänge in Geldeswert, die durch den Betrieb veranlasst sind)	hinreichende Kausalität zwischen (geleisteter) Vorleistung und (bezogenem) Entgelt genügt für Klassifizierung als BE!
Besonderheiten bei den BE	**Sonderfall: Forderungsverzicht als Betriebseinnahme?** (nur falls Forderung entstanden; nicht, falls im Vorhinein unentgeltliche Leistung vorgesehen) **Betrieblich veranlasster Honorarverzicht** | **Privatveranlasster Honorarverzicht** (z. B. weiterbestehende Geschäftsbeziehung) | (z. B. Freund ist »pleite«) → steuerunbeachtlicher Erlass | → steuerbeachtlicher Erlass **Rechtsfolge: Keine BE** | **Rechtsfolge: BE gegeben**	• Zufluss gem. § 11 EStG • konkrete Bezeichnung • zivilrechtliche Vorschriften sind unbeachtlich gem. §§ 40 f. AO **Keine BE liegen vor bei:** • ersparten Aufwendungen • fiktiven Einnahmen • steuerfreien Einnahmen des § 3 EStG (z. B. § 3 Nr. 28, Nr. 38, Nr. 40 S. 2 EStG) • Einnahmen aus anderen Einkunftsarten • privater Veranlassung
Sonderbehandlung durchlaufender Posten gem. § 4 Abs. 3 S. 2 EStG	**Voraussetzungen:** • im Namen eines anderen • für Rechnung eines anderen • vereinnahmt/verausgabt • Fremdgelder, die erkennbar vom StPfl. als solche behandelt werden	**Beispiel:** • Gerichtskostenvorschuss, da Mandant zahlungsverpflichtet ist **Gegenbeispiele** (keine durchlaufenden Posten): • Portoauslagen • VSt/USt
Umlaufvermögen	• für Anteile an KapG, für Wertpapiere und vergleichbare nicht verbriefte Forderungen und Rechte, für Grund und Boden sowie Gebäude des UV ausdrückliche Regelung in § 4 Abs. 3 S. 4 EStG • für übriges UV keine Regelung in § 4 Abs. 3 EStG • Definition gem. R 6.1 Abs. 2 EStR 2012 WG, die zur Veräußerung, Verarbeitung oder zum Verbrauch bestimmt sind • Geltung des Zufluss-/Abflussprinzips gem. § 11 EStG (»Cash-Prinzip«)	• Bezahlung des i. S. d. § 4 Abs. 3 S. 4 EStG angeschafften UV = BA bei Veräußerung im Zeitpunkt des Zuflusses des Veräußerungserlöses, bei Entnahme im Zeitpunkt der Entnahme • Bezahlung des angeschafften (übrigen) UV = BA im Zeitpunkt der Bezahlung • Wertveränderung am UV darf nicht erneut als BA erfasst werden

§ 4 Abs. 3-Rechnung: Bewertung/Berechnung der Bilanzpositionen

Posten der Überschussrechnung	Rechtsgrundlage	Weitere Ausführungen
Abnutzbares Anlagevermögen	a) **Prüfungsreihenfolge** aa) BV vorhanden? bb) abnutzbar? cc) BMG, falls abnutzbares AV – bei umsatzsteuerbefreitem Gewinnermittler: Bruttobetrag (inkl. VSt) = BMG – bei umsatzsteuerpflichtigem(vorsteuerberechtigtem) Gewinnermittler: Nettobetrag = BMG (§ 9b Abs. 1 EStG) b) AfA = BA (§ 4 Abs. 3 S. 3 EStG) c) **Anwendungsmöglichkeiten der AfA**	**Sonderfall: Unterjähriges Ausscheiden des WG** (z.B. durch Unfall) a) laufende AfA (pro rata temporis) bis zum Ausscheiden erfassen (BA) b) Feststellen des Restwerts c) Berücksichtigung des Restwerts als BA d) evtl. (BFH vom 20.11.2003, BFH/NV 2004, 567, wobei aber offen bleibt, ob ein privater Nutzungsanteil anzusetzen ist)

Planmäßige AfA gem. § 4 Abs. 3 S. 3 i.V.m. § 7 Abs. 1, 2 EStG	Erhöhte AfA gem. § 4 Abs. 3 S. 3 i.V.m. § 7a ff. EStG	Sonder-AfA gem. § 4 Abs. 3 S. 3 i.V.m. § 7a ff. EStG	GWG und Sonderposten (§ 6 Abs. 2a EStG) gem. § 4 Abs. 3 S. 3 i.V.m. § 6 Abs. 2 EStG	Keine außerplanmäßige TW-AfA gem. § 6 Abs. 1 Nr. 1 EStG
Anwendungsmöglichkeit für AfA bei der § 4 Abs. 3-Rechnung (+)				**Anwendung untersagt!**

§ 4 Abs. 3-Rechnung: Bewertung/Berechnung der Bilanzpositionen

Posten der Überschussrechnung	Rechtsgrundlage	Weitere Ausführungen
Nicht abnutzbares Anlagevermögen	**§ 4 Abs. 3 S. 4 EStG:** a) AK des nicht abnutzbaren AV sind als **BA** anzusetzen bei: – einer späteren Veräußerung, – einer späteren Entnahme b) Verkaufserlös ist BE c) Voraussetzung: Führen eines gesonderten Verzeichnisses gem. § 4 Abs. 3 S. 5 EStG	**Beispielfall:** **VZ / Vorfall / Rechtsfolge** **02** – Statt Geldhonorar 100 Aktien zum Kurs von 150 € (Aktien = BV) → a) Geldwerte Leistung i. S. v. §§ 4 Abs. 4, 8 Abs. 2 EStG analog (→ **BE i. H. v. 15 T€**) b) gleichzeitig AK zur Anschaffung der Aktien **08** – Aktien des VZ 02 werden verkauft (VP: 20 T€) → a) geldwerte Leistung i. S. v. §§ 4 Abs. 4, 8 Abs. 2 EStG (→ **BE i. H. v. 20 T€**) b) wegen § 4 Abs. 3 S. 4 EStG (**BA i. H. v. 15 T€**)
Entnahmen	• Ansatz mit TW gem. § 6 Abs. 1 Nr. 4 S. 1, 1. HS EStG analog als BE (also Ansatz mit Kaufpreis bzw. gerechter Schätzwert) • Ansatz mit gemeinem Wert gem. § 6 Abs. 1 Nr. 4 S. 1, 2. HS EStG analog als BE in Fällen von § 4 Abs. 1 S. 3 EStG • Abzuziehen ist von den BE der Gegenwert, also der Rest- bzw. der Buchwert als BA • **Rechenschema:** TW/gemeiner Wert gem. § 6 Abs. 1 Nr. 4 S. 1, 1. HS/2. HS EStG → **BE** ./. Restwert bzw. Buchwert des WG → **BA** (= Entnahmedifferenz ist als **BE** zu versteuern)	**Entnahmefähig sind:** • Nutzungen • Dienstleistungen • Sachgegenstände (WG) gem. § 4 Abs. 1 S. 2 EStG
Einlagen	• Ansatz mit TW gem. § 6 Abs. 1 Nr. 5 S. 1 1. HS EStG analog als BA (also Ansatz mit Kaufpreis bzw. gerechter Schätzwert) mit • Ansatz mit gemeinem Wert gem. § 6 Abs. 5a EStG analog als BA in den Fällen des § 4 Abs. 1 S. 7, 2. HS EStG (Berücksichtigung eines Gewinnaufschlags, § 9 Abs. 2 BewG) • Beachte § 4 Abs. 3 EStG! Bei nicht abnutzbaren WG des AV und bei Anteilen an KapG, bei Wertpapieren und vergleichbaren nicht verbrieften Forderungen und Rechten, bei Grund und Boden sowie Gebäuden des UV erst bei Veräußerung/Entnahme zu berücksichtigen.	**Einlagefähig sind nur:** **WG** (Sachgegenstände und Rechte) gem. § 4 Abs. 1 S. 7 EStG

§ 4 Abs. 3-Rechnung: Bewertung/Berechnung der Bilanzpositionen

Posten der Überschussrechnung	Rechtsgrundlage	Weitere Ausführungen
Einlagen (Fortsetzung)	• TW/gemeiner Wert des eingelegten WG ist als BMG für die AfA zu werten • maßgeblich als BA ist der Werteverzehr während der betrieblichen Nutzung → **AfA**	
(Bar-)Geld	• **Private Zu- bzw. Abgänge von Bargeld:** → kein Einfluss auf das Ergebnis gem. § 4 Abs. 3 EStG, da der Kassenbestand und die entsprechende Entnahme/Einlage von **Geld nicht betrieblich** veranlasst ist • **Betriebliche Geldverluste** → betriebliche Geldeingänge sind ohnehin BE (vgl. §§ 4 Abs. 4, 8 Abs. 1 EStG analog) → Geldverluste mit Ursache im betrieblichen Bereich (Diebstahl durch Angestellte) sind BA	
Vorsteuer/Umsatzsteuer	**Generelles (zur USt):** • kein durchlaufender Posten gem. § 4 Abs. 3 S. 2 EStG • privatrechtlich vereinnahmte USt (aus Veräußerungsgeschäften) ist als BE zu behandeln (§§ 4 Abs. 4, 8 Abs. 1 EStG analog) • an das FA abgeführte USt (aufgrund der öffentlich-rechtlichen Verpflichtung) ist BA gem. § 4 Abs. 4 EStG • VSt-Erstattung ist als BE anzusehen • besondere Beachtung §§ 9b, 12 Nr. 3 EStG	**Sonderfall: Erstattung zu viel gezahlter USt/VSt** a) **Gründe:** – Vorsteuerüberhang – Verrechnung mit privaten/persönlichen Steuern (z. B. ESt) des Unternehmers b) **Konsequenzen:** – Erfassung als BE c) **Beachte:** – Sonderregelung gem. § 12 Nr. 3 EStG (keine Minderung der BE durch Verrechnung mit privater ESt-Schuld → voller Ansatz des teilweiseverrechneten Erstattungsbetrags als BE – Beachtung des Zu- und Abflusses gem. § 11 Abs. 1 und 2 EStG

§ 4 Abs. 3-Rechnung: Bewertung/Berechnung der Bilanzpositionen

Posten der Überschussrechnung	Rechtsgrundlage	Weitere Ausführungen
Tausch	• **Sachverhalt:** Tausch eines vorhandenen WG gegen anderes WG unter Zuzahlung eines bestimmten Betrages für das neue WG • **Vorgehen:** a) Realisationstatbestand und somit Wertermittlung des alten WG gem. § 4 Abs. 3 S. 4 EStG b) Erwerbstatbestand und somit Wertermittlung des neuen WG (Wert gem. § 6 Abs. 1 Nr. 1 S. 1 EStG; TW gem. § 6 Abs. 1 Nr. 1 S. 3 EStG) c) Zerlegung des Tausches in ein Veräußerungs- und in ein Erwerbsgeschäft Formel: • **Formel:** Wert des hingegebenen WG stellt die AK des neuen WG dar (s. auch H 16 Abs. 2 EStH 2012)	**Rechnerische Ermittlung (Vorgehen):** a) zunächst korrekte Ermittlung des tatsächlichen Wertes des WG unter Berücksichtigung von AfA (BA) gem. § 6 Abs. 1 Nr. 1 S. 1 EStG analog (Wertansatz) i. V. m. § 4 Abs. 3 S. 3 EStG i. V. m. § 7 Abs. 1 und 2 EStG (AfA) b) Aufdeckung des tatsächlichen Wertes (stille Reserven) des WG aufgedeckter Wert (Verkaufs-/Tauscherlös) ./. Restwert (nach AfA; s. unter a) = sonstiger betrieblicher Ertrag (→ **BE**) c) Prüfung der VSt-Abzugsbefugnis d) Da sonstiger betrieblicher Ertrag (s. b) schon als BE berücksichtigt wurde, ist die BMG für neues WG: Preis (Netto- bzw. Bruttopreis; s. c) + BE (s. unter b) = gemeiner Wert des WG Dieser ist AfA-BMG e) Berechnung der AfA für neues WG gem. § 4 Abs. 3 S. 3 i. V. m. § 7 Abs. 1 und 2 EStG

2.5   Der Wechsel der Gewinnermittlung

Der häufig vorkommende Wechsel der Gewinnermittlung, insb. der hier einzig behandelte Übergang von der § 4 Abs. 3-Rechnung zur Bilanzierung (§ 4 Abs. 1 EStG), beinhaltet zugleich ein Repetitorium zur Buchführung und zum Bilanzwesen.

2.5.1   Gründe für den Wechsel

Externe wie subjektive Gründe führen aus der Überschussrechnung in die Bilanzierung (Synonyma: doppelte Buchführung, BVV).

Der wichtigste **persönliche Grund** ist der freiwillige Wechsel, wenn für den Unternehmer mit der bisherigen »Zettelwirtschaft« die Kontrolle über Außenstände und das vorhandene BV verloren geht. Allein durch das Abstimmungsgebot bei der doppelten Buchführung (G+V-Ergebnisse müssen mit dem Kapitalkonto übereinstimmen; die persönlichen Kreditoren- und Debitorenkonten sind – im Abschluss – identisch mit den einschlägigen Sachkonten Forderungen und Verbindlichkeiten) ist die Kontrolle gewährleistet. Dessen ungeachtet waren und sind z. T. noch heute mit der Bilanzierung steuerliche Vorteile verbunden, an denen der Überschussrechner nicht teilnimmt. Ein willkürlicher mehrfacher Wechsel innerhalb eines kurzen Zeitraumes ist untersagt. In einem Grundsatzurteil vom 09.11.2000 (BStBl II 2001, 102) hat der BFH jedoch einen mehrfachen Wechsel innerhalb des – dem Wechsel folgenden – dreijährigen »Korrekturzeitraumes« für zulässig erachtet. Als **gesetzliche** Gründe für den Wechsel kommen vor allem in Betracht:

- das Merkmal »Kaufmann« i. S. d. § 1 HGB ist erstmalig erfüllt. Damit besteht Buchführungspflicht nach Handelsrecht (§ 238 HGB) und nach Steuerrecht (§ 140 AO); s. aber § 241a HGB;
- wegen Überschreitens der Aufgriffsmerkmale in § 141 AO – zuletzt geändert durch das Gesetz vom 28.07.2015; Gewinnschwelle: 60.000 €, Umsatzschwelle 600.000 € – erfolgt an den Kleingewerbetreibenden (bzw. an den L+F) die Aufforderung des FA, ab Beginn des nächsten Jahres Bücher zu führen (§ 141 Abs. 2 AO);
- der Betrieb (die Praxis) wird veräußert bzw. aufgegeben (§ 16 Abs. 2 S. 2 EStG);
- eine finanzamtliche Schätzung nach § 162 Abs. 2 S. 2 AO;
- das Ausscheiden aus einer PersG (Überschussermittlung);
- **sowie immer häufiger** (zuletzt BFH vom 13.09.2001, BFH/NV 2002, 254): die Einbringung eines § 4 Abs. 3 – Betriebes in eine KapG (§ 20 UmwStG) oder in eine PersG (§ 24 UmwStG). Eine Übergangsbilanz ist zumindest nach Auffassung der Verwaltung (DStR 2001, 1435) obligatorisch, unabhängig davon, welche der drei Varianten (Buchwert-, Zwischenwert oder Teilwertvariante) gewählt wird.

Der Antrag selbst (gerichtet auf den Wechsel der Gewinnermittlung) muss substantiiert vorgelegt werden; eine Belegsammlung alleine genügt den Anforderungen nicht (BFH vom 16.12.2004, BFH/NV 2005, 881[48]).

Hinweis: Für den Fall, dass gem. § 24 UmwStG die einbringende **und** die übernehmende PersG ihren Gewinn nach § 4 Abs. 3 EStG ermitteln **und** die Buchwertfortführung vorgesehen ist, wird nach der Verfügung der OFD Niedersachsen (DB 2015, 1756) auf die **Bilanzierung verzichtet.** Rn. 24.03 des UmwStE ist überholt.

---

48   Das Urteil betrifft den Fall eines Landwirts, der für die EÜR optiert.

2.5.2 Das technische Problem und die Lösung

Der skizzierte Wechsel und die damit verbundenen Probleme sind allein vom Richtliniengeber gesehen (R 4.6 EStR) und nur dürftig (Anlage 1 zu R 4.6 EStR) geregelt worden. Wegen der Notwendigkeit einer **Eröffnungsbilanz** im Zeitpunkt des Übergangs werden alle vorhandenen WG nunmehr in Bilanzposten so dargestellt, als ob von Anfang an bilanziert worden wäre. Dies hat zur Folge, dass ab diesem Zeitpunkt die Grundsätze der Bilanzierung gelten und alle Geschäftsvorfälle der neuen Ermittlungsmethode unterworfen werden. Dieser (methodische) **Bruch** kann zur Folge haben, dass bestimmte Geschäftsvorfälle gewinnmäßig **doppelt oder überhaupt** nicht erfasst werden. Wegen des Grundsatzes der Totalgewinnidentität darf jeder Geschäftsvorfall nur einmal erfolgswirksam erfasst werden. Das Dilemma wird schließlich dadurch gelöst, dass zum Ausgleich der Mehrfach- oder Nullbelastung eine **Gewinnberichtigung** durch **Zu- und Abschläge** im Jahr des Übergangs erfolgt. Nach R 4.6 Abs. 1 S. 4 EStR kann ein etwaiger Übergangsgewinn auf das Jahr des Übergangs und die beiden folgenden Jahre verteilt werden. Eine Verteilung eines etwaigen **Übergangsverlusts** kommt nach dem Urteil des BFH vom 23.07.2013 (BStBl II 2013, 820) **nicht** in Betracht.

Um das Übergangsproblem leichter zu bewältigen, empfiehlt sich folgende Kontrollüberlegung[49]:

Vorfragen:	
1.	Welche Gewinn-(Verlust-)Auswirkung hat der konkrete Geschäftsvorfall?
2.	Ist der Erfolg bereits (unter der Überschussrechnung) eingetreten?
3.	Welche Erfolgsauswirkung kommt unter dem Bilanz-Regime in Betracht, ohne dass eine Zu-/Abrechnung erfolgt?
Folgen:	
4.	Bei identischer (d. h. einmaliger) Gewinnauswirkung: keine Korrektur.
4.a	Bei doppelter Gewinnauswirkung: **Abschlag**, falls Aktivposten und **Zuschlag**, falls Passivposten.
4.b	Bei fehlendem Erfolgsausweis: umgekehrt zu (4a), **Zuschlag** bei Aktivposten und **Abschlag** bei Passivposten.

Beispiel 15: Der »Wandler«

Der Bauchladenverkäufer W (Arbeitsstätte: Dortmunder Westfalenstadion) ändert freiwillig seine in 01 praktizierte Überschussermittlung und bilanziert ab 02. Bei den Vorarbeiten zur Eröffnungsbilanz auf den 01.01.02 wird von W folgendes Inventar ermittelt:
   a) Ein neuer Bauchladen wurde im Januar 01 für 1.000 € (netto; 4 Jahre ND) erworben.
   b) Vom Fleischgroßhändler H hat E zehn Großportionen »Thüringer« zum Einstandspreis von 100 €/Packung erworben, die zwar verkauft, aber noch nicht bezahlt wurden.
   c) Seine kompletten Bareinnahmen in 01 betragen 10.000 € (netto); A, Inhaber einer VIP-Lounge, hat den kompletten Verzehr in 01 zu 500 € noch nicht bezahlt.
W möchte wissen, wie seine Eröffnungsbilanz – ohne USt/VSt – aussieht und was er vom Wechsel zu erwarten hat. Geld ist nicht vorhanden.

---

49   S. auch *Heinicke* in *Schmidt*, EStG, § 4 Rz. 656. Hier mit Ergänzung der Frage-Trias.

Lösung:
1. Die Eröffnungsbilanz zum 01.01.02 des W hat folgendes Aussehen (in €):

A	Eröffnungsbilanz zum 01.01.02		P
Bauchladen (./. Jahres-AfA)	750	Kapital	250
Forderungen	500	Verbindlichkeiten	1.000
	1.250		1.250

2. Ggf. erforderliche Zu- und Abschläge können nur bei einer Synopse der Gewinnermittlungsarten ermittelt werden.

a) Bauchladen	
1.	Als WG des abnutzbaren AV wird der Bauchladen nach beiden Ermittlungsregimen identisch behandelt.
2.	Als BA wurde in 01 nur die jährliche AfA berücksichtigt.
3.	Nach Einbuchung wird die AfA (ab 02 ff.) fortgeführt.
4.	Eine Berichtigung erübrigt sich.
b) Verbindlichkeiten aus Warenlieferungen[50]	
1.	Gekaufte Waren führen zur aufwandswirksamen Erhöhung des **Wareneinsatzes und sind somit BA**.
2.	Bislang (Überschussrechnung) ist in 01 – mangels Bezahlung – noch keine Gewinnauswirkung eingetreten.
3.	Nach Passivierung der Verbindlichkeiten aus L+L in der EB ist die spätere Bezahlung (BS: Verbindlichkeiten an Geld) erfolgsneutral (Passivtausch bei überzogenem Konto oder Aktiv-Passivminderung bei ausreichendem Bankguthaben).
4.	Damit der Geschäftsvorfall überhaupt erfasst wird, hat ein Abschlag von 1.000 € zu erfolgen.
c) Forderungen aus L+L (hier: 500 €)	
1.	Verkaufte Waren führen zu BE.
2.	Mangels Bezahlung in 01 ist der Vorfall in 01 noch nicht erfasst.
3.	Nach Aktivierung der Forderung wird die spätere Bezahlung gewinnneutral verbucht.
4.	Zur einmaligen Erfassung wird eine Berichtigung durch Zuschlag i. H. v. 500 € vorgenommen.

Somit ist ein (saldierter) Abschlag als Gewinnberichtigung von 500 € im Jahr des Übergangs vorzunehmen.

2.5.3 Zusammenfassende Fallstudie

Bei dem nachfolgenden umfassenden Fall zum Übergang kann der Leser zusätzlich zur Wechselthematik zwanglos seine Buchführungs- und Bilanzkenntnisse überprüfen.

---

50 Wiederum anders ist das Ergebnis bei bezahltem Warenbestand; dort ergäbe sich ohne Korrektur eine doppelte Aufwandsberücksichtigung.

Beispiel 16: Der komplette Übergang

Ein Kleingewerbetreibender K, der bisher seinen Gewinn nach § 4 Abs. 3 EStG ermittelte, hat zum 01.01.05 aufgrund des Hinweises des FA eine doppelte Buchführung eingerichtet und die nachstehende Eröffnungsbilanz aufgestellt:

A	Eröffnungsbilanz zum 01.01.05 (in €)		P
Grund und Boden	8.000	Kapital	54.200
Gebäude	29.000	Rückstellung für GewSt	1.500
Maschinen	9.000	Pensionsrückstellung	6.500
Firmenwert	5.000	Darlehen	10.000
Hilfs- und Betriebsstoffe	8.000	Verbindlichkeiten L+L	28.000
Fertigerzeugnisse	30.000	sonstige Verbindlichkeit	1.500
Forderungen aus L+L	10.000	USt	11.000
Vorsteuer	8.700		
Wertpapiere des UV	9.500		
Bank, Kasse	4.300		
Damnum	200		
	121.700		121.700

Die Bilanzposten im Einzelnen:
1. Die Anschaffung des Grundstücks erfolgte in 01. Die AK betrugen 6.000 €. Am 01.01.05 ergibt sich ein nachgewiesener TW von 8.000 €.
2. Der Bilanzwert des Gebäudes errechnet sich aus den HK abzüglich der AfA (§ 7 Abs. 4 EStG).
3. Die AK der Maschine betrugen 15.000 €. Während der Gewinnermittlung nach § 4 Abs. 3 EStG wurden hiervon 3.000 € AfA als BA abgesetzt, sodass sich zum 31.12.04 ein Restwert von 12.000 € ergibt. In der EB wurde der niedrigere TW von 9.000 € angesetzt (die technische Zulassung für Maschinen dieser Art wird ab 05 durch den TÜV nur unter erheblichen Einschränkungen gewährt).
4. In 04 ist für den Erwerb eines Konkurrenzbetriebes der Betrag von 5.000 € gezahlt worden.
5. Die Hilfs- und Betriebsstoffe wurden mit den AK von 8.000 € bewertet; der TW betrug am 01.01.05: 6.000 €.
6. Die Bewertung der Fertigerzeugnisse erfolgte gem. § 6 EStG mit den HK.
7. Die Kundenforderungen wurden mit dem Nennbetrag angesetzt.
8. Bei der VSt handelt es sich um die von Dritten in Rechnung gestellte VSt, die noch nicht mit der USt verrechnet werden konnte.
9. Die Wertpapiere im Wert von 10.000 € wurden am 12.11.03 zu Spekulationszwecken gekauft. Der Wert am 31.12.04 betrug nur noch 9.500 €. Dieser wurde in der EB angesetzt. In 05 wird mit einer Wertsteigerung gerechnet.
10. Die Bestände der liquiden Mittel stimmen mit den Kontoauszügen bzw. dem gezahlten Nennbetrag überein.
11. Das Damnum betrifft das auf der Passivseite ausgewiesene Darlehen, das am 31.12.03 aufgenommen wurde. Hierbei hat die Bank vereinbarungsgemäß ein Disagio von 4 % abgezogen. Vereinbarungsgemäß ist das Darlehen in 05 zu tilgen.
12. Die Gewerbesteuerrückstellung ist richtig errechnet worden und konnte bei der EÜR nicht berücksichtigt werden.
13. Bei der Pensionsrückstellung handelt es sich um die nach steuerlichen Grundsätzen (§ 6a EStG) richtig berechnete Verpflichtung gegenüber Mitarbeitern des K.
14. Zum Darlehen s. Tz. 10.
15. Die Lieferantenschulden sind mit den Nennbeträgen erfasst.
16. Bei den sonstigen Verbindlichkeiten handelt es sich um die LSt und die Sozialabgaben (1.000 €), die erst am 12.01.05 entrichtet wurden und aus Vereinfachungsgründen um Verbindlichkeiten

gegenüber Kreditinstituten, die aus dem Kauf der Wertpapiere des UV resultieren (es soll nur die Behandlung verdeutlicht werden).

17. Bei der USt handelt es sich um die geschuldete Jahresumsatzsteuer 04 (ohne VSt).

Lösung: Die Lösung erfolgt tabellarisch, wobei die Auswirkungen bzgl. der Bilanzposten (Korrektur der Eröffnungsbilanz), sowie die Hinzu- und Abrechnungen »aufgelistet« werden. Der sich in der Summe ergebende Übergangsgewinn von 5.900 € (56.900 € ./. 51.000 €) erhöht im ersten Jahr nach dem Wechsel den laufenden Gewinn des K; er kann **auf Antrag auf die beiden nächsten Jahre verteilt werden**.

Etwaige Übergangsverluste werden nicht gesondert festgestellt, sondern sind gem. § 2 Abs. 3 EStG (horizontaler und vertikaler Verlustausgleich) sowie ggf. i. R. d. § 10d EStG (Verlustabzug) zu berücksichtigen. Ein Übergangsverlust kann nicht auf Antrag auf drei Jahre verteilt werden (R 4.6 Abs. 1 S. 4 EStR im Umkehrschluss sowie BFH vom 23.07.2013, BStBl II 2013, 820).

Bilanzposten	Anmerkung	Korrektur-bilanzposten	Anmerkung	Hinzu- bzw. Abrechnung (G+V)
1. Die Anschaffung des Grundstückserfolgte in 01. Die AK betrugen 6.000 €. Am 01.01.05 ergibt sich ein nachgewiesener TW von 8.000 €.				
Grund und Boden	Ansatz der AK gem. § 253 Abs. 1 S. 1 i. V. m. § 255 Abs. 1 HGB bzw. § 6 Abs. 1 Nr. 2 S. 1 EStG **Rechtsfolgen: Ansatz max. zu AK (AK-Prinzip)**	./. 2.000 €	bei WG des **nicht abnutzbaren AV** – bei § 4 Abs. 3 EStG und bei §§ 4 Abs. 1, 5 EStG – Gewinnauswirkung erst beim Realisationstatbestand (= Verkauf, Entnahme, § 16 EStG) **Rechtsfolgen: keine Korrektur**	0 €
2. Der Bilanzwert des Gebäudes errechnet sich aus den HK abzüglich der AfA gem. § 7 Abs. 4 EStG.				
Gebäude	Ansatz der HK gem. § 253 Abs. 1 S. 1 i. V. m. § 255 Abs. 2 HGB bzw. § 6 Abs. 1 Nr. 1 S. 1 EStG **Rechtsfolgen: Ansatz max. zu (fortgeführten) AK/HK**	0 €	bei WG des abnutzbaren AV erfolgt ebenfalls eine identische Gewinnauswirkung. **Rechtsfolgen:** • nur die AfA als BA (§ 253 Abs. 3 S. 1 HGB i. V. m. § 7 Abs. 4 (bzw. Abs. 5) EStG • **keine Korrektur**	0 €
3. Die AK der Maschine betrugen 15.000 €. Während der Gewinnermittlung nach § 4 Abs. 3 EStG wurden hiervon 3.000 € AfA als BA abgesetzt, sodass sich zum 31.12.04 ein Restwert von 12.000 € ergibt. In der EB wurde der niedrigere TW von 9.000 € angesetzt.				
Maschinen	• Kein Ansatz(-wahlrecht) gem. § 253 Abs. 3 S. 5 HGB bei »vorübergehender Wertminderung« mit dem niedrigeren Wert, dieses Ansatzwahlrecht besteht nur bei Finanzanlagen (§ 253 Abs. 3 S. 6 HGB) • **Achtung:** § 253 Abs. 3 S. 5 HGB für Fälle der »dauernden Wertminderung« § 6 Abs. 1 Nr. 1 S. 2 EStG ist TW-AfA nur bei voraussichtlich dauernder Wertminderung möglich Hier ist von einer dauernden Wertminderung auszugehen. **Hinweis:** Bei vorübergehender Wertminderung erfolgt eine Korrektur des Bilanzpostens von + 3.000 €	(+ 3.000 €)	bei TW-AfA in der EB muss ein Abschlag i. H. v. 3.000 € erfolgen, da TW-AfA bisher (in § 4 Abs. 3 EStG) nicht berücksichtigt ist »dauernde Wertminderung« Bei dauernder Wertminderung erfolgt somit eine Korrektur (Abschlag). **Hinweis: Keine Korrektur bei vorübergehender Wertminderung (Abschlag)**	./. 3.000 €

Bilanzposten	Anmerkung	Korrektur-bilanzposten	Anmerkung	Hinzu- bzw. Abrechnung (G+V)
4. In 04 ist für den Erwerb eines Konkurrenzbetriebes der Betrag von 5.000 € gezahlt worden.				
Geschäftswert	• Steuerliche Ansatzpflicht des derivativen Firmenwerts (»entgeltlich«) gem. § 246 Abs. 1 S. 4 HGB (HGB-Aktivierungspflicht) bzw. § 5 II, § 6 Abs. 1 Nr. 2 S. 1 EStG • für immaterielle WG des AV 2 HGB gem. AfA gem. § 253 Abs. 3 S. 1 und § 7 Abs. 1 S. 1 u. 3 (auf 15 Jahre verteilt) **Ergebnis:** 5.000 : 15 Jahre = 333,33 € (steuerlich)	./. 333,33 €	Identische Behandlung bei § 4 Abs. 3 EStG bzw. § 4 Abs. 1 EStG Ansatz der anteiligen AfA (1/15) gem. § 7 Abs. 1 S. 3 EStG **Rechtsfolgen keine Korrektur**	0 €
5. Die Hilfs- und Betriebsstoffe wurden mit den AK von 8.000 € bewertet; der TW betrug am 01.01.05 6.000 €.				
Hilfs- und Betriebsstoffe	Ansatz gem. § 253 Abs. 1 S. 1 i. V. m. § 253 Abs. 4 HGB (in der HB gilt das strenge Niederstwertprinzip) bzw. § 6 Abs. 1 Nr. 2 S. 1 EStG mit den AK/HK (offensichtlich keine dauernde Wertminderung)	0 €	Bei bezahltem WG des UV (Ausnahme: UV i. S. d. § 4 Abs. 3 S. 4 EStG) erfolgt eine Hinzurechnung, da sonst der Geschäftsvorfall »zweimal aufwandswirksam« erfasst wäre: a) bei § 4 Abs. 3 EStG mit der Bezahlung (wegen § 11 EStG) und b) bei BWV nach § 4 Abs. 1 EStG durch Verbrauch der WG (wegen BV lt. Inventur oder Wareneinsatz) **Achtung:** bei unterlassener TW-AfA in der EB kann Ende 05 eine TW-AfA vorgenommen werden, falls es sich um eine vorrausichtlich dauernde TW-AfA handelt. **Folge:** • Bilanzposten: ./. 2.000 € • Hinzurechnung (G+V): + 6.000 €	+ 8.000 €
6. Die Bewertung der Fertigerzeugnisse erfolgte gem. § 6 EStG mit den HK.				
Fertigerzeugnisse	Ansatz gem. § 253 Abs. 1 S. 1 i. V. m. § 255 Abs. 2 S. 1 HGB zu HK bzw. gem. § 6 Abs. 1 Nr. 2 S. 1 EStG zu AK/HK (30.000 €)	0 €	Hinzurechnung, da sich sowohl bei § 4 Abs. 3 EStG (wg. § 11 EStG »Zahlung«) als auch aufgrund der Aktivierung in der EB und der späteren Aufwandsverbuchung (über die Bestandsveränderung) auswirken **Rechtsfolgen:** **Zuschlag** (da »zweimal aufwandswirksam«)	+ 30.000 €

Bilanzposten	Anmerkung	Korrektur-bilanzposten	Anmerkung	Hinzu- bzw. Abrechnung (G+V)
7. Die Kundenforderungen wurden mit dem Nennbetrag angesetzt.				
Kunden-forderungen	Ansatz gem. § 253 Abs. 1 S. 1 i. V. m. § 255 Abs. 1 S. 1 HGB bzw. § 6 Abs. 1 Nr. 2 S. 1 EStG zu AK Rechtsfolgen: Einbuchung der Forderungen erfolgte in der EB zum Nennwert (10.000 €)	0 €	In der § 4 Abs. 3-Rechnung mangels Zahlung (§ 11 EStG) nicht erfasst; per 01.01.05 erfolgte nur die Einbuchung des Nennwertes auf das Bestandskonto! Die spätere Zahlung wirkt als Aktivtausch erfolgsneutral. Rechtsfolgen: zur Vermeidung der Nichterfassung des Erlöses wird ein Zuschlag vorgenommen	+ 10.000 €
8. Bei der Vorsteuer handelt es sich um die von Dritten in Rechnung gestellte Vorsteuer, die noch nicht mit der USt verrechnet werden konnte.				
Vorsteuer	Ansatz gem. § 253 Abs. 1 S. 1 HGB bzw. § 6 Abs. 1 Nr. 2 S. 1 EStG als Aktiva	0 €	Da bislang keine Verrechnung mit der USt erfolgt ist und diese sich bei § 4 Abs. 3 EStG im Zeitpunkt der Bezahlung als BA ausgewirkt hat Rechtsfolgen: Zuschlag i. H. d. VSt	+ 8.700 €
9. Kauf von Wertpapieren in Spekulationsabsicht				
Wertpapiere des UV	Ansatz gem. § 253 Abs. 1 i. V. m. § 255 HGB (es gilt nach § 253 Abs. 3 S. 6 HGB – Finanzanlagen – das Niederstwertprinzip) bzw. § 6 Abs. 1 Nr. 2 S. 1 EStG mit den AK (nur vorübergehende Wertminderung) Hinweis: Bei dauernder Minderung keine Korrektur des Bilanzpostens	+ 500 €	Bei WG des UV i. S. d. § 4 Abs. 3 S. 4 EStG – bei § 4 Abs. 3 EStG und §§ 4 Abs. 1, 5 EStG – Gewinnauswirkung erst beim Realisationstatbestand (= Verkauf, Entnahme) Rechtsfolgen: keine Korrektur Hinweis: Liegt eine dauernde Wertminderung vor, ebenfalls keine Korrektur, da gleiche Behandlung von TW-AfA bei § 4 Abs. 3 EStG und §§ 4 Abs. 1, 5 EStG (vgl. § 4 Abs. 3 S. 3 EStG)	0 €
10. Die Beträge stammen mit den Kontoauszügen bzw. den gezahlten Nennbeträgen überein.				
Bank, Kasse	Ansatz gem. § 246 Abs. 1 S. 1 HGB bzw. § 6 Abs. 1 Nr. 2 S. 1 EStG	0 €	Diese Posten werden sowohl bei § 4 Abs. 3 EStG als auch bei § 4 Abs. 1 EStG gleich behandelt, d. h. sog. »Bestandskonten« ohne Gewinn-/Verlustauswirkung Rechtsfolgen: keine Korrektur	0 €

Bilanzposten	Anmerkung	Korrektur-bilanzposten	Anmerkung	Hinzu- bzw. Abrechnung (G+V)
11. Das Damnum betrifft das auf der Passivseite ausgewiesene Darlehen, das am 31.12.03 aufgenommen wurde. Die Bank hat vereinbarungsgemäß ein Disagio von 4 % abgezogen. Vereinbarungsgemäß ist der Betrag in 18 zu tilgen.				
Damnum	• Ansatz des Darlehens gem. § 253 Abs. 1 S. 2 HGB mit dem »Erfüllungsbetrag« bzw. gem. § 6 Abs. 1 Nr. 3 S. 1 EStG. • Das Damnum (Disagio) darf gem. § 250 Abs. 3 HGB bzw. ist gem. § 5 Abs. 5 S. 1 Nr. 1 EStG als aktiver RAP auf der Aktivseite anzusetzen und abzuschreiben.	0 €	• Das Damnum ist bei § 4 Abs. 3 EStG im Zeitpunkt der Zahlung (hier in 03) komplett als BA zu erfassen (§ 11 EStG) • Beim BVV ist das Damnum gem. § 5 Abs. 5 S. 1 Nr. 1 EStG auf die Laufzeit des Darlehens zu verteilen; insofern erfolgte korrekte Aktivierung (**BS:** aktiver RAP 400 € an Darlehen 400 €) • **Aber:** Durch die Auflösung des aktivierten Damnums ergibt sich eine nochmalige BA! **Rechtsfolgen: Zuschlag** i. H. d. aktivierten Disagios (**BS:** Zinsaufwand 200 EIZ an aktiver RAP 200 €)	+ 200 €
12. Die Gewerbesteuerrückstellung ist richtig errechnet worden und konnte bei der § 4 Abs. 3-Rechnung nicht berücksichtigt werden.				
Steuerrückstellung	• Ansatz gem. § 253 Abs. 1 S. 2 HGB »mit dem notwendigen Erfüllungsbetrag« bzw. gem. § 6 Abs. 1 Nr. 3a EStG.	0 €	Die für Steuerzwecke noch mögliche Rückstellung muss zu einem Abschlag führen, da ansonsten der aufwandswirksame Geschäftsvorfall nicht erfasst würde: a) bei § 4 Abs. 3 EStG mangels Zahlung und b) bei BVV nach § 4 Abs. 1 EStG wegen der neutralen Ausbuchung der Schuld (**BS:** GewSt-Rückstellungen an Bank) Hinweis: Beachte § 4 Abs. 5b EStG	./. 1.500 €
13. Es handelt sich um eine nach steuerlichen Grundsätzen (§ 6a EStG) richtig berechnete Verpflichtung gegenüber Mitarbeitern des K.				
Pensions-rückstellung	Ansatz gem. §§ 249 Abs. 1 S. 1, 253 Abs. 1 S. 2 HGB »mit dem notwendigen Erfüllungsbetrag« bzw. gem. § 6a Abs. 1 EStG (»Pensionsrückstellungen«) zzgl. § 253 Abs. 2 S. 2 HGB	0 €	Rückstellungen mangels Zahlung bei § 4 Abs. 3 EStG und wegen der neutralen Ausbuchung der Schuld bei BVV gem. § 4 Abs. 1 EStG nicht erfasst Rechtsfolgen: Abschlag zur Erfassung der BA. Wichtig: Es ist in der EB darauf zu achten, dass der nach § 6a EStG maßgebliche Steuerwert – und nicht der nach versicherungsmathematischen Grundsätzen gebildete – Betrag genommen wird!	./. 6.500 €

Bilanzposten	Anmerkung	Korrektur-bilanzposten	Anmerkung	Hinzu- bzw. Abrechnung (G+V)
14. Zum Darlehen s. 11.				
Darlehen	Ansatz des Darlehen gem. § 253 Abs. 1 S. 2 HGB mit dem »Erfüllungsbetrag« bzw. gem. § 6 Abs. 1 Nr. 3 S. = EStG mit den AK/TW	0 €	Alle Geschäftsvorgänge im Zusammenhang mit dem Darlehensbetrag, d. h. Auszahlung/ Rückführung) haben – bei § 4 Abs. 3 EStG und dem BVV gem. § 4 Abs. 1 EStG – identische Gewinnauswirkung **Rechtsfolgen: keine Korrektur** (da nur Buchung von Bestandskonten)	0 €
15. Die Lieferantenschulden sind mit dem Nennbetrag erfasst.				
Verbindlichkeiten L+L	Ansatz der VB gem. § 253 Abs. 1 S. 2 HGB mit dem »Erfüllungsbetrag« bzw. gem. § 6 Abs. 1 Nr. 3 S.1 EStG mit den AK/TW **Rechtsfolgen:** Einbuchung der Verbindlichkeiten in EB zum Nennwert (28.000 €)	0 €	In der § 4 Abs. 3-Rechnung mangels Zahlung (§ 11 EStG) nicht erfasst; per 01.01.05 erfolgte nur die Einbuchung der VB aufs Bestandskonto(**BS:** EB-Wert an VB L+L)! Die spätere Bezahlung wirkt als Aktiv-Passiv-Minderung erfolgsneutral (**BS:** VB L+L an Bank) **Rechtsfolgen:** Zur Vermeidung der **Nichterfassung** muss ein Abschlag vorgenommen werden	./. 28.000 €
16. Bei den sonstigen Verbindlichkeiten handelt es sich um die LSt und die Sozialabgaben (1.000 €), die erst am 12.01.05 entrichtet wurden und auf Vereinfachungsgründen um Verbindlichkeiten gegenüber Kreditinstituten, die aus dem Kauf der Wertpapiere des UV resultieren (10.000 €).				
Sonstige Verbindlichkeiten	Ansatz der sonstigen Verbindlichkeiten gem. § 253 Abs. 1 S. 2 HGB mit dem »Erfüllungsbetrag« bzw. gem. § 6 Abs. 1 Nr. 3 S.1 EStG (1.000 €)	0 €	Bei § 4 Abs. 3 EStG mangels Zahlung nicht erfasst; in der EB per 01.01.05 erfolgte Einbuchung auf Bestandskonto(s. oben); die späte Zahlung wirkt als Aktiv-Passiv- Minderung erfolgsneutral(s. oben) **Rechtsfolgen:** Zur Vermeidung der **Nichterfassung** erfolgt ein Abschlag (als BA)	./. 1.000 €
17. Bei der USt handelt es sich um die geschuldete Jahresumsatzsteuer (ohne VSt).				
Umsatzsteuer	Ansatz gem. § 253 Abs. 1 S. 2 HGB bzw. § 6 Abs. 1 Nr. 3 S. 1 EStG als VB (Passiva)	0 €	Da bislang keine Verrechnung mit der VSt erfolgt ist (s. unter 8.), und diese sich bei § 4 Abs. 3 EStG im Zeitpunkt der Zahlung als BE ausgewirkt hat **Rechtsfolgen:** Abschlag in Höhe der USt (s. unter 8.)	./. 11.000 €

2.5.4 Ausgewählte Fragen zum Wechsel

Aus dem Bereich der Spezialfragen lassen sich zwei Gruppen bilden: In der technischen Kategorie verdeutlichen insb. die Behandlung der Rechnungsabgrenzungsposten und die Überführung einer Rücklage die Unterschiede beider Methoden, während der Gesetzgeber mit § 4 Abs. 4a EStG – Neuregelung des Mehrkontenmodells – einen Beitrag zur Harmonisierung (Synthese) der Gewinnvorschriften geleistet hat.

2.5.4.1 Der Rechnungsabgrenzungsposten

Kein Bilanzposten verdeutlicht die Wirkungsweise des Übergangs besser als der Rechnungsabgrenzungsposten.

Beispiel 17: Der »ARAP«: ein steuerliches Chamäleon?

Ein in der Eröffnungsbilanz zum 01.01.02 ausgewiesener ARAP (aktiver RAP) i. H. v. 100 € steht in Zusammenhang mit einer Mietzahlung für Büroräume. Die in 01 bezahlte Miete für den Zeitraum 01.02.01 bis 31.01.02 betrug 1.200 €.

> **Lösung:**
- In der EÜR ist gem. § 11 Abs. 2 S. 1 EStG der volle Betrag als BA abgezogen worden.
- In der Buchführung des Jahres 02 wird – spätestens – am 31.01.02 gebucht.

  BS: Mietaufwand   100 €   an   aktiver RAP   100 €

- Zur Vermeidung der doppelten Aufwandserfassung von 100 € erfolgt eine Hinzurechnung von 100 €.

2.5.4.2 Die Rücklage für Reinvestition (§ 6c EStG) und andere Rücklagen[51]

Die Rücklage für Reinvestition nach § 6b EStG ist auch für den Überschussrechner mittels § 6c EStG anwendbar. Der BFH hatte am 30.01.2013 (BStBl II 2013, 684) den Fall zu entscheiden, wie bei einem § 4 Abs. 3-Rechner der Antrag auf eine § 6b-Rücklage zu behandeln sei. Im Ergebnis wurde dieser Antrag in einen begehrten Abzug nach § 6c Abs. 1 EStG uminterpretiert. Das Wahlrecht nach § 4 Abs. 3 EStG und nach § 6c EStG ist folglich einheitlich auszuüben.

Beispiel 18: Der »Reinvestor«

Der Überschussrechner Ü veräußert in 01 eine unbebaute Grundstücksfläche für 10.000 € (AK: 2.000 €). In 02 und 03 nimmt er für je 3.000 € nach § 6b Abs. 1 S. 3 EStG begünstigte Erweiterungsbauten an seinem Ladengebäude vor. Zum 01.01.03 wechselt Ü die Gewinnermittlungsart.

Trotz der inhaltlichen Restriktionen ist eine Übertragung stiller Reserven von Grund und Boden auf Gebäude möglich, § 6b Abs. 1 S. 2 Nr. 3 EStG. Wenn, wie hier, die Übertragung nicht im Jahr der Veräußerung des alten WG erfolgen kann, so kann der Bilanzierende eine Rücklage bilden, die den Ertragsausweis (sonstiger betrieblicher Ertrag durch Anlageabgang) ausgleicht. Der Überschussrechner ist gem. § 6c Abs. 1 S. 2 EStG – mangels Bilanzausweis »Rücklage« – auf den Ausweis einer BA angewiesen. Wird die Investition nicht (bzw. nicht in dem gesetzlichen Zeitraum von vier [sechs] Jahren) durchgeführt, so ist sie gewinnerhöhend aufzulösen; in der EÜR führt dies zu einer BE.

---

51 Die nachfolgende Darstellung gilt sinngemäß für die Rücklage für Ersatzbeschaffung gem. R 6.6 Abs. 5 EStR.

Lösung:

- In 01 kommt es zu einem vorläufigen Ertrag des Überschussrechners i. H. v. 8.000 €, da den Einnahmen von 10.000 € die AK von 2.000 € (§ 4 Abs. 3 S. 4 EStG[52]) als BA gegenübergestellt werden. I. H. d. geplanten Reinvestition von 6.000 € kann Ü nach § 6c EStG **fiktive BA** bilden, sodass sich die saldierten Erträge des Jahres 01 auf 2.000 € belaufen.
- In 02 überträgt Ü (immer noch Überschussrechner) das erste Teilvolumen von 3.000 € auf die Erweiterungsbauten (Folge: geminderte AfA-BMG); dieser Abzug von den AK/HK des neuen WG (hier: des Erweiterungsbaus) sind aber BA; diese stehen in 02 in gleicher Höhe (fiktive) BE gegenüber. Der Vorgang ist **neutralisiert**.
- Zum 31.12.02 bzw. 01.01.03 hat Ü in seiner Eröffnungsbilanz eine **Rücklage** für **Reinvestition** (jetzt nach § 6b EStG) i. H. v. 3.000 € zu bilden.
- Die Einstellung einer Rücklage führt dabei **nicht** zu einem **Korrekturabschlag**, da die bilanzielle Behandlung dieser Rücklage in ihrer Wirkung mit der Überschussrechnung identisch ist.
- In 03 (nunmehr: »Bilanzierungs-Regime«) wird die gebildete Rücklage von 3.000 € beim zweiten Erweiterungsbau aufgelöst:

BS: Rücklage (§ 6b EStG)   3.000 €   an   Erweiterungsbau   3.000 €.

Die sofortige Gewinnrealisierung wird durch eine geringere Abschreibung auf das Gebäude ausgeglichen und temporär in die Länge gezogen.

2.5.4.3 EÜR und Übergang zur Liebhaberei

Falls ein mit Gewinnerzielungsabsicht geführter Betrieb in einen steuerlich unbeachtlichen Liebhaberei-Betrieb umqualifiziert wird, sind ab diesem Zeitpunkt Einnahmen/Ausgaben steuerlich unbeachtlich.

Der BFH hat mit Urteil vom 11.05.2016 (Az.: X R 61/14, DB 2016, 1725 ff.) entschieden, dass im Übergangszeitpunkt kein Wechsel der Gewinnermittlungsart vorzunehmen und kein Übergangsgewinn zu versteuern ist.

3 Bedeutung der Entnahmen und Einlagen bei der Gewinnermittlung
3.1 Arten und Notwendigkeit der einzelnen Korrekturposten – Übersicht

Die Ermittlung des **steuerlichen Gewinns** (§ 2 Abs. 2 S. 1 Nr. 1 EStG) erfolgt auf mehreren Stufen. Unabhängig von der Ermittlungsart bilden die Entnahmen und Einlagen einen Korrekturposten, um außerbetriebliche (private) Faktoren bei der Ermittlung des **betrieblichen** Ergebnisses zu eliminieren. Unter dem Regime der Bilanzierung werden alle privaten »Störgrößen« gem. § 4 Abs. 1 S. 1 EStG nach dem BVV (exakt: nach dem Vergleich der Schlusskapitalien) herausgerechnet, weil sie in der Rechengröße »(Eigen- oder Schluss-) Kapital« enthalten sind.[53] Bei der EÜR wird die Privatsphäre bereits einen Schritt vorher berücksichtigt, wenn die Summe der BE und BA ermittelt wird. Dabei werden die zu berücksichtigenden Entnahmen – vom Ergebnis her – als BE behandelt. Umgekehrt bilden die zu berücksichtigenden Einlagen eine steuerliche Abzugsgröße, die – als (fiktive) BA – abgezogen werden. Insoweit kann man bei § 4 Abs. 1 EStG (und bei § 4 Abs. 3 EStG) von einer Norm sprechen, die nur die betriebliche Leistung erfassen will.

Die anderen Korrekturposten auf dem Weg zum **steuerlichen Betriebsergebnis** als der entscheidenden Zielgröße stellen die steuerfreien Einnahmen und die privaten Lebenshal-

---

52 Vgl. R 6b.2 Abs. 11 S. 3 EStR.
53 In der laufenden Buchhaltung stellt bekanntlich das Privatkonto – neben der G+V – ein Unterkonto des Kapitalkontos dar. Wenn demnach das Schlusskapital durch eine Einlage erhöht wird, muss diese nach dem BVV wieder abgezogen werden.

tungskosten nach § 12 Nr. 1 EStG dar, die hermetisch ausgeschlossen sind. Schließlich erfolgt noch eine Nichtberücksichtigung der sog. nicht abzugsfähigen BA (§§ 4 Abs. 5, Abs. 5a und Abs. 5b sowie 7 EStG) i. R. d. außerbilanziellen Hinzurechnung (bei Bilanzierenden).

Die Wirkungsweise der letztgenannten Korrekturposten ist eine andere als bei den Entnahmen/Einlagen. Aus steuerpolitischen Gründen werden bestimmte Vermögensmehrungen (z. B. nach § 3 EStG bzw. nach InvZulG) nicht berücksichtigt oder es werden Vermögensminderungen (hauptsächlich nach § 4 Abs. 5 EStG) steuerlich nicht zur Kenntnis genommen. Der zuletzt indizierte Verstoß gegen den Grundsatz des objektiven Nettoprinzips, wonach jeder Erwerbsaufwand zum steuerlichen Abzug zuzulassen ist, ist nach dem BVerfG-Beschluss vom 07.12.1999 (BStBl II 2000, 162) nur bei »Vorliegen wichtiger Gründe« hinnehmbar. In der steuerlichen Normenhierarchie handelt es sich dabei meist um Lenkungs- oder Sozialzwecknormen.

Rein schematisch ergibt sich für beide Gewinnmethoden folgendes Bild **(Gewinn 02)**:

	BVV (§ 4 Abs. 1 EStG)	EÜR (§ 4 Abs. 3 EStG)
1. Schritt:	SK der StB (02)	BE (02)
	./. SK der StB (01)	./. BA (02)
dabei: ohne steuerfreie Einnahmen und ohne Privataufwand (§ 12 Nr. 1 EStG)		
2. Schritt:	+ Entnahmen	+ »BE« (soweit Entnahmen)
	./. Einlagen	./. »BA« (soweit Einlagen)
3. Schritt:	Außerbilanzielle Hinzurechnung der nicht abzugsfähigen BA	entweder vorweg keine Erfassung nicht abzugsfähiger BA oder spätere Eliminierung
	Einkommensteuerlicher Gewinn (02)	Einkommensteuerlicher Gewinn (02)

Die unterschiedliche technische Wirkungsweise der Entnahmen einerseits und der nicht abzugsfähigen BA andererseits verdeutlicht folgendes Beispiel:

Beispiel 19: Der bilanzierende Kioskbesitzer

Der freiwillig bilanzierende K (aus Beispiel 12) nutzt seinen Betriebs-Pkw zu 20 % privat und soll 12.600 km im Jahr für Fahrten zwischen Wohnung und Betriebsstätte (d. h. Entfernungskilometer p. a.: 6.300 km) zurücklegen. Die gesamte Fahrleistung beträgt 20.000 km, der gebuchte Kfz-Aufwand 20.000 € (Fahrtenbuchvariante).[54]

Mit der Vollerfassung des Pkw als BV sind zwei Korrekturen durchzuführen, soweit der bereits gebuchte betriebliche Aufwand von 20.000 € betroffen ist:
1. Zum einen ist die Nutzungsentnahme von 4.000 € (im Folgenden wird nur netto gerechnet) gem. § 4 Abs. 1 S. 2 EStG – dem Grunde nach – und gem. § 6 Abs. 1 Nr. 4 S. 3 EStG – der Höhe nach – zu erfassen **und**
2. zum anderen ist der nach § 4 Abs. 5 Nr. 6 S. 3 EStG ermittelte Anteil für die Fahrten zwischen Wohnung und Betrieb als nicht abzugsfähige BA auszuscheiden.

---

54 Zur **Unfallvariante** (auf/von der Betriebsfeier) s. oben die Darstellung zu § 4 Abs. 3 EStG (Kap. 2.3.2). Zum **Diebstahl** eines Betriebs-Pkw anlässlich einer Privatfahrt hat der BFH am 14.08.2007 (BStBl II 2007, 762) entschieden, dass es sich hier weder um eine BA noch um eine Entnahme handelt. Der Vorgang ist wie bei einem Unfall anlässlich einer Privatfahrt als Vermögensverlust der privaten Sphäre zuzurechnen.

Lösung: Die Nutzungsentnahme von 4.000 € wird spätestens bei der Erstellung der Hauptabschlussübersicht (HÜ) als Entnahme gebucht und mindert insoweit das – laufend entwickelte – (Schluss-)Kapitalkonto des K. Beim BVV wird der Betrag wieder hinzugerechnet, um den Privataufwand vollständig zu kompensieren.

Der Betrag der nicht abzugsfähigen BA (Fahrten Wohnung/Betrieb) könnte – folgerichtig – ebenso als Entnahme mit den gleichen Konsequenzen behandelt werden. In **R 4.10 Abs. 1 S. 3 EStR** wird jedoch die Behandlung als Entnahme verboten. Von daher bleibt als einzige Sanktion die **außerbilanzielle Hinzurechnung**.

Diese differenzierte Behandlung wird im ganzen Ertragsteuerrecht (auch im Körperschaftsteuerrecht) entsprechend gehandhabt und führt zu folgenden Konsequenzen:

- Die steuerliche Gewinnermittlung des **jeweiligen** Jahres (VZ) ist identisch.
- Mit der außerbilanziellen Hinzurechnung ist der Tatbestand für diese Rechenperiode abgeschlossen und findet keine weitere Berücksichtigung.
- Mit der Behandlung als **Entnahme** wird jedoch das Kapitalkonto auf **Dauer gemindert**, da die Korrektur nach § 4 Abs. 1 S. 1 EStG nur der Gewinnermittlung dient; die Übertragung des reduzierten Saldos vom Privatkonto auf das Kapitalkonto bleibt wegen der **Bilanzidentität** bestehen. Damit beeinflusst der Nutzungstatbestand peremptorisch (auf Dauer) das Kapital und wirkt sich spätestens bei der Veräußerung bzw. Aufgabe des Betriebes nach § 16 EStG gewinnerhöhend aus.

Der scheinbar lapidare Unterschied kann auch außersteuerlich beachtliche Auswirkungen erzeugen, wenn es sich z. B. um Korrekturen im Rechnungskreis von PersG handelt. Bekanntlich hat das Kapitalkonto nicht nur Auswirkungen für die steuerliche Gewinnermittlung, sondern dient auch als BMG für die (künftige) Gewinnverteilung oder für die Berechnung eines etwaigen Auseinandersetzungsanspruches!

Eine »innere« Rechtfertigung für diese unterschiedliche Behandlung kann nur darin gesehen werden, dass Nutzungsentnahmen bereits in der laufenden Buchführung Berücksichtigung finden, während die Korrektur nach § 4 Abs. 5 EStG häufig erst durch die Außenprüfung der FinVerw erfolgt. Dieses Praktikabilitätsargument verfängt aber nicht mehr, wenn bereits in der laufenden Buchführung – wie bei den meisten EDV-Buchführungsprogrammen – ein eigenes Konto »Nicht abzugsfähige BA« eingerichtet ist.

3.2 Die Entnahmen beim Einzelunternehmer

Nach der Legaldefinition von § 4 Abs. 1 S. 2 EStG sind Entnahmen »alle WG (Bar-Entnahmen, Waren, Erzeugnisse, Nutzungen und Leistungen)«, die der Unternehmer für betriebsfremde Zwecke im Laufe des Wj. entnommen hat. In § 6 Abs. 1 Nr. 4 EStG ist sodann die Entnahme der Höhe nach definiert: Grundsätzlich ist sie mit dem **Teilwert** anzusetzen.

Beispiel 20: Der Bauunternehmer als Vermieter

Bauunternehmer B errichtet in 01 auf dem betrieblichen Grundstück ein Gebäude. Bei der Herstellung werden Materialien aus seinem Betrieb verwendet; ebenso werden die AN des B eingesetzt. B arbeitet selbst mit. Nach Fertigstellung wird das bilanzierte Gebäude von 02 bis 05 an seine AN vermietet, ab 06 an fremde Mieter zu Wohnzwecken. Das Mietwohnhaus bedeckt ca. 70 % der Fläche des ursprünglich betrieblichen Grundstücks.

Für die ertragsteuerliche Erfassung und Behandlung von Entnahmen sind zu prüfen:
1. entnahmefähiges WG nach § 4 Abs. 1 S. 2 EStG,
2. Entnahmehandlung,

3.   (betriebsfremder) Zweck der Entnahme,

4.   ggf. Buchung der Entnahme inkl. USt-Fragen,

5.   Bewertung der Entnahme nach § 6 Abs. 1 Nr. 4 EStG.

Bereits auf der ersten Stufe (1. »Gegenstand der Entnahme«) überrascht das Gesetz mit der Einbeziehung von **Nutzungen und Leistungen** in den Anwendungsbereich der in das PV überführbaren Gegenstände. Damit ist klargestellt, dass **jede Wertabgabe** (aus dem Betrieb) zu einer Entnahme führen kann, auch wenn diese im Einzelfall kein bilanzierungsfähiges WG darstellt (wie z. B. Nutzungen und Leistungen, BFH vom 26.10.1987, BStBl II 1988, 348). Damit sind auch immaterielle WG entnahmefähig. Nicht entnahmefähig (keine Leistungsentnahme) ist allerdings die Arbeitskraft des Unternehmers, da sie dem Betrieb nichts gekostet hat (BFH vom 04.08.1959, BStBl III 1959, 421).

Der Wechsel von der betrieblichen Sphäre in die außerbetriebliche Sphäre ist ein tatsächlicher Vorgang (2.). Da sich dieser Vorgang nicht durch einen Übertragungsakt (wie bei einer Übereignung an Fremde) manifestiert, ist zumindest eine **deutliche Handlung** eine weitere Voraussetzung (BFH vom 14.05.2009, BStBl II 2009, 811). Inwieweit die Umwidmung eines WG (geänderte Nutzungsabsicht) eine Entnahme herbeiführen kann, hängt vom konkreten Rechtsvorgang ab.[55]

Der **private Zweck** (3.) ist immer gegeben, wenn das transferierte WG (bzw. der transferierte Wert) im Zielbereich den Charakter von (notwendigem) **PV** oder von eindeutigen Aufwendungen der **privaten Lebensführung** (nach § 12 Nr. 1 EStG) hat. Schwieriger gestaltet sich diese Frage bei einem WG des gewillkürten BV (mit Nutzungsänderung) bzw. im Falle der Überführung des WG in einen anderen Betrieb des Unternehmers, zumal wenn sich dieser im Ausland befinden sollte.

Entscheidend ist, dass mit dem Ansatz des **Teilwerts** (bzw. mit dem **gemeinen Wert**) die betrieblich gebildeten stillen Reserven beim Verlassen der Betriebssphäre steuerlich erfasst werden. Eine Ausnahme von diesem Grundsatz sieht § 6 Abs. 1 Nr. 4 S. 4 und 5 EStG nur für den Fall von sog. **Sachspenden an steuerbefreite** Körperschaften vor. Dies hat seinen Grund darin, dass der Spendenvorgang an sich außerbetrieblicher Natur ist und demzufolge eine nicht gewollte Entnahme vorliegt. Beim Vorliegen der gesetzlichen Voraussetzungen kann die Spende zum Buchwert entnommen werden.

Lösung:

- Die Errichtung des Gebäudes könnte eine Entnahme des Grund und Bodens sein, auf dem das Gebäude errichtet ist, ebenso wie das Material (Sachentnahme) und der Lohneinsatz (Leistungsentnahmen) entnommen sein könnten. Lediglich die eigene Arbeitskraft des B scheidet mangels betrieblicher »Wertaggregation« aus. Dies ist dann der Fall, wenn die genannten WG für die **Errichtung eines WG im PV** entnommen werden (ähnlich BFH vom 14.05.2009, BStBl II 2009, 811). Dies ist aber hier nicht der Fall. Vielmehr wird zunächst ein Betriebsgebäude hergestellt und später das »fertige« WG entnommen.
- Die Erstellung des Wohnhauses wäre dann eine Entnahme, wenn dieses WG (notwendiges) PV wäre. Gebäude (und der damit zusammenhängende Grund- und Bodenanteil, BFH vom 11.03.1980, BStBl II 1980, 740) werden nach R 4.2 Abs. 4 EStR je nach ihrer Funktion als eigenständige WG behandelt. Der hier gegebene Nutzungszweck ist die Vermietung zu fremden Wohnzwecken. Die Loslösung von der betrieblich-operativen Zielsetzung eines Bauunternehmens ist offensichtlich. Dennoch ordnen Rspr. und Verwaltung das Wohnhaus für eigene AN als notwendiges BV ein (R 4.2 Abs. 4 S. 3 EStR) und ordnen dies sogar dem eigenbetrieblich genutzten (!) Gebäu-

---

55   Reine Erklärungen bzw. Buchungen ohne schlüssige Handlung genügen nicht der Entnahmehandlung.

detail unter. Insoweit erfolgte zu Recht die Aktivierung des bebauten Grundstücks in den Jahren 02 – 05 mit den HK (Selbstkosten inkl. zulässiger Gemeinkosten – ohne Arbeitskraft des B).
*   Mit der Vermietung an Fremde verliert das Wohnhaus die Eigenschaft als eigenbetrieblich genutzter Gebäudeteil. Aufgrund der (noch) geltenden Dreiteilung des Vermögens kommt die Eingruppierung als gewillkürtes BV oder als (notwendiges) PV in Betracht.

Es muss betont werden, dass es **keine Zwangsentnahme** gibt. Ein WG bleibt BV, solange es keine eindeutige Zuordnung zum notwendigen PV gibt (BFH vom 29.09.2003, Az.: IV B 203/01). In mehreren Entscheidungen aus dem Jahre 2004 lag es dem BFH daran, die von der Verwaltung vorschnell angenommene »Zwangsentnahme« wegen einer Nutzungsänderung zu annullieren. In folgenden Konstellationen ist daher – trotz Nutzungsänderung – **nicht** von einer **Entnahme** auszugehen:
*   Im Urteil vom 29.11.2004 (Az.: IV B 37/03) bestätigt der BFH seine Auffassung, dass die entgeltliche Bestellung eines Erbbaurechts an einem betrieblichen Grundstück nicht dessen Entnahme zur Folge hat.
*   Ebenfalls stellt die entgeltliche Bestellung eines Erbbaurechts eines L+F-Grundstücks dann keine Entnahme dar, wenn die Nutzungsänderung nur eine vergleichsweise geringe Fläche betrifft (BFH vom 26.08.2004, BFH/NV 2005, 674);
*   mit dem Urteil vom 25.11.2004 (BFH/NV 2005, 547) verdeutlicht der BFH, dass die Bebauung von L+F-Flächen nur dann eine Entnahme darstellt, wenn damit notwendiges PV geschaffen wird;
*   schließlich führt die Vermietung des Gebäudeteils eines Betriebsgebäudes dann nicht zu einer Entnahme, wenn sie nur vorübergehend ist (kein notwendiges PV) – Urteil vom 10.11.2004 (BFH/NV 2005, 547).

Es ist eine offensichtliche Tendenz der BFH-Rspr., das Institut der »konkludenten (Zwangs-)Entnahme« zu reduzieren und sie nur als Ultima Ratio anzuwenden. Dies ist bei der **dauerhaften** Begründung **notwendigen PV** der Fall.
   Exakt in diese Richtung zielt das BFH-Urteil vom 21.08.2012 (BStBl II 2013, 117), wo bei einer einmaligen Absenkung des betrieblichen Nutzungsanteils unter 10 % (bei der EÜR) noch keine Entnahme anzusetzen ist.
*   Bewertet wird das entnommene Wohnhaus mit dem Teilwert nach § 6 Abs. 1 Nr. 4 S. 1, 1. HS EStG. Dabei sind nach zutreffender Teilwertvermutung die Wiederbeschaffungskosten anzusetzen. Diese werden im Regelfall mit dem Einzelveräußerungspreis übereinstimmen und dabei möglicherweise den Wert der Arbeitsleistung des B mitumfassen (dagegen nicht, wenn die Arbeitsleistung des B für die Erstellung eines WG im PV entnommen worden wäre).

Mit der Entnahme unterliegt das Wohnhaus nicht mehr der betrieblichen Steuerverhaftung; der Wertzuwachs unterliegt jedoch ab 06 für weitere zehn Jahre nach § 23 Abs. 1 S. 2 EStG dem Steuerzugriff für »private Veräußerungsgeschäfte«.

Entstrickung: Eine **Abweichung** vom Ansatz mit dem Teilwert gilt bei den sog. Entstrickungsfällen. Nach § 4 Abs. 1 S. 3 EStG steht der Ausschluss oder die Beschränkung[56] des Besteuerungsrechts der Bundesrepublik Deutschland hinsichtlich des Gewinns aus der Veräußerung oder der Nutzung eines WG einer Entnahme für betriebsfremde Zwecke gleich. In diesen Fällen ist die Entnahme gem. § 6 Abs. 1 Nr. 4 S. 1, 2. HS EStG mit dem gemeinen Wert[57] anzusetzen.
   Erfolgt eine Überführung eines WG des AV in eine andere BS des StPfl. innerhalb der EU, so ist an dieser Stelle auf die Möglichkeit der Bildung eines Ausgleichspostens gem. § 4 g EStG hinzuweisen.

---

56 Entgegen der bisherigen Auffassung der FinVerw (BS-Erlass, Tz. 2.6.1) liegt eine Beschränkung des deutschen Besteuerungsrechts auch bei einem DBA mit Anrechnungsmethode vor.
57 Im Gegenteil zum Teilwert wird hier ein Gewinnaufschlag berücksichtigt (Fremdvergleichspreis) § 9 Abs. 2 BewG.

Beispiel 20a: Der größenwahnsinnige Blumenhändler

A betreibt einen rosigen Blumenladen am Hamburger Flughafen. Da er davon besessen ist, überall auf der Welt für seine Kunden Blumen verkaufen zu können, begründet er eine Betriebsstätte am J.F.K.-Flughafen (New York) in den USA. Im Zuge dieser Erweiterung überführt er seinen Kleinlastwagen in die USA, um dort die Blumen schneller zum Flughafen zu transportieren. Zum Zeitpunkt der Überführung betrug der TW des Wagens 10.000 €. Einen Tag vor der Überführung bot ihm sein Nachbar N (Autohändler) 13.000 € (netto) für diesen an. Zwei Monate später musste A enttäuscht feststellen, dass er zwar seine Blumen in den USA verkaufen kann, aber niemand seine Blumen kaufen will. Er veräußert den Wagen in den USA für umgerechnet 12.000 €. Im DBA-USA ist die Freistellungsmethode vereinbart.

Lösung: Mit der Überführung des Wagens in die Betriebsstätte in den USA wird dieser auch deren BV. Aufgrund der vereinbarten Freistellungsmethode im DBA-USA werden die durch diese Betriebsstätte erwirtschafteten Gewinne nur in den USA besteuert (in diesem Fall ergibt sich ein Verlust von: 13.000 € ./. 12.000 € = 1.000 €). Somit liegt ein Ausschluss des Besteuerungsrechts der Bundesrepublik Deutschland vor. Nach § 4 Abs. 1 S. 3 EStG wird diese Überführung einer Entnahme gleichgestellt. Nach § 6 Abs. 1 Nr. 4 S. 1 2. HS EStG ist diese Entnahme mit dem gemeinen Wert zu bewerten. Der gemeine Wert ist nach § 9 Abs. 2 BewG der Wert, der im gewöhnlichen Geschäftsverkehr nach der Beschaffenheit des WG bei einer Veräußerung zu erzielen wäre. In diesem Fall hätte A bei Veräußerung an seinen Nachbarn 13.000 € (netto) erzielen können. Somit ist die Entnahme gem. § 4 Abs. 1 S. 3 i. V. m. § 6 Abs. 1 Nr. 4 S. 1 2. HS EStG i. V. m. § 9 Abs. 2 BewG mit 13.000 € (+ 19 % USt) anzusetzen.

3.3   Die Einlagen beim Einzelunternehmer

3.3.1   Grundzüge und Wirkungsweise der Einlage

Die Begehrlichkeit nach und die Phantasie für ein umfangreiches (und hoch angesetztes) Einlagevolumen verdeutlicht das nachfolgende Beispiel:

Beispiel 21: Steuersubvention qua XXL-Einlage

Der vormalige Landwirt und künftige Großhotelier H findet nach einer Bohrung auf seinem Grundstück eine heiße und mineralhaltige Wasserquelle, die sich später als Quelle künftigen Reichtums erweisen sollte. Noch bevor in den nächsten Jahren auf dem Areal das bekannte Bäderzentrum XXL entsteht, wird in den Besprechungen mit dem FinMin über den Wert der »Wassergrundstücke« verhandelt. H versteht nicht, warum sein StB auf einen besonders hohen Wert drängt – und ihn auch zugestanden bekommt –, da H ansonsten doch bei den Auseinandersetzungen mit dem FA immer um niedrige Ansätze bemüht ist.

Lösung:

- Die Einlage der Grundstücke in das BV des H erfolgt gewinnneutral, da durch den Zugang zum BV (BS: per Grundstücke an Kapital) – gleich, in welcher Höhe – zunächst das Bilanzvermögen des H erhöht wird. Diese Betriebsvermögensmehrung führt beim BVV vorläufig zu einem Gewinnausweis (auf der 1. Stufe), sie wird jedoch – in identischer Höhe – durch den Abzug der Einlagen auf der 2. Stufe (§ 4 Abs. 1 S. 1 EStG) voll kompensiert.
- Die **indifferente** Wertfindung bei der reinen **Einlagehandlung** steht aber in krassem Gegensatz zu der Folgewirkung. Mit einem hohen Einlagewert wird z. B. bei WG des abnutzbaren Anlagevermögens, die hier nicht vorliegen, ein hohes Abschreibungsvolumen geschaffen. S. aber das Urteil des BFH vom 04.12.2006, BStBl II 2007, 508, in dem der Große Senat bei einem im »Privatbereich entdeckten Kiesvorkommen«, das später in das BV eingelegt wurde, zwar den (betrieblichen) Teilwertansatz für richtig erachtete, aber sodann im BV keine Absetzung für Substanzverringerung (AfS) zuließ.
- Bei allen eingelegten WG schafft ein **hoher Bilanzansatz** ein größeres Buchkapital in der Bilanz (»Bilanzoptik«). Wegen der Bilanzidentität perpetuiert sich der Buchwert bis zum Verkauf oder der Aufgabe des Betriebes. Dort bildet die Größe »Buchkapital« (= Wert des BV, vgl. § 16 Abs. 2 EStG) eine Abzugsgröße. Je höher bekanntlich dieser Subtrahend ist, desto geringer ist der Saldo, also der stpfl. Veräußerungsgewinn.

3.3.2   Gegenstand der Einlage, insbesondere die Nutzungs(-aufwands-)einlage

Entgegen der umfangreichen Regelung bei den Entnahmen sind die gesetzlichen Anwendungsfälle bei der Einlage gem. §4 Abs. 1 S. 8 1. HS EStG (i. d. F. des JStG 2010) auf zwei Beispiele, nämlich die Bareinzahlungen und die sonstigen WG, beschränkt.

Beispiel 22: Die betriebliche Teilhabe am Privatvermögen

H kauft nach den positiven Einlageerfahrungen (Beispiel 21) ein Buchexemplar der aktuellen Ausgabe des EStG und verblüfft nach der Lektüre von §4 Abs. 1 EStG seinen StB mit der Frage, ob er nicht auch folgende betrieblich genutzte »Privatvorteile« einlegen könne:
- die Kosten, die ihm anlässlich der betrieblichen Nutzung seines Privat-Pkw entstehen,
- die Kosten, die seiner Frau anlässlich seiner betrieblichen Nutzung ihres Pkw entstehen,
- die Arbeitsleistung seiner in den Schulferien im Hotel unentgeltlich mitarbeitenden Kinder.

Dabei argumentiert H wie folgt: »Das, was bei der Entnahme für das FA möglich ist (S. 2), müsse bei der Einlage (S. 7) für den Unternehmer auch ermöglicht werden«.

Lösung:
- Nach der Auffassung des GrS sind – anders als bei der Entnahme – nur **bilanzierungsfähige WG** einlagefähig. Damit sind zwar Nutzungsrechte (z. B. eine Nutzungsüberlassung aufgrund gesicherter Rechtsposition) einlagefähig (zum Wert s. sogleich), **nicht aber bloße Nutzungen** (wie z. B. eine bloße Kapitalüberlassung). Diese Aussage gilt auch für reine **Dienstleistungen**. Hauptentscheidendes Argument war neben der identischen Auslegung der Begriffe WG und Vermögensgegenstand (§246 HGB), dass nur das als Korrekturposten nach §4 Abs. 1 EStG abgezogen werden könne, was vorher eben dieses BV angereichert habe. Damit sind bloße Nutzungen fremden Vermögens bzw. fremde Dienstleistungen nicht als Einlage zu berücksichtigen.
- Anders sieht die Situation bei der betrieblichen Nutzung des **eigenen** PV aus. Die Rspr. des BFH lässt hier die Aufwendungen **einschließlich der anteiligen AfA (!)** zum BA-Abzug zu (so auch R 4.7 Abs. 1 S. 2 EStR). Damit können die betrieblich veranlassten durchschnittlichen Pkw-Kosten des eigenen Kfz des H qua »Aufwand an Einlage« aufwandswirksam werden.

Während die sonstigen Voraussetzungen (Einlagewille/Einlagehandlung/Einlagebuchung) mit denen der Entnahme identisch sind (s. oben), traf der Gesetzgeber bei der Bewertung nach §6 EStG eine differenzierende Regelung.

3.3.3   Die Bewertung der Einlage

Die Grundregel der Bewertung der eingelegten WG mit dem **Teilwert** nach §6 Abs. 1 Nr. 5 S. 1 1. HS EStG (und nicht mit den historischen AK) verfolgt den Zweck, nur die während der Zugehörigkeit des WG zum BV akkumulierten stillen Reserven zu besteuern. Eine Ausnahme (Ansatz »höchstens« mit den niedrigeren AK) wird für drei WG-Kategorien gemacht:

a) »Kurzzeit«-WG (§6 Abs. 1 Nr. 5 S. 1 1. HS Buchst. a EStG: maximal drei Jahre alte WG),

b) »wesentliche-KapG«-Beteiligungen nach §17 EStG (§6 Abs. 1 Nr. 5 S. 1 1. HS Buchst. b EStG) und

c) Streubesitzbeteiligungen (§6 Abs. 1 Nr. 5 S. 1 1. HS Buchst. c EStG).

Der Zweck dieser Regelung wird im Falle des **Buchst. a** mit der Missbrauchsabwehr (u. a. keine Verlustverlagerung in den Betrieb) und im Falle des **Buchst. b und c** mit dem Gleichstellungsgedanken[58] angegeben. Probleme mit der Gesetzesbegründung treten allerdings bei abnutzbaren »**Kurzzeit**«-WG (im Falle des Buchst. a) auf, da dort die ohnehin niedrigeren Einlagewerte noch um die (z. T. fiktive) AfA gekürzt wird.

---

58   Wenn schon die Veräußerung des PV ausnahmsweise bei §17 EStG steuerbar ist, muss dies erst recht – mit identischen Werten – für die in das BV eingelegten »wesentlichen Beteiligungen« gelten.

Beispiel 23: Die geprellte »Einlegerin«

Die frisch diplomierte Diplom-Ingenieurin I startet ihre selbständige Beratungstätigkeit in 03 mit einem im Studium vor zwei Jahren selbst entwickelten Patent (geschätzter Wert: 20.000 €), einer Daimler-Aktie, die sie zum Studienabschluss (02) geschenkt bekam (Börsenwert in 17: 100 €; Börsenwert in 18: 50 €) und einem Mini Cooper MC, den sie sich in 01 für 10.000 € (ND: vier Jahre) zulegte. Wegen der Produktionseinstellung wird der MC in 03 mit demselben Wert wie in 01 gehandelt. I, für ihre Cleverness bekannt, will die Einlage-Maxime »Höchstwert« realisieren. Erfolgreich?

Unabhängig von der konkreten Gewinnermittlung (EÜR oder BVV) ist § 6 Abs. 1 Nr. 5 EStG zu befolgen. Die Vorfrage nach der Einlagefähigkeit der einzelnen Gegenstände nach § 4 Abs. 1 S. 8 1. HS EStG kann umfassend bejaht werden. § 5 Abs. 2 EStG verbietet nicht die Einlage eines im Privatbereich entwickelten, immateriellen WG, da die Zuordnung des WG (zum PV oder BV) Vorrang vor einem etwaigen Ansatzverbot hat, das ohnehin nur für die im Betrieb entwickelten, immateriellen WG gilt.

Lösung:
a) Beim **Patent** stellt sich die Frage, ob I das Patent selbst oder lediglich die Nutzung des Patents, das ansonsten in ihrem PV verbleibt, einlegen will. Eine Abspaltung der Nutzung des immateriellen WG vom Eigentum des WG dürfte aber bei **Personenidentität** (Inhaber des Patents und Lizenznehmerin wären jeweils I) nicht zulässig sein. Für diesen Zweck müsste I eine GmbH als Lizenznehmerin gründen. Von daher ist das Patent mit dem TW (Marktwert) im Einlagezeitpunkt (d. h. mit 20 T€) anzusetzen, auch wenn die Gestehungskosten in 01 niedriger gewesen sein mögen, da insoweit keine Anschaffung oder Herstellung[59] vorlag.

b) Die Daimler-Aktie stellt ein »Kurzzeit«-WG (§ 6 Abs. 1 Nr. 5 S. 1 1. HS Buchst. a EStG) dar. Obwohl I die Aktie geschenkt bekam, sind ihr nach § 11d EStDV analog die AK des Rechtsvorgängers zuzurechnen (100 €). Die Regelung in § 6 Abs. 1 Nr. 5 EStG ist jedoch so zu interpretieren, **dass immer der niedrigere** Wert anzusetzen ist: Ansatz der Aktie demnach mit 50 €.

c) Der MC muss nach § 6 Abs. 1 Nr. 5 S. 2 EStG mit den **fortentwickelten AK** angesetzt werden. Bei einer ND von vier Jahren für gebrauchte Kfz ergibt dies 5.000 €. Dies soll auch dann gelten, wenn sich die AfA bislang steuerlich nicht ausgewirkt hat (R 6.12 S. 2 EStR).

Verstrickung: Eine weitere Bewertungsfallgruppe hat der Gesetzgeber geschaffen: Korrespondierend zur Entnahme steht gem. § 4 Abs. 1 S. 8, 2. HS EStG die Begründung des Besteuerungsrechts des Bundesrepublik Deutschland hinsichtlich des Gewinns aus der Veräußerung eines WG einer Einlage gleich.[60] In diesen Fällen ist das WG gem. § 6 Abs. 1 Nr. 5a EStG mit dem gemeinen Wert (§ 9 Abs. 2 BewG) anzusetzen.

Beispiel 23a:

Sachverhalt wie oben Beispiel 20a mit dem Unterschied, dass der Kleinlastwagen in den USA im Rahmen der Eröffnung der Betriebsstätte angeschafft wurde. Nachdem die Geschäftslage sich in den USA verschlechtert hat, entschließt sich A den Wagen in das BV seines Ladens in Deutschland zu überführen. Der TW betrug zu diesem Zeitpunkt ebenfalls 10.000 €. Der gemeine Wert beträgt umgerechnet 13.000 €. Nach einem Jahr Nutzung verkauft er diesen für 12.000 € (netto).

Lösung: Mit der Überführung des Wagens in das BV des Ladens in Deutschland, wird nach DBA-USA das Besteuerungsrecht der Bundesrepublik Deutschland begründet. Der Gewinn (hier Verlust i. H. v. 1.000 €) aus der Veräußerung ist dem Blumenladen in Deutschland zuzurechnen. Somit steht die Überführung einer Einlage gem. § 4 Abs. 1 S. 8, 2. HS EStG gleich und wird gem. § 6 Abs. 1 Nr. 5a EStG mit dem gemeinen Wert i. H. v. 13.000 € angesetzt.

---

59 M. E. hat an dieser Stelle die analoge Wertung von § 5 Abs. 2 EStG einzusetzen.

60 Der Wechsel von einem eingeschränkten (DBA mit Anrechnungsmethode) zu einem uneingeschränkten Besteuerungsrecht ist nicht als Einlage zu behandeln, da das WG bereits steuerverstrickt war; BT-Drs. 16/2710, 25.09.2006, 28.

3.4   Gesellschaftsrechtliche Privatvorgänge, insbesondere die Einlage

3.4.1   Der Privatbereich und die gesellschaftsrechtliche Gewinnermittlung – Überblick

3.4.1.1   Die Sphäre der Personengesellschaften

Die Terminologie und Vorgehensweise bei der Berücksichtigung von Privatvorgängen im Rahmen der Gewinnermittlung von **PersG** stimmt mit denen des Einzelunternehmers überein. Der maßgebliche Gewinn aus der StB wird – entsprechend dem gesellschaftsrechtlichen Verteilungsschlüssel – auf die G'fter (MU) aufgeteilt und i. R. d. Kapitalkonten der G'fter berücksichtigt.

Beispiel 24: Grundfall zur Gewinnermittlung bei PersG – Privatbereich

Der StB-Gewinn der A-B-OHG (G'fter A, B zu je 50 %) beträgt im VZ 01 100 T€. Beide G'fter haben ein identisches Anfangskapital von 10 T€. A entnimmt aus der Gesellschaftskasse 20 T€, B legt in die Kasse 30 T€ ein. Wie hoch ist der gewerbliche Gewinn von A und B?

Bei PersG ist – in technischer Hinsicht – auf zwei Aspekte zu achten:

- Erstens kann der Privatbereich zwei Rechnungskreise betreffen, den Buchungskreis der PersG selbst, der sog. Gesamthand, und den davon getrennten Bereich des Sonder-BV. Die Entnahmen/Einlagen fallen getrennt an und werden getrennt zugewiesen.
- Zweitens gibt es – in der Praxis häufig befolgte – Empfehlungen von Fachverbänden (z. B. Bundessteuerberaterkammer) zum Ausweis des Kapitals von PersG in Anlehnung an § 266 HGB.[61] Diese (optischen) Empfehlungen ändern nichts an den hier mitgeteilten Grundsätzen und müssen ggf. in diese Sprache »übersetzt« werden.

Lösung:

Kapitalkonto A:	01.01.01		10.000 €
	Gewinnanteil	+	50.000 €
	Entnahme	./.	20.000 €
	31.12.01		**40.000 €**

Die gewerblichen Einkünften von A nach § 15 Abs. 1 Nr. 2 EStG betragen **50 T€** [40 T€ ./. 10 T€ + 20 T€ (Entnahme), vgl. § 4 Abs. 1 EStG].

Kapitalkonto B:	01.01.01		10.000 €
	Gewinnanteil	+	50.000 €
	Einlage	+	30.000 €
	31.12.01		**90.000 €**

Die gewerblichen Einkünfte von B nach § 15 Abs. 1 S. 1 Nr. 2 EStG betragen **50 T€** [90 T€ ./. 10 T€ ./. 30 T€ (Einlage), vgl. § 4 Abs. 1 EStG].

3.4.1.2   Die Sphäre der Kapitalgesellschaften

Demgegenüber erfolgt die Gewinnermittlung bei **KapG**, die mit dem z. v. E. identisch ist, in einer anderen Sprache. Wird der StB-Gewinn nach der Methode des BVV gem. § 4 Abs. 1 EStG ermittelt, ergibt dies folgendes Szenario:

---

61   Hier nicht zu verwechseln mit dem Ausweis der G'fter – Kapitalkonten als Kapitalkonto I/II/III (festes/variables Kapitalkonto). Dies sind nur Varianten des für PersG grundsätzlich vorgesehenen Konzepts.

- In einem ersten Schritt werden auch dort die Eigenkapitalien der KapG (§ 266 Abs. 3 (A) HGB) am Ende und zu Beginn[62] des Wj. verglichen.
- In einem zweiten Schritt werden als Entnahmen (»außerbetriebliche Wertabgänge«) die dort sog. (offenen und verdeckten[63]) **Gewinnausschüttungen** hinzugerechnet und die **Einlagen** (als gezeichnetes Kapital bzw. als Kapitalrücklage[64]) abgezogen.

Der offensichtliche und systemimmanente Unterschied zu den PersG besteht darin, dass die KapG als juristische Personen (eigener Rechtsträger des Gesellschaftsvermögens) keine Kapitalkonten für die G'fter kennen (Trennungsprinzip!).

Die PersG als Gesamthandssubjekt muss ihr Vermögen direkt den G'ftern qua (bilanziellem) Kapitalkonto zuweisen.

3.4.2 Steuerrechtliche Fragen zum Privatbereich der Personengesellschafter

Einlagen und Entnahmen beruhen steuerlich auf drei Grundannahmen (Axiomen):

1. Tatbestandsvoraussetzung sind Vermögenstransfers zwischen dem **Privatbereich** und dem **Betriebsbereich** des Unternehmers (Einlage; umgekehrt bei Entnahme);
2. Die Rechtsfolge bei der Entnahme heißt **Gewinnrealisation**, wenn betriebliche Einzel-WG von dem Transfer betroffen sind; die Entnahme löst gewinnwirksam stille Reserven auf.
3. Die Einlage führt umgekehrt zur Steuerverhaftung künftiger Reserven.

Aus diesem Grund können die Fragen zum »steuerrelevanten« Privatbereich bei PersG nur dann auftreten, wenn der Transfer aus dem (oder in den) Privatbereich des G'fter stattfindet.

Damit sind – im Vorfeld – thematisch alle Übertragungen ausgeschlossen, die den Konfliktbereich zwischen dem Einzelbetrieb des G'fter und »seiner« PersG betreffen. Diese »**zwischenbetrieblichen**« Fragen des PersG-G'fters sind – als betrieblicher Umstrukturierungsvorgang – § 6 Abs. 5 S. 3 ff. EStG überantwortet.[65] Andererseits können die privatbetrieblichen Transfers sowohl das Gesamthandsvermögen (Beispiel: Einmalige Beitragsleistung durch eine private Sacheinlage) als auch das Sonder-BV (Beispiel: Umqualifizierung eines privaten WG durch Überlassung an die PersG) betreffen. Für letztere gelten keine Besonderheiten. Die Ausführungen zum Einzelunternehmer (s. Kap. 3.2) gelten sinngemäß.

Schwierigkeiten treten jedoch dann auf, wenn der Transfer zwischen dem PV und dem Gesamthandsvermögen erfolgt. Das Entnahme-/Einlagemodell des EStG wird durch die anderen G'fter als **Mitträger** des Gesamthandsvermögens gestört.

Beispiel 25: »Private« Turbulenzen bei einer OHG

A und B sind paritätisch G'fter der A-B-OHG. A überträgt aus seinem PV einen GmbH-Geschäftsanteil (5 %-Beteiligung an der X-GmbH) auf die OHG und steigert damit seine Quote auf 60 %. B baut auf einem Teil des Betriebsgrundstücks der OHG ein EFH, in dem er mit seiner Familie wohnt.

Alternative: Die Einlage ist ohne Auswirkung auf das Beteiligungsverhältnis (es bleibt bei der je 50 %igen Beteiligung).

---

62 Korrekt muss es heißen: EK am Ende des vorherigen Wj. Aufgrund der Bilanzidentität sind die jeweiligen Größen (im Beispiel: EK Ende 10 = EK Anfang 11) idealtypisch identisch.

63 Die vGA wird außerbilanziell hinzugerechnet. Der Verf. ist sich darüber im Klaren, dass vGA nach der Rspr. des BFH »betrieblich« veranlasst sein sollen und nur wegen einer fehlenden Privatsphäre der KapG außerbilanziell hinzugerechnet werden.

64 Rechtsgrundlagen: § 272 Abs. 1 HGB (»gezeichnetes Kapital«) und § 272 Abs. 2 HGB (»Kapitalrücklage«).

65 S. dazu *Preißer*, Teil B, Kap. II.

Beide Tatbestände beleuchten schlagartig das rechtliche Zuordnungsproblem. Mit der Wertzuführung in das gemeinschaftliche Gesamthandsvermögen durch einen G'fter (und spiegelbildlich mit dem Wertabgang) partizipiert der Partner **unmittelbar** an der Wertveränderung.[66] Zugleich ist es für die steuerliche Beurteilung von Bedeutung, ob mit dem »Privattransfer« eine Veränderung der »Gesellschaftsquote« verbunden ist. Für den Fall, dass der Privattransfer die Quote verändert (d. h. bei einer Einlage zu einer Vermehrung der Anteilsrechte und vice versa zu einer Verminderung führt), hat sich der Terminus »offene Einlage« eingebürgert. Umgekehrt, wenn der Privattransfer ohne Auswirkung auf die G'fterstellung bleibt, hat man den aus dem Recht der KapG entlehnten Begriff der »verdeckten Einlage« eingeführt.

Lösung:

- Die einseitige und dauerhafte Nutzungsänderung des betrieblichen Grundstückareals mit der Bebauung eines privaten Wohnhauses durch B löst den betrieblichen Zusammenhang dieser Grundstücksfläche.[67] Damit liegt eine Entnahme gem. § 4 Abs. 1 S. 2 EStG vor, die nach § 6 Abs. 1 Nr. 4 S. 1 1. HS EStG mit dem Teilwert zu bewerten ist.[68] Fraglich ist jedoch, wer die stillen Reserven zu versteuern hat. Nachdem von dem Vermögensabgang beide Partner betroffen sind, ordnet der BFH die **Entnahme allen G'ftern** zu, wenn sie einvernehmlich erfolgt ist (BFH vom 28.09.1995, BStBl II 1996, 276[69]).
- Für die Übertragung eines Einzel-WG aus dem PV in die PersG hat sich im Anschluss an das Urteil des BFH vom 19.10.1998 (BStBl II 2000, 230) folgende gefestigte Auffassung gebildet (vgl. BMF vom 29.03.2000, BStBl I 2000, 462):
- Werden bei der Einbringung eines privaten Einzel-WG (im Fall: eine § 17 EStG-Beteiligung[70]; s. auch BFH vom 05.06.2008, BStBl II 2008, 965) Gesellschaftsrechte gewährt (**offene Sacheinlage**), so liegt keine Einlage (nach § 6 Abs. 1 Nr. 5), sondern ein **tauschähnlicher** (Anschaffungs-)Vorgang vor (= Ausgangsfall). Der Ansatz mit dem gemeinen Wert gem. **§ 6 Abs. 6 EStG analog** in diesem Fall ist vom BFH im Urteil vom 24.01.2008 (DB 2008, 900) nochmals unterstrichen worden. Er führt zu AK des MU (sowie ggf. zu Veräußerungstatbeständen nach §§ 17, 20 Abs. 2, 23 EStG).
- Werden keine Gesellschaftsrechte gewährt, liegt eine »verdeckte Einlage« vor, die steuerlich als Einlage nach § 6 Abs. 1 Nr. 5 EStG beurteilt wird[71] (= Alternative); aber auch dabei muss es sich um einlagefähige WG handeln (nicht etwa bei der bloßen Bilanzierung »Ausleihung an verbundene Unternehmen«, ohne dass mit der Kapitalüberlassung ein Verzicht auf die Rückzahlung verbunden war; vgl. BFH vom 06.11.2003, BStBl II 2004, 416).
- Bei einem ungleichen Verhältnis der eingebrachten WG und der gewährten Gesellschaftsrechte sind die Grundsätze kombiniert anzuwenden (so bereits BFH vom 17.07.1980, BStBl II 1981, 11).[72]
- Umgekehrt führt die Übertragung von **Einzel-WG aus der PersG in das PV** des G'fters spiegelbildlich zu einem tauschähnlichen Vorgang, wenn sie mit der Minderung von Gesellschaftsrechten verbunden ist; dafür könnte sich auch der Terminus »offene Entnahme« einbürgern. Bei einer »verdeckten Entnahme« (Überführung in das PV ohne Minderung der Anteilsrechte) greift § 6 Abs. 1 Nr. 4 EStG (s. bereits das obige Beispiel zum Privathaus eines G'fters).

---

66 Dies hat seinen gesellschaftsrechtlichen Hintergrund in §§ 717 ff. (718) BGB, wonach – für alle PersG – alle G'fter in ihrer gesamthänderischen Verbundenheit Vermögensträger sind.

67 S. hierzu BFH vom 25.04.2003, BFH/NV 2003, 1407.

68 Etwas anderes gilt nur, wenn die OHG das Privatgrundstück an den G'fter zu fremdüblichen Bedingungen verkaufen würde, da hierdurch das Vermögen der PersG nicht geschmälert wird (so auch BFH vom 28.07.1998, BStBl II 1999, 53).

69 Entsprechend führt die nicht betrieblich bedingte Darlehensgewährung an einen G'fter zu einer Entnahme, die allen G'fter anteilig als Entnahme angerechnet wird (anteilige Minderung ihrer Kapitalkonten, so der BFH vom 09.05.1996, BStBl II 1996, 642).

70 Zu den weiteren Konsequenzen, wenn es sich bei dem eingelegten Privat-WG um eine »wertgeminderte wesentliche Beteiligung« i. S. d. § 17 EStG handelt vertritt auch jetzt die Verwaltung a. a. O. (BStBl I 2000, 462, Tz. III.1) die Auffassung, dass der mit einem Tauschvorgang verbundene Veräußerungsverlust nach § 17 Abs. 2 S. 4 EStG zu berücksichtigen sei.

71 Die Verwaltung lässt diese Aussage für alle privaten Einzel-WG gelten, während die Literatur (DStR 2000, 1713) den Vorgang nur auf die Ausnahmetatbestände der §§ 17, 23 EStG und § 21 UmwStG (hierzu *Stegemann*, BB 2003, 79 mit der Folge des § 21 Abs. 4 UmwStG) beschränkt wissen möchte.

72 Vgl. dazu Beispiel 5 bei der GmbH & Co. KG (s. *Preißer*, Teil B, Kap. III 2.4.3).

Bei PersG, insb. im Beteiligungsverbund von Doppelgesellschaften (Beispiel: Betriebsaufspaltung), zählt ein Darlehen der PersG an Geschäftspartner der Betriebs-GmbH zum BV der PersG. Es sind Fälle denkbar, dass ein solches Darlehen dem Sonder-BV eines G'fters zugeordnet wird, wenn die Beteiligung an der GmbH selbst zum notwendigen Sonder-BV II des G'fters gehört. In diesen Fällen erfolgt der »Einbuchungsvorgang« kraft verdeckter Einlage (BFH vom 25.11.2004, BFH/NV 2005, 610).

Um an dieser Stelle nochmals etwaigen Missverständnissen vorzubeugen, so handelt es sich bei dem soeben diskutierten Komplex nur um Vorgänge zwischen dem Privatbereich des G'fters und dem Betriebsbereich seiner PersG. Bei **innerbetrieblichen** Übertragungen gilt § 6 Abs. 5 EStG.

3.4.3   Der Privatbereich der Gesellschafter bei einer Kapitalgesellschaft, insbesondere die verdeckte Einlage

Anders als bei der PersG haben Übertragungsvorgänge zwischen dem G'fter (aus dessen PV) und der KapG nur mittelbaren Einfluss auf die anderen G'fter. So kann – z. B. bei einer Einlage durch einen G'fter – die Wertsteigerung der Anteile der anderen G'fter wegen der Abkoppelung der Beteiligung als eigenes WG vom Vermögen der juristischen Person nur als **Reflex** verstanden werden. Die Bedeutung der Vorgänge, gerade für G'fter einer KapG, hat der Gesetzgeber des StSenkG 2000/2001 durch die erstmalige und vermehrte Verwendung des Begriffes der »verdeckten Einlage« in § 6 Abs. 6 S. 2 EStG und in § 23 Abs. 1 S. 5 Nr. 2 EStG unterstrichen. Damit wird inhaltlich die verdeckte Einlage einer Veräußerung nach § 17 Abs. 1 S. 2 EStG gleichgestellt.

Im umgekehrten Fall, der Überführung von WG aus der KapG in das PV des G'fter, führt die Anerkennung der Leistungsbeziehungen zwischen KapG und ihren G'fter zu einem gewöhnlichen Veräußerungsgeschäft. Wird dabei der fremdübliche Preis unterschritten, so wird der Vorgang als vGA behandelt.[73] Bei einem überhöhten Kaufpreis wird auch hier von einer vE (verdeckte Einlage) gesprochen.

Nach der **Neufassung** des § 8 Abs. 3 KStG (2007) findet sich nunmehr zwar nicht die Legaldefinition, aber zumindest die Rechtsfolge der verdeckten Einlage in § 8 Abs. 3 S. 3 KStG.

Folge: Bei der KapG wird der Vorteil entweder als Kapitalrücklage nach § 272 Abs. 2 Nr. 4 HGB[74] oder aber (zumeist) als außerordentlicher Ertrag ausgewiesen, und umgekehrt erhöhen sich nachträglich die AK der Beteiligung des G'fters.

Diese Rechtsfolge **(verdeckte) Einlage** und – vice versa – (nachträgliche) AK auf die Beteiligung gelten nach der Rspr. des BFH in folgenden Fallgruppen:

- Verzicht des G'fters auf eine **vollwertige Forderung** gegen die KapG (BFH vom 09.06.1997, BStBl II 1998, 307), wenn der Verzicht gesellschaftsrechtlich veranlasst ist.
- Rückzahlung einer offenen Gewinnausschüttung (BFH vom 29.08.2001, BStBl II 2001, 173) oder einer überhöhten Vorabausschüttung (BFH vom 10.09.2003, BFH/NV 2004, 231).
- Direkt-Einzahlung in die Kapitalrücklage (BFH vom 27.04.2000, BStBl II 2001, 168).
- Übernahme von Kosten der TochterG durch die MutterG (BFH vom 05.06.2003, BFH/NV 2003, 1412).
- Die Übertragung von Einzel-WG nach einem vorherigen Einbringungsvorgang gem. § 20 UmwStG (Einzelunternehmen → GmbH) des nunmehrigen Besitzunternehmens auf die Betriebs-GmbH könnte in Fällen der Betriebsaufspaltung sowohl eine Entnahme (beim Besitzunternehmen) wie eine verdeckte Einlage bei der Betriebs-GmbH sein (BFH vom 16.06.2004, BFH/NV 2004, 1701 zur Rechtslage vor § 6 Abs. 6 S. 2 EStG n. F.)

---

73   S. dazu näher *Maurer*, Teil C, Kap. IV.
74   Handelsbilanziell wird noch eine »willentliche« Zahlung des G'fters in die Kapitalrücklage gefordert.

Umgekehrt genügt eine Schuldübernahme für die GmbH und der gleichzeitige Verzicht auf Regressforderungen gegen die KapG noch nicht für die Annahme einer Einlage (BFH vom 20.12.2001, BFH/NV 2002, 678).[75] Bei der GmbH stehen sich hier gewinnneutral gegenüber: der Freistellungsanspruch und die Verbindlichkeit. Bei Bezahlung werden beide Posten miteinander verrechnet.

Zur Abrundung ist noch die Behandlung der **(bloßen) Nutzungsvorteile** im Verhältnis der KapG zu ihren G'fter nachzutragen.

Beispiel 26: Verbilligte Darlehensgewährung an die Einmann-GmbH

A, zu 100 % G'fter der A-GmbH, gewährt seiner GmbH ein zinsloses Darlehen i. H. v. 100.000 €. Banküblich ist ein Zins von 8 %. A refinanziert das Darlehen aufgrund der guten Beziehungen zu seiner Hausbank durch einen Zins von 6 %.

Die zinslose Darlehensgewährung ist eine **unentgeltliche Nutzungsüberlassung** von Kapital. Dabei wird – wie so häufig – zwischen Darlehensgeber und Darlehensnehmer keine gesicherte Rechtsposition zur Überlassung des Kapitals vorliegen (der Darlehensvertrag allein reicht hier nicht aus). Eine Nutzungs-(aufwands-)einlage wird nicht gebucht.

Im Anschluss an die allgemeinen Ausführungen zur **unzulässigen Nutzungseinlage**, aber noch in dem gleichen Beschluss, hat der BFH für das Verhältnis der KapG zum nutzungsgewährenden G'fter ausgeführt (BFH vom 26.10.1987, BStBl II 1988, 348):
- Die GmbH ermittelt ihr Ergebnis **getrennt** vom Ergebnis der G'fterbeteiligung.
- Die GmbH kann dabei nur die **ihr erwachsenen Aufwendungen** (und keine fiktiven Aufwendungen des G'fter) absetzen.
- Der G'fter könne Aufwendungen in Zusammenhang mit einer Nutzungsüberlassung daher auch nicht als nachträgliche AK auf seine Beteiligung ansetzen.
- Er kann aber die damit zusammenhängenden **tatsächlichen** Aufwendungen als BA oder als WK bei seiner Kapitaleinkunftsermittlung ansetzen.
- Insb. gibt es keine »Spiegelbildlichkeit« von vGA und vE.

Lösung:
- Die GmbH hat aus der zinslosen Darlehensgewährung keinerlei (Aufwands-)Konsequenzen zu ziehen, kann insb. keinen fiktiven Aufwand (8 T€) geltend machen.
- A kann aber die aufgewendeten Zinsen (6 T€) als BA (§ 4 Abs. 4 i. V. m. § 20 Abs. 8 EStG) abziehen, wenn er die Beteiligung betrieblich hält.
- Hält er die Beteiligung privat, führt dies zum grundsätzlich zum Ausschluss des WK-Abzuges gem. §§ 2 Abs. 2 S. 2, 20 Abs. 9 EStG.

3.5 Erweiterter Anwendungsbereich: neue (nichtfiskalische) Betätigungsfelder für Entnahmen/Einlagen

Die zentrale Bedeutung der Entnahmen-/Einlagenregelung für die Gewinnermittlung hat mehrfach die Begehrlichkeit des Gesetzgebers auf sich gezogen, sich des Konzepts zu bedienen. Bei der gleichzeitigen Verfolgung steuerpolitischer Motive mit diesem fiskalischen Instrument musste es zu Sollbruchstellen kommen. Darüber hinaus wird auf das Rechtsinstitut auch bei grenzüberschreitenden Sachverhalten zurückgegriffen, und zwar nach der BFH-Rspr. noch vor den Spezialregelungen des AStG oder etwaiger DBA.

---

75 Eine Einlage liegt erst dann vor, wenn die KapG den Freistellungsanspruch einbucht.

Immer wieder wurde (und wird) in der steuerpolitischen Diskussion § 10a EStG a. F.[76] zu neuem Leben erweckt. Danach wurde in den ersten Jahren der Nachkriegszeit der **nicht entnommene** Gewinn **nicht** versteuert. Wohl mit Recht (Verwendungsfreiheit) ist bezweifelt worden, ob das Steuerrecht einen Beitrag zur Erhöhung der Eigenkapitalquote leisten soll.

In eine ähnliche Richtung geht auch die Regelung zum Schuldzinsenabzug bei Mischzinsen, § 4 Abs. 4a EStG.[77] Auch dort hat der Gesetzgeber mit seinen ersten Regelungsbemühen durch das StEntlG (Zusammenfassung aller Konten, beschränkter typisierender BA-Abzug bis 50 % von damals 8.000 DM) massive Kritik ausgelöst. Er hatte auf den Hauptvorwurf, dass die Verwendungsfreiheit des Gewinns nicht mit der Finanzierungsfreiheit des Unternehmers verwechselt werden darf, reagiert und einen neuen § 4 Abs. 4a EStG vorgelegt, dessen S. 3 schon wieder dem Rotstift des StÄndG 2001 zum Opfer fiel (Stichwort: Jahresübergreifende Berechnung).[78]

Allerdings sind in der gesetzlichen Neufassung sowie im amtlichen Einführungsschreiben noch Ungereimtheiten enthalten, die sich nur aus der Gemengelage der politischen Zielsetzung mit fiskalischen Termini erklären lassen. Als Beispiele seien genannt:

- Bei der Definition der Überentnahmen in § 4 Abs. 4a S. 2 EStG lehnen sich das Gesetz und noch stärker die amtliche Auslegung (Tz. 8, a. a. O. BStBl I 2000, 588) zu Recht an die Begriffe (Gewinn/Einlage/Entnahme) aus der StB an. Dabei handelt es sich um die **nicht modifizierten** Größen von § 4 Abs. 1 EStG. Überraschenderweise wird im Einführungsschreiben auch die »außerbilanzielle Hinzurechnung« dem Gewinnbegriff untergeordnet. Dies ist zumindest problematisch.
- Auch § 4 Abs. 4a S. 3 EStG bedurfte mit Tz. 16 einer klarstellenden Interpretation durch das Verwaltungsschreiben, die bereits wieder zurückgenommen wurde.

Hinweis: Nach dem Urteil des BFH vom 23.03.2011 (BStBl II 2011, 753) sind Schuldzinsen zur Finanzierung von **Umlaufvermögen** (im Urteilsfall: für ein Warenlager) bei **Überentnahmen** nur begrenzt abziehbar. Für eine Gleichbehandlung von UV und AV besteht demnach kein Anlass.

4   Absetzung für Abnutzung
4.1   Planmäßige Abschreibung auf das abnutzbare Anlagevermögen – Absetzung für Abnutzung und Substanzverringerung (ohne Gebäude-AfA)
4.1.1   Einführung (Zweigleisigkeit der AfA)
Die Grundlage für die planmäßige Abschreibung liefert das Handelsrecht. Gem. § 253 Abs. 3 S. 1 HGB müssen bei WG (VG), deren Nutzung zeitlich begrenzt ist, sog. planmäßige Abschreibungen vorgenommen werden (vgl. § 253 Abs. 3 S. 1 HGB: »[…] sind die AK oder HK um planmäßige Abschreibungen zu vermindern.«).

Der für die Ermittlung der planmäßigen Abschreibungen aufzustellende Plan muss die AK oder HK auf die Geschäftsjahre verteilen, in denen der VG voraussichtlich genutzt werden kann.[79] Zulässig ist jede Abschreibungsmethode, die den Grundsätzen ordnungsmäßiger

---

76   Nicht zu verwechseln mit der Neufassung des § 10a EStG (Sonderausgaben für Altersvorsorge).
77   Zur grundlegenden Diskussion des § 4 Abs. 4a EStG vgl. *Preißer*, Band 1, Teil A, Kap. IV 2.12.
78   In diese Richtung zielt auch der Beschluss des BFH vom 06.02.2002 (BFH/NV 2002, 647).
79   Nach § 253 Abs. 3 S. 3 und 4 HGB in der durch das BilRUG geänderten Fassung müssen planmäßige Abschreibungen bei selbst geschaffenen immateriellen Vermögensgegenständen des Anlagevermögens und bei einem entgeltlich erworbenen Geschäfts- oder Firmenwert über einen Zeitraum von zehn Jahren erfolgen, wenn in Ausnahmefällen die voraussichtliche Nutzungsdauer nicht verlässlich geschätzt werden kann; bei verlässlicher Schätzung ist hingegen die betriebsgewöhnliche Nutzungsdauer heranzuziehen, die im Einzelfall weniger als zehn Jahre betragen kann.

Buchführung (GoB) entspricht. Das bedeutet, dass die Abschreibungsmethode zu einer sinnvollen Verteilung der AK oder HK führen muss, die durch die wirtschaftlichen Gegebenheiten gerechtfertigt ist, und bei der keine willkürlichen stillen Reserven gebildet werden.

Steuerlich wiederholen § 6 Abs. 1 Nr. 1 EStG und § 4 Abs. 3 S. 3 i. V. m. §§ 7 ff. EStG das gleiche Thema (Abschreibungspflicht bei abnutzbaren WG des AV), allerdings mit einer anderen Begrifflichkeit: Absetzungen für Abnutzung und für Substanzverringerung.

Bei der Bewertung des **abnutzbaren Anlagevermögens** in der StB ist ausschließlich die Absetzung für Abnutzung bzw. für Substanzverringerung gem. § 7 EStG zulässig. Eine Abweichung von den in § 7 EStG geregelten Absetzungs-Methoden ist nicht zulässig.

Die steuerlichen AfA-Regelungen gelten für **alle Einkunftsarten** (§ 9 Abs. 1 S. 3 Nr. 7 EStG).

4.1.2 Die planmäßige AfA im Steuerrecht – Überblick

§ 7 EStG kennt vier reguläre AfA-Methoden:

1. die lineare AfA (§ 7 Abs. 1 S. 1 und 2 EStG) für alle abnutzbaren WG (auch immaterielle WG),
2. die degressive AfA in fallenden Jahresbeträgen (§ 7 Abs. 2 EStG) nur für bewegliche WG des AV. Die Vorschrift gilt (wieder) für nach dem 31.12.2019 und vor dem 01.01.2022 angeschaffte oder hergestellte bewegliche WG (§ 7 Abs. 2 EStG i. d. F. des Zweiten Corona-Steuerhilfegesetzes); der AfA-Satz beträgt das 2,5-Fache des linearen AfA-Satzes, höchstens jedoch 25 %,
3. die Leistungs-AfA (§ 7 Abs. 1 S. 6 EStG) nur für bestimmte bewegliche Anlagegüter (die tatsächliche Leistung muss messbar sein) und
4. die Absetzung für Substanzverringerung (AfS) gem. § 7 Abs. 6 EStG. Die AfS kommt nur bei Bodenschätzen (Bergbauunternehmen, Steinbrüchen etc.) in Betracht; sie wird linear oder nach Maßgabe des Substanzverzehrs vorgenommen.

4.1.2.1 Vergleich der linearen und der degressiven AfA

Beispiel 27: AfA-Folgen

A stellt für seinen Betrieb (Wj. 01.05.–30.04.) her:

    a) Eine Hofpflasterung auf seinem Garagengrundstück für 24.000 €, betriebsgewöhnliche ND 20 Jahre; Zeitpunkt der Fertigstellung: 02.08.2020;

    b) eine Krananlage für 120.000 €, ND zehn Jahre; Zeitpunkt der Fertigstellung: 02.03.2021.

    Lösung:

    a) Hofpflasterung (unbewegliches WG – Außenanlage):

HK	24.000 €
./. AfA (5 % der HK, anteilig mit 9/12) ./.	900 €
Buchwert am 30.04.2021:	23.100 €

    b) Krananlage (bewegliches WG – Betriebsvorrichtung):

HK	120.000 €
./. AfA (25 % der HK, anteilig mit 2/12) ./.	5.000 €
Buchwert am 30.04.2021:	115.000 €

4.1.2.2   Nutzungsdauer von Computerhardware und Software

Nach dem BMF vom 26. Februar 2021 »Nutzungsdauer von Computerhardware und Software zur Dateneingabe und -verarbeitung« gilt Folgendes:

Für die nach § 7 Abs. 1 EStG anzusetzende Nutzungsdauer kann für die unter den Begriff

- »Computerhardware« sowie
- »Betriebs- und Anwendersoftware«

fallenden WG eine betriebsgewöhnliche Nutzungsdauer von einem Jahr zugrunde gelegt werden. Eine zeitanteilige Abschreibung wird nicht vorgenommen, da diese voraussetzt, dass die Restnutzungsdauer größer als ein Jahr ist. Begründet wird die Meinung in der Literatur mit dem Wortlaut des § 7 Abs. 1 S. 1 EStG. In der HB ist diese Vereinfachung nicht anzuwenden. Es wird über die planmäßige Restnutzungsdauer zeitanteilig abgeschrieben.[80]

Der Begriff »Computerhardware« umfasst

- Computer,
- Desktop-Computer,
- Notebook-Computer,
- Desktop-Thin-Clients,
- Workstations,
- Dockingstations,
- externe Speicher- und Datenverarbeitungsgeräte (Small-Scale-Server) und
- externe Netzteile sowie Peripheriegeräte.

Der Begriff »Software« erfasst die Betriebs- und Anwendersoftware zur Dateneingabe und -verarbeitung. Dazu gehören auch die nicht technisch physikalischen Anwendungsprogramme eines Systems zur Datenverarbeitung sowie neben Standardanwendungen auch auf den individuellen Nutzer abgestimmte Anwendungen wie ERP-Software, Software für Warenwirtschaftssysteme oder sonstige Anwendungssoftware zur Unternehmensverwaltung oder Prozesssteuerung.

Das BMF-Schreiben findet erstmals Anwendung in Gewinnermittlungen für Wj., die nach dem 31.12.2020 enden. In Gewinnermittlungen nach dem 31.12.2020 können die Grundsatze dieses Schreibens auch auf entsprechende WG angewandt werden, die in früheren Wj. angeschafft oder hergestellt wurden und bei denen eine andere als die einjährige Nutzungsdauer zugrunde gelegt wurde.

4.1.2.3   Die Leistungs-AfA gemäß § 7 Abs. 1 S. 6 EStG

Die selten praktizierte Leistungs-AfA bei beweglichen WG setzt einen entsprechenden Leistungsnachweis über eine atypische Nutzung voraus (R 7.4 Abs. 5 EStR), der am besten aus den Daten des Vorgänger-WG zu ermitteln ist.

Beispiel 28: Leistungs-AfA

Die voraussichtliche Gesamt-Fahrleistung eines Lkw beläuft sich auf 200.000 km. Die AK des Fahrzeugs betragen 80.000 €. Die tatsächliche Jahresfahrleistung des Lkw wird nach dem Kilometerzähler im

- 1. Wj. mit 90.000 km (= 45 % der Gesamtleistung),
- 2. Wj. mit 40.000 km (= 20 % der Gesamtleistung),
- 3. Wj. mit 70.000 km (= 35 % der Gesamtleistung) festgestellt.
  Lösung: Die Leistungs-AfA beträgt:
- im 1. Wj. 36.000 € (45 % der AK),
- im 2. Wj. 16.000 € (20 % der AK) und
- im 3. Wj. 28.000 € (35 % der AK).

---

80   Teilweise wird eine zeitanteilige AfA vertreten. Daher sollte die Entwicklung bis zum Examen verfolgt werden.

4.1.3 Die Ausnahme: Absetzung für außergewöhnliche technische oder wirtschaftliche Abnutzung (§ 7 Abs. 1 S. 7 EStG)

Diese Absetzung ist für alle WG, aber nicht neben der degressiven AfA zulässig (§ 7 Abs. 2 S. 4 EStG). Sie ist in ihren Voraussetzungen mit der TW-AfA vergleichbar, setzt aber im Unterschied zu dieser eine dauernde Nutzungsbeeinträchtigung voraus. Die AfaA tritt neben die normale AfA.

Beispiel 29a: Der Unfall mit dem gebrauchten Pkw[81]

Unternehmer U verunglückt mit einem gebrauchten Pkw (AK in 01: 20 T€) auf einer Dienstfahrt (01). Für den Pkw war eine ND von vier Jahren angesetzt. Er lässt den Pkw zunächst nicht reparieren, wodurch sich eine Verkürzung der ND auf zwei Jahre ergibt. In 02 erfolgt die Reparatur (Kosten 3.000 €); der Pkw ist »wiederhergestellt«.

Lösung:
- Der durch den Unfall verursachte Schaden beeinflusst die ND des Pkw und stellt damit eine außergewöhnliche technische Abnutzung i. S. d. § 7 Abs. 1 S. 7 1. HS EStG dar.
- Zusätzlich zur normalen AfA von 5 T€ kann U in 01 als AfaA 3 T€ absetzen. Damit reduziert sich auch die AfA-BMG für die nächsten Jahre.
- Gem. § 7 Abs. 1 S. 7 2. HS EStG führt der Wegfall der AfaA in 02 zu einer Zuschreibung der Reparaturkosten auf die fortgeführten AK. Die Reparaturkosten selbst sind in 02 als BA absetzbar.

Beispiel 29b: Der Unfall mit dem gebrauchten Lkw (aus StB-Prüfung 2013)

Der Einzelkaufmann E hat in seinem BV einen Lkw, den er am 30.06.01 für 48.000 € erworben hat. Der Lkw wurde entsprechend einer Nutzungsdauer von acht Jahren abgeschrieben und am 31.12.01 mit 45.000 € bilanziert. Am 02.01.02 ist durch einen Unfall ein Wertverlust eingetreten. Der Teilwert des Lkw war infolge des Unfalls 30 % niedriger als der Buchwert vom 31.12.01. Da der Lkw trotz des Unfalls einsatzfähig war, hat E auf eine Reparatur verzichtet. Die erhaltene Versicherungsentschädigung i. H. v. 10.000 € hat E seinem privaten Girokonto gutschreiben lassen und den Betrag privat verwendet.

Da die Nutzungsdauer am 31.12.02 nur noch vier Jahre beträgt, hat E 25 % der Anschaffungskosten des Lkw als Abschreibung gebucht:

Abschreibung auf Sachanlagen	12.000 €	an	Andere Anlagen	
			(Fahrzeuge)	12.000 €

Weitere Buchungen sind in diesem Zusammenhang nicht erfolgt.

Lösung: Am 02.01.02 kommt es infolge des Unfalls zu einer außergewöhnlichen Abnutzung des Lkw. Damit liegen die Voraussetzungen für eine AfaA gem. § 7 Abs. 1 S. 7 1. HS EStG (neben der normalen AfA) vor. Dabei handelt es sich um ein Abwertungswahlrecht. Soweit aus der Aufgabenstellung hervorgeht, dass der Unternehmer einen möglichst niedrigen steuerlichen Gewinn wünscht, muss aus diesem Grund die Abwertung vorgenommen werden.

1. Die AfA gem. § 7 Abs. 1 S. 1 EStG vor der Vornahme der AfaA beträgt 12,5 % von 48.000 € für 1 Monat = 500 €.
2. Die AfaA beträgt 30 % von 44.500 € = 13.350 €.
3. Die AfA gem. § 7 Abs. 1 S. 1 EStG nach der Vornahme der AfaA beträgt entsprechend der Restnutzungsdauer von 5 Jahren 5 % von 31.150 € für 11 Monate = 5.711 €.
4. Die Versicherungsentschädigung ist eine Betriebseinnahme, weil sie betrieblich veranlasst ist.
5. Eine Rücklage für Ersatzbeschaffung gem. R 6.6 Abs. 7 EStR kann nicht gebildet werden, weil E eine Reparatur von Anfang an ausgeschlossen hat.

Berichtigungsbuchung:

Außerplanmäßige AfA	13.350 €	an	Andere Anlagen	13.350 €
AfA	6.211 €	an	Andere Anlagen	6.211 €

---

81 Ähnliches Beispiel bei *Drenseck* in *Schmidt*, § 7.

4.1.4   Beginn und Ende der AfA

4.1.4.1   Beginn der AfA

Die AfA wird erstmalig im Jahr der Anschaffung bzw. der Herstellung oder der Einlage des WG berücksichtigt. Etwaige Zweifelsfragen beantwortet § 9a EStDV, wonach für die Anschaffung auf die Lieferung und für die Herstellung auf die Fertigstellung abgestellt wird.

Im Jahr der Anschaffung oder Herstellung des WG vermindert sich für dieses Jahr der AfA-Betrag um jeweils ein Zwölftel für jeden vollen Monat, der dem Monat der Anschaffung oder Herstellung vorangeht (§ 7 Abs. 1 S. 4 EStG; für die degressive AfA § 7 Abs. 2 S. 3 EStG i. V. m. § 7 Abs. 1 S. 4 EStG). Auch für die Frage des Beginns der ratierlichen (monatlichen) AfA kann auf **§ 9a EStDV analog** (Lieferung/Fertigstellung in welchem Monat?) zurückgegriffen werden.

Beispiel 30: AfA im Jahr der Anschaffung

Anschaffung eines WG am 04.04. des Wirtschaftsjahres
    Lösung: AfA im Jahr der Anschaffung: **9/12** der Jahres-AfA.

4.1.4.2   Ende der AfA: Ausscheiden des Wirtschaftsguts

Im Jahr des Ausscheidens des WG wird die planmäßige AfA bis zum Ausscheidenstag zeitanteilig (pro rata temporis) weiter berechnet (R 7.4 Abs. 8 EStR).

Die Weiterberechnung der AfA (und damit die korrekte Ermittlung des Rest-BW) hat Auswirkungen auf:
- die BMG der unentgeltlichen Wertabgaben,
- die Rücklage für Ersatzbeschaffung (R 6.6 EStR) oder für Reinvestitionen nach § 6b EStG (wegen der Höhe der übertragbaren stillen Reserve),
- die Betriebsveräußerung oder Betriebsaufgabe (Abgrenzung zwischen laufendem Gewinn und Veräußerungsgewinn).

4.1.5   Die Bemessungsgrundlage bei der AfA (R 7.3 EStR)

Die BMG für die AfA bilden grundsätzlich die AK oder HK, jedenfalls nie der Zeitwert. Von den AK/HK werden ggf. (R 7.3 Abs. 4 EStR) abgezogen:
- ein Zuschuss sowie
- eine übertragene steuerfreie Rücklage (§ 6b EStG, R 6.6 EStR).

Als Ersatzwert ist bei der **Einlage** in das BV der Einlagewert (§ 6 Abs. 1 Nr. 5 EStG: grundsätzlich der TW) maßgebend. Für Einlagen wird davon eine **Ausnahme** bei solchen WG gemacht, die vor der Einlage zur Erzielung von Überschusseinkünften genutzt wurden. Dort mindern sich die AK oder HK (gemeint ist: die AfA-BMG) um sämtliche AfA, AfS, Sonderabschreibungen oder erhöhten Absetzungen, die bis zum Zeitpunkt der Einlage vorgenommen worden sind (§ 7 Abs. 1 S. 5 EStG). Dies bedeutet, dass nach wie vor der TW als Einlagewert gilt und von ihm alle mit dem WG erzielten WK-AfA abgezogen werden, um die maßgebliche AfA-BMG (genannt: AK/HK) zu erzielen. Im Fall des unentgeltlichen Erwerbs ist nach der Art der WG zu unterscheiden:
- Beim Erwerb eines ganzen Betriebs gilt gem. § 6 Abs. 3 EStG Buchwertfortführung; die AfA des Rechtsvorgängers wird fortgesetzt.
- Beim Erwerb von einzelnen WG aus betrieblichem Anlass aus einem anderen BV ist gem. § 6 Abs. 4 EStG der gemeine Wert der AfA-Berechnung zugrunde zu legen.
- Bei Einzel-WG aus dem PV führt der Nachfolger die AfA gem. § 11d EStDV fort.

4.1.6 Nachträgliche Herstellungskosten

Bei der linearen und bei der Leistungs-AfA ist folgende Berechnung vorzunehmen:

Rest-Buchwert

+ HK (ab Beginn des Wj. ansetzen – R 7.4 Abs. 9 S. 3 EStR)

= **Gesamtbetrag**

Vorstehender Betrag ist gleichmäßig auf die neu zu schätzende Rest-ND zu verteilen (R 7.4 Abs. 9 S. 1 EStR).

Beispiel 31: Nachträgliche Herstellungskosten bei linearer AfA

C hat im Januar 01 eine Betriebsvorrichtung für 200.000 € hergestellt (ND 20 Jahre) und nach § 7 Abs. 1 EStG abgeschrieben. BW am 31.12.05: 150.000 €. Im Mai 06 sind nachträgliche HK i. H. v. 15.000 € entstanden, ohne dass sich dadurch die Gesamt-ND der Betriebsvorrichtung veränderte.

    Lösung:

Betriebsvorrichtung:

Buchwert am 31.12.05	150.000 €
+ nachträgliche HK	15.000 €
= (ab Beginn des Wj. ansetzen – R 7.4 Abs. 9 S. 3 EStR)	**165.000 €**

Die AfA 06 gem. § 7 Abs. 1 EStG (entsprechend der Rest-ND von 15 Jahren) beträgt **11.000 €**.

4.1.7 Nachholung unterlassener AfA (H 7.4 EStH und H 7.5 EStH)

Willkürlich unterlassene AfA darf nicht nachgeholt werden (BFH vom 08.04.2008, BFH/NV 2008, 1660). Versehentlich unterlassene AfA kann und muss nachgeholt werden: Bei linearer AfA ist der Rest-BW auf die Rest-ND zu verteilen; bei degressiver AfA ist der AfA-Satz anzuwenden, der der Rest-ND entspricht – H 7.4 »Unterlassene oder überhöhte AfA« EStH. Diese Regelung gilt entsprechend bei unterlassener AfS, wobei aber immer eine gleichmäßige Verteilung auf die Rest-ND – H 7.5 »unterbliebene AfS« EStH – erfolgt.

Beispiel 32: Nachholung versehentlich nicht in Anspruch genommener AfA

Im Juli 01 schaffte D ein WG für 10.000 € an, ND fünf Jahre, und nahm darauf für das Wj. 01 eine AfA i. H. v. 10 % (§ 7 Abs. 1 S. 4 EStG) vor. Im Wj. 02 setzte D irrtümlich keine AfA an, sodass er in der Bilanz per 31.12.02 einen BW von 9.000 € auswies. Die Veranlagungen 01 und 02 sind bestandskräftig.

    Lösung: Berechnung der AfA für das Wj. 03: bei Restbuchwert (9.000 €) und Rest-ND (3,5 Jahre) ergibt sich eine AfA i. H. v. 2.571 € (H 7.4 »Unterlassene oder überhöhte AfA« EStH).

Eine bisher unterlassene AfA kann jedoch dann nicht nachgeholt werden, wenn ein WG des notwendigen BV zunächst nicht bilanziert wurde und die Bilanzierung in einem späteren Wj. nachgeholt wird. In diesem Fall ist das WG mit dem Wert einzubuchen, mit dem es bei von Anfang an richtiger Bilanzierung zu Buch stehen würde. Dadurch geht die bislang nicht in Anspruch genommene AfA verloren – H 7.4 »Unterlassene oder überhöhte AfA« EStH.[82]

4.1.8 AfA nach außergewöhnlicher Absetzung oder Teilwertabschreibung

Bei linearer Absetzung ist der Restbuchwert auf die Rest-ND zu verteilen, eine gleichzeitige Verkürzung des Rest-ND hat eine Erhöhung des AfA-Satzes zur Folge.

---

82 BFH vom 24.10.2001 (BStBl II 2002, 75).

4.1.9   AfA nach Gewährung eines Zuschusses in einem auf das Jahr der Anschaffung oder Herstellung folgenden Wirtschaftsjahr

Die AfA bemisst sich nach dem um den Zuschuss geminderten Buchwert des WG (R 7.3 Abs. 4 S. 2 EStR).

4.1.10   Maßgeblichkeit der Handelsbilanz für die Steuerbilanz bei der Wahl der linearen oder degressiven AfA

Da gem. § 5 Abs. 1 EStG i. d. F. des BilMoG die umgekehrte Maßgeblichkeit nicht mehr besteht, kann in der StB eine nach § 7 EStG zulässige AfA-Methode ohne Rücksicht auf die in der HB berücksichtigte Abschreibung frei gewählt werden (§ 5 Abs. 1 S. 1 2. HS EStG).

4.2   AfA bei Gebäuden

4.2.1   Allgemeines

Für Gebäude und für Gebäudeteile, die selbständige unbewegliche WG sind, gilt grundsätzlich die **typisierende AfA** nach § 7 Abs. 4 S. 1 EStG (linear) oder nach § 7 Abs. 5 EStG (degressiv). Der Begriff des Gebäudes bestimmt sich nach den Vorschriften des Bewertungsgesetzes (R 7.1 Abs. 5 EStR; im Einzelnen s. Kap. III 2).

Dabei teilt das EStG die Gebäude in drei Gruppen ein und setzt die AfA unabhängig von der tatsächlichen ND fest. Dies gilt auch für den Fall, dass die voraussichtliche ND länger ist, als sie den im § 7 Abs. 4 S. 1 EStG zugrunde gelegten Prozentsätzen entspricht. Eine Abweichung von den in § 7 Abs. 4 S. 1 EStG vorgeschriebenen AfA-Sätzen ist nur im Fall des § 7 Abs. 4 S. 2 EStG zulässig, d. h. bei tatsächlich kürzerer ND.

Für die AfA sind Gebäude grundsätzlich als Einheit zu behandeln. **Unselbständige Gebäudeteile** sind deshalb **einheitlich** mit dem Gebäude abzuschreiben, zu dem sie gehören. Unselbständigkeit von Gebäudeteilen liegt vor bei einem einheitlichen Nutzungs- und Funktionszusammenhang mit dem Gebäude, der folglich eine gesonderte AfA ausschließt (Umkehrschluss aus H 7.1 »Gebäudeteile« EStH).

Selbständige Gebäudeteile sind selbständige WG (R 4.2 Abs. 3 EStR), die gesondert abzuschreiben sind (H 7.1 »Gebäudeteile« EStH). Selbständigkeit von Gebäudeteilen ist gegeben bei einem **nicht einheitlichen** Nutzungs- und Funktionszusammenhang mit dem Gebäude. Das ist insb. bei folgenden Gebäudeteilen anzunehmen:

- **Betriebsvorrichtungen**, die zu einem BV gehören. Das gilt selbst dann, wenn sie wesentlicher Bestandteil des Gebäudes sind (§§ 68 Abs. 2 Nr. 2 und 99 Abs. 1 Nr. 1 BewG);
- **Scheinbestandteile**: vom Grundstückseigentümer für seine eigenen Zwecke vorübergehend eingefügte Anlagen und Anlagen für die besonderen Bedürfnisse des Mieters oder Pächters, deren ND nicht länger ist als die Vertragslaufzeit (vgl. § 95 BGB);
- **Ladeneinbauten** und -umbauten, Schaufensteranlagen, Gaststätteneinbauten **u. Ä.** (schneller Wandel des Geschmacks);
- **sonstige selbständige Gebäudeteile**, die unterschiedlich (eigenbetrieblich, fremdbetrieblich oder zu eigenen bzw. fremden Wohnzwecken) genutzt werden (R 4.2 Abs. 4 EStR).

Hieraus ergeben sich für die Bilanzierung und Bewertung folgende Konsequenzen:

- Betriebsvorrichtungen und Scheinbestandteile gelten als bewegliche WG,
- die anderen selbständigen Gebäudeteile als unbewegliche WG.

Nach dem Prinzip der Einzelbewertung ist eine getrennte Bilanzierung und Bewertung der einzelnen selbständigen Gebäudeteile erforderlich.

Bei den sonstigen selbständigen Gebäudeteilen i. S. d. R 4.2 Abs. 4 EStR sind für die einzelnen Gebäudeteile unterschiedliche AfA-Sätze und AfA-Methoden zulässig und zum Teil geboten (R 7.4 Abs. 6 S. 2 EStR).

4.2.2   Lineare AfA nach § 7 Abs. 4 EStG
4.2.2.1   Der AfA-Satz
Folgende AfA-Sätze sind zu berücksichtigen:
* Bei Wirtschaftsgebäuden (Gebäude im BV, die nicht Wohnzwecken dienen), für die der Bauantrag nach dem 31.03.1985 gestellt worden ist, beträgt der AfA-Satz **3 %**.
* Bei sonstigen Gebäuden mit Fertigstellung nach dem 31.12.1924 ist ein AfA-Satz von **2 %** anzuwenden. Bei historischen Gebäuden (Fertigstellung vor dem 01.01.1925) beläuft sich der AfA-Satz auf **2,5 %**.

Vorgenannte AfA-Sätze sind Mindestsätze, die nicht unterschritten werden dürfen. Auch bei nachträglicher Änderung der AfA-BMG bleibt der AfA-Satz unverändert. Ein **höherer AfA-Satz** bei tatsächlich verkürzter (Rest-)ND wird nicht ausgeschlossen (H 7.4 »nachträgliche AK oder HK« EStH).

Beispiel 33: Die verschiedenen linearen AfA-Sätze

A hat im Januar 01 ein Gebäude auf fremdem Grund und Boden errichtet; die HK betrugen 100.000 €. Der Vertrag mit dem Grundeigentümer war auf 25 Jahre begrenzt. Es liegt somit ein Scheinbestandteil vor. Das Gebäude sollte nach Ablauf der Pachtzeit auf Kosten des Pächters abgerissen werden. Im Oktober 20 konnte A den Grund und Boden zum 01.01.21 (Übergang der Nutzungen und Lasten) erwerben. Bei dem Gebäude handelt es sich um:
  a)   ein Wirtschaftsgebäude und
  b)   ein sonstiges Gebäude.
Vor dem Eigentumsübergang von Grund und Boden auf A ist die AfA nach § 7 Abs. 4 S. 2 EStG am günstigsten (ND = Vertragsdauer). Nach dem Eigentumsübergang auf A ist die typisierende AfA nach § 7 Abs. 4 S. 1 EStG anzuwenden.
  Lösung:
  a)   Wirtschaftsgebäude:
       AfA im Jahr 20: 4 % von 100.000 € (§ 7 Abs. 4 S. 2 EStG)
       AfA im Jahr 21: 3 % von 100.000 € (§ 7 Abs. 4 S. 1 Nr. 1 EStG)
  b)   sonstiges Gebäude:
       AfA im Jahr 20: 4 % von 100.000 € = 4.000 € (§ 7 Abs. 4 S. 2 EStG)
       AfA im Jahr 21: 2 % von 100.000 € = 2.000 € (§ 7 Abs. 4 S. 1 Nr. 2a EStG)

In jedem Fall ist die gesamte abzusetzende AfA (das sog. AfA-Volumen) auf die AK/HK begrenzt.

4.2.2.2   Außerordentliche Absetzung (AfaA)
Die Absetzung für außergewöhnliche technische oder wirtschaftliche Abnutzung ist zulässig (§ 7 Abs. 4 S. 3 EStG). Den Hauptanwendungsfall bei Gebäuden bilden Abrisskosten (H 7.4 EStH). Im Urteil vom 17.09.2008 (BStBl II 2009, 301) hat der BFH bei einem Gebäude AfaA im Bereich der V+V-Einkünfte für den Fall der außergewöhnlichen wirtschaftlichen Abnutzung gewährt, da nach Beendigung des Mietverhältnisses das Gebäude weder vermietet noch (sinnvoll) verkauft werden konnte.

4.2.2.3   Beginn der Nutzungsdauer

Im Jahr der Anschaffung oder Herstellung darf die lineare Gebäude-AfA nur **pro rata temporis** abgesetzt werden.

Beispiel 34: Herstellung im Lauf des Wirtschaftsjahres

B hat ein Gebäude errichtet. Die HK betrugen 300.000 € (Bauantrag April 2019).
   a)   Das Wirtschaftsgebäude ist im Mai 2020 fertiggestellt worden.
   b)   Das zu Wohnzwecken vermietete Gebäude ist im Juli 2020 fertiggestellt worden.
   Lösung:
   a)   8/12 von 3 % von 300.000 € = 6.000 € (§ 7 Abs. 4 S. 1 Nr. 1 EStG)
   b)   6/12 von 2 % von 300.000 € = 3.000 € (§ 7 Abs. 4 S. 1 Nr. 2a EStG)
Bei Wirtschaftsgebäuden sind statt 2 % AfA jetzt 3 % anzusetzen, wenn der obligatorische Kaufvertrag oder der Bauantrag nach dem 31.12.2000 erfolgte. Bei älteren Wirtschaftsgebäuden 4 % gem. § 7 Abs. 4 S. 1 Nr. 1 EStG, wenn der Bauantrag nach dem 31.03.1985 und vor dem 01.01.2001 gestellt wurde.

Beispiel 35: Anschaffung im Lauf des Wirtschaftsjahres

B hat ein Gebäude erworben, welches er als Verkaufsgebäude nutzt. Der Kaufvertrag wurde am 15.12.2018 geschlossen. Der Übergang von Nutzen und Lasten erfolgte am 15.01.2019. Der Bauantrag für das Gebäude erfolgte am 15.04.1984. Die HK betrugen 300.000 €.
   Lösung: Das Gebäude dient zwar nicht Wohnzwecken und ist dem BV zugeordnet. Der Bauantrag wurde aber nicht nach dem 31.03.1985 gestellt. Daher sind die Voraussetzungen von § 7 Abs. 4 S. 1 Nr. 1 EStG nicht gegeben. Die AfA erfolgt daher mit 2 % gem. § 7 Abs. 4 S. 1 Nr. 2a EStG. 2 % von 300.000 € = 6.000 €.

4.2.2.4   Bemessungsgrundlage für die AfA

Vorgreifend wird darauf hingewiesen, dass es sich nachfolgend um Betriebsgebäude handelt.

Vorgang	BMG
Anschaffung, Herstellung	Grundsätzlich AK/HK
Nach der Übertragung einer RfE (R 6.6 EStR) oder § 6b-Rücklage	Die um die Rücklage geminderten AK/HK
Bei abgesetzten Zuschüssen gem. R 6.5 EStR	Die um die Zuschüsse geminderten AK/HK
Bei unentgeltlichem Erwerb des ganzen Betriebs	Die BMG des Rechtsvorgängers (§ 6 Abs. 3 EStG)
Bei unentgeltlichem Erwerb nur des Gebäudes aus betrieblichem Anlass aus einem anderen BV	Der gemeine Wert (§ 6 Abs. 4 EStG)
Bei Erwerb des Gebäudes aus privatem Anlass und anschließender Einlage in das BV	Der Einlagewert gem. § 6 Abs. 1 Nr. 5 EStG

Für Einlagevorgänge ist folgende **wichtige Ausnahme** zu beachten: Bei Gebäuden, die vor der Einlage zur Erzielung von Überschusseinkünften i. S. v. § 2 Abs. 1 Nr. 4 – 7 EStG genutzt wurden, mindert sich der Einlagewert um die AfA, die AfS, die Sonderabschreibungen oder die erhöhten Absetzungen, die bis zum Zeitpunkt der Einlage vorgenommen worden sind, höchstens jedoch bis zu den fortgeführten AK/HK; ist der Einlagewert niedriger als dieser Wert, bemisst sich die weitere AfA vom Einlagewert (§ 7 Abs. 1 S. 5 EStG). Ausführliche Beispiele enthält das BMF-Schreiben vom 27.10.2010 (BStBl I 2010, 1204).

Beispiel 36: AfA nach Einlage des Miethauses

Sachverhalt	€		€
Anschaffungskosten	700.000	AfA-Bemessungsgrundlage:	650.000
Teilwert (TW)	1.000.000	TW ./. AfA	
bisherige AfA	350.000	(Einlagewert ist höher als historische AK)	
Anschaffungskosten	700.000	AfA-Bemessungsgrundlage:	350.000
Teilwert	400.000	AK ./. AfA	
bisherige AfA	350.000	(Einlagewert ist geringer als historische AK)	
Anschaffungskosten	700.000	AfA-Bemessungsgrundlage:	100.000
Teilwert	100.000	Teilwert	
bisherige AfA	350.000	(Einlagewert ist niedriger als fortgeführte AK)	

Folgende Besonderheiten sind bei einer **nachträglichen Änderung** der Ausgangsbeträge noch zu beachten:

- Nachträgliche HK erhöhen vom Jahr ihrer Entstehung an die AfA-BMG; sie sind so zu berücksichtigen, als wären sie zu Beginn des Jahres aufgewendet worden (R 7.4 Abs. 9 S. 3 EStR).
- Absetzungen für außergewöhnliche technische oder wirtschaftliche Abnutzung vermindern vom folgenden Jahr an die AfA-BMG; das gilt auch für die TW-AfA (§ 11c Abs. 2 S. 1 EStDV).
- Nach Zuschreibungen gem. § 7 Abs. 4 S. 3 EStG und nach Wertaufholungen gem. § 6 Abs. 1 Nr. 1 S. 4 EStG erhöht sich die AfA-BMG vom folgenden Wj. an um den Betrag der Zuschreibung/Wertaufholung (§ 11c Abs. 2 S. 3 EStDV).

4.2.2.5 Überführung von Grundstücken und Grundstücksteilen vom Privatvermögen in das Betriebsvermögen und umgekehrt (R 7.3 Abs. 6 EStR)

Bei Gebäuden, die der StPfl. aus einem BV in das PV überführt hat, sind die weiteren AfA nach dem TW (§ 6 Abs. 1 Nr. 4 S. 1 1. HS EStG) oder gemeinen Wert (§ 16 Abs. 3 S. 6 – 8 EStG) zu bemessen, mit dem das Gebäude bei der Überführung steuerlich erfasst worden ist (R 7.3 Abs. 6 S. 1 EStR).

Bei Gebäuden, die aus dem **nicht steuerbaren PV** in ein BV überführt wurden, sind die weiteren AfA nach dem gem. § 6 Abs. 1 Nr. 5 EStG maßgeblichen Wert zu bemessen. Die Höhe der weiteren AfA richtet sich in diesen Fällen nach § 7 Abs. 4 S. 2 EStG und der tatsächlichen Rest-ND des Gebäudes im Zeitpunkt der Überführung oder nach § 7 Abs. 4 S. 1 EStG (R 7.4 Abs. 10 S. 1 Nr. 1 EStR).

Beispiel 37: AfA nach einer Entnahme

Unternehmer U hat im Juli 01 ein Mietwohngrundstück (Gebäudebaujahr: 1930) für 600.000 € (Gebäudeanteil: 500.000 €) angeschafft. U hat das Grundstück von Anfang an als gewillkürtes BV behandelt. Am 30.06.09 entnimmt er das Grundstück aus dem BV, um es künftig privat zu vermieten (Einkünfte aus V+V). Im Zeitpunkt der Entnahme betrug der TW des Gebäudes 650.000 €. Wie hoch ist die AfA?

Lösung: BMG für die AfA nach der Entnahme ist der TW i. H. v. 650.000 € (R 7.3 Abs. 6 S. 1 EStR). Die AfA für 09 beträgt:

- im BV 6/12 von 2 % von 500.000 € = 5.000 €,
- im PV 6/12 von 2 % von 650.000 € = 6.500 €.

4.2.2.6   Zuschuss in einem dem Jahr der Anschaffung oder Herstellung folgenden Wirtschaftsjahr

Wird ein Zuschuss, der gem. R 6.5 Abs. 2 S. 3 EStR »erfolgsneutral« behandelt werden soll, in einem auf das Jahr der Anschaffung oder Herstellung folgenden Wj. vereinnahmt, so bemisst sich die weitere AfA im Fall des § 7 Abs. 4 S. 1 EStG nach den um den Zuschuss geminderten AK/HK, im Fall des § 7 Abs. 4 S. 2 EStG nach dem um den Zuschuss geminderten Buchwert (R 7.3 Abs. 4 S. 2 EStR).

4.2.2.7   AfA nach einer Wertaufholung gemäß § 6 Abs. 1 Nr. 1 S. 4 oder gemäß § 7 Abs. 4 S. 3 EStG

Gem. § 11c Abs. 2 S. 3 EStDV erhöht sich die AfA-BMG nach einer Zuschreibung bzw. nach einer Wertaufholung um eben diesen Betrag.

Beispiel 38: AfA nach einer TW-AfA und einer späteren Wertaufholung

Bei einem Gebäude (AK 500.000 €, AfA-Satz 3 %, Buchwert am 01.01.01 350.000 €) wurde im Wj. 01 eine TW-AfA i. H. v. 150.000 € wegen einer von der zuständigen Behörde verfügten Nutzungsbeschränkung vorgenommen. Im Jahr 03 führen entsprechende Eingaben des Eigentümers zur Aufhebung der Nutzungsbeschränkung. Der Eigentümer nimmt deshalb am 31.12.03 zutreffend eine Zuschreibung i. H. v. 141.000 € vor.
   Lösung:
- AfA im Jahr 02/03: je 3 % von (500.000 € ./. 150.000 €) 350.000 € = 10.500 €.
- AfA im Jahr 04: 3 % von (500.000 € ./. 150.000 € + 141.000 €) 491.000 € = 14.730 €.

4.2.2.8   Besonderheiten bei nachträglichen Herstellungskosten

In den Fällen des § 7 Abs. 4 S. 1 EStG wird der für das Gebäude maßgebliche Prozentsatz auf die bisherige AfA-BMG, vermehrt um die nachträglichen HK, angewendet. Wenn auf diese Weise die volle Absetzung innerhalb der tatsächlichen ND nicht erreicht wird, so können die weiteren AfA wie in den Fällen des § 7 Abs. 4 S. 2 EStG bemessen werden.

In den Fällen des § 7 Abs. 4 S. 2 EStG bemisst sich die weitere AfA nach dem um die nachträglichen HK vermehrten Restwert und der Rest-ND des Gebäudes; aus Vereinfachungsgründen kann die AfA auch nach dem bisher für das Gebäude maßgeblichen Prozentsatz bemessen werden (R 7.4 Abs. 9 S. 2 EStR).

Für den Fall, dass mit den nachträglichen HK ein **anderes WG** entstanden ist, gilt Folgendes:

Die AfA ist nach der Summe aus dem Buchwert oder Restwert des WG und den nachträglichen HK sowie nach der voraussichtlichen ND des anderen WG zu bemessen (H 7.3 »nachträgliche AK oder HK« EStH und R 7.4 Abs. 9 S. 4 EStR).

Beispiel 39: Nachträgliche HK

Ein StPfl. hat im Juli 01 ein Betriebsgrundstück (Gebäudebaujahr: 1940) für 200.000 € (Gebäudeanteil: 180.000 €) erworben. Ende März 20 muss wegen einer Straßenverbreiterung ein Teil des Erdgeschosses abgebrochen werden, um eine Fußgängerpassage auszubauen. Fertigstellung im August 20. Durch den Abbruch ist ein Sechstel der Bausubstanz abgetragen worden. Die Kosten für den Abbruch betrugen 5.000 € (zzgl. 19 % USt), die HK für den Umbau des verbliebenen Erdgeschosses 40.000 €. Die Rest-ND liegt nicht unter 50 Jahre.
   Lösung: Die Abbruchkosten sind sofort abzugsfähige BA.

AK des Gebäudes im Juli 01		180.000 €
./. AfA für Juli 01 – März 20 (2 % für 18 3/4 Jahre)	./.	67.500 €
Restwert am 31.03.20		112.500 €

AfaA wegen Teilabbruchs des Gebäudes (1/6)		18.750 €
AfA 20:		
AfA 2 % von (180.000 € + 40.000 €)		4.400 €
+ AfaA wegen Teilabbruchs des Gebäudes		18.750 €
Zusammen		23.150 €
AfA 21:		
2 % von (180.000 € + 40.000 € ./. 18.750 €)		
– H 7.3 »nachträgliche AK oder HK«,		
H 7.4 »nachträgliche AK oder HK« EStH und		
§ 11c Abs. 2 S. 1 EStDV		4.020 €
Kontoentwicklung Gebäude:		
AK		180.000 €
./. AfA Juli 01 – 31.12.19	./.	66.600 €
Buchwert am 31.12.19		113.400 €
+ nachträgliche HK		40.000 €
./. AfA 20	./.	4.400 €
./. AfaA 20	./.	18.750 €
Buchwert am 31.12.20		130.250 €
./. AfA 21	./.	4.025 €
Buchwert am 31.12.21		126.225 €

4.2.3   Sonder-AfA bei Gebäuden nach § 7b EStG

Die neu eingeführte Sonderabschreibung für Gebäude kann ausschließlich für neue Wohnungen in Anspruch genommen werden. Sie ist neben der regulären linearen AfA nach § 7 Abs. 4 EStG vorzunehmen und soll im Jahr der Anschaffung oder Herstellung und in den folgenden 3 Jahren bis zu jährlich 5 % betragen. Begünstigt sind Baumaßnahmen, die aufgrund eines nach dem 31.08.2018 und vor dem 01.01.2022 gestellten Bauantrags oder einer in diesem Zeitraum getätigten Bauanzeige zur Schaffung von neuem, bisher nicht vorhandenem Wohnraum führen, der für die entgeltliche Überlassung zu Wohnzwecken geeignet ist.

Die Anschaffungs- oder Herstellungskosten dürfen 3.000 € je qm nicht übersteigen. Fallen höhere Anschaffungs- oder Herstellungskosten an, führt dies ohne weiteren Ermessensspielraum zum vollständigen Ausschluss der Förderung. Zudem muss die Wohnung im Jahr der Anschaffung oder Herstellung und in den folgenden 9 Jahren der entgeltlichen Überlassung zu Wohnzwecken dienen. Ein Verstoß gegen die Nutzungsvoraussetzung führt zur rückwirkenden Versagung der bereits in Anspruch genommenen Sonderabschreibungen.

Die Bemessungsgrundlage für die Sonderabschreibungen wird auf maximal 2.000 € je qm Wohnfläche begrenzt. Liegen die Anschaffungs- oder Herstellungskosten darunter, sind diese in der tatsächlich angefallenen Höhe den Sonderabschreibungen zugrunde zu legen.

4.2.4   Staffel-degressive AfA nach § 7 Abs. 5 EStG
4.2.4.1   Degressive AfA bei neuen Wohngebäuden

Nach der aktuellen Fassung des § 7 Abs. 5 EStG kommt die degressive AfA in Betracht bei Gebäuden, die entweder vom StPfl. aufgrund eines nach dem 31.12.2003 und vor dem 01.01.2006 gestellten Bauantrags hergestellt oder aufgrund eines nach dem 31.12.2003 und vor dem 01.01.2006 abgeschlossenen obligatorischen Vertrags bis zum Ende des Jahres der Fertigstellung angeschafft werden. Sie beträgt – in Staffelsätzen:

- im Jahr der Fertigstellung/Anschaffung und in den folgenden neun Jahren jeweils 4 %,
- in den darauffolgenden acht Jahren jeweils 2,5 %,
- in den darauffolgenden 32 Jahren jeweils 1,25 %.

Im Fall der **Anschaffung** ist die degressive AfA nach § 7 Abs. 5 EStG nur zulässig, wenn der Hersteller für das veräußerte Gebäude weder die AfA nach § 7 Abs. 5 EStG noch Sonderabschreibungen oder erhöhte Absetzungen in Anspruch genommen hat (§ 7 Abs. 5 S. 2 EStG).

Folgerichtig schließt der BFH vom 03.04.2001 (BStBl II 2001, 599) für den Zweiterwerber im Herstellungsjahr die AfA nach § 7 Abs. 5 Nr. 3 EStG aus, wenn sie bereits beim Ersterwerber berücksichtigt wurde. In den Folgejahren kann die degressive AfA durchaus vom Zweiterwerber geltend gemacht werden, da es bei der Gebäude-AfA kein Verbot des AfA-Wechsels gibt; s. auch BFH vom 15.02.2005 (BStBl II 2006, 51).

4.2.4.2 Übergang zu anderen AfA-Methoden und Absetzung für außergewöhnliche Abnutzung

Der Übergang von der degressiven AfA zur linearen AfA nach § 7 Abs. 4 EStG (und umgekehrt) ist nicht zulässig (H 7.4 »Wechsel der AfA-Methode bei Gebäuden« EStH). Die einzige Ausnahme hiervon (bei gleicher Gebäudequalität) sind die Erwerbsfälle (s. Kap. 4.2.3.1).

Das Übergangsverbot gilt nicht für Gebäude, die von Wirtschaftsgebäuden zu sonstigen Gebäuden umgewidmet werden und umgekehrt. Nach der Nutzungsänderung ist stets die lineare AfA vorzunehmen (R 7.4 Abs. 8 S. 2 EStR). Absetzungen für außergewöhnliche technische oder wirtschaftliche Abnutzung sind zulässig (R 7.4 Abs. 11 S. 2 EStR).

4.2.4.3 Bemessungsgrundlage für die AfA

Hierzu wird auf die Ausführungen unter Kap. 4.2.2.4 verwiesen.

4.2.4.4 Nachträgliche Herstellungskosten

Die weiteren AfA bemessen sich nach den um die nachträglichen HK erhöhten AK/HK und dem für das Gebäude maßgeblichen Prozentsatz (H 7.3 »nachträgliche AK oder HK« EStH und H 7.4 »nachträgliche AK oder HK« EStH).

4.2.5 AfA bei Personengesellschaften (bei Mitunternehmern)

MU können das Wahlrecht einer AfA nach § 7 Abs. 4 oder 5 EStG wegen des Grundsatzes der MU-schaft als Gewinnermittlungssubjekt nur einheitlich ausüben. Das gilt nicht, soweit bei einzelnen G'ftern die Voraussetzungen des § 7 Abs. 5 EStG (Hersteller oder Erwerber im Jahr der Fertigstellung) nicht erfüllt sind.

Tritt bei einer PersG, die sich für die AfA nach § 7 Abs. 5 EStG entschieden hat, ein G'fterwechsel ein, so kann der neu Eingetretene für seinen Gebäudeanteil nur § 7 Abs. 4 EStG anwenden.

Beispiel 40: AfA bei Mitunternehmern

C, D, E und F haben als GbR gemeinsam ein Mietwohngebäude errichtet. Die HK betragen 400.000 €, die Fertigstellung erfolgte am 30.09.01. C wünscht eine AfA nach § 7 Abs. 4 EStG. D, E und F wollen die AfA nach § 7 Abs. 5 EStG in Anspruch nehmen. Zum 30.06.03 verkauft D seinen Anteil an dem Gebäude für 120.000 € an G.

Lösung: Die AfA für 01 und 02 ist einheitlich nach § 7 Abs. 4 oder Abs. 5 EStG vorzunehmen, z. B. (wenn der Bauantrag nach dem 31.12.1995 gestellt wurde):

AfA 01 und 02: C, D, E, F je 5 % von 100.000 €	5.000 €
AfA 03: C, E, F je	5.000 €
D (für ein halbes Jahr)	2.500 €
G 2 % von 120.000 € für ein halbes Jahr	1.200 €

Rein technisch geschieht die individuelle Korrektur durch das Aufstellen von **Ergänzungsbilanzen**[83], mittels derer die einheitliche, in der Hauptbilanz vorgenommene AfA für den neuen G'fter korrigiert wird.

4.2.6 Nachholung unterlassener AfA

Versehentlich unterlassene AfA nach § 7 Abs. 4 S. 1 EStG können, wenn sich die tatsächliche ND des Gebäudes nicht geändert hat (§ 7 Abs. 4 S. 2 EStG), nur in der Weise nachgeholt werden, dass weiterhin die gesetzlich vorgeschriebenen Prozentsätze angesetzt werden, auch wenn sich hierdurch der Abschreibungszeitraum über 40 bzw. 50 Jahre hinaus verlängert (BFH vom 03.07.1984, BStBl II 1984, 709).

Versehentlich unterlassene AfA nach § 7 Abs. 5 EStG können nicht nachgeholt werden (BFH vom 20.01.1987, BStBl II 1987, 491 und vom 11.12.1990, BFH/NV 1991, 391).

Beispiel 41: Keine Nachholung der AfA gem. § 7 Abs. 5 EStG

Herstellung eines Wohngebäudes im Jahr 01, die HK betragen 1.000.000 €. Im Jahr 02 wird versehentlich keine AfA abgesetzt.

Lösung:

HK 01		1.000.000 €
./. AfA 01: 4 %	./.	40.000 €
Buchwert 31.12.01		960.000 €
./. AfA 02	./.	0 €
Buchwert 31.12.02		960.000 €
AfA 03 – 08 je 5 %	./.	40.000 €
AfA 09 – 14 je 2,5 %	./.	25.000 €
AfA 15 – 50 je 1,25 %	./.	12.500 €

Die AfA ab dem Jahr 51 (bis zur Vollabschreibung) beträgt gem. § 7 Abs. 4 EStG je 2 % von 1.000.000 €.

4.2.7 Maßgeblichkeit der Handelsbilanz für die Steuerbilanz bei der Wahl der linearen oder degressiven AfA

Gem. § 5 Abs. 1 S. 1 2. HS EStG kann in der StB eine nach § 7 EStG zulässige AfA-Methode ohne Rücksicht auf die in der HB berücksichtigte Abschreibung frei gewählt werden.

4.2.8 AfA bei selbständigen Gebäudeteilen

Nach § 7 Abs. 5a EStG sind die Bestimmungen über die Gebäude-AfA auch auf Gebäudeteile, die selbständige unbewegliche WG sind (vgl. R 4.2 Abs. 4 EStR), sowie auf Eigentumswohnungen und auf im Teileigentum stehende Räume entsprechend anzuwenden.

---

83 S. näher bei *Preißer*, Teil B, Kap. I 4.2.3.

Zu den selbständigen unbeweglichen WG i. S. v. § 7 Abs. 5a EStG gehören auch Mietereinbauten und -umbauten, die keine Scheinbestandteile oder Betriebsvorrichtungen sind (R 7.1
Abs. 6 EStR).

4.3 Gemeinsame Vorschriften für erhöhte Absetzungen und Sonderabschreibungen (§ 7a EStG, R 7a EStR)

4.3.1 Nachträgliche Herstellungs- oder Anschaffungskosten

Werden im Begünstigungszeitraum für erhöhte Absetzungen oder Sonderabschreibungen
nachträgliche AK/HK aufgewendet, so bemessen sich vom Jahr der Entstehung der nachträglichen AK oder HK an bis zum Ende des Begünstigungszeitraums die AfA, die erhöhten
Absetzungen und die Sonderabschreibungen nach den um die nachträglichen AK oder HK
erhöhten ursprünglichen AK oder HK (§ 7a Abs. 1 S. 1 und 2 EStG).

Beispiel 42: Nachträgliche HK

Für ein bewegliches WG mit einer betriebsgewöhnlichen ND von 15 Jahren und AK i. H. v. 15 T€, für das
im Jahr der Anschaffung 20 % Sonderabschreibung gem. § 7 g EStG in Anspruch genommen wurde,
werden im vierten Jahr des Begünstigungszeitraums nachträgliche HK (3.000 €) aufgewendet. Für das
WG wird die lineare AfA in Anspruch genommen.

Lösung:

	Abschreibungen	BMG
AK		15.000 €
Abschreibungen der ersten drei Jahre:		
AfA: 3 x 6,66 %	3.000 €	
Sonderabschreibung: 20 %	3.000 €	
nachträgliche HK		+ 3.000 €
Abschreibungen im vierten Jahr:		
AfA: 6,66 % von 18.000 €	1.200 €	
Sonderabschreibung: 20 % von 3.000 €	600 €	
Abschreibung im fünften Jahr:		
AfA: 6,66 % von 18.000 €	1.200 €	
Restwert am Ende des Begünstigungszeitraums	9.000 €	9.000 €

Vom sechsten Jahr an beträgt die AfA entsprechend der Rest-ND von zehn Jahren (1/10 von 9.000 €)
900 €.

4.3.2 Nachträgliche Minderung der Anschaffungs- oder Herstellungskosten

Werden im Begünstigungszeitraum die AK/HK eines WG nachträglich gemindert, so bemessen sich vom Jahr der Minderung an bis zum Ende des Begünstigungszeitraums die AfA, die
erhöhten Absetzungen und die Sonderabschreibungen nach den geminderten AK/HK (§ 7a
Abs. 1 S. 3 EStG).

Beispiel 43: Nachträgliche Minderung der Anschaffungskosten

Ein Unternehmer hat im Jahr 01 eine Maschine angeschafft (AK 20.000 €, ND zehn Jahre) und für 01 folgende Abschreibungen in Anspruch genommen:

- Sonderabschreibung gem. § 7 g EStG (10 % von 20.000 €)   2.000 €,
- AfA gem. § 7 Abs. 1 EStG (10 % von 20.000 €)   2.000 €.

Im Februar 02 erhält der Unternehmer einen Rabatt (§ 255 Abs. 1 S. 3 HGB) auf den Kaufpreis der Maschine i. H. v. 1.000 € zzgl. 19 % USt.

Lösung:

		Abschreibungen	BMG
AK			20.000 €
Abschreibungen im ersten Jahr:			
AfA	10 % von 20.000 €	2.000 €	
Sonderabschreibung	10 % von 20.000 €	2.000 €	
Rabatt			./. 1.000 €
Abschreibungen im zweiten Jahr:			
AfA	10 % von 19.000 €	1.900 €	
Sonderabschreibung	10 % von 19.000 €	1.900 €	
AfA im dritten bis fünften Jahr:			
3 x	10 % von 19.000 €	5.700 €	
		13.500 €	./. 13.500 €
Restwert am Ende des Begünstigungszeitraums		5.500 €	

Zur – thematisch vergleichbaren – Rückzahlung eines Zuschusses wird auf R 7a Abs. 4 S. 3 EStR und H 7a EStH unter »Beispiele« hingewiesen.

4.3.3 Mindestabsetzung bei erhöhten Absetzungen
Bei WG, bei denen erhöhte Absetzungen in Anspruch genommen werden, müssen in jedem Jahr des Begünstigungszeitraums mindestens Absetzungen i. H. d. AfA nach § 7 Abs. 1 oder 4 EStG berücksichtigt werden (§ 7a Abs. 3 EStG).

4.3.4 AfA neben Sonderabschreibungen
Neben Sonderabschreibungen sind nur lineare Absetzungen zulässig (§ 7a Abs. 4 EStG).[84]

4.3.5 Kumulierungsverbot
Die Inanspruchnahme von erhöhten Absetzungen und Sonderabschreibungen aus verschiedenen Vorschriften bei einem WG sind ausgeschlossen (§ 7a Abs. 5 EStG). Das gilt nicht, wenn nachträgliche AK/HK Gegenstand einer eigenen Abschreibungsvergünstigung sind und sowohl für das WG im ursprünglichen Zustand als auch für die nachträglichen AK/HK Abschreibungsvergünstigungen aufgrund verschiedener Vorschriften in Betracht kommen (R 7a Abs. 7 EStR).

Dies ist etwa der Fall, wenn bei einem ursprünglich nach § 7 g EStG begünstigten WG später gem. § 4 Fördergebietsgesetz begünstigte nachträgliche HK aufgewendet werden.

---

84 Der BFH hat im Urteil vom 14.03.2006 (BStBl II 2006, 799) entschieden, dass eine Sonderabschreibung nicht ausgeschlossen wird, wenn für ein WG in früheren Jahren eine AfA in fallenden Jahresbeträgen vorgenommen wurde.

4.3.6   Abschreibungen bei mehreren Beteiligten

Bei WG, die mehreren Beteiligten zuzurechnen sind, dürfen erhöhte Absetzungen und Sonderabschreibungen nur anteilig für diejenigen Beteiligten vorgenommen werden, die sämtliche Voraussetzungen für die Inanspruchnahme der erhöhten Absetzungen oder Sonderabschreibungen erfüllen. Dies gilt aber nur, soweit die einzelne Steuervergünstigung gesellschafter- und nicht gesellschaftsbezogen auszulegen ist. In diesen Fällen kann nach einem G'fterwechsel der Neu-G'fter nicht an den Vergünstigungen partizipieren (so zuletzt der BFH am 07.11.2006, BStBl II 2008, 545 für § 82f EStDV).

Die erhöhten Absetzungen und Sonderabschreibungen dürfen von den Beteiligten, bei denen die Voraussetzungen dafür erfüllt sind, nur einheitlich vorgenommen werden (§ 7a Abs. 7 EStG).

4.3.7   Buchmäßiger Nachweis

Für die Inanspruchnahme von erhöhten Absetzungen und Sonderabschreibungen sind die buchmäßigen Nachweise lt. § 7a Abs. 8 EStG zu erbringen.

4.3.8   AfA nach Sonderabschreibungen

Sind für ein WG Sonderabschreibungen vorgenommen worden, so bemessen sich nach Ablauf des Begünstigungszeitraums die AfA bei allen WG – außer bei Gebäuden und bei WG i. S. d. § 7 Abs. 5a EStG – nach dem Restwert und der Rest-ND (§ 7a Abs. 9 EStG). Bei Gebäuden und WG i. S. d. § 7 Abs. 5a EStG ist wie folgt zu verfahren (R 7a Abs. 9 EStR): Nach Ablauf des Begünstigungszeitraums gem. § 3 ZRFG sowie §§ 3 und 4 des FörderGG ist die lineare AfA in Anlehnung an § 7 Abs. 4 S. 1 und 2 EStG nach einem um den Begünstigungszeitraum verminderten Abschreibungszeitraum von 25 Jahren bei einem AfA-Satz von 4 %, von 33 1/3 Jahren bei einem AfA-Satz von 3 % (§ 7 Abs. 4 S. 1 Nr. 1 EStG) oder von 50 Jahren (§ 7 Abs. 4 S. 1 Nr. 2a EStG) zu bemessen.

Beispiel 44: Das Handelsschiff der Partenreederei

Die Partenreederei A hat am 01.04.01 ein Handelsschiff (20.000 t) in ungebrauchtem Zustand vom Hersteller für 12 Mio. € erworben. Die Voraussetzungen des § 82f EStDV sind erfüllt.

- a) Im Dezember 04 fallen nachträgliche HK von 1 Mio. € an (nur Innenausbau, keine Erhöhung des Schrottwerts). Der Schrottwert des Schiffes beträgt 90 €/t. Das Handelsschiff hat eine betriebsgewöhnliche ND von zwölf Jahren. Wie hoch sind die Abschreibungen für die Jahre 01 – 07? Es sollen die höchstmöglichen Abschreibungen ermittelt werden.
- b) Für das unter a) genannte Handelsschiff fallen im Jahr 08 weitere nachträgliche HK von 2 Mio. € an (nur Innenausbau, keine Erhöhung des Schrottwerts). Die unter Berücksichtigung der nachträglichen Herstellungsarbeiten neu zu schätzende Rest-ND weicht nicht von der rechnerischen Nutzungsdauer ab. Wie hoch ist die Abschreibung für 08?

Lösung:

01:

§ 7 Abs. 1 EStG: 1/1 von 8 1/3 % von		12.000.000 €
abzüglich Schrottwert (H 7.3 »Anschaffungskosten« EStH)	./.	1.800.000 €
	10.200.000 €	850.000 €
§ 82f EStDV: 40 % von	12.000.000 €	4.800.000 €
		5.650.000 €

02 und 03:

§ 7 Abs. 1 EStG: je 8 1/3 % von	10.200.000 €	850.000 €

04:

§ 7 Abs. 1 EStG: 8 1/3 % von	10.200.000 €	
+ nachträgliche HK	1.000.000 €	
	11.200.000 €	933.333 €
§ 82f EStDV: 40 % von	1.000.000 €	400.000 €
		1.333.333 €

05:

§ 7 Abs. 1 EStG: 8 1/3 % von	11.200.000 €	933.333 €

Restwert am Ende des Begünstigungszeitraums (5 Jahre):

AK		12.000.000 €
+ nachträgliche HK	1.000.000 €	
./. Schrottwert	./.	1.800.000 €
	11.200.000 €	
./. Abschreibung 01	./.	5.650.000 €
./. Abschreibung 02	./.	850.000 €
./. Abschreibung 03	./.	850.000 €
./. Abschreibung 04	./.	1.333.333 €
./. Abschreibung 05	./.	933.333 €
restliches Abschreibungsvolumen	1.583.334 €	

AfA 06:

(bei Rest-ND von 7 Jahren): 1/7 von 1.583.334 €	226.190 €

AfA 07:

(wie 06):	226.190 €

08:

Restliches AfA-Volumen am 31.12.05	1.583.334 €	
./. AfA 06 und 07 (2 x 226.190 €)	./.	452.380 €
restliches AfA-Volumen am 31.12.07	1.130.954 €	
+ nachträgliche HK 08	2.000.000 €	
neues AfA-Volumen	3.130.954 €	

AfA 08:

(bei Rest-ND von fünf Jahren): 1/5 von 3.130.954 €	626.191 €

4.4   Investitionsabzugsbetrag und Sonderabschreibung gemäß § 7 g EStG
4.4.1   Regelung des § 7 g EStG
Die Verwaltung hat mit BMF-Schreiben vom 20.03.2017 (BStBl I 2017, 423) zu Zweifelsfragen Stellung genommen.

4.4.2   Persönliche Voraussetzungen
Gem. § 7 g Abs. 1 Nr. 1 EStG dürfen die Investitionsabzugsbeträge nur in Anspruch genommen werden, wenn der Betrieb am Ende des Wj., in dem der Investitionsabzugsbetrag vorgenommen wird, folgende Größenmerkmale nicht überschreitet:

- bei Gewerbebetrieben oder der selbständigen Arbeit dienenden Betrieben, die ihren Gewinn nach § 4 Abs. 1 oder § 5 EStG ermitteln, ein BV von 235.000 €. Verwaltung (s. oben) und Rspr. (BFH vom 13.10.2009, DB 2009, 2521) akzeptieren, dass einem drohenden Überschreiten der Schwellenwerte durch Entnahmen »kurz vor Toresschluss (= Bilanzstichtag)« Einhalt geboten wird.
- bei Betrieben der Land- und Forstwirtschaft einen Wirtschaftswert oder einen Ersatzwirtschaftswert von 125.000 €.
- bei Gewerbebetrieben, der selbständigen Arbeit dienenden Betrieben und Betrieben der Land- und Forstwirtschaft, die ihren Gewinn nach § 4 Abs. 3 EStG ermitteln, einen Gewinn ohne Berücksichtigung des Investitionsabzugsbetrags von 100.000 €.

Voraussetzungen für die nach dem 31.12.2019 endenden Wj.:
- Gewinnermittlung nach § 4 Abs. 1 oder § 5 EStG und
- der Gewinn im Wj., in dem die Abzüge vorgenommen werden sollen, ohne Berücksichtigung der Investitionsabzugsbeträge nach S. 1 und der Hinzurechnungen nach Abs. 2 darf 200.000 € nicht überschreiten. Bei nach § 4a EStG vom Kj. abweichenden Wj. ist § 7 g Abs. 1 S. 2 Nr. 1 EStG spätestens für Investitionsabzugsbeträge und Sonderabschreibungen anzuwenden, die in nach dem 17.07.2020 endenden Wj. in Anspruch genommen werden (§ 52 Abs. 16 S. 1 EStG).

Die vorstehenden Größenmerkmale gelten auch für die Inanspruchnahme der Sonderabschreibung, und zwar für den Schluss des Wj., das der Anschaffung oder Herstellung vorangeht.

4.4.3   Sachliche Voraussetzungen

Folgende sachliche Voraussetzungen sind für die Gewährung des Investitionsabzugsbetrags erforderlich (§ 7 g Abs. 1 S. 2 Nr. 2 EStG):

Der StPfl. muss die Summen der Abzugsbeträge und die nach den Absätzen 2 bis 4 hinzuzurechnenden oder rückgängig zu machenden Beträge nach amtlich vorgeschriebenen Datensätzen durch Datenfernübertragung übermitteln. Auf Antrag kann die Finanzbehörde zur Vermeidung unbilliger Härten auf eine elektronische Übermittlung verzichten. Im Falle dieses Verzichts müssen sich die Summen der Abzugsbeträge und der nach den Absätzen 2 bis 4 hinzuzurechnenden oder rückgängig zu machenden Beträge aus den beim FA einzureichenden Unterlagen ergeben. Die genaue Bezeichnung des anzuschaffenden WG ist nicht erforderlich.

Hinweis: Für die Inanspruchnahme der Sonderabschreibung ist es erforderlich, dass das WG im Wj. der Anschaffung oder Herstellung und in dem darauf folgenden Wj. in einer inländischen Betriebsstätte des Betriebs ausschließlich oder fast ausschließlich betrieblich genutzt wird. Für die nach dem 31.12.2019 endenden Wj. werden auch vermietete WG in den Anwendungsbereich mit einbezogen (§ 52 Abs. 16 S. 1 EStG).

4.4.4   Höhe des Investitionsabzugsbetrags (§ 7 g Abs. 1 EStG)

Der StPfl. kann für die künftige Anschaffung oder Herstellung eines abnutzbaren beweglichen WG des Anlagevermögens einen Investitionsabzugsbetrags i. H. v. bis zu 40 % der voraussichtlichen AK oder HK gewinnmindernd abziehen. Für Investitionsabzugsbeträge, die nach dem 31.12.2019 in Anspruch genommen werden, können bis zu 50 % der voraussichtlichen Anschaffungs- oder Herstellungskosten gewinnmindernd abgezogen werden (§ 52

Abs. 16 S. 1 EStG). Abzugsbeträge können auch dann vorgenommen werden, wenn dadurch ein Verlust entsteht oder sich erhöht.

Die Summe der Beträge, die im Wj. des Abzugs und in den drei vorangegangenen Wj. insgesamt abgezogen und nicht wieder hinzugerechnet oder rückgängig gemacht wurden, darf je Betrieb 200.000 € nicht übersteigen.

4.4.5   Höhe der Sonderabschreibung (§ 7 g Abs. 5 EStG)
Im Jahr der Anschaffung oder Herstellung und in den folgenden vier Jahren können Sonderabschreibungen bis zu insgesamt **20 %** der AK/HK in Anspruch genommen werden.

4.4.6   Begünstigte Wirtschaftsgüter (§ 7 g Abs. 1 S. 1 EStG)
WG i. S. v. § 7 g EStG sind abnutzbare bewegliche WG des AV. Für die nach dem 31.12.2019 endenden Wj. werden auch vermietete WG in den Anwendungsbereich mit einbezogen (§ 52 Abs. 16 S. 1 EStG).

4.4.7   Hinzurechnung des Investitionsabzugsbetrags (§ 7 g Abs. 2 S. 1 EStG)
Gewinnerhöhende Hinzurechnung des Investitionsabzugsbetrags, der für das begünstigte WG in Anspruch genommen worden ist, i. H. v. 40 bzw. 50 % (für nach dem 31.12.2019 in Anspruch genommene Investitionsabzugsbeträge) der Anschaffungs- oder Herstellungskosten. Die Hinzurechnung darf den nach § 7 g Abs. 1 EStG abgezogenen Betrag nicht übersteigen. Bei nach Eintritt der Unanfechtbarkeit der erstmaligen Steuerfestsetzung oder der erstmaligen gesonderten Feststellung nach Abs. 1 in Anspruch genommenen Investitionsabzugsbeträgen setzt die Hinzurechnung nach Satz 1 voraus, dass das begünstigte WG zum Zeitpunkt der Inanspruchnahme der Investitionsabzugsbeträge noch nicht angeschafft oder hergestellt worden ist (§ 7 g Abs. 2 S. 2 EStG n. F.). § 7 g Abs. 2 S. 2 EStG n. F. ist erstmals für Investitionsabzugsbeträge anzuwenden, die in nach dem 31.12.2020 endenden Wj. in Anspruch genommen werden (§ 52 Abs. 16 S. 3 EStG).

4.4.8   Herabsetzung der Anschaffungs- oder Herstellungskosten (§ 7 g Abs. 2 S. 3 EStG)
Die AK oder HK des begünstigten WG können in dem Wj. der Anschaffung oder Herstellung des WG um bis zu 40 % bzw. 50 % (für nach dem 31.12.2019 in Anspruch genommene Investitionsabzugsbeträge), höchstens jedoch um die Hinzurechnung nach Kap. 4.4.7 gewinnmindernd herabgesetzt werden; die Bemessungsgrundlage für die AfA, erhöhten Absetzungen und Sonderabschreibungen sowie die AK oder HK i. S. v. § 6 Abs. 2 und Abs. 2a EStG verringern sich entsprechend.

4.4.9   Rückgängigmachung des Abzugs
In zwei Fällen ist der Investitionsabzug rückgängig zu machen:

4.4.9.1   Fehlende Hinzurechnung des Abzugsbetrags (§ 7 g Abs. 3 EStG)
Soweit der Investitionsabzugsbetrag nicht bis zum Ende des dritten auf das Wj. des Abzugs folgenden Wj. hinzugerechnet wurde, ist der Abzug rückgängig zu machen. Im Zweiten Corona-Steuerhilfegesetz wurde § 52 Abs. 16 EStG hinzugefügt. Bei in nach dem 31.12.2016 und vor dem 01.01.2018 endenden Wj. beanspruchten Investitionsabzugsbeträgen nach § 7 g endet die Investitionsfrist abweichend von § 7 g Abs. 3 S. 1 EStG erst zum Ende des fünften auf das Wj. des Abzugs folgenden Wirtschaftsjahres. Bei in nach dem 31.12.2017 und vor dem 01.01.2019 endenden Wj. beanspruchten Investitionsabzugsbeträgen endet die Investitions-

frist abweichend von § 7 g Abs. 3 S. 1 erst zum Ende des vierten auf das Wj. des Abzugs folgenden Wirtschaftsjahres.

Wurde der Gewinn des maßgebenden Wj. bereits einer Steuerfestsetzung oder einer gesonderten Feststellung zugrunde gelegt, ist der entsprechende Steuer- oder Feststellungsbescheid insoweit zu ändern. Das gilt auch dann, wenn der Steuer- oder Feststellungsbescheid bestandskräftig geworden ist; die Festsetzungsfrist endet insoweit nicht, bevor die Festsetzungsfrist für den VZ abgelaufen ist, in dem das dritte auf das Wj. des Abzugs folgende Wj. endet.

4.4.9.2   Fehlende betriebliche Nutzung des begünstigten Wirtschaftsguts in einer inländischen Betriebsstätte (§ 7 g Abs. 4 EStG)

Wird das begünstigte WG nicht bis zum Ende des dem Wj. der Anschaffung oder Herstellung folgenden Wj. in einer inländischen Betriebsstätte des Betriebs ausschließlich oder fast ausschließlich betrieblich genutzt, sind der Investitionsabzug sowie die Herabsetzung der AK oder HK, die Verringerung der Bemessungsgrundlage und die Hinzurechnung des Abzugs rückgängig zu machen. Für die nach dem 31.12.2019 endenden Wj. werden auch vermietete WG in den Anwendungsbereich mit einbezogen (§ 52 Abs. 16 S. 1 EStG). Wurden die Gewinne der maßgebenden Wj. bereits Steuerfestsetzungen oder gesonderten Feststellungen zugrunde gelegt, sind die entsprechenden Steuer- oder Feststellungsbescheide insoweit zu ändern. Das gilt auch dann, wenn die Steuer- oder Feststellungsbescheide bestandskräftig geworden sind; die Festsetzungsfristen enden insoweit nicht, bevor die Festsetzungsfrist für den Veranlagungszeitraum abgelaufen ist, in dem die Voraussetzungen des § 7 g Abs. 1 S. 2 Nr. 2 Buchst. b EStG erstmals nicht mehr vorliegen. § 233a Abs. 2a AO ist nicht anzuwenden.

4.4.10   Anwendung bei Personengesellschaften

PersG und Gemeinschaften können § 7 g EStG in Anspruch nehmen (§ 7 g Abs. 7 EStG), wenn es sich um eine MU-schaft handelt. Investitionsabzugsbeträge können sowohl vom gemeinschaftlichen Gewinn als auch vom Sonderbetriebsgewinn eines MU abgezogen werden. Bei der Prüfung des Größenmerkmals im Sinne von § 7 g Abs. 1 S. 2 Nr. 1 Buchst. a EStG sind das Gesamthandsvermögen und die Sonderbetriebsvermögen unter Berücksichtigung der Korrekturposten in den Ergänzungsbilanzen zusammenzurechnen. Bei der Ermittlung des Höchstbetrages von 200.000 € sind die im Bereich des gemeinschaftlichen Gewinns und die im Bereich der Sonderbetriebsgewinne in Anspruch genommenen und nicht wieder hinzugerechneten oder rückgängig gemachten Investitionsabzugsbeträge zusammenzufassen.

Der BFH hat mit Beschluss vom 15.11.2017 entschieden, dass eine begünstigte Investition im Sinne des § 7 g EStG auch dann vorliegt, wenn bei einer PersG der Investitionsabzugsbetrag vom Gesamthandsgewinn abgezogen wurde und die geplante Investition innerhalb des dreijährigen Investitionszeitraums von einem ihrer G'fter vorgenommen und in dessen Sonderbetriebsvermögen aktiviert wird. In diesen Fällen sei im Wj. der Anschaffung der in Anspruch genommene Investitionsabzugsbetrag dem Sonderbetriebsgewinn des investierenden G'fters außerbilanziell hinzuzurechnen.

Durch das JStG 2020 wurden dem Abs. 7 zwei Sätze angefügt. § 7 g Abs. 7 S. 2 und 3 n. F. EStG sind erstmals für Investitionsabzugsbeträge anzuwenden, die in nach dem 31.12.2020 endenden Wj. in Anspruch genommen werden (§ 52 Abs. 16 S. 2 EStG). Danach können vom Gewinn der Gesamthand oder Gemeinschaft abgezogene Investitionsabzugsbeträge ausschließlich bei Investitionen der PersG oder Gemeinschaft nach Abs. 2 S. 1 gewinnerhöhend hinzugerechnet werden. Entsprechendes gilt für vom Sonderbetriebsgewinn eines MU abgezogene Investitionsabzugsbeträge bei Investitionen dieses MU oder seines Rechtsnachfolgers in seinem Sonder-BV.

4.4.11 Abschließende Beispiele

Fünf abschließende Beispiele runden die Diskussion ab.

Beispiel 45: Tatsächliche Anschaffungskosten sind zutreffend

Geplante AK für eine Maschine (ND: 5 Jahre) im Jahr 01	80.000 €
in Anspruch genommener Abzugsbetrag 01	32.000 €
Anschaffung der Maschine im Januar 02 für	80.000 €

Lösung:

AK der Maschine		80.000 €
Gewinnerhöhende Hinzurechnung und Kürzung der AK	./.	32.000 €
	=	48.000 €
./. AfA 02 gem. § 7 Abs. 1 EStG (20 %)	./.	9.600 €
./. Sonderabschreibung 02 gem. § 7 g Abs. 5 EStG (20 %)	./.	9.600 €
Verbleiben		28.800 €

Es bleibt dem StPfl. aber im Rahmen seines diesbezüglichen Wahlrechts freigestellt, ob er von der Möglichkeit der Sonderabschreibung gem. § 7 g Abs. 5 EStG Gebrauch macht.

Beispiel 46: Tatsächliche Anschaffungskosten sind höher als angenommen

Geplante AK für einen Baukran im Jahr 01	200.000 €
in Anspruch genommener Abzugsbetrag 01	80.000 €
Anschaffung des Baukrans im Januar 02 für	220.000 €

Lösung:
Gewinnerhöhende Hinzurechnung 02 von 40 % der AK, höchstens Abzugsbetrag 01

Außerbilanzliche Hinzurechnung   80.000 €

Es besteht die Möglichkeit, im Jahr 02 die AK des Baukrans um 40 %, höchstens um den 01 in Anspruch genommenen Abzugsbetrag, gewinnmindernd zu kürzen. Das sind 80.000 €.

Der Kürzungsbetrag verringert die AfA-Bemessungsgrundlage für AfA, Sonderabschreibungen und erhöhte Absetzungen (vgl. Beispiel 47).

Beispiel 47: Tatsächliche Anschaffungskosten sind niedriger als angenommen (aus StB-Prüfung 2012)

Bei der Gewinnermittlung für 01 hatte ein Einzelunternehmer für die beabsichtigte Anschaffung einer Verpackungsmaschine einen Investitionsabzugsbetrag i. H. v. 40 % der aus damaliger Sicht voraussichtlichen Anschaffungskosten i. H. v. 20.000 € in Anspruch genommen.

Im Herbst 02 wurde eine Verpackungsmaschine, die den Vorstellungen des Unternehmers zur Verpackung seiner Waren entsprach und die Schutz vor Beschädigungen und Verschmutzung bietet, zu einem besonders günstigen Preis angeboten. Der Unternehmer erwarb eine solche Maschine am 30.12.02 zum Preis von 16.000 € zzgl. 19 % USt. Die Bezahlung der Rechnung erfolgte am 28.01.03. Die betriebsgewöhnliche Nutzungsdauer der Verpackungsmaschine beträgt 8 Jahre.

Nach einem erfolgreichen Probelauf am 30.12.02, dem Tag der Lieferung, wurde die Maschine ab Januar 03 im Vertrieb regulär bei der Warenverpackung eingesetzt.

Folgende Buchungen hat der Unternehmer am 30.12.02 vorgenommen:

BS:	Maschinen	16.000 €	an	Verbindlichkeiten L+L	19.040 €
	Vorsteuer	3.040 €			
	Abschreibung auf Sachanlagen	2.000 €	an	Maschinen	2.000 €

Lösung:

Gewinnerhöhende Hinzurechnung 02 von 40 % der AK

Außerbilanzliche Hinzurechnung: 6.400 €

Soweit der Abzugsbetrag 01 nicht hinzugerechnet wurde, nämlich i. H. v. 1.600 €, ist der Abzug – spätestens nach Ablauf der Investitionsfrist gem. § 7 g Abs. 3 S. 1 EStG – durch Berichtigung der Steuerfestsetzung 01 rückgängig zu machen. Im Jahr 02 ist die Rückgängigmachung noch nicht erforderlich.

Es besteht die Möglichkeit, im Jahr 02 die AK der Verpackungsmaschine um 40 %, höchstens um den 01 in Anspruch genommenen Abzugsbetrag, gewinnmindernd zu kürzen. Das sind 6.400 €.

BS:	Sonst. betriebl. Aufwendungen	6.400 €	an	Anlagekonto	6.400 €

Der Kürzungsbetrag verringert die Bemessungsgrundlage für AfA, Sonderabschreibungen und erhöhte Absetzungen, hier:

AK	16.000 €
abzgl. Kürzungsbetrag	6.400 €
AfA-Bemessungsgrundlage	9.600 €
AfA degressiv 25 % für einen Monat	200 €
Sonderabschreibung § 7 g Abs. 5 EStG	1.920 €

Hinweis: Im Jahr 2020 könnte der Abzugsbetrag i. H. v. 50 % vorgenommen und im Jahr 2021 könnten die AK i. H. v. 50 % gewinnmindernd herabgesetzt werden.

Beispiel 48: Keine Investition bis zum Ende des vierten auf den Abzug folgenden Wirtschaftsjahrs

Geplante AK für eine Maschine (ND: 5 Jahre) im Jahr 2017	80.000 €
in Anspruch genommener Abzugsbetrag	32.000 €
keine Investition bis 31.12.2021	

Lösung: Die Gewinnkürzung ist nicht zwingend durch Berichtigung der Steuerfestsetzung 2021 rückgängig zu machen (§ 7 Abs. 3 S. 1 EStG i. V. m. § 52 Abs. 16 EStG).

Beispiel 49: Überführung des angeschafften WG in eine ausländische Betriebsstätte

Geplante AK für eine Maschine (ND: 5 Jahre) im Jahr 01	80.000 €
in Anspruch genommener Abzugsbetrag 01	32.000 €
Anschaffung der Maschine im Januar 02 für	80.000 €

Hinzurechnung des Abzugsbetrags und Kürzung der AK im Kalenderjahr 02.

Überführung der Maschine im Februar 03 in eine Betriebsstätte in Dänemark.

Lösung: Die Gewinnkürzung, die Kürzung der AK und die damit verbundene Verringerung der AfA ist durch berichtigte Steuerfestsetzungen der Jahre 01 und 02 rückgängig zu machen. Ab dem Jahr 03 ist die AfA nach den ungekürzten AK zu bemessen.

II Die Bilanzierung

1 Bilanzierungsgrundsätze

1.1 Allgemeines

Anders als bei der Einnahmeüberschussrechnung sind bei der Bilanzierung nicht die Geldzu-flüsse und -abflüsse maßgebend, sondern das Prinzip der Periodenabgrenzung (§ 252 Abs. 1 Nr. 5 HGB). Danach sind Erträge und Aufwendungen in dem Geschäftsjahr zu erfassen, zu dem diese wirtschaftlich gehören. Ausfluss des Periodenabgrenzungsprinzips ist die Erfas-sung von Forderungen und Verbindlichkeiten sowie von Rechnungsabgrenzungsposten.

Zur Ermittlung des handelsrechtlichen Gewinns ist eine Übersicht über das Vermögen und die Schulden des Kaufmanns aufzustellen, die sog. »Bilanz«. Der betrieblich verursachte Vermögenszuwachs ist dabei der handelsrechtliche Gewinn. Da sich dieser auch durch den Vergleich des um Entnahmen und Einlagen bereinigten BV am Ende eines Geschäftsjahres mit dem BV am Ende des vorangegangenen Geschäftsjahres ergibt, spricht das Steuerrecht auch vom »Betriebsvermögensvergleich«.[85]

Um den steuerlichen Gewinn i. S. d. § 2 Abs. 2 S. 1 Nr. 1 EStG zu bestimmen, darf aber das handelsrechtliche BV nicht unverändert übernommen werden. Vielmehr ist zu prüfen, ob das Steuerrecht Abweichungen vorsieht.

1.2 Das Prinzip der Maßgeblichkeit

1.2.1 Allgemeines

Gem. § 5 Abs. 1 S. 1 1. HS EStG sind die Bilanzansätze in der HB grds. maßgeblich für die Bilanzansätze in der StB. Soweit die Vermögensgegenstände und Schulden in der HB nach den handelsrechtlichen Bilanzierungs- und Bewertungsvorschriften zutreffend angesetzt wurden, sind sie unverändert in die StB zu übernehmen, wenn nicht ein anderer Ansatz im Rahmen der Ausübung eines **steuerlichen Wahlrechts** gewählt wird oder aufgrund einer steuerlichen Norm ein anderer Bilanzansatz geboten ist.

Soweit steuerliche Bilanzierungs- oder Bewertungs**wahlrechte** bestehen, dürfen diese für die StB unabhängig vom Ansatz in der HB ausgeübt werden (§ 5 Abs. 1 S. 1 2. HS EStG).[86]

Beim Vorliegen von **übereinstimmenden Wahlrechten** im Handels- und im Steuerrecht **kann** der Unternehmer das Wahlrecht in der HB und in der StB abweichend treffen.

> **Beispiel 1: Wahlrecht gem. Handelsrecht und Steuerrecht**
>
> Ein Einzelunternehmer wünscht Wertpapiere, die er bisher in seinem PV gehalten hat, als gewillkürtes BV in die StB aufzunehmen, um damit sein Betriebskapital zu verstärken.
>
> **Lösung:** Da sowohl nach Handelsrecht als auch nach Steuerrecht ein Bilanzierungswahlrecht besteht, kann der Unternehmer die Entscheidung, die Wertpapiere zu bilanzieren, in der HB und in der StB unabhängig voneinander treffen.

Das Prinzip der Maßgeblichkeit hat folgende Ausgestaltung:

1. **Aktivierungs- und Passivierungsgebote nach Handelsrecht**
   Sie führen in der StB zu einem Aktiv-/Passiv-**Gebot**, außer es besteht ein eigenständiges steuerliches Passivierungsgebot.
   Beispiele: Drohverlustrückstellung gem. § 5 Abs. 4a EStG und Rückstellung für Aufwen-dungen, die gem. § 5 Abs. 4b EStG in künftigen Wj. als AK/HK eines WG zu aktivieren sind.

2. **Aktivierungs- und Passivierungsverbote in der HB gelten auch für die StB**

---

85 S. hierzu § 4 Abs. 1 S. 1 EStG. Im Steuerrecht wird das Geschäftsjahr zudem als Wj. bezeichnet (§ 4a EStG).
86 S. hierzu BMF-Schreiben vom 12.03.2010 zur Maßgeblichkeit der HB für die steuerliche Gewinnermittlung (BStBl I 2010, 239).

3. **Bilanzierungswahlrechte nach Handelsrecht**
   a) **Aktivierungswahlrechte**
      Wenn lt. Handelsrecht aktiviert werden **darf**, dann **muss** in der StB aktiviert werden (HB-Aktivierungswahlrechte führen zu einem StB-Aktivierungsgebot).
   b) **Passivierungswahlrechte**
      HB-Passivierungswahlrechte führen zu einem StB-Passivierungsverbot.

4. **Bilanzierungswahlrechte nach Steuerrecht**
   Steuerrechtliche Bilanzierungswahlrechte können unabhängig vom Ansatz in der HB ausgeübt werden (§ 5 Abs. 1 S. 1 2. HS EStG); so ist z. B. der Ausweis von gewillkürtem BV in der StB auch möglich, wenn kein Ausweis in der HB erfolgt.

5. **Bewertungswahlrechte nach Handelsrecht**
   Die Maßgeblichkeit tritt hinter den Bewertungsvorbehalt des § 5 Abs. 6 EStG zurück. Bei handelsrechtlichen Bewertungswahlrechten ist zu prüfen, ob die nach Handelsrecht möglichen Werte steuerlich zulässig sind. Wenn steuerlich ein Wert bindend vorgeschrieben ist, so ist er gem. § 5 Abs. 6 EStG auch dann in der StB anzusetzen, wenn in der HB ein anderer (handelsrechtlich zulässiger) Wert angesetzt wurde.

Beispiel 2: Spezialnormenvorbehalt gem. § 5 Abs. 6 EStG

In der HB wurden die Warenvorräte nach der Fifo-Methode bewertet.

   Lösung: Steuerlich ist von den handelsrechtlichen Verbrauchsfolgeunterstellungs-Verfahren gem. § 6 Abs. 1 Nr. 2a EStG nur die Lifo-Methode zulässig. Für die StB ist deshalb eine Abweichung von dem in der HB angesetzten Wert erforderlich gem. § 5 Abs. 6 EStG. Gem. § 5 Abs. 1 S. 1 2. HS EStG ist die Lifo-Methode oder die Einzelbewertung möglich.

6. **Bewertungswahlrechte nach Steuerrecht**
   Sind nach § 6 EStG oder anderen Vorschriften des Steuerrechts verschiedene Wertansätze möglich, so kann der Ansatz in der StB unabhängig von der HB gewählt werden (§ 5 Abs. 1 S. 1 2. HS EStG).

Beispiel 3: Die »neue« Maßgeblichkeit

Der Unternehmer möchte ein angeschafftes Fahrzeug gem. § 7 Abs. 1 S. 6 EStG nach Maßgabe der Leistung abschreiben.

   Lösung: Der Unternehmer kann die Leistungs-AfA in der StB in Anspruch nehmen, ohne dass er diese AfA-Methode auch in der HB anwendet.

1.2.2 Durchbrechung der Maßgeblichkeit

Die Maßgeblichkeit der HB für die StB wird in folgenden Fällen durchbrochen:

* Ein Ansatz in der HB verstößt gegen **zwingende** Bilanzierungs- oder Bewertungsvorschriften des **Handelsrechts** bzw. gegen die Grundsätze ordnungsmäßiger Buchführung; d. h. ein unrichtiger HB-Ansatz ist nicht bindend für die StB. In diesem Fall ist der Unternehmer gehalten, in der StB einen den steuerlichen Bilanzierungs- und Bewertungsvorschriften entsprechenden Bilanzansatz vorzunehmen.

Beispiel 4: Unrichtiger Ansatz in der HB

Der Unternehmer hat in seiner HB die HK für einen Anbau an seinem Bürogebäude nicht aktiviert, sondern als Aufwand gebucht.

   Lösung: Die Nichtaktivierung der HK für die Erweiterung des Gebäudes verstößt gegen § 255 Abs. 2 S. 1 HGB. In der StB sind die Aufwendungen für die Herstellung des Anbaus als nachträgliche HK des Gebäudes zu aktivieren (BFH vom 09.05.1995, BStBl II 1996, 621).

- Der konkrete Ansatz in der HB bzw. die HB-Bewertung entsprechen nicht den **steuerlichen** Bilanzierungs- oder Bewertungsvorschriften.

Beispiel 5: Der niedrigere Stichtagswert bei vorübergehender Wertminderung

In der Bilanz einer OHG wurden die hergestellten Fertigwaren mit einem unter den HK liegenden Wert (beizulegender Wert) gem. § 253 Abs. 4 S. 1 HGB (strenges Niederstwertprinzip) angesetzt. Der Stichtagswert beruht auf einer nur vorübergehenden Wertminderung, ist aber kein Börsen- oder Marktwert.

Lösung: In der StB ist die Wahl des niedrigeren Teilwerts nach §§ 6 Abs. 1 Nr. 2 S. 2, 5 Abs. 1 S. 1 2. HS EStG nur zulässig, wenn er auf einer voraussichtlich dauernden Wertminderung beruht. Wegen dieser zwingenden steuerlichen Bewertungsvorschrift ist in der StB von dem (handelsrechtlich zulässigen) Wert der HB über die Vorschrift des § 5 Abs. 6 EStG abzuweichen und dort die HK anzusetzen.

1.2.3 Aufstellung einer abweichenden Steuerbilanz

Der Spezialnormenvorbehalt gem. § 5 Abs. 6 EStG macht in zunehmendem Maß für steuerliche Zwecke die Abweichung von einzelnen Positionen der HB erforderlich. Das führt normalerweise dazu, eine gesonderte, von der HB abweichende StB aufzustellen.

In der abweichenden StB werden die den steuerrechtlichen Vorschriften nicht entsprechenden HB-Positionen durch steuerlich zulässige Ansätze ersetzt. Das führt zu einem von der HB abweichenden (Eigen-)Kapital in der StB.

Bei Einzelunternehmen und PersG wird das steuerliche Kapital anhand der in der StB ausgewiesenen Aktiva und Passiva errechnet und ausgewiesen.

Beispiel 6: Unterschiedliches Kapital in der HB und StB

Ein Einzelunternehmen hat die HB per 31.12.01 mit einem Kapital i. H. v. 120.000 € aufgestellt. In dieser HB wurden bei den Warenvorräten für schwer verkäufliche Waren pauschale Gängigkeitsabschläge i. H. v. insgesamt 7.000 € vorgenommen und der Gesamtbestand mit einem Wert von 50.000 € aktiviert. Die Verkaufspreise hat der Unternehmer bisher nicht herabgesetzt.

Lösung: Nach dem Steuerrecht sind pauschale Gängigkeitsabschläge grundsätzlich nicht zulässig. Eine TW-AfA bei schwer verkäuflichen Waren ist nur möglich, wenn der Unternehmer den Verkaufspreis herabsetzt (BFH vom 24.02.1994, BStBl II 1994, 514). Aus diesem Grund sind die Vorräte in der StB mit 57.000 € auszuweisen. Das Kapital in der StB beträgt demnach 127.000 €.

Beim Ausweis des Kapitals in der abweichenden StB einer **KapG** besteht im Gegensatz zur Bilanz bei Personenunternehmen eine Besonderheit bezüglich der Ermittlung des Kapitals. Der Ausweis und die Bezeichnung des Eigenkapitals der KapG sind gesetzlich festgelegt (§§ 266 und 272 HGB). Die unter Beachtung dieser Vorschriften in der HB passivierten Eigenkapital-Positionen werden bei der Aktiengesellschaft vom Aufsichtsrat oder ggf. von der Hauptversammlung nach Billigung durch den Aufsichtsrat (§§ 172 und 173 Abs. 1 AktG) und bei der GmbH von den G'ftern (§ 42a Abs. 2 GmbHG) im Rahmen der Feststellung des Jahresabschlusses beschlossen. Im Zuge der Feststellung des Jahresabschlusses wird auch die Ergebnisverwendung beschlossen. Die in der HB gem. § 272 HGB als Eigenkapital passivierten Positionen sind somit »festgeschrieben«. Sie dürfen in der gesondert aufgestellten StB nicht verändert werden.

Für den Ausweis des Gewinnunterschieds zwischen der HB und der StB muss deshalb ein besonderer Posten ausgewiesen werden. In der Regel wird dieser Posten als »Gewinnunterschied lt. StB« bezeichnet.

Beispiel 7: Posten »Gewinnunterschied laut StB«

Die X-GmbH hat auf den 31.12.01 folgende vorläufige **HB** (in €) aufgestellt:

A			P
Sonstiges AV	100.000	Gezeichnetes Kapital	50.000
Beteiligung	60.000	Jahresüberschuss	145.500
Sonstiges Umlaufvermögen	90.000	KSt-Rückstellung	30.000
		GewSt-Rückstellung	24.500
	250.000		250.000

Bei der Bewertung der Beteiligung (BW = AK: 70.000 €) wurde eine außerplanmäßige Abschreibung gem. § 253 Abs. 3 S. 6 HGB i. H. v. 10.000 € vorgenommen, die auf einer vorübergehenden Wertminderung beruht.

Lösung: In der StB muss die Beteiligung mit den AK von 70.000 € ausgewiesen werden, weil eine TW-AfA nur bei voraussichtlich dauernder Wertminderung zulässig ist (§ 6 Abs. 1 Nr. 2 S. 2 EStG). Das ergibt einen Mehrgewinn lt. StB vor Steuern i. H. v. 10.000 €. Die Steuern auf diesen Mehrgewinn betragen: GewSt 1.252 € (bei einem Hebesatz von 350 v. H.) und KSt 1.500 €.

Der Mehrgewinn lt. StB unter Berücksichtigung der Steuern beträgt: 7.275 €. Dieser Betrag ist als besonderer Posten in der StB auszuweisen. Die **StB** (in €) zeigt dementsprechend folgendes Bild:

A			P
Sonstiges AV	100.000	Gezeichnetes Kapital	50.000
Beteiligung	70.000	Jahresüberschuss	145.500
Sonstiges Umlaufvermögen	90.000	Mehrgewinn lt. StB	7.275
		KSt-Rückstellung	31.500
	260.000		260.000

Der Vollständigkeit halber wird darauf hingewiesen, dass KapG in den Fällen, in denen der Gewinn laut StB höher ist als das Ergebnis der HB, eine aktive Steuerabgrenzung gem. § 274 Abs. 1 S. 2 HGB vornehmen **können**. Die Rückstellung für latente Steuern gem. § 274 Abs. 1 S. 1 HGB jedoch **muss** bei KapG gebildet werden, wenn der Gewinn lt. StB niedriger ist als das HB-Ergebnis.

1.2.4 Anpassung der Bilanzposten außerhalb der Bilanz

Da die gesonderte StB nur als Grundlage für die steuerliche Gewinnermittlung dient und wegen der Aufstellung einer HB keine außersteuerliche Verwendung findet, erscheint den meisten Unternehmern die Erstellung dieser zweiten Bilanz zu aufwendig. Dem kann Rechnung getragen werden, indem nur die HB aufgestellt und das Ergebnis dieser Bilanz für steuerliche Zwecke außerbilanziell korrigiert wird.

Die dargestellten Ansätze in der HB, die den steuerlichen Bilanzierungs- und/oder Bewertungsvorschriften nicht entsprechen, können auch außerhalb der Bilanz den steuerlichen Vorschriften angepasst werden (§ 60 Abs. 2 EStDV). Das geschieht auf die Weise, dass das HB-Ergebnis um die Gewinnauswirkungen korrigiert wird, die sich aus den abweichenden steuerlichen Bilanzierungen ergeben. Dabei ist auch zu bedenken, dass die abweichenden steuerlichen Bilanzierungen wegen der Zweischneidigkeit der Bilanz (Bilanzidentität) stets Auswirkungen auf **zwei** Wj. haben, es sei denn, die steuerlichen Korrekturen betreffen die Betriebseröffnungs- oder -schlussbilanz. Die für die SB eines Jahres festgestellten Gewinnabweichungen wirken sich durch die automatische Berichtigung der identischen Eröffnungsbilanz des Folgejahres auf den Gewinn dieses Jahres mit umgekehrtem Vorzeichen aus.

Beispiel 8: Auswirkung der Berichtigung eines Bilanzpostens auf den Gewinn zweier Jahre

Der Unternehmer nimmt in seiner HB auf den 31.12.01 bei seinen Warenvorräten eine Abschreibung gem. § 253 Abs. 4 HGB i. H. v. 10.000 € auf 90.000 € vor. Die Wertminderung war nicht von Dauer. Am 31.12.02 werden die Vorräte wieder mit den AK von 120.000 € ausgewiesen.

Lösung: Die Abschreibung nach § 253 Abs. 4 HGB kann steuerlich nicht anerkannt werden, weil der niedrigere TW nur bei voraussichtlich dauernder Wertminderung angesetzt werden darf (§ 6 Abs. 1 Nr. 2 S. 2 EStG). Die Nichtanerkennung der in der HB vorgenommenen Abschreibung führt zu einer Erhöhung des steuerlichen Gewinns für das Wj. 01 i. H. v. 10.000 € (Weniger an Wareneinsatz). Da der HB-Ansatz am 31.12.02 steuerlich nicht zu beanstanden ist, vermindert sich der steuerliche Gewinn 02 um 10.000 € (Mehr an Wareneinsatz).

Für die technische Durchführung der außerbilanziellen Gewinnkorrekturen bedient man sich zweckmäßigerweise der sog. Bilanzpostenmethode, wie sie bei steuerlichen BP durch die Finanzbehörden angewendet wird. Die Bilanzposten-Methode basiert auf der Gewinnermittlung durch BVV, bei dem sich der Gewinn aus dem Unterschiedsbetrag zwischen dem Endvermögen des Wj. und dem Endvermögen des vorangegangenen Wj. ergibt (§ 4 Abs. 1 S. 1 EStG). Die Korrektur des Unterschiedsbetrages um die im Lauf des Wj. getätigten Entnahmen und Einlagen hat hier keine Bedeutung, weil es um die Berichtigung jeweils nur eines Bilanzpostens geht. Die Bilanzpostenmethode zeigt die Gewinnauswirkungen auf, die durch die Berichtigung von Bilanzposten und deren Auswirkung auf das bilanzielle Kapital entstehen.

Als technisches Hilfsmittel für die Durchführung der Bilanzpostenmethode dient die **Bilanzposten-Übersicht**. Zur Technik der Erstellung einer Bilanzposten-Übersicht wird auf Kap. VIII hingewiesen.

Die Verwendung der Bilanzposten-Übersicht sorgt dafür, dass die Folgewirkungen aus der außerbilanziellen Korrektur von Bilanzposten zutreffend erfasst werden und keine Beträge verloren gehen. Das gilt umso mehr, als die außerbilanziellen Korrekturen zum Teil Bilanzposten betreffen, die langzeitig in der Bilanz fortgeführt werden müssen. Hier ist z. B. der Firmenwert zu nennen, der über einen Zeitraum von 15 Jahren abgeschrieben wird. Bei Gebäuden sind sogar noch erheblich längere Abschreibungszeiten zu berücksichtigen.

Es muss in den Fällen der steuerlichen Anpassung von Bilanzposten außerhalb der Bilanz darauf geachtet werden, dass auch die Steuerrückstellungen lt. HB für steuerliche Zwecke außerbilanziell korrigiert werden müssen.

Das Problem der Fortführung von abweichenden Bilanzposten in der StB taucht auch im Zusammenhang mit der steuerlichen Außenprüfung auf, in deren Folge Anpassungen an die Betriebsprüfungs-StB vorzunehmen sind. Da die steuerliche BP nicht selten Bilanzberichtigungen vornimmt, die der Unternehmer nicht in seine HB übernehmen muss – und auch nicht übernehmen will –, entsteht auch hier das Bedürfnis der außerbilanziellen Korrekturen mit den bereits beschriebenen Folgen.

1.2.5 Schematische Darstellung der Abweichungen zwischen Handelsbilanz und Steuerbilanz

1.2.5.1 Darstellung der Abweichungen für alle Unternehmensformen

Die nachfolgenden Abweichungen der Ansätze in der StB von denen der HB gelten **für alle Unternehmensformen**. Sie betreffen den ersten Abschnitt des Dritten Buches des HGB (§§ 238 – 263 HGB), der die Bilanzierungs- und Bewertungsvorschriften für alle Kaufleute enthält. Die Darstellungen zur StB verstehen sich in Ergänzung zur HB.

Schematische Darstellung der Abweichungen:

Bilanzposten	Handelsbilanz	Steuerbilanz
Immaterielle VGAV	Bilanzierung: • selbst geschaffen • Aktivierungswahlrecht (§ 248 Abs. 2 S. 1 HGB) • Aktivierungsverbot (§ 248 Abs. 2 S. 2 HGB) • Wertbeibehaltung bei entgeltlich erworbenem Firmenwert (§ 253 Abs. 5 S. 2 HGB)	Bilanzierung: • selbst geschaffen • Aktivierungsverbot (§ 5 Abs. 2 EStG) • zwingend Wertaufholung, es sei denn, der Wert ist voraussichtlich von Dauer (§ 6 Abs. 1 Nr. 1 S. 4 EStG)
Abnutzbares AV	für GWG wird Vollabschreibung allgemein bejaht	für GWG Vollabschreibung oder Poolbildung (§ 6 Abs. 2 und 2a EStG)
Nicht abnutzbares AV	Bewertung: • niedrigerer beizulegender Wert für Finanzanlagen bei voraussichtlich nicht dauernder Wertminderung (§ 253 Abs. 3 S. 6 HGB)	Bewertung: • nicht zulässig (§ 6 Abs. 1 Nr. 2 S. 2 EStG)
UV	Bewertung: • niedrigerer Börsen- oder Marktpreis, niedrigerer beizulegender Wert auch bei voraussichtlich nicht dauernder Wertminderung (§ 253 Abs. 4 HGB)	Bewertung: • nicht zulässig (§ 6 Abs. 1 Nr. 2 S. 2 EStG)
	• Vorräte dürfen nach dem Lifo- oder Fifo-Verfahren bewertet werden (§ 256 S. 1 HGB) • Fremdwährungsforderungen werden mit dem Devisenkassamittelkurs vom Bilanzstichtag bewertet (§ 256a HGB)	• Bewertung der Vorräte nur nach dem Lifo-Verfahren zulässig (§ 6 Abs. 1 Nr. 2a S. 1 EStG) • Fremdwährungsforderungen werden mit dem Briefkurs vom Zugangstag, ggf. mit dem niedrigeren Briefkurs vom Bilanztag (bei dauernder Wertminderung) bewertet
Aktiver RAP	kein Aktivierungswahlrecht für Zölle, Verbrauchsteuern und USt auf Anzahlungen Aktivierungswahlrecht für das Damnum – Disagio (§ 250 Abs. 3 HGB)	Aktivierungspflicht nach § 5 Abs. 5 Nr. 1 EStG
Verbindlichkeiten	Bewertung: • Erfüllungsbetrag (§ 253 Abs. 1 S. 2 HGB) Fremdwährungsverbindlichkeiten: • Bewertung mit dem Devisenkassamittelkurs vom Bilanzstichtag (§ 256a HGB)	Bewertung: • Anschaffungskosten bei unverzinslichen Verbindlichkeiten mit einer Laufzeit ab 12 Monaten mit 5,5 % abgezinster Nennbetrag (§ 6 Abs. 1 Nr. 3 S. 1 EStG) Fremdwährungsverbindlichkeiten: • Bewertung mit dem Geldkurs vom Zugangstag, ggf. mit dem höheren Briefkurs vom Bilanzstichtag (bei dauernder Werterhöhung[87])

---

87   S. hierzu BFH vom 23.04.2009 (BStBl II 2009, 778).

Bilanzposten	Handelsbilanz	Steuerbilanz

Rückstellungen	Bilanzierung/Ansatz:
	• Passivierungszwang (§ 249 Abs. 1 HGB)
		Bilanzierung/Ansatz:
		• grundsätzlich Passivierungszwang (§ 5 Abs. 1 S. 1 EStG), **mit folgenden Ausnahmen:**
		  – Rückstellung für bedingt rückzahlbare Zuwendungen: **nur eingeschränkt zulässig** (§ 5 Abs. 2a EStG),
		  – Rückstellung wegen Verletzung fremder Urheberrechte: **nur eingeschränkt zulässig** (§ 5 Abs. 3 EStG)
		  – Rückstellung für Jubiläumszuwendungen: **nur eingeschränkt zulässig** (§ 5 Abs. 4 EStG)[88]
		  – Rückstellung für drohende Verluste aus schwebenden Geschäften:
		  – **grundsätzlich nicht zulässig** (§ 5 Abs. 4a EStG)
		  – Rückstellungen für Aufwendungen, die in späteren Wj. als AK/HK für ein WG zu aktivieren sind: **nicht zulässig** (§ 5 Abs. 4b EStG)
		  – Pensionsrückstellungen: **nur zulässig**, soweit die steuergesetzlichen Voraussetzungen erfüllt sind (§ 6a EStG)

	Bewertung:
	• Der nach vernünftiger kaufmännischer Beurteilung notwendige Erfüllungsbetrag inkl. künftiger Preis- und Kostensteigerungen (§ 253 Abs. 1 S. 2 HGB)
		Bewertung:
		• Der nach den Wertverhältnissen vom Bilanzstichtag erforderliche Betrag ohne künftige Preis- oder Kostensteigerungen (§ 6 Abs. 1 Nr. 3a Buchst. f EStG); Einschränkungen bei folgenden Rückstellungen:
		  – für gleichartige Verpflichtungen (§ 6 Abs. 1 Nr. 3a Buchst. a EStG)
		  – für Sachleistungsverpflichtungen (§ 6 Abs. 1 Nr. 3a Buchst. b EStG)
		  – für Verpflichtungen, mit deren Erfüllung künftige Vorteile verbunden sind (§ 6 Abs. 1 Nr. 3a Buchst. c EStG)
		• wegen Verpflichtungen, für deren Entstehen der laufende Betrieb ursächlich ist (§ 6 Abs. 1 Nr. 3a Buchst. d EStG)

---

88 S. auch BFH vom 18.01.2007 (BStBl II 2008, 956) und BMF vom 08.12.2008 (BStBl I 2008, 1013).

Bilanzposten	Handelsbilanz	Steuerbilanz
	Bei Rückstellungen mit einer Restlaufzeit von mehr als einem Jahr Abzinsung mit dem durchschnittlichen Marktzins der vergangenen sieben Geschäftsjahre und im Falle von Rückstellungen für Altersversorgungsverpflichtungen aus den vergangenen zehn Geschäftsjahren. Pensionsrückstellungen dürfen pauschal mit dem durchschnittlichen Marktzinssatz abgezinst werden, der sich aus einer angenommenen Restlaufzeit von 15 Jahren ergibt (§ 253 Abs. 2 HGB).	Für Verpflichtungen Abzinsung mit 5,5 % (§ 6 Abs. 1 Nr. 3a Buchst. e EStG); Pensionsrückstellungen sind nach den Regeln von § 6a EStG zu bewerten.

1.2.5.2 Darstellung der Abweichungen nur für Kapitalgesellschaften

Die folgenden Abweichungen der Ansätze in der StB von denen der HB gelten **nur für KapG**. Sie gehen zurück auf den zweiten Abschnitt (erster Unterabschnitt) des Dritten Buches des HGB (§§ 264 – 289 HGB), der aus ergänzenden Bilanzierungs- und Bewertungsvorschriften für den Einzelabschluss der KapG besteht.

Schematische Darstellung der Abweichungen:

Bilanzposten	Handelsbilanz	Steuerbilanz
Vermögensgegenstände der KapG, die zum notwendigen Sonder-BV bei einer PersG gehören[89]	Bilanzierung: • Bilanzierungspflicht (§ 246 Abs. 1 HGB)	Bilanzierungsverbot, weil die Aktivierung in der Sonderbilanz bei der PersG Vorrang hat (BFH vom 18.07.1979, BStBl II 1979, 750)
Abgrenzung latenter Steuern	Aktivierungswahlrecht (§ 274 Abs. 1 S. 2 HGB)	keine Bilanzierung möglich, weil kein WG
Rückstellungen wegen latenter Steuern	Bilanzierung: • Passivierungszwang (§ 274 Abs. 1 S. 1 HGB)	Bilanzierung: • Passivierungsverbot, weil die Steuern nicht dem Ergebnis der StB entsprechen (h. M.[90])

---

89 Beispiel: Die Komplementär-GmbH überlässt »ihrer« KG ein Grundstück zur Nutzung.
90 Z. B. *Bordewin*, DStZ 1987, 443.

1.2.5.3 Darstellung der Abweichungen für Personengesellschaften

Bei den nachfolgenden Abweichungen zwischen HB und StB handelt es sich um spezifisch steuerliche Bilanzierungsprobleme ausschließlich **der Bilanzen von PersG.**

Schematische Darstellung der Abweichungen:

Bilanzposten	Handelsbilanz	Steuerbilanz
VG des Gesamthandsvermögens	Bilanzierung: • Bilanzierungspflicht (§ 246 Abs. 1 HGB)	Bilanzierung: • Bilanzierungspflicht (§ 5 Abs. 1 S. 1 1. HS EStG) • **Ausnahme:** Bilanzierungsverbot, wenn aus der Sicht der PersG jeglicher betriebliche Anlass für den Erwerb des WG fehlt (BFH vom 22.05.1975, BStBl II 1975, 804)
VG des Sonder-BV	Bilanzierung: • keine Bilanzierung	Bilanzierung: • Bilanzierung in einer steuerlichen Sonderbilanz

1.2.5.4 Darstellung der Abweichungen nur für Einzelunternehmen und im Rahmen des Sonderbetriebsvermögens bei Personengesellschaften

Die folgende Regelung gem. § 7 Abs. 1 S. 5 EStG führt **nur bei Einzelunternehmen** und bei **PersG** zu einer Abweichung zwischen der StB und der HB, weil nur in diesen Unternehmensformen entsprechende Einlagen in das steuerliche BV denkbar sind. Bei PersG beschränkt sich die Anwendung der Vorschrift allerdings auf Einlagen in das **Sonder-BV** der G'fter. Hier kommt es nicht zu einer wertmäßigen Abweichung zwischen der HB und der StB, sondern gar zu einer abweichenden Bilanzierung, weil das Sonder-BV in der HB nicht auszuweisen ist.

Der Vollständigkeit halber soll erwähnt werden, dass die Einbringung von WG aus dem PV des G'fters in das **Gesamthandsvermögen** der PersG gegen Gewährung von Gesellschaftsrechten nach dem Urteil des BFH vom 19.10.1998 (BStBl II 2000, 230) i. V. m. dem BMF-Schreiben vom 29.03.2000 (BStBl I 2000, 462) als tauschähnlicher Vorgang und damit als Anschaffungsgeschäft der PersG und als Veräußerungsgeschäft des G'fter anzusehen ist. In diesem Fall sind die AK der Gesellschaft als AfA-Bemessungsgrundlage anzusetzen.

Schematische Darstellung der Abweichungen:

Bilanzposten	Handelsbilanz	Steuerbilanz
Abnutzbares AV	Bewertung: • in das BV eingelegte Vermögensgegenstände: BMG für die planmäßige Abschreibung = Einlagewert	Bewertung: • in das BV eingelegte WG, die vor ihrer Einlage zur Erzielung von Einkünften i. S. v. § 2 Abs. 1 Nr. 4 – 7 EStG verwendet wurden: AfA-BMG = AK oder HK abzüglich der bisher vorgenommenen Abschreibungen (§ 7 Abs. 1 S. 5 EStG)

1.3   Bilanzierung dem Grunde nach (Ansatz)

Nach § 246 Abs. 1 S. 1 HGB sind im Jahresabschluss alle Vermögensgegenstände, Schulden, Rechnungsabgrenzungsposten, Aufwendungen und Erträge auszuweisen, soweit gesetzlich nichts anderes bestimmt ist. Hierzu ist in einem ersten Schritt zu prüfen, ob überhaupt ein Vermögensgegenstand oder ein Schuldposten vorliegt. Im zweiten Schritt ist festzustellen, wem der Vermögensgegenstand bzw. der Schuldposten zuzurechnen ist, und in einem dritten Schritt erfolgt die Zuordnung zum Betriebs- oder Privatvermögen.

1.4   Vermögensgegenstand/Wirtschaftsgut

Zunächst soll die Frage geklärt werden, ob ein Unterschied zwischen dem handelsrechtlichen Begriff »Vermögensgegenstand« und dem steuerlichen Begriff »WG« besteht. Das Hauptkriterium des Vermögensgegenstands ist nach überwiegender Auffassung in der Literatur die Einzelveräußerbarkeit und -verwertbarkeit. Die wirtschaftliche Einzelveräußerbarkeit setzt jedoch keine Veräußerbarkeit im Rechtssinn voraus. Sie liegt nämlich auch dann vor, wenn gesetzliche oder vertragliche Beschränkungen eine Veräußerung des Vermögensgegenstands im Einzelfall ausschließen.

Beim WG steht nach ständiger BFH-Rspr. (z. B. Urteil vom 28.09.1990, BStBl II 1991, 187) die selbständige Bewertbarkeit im Vordergrund. Im Beschluss vom 26.10.1987 (BStBl II 1988, 348) hat der Große Senat des BFH unter Hinweis auf § 5 Abs. 1 S. 1 1. HS EStG (Maßgeblichkeit der HB für die StB) darauf hingewiesen, dass der im ESt-Recht verwendete Begriff des WG dem handelsrechtlichen Begriff des Vermögensgegenstands **voll entspricht**. Damit ist sichergestellt, dass bei der steuerlichen Gewinnermittlung der Begriff »WG« mit dem des Vermögensgegenstands nach Handelsrecht gleichgesetzt werden kann.

Diese zur (danach unzulässigen) Nutzungseinlage ergangene BFH-Entscheidung gehört zu den Grundfesten des Bilanzrechts und der allgemeinen Gewinnermittlung im Steuerrecht.[91]

1.5   Zurechnung der Vermögensgegenstände

1.5.1   Allgemeine Grundsätze

Die Vermögensgegenstände/WG sind für die Bilanzierung grundsätzlich dem **Eigentümer** zuzurechnen (§ 240 Abs. 1 S. 2 1. HS HGB[92], § 39 Abs. 1 AO). Bei Gesamthandseigentum ist das WG den Beteiligten anteilig zuzurechnen (§ 39 Abs. 2 Nr. 2 AO). Dem Kaufmann werden aber nicht nur die Vermögensgegenstände zugerechnet, die in seinem zivilrechtlichen Eigentum stehen. Im Bilanzrecht wird das zivilrechtliche Eigentum durch wirtschaftliche Betrachtungsweisen überlagert; dabei werden nicht im Eigentum des Kaufmanns befindliche Vermögensgegenstände bei Bejahung der wirtschaftlichen Zugehörigkeit dem Kaufmann zugerechnet (§ 246 Abs. 1 S. 2 2. HS HGB). Wenn ein anderer als der Eigentümer die tatsächliche Herrschaft über ein WG in der Weise ausübt, dass er den Eigentümer im Regelfall für die betriebsgewöhnliche ND von der Einwirkung auf den Gegenstand ausschließen kann, so ist ihm das WG für die Bilanzierung zuzurechnen (§ 246 Abs. 1 S. 2 HGB, § 39 Abs. 2 Nr. 1 S. 1 AO).

Beispiel 9: Wirtschaftliches Eigentum

Der Mieter eines Bürohauses erstellt Einbauten in den gemieteten Räumen. Die betriebsgewöhnliche ND der Einbauten beläuft sich auf zehn Jahre. Der fest abgeschlossene Mietvertrag hat eine Laufzeit von 15 Jahren.

---

91   S. insb. zur Nutzungseinlage Kap. I 3.3.2.
92   § 240 Abs. 1 HGB verlangt: »der Kaufmann hat seine Vermögensgegenstände zu verzeichnen«.

Lösung: Durch den festen Einbau in das gemietete Gebäude wird der Vermieter Eigentümer der eingebauten Sachen (§§ 946, 94 BGB). Da der Mieter die Einwirkung des Vermieters (Eigentümers) auf die eingebauten Gegenstände während der gesamten ND der Einbauten ausschließt, ist der Mieter als wirtschaftlicher Eigentümer anzusehen. Er muss deshalb die Einbauten bilanzieren.

Beispiele für die wirtschaftliche Zurechnung:
- **Eigentumsvorbehalt:** Die Bilanzierung erfolgt beim Sicherungsgeber (= Käufer der Ware, vgl. § 246 Abs. 1 S. 2 2. HS HGB).

Beispiel 10: Eigentumsvorbehalt

Der Inhaber eines Baugeschäfts erwirbt bei einem Großhändler Stahlträger für ein laufendes Bauvorhaben. Der Stahlhändler liefert die Träger unter Eigentumsvorbehalt bis zur vollständigen Begleichung der Rechnung.

Lösung: Der Bauunternehmer muss die empfangenen Stahlträger im Rahmen seines Vorratsvermögens bzw. unter den teilfertigen Bauten bilanzieren, obwohl er bis zur Bezahlung der Rechnung nicht Eigentümer der Ware ist (BFH vom 03.08.1988, BStBl II 1989, 21).

Umgekehrt gelten für den Inhaber des Baugeschäfts die Grundsätze der (grundsätzlich nicht zu bilanzierenden) schwebenden Geschäfte.

- **Sicherungsübereignung:** Die Bilanzierung ist beim Sicherungsgeber vorzunehmen (§ 246 Abs. 1 S. 2 2. HS HGB, § 39 Abs. 2 Nr. 1 S. 2 AO).
- **Treuhandverhältnis:** Die Bilanzierung liegt beim Treugeber (§ 39 Abs. 2 Nr. 1 S. 2 AO).[93]
- **Eigenbesitz:** Die Bilanzierung ist vom Eigenbesitzer (Beispiel: Der Unterschlagende) durchzuführen (§ 39 Abs. 2 Nr. 1 S. 2 AO).
- **Einkaufskommissionsgeschäfte:** Die Bilanzierung erfolgt nach h. M. beim Kommittenten.[94]
- **Unterwegs befindliche Ware** (schwimmende und rollende Ware): Die Ware muss von demjenigen bilanziert werden, der die Verfügungsmacht hat (BFH vom 03.08.1988, BStBl II 1989, 21).

Beispiel 11: Schwimmende Ware

Ein Kaffeeimporteur kauft eine Partie Rohkaffee in Brasilien. Der brasilianische Lieferant verschifft die Ware am 15.12.01 und schickt dem Importeur die Konnossemente. Der Importeur nimmt die Konnossemente am 23.12.01 auf. Die Ware selbst gelangt erst am 25.01.02 in das Lager des Importeurs.

Lösung: Es handelt sich hier um sog. schwimmende Ware. Der inländische Importeur muss den Rohkaffee am 31.12.01 als »unterwegs befindliche Ware« in seinen Warenbestand aufnehmen und bilanzieren. Zwar ist die Ware körperlich noch nicht in den Machtbereich des Importeurs gelangt. Durch den Empfang eines kaufmännischen Traditionspapiers (vgl. § 448 HGB: die Übergabe des Papiers ersetzt die Warenübergabe) hat er jedoch die Verfügungsmacht über die Ware erhalten.

1.5.2 Das Finanzierungsleasing als besondere Form des wirtschaftlichen Eigentums
1.5.2.1 Das Leasing als »Auslöser« für § 39 Abs. 2 Nr. 1 AO

Entscheidend für die Zurechnung des Leasinggegenstandes ist zunächst die genaue zivilrechtliche Charakterisierung des Vertrages als (besondere) Form des Mietvertrages oder als Ratenkaufvertrag. Bei der vorrangigen Zuordnung als Mietvertrag überlagern die Grundsätze zur Bilanzierung schwebender Geschäfte die Kriterienfindung in der Zuordnungsfrage.

Voraussetzung ist dabei stets, dass sich der Gegenstand im zivilrechtlichen Eigentum des Leasinggebers befindet und **nur qua wirtschaftliches Eigentum** ausnahmsweise dem Vertragspartner (Leasingnehmer) für Bilanzierungszwecke zugewiesen wird.

---

93 S. hierzu im Einzelnen *Preißer*, Band 1, Teil B, Kap. I.
94 Statt aller *Gnam/Federmann*, HdB, Stichw. 78, Rz. 24.

1.5.2.2   Die allgemeinen Kriterien der subjektiven Zuordnung beim Leasing

Nach den Rspr.-Grundsätzen ist danach beim **Mobilienleasing**[95] der Leasinggegenstand dem **Leasingnehmer** als dessen wirtschaftliches Eigentum zuzuordnen, wenn **kumulativ**

- eine feste, von keiner Seite kündbare Grundmietzeit (GMZ) festgelegt ist,
- die während der GMZ vom Leasingnehmer zu entrichtenden Leasingraten die AK oder HK des Leasinggebers sowie dessen Nebenkosten und Finanzierungskosten decken (Ausnahme: Teilamortisationsverträge[96]) **und**
- wenn **alternativ** eine von den weiteren drei Voraussetzungen vorliegt:
  - GMZ > 90 % der ND (ND) oder < 40 % der ND oder
  - bei einer GMZ zwischen 40 % und 90 % der ND eine (wirtschaftlich wertlose) Kauf- oder Verlängerungsoption gegen ein Entgelt, das unter der Amortisation des objektiven Wertes des Leasinggegenstands im Zeitpunkt der Ausübung der Option liegt[97] oder
  - wenn der Leasinggegenstand auf die speziellen Bedürfnisse des Leasingnehmers zugeschnitten ist (Spezial-Leasing).

Wirtschaftliches Eigentum des Leasingnehmers liegt bei Sale- und Lease-back-Gestaltungen **nicht** vor, wenn die betriebsgewöhnliche Nutzungsdauer des Leasinggegenstands länger ist als die Grundmietzeit und dem Leasingnehmer ein Andienungsrecht eingeräumt ist (BFH vom 13.10.2016, BFH/NV 2017, 494).

In allen anderen Vertragsgestaltungen erfolgt die Zurechnung des Leasinggegenstands beim **Leasinggeber**.

Beispiel 12: Zurechnung des Leasing-Gegenstands (aus StB-Prüfung 2010)

Ein Unternehmer schließt im Jahr 01 einen unkündbaren Leasingvertrag (Laufzeit 01.07.01 bis 30.06.04) über einen Lieferwagen mit der Hanse Leasing AG ab. Die monatliche Miete beträgt 1.100 € + 19 % USt. Am 01.07.01 muss der Unternehmer eine Sonderzahlung von 6.000 € + 19 % USt leisten. Die betriebsgewöhnliche Nutzungsdauer des Lieferwagens beläuft sich nach der amtlichen AfA-Tabelle auf sechs Jahre. Nach dem Leasingvertrag kann der Unternehmer den Lieferwagen nach Ablauf der Grundmietzeit für 22.000 € zzgl. USt erwerben.

Die Hanse Leasing AG hat den Lieferwagen im Juni 01 für 40.000 € zzgl. USt erworben. Die Nebenkosten (Finanzierung usw.) der Hanse Leasing AG betragen während der Grundmietzeit 4.000 €.

Lösung: Es handelt sich um einen Finanzierungsleasingvertrag mit Kaufoption. Der Leasingvertrag ist während der Grundmietzeit unkündbar und die Raten des Leasingnehmers zzgl. der Sonderzahlung (45.600 €) decken die AK + Nebenkosten (44.000 €) des Leasinggebers.

Der Lieferwagen ist dem Leasinggeber zuzurechnen, weil sich die Grundmietzeit (3 Jahre) auf 50 % der betriebsgewöhnlichen Nutzungsdauer (6 Jahre) beläuft und der vereinbarte Anschlusskaufpreis i. H. v. 22.000 € einem Entgelt entspricht, das höher ist als die fortgeschriebenen AK (40.000 € ./. AfA von 20.000 €); Hinweis auf das BMF-Schreiben vom 19.04.1971, III. 3. a), BStBl I 1971, 264.

---

95   Zu einer besonderen Variante (Forderungsverkäufe als sog. »Doppelstockmodell«) vgl. FG Berlin vom 09.12.2003 (EFG 2004, 766).

96   Hinweis auf BMF vom 23.12.1991 (BStBl I 1992, 13).

97   Angemessener Preis bei Kaufoption: Der bei Anwendung linearer AfA nach der amtlichen AfA-Tabelle ermittelte BW oder der niedrigere gemeine Wert im Zeitpunkt der Veräußerung. Angemessene Anschlussmiete: Mietbetrag, der ausreicht zur Deckung des Wertverzehrs, der sich auf der Basis des unter Berücksichtigung der linearen AfA nach der amtlichen AfA-Tabelle ermittelten BW oder des niedrigeren gemeinen Werts und der Rest-ND lt. AfA-Tabelle ergibt.

Für das **Immobilienleasing** gelten noch folgende Besonderheiten:

- Leasingverträge über **Grund und Boden**:
  Bei Leasingverträgen ohne Option und mit Mietverlängerungsoption erfolgt die Zurechnung beim Leasinggeber. Bei Leasingverträgen mit Kaufoption wird der Grund und Boden genauso behandelt wie das aufstehende Gebäude.
- Leasingverträge über **Gebäude**:
  Bei den Leasingverträgen über Gebäude gelten im Wesentlichen die gleichen Zurechnungskriterien wie beim Mobilienleasing. Der angemessene Preis für den Fall der Kaufoption ist der unter Anwendung der linearen AfA ermittelte BW des Gebäudes zuzüglich des BW für den Grund und Boden oder der niedrigere gemeine Wert des Grundstücks im Zeitpunkt der Veräußerung. Die Zurechnung des Gebäudes beim Leasingnehmer im Fall der Mietverlängerungsoption erfolgt nur, wenn die Anschlussmiete höchstens 75 % der ortsüblichen Miete für ein vergleichbares Grundstück beträgt.

1.5.2.3 Besonderheiten in der bilanziellen Darstellung des Leasings

Während die Bilanzierung in den Fällen, in denen der Leasinggegenstand dem Leasinggeber zuzurechnen ist, keine Besonderheiten aufweist[98], sind im Fall der Bilanzierung des Leasinggegenstands beim Leasingnehmer einige Buchungsregeln zu beachten, die im nachfolgenden Beispiel dargestellt werden.

Beispiel 13: Buchungen im Fall der Bilanzierung des Leasinggegenstands beim Leasingnehmer

Die AK des Leasinggebers für eine Maschine (ND lt. AfA-Tabelle: **zehn Jahre**) am 05.01.00 betragen 100.000 € + 19 % USt. Die Bezahlung erfolgt durch Banküberweisung am 25.01.00.

Entsprechend den Vereinbarungen im Leasing-Vertrag zwischen Leasinggeber und Leasingnehmer wird die Maschine sofort (05.01.00) im Betrieb des Leasingnehmers angeliefert und dort installiert. Die anfallenden Installationskosten von 9.000 € + 19 % USt (Banküberweisung am 20.01.00) sind vereinbarungsgemäß vom Leasingnehmer zu tragen.

Lt. Leasing-Vertrag hat der Leasingnehmer an den Leasinggeber jeweils bis zum 15. des laufenden Monats – erstmalig am 15.01.00 – monatliche Leasingraten von 1.250 € + 19 % USt zu zahlen. Die letzte Rate ist am 15.12.09 zu entrichten. Mit Zahlung der letzten Rate wird der Leasingnehmer lt. Vertrag Eigentümer. Dargestellt wird die buchmäßige Behandlung, wenn der Leasinggegenstand, wie nach den Sachverhaltsmerkmalen erforderlich, dem Leasingnehmer zugerechnet und infolge dessen bei ihm bilanziert wird.

Lösung:

a) **Behandlung in der Buchführung des Leasinggebers in 00:**
   Buchung bei Anschaffung der Maschine:

BS:	Leasing-Durchgangskonto	100.000 €	an	Geldkonto	119.000 €
	Vorsteuerkonto	19.000 €			

---

[98] Der Leasinggegenstand ist beim Leasinggeber nach den allgemeinen Regeln als AV auszuweisen, die vereinnahmten Leasingraten stellen (Miet-)Erträge dar. Beim Leasingnehmer sind die gezahlten Leasingraten als (Miet-)Aufwand zu erfassen. Bei Jahresüberhängen (z. B. durch Sonderzahlungen) können Rechnungsabgrenzungsposten infrage kommen. Nach BFH vom 28.02.2001 (BStBl II 2001, 645) ist allerdings für degressive Raten beim Mobilien-Leasing kein aktiver RAP zu bilden.

Buchung bei Lieferung an Leasingnehmer:

| BS: | Kaufpreisforderung | 100.000 € | an | Leasing-Durchgangs-konto | 100.000 € |

außerdem:

- 19 % USt[99] auf Summe der Leasingraten (Lieferung der Maschine),
- 19 % von 150.000 € = 28.500 €.

| BS: | Forderung Leasingnehmer | 28.500 € | an | USt-Schuld | 28.500 € |

Buchung der einzelnen Leasingraten:
Zunächst ist eine Aufteilung der Leasingraten in einen Zins-/Kostenanteil und einen Tilgungsanteil vorzunehmen.

Summe der Raten	150.000 €
./. AK der Maschine	./. 100.000 €
in den Leasingraten enthaltene Zins-/Kostenanteile	50.000 €

Digitale Verteilung des Zins-/Kostenanteils auf die Leasingzeit
Formel für die Berechnung des gemeinsamen Nenners:
Bei Zugrundelegung von 120 Monatsraten:
Aufteilung im Jahr 00:

Bruch	Zinsanteil gesamt		Zinsanteil pro Jahr
120/7260	von 50.000 €		826,45 €
119/7260	von 50.000 €		819,56 €
118/7260	von 50.000 €		812,67 €
117/7260	von 50.000 €		805,79 €
116/7260	von 50.000 €		798,90 €
115/7260	von 50.000 €		792,01 €
114/7260	von 50.000 €		785,12 €
113/7260	von 50.000 €		778,24 €
112/7260	von 50.000 €		771,35 €
111/7260	von 50.000 €		764,46 €
110/7260	von 50.000 €		757,58 €
109/7260	von 50.000 €		750,69 €
Summe Zinsanteile			**9.462,81 €**
Summe der Raten			15.000,00 €
Tilgungsanteil			**5.537,19 €**

Buchung 00 (monatlich):

| BS: | Geldkonto | 1.250 € | an | Leasingerträge | 1.250 € |

Am Ende des Geschäftsjahrs:

| BS: | Leasingerträge | 5.537 € | an | Kaufpreisforderung | 5.537 € |

---

99   Zur USt s. *V. Schmidt*, Band 3, Teil B, Kap. XI.

Buchung bei Zahlung der USt durch den Leasingnehmer:

BS: Geldkonto   28.500 €   an   Forderung Leasingnehmer   28.500 €

b) **Behandlung in der Buchführung des Leasingnehmers in 00:**
    Buchung bei Empfang der Maschine:

BS: Maschinenkonto   100.000 €   an   Leasing-Verbindlichkeit   100.000 €

Buchung der vom Leasinggeber berechneten USt:

BS: Vorsteuerkonto   28.500 €   an   Leasing-Verbindlichkeit   28.500 €

Buchung der Installationskosten:

BS: Maschinenkonto   9.000 €   an   Geldkonto   10.710 €
        Vorsteuerkonto   1.710 €

Buchung der AfA am Jahresende (Darstellung der linearen AfA):

BS: AfA-Konto   10.900 €   an   Maschinenkonto   10.900 €

Buchung der einzelnen Leasingraten:

BS: Leasing-Aufwandskonto   1.250 €   an   Geldkonto   1.250 €

Buchung am Ende des Geschäftsjahrs:

BS: Leasing-Verbindlichkeit   5.537 €   an   Leasing-Aufwandskonto   5.537 €

Buchung bei Zahlung der USt an den Leasinggeber:

BS: Leasing-Verbindlichkeit   28.500 €   an   Geldkonto   28.500 €

1.6   Mietereinbauten
1.6.1   Allgemeines

Unter Mieterein- und -umbauten sind Baumaßnahmen zu verstehen, die der Mieter eines Gebäudes oder Gebäudeteils auf seine Rechnung an dem gemieteten Gebäude/-teil vornehmen lässt. Reine Reparaturarbeiten zählen nicht zu den Mieterein- oder -umbauten. Bei der steuerlichen Beurteilung der Mieterein- bzw. -umbauten unterscheidet man folgende WG.[100]

1.6.2   Scheinbestandteile

Unter Scheinbestandteilen versteht man das Einfügen von Sachen zu vorübergehendem Zweck (§ 95 BGB). Scheinbestandteile sind anzunehmen, wenn die ND der eingefügten Sachen länger ist als die voraussichtliche Mietdauer und somit wirtschaftlich nicht verbraucht sind. Die eingefügten Sachen haben nach dem Ausbau nicht nur einen Schrottwert, sondern sie repräsentieren einen beachtlichen Wiederverwendungswert. Nach den gesamten Umständen (insb. nach Art und Zweck der Verbindung) kann damit gerechnet werden,

---

100 S. BMF vom 15.01.1976 (BStBl I 1976, 66); Grundsätze bestätigt durch BFH vom 11.06.1997 (BStBl II 1997, 774).

dass die eingebauten Sachen später wieder entfernt werden. Scheinbestandteile werden als bewegliche WG des Anlagevermögens aktiviert.

1.6.3 Betriebsvorrichtungen

Betriebsvorrichtungen sind Maschinen und sonstige Vorrichtungen aller Art, die zu einer Betriebsanlage gehören (§ 68 Abs. 2 Nr. 2 BewG) und im Zweifel dem Betrieb dienen (und nicht dem Aufenthalt von Personen). Zu einzelnen Betriebsvorrichtungen wird auf H 7.1 »Betriebsvorrichtungen« EStH hingewiesen. Betriebsvorrichtungen sind als bewegliche Anlagegüter zu aktivieren.

1.6.4 Sonstige Mietereinbauten/Mieterumbauten

1.6.4.1 Erste Fallgruppe: Mieter ist wirtschaftlicher Eigentümer

Wirtschaftliches Eigentum des Mieters liegt vor, wenn zwar der mit Beendigung des Mietvertrags entstehende Herausgabeanspruch des Eigentümers (nach §§ 946, 951, 812, 818 Abs. 2 BGB) die durch den Ein- bzw. Umbau geschaffene Substanz umfasst, dieser Anspruch jedoch keine wirtschaftliche Bedeutung hat. Das ist z. B. regelmäßig dann der Fall, wenn die eingebauten Sachen während der voraussichtlichen Mietdauer verbraucht werden oder der Mieter bei Beendigung des Vertrags mindestens die Erstattung des noch verbliebenen gemeinen Werts verlangen kann.

Derartige Mietereinbauten sind als **unbewegliche Anlagegüter** aktivierungspflichtig und abzuschreiben nach den für Gebäude geltenden Bestimmungen (BFH vom 15.10.1996, BStBl II 1997, 533).

1.6.4.2 Zweite Fallgruppe: Betriebliche Zweckbauten

Mietereinbauten/-umbauten dienen unmittelbar den **besonderen betrieblichen oder beruflichen Zwecken** des Mieters und es besteht kein einheitlicher Nutzungs- und Funktionszusammenhang mit dem Gebäude.

Eine unmittelbare sachliche Beziehung zum Betrieb des Mieters liegt nicht vor, wenn es sich um Baumaßnahmen handelt, die auch unabhängig von der vom Mieter vorgesehenen Nutzung hätten vorgenommen werden müssen. Mietereinbauten, die den besonderen betrieblichen oder beruflichen Zwecken des Mieters dienen, sind als unbewegliche Anlagegüter zu aktivieren abzuschreiben nach den für Gebäude geltenden Bestimmungen (BFH vom 15.10.1996, a. a. O.).

1.6.4.3 Dritte Fallgruppe: Immaterielle Wirtschaftsgüter

Baumaßnahmen, die weder zu Scheinbestandteilen oder Betriebsvorrichtungen führen noch den sonstigen Mietereinbauten zuzuordnen sind, werden als immaterielle WG behandelt. Es handelt sich hierbei um Mietereinbauten/-umbauten, die in einem einheitlichen Nutzungs- und Funktionszusammenhang mit dem Gebäude stehen, z. B. Einbau von Türen und Fenstern durch den Mieter.

Für diese Mietereinbauten/-umbauten besteht gem. § 248 Abs. 2 S. 1 HGB in der HB ein Wahlrecht. In der StB sind diese gem. § 5 Abs. 2 EStG nicht aktivierungsfähig, weil sie nicht entgeltlich erworben, sondern vom Mieter selbst hergestellt worden sind.

Beispiel 14: Mietereinbauten

Ein Mieter lässt in die für sein Großhandelsgeschäft als Büro gemieteten Räume eine Sprinkleranlage einbauen. Die HK betragen 60.000 €. Die betriebsgewöhnliche ND der Anlage beläuft sich auf 20 Jahre. Der Mietvertrag hat vom Einbau der Anlage an noch eine restliche Laufzeit von 25 Jahren.

Lösung:

- Zunächst muss untersucht werden, ob es sich bei der Sprinkleranlage um einen Scheinbestandteil handelt. Die Frage ist zu verneinen, weil die Anlage nach Ablauf des Mietverhältnisses aus Gründen des Feuerschutzes vom Mieter nicht ausgebaut werden darf.
- In einem zweiten Schritt ist zu prüfen, ob die Sprinkleranlage eine Betriebsvorrichtung ist. Bei der Untersuchung der Frage, ob eine Betriebsvorrichtung vorliegt, ist der bestehende Funktionszusammenhang von Bedeutung. Das Vorliegen einer Betriebsvorrichtung hängt davon ab, ob die Anlage auf die besonderen Belange des Betriebes zugeschnitten ist. Das ist hier nicht der Fall. Die Sprinkleranlage ist unabhängig von der speziellen Nutzung der Mieträume als Büro grundsätzlich bei jeder Nutzung des Gebäudes dienlich und wünschenswert. Damit liegt ein Nutzungs- und Funktionszusammenhang mit dem Gebäude und nicht mit dem Gewerbebetrieb des Mieters vor.
- Bei dieser Sachlage ist zu prüfen, ob der Mieter als wirtschaftlicher Eigentümer der Anlage anzusehen ist. Da der Mietvertrag ab Einbau der Sprinkleranlage noch eine Laufzeit hat, die über die betriebsgewöhnliche ND der Anlage hinausgeht, wird der Grundeigentümer vom Mieter über die gesamte Nutzungszeit von der Einwirkung auf die Anlage ausgeschlossen. Das macht den Mieter zum wirtschaftlichen Eigentümer der Anlage.
- In einem solchen Fall liegt ein sonstiger Mietereinbau vor, der als **unbewegliches** WG vom Mieter zu bilanzieren ist. Die HK der Sprinkleranlage sind gem. § 7 Abs. 5a, Abs. 4 S. 2 EStG (R 7.1 Abs. 6 EStR) linear auf die ND von 20 Jahren verteilen.

1.6.4.4 Klausurtechnik

Zunächst ist zu prüfen, ob es sich überhaupt um einen Mietereinbau oder -umbau handelt. Aktivierbare Mietereinbauten oder -umbauten liegen nur vor, wenn der Mieter eines Gebäudes auf seine Rechnung Baumaßnahmen an dem gemieteten Gebäude oder Gebäudeteil vornehmen lässt oder selbst vornimmt, wenn die Aufwendungen des Mieters **kein Erhaltungsaufwand** sind (vgl. BMF vom 15.01.1976, BStBl I 1976, 66).

Danach ist zu untersuchen, um welche Art Mietereinbau oder -umbau es sich handelt. Das genannte BMF-Schreiben gibt die Reihenfolge der Prüfung wie folgt vor:

1. Handelt es sich um einen Scheinbestandteil?
2. Handelt es sich um eine Betriebsvorrichtung?
3. Handelt es sich um einen sonstigen Mietereinbau oder -umbau,
   - bei dem der Mieter wirtschaftlicher Eigentümer des von ihm geschaffenen sonstigen Mietereinbaus ist oder
   - der Mietereinbau den besonderen betrieblichen oder beruflichen Zwecken des Mieters dient und mit dem Gebäude nicht in einem einheitlichen Nutzungs- und Funktionszusammenhang steht oder
   - beim Mieter ein immaterielles WG des Anlagevermögens entsteht.

Prüfungsschema für Mietereinbauten und -umbauten

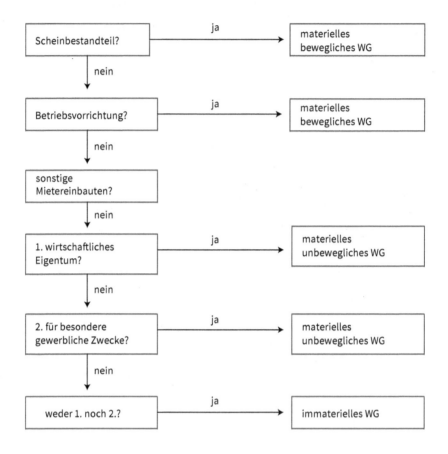

1.7   Zuordnung
1.7.1   Grundsatz
Die Qualifikation ergibt sich aus R 4.2 EStR. Unter BV versteht man nicht nur die positiven (aktiven) WG eines Unternehmens, sondern auch die negativen (passiven) WG, die Schulden. Immer noch gültig ist die Dreiteilung der WG in

- notwendiges BV,
- gewillkürtes BV und
- notwendiges PV.

Diese nur in der Theorie einfache Unterscheidung zwischen BV und PV beschäftigt immer wieder die Gerichte. Für die (wohl) praxisrelevanteste Frage der Zuordnung von Grundstücken zum PV oder zum BV eines Grundstückshändlers hat der BFH am 12.12.2002 (BStBl II 2003, 297) wieder einmal auf die beim Erwerb bestehende (bedingte) Verkaufsabsicht abgestellt.

Mangels eigenständiger Regelungen im HB-Recht sind die Ausführungen zum Steuerrecht analog für die HB anzuwenden.

1.7.2   Notwendiges Betriebsvermögen

Zum notwendigen BV zählen die WG, die ausschließlich oder überwiegend sowie unmittelbar eigenbetrieblich genutzt werden.

Ein WG gehört dann zum notwendigen BV, wenn es dem Betrieb dergestalt unmittelbar dient, dass es objektiv erkennbar zum unmittelbaren Einsatz im Betrieb selbst bestimmt ist. Dabei wird nicht vorausgesetzt, dass es »erforderlich« ist.

1.7.3   Privatvermögen

Den Gegensatz dazu bildet das notwendige PV. Zum notwendigen PV zählen die WG, die ausschließlich oder zu mehr als 90 % privat genutzt werden.

1.7.4   Gewillkürtes Betriebsvermögen

Die o. g. Extreme werden durch das Institut des gewillkürten BV ergänzt. Die Voraussetzungen für die Behandlung von WG als gewillkürtes BV sind:

*   Die WG müssen in einem gewissen objektiven Zusammenhang mit dem Betrieb stehen und ihn zu fördern bestimmt und geeignet sein.
*   Die WG dürfen nicht überwiegend eigenbetrieblich genutzt werden.
*   Die WG dürfen nicht ausschließlich oder fast ausschließlich privat genutzt werden.
*   Entscheidend für das Vorliegen von gewillkürtem BV ist außer den vorgenannten Voraussetzungen der **Ausweis des WG** in der Bilanz (sog. Willkürakt).

Bei der Zuordnung zum gewillkürten BV sind zwei Kategorien von WG zu unterscheiden:
1.   gemischt genutzte WG und
2.   sog. neutrale WG.

Die **gemischt genutzten** WG können in vollem Umfang zum gewillkürten BV gezogen werden, wenn sie zu mindestens 10 % bis zu 50 % eigenbetrieblich genutzt werden (R 4.2 Abs. 1 S. 6 EStR). Bei den **neutralen** WG sind ausschließlich die vorgenannten Voraussetzungen für die Zuordnung zum gewillkürten BV maßgebend.

1.7.5   Gliederung des Betriebsvermögens

Das BV ist in der Bilanz zu gliedern in AV, Umlaufvermögen und Schulden (§ 247 Abs. 1 HGB).[101] Eine weitere Untergliederung ergibt sich für KapG aus § 266 HGB.

Die herkömmliche Unterscheidung zwischen AV und Umlaufvermögen folgt der Definition des § 247 Abs. 2 HGB für das AV, wonach es sich um WG handeln muss, die dauernd dem Betrieb dienen. Die Auswirkungen der Unterscheidung verdeutlicht die Entscheidung des BFH vom 21.06.2001 (BFH/NV 2001, 1641).

Beispiel 15: Grundstücke einmal so, einmal andersrum

Die Eheleute EM und EF betreiben einen gewerblichen Grundstückshandel. Sie vermieteten als Automatenaufsteller auch Grundstücksflächen an verschiedene Betreiber von Spielhallen. Ab 02 vermieten sie ein Gebäude an eine GmbH, bei denen EM und EF die Haupt-G'fter sind.

Welche Auswirkungen ergeben sich für den Bilanzposten »bebaute Grundstücke«?

---

101   Die ausdrückliche Erwähnung der RAP in § 247 Abs. 1 HGB bestätigt nur, dass es sich dabei um keine WG (Vermögensgegenstände) handelt.

Lösung:

- Solange die betroffenen Grundstücke zum gewerblichen Grundstückshandel von EM und EF gehören, stellen sie Umlaufvermögen dar.
- Mit der Vermietung an die »eigene« GmbH von EM und EF ist eine Betriebsaufspaltung begründet worden, da sowohl die personelle Verflechtung (EM und EF sind Allein-Eigentümer des Grundstücks und gleichzeitig die Mehrheits-G'fter der GmbH) als auch die sachliche Verflechtung gegeben ist.
- Ab 02 ist das an die GmbH vermietete Gebäude **AV** der Besitzgesellschaft geworden. In dieser Eigenschaft wird der – im Bilanzposten »bebaute Grundstücke« enthaltene – Gebäudeanteil planmäßig abgeschrieben. Dies war vorher (bei der Eigenschaft als Umlaufvermögen) nicht der Fall.

1.8 Bilanzierungsverbote

Folgende Aufwendungen dürfen nicht aktiviert werden:

- Aufwendungen für die Gründung des Unternehmens und für die Beschaffung des Eigenkapitals (§ 248 Abs. 1 HGB),
- selbst geschaffene Marken, Drucktitel, Verlagsrechte, Kundenlisten oder vergleichbare immaterielle Vermögensgegenstände des Anlagevermögens (§ 248 Abs. 2 S. 2 HGB), während **andere selbstgeschaffene immaterielle Vermögensgegenstände** des Anlagevermögens aktiviert werden dürfen, § 248 Abs. 2 S. 1 HGB (Aktivierungswahlrecht),
- Aufwendungen für den Abschluss von Versicherungsverträgen (§ 248 Abs. 3 HGB).

Vorstehende Bilanzierungsverbote gelten gem. § 5 Abs. 1 S. 1 1. HS EStG auch für die StB.

2 Bewertungsfragen

2.1 Bewertungsgrundsätze

2.1.1 Allgemeines

Die Bewertungsgrundsätze des § 252 HGB sind als Mussvorschrift formuliert. Von den Grundsätzen darf nur in begründeten Ausnahmefällen abgewichen werden (§ 252 Abs. 2 HGB).

2.1.2 Die einzelnen Grundsätze

2.1.2.1 Bilanzidentität (§ 252 Abs. 1 Nr. 1 HGB)

Die Wertansätze in der Eröffnungsbilanz des Geschäftsjahrs müssen mit denen der SB des vorhergehenden Geschäftsjahrs übereinstimmen. Durch die Bilanzidentität wird die zutreffende Zerlegung des Unternehmenstotalgewinns in Periodenteilgewinne sichergestellt. Wegen ihrer Zweischneidigkeit (SB des abgelaufenen Wj. = Eröffnungsbilanz des folgenden Wj.) werden durch die Bilanz (Ausnahme: Betriebseröffnungsbilanz und Betriebsschlussbilanz) die Betriebsergebnisse zweier Wj. beeinflusst. Eine Durchbrechung des Bilanzenzusammenhangs ist deshalb grundsätzlich unzulässig.

2.1.2.2 Going-Concern-Prinzip (§ 252 Abs. 1 Nr. 2 HGB)

Bei der Bewertung ist von der Fortführung der Unternehmenstätigkeit auszugehen, wenn dem nicht tatsächliche oder rechtliche Gegebenheiten entgegenstehen. Das Going-Concern-Prinzip bedeutet vor allem, dass die Liquidationswerte des AV im Jahresabschluss keine Rolle spielen.

2.1.2.3 Einzelbewertung, Stichtagsprinzip (§ 252 Abs. 1 Nr. 3 HGB)

Die Vermögensgegenstände und Schulden sind zum Abschlussstichtag einzeln zu bewerten. Der Grundsatz der Einzelbewertung macht es erforderlich, die Bewertungsgrundsätze des § 253 HGB auf jeden einzelnen Aktiv- und Passivposten anzuwenden. Wertminderungen einzelner Vermögensgegenstände dürfen nicht mit Wertzuwächsen anderer Vermögensgegenstände saldiert werden.

Die Bewertung hat nach den Wertverhältnissen am Abschlussstichtag zu erfolgen. Damit enthält die Vorschrift von § 252 Abs. 1 Nr. 3 HGB auch das Stichtagsprinzip. Das Stichtagsprinzip begründet die Stichtagsbezogenheit des Jahresabschlusses. In die Bewertung sind alle Ereignisse einzubeziehen, die bis zum Bilanzstichtag eingetreten sind. Zur Wertaufhellung wird auf Kap. 3.1.2.7 verwiesen.

2.1.2.4 Vorsichts-, Realisations- und Imparitätsprinzip (§ 252 Abs. 1 Nr. 4 HGB)

Es ist vorsichtig zu bewerten, namentlich sind alle vorhersehbaren Risiken und Verluste, die bis zum Abschlussstichtag entstanden sind, zu berücksichtigen (Vorsichtsprinzip). Gewinne sind nur zu berücksichtigen, wenn sie am Abschlussstichtag realisiert sind (Realisationsprinzip). Mit Imparitätsprinzip ist die Ungleichbehandlung von Risiken und Chancen gemeint: Während die Risiken schon vor der Verdichtung zu einer echten Schuld qua Rückstellung berücksichtigt werden müssen, werden die Chancen als Gewinne erst dann erfolgswirksam »verbucht«, wenn die konkrete erbrachte Leistung mängelfrei, d. h. nicht einredebehaftet ist.

2.1.2.5 Abgrenzungsgrundsätze (§ 252 Abs. 1 Nr. 5 HGB)

Aufwendungen und Erträge des Geschäftsjahres sind unabhängig von den Zeitpunkten der entsprechenden Zahlungen im Jahresabschluss zu berücksichtigen. Die Abgrenzungsgrundsätze sind die Basis der periodengerechten Erfolgsermittlung.

2.1.2.6 Bewertungsstetigkeit (§ 252 Abs. 1 Nr. 6 HGB)

Die auf den vorhergehenden Jahresabschluss angewandten Bewertungsmethoden sind beizubehalten.

Grundsätzlich ist die Durchbrechung des Grundsatzes der Bewertungsstetigkeit immer zulässig, wenn das Unternehmen begründen kann, dass das Gebot der Willkürfreiheit beachtet wurde.

2.1.2.7 Wertaufhellungsgrundsatz (§ 252 Abs. 1 Nr. 4 HGB)

Der Kaufmann hat wertaufhellende Tatsachen, die ihm in der Zeit **zwischen dem Bilanzstichtag und dem Tag der Bilanzaufstellung** bekannt werden, bei der Bewertung der WG in der Bilanz zu berücksichtigen.

Die Wertaufhellung macht es erforderlich, dass bei der Bilanzierung und Bewertung nicht nur die am Bilanzstichtag vorliegenden und bekannten Verhältnisse zu berücksichtigen sind, sondern auch zwischen dem Stichtag und dem Tag der Bilanzaufstellung bekannt werdende Stichtagsverhältnisse verarbeitet werden müssen. Besonders bei Forderungsbewertungen und Rückstellungen ist der Wertaufhellungs-Grundsatz von Bedeutung, weil hier die Bemessung der Höhe innerhalb eines gewissen Schätzungsrahmens liegt, der dem Unternehmer zugebilligt wird.

Beispiel 16: Wertaufhellende Tatsachen I

Das Bauunternehmen Max Mörtel soll bei Ausschachtungsarbeiten auf einer Baustelle das Fundament des Gebäudes auf dem Nachbargrundstück beschädigt haben. Nach Behauptungen eines Mieters des Nachbargrundstücks soll die Beschädigung des Fundaments bei Baggerarbeiten am 20.12.01 eingetreten sein. Der Eigentümer des Nachbargrundstücks, Nils Neben, verlangt deshalb die Reparatur des Fundaments auf Kosten des Unternehmers Mörtel und Schadensersatz für die Wertminderung des beschädigten Gebäudes. Neben machte seine Ansprüche im Januar 02 mit einem Schreiben an die Fa. Mörtel geltend. Der von Neben verlangte Schadensersatz beträgt 25.000 €. Die erforderlichen Aufwendungen für die Beseitigung der Schäden am Fundament des Nachbarhauses (Einzelkosten und angemessene Teile der notwendigen Gemeinkosten) schätzt Mörtel auf 40.000 €. Da zwischen Neben und Mörtel keine Einigung über die Schadenshöhe erzielt werden konnte, reichte Neben am 12.09.02 eine Klage gegen das Bauunternehmen Mörtel ein, in der er die Beseitigung der Schäden an seinem Gebäude und die Zahlung des Schadensersatzes wegen Wertminderung verlangte.

Das Bauunternehmen Mörtel bilanziert regelmäßig auf den 31.12. eines jeden Jahres. Die Bilanzen wurden jeweils am **30.04.** des Folgejahres aufgestellt. Beurteilt werden soll die Rückstellungsbildung an den Bilanzstichtagen 31.12.01 bis 31.12.03. Dabei sollen folgende Fallalternativen berücksichtigt werden:

1. Alternative: Der Rechtsstreit zwischen Mörtel und Neben wird mit Urteil vom 15.12.03 vollen Umfangs zugunsten des Beklagten entschieden, weil der Firma Mörtel kein Verschulden nachgewiesen werden konnte. Das Urteil wurde im Januar 04 rechtskräftig.

2. Alternative: Das Urteil erging am 15.01.04.

3. Alternative: Kläger und Beklagter einigen sich am 17.03.04 in einem außergerichtlichen Vergleich. Danach hat Mörtel den entstandenen Schaden zu beseitigen. Neben verzichtet auf den Schadensersatz.

Lösung:

31.12.01

Die Verpflichtung zur Reparatur des Fundaments und zur Leistung von Schadensersatz wurde durch die am 20.12.01 eingetretene Beschädigung begründet. Damit besteht für das Unternehmen Mörtel die Pflicht, in der Bilanz per 31.12.01 entsprechende Rückstellungen zu bilden (§ 249 Abs. 1 HGB). Die Höhe der Rückstellungen beläuft sich auf 40.000 € für die Beseitigung des Schadens und auf 25.000 € für den geforderten Schadensersatz. Die Geltendmachung der Ansprüche im Januar 02 stellt eine wertaufhellende Tatsache dar, die den am Bilanzstichtag vorliegenden Sachstand untermauert und für die Höhe der Rückstellung wegen Schadensersatz von Bedeutung ist.

31.12.02

Die Rückstellungen vom 31.12.01 sind unverändert fortzuführen, weil sich die Verhältnisse gegenüber dem letzten Bilanzstichtag nicht verändert haben.

31.12.03

1. Alternative: Obwohl das Urteil zugunsten der Fa. Mörtel vor dem Bilanzstichtag erging, sind die Rückstellungen am 31.12.03 nicht aufzulösen, weil von der Rspr. verlangt wird, dass zur Wahrung des Vorsichtsprinzips nur ein **rechtskräftiges** Urteil Grundlage für die entsprechende Bilanzierung sein kann (so BFH vom 26.04.1989 BStBl II 1991, 213). Der Eintritt der Rechtskraft des Urteils noch vor Aufstellung der Bilanz auf den 31.12.03 ist **nicht** als wertaufhellende Tatsache zu werten (BFH vom 30.01.2002, BStBl II 2002, 688).

2. Alternative: Da das Urteil zugunsten der Fa. Mörtel erst nach dem Bilanzstichtag ergangen ist, dürfen die Rückstellungen am 31.12.03 noch nicht aufgelöst werden. Eine nach dem Bilanzstichtag ergehende klageabweisende endgültige Entscheidung vermag nicht rückwirkend und auch nicht »wertaufhellend« das tatsächlich zum Abschlussstichtag fortbestehende Risiko der Inanspruchnahme zu beseitigen (BFH vom 27.11.1997, BStBl II 1998, 375).

3. Alternative: Der im Jahr 04 geschlossene Vergleich zwischen Mörtel und Neben stellt eine wertbeeinflussende Tatsache dar, die keine Rückschlüsse auf den Abschlussstichtag 31.12.03 zulässt (BFH vom 03.07.1991, BStBl II 1991, 802). Die Rückstellung wegen Schadensersatz darf am 31.12.03 nicht aufgelöst werden, weil das Risiko der Inanspruchnahme an diesem Stichtag noch fortbestand. Ähnlich wird nach BFH vom 30.01.2002, a. a. O. ein Rechtsmittelverzicht des Prozessgegners zwischen Bilanzstichtag und Bilanzerstellung nicht als wertaufhellende Tatsache angesehen.

2.1.3 Anwendungsgrundsätze für die Wertaufhellung

Für die Anwendung der Wertaufhellung bei der Bilanzierung und Bewertung sind folgende Grundsätze von Bedeutung:

2.1.3.1   Tag der Bilanzaufstellung

Unter dem i. R. d. Wertaufhellungstheorie so bedeutsamen Tag der Bilanzaufstellung ist der Tag zu verstehen, an dem die entscheidenden Bilanzarbeiten abgeschlossen werden und die Bilanz im Wesentlichen fertig gestellt ist. Der BFH hat in seinem Urteil vom 27.04.1965, a. a. O.[102] ausgeführt, dass die Wertaufhellungstheorie nur anwendbar ist, wenn die Bilanz innerhalb einer angemessenen Frist nach Ablauf des Wj. aufgestellt wird. Als Fristen für die Bilanzaufstellung sind gesetzlich festgelegt:

- für KapG grundsätzlich drei Monate (§ 264 Abs. 1 S. 2 HGB),
- für kleine KapG sechs Monate (§ 264 Abs. 1 S. 3 HGB),
- für sonstige Unternehmen innerhalb der einem ordnungsgemäßen Geschäftsgang entsprechenden Zeit (§ 243 Abs. 3 HGB).

Diese Fristen sind auch steuerlich zu beachten. Die Rspr. (BFH vom 06.12.1983, BStBl II 1984, 227) hat bei einem Einzelunternehmer die Bilanzerstellung innerhalb einer Frist von einem Jahr nach Ablauf des Geschäftsjahres als noch ordnungsmäßig bezeichnet.

2.1.3.2   Wertaufhellende Tatsachen

Nach BFH vom 04.04.1973 (BStBl II 1973, 485) liegen wertaufhellende Tatsachen vor, wenn der Bilanzierende bis zur Bilanzaufstellung Kenntnis von Stichtagsverhältnissen erlangt hat, die am Bilanzstichtag noch nicht bekannt waren und ihn in die Lage versetzen, den objektiven Wert, z. B. der Forderungen, am Bilanzstichtag zu erkennen. So macht z. B. der vollständige Forderungseingang bis zur Bilanzaufstellung deutlich, dass am Bilanzstichtag eine Minderbewertung objektiv nicht gerechtfertigt war. Deshalb sind die wertaufhellenden Tatsachen bei der Bilanzaufstellung zu berücksichtigen.

Beispiel 17: Wertaufhellende Tatsachen II

Ein Kaufmann erfährt vor der Bilanzaufstellung zum 31.12. des Vorjahres, dass bei seinem Kunden, gegen den er eine Forderung bilanziert, am 30.12. des vorangegangenen Kj. das Warenlager durch Feuer völlig vernichtet wurde und der Kunde wegen Unterversicherung zahlungsunfähig geworden ist.

Lösung: Die Forderung des Kaufmanns gegen den Kunden ist am 31.12. des Vorjahres auf den niedrigeren beizulegenden Wert abzuschreiben, weil die Zahlungsunfähigkeit des Kunden in einem Ereignis vor dem Bilanzstichtag begründet ist.

2.1.3.3   Wertbeeinflussende Tatsachen

Wertbeeinflussende Tatsachen sind nach Ansicht des BFH solche, die keine Rückschlüsse auf die Wertverhältnisse am Bilanzstichtag zulassen und deshalb nicht zu einer objektiven Wertfindung beitragen. Die wertbeeinflussenden Tatsachen wirken sich auf das neue Wj. aus. Da sie für das abgelaufene Geschäftsjahr keine bessere Einsicht liefern, bleiben sie bei der Bilanzaufstellung für die abgelaufene Periode unberücksichtigt.

Beispiel 18: Wertbeeinflussende Tatsachen

Der Unternehmer schließt mit einem Geschäftspartner, der ihn vor dem Bilanzstichtag wegen Schadensersatz verklagt hat, nach dem Stichtag, aber vor dem Tag der Bilanzaufstellung einen außergerichtlichen Vergleich.

---

102 Bestätigt durch BFH vom 28.03.2000, BStBl II 2002, 227.

Lösung: Der nach dem Bilanzstichtag geschlossene Vergleich erhellt nicht die Stichtagsverhältnisse, sondern setzt neue Fakten. Das Ergebnis des Vergleichs ist bei der Bewertung der Rückstellung wegen Schadensersatz nicht zu berücksichtigen.

2.1.3.4 Realisationsprinzip

Das Realisationsprinzip regelt den zeitgerechten Ausweis von Aufwendungen und Erträgen. Es gilt deshalb als Bilanzierungsgrundsatz im Rahmen der GoB. Das Realisationsprinzip ist gesetzlich geregelt unter den Bewertungsgrundsätzen des Handelsrechts in § 252 Abs. 1 Nr. 4 HGB. Nach dieser Vorschrift sind Gewinne nur zu berücksichtigen, wenn sie am Bilanzstichtag realisiert sind. Die gesetzliche Regelung des Realisationsprinzips gilt auch für die steuerliche Gewinnermittlung (§ 5 Abs. 1 S. 1 1. HS EStG).

Das Realisationsprinzip wird hier zunächst für das Handelsrecht und danach für den Bereich des Steuerrechts dargestellt.

Handelsrechtlich hat das Realisationsprinzip zwei Komponenten:
- Regelung der Ertragsrealisierung,
- Feststellung, mit welchen Werten die noch nicht realisierbaren Erzeugnisse und Leistungen ausgewiesen werden müssen.

Erträge sind erst dann auszuweisen, wenn der Unternehmer seine nach den vertraglichen Vereinbarungen geschuldete Leistung vollständig erbracht hat. Bis zum Zeitpunkt der Erbringung von Leistung und Gegenleistung handelt es sich um ein schwebendes Geschäft, aus dem keine Erträge ausgewiesen werden dürfen.[103] Die Realisierung des Gewinns tritt bei der Ausführung der Lieferung oder Leistung ein. Erst in diesem Zeitpunkt werden die Aufwendungen des leistenden Unternehmers gewinnmindernd erfasst und der Ertrag wird diesem Aufwand gegenübergestellt. Dadurch tritt die Gewinnrealisierung des Geschäfts ein. Daraus folgt, dass Aufwendungen für ein Geschäft, das in dem entsprechenden Wj. noch nicht erfüllt wurde, am Bilanzstichtag zu aktivieren sind, damit sie noch nicht gewinnwirksam werden. Das geschieht dadurch, dass die **unfertigen Erzeugnisse/Arbeiten** mit den **HK** (§ 255 Abs. 2 HGB) in der Bilanz ausgewiesen werden.

Besonderheiten ergeben sich in Fällen der **mehrjährigen** Fertigung. Grundsätzlich ist der Gewinn aus einem über mehrere Jahre laufenden Fertigungsauftrag erst im Jahr der Fertigstellung des Werkes zu erfassen. In den vor dem Zeitpunkt der Fertigstellung liegenden Abrechnungsperioden sind die für den Auftrag angefallenen Aufwendungen zu aktivieren, soweit sie gem. § 255 Abs. 2 HGB zu den HK gehören.[104]

Die **ertragsteuerliche** Beurteilung des Realisationsprinzips ergibt sich aus den handelsrechtlichen Grundsätzen im Rahmen der Maßgeblichkeit der HB für die StB (§ 5 Abs. 1 S. 1 1. HS EStG).

Das Realisationsprinzip im Steuerrecht soll hier dargestellt werden am Beispiel **fertiger und unfertiger Arbeiten im Baugewerbe.**

Bauleistungen werden regelmäßig in der Form von Werk- und Werklieferungsverträgen erbracht. Ein Werklieferungsvertrag liegt vor, wenn das Werk unter Verwendung eines oder mehrerer Hauptstoffe erstellt wird, die der leistende Unternehmer selbst beschafft (§ 651 BGB).

---

103 Nach h. M. wird bei schwebenden Geschäften unterstellt, dass sich Leistung und Gegenleistung gleichwertig gegenüberstehen. Aus diesem Grund kommt eine Bilanzierung schwebender Geschäfte grds. nicht in Betracht.

104 Mindestens zu aktivieren sind die Material- und Fertigungseinzelkosten; ein Wahlrecht besteht für die Material-, Fertigungs- und Verwaltungsgemeinkosten (vgl. Kap. 5.2.1).

Ein Werkvertrag ist gegeben, wenn der Unternehmer nur zur Herstellung des Werks verpflichtet wird und für die Leistung kein Hauptstoff verwendet wird oder wenn die benötigten Hauptstoffe vom Auftraggeber beigestellt werden (§ 631 BGB).

Bezüglich der Gewinnrealisierung ist der Zeitpunkt der ausgeführten Lieferung oder Leistung entscheidend. Die Ausführung einer Werklieferung liegt vor, sobald dem Auftraggeber die Verfügungsmacht an dem erstellten Werk verschafft wurde. Die Verschaffung der Verfügungsmacht geschieht durch die Übergabe und Abnahme des fertiggestellten Werks. Eine Werkleistung ist mit der Fertigstellung (Vollendung) des Werks ausgeführt. Die Abnahme des Werks durch den Auftraggeber ist nicht erforderlich.

Einer besonderen Beurteilung bezüglich der Gewinnrealisierung unterliegen selbständig abrechenbare Teilleistungen. Voraussetzung für das Vorliegen einer **selbständigen, gesondert abrechenbaren** Teilleistung ist, dass die Gesamtleistung nach wirtschaftlicher Betrachtungsweise teilbar ist und nicht als Ganzes, sondern in Teilen geschuldet wird. Wann eine Teilleistung diese Voraussetzung erfüllt, hängt von den Umständen des Einzelfalls und vor allem davon ab, welche Vereinbarungen die Vertragsparteien getroffen haben. Eine Teilleistung wird die vorgenannte Voraussetzung dann erfüllen, wenn für bestimmte Teile einer wirtschaftlich teilbaren Leistung das Entgelt gesondert vereinbart worden ist.

Beispiel 19: Selbständig abrechenbare Teilleistung

Ein Bauunternehmen hat den Auftrag erhalten, eine ganze Siedlung von schlüsselfertigen Einfamilienhäusern zu erstellen. Er hat mit dem Auftraggeber für die einzelnen Gebäude Festpreise vereinbart. Nach den Bestimmungen des Werklieferungsvertrags soll jedes einzelne Haus gesondert abgenommen und abgerechnet werden.

Lösung: Die Lieferung der einzelnen Gebäude stellt jeweils eine selbständige Teilleistung dar. Im Zeitpunkt der Abnahme jedes einzelnen Hauses tritt die Gewinnrealisierung für diesen Teil der Gesamtleistung ein. Erfolgt die Abnahme der Teilleistung vor dem Bilanzstichtag und wird die Rechnung bis zum Stichtag noch nicht erteilt, so ist die Teilleistung als fertige, noch nicht abgerechnete Arbeit mit dem Bruttorechnungspreis (inkl. Umsatzsteuer) zu aktivieren.

Mit Urteil vom 14.05.2014 (BStBl II 2014, 968) hat der BFH zu den Abschlagszahlungen gem. § 8 Abs. 2 der Honorarordnung für Architekten und Ingenieure (HOAI) Stellung genommen und entschieden, dass die Gewinnrealisierung nicht erst mit der Abnahme oder Stellung der Honorarschlussrechnung eintritt, sondern bereits dann, wenn der Anspruch auf Abschlagsrechnung entstanden ist. Die Entscheidung wird damit begründet, dass in dem besonderen Fall von § 8 Abs. 2 HOAI weder die Abnahme der Planungsleistung noch die Stellung einer Honorarschlussrechnung für die Entstehung des Honoraranspruchs von Bedeutung sind. Dieses Urteil ist nach Auffassung des BMF (Schreiben vom 15.03.2016, BStBl I 2016, 279) aber nur auf Abschlagszahlungen nach § 8 Abs. 2 HOAI anzuwenden.

2.2 Bewertungsvorschriften nach Handels- und Steuerrecht

Die Ausführungen zu Kap. 3.2.1 – 3.2.7 erfolgen in der Form eines Kurzkommentars, da sie nur technische Basisinformationen zur Wiederholung enthalten, an denen der Leser sein Wissen verproben kann.

2.3 Handelsrechtliche Bewertung des abnutzbaren Anlagevermögens

Die handelsrechtliche Bewertung der Positionen des AV ist wie folgt vorzunehmen:

- **Ausgangswert:**
  AK/HK, vermindert um planmäßige Abschreibungen gem. § 253 Abs. 3 S. 1 und 2 HGB
  (§ 255 Abs. 1 und 2 HGB).
- **Wertminderungen:**
- Niedrigerer Stichtagswert, voraussichtlich vorübergehende Wertminderung: Wahlrecht
  bei Finanzanlagen gem. § 253 Abs. 3 S. 6 HGB.
- Niedrigerer Stichtagswert, voraussichtlich dauernde Wertminderung: zwingend gem.
  § 253 Abs. 3 S. 5 HGB.
- **Werterhöhungen:**
- Bei Wegfall der Voraussetzungen ist Wertaufholung (Obergrenze AK/HK, vermindert um
  planmäßige Abschreibungen gem. § 253 Abs. 1 S. 1 HGB) geboten gem. § 253 Abs. 5 S. 1 HGB.

Beispiel 20: Handelsrechtliche Bewertung des abnutzbaren AV

A hat am 02.01.01 für 30.000 € eine Maschine mit einer betriebsgewöhnlichen ND von zehn Jahren
erworben. Nach einem Jahr Nutzung stellte sich heraus, dass die elektronische Steuerung der
Maschine anfällig war. Wegen ständiger Unterbrechungen in der Betriebsbereitschaft konnte die
Maschine im Jahr 02 nur zu 80 % ihrer normalen Auslastung genutzt werden. Am 31.12.03 beträgt der
beizulegende Wert der Maschine 22.000 €, nachdem durch eine kleine Reparatur nach dem Motto
»gewusst wie« die Störanfälligkeit auf Dauer beseitigt worden war.

Lösung:

AK 01	30.000 €
./. planmäßige Abschreibung 01 und 02	./. 6.000 €
Zwischensumme	24.000 €
./. außerplanmäßige Abschreibung (20 %)	./. 4.800 €
BW 31.12.02	**19.200 €**
Planmäßige Abschreibung 03 (19.200 € : 8 =)	2.400 €

Anmerkung:

Wenn es sich um eine voraussichtlich dauernde Wertminderung handelt, muss die außerplanmäßige
Abschreibung vorgenommen werden (§ 253 Abs. 3 S. 5 HGB).

Nach der Reparatur mit endgültiger Mängelbeseitigung im Jahr 03 muss eine Zuschreibung auf
21.000 € (= 24.000 € ./. 3.000 €) vorgenommen werden gem. § 253 Abs. 5 S. 1 HGB.

2.3.1   Steuerrechtliche Bewertung des abnutzbaren Anlagevermögens

Die steuerrechtliche Bewertung der Positionen des AV ist wie folgt vorzunehmen:

- **Ausgangswert:**
  AK/HK, vermindert um die AfA gem. § 7 und § 6 Abs. 1 Nr. 1 S. 1 EStG.
- **Wertminderungen:**
  - Niedrigerer Teilwert: Wahlrecht bei voraussichtlich dauernder Wertminderung (§ 6
    Abs. 1 Nr. 1 S. 2 EStG).
  - Niedrigerer Ansatz wegen Vornahme einer AfaA (§ 7 Abs. 1 S. 7 EStG).
  - Minderung aus der Übertragung von steuerfreien Rücklagen, Sonderabschreibun-
    gen, erhöhte Absetzungen: Wahlrecht.
- **Werterhöhungen:**
  Bei Wegfall der Voraussetzungen ist Wertaufholung geboten, Höchstwert: fortgeschrie-
  bene AK oder HK bzw. fortgeschriebener Einlagewert; es sei denn, der TW ist niedriger
  gem. § 6 Abs. 1 Nr. 1 S. 4 EStG bzw. § 7 Abs. 1 S. 6 EStG.

Nach vorheriger Minderung aus der Übertragung von steuerfreien Rücklagen, Sonderabschreibungen oder erhöhten Absetzungen ist die Wertaufholung nicht zulässig, auch wenn und soweit Zuschreibungen in der HB erfolgen (BFH vom 04.06.2008, BStBl II 2009, 187).

Beispiel 21: Steuerrechtliche Bewertung des abnutzbaren AV

Der Sachverhalt entspricht Beispiel 20.

Lösung: Eine Abschreibung auf den niedrigeren TW darf am 31.12.02 nur vorgenommen werden, wenn die Wertminderung voraussichtlich von Dauer sein wird. Die den Mangel voll beseitigende Reparatur im Jahr 03 führt zu dem Ergebnis, dass die Wertminderung nicht von Dauer ist. Eine TW-AfA auf den 31.12.02 ist deshalb nicht zulässig. Aus diesem Grund stellt sich die Frage nach der im Steuerrecht zwingenden Wertaufholung in diesem Fall nicht. Die Maschine ist in der StB am 31.12.02 mit 24.000 € und am 31.12.03 mit 21.000 € anzusetzen.

2.3.2   Handelsrechtliche Bewertung des nicht abnutzbaren Anlagevermögens

Die handelsrechtliche Bewertung der Positionen des nicht abnutzbaren AV ist wie folgt vorzunehmen:

- **Ausgangswert:**
  AK/HK gem. §§ 253 Abs. 1 S. 1, 255 Abs. 1 und 2 HGB.
- **Wertminderungen:**
  Niedrigerer Stichtagswert, voraussichtlich vorübergehende Wertminderung: Wahlrecht nur für Finanzanlagen gem. § 253 Abs. 3 S. 6 HGB.
- **Werterhöhungen:**
  Bei Wegfall der Voraussetzungen ist Wertaufholung (Obergrenze AK/HK gem. § 253 Abs. 1 S. 1 HGB) geboten gem. § 253 Abs. 5 S. 1 HGB.

Beispiel 22: Handelsrechtliche Bewertung des nicht abnutzbaren AV

B hatte im Jahr 01 ein unbebautes Grundstück für 100.000 € erworben, um es irgendwann einmal mit einem Bürohaus für seinen Betrieb zu bebauen. Zum Ende des Jahres 04 erfuhr B von einem »Gewährsmann«, der an und für sich immer sehr gut unterrichtet ist, dass sein Grundstück wahrscheinlich nicht bebaut werden dürfe. Im Jahr 05 wurde dann ein Bebauungsplan veröffentlicht, der diese Information bestätigte. Dadurch trat eine Wertminderung des Grundstücks um 80 % der AK ein. Aufgrund eines Widerspruchs gegen den Bebauungsplan wurde das Bauverbot im Jahr 06 aufgehoben; dadurch stieg der Wert des Grundstücks zum 31.12.06 auf 180.000 €.

Lösung: Die Mitteilung des »Gewährsmannes« reicht für eine außerplanmäßige Abschreibung nicht aus; erst die rechtswirksame Veröffentlichung des Bebauungsplans führt zu einer Wertminderung des Grundstücks und kann eine Abschreibung auslösen. Ob durch die Aufstellung von Bebauungsplänen eine Wertminderung von Dauer eintritt, kann angesichts der häufigen Änderungen solcher Pläne zweifelhaft sein. Deshalb ist das Grundstück in der HB am 31.12.01 bis 31.12.04 mit den AK von 100.000 € zu bilanzieren; am 31.12.05 müsste der niedrigere beizulegende Wert von 20.000 € nur angesetzt werden, wenn die Wertminderung als dauerhaft anzusehen ist (§ 253 Abs. 3 S. 5 HGB).

Der Wiederanstieg des Grundstückswerts erlaubt am 31.12.06 eine Zuschreibung in der HB bis zu den AK von 100.000 € (§ 253 Abs. 1 S. 1 und Abs. 5 HGB).

2.3.3   Steuerrechtliche Bewertung des nicht abnutzbaren Anlagevermögens

Die steuerrechtliche Bewertung der Positionen des nicht abnutzbaren AV ist wie folgt vorzunehmen:

- **Ausgangswert:**
  AK/HK gem. § 6 Abs. 1 Nr. 2 S. 1 EStG.
- **Wertminderungen:**
  - Niedrigerer Teilwert: Wahlrecht § 5 Abs. 1 S. 1 2. HS EStG bei voraussichtlich dauernder Wertminderung gem. § 6 Abs. 1 Nr. 2 S. 2 EStG.
  - Minderung aus der Übertragung von steuerfreien Rücklagen: Wahlrecht § 5 Abs. 1 S. 1 2. HS EStG; Voraussetzung ist ein entsprechender Ausweis in der HB gem. § 5 Abs. 1 S. 2 EStG.
- **Werterhöhungen:**
  Bei Wegfall der Voraussetzungen ist Wertaufholung (Obergrenze: AK/HK/Einlagewert, es sei denn, der TW ist niedriger) geboten gem. § 6 Abs. 1 Nr. 2 S. 3 i.V.m Nr. 1 S. 4 EStG. Nach vorheriger Minderung aus der Übertragung von steuerfreien Rücklagen, Sonderabschreibungen oder erhöhten Absetzungen ist die Wertaufholung auch dann nicht vorzunehmen, wenn und soweit Zuschreibungen in der HB erfolgen (BFH vom 04.06.2008, BStBl II 2009, 187).

Beispiel 23: Steuerrechtliche Bewertung des nicht abnutzbaren AV

Der Sachverhalt entspricht dem in Beispiel 22.
    Lösung: In der StB ist die TW-AfA wegen voraussichtlich nicht dauernder Wertminderung unzulässig (§ 6 Abs. 1 Nr. 2 S. 2 EStG). Das Grundstück ist deshalb durchgängig mit den AK von 100.000 € zu bilanzieren. Wegen mangelnder TW-AfA ist die steuerlich zwingende Wertaufholung hier nicht relevant.

2.3.4   Handelsrechtliche Bewertung des Umlaufvermögens

Die handelsrechtliche Bewertung der Positionen des Umlaufvermögens ist wie folgt vorzunehmen:

- **Ausgangswert:**
  AK/HK gem. §§ 253 Abs. 1 S. 1, 255 Abs. 1 und 2 HGB.
- **Wertminderungen:**
  Niedrigerer Börsen- oder Marktpreis bzw. Stichtagswert: Zwingend gem. § 253 Abs. 4 S. 1 und 2 HGB.
- **Werterhöhungen:**
  Bei Wegfall der Voraussetzungen ist Wertaufholung (Obergrenze AK/HK gem. § 253 Abs. 1 S. 1 HGB) zwingend gem. §§ 253 Abs. 5 S. 1 HGB.

Beispiel 24: Handelsrechtliche Bewertung des Umlaufvermögens

C hat Wertpapiere im Umlaufvermögen. Die AK von 100.000 € wurden im Vorjahr entsprechend dem Börsenkurswert auf 80.000 € abgeschrieben. Wegen der Kurssteigerung auf 105.000 € beabsichtigt C in der Bilanz des laufenden Jahres einen Zwischenwert von 95.000 € anzusetzen.
    Lösung: Der Ansatz eines Zwischenwerts ist nicht zulässig (§ 253 Abs. 5 HGB). C muss bis zu den AK (hier: 100.000 €) aufstocken. Diese bilden die Obergrenze der Bewertung (§ 253 Abs. 1 S. 1 HGB).

2.3.5   Steuerrechtliche Bewertung des Umlaufvermögens

Die steuerrechtliche Bewertung der Positionen des Umlaufvermögens ist wie folgt vorzunehmen:

- **Ausgangswert:**
  AK/HK gem. § 6 Abs. 1 Nr. 2 S. 1 EStG.
- **Wertminderungen:**
  - Niedrigerer Teilwert: Wahlrecht bei voraussichtlich dauernder Wertminderung gem. § 6 Abs. 1 Nr. 2 S. 2 EStG, § 5 Abs. 1 S. 1 2. HS EStG.

- Minderung aus der Übertragung von steuerfreien Rücklagen: Wahlrecht gem. § 5 Abs. 1 S. 1 2. HS EStG.
- **Werterhöhungen:**
  Bei Wegfall der Voraussetzungen ist Wertaufholung (Obergrenze: AK/HK/Einlagewert, es sei denn, der TW ist niedriger) geboten gem. § 6 Abs. 1 Nr. 2 S. 3 i. V. m. Nr. 1 S. 4 EStG. Nach vorheriger Minderung aus der Übertragung von steuerfreien Rücklagen, Sonderabschreibungen oder erhöhten Absetzungen ist die Wertaufholung auch zwingend, wenn und soweit Zuschreibungen in der HB erfolgen (BFH vom 04.06.2008, BStBl II 2009, 187).

Beispiel 25: Steuerrechtliche Bewertung des Umlaufvermögens

Der Sachverhalt entspricht Beispiel 24.

Lösung: Es ist eine Wertaufholung bis zu den AK i. H. v. 100.000 € vorzunehmen (§ 6 Abs. 1 Nr. 2 S. 3 i. V. m. Nr. 1 S. 4 EStG).

2.3.6 Voraussichtlich dauernde Wertminderung und Wertaufholung im Steuerrecht

2.3.6.1 Gesetzliche Vorschriften

TW-Abschreibungen in der StB sind nur zulässig, wenn die Wertminderung voraussichtlich von Dauer ist (§ 6 Abs. 1 Nr. 1 S. 2, § 6 Abs. 1 Nr. 2 S. 2 EStG).

WG, die bereits am Schluss des vorangegangenen Wj. zum abnutzbaren AV des Unternehmers gehört haben, sind mit den um die AfA geminderten AK oder HK anzusetzen, es sei denn, der TW ist aufgrund einer voraussichtlich dauernden Wertminderung niedriger (§ 6 Abs. 1 Nr. 1 S. 4 EStG). WG, die bereits am Schluss des vorangegangenen Wj. zum nicht abnutzbaren AV oder zum Umlaufvermögen des Unternehmers gehört haben, sind mit den AK oder HK anzusetzen, es sei denn, der TW ist aufgrund einer voraussichtlich dauernden Wertminderung niedriger (§ 6 Abs. 1 Nr. 2 S. 3 i. V. m. Nr. 1 S. 4 EStG).

2.3.6.2 Anweisungen der Finanzverwaltung

Im BMF-Schreiben vom 02.09.2016 (BStBl I 2016, 995) hat die FinVerw dazu Stellung genommen, wie die **voraussichtlich dauernde** Wertminderung i. S. v. § 6 Abs. 1 Nr. 1 S. 2 und Nr. 2 S. 2 EStG zu beurteilen ist. Ferner wird in dem Schreiben die zwingende Wertaufholung gem. § 6 Abs. 1 Nr. 1 S. 4 und Nr. 2 S. 3 sowie § 7 Abs. 1 S. 7 EStG erläutert. Dabei sind zusätzliche Erkenntnisse bis zur Aufstellung der HB bzw. StB weiterhin zu berücksichtigen (BMF vom 02.09.2016, a. a. O. Rn. 6). Ferner geht das BMF in seinem Schreiben von einer dauernden Wertminderung aus, wenn der Börsenwert zum Bilanzstichtag unter denjenigen im Zeitpunkt des Aktienerwerbs gesunken ist und der Kursverlust die Bagatellgrenze von 5 % der Notierung bei Erwerb überschreitet. Auf die Kursentwicklung nach dem Bilanzstichtag komme es hierbei nicht an (BMF vom 02.09.2016, a. a. O. Rn. 17, 19).

2.3.6.3 Definition der dauernden Wertminderung

Eine voraussichtlich dauernde Wertminderung bedeutet ein voraussichtlich nachhaltiges Absinken des dem WG innewohnenden Werts unter den maßgeblichen BW; eine nur vorübergehende Wertminderung reicht für eine TW-AfA nicht aus. Die Definition der voraussichtlich dauernden Wertminderung ist dem Handelsrecht entlehnt, sodass insoweit von einer Zusammenführung des Handels- und Steuerrechts gesprochen werden kann.

Die Wertminderung ist voraussichtlich nachhaltig, wenn der StPfl. hiermit aus der Sicht des Bilanzstichtags aufgrund objektiver Anzeichen ernsthaft zu rechnen hat. Aus der Sicht eines sorgfältigen und gewissenhaften Kaufmanns müssen mehr Gründe für als gegen eine

Nachhaltigkeit sprechen. Grundsätzlich ist von einer voraussichtlich dauernden Wertminderung auszugehen, wenn der **Wert des WG am Bilanzstichtag die Bewertungsobergrenze während eines erheblichen Teils der voraussichtlichen Verweildauer im Unternehmen nicht erreichen wird.**[105] Wertminderungen aus besonderem Anlass (z. B. Katastrophen oder technischer Fortschritt) sind regelmäßig von Dauer. Zusätzliche Erkenntnisse bis zum Zeitpunkt der Aufstellung der StB sind zu berücksichtigen.

2.3.6.4 Teilwertabschreibung beim abnutzbaren Anlagevermögen

Gem. § 6 Abs. 1 Nr. 1 S. 2 EStG sind Teilwertabschreibungen nur möglich bei einer **voraussichtlich dauernden Wertminderung.**

Eine voraussichtlich dauernde Wertminderung ist somit auch im Steuerrecht nur anzunehmen, wenn der jeweilige beizulegende Wert an den Bilanzstichtagen während eines erheblichen Teils der ND unter dem planmäßigen BW liegt. Man geht davon aus, dass die planmäßigen Abschreibungen nicht allen Wertschwankungen folgen können, sondern sie nur trendmäßig berücksichtigen. Erhebliche dauerhafte Wertminderungen aus besonderem Anlass (z. B. Naturereignisse, technische Überalterung) sind auch steuerlich stets durch TW-Abschreibungen zu realisieren. Hierzu gehört m. E. auch der Fall, dass infolge des technischen Fortschritts die Wiederbeschaffungskosten dauerhaft gesunken sind.

Nach den Vorstellungen der Verwaltung ist eine dauernde Wertminderung beim AV gegeben, wenn der jeweilige Stichtagswert mindestens für die **halbe Rest-ND unter dem planmäßigen Rest-BW** liegt. Die verbleibende Rest-ND ist für Gebäude nach § 7 Abs. 4 und 5 EStG, für andere WG nach den amtlichen AfA-Tabellen zu bestimmen (vgl. Rz. 8 des BMF-Schreibens vom 02.09.2016, a. a. O.).

Beispiel 26: Dauernde Wertminderung beim abnutzbaren AV

Der StPfl. ist Eigentümer eines Bürogebäudes, das auf fremdem Grund und Boden errichtet ist. Zum 31.12.01 betragen die fortgeführten AK 200.000 €. Die Rest-ND liegt bei 25 Jahren, der jährliche AfA-Betrag beträgt 8.000 €. Aufgrund eines Überangebots an Büroraum ist der TW zum 31.12.01 gem. einem entsprechenden steuerlich anzuerkennenden Gutachten auf 150.000 € gesunken. Bis zur Bilanzaufstellung Ende Mai 02 hat sich die Lage am Markt nicht entspannt.

Lösung: Eine TW-AfA ist nicht zulässig. Die Minderung ist voraussichtlich nicht von Dauer, da der niedrigere Stichtagswert bei planmäßiger Abschreibung schon nach etwa sieben Jahren, d. h. schon vor Ablauf von 50 % der Rest-ND, erreicht wird.

Nach alledem ist für die StB Folgendes festzuhalten:

- **Der** Ansatz des niedrigeren Teilwerts ist nur bei einer voraussichtlich **dauernden Wertminderung** zulässig. Eine dauerhafte Wertminderung wird dabei als ein nachhaltiges Absinken des Wertes unter den BW definiert.
- Damit kann eine TW-AfA erst **dann** in Betracht kommen, wenn der TW niedriger als der planmäßige Rest-BW ist.
- Eine TW-AfA ist bei einer nur vorübergehenden Wertminderung nicht möglich.
- Dem StPfl. wird bei dem Begehren des Ansatzes eines niedrigeren TW die Feststellungslast auferlegt (im Vergleich zum bisherigen Recht eine Umkehrung der Beweislast). Das

---

105 Mit Urteil vom 14.03.2006 (BStBl II 2006, 680) hat der BFH die Grundsätze des BMF-Schreibens zur dauernden Wertminderung beim abnutzbaren Anlagevermögen bestätigt.

bedeutet, dass die Unternehmen nachweisen müssen, dass ein niedrigerer TW angesetzt werden darf.

- Eine Beibehaltung des niedrigeren TW für folgende Bilanzstichtage ist nur dann vorgesehen, wenn auch an diesen Stichtagen die dauernde Wertminderung vorliegt; ansonsten ist eine Zuschreibung zu den fortgeführten AK **zwingend** vorgeschrieben.

2.3.6.5   Wertaufholung beim abnutzbaren Anlagevermögen

Durch § 6 Abs. 1 Nr. 1 S. 4 und § 7 Abs. 1 S. 7 2. HS EStG wurde in das Gesetz eine **zwingende Wertaufholung** eingeführt und zwar dann, wenn der StPfl. nicht nachweisen kann, dass der TW niedriger ist als der fortgeführte BW (= AK abzgl. AfA). Die Feststellungslast wird dabei dem StPfl. aufgebürdet; dies steht im Widerspruch zur vorherrschenden handelsrechtlichen Auffassung, dass im Zweifel von einer dauernden Wertminderung auszugehen ist.

Für die Frage der Wertaufholung kommt es nach Ansicht der Verwaltung (Rz. 27 des BMF-Schreibens vom 02.09.2016, a. a. O.) nicht darauf an, ob die konkreten Gründe für die vorherige TW-AfA weggefallen sind. Auch die Erhöhung des TW aus anderen Gründen führt zu einer Korrektur des Bilanzansatzes.

Der Bilanzansatz ergibt sich für jeden Bilanzstichtag aus dem Vergleich der um die zulässigen Abzüge geminderten AK/HK oder dem an diese Stelle tretenden Wert als Bewertungsobergrenze und dem niedrigeren TW als Untergrenze.

2.3.6.6   Teilwertabschreibung beim nicht abnutzbaren Anlagevermögen

Für die Frage der dauernden Wertminderung bei WG des AV, deren Nutzung zeitlich nicht begrenzt ist, kann kein einheitlicher Prognosezeitraum angegeben werden. Es ist darauf abzustellen, ob die Gründe, die zu einer niedrigeren Bewertung führen würden, voraussichtlich dauernd anhalten werden. Erfahrungen aus der Vergangenheit werden bei der Prognose zu berücksichtigen sein.

Der auf der Unverzinslichkeit einer im Anlagevermögen gehaltenen Forderung beruhende Wert ist keine voraussichtlich dauernde Wertminderung und rechtfertigt deshalb keine Teilwertabschreibung (BMF-Schreiben vom 02.09.2016, Rz. 15, a. a. O.).

Kursschwankungen von börsennotierten Aktien des AV stellen nur eine voraussichtlich dauernde Wertminderung dar, wenn der Börsenwert zum Bilanzstichtag unter denjenigen im Zeitpunkt des Aktienerwerbs gesunken ist und der Kursverlust die Bagatellgrenze von 5 % der Notierung bei Erwerb überschreitet (Rz. 17 des BMF-Schreibens vom 02.09.2016, a. a. O.). Zur Teilwertabschreibung bei festverzinslichen Wertpapieren s. BFH vom 08.06.2011 (BStBl II 2012, 716).

Beispiel 27: Dauernde Wertminderung bei Beteiligungen (aus StB-Prüfung 2010)

In der Bilanz des Unternehmers am 31.12.08 befinden sich börsennotierte Wertpapiere (Aktien der X-AG), die seit dem Jahr 03 als Beteiligung gehalten werden, um daraus resultierende Geschäftsbeziehungen zu sichern. Die ursprünglichen AK i. H. v. 150.000 € wurden bis zum 31.12.08 in den Bilanzen ausgewiesen. Infolge der Finanz- und Wirtschaftskrise fiel der Wert der Papiere bereits im Februar 09 auf 75.000 € und erholte sich bis zum Zeitpunkt der Bilanzaufstellung im Mai 10 auf 90.000 €.

Bei einer – ebenfalls strategischen – Beteiligung an der Y-AG entwickelte sich der Kurs anders. Nach einer stabilen Kursentwicklung bis zum 31.12.07 (damaliger Kurswert/AK: 40.000 €) ging der Kurs hier bereits zum 31.12.08 auf 28.000 € zurück, um dann zum 31.12.09 nochmals 11.000 € an Wert einzubüßen, sodass der jetzige Wert mit 17.000 € zu bemessen ist. Der Unternehmer ist unschlüssig, was zu tun ist und bittet um Rat.

In beiden Fällen ist der Wertansatz in der Bilanz per 31.12.09 zu beurteilen.

Lösung:

Vorbemerkung: Die außerplanmäßige Abschreibung bei Vermögensgegenständen des Anlagevermögens in der HB und die Teilwertabschreibung in der StB sind davon abhängig, dass eine voraussichtlich dauernde Wertminderung vorliegt (§ 253 Abs. 3 S. 5 HGB, § 6 Abs. 1 Nr. 2 S. 2 EStG).

Voraussichtlich dauernde Wertminderung im Handelsrecht:

Für die voraussichtlich dauernde Wertminderung i. S. d. Handelsrechts gibt es keine festen Regeln. Eine Wertminderung wird als voraussichtlich nachhaltig angesehen, wenn der Unternehmer damit am Bilanzstichtag aufgrund objektiver Anzeichen ernsthaft rechnen muss. Aus der Sicht des Kaufmanns müssen mehr Gründe für als gegen eine Nachhaltigkeit sprechen.

Zur Beteiligung an der X-AG:

Da der Wert der Beteiligung bereits im Februar 09 auf einen Wert unter die AK gesunken ist und diese Wertminderung am Tag der Bilanzaufstellung für das Jahr 09 noch anhielt, ist die Wertminderung von Dauer aus der Sicht des Handelsrechts erfüllt, sodass eine außerplanmäßige Abschreibung in der HB auf 75.000 € geboten ist. Steuerlich sind die Anweisungen im BMF-Schreiben vom 02.09.2016 (a. a. O.) zu beachten. Danach ist von einer voraussichtlich dauernden Wertminderung bei börsennotierten Aktien des Anlagevermögens auszugehen, wenn der Börsenkurs zu dem jeweils aktuellen Bilanzstichtag unter die AK gesunken ist und der Kursverlust die Bagatellgrenze von 5 % der Notierung bei Erwerb überschreitet.

Da die Voraussetzungen für das Vorliegen einer voraussichtlich dauernden Wertminderung nach der Rspr. und den Verwaltungsanweisungen gegeben sind, ist eine Teilwertabschreibung in der StB auf 75.000 € zulässig. Das Ansteigen des Kurses nach dem Bilanzstichtag ist lediglich wertbegründend (Rz. 19 des BMF-Schreibens vom 02.09.2016 (a. a. O.)).

Zur Beteiligung an der Y-AG:

Auf die Ausführungen zur Bewertung der Beteiligung an der X-AG wird hingewiesen. Auch bei dieser Beteiligung liegen die Voraussetzungen für eine nachhaltige Wertminderung vor. Infolgedessen ist der Ansatz in der HB auf den Wert von 17.000 € außerplanmäßig abzuschreiben. Die Voraussetzungen für eine Teilwertabschreibung in der StB sind ebenfalls erfüllt. Der Unternehmer hat das Wahlrecht, den Ansatz aus der HB in die StB übernehmen oder in der StB auf eine Teilwertabschreibung zu verzichten.

Beispiel 28: Dauernde Wertminderung bei Wertpapieren des Anlagevermögens (aus StB-Prüfung 2011)

Ein Einzelunternehmer hat im Januar 08 börsennotierte Aktien zur langfristigen Stärkung seines Anlagevermögens erworben und mit den Anschaffungskosten wie folgt gebucht:

Wertpapiere des Anlagevermögens

| (X-Aktien) | 100.000 € | an | Bank | 100.000 € |

Wertpapiere des Anlagevermögens

| (Y-Aktien) | 50.000 € | an | Bank | 50.000 € |

Entgegen den Erwartungen des Unternehmers verloren die X-Aktien im Jahr 09 recht deutlich an Wert. Im Jahr 10 und dann bis zur Aufstellung des Jahresabschlusses 10 im Jahr 11 gingen die Kurse weiter stetig, aber nur noch leicht, zurück.

Die Werte der Y-Aktien verloren im Jahr 09 recht deutlich an Wert. Bis zur Bilanzaufstellung für das Jahr 09 im März 10 blieben die Kurse zunächst unverändert. Im Herbst 10 erholten sie sich überraschend deutlich und stiegen seitdem stetig leicht an. Die Kurse vom Januar 08 wurden bisher aber noch nicht wieder erreicht.

Die Werte der bilanzierten Aktien entwickelten sich wie folgt:

	31.12.09	31.03.10	31.12.10	31.03.11
X-Aktien	74.000 €	73.000 €	72.000 €	71.000 €
Y-Aktien	26.000 €	26.000 €	40.000 €	41.000 €

Im Jahresabschluss 09 hat der Unternehmer die Aktien in der HB mit dem höchstmöglichen Wert und in der StB mit dem niedrigstmöglichen Wert ausgewiesen.

Wie sind die Aktien in der StB am 31.12.10 anzusetzen?

Lösung:

Vorbemerkung: Im Fall der X-Aktien liegt am 31.12.09 und 31.12.10 eine dauernde Wertminderung vor, weil die Werte ständig bis zum Tag der Bilanzaufstellung im Jahr 11 gefallen sind. Bei den Y-Aktien ist die dauernde Wertminderung nur am 31.12.09 zu bejahen, da sich der Wert nach einem Kursverfall im Jahr 09 seit Herbst 10 deutlich erholt hat und seitdem stetig gestiegen ist.

Demnach wurden die Wertpapiere dem Sachverhalt entsprechend am 31.12.09 wie folgt bilanziert:

Handelsbilanz

X-Aktien	100.000 €
Y-Aktien	50.000 €

Steuerbilanz

X-Aktien	74.000 €
Y-Aktien	26.000 €

Ansatz der Wertpapiere in der Steuerbilanz am 31.12.10:

X-Aktien, Wahlrecht: 72.000 € (niedrigerer Teilwert gem. § 6 Abs. 1 Nr. 2 S. 2 EStG) oder 74.000 € (Beibehaltung des Bilanzansatzes vom 31.12.09). Das steuerliche Wahlrecht kann unabhängig vom Ansatz in der HB ausgeübt werden (§ 5 Abs. 1 S. 1 letzter HS EStG).

Y-Aktien: 40.000 € (zwingende Wertaufholung gem. § 6 Abs. 1 Nr. 2 S. 3 i. V. m. Nr. 1 S. 4 EStG).

Nach dem BFH-Urteil vom 24.10.2012 (BStBl II 2013, 162) ist die auf der Unverzinslichkeit einer im Anlagevermögen gehaltenen Forderung (hier: Darlehensforderung gegen eine Tochtergesellschaft) beruhende Teilwertminderung keine voraussichtlich dauernde Wertminderung und rechtfertigt deshalb keine Teilwertabschreibung.

2.3.6.7 Wertaufholung beim nicht abnutzbaren Anlagevermögen

Durch den Verweis auf § 6 Abs. 1 Nr. 1 S. 4 in § 6 Abs. 1 Nr. 2 EStG gilt das strikte **Wertaufholungsgebot** auch für die WG des nicht abnutzbaren AV.

Allerdings wirkt die Wertaufholung stärker als bei den WG des abnutzbaren AV, weil beim nicht abnutzbaren AV planmäßige Abschreibungen nicht zu berücksichtigen sind. Mit anderen Worten kommt es beim nicht abnutzbaren AV zu einer **höheren Zuschreibung**, da die »fortgeführten AK« mangels planmäßiger Abschreibungen den ursprünglichen AK entsprechen.

Können die historischen AK/HK nicht mehr nachgewiesen werden, so gilt der BW, der in der ältesten noch vorhandenen Bilanz als Anfangswert ausgewiesen ist, als Bewertungsobergrenze, es sei denn, die FinVerw legt – z. B. anhand von dort vorhandenen Unterlagen – eine höhere Bewertungsobergrenze dar (Rz. 28 des BMF-Schreibens vom 02.09.2016, a. a. O.).

Bei börsennotierten und börsengehandelten Wertpapieren kommt in Fällen der Wertaufholung nach erfolgter Inanspruchnahme einer Teilwertabschreibung die Bagatellgrenze von 5 % nicht zur Anwendung. Die Wertaufholung ist auf den aktuellen Börsenkurs am Bilanzstichtag, maximal auf die Anschaffungskosten, vorzunehmen (Rz. 17 des BMF-Schreibens vom 02.09.2016, a. a. O.).

2.3.6.8 Teilwertabschreibung beim Umlaufvermögen

Steuerrechtlich ist für die Durchführung einer TW-AfA – wie bereits dargestellt – von entscheidender Bedeutung, ob eine voraussichtlich dauernde Wertminderung vorliegt. Diese wird auf den Zeitraum des **voraussichtlichen Verbleibs** des Umlaufvermögens im BV zu beziehen sein, denn das Umlaufvermögen ist **nicht** dazu bestimmt, dem Betrieb **auf Dauer** zu dienen.

Das Umlaufvermögen wird für den Verkauf oder Verbrauch gehalten. Deshalb kommt bei der Bestimmung einer voraussichtlich dauernden Wertminderung dem Zeitpunkt der Veräußerung/Verwendung eine besondere Bedeutung zu. Hält die Wertminderung bis zum Verkaufs- oder Verbrauchszeitpunkt an, so ist sie **von Dauer**. Sind bis zur Aufstellung der Bilanz die WG noch im Betrieb, so sind alle Erkenntnisse bis zu diesem Zeitpunkt zu berücksichtigen. Zusätzliche Erkenntnisse nach dem Bilanzstichtag bis zu den Zeitpunkten **Verkaufszeitpunkt, Verbrauchszeitpunkt und Bilanzaufstellung** sind also zu berücksichtigen.

Bei börsennotierten, börsengehandelten und aktienindexbasierten Wertpapieren ist von einer voraussichtlich dauernden Wertminderung auszugehen, wenn der Börsenwert zum Bilanzstichtag unter denjenigen im Erwerbszeitpunkt gesunken ist und der Kursverlust die Bagatellgrenze von 5 % der Notierung bei Erwerb überschreitet. Bei einer vorangegangenen Teilwertabschreibung ist für die Bestimmung der Bagatellgrenze der Bilanzansatz am vorangegangenen Bilanzstichtag maßgeblich (Rz. 17 des BMF-Schreibens vom 02.09.2016, a. a. O.).

Nach h. M. beruhen auch Forderungsabsetzungen auf einer dauernden Wertminderung. Das gilt insb. für das Ausfallrisiko. Wird der Gläubiger voraussichtlich nur den Minderbetrag erhalten, so ist die Wertminderung dauerhaft (gewissermaßen endgültig). Ebenso sind weiterhin die Kosten der Forderungseinziehung sowie eventuelle Zinsverluste wegen verspäteten Eingangs zu berücksichtigen, die den Forderungswert endgültig mindern.

In einem umfangreich begründeten Urteil vom 07.09.2005 (BStBl II 2006, 298) hat der BFH allgemein gültige Grundsätze für die TW-AfA bei **teil-(halb-)fertigen Bauten** ausgesprochen. Die Bemessung einer TW-AfA bemisst sich danach nach dem **gesamten Verlust** des noch nicht abgewickelten Bauauftrags; sie ist also nicht vom jeweiligen Fertigungsgrad abhängig. In seiner Allgemeingültigkeit kann das Urteil auf alle »unfertigen Erzeugnisse« angewandt werden.

2.3.6.9 Wertaufholung beim Umlaufvermögen

Durch den Verweis auf § 6 Abs. 1 Nr. 1 S. 4 im § 6 Abs. 1 Nr. 2 S. 3 EStG gilt das strikte, **rechtsformneutrale** Wertaufholungsgebot – wie beim nicht abnutzbaren AV – auch für die WG des Umlaufvermögens.

Bei börsennotierten und börsengehandelten Wertpapieren kommt in Fällen der Wertaufholung nach erfolgter Inanspruchnahme einer Teilwertabschreibung die Bagatellgrenze von 5 % nicht zur Anwendung. Die Wertaufholung ist auf den aktuellen Börsenkurs am Bilanzstichtag, maximal auf die Anschaffungskosten, vorzunehmen (Rz. 17 des BMF-Schreibens vom 02.09.2016, a. a. O.).

Das Wertaufholungsgebot wird wegen der Umschlagshäufigkeit des Umlaufvermögens wirtschaftlich nicht so gravierend sein.

3 Bewertungsmaßstäbe und Erwerbsmodalitäten
3.1 Anschaffungskosten
3.1.1 Handelsrecht

Die Definition der AK ergibt sich aus § 255 Abs. 1 HGB. Danach sind AK die Aufwendungen, die geleistet werden, um einen Vermögensgegenstand zu erwerben und ihn in einen betriebsbereiten Zustand zu versetzen, soweit sie dem Vermögensgegenstand einzeln zugeordnet werden können. Zu den AK gehören auch die Nebenkosten und die nachträglichen AK. Anschaffungspreisminderungen sind abzusetzen. Nach der gesetzlichen Definition der AK gehören zum Anschaffungsvorgang

- der Erwerb und
- die Versetzung des angeschafften Vermögensgegenstands in den Zustand der Betriebsbereitschaft.

  a) **Erwerb**

  Unter Erwerb versteht man die Überführung eines Vermögensgegenstands aus einem fremden in den eigenen Verfügungsbereich. Maßgebend für den Zeitpunkt der Anschaffung ist die Erlangung der Verfügungsmacht.

  b) **Betriebsbereitschaft**

  Der Zeitpunkt der Betriebsbereitschaft ist bei Gegenständen des Anlage- und Umlaufvermögens unterschiedlich zu beurteilen. Bei Anlagegegenständen kommt es auf den Zeitpunkt der Nutzbarkeit, bei Umlaufgütern auf die Verbrauchbarkeit, Verwertbarkeit oder Veräußerbarkeit an.

  Gem. § 255 Abs. 1 S. 2 HGB sind auch nachträgliche AK zu berücksichtigen. Damit wird sichergestellt, dass nachträgliche Erhöhungen des Kaufpreises und der Nebenkosten in die AK einbezogen werden. Auch die Aufwendungen für eine spätere Änderung der Betriebsbereitschaft fallen unter die nachträglichen AK. Nachträglich eingetretene Minderungen sind folgerichtig von den AK abzusetzen (§ 255 Abs. 1 S. 3 HGB).

3.1.2 Steuerrecht

Im Steuerrecht fehlt es an einer gesetzlichen Definition der AK. Die FinVerw bedient sich infolgedessen der handelsrechtlichen Begriffsbestimmung (H 6.2 »Anschaffungskosten« EStH). Ergänzende Regelungen zu den AK ergeben sich aus der Rspr. und einschlägigen Verwaltungsanweisungen. Nachstehend werden verschiedene Regelungen zu den steuerlichen AK dargestellt.

3.1.2.1 Einzelkosten/Gemeinkosten

Im Rahmen der AK sind nur die bei der Anschaffung angefallenen Einzelkosten anzusetzen, nicht dagegen die Gemeinkosten. Das gilt auch bei der Herstellung der Betriebsbereitschaft. In der Lit. wird auch dann, wenn für die Betriebsbereitschaft umfangreiche Installationen erforderlich sind, der ausschließliche Ansatz von Einzelkosten befürwortet.

3.1.2.2 Gesamtkaufpreis für mehrere Wirtschaftsgüter

Der Gesamtkaufpreis ist im Verhältnis der objektiven Werte aufzuteilen (BFH vom 10.10.2000, BStBl II 2001, 183).

Beispiel 29: Aufteilung eines Gesamtkaufpreises

Der Unternehmer A erwirbt ein bebautes Grundstück. Der Kaufpreis für das Gesamtgrundstück beträgt 700.000 €. Ein Sachverständiger schätzt den Verkehrswert des Grund und Bodens auf 500.000 € und den des Gebäudes auf 300.000 €.

Lösung: Der Gesamtkaufpreis von 700.000 € ist auf den Grund und Boden und das Gebäude nach dem Verhältnis der Verkehrswerte aufzuteilen:

Grund und Boden 62,5 % des Gesamtkaufpreises	437.500 €
Gebäude 37,5 % des Gesamtkaufpreises	262.500 €
Gesamt	700.000 €

3.1.2.3   Gebäudeabbruch im Zusammenhang mit dem Erwerb eines Grundstücks
3.1.2.3.1   Allgemeiner Grundsatz

Wird mit dem Abbruch eines Gebäudes innerhalb von drei Jahren nach dem Erwerb begonnen, so spricht der Beweis des ersten Anscheins dafür, dass der Erwerber das Gebäude in der Absicht erworben hat, es abzureißen (BFH vom 06.02.1979, BStBl II 1979, 509). Zur Frage der Beweislast wird auf das BFH-Urteil vom 13.11.1979 (BStBl II 1980, 69) hingewiesen.

Die Unterscheidung erfolgt somit danach, ob das Gebäude in Abbruchabsicht oder ohne Abbruchabsicht erworben wurde.

Nachfolgend ist davon auszugehen, dass ein bebautes Grundstück mit der Absicht des Abbruchs des aufstehenden Gebäudes erworben wurde. Dabei gibt es folgende Alternativen:

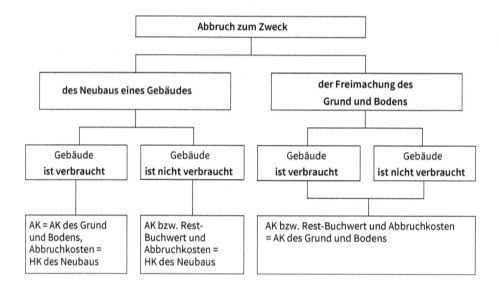

Beispiel 30: Das baufällige Hafengebäude (aus StB-Prüfung 2010)

Der Unternehmer hat ein Grundstück, das mit einem baufälligen Hafengebäude bebaut ist, im Mai 01 erworben. Das Hafengebäude, dessen Mauern bereits tiefe Risse hatten, wurde schon seit mehreren Jahren nicht mehr genutzt. Der Kaufpreis betrug 200.000 € (der Unternehmer ging trotz der Baufälligkeit davon aus, dass hiervon 5 % auf das Gebäude entfallen). Folgerichtig buchte der Unternehmer den Kaufpreis mit 190.000 € auf dem Konto Grund und Boden und mit 10.000 € auf dem Konto Gebäude.

Von Ende Juni bis Anfang Juli 01 wurde das alte Hafengebäude komplett abgerissen (Abbruchkosten 15.000 € zzgl. 19 % USt).

Auf dem Grundstück hat der Unternehmer im Jahr 01 mit dem Neubau eines Gebäudes begonnen, das im Februar 02 bezugsfertig wurde. Die bis zum 31.12.01 angefallenen Baukosten von 150.000 € zzgl. 19 % USt wurden wie folgt gebucht:

Gebäude	150.000 €			
Vorsteuer	28.500 €	an	Bank	178.500 €

Lösung:
Hier handelt es sich um die Anschaffung eines mit einem verbrauchten Gebäude bebauten Grundstücks. In diesem Fall stellt der gesamte Kaufpreis AK für den Grund und Boden dar. Der auf dem Gebäudekonto gebucht anteilige Grundstückskaufpreis muss auf das Konto Grund und Boden umgebucht werden.

Die bis zum 31.12.01 angefallenen Baukosten für den Neubau dürfen mangels Fertigstellung bis zum Stichtag nicht auf dem Gebäudekonto erfasst werden, sondern sind als »Gebäude im Bau« zu aktivieren.

Da der Abbruch des alten Gebäudes im Kausalzusammenhang mit der Errichtung eines Neubaus steht, werden die Abbruchkosten den HK für das neue Gebäude zugerechnet und auf dem Konto »Gebäude im Bau« erfasst.

Beispiel 31: Das abgerissene Einfamilienhaus (aus StB-Prüfung 2013)

Der Unternehmer U bewohnte bis Februar 02 ein älteres Einfamilienhaus auf einem ihm gehörenden Grundstück (500 qm) unmittelbar neben seinem Einzelunternehmen. U hatte das Grundstück fünf Jahre zuvor erworben. Anfang 02 entschloss sich U zu einem Umzug und zum Bau einer kleinen Lagerhalle auf diesem Grundstück. Er stellte im Januar 02 einen entsprechenden Bauantrag bei der zuständigen Behörde. Im März 02 wurde das Einfamilienhaus abgerissen, und schon am 01.10.02 konnte die neue Lagerhalle in Betrieb genommen werden.

Der Verkehrswert einschließlich Nebenkosten (=Teilwert) des Grund und Bodens im Jahr 02 beträgt 100 € pro qm. Der Verkehrswert einschließlich Nebenkosten (=Teilwert) des Einfamilienhauses betrug vor dem Abbruch noch 20.000 € und die Abbruchkosten wurden von dem beauftragten Unternehmen mit 12.000 € zuzüglich 19 % USt berechnet.

Daneben entstanden U für den Neubau der Lagerhalle Kosten von 30.000 € zuzüglich 5.700 € in Rechnung gestellter USt. Die Nutzungsdauer der Halle beträgt 20 Jahre.

U hat bisher wie folgt gebucht:
30.03.02

Sonst. betriebl. Aufwendungen	12.000 €			
Vorsteuer	2.280 €	an	Bank	14.280 €

Von April bis Oktober 02 jeweils bei Rechnungseingang und sofortiger Überweisung, hier zusammengefasst:

Gebäude (Lagerhalle)	30.000 €			
Vorsteuer	5.700 €	an	Bank	35.700 €
AfA auf Gebäude	1.500 €	an	Gebäude (Lagerhalle)	1.500 €

Lösung: Mit der Absicht zur betrieblichen Nutzung (Indiz: Bauantrag) wird das Grundstück notwendiges BV des Gewerbebetriebs. Grund und Boden sowie das zum Abbruch vorgesehene Einfamilienhaus sind einzulegen. Die Bewertung erfolgt mit dem Teilwert. Die Anschaffung des Grundstücks durch U liegt mehr als drei Jahre zurück, sodass § 6 Abs. 1 Nr. 5 S. 1 1. HS Buchst. a EStG bei der Bewertung der Einlage keine Rolle spielt. Der Einlagewert beträgt 50.000 € (500 qm x 100 €).

Bei dem Einfamilienhaus handelt es sich um eine Einlage mit Abbruchabsicht. In diesem Fall gehören der Wert des Hauses und die Abbruchkosten zu den Herstellungskosten der Lagerhalle (H 6.4 »Aufwendungen im Zusammenhang mit einem Grundstück, Abbruchkosten« Nr. 4 EStH).

Die Herstellungskosten der Lagerhalle betragen:

Wert des eingelegten Gebäudes	20.000 €
Abbruchkosten	12.000 €
Rechnungen für den Neubau	30.000 €
Summe	62.000 €
Die AfA beträgt 5 % für drei Monate (5 % von 62.000 € x 3:12)	775 €

Berichtigungsbuchungen:

Grund und Boden	50.000 €	an	Einlagen	50.000 €
Gebäude (Lagerhalle)	20.000 €	an	Einlagen	20.000 €
Gebäude (Lagerhalle)	12.000 €	an	Sonst. betr. Aufwand	12.000 €
Gebäude (Lagerhalle)	725 €	an	AfA	725 €

Die Ausführungen zum Gebäudeabbruch im Zusammenhang mit dem Erwerb eines Gebäudes sind sinngemäß auch auf Teilabbrüche anzuwenden. Der Rest-BW des abgebrochenen Gebäudeteils ist ggf. im Wege der Schätzung zu ermitteln.

Wenn der StPfl. das Gebäude selbst erbaut oder mehr als drei Jahre vor dem Abbruch erworben hat, ist der Rest-BW des abgebrochenen Gebäudes durch Absetzung für außergewöhnliche Abnutzung i. S. d. § 7 Abs. 1 S. 7 EStG abzuschreiben und die Abbruchkosten sind laufende Betriebsausgaben. Diese Regelung gilt sowohl, wenn der Gebäudeabbruch zum Zweck des anschließenden Neubaus eines Gebäudes als auch zwecks Freimachung des Grund und Bodens erfolgt.

In einer wichtigen Entscheidung vom 16.04.2002 (BStBl II 2002, 805) zum Fall von Abbruchkosten eines **selbstgenutzten Gebäudes** weicht der IX. Senat in den Voraussetzungen und Rechtsfolgen von den o. g. Grundsätzen ab. Wenn – wie im Fall der Selbstnutzung – das Gebäude vorher nicht zur Erzielung von Einkünften genutzt wurde, dann stehen die Abbruchkosten dieses Gebäudes im Zusammenhang mit der Errichtung des Neubaus und bilden HK des neuen Gebäudes.

3.1.2.3.2   Klausurtechnik

Zu beachten ist, dass die unter Kap. 4.1.2.3.1 geschilderten Grundsätze nur bei dem sog. **Erwerb mit Abbruchabsicht** und bei der Einlage mit Abbruchabsicht gelten. Bei **selbst hergestellten Gebäuden** und bei Gebäuden, die **nach Ablauf von drei Jahren** nach der Anschaffung abgebrochen werden, stellen die Abbruchkosten Betriebsausgaben dar und der Restbuchwert ist erfolgswirksam auszubuchen. Daraus entwickelt sich folgende Klausurtechnik:

Zunächst ist festzustellen,

- ob das abgebrochene Gebäude vom StPfl. selbst hergestellt wurde oder
- ob das abgebrochene Gebäude nach Ablauf von drei Jahren nach der Anschaffung abgebrochen wurde.

In diesen Fällen ist die Klausurlösung so zu formulieren, dass die Abbruchkosten als Betriebsausgaben zu erfassen sind und der Restbuchwert gewinnwirksam auszubuchen ist. Ausschließlich in dem Fall, dass der Gebäudeabbruch innerhalb von drei Jahren nach der Anschaffung erfolgt, sind die Regeln gem. Kap. 4.1.2.3.1 zu prüfen und entsprechend anzuwenden.

3.1.2.4   Übernahme von Verbindlichkeiten

Wird ein WG gegen Übernahme einer Leibrentenverpflichtung angeschafft, stellt der Barwert der Rente die AK dar. Der Barwert kann wahlweise nach den §§ 12 ff. BewG oder nach versicherungsmathematischen Grundsätzen berechnet werden (R 6.2 S. 1 EStR). Dagegen sind die AK eines WG, das durch Ratenkauf ohne besondere Zinsvereinbarung angeschafft wird, stets mit dem nach den §§ 12 ff. BewG zu ermittelnden Barwert im Zeitpunkt der Anschaffung anzusetzen (R 6.2 S. 2 EStR).

Bei Anschaffung durch Übernahme von Verbindlichkeiten hat die spätere Veränderung der Verbindlichkeiten (z. B. Fortfall einer Rentenverpflichtung) keine Auswirkungen auf die Höhe der AK.

3.1.2.5 Anschaffung in Fremdwährung

Bei Wechselkursänderungen nach dem Zeitpunkt der Erstverbuchung ändern sich die AK nicht.

3.1.2.6 Umsatzsteuer (Vorsteuer)

Die (bei der USt) abziehbare VSt ist nicht Teil der AK (§ 9b Abs. 1 EStG). Die (bei der USt) nicht abziehbare VSt gehört zu den AK.

Bei Berichtigung der VSt gem. § 15a UStG in einem späteren Wj. stellen der Mehrbetrag oder Minderbetrag Betriebseinnahmen bzw. Betriebsausgaben dar (§ 9b Abs. 2 EStG).

Beispiel 32: Vorsteuer im Zusammenhang mit AK

Der Unternehmer U erwirbt eine Maschine für 10.000 € + 1.900 € USt. Wie hoch sind die AK der Maschine, wenn der Unternehmer
  a)   zu 100 % zum VSt-Abzug berechtigt ist,
  b)   gar nicht zum VSt-Abzug berechtigt ist,
  c)   zu 70 % zum VSt-Abzug berechtigt ist?
Lösung: Die AK betragen im Fall
  a)   10.000 €,
  b)   11.900 €,
  c)   10.570 €.

3.1.2.7 Zuschüsse zur Anschaffung oder Herstellung von Anlagegütern

Der StPfl. hat das Wahlrecht, den Zuschuss als Betriebseinnahme oder Minderung der AK zu erfassen (R 6.5 EStR). Bei der Gewährung eines Zuschusses in einem späteren Wj. besteht das Wahlrecht zwischen der Buchung als Betriebseinnahme oder Minderung der ursprünglichen AfA-Bemessungsgrundlage bzw. des BW (R 6.5 Abs. 3 EStR). Weicht die Bewertung von der HB ab, ist das bezuschusste Wirtschaftsgut in ein besonderes, laufend zu führendes Verzeichnis aufzunehmen (R 6.5 Abs. 2 S. 4 EStR).

Wird der Zuschuss in einem Wj. vor der Anschaffung oder Herstellung des WG gewährt, so hat der StPfl. das Wahlrecht zwischen der Erfassung als Betriebseinnahme oder der Bildung einer steuerfreien Rücklage (Zuschussrücklage gem. R 6.5 Abs. 4 EStR).

3.1.2.8 Nachträgliche Anschaffungskosten und nachträgliche Minderung der Anschaffungskosten

Für die Annahme nachträglicher AK ist ein bloßer kausaler oder zeitlicher Zusammenhang mit der Anschaffung nicht ausreichend. Vielmehr kommt es auf die Zweckbestimmung der Aufwendungen an (BFH vom 03.08.2005, BStBl II 2006, 369). Allerdings können **AK** eines WG nur solche Kosten sein, die nach wirtschaftlichen Gesichtspunkten dessen Beschaffung tatsächlich zuzuordnen sind.

Rabatte und Boni mindern die AK im Zeitpunkt der Entstehung der Ansprüche. Bei Skonti tritt die Minderung der AK erst im Zeitpunkt der Zahlung des Kaufpreises ein (BFH vom 27.02.1991, BStBl II 1991, 456).

3.1.2.9   Garantierückbehalt

Die Minderung der AK tritt nur im Fall der endgültigen Einbehaltung der Garantiesumme (ohne eigene oder fremde Nachbesserung) ein.

3.1.2.10   Verdeckte Gewinnausschüttung

Bei unangemessener Kaufpreisvereinbarung zwischen der KapG und ihrem G'fter sind die AK zu korrigieren.

Beispiel 33: AK bei vGA[106]

Der StPfl. E ist Bauunternehmer (Einzelunternehmer) und außerdem als Allein-G'fter an der Schöner-Bauen-GmbH beteiligt. E ist G'fter-GF der GmbH. Im Februar 02 verkaufte E der GmbH gebrauchte Büromaschinen und Büromöbel aus seinem Einzelunternehmen zu einem Preis von 20.000 € zuzüglich 19 % USt. Der BW der veräußerten WG betrug am 31.12.01 5.000 €; der gemeine Wert abzgl. USt ist mit 10.000 € anzunehmen.

Bei der Lösung wird von folgenden Fallalternativen ausgegangen:
a)   Die Beteiligung gehört zum BV des E.
b)   Die Beteiligung gehört zum PV des E.

Lösung: I. H. d. Differenz zwischen dem gemeinen Wert (abzgl. USt) der Anlagegüter und dem gezahlten Preis liegt eine vGA i. S. v. § 8 Abs. 3 S. 2 KStG vor. Die folgende zahlenmäßige Darstellung entspricht dem Teileinkünfteverfahren.

a)   Im Einzelunternehmen E:

Erlös aus der Veräußerung von Anlagegütern	10.000 €
Erträge aus Beteiligung	10.000 €
steuerbefreit i. H. v. 40 % gem. § 3 Nr. 40 S. 1 Buchst. d EStG	
Bei der GmbH:	
AK für Anlagegüter	10.000 €
vGA	10.000 €
(zunächst Aufwand; aber Hinzurechnung bei der Einkommensermittlung)	

b)   Im Einzelunternehmen E:

Erlös aus der Veräußerung von Anlagegütern	10.000 €
Einlage	10.000 €
Beim StPfl. E:	
Einnahmen aus Kapitalvermögen	10.000 €
steuerbefreit i. H. v. 40 % gem. § 3 Nr. 40 S. 1 Buchst. d EStG	
Bei der GmbH:	
AK für Anlagegüter	10.000 €
vGA	10.000 €
(zunächst Aufwand; aber Hinzurechnung bei der Einkommensermittlung)	

3.1.2.11   Tausch

Als AK gilt der gemeine Wert des hingegebenen WG (abzüglich der darin enthaltenen USt), beim Tausch mit Baraufgabe zuzüglich geleisteter Ausgleichszahlung bzw. abzüglich empfangener Ausgleichszahlung.

---

106 Hierzu ausführlich *Maurer,* Teil C, Kap. III (vGA).

Beispiel 34: AK beim Tausch mit Baraufgabe

A und B schließen ein Tauschgeschäft ab. B liefert an A einen neuen Lkw (gemeiner Wert abzgl. USt: 300.000 €) und erhält von A ein gebrauchtes Fahrzeug (gemeiner Wert abzgl. USt: 200.000 €). A zahlt zusätzlich an B einen Betrag von 119.000 € (einschl. USt). B erteilt dem A folgende Rechnung:

Lieferung eines Lastkraftwagen		300.000 €
+ 19 % USt		57.000 €
Summe		357.000 €
Inzahlungnahme eines Altfahrzeugs	200.000 €	
+ 19 % USt	38.000 €	./. 238.000 €
noch zu entrichten		119.000 €

Lösung:
AK bei A:

gemeiner Wert des hingegebenen Altfahrzeugs (abzgl. USt)	200.000 €
+ geleistete Zahlung (abzgl. USt)	100.000 €
gesamt	300.000 €

AK bei B:

gemeiner Wert des hingegebenen Neufahrzeugs (abzgl. USt)	300.000 €
./. erhaltene Zahlung (abzgl. USt)	./. 100.000 €
gesamt	200.000 €

3.1.2.12 Finanzierungskosten

Finanzierungskosten gehören nicht zu den AK (Umkehrschluss aus § 255 Abs. 3 HGB).

3.1.2.13 »Fiktive« Anschaffungskosten in Fällen des unentgeltlichen Erwerbs

Bei unentgeltlichem Erwerb eines **Betriebs, Teilbetriebs oder MU-Anteils** wird mit den Buchwerten des Rechtsvorgängers bewertet, sofern die Besteuerung der stillen Reserven sichergestellt ist (§ 6 Abs. 3 EStG); diese Behandlung schließt es aus, im Übergang der Verbindlichkeiten des übertragenen Betriebs ein Entgelt zu sehen (BFH vom 05.07.1990, BStBl II 1990, 847). Bei unentgeltlichem Erwerb eines **einzelnen** WG aus betrieblichem Anlass aus einem anderen BV erfolgt die Bewertung mit dem gemeinen Wert (§ 6 Abs. 4 EStG).

Beispiel 35: Unentgeltlicher Erwerb eines einzelnen WG aus betrieblichem Anlass

Ein Großhändler veranstaltet für seine Kunden (Einzelhändler) einen Verkaufswettbewerb mit Campingartikeln. Der Gewinner des Wettbewerbs erhält nach Beendigung der Aktion kostenlos ein Hauszelt übereignet. Das Zelt hat im Zeitpunkt der Übereignung einen gemeinen Wert von 1.190 €. Als Kaufpreis hat der Großhändler für das Zelt 1.000 € + 19 % USt entrichtet.

Lösung: Bei dem Großhändler liegt Werbeaufwand vor. Das Zelt stellt kein Geschenk i. S. v. § 4 Abs. 5 S. 1 Nr. 1 EStG dar, weil der Hingabe des Gegenstands eine Gegenleistung (Durchführung der Verkaufsaktion) gegenüber steht. Aus diesem Grund ist der Vorgang bei dem Großhändler auch umsatzsteuerbar und umsatzsteuerpflichtig.

Beim Einzelhändler ist ein unentgeltlicher Erwerb i. S. v. § 6 Abs. 4 EStG gegeben. Das Zelt ist mit dem gemeinen Wert inkl. USt als Wareneingang zu erfassen. Die USt auf eine Leistung gem. § 3 Abs. 1b Nr. 3 UStG kann nicht in einer Rechnung ausgewiesen werden. Demgemäß hat der Einzelhändler keinen VSt-Abzug.

3.1.2.14   Unentgeltlicher Erwerb im Privatvermögen und Einlage in das Betriebsvermögen

Der unentgeltliche Erwerb hat in der Regel private Gründe. Unentgeltlich erworbene WG gelangen infolgedessen durch eine Einlage aus dem PV in das BV. Die Frage des entgeltlichen oder unentgeltlichen Erwerbs im Bereich des PV hat insofern nur Bedeutung im Hinblick auf die Bewertung der Einlage. Die Einlage von unentgeltlich erworbenen WG ist gem. § 6 Abs. 1 Nr. 5 S. 1 1. HS EStG mit dem TW zu bewerten (Ausnahme u. a. wesentliche Kapitalbeteiligungen i. S. v. § 17 Abs. 1 EStG). Bei der Einlage von entgeltlich oder teilentgeltlich erworbenen WG gilt gem. § 6 Abs. 1 Nr. 5 S. 1 2. HS EStG unter bestimmten Voraussetzungen eine Beschränkung des Einlagewerts auf die (fortgeschriebenen) AK.

Die Schenkung unter Auflage stellt einen unentgeltlichen Erwerb dar (BFH vom 26.11.1985, BStBl II 1986, 161). Unter Auflage unentgeltlich erworbene Gegenstände sind deshalb stets mit dem TW einzulegen.

Die gemischte Schenkung ist als teilentgeltlicher Erwerb zu behandeln (BFH vom 26.11.1985, a. a. O.). Bei Gegenständen, die der StPfl. durch eine gemischte Schenkung erworben hat, gilt deshalb die Einschränkung gem. § 6 Abs. 1 Nr. 5 S. 1 2. HS EStG, sodass im Falle des Erwerbs innerhalb von drei Jahren vor dem Einlagetag die anteiligen (fortgeschriebenen) AK für die Bewertung der Einlage maßgebend sind.

Beispiel 36: Einlagewert bei teilentgeltlichem Erwerb im Privatvermögen

Der pensionierte Hochschullehrer V schenkt seiner Tochter T ein unbebautes Grundstück. Da er sich seinen lange gehegten Wunsch, eine Weltreise zu unternehmen, erfüllen möchte, lässt er sich von seiner Tochter einen Teil des Grundstückswerts in bar vergüten. Der Zeitwert (TW) des Grundstücks beträgt nach einem Sachverständigengutachten 100.000 €. Die Zahlung der Tochter beläuft sich auf 10.000 €.

T legt das Grundstück 2 1/2 Jahre nach der Schenkung in das BV ihres Einzelunternehmens ein. Das Grundstück hat zu diesem Zeitpunkt einen Zeitwert (Teilwert) von 120.000 €.

Lösung: Es handelt sich um eine gemischte Schenkung im PV. Zwecks Ermittlung des Einlagewerts bei T ist die Schenkung in einen entgeltlichen und einen unentgeltlichen Teil aufzuteilen:

Gesamtwert des Grundstücks	100.000 €
Zahlung von T	10.000 €
das sind 10 %	
Ermittlung des Einlagewerts des Grundstücks:	
90 % des TW	108.000 €
+ AK von T	10.000 €
Einlagewert gesamt	**118.000 €**

3.1.2.15   Gesetzliche Regelung für »anschaffungsnahe Herstellungskosten«

Die Vorschrift von § 6 Abs. 1 Nr. 1a EStG lautet wie folgt:

»Zu den HK eines Gebäudes gehören auch Aufwendungen für Instandsetzungs- und Modernisierungsmaßnahmen, die innerhalb von drei Jahren nach der Anschaffung des Gebäudes durchgeführt werden, wenn die Aufwendungen ohne USt 15 % der AK des Gebäudes übersteigen (anschaffungsnahe HK). Zu diesen Aufwendungen gehören nicht die Aufwendungen für Erweiterungen i. S. d. § 255 Abs. 2 S. 2 des Handelsgesetzbuchs sowie Aufwendungen für Erhaltungsarbeiten, die jährlich üblicherweise anfallen.«[107]

---

107 Neue Rspr. zu § 6 Abs. 1 Nr. 1a EStG: BFH-Urteile vom 14.06.2016, IX R 25/14 (BStBl II 2016, 992), IX R 15/15 (BStBl II 2016, 996) und IX R 22/15 (BStBl II 2016, 999) sowie Anwendungserlass des BMF vom 20.10.2017, Thema: Schönheitsreparaturen und Behandlung von anschaffungsnahen Herstellungskosten bei einem aus mehreren Einheiten bestehenden Gebäude.

3.2   Herstellungskosten

3.2.1   Handelsrecht

Der Begriff der HK ergibt sich aus § 255 Abs. 2 HGB. HK sind die Aufwendungen, die für die Herstellung eines Vermögensgegenstands, seine Erweiterung oder für eine über seinen ursprünglichen Zustand hinausgehende wesentliche Verbesserung entstehen.[108] Der Mindestansatz umfasst die Materialeinzelkosten, die Fertigungseinzelkosten und die Sonderkosten der Fertigung sowie angemessene Teile der Materialgemeinkosten, der Fertigungsgemeinkosten und des Wertverzehrs des Anlagevermögens, soweit dieser durch die Fertigung veranlasst ist. Ein Ansatzwahlrecht besteht für angemessene Teile der Kosten der allgemeinen Verwaltung sowie für angemessene Aufwendungen für soziale Einrichtungen des Betriebs, für freiwillige soziale Leistungen und für betriebliche Altersversorgung.

Eine besondere Regelung enthält § 255 Abs. 3 HGB für Fremdkapitalzinsen. Grundsätzlich gehören die Zinsen nicht zu den HK. Zinsen für Fremdkapital, das zur Finanzierung der Herstellung eines Vermögensgegenstands verwendet wird, dürfen jedoch angesetzt werden, soweit sie auf den Zeitraum der Herstellung entfallen. Als HK sind nur Aufwendungen anzusetzen. Soweit die bei der Herstellung anfallenden Kosten keine Aufwendungen darstellen (z. B. Eigenkapitalzinsen), gehören sie nicht zu den HK.

3.2.2   Steuerrecht

Im Steuerrecht gibt es keine Legaldefinition der HK. Deshalb werden die handelsrechtlichen Vorschriften in das Steuerrecht übertragen. Einzelheiten zu den steuerlichen HK ergeben sich aus R 6.3 EStR. Bei den Kosten der allgemeinen Verwaltung und den Kosten für freiwillige soziale Leistungen und für die betriebliche Altersvorsorge besteht das Wahlrecht des § 255 Abs. 2 S. 3 HGB auch im Steuerrecht (so § 6 Abs. 1 Nr. 1b S. 1 EStG). Das Wahlrecht ist aber in Übereinstimmung mit der HB auszuüben (§ 6 Abs. 1 Nr. 1b S. 2 EStG).

Beispiel 37: Ermittlung der steuerlichen HK aus einem Betriebsabrechnungsbogen

Ein Handwerksunternehmen hat folgenden BAB aufgestellt (in €):

Kostenart	Summe	Material	Fertigung	Verwaltung	Vertrieb
Hilfsstoffe	10.000	1.000	7.000	1.000	1.000
Gemeinkosten/Löhne	80.000	8.000	72.000		
Gehälter	30.000		3.000	21.000	6.000
Raumkosten	6.000	600	4.200	600	600
Verwaltungskosten	20.000			20.000	
Bürokosten	2.000			1.200	800
Vertriebskosten	5.000				5.000
kalk. Abschreibungen	20.000	2.000	14.000	2.000	2.000
kalk. Wagnis	4.000		1.600		2.400
Ist-Kosten	**177.000**	**11.600**	**101.800**	**45.800**	**17.800**

---

108   Eine wesentliche Verbesserung eines Vermögensgegenstands kann auch in einer Veränderung mit dem Ziel einer neuen betrieblichen Gebrauchs- oder Verwendungsmöglichkeit begründet sein (BFH vom 25.01.2006, BStBl II 2006, 707).

Kostenart	Summe	Material	Fertigung	Verwaltung	Vertrieb
Zuschlagsgrundlagen		180.000	110.000	411.400	411.400
		(Material-einsatz)	(Fertigungs-löhne)	(Herstellkosten des Umsatzes)	
Zuschlagsatz		6,44 %	92,54 %	11,13 %	4,33 %

Am 31.12.11 ist laut Inventur eine teilfertige Arbeit vorhanden. Nach den Aufzeichnungen im Unternehmen sind auf diese teilfertige Arbeit bis zum Bilanzstichtag folgende Einzelkosten angefallen:

Fertigungslöhne i. H. v. 7.200 €, Fertigungsmaterial i. H. v. 4.500 € und Kosten für Subunternehmer i. H. v. 1.200 €.

Die buchhalterischen (steuerlichen) Abschreibungen betrugen im Jahr 01 28.000 €. Sie sind nach demselben Schlüssel auf die Kostenstellen zu verteilen wie die kalkulatorischen Abschreibungen.

Zu ermitteln sind anhand des vorstehenden BAB die HK der teilfertigen Arbeit (Mindestwert) für die StB am 31.12.11.

Lösung: Zu den steuerlichen HK (Mindestansatz) gehören die Materialeinzelkosten und -gemeinkosten sowie die Fertigungseinzelkosten und -gemeinkosten. Nicht zu den HK zählen die kalkulatorischen Kosten.[109] Sie sind deshalb vor der Ermittlung der HK aus den Gemeinkosten des BAB herauszunehmen. Soweit es sich um kalkulatorische Ersatzkosten handelt, sind sie durch entsprechende Aufwendungen zu ersetzen. Das trifft hier zu auf die kalkulatorischen Abschreibungen, die gegen die buchhalterischen Abschreibungen auszutauschen sind. Korrektur der Zuschlagsätze für Material-Gemeinkosten (MGK) und Fertigungs-Gemeinkosten (FGK):

	Material	Fertigung
Ist-Kosten lt. BAB	11.600 €	101.800 €
./. kalkulatorische Abschreibungen	./. 2.000 €	./. 14.000 €
./. kalkulatorische Wagnisse		./. 1.600 €
Zwischensumme	9.600 €	86.200 €
+ buchhalterische Abschreibungen	2.800 €	19.600 €
korrigierte Ist-Kosten	12.400 €	105.800 €
korrigierter Zuschlagsatz	6,9 %	96,2 %

Ermittlung der steuerlichen HK (Mindestansatz):

Materialeinsatz	7.200 €
+ 6,9 % MGK	496 €
+ Fertigungslöhne	4.500 €
+ 96,2 % FGK	4.329 €
+ Sondereinzelkosten der Fertigung	1.200 €
HK	17.725 €

Beispiel 38: Herstellungskosten bei selbst hergestelltem Anlagevermögen (aus StB-Prüfung 2011)

Ein Einzelunternehmer lässt eine Produktionsmaschine für seinen Betrieb durch seine Arbeitnehmer selbst herstellen. Die Maschine wird ab ihrer Fertigstellung am 01.10.01 zur Produktion von Werkzeugen eingesetzt.

---

109 Gem. § 255 Abs. 2 S. 1 HGB sind HK die Aufwendungen, die durch den Verbrauch von Gütern und die Inanspruchnahme von Diensten für die Herstellung eines Vermögensgegenstands entstehen. Kalkulatorische Kosten hingegen sind keine Aufwendungen.

Die Material- und Fertigungskosten für die Herstellung der Maschine betrugen 25.000 €. Die angemessenen Gemeinkosten haben 15.000 € und die anteiligen Kosten der allgemeinen Verwaltung 3.500 € betragen.

Außerdem nahm der Unternehmer zur Finanzierung der Maschine ein Darlehen auf. Die auf den Zeitraum der Herstellung der Maschine entfallenden Zinsen belaufen sich auf 1.200 €.

Die Material- und Fertigungskosten hat der Unternehmer als HK angesehen und die Maschine, die eine ND von fünf Jahren hat, unter Berücksichtigung einer linearen AfA von 5.000 € zum 31.12.01 mit 20.000 € aktiviert. Gewünscht ist ein möglichst hoher Eigenkapitalausweis in der HB (1. Priorität) und ein möglichst niedriger steuerlicher Gewinn.

Lösung:

Handelsbilanz:

Die Maschine ist am 31.12.01 mit den HK abzüglich einer Abschreibung von 20 % für drei Monate zu bilanzieren.

Zu den HK gehören zum einen die bisher erfassten Materialkosten und die Fertigungskosten. Nach § 255 Abs. 2 S. 2 HGB sind jedoch auch die angemessenen Gemeinkosten i. H. v. 15.000 € zu aktivieren.

Für die anteiligen Kosten der allgemeinen Verwaltung i. H. v. 3.500 € besteht dagegen ein Einbeziehungswahlrecht nach § 255 Abs. 2 S. 3 HGB.

Ebenfalls ein Wahlrecht besteht für die Zinsen für das zur Finanzierung der Maschine aufgenommene Darlehen, soweit sie auf den Zeitraum der Herstellung entfallen (§ 255 Abs. 3 S. 2 HGB).

Da A einen möglichst hohen Eigenkapitalausweis in der HB als 1. Priorität wünscht, erfolgt eine Aktivierung.

Die HK berechnen sich wie folgt:

Einzelkosten	25.000 €
Gemeinkosten	15.000 €
Verwaltungskosten	3.500 €
Zinsen	1.200 €
Herstellungskosten:	44.700 €

Die Folgebewertung zum 31.12.01 erfolgt in der HB nach § 253 Abs. 3 S. 1 und 2 HGB mit einer planmäßigen, zeitanteiligen, linearen Abschreibung.

Berechnung:

44.700 € x 1/5 x 10/12 =   7.450 €.

Damit erhöht sich der Betrag der Abschreibung gegenüber der vorgenommenen Buchung um 2.450 €.

Bewertung in der Steuerbilanz:

Die Bewertung erfolgt mit den HK abzgl. linearer AfA.

Bei der Berechnung der HK brauchen angemessene Teile der Kosten der allgemeinen Verwaltung im Sinne des § 255 Abs. 2 S. 3 HGB nicht einbezogen zu werden, soweit diese auf den Zeitraum der Herstellung entfallen (gem. § 6 Abs. 1 Nr. 1b S. 1 EStG). Das Wahlrecht ist gem. § 6 Abs. 1 Nr. 1b S. 2 EStG bei Gewinnermittlung nach § 5 in Übereinstimmung mit der HB auszuüben.

Damit ergeben sich in diesem Fall keine unterschiedlichen HK in der HB und in der StB. Die HK betragen daher auch in der StB 44.700 €.

Der Mehrbetrag gegenüber der bisherigen Zugangsbewertung beläuft sich auf 19.700 €.

Für die Folgebewertung ist die degressive AfA nach § 7 Abs. 2 S. 1 EStG zeitanteilig gem. § 7 Abs. 2 S. 3 i. V. m. § 7 Abs. 1 S. 4 EStG vorzunehmen.

Berechnung:

44.700 € x 25 % x 10/12 =   9.313 €

3.3   Börsen- oder Marktpreis

Für das Umlaufvermögen besteht gem. §253 Abs. 4 S.1 HGB ein Abschreibungsgebot auf den niedrigeren Wert am Bilanzstichtag, der sich aus dem Börsen- oder Marktpreis ergibt. Der Börsenpreis ist der an einer amtlich anerkannten Börse festgestellte Preis. Der Marktpreis ist der Preis, der an einem Handelsplatz oder in einem Handelsbezirk für Vorräte einer bestimmten Gattung von durchschnittlicher Art und Güte zu einem bestimmten Zeitpunkt oder in einem bestimmten Zeitabschnitt im Durchschnitt bezahlt wird. Auf die Börsen- oder Marktpreise darf für die Bewertung in der Bilanz nur zugegriffen werden, wenn tatsächlich zu diesen Preisen Umsätze stattgefunden haben.

Aus der Formulierung in §253 Abs. 3 S.1 HGB, die Gegenstände des Umlaufvermögens sind mit dem niedrigeren Wert anzusetzen, der sich **aus einem Börsen- oder Marktpreis ergibt**, muss abgeleitet werden, dass das Umlaufvermögen nicht direkt mit dem Börsen- oder Marktpreis vom Bilanzstichtag bewertet werden soll. Vielmehr ist der Börsen- oder Marktpreis bei Vermögensgegenständen, die nicht zum Verkauf bestimmt sind, um die Anschaffungsnebenkosten zu erhöhen. Bei Vermögensgegenständen, die zum Verkauf an der Börse bestimmt sind, müssen die voraussichtlichen Verkaufsspesen abgezogen werden.

3.4   Beizulegender Wert

Der den Vermögensgegenständen am Abschlussstichtag beizulegende Wert gem. §253 Abs. 3 S.3 und Abs. 4 S.2 HGB entspricht dem Zeitwert des Gegenstands. Der beizulegende Wert kommt in Betracht bei Anlagegütern und bei Gegenständen des Umlaufvermögens, die keinen Börsen- oder Marktpreis haben. Der beizulegende Wert ist der objektive Wert eines Vermögensgegenstands, der sich am Markt und an der Verkehrsauffassung orientiert. Neben den Marktgegebenheiten ist bei der Wertermittlung der Zustand des zu bewertenden Vermögensgegenstands zu berücksichtigen. Für die Wertfindung wird i.d.R. der Wiederbeschaffungspreis maßgebend sein. Für die zum Verkauf bestimmten Gegenstände gibt es auch die Möglichkeit, die Bewertung nach dem Prinzip der verlustfreien Bewertung, ausgehend vom erzielbaren Verkaufspreis, vorzunehmen.

Beispiel 39: Verlustfreie Bewertung

Der Kaufmann K hat in seinem Bestand am Bilanzstichtag einen Warenposten, der schwer verkäuflich ist. K hat deshalb den Verkaufspreis pro Stück auf 50 € herabgesetzt. Der Einkaufspreis der Ware betrug 40 € pro Stück. Bis zum Verkauf der Ware erwartet K noch folgende Kosten pro Stück:

   Verpackungskosten 1,50 €, sonstige Vertriebskosten 4 €, Verwaltungskosten 5 €, Zinsen 0,50 €.
   Lösung: Berechnung des beizulegenden Wertes

Voraussichtlicher Verkaufserlös		50,00 €
./. Verpackungskosten	./.	1,50 €
./. sonstige Vertriebskosten	./.	4,00 €
./. Verwaltungskosten	./.	5,00 €
./. Zinsen	./.	0,50 €
beizulegender Wert		39,00 €

3.5   Teilwert
3.5.1   Allgemeines

Der TW ist ein rein steuerlicher Bewertungsmaßstab. Seine Definition ergibt sich aus §6 Abs. 1 Nr. 1 S.3 EStG. Es handelt sich um den beim fiktiven Erwerb des ganzen Betriebs für das einzelne WG anzusetzenden anteiligen Gesamtkaufpreis. Für die Bestimmung des TW hat die Rspr. folgende Grenzwerte bestimmt:

- **Wiederbeschaffungskosten/Wiederherstellungskosten**

  Die obere Grenze des TW wird von den Wiederbeschaffungskosten für ein WG gleicher Art und Güte im Zeitpunkt der Bewertung gebildet (BFH vom 17.07.1956, BStBl III 1956, 379). Zu den Wiederbeschaffungskosten zählen alle Aufwendungen, die bei einer Wiederbeschaffung anfallen würden, z. B. auch die Anschaffungsnebenkosten (BFH vom 08.03.1968, BStBl II 1968, 575).

  Für die im Betrieb hergestellten WG ist die obere Grenze des TW mit den Wiederherstellungskosten gleichzusetzen. Als Wiederherstellungskosten gilt der Reproduktionswert, der außer den steuerlichen HK auch anteilige Verwaltungs- und Vertriebsgemeinkosten umfasst (BFH vom 27.05.1974, BStBl II 1974, 508).

  Die Wiederbeschaffungskosten/Wiederherstellungskosten kommen als TW i. d. R. für solche WG in Betracht, die im Betrieb voll genutzt werden.

- **Einzelveräußerungspreis**

  Als untere Grenze des TW wird der Nettoeinzelveräußerungspreis abzüglich der Veräußerungskosten angesehen (BFH vom 25.08.1983, BStBl II 1984, 33). Der Einzelveräußerungspreis wird dem TW bei den WG entsprechen, die im Betrieb entbehrlich sind.

3.5.2   Vermutungen für die Höhe des Teilwerts (Teilwertvermutung)

Zunächst gilt die Vermutung, dass der TW im Zeitpunkt der Anschaffung oder Herstellung des WG bzw. kurze Zeit danach den tatsächlichen AK oder HK entspricht (BFH vom 07.11.1990, BStBl II 1991, 342). Diese Vermutung beruht auf der Annahme, dass ein Kaufmann für ein WG i. d. R. keine größeren Aufwendungen tätigt, als ihm das WG für seinen Betrieb wert ist. Macht der Kaufmann geltend, dass diese Vermutung bei einem Anschaffungs- oder Herstellungsvorgang nicht zutrifft, so muss er darlegen, weshalb der TW des angeschafften oder hergestellten WG niedriger ist.

Bei nicht abnutzbaren WG wird angenommen, dass der TW bei Anschaffung oder Herstellung und kurze Zeit danach noch den tatsächlichen AK oder HK entspricht. Bei abnutzbaren WG treten an die Stelle der AK oder HK die (durch die AfA) fortgeschriebenen AK oder HK. Wenn keine besonderen Umstände vorliegen, kommt kurze Zeit nach Anschaffung oder Herstellung eines WG keine TW-AfA in Betracht. Für die im Betrieb genutzten älteren WG gilt die vom BFH entwickelte Teilwertvermutung nicht.

3.5.3   Widerlegung der Teilwertvermutung

Besondere Umstände, durch die die von der Rspr. entwickelte TW-Vermutung widerlegt werden kann, sind insb. zwischenzeitlich eingetretene Preisrückgänge. Wenn der Preis für ein WG auf dem Markt gefallen ist, wird der gedachte Erwerber des Betriebs nicht bereit sein, den vom Betriebsinhaber gezahlten Neupreis – ggf. gemindert um die AfA – zu entrichten. Damit sind in diesen Fällen die Voraussetzungen für eine TW-AfA erfüllt.

Auch durch den Nachweis einer Fehlmaßnahme kann die TW-Vermutung widerlegt werden (BFH vom 12.08.1998, BFH/NV 1999, 305). Beim Bekanntwerden von verborgenen Mängeln ist die TW-Vermutung ebenfalls widerlegt.

3.5.4   Besonderheit bei der Bestimmung der Höhe der Teilwertabschreibung

Ein beim Erwerb gezahlter Überpreis rechtfertigt allein keine Teilwert-AfA auf den niedrigeren Vergleichswert zu einem späteren Bilanzstichtag. Der Überpreis nimmt jedoch an einer aus anderen Gründen gerechtfertigten Teilwert-AfA in dem Verhältnis teil, das dem gegenüber dem Anschaffungszeitpunkt gesunkenen Vergleichspreis entspricht.[110]

3.6   Gemeiner Wert

Auch der gemeine Wert ist ein rein steuerlicher Bewertungsmaßstab. Er wird in § 9 Abs. 2 BewG definiert. Es handelt sich um den im gewöhnlichen Geschäftsverkehr erzielbaren Einzelveräußerungspreis.

Im Bilanzsteuerrecht ist der gemeine Wert nur maßgebend

- beim Tausch von WG,
- beim unentgeltlichen Erwerb eines einzelnen WG aus betrieblichem Anlass aus einem anderen BV,
- bei der Geringfügigkeitsgrenze nach § 8 EStDV,
- bei der Betriebsaufgabe (§ 16 Abs. 3 S. 5 bis 7 EStG).

---

110   BFH vom 07.02.2002 (BStBl II 2002, 294).

III Einzelne Aktivposten

1 Immaterielle Vermögensgegenstände
1.1 Bilanzierungsvorschriften
1.1.1 Grundsätzliches Bilanzierungsgebot

Immaterielle Vermögensgegenstände sind grundsätzlich zu aktivieren (§ 246 Abs. 1 S. 1 HGB). Das gilt sowohl für die immateriellen Vermögensgegenstände des Anlagevermögens als auch für die des Umlaufvermögens. Das Bilanzierungsgebot gilt über die Maßgeblichkeit der HB auch für die StB.

1.1.2 Bilanzierungsverbot

Für selbst geschaffene immaterielle Vermögensgegenstände des Anlagevermögens im Handelsrecht gilt ein partielles Aktivierungswahlrecht gem. § 248 Abs. 2 S. 1 HGB.

In der StB dürfen immaterielle Vermögensgegenstände des AV nicht aktiviert werden, wenn sie nicht entgeltlich erworben wurden, sondern im Betrieb geschaffen wurden (sog. originäres immaterielles WG), vgl. § 5 Abs. 2 EStG. Das Bilanzierungsverbot umfasst nicht die immateriellen Vermögensgegenstände des Umlaufvermögens. Letztere sind – in der HB und in der StB – auch zu bilanzieren, wenn sie nicht von einem Dritten erworben, sondern vom Unternehmen selbst hergestellt wurden.

Beispiel 1a: Das selbst geschaffene immaterielle Wirtschaftsgut (aus StB-Prüfung 2013)

Die Transport- und Fahrzeugbau GmbH hat seit längerem ein Forschungsprojekt für eine neuartige Anhängervorrichtung für Sattelschlepper durchgeführt. Im Jahr 02 fielen in der Forschungsphase an:

- Gehälter des Forschungspersonals (Einzel- und Gemeinkosten) — 200.000 €,
- Materialkosten (Einzel- und Gemeinkosten) für die Fertigstellung eines Forschungsprojekts (Prototyp) — 100.000 €.

Nach erfolgreichem Probelauf des Prototyps Ende März 02 wurde unter Anwendung der Forschungsergebnisse mit der Entwicklung begonnen. In der Entwicklungsphase (01.04. bis 30.11.02) sind folgende Aufwendungen angefallen:

- Gehälter Entwicklungspersonal (Einzel- und Gemeinkosten) — 230.000 €,
- Material für die Entwicklung (Einzel- und Gemeinkosten) — 150.000 €,
- produktionsbezogene Abschreibungen (anteilig) — 40.000 €,
- Verwaltungskosten Entwicklung — 15.000 €.

Forschung und Entwicklung konnten erfolgreich voneinander getrennt werden. Sämtliche Aufwendungen wurden auf Aufwandskonten (Material- und Stoffverbrauch, Personalaufwendungen, sonstige betriebliche Aufwendungen und Abschreibungen) gebucht.

Nach Abschluss der Entwicklungsphase wurde am 01.12.02 mit der Produktion der neuartigen Anhängervorrichtung für Sattelschlepper begonnen. Die GmbH rechnet mit einer fünf Jahre dauernden Nutzung zur gleichartigen Produktion.

Lösung: Mit der Herstellung und Weiterentwicklung des Prototyps hat die GmbH einen immateriellen Vermögensgegenstand des Anlagevermögens selbst hergestellt. Es handelt sich nicht um einen entgeltlichen Erwerb durch ein einheitliches Rechtsgeschäft.

Für selbst hergestellte immaterielle Vermögensgegenstände besteht gem. § 248 Abs. 2 S. 1 HGB ein Ansatzwahlrecht, soweit kein Vermögensgegenstand aus dem Negativkatalog des § 248 Abs. 2 S. 2 HGB vorliegt. Unter der Prämisse, dass die GmbH ein möglichst hohes Kapital in der HB ausweisen möchte, ist von dem Aktivierungswahlrecht Gebrauch zu machen.

Die Bewertung erfolgt gem. § 253 Abs. 1 S. 1 HGB mit den Herstellungskosten, d. h. mit den Einzel- und Gemeinkosten des Materials und der Fertigung sowie dem Verzehr des Anlagevermögens (§ 255 Abs. 2 S. 1 und 2 HGB). Für den Ansatz der Verwaltungskosten besteht nach § 255 Abs. 2 S. 3 HGB ein Ansatzwahlrecht. Zur Erzielung eines möglichst hohen Eigenkapitals werden diese ebenfalls einbezogen.

Angesetzt werden gem. § 255 Abs. 2a S. 1 HGB nur die Entwicklungskosten (hier lt. Sachverhalt eindeutig abgrenzbar von den Forschungskosten) von dem Zeitpunkt an, ab dem es höchst wahrscheinlich ist, dass ein verwertbarer Vermögensgegenstand entsteht. Dieser Zeitpunkt dürfte Ende März 02 (nach dem erfolgreichen Probelauf) liegen.

Ermittlung der Herstellungskosten:

Gehälter Entwicklungspersonal	230.000 €,
Materialeinsatz Entwicklung	150.000 €,
Abschreibungen	40.000 €,
Verwaltungskosten Entwicklung	15.000 €,
Summe	435.000 €.

Der Vermögensgegenstand (VG) ist mit Abschluss der Entwicklungsphase wie folgt zu aktivieren:

Herstellungskosten	435.000 €
Handelsbilanzansatz am 31.12.02	427.750 €

Buchungssatz für die Handelsbilanz:

Immaterielle VG	435.000 €	an	Aktiv. Eigenleistung	435.000 €
Abschreibung	7.250 €	an	Immaterielle VG	7.250 €

In der StB ist der Ansatz selbst geschaffener immaterieller Wirtschaftsgüter gem. § 5 Abs. 2 EStG nicht zulässig. Infolge der Aktivierung in der HB entsteht eine temporäre Wertansatzdifferenz zwischen dem handelsrechtlichen und dem steuerrechtlichen Wertansatz. In diesen Fällen sind die darauf beruhenden latenten Steuern gem. § 274 Abs. 1 S. 1 HGB erfolgswirksam abzugrenzen. Bei einer geschätzten Steuerbelastung von 30 % von 427.750 € betragen diese 128.325 €.

Buchungssatz für die Handelsbilanz:

Steuern vom Einkommen und Ertrag	128.325 €	an	Passive latente Steuern	128.325 €

Bei der steuerlichen Gewinnermittlung sind die latenten Steuern in der Überleitungsrechnung nach § 60 Abs. 2 S. 1 EStDV dem Gewinn wieder hinzuzurechnen.

1.1.3   Entgeltlicher Erwerb eines immateriellen Wirtschaftsguts

Ein immaterielles WG ist entgeltlich erworben worden (sog. derivatives immaterielles WG), wenn es durch einen Hoheitsakt oder ein Rechtsgeschäft gegen Hingabe einer bestimmten Gegenleistung übergegangen oder eingeräumt worden ist (R 5.5 Abs. 2 S. 2 EStR).

Als i. S. d. Aktivierungspflicht **unschädlicher unentgeltlicher** Erwerb kommen gem. R 5.5 Abs. 3 EStR in Betracht:

- Übergang i. R. d. unentgeltlichen Übertragung eines Betriebs, Teilbetriebs oder MU-Anteils: Aktivierung mit dem BW des Rechtsvorgängers (§ 6 Abs. 3 EStG);
- unentgeltlicher Erwerb als Einzel-WG aus betrieblichem Anlass: Aktivierung mit dem gemeinen Wert (§ 6 Abs. 4 EStG);
- Einlage in den Betrieb: Aktivierung mit dem Einlagewert (TW bzw. fortgeschriebene AK; § 6 Abs. 1 Nr. 5 EStG).

1.2 Immaterielles Gesamtwirtschaftsgut

Als immaterielles Gesamt-WG bezeichnet man den Geschäfts- oder Firmenwert. Er setzt sich aus einer Vielzahl von Einzelwerten zusammen (betriebliche Vorteile und Vorzüge), denen einzeln das Merkmal der Veräußerbarkeit fehlt und damit der Rang eines selbständigen WG.

Gem. § 246 Abs. 1 S. 4 HGB ist der Geschäftswert als der Unterschiedsbetrag zu aktivieren, um den die für die Übernahme eines Unternehmens bewirkte Gegenleistung den Wert der einzelnen Vermögensgegenstände des Unternehmens abzüglich der Schulden im Zeitpunkt der Übernahme übersteigt.

Für die StB wird das handelsrechtliche Bilanzierungsgebot über den Maßgeblichkeitsgrundsatz nach § 5 Abs. 1 S. 1 1. HS EStG übernommen.

Nach Handelsrecht ist der Firmenwert planmäßig abzuschreiben (§ 253 Abs. 3 S. 1 und 2 HGB). Die Nutzungsdauer beträgt 10 Jahre bei selbstgeschaffenen immateriellen Vermögensgegenständen des Anlagevermögens (§ 253 Abs. 3 S. 3 HGB), wenn eine verlässliche Schätzung nicht möglich ist. Nach § 253 Abs. 3 S. 4 HGB gilt dies auch für den entgeltlich erworbenen Firmenwert.

Nach Steuerrecht muss der Firmenwert linear auf 15 Jahre verteilt werden (§§ 5 Abs. 6, 7 Abs. 1 S. 3 EStG). Für den Geschäftswert einer Freiberuflerpraxis (Praxiswert) lässt der BFH eine Abschreibung auf drei bis zehn Jahre zu.[111] Außerplanmäßige Abschreibungen (Teilwertabschreibungen) sind zulässig und handelsrechtlich ggf. geboten.

1.3 Immaterielle Einzelwirtschaftsgüter

Das immaterielle Einzel-WG tritt als selbständiges WG in Erscheinung. Es ist regelmäßig einzeln veräußerbar. Man unterscheidet

- **geschäftswertähnliche immaterielle Einzel-WG:**
  Teils nicht abnutzbar (z. B. Linienbuskonzession) und teils abnutzbar (Verlagswert); vgl. dazu BMF-Erlass vom 20.11.1986, BStBl I 1986, 532;

- **sonstige immaterielle Einzel-WG:**
  z. B. Patente, ungeschützte Erfindungen, Gebrauchsmuster, Warenzeichen, Urheberrechte, Verlagsrechte, Belieferungsrechte, zeitlich begrenzte Wettbewerbsverbote, Fabrikationsverfahren, Rezepturen, Know-how, Lizenzen und Software (nur Trivialprogramme sind materielle WG[112]; Computerprogramme, deren AK nicht mehr als 410 € betragen, sind stets als Trivialprogramme zu behandeln, R 5.5 Abs. 1 S. 2 und 3 EStR und BMF vom 18.11.2005, BStBl I 2005, 1025 zur Einführung von ERP-Software).

Die sonstigen immateriellen Einzel-WG sind regelmäßig abnutzbar und entsprechend ihrer **wirtschaftlichen** ND abzuschreiben. Die Nutzungsdauer beträgt 10 Jahre bei selbstgeschaffenen immateriellen Vermögensgegenständen des Anlagevermögens (§ 253 Abs. 3 S. 3 HGB), wenn eine verlässliche Schätzung nicht möglich ist. Außerplanmäßige Abschreibungen (Teilwertabschreibungen) sind zulässig und handelsrechtlich ggf. geboten. Bei Warenzeichen ist gem. BMF-Erlass vom 27.02.1998 (BStBl I 1998, 252) von einer ND von 15 Jahren auszugehen, wenn der StPfl. keine kürzere ND darlegt und ggf. nachweist.

---

111 Vgl. *Lambrecht* in *Kirchhof-kompakt*, § 7 Rz. 75 m. w. N. (FN 5).

112 Allein mit dieser Einstufung (»materielle WG«) wird die Sofortabschreibung als GWG gem. § 6 Abs. 2 EStG (vgl.: »bewegliche WG«) ermöglicht.

Beispiel 1b: Das erworbene immaterielle Wirtschaftsgut (aus StB-Prüfung 2014)

Im Januar 13 zog der Einzelunternehmer Roland Ritter (RR) in Betracht, in seinem Unternehmen künftig ein betriebswirtschaftliches Softwaresystem (ERP-Programm) einzusetzen. Der gewerbliche EDV-Berater Kurt König (KK) erstellte daraufhin eine auf die betrieblichen Bedürfnisse von RR abgestimmte Planung und berechnete seine Leistung im Februar 13 mit 10.000 € zuzüglich 19 % USt.

Im März 13 beauftragte RR den Berater KK mit der Erstellung und Implementierung (Herstellung der Einsatzbereitschaft) des aus drei Modulen bestehenden Softwaresystems.

Im Juni 13 wurden die Angestellten in der Bedienung der Software geschult. Die Rechnung der Fa. KK lautete über 6.000 € zuzüglich 19 % USt. Die Schulungen für die 3 Module sind vom Umfang her gleichwertig.

Die Module »Logistik und Personal« wurden im Juli 13 in den betrieblichen Räumen implementiert und konnten noch im selben Monat entsprechend der Planung genutzt werden. Berechnet wurden dafür im Juli 13 von KK 200.000 € zuzüglich 19 % USt.

Das Modul »Finanzen« wurde entsprechend den getroffenen Vereinbarungen im November 13 in den betrieblichen Räumen implementiert. Berechnet wurden dafür im November 13 von KK 100.000 € zuzüglich 19 % USt.

Für die vorgenommene Übernahme der Daten aus den bisherigen Systemen (sog. Datenmigration) wurden im Dezember 13 von KK 9.000 € zuzüglich 19 % USt berechnet. Die Bezahlung der Rechnung erfolgte im Januar 14.

Die betriebsgewöhnliche Nutzungsdauer kann mit fünf Jahren angenommen werden.

Lösung: Das Softwaresystem ist wegen des einheitlichen Nutzungs- und Funktionszusammenhangs **ein** Wirtschaftsgut. Das gilt auch, wenn die Module zu unterschiedlichen Zeitpunkten oder von unterschiedlichen Softwareherstellern erworben werden (BMF vom 18.11.2005, BStBl I 2005, 1025).[113] Im Handelsrecht gibt es keine andere Beurteilung, sodass handelsrechtlich ebenfalls **ein** Vermögensgegenstand vorliegt.

Mit dem Erwerb der Software liegt ein aktivierungspflichtiger Anschaffungsvorgang vor (BMF vom 18.11.2005, a. a. O., Rz. 3). Der Abschluss eines Werkvertrags führt grundsätzlich zu Anschaffungskosten. Anhaltspunkte für eine zu Herstellungskosten führende Mitwirkung durch RR (und damit eine Werkleistung) sind nicht ersichtlich. Das Softwaresystem ist als abnutzbares, immaterielles Wirtschaftsgut des Anlagevermögens zu aktivieren (§ 246 Abs. 1 S. 1 HGB, § 5 Abs. 1 EStG bzw. R 4.2 Abs. 1 S. 1 EStR und BMF vom 18.11 2005, a. a. O.).

Die Bewertung erfolgt gem. §§ 253 Abs. 1 S. 1, Abs. 3 HGB, 6 Abs. 1 Nr. 1 S. 1 EStG mit den Anschaffungskosten nach § 253 Abs. 1 HGB, § 5 Abs. 1 S. 1 EStG. Die Abschreibung kann nur linear nach §§ 255 Abs. 3 HGB, 7 Abs. 1 S. 1 EStG über die betriebsgewöhnliche Nutzungsdauer von fünf Jahren erfolgen.

Nach dem BMF-Schreiben vom 18.11.2005, a. a. O., Rz. 14 sind die Planungskosten als sofort abziehbare Betriebsausgaben zu behandeln, da sie als sog. Vorkosten im Zusammenhang mit der Kaufentscheidung stehen.

Ebenso sind nach dem BMF-Schreiben vom 18.11.2005, BStBl I 2005, 1025, Rz. 15 die Aufwendungen für die Schulung der Arbeitnehmer betreffend die Bedienung der Software sofort abziehbare Betriebsausgaben.

Die in Rechnung gestellte Umsatzsteuer ist als VSt abziehbar und gehört gem. § 9b Abs. 1 EStG nicht zu den Anschaffungskosten des Softwaresystems.

Wird ein eingerichtetes Softwaresystem angeschafft, beginnt die Abschreibung mit der Betriebsbereitschaft des Wirtschaftsguts (generell § 9a EStDV). Die Betriebsbereitschaft ist mit Abschluss der Implementierung hergestellt. Bei der stufenweisen Einführung von Modulen ist der Zeitpunkt der Betriebsbereitschaft der ersten Module für den Beginn der AfA maßgeblich (BMF-Schreiben vom 18.11.2005, a. a. O., Rz. 20). Die AfA beginnt damit im Juli 13. Die nachträgliche Erweiterung des Programms um Module führt zu nachträglichen Anschaffungskosten des Wirtschaftsguts Software, da es sich bei den weiteren Modulen um unselbständige Wirtschaftsgüter handelt und eine wesentliche Verbesserung des Programms vorliegt (BMF-Schreiben vom 18.11.2005, a. a. O., Rz. 9).

Die Aufwendungen für die Übernahme der Daten in das Programm (Datenmigration) sind sofort als Betriebsausgaben abziehbar (BMF-Schreiben vom 18.11.2005, a. a. O., Rz. 19). Diese Leistung wurde

---

113 Kritische Auseinandersetzung mit dem BMF-Schreiben vom 18.11.2005 von *Dobner/Hagl* in NWB 22/2017, 1651.

von KK im Jahr 13 erbracht, aber erst im nächsten Jahr bezahlt, sodass am 31.12.13 eine Verbindlichkeit zu erfassen ist (§ 246 Abs. 1 S. 1 HGB i. V. m. § 5 Abs. 1 S. 1 EStG).

Die Anschaffungskosten des aus drei Modulen bestehenden Softwaresystems betragen 300.000 €. Die AfA beträgt gem. § 7 Abs. 1 S. 1, 2 und 4 EStG 20 %, im Jahr 13 für 6 Monate = 30.000 €; demnach beläuft sich der Bilanzansatz am 31.12.13 auf 270.000 €.

2 Grundstücke und Gebäude

2.1 Allgemeines

Für Zwecke der Bilanzierung wird unterschieden in

- unbebaute Grundstücke,
- bebaute Grundstücke und
- Gebäude auf fremden Grundstücken.

Zivilrechtlich bilden der Grund und Boden und das Gebäude bei einem bebauten Grundstück eine Einheit.[114] Im Rahmen der Bilanzgliederung für KapG (§ 266 Abs. 2 HGB) werden Grundstücke, grundstücksgleiche Rechte und Bauten einschließlich der Bauten auf fremden Grundstücken in einer Position ausgewiesen. Bewertungstechnisch muss jedoch eine Trennung in Grund und Boden einerseits und Gebäude andererseits vorgenommen werden, weil nur beim Gebäude (abnutzbares AV) planmäßige Abschreibungen gem. § 253 Abs. 2 S. 1 HGB vorgenommen werden können.

Gebäude auf fremdem Grund gehören dann nicht zu den Bestandteilen des Grundstücks, wenn sie in Ausübung eines Rechts an einem fremden Grundstück (z. B. Erbbaurecht) vom Berechtigten auf diesem errichtet worden sind.[115] Für denjenigen, der das Gebäude auf fremdem Grund und Boden erstellt hat, entsteht in dem Fall zivilrechtliches Eigentum an dem Gebäude.[116]

Bauten auf fremdem Grund und Boden, die im rechtlichen und im wirtschaftlichen Eigentum des Herstellers stehen, sind nach der Rspr. (BFH vom 25.02.2010, BStBl II 2010, 670) bei diesem als Gebäude zu aktivieren. Dabei wird wirtschaftliches Eigentum immer dann angenommen, wenn der Hersteller bei Beendigung des Nutzungsverhältnisses einen (werthaltigen) **Verwendungsersatzanspruch** (aus §§ 951, 812, 818 Abs. 2 BGB) gegen den Eigentümer des Grundstücks hat.

Beispiel 2: Gebäude auf fremdem Grund

Ein Unternehmer errichtet auf einem gepachteten Grundstück mit Genehmigung des Grundstückseigentümers ein Werkstattgebäude, das er nach Beendigung der Pachtzeit auf seine Kosten abreißen muss.

Lösung: Der Unternehmer muss das Gebäude als sein eigenes WG bilanzieren und die HK linear auf die Nutzungsdauer (Restlaufzeit des Pachtvertrags) verteilen, § 7 Abs. 1 EStG (d. h. nicht nach den für Gebäude geltenden Vorschriften).

Die gleichen Grundsätze wie bei Gebäuden auf fremdem Grund und Boden gelten bei anderen Bauwerken auf fremdem Grund, z. B. Bodenbefestigungen.

Errichtet der Betriebsinhaber mit eigenen Mitteln ein Gebäude auf einem auch dem Nichtunternehmer-Ehegatten gehörenden Grundstück, wird der Nichtunternehmer-Ehe-

---

114 § 94 Abs. 1 S. 1 BGB.
115 § 95 Abs. 1 S. 2 BGB.
116 BGH vom 12.07.1984, NJW 1985, 789.

gatte – sofern keine abweichenden Vereinbarungen zwischen den Eheleuten getroffen werden – sowohl zivilrechtlicher als auch wirtschaftlicher Eigentümer (BMF vom 16.12.2016, BStBl I 2016, 1431). Die getragenen Aufwendungen sind als Aufwandsverteilungsposten jährlich mit 2 % steuermindernd geltend zu machen. Die Verwaltung folgt damit der Rspr. des BFH (Urteil vom 09.03.2016, BStBl II 2016, 976).

Beispiel 3: Das Grundstück der Ehefrau

A baut auf dem Grundstück seiner Ehegattin B eine Lagerhalle für seinen Betrieb (betriebsgewöhnliche Nutzungsdauer 50 Jahre) für 400.000 € zzgl. 19 % USt (= 1.900 €). Alle Baurechnungen lauten auf seinen Namen, er hat alle Bauaufträge im eigenen Namen erteilt, und die Baukosten wurden aus Betriebsmitteln bezahlt.

Die Lagerhalle war am 30.01.2020 fertiggestellt. B war mit der Bebauung einverstanden.

A hat die ausgewiesene USt als abzugsfähige VSt gebucht.

Lösung:

Handelsbilanz:

Mit der Errichtung der Lagerhalle ist A nicht zivilrechtlicher Eigentümer des Gebäudes (§§ 90, 93 und 94 BGB, § 39 Abs. 1 AO) geworden, da es sich bei dem Gebäude um einen wesentlichen Bestandteil des Grundstücks handelt. Es liegt auch kein Scheinbestandteil vor, da keine Abbruchverpflichtung besteht.

A hat einen gesetzlichen Aufwendungsersatzanspruch gem. §§ 951, 812, 818 Abs. 2 BGB.

Damit liegen in der HB gem. § 246 Abs. 1 S. 2 2. HS HGB die Voraussetzungen für wirtschaftliches Eigentum vor. Die Lagerhalle ist gem. § 246 Abs. 1 HGB als Vermögensgegenstand des AV gem. § 247 Abs. 2 HGB zu aktivieren. Die Bewertung in der HB erfolgt gem. § 253 Abs. 1 S. 1 und Abs. 3 S. 1 HGB mit den HK gem. § 255 Abs. 2 HGB abzüglich planmäßiger Abschreibung.

Lagerhalle	400.000 €
./. Abschreibung	8.000 €
31.12.2020:	392.000 €

Steuerbilanz:

Errichtet A mit eigenen Mitteln ein Gebäude auf einem dem Nichtunternehmer-Ehegatten gehörenden Grundstück, wird der Nichtunternehmer-Ehegatte B – sofern wie hier keine abweichenden Vereinbarungen zwischen den Eheleuten getroffen werden – sowohl zivilrechtlicher als auch wirtschaftlicher Eigentümer des auf seinen Miteigentumsanteil entfallenden Gebäudeteils. Dies gilt unabhängig von einem eventuell gesetzlich gegebenen Aufwendungsersatzanspruch.

Die von A getragenen Aufwendungen für die Anschaffung oder Herstellung des Gebäudes sind als eigener Aufwand nach den allgemeinen ertragsteuerlichen Regelungen als Betriebsausgaben abzuziehen. Sie sind in einem Aufwandsverteilungsposten in der Bilanz abzubilden. Der Aufwandsverteilungsposten ist kein WG. Der Aufwand kann daher nur nach den Vorschriften, die für Privatvermögen gelten, abgezogen werden (BMF vom 16.12.2016 »Eigener Aufwand des Unternehmer-Ehegatten für die Errichtung von Betriebsgebäuden auf einem auch dem Nichtunternehmer-Ehegatten gehörenden Grundstück«, Beck'sche Steuererlasse § 4/5, Tz. 1 bis 3).

Die gezahlte USt ist nicht als Betriebsausgabe abzugsfähig, da A zum VSt-Abzug berechtigt ist gem. 15 Abs. 1 S. 1 Nr. 1 UStG.

Zum 31.12.2020 ist der Aufwandsverteilungsposten als Aufwand entsprechend § 7 Abs. 4 S. 1 Nr. 2 a EStG (Gebäude-AfA für Privatvermögen) zu verteilen. Die Verteilung erfolgt zeitanteilig entsprechend § 7 Abs. 1 S. 4 EStG (6/12). Die zu verteilenden Betriebsausgaben betragen 2020: AfA (Privatvermögen) 8.000 € (2 % x 400.000 €).

Aufwandsverteilungsposten »Lagerhalle«	400.000 €
./. Verteilung entsprechend AfA	8.000 €
31.12.2020:	392.000 €

2.2 Gebäudeteile
2.2.1 Grundsatz
Man unterscheidet zwischen unselbständigen und selbständigen Gebäudeteilen. Unselbständige Gebäudeteile stehen in einem Nutzungs- und Funktionszusammenhang mit dem Gebäude. Sie sind Bestandteile des Gebäudes und werden mit diesem gemeinsam bilanziert und abgeschrieben. Selbständige Gebäudeteile stehen **nicht** im Nutzungs- und Funktionszusammenhang mit dem Gebäude. Sie dienen vielmehr besonderen Zwecken, z. B. dem in dem Gebäude unterhaltenen Gewerbebetrieb. Selbständige Gebäudeteile werden als **selbständige WG** behandelt (R 4.2 Abs. 3 S. 1 EStR).

2.2.2 Gebäudeteile als selbständige Wirtschaftsgüter
Selbständige Gebäudeteile werden nach R 4.2 Abs. 3 EStR wie folgt eingeteilt:
a) **Besonderen Zwecken** dienende Gebäudeteile, die vom **Eigentümer** errichtet worden sind:
   - Betriebsvorrichtungen (R 7.1 Abs. 3 EStR und H 7.1 EStH),
   - Scheinbestandteile (R 7.1 Abs. 4 EStR):
   - für Zwecke des Eigentümers eingebaut,
   - für Zwecke des Mieters oder Pächters eingebaut.
b) **Ladeneinbauten, Schaufensteranlagen, Gaststätteneinbauten u. Ä., die einem schnellen Wandel des modischen Geschmacks unterliegen (R 4.2 Abs. 3 S. 3 Nr. 3 EStR) mit einer ND von sieben Jahren** lt. BMF vom 30.05.1996 (BStBl I 1996, 643).[117]
c) **Besonderen Zwecken** dienende Gebäudeteile, die vom **Mieter** errichtet worden sind (sog. Mietereinbauten) – BFH vom 11.06.1997 (BStBl II 1997, 774):
   - Scheinbestandteile,
   - Betriebsvorrichtungen,
   - sonstige Mietereinbauten und -umbauten,
   - die sich im wirtschaftlichen Eigentum des Mieters befinden,
   - die unmittelbar den besonderen betrieblichen oder beruflichen Zwecken des Mieters dienen oder
   - die unabhängig von der vom Mieter vorgesehenen betrieblichen oder beruflichen Nutzung sind (s. auch unter »Bilanzierungsgrundsätze«).

2.2.3 Einteilung eines Gebäudes nach Funktionszusammenhang (R 4.2 Abs. 4 EStR)
Unabhängig von der möglichen Gruppierung von Gebäudeteilen als selbständige WG werden alle Gebäude(-teile) nach ihrer Funktion eingeteilt (einzige Ausnahme von der bilanziellen Einheitsbetrachtung eines WG). Hiernach gibt es **vier unterschiedliche** Nutzungen, die zu vier verschiedenen WG führen können:
1. eigenbetrieblichen Zwecken dienend,
2. fremdbetrieblichen Zwecken dienend,
3. fremden Wohnzwecken dienend,
4. eigenen Wohnzwecken dienend.

Die sonstigen selbständigen Gebäudeteile i. S. v. R 4.2 Abs. 4 EStR stellen getrennte selbständige WG dar.

---

117 Das BMF-Schreiben ist zwar aufgehoben, die Ausführungen zur Nutzungsdauer gelten aber weiter.

Beispiel 4a: Selbständige Gebäudeteile i. S. v. R 4.2 Abs. 4 EStR

Ein Grundeigentümer nutzt sein Gebäude wie folgt:

Das Erdgeschoss dient dem eigenen Gewerbebetrieb. Im Obergeschoss liegt die Privatwohnung des Eigentümers. Das Dachgeschoss ist für Wohnzwecke fremdvermietet. Der Keller des Gebäudes ist an einen fremden Gewerbetreibenden als Lagerraum vermietet.

Lösung: Das Gebäude besteht bilanzsteuerrechtlich aus vier verschiedenen selbständigen WG:
1. dem EG als eigengewerblich genutzten Gebäudeteil,
2. dem Keller als fremdgewerblich genutzten Gebäudeteil,
3. dem DG als zu fremden Wohnzwecken genutzten Gebäudeteil,
4. dem OG als zu eigenen Wohnzwecken genutzten Gebäudeteil.

Die einzelnen unterschiedlich genutzten Gebäudeteile werden wie selbständige Gebäude behandelt. Jeder Gebäudeteil ist hinsichtlich einer evtl. Bilanzierung getrennt darauf zu untersuchen, ob er zum notwendigen oder gewillkürten BV oder zum notwendigen PV gehört. Soweit für die Bewertung eine Abschreibung zu berücksichtigen ist, kommt die für Gebäude maßgebliche AfA gem. § 7 Abs. 4 oder 5 EStG zur Anwendung (§ 7 Abs. 5a EStG).

Der Grund und Boden teilt für die Zuordnung zum BV oder PV das Schicksal des Gebäudes. Er ist nach demselben Verhältnis aufzuteilen wie das aufstehende Gebäude.

Beispiel 4b: Die vermietete Wohnung (aus StB-Prüfung 2012)

Das Grundstück in der Hafenstraße 11 hatte der Einzelunternehmer W. seit Jahren gemietet und am 01.05.01 käuflich erworben. W. hat das Grundstück in vollem Umfang mit 200.000 € (Grund und Boden 50.000 € und Gebäude 150.000 €) zutreffend bilanziert.

Das Gebäude hat im Erdgeschoss und in der ersten Etage eine Nutzfläche von jeweils 120 qm. Das Erdgeschoss und die erste Etage werden von W. für eigene betriebliche Zwecke genutzt. In der zweiten Etage befindet sich eine Wohnung mit einer Nutzfläche von 80 qm. Die Wohnung wurde bis zum 31.08.01 fremdvermietet. Der Grund und Boden wird im Verhältnis der Nutzfläche der Wohnung zum gesamten Gebäude vom Wohnungsinhaber genutzt.

Nach dem Auszug des bisherigen Mieters war es W. trotz ernsthafter Bemühungen bis Mitte November 01 nicht gelungen, einen Nachmieter zu finden. W. entschloss sich daher kurzfristig, die Wohnung in der zweiten Etage selber zu nutzen. Er kündigte seine bisherige Mietwohnung und zog bereits am 01.12.01 in seine nun selbst genutzte Wohnung in der Hafenstraße 11 ein.

Ende November 01 hatte W. gleich von mehreren Interessenten Kaufangebote für das Grundstück erhalten, da die Gegend um die Hafenstraße aufgrund bekannt gewordener Sanierungspläne erheblich an Attraktivität gewinnen sollte. Trotz der gebotenen Kaufpreise von 300.000 € (einschließlich Anschaffungsnebenkosten und einem unveränderten Anteil des Grund und Bodens von 25 %) lehnte W. einen Verkauf ab, da er sein erworbenes Grundstück nun erst recht in Zukunft für sich und seinen Betrieb nutzen möchte.

Die hier nicht bezifferten Mieteinnahmen und die ebenfalls nicht genannten laufenden Grundstückskosten hat W. zutreffend gebucht.

Lösung: Die Bilanzierung des gesamten Grundstücks bis zum Auszug des Mieters als notwendiges BV (eigenbetrieblich genutzte Geschosse) und als gewillkürtes BV (vermietetes Geschoss) ist geboten bzw. zulässig. Auch während des Leerstands kann das zweite Obergeschoss als (gewillkürtes) BV behandelt werden, weil es nur durch den Auszug des Mieters nicht zum Privatvermögen geworden ist.

Erst im Zeitpunkt der Umwidmung der Wohnung in notwendiges Privatvermögen durch die Nutzung als Privatwohnung des W. am 01.12.01 muss die Bilanzierung des zweiten Obergeschosses mithilfe einer Entnahme beendet werden. Die Entnahme ist mit dem Teilwert zu bewerten. Der Ermittlung des Teilwerts kann der Angebotspreis von 300.000 € für das gesamte Grundstück zugrunde gelegt werden.

Die anteilige Nutzfläche der eigengenutzten Wohnung umfasst 25 % der Gesamtnutzfläche des Gebäudes. Damit beläuft sich der auf die eigengenutzte Wohnung entfallende Teil des Angebotspreises (= Teilwert) auf 75.000 €. Die privat genutzte Wohnung ist am 01.12.01 mit 75.000 € zu entnehmen.

Die anteiligen Buchwerte der Wohnung am 01.12.01 betragen:

Grund und Boden 25 % von 50.000 €					12.500 €
Gebäude 25 % von 150.000 € (nach Abzug von 2 % AfA für 7 Monate)					37.063 €
BS:	Privatkonto	75.000 €	an	Grund und Boden	12.500 €
				Gebäude	37.063 €
				sonst. betriebl. Erträge	25.437 €

Die Aufteilung der einzelnen Gebäudeteile erfolgt nach ständiger Rspr. nach dem Verhältnis der Nutzflächen. Ein bisher zum Privatvermögen gehörender Gebäudeteil, der nunmehr für fremde gewerbliche Zwecke vermietet wird, bleibt nach dem BFH-Urteil vom 21.04.2005 (BStBl II 2005, 604) Privatvermögen, auch wenn der StPfl. einen weiteren, schon vorher für fremde betriebliche Zwecke vermieteten Gebäudeteil dem gewillkürten BV zugeordnet hat.

2.2.4 Zugehörigkeit von Grundstücken und Grundstücksteilen zum Betriebsvermögen von Einzelunternehmen

2.2.4.1 Notwendiges Betriebsvermögen (R 4.2 Abs. 7 EStR)

Zum notwendigen BV gehören Grundstücke und Grundstücksteile, die ausschließlich und unmittelbar für eigenbetriebliche Zwecke genutzt werden und dem Betriebsinhaber gehören. Eigenbetrieblich genutzte Grundstücksteile brauchen wegen untergeordneter Bedeutung **nicht als BV** behandelt zu werden (sog. Grundstücksteile von »**untergeordnetem Wert**«), wenn ihr Wert

* weder mehr als 1/5 des gemeinen Werts des ganzen Grundstücks noch
* mehr als 20.500 € beträgt (§ 8 EStDV).

Bei der Prüfung, ob der Wert eines Grundstücksteils mehr als ein Fünftel des Werts des ganzen Grundstücks beträgt, ist in der Regel das Verhältnis der Nutzflächen zugrunde zu legen. Ein Grundstücksteil ist mehr als 20.500 € wert, wenn der Teil des gemeinen Werts des ganzen Grundstücks, der nach dem Verhältnis der Nutzflächen auf den Grundstücksteil entfällt, 20.500 € übersteigt (R 4.2 Abs. 8 S. 3 und 4 EStR).

Beispiel 5: Grundstücksteil von untergeordneter Bedeutung – Fall I

Von einem Grundstück mit einer Nutzfläche von 3.000 qm wird ein Teil mit einer Nutzfläche von 500 qm eigenbetrieblich genutzt. Der gemeine Wert des ganzen Grundstücks beträgt 300.000 €.

Lösung: Das Grundstück wird zwar zu weniger als einem Fünftel eigenbetrieblich genutzt, der Wert des eigenbetrieblich genutzten Grundstücksteils beträgt jedoch 50.000 €. Der eigenbetrieblich genutzte Grundstücksteil ist als notwendiges BV zu bilanzieren, weil sein Wert den Betrag von 20.500 € übersteigt.

Beispiel 6: Grundstücksteil von untergeordneter Bedeutung – Fall II

Ein StPfl. ist an einer Grundstücksgemeinschaft zu 50 % beteiligt. Das dieser Grundstücksgemeinschaft gehörende Grundstück hat einen gemeinen Wert von 150.000 €; es wird zu 25 % vom Gewerbebetrieb des StPfl. genutzt.

Lösung: Dem StPfl. gehören entsprechend seiner Beteiligung an der Grundstücksgemeinschaft auch von dem gewerblich genutzten Teil des Grundstücks nur 50 %, das sind 12,5 % von 150.000 € = 18.750 €. Der dem StPfl. gehörende betrieblich genutzte Grundstücksteil braucht nicht als BV behandelt zu werden, weil sein Wert nicht mehr als ein Fünftel des Werts des ganzen Grundstücks beträgt und auch 20.500 € nicht übersteigt.

2.2.4.2   Gewillkürtes Betriebsvermögen (R 4.2 Abs. 9 EStR)

Zum gewillkürten BV gehören Grundstücke und Grundstücksteile, die nicht eigenbetrieblich genutzt werden und nicht eigenen Wohnzwecken (= notwendiges PV) dienen, wenn sie in einem gewissen objektiven Zusammenhang mit dem Betrieb stehen und ihn zu fördern bestimmt und geeignet sind.

Beispiel 7: Gewillkürtes BV

Ein Kaufmann lässt auf einem zu seinem PV gehörenden Grundstück zur Absicherung eines für sein Einzelunternehmen aufgenommenen Kredits eine Hypothek eintragen.

Lösung: Das Grundstück kann als gewillkürtes BV behandelt werden, weil durch die Besicherung des betrieblichen Kredits ein Zusammenhang mit dem Betrieb hergestellt wurde und das Grundstück den Betrieb fördert.

2.2.4.3   Behandlung der Grundstückseinnahmen und -ausgaben

Einnahmen und Ausgaben im Zusammenhang mit Grundstücken und Grundstücksteilen, die als (notwendiges oder gewillkürtes) BV behandelt werden, sind BE und BA. Aufwendungen für einen eigenbetrieblich genutzten Grundstücksteil sind auch dann BA, wenn der Grundstücksteil gem. § 8 EStDV wegen seiner untergeordneten Bedeutung nicht als BV behandelt wird (R 4.7 Abs. 2 S. 4 EStR).

2.2.4.4   Wegfall der Voraussetzungen für die Behandlung als Betriebsvermögen

Beim Wegfall der Voraussetzungen als BV ist zu unterscheiden, ob das Grundstück nur die Eigenschaft als **notwendiges** BV verliert, aber weiter als **gewillkürtes** BV behandelt werden kann oder ob das Grundstück **notwendiges PV** geworden ist. Nur im Fall der Umwidmung des Grundstücks in PV liegt zwingend eine Entnahme vor (Hinweis auf R 4.3 Abs. 3 EStR).

2.2.5   Zugehörigkeit von Grundstücken und Grundstücksteilen zum Betriebsvermögen von Personengesellschaften[118]

2.2.5.1   Notwendiges Betriebsvermögen (R 4.2 Abs. 11 und 12 EStR)

Zum notwendigen **steuerlichen BV** gehören:

1.   Grundstücke, die zum zivilrechtlichen Gesamthandsvermögen der MU der PersG gehören. Hiervon wird jedoch eine **Ausnahme** gemacht, wenn das zum Gesamthandsvermögen gehörende Grundstück ausschließlich oder fast ausschließlich der **privaten Lebensführung** eines, mehrerer oder aller G'fter dient (ständige BFH-Rspr., zuletzt BFH vom 30.11.2000, BFH/NV 2001, 597).

Beispiel 8: Das »Privathaus« der OHG

Ein im Gesamthandsvermögen der A, B & C OHG angeschafftes Einfamilienhaus wird ab Anschaffung von dem G'fter A unentgeltlich privat bewohnt.

Lösung: Das Einfamilienhaus stellt notwendiges PV der G'fter[119] dar und darf in der StB der OHG nicht ausgewiesen werden.

Dient ein im Gesamthandseigentum der G'fter stehendes Grundstück teilweise der privaten Lebensführung eines, mehrerer oder aller MU der Gesellschaft, so braucht der

---

118   S. zu diesem Problemkreis allgemein *Preißer*, Teil B, Kap. II.
119   Um Missverständnissen vorzubeugen: Es gibt kein PV der PersG!

andere Grundstücksteil nach Meinung der FinVerw nicht als BV behandelt zu werden, wenn für diesen Grundstücksteil die Grenzen des § 8 EStDV nicht überschritten sind (R 4.2 Abs. 11 S. 3 EStR). Handelsrechtlich ist das gesamte Grundstück als BV zu behandeln (§ 246 Abs. 1 HGB). Infolge der Maßgeblichkeit gilt das grundsätzlich auch für die StB. Die Zugehörigkeit des privat genutzten Grundstücksteils zum notwendigen PV und das damit verbundene Bilanzierungsverbot in der StB führt zur Durchbrechung der Maßgeblichkeit **nur für den privat genutzten Grundstücksteil**. Für den anderen (nicht privat genutzten) Grundstücksteil verbleibt es beim Aktivierungsgebot – auch in der StB – über den Grundsatz der Maßgeblichkeit.

2. Grundstücke oder Grundstücksteile, die nicht Gesamthandsvermögen der MU der PersG sind, sondern einem, mehreren oder allen MU gehören, aber dem Betrieb der PersG ausschließlich und unmittelbar dienen **(Sonder-BV I)**.

Beispiel 9: Notwendiges Sonder-BV – Fall I

Die B & Co. KG nutzt ein dem G'fter B gehörendes Grundstück vollen Umfangs als Lagerplatz.
    Lösung: Das Grundstück ist notwendiges Sonder-BV I des G'fters B und muss in einer steuerlichen Sonderbilanz ausgewiesen werden.

3. Grundstücke und Grundstücksteile, die dem Betrieb der PersG dienen und einer **anderen Gesamthandsgemeinschaft** oder Bruchteilsgemeinschaft gehören, an der auch andere Personen beteiligt sind, die nicht MU der PersG sind, soweit die Grundstücke und Grundstücksteile den MU der PersG nach § 39 Abs. 2 Nr. 2 AO zuzurechnen sind.

Beispiel 10: Notwendiges Sonder-BV – Fall II

Der G'fter C der C & D OHG ist zu 30 % gemeinsam mit seinen Geschwistern, die nicht G'fter der OHG sind, an einer Grundstücksgemeinschaft beteiligt. Die OHG nutzt das Grundstück der Grundstücksgemeinschaft vollen Umfangs als Lagerplatz.
    Lösung: Das Grundstück ist zu 30 % notwendiges Sonder-BV I des C und in einer steuerlichen Sonderbilanz zu aktivieren.

Dient ein Grundstück dem Betrieb der Gesellschaft nur zum Teil, so sind die den MU zuzurechnenden Grundstücksteile lediglich mit ihrem betrieblich genutzten Teil notwendiges BV. Betrieblich genutzte Grundstücksteile, deren Wert im Verhältnis zum Wert **des ganzen Grundstücks**, nicht im Verhältnis zum Wert des Grundstücksteils des G'fters, von untergeordneter Bedeutung ist, brauchen nicht als BV behandelt zu werden (R 4.2 Abs. 12 S. 3 EStR i. V. m. § 8 EStDV).

Beispiel 11: Sonder-BV von untergeordneter Bedeutung

Der G'fter B der B & Co. KG ist zu 30 % an einer Erbengemeinschaft beteiligt. Die KG nutzt die Hälfte des Grundstücks der Erbengemeinschaft (gemeiner Wert: 100.000 €) für betriebliche Zwecke.
    Lösung: Von dem durch die KG betrieblich genutzten Teil des Grundstücks (gemeiner Wert: 50.000 €) sind dem G'fter B 30 % = 15.000 € zuzurechnen. Insoweit liegt notwendiges Sonder-BV I vor, das aber wegen untergeordneter Bedeutung des Grundstücksteils (weder mehr als ein Fünftel des Werts des ganzen Grundstücks noch mehr als 20.500 €) nicht als BV behandelt zu werden braucht.

2.2.5.2 Gewillkürtes Betriebsvermögen

Gewillkürtes BV ist nur im Bereich des Sonder-BV möglich. Grundstücke oder Grundstücksteile, die nicht im Gesamthandseigentum der MU einer PersG sind, sondern im Allein- oder

Miteigentum eines oder mehrerer MU stehen, können gewillkürtes BV dieser MU sein (gewillkürtes Sonder-BV). Bezüglich der Voraussetzungen gelten die Grundsätze wie bei Einzelunternehmern.

Beispiel 12: Gewillkürtes Sonder-BV

Der G'fter F der F & G OHG ist Alleineigentümer einer Lagerhalle, die er an einen Kunden der OHG vermietet hat.

Lösung: Da ein objektiver Zusammenhang zwischen der Lagerhalle und dem Betrieb der OHG besteht, kann der G'fter F die Lagerhalle zu seinem gewillkürten Sonder-BV I machen.

2.2.5.3 Grundstücksteile im Betriebsvermögen von Personengesellschaften

Selbständige Grundstücksteile i. S. v. R 4.2 Abs. 3 EStR sind bei PersG im gleichen Umfang möglich wie bei Einzelunternehmen. Grundstücksteile i. S. v. R 4.2 Abs. 4 EStR sind im Gesamthandvermögen nicht möglich, weil die Vermögensgegenstände des Gesamthandvermögens gem. § 246 Abs. 1 HGB vollen Umfangs zu bilanzieren sind. Nur i. R. d. Sonder-BV sind selbständige Grundstücksteile i. S. v. R 4.2 Abs. 4 EStR denkbar.

Beispiel 13: Gebäudeteil i. S. v. R 4.2 Abs. 4 EStR im Sonder-BV

Der Kommanditist G der G-GmbH & Co. KG vermietet der KG das Kellergeschoss eines in seinem PV befindlichen Gebäudes als Aktenarchivraum.

Lösung: Das Kellergeschoss (selbständiger Gebäudeteil) ist notwendiges Sonder-BV I des G'fter G und muss gemeinsam mit dem anteiligen Grund und Boden in einer Sonderbilanz aktiviert werden.

2.2.5.4 Wegfall der Voraussetzungen für die Behandlung als Betriebsvermögen

Es gelten dieselben Grundsätze wie bei Einzelunternehmen.

2.2.6 Zugehörigkeit von Grundstücken und Grundstücksteilen zum Betriebsvermögen von Kapitalgesellschaften

Grundstücke, die zum Gesellschaftsvermögen von KapG gehören, sind immer vollen Umfangs als BV zu bilanzieren (§ 246 Abs. 1 S. 1 HGB). Selbständige Grundstücksteile i. S. v. R 4.2 Abs. 3 EStR sind auch i. R. d. BV von KapG denkbar. Sie werden wie bei Einzelunternehmen und PersG als selbständige WG getrennt vom Grundstück oder Gebäude bilanziert und abgeschrieben.

Selbständige Grundstücksteile i. S. v. R 4.2 Abs. 4 EStR kommen bei KapG nur im Hinblick auf unterschiedliche AfA-Sätze[120] in Betracht. Werden Teile eines Grundstücks oder Gebäudes von einem G'fter der KapG unentgeltlich oder gegen ein objektiv zu geringes Entgelt privat genutzt, so liegt eine vGA vor.

2.2.7 Weitere Fälle zu R 4.2 EStR

Nachstehend werden gängige Fälle von selbständigen Grundstücks- und Gebäudeteilen dargestellt.

---

120 Für Gebäudeteile, die Wirtschaftsgebäude darstellen, 3 %, für Wohnzwecken dienende Gebäudeteile 2 % oder 2,5 % linear bzw. degressive AfA-Sätze gem. § 7 Abs. 5 EStG.

Beispiel 14: Das »private« Betriebsgrundstück

A erwarb am 03.01.05 ein unbebautes Grundstück von 1.000 qm Größe für 50.000 €, das er ab 01.04.05 für Lagerzwecke seines Betriebs nutzte. Da er das Grundstück mit privaten Geldmitteln erworben hatte, behandelte er es als PV. Die Wertsteigerung bis zum 01.04.05 betrug 5.000 €.

Wie ist das Grundstück bilanzmäßig zu behandeln?

Lösung: Der Grundstückskauf aus privaten Geldmitteln konnte von A zunächst als Privatvorgang behandelt werden, weil eine betriebliche Nutzung des Grundstücks nicht gegeben war.

Ab 01.04.05 wurde das Grundstück durch den Gewerbebetrieb des A genutzt. Damit ist es notwendiges BV geworden (R 4.2 Abs. 7 S. 1 EStR). Das Grundstück ist mit Wirkung vom 01.04.05 in das BV einzulegen, Einlagewert gem. § 6 Abs. 1 Nr. 5 S. 1 1. HS Buchst. a EStG: AK = 50.000 €.

Beispiel 15: Das »gespaltene« Grundstück

B ist Eigentümer eines älteren Einfamilienhauses mit einem Wert (einschließlich Grund und Boden = 18.000 €) von 80.000 €. In zwei Räumen mit einer Fläche von zusammen 50 qm betreibt er seinen Gewerbebetrieb »Handelsvertretung«. Die übrigen Räume mit einer Fläche von 150 qm nutzt B für eigene Wohnzwecke.

Welcher Teil des Grundstücks muss oder darf in das BV aufgenommen werden?

Lösung: Eigenbetrieblich genutzte Grundstücksteile stellen selbständige WG dar (R 4.2 Abs. 4 S. 1 EStR). Sie sind notwendiges BV (R 4.2 Abs. 7 S. 1 EStR).

Der betrieblich genutzte Grundstücksteil ist auch nicht von untergeordneter Bedeutung i. S. v. § 8 EStDV:

Gebäudewert:	25 % von 62.000 € =	15.500 €
Bodenwert:	25 % von 18.000 € =	4.500 €
Zusammen		20.000 €

Zwar beträgt der Grundstücksteil (GruBo und Gebäude) nicht mehr als 20.500 €, aber sein Wert beträgt mehr als ein Fünftel des Werts des ganzen Grundstücks.

Der betrieblich genutzte Grundstücksteil muss als notwendiges BV bilanziert werden. Der übrige Grundstücksteil darf nicht bilanziert werden (notwendiges PV).

Beispiel 16: Der große Stellplatz von untergeordneter Bedeutung

C erwarb am 02.05.02 in Hamburg-Altona ein unbebautes Grundstück mit einer Größe von 800 qm für 160.000 €. Auf dem Grundstück errichtete C mit HK von 1,47 Mio. € ein Mietwohnhaus (Fertigstellung am 01.05.05). Im Tiefkeller des Gebäudes richtete C 40 Kfz-Stellplätze ein, von denen er 25 zum Abstellen von Lieferwagen seines Lebensmittelfilialbetriebs nutzt. Die anteiligen Baukosten für die betrieblich genutzten Stellplätze betragen 18.000 €. Der auf diese Stellplätze entfallende anteilige Bodenwert beträgt 400 €.

Wie ist der eigenbetrieblich genutzte Grundstücksteil bilanziell zu behandeln?

Lösung: Grundsätzlich ist der eigenbetrieblich genutzte Gebäudeteil einschließlich des dazu gehörenden Anteils vom Grund und Boden als notwendiges BV bilanzierungspflichtig (R 4.2 Abs. 7 S. 1 EStR).

Hier ist der eigenbetrieblich genutzte Grundstücksteil jedoch von untergeordneter Bedeutung i. S. v. § 8 EStDV (Wert = weniger als 1/5 des Werts des ganzen Grundstücks und weniger als 20.500 €). Der eigenbetrieblich genutzte Grundstücksteil braucht deshalb nicht in der StB ausgewiesen zu werden.

Zu beachten ist jedoch, dass, wenn zu einem bestimmten Bilanzstichtag die vorbezeichneten Wertgrenzen nicht überschritten werden und deshalb von einer Bilanzierung abgesehen wurde, durch Wertsteigerungen des Grundstücks an einem Folgebilanzstichtag die Wertgrenzen des § 8 EStDV überschritten sein können und dadurch eine Bilanzierungspflicht eintritt.

Beispiel 17: Für jeden etwas

D ist Eigentümer eines bebauten Grundstücks. Der Wert des Grund und Bodens beträgt 150.000 €, der des Gebäudes 400.000 €. Das Gebäude wird wie folgt genutzt:
- 150 qm für die eigene Gaststätte des D,
- 150 qm durch Vermietung an den Weinlieferanten des D als Büroraum,
- 150 qm durch Vermietung als Wohnungen und
- 50 qm für eigene Wohnzwecke des D.

Welcher Teil des Grundstücks ist notwendiges BV?

Welcher Teil des Grundstücks kann als gewillkürtes BV behandelt werden?

Mit welchem Wert sind die betreffenden Grundstücksteile in der Bilanz anzusetzen?

Lösung: Der eigenbetrieblich genutzte Grundstücksteil ist notwendiges BV. Der an den Weinliefe-ranten vermietete Grundstücksteil kann als gewillkürtes BV behandelt werden (R 4.2 Abs. 9 S. 1 EStR). Ob der durch Vermietung als Wohnungen genutzte Grundstücksteil auch als gewillkürtes BV behan-delt werden kann, kommt auf den Einzelfall an (objektiver Zusammenhang mit dem Betrieb). Der für eigene Wohnzwecke genutzte Grundstücksteil ist als notwendiges PV nicht bilanzierungsfähig.

Bilanzansätze:

eigenbetrieblicher Teil

Gebäude	3/10 von 400.000 € =	120.000 €
GruBo	3/10 von 150.000 € =	45.000 €

gewerblich vermieteter Teil

Gebäude	3/10 von 400.000 € =	120.000 €
GruBo	3/10 von 150.000 € =	45.000 €

ggf.: zu Wohnzwecken vermieteter Teil

Gebäude	3/10 von 400.000 € =	120.000 €
GruBo	3/10 von 150.000 € =	45.000 €

3   Technische Anlagen, Maschinen, Betriebs- und Geschäftsausstattung

4   Technische Anlagen, Maschinen, Betriebs- und Geschäftsausstattung

4.1   Technische Anlagen und Maschinen

Technische Anlagen und Maschinen gehören zum abnutzbaren AV. Sie sind immer – auch, wenn sie Betriebsvorrichtungen sind – den **beweglichen** WG zuzuordnen. Deshalb kommen für technische Anlagen und Maschinen in der StB Absetzungen für Abnutzung nach § 7 Abs. 1 oder Abs. 2 EStG in Betracht, d.h. die AK oder HK können linear, degressiv oder nach Maß-gabe der Leistung abgeschrieben werden.

4.2   Betriebs- und Geschäftsausstattung

Auch die Betriebs- und Geschäftsausstattung gehört zum **beweglichen** abnutzbaren AV. Die Ausführungen zur Absetzung für Abnutzung bei den technischen Anlagen und Maschinen gel-ten entsprechend für die Betriebs- und Geschäftsausstattung.

4.3   Geleistete Anzahlungen

Als Aktivposten »geleistete Anzahlungen« im Bereich des Sachanlagevermögens (§ 266 Abs. 2 A.II.4 HGB) sind die vom Unternehmer erbrachten **Vorleistungen** für die Anschaffung von Ver-mögensgegenständen des Sachanlagevermögens auszuweisen, wenn das Investitionsgut bis zum Bilanzstichtag noch nicht geliefert wurde. Davon abzugrenzen sind die unter den immateriellen Vermögensgegenständen auszuweisenden Anzahlungen für die Beschaffung von immateriellen Anlagegütern (§ 266 Abs. 2 A.I.4 HGB). Der Anzahlungsbetrag wird im Zeitpunkt der Lieferung – in der Regel im Folgejahr – auf das entsprechende Anlagekonto umgebucht.

4.4 Anlagen im Bau

Der Ausweis unter der Bezeichnung »Anlagen im Bau« kommt in Betracht für Aufwendungen im Zusammenhang mit der Erstellung von Anlagen auf dem **eigenen Grund** und Boden des bilanzierenden Unternehmers. Die Anlagen im Bau werden mit den Teil-HK bewertet, die bis zum Bilanzstichtag angefallen sind. Im Zeitpunkt der Fertigstellung der Anlage wird der Saldo des Kontos auf das entsprechende Anlagekonto umgebucht.

5 Beteiligungen an Kapitalgesellschaften
5.1 Vorbemerkung

In diesem Kapitel werden nur die Beteiligungen an KapG behandelt. Zur Beteiligung an einer PersG s. *Preißer*, Teil B, Kap. V.

5.2 Begriff

Beteiligungen sind Anteile an anderen Unternehmen, die dazu bestimmt sind, dem eigenen Geschäftsbetrieb durch Herstellung einer dauernden Verbindung zu jenen Unternehmen zu dienen. Dabei ist es unerheblich, ob die Anteile in Wertpapieren verbrieft sind oder nicht (§ 271 Abs. 1 HGB). Anteile an KapG rechnen im Zweifel dann zu den Beteiligungen, wenn deren Nennbeträge insgesamt den **fünften Teil** des Nennkapitals dieser Gesellschaft **überschreiten** (§ 271 Abs. 1 S. 3 HGB). Bei besonderen Verhältnissen, z. B. bei großem wirtschaftlichem Einfluss auf die KapG, kann auch bei geringeren Anteilen eine Beteiligung vorliegen.

Liegt bei verbrieften Anteilen an einer KapG keine Beteiligung vor, so handelt es sich um Wertpapiere des AV oder UV. Beteiligungen dagegen gehören grundsätzlich zum AV.

5.3 Bewertung
5.3.1 Anschaffungskosten

Beteiligungen an KapG sind grundsätzlich mit den AK zu bewerten. Zu den AK gehören nach der Rspr. außer dem eigentlichen Kaufpreis auch die Nebenkosten des Erwerbs, besonders Maklercourtage und Provisionen. Nach der Rspr. sind auch nachträgliche AK auf Beteiligungen zu aktivieren. Als solche kommen vor allem Zuschüsse zur Deckung von Verlusten und Ausgaben sowie Nachschüsse in Betracht.

Bei der Einlage von (wesentlichen) Beteiligungen ist auf § 6 Abs. 1 Nr. 5 S. 1 1. HS Buchst. b EStG zu achten. Verdeckte Einlagen stellen nach § 6 Abs. 6 S. 2 EStG zusätzliche AK für die Beteiligung dar, und zwar i. H. d. TW des eingelegten WG.[121]

Bei der Gründung einer GmbH oder bei Erhöhung ihres Kapitals sind die Anteile nur i. H. d. eingezahlten Betrags zu aktivieren und sind auch nur in dieser Höhe als angeschafft anzusehen. Die Einzahlungsverpflichtung kann bei der Bemessung der AK der Anteile erst dann berücksichtigt werden, wenn sie nach den Umständen des Einzelfalls ausreichend konkretisiert ist und damit echten Schuldcharakter hat. Das ist regelmäßig bei einer förmlichen Anforderung der Fall. Die Einzahlungsverpflichtung ist in diesem Zeitpunkt zu passivieren. Gleichzeitig ist ein dem Passivposten entsprechender Betrag als AK zu aktivieren (Erlass des FinMin Niedersachsen vom 27.02.1969, DB 1969, 415).

---

121 Ansonsten (PV) gilt § 17 Abs. 1 S. 2 EStG.

5.3.2   Niedrigerer beizulegender Wert/Teilwert

Beteiligungen können am Bilanzstichtag gem. § 253 Abs. 3 S. 5 HGB in der HB mit dem niedrigeren beizulegenden Wert angesetzt werden, wenn dieser aufgrund einer voraussichtlich **vorübergehenden** Wertminderung niedriger ist als die AK; bei Vorliegen einer **dauernden** Wertminderung **müssen** sie mit dem niedrigeren Stichtagswert angesetzt werden. In der StB ist der Ansatz mit dem niedrigeren TW nur zulässig, wenn die Wertminderung von Dauer ist (§ 6 Abs. 1 Nr. 2 S. 2 EStG).

Der objektive Wert einer Beteiligung richtet sich grundsätzlich nach den Wiederbeschaffungskosten. Diese entsprechen bei kursführenden Anteilspapieren nicht zwingend dem Börsenkurswert. Das ergibt sich schon daraus, dass eine Beteiligung an der Börse nicht gehandelt wird und demgegenüber die Börsenkurswerte der Wertpapiere auch von Spekulationsabsichten der Aktienerwerber und -veräußerer sowie von allgemeinen politischen und wirtschaftlichen Entwicklungen, Erwartungen und Tendenzen beeinflusst werden. Diese Faktoren haben nicht den gleichen Einfluss auf den Wert einer Beteiligung; deren innerer Wert muss sich deshalb bei einem sinkenden Börsenkurswert nicht zwingend verändern.

Der BFH hat in einem Grundsatzurteil am 06.11.2003 (BStBl II 2004, 416; Fall zur Betriebsaufspaltung) die Möglichkeit einer TW-Abschreibung auf eine Beteiligung an einer KapG geprüft und unter folgenden Voraussetzungen zugelassen und diese zusammengefasst: Entweder stellt sich die Anschaffung als **Fehlmaßnahme** dar oder die Wiederbeschaffungskosten sind nach Erwerb gesunken, sodass sich der innere Wert der Beteiligung vermindert hat. Dabei spielen nicht nur die Ertragslage eine wichtige Rolle, sondern auch – und dies ist das Novum der Entscheidung – **die funktionale Wertbestimmung**.

Werden die wirtschaftlichen Erwartungen bei Gründung einer GmbH nicht erfüllt und wird hierdurch das Geschäftsergebnis nachhaltig beeinflusst, so rechtfertigt dies den Ansatz eines niedrigeren TW dieser Beteiligung wegen Vorliegens einer Fehlmaßnahme.

Bei Organschaftsverhältnissen mit Ergebnisabführungsvertrag können beim OrgT TW-AfA wegen Verlusten der OrgG insb. dann nicht vorgenommen werden, wenn der OrgT über eine 100 %ige Beteiligung an der OrgG verfügt.

Bei **Auslandsbeteiligungen** rechtfertigen die Abwertung der ausländischen Währung und die Aufwertung der inländischen Währung eine TW-AfA nicht, wenn der innere Wert der Anteile unverändert geblieben ist.

5.4   Beteiligungserträge
5.4.1   Allgemeines

Nach den allgemeinen Bilanzierungsgrundsätzen sind die Beteiligungserträge nicht erst im Zeitpunkt ihres Zuflusses, sondern bereits mit der Entstehung des Anspruchs zu erfassen. Der Gewinnanspruch gegenüber KapG entsteht mit der Beschlussfassung der dafür zuständigen Organe, eine Gewinnausschüttung vorzunehmen. In allen Bilanzen, die auf einen nach der Beschlussfassung liegenden Stichtag aufzustellen sind, ist für den Anspruch eine »Forderung gegen Unternehmen, mit denen ein Beteiligungsverhältnis besteht« unter gleichzeitiger Buchung eines »Ertrags aus Beteiligungen« zu bilden.

5.4.2   Höhe der Beteiligungserträge

Als Erträge sind nicht nur die ausgeschütteten Nettobeträge zu erfassen, sondern bei kapitalertragstpfl. Erträgen die ungekürzten Gewinnausschüttungen. Bei Einzelunternehmen und PersG als Beteiligten ist die KapESt als Entnahme zu behandeln. Der Beteiligungsertrag ist gem. § 3 Nr. 40 S. 1 Buchst. d EStG i. H. v. 40 % steuerfrei.

Ist der Beteiligte eine KapG, so ist die KapESt als Aufwand zu buchen und dem StB-Gewinn bei der Einkommensermittlung gem. § 10 Nr. 2 KStG außerhalb der Bilanz hinzuzurechnen. Die Beteiligungserträge sind bei KapG gem. § 8b Abs. 1 S. 1 und Abs. 5 S. 1 KStG zu effektiv 95 % steuerbefreit.

6 Wertpapiere
6.1 Allgemeines
Für die Besprechung der Bilanzierung und Bewertung von Wertpapieren wurden hier die Dividendenpapiere (Aktien) und die festverzinslichen Wertpapiere (Obligationen und Schuldverschreibungen) ausgewählt.

6.2 Zurechnung der Wertpapiere zum Betriebsvermögen
Wertpapiere können bei Personenunternehmen (Einzelunternehmen und PersG) sowohl zum BV als auch zum PV gehören. Für die Zuordnung zum BV oder PV gelten die allgemeinen Regeln (R 4.2 Abs. 1 EStR).

Die zum BV gehörenden Wertpapiere sind entweder Bestandteil des AV (§ 271 Abs. 1 HGB) oder des UV. Die Zuordnung zum AV oder UV hat Bedeutung für die Bewertung der Wertpapiere (Niederstwertprinzip beim UV). Die Zurechnung von Wertpapieren zum steuerlichen BV richtet sich nach den Regeln von R 4.2 Abs. 1 EStR.

6.3 Anschaffungskosten
Die AK bestehen aus dem Kaufpreis, den Maklergebühren und der Bankprovision. Kreditkosten und Zinsen für den zum Erwerb der Wertpapiere aufgenommenen Kredit gehören nicht zu den AK.

6.4 Niedrigerer Stichtagswert/Teilwert
6.4.1 Grundsatz
Bei Wertpapieren des AV hat der Kaufmann nach § 253 Abs. 3 S. 4 HGB in der HB das Wahlrecht, bei voraussichtlich vorübergehender Wertminderung die AK oder den niedrigeren beizulegenden Wert anzusetzen; bei voraussichtlich dauernder Wertminderung muss der niedrigere Stichtagswert angesetzt werden. Für die Bewertung der Wertpapiere des UV besteht für die HB das strenge Niederstwertprinzip gem. § 253 Abs. 4 S. 1 HGB, nach dem der niedrigere Stichtagswert angesetzt werden muss.

Gem. § 6 Abs. 1 Nr. 2 S. 2 EStG dürfen Wertpapiere in der StB – unabhängig von der Zugehörigkeit zum AV oder UV – mit dem TW bewertet werden, wenn dieser aufgrund einer voraussichtlich **dauernden Wertminderung** niedriger als die AK ist.

Beispiel 18: Niedrigerer Stichtagswert – Fall I

Ein Einzelunternehmer hält Wertpapiere in seinem AV. Die Papiere wurden bisher mit den AK i. H. v. 20.000 € bilanziert. Zum Bilanzstichtag 31.12.01 ist der Wert der Papiere vorübergehend auf 18.000 € (inkl. Anschaffungsnebenkosten) gefallen.

Lösung: Der Unternehmer kann die Wertpapiere in seiner HB mit den AK oder dem niedrigeren Stichtagswert bewerten (§ 253 Abs. 3 S. 6 HGB). In der StB ist eine Abwertung auf den niedrigeren TW nicht zulässig, weil die Wertminderung nicht von Dauer ist (§ 6 Abs. 1 Nr. 2 S. 2 EStG). Die Maßgeblichkeit der HB wird durch den Spezialnormenvorbehalt des § 5 Abs. 6 EStG durchbrochen.

Beispiel 19: Niedrigerer Stichtagswert – Fall II

Der Sachverhalt entspricht Beispiel 18 mit der Abwandlung, dass die Wertminderung von Dauer ist.

Lösung: Der Unternehmer muss die Wertpapiere in seiner HB mit dem niedrigeren Stichtagswert von 18.000 € bewerten (§ 253 Abs. 3 S. 5 HGB). Der in der HB ausgewiesene Wert ist in die StB zu übernehmen (Maßgeblichkeit der HB gem. § 5 Abs. 1 S. 1 1. HS EStG).

Beispiel 19a: Niedrigerer Stichtagswert – Fall III

Der Sachverhalt entspricht Beispiel 18 mit der Abwandlung, dass die Wertpapiere zum UV gehören; vorübergehende Wertminderung.

Lösung: Der Unternehmer muss die Wertpapiere in seiner HB mit dem niedrigeren Stichtagswert von 18.000 € bewerten (§ 253 Abs. 4 S. 1 HGB). Der in der HB ausgewiesene Wert ist in der StB nicht zulässig, weil die Wertminderung nicht von Dauer ist (§ 6 Abs. 1 Nr. 2 S. 2 EStG). Die Maßgeblichkeit der HB wird durch den Spezialnormenvorbehalt des § 5 Abs. 6 EStG durchbrochen.

Beispiel 20: Niedrigerer Stichtagswert – Fall IV

Der Sachverhalt entspricht Beispiel 18 i. V. m. Beispiel 19 mit der Abwandlung, dass die Wertpapiere zum UV gehören; dauernde Wertminderung.

Lösung: Der Unternehmer muss die Wertpapiere in seiner HB mit dem niedrigeren Stichtagswert von 18.000 € bewerten (§ 253 Abs. 4 S. 1 HGB). Der in der HB ausgewiesene Wert ist in die StB zu übernehmen (Maßgeblichkeit der HB gem. § 5 Abs. 1 S. 1 1. HS EStG).

Der TW von kursführenden Wertpapieren wird regelmäßig vom Börsenkurs bestimmt. Die Anschaffungsnebenkosten dürfen bei einer TW-AfA nur anteilig abgeschrieben werden (BFH vom 29.04.1999, BStBl II 2004, 639), d. h. Abschreibung der in den AK enthaltenen Nebenkosten im Verhältnis des Kursrückgangs.

Beispiel 21: Anteilige Abschreibung der Anschaffungsnebenkosten

Ein Unternehmer erwirbt im April 01 Wertpapiere im Nennwert von 2.000 € zum Kurs von 120 % zzgl. 5 % Nebenkosten (Makler- und Bankkosten). Am Bilanzstichtag (31.12.01) beträgt der Kurs 115 %.

Lösung:

Die AK der Wertpapiere betragen:

2.000 € x 120 % = 2.400 € + 5 % Nebenkosten = 120 €, zusammen: 2.520 €.

Berechnung des Teilwerts: $\dfrac{2.520\ € \times 115}{120\ €} = 2.415\ €$

Allerdings kommt eine Abschreibung auf den niedrigeren Teilwert in der StB nur in Betracht, wenn die Wertminderung voraussichtlich von Dauer ist. Das ist entsprechend dem jeweiligen Sachverhalt nach den Anweisungen in dem BMF-Schreiben vom 02.09.2016 (a. a. O.) zu entscheiden.

Beispiel 22: Teils anteilige und teils volle Abschreibung der Anschaffungsnebenkosten

Ein Unternehmer hat Wertpapiere im Nennwert von (umgerechnet) 1.000 € zum Kurs von 200 % erworben. Er hat folgende Anschaffungsnebenkosten gezahlt: Bank- und Maklerkosten 7 %, Börsenumsatzsteuer 2,5 ‰.

Am Bilanzstichtag (31.12.01) beträgt der Kurs 180 %.

Lösung:

Die AK der Wertpapiere betragen:

1.000 € x 200 % = 2.000 € + 7 % Bank- und Maklerkosten = 140 € + 2,5 ‰ Börsenumsatzsteuer = 5 €, zusammen: 2.145 €.

Berechnung des TW:
Aus den AK ist zunächst die Börsenumsatzsteuer herauszunehmen; die korrigierten AK betragen danach 2.140 €.

Zur Frage der Abschreibung auf den niedrigeren TW in der StB wird auf die entsprechende Anmerkung im Beispiel 21 hingewiesen.

6.4.2 Ermittlung des niedrigeren Teilwerts

Bei der Bewertung mit dem niedrigeren TW sind folgende Grundsätze zu beachten:

- Für Wertpapiere, die einen Börsenkurs haben, gilt der Börsenkurs vom Bilanzstichtag (zzgl. etwaiger anteiliger Nebenkosten).
- Bei ausländischen Wertpapieren ist der TW unter Anwendung des Börsenkurses der Wertpapiere und des Devisenkurses vom Bilanzstichtag zu berechnen.

Beispiel 23: Teilwert von ausländischen Wertpapieren

Anschaffung von US-Aktien im Nennwert von 1.000 US-$ im August 01 zum Börsenkurs von 2.500 US-$. Der Devisenkurs (Geld) im August 01 betrug 0,9157 US-$/€.

Der Börsenkurs der Wertpapiere am 31.12.01 belief sich auf 2.200 US-$, der Devisengeldkurs am 31.12.01 betrug 0,9246 US-$/€, der Devisenkassamittelkurs 0,09288 US-$/€.

Lösung: Die Wertpapiere sind im August 01 mit 2.500 US-$/0,9157 = 2.730 € einzubuchen.

Handelsbilanz:
Die Bewertung zum Bilanzstichtag 31.12.01 erfolgt mit dem Devisenkassamittelkurs von 2.200 US-$/0,9288 = 2.368 €.

Steuerbilanz:
Die Bewertung zum Bilanzstichtag 31.12.01 erfolgt mit dem Zugangswert von 2.730 €. Ein Wahlrecht zum Ansatz des niedrigeren Teilwerts zum Devisengeldkurs von 2.200 US-$/0,9246 = 2.379 € besteht, wenn die Wertminderung voraussichtlich von Dauer sein sollte (so auch BFH vom 23.04.2009, BStBl II 2009, 778 zur Parallelthematik der Wertzuschreibung bei Fremdwährungsverbindlichkeiten: Bei einer Restlaufzeit von 10 Jahren berechtigt ein Kursanstieg nicht zur Zuschreibung). Allerdings stellen normale Kursschwankungen bei börsennotierten WG nach Verwaltungsmeinung grds. **vorübergehende** Wertminderungen dar.

- Bei Wertpapieren junger Unternehmen sind die Zukunftsaussichten zu berücksichtigen, sodass in den ersten Jahren TW-AfA wegen schlechter Ertragslage allgemein nicht in Betracht kommen.
- Bei nicht notierten Wertpapieren ist der TW aus Verkäufen abzuleiten.

6.5 Einzelbewertung/Durchschnittsbewertung

Grundsätzlich gilt bei Wertpapieren die Einzelbewertung (§ 252 Abs. 1 Nr. 3 HGB, § 6 Abs. 1 S. 1 EStG). Bei Vorhandensein einer Vielzahl von Wertpapieren und häufigen Zu- und Abgängen ist die Einzelbewertung zu AK jedoch sehr schwierig. Die höchstrichterliche Finanz-Rspr. hat zwei Möglichkeiten für die Bewertung unterschieden:

1. Soweit der Identitätsnachweis durch ein Wertpapiernummern-Verzeichnis geführt werden kann, ist die Einzelbewertung durchzuführen. Das ist der Fall bei Verwahrung der Wertpapiere im **Streifbanddepot**.
2. Kann der Identitätsnachweis nicht geführt werden, so ist die Durchschnittsbewertung anzuwenden, z. B. bei der Wertpapierverwahrung im **Girosammeldepot**. Die FinVerw hält dann sowohl die Durchschnittsbewertung nach dem gewogenen Mittel als auch die Staffelmethode für anwendbar. Voraussetzung ist allerdings, dass es sich um (annähernd) gleichwertige WG handelt.

Beispiel 24: Durchschnittsbewertung

X-Aktien, Nennwert pro Stück: 100 €

Bestand am 01.01.01	10 Aktien	2.000 €
Zukauf im März 01	5 Aktien	1.050 €
Zukauf April 01	5 Aktien	950 €
Zukauf August 01	10 Aktien	1.700 €
=	30 Aktien	5.700 €

Es erfolgen Verkäufe von fünf Aktien im April 01 zum Kurs von 195 € und von weiteren fünf Aktien zum Kurs von 180 € im Oktober 01.

> **Lösung:**

a) Ermittlung des Durchschnittswerts nach dem **gewogenen** Mittel:

5.700 € : 30 = 190 €.

Berechnung des BW der verkauften Wertpapiere:

10 Aktien i. H. v. 190 € (Durchschnittswert) =		1.900 €

Berechnung des Veräußerungsverlustes:

Verkaufserlöse	5 x 195 € = 975 €		
	5 x 180 € = 900 €		1.875 €
abzgl. BW (= Durchschnittswert)		./.	1.900 €
Veräußerungsverlust		./.	25 €

b) Ermittlung des Durchschnittswerts nach der **Staffelmethode**:

Bestand 01.01.01	10 Aktien		2.000 €
Zukauf März 01	5 Aktien	+	1.050 €
Zukauf April 01	5 Aktien	+	950 €
			4.000 €
Durchschnittswert	4.000 € : 20 = 200 €		
Abgang April 01	5 Aktien i. H. v. 200 €	./.	1.000 €
Verbleiben			**3.000 €**
Zukauf August 01	10 Aktien	+	1.700 €
			4.700 €
Durchschnittswert	4.700 € : 25 = 188 €		
Abgang Oktober 01	5 Aktien i. H. v. 188 €	./.	940 €
Verbleiben			**3.760 €**

Berechnung des Veräußerungsverlustes:

Verkaufserlöse	5 x 195 €		975 €
	+ 5 x 180 €		900 €
			1.875 €
abzgl. BW der Verkäufe im April		./.	1.000 €
abzgl. BW der Verkäufe im Oktober		./.	940 €
Veräußerungsverlust			**65 €**

6.6 Bezugsrechte und junge Aktien

Nach ständiger Rspr. des BFH, zuletzt Urteil vom 07.12.2004 (BStBl II 2005, 468), bestehen die AK eines Bezugsrechts auf eine junge Aktie aus einem nach der **Gesamtmethode** zu errechnenden und **abzuspaltenden** Teil der AK (BW) der für das Bezugsrecht notwendigen

Altaktien. Da ein Teil der in der alten Aktie verkörperten, auch die künftige Gestaltung umfassenden Gesellschaftsrechte auf das aus ihr hervorgegangene Bezugsrecht entfällt, ist es folgerichtig, dem Bezugsrecht auch einen Teil der Kosten als AK zuzuordnen, die für den Erwerb der Altaktie aufgewendet werden mussten, und den BW der Altaktie um denselben Betrag zu mindern, so wie es in der Gesetzgebung für Gratisaktien bestimmt ist (§ 3 KapErhStG).

Beispiel 25: Kapitalerhöhung aus G'ftermitteln

Je vier Altaktien wird eine junge Aktie gegen Zuzahlung von 100 € ausgegeben; BW der Altaktie: 100 €, Börsenkurs der Altaktie vor Kapitalerhöhung: 200 €, Börsenkurs des Bezugsrechts: 16 €.

Lösung:

BW des Bezugsrechts:

$$\frac{\text{BW Altaktie} \times \text{Börsenkurs Bezugsrecht}}{\text{Börsenkurs Altaktie (vor Kapitalerhöhung)}} = \frac{100 \, € \times 16 \, €}{200 \, €} = 8 \, €$$

AK für eine junge Aktie:	100 € + (4 x 8 €) =	132 €
BW der Altaktie nach Kapitalerhöhung:	100 € ./. 8 € =	92 €

Beispiel 26: Kapitalerhöhung aus Gesellschaftsmitteln

Je drei Altaktien wird eine junge Aktie (ohne Zuzahlung) ausgegeben; BW der Altaktie: 100 €.

Lösung:

BW der Altaktie und der jungen Aktie nach Kapitalerhöhung:

$$\frac{3 \times 100 \, €}{4} = 75 \, €$$

6.7 Behandlung der Stückzinsen

Wenn festverzinsliche Wertpapiere im Verlauf des Zinszahlungszeitraums mit dem laufenden Zinsschein veräußert werden, so muss der Erwerber dem Veräußerer regelmäßig die bereits entstandenen Zinsen für die seit dem letzten Zinszahlungstermin verflossene Zeit vergüten. Diese Zinsen werden als Stückzinsen bezeichnet. Die Stückzinsen gehören nicht zu den AK der Wertpapiere; sie stellen vielmehr AK für den erworbenen Zinsanspruch dar.

Beispiel 27: Stückzinsen

Eine Obligation über nominell 10.000 €, verzinslich mit 8 %, wird am 01.08.00 zum Kurs von 98 % + 2 % Nebenkosten erworben.

Kaufpreis	9.800,00 €
+ 2 % Nebenkosten	196,00 €
+ Stückzinsen 01.07.– 01.08.	66,66 €
Endbetrag	**10.062,66 €**

Lösung:

Wertpapiere	9.996,00 €	an	Bank	10.062,66 €
Sonstige Forderungen	66,66 €			

6.8   Behandlung der Wertpapiererträge

6.8.1   Steuerliche Behandlung der Erträge aus Aktien

Beim G'fter (natürliche Person) sind die ausgekehrten Gewinne der KapG zur Abmilderung der Doppelbesteuerung zu 60 % (§ 3 Nr. 40 Buchst. d EStG) stpfl.

Aufwendungen können im Gegenzug ebenfalls zu 60 % steuerlich geltend gemacht werden (§ 3c Abs. 2 S. 1 EStG).

Die steuerlichen Belastungswirkungen ab dem VZ 2009 zeigt die folgende Berechnung, wobei die GewSt und der SolZ aus Vereinfachungsgründen außer Betracht bleiben:

a) Ebene der KapG

Gewinn vor Steuern		100,00 €
./. KSt (15 %)	./.	15,00 €
Gewinn nach KSt		85,00 €
./. KapSt (25 %)	./.	21,25 €
Auszahlung an den Anteilseigner		**63,75 €**

b) Ebene des Anteilseigners (natürliche Person) Teileinkünfteverfahren

Erhaltene Dividende (Auszahlung, »Bardividende«)		63,75 €
+ von der KapG einbehaltene KapSt	+	21,25 €
Dividendeneinnahme i. S. v. § 20 Abs. 1 Nr. 1 S. 1 EStG		85,00 €
davon 40 % steuerfrei (§ 3 Nr. 40 S. 1 Buchst. d EStG)	./.	34,00 €
stpfl. Dividendeneinkünfte		**51,00 €**

6.8.2   Buchhalterische Behandlung

Die Dividenden sind auf dem Konto »Erträge aus Wertpapieren« zu erfassen. Die Erfassung der Dividenden ist im Jahr des Ausschüttungsbeschlusses vorzunehmen. Mit dem Ausschüttungsbeschluss entsteht der Anspruch auf Zahlung der Dividende. Die Aktiengesellschaft muss von den ausgeschütteten Dividenden die Kapitalertragsteuer der Bardividende einbehalten. Die KapESt wird auf die ESt/KSt des Dividendenempfängers angerechnet und privat verbucht.

Beispiel 28:

(Zahlen s. Berechnung in Kap. 5.8.1)

Lösung:

Bank	63,75 €	an	Wertpapiererträge	85,00 €
Privat	21,25 €			

Wegen der Steuerbefreiung von 40 % der Erträge gem. § 3 Nr. 40 Buchst. d EStG ist zur Ermittlung des steuerlichen Gewinns eine außerbilanzielle Kürzung von 34 € vorzunehmen.

6.8.3   Beteiligung einer Kapitalgesellschaft

Bei der Beteiligung von KapG an anderen KapG gelten 5 % der gem. § 8b Abs. 1 S. 1 KStG steuerbefreiten Einnahmen als nicht abzugsfähige BA (§ 8b Abs. 5 S. 1 KStG). § 3c Abs. 1 S. 1 EStG ist nicht anzuwenden. Im Ergebnis wird durch den pauschalen Ansatz von nicht abzugsfähigen BA i. H. v. 5 % die Steuerbefreiung auf 95 % der Einnahmen begrenzt.

Beispiel 29:

Sachverhalt s. Beispiel 28; aber: Beteiligung einer KapG.
    Lösung: Es erfolgt diesmal eine außerbilanzielle Kürzung von 95 % von 85,00 € (steuerfrei gem. § 8b Abs. 1 und Abs. 5 KStG i. H. v. 80,75 €).
    Gleichzeitig kommt es wegen § 10 Nr. 2 KStG (nicht abziehbare Steuer) zu einer außerbilanziellen Hinzurechnung der KapESt, die hier zunächst als Steueraufwand verbucht ist, von 21,25 €.

6.8.4 Buchmäßige Behandlung der Erträge aus festverzinslichen Wertpapieren

Die Zinszahlungen werden entweder halbjährlich oder einmal im Jahr nachträglich vorgenommen. Auf die Zinsen entsteht mit Ablauf des Zinszahlungszeitraums ein Rechtsanspruch. Infolgedessen sind die Zinsen periodengerecht zu erfassen. Die steuerliche Behandlung der Zinsen ist unterschiedlich (steuerfrei, Einbehaltung einer 25 %igen KapESt).

Beispiel 30: Erträge aus festverzinslichen Wertpapieren

Ein Gewerbetreibender hat in seinem BV eine 6 %ige Anleihe im Nennwert von 10.000 €. Die Zinsen unterliegen der 25 %igen KapESt + 5,5 % SolZ.
    Zinszahlungstermine: 01.06. und 01.12.
    Zinseingänge: Für die Zeit vom 01.12.00 bis 31.05.01 am 01.06.01, für die Zeit vom 01.06.01 bis 30.11.01 am 01.12.01.
    Die Zinsen für Dezember 00 wurden in der Bilanz per 31.12.00 als sonstige Forderung ausgewiesen (50 €).
    Lösung:
Buchungen im Jahr 01:
am **01.06.**

Bank	220,87 €	an	Sonstige Forderungen	50,00 €
Privat	79,13 €		Zinserträge	250,00 €
am **01.12.**				
Bank	220,87 €	an	Zinserträge	300,00 €
Privat	79,13 €			
am **31.12.**				
Sonstige Forderungen	50,00 €	an	Zinserträge	50,00 €

Für einen Sonderfall, die Bilanzierung eines verzinslichen Genussscheines, hat der BFH am 18.12.2002 (BStBl II 2003, 400) entschieden, dass es auch dann bei der Aktivierungspflicht für die Zinsansprüche des abgelaufenen Jahres verbleibt, wenn der Schuldner des Genussscheins die Ansprüche solange nicht bedienen muss, bis ihm kein Bilanzverlust entsteht. Der Grundsatz der Nichtbilanzierung schwebender Geschäfte tritt hier zurück, da bei einem Dauerschuldverhältnis der Gewinn – und damit die Zinsansprüche – zeitanteilig realisiert wird (werden).[122]

---

122 Mit einer Entscheidung vom gleichen Tag hat der I. Senat zur Bilanzierung von Optionsgeschäften (Stillhaltergeschäft) Stellung genommen (BFH vom 18.12.2002, BFH/NV 2003, 702).

7 Vorräte

7.1 Definition

Unter Vorräten sind die Bestände an Roh-, Hilfs- und Betriebsstoffen, an unfertigen und fertigen Erzeugnissen sowie an Handelswaren zu verstehen.

7.2 Teilwertabschreibungen bei Warenvorräten

WG des UV sind in der HB und in der StB mit den AK oder HK zu bewerten (§ 253 Abs. 1 S. 1 HGB, § 6 Abs. 1 Nr. 2 S. 1 EStG). Gem. § 253 Abs. 4 S. 1 und 2 HGB ist in der HB auf den niedrigeren Wert abzuschreiben, der sich aus einem Börsen- oder Marktpreis ergibt, bzw. – mangels eines Börsen- oder Marktpreises – auf den niedrigeren beizulegenden Wert.

In der StB darf nur dann auf den niedrigeren TW abgeschrieben werden, wenn dieser auf einer voraussichtlich dauernden Wertminderung beruht. Eine Abschreibung auf den niedrigeren TW kann bei der Bewertung eines Warenlagers in der StB auf folgende Sachverhalte gestützt werden.

7.2.1 Teilwertabschreibung beim Sinken der Einkaufspreise

Sind am Bilanzstichtag Börsen- oder Marktpreise vorhanden, so bereitet die Feststellung des niedrigeren TW (= Wiederbeschaffungskosten) keine Schwierigkeiten. Liegen am Bilanzstichtag keine Börsen- oder Marktpreise vor, wird aber dennoch eine TW-AfA damit begründet, dass die Wiederbeschaffungskosten unter den AK oder HK liegen, so sind an die vom Unternehmer zu erbringenden Nachweise besonders dann strenge Anforderungen zu stellen, wenn der allgemeine, für die betroffenen Waren maßgebende Preisspiegel nicht nachhaltig gesunken ist.

7.2.2 Teilwertabschreibung bei Unbrauchbarkeit oder Beschädigung der Ware

Eine Abschreibung auf den niedrigeren TW ist zulässig und geboten, wenn den Waren Mängel anhaften, die nicht behoben werden können.

7.2.3 Teilwertabschreibung beim Sinken der Verkaufspreise

Wertminderungen (wie z. B. durch Unmodernwerden, Verschmutzung, Beschädigung oder Sinken des Verkaufspreises) rechtfertigen eine TW-AfA dann, wenn der voraussichtlich erzielbare Verkaufspreis die Selbstkosten zuzüglich des durchschnittlich erzielbaren Unternehmergewinns nicht erreicht.

Dabei muss der Kaufmann seine bis zur Aufstellung der Bilanz erlangte Kenntnis der Verhältnisse am Bilanzstichtag berücksichtigen. Nach der Rspr. des BFH bestehen jedoch keine Bedenken, dass die nach den Verhältnissen am Bilanzstichtag erzielbaren Verkaufspreise anhand der tatsächlich nach dem Bilanzstichtag erzielten Verkaufserlöse bemessen werden (sog. retrograde Methode).

Als niedrigerer Teilwert ist der Betrag anzusetzen, der von dem voraussichtlich erzielbaren Veräußerungserlös nach Abzug des durchschnittlichen Unternehmergewinns und des nach dem Bilanzstichtag noch anfallenden betrieblichen Aufwands verbleibt. Im Regelfall kann davon ausgegangen werden, dass der Teilwert dem Betrag entspricht, der sich nach Kürzung des erzielbaren Verkaufserlöses um den **nach dem Bilanzstichtag noch anfallenden Teil des durchschnittlichen Rohgewinns** ergibt (R 6.8 Abs. 2 S. 4 EStR).

Soweit es dem StPfl. aufgrund der tatsächlichen Gegebenheiten des Betriebs, z. B. wegen Fehlens entsprechender Warenwirtschaftssysteme, nicht möglich ist, die für die Ermittlung des Teilwerts nach der vorgenannten Subtraktionsmethode notwendigen Daten zugrunde zu legen, wird es nicht beanstandet, wenn der Teilwert nach der sog. Formelmethode ermittelt wird (R 6.8 Abs. 2 S. 5 EStR).

Lange Lagerdauer und damit sinkende Verkaufsmöglichkeiten von Waren rechtfertigen eine Abschreibung auf den niedrigeren TW nicht, solange diese Waren zu den ursprünglich kalkulierten Preisen oder doch ohne ins Gewicht fallende Preisabschläge den Kunden angeboten und auch verkauft werden.

Wenn bei einem rentabel geführten Betrieb der Verkaufspreis bewusst nicht kostendeckend kalkuliert ist (sog. **Verlustprodukte**), ist eine TW-AfA **nicht** zulässig (BFH vom 29.04.1999, BStBl II 1999, 681).

7.3 Verlustfreie Bewertung/retrograde Ermittlung des Teilwerts

Nach der BFH-Rspr. ist die verlustfreie Bewertung von Waren und sonstigen Vorräten nicht auf große Warenlager beschränkt, bei denen es technisch schwierig ist, die Wareneinstandspreise im Einzelnen zu ermitteln. Sie stellt selbst dann eine geeignete Methode zur Ermittlung des TW dar, wenn am Bilanzstichtag der kalkulierte oder der nach den Erfahrungen der Vergangenheit erzielbare Veräußerungserlös den AK entspricht oder darunter liegt. Bei der retrograden Bestimmung des TW sind als Selbstkosten insb. die noch anfallenden Verkaufs-, Vertriebs- und Verwaltungskosten sowie ggf. auch anteilige betriebliche Fixkosten zu berücksichtigen. Die nach dem Bilanzstichtag entstehenden Selbstkosten können allerdings nur insoweit berücksichtigt werden, als auch der gedachte Erwerber des Betriebs (Teilwertdefinition) sie berechtigterweise geltend machen könnte (H 6.8 »retrograde Bewertungsmethode« EStH).

Beispiel 31: Verlustfreie Bewertung

AK der Ware	650 €
geschätzter Verkaufserlös	800 €
noch zu erwartende Gemeinkosten:	
Verwaltungskosten	120 €
Verpackungs- und Frachtkosten	100 €
sonstige Vertriebskosten	30 €

Lösung:

Geschätzter Verkaufserlös		800 €
./. Verwaltungskosten	./.	120 €
./. Verpackungs- und Frachtkosten	./.	100 €
./. sonstige Vertriebskosten	./.	30 €
TW		550 €

7.4 Bewertungsvereinfachungsverfahren
7.4.1 Durchschnittsbewertung
7.4.1.1 Handelsrechtliche Regelung

Gleichartige Vermögensgegenstände des Vorratsvermögens sowie andere gleichartige oder annähernd gleichwertige bewegliche Vermögensgegenstände und Schulden können jeweils zu einer Gruppe zusammengefasst und mit dem gewogenen Durchschnittswert angesetzt werden (§ 240 Abs. 4 HGB).

7.4.1.2   Steuerrechtliche Regelung

Enthält das Vorratsvermögen am Bilanzstichtag WG, die im Verkehr nach Zahl, Maß oder Gewicht bestimmt werden (vertretbare WG) und bei denen die AK oder HK wegen Schwankungen der Einstandspreise im Lauf des Wj. im Einzelnen nicht mehr einwandfrei festzustellen sind, so ist der Wert dieser WG zu schätzen. In diesen Fällen stellt die Durchschnittsbewertung (Bewertung nach dem gewogenen Mittel der im Laufe des Wj. erworbenen und ggf. zu Beginn des Wj. vorhandenen WG) ein zweckmäßiges Bewertungsverfahren dar (R 6.8 Abs. 3 EStR).

Beispiel 32: Methoden der Durchschnittsbewertung

Zum Vorratsvermögen eines Unternehmers gehören WG gleicher Art, die im Verlauf des Wj. zu unterschiedlichen AK erworben wurden. Der Endbestand besteht aus zwei Einheiten.

	Datum	Einheiten	Preis/Einheit	Gesamtpreis
AB	01.01.	4	300 €	1.200 €
Einkauf	05.03.	4	400 €	1.600 €
Einkauf	02.07.	3	500 €	1.500 €
Einkauf	09.09.	3	567 €	1.701 €
Gesamt		**14**		**6.001 €**
Verkäufe:	04.04.	2		
	16.08.	7		
	08.11.	3		

Lösung:
Bewertung mit dem gewogenen Mittel:
Gesamtpreis: Gesamtmenge = 6.001 € : 14 Einheiten = 428,70 €
Bewertung des Endbestands: 2 Einheiten i. H. v. 428,70 € = 857,40 €
Permanente Durchschnittsbewertung (Staffelmethode):

	Menge	Preis/Einheit	Gesamtpreis	Durchschnittswert
Bestand 01.01.	4	300,00 €	1.200,00 €	
Zugang 05.03.	4	400,00 €	1.600,00 €	
	8		2.800,00 €	x 1/8 = 350,00 €
Verkauf 04.04.	2	350,00 €	700,00 €	
	6	(350,00 €)	2.100,00 €	
Zugang 02.07.	3	500,00 €	1.500,00 €	
	9		3.600,00 €	x 1/9 = 400,00 €
Verkauf 16.08.	7	400,00 €	2.800,00 €	
	2	(400,00 €)	800,00 €	
Zugang 09.09.	3	567,00 €	1.701,00 €	
	5		2.501,00 €	x 1/5 = 500,20 €
Verkauf 08.11.	3	500,20 €	1.500,60 €	
Bestand 31.12.	2	500,20 €	1.000,40 €	

7.4.2   Verbrauchsfolgeunterstellung

7.4.2.1   Handelsrechtliche Regelung

Soweit es den Grundsätzen ordnungsmäßiger Buchführung entspricht, kann für den Wertansatz gleichartiger Vermögensgegenstände des Vorratsvermögens unterstellt werden, dass die zuerst oder dass die zuletzt angeschafften oder hergestellten Vermögensgegenstände zuerst verbraucht oder veräußert worden sind (§ 256 S. 1 HGB).

7.4.2.2   Steuerrechtliche Regelung

StPfl., die ihren Gewinn nach § 5 EStG ermitteln, können für den Wertansatz gleichartiger WG des Vorratsvermögens unterstellen, dass die zuletzt angeschafften oder hergestellten WG zuerst verbraucht oder veräußert worden sind, soweit dies den handelsrechtlichen Grundsätzen ordnungsmäßiger Buchführung entspricht (§ 6 Abs. 1 Nr. 2a EStG).

In seinem Schreiben vom 12.05.2015 (BStBl I 2015, 462) weist das BMF ausdrücklich darauf hin, dass mit der Vorschrift des § 6 Abs. 1 Nr. 2a EStG neben der Bewertungsvereinfachung auch die Verhinderung der Besteuerung von Scheingewinnen erreicht werden soll.

Ferner wird in dem BMF-Schreiben erneut betont, dass eine Bewertung nach der Lifo-Methode voraussetzt, dass sie den handelsrechtlichen Grundsätzen ordnungsmäßiger Buchführung entspricht. Diese Voraussetzung ist nach dem BMF-Schreiben erfüllt, wenn die am Ende des Wj. vorhandenen WG mengenmäßig vollständig erfasst sind und die Anwendung der Lifo-Methode nach den betriebsindividuellen Verhältnissen zu einer Vereinfachung bei der Bewertung des Vorratsvermögens führt.

7.4.2.3   Unterschied Handelsrecht/Steuerrecht

Während im Handelsrecht die Verbrauchsfolgeunterstellung nach verschiedenen Methoden (Lifo und Fifo) zulässig ist, beschränkt sich diese Bewertungsvereinfachung im Steuerrecht ausschließlich auf die **Lifo-Methode**.

7.4.2.4   Vorratsbewertung nach der Lifo-Methode

Gem. R 6.9 Abs. 4 EStR kann die Bewertung durch das »permanente Lifo-Verfahren« oder durch das »Perioden-Lifo-Verfahren« durchgeführt werden. Das permanente Lifo-Verfahren setzt eine laufende mengen- und wertmäßige Erfassung aller Zu- und Abgänge voraus. Beim Perioden-Lifo-Verfahren wird der Bestand nur zum Ende des Wj. bewertet. Für das Perioden-Lifo-Verfahren sind drei Fälle zu unterscheiden:

1.   Der Endbestand entspricht mengenmäßig dem Bestand am Anfang des Jahres.
2.   Der Endbestand ist mengenmäßig kleiner als der Bestand am Anfang des Jahres.
3.   Der Endbestand ist mengenmäßig größer als der Bestand am Anfang des Jahres.

Wenn der Endbestand dem Anfangsbestand entspricht oder mengenmäßig kleiner ist als der Anfangsbestand, dann wird der Stückpreis des Vorjahresbestandes übernommen. Das bedeutet, dass die Abgänge des laufenden Jahres mit den Einstandspreisen der Zugänge des laufenden Jahres verrechnet werden.

Beispiel 33: Perioden-Lifo-Verfahren, gleich bleibender Bestand

Anfangsbestand	2.000 kg i. H. v. 25 € =	50.000 €
Zugänge		4.000 kg
Abgänge		4.000 kg

Lösung:

Endbestand   2.000 kg i. H. v. 25 € = 50.000 €

Bei Bestandserhöhungen gibt es zwei Möglichkeiten der Bewertung:
1. Der Mehrbestand wird mit dem Altbestand verschmolzen und es wird ein neuer, gewogener Durchschnittswert des Gesamtbestands ermittelt.
2. Der Mehrbestand wird als sog. **Layer** (= Ableger für Mehrbestand des Wj.) selbständig fortgeführt; dadurch entsteht ein zweiter Bestandsposten, der abweichend vom Anfangsbestand bewertet wird.

Beispiel 34: Perioden-Lifo-Verfahren, erhöhter Endbestand

Anfangsbestand	2.000 kg i. H. v. 25 € = 50.000 €
Zugang I	1.500 kg i. H. v. 40 € = 60.000 €
Zugang II	1.500 kg i. H. v. 30 € = 45.000 €
Abgänge	2.000 kg
Endbestand	3.000 kg

Marktpreis am Bilanzstichtag: 45 € pro kg

Lösung:
Durchschnittsmethode:

2.000 kg i. H. v. 25 €	50.000 €
+ 1.000 kg i. H. v. 40 €	40.000 €
	90.000 €

Layer-Methode:

Layer I = Anfangsbestand 2.000 kg i. H. v. 25 €	50.000 €
Layer II = 1.000 kg i. H. v. 40 €	40.000 €
	90.000 €

Beispiel 35: Durchschnittsmethode, Fortentwicklung im Folgejahr

Die Bewertung im Vorjahr entspricht Beispiel 33, Durchschnittsmethode.

Anfangsbestand	3.000 kg i. H. v. 30 € = 90.000 €
Zugänge	4.000 kg i. H. v. 35 € = 140.000 €
Abgänge	4.500 kg
Endbestand	2.500 kg

Marktpreis am Bilanzstichtag: 45 € pro kg

Lösung:

Endbestand: 2.500 kg i. H. v. 30 € = 75.000 €

Beispiel 36: Layer-Methode, Fortentwicklung im Folgejahr

Bewertung im Vorjahr wie Beispiel 33, Layer-Methode.

Anfangsbestand:	Layer I	2.000 kg	50.000 €
	Layer II	1.000 kg	40.000 €
Summe			90.000 €

Zugänge	4.000 kg	i. H. v. 35 €	140.000 €
Abgänge	4.500 kg		
Endbestand	2.500 kg		

Marktpreis am Bilanzstichtag: 45 € pro kg

Lösung:

Endbestand:	Layer I	2.000 kg i. H. v. 20 €	50.000 €
	Layer II	500 kg i. H. v. 40 €	20.000 €
Endbestand gesamt:			70.000 €

7.4.2.5 Teilwertabschreibungen (R 6.9 Abs. 6 EStR)

Auch bei Anwendung der Lifo-Methode ist in der HB das Niederstwertprinzip (§ 253 Abs. 4 S. 1 und 2 HGB) zu beachten. Dabei ist der Stichtagswert der zu einer Gruppe zusammengefassten WG mit dem Wertansatz, der sich nach der Lifo-Methode ergibt, zu vergleichen. Sind Layer gebildet worden, so ist der Wertansatz des einzelnen Layers mit dem Stichtagswert zu vergleichen und ggf. gesondert auf den niedrigeren beizulegenden Wert abzuschreiben.

In der StB besteht das Wahlrecht zum Ansatz des niedrigeren Teilwerts, wenn die Wertminderung voraussichtlich von Dauer ist.

7.5 Festwert

7.5.1 Handelsrechtliche Regelung

Vermögensgegenstände des Sachanlagevermögens sowie Roh-, Hilfs- und Betriebsstoffe können, wenn sie regelmäßig ersetzt werden und ihr Gesamtwert für das Unternehmen von nachrangiger Bedeutung ist, mit einer gleich bleibenden Menge und einem gleich bleibenden Wert angesetzt werden, sofern ihr Bestand in seiner Größe, seinem Wert und seiner Zusammensetzung nur geringen Veränderungen unterliegt. Jedoch ist in der Regel alle drei Jahre eine körperliche Bestandsaufnahme durchzuführen (§ 240 Abs. 3 HGB).

7.5.2 Steuerrechtliche Regelung

Für das Steuerrecht gilt die gleiche Regelung wie im Handelsrecht (vgl. H 6.8 »Festwert« EStH). Zur nachrangigen Bedeutung des Gesamtwertes hat die FinVerw wie folgt Stellung genommen: Der Gesamtwert der für einen einzelnen Festwert infrage kommenden WG ist für das Unternehmen grundsätzlich von nachrangiger Bedeutung, wenn er im Durchschnitt der dem Bilanzstichtag vorangegangenen fünf Bilanzstichtage 10 % der Bilanzsumme nicht übersteigt.[123]

Für den bei der alle drei Jahre durchzuführenden körperlichen Bestandsaufnahme festgestellten Wert gilt das Folgende (H 6.8 »Festwert« EStH mit Hinweis auf R 5.4 Abs. 3 S. 2–5 EStR):

Übersteigt der Inventurwert den bisherigen Festwert um mehr als 10 %, so ist der ermittelte Wert als neuer Festwert maßgebend. Der bisherige Festwert ist so lange um die AK oder HK der im Festwert erfassten und nach dem Bilanzstichtag des vorangegangenen Wj. angeschafften oder hergestellten WG aufzustocken, bis der neue Festwert erreicht ist.

Übersteigt der bei der Inventur ermittelte Wert den Festwert um nicht mehr als 10 %, so kann der bisherige Festwert beibehalten werden.

---

123 Vgl. hierzu BMF vom 08.03.1993, BStBl I 1993, 276.

Ist der Inventurwert niedriger als der bisherige Festwert, so kann der ermittelte Wert nach R 5.4 Abs. 3 EStR als neuer Festwert angesetzt werden. Das gilt uneingeschränkt nur, wenn der Bestand **mengen**mäßig geringer geworden ist. In Fällen eines nur **wert**mäßig niedrigeren Inventurwerts ist eine TW-AfA nur zulässig, wenn die Wertminderung voraussichtlich von Dauer ist (§ 6 Abs. 1 Nr. 1 Nr. 2 S. 2 EStG). Bei Unternehmern, die ihren Gewinn nach § 5 EStG ermitteln, ist in der HB das Niederstwertprinzip gem. § 253 Abs. 4 S. 1 und 2 HGB zu beachten.

Beispiel 37: Festwertanpassung nach der Inventur (aus StB-Prüfung 2010)

In einem Unternehmen ergab die Bestandsaufnahme beim Restaurantgeschirr auf den 31.12.01 einen Festwertansatz von 7.500 €. Die Bilanzansätze auf den 31.12.01 bis 03 beliefen sich zutreffenderweise auf 7.500 €; der Zukauf 04 wurde mit 1.200 € (netto) in voller Höhe als Aufwand gebucht.

Die Bestandsaufnahme auf den 31.12.04 ergibt vorhandenes Hotelgeschirr mit AK von 30.000 €. Der Festwertprozentsatz für Geschirr beträgt unstreitig 30 %. Die durchschnittliche Restnutzungsdauer des am 31.12.04 vorhandenen Geschirrs beläuft sich auf drei Jahre.

Lösung: Der Festwert lt. Bestandsaufnahme am 31.12.04 beträgt 30 % von 30.000 € = 9.000 €. Der Inventurwert übersteigt den bisherigen Festwert um mehr als 10 %. Der Inventurwert ist als neuer Festwert maßgebend. Der bisherige Festwert ist aus den AK der im Festwert erfassten WG aufzustocken, bis der neue Festwert erreicht ist (R 5.4 Abs. 3 S. 2 und 3 EStR):

Festwert 01.01.04	7.500 €
Zukäufe 04	1.200 €
Festwert 31.12.04	8.700 €

---

8   Forderungen und ihre Bewertung

8.1   Forderungen im Anlagevermögen und Umlaufvermögen

Forderungen können zum AV (mittel- und langfristige Forderungen) oder zum UV (Forderungen aus Lieferungen und Leistungen und andere kurzfristige Forderungen) gehören.

8.2   Bewertung der Forderungen

8.2.1   Anschaffungskosten

Forderungen sind mit den AK zu bewerten (§ 253 Abs. 1 S. 1 HGB, § 6 Abs. 1 Nr. 2 S. 1 EStG). Als AK ist der Nennwert der Forderung anzusetzen. Das gilt auch für unverzinsliche Forderungen (BFH vom 24.10.2006, BStBl II 2007, 469).

8.2.2   Niedrigerer Stichtagswert/Teilwert

Forderungen des AV **müssen** mit dem niedrigeren Stichtagswert bewertet werden, wenn die Wertminderung voraussichtlich von Dauer ist (§ 253 Abs. 3 S. 3 HGB). Forderungen des UV **müssen** in der HB mit dem niedrigeren Stichtagswert bilanziert werden (§ 253 Abs. 4 S. 1 und 2 HGB).

In der StB darf nach § 6 Abs. 1 Nr. 2 S. 2 EStG der niedrigere TW der Forderung nur angesetzt werden, wenn er auf einer voraussichtlich dauernden Wertminderung beruht.

Eine **Bewertung von Forderungen unter dem Nennwert** kommt in Betracht
a) bei Minderwert der Forderung wegen
–   Ausfallwagnis,
–   innerbetrieblichen Zinsverlustes,
–   Belastung mit Skonti oder sonstigen Erlösschmälerungen,
–   Belastung mit Kosten (Mahnungen, gerichtliche Verfolgung, Zwangsvollstreckung);

b) bei zu niedriger Verzinsung und Unverzinslichkeit der Forderung;
c) bei Forderungen in ausländischer Währung, wenn der Devisenkurs gesunken ist.

Zu a): Die Abschreibung ist in Form der Einzelbewertung oder Pauschalbewertung vorzunehmen; eine USt-Berichtigung erfolgt nur im Fall der **Uneinbringlichkeit** (§ 17 Abs. 2 Nr. 1 UStG).

Beispiel 38: Bewertung von Forderungen aus Lieferungen und Leistungen

Ein Unternehmer hat am 31.12.01 folgende Forderungen aus L + L:

Gesamtbestand der Forderungen (inkl. 19 % USt)	1.190.000 €
In dem Forderungsbestand sind enthalten:	
uneinbringliche Forderungen im Wert von	42.840 €
dubiose Forderungen im Wert von	133.280 €

Voraussichtlicher Ausfall: 30 %

Der allgemeine Forderungsausfall betrug nach den Erfahrungen des Unternehmers in der Vergangenheit 3 % des gesamten Forderungsdurchlaufs. Als Kosten- und Zinsbelastung kann ein Pauschalsatz von 2,5 % als angemessen angesehen werden.

Lösung:

Uneinbringliche Forderungen:

Ausbuchung des Nettobetrags der Forderungen, Kürzung der USt.
Bruttobetrag 41.760 € abzgl. USt 6.840 € = Nettobetrag 36.000 €.

Forderungsabschreibung	36.000 €	an	Forderungen aus L + L	42.840 €
USt-Schuld	6.840 €			

Dubiose Forderungen:

Ausbuchung mit 30 % des Nettobetrags der Forderungen, keine Kürzung der USt. Bruttobetrag 133.280 € abzgl. USt 21.280 € = Nettobetrag 112.000 €; davon 30 % = 33.600 €.

Forderungsabschreibung	33.600 €	an	Forderungen aus L + L	33.600 €

Pauschalwertberichtigung:

Die Pauschalwertberichtigung ist vorzunehmen auf den Nettobetrag der Forderungen, der nach Abzug der uneinbringlichen und dubiosen Forderungen vom Gesamtforderungsbestand verbleibt.

Gesamtforderungsbestand		1.190.000 €			
./. uneinbringliche Forderungen	./.	42.840 €			
./. dubiose Forderungen	./.	133.280 €			
verbleiben		1.013.880 €			
./. USt	./.	161.880 €			
Nettobetrag		852.000 €			
Delkredere 3 %		25.560 €			
Forderungsabschreibung		25.560 €	an	Forderungen aus L + L	25.560 €

Kosten- und Zinsbelastung:

Die Pauschalwertberichtigung wegen Kosten- und Zinsbelastung der Forderungen ist mit dem Erfahrungssatz aus der Vergangenheit auf den Bruttobetrag der Gesamtforderungen abzüglich der uneinbringlichen Forderungen[124] zu berechnen.

---

124 Die uneinbringlichen Forderungen werden zum Bilanzstichtag endgültig ausgebucht und können deshalb nach dem Stichtag keine Kosten mehr verursachen.

Gesamtforderungsbestand		1.190.000 €
./. uneinbringliche Forderungen	./.	42.840 €
Bemessungsgrundlage für die Wertberichtigung		1.147.160 €
Wertberichtigung 2,5 %		28.679 €
Forderungsabschreibung		28.679 € an Forderungen aus L + L 28.679 €

Zu b) Niedrigverzinsliche Forderungen:

Die Forderung ist auf den Barwert abzuzinsen (BFH vom 24.10.2006, a. a. O.). Die Abzinsung wird allgemein befürwortet bei Forderungen mit einer Laufzeit von mindestens zwölf Monaten.

Ausnahme: Darlehensforderungen gegen Betriebsangehörige sind stets mit dem Nennbetrag anzusetzen (BFH vom 30.11.1988, BStBl II 1990, 117).

Beispiel 39: Abzinsung einer Forderung

In der Buchführung eines Unternehmers wird eine Darlehensforderung i. H. v. 50.000 € gegen einen Kunden ausgewiesen. Das Darlehen wurde wegen der guten Geschäftsbeziehungen zinslos vereinbart. Die Restlaufzeit der Forderung am Bilanzstichtag 31.12.02 beläuft sich auf fünf Jahre. Die Schuld ist von dem Kunden am Ende der Kreditlaufzeit in einem Betrag zu tilgen.

Lösung: Wegen der Zinslosigkeit liegt der beizulegende Wert/TW am Bilanzstichtag unter dem Nennwert der Forderung. Der tatsächliche Wert der Forderung wird durch Abzinsung ermittelt. Bei der Abzinsung in der HB soll nach Meinung in der einschlägigen Lit. der kapitalmarktübliche Zinssatz oder der Zins für die eigene Refinanzierung verwendet werden. Für die StB ist ein Zinssatz von 5,5 % als angemessen anzusehen. Hier kann sich ein Problem im Zusammenhang mit der Maßgeblichkeit der HB für die StB ergeben. Muss die abgezinste Forderung aus der HB in die StB übernommen werden? M. E. ist der HB-Ansatz für die StB bindend. Es gibt – im Gegensatz zur Abzinsung von Verbindlichkeiten (s. Kap. VI 3) – keine steuergesetzlich bindende Vorschrift zur Abzinsung mit dem Zinssatz von 5,5 %. Infolgedessen ist eine in der HB durchgeführte Forderungsabzinsung, die nach handelsrechtlichen Grundsätzen ordnungsmäßiger Buchführung nicht zu beanstanden ist, gem. § 5 Abs. 1 S. 1 EStG in die StB zu übernehmen. Für die Abzinsung kann folgende Formel verwendet werden:

$$B = R : \left(1 + \frac{p}{100}\right)^n$$

B = Barwert am Bilanzstichtag
R = Rückzahlungsbetrag
p = Zinssatz
n = Laufzeit in Jahren
Bei einem angenommenen Zinssatz von 6 % würde sich im vorliegenden Fall folgende Abzinsung ergeben:

$$50.000 \text{ €} : \left(1 + 0{,}06\right)^5 = 37.363 \text{ €}$$

Zu c) Forderungen in ausländischer Währung:

Handelsbilanz:

Die Forderung ist in der Bilanz mit dem Devisenkassamittelkurs vom Stichtag anzusetzen (§ 256a S. 1 HGB).

Steuerbilanz:

Der Devisenbriefkurs (**Briefkurs** = Kurs, zu dem die Banken Devisen ankaufen) vom Bilanzstichtag könnte angesetzt werden, wenn er zu einer niedrigeren Bewertung führt als im Zeitpunkt der Einbuchung der Forderung (= AK). I. d. R. dürfte diese Bewertung nicht zulässig sein, weil die Wertminderung nach Verwaltungsmeinung regelmäßig voraussichtlich nicht von Dauer ist.

Bei sog. **geschlossenen Positionen** (Forderungen und Verbindlichkeiten in derselben ausländischen Währung gleichen sich betrags- und fristenmäßig aus) sieht § 254 HGB in der HB die Bildung von Bewertungseinheiten vor. Das bedeutet die Zusammenfassung der in der geschlossenen Position erfassten Posten zu einer Bewertungseinheit.

Einzelheiten zur Bewertung geschlossener Positionen sind aus dem Beitrag »Bewertung von Fremdwährungsposten in der Bilanz« ersichtlich.

8.2.3 Verrechnungsverbot

Forderungen und Verbindlichkeiten dürfen in der Bilanz grundsätzlich nicht miteinander verrechnet werden (Saldierungsverbot gem. § 246 Abs. 2 HGB). § 254 HGB bildet eine Ausnahmeregelung.

8.2.4 Sonderfall der Forderung: Unfertige Bauten auf fremdem Grund und Boden
8.2.4.1 Grundsatz

Nach dem BFH-Urteil vom 28.11.1974 (BStBl II 1975, 398) gehören teilfertige Bauten auf fremdem Grund und Boden nicht zum eigenen körperlichen Vorratsvermögen. Sie werden zwar wegen des bürgerlich-rechtlichen Eigentumsübergangs der fest mit dem Grund und Boden verbundenen Materialien als **Forderungen** gegen den Bauherrn angesehen, jedoch in der Bilanz nicht als Forderungen aus Lieferungen und Leistungen, sondern entweder als materielles WG oder wie ein materielles WG unter dem Vorratsvermögen ausgewiesen.

8.2.4.2 Bewertung

Da der Begründung dieser Forderungen kein Anschaffungsvorgang zugrunde liegt, sind sie mit den **HK** zu bewerten. Dabei gilt die Vermutung, dass die HK dem Teilwert der Forderung entsprechen, weil davon auszugehen ist, dass ein potenzieller Erwerber des Unternehmens die teilfertigen Bauten im Rahmen des Gesamtkaufpreises zu den bislang angefallenen HK übernehmen würde.

Die Vermutung ist jedoch widerlegbar. Dieser Umstand tritt ein, wenn der auf die bis zum Bilanzstichtag fertig gestellten Teile der Bauten entfallende Anteil der vereinbarten Gesamtvergütung die bisher aufgewendeten HK unterschreitet. In dem Fall sind die teilfertigen Bauten mit diesem niedrigeren Betrag (Teilwert) zu bewerten.

Der BFH begründet diese Bewertung damit, dass er auf den Rechtscharakter der teilfertigen Bauten auf fremdem Grund und Boden als Forderung verweist. Forderungen sind höchstens mit dem Nennbetrag zu bewerten. Da die hier behandelte Forderung ihrem Inhalt nach dem Vergütungsanspruch aus einem Werklieferungsvertrag entspricht, kann sie nicht mit einem über dem Anteil an der Gesamtvergütung liegenden Wert angesetzt werden.

Der BMF stimmt der Auffassung des BFH zur Teilwertabschreibung bei teilfertigen Bauten auf fremdem Grund und Boden grundsätzlich zu, stellt aber Folgendes klar:

»Durch den Ansatz mit dem anteiligen niedrigeren Erlös wirkt sich nur der **bisher** aufgelaufene Verlust bei der Bewertung des WG der halbfertigen Arbeiten steuerlich aus, nicht jedoch ein anteiliger künftiger Verlust, der auf noch zu erbringende Leistungen entfällt. Derartige drohende Verluste aus schwebenden Geschäften sind nicht in die nach allgemeinen Grundsätzen vorzunehmende Bewertung der als Forderungen auszuweisenden halbfertigen Bauten auf fremdem Grund und Boden einzubeziehen.«

Die Einschränkung der FinVerw bezüglich der Verluste aus den nach dem Bilanzstichtag noch zu erbringenden Leistungen zielt auf das grundsätzliche Verbot, drohende Verluste aus schwebenden Geschäften steuerlich zu berücksichtigen. In diesem Zusammenhang wird auf das steuerliche Passivierungsverbot für Rückstellungen wegen drohender Verluste aus schwebenden Geschäften (§ 5 Abs. 4a EStG) hingewiesen.

9   Bewertung von Fremdwährungsposten in der Bilanz
9.1   Einleitung
Durch das BilMoG wurde § 256a HGB eingeführt, nach dem auf fremde Währung lautende Vermögensgegenstände und Verbindlichkeiten in der HB zum **Devisenkassamittelkurs** am Abschlussstichtag umzurechnen sind. Für die StB gelten die Bewertungsgrundsätze des § 6 EStG, sodass bei der Bewertung von Fremdwährungsposten regelmäßig Abweichungen zwischen den Ansätzen in der HB und in der StB entstehen.

9.2   Bewertungsgrundsatz
Für die Bewertung von Vermögensgegenständen und Verbindlichkeiten in ausländischer Währung gelten folgende Grundsätze:

Die Währungsumrechnung ist nach dem AK-Prinzip durchzuführen. Dabei sind die AK in ausländischer Währung am Tag der Erstverbuchung zu bestimmen. Der Zeitpunkt der Erstverbuchung von ausländischen Währungsposten ist wie bei den in inländischer Währung valutierenden Posten nach den Grundsätzen ordnungsmäßiger Buchführung zu bestimmen. Der maßgebliche Wechselkurs ist der Kurs im Zeitpunkt der erstmaligen Verbuchung. Welcher Umrechnungskurs der ausländischen Währung (Brief oder Geld) am Tag der Erstverbuchung für die Bewertung zugrunde zu legen ist, ergibt sich aus der nachstehenden Tabelle.

Bewertung von Fremdwährungsposten:

Zu bewertender Posten	Maßgeblicher Umrechnungskurs
Geldbestände in ausländischer Währung	**Brief**kurs
Bankkonten in ausländischer Währung	**Brief**kurs (Ausnahme: s. Erläuterung Nr. 1)
Fremdwährungsforderungen	**Brief**kurs
Fremdwährungsverbindlichkeiten	**Geld**kurs
Vermögensgegenstände, die in ausländischer Währung angeschafft wurden	**Geld**kurs

Für alle vorgenannten Posten gilt für die HB einheitlich der Devisenkassamittelkurs.

Erläuterungen

1. Geldbestände, Konten in ausländischer Währung und Fremdwährungsforderungen sind mit dem Kurs zu bewerten, der für den Umtausch der Devisen in Euro maßgebend ist, d. h. mit dem Kurs, zu dem die Banken Devisen **an**kaufen.

    Bei der Bewertung von ausländischen Geldbeständen und Konten in ausländischer Währung wird in der Lit. gelegentlich unterschieden, ob die Zahlungsmittel aus dem Umtausch inländischer Währung oder aus einem in ausländischer Währung abgewickelten Verkaufsgeschäft stammen. Im ersten Fall wird die Bewertung nach dem AK-Prinzip mit dem Geldkurs befürwortet, weil die ausländischen Zahlungsmittel zum Geldkurs eingetauscht wurden. Im zweiten Fall wird der Kurs als maßgebend angesehen, mit dem die Forderung aus dem Verkaufsgeschäft zu bewerten wäre, nämlich der Briefkurs.

Beispiel 40: Bewertung eines Devisenkontos

Die Australien Handels GmbH unterhält ein Devisenkonto zur Abwicklung von Geschäften in australischen Dollar. Die Ein- und Ausgänge auf dem Konto werden mit den jeweiligen Tageskursen bewertet. Das Konto beläuft sich am Bilanzstichtag auf 52.368 AU-$. In der Buchführung der GmbH hat das Konto einen Saldo von 32.414,52 €. Der Briefkurs am Abschluss-Stichtag beträgt 1,6870 AU-$/€.

Lösung: Durch die Bewertung mit dem Briefkurs vom Bilanzstichtag ergibt sich ein Betrag von 31.042,09 €.

In der HB ist das Konto mit dem Devisenkassamittelkurs zu bewerten (§ 256a S. 1 HGB). Der Ansatz eines niedrigeren Teilwerts in der StB ist davon abhängig, ob die Wertminderung voraussichtlich von Dauer ist (§ 6 Abs. 1 Nr. 1 S. 2 EStG). Das ist nach Verwaltungsmeinung regelmäßig nicht anzunehmen.

2. Fremdwährungsverbindlichkeiten sind mit dem Kurs zu bewerten, der für die Beschaffung der zur Tilgung der Verbindlichkeiten erforderlichen Devisen maßgebend ist, d. h. der Kurs, zu dem die Banken Devisen **ver**kaufen.
3. Vermögensgegenstände, die in ausländischer Währung angeschafft wurden, sind mit dem Betrag als AK zu bewerten, mit dem die bei der Anschaffung in ausländischer Währung entstandene Verbindlichkeit anzusetzen wäre, d. h. Bewertung mit dem Kurs, zu dem die Banken Devisen **ver**kaufen.

9.3 Zeitpunkt der Bewertung
9.3.1 Devisenbestände und Konten in ausländischer Währung
Zur Ermittlung der historischen AK sind die Wechselkurse im Zeitpunkt des Erwerbs zugrunde zu legen. Die Berechnung der fortgeführten AK erfolgt mit den Devisenkursen des Bewertungsstichtags (Bilanzstichtags).

9.3.2 Forderungen und Verbindlichkeiten in ausländischer Währung
Die Forderungen und Verbindlichkeiten sind mit dem Devisenkurs im Zeitpunkt ihrer Entstehung einzubuchen. In der HB sind die Posten mit den Devisenkassamittelkurs vom Bilanzstichtag zu bewerten. Zwecks Feststellung des niedrigeren TW in der StB ist der Wechselkurs des Bewertungsstichtags zu berücksichtigen.

Beispiel 41: Bewertung einer Devisenforderung (in Anlehnung an die StB-Prüfung 2011)

Ein Exporteur verkauft Waren auf US-$-Basis. Die Forderung i. H. v. 20.000 US-$ entsteht am 15.11., Bilanzstichtag: 31.12.

- Briefkurs am 15.11.:   0,9327 US-$/€,
- Devisenkassamittelkurs am 31.12.:   0,9328 US-$/€,
- Briefkurs am 31.12.:   0,9335 US-$/€,
- Einbuchung der Forderung am 15.11.:   20.000 € : 0,9327 = 21.443,12 €.

Lösung:
Bewertung der Forderung am 31.12. in der HB (Devisenkassamittelkurs gem. § 256a S. 1 HGB):
20.000 € : 0,9328 = 21.440,80 €.

Ansatz der Forderung am 31.12. in der StB mit dem Zugangswert von (20.000 € : 0,9327 =) 21.443,12 €. Ein Ansatz mit dem niedrigeren TW kommt bei Kurswerten regelmäßig mangels dauernder Wertminderung nicht in Betracht.

9.3.3 In ausländischer Währung angeschaffte Vermögensgegenstände

Die AK werden unter Verwendung des Wechselkurses der ausländischen Währung im Zeitpunkt der Anschaffung errechnet. Eine nachträgliche Veränderung der AK infolge von Devisenkursänderungen ist nicht vorzunehmen.

Beispiel 42: Bewertung einer Devisenverbindlichkeit und Anschaffungskosten

Ein Importeur erwirbt eine Partie Waren im Wert von 50.000 US-$.
  Anschaffungszeitpunkt: 22.12., Bilanzstichtag: 31.12.

- Geldkurs am 22.12.: 0,9245 US-$/€,
- Geldkurs am 31.12.: 0,9275 US-$/€,
- Devisenkassamittelkurs am 31.12.: 0,9260 US-$/€.

Lösung:
Einbuchung der Verbindlichkeit am 22.12.: 50.000 US-$: 0,9287 = 54.083,29 €.
  Bewertung der Verbindlichkeit am 31.12.:
- **in der HB:**
  50.000 US-$: 0,9260 = 53.995,68 €.
- **in der StB:**
  Ansatz mit den »AK« der Verbindlichkeit i. H. v. 54.083,29 €; der niedrigere Wert der Verbindlichkeit am Bilanzstichtag darf nicht angesetzt werden (Niederstwertprinzip).
  AK der erworbenen Ware: 54.083,29 €. Dieser Betrag ist auch in der HB und StB am 31.12. anzusetzen.

9.3.4 Schwebende Geschäfte

Die von beiden Vertragsparteien noch nicht erfüllten obligatorischen Geschäfte (schwebende Geschäfte) in Fremdwährung sind im Zeitpunkt des Abschlusses buchmäßig nicht zu erfassen, weil unterstellt wird, dass sich Leistung und Gegenleistung aus dem Geschäft ausgleichen (z. B. beim schwebenden Einkaufskontrakt) oder zugunsten des Kaufmanns auswirken (z. B. beim schwebenden Verkaufskontrakt). Eine Bewertung des schwebenden Geschäfts muss erst zum Bilanzstichtag durchgeführt werden. Wenn aus dem Devisenkurs am Stichtag ein Verlust droht, ist in der HB eine Rückstellung für drohende Verluste aus schwebenden Geschäften gem. § 249 Abs. 1 S. 1 HGB auszuweisen. In der StB ist diese Rückstellung nicht zulässig (§ 5 Abs. 4a EStG).

Beispiel 43: Schwebendes Geschäft

Die Indien Handels KG hat am 18.12.00 einen Einkaufskontrakt über die Lieferung von Antiquitäten mit einem Unternehmen in Indien abgeschlossen. Der Rechnungspreis beläuft sich auf 922.500 INR. Die Ware soll im Februar 01 geliefert werden.
  Der Devisen(-geld-)kurs beträgt

- am 18.12.00: 40,04 INR/€,
- am 31.12.00: 39,84 INR/€.

Lösung: Das schwebende Geschäft ist zunächst buchmäßig nicht zu erfassen. Zum Bilanzstichtag 31.12.00 ist jedoch zu untersuchen, ob aus dem Devisenkurs am Stichtag ein Kursverlust droht.
  Das Geschäft wurde abgeschlossen mit

einem Preis von 922.500 INR : 40,04 =		23.039,46 €
Nach den Kursverhältnissen am Bilanzstichtag 31.12.00		
hat die Verbindlichkeit einen Wert von 922.500 INR : 39,84 =		23.155,12 €
Drohender Verlust dementsprechend		116,66 €

In der HB ist gem. § 249 Abs. 1 S. 1 HGB eine Rückstellung für drohende Verluste aus schwebenden Geschäften zu passivieren. Die Rückstellung ist in der StB nicht zulässig (§ 5 Abs. 4a EStG).

9.4   Devisentermingeschäfte

Das Devisentermingeschäft ist als klassisches Kurssicherungsgeschäft anzusehen. Durch den Abschluss eines Devisentermingeschäftes wird das Risiko des Kursverlustes dadurch ausgeschlossen, dass

- bei Forderungen in ausländischer Währung der Valutabetrag auf den zu erwartenden Zahlungstermin mit dem gegenwärtigen Termin**brief**kurs veräußert wird bzw.
- bei Verbindlichkeiten in ausländischer Währung ein der Schuldsumme entsprechender Devisenbetrag zum gegenwärtigen Termin**geld**kurs gekauft wird.

Beim Abschluss von Devisentermingeschäften sind drei Fälle möglich. Das Devisentermingeschäft kann entweder

a) zeitgleich mit dem Grundgeschäft,
b) vorher oder
c) nachträglich

abgeschlossen werden.

Für die beschriebenen Fälle ergeben sich folgende Bewertungsregeln:

Zu a): Bei zeitgleichem Abschluss des Devisensicherungsgeschäftes ist das Grundgeschäft mit dem Terminkurs des Sicherungsgeschäftes zu bewerten. Durch die einheitliche Bewertung des Grundgeschäftes und des Sicherungsgeschäftes mit dem Devisenterminkurs wird vermieden, aufgrund des strengen Niederst-/Höchstwertprinzips bei verändertem Kurs zum Bilanzstichtag Währungsverluste auszuweisen, die wegen der Kurssicherung am Ende gar nicht entstehen.

Zu b): Wird das Devisensicherungsgeschäft vor dem Grundgeschäft abgeschlossen und das Grundgeschäft erst nach dem Bilanzstichtag durchgeführt, so ist die bilanzielle Behandlung des Sicherungsgeschäftes nach den Grundsätzen der Bilanzierung von schwebenden Geschäften zu behandeln. Wenn nach den Kursverhältnissen am Stichtag ein Verlust droht, ist in der HB eine Rückstellung für drohende Verluste aus schwebenden Geschäften gem. § 249 Abs. 1 S. 1 HGB zu passivieren. Die Rückstellung ist in der StB nicht zulässig (§ 5 Abs. 4a EStG).

Zu c): Bei nachgelagertem Abschluss des Devisensicherungsgeschäftes muss zwecks Bewertung der Forderung/Verbindlichkeit zum Bilanzstichtag festgestellt werden, ob der Terminkurs niedriger oder höher ist als der Kassakurs im Zeitpunkt der Erstverbuchung. Nach dem strengen Niederst-/Höchstwertprinzip ist für die Bewertung einer Forderung der Terminkurs maßgebend, wenn er **niedriger** ist als der Kassakurs im Zeitpunkt der Erstverbuchung; bei der Bewertung einer Verbindlichkeit ist danach der **höhere** Terminkurs anzusetzen. Hier ist jedoch die Frage nach dem bilanziellen Ausweis der zutreffenden Vermögens- und Ertragslage zu stellen, wenn aufgrund der Kurssicherung endgültig kein Währungsverlust eintreten kann.

Beispiel 44: Bewertung eines gesicherten Devisengeschäftes

Die Asien Import GmbH & Co. KG hat am 06.12.00 ein Warenanschaffungsgeschäft in Hongkong über 40.000 HK-$ getätigt. Die Verbindlichkeit ist vereinbarungsgemäß am 05.02.01 zu begleichen. Zur Absicherung der Währung hat die KG – ebenfalls am 06.12.00 – ein Devisentermingeschäft i. H. v. 40.000 HK-$ zum 05.02.01 abgeschlossen.

Der Devisentermingeldkurs beträgt

- am 06.12.00:   7,1864 HK-$/€,
- am 31.12.00:   7,1978 HK-$/€.

Der Devisenkassamittelkurs am 31.12.00 beträgt 7,1992 HK-$/€.

Lösung: Die Verbindlichkeit ist am 06.12.00 mit dem Devisenterminkurs von 7,1864 HK-$/€, d. h. mit 5.566,07 € einzubuchen.

In der HB wird die Verbindlichkeit mit dem Devisenkassamittelkurs vom 31.12. (40.000 HK-$: 7,1992 =) 5.556,17 €.

In der StB ist die Verbindlichkeit mit dem Betrag der Erstverbuchung zu bilanzieren. Der niedrigere Stichtagswert der Verbindlichkeit darf nicht angesetzt werden (Verbot der Berücksichtigung eines nicht realisierten Gewinns).

Die Thematik war auch in der StB-Prüfungs-Klausur 2015 zu bearbeiten.

9.5   Geschlossene Position

Eine geschlossene Position liegt vor, wenn sich für **eine** Währung Forderungen und Verbindlichkeiten sowie Ansprüche und Verpflichtungen aus schwebenden Geschäften betrags- und fristenmäßig ausgleichen. Voraussetzungen für das Vorliegen einer geschlossenen Position sind demnach

- Währungsidentität,
- Betragsidentität,
- Fälligkeitsidentität.

Für geschlossene Positionen sieht § 254 HGB für die HB die Bildung von Bewertungseinheiten vor. Gem. § 5 Abs. 1a EStG ist die Bildung der Bewertungseinheiten auch für die StB maßgebend.

Beispiel 45: Bewertung einer geschlossenen Position

Eine GmbH hat am Bilanzstichtag 31.12.00 eine Forderung (Entstehung am 30.11.00) über 200.000 AU-$ und eine Verbindlichkeit (Entstehung am 15.12.00) über 150.000 AU-$. Die Forderung und die Verbindlichkeit sind am 15.01.01 fällig.

Zur Bewertung werden folgende Devisenkurse herangezogen:

- Geldkurs am 15.12.00:   1,660 AU-$/€,
- Briefkurs am 30.11.00:   1,680 AU-$/€,
- Geldkurs am 31.12.00:   1,667 AU-$/€,
- Briefkurs am 31.12.00:   1,687 AU-$/€.

Lösung:
- Einbuchung der Forderung am 30.11. mit dem Briefkurs von 1,680 AU-$/€ = 119.047,62 €.
- Einbuchung der Verbindlichkeit am 15.12. mit dem Geldkurs von 1,660 AU-$/€ = 90.361,45 €.

Bewertung am 31.12.00
Kompensation des Kursverlustes bei der Forderung mit dem Kursgewinn bei der Verbindlichkeit:

Wert der Forderung nach dem Entstehungskurs	119.047,62 €
Wert der Forderung nach dem Stichtagskurs	118.553,65 €
Kursverlust	493,97 €
Wert der Verbindlichkeit nach dem Entstehungskurs	90.361,45 €
Wert der Verbindlichkeit nach dem Stichtagskurs	89.982,00 €
Kursgewinn	379,45 €

Die Forderung ist zum Bilanzstichtag aufgrund des Niederstwertprinzips abzuwerten. Der Forderungsansatz wird wie folgt berechnet:

Entstehungskurs	200.000 AU-$: 1,680 =		119.047,62 €
Kursverlust		./.	493,97 €
Gedeckter Kursverlust		./.	379,45 €
Bilanzansatz			**118.933,10 €**

Die Verbindlichkeit ist mit dem Betrag der Erstverbuchung i. H. v. 90.361,45 € zu bilanzieren.

9.6   Wertpapiere in ausländischer Währung

Die Einbuchung von Wertpapieren in ausländischer Währung erfolgt mit den AK. Werden die Papiere in ausländischer Währung erworben, so sind sie mit dem Devisen**geld**kurs im Zeitpunkt der Erstverbuchung anzusetzen.

Die Bewertung der Wertpapiere am Bilanzstichtag ist mit den AK oder dem niedrigeren Stichtagswert vorzunehmen. Bei der Ermittlung des Stichtagswerts sind

- der Börsenkurs der Wertpapiere und der Devisenkassamittelkurs am Bilanzstichtag in der HB und
- der Devisen**geld**kurs am Bilanzstichtag in der StB

zugrunde zu legen.

Beispiel 46: Bewertung von ausländischen Wertpapieren

Anschaffung von US-Aktien im Nennwert von	1.000 US-$
am 16.10.00 zum Börsenkurs von	2.500 US-$
Devisenkurs (Geld) am 16.10.00:	0,9235 US-$/€
Devisenkurs (Geld) am 31.12.00:	0,9275 US-$/€
Devisenkassamittelkurs am 31.12.00:	0,9295 US-$/€
Börsenkurs der Aktien am 31.12.00:	2.200 US-$

Die Wertpapiere sollen zum UV gehören.

Lösung: Ausländische Wertpapiere sind am Tage des Erwerbs mit den AK zu bewerten. Die AK entsprechen dem Börsenkurs in ausländischer Währung zum Devisengeldkurs:

2.500 US-$: 0,9235 = 2.707,09 €.

In der **HB** ist der Börsenkurs der Wertpapiere am Bilanzstichtag mit dem Devisenkassamittelkurs vom Abschussstichtag umzurechnen:

2.200 US-$: 0,9295 = 2.366,86 €.

Für die **StB** sind die AK sind zwecks Bewertung am Bilanzstichtag mit dem Wert zu vergleichen, der sich aus dem Börsenkurs in ausländischer Währung, umgerechnet mit dem Devisenkurs vom Stichtag ergibt:

1.200   US-$: 0,9275 = 2.371,97 €.

Die Wertpapiere sind mit den AK zu bewerten. Das Wahlrecht zum Ansatz des niedrigeren TW wird von der FinVerw mangels dauernder Wertminderung grundsätzlich abgelehnt.

IV Rechnungsabgrenzungsposten

1 Aktive Rechnungsabgrenzung

Als Definition dient: Ausgaben vor dem Bilanzstichtag, die Aufwand für eine bestimmte Zeit nach diesem Stichtag darstellen (§ 250 Abs. 1 S. 1 HGB, § 5 Abs. 5 S. 1 Nr. 1 EStG).

Beispiel 1: Aktive Rechnungsabgrenzung

Die A-AG bezahlt am 01.12.01 die vierteljährlich fällige Kfz-Versicherung für Dezember 01 bis Februar 02 i. H. v. 3.000 € und am 20.12.01 die Kfz-Steuer für die Zeit vom 05.12.01 bis 04.12.02 i. H. v. 1.200 €.

Lösung:

Kfz-Versicherung: aktive Rechnungsabgrenzung	2.000 €
Kfz-Steuer: aktive Rechnungsabgrenzung	1.100 €

2 Passive Rechnungsabgrenzung[125]

Als Definition dient: Einnahmen vor dem Bilanzstichtag, die Ertrag für eine bestimmte Zeit nach diesem Stichtag darstellen (§ 250 Abs. 2 HGB, § 5 Abs. 5 S. 1 Nr. 2 EStG).

Beispiel 2: Passive Rechnungsabgrenzung

Die E-AG hat bei der Vermietung von Büroräumen für eine Mietdauer von 24 Monaten von der Firma F bei Vertragsabschluss am 01.07.01 einen Betrag von 24.000 € erhalten. Die laufenden Mietzahlungen ermäßigen sich wegen dieser Vorleistung vertragsgemäß auf 300 € monatlich.
Lösung: Passive Rechnungsabgrenzung am 31.12.01 i. H. v. 18.000 €.

3 Gemeinsame Voraussetzung für die Bildung von Rechnungsabgrenzungsposten

Folgende Voraussetzungen sind für die Bilanzierung von RAP erforderlich:
- Vorleistung eines Vertragspartners für eine zeitraumbezogene Gegenleistung des anderen Vertragspartners,
- Ausgabe oder Einnahme vor dem Bilanzstichtag,
- Aufwand oder Ertrag für eine bestimmte Zeit nach dem Bilanzstichtag.

Beispiel 3a: Bestimmte Zeit nach dem Stichtag

Die B-AG hat für einen Werbespot im Fernsehen, der in der Zeit vom 01.11.01 bis 31.01.02 an jedem Dienstag jeweils einmal gesendet wird, insgesamt 200.000 € zu zahlen und bis zum 31.12.01 auch bezahlt.

Von der Bildung eines Rechnungsabgrenzungspostens ist auch bei Geringfügigkeit nicht abzusehen (BFH vom 16.03.2021, X R 34/19).
Der BFH hat in diesem Zusammenhang einen Aktiven RAP für (degressive) Raten beim Mobilien-Leasing am 28.02.2001 (BStBl II 2001, 645) allein aus dem Grund nicht zugelassen, da man in diesem Fall keine Vorauszahlung des Nutzungsentgeltes für eine **bestimmte** Zeit annehmen kann. Anders als beim Immobilien-Leasing gäbe es hier keinen gleichbleibenden

---

125 Zur Abgrenzung eines (unzulässigen) passiven Rechnungsabgrenzungspostens von der (richtigen) Ertragsbuchung vgl. BFH vom 20.03.2003 (BFH/NV 2003, 1403).

objektiven Wert der Nutzungsüberlassung, da die Reparaturanfälligkeit bei beweglichen WG diesem Erfahrungswert widerspricht.

Lösung:

Ein Aktiver Rechnungsabgrenzungsposten ist i. H. v. 66.667 € vertretbar, weil in den fest vereinbarten Sendeterminen im Monat Januar 02 eine **bestimmte Zeit nach dem Bilanzstichtag** gesehen werden kann.

Lt. BFH vom 23.02.2005 (BStBl II 2005, 481) führt die Aufhebung eines für eine bestimmte Laufzeit begründeten Schuldverhältnisses gegen Entschädigung nicht zur Bildung eines passiven RAP. Derartige Entschädigungen bedeuten kein Entgelt für eine vom Empfänger noch zu erbringende Gegenleistung, sondern für eine einmalige vor dem jeweiligen Stichtag durch Aufhebungsvertrag (Verzicht) bereits vollzogene Leistung. Der »wirtschaftliche Grund« für diese Einnahmeerzielung liegt somit vor dem Bilanzstichtag. Damit ist der Realisationsgesichtspunkt zu dem maßgeblichen Kriterium für die Bildung eines RAP (und nicht die Gewinnverteilung als solche) gemacht worden.

Beispiel 3b: Zahlung vor dem Stichtag, Aufwand nach dem Stichtag (aus StB-Prüfung 2013)

In der Bilanz einer OHG wurde ein RAP für eine Werbeaktion gebildet. Eine Werbeagentur hatte im September 02 mehrere Anzeigen entworfen und in vier Wochenendausgaben einer überregional bekannten Tageszeitung veröffentlicht. Die nach Abschluss der Werbeaktion im Jahr 02 in Rechnung gestellten und gezahlten 3.000 € zuzüglich 570 € USt wurden zunächst gebucht:

Werbeaufwand	3.000 €			
Vorsteuer	570 €	an	Bank	3.570 €

Im Rahmen der Abschlussarbeiten erinnerte sich der Buchhalter der OHG an die Aussage der Werbeagentur, die Aktion würde »den Kunden noch mindestens bis zum Sommer 03 in Erinnerung bleiben und für Umsätze sorgen«. Er buchte daraufhin:

Aktive Rechnungsabgrenzung	2.000 €	an	Werbeaufwand	2.000 €

Lösung: Ein aktiver Rechnungsabgrenzungsposten ist zu bilden, wenn Ausgaben **vor** dem Bilanzstichtag vorliegen, die Aufwand für eine (bestimmte) Zeit **nach** dem Stichtag darstellen. Das ist hier nicht der Fall. Die Zahlung an die Werbeagentur stellt Aufwand des Jahres 02 dar, weil die Werbemaßnahme in diesem Jahr durchgeführt wurde. Eine Bilanzierung als RAP kommt nicht in Betracht.

Es liegt auch kein immaterielles Wirtschaftsgut vor. Die Voraussetzungen für die Annahme eines (immateriellen) Wirtschaftsguts sind u. a. die Einzelbewertbarkeit und die Einzelveräußerbarkeit. Beides ist bei einer Werbemaßnahme nicht gegeben. Zu erwartende Nutzungsvorteile sind gem. Beschluss des Großen Senats des BFH vom 26.10.1987 (BStBl II 1988, 348) weder selbständige Wirtschaftsgüter noch Vermögensgegenstände.

Korrekturbuchung:

Werbeaufwand	2.000 €	an	Aktive Rechnungs-	
			abgrenzung	2.000 €

4 Spezialvorschriften

Nach Steuerrecht (§ 5 Abs. 5 S. 2 EStG) **müssen** folgende Ausgaben aktiv abgegrenzt werden (im Handelsrecht gibt es keine entsprechende Vorschrift):

- als Aufwand berücksichtigte Zölle und Verbrauchsteuern, soweit sie auf am Abschlussstichtag auszuweisende WG des Vorratsvermögens entfallen,
- als Aufwand berücksichtigte Umsatzsteuer auf am Abschlussstichtag auszuweisende Anzahlungen.

Bei der letztgenannten Abgrenzung handelt es sich um die USt auf erhaltene Anzahlungen, wenn die Anzahlungen mit dem Bruttobetrag passiviert werden.

Beispiel 4a: Buchung der USt auf Anzahlungen

| Geldkonto | 11.900 € | an | erhaltene Anzahlungen | 11.900 € |
| aktive Rechnungsabgrenzung | 1.900 € | an | USt-Schuld | 1.900 € |

Beispiel 4b: unzutreffende Buchung der Anzahlung (aus StB-Prüfung 2014)

Am 20.12.13 erhielt die Elektronikmarkt GmbH vom Kunden Q den Auftrag zur Überarbeitung seiner Ersatzteillager-Datenbank. Q leistete sofort eine Anzahlung über 2.380 €. Die GmbH buchte bei Eingang des Betrags am 21.12.13:

| Bank | 2.380 € an | sonst. betriebl. Erträge | 2.380 € |

Lösung: Die erhaltene Anzahlung darf mangels Gewinnrealisierung (§ 252 Abs. 1 Nr. 4 HGB, § 5 Abs. 1 EStG) noch nicht als Ertrag gebucht werden. Die Gesellschaft hat ihrerseits die geschuldete Leistung noch nicht erbracht. Die im Fall der Nichtleistung zurückzuzahlende Anzahlung ist auf dem Verbindlichkeitskonto »erhaltene Anzahlungen« zu buchen.

Die USt ist gem. § 13 Abs. 1 Nr. 1a UStG entstanden (das Geld wurde vereinnahmt). Die USt-Schuld ist gem. § 246 Abs. 1 S. 1 HGB, § 5 Abs. 1 EStG anzusetzen und gem. § 253 Abs. 1 S. 2 HGB, § 6 Abs. 1 Nr. 3 EStG mit dem Erfüllungsbetrag zu bewerten.

Korrekturbuchung:

| Sonst. betriebl. Erträge | 2.380 € | an | erhaltene Anzahlungen | 2.380 € |
| aktive Rechnungsabgrenzung | 380 € | an | USt-Schuld | 380 € |

Die vorstehende Buchung stellt die sog. Bruttomethode lt. Steuerrecht dar. Seit BilMoG favorisiert das Handelsrecht für die Buchung der erhaltenen Anzahlung die Nettomethode, d. h. den Ausweis der Verbindlichkeit mit dem Nettobetrag ohne USt (vgl. IDW RH HFA 1017 Pkt. 3).

Mit Schreiben vom 29.06.2015 (BStBl I 2015, 542) hatte der BMF entschieden, dass bei Abschlagszahlungen nach § 632a BGB die Gewinnrealisierung schon eintreten sollte, wenn der Anspruch auf die Abschlagszahlung entstanden ist. Diese Anweisung wurde mit BMF-Schreiben vom 15.03.2016 (BStBl I 2016, 279) zurückgenommen und die Grundsätze des BFH-Urteils vom 14.05.2014 (BStBl II 2014, 968) auf Abschlagszahlungen nach § 8 Abs. 2 HOAI a. F. begrenzt.

5 Damnum (Disagio)

§ 250 Abs. 3 HGB regelt das handelsrechtliche Aktivierungswahlrecht für das Damnum. In der StB **muss** das Damnum aktiviert werden (§ 5 Abs. 1 EStG i. V. m. BFH vom 03.02.1969, BStBl II 1969, 291). Die Auflösung des Damnums in der StB ist

- nach der linearen Methode bei Fälligkeitsdarlehen und
- nach der digitalen Methode bei Tilgungsdarlehen[126] vorzunehmen.

Beispiel 5: Digitale Auflösung des Damnums

Aufnahme eines Darlehens; Nennbetrag	200.000 €
Auszahlungsbetrag	190.000 €
Damnum	10.000 €

Laufzeit des Darlehens zehn Jahre,
Zinsen 6 % p. a., Tilgung 1 % + ersparte Zinsen

---

126 Daneben wird eine Abschreibung auf die Zinsfestschreibungsdauer zugelassen.

Einbuchung des Darlehens:

Geldkonto	190.000 €	an	Darlehensver-bindlichkeit	200.000 €
Damnum (RAP)	10.000 €			

Lösung: Das Damnum ist auf die Kreditlaufzeit nach der digitalen Methode zu verteilen. Ermittlung des Nenners für den Bruch (n = Laufzeit des Kredites in Jahren):

$$\frac{(1+n)\times n}{2} = \frac{(1+5)\times 5}{2} = 15$$

Der Zähler des Bruches entspricht dem jeweiligen Jahr der Kreditlaufzeit in umgekehrter Reihenfolge (erstes Jahr der Laufzeit = 10, letztes Jahr der Laufzeit = 1).

1. Jahr	10/55 von 10.000 €	=	1.818 €
2. Jahr	9/55 von 10.000 €	=	1.636 €
...			
letztes Jahr	1/55 von 10.000 €	=	182 €

Mit Urteil vom 29.11.2006 entschied der BFH (DB 2007, 718 mit Anm. von *Hoffmann*, a. a. O., 719), dass für ein Disagio, das anlässlich einer Schuldverschreibung auf bestimmte Laufzeit vereinbart wurde, in der StB ein aktiver RAP zu bilden ist.

Hingegen darf nach Urteil des BFH vom 07.03.2007 (BStBl II 2007, 697) kein passiver RAP für eine von der Bank vereinnahmte Vorfälligkeitsentschädigung gebildet werden.

V Geringwertige Wirtschaftsgüter

Für die Anschaffung, Herstellung oder Einlage von GWG gelten folgende Regelungen:

a) § 6 Abs. 2 EStG

Die AK oder HK oder der Einlagewert von abnutzbaren beweglichen WG des Anlagevermögens, die einer selbständigen Nutzung fähig sind, **können** im Wj. der Anschaffung, Herstellung oder Einlage des WG oder der Eröffnung des Betriebs **in voller Höhe als Betriebsausgaben abgezogen werden**, wenn die AK oder HK, vermindert um einen darin enthaltenen VSt-Betrag (§ 9b Abs. 1 EStG), oder der Einlagewert für das einzelne WG **800 € nicht übersteigen**. GWG, deren Wert **250 € übersteigt**, sind unter Angabe des Tages der Anschaffung, Herstellung oder Einlage des WG oder der Eröffnung des Betriebs und der AK oder HK oder des Einlagewerts in einem besonderen, laufend zu führenden Verzeichnis aufzunehmen. Das Verzeichnis braucht nicht geführt zu werden, wenn diese Angaben aus der Buchführung ersichtlich sind.

Beispiel 1: Wertgrenze und USt

Unternehmer A erwirbt im März 01 ein Fotokopiergerät für 178,50 € (inkl. 19 % USt).
   a) A ist zum vollen VSt-Abzug berechtigt,
   b) A ist nicht zum VSt-Abzug berechtigt.
   Lösung: Bei dem Fotokopiergerät handelt es sich um ein GWG i. S. v. § 6 Abs. 2 EStG, weil die AK, vermindert um den darin enthaltenen VSt-Betrag, die Grenze von 150 € nicht übersteigen. Die Abzugsfähigkeit der VSt bei der Umsatzbesteuerung ist nicht von Bedeutung. Allerdings ist die sofort abzusetzende BA in den Fallalternativen unterschiedlich:
   a) 150,00 €,
   b) 178,50 €.

b) § 6 Abs. 2a EStG

Abweichend von Abs. 2 S. 1 **kann** für die abnutzbaren beweglichen WG des Anlagevermögens, die einer selbständigen Nutzung fähig sind, im Wj. der Anschaffung, Herstellung oder Einlage des WG oder der Eröffnung des Betriebs ein **Sammelposten gebildet werden**, wenn die AK oder HK, vermindert um einen darin enthaltenen VSt-Betrag (§ 9b Abs. 1 EStG), oder der Einlagewert für das einzelne WG **250 €, aber nicht 1.000 € übersteigen**. Der Sammelposten ist im Wj. der Bildung und den folgenden vier Wj. mit jeweils 1/5 gewinnmindernd aufzulösen. Scheidet ein im Sammelposten erfasstes WG aus dem BV aus, wird der Sammelposten nicht vermindert. Scheidet ein WG im Jahr der Anschaffung, Herstellung oder Einlage aus dem BV aus, liegen die Voraussetzungen für die Berücksichtigung des WG im Sammelposten zum Schluss dieses Wj. nicht vor (BMF vom 30.09.2010, BStBl I 2010, 755).

Die AK oder HK oder der Einlagewert von abnutzbaren beweglichen WG des Anlagevermögens, die einer selbständigen Nutzung fähig sind, **können** im Wj. der Anschaffung, Herstellung oder Einlage des WG oder der Eröffnung des Betriebs **in voller Höhe als Betriebsausgabe** abgezogen werden, wenn die AK oder HK, vermindert um einen darin enthaltenen VSt-Betrag (§ 9b Abs. 1 EStG), oder der Einlagewert für das einzelne WG **250 € nicht übersteigen**. Die vorstehende Behandlung ist **für alle in einem Wj. angeschafften, hergestellten oder eingelegten WG einheitlich anzuwenden**.

Beispiel 2: Einheitliche Ausübung des Wahlrechts

Anschaffung eines abnutzbaren beweglichen WG des Anlagevermögens im Wj. 01. Die AK betragen 900 € (ohne USt), betriebsgewöhnliche Nutzungsdauer 3 Jahre.

Lösung: Der Unternehmer hat folgende Wahlmöglichkeiten:

- Sofortabzug der AK als Betriebsausgaben nach § 6 Abs. 2 S. 1 EStG. Übt der Unternehmer sein Wahlrecht zum Sofortabzug aus, darf er im Wj. 01 für weitere GWG keinen Sammelposten mehr bilden (§ 6 Abs. 2a S. 5 EStG).
- Abschreibung der AK über die Nutzungsdauer von drei Jahren mit jährlich 300 € gem. § 7 Abs. 1 S. 1 und 2 EStG. Auch in diesem Fall entfällt für das Wj. 01 die Möglichkeit zur Bildung eines Sammelpostens (§ 6 Abs. 2a S. 5 EStG).
- Einstellung der AK in einen Sammelposten gem. § 6 Abs. 2a S. 1 EStG. In dieser Alternative entfällt im Wj. 01 für alle GWG **mit AK von mehr als 250 € und höchstens 800 €** das Wahlrecht zum Sofortabzug der AK gem. § 6 Abs. 2 S. 1 EStG (§ 6 Abs. 2a S. 5 EStG). Lediglich für GWG mit AK, **die 250 € nicht übersteigen**, hat der Unternehmer im Wj. 01 ohne Rücksicht auf die Bildung des Sammelpostens die Möglichkeit der Sofortabschreibung der AK (§ 6 Abs. 2a S. 4 EStG).

Scheidet ein WG i. S. d. Nr. 4 aus dem BV **aus**, so wird der **Sammelposten nicht gemindert.**

Beispiel 3: Bildung eines Sammelpostens

Die B-GmbH schafft im April 01 mehrere Werkzeugkoffer für ihre Außendienstmonteure an. Der Gesamtkaufpreis beträgt 1.428 € (inkl. 19 % USt). Der Kaufpreis (inkl. 19 % USt) für jeden Koffer beträgt 357 €. Die GmbH ist zum vollen VSt-Abzug berechtigt.

Lösung: Da der einzelne Werkzeugkoffer AK (vermindert um den darin enthaltenen VSt-Betrag) von 300 € hat, kann die GmbH im Jahr 01 einen Sammelposten i. H. v. 1.200 € bilden, der im Jahr 01 und in den darauf folgenden vier Jahren mit jeweils 240 € gewinnmindernd aufzulösen ist.

Beispiel 4: Ausscheiden von WG, die im Sammelposten erfasst sind

Die C-OHG erwirbt im August 01 Pkw-Anhänger, die von ihren Bauarbeitern für Materialtransporte bei Reparaturaufträgen genutzt werden sollen. Der Gesamtkaufpreis (inkl. 19 % USt) für die Anhänger beträgt 4.760 €. Im Jahr 02 stellt sich heraus, dass die Anhänger fast nie benutzt werden. Die G'fter der OHG beschließen deshalb, vier der Anhänger wieder zu verkaufen. Die Fahrzeuge werden für je 595 € (inkl. 19 % USt) veräußert.

Die OHG ist zum vollen VSt-Abzug berechtigt.

Lösung: Die OHG kann im Jahr 01 einen Sammelposten i. H. v. 4.000 € bilden, der in den Jahren 01 bis 05 mit je 800 € gewinnmindernd aufzulösen ist. Das Ausscheiden von vier Anhängern aus dem BV im Jahr 02 führt nicht zu einer Verminderung des Sammelpostens. Durch die Veräußerung der Anhänger im Jahr 02 entsteht ein Ertrag von 2.000 €.

Beispiel 5: Bildung und Fortführung von getrennten Sammelposten in verschiedenen Wirtschaftsjahren

Die D-AG schafft in den Jahren 01 bis 03 laufend abnutzbare bewegliche WG des Anlagevermögens an, die einer selbständigen Nutzung fähig sind. Alle diese WG haben AK, die mehr als 250 €, aber nicht mehr als 1.000 € betragen. Die Aufwendungen nach Abzug der VSt haben betragen:

- 01: 35.000 €,
- 02: 50.000 €,
- 03: 45.000 €.

Lösung: Die AG kann in den Jahren 01 bis 03 jeweils einen Sammelposten in der vorgenannten Höhe bilden. Die Posten sind einzeln fortzuentwickeln:

	Sammelposten 01	Sammelposten 02	Sammelposten 03
Bildung 01	35.000 €		
Teilauflösung 01	7.000 €		
31.12.01	28.000 €		
Bildung 02		50.000 €	
Teilauflösung 02	7.000 €	10.000 €	
31.12.02	21.000 €	40.000 €	
Bildung 03			45.000 €
Teilauflösung 03	7.000 €	10.000 €	9.000 €
31.12.03	14.000 €	30.000 €	36.000 €
Teilauflösung 04	7.000 €	10.000 €	9.000 €
31.12.04	7.000 €	20.000 €	27.000 €
Teilauflösung 05	7.000 €	10.000 €	9.000 €
31.12.05	0 €	10.000 €	18.000 €
Teilauflösung 06		10.000 €	9.000 €
31.12.06	0 €	0 €	9.000 €
Teilauflösung 07			9.000 €
31.12.07	0 €	0 €	0 €

Gem. R 6.13 Abs. 5 S. 2 EStR gelten nachträgliche AK/HK der im Sammelposten erfassten Wirtschaftsgüter als Zuführung zum Sammelposten des Entstehungsjahres dieser AK/HK.

Beispiel 6: Nachträgliche AK

Der Unternehmer erwirbt im Jahr 01 einen Fahrzeuganhänger für 980 € exkl. USt und erfasst die AK im Sammelposten. Im April 02 entstehen nachträgliche AK i. H. v. 50 €.

Lösung: Die nachträglichen AK sind im Sammelposten 02 zu erfassen. Der Umstand, dass die AK für den Anhänger insgesamt mehr als 1.000 € betragen, hat auf den Sammelposten 01 keine Auswirkung.

c) BMF vom 30.09.2010, Az.: IV C6 – S 2180/09/10001

Nach dem BMF-Schreiben ergeben sich aus den Vorschriften § 6 Abs. 2 und Abs. 2a EStG drei Kategorien von GWG mit unterschiedlicher Behandlung:

GWG mit AK/HK	Wahlrecht	Rechtsfolge	besondere Aufzeich-nungspflicht
bis 250 €	ja	Sofortabzug oder Aktivierung und Verteilung der AK/HK auf die ND	nein
über 250 € bis 800 €	ja	Sofortabzug oder Poolabschreibung oder Aktivierung und Verteilung der AK/HK auf die Nutzungsdauer	nur bei Sofortabzug
über 800 € bis 1.000 €	ja	Poolabschreibung oder Aktivierung und Verteilung der AK/HK auf die Nutzungsdauer	nein

VI Einzelne Passivposten

1 Steuerfreie Rücklagen

1.1 Übertragung stiller Reserven bei der Veräußerung bestimmter Anlagegüter (§ 6b EStG)

1.1.1 Grundsatz

Nach § 6b EStG haben Unternehmen die Möglichkeit, die bei der Veräußerung **bestimmter Anlagegüter** aufgedeckten stillen Reserven zunächst vor der Besteuerung zu bewahren und auf bestimmte **Reinvestitionsgüter** zu übertragen. Darüber hinaus dürfen die nicht unter das KStG fallenden Unternehmen, d. h. Personenunternehmen wie Einzelunternehmer und PersG, die bei der Veräußerung von Anteilen an KapG entstehenden Gewinne von den AK angeschaffter Anteile an KapG, abnutzbarer beweglicher WG oder Gebäude abziehen. Dabei müssen Alt-WG und Neu-WG nicht identisch sein. S. im Einzelnen die folgende Tabelle.

Übertragungsmöglichkeiten nach § 6b EStG:

Aufgedeckte stille Reserven bei der Veräußerung von ...	Übertragbar auf ...
Grund und Boden	Grund und Boden, Aufwuchs auf Grund und Boden mit dem dazugehörigen Grund und Boden, wenn der Aufwuchs zu einem land- und forstwirtschaftlichen BV gehört, und Gebäude
Aufwuchs auf Grund und Boden mit dem dazugehörigen Grund und Boden, wenn der Aufwuchs zu einem land- und forstwirtschaftlichen BV gehört	Aufwuchs auf Grund und Boden mit dem dazugehörigen Grund und Boden, wenn der Aufwuchs zu einem land- und forstwirtschaftlichen BV gehört, und Gebäude
Gebäuden	Gebäude
Binnenschiffen	Binnenschiffe

Der durch das Steueränderungsgesetz 2015 eingeführte Abs. 2a enthält für Ersatzinvestitionen **einer im EU-/EWR-Raum belegenen Betriebsstätte** folgendes Wahlrecht:

- Die auf den Veräußerungsvorgang entfallende Steuer eines begünstigten Reinvestitionsobjektes kann sofort entrichtet werden oder
- die Steuer kann – auf Antrag – über einen Zeitraum von fünf Jahren gestreckt (in fünf gleichen Jahresraten) bezahlt werden.

1.1.2 Voraussetzungen

Die Voraussetzungen für die Übertragung stiller Reserven bei der Veräußerung bestimmter Anlagegüter bzw. der Bildung einer Reinvestitionsrücklage sind aus § 6b Abs. 4 EStG ersichtlich. Im Einzelnen handelt es sich um folgende Punkte:

- Gewinnermittlung nach § 4 Abs. 1 oder § 5 EStG;
- die veräußerten WG müssen in dem Katalog gem. § 6b Abs. 1 S. 1 EStG enthalten sein;
- die veräußerten WG müssen **im Zeitpunkt der Veräußerung mindestens sechs Jahre** ununterbrochen zum AV einer inländischen Betriebsstätte gehört haben;
- die angeschafften oder hergestellten WG müssen zum AV einer inländischen Betriebsstätte eines Betriebs des StPfl. gehören bei der Anschaffung oder Herstellung von WG, die einem BV des StPfl. in einem anderen Mitgliedstaat der EU zuzuordnen sind, gibt es auf Antrag anstelle der Übertragung der stillen Reserven die Möglichkeit einer Stundung

der Steuern auf den Gewinn aus der Aufdeckung der stillen Reserven über fünf Jahre (§ 6b Abs. 2a EStG)[127];

- der bei der Veräußerung entstandene Gewinn darf bei der Ermittlung des im Inland stpfl. Gewinns nicht außer Ansatz bleiben;
- die Übertragung der stillen Reserven und die Bildung und Auflösung der Rücklage müssen in der Buchführung verfolgt werden können.

1.1.3   Übertragung aufgedeckter stiller Reserven
1.1.3.1   Begünstigte Wirtschaftsgüter

Die Übertragung der bei der Veräußerung aufgedeckten stillen Reserven darf nur auf bestimmte, im Katalog von § 6b Abs. 1 S. 2 EStG genannte WG vorgenommen werden, die im Jahr der Veräußerung oder im vorangegangenen Wj. angeschafft oder hergestellt worden sind.

Beispiel 1a: Übertragung auf ein WG, das vor der Veräußerung angeschafft wurde

C veräußerte am 15.03.12 ein Kühlhausgrundstück (Anschaffung in 00) zum Preis von 1.000.000 €. Davon entfallen auf Grund und Boden 300.000 €, auf Gebäude 450.000 € und auf Kühleinrichtungen und Isolierungen 250.000 €.

Das Grundstück stand am 15.03.12 wie folgt zu Buche:

- Grund und Boden   50.000 €,
- Gebäude   200.000 €,
- Kühleinrichtungen, Isolierungen   50.000 €.

Am 15.01.12 hat C ein Bürohausgrundstück zum Preis von 600.000 € (davon Grund und Boden 200.000 €, Gebäude 400.000 €) angeschafft.

Variante: C schafft das neue Bürohaus am 15.01.13 an.

Lösung: Die Veräußerung ist gem. § 6b EStG begünstigt bezüglich Grund und Boden und Gebäude (Kühleinrichtung und Isolierung gehören nicht zu den begünstigten Anlagegütern gem. § 6b Abs. 1 S. 1 EStG).

	aufgedeckte stille Reserven	übertragbar	auf
GruBo	250.000 €	250.000 €	GruBo/Gebäude
Gebäude	250.000 €	250.000 €	Gebäude

Ansatz des erworbenen Bürohausgrundstücks:

		Gebäude	GruBo
Anschaffungskosten		400.000 €	200.000 €
./. Übertragung gem. § 6b EStG	./.	300.000 €	./. 200.000 €
AfA-Bemessungsgrundlage (§ 6b Abs. 6 EStG)		100.000 €	0 €
./. AfA 12 (3 %)	./.	3.000 €	
Buchwert 31.12.12		97.000 €	0 €

---

127 S. dazu auch das BFH-Urteil VI R 84/14 vom 22.06.2017 (BStBl II 2018, 171).

1.1.3.2   Höhe der Übertragung

Übertragen werden kann ein Betrag bis zu 100 % der aufgedeckten stillen Reserve. Die aufgedeckte stille Reserve wird dadurch ermittelt, dass der Veräußerungspreis abzüglich der Veräußerungskosten dem Buchwert im Zeitpunkt der Veräußerung gegenübergestellt wird (§ 6b Abs. 2 EStG). Ggf. ist der Buchwert um eine Wertaufholung gem. § 6 Abs. 1 Nr. 1 S. 4 oder § 7 Abs. 1 S. 7 EStG zu erhöhen (R 6b.1 Abs. 2 S. 3 EStR).

1.1.4   Bildung einer Rücklage

Soweit eine Übertragung der aufgedeckten stillen Reserve auf ein anderes WG nicht vorgenommen wurde, kann eine den steuerlichen Gewinn mindernde Rücklage gebildet werden (§ 6b Abs. 3 EStG). Die Rücklage kann grundsätzlich auf die in den folgenden **vier** Wj. angeschafften oder hergestellten begünstigten WG i. S. d. § 6b Abs. 1 S. 2 EStG übertragen werden. Die Frist von vier Jahren verlängert sich bei neu hergestellten Gebäuden auf **sechs** Jahre, wenn mit ihrer Herstellung vor dem Schluss des vierten auf die Bildung der Rücklage folgenden Wj. begonnen worden ist. Die Fristen des § 6b Abs. 3 EStG verlängern sich jeweils um ein Jahr, wenn die Rücklage wegen § 6b Abs. 3 S. 5 EStG am Schluss des nach dem 29.02.2020 und vor dem 01.01.2021 endenden Wj. aufzulösen wäre (§ 52 Abs. 14 EStG). Das Bundesministerium der Finanzen wird ermächtigt, durch Rechtsverordnung mit Zustimmung des Bundesrats die Fristen um ein weiteres Jahr zu verlängern, wenn dies aufgrund fortbestehender Auswirkungen der COVID-19-Pandemie in der Bundesrepublik Deutschland geboten erscheint.

Lösung der Variante:

a)   Buchungssätze im Jahr 12

Bei Anschaffung des Bürohauses im nächsten Jahr (13) hat C zunächst stille Reserven aufzudecken (Beträge in €):

Bank	1 Mio.	an GruBo	50.000	und sonst. betriebl. Ertrag	250.000
		an Gebäude	200.000	und sonst. betriebl. Ertrag	250.000
		an BVO	50.000	und sonst. betriebl. Ertrag	200.000
s. b. Ertrag 500.000 (GruBo/Gebäude)		an		§ 6b-Rücklage	500.000

b)   Buchungssätze im Jahr 13

bebautes Grundstück	600.000	an Bank (s. Verbindlichkeit)	600.000
§ 6b-Rücklage	500.000	an beb. Grundstück (GruBo)	200.000
		an beb. Grundstück (Gebäude)	300.000

Beispiel 1b: Rücklage und latente Steuern (aus StB-Prüfung 2014)

Mit notariellem Vertrag vom 20.12.13 veräußerte die E-GmbH ein nicht mehr benötigtes Lagergrundstück zum Preis von 250.000 € an den Erwerber Muller. Als Tag des Übergangs von Besitz, Nutzung, Gefahr und Lasten wurde ebenfalls der 20.12.13 vereinbart. Der Buchwert des im Jahr 01 angeschafften Lagergrundstücks betrug 100.000 €. Die Kaufpreiszahlung erfolgte am 10.01.14.

Am 20.12.13 wurde gebucht:

Anlagenabgang	100.000 €	an	unbebaute Grundstücke	100.000 €
Forderungen	250.000 €	an	Anlagenverkäufe	250.000 €

Lösung: Im Zeitpunkt des Nutzungs- und Lastenwechsels verliert die GmbH das wirtschaftliche Eigentum am Grundstück (§ 246 Abs. 1 S. 2 2. HS HGB, § 39 Abs. 2 Nr. 1 AO). Daher war das Grundstück zutreffend auszubuchen und die Forderung zu erfassen (§ 246 Abs. 1 S. 1 HGB, § 5 Abs. 1 S. 1 1. HS EStG). Die Forderung ist gem. §§ 253 Abs. 1 S. 1 HGB, § 6 Abs. 1 Nr. 2 S. 1 EStG mit dem Nennwert von 250.000 € zu erfassen. Die vorgenommene Buchung ist korrekt.

Um ein möglichst niedriges steuerliches Ergebnis zu erzielen, kann in der StB eine Rücklage gem. § 6b Abs. 3 EStG in Höhe des erzielten Veräußerungsgewinns (250.000 € abzüglich Buchwert i. H. v. 100.000 €) gebildet werden. Die Voraussetzungen des § 6b Abs. 1 und Abs. 4 Nr. 1 – 4 EStG sind erfüllt. Speziell ist die nach Nr. 2 geforderte sechsjährige Zugehörigkeit zum Anlagevermögen der GmbH gegeben.

Buchung für die StB:

Zuführung zur Rücklage	150.000 €	an	Rücklage § 6b	150.000 €

Damit liegt eine Differenz i. H. v. 150.000 € zwischen dem handelsrechtlichen und dem steuerrechtlichen Ansatz vor. Da die Differenz nicht permanent besteht, ist in der HB eine passive Steuerabgrenzung gem. § 274 Abs. 1 S. 1 HGB zu bilden. Die latenten Steuern (KSt und GewSt) betragen 30 % von 150.000 € = 45.000 € (§ 274 Abs. 2 HGB).

Buchung für die HB:

Steueraufwand	45.000 €	an	passive latente Steuern	45.000 €

1.1.5   Auflösung der Rücklage

Die Rücklage ist am Ende des vierten bzw. sechsten auf ihre Bildung folgenden Wj. gewinnerhöhend aufzulösen, soweit sie bis dahin nicht auf ein angeschafftes oder hergestelltes WG i. S. v. § 6b Abs. 1 S. 2 EStG übertragen worden ist (§ 6b Abs. 3 S. 5 EStG).

Die Reinvestitionsfristen des § 6b EStG werden durch das Zweite Corona-Steuerhilfegesetz und das KöMoG verlängert (§ 52 Abs. 14 S. 4 und 5).

Gem. § 52 Abs. 14 S. 4 EStG werden die vorübergehend verlängerten Reinvestitionsfristen des § 6b um ein weiteres Jahr verlängert. Sofern eine Reinvestitionsrücklage am Schluss des nach dem 28.02.2020 und vor dem 01.01.2021 endenden Wj. noch vorhanden ist und nach § 6b Abs. 3 S. 5, Abs. 8 S. 1 Nr. 1 i. V. m. Abs. 3 S. 5 oder Abs. 10 S. 8 aufzulösen wäre, endet die Reinvestitionsfrist erst am Schluss des zweiten darauffolgenden Wirtschaftsjahres.

Gem. § 52 Abs. 14 S. 5 EStG werden vorübergehend die Reinvestitionsfristen des § 6b um ein Jahr verlängert. Sofern eine Reinvestitionsrücklage am Schluss des nach dem 31.12.2020 und vor dem 01.01.2022 endenden Wj. noch vorhanden ist und nach § 6b Abs. 3 S. 5, Abs. 8 S. 1 Nr. 1 in Verbindung mit Abs. 3 S. 5 oder Abs. 10 S. 8 aufzulösen wäre, endet die Reinvestitionsfrist erst am Schluss des darauffolgenden Wirtschaftsjahres.

1.1.6   Gewinnzuschlag

Soweit die Rücklage gewinnerhöhend aufgelöst wird, ohne dass sie auf ein begünstigtes WG übertragen worden ist, muss der Gewinn des Jahres, in dem die Rücklage aufgelöst wird, für jedes volle Wj., in dem die Rücklage bestanden hat, um 6 % des aufgelösten Betrags erhöht werden (§ 6b Abs. 7 EStG).

1.1.7   Übertragung von Gewinnen aus der Veräußerung von Anteilen an Kapitalgesellschaften

1.1.7.1   Allgemeines

In § 6b Abs. 10 EStG wird gestattet, dass die nicht unter das KStG fallenden Unternehmer (Einzelunternehmen und PersG) Gewinne aus der Veräußerung von **Anteilen an KapG** bis zu einem Betrag von **500.000 €** auf folgende WG (Reinvestitionsobjekte) übertragen können:

- im Wj. der Veräußerung auf die AK/HK von neu angeschafften Anteilen an KapG oder abnutzbaren beweglichen WG(!) oder Gebäuden oder
- in den folgenden zwei Wj. auf die AK/HK von neu angeschafften Anteilen an KapG oder abnutzbaren beweglichen WG(!) oder
- in den folgenden vier Jahren auf die AK von neu angeschafften Gebäuden.

Die Reinvestitionsfristen des § 6b EStG werden durch das Zweite Corona-Steuerhilfegesetz und das KöMoG verlängert (§ 52 Abs. 14 S. 4 und 5).

Gem. § 52 Abs. 14 S. 4 EStG werden die vorübergehend verlängerten Reinvestitionsfristen des § 6b um ein weiteres Jahr verlängert. Sofern eine Reinvestitionsrücklage am Schluss des nach dem 28.02.2020 und vor dem 01.01.2021 endenden Wj. noch vorhanden ist und nach § 6b Abs. 3 S. 5, Abs. 8 S. 1 Nr. 1 i. V. m. Abs. 3 S. 5 oder Abs. 10 S. 8 aufzulösen wäre, endet die Reinvestitionsfrist erst am Schluss des zweiten darauffolgenden Wirtschaftsjahres.

Gem. § 52 Abs. 14 S. 5 EStG werden vorübergehend die Reinvestitionsfristen des § 6b um ein Jahr verlängert. Sofern eine Reinvestitionsrücklage am Schluss des nach dem 31.12.2020 und vor dem 01.01.2022 endenden Wj. noch vorhanden ist und nach § 6b Abs. 3 S. 5, Abs. 8 S. 1 Nr. 1 i. V. m. Abs. 3 S. 5 oder Abs. 10 S. 8 aufzulösen wäre, endet die Reinvestitionsfrist erst am Schluss des darauffolgenden Wirtschaftsjahres.

Eine Übertragung des Gewinns auf die im Jahr vor der Veräußerung angeschafften WG ist (anders als in § 6b Abs. 1 EStG) ausdrücklich nicht vorgesehen (R 6b.2 Abs. 13 EStR).

Dabei sind außer der betragsmäßigen Begrenzung folgende Besonderheiten zu beachten:

1. Wird die Übertragung auf die AK von neu angeschafften **Anteilen an KapG** vorgenommen, so ist der **gesamte Gewinn** übertragungsfähig.
2. Wird die Übertragung auf die AK von **Gebäuden** oder **abnutzbaren beweglichen WG** vorgenommen, so tritt eine Begrenzung auf den **stpfl. Teil** des Gewinns ein.
3. Wird im Jahr der Veräußerung keine Übertragung der stillen Reserven vorgenommen, so kann der **tatsächlich erzielte Veräußerungsgewinn**, d. h. der Betrag ohne Berücksichtigung der Steuerbegünstigungen des § 3 Nr. 40 i. V. m. § 3c Abs. 2 EStG – jedoch unter Beachtung des Höchstbetrags von 500.000 € – in eine den Gewinn mindernde Rücklage eingestellt werden (§ 6b Abs. 10 S. 5 EStG).

1.1.7.2   Die steuerfreie Rücklage

Die Rücklage kann wie folgt übertragen werden:

1. in den auf ihre Bildung folgenden zwei Wj. in vollem Umfang auf die AK von neu angeschafften Anteilen an KapG oder
2. in den auf ihre Bildung folgenden zwei Wj. zu 60 % auf die AK von abnutzbaren beweglichen WG oder
3. in den folgenden vier Jahren zu 60 % auf die AK von neu angeschafften Gebäuden.

Der bei der Übertragung auf Gebäude oder abnutzbare bewegliche WG nicht übertragungs-fähige Teil der Rücklage ist **gewinnerhöhend aufzulösen**. Der Auflösungsbetrag bleibt nach § 3 Nr. 40 i. V. m. § 3c Abs. 2 EStG steuerfrei.

Ist eine Rücklage am Schluss des vierten auf ihre Bildung folgenden Wj. noch vorhanden, ist sie gewinnerhöhend aufzulösen. Dem Gewinn dieses Wj. ist für jedes volle Wj., in dem die Rücklage bestanden hat, ein Betrag von 6 % von 60 % des Rücklagenbetrags außerbilanziell hinzuzurechnen. Der verbleibende Teil des Auflösungsbetrags ist nach § 3 Nr. 40 i. V. m. § 3c Abs. 2 EStG steuerfrei.

Beispiel 2: Übertragung von Gewinnen aus der Veräußerung von Anteilen an KapG

Der Einzelunternehmer Hupe H hält seit zehn Jahren im BV seines Kfz-Meisterbetriebs eine Beteiligung an der Autoteile-GmbH. Der Buchwert der Beteiligung am 31.12.01 beträgt 100.000 €. H veräußert die Beteiligung im Jahr 02 für 150.000 €.

1. **Fallalternative:** H tätigt in seinem Einzelunternehmen – alternativ – folgende Investitionen:
   a) Anschaffung einer Beteiligung an der Sport-Tuning-GmbH für 75.000 € im Jahr 02
   b) Anschaffung einer Maschine für 100.000 € im Jahr 02
   c) Anschaffung eines Pkw für 50.000 € im Jahr 04
   d) Anschaffung eines Gebäudes auf Erbpachtgrundstück für 170.000 € im Jahr 05
2. **Fallalternative:** H hat im Jahr 02 keine Investitionen getätigt.
   a) H hat auch bis zum 31.12.06 keine Investitionen vorgenommen.
   b) H ist mit 40 % als MU an der H&J-OHG beteiligt. Im Gesamthandsvermögen der OHG wird im Jahr 04 ein Lkw für 80.000 € angeschafft.

Lösung:
1. Alternative:
   a) H kann die bei der Veräußerung der Beteiligung an der Autoteile-GmbH aufgedeckte stille Reserve i. H. v. 50.000 € von den AK der im Jahr 02 angeschafften Beteiligung an der Sport-Tuning-GmbH abziehen.
   b) H kann den nicht gem. § 3 Nr. 40 i. V. m. § 3c Abs. 2 EStG steuerbefreiten Betrag der bei der Veräußerung der Beteiligung an der Autoteile-GmbH aufgedeckten stillen Reserve i. H. v. 30.000 € von den AK der im Jahr 02 angeschafften Maschine abziehen.
   c) H kann am 31.12.02 eine steuerfreie Rücklage i. H. d. bei der Veräußerung der Beteiligung an der Autoteile-GmbH aufgedeckten stillen Reserve bilden. Im Jahr 04 kann er die Rücklage zu 60 % (d. h. i. H. d. nicht gem. § 3 Nr. 40 i. V. m. § 3c Abs. 2 EStG steuerbefreiten Teilbetrags der Rücklage) auf die AK des im Jahr 04 angeschafften Pkw übertragen. Der Restbetrag der Rücklage ist am 31.12.04 gewinnerhöhend aufzulösen. Der Auflösungsbetrag ist gem. § 3 Nr. 40 i. V. m. § 3c Abs. 2 EStG steuerfrei.
   d) H kann am 31.12.02 eine steuerfreie Rücklage i. H. d. bei der Veräußerung der Beteiligung an der Autoteile-GmbH aufgedeckten stillen Reserve bilden. Im Jahr 05 kann er die Rücklage zu 60 % (d. h. i. H. d. nicht gem. § 3 Nr. 40 i. V. m. § 3c Abs. 2 EStG steuerbefreiten Teilbetrags der Rücklage) auf die AK des im Jahr 05 angeschafften Gebäudes übertragen. Der Restbetrag der Rücklage ist am 31.12.05 gewinnerhöhend aufzulösen. Der Auflösungsbetrag ist gem. § 3 Nr. 40 i. V. m. § 3c Abs. 2 EStG steuerfrei.

2. Alternative:
   a) H kann am 31.12.02 eine steuerfreie Rücklage i. H. d. bei der Veräußerung der Beteiligung an der Autoteile-GmbH aufgedeckten stillen Reserve bilden. Die Rücklage muss spätestens am 31.12.06 gewinnerhöhend aufgelöst werden. Von dem Auflösungsbetrag sind 40 % gem. § 3 Nr. 40 i. V. m. § 3c Abs. 2 EStG steuerfrei.
   Im Fall der Auflösung am 31.12.06 sind für die Jahre 03 bis 06 je 6 % des nicht gem. § 3 Nr. 40 i. V. m. § 3c Abs. 2 EStG steuerbefreiten Teilbetrags der Rücklage, d. h. 30.000 € dem Gewinn des Jahres 06 außerbilanziell hinzuzurechnen. Das sind 24 % von 30.000 € = 7.200 €.

b) H kann von der am 31.12.02 in seinem Einzelunternehmen gebildeten Rücklage im Jahr 04
den nicht gem. § 3 Nr. 40 i. V. m. § 3c Abs. 2 EStG steuerbefreiten Teilbetrag der Rücklage bis
zur Höhe seiner anteiligen AK des im Gesamthandsvermögen der H&J-OHG angeschafften
Lkw auf diese übertragen.
Übertragungsfähiger Teil der Rücklage: 60 % von 50.000 € = 30.000 €, Anteil des H an den AK
des Lkw 32.000 €, die Übertragung ist demgemäß zulässig i. H. v. 30.000 €.
Der Restbetrag der Rücklage im Einzelunternehmen H ist am 31.12.04 gewinnerhöhend aufzulösen. Der Auflösungsbetrag ist gem. § 3 Nr. 40 i. V. m. § 3c Abs. 2 EStG steuerfrei.

1.1.7.3   Anwendung auf Personengesellschaften

Die Regelungen des § 6b Abs. 10 EStG i. d. F. des UntStFG gelten bei den zum **Gesamthandsvermögen einer PersG** gehörenden Anteilen an KapG nach Satz 10 der Vorschrift nur, soweit
an der PersG keine Körperschaften, Personenvereinigungen oder Vermögensmassen i. S. d.
KStG beteiligt sind.

Beispiel 3: Übertragung auf eine PersG, an der eine Körperschaft beteiligt ist

Die Hochbau GmbH & Co. KG hält in Ihrem Gesamthandsvermögen seit sieben Jahren eine Beteiligung
an der Schöner-Bauen-GmbH. Die Beteiligung hat am 31.12.01 einen Buchwert von 50.000 €. Im April 02
wird die Beteiligung für 60.000 € veräußert. Im Jahr 02 wurden von der KG keine Investitionen getätigt.
    An der GmbH & Co. KG sind beteiligt:
    Die Hochbau-GmbH als Komplementär mit einer Vermögens- und Gewinnbeteiligung von 10 %
und die Kommanditisten Mörtel und Stein mit je 45 % Beteiligung am Vermögen und Gewinn.
    Lösung: An der KG sind zu 90 % natürliche Personen und zu 10 % eine KapG beteiligt. In der StB
der GmbH & Co. KG kann dementsprechend am 31.12.02 eine den steuerlichen Gewinn mindernde
Rücklage i. H. v. 90 % des bei der Veräußerung der GmbH-Anteile erzielten Gewinns (= 18.000 €) gebildet werden (§ 6b Abs. 10 S. 10 EStG). In der Gesamthandsbilanz der KG ist die Rücklage entweder in
voller Höhe (= 10.000 €) auszuweisen und in der Ergänzungsbilanz der GmbH bei der KG i. H. v. 10 % (=
1.000 €) durch eine negative Ergänzungsbilanz zu korrigieren, oder in der Gesamthandsbilanz der KG
wird keine Rücklage gebildet und in den positiven Ergänzungsbilanzen von Mörtel und Stein jeweils
eine Rücklage i. H. v. 45 % (= 4.500 €).

1.1.8   Übertragungsmöglichkeiten in personeller Hinsicht, insbesondere bei Mitunternehmern

Nach der sog. »gesellschafterbezogenen« Betrachtungsweise sind folgende Übertragungen
möglich:[128]

Personelle Übertragungsmöglichkeiten nach § 6b EStG	
Aufdeckung der stillen Reserven im	**Übertragung zulässig auf …**
Einzelunternehmen des StPfl. oder Sonder-BV bei einer PersG, an der der StPfl. beteiligt ist.	a) ein anderes Einzelunternehmen des StPfl., b) Sonder-BV bei einer PersG, an der der StPfl. als MU beteiligt ist, c) Gesamthandsvermögen einer PersG, an der der StPfl. als MU beteiligt ist, soweit das WG dem StPfl. zuzurechnen ist.

---

128 Vgl. hierzu R 6b.2 Abs. 6 und 7 EStR.

Gesamthandsvermögen einer PersG.	a) Sonder-BV der MU derselben PersG, soweit der Gewinn dem G'fter zuzurechnen ist, b) Einzelunternehmen des G'fter, soweit ihm der Gewinn zuzurechnen ist, c) Gesamthandsvermögen einer anderen PersG, soweit der Gewinn dem G'fter zuzurechnen ist und soweit das WG dem G'fter zuzurechnen ist, d) Sonder-BV bei einer anderen PersG, soweit der Gewinn dem G'fter zuzurechnen ist.

Gem. BFH-Urteil vom 19.12.2012 (BStBl II 2013, 313) ist das Bilanzierungswahlrecht für die Bildung und Auflösung der Rücklage immer durch entsprechenden Bilanzansatz im »veräußernden« Betrieb auszuüben, auch wenn die Rücklage auf Wirtschaftsgüter eines anderen Betriebs des StPfl. übertragen werden soll.

Beispiel 4: Übertragung einer § 6b-Rücklage aus dem Sonder-BV

Unternehmer B hat eine Lagerhalle errichten lassen (Baubeginn Juni 07). Die HK der am 02.11.07 fertig gestellten Halle betrugen lt. Schlussrechnung des bauausführenden Unternehmens 300.000 €. Die betriebsgewöhnliche Nutzungsdauer beläuft sich – zutreffend – auf 40 Jahre. Deshalb setzte B im Jahr 07 eine AfA gem. § 7 Abs. 4 S. 2 EStG i. H. v. 7.500 € ab.

Die HK der Lagerhalle kürzte B um den Gewinn aus der Veräußerung eines unbebauten Grundstücks i. H. v. 140.000 €. Dieses Grundstück hatte B im Januar 00 für 60.000 € erworben und ab 01.07.00 zu Recht als Sonder-BV in einer Sonderbilanz bei der A & B OHG ausgewiesen, an der er mit 40 % beteiligt ist. Am 05.12.07 hat B das Grundstück für 200.000 € veräußert.

Buchungen im Einzelunternehmen B im Dezember 07:

Privatkonto	140.000 €	an	SoPo mit Rücklageanteil	140.000 €
SoPo mit Rücklageanteil	140.000 €		Lagerhalle	140.000 €

Lösung: Die AfA für die Lagerhalle hätte im Jahr 07 nur zeitanteilig (für zwei Monate) angesetzt werden dürfen, weil das Gebäude am 02.11.07 fertig gestellt wurde. Da die Voraussetzung der Sechs-Jahres-Frist des § 6b Abs. 4 Nr. 2 EStG erfüllt ist, dürfen die bei der Veräußerung des Grundstücks aufgedeckten stillen Reserven auf die HK der Lagerhalle übertragen werden. Die Übertragung der im Sonder-BV des B aufgedeckten stillen Reserven auf das Einzelunternehmen B ist zulässig (§ 6b Abs. 4 S. 1 Nr. 3 EStG).

Veräußerungserlös		200.000 €
./. Buchwert	./.	60.000 €
aufgedeckte stille Reserve		140.000 €
HK der Lagerhalle		300.000 €
./. übertragene stille Reserven	./.	140.000 €
AfA-BMG		160.000 €
./. AfA (3 % gem. § 7 Abs. 4 S. 1 Nr. 1 EStG für 2 Monate)	./.	800 €
Buchwert am 31.12.07		159.200 €

Beispiel 5: Übertragung von einem Gesamthandsvermögen auf ein Einzel-BV

An der Werkzeugbau Kopf & Co. KG sind der Ingenieur Kopf mit 60 % als Komplementär und der Kaufmann Zahl mit 40 % als Kommanditist beteiligt. Zahl betreibt außerdem einen Großhandel in der Form eines Einzelunternehmens.

In der Bilanz der KG wurde anlässlich der Veräußerung eines bebauten Grundstücks im Jahr 01 zulässigerweise eine Rücklage gem. § 6b EStG i. H. v. 120.000 € gebildet. Von dem Rücklagebetrag entfallen 80.000 € auf den Grund und Boden und 40.000 € auf das Gebäude.

Der Kommanditist Zahl erwirbt im Jahr 02 in seinem Einzelunternehmen ein unbebautes Grundstück, das er mit einer Lagerhalle bebauen will, für 110.000 €. Zahl möchte den ihm zustehenden Teil der in der Gesamthandsbilanz der KG gebildeten Rücklage auf die AK des Grundstücks im Einzelunternehmen übertragen.

Lösung: Zahl darf von der in der Gesamthandsbilanz der KG gebildeten Rücklage nur den ihm zuzurechnenden Teil der bei der Veräußerung von Grund und Boden entstandenen Rücklage auf die AK des im Einzelunternehmen angeschafften Grundstück übertragen (§ 6b Abs. 1 S. 2 Nr. 1 EStG):

auf Grund und Boden entfallender Teil der Rücklage	80.000 €
entsprechend seiner Beteiligungsquote auf Zahl	
entfallender Teil des Rücklagebetrags (40 %)	32.000 €
= übertragungsfähiger Teil der Rücklage	

Ausbuchung in der Buchführung der KG:

SoPo mit Rücklageanteil	32.000 €	an	Kapitalkonto Zahl	32.000 €

Einbuchung in der Buchführung des Einzelunternehmens:

Kapitalkonto	32.000 €	an	Grundstücke	32.000 €

Zusatz: Zwischen beteiligungsidentischen **Schwester-PersG** ist nach der Neufassung von § 6 Abs. 5 EStG ab VZ 2002 eine Übertragung von Einzel-WG zu Buchwerten nicht mehr möglich. Als probates Mittel gegen die unerwünschte Aufdeckung stiller Reserven in diesem Fall hat sich die Bildung einer § 6b-Rücklage bei der veräußernden PersG erwiesen. Mit der (wieder möglichen) gesellschafterbezogenen Betrachtungsweise des § 6b EStG besteht – aufgrund der Beteiligungsidentität – die steuertechnische Möglichkeit der vollen Übertragung der § 6b-Rücklage auf die AK des WG bei der erwerbenden PersG.

1.1.9 Aufgabe oder Veräußerung des Betriebs

Die Auflösung der Rücklage bei Aufgabe oder Veräußerung des Betriebs ist nicht erforderlich. Der Unternehmer darf die Rücklage noch für die Zeit weiterführen, für die sie ohne Aufgabe oder Veräußerung des Betriebs zulässig gewesen wäre (R 6b.2 Abs. 10 S. 1 EStR).

1.1.10 Fortführung der Rücklage bei der Realteilung von Personengesellschaften

Bei der Realteilung einer MU-schaft unter Fortführung von Einzelunternehmen kann eine Rücklage anteilig in den Einzelunternehmen fortgeführt werden, wenn die Realteilung auf Übertragung von Teilbetrieben oder MU-Anteilen gerichtet ist (R 6b.2 Abs. 9 S. 3 EStR).

1.2 Übertragung stiller Reserven bei Ersatzbeschaffung (R 6.6 EStR)

1.2.1 Voraussetzungen

Die Voraussetzungen für die Übertragung stiller Reserven bei Ersatzbeschaffung bzw. der Bildung einer Rücklage für Ersatzbeschaffung ergeben sich aus R 6.6 Abs. 1 EStR. Durch die Vorschrift kann der Unternehmer beim **zwangsweisen Ausscheiden** von WG aus dem BV es vermeiden, die aufgedeckten Reserven zu versteuern. Die realisierten stillen Reserven können unter bestimmten Voraussetzungen auf ein angeschafftes **Ersatz-WG** übertragen werden. Bilanztechnisch werden die – als sonstiger betrieblicher Ertrag – erfassten stillen Reserven auf eine Rücklage oder direkt auf das Ersatz-WG umgebucht.

Mit der bilanziellen Erfassung als Rücklage wird der Betrag auch hier dem BV-Vergleich i. d. S. entzogen, dass er nicht das BV am Schluss des Wj., d. h. das Schlusskapital, vermehrt. Der Rücklagenposten ist in seiner technischen Gewinn-Funktion dem Fremdkapital vergleichbar (Minderung des Eigenkapitals), ohne dass er in materieller Hinsicht eine Schuld darstellt.

Im Einzelnen sind folgende Punkte zu berücksichtigen:

- Ein WG des Anlage- oder Umlaufvermögens scheidet infolge höherer Gewalt oder infolge bzw. zur Vermeidung eines behördlichen Eingriffs gegen **Entschädigung** aus dem BV aus.
- Innerhalb einer bestimmten Frist[129] wird ein **Ersatz-WG** angeschafft oder hergestellt, auf dessen AK oder HK die aufgedeckten stillen Reserven übertragen werden.

Nicht begünstigt ist daher die (freiwillige) Entnahme eines WG aus dem BV. Eine Rücklage für Ersatzbeschaffung (RfE) kommt auch bei der Beschädigung eines WG durch höhere Gewalt in Betracht (R 6.6 Abs. 7 EStR und H 6.6 »Beispiel für den Fall der Beschädigung« EStH).

Beispiel 6: RfE bei Beschädigung eines Anlagegutes

Ein im BV des Einzelunternehmers D befindliche Turmdrehkran ist im November 01 durch einen Sturm beschädigt worden. Der Kran (Anschaffung im April 00, AK 160.000 €, ND 8 Jahre) stand am 31.12.00 mit 140.000 € zu Buch.

D vereinnahmte noch im Jahr 01 die Versicherungsleistung i. H. v. 10.000 €. Die Instandsetzungsarbeiten wurden erst im April 02 durchgeführt. Die Reparaturrechnung i. H. v. 9.200 € zzgl. 19 % USt ist im Mai 02 bezahlt worden. D möchte am 31.12.01 keine AfaA in Anspruch nehmen, weil der Kran repariert werden soll.

Lösung: D kann am 31.12.01 eine Rücklage für Ersatzbeschaffung bilden. Die Rücklage ist im Zeitpunkt der Reparatur in voller Höhe aufzulösen (R 6.6 Abs. 7 S. 2 EStR). Bilanzansätze am 31.12.01:

   1. Turmdrehkran

Buchwert am 31.12.00	140.000 €
./. AfA 01 (linear)	./. 20.000 €
Buchwert am 31.12.01	120.000 €

Die Vornahme einer AfaA ist nicht erforderlich und in der StB auch nicht zulässig (voraussichtlich vorübergehende Wertminderung).

   2. Rücklage für Ersatzbeschaffung

Ansatz am 31.12.01   10.000 €

Buchungen im Jahr 01:

Bank	10.000 €	an	Sonst. betriebl. Ertrag	10.000 €
Sonst. betriebl. Ertrag	10.000 €		SoPo mit Rücklageanteil	10.000 €

Buchungen im Jahr 02:

Reparaturaufwand	9.200 €	an	Bank	10.948 €
Vorsteuer	1.748 €			
SoPo mit Rücklageanteil	10.000 €	an	Sonst. betriebl. Ertrag	10.000 €

1.2.2   Höhere Gewalt/behördlicher Eingriff

Unter »Höherer Gewalt« ist das Ausscheiden des WG infolge von Elementarereignissen (z. B. Brand, Sturm, Überschwemmung), Diebstahl oder durch **unverschuldeten** Verkehrsunfall (BFH vom 14.10.1999, BStBl II 2001, 130) zu verstehen. Keine höhere Gewalt liegt gem. H 6.6 Abs. 2 »Höhere Gewalt« EStH vor bei Material- oder Konstruktionsfehlern und bei Bedienungsfehlern.

---

129 Hinweis auf R 6.6 EStR.

Ein »Behördlicher Eingriff« liegt bei Maßnahmen zur Enteignung (oder zu deren Vermeidung) bzw. bei einer Inanspruchnahme des WG für Verteidigungszwecke vor.

1.2.3   Entschädigung

Begünstigt sind die Entschädigungen für das ausgeschiedene **WG selbst**, nicht für Schäden infolge des Ausscheidens, wie Aufräumungskosten, entgehender Gewinn oder Umzugskosten. Die Leistung einer Betriebsunterbrechungsversicherung, soweit diese Mehrkosten für die beschleunigte Wiederbeschaffung eines durch Brand zerstörten WG übernimmt, stellt eine Entschädigung i. S. v. R 6.6 EStR dar.

1.2.4   Übertragung aufgedeckter stiller Reserven

Die beim Ausscheiden des WG aufgedeckte stille Reserve kann auf das angeschaffte oder hergestellte Ersatz-WG durch Abzug von dessen AK oder HK übertragen werden.

Beispiel 7: Übertragung der RfE auf ein Ersatz-WG (aus StB-Prüfung 2010)

Ein Einzelunternehmer hat im Jahr 01 einen Lkw angeschafft, dessen Buchwert sich am 31.12.08 auf 1 € beläuft. Am 10.11.09 wird der Lkw, den das Unternehmen dringend benötigt, entwendet und einen Monat später in Litauen zerstört aufgefunden. Der Unternehmer macht gegenüber seiner Versicherung noch vor dem 31.12.09 einen Schaden von 37.000 € geltend (unstreitiger Verkehrswert zum Zeitpunkt des Verlustes). Die Versicherung leistet per Banküberweisung am 10.03.10.

Am 10.04.10 beschafft der Unternehmer ein Ersatzfahrzeug zu einem Preis von netto 120.000 € (betriebsgewöhnliche Nutzungsdauer sechs Jahre). In der Buchführung ist der ganze Vorgang noch nicht erfasst worden. Die AfA soll linear erfolgen.

Lösung: Der Lkw ist durch höhere Gewalt aus dem BV ausgeschieden. Da Ersatzbeschaffungsabsicht besteht, kann der Unternehmer am 31.12.09 i. H. d. aufgedeckten stillen Reserve eine Rücklage für Ersatzbeschaffung (RfE) bilden (Entschädigung abzgl. Buchwert = 36.999 €). Die Forderung an die Versicherungsgesellschaft ist mit 37.000 € zu aktivieren.

BS:

Sonstige Forderung	37.000 €	an	Fahrzeuge	1 €
		an	RfE	36.999 €

Am 10.03.10 wird der Bankeingang von der Versicherungsgesellschaft gebucht. Am 10.04.10 wird das Ersatzfahrzeug mit seinen AK von 120.000 € auf dem Fahrzeugkonto eingebucht. Anschließend wird die RfE auf das Fahrzeugkonto umgebucht. Infolge der Übertragung der RfE mindert sich die AfA-Bemessungsgrundlage:

AK	120.000 €
abzgl. RfE	36.999 €
AfA-Bemessungsgrundlage	83.001 €
AfA 16,67 % für 9 Monate	10.377 €

BS:

Bank	37.000 €	an	sonstige Forderung	37.000 €
Fahrzeuge	120.000 €	an	Bank	120.000 €
RfE	36.999 €	an	Fahrzeuge	36.999 €
AfA	10.377 €	an	Fahrzeuge	10.377 €

Teilübertragung der RfE: Wenn die Entschädigung nicht in voller Höhe für die Ersatzbeschaffung verwendet wird, darf die Rücklage nur anteilig übertragen werden (Beispiel s. H 6.6 Abs. 3 »Mehrentschädigung« EStH).

Beispiel 8: Teilübertragung der RfE

Durch Überschwemmung der Werkhalle ist eine Maschine des Unternehmers A (Anschaffung im März 00 für 15.000 € +19 % USt, betriebsgewöhnliche ND 5 Jahre, lineare AfA) am 15.01.01 völlig zerstört worden. Die Versicherungsleistung betrug für die Maschine 14.000 € und für Aufräumungsarbeiten 2.000 €.

Am 20.01.01 erwarb A eine neue gleichartige Maschine für 12.000 € +19 % USt. Die ND der neuen Maschine beläuft sich ebenfalls auf fünf Jahre. Die AfA soll degressiv erfolgen.

Lösung: Eine RfE gem. R 6.6 EStR ist zulässig.

AK März 00	15.000 €
./. AfA 00 (zeitanteilig für zehn Monate)	./. 2.500 €
Buchwert 31.12.00	**12.500 €**
./. AfA für Januar 01	./. 250 €
Buchwert im Zeitpunkt des Ausscheidens	**12.250 €**
Entschädigung für die Maschine	14.000 €
Aufgedeckte stille Reserve	**1.750 €**

Berechnung des übertragungsfähigen Betrags (H 6.6 »Mehrentschädigung« EStH):

$$\frac{1.750 \text{ € } \times 12.000 \text{ €}}{14.000 \text{ €}} = 1.500 \text{ €}$$

sonstiger betrieblicher Ertrag 250 €
AfA-BMG für die Ersatzmaschine:

AK	12.000 €
./. übertragene stille Reserve	./. 1.500 €
	10.500 €
./. AfA § 7 Abs. 2 EStG 25 %	./. 2.625 €
Buchwert 31.12.01	**7.875 €**

1.2.5 Ersatzwirtschaftsgut

Ein Ersatz-WG liegt vor, wenn das angeschaffte oder hergestellte WG wirtschaftlich dieselbe oder eine entsprechende Aufgabe erfüllt wie das ausgeschiedene. Ein Ersatz-WG setzt nicht nur ein der Art nach funktionsgleiches WG voraus, es muss auch **funktionsgleich genutzt** werden. Die Einlage eines WG in das BV ist keine Ersatzbeschaffung.

Für einen Fall, da zur Vermeidung eines behördlichen Eingriffs ein Grundstück veräußert wird, hat der BFH am 12.06.2001 (BStBl II 2001, 830) auch die **vorgezogene** Anschaffung des Ersatz-WG zugelassen. Allerdings darf der Zeitraum zwischen dem antizipierten Ersatz-WG und der Veräußerung des Alt-WG nicht mehr als zwei bis drei Jahre betragen.

Der BFH bestätigte im Urteil vom 22.01.2004 (BStBl II 2004, 421) nochmals seine Auffassung, dass die Funktionsgleichheit eines WG grundsätzlich die Verwendung des Ersatz-WG in **demselben Betrieb** des StPfl. voraussetzt. Hiervon macht er in dem Urteil nur dann eine **Ausnahme**, wenn die Zwangslage durch Enteignung oder höhere Gewalt zugleich den Fortbestand des bisherigen Betriebs gefährdet oder beeinträchtigt hat.

1.2.6 Bildung einer Rücklage für Ersatzbeschaffung (RfE)

Wurde bis zum Bilanzstichtag noch kein Ersatz-WG angeschafft oder hergestellt, so kann in der StB eine steuerfreie Rücklage i. H. d. aufgedeckten stillen Reserve gebildet werden, wenn zu diesem Zeitpunkt eine Ersatzbeschaffung ernstlich geplant und zu erwarten ist. Zur Erfüllung der Aufzeichnungspflichten nach § 5 Abs. 1 S. 2 EStG ist der Ansatz in der StB ausreichend (R 6.6 Abs. 4 S. 7 EStR). Die Rücklage muss im Jahr des Ausscheidens des WG gebildet werden; eine Nachholung der RfE in einem späteren Jahr ist nicht zulässig (R 6.6 Abs. 4 S. 2 EStR).

1.2.7 Auflösung der Rücklage

Im Zeitpunkt der Ersatzbeschaffung ist die RfE durch Übertragung auf die AK oder HK des Ersatz-WG aufzulösen.

Eine RfE, die wegen des Ausscheidens eines beweglichen WG gebildet wurde, ist am Schluss des ersten auf ihre Bildung folgenden Wj. gewinnerhöhend aufzulösen, wenn bis dahin ein Ersatz-WG weder angeschafft oder hergestellt noch bestellt worden ist. Die Frist von einem Jahr verlängert sich bei einer RfE, die aufgrund des Ausscheidens eines Grundstücks oder Gebäudes gebildet wurde, auf vier Jahre. Bei der beabsichtigten Herstellung eines neuen funktionsgleichen Gebäudes beträgt die Frist sechs Wirtschaftsjahre. Soweit das Ersatzwirtschaftsgut bis zum Ablauf der Frist nicht angeschafft oder hergestellt worden ist, ist die Rücklage bei Fristablauf gewinnerhöhend aufzulösen (vgl. hierzu R 6.6 Abs. 4 EStR).

Die Fristen können angemessen verlängert werden, wenn der StPfl. glaubhaft macht, dass die Ersatzbeschaffung noch ernsthaft geplant und zu erwarten ist, aber aus besonderen Gründen noch nicht durchgeführt werden konnte.

Mit dem BMF-Schreiben vom 15.12.2021 »Rücklage für Ersatzbeschaffung (R 6.6 EStR), vorübergehende Verlängerung der Reinvestitionsfristen« wurden die in R 6.6 Abs. 4 S. 3 – 6, Abs. 5 S. 5 und 6 sowie Abs. 7 S. 3 und 4 EStR geregelten Fristen für die Ersatzbeschaffung oder Reparatur bei Beschädigung nach Bildung einer Rücklage nach R 6.6 Abs. 4 EStR jeweils um zwei Jahre verlängert, wenn die Rücklage ansonsten am Schluss des nach dem 29.02.2020 und vor dem 01.01. 2021 endenden Wj. aufzulösen wäre. Die genannten Fristen verlängern sich um ein Jahr, wenn die Rücklage am Schluss des nach dem 31.12.2020 und vor dem 01.01. 2022 endenden Wj. aufzulösen wäre.

1.2.8 Aufgabe und Veräußerung des Betriebs

Die RfE ist betriebsbezogen. Sie ist deshalb bei Aufgabe des Betriebs gewinnerhöhend aufzulösen. Bei Veräußerung des Betriebs kann sie fortgeführt werden, wenn der Erwerber Ersatzbeschaffungsabsicht hat.

2 Rückstellungen

2.1 Allgemeines

Der Begriff der Rückstellung wird in § 249 HGB nicht definiert. In dieser Vorschrift wird lediglich beschrieben, in welchen Fällen Rückstellungen zu bilden sind oder gebildet werden können.

Bei der Rückstellung handelt es sich um einen selbständigen Passivposten, der von den Verbindlichkeiten abzugrenzen ist (§ 266 Abs. 3 B HGB). Die Rückstellung gehört zum Fremdkapital. Rückstellungen werden eingeteilt in Rückstellungen mit Schuldcharakter und Rückstellungen mit Aufwandscharakter:

a) Zu den Rückstellungen mit **Schuldcharakter** gehören:
  – Rückstellungen für ungewisse Verbindlichkeiten und Drohverluste (§ 249 Abs. 1 S. 1 HGB),
  – Rückstellungen für Gewährleistungen ohne rechtliche Verpflichtung (§ 249 Abs. 1 S. 2 Nr. 2 HGB).

b) Zu den Rückstellungen mit **Aufwandscharakter** gehören
  – die Rückstellungen für unterlassene Instandhaltung und Abraumbeseitigung (§ 249 Abs. 1 S. 2 Nr. 1 HGB).

2.2   Rückstellungen in der Handelsbilanz

2.2.1   Bilanzierungsvorschriften (§§ 249 und 274 Abs. 1 HGB)

Rückstellungen **müssen** gebildet werden für:

- ungewisse Verbindlichkeiten,
- drohende Verluste aus schwebenden Geschäften,
- im Geschäftsjahr unterlassene Aufwendungen für Instandhaltung, die im folgenden Geschäftsjahr innerhalb von drei Monaten nachgeholt werden,
- im Geschäftsjahr unterlassene Aufwendungen für Abraumbeseitigung, die im folgenden Geschäftsjahr nachgeholt werden,
- Gewährleistungen, die ohne rechtliche Verpflichtung erbracht werden,
- latente Steuern (gilt nur für KapG).

Für andere als die oben bezeichneten Zwecke dürfen Rückstellungen nicht gebildet werden (§ 249 Abs. 2 HGB).

2.2.2   Bewertungsvorschriften (§ 253 Abs. 1 S. 2 und Abs. 2 HGB)

Rückstellungen sind i. H. d. nach vernünftiger kaufmännischer Beurteilung notwendigen Erfüllungsbetrages anzusetzen. Rückstellungen mit einer Restlaufzeit von mehr als einem Jahr sind mit dem ihrer Restlaufzeit entsprechenden durchschnittlichen Marktzinssatz der vergangenen sieben Geschäftsjahre abzuzinsen. Bei Rückstellungen für Altersvorsorgeverpflichtungen ist der Marktzinssatz aus den vergangenen zehn Geschäftsjahren zu berücksichtigen (§ 253 Abs. 2 S. 1 HGB).

2.3   Rückstellungen in der Steuerbilanz

2.3.1   Bilanzierungsvorschriften (Grundregel)

Mangels steuerrechtlicher Grundsatzvorschriften richtet sich die Bildung von Rückstellungen in der StB bei der Gewinnermittlung gem. § 5 Abs. 1 S. 1 1. HS EStG nach den handelsrechtlichen Vorschriften. Wenn danach eine Rückstellung geboten ist, **muss** auch in der StB eine Rückstellung ausgewiesen werden.

2.3.2   Gesetzliche Vorschriften über Rückstellungen im Steuerrecht

Der Steuergesetzgeber hat die grundsätzlichen o. g. Vorgaben für das Steuerrecht präzisiert bzw. anderweitig geregelt (vgl. auch R 5.7 EStR).

2.3.2.1   Präzisierung der Grundregel

Die Rückstellungen sind wie folgt zu behandeln:

Rückstellung für **bedingt rückzahlbare Zuwendungen**	§ 5 Abs. 2a EStG: Passivierungsaufschub
Rückstellung wegen **Urheberrechtsverletzung**[130]	§ 5 Abs. 3 EStG: Auflösung nach drei Jahren, falls keine Ansprüche geltend gemacht werden
Rückstellung für **Jubiläumszuwendungen**	§ 5 Abs. 4 EStG: strenge Einzelfallvoraussetzungen

---

130 Hauptanwendungsfall sind Patentverletzungen.

Rückstellung für **Aufwendungen, die in späteren Wj. als AK/HK eines WG zu aktivieren sind**[131]	§ 5 Abs. 4b EStG: Rückstellung ist unzulässig
Gewerbesteuerrückstellung	R 5.7 Abs. 1 S. 2 EStR: Passivierungszwang trotz Abzugsverbots der GewSt; außerbilanzielle Neutralisierung
Pensionsrückstellung	§ 6a EStG: Für Neuzusagen Passivierungszwang

Exkurs: Pensionsrückstellung und Rückdeckungsversicherung

Der Abschluss einer Rückdeckungsversicherung dient der Absicherung der Verpflichtungen eines Unternehmens aus gegebenen Versorgungszusagen. In der StB ist der Anspruch aus der Rückdeckungsversicherung nach ständiger Rspr. des BFH mit dem geschäftsplanmäßigen Deckungskapital zuzüglich eines vorhandenen Guthabens aus der Beitragsrückerstattung (sog. Überschussbeteiligung) gesondert aktiv auszuweisen. Die Pensionsrückstellung ist nach den Grundsätzen von § 6a EStG zu passivieren.[132]

Kurzübersicht zu § 6a EStG:

- Erstmalige Bildung der Rückstellung: Voraussetzungen s. § 6a Abs. 2 Nr. 1 und 2 EStG[133];
- Höhe der Rückstellung: Der Teilwert ist
  - bei Pensionsanwartschaften der gleichmäßig auf die Zeit bis zum voraussichtlichen Beginn der Versorgungsleistungen verteilte Barwert (§ 6a Abs. 3 Nr. 1 EStG),
  - bei laufenden Pensionszahlungen der Barwert der künftigen Leistungen (§ 6a Abs. 3 Nr. 2 EStG);
- jährliche Zuführung zur Rückstellung: Höchstens der Unterschiedsbetrag zwischen dem Teilwert am Schluss des Wj. und dem Teilwert am Schluss des vorangegangenen Wj. (§ 6a Abs. 4 S. 1 EStG);
- Verbot der Nachholung unterlassener Rückstellungen: Die Nachholung ist nicht zulässig, weil der Gewinn des Wj. nur mit dem gem. § 6a Abs. 4 S. 1 EStG zulässigen Betrag belastet werden darf;
- Auflösung der Rückstellung: Eine Auflösung ist nur insoweit zulässig, wie sich die Höhe der Pensionsverpflichtung gemindert hat (§ 249 Abs. 3 S. 2 HGB i. V. m. R 6a Abs. 22 S. 1 EStR).

Der Rückdeckungsanspruch und die Pensionsrückstellung sind **getrennt** voneinander zu bilanzieren (§ 246 Abs. 2 HGB). Auch bei Rückdeckung in voller Höhe (kongruente Rückdeckung) ist eine Saldierung nicht zulässig (BFH vom 25.02.2004, BStBl II 2004, 654).

In dem zitierten BFH-Urteil vom 25.02.2004 (a. a. O.) führt der I. Senat u. a. aus, dass der Rückdeckungsanspruch des versicherten Unternehmens der Deckungsrückstellung des Versicherers entspricht.

---

131 Das gilt auch dann, wenn die WG zu keinem Ertrag mehr führen können (BFH vom 08.11.2016, DStR 2017, 763). Das Passivierungsverbot greift selbst dann, wenn zwar AK oder HK vorliegen, sich diese aber aufgrund einer Teilwertabwertung sofort als Aufwand auswirken.

132 In der **HB** sind die Ansprüche aus der Rückdeckungsversicherung mit der Pensionsrückstellung zu verrechnen (§ 246 Abs. 2 S. 2 HGB).

133 Der BMF hat mit Schreiben vom 18.09.2017, BStBl I 2017, 1293 zur bilanzsteuerrechtlichen Berücksichtigung von Versorgungsleistungen, die ohne die Voraussetzung des Ausscheidens aus dem Dienstverhältnis gewährt werden, Stellung genommen.

2.3.2.2   Ausnahmen von der Grundregel

Folgende Ausnahmen gibt es:

Rückstellung für **Drohverluste bei schwebenden Geschäften**	§ 5 Abs. 4a EStG: keine Rückstellung
Rückstellung für **latente Steuern**	§ 274 Abs. 1 HGB: s. Beispiel 12

2.3.3   Bewertung von Rückstellungen in der Steuerbilanz (§ 6 Abs. 1 Nr. 3a EStG)

Folgende Bewertungsvorschriften für Rückstellungen in der StB ergeben sich aus § 6 Abs. 1 Nr. 3a EStG. Dabei handelt es sich bei der Vorschrift um eine Wertbegrenzungsvorschrift.

- **Buchst. a:** Bei Rückstellungen für gleichartige Verpflichtungen ist auf der Grundlage der Erfahrungen in der Vergangenheit aus der Abwicklung solcher Verpflichtungen die Wahrscheinlichkeit zu berücksichtigen, dass der StPfl. nur zu einem **Teil** der Summe dieser Verpflichtungen in Anspruch genommen wird. Die betroffenen Rückstellungen müssen mit denen in der Vergangenheit **gleichartig** sein, damit die Erfahrungen der Wahrscheinlichkeit der Inanspruchnahme aus der Vergangenheit bei der Bewertung der aktuellen Rückstellungen zu Recht einfließen können.
- **Buchst. b: Rückstellungen** für Sachleistungsverpflichtungen sind mit den **Einzelkosten** und den angemessenen Teilen der **notwendigen Gemeinkosten** zu bewerten.
- **Buchst. c:** Künftige Vorteile, die mit der **Erfüllung** der Verpflichtung voraussichtlich verbunden sein werden, sind, soweit sie nicht als Forderung zu aktivieren sind, bei ihrer Bewertung wertmindernd zu berücksichtigen.

Beispiel 9: Verpflichtung, die mit künftigen Vorteilen verbunden ist

Ein Unternehmer hat sich verpflichtet, eine gepachtete Kiesgrube nach Beendigung der Pachtzeit aufzufüllen.

Lösung: Bei der Bewertung der Verpflichtung zur Auffüllung der Kiesgrube ist wertmindernd zu berücksichtigen, dass der Unternehmer die bei der Auffüllung durch Dritte zu zahlenden Kippentgelte zu seinen Gunsten vereinnahmen wird. In diesem Sinne sind nach ständiger BFH-Rspr. unbestrittene Rückgriffsansprüche bei der Bewertung der Rückstellung zu berücksichtigen, wenn sie in unmittelbarem Zusammenhang mit der drohenden Inanspruchnahme stehen.

- **Buchst. d: Rückstellungen** für Verpflichtungen, für deren Entstehen im wirtschaftlichen Sinn der laufende Betrieb ursächlich ist, sind zeitanteilig in gleichen Raten anzusammeln (Ansammlungsrückstellung). Diese Regelung gilt auch für die Rückstellung wegen der Verpflichtung, ein Kernkraftwerk stillzulegen.
  Zur Frage der nachträglichen Vertragsverlängerung bei bereits gebildeten Ansammlungsrückstellungen ist die BFH-Entscheidung vom 02.07.2014 (BStBl II 2014, 979) zu beachten. Nach der Entscheidung des I. Senats ist die gebildete Rückstellung im Zeitpunkt der Vertragsverlängerung (Verlängerung der Laufzeit) aufzulösen und unter Berücksichtigung der neuen Vertragslaufzeit neu zu berechnen.

Beispiel 10: Ansammlungsrückstellung

Eine GmbH hat ein Grundstück gepachtet und darauf mit Einverständnis des Grundeigentümers ein Gebäude errichtet. Das Gebäude war im Januar 02 bezugsfertig. Nach dem Pachtvertrag hat die GmbH die Verpflichtung, das Gebäude am Ende der Pachtzeit auf ihre Kosten abzureißen und das Grundstück einzuebnen. Die Pachtzeit läuft am 31.12.12 ab. Die zu erwartenden Kosten für die Erfüllung der Verpflichtung betragen am 31.12.02 voraussichtlich 10.000 € und am 31.12.03 voraussichtlich 12.000 €.

Lösung: Die voraussichtlichen Aufwendungen für die Wiederherstellung des ursprünglichen Zustands des Grundstücks sind auf die Dauer der (Rest-)Pachtzeit zu verteilen. Zu diesem Zweck ist eine Rückstellung zu bilden, die kontinuierlich von der Entstehung der Verpflichtung bis zum Zeitpunkt der Fälligkeit aufgestockt wird. Dazu werden die voraussichtlichen Aufwendungen für die Erfüllung der Verpflichtung an jedem Bilanzstichtag neu geschätzt.[134]

Berechnung der Rückstellung:

- am 31.12.02:   10 % von 10.000 € = 1.000 €,
- am 31.12.03:   20 % von 12.000 € = 2.400 €.

Der Rückstellungsbetrag ist gem. § 6 Abs. 1 Nr. 3a Buchst. e EStG abzuzinsen. Nach der Vereinfachungsmethode gem. BMF vom 26.05.2005 (BStBl I 2005, 699) ist am 31.12.02 ein Vervielfältiger von 0,585 und am 31.12.03 von 0,618 anzuwenden.

Danach ergibt sich für die StB eine Rückstellung i. H. v.

- 1.000 € x 0,285 = 585 € am 31.12.02 und
- 1.000 € x 0,618 = 618 € am 31.12.03.

Exkurs: Sieben Jahre nach der gesetzlichen Einführung der Abzinsungspflicht hat die FinVerw nunmehr ausführliche Bestimmungen zur Praktikabilität der Regelung in § 6 Abs. 1 Nr. 3 und Nr. 3a EStG getroffen.

Speziell bei Rückstellungen für Geldleistungsverpflichtungen ist auf den voraussichtlichen Erfüllungszeitpunkt abzustellen.[135] Bei Teilbeträgen sind die Teilleistungen nach ihren Fälligkeiten zu bewerten. Die Laufzeit von Einzelrückstellungen (z. B. für Sachleistungsverpflichtungen) ist zu schätzen.

- **Buchst. e:** Rückstellungen für Verpflichtungen sind mit einem Zinssatz von 5,5 % abzuzinsen.[136] Ausgenommen von der Verzinsung sind Rückstellungen für Verbindlichkeiten, deren Laufzeit am Bilanzstichtag weniger als zwölf Monate beträgt und für Verbindlichkeiten, die verzinslich sind. Für die Abzinsung von Rückstellungen für Sachleistungsverpflichtungen ist der Zeitraum bis zum Beginn der Erfüllung maßgebend.
- **Buchst. f:** Bei der Bewertung sind die Wertverhältnisse am Bilanzstichtag maßgebend, künftige Preis- und Kostensteigerungen dürfen nicht berücksichtigt werden.

Eine weitere Bewertungsvorschrift für Rückstellungen enthält R 6.11 Abs. 3 S. 1 EStR. Mit Ausnahme der Pensionsrückstellungen darf die Höhe der Rückstellung in der StB den zulässigen Ansatz in der HB nicht überschreiten. Die Bewertung der Rückstellungen in der StB erfolgt unter Berücksichtigung des Maßgeblichkeitsgrundsatzes. Danach ist der handelsrechtliche Ansatz – unter Berücksichtigung der steuerlichen Ergänzungsregelungen – in die StB zu übernehmen. Die steuerliche Ergänzungsregelung zu den Rückstellungen steht in § 6 Abs. 1 Nr. 3a EStG. Dort heißt es u. a.: »Rückstellungen sind **höchstens** [...] anzusetzen.« Die FinVerw interpretiert das Wort »höchstens« unter Bezugnahme auf das Handelsrecht und leitet daraus her, dass der handelsrechtliche Ansatz die steuerliche Höchstgrenze bilden soll. Die Interpretation der FinVerw ist in der Literatur nicht unumstritten.

---

134 Lt. BFH-Urteil vom 02.07.2014 (BStBl II 2014, 979) ist, wenn das der Beseitigungspflicht zugrunde liegende Rechtsverhältnis über das zunächst festgelegte Vertragsende hinaus verlängert wird, dieser Umstand vom nächsten Stichtag an bei der Rückstellungsbildung zu berücksichtigen.

135 Bei Steuerrückstellungen geht man wegen § 233a AO von einer Verzinslichkeit aus, mit der Folge, dass keine Abzinsung vorzunehmen ist.

136 Hinweis auf das BMF-Schreiben vom 26.05.2005 (BStBl I 2005, 699).

2.4   Spezielle Probleme bei der Bildung von Rückstellungen in der Steuerbilanz

2.4.1   Der Haupttyp: Rückstellung für ungewisse Verbindlichkeiten

Zur Passivierung von ungewissen Verbindlichkeiten in der StB sind allgemein folgende Voraussetzungen erforderlich (R 5.7 EStR):

1.   Die Verbindlichkeit muss am Bilanzstichtag entweder dem Grunde nach entstanden sein[137] oder – sofern es sich um eine künftig entstehende Verbindlichkeit handelt – im abgelaufenen Wj. bzw. in den vorangegangenen Wj. **wirtschaftlich verursacht** worden sein.[138]

2.   Sie muss einem **Dritten**[139] gegenüber bestehen (bzw. eine öffentlich-rechtlich Verpflichtung darstellen) und dem Grunde oder der Höhe nach **ungewiss** sein.

3.   Der Schuldner muss mit einer Inanspruchnahme **ernsthaft** rechnen.[140] Die bloße Möglichkeit des Bestehens oder Entstehens einer Verbindlichkeit reicht nicht aus (R 5.7 Abs. 2 EStR).

4.   Die Aufwendungen dürfen in künftigen Wj. nicht zu AK oder HK für ein WG führen.

2.4.2   Rückstellung für öffentlich-rechtliche Verpflichtungen

Die restriktive Rspr. des BFH wird nachstehend am Fall der Rückstellung für öffentlich-rechtliche Verpflichtungen dargestellt.

Zur steuerlichen Beurteilung einer öffentlich-rechtlichen Verpflichtung s. a. R 5.7 Abs. 4 EStR mit einer exemplarischen Auflistung der entschiedenen Fälle (H 5.7 Abs. 4 EStH).

Für die Passivierung einer öffentlich-rechtlichen Verpflichtung verlangt die Rspr., dass die Verbindlichkeit am Bilanzstichtag **ausreichend konkretisiert** ist. Eine öffentlich-rechtliche Verbindlichkeit ist hinreichend konkretisiert, wenn sich die Verpflichtung aus einem Gesetz ergibt, das ein inhaltlich genau bestimmtes Handeln innerhalb eines bestimmten Zeitraums vorschreibt und an die Verletzung der öffentlich-rechtlichen Verpflichtung Sanktionen knüpft. Zur Konkretisierung der Verpflichtung bedarf es **nicht** unbedingt einer **Verfügung** oder Auflage der zuständigen Behörde.[141]

Eine Rückstellung für öffentlich-rechtliche Verbindlichkeiten darf nach der Rspr. nur gebildet werden, wenn im Zeitpunkt der Bilanzaufstellung Anhaltspunkte dafür gegeben sind, dass der die Verpflichtung auslösende Tatbestand der zuständigen Behörde **bekannt** ist oder alsbald bekannt sein wird. Dieser Umstand soll sicherstellen, dass eine ernsthafte Inanspruchnahme droht.

---

137 Zur Wahrscheinlichkeit des Bestehens einer ungewissen Verbindlichkeit s. BFH vom 19.10.2005 (BStBl II 2006, 371). Im Urteil vom 16.12.2014 (BStBl II 2015, 759) unterscheidet der erkennende Senat zwischen der Wahrscheinlichkeit des Bestehens der Verbindlichkeit und der Wahrscheinlichkeit der Inanspruchnahme aus der Verbindlichkeit. Der StPfl. kann z. B. nach den Umständen des Einzelfalls nicht verpflichtet sein, eine Rückstellung für eine ungewisse Verbindlichkeit wegen eines gegen ihn geführten Klageverfahrens zu bilden, wenn nach einem von fachkundiger dritter Seite erstellten Gutachten sein Unterliegen im Prozess am Bilanzstichtag nicht überwiegend wahrscheinlich ist.

138 Lt. BFH-Urteil vom 09.11.2016 (BStBl II 2017, 379) ist eine Wartungsverpflichtung bei Flugzeugen nach § 6 LuftBO nicht in der Vergangenheit verursacht, weil wesentliches Merkmal der Überholungsverpflichtung das Erreichen der zulässigen Betriebszeit ist.

139 Also z. B. nicht bei einer betriebsinternen Verpflichtung. Keine Außenverpflichtung liegt vor, wenn die Verpflichtung zur Prüfung des Abschlusses einer PersG ausschließlich durch den Gesellschaftsvertrag begründet ist (BFH vom 05.06.2014, Az.: IV R 26/11, DStR 2014, 1369).

140 Nach der »Faustformel« des BFH muss mit einer mindestens 51 %igen Wahrscheinlichkeit mit der Inanspruchnahme gerechnet werden (s. auch R 5.7 Abs. 6 EStR).

141 BFH vom 03.05.1983, BStBl II 1983, 572. S. aber R 5.7 Abs. 4 S. 2 EStR, wo bei öffentlich-rechtlichen Verpflichtungen, die nicht kraft Gesetz, sondern erst durch VA entstehen, eben ein solcher (VA) vorausgesetzt wird, bevor eine Rückstellung gebildet werden kann.

Für die Beurteilung der ernsthaft[142] drohenden Inanspruchnahme stehen die vertraglichen Verbindlichkeiten den einseitigen Verpflichtungen nicht unbedingt gleich. Bei den vertraglichen Verbindlichkeiten ist davon auszugehen, dass der Vertragspartner seine Rechte kennt und sie deshalb auch in Anspruch nehmen wird. Das gilt auch für vergleichbare Verbindlichkeiten gegenüber der öffentlichen Hand. Bei den einseitigen öffentlich-rechtlichen Verpflichtungen besteht eine Vergleichbarkeit mit den vertraglichen Verbindlichkeiten erst zu dem Zeitpunkt, wenn der »Gläubiger« die sich aus ihnen ergebende Berechtigung kennt. Daraus leitet der BFH die Forderung nach der Kenntnisnahme des die Verpflichtung auslösenden Sachverhalts durch die zuständige Behörde als Voraussetzung für die Zulässigkeit der Rückstellung für öffentlich-rechtliche Verbindlichkeiten her und betont ausdrücklich, dass damit die öffentlich-rechtlichen Verpflichtungen und die privat-rechtlichen Verbindlichkeiten bei der Rückstellungsbildung nicht unterschiedlich behandelt würden. Bis zum Zeitpunkt der Kenntnisnahme der Behörde sei die öffentlich-rechtliche Verpflichtung noch nicht hinreichend als Fremdverbindlichkeit erkennbar.

Beispiel 11a: Die öffentlich-rechtliche Verpflichtung

Der Unternehmer F unterhielt auf einem in einem Industriegebiet belegenen Grundstück eine Fettraffinerie. Nachdem der Betrieb am 30.06.02 stillgelegt wurde, beabsichtigte F, das Grundstück zu veräußern. Da er damit rechnen musste, das Grundstück wegen der im Laufe der vergangenen Jahre in den Boden gesickerten Schadstoffe sanieren zu müssen, bildete er in seiner StB per 31.12.02 eine Rückstellung wegen Umweltschäden i. H. d. voraussichtlichen Sanierungskosten von 175.000 €. Nach Ansicht von F ist die Schadstoffbelastung des Bodens der zuständigen Behörde bisher nicht bekannt.

Lösung: Die Verpflichtung ist wegen der Verunreinigung des Grundstücks durch den Betrieb der Fettraffinerie in der Zeit vor dem Bilanzstichtag entstanden. F muss auch nach den bestehenden gesetzlichen Bestimmungen ernsthaft mit einer Inanspruchnahme rechnen. Jedoch ist die Verpflichtung am Bilanzstichtag 31.12.02 nicht ausreichend konkretisiert, weil die zuständige Behörde von der Schadstoffbelastung noch keine Kenntnis erlangt hat. Bis zum Zeitpunkt der Kenntnisnahme der Behörde ist die Sanierungsverpflichtung nicht als Verbindlichkeitsrückstellung passivierungsfähig.[143] Allenfalls könnte die Verpflichtung Gegenstand einer Aufwandsrückstellung sein, die jedoch in der StB nicht zulässig wäre.

Allerdings könnte F die Kenntnis der Behörde durch eine schriftliche Anzeige herbeiführen und damit vom Zeitpunkt der Kenntnisnahme durch die zuständige Behörde an zu einer auch in der StB passivierungsfähigen Rückstellung kommen.

Wiederum anders darf bei gesetzlichen öffentlich-rechtlichen Verpflichtungen, die eine Frist für die Erfüllung enthalten, in bestimmten Fällen keine Rückstellung gebildet werden, wenn die Frist am Bilanzstichtag noch nicht abgelaufen ist (BFH vom 13.12.2007, BStBl II 2008, 516). Im Urteilsfall war ein Tankstellenpächter verpflichtet, gewisse Umrüstungsmaßnahmen durchzuführen, die entsprechend der Immissionsschutz-Verordnung innerhalb einer bestimmten Übergangsfrist gefordert wurden. Aus diesem Sachverhalt leitete der BFH die Entscheidung ab, dass die Verpflichtung an den vor Ablauf der Übergangsfrist liegenden Bilanzstichtagen noch nicht vorgelegen hätte, sondern erst nach Ablauf der Übergangsfrist. Eine andere BFH-Entscheidung (Urteil vom 27.06.2001, BStBl II 2003, 121) betrifft eine Spänetrocknungsanlage, die am Bilanzstichtag nicht mehr den Anforderungen der Immissionsschutz-Verordnung entsprach. Da die Rechtsnorm hier sofort zu erfüllen war und dem Betrei-

---

142 Deshalb wird vom BFH (19.08.2002, a. a. O.) gefordert, dass die öffentlich-rechtliche Verpflichtung »sanktionsbewehrt« sein muss.

143 Vgl. in diesem Zusammenhang auch das BFH-Urteil vom 11.12.2001 (BFH/NV 2002, 486), nach dem der Verpflichtete bei Schadensersatzansprüchen erst ab dem Zeitpunkt der Kenntnisnahme der Schädigung seitens des Geschädigten ernsthaft mit einer Inanspruchnahme rechnen muss.

ber der Spänetrocknungsanlage vom Gewerbeaufsichtsamt lediglich eine Art Schonfrist eingeräumt wurde, bestand hier nach Ansicht des BFH am Bilanzstichtag eine Verpflichtung des Unternehmers. Ein derartig gelagerter Fall soll mit folgendem Beispiel illustriert werden:

Beispiel 11b: Lärmschutzwand (aus StB-Prüfung 2012)

Gem. Bescheid der Landesregierung vom 15.12.01 ist die Sommer GmbH zu Beiträgen für die Erweiterung einer Lärmschutzwand an der am Grundstück angrenzenden Bundesstraße verpflichtet, weil durch die Arbeiten im Betrieb die zulässigen Lärmpegel überschritten werden (Störerprinzip). Die Erweiterung der Lärmschutzwand erfolgt auf dem Gelände der Bundesstraße.

Am 01.01.05 müssen die Baumaßnahmen beginnen und am 30.06.05 müssen sie beendet sein. Ein früherer Termin ist nicht möglich. Nach dem Stand vom 31.12.01 werden die Kosten dafür 100.000 € betragen. Die künftigen Preis- und Kostensteigerungen von jährlich 3 % sind hierbei noch nicht enthalten. Der durchschnittliche Marktzinssatz der letzten sieben Jahre wurde von der Deutschen Bundesbank mit 4 % bekannt gegeben.

Im Rahmen der Abschlussarbeiten wurde Folgendes gebucht:

Sonst. betriebl. Aufwendungen   an   sonstige Rückstellungen   100.000 €

Lösung: Die Verursachung der Verpflichtung zur Durchführung der Lärmschutzmaßnahme ist wegen der Immission von Lärm durch den Betrieb der GmbH bereits in der Zeit vor dem Bilanzstichtag gegeben. Damit ist die Verpflichtung zur Beteiligung an der Schaffung von Lärmschutzeinrichtungen dem Grunde nach entstanden. Die GmbH muss wegen des vor dem Bilanzstichtag ergangenen Bescheids der Landesregierung auch ernsthaft mit einer Inanspruchnahme rechnen. Mögliche Sanktionen bei Nichtbefolgung der Anordnung werden unterstellt.

Die eingeräumte Frist zur Errichtung der Lärmschutzwand könnte allenfalls gegen die wirtschaftliche Verursachung einer Verpflichtung am Bilanzstichtag sprechen. Da schon eine rechtliche Verpflichtung am Bilanzstichtag zu bejahen ist, hat das Merkmal der wirtschaftlichen Verursachung in diesem Fall nach der Rspr. (BFH vom 27.06.2001, BStBl II 2003, 121) keine Bedeutung.

Der zu zahlende Beitrag zur Erstellung der Lärmschutzwand wird bei der GmbH nicht zu bilanzieren sein, da bei der GmbH kein WG entsteht. Es handelt sich bei der Verpflichtung deshalb nicht um Aufwendungen, die in künftigen Wj. als Anschaffungs- oder Herstellungskosten eines WG zu aktivieren sind (§ 5 Abs. 4b EStG).

Im Ergebnis ist bei der GmbH am 31.12.01 eine Verbindlichkeitsrückstellung zu passivieren. Die Rückstellung ist mit dem Erfüllungsbetrag zu bewerten. Der Erfüllungsbetrag umfasst nach handelsrechtlichen Grundsätzen auch die künftigen Preis- und Kostensteigerungen. In der StB sind die Wertverhältnisse vom Bilanzstichtag maßgebend; künftige Preis- und Kostensteigerungen dürfen nicht berücksichtigt werden (§ 6 Abs. 1 Nr. 3a Buchst. f EStG).

Gem. § 253 Abs. 2 S. 1 HGB und § 6 Abs. 1 Nr. 3a Buchst. e EStG ist der Rückstellungsbetrag abzuzinsen. Der bei der Abzinsung anzuwendende Zinssatz ist für die HB (durchschnittlicher Marktzins der letzten 7 Jahre, hier: 4 %) und die StB (5,5 %) unterschiedlich. Die Formel für die Abzinsung lautet: $B = R : (1 + p/100)^n$.

Wert der Rückstellung am 31.12.01

a) in der HB:

zu erwartende Aufwendungen (Stichtagswert)   100.000 €
+ 3 % künftige Preis- und Kostensteigerungen pro Jahr   9.000 €
Erfüllungsbetrag   109.000 €
abgezinst mit 4 % auf 3 Jahre Laufzeit:
109.000 € : 1,124864 = 96.901 €

b) in der StB:

zu erwartende Aufwendungen (Stichtagswert)   100.000 €
abgezinst mit 5,5 % auf 3 Jahre Laufzeit:
100.000 € : 1,055 = 86.390 €

Die Unzulässigkeit einer Rückstellung wegen Altlastensanierung hat keine Auswirkung auf die Zulässigkeit einer TW-AfA bei dem kontaminierten Grundstück (BFH vom 19.11.2003, Az.: I R 77/01, BStBl II 2010, 482). Eine solche Abschreibung (als aktivische Wertkorrektur) wäre vorzunehmen, wenn die in den Boden eingesickerten Schadstoffe zu einer dauernden Wertminderung des Grundstücks geführt hätten (§ 253 Abs. 2 S. 3 letzter HS HGB, § 6 Abs. 1 Nr. 2 S. 2 EStG); s. hierzu auch BMF vom 11.05.2010 (BStBl I 2010, 495).

Mit Urteil vom 25.03.2004 (BFH/NV 2004, 1157) hat der BFH entschieden, dass ein Unternehmen, dessen Zweck das Recycling von Bauschutt ist, eine Rückstellung für die nach dem Bilanzstichtag anfallenden Aufbereitungskosten bilden kann, sofern die zeitnahe Verarbeitung behördlich überprüft wird. Das Urteil bezieht sich auf bekannte Voraussetzungen zur Bildung von Rückstellungen wegen öffentlich-rechtlicher Verpflichtungen aus der früheren Rspr. und wendet diese erstmalig auf die neueren Bestimmungen über die Verpflichtung zur Wiederverwertung von Abfallstoffen an. Deshalb wird die Entscheidung auch für andere Recyclingunternehmen von Bedeutung sein.

Mit Urteil vom 06.06.2012 (BStBl II 2013, 196) hat der BFH in der Bilanz von Großbetrieben i. S. v. § 3 BpO eine **Rückstellung für die Erfüllung von Mitwirkungspflichten bei einer BP** – auch vor Erlass einer Prüfungsanordnung – für zulässig befunden. Die FinVerw hat mit BMF-Schreiben vom 07.03.2013 (BStBl I 2013, 274) die allgemeine Anwendbarkeit des vorstehenden Urteils erklärt, jedoch nicht auf die Fälle, für die eine Anschlussprüfung i. S. d. § 4 Abs. 2 BpO nicht in Betracht kommt. Das BMF-Schreiben nimmt auch Stellung zu den rückstellungsfähigen Aufwendungen.

2.5 Besondere Rückstellung in der Handelsbilanz

Eine besondere Rückstellung in der HB ist die Rückstellung für latente Steuern bei KapG (§ 274 Abs. 1 HGB). Ist der Jahresüberschuss aus der HB höher als das Ergebnis aus der StB und dadurch der Steueraufwand zu niedrig, muss in der HB eine Rückstellung für latente Steuern gebildet werden, wenn sich der zu niedrige Steueraufwand in späteren Jahren voraussichtlich ausgleichen wird. Die Rückstellung ist aufzulösen, sobald die höhere Steuerbelastung eintritt oder mit ihr voraussichtlich nicht mehr zu rechnen ist. Zur Berechnung der Rückstellung s. § 274 Abs. 2 S. 1 HGB.

Beispiel 12: Rückstellung für latente Steuern

Eine GmbH hat Kosten für einen selbst geschaffenen immateriellen Vermögensgegenstand des AV i. H. v. 20.000 € gem. § 248 Abs. 2 S. 1 HGB in ihrer Bilanz per 31.12.01 aktiviert. In der StB dürfen selbst geschaffene immaterielle WG des AV nicht ausgewiesen werden (§ 5 Abs. 2 EStG). Die in der HB aktivierten Kosten mussten deshalb steuerlich im Jahr 01 als Aufwand behandelt werden. Der StB-Gewinn der GmbH ist also um 20.000 € niedriger als der HB-Gewinn.

Lösung: In der HB der GmbH auf den 31.12.01 ist gem. § 274 Abs. 1 HGB eine Rückstellung für latente Steuern in folgender Höhe zu passivieren:

Mehrgewinn lt. HB gegenüber der StB	20.000 €	
./. 18,37 %[144] GewSt	./. 3.674 €	3.674 €
verbleiben	16.326 €	
./. 15 % KSt	./. 2.449 €	2.449 €
verbleibender Mehrgewinn	13.877 €	
Rückstellung für latente Steuern		**6.123 €**

---

144 22,5/1,225 (= Hebesatz 450 %).

Da der immaterielle Vermögensgegenstand im Jahr 02 durch Abschreibung (angenommen 25 %) aufgelöst werden muss (§ 282 HGB), ist der handelsrechtliche Gewinn in diesem Jahr niedriger als der Gewinn aus der StB. Dementsprechend ist die Rückstellung für latente Steuern am 31.12.02 anteilig aufzulösen.

Mindergewinn lt. HB gegenüber der StB	5.000 €	
./. 18,37 % GewSt	./. 919 €	919 €
verbleiben	4.081 €	
./. 15 % KSt	./. 612 €	612 €
verbleibender Mindergewinn	3.469 €	
Teilauflösung der Rückstellung für latente Steuern	**1.531 €**	

Der Vollständigkeit halber wird darauf hingewiesen, dass, wenn der Jahresüberschuss aus der HB niedriger als das Ergebnis aus der StB und dadurch der Steueraufwand zu hoch ist, in der HB ein Aktivposten für latente Steuern gebildet werden darf (§ 274 Abs. 1 S. 2 HGB).

Beispiel 12a: Aktivposten latente Steuern (aus StB-Prüfung 2011)

In der Bilanz der X-GmbH am 31.12.09 wurde zutreffend eine Rückstellung für drohende Verluste aus schwebenden Geschäften i. H. v. 200.000 € gebildet. In der steuerlichen Überleitungsrechnung ist die Rückstellung zutreffend gewinnerhöhend berücksichtigt worden. Wegen der Differenz zwischen dem handelsrechtlichen und dem steuerrechtlichen Ansatz wurde in der HB eine aktive Steuerabgrenzung gem. § 274 Abs. 1 S. 2 HGB i. H. v. 60.000 € ausgewiesen.

Zum 31.12.10 ist nur noch mit einem drohenden Verlust von 80.000 € zu rechnen. Aus diesem Grund wurde die Drohverlustrückstellung richtigerweise i. H. v. 120.000 € aufgelöst.

Zur Erstellung der HB wurde wie folgt gebucht:

Rückstellungen	120.000 €	an	Sonstige betriebliche Erträge	120.000 €

Weitere Buchungen sind im Jahr 10 in diesem Zusammenhang bisher nicht erfolgt.

Lösung: Die GmbH hat in der Bilanz vom 31.12.09 von ihrem Bilanzierungswahlrecht gem. § 274 Abs. 1 S. 2 HGB Gebrauch gemacht. Der aktivierte Betrag der latenten Steuern kann nicht geprüft werden, weil die Höhe des Gewerbesteuer-Hebesatzes der Gemeinde, in der die GmbH ihren Gewerbebetrieb hat, nicht bekannt ist. Der von der GmbH gewählte Prozentsatz von 30 % (15 % GewSt, 15 % KSt) ist akzeptabel.

Infolge der Teilauflösung der Drohverlustrückstellung im Jahr 10 weichen die Gewinne lt. HB und StB nur noch i. H. v. 80.000 € voneinander ab. Der Betrag der aktivierten latenten Steuern muss folglich zum 31.12.10 angepasst werden.

Anpassungsbetrag:

30 % von 120.000 € = 36.000 €.

Buchungssatz:

sonstiger betrieblicher Aufwand	36.000 €	an	aktive latente Steuern	36.000 €

2.6   Verpflichtungsübernahmen[145]

Die Vorschriften der §§ 4f und 5 Abs. 7 EStG regeln die Übernahme von Verpflichtungen, die beim ursprünglich Verpflichteten Ansatzverboten, Ansatzbeschränkungen oder Bewertungsvorbehalten unterlegen haben. Nach § 5 Abs. 7 EStG sind die übernommenen Verpflichtungen zu den auf die Übernahme folgenden Bilanzstichtagen bei dem Übernehmer so zu bilanzieren, wie sie beim ursprünglich Verpflichteten ohne Übernahme zu bilanzieren wären. Die Vorschrift ist grundsätzlich erstmals für Wj. anzuwenden, die nach dem 28.11.2013 enden.

---

145   S. hierzu auch BMF vom 30.11.2017, BStBl I 2017, 1618.

Auf Antrag kann § 5 Abs. 7 EStG auch für frühere Wj. angewendet werden. Bei Übertragungen vor dem 14.11.2011 – sog. Altfälle – kann die Vorschrift aber nur dahingehend angewendet werden, dass der durch die Bilanzierung der übernommenen Verpflichtungen entstehende Aufwand auf **20** Jahre verteilt wird.

§ 4f EStG regelt die Behandlung des durch die Bilanzierung der übernommenen Verpflichtung entstehenden Aufwands. Der Aufwand ist auf das Jahr der Verpflichtungsübernahme und die folgenden 14 Jahre gleichmäßig verteilt als Betriebsausgaben abziehbar.

Beispiel 12b: Teilbetriebsveräußerung mit Drohverlustrückstellung[146]

Unternehmer A verkauft einen Teilbetrieb an B. Die stillen Reserven dieses Teilbetriebs betragen + 200.000 €. Die stillen Lasten – in Form einer nicht bilanzierten Drohverlustfeststellung betragen:
- a)   100.000 € bzw.
- b)   300.000 €.

Der Erwerber B übernimmt die Verpflichtung, aus der die drohenden Verluste resultieren,
- a)   in Form der Schuldübernahme bzw.
- b)   in Form des Schuldbeitritts.

Lösung:

1. Fallvariante a/c (Drohverlust < stille Reserven und Schuldübernahme)

Grundsätzlich müsste A nach § 4f Abs. 1 S. 1 EStG den aus der Übertragung der Verpflichtungen resultierenden Verlust auf 15 Jahre verteilen.

Hier ist aber der Ausnahmetatbestand des § 4f Abs. 1 S. 4 EStG anwendbar. Da sich aus der Veräußerung des Teilbetriebs insgesamt ein Gewinn ergeben hat, sind § 4f Abs. 1 S. 1 bis 3 EStG nicht anzuwenden. Es verbleibt bei der Besteuerung eines Veräußerungsgewinns i. H. v. 100.000 €.

2. Fallvariante b/c (Drohverlust > stille Reserven und Schuldübernahme)

Grundsätzlich müsste A nach § 4f Abs. 1 S. 1 EStG den aus der Übertragung der Verpflichtungen resultierenden Verlust i. H. v. 300.000 € auf 15 Jahre verteilen.

Hier ist aber der Ausnahmetatbestand des § 4f Abs. 1 S. 4 EStG anwendbar. Da sich aus der Veräußerung des Teilbetriebs insgesamt ein Verlust ergeben hat, sind § 4f Abs. 1 S. 1 bis 3 EStG nur insoweit anzuwenden, wie der Verlust aus der Übertragung der Verpflichtung den Veräußerungsverlust begründet oder erhöht hat. Der Veräußerungsverlust wurde im vorliegenden Fall in voller Höhe von –100.000 € durch die Aufdeckung der stillen Lasten begründet, sodass in dieser Höhe eine Verteilung des Veräußerungsverlustes auf 15 Jahre erfolgen muss. A kann deshalb im Jahr der Teilbetriebsveräußerung nur einen Verlust von 6.667 € berücksichtigen, der Restbetrag verteilt sich gleichmäßig auf die nächsten 14 Jahre.

3. Fallvariante a/d (Drohverlust < stille Reserven und Schuldbeitritt)

Für den Fall des Schuldbeitritts bzw. der Erfüllungsübernahme ordnet § 4f Abs. 2 EStG an, dass nur § 4f Abs. 1 S. 1, 2 und 7 EStG entsprechend gelten, also nicht die in § 4f Abs. 1 S. 4 bis 6 geregelten Ausnahmen.

Dies hat zur Folge, dass A den aus der Übertragung der Verpflichtung resultierenden Verlust i. H. v. 100.000 € auf 15 Jahre verteilen muss. A versteuert damit im Jahr der Teilbetriebsveräußerung einen Gewinn von + 200.000 € aus der Aufdeckung der stillen Reserven, abzüglich 1/15 der Aufdeckung der stillen Lasten i. H. v. 6.667 € gleich 193.333 €. Der verbleibende, nicht verteilte Verlust ist gleichmäßig in den nächsten 14 Jahren zu berücksichtigen. Dem Nachteil, im Jahr der Veräußerung einen höheren Gewinn begünstigt nach § 34 EStG versteuern zu müssen, steht der Vorteil gegenüber, dass sich die Gewinnminderungen der Folgejahre stets mit dem individuellen Grenzsteuersatz steuermindernd auswirken.

4. Fallvariante b/d (Drohverlust > stille Reserven und Schuldbeitritt)

Für den Fall des Schuldbeitritts bzw. der Erfüllungsübernahme ordnet § 4f Abs. 2 EStG an, dass nur § 4f Abs. 1 S. 1, 2 und 7 EStG entsprechend gelten, also nicht die in § 4f Abs. 1 S. 4 bis 6 geregelten Ausnahmen.

---

146   Das Beispiel stammt aus der Verfügung der OFD Magdeburg vom 02.06.2014 (Az.: S 2133 – 27 – St 2; DStR 2014, 1546).

Dies hat zur Folge, dass A den aus der Übertragung der Verpflichtung resultierenden Verlust i. H. v. 300.000 € auf 15 Jahre verteilen muss. A versteuert damit im Jahr der Teilbetriebsveräußerung einen Gewinn i. H. v. + 200.000 € aus der Aufdeckung der stillen Reserven, abzüglich 1/15 der Aufdeckung der stillen Lasten i. H. v. 20.000 € = 180.000 €. Der verbleibende, nicht verteilte Verlust ist gleichmäßig in den nächsten 14 Jahren zu berücksichtigen. Dem Nachteil, im Jahr der Veräußerung einen höheren Gewinn – begünstigt nach § 34 EStG – versteuern zu müssen, steht der Vorteil gegenüber, dass sich die Gewinnminderungen der Folgejahre stets mit dem individuellen Grenzsteuersatz steuermindernd auswirken.

5. Auswirkung bei B

In der ersten zu erstellenden Schlussbilanz hat B nach § 5 Abs. 7 S. 1 EStG zu beachten, dass entsprechend den Verhältnissen bei der ursprünglich verpflichteten Person – gem. § 5 Abs. 4a EStG – steuerlich keine Drohverlustrückstellung gebildet werden darf.

Nach § 5 Abs. 7 S. 5 EStG kann B eine gewinnmindernde Rücklage i. H. v. 14/15 des Erwerbsfolgegewinns bilden.

2.7   Auflösung der Rückstellung

Unter drei Voraussetzungen sind Rückstellungen aufzulösen:

1. Ganz allgemein sind die Gründe für ihre Bildung entfallen (vgl. § 249 Abs. 3 S. 2 HGB).

2. Die ungewisse Verbindlichkeit stellt keine wirtschaftliche Belastung mehr dar (s. H 5.7 Abs. 13 EStH).

3. Aus Umständen, die noch vor Bilanzerstellung bekannt wurden, aber den Zeitraum bis zum Bilanzstichtag betreffen, ergibt sich, dass mit einer Inanspruchnahme nicht mehr zu rechnen ist (BFH vom 30.01.2002, BStBl II 2002, 688).

3   Verbindlichkeiten

3.1   Verbindlichkeiten im Anlagevermögen und Umlaufvermögen

Verbindlichkeiten können zum AV (mittel- und langfristige Verbindlichkeiten, z. B. als Darlehen) oder zum UV (Verbindlichkeiten aus Lieferungen und Leistungen und andere kurzfristige Verbindlichkeiten – sog. sonstige Verbindlichkeiten[147]) gehören.

Nach den BFH-Urteilen vom 20.10.2004 (BStBl II 2005, 581) und vom 10.11.2005 (BStBl II 2006, 618) bleibt die Passivierungspflicht von Verbindlichkeiten durch den Rangrücktritt des Gläubigers unberührt. Dagegen sind sog. haftungslose Darlehen, bei denen ein Erlass mit Besserungsabrede (Besserungsschein) vorliegt, nicht zu passivieren; s. hierzu auch das BMF-Schreiben vom 08.09.2006 (BStBl I 2006, 497). Das Gleiche gilt für den qualifizierten Rangrücktritt, bei dem die Verbindlichkeit nur aus künftigen Gewinnen oder einem etwaigen Liquidationsüberschuss erfüllt zu werden braucht (s. BFH vom 30.11.2011, BStBl II 2012, 332 und vom 10.08.2016, BFH/NV 2017, 155).

Beispiel 13: Rangrücktrittsvereinbarung (aus StB-Prüfung 2014)

Der G'fter B der E-GmbH hat ein kleines Lagergrundstück, das keine wesentliche Betriebsgrundlage darstellt, für einen monatlichen Pachtzins von 500 € an die GmbH verpachtet. Die Pacht ist monatlich am 15. fällig. Infolge von Liquiditätsschwierigkeiten bei der GmbH wurde zwischen Pächterin und Verpächter am 01.07.13 mit Wirkung ab Juli 13 vereinbart, dass die Pachtforderung von B hinter die Forderungen aller übrigen Gläubiger zurücktritt und nur aus den Gewinnen künftiger Wj. zu zahlen ist (Rangrücktritt).

Gebucht wurden von Januar bis Juni, jeweils monatlich:

Pachtaufwand   500 €   an   Bank   500 €

---

147 S. auch § 266 Abs. 3 C Nr. 8 HGB.

Lösung: Die Vereinbarung eines Rangrücktritts hat keinen Einfluss auf die handelsrechtliche Bilanzierung der Verbindlichkeit. Im Gegensatz zu einem Forderungsverzicht erlischt oder mindert sich die Verbindlichkeit nicht. Diese wird weiterhin geschuldet und stellt eine wirtschaftliche Belastung dar. Lediglich die Rangfolge der Tilgung ändert sich. Die Pachtverbindlichkeit für Juli bis Dezember in Höhe von 3.000 € ist als Fremdkapital in der HB der GmbH am 31.12.13 auszuweisen.

Im Steuerrecht unterscheidet man zwischen einem einfachen und einem qualifizierten Rangrücktritt. Beim vorliegenden Sachverhalt handelt es sich um einen einfachen Rangrücktritt. Bei einem einfachen Rangrücktritt vereinbaren Schuldner und Gläubiger, dass eine Zahlung der Verbindlichkeit nur dann zu erfolgen hat, wenn der Schuldner dazu aus Gewinnen oder aus anderem Vermögen künftig in der Lage ist. Gem. § 5 Abs. 2a EStG darf am 31.12.13 weder eine Verbindlichkeit noch eine Rückstellung gebildet werden. Das Ergebnis lt. HB muss zwecks Ermittlung des steuerlichen Gewinns um 3.000 € erhöht werden (s. a. BFH vom 15.04.2015, I R 44/14, DStR 2015, 1551).

3.2   Bewertung der Verbindlichkeiten

3.2.1   Erfüllungsbetrag

Verbindlichkeiten sind mit ihrem Erfüllungsbetrag zu bewerten gem. § 253 Abs. 1 S. 2 HGB, § 6 Abs. 1 Nr. 3 EStG.

3.2.2   Höherer Stichtagswert/Teilwert

Das für die positiven Vermögensgegenstände des UV geltende Niederstwertprinzip gem. § 253 Abs. 4 S. 1 und 2 HGB verkehrt sich bei Verbindlichkeiten in ein **Höchstwertprinzip**, d. h. der Kaufmann muss den höheren Stichtagswert der Verbindlichkeit im AV ansetzen, wenn er höher ist als die AK, unter der Voraussetzung, dass der höhere Stichtagswert voraussichtlich von Dauer ist. Das gilt für die Verbindlichkeiten des UV auch, wenn die Werterhöhung nicht von Dauer ist. Der Ansatz des niedrigeren Stichtagswerts würde gegen das Verbot des Ausweises nicht realisierter Gewinne verstoßen (§ 252 Abs. 1 Nr. 4 HGB) und ist deshalb nicht zulässig.

In der StB besteht ein Wahlrecht zum Ansatz des höheren TW der Verbindlichkeit, wenn die Werterhöhung voraussichtlich von Dauer ist (§ 6 Abs. 1 Nr. 2 S. 2 EStG).[148]

> **Beispiel 14: Höherer Teilwert einer Verbindlichkeit in der StB**
>
> Aufnahme einer Verbindlichkeit über 10.000 US-$ im Oktober 01:
>
> - Devisenkurs am Entstehungstag der Verbindlichkeit: 0,93337 US-$/€,
> - Devisenkurs am Bilanzstichtag 31.12.01:   0,93324 US-$/€.
>
> **Lösung:**
> Einbuchung der Verbindlichkeit im Oktober 01 mit
>   10.000 US-$: 0,93337 = 10.713,86 €.
>   Passivierung der Verbindlichkeit am 31.12.01 mit dem Zugangswert von 10.713,86 € oder wahlweise – unter der Voraussetzung, dass eine voraussichtlich dauernde Werterhöhung vorliegt – mit dem höheren TW von
>   10.000 US-$: 0,93324 = 10.715,36 €.

3.2.3   Abgeld/Aufgeld

Verbindlichkeiten, bei denen der Erfüllungsbetrag höher ist als der Auszahlungsbetrag – Abzug eines Abgelds (Damnums) oder Aufschlag eines Aufgelds –, sind mit dem Erfüllungsbetrag zu bewerten; das Abgeld bzw. Aufgeld **kann** nach Handelsrecht (§ 250 Abs. 3 S. 1 HGB)

---

148   Zur dauernden Werterhöhung von Verbindlichkeiten s. Rz. 32 und 36 des BMF-Schreibens vom 02.09.2016 (a. a. O.).

und **muss** nach Steuerrecht aktiv abgegrenzt[149] und auf die Laufzeit der Verbindlichkeit verteilt werden (lineare Verteilung bei Fälligkeitsdarlehen, digitale Verteilung bei Tilgungsdarlehen).

Beispiel 15: Digitale Verteilung des Damnums

Aufnahme eines Darlehens, Nennbetrag	200.000 €
Auszahlungsbetrag	190.000 €
Damnum	10.000 €

Laufzeit 5 Jahre, Zinsen 6 % p. a., Tilgung
2 % p. a. + ersparte Zinsen

Lösung:

Geldkonto   190.000 €   an   Darlehensschuld   200.000 €
Damnum   10.000 €

Verteilung des Damnums auf die Kreditlaufzeit[150]
    Ermittlung des Nenners für den Bruch:

$$\frac{(1+n) \times n}{2} = \frac{(1+10) \times 10}{2} = 55 \qquad n = \text{Laufzeit des Kredits in Jahren}$$

Der Zähler des Bruches entspricht den Jahren der Laufzeit in umgekehrter Reihenfolge.
    Die Verteilung des Damnums erfolgt nach folgender Berechnung:

erstes Jahr	5/15 von 10.000 € =	3.333 €
zweites Jahr	4/15 von 10.000 € =	2.667 €
drittes Jahr	3/15 von 10.000 € =	2.000 €
viertes Jahr	2/15 von 10.000 € =	1.333 €
fünftes Jahr	1/15 von 10.000 € =	667 €
Summe		10.000 €

3.2.4   Verbindlichkeiten in ausländischer Währung

Verbindlichkeiten in ausländischer Währung sind mit dem Devisenkurs im Zeitpunkt ihrer Entstehung einzubuchen. In der HB sind die Posten mit dem Devisenkassamittelkurs vom Bilanzstichtag zu bewerten (§ 256a HGB). Zwecks Feststellung des höheren TW für die StB (ggf. Ansatz als Wahlrecht) ist der Wechselkurs des Bewertungsstichtags zu berücksichtigen.

3.2.5   Abzinsung von Verbindlichkeiten

Die Abzinsung unverzinslicher Verbindlichkeiten verstößt grundsätzlich gegen das Realisierungsprinzip gem. § 252 Abs. 1 Nr. 4 HGB und ist deshalb in der **HB** nicht erlaubt.
    Gem. § 6 Abs. 1 Nr. 3 EStG sind Verbindlichkeiten in der **StB** grundsätzlich mit 5,5 % abzuzinsen. Vom Abzinsungsgebot ausgenommen sind

- Verbindlichkeiten, deren Laufzeit am Bilanzstichtag weniger als zwölf Monate beträgt,
- Verbindlichkeiten, die verzinslich sind,
- Verbindlichkeiten, die auf einer Anzahlung oder Vorleistung beruhen.

---

149 S. auch § 5 Abs. 5 S. 1 Nr. 1 EStG.
150 Ebenso zulässig: Verteilung auf den Zeitraum der Zinsfestschreibung.

Zur Passivierung von Darlehensverbindlichkeiten mit steigenden Zinssätzen vgl. BFH-Urteil vom 25.05.2016 (BStBl II 2016, 930).

Beispiel 16: Abzinsung einer Verbindlichkeit I

Der Unternehmer nimmt am 02.01.01 von einem Verwandten einen betrieblichen Kredit i. H. v. 30.000 € auf. Aufgrund der verwandtschaftlichen Beziehungen werden keine Zinsen vereinbart. Der Kredit hat eine Laufzeit von zehn Jahren.

Lösung: Die Verbindlichkeit ist in der StB mit dem abgezinsten Betrag zu passivieren (§ 6 Abs. 1 Nr. 3 S. 1 EStG). Entsprechend der Restlaufzeit von neun Jahren ab dem Bilanzstichtag 31.12.01 ergibt sich folgende Berechnung:

Formel für die Abzinsung: $B = R : (1 + p/100)^n$

B = Barwert am Bilanzstichtag

R = Rückzahlungsbetrag

p = Zinssatz

n = Laufzeit in Jahren

Barwert bei einer Laufzeit von 9 Jahren und einem Zinssatz von 5,5 % sowie einem Rückzahlungsbetrag von 30.000 €: B = 30.000 € : 1,619094 = 18.529 €.

Ansatz der Verbindlichkeit in der StB per 31.12.01 mit 18.529 €.

Gem. BMF-Schreiben vom 26.05.2005 (BStBl I 2005, 699) kann der Abzinsungsbetrag aus Vereinfachungsgründen auch nach den §§ 12 bis 14 BewG ermittelt werden.

Beispiel 17: Abzinsung einer Verbindlichkeit II

Die Restlaufzeit einer Verbindlichkeit beträgt am Bilanzstichtag 31.12.01 noch ein Jahr, drei Monate und zehn Tage. Von der Vereinfachungsregelung wird Gebrauch gemacht.

Lösung: Bei Anwendung der Vereinfachungsregelung ist der maßgebende Vervielfältiger nach Tabelle 2 wie folgt zu interpolieren:

Vervielfältiger für zwei Jahre	0,898
Vervielfältiger für ein Jahr	0,948
Differenz	./. 0,050
davon (3/12 + 10/360)	./. 0,014
interpoliert (0,948 ./. 0,014)	0,934

In der steuerlichen Gewinnermittlung zum 31.12.01 ist die Verbindlichkeit (Nennwert 100.000 €) somit i. H. v. 100.000 € x 0,934 = 93.400 € anzusetzen.

Beispiel 18: Abzinsung einer Verbindlichkeit III

Zum Bilanzstichtag 31.12.01 ist eine unverzinsliche Verbindlichkeit zu bewerten, die an jedem ersten Tag eines Monats mit 500 € zu tilgen ist. Von der Vereinfachungsregelung wird Gebrauch gemacht.

Lösung: Der Jahreswert beträgt 12 x 500 € = 6.000 €. Zum Bilanzstichtag 31.12.01 ist eine Restlaufzeit von 1 Jahr und 7 Monaten und 1 Tag maßgebend. Der Vervielfältiger (Kapitalwert) nach Tabelle 3 ermittelt sich wie folgt:

Kapitalwert für 2 Jahre	1,897
Kapitalwert für 1 Jahr	0,974
Differenz	0,923
davon (7/12 + 1/360)	0,541
interpoliert (0,974 + 0,541)	1,515

In der steuerlichen Gewinnermittlung zum 31.12.01 ist die Verbindlichkeit mit 6.000 € x 1,515 = 9.090 € anzusetzen.

3.3 Bewertung von Rentenverbindlichkeiten

Rentenverbindlichkeiten sind mit dem Barwert zu passivieren (§ 253 Abs. 2 S. 3 HGB). Die Abzinsung erfolgt entweder mit dem der Restlaufzeit der Verbindlichkeit entsprechenden durchschnittlichen Marktzinssatz der vergangenen sieben Geschäftsjahre (§ 253 Abs. 2 S. 1 und 3 HGB) oder pauschal mit dem durchschnittlichen Marktzinssatz (§ 253 Abs. 2 S. 2 und 3 HGB).

Für die StB ist gem. R 6.2a EStR der Barwert der Rente grundsätzlich nach §§ 12 ff. BewG zu ermitteln; er kann auch nach versicherungsmathematischen Grundsätzen berechnet werden.[151]

Beispiel 19: Bewertung einer Leibrentenverpflichtung in der StB

Die A & B OHG erwirbt am 15.02.01 ein unbebautes Grundstück gegen die Verpflichtung, der Verkäuferin eine lebenslange monatliche Leibrente von 500 € zu zahlen. Die Verkäuferin hat am 16.08.01 das 65. Lebensjahr vollendet.

Lösung: Die Rentenverpflichtung ist bei der OHG mit dem Barwert zu passivieren. In gleicher Höhe entstehen AK für das Grundstück.

Bewertung im Zeitpunkt der Anschaffung:
Der Barwert der Rentenverpflichtung ist gem. Anlage 1 (zu § 14 Abs. 1 BewG) zum BMF-Schreiben vom 26.09.2011 (BStBl I 2011, 834) zu berechnen. Bei einem Alter der Rentenberechtigten von 64 Jahren: 6.000 € x 12,745 = 76.740 €.

Grundstücke	76.470 €	an	Rentenverbindlichkeit	76.470 €

Bewertung am Bilanzstichtag:
Barwert der Rentenverpflichtung gem. Anlage 1 zum BMF-Schreiben vom 26.09.2011 (BStBl I 2011, 834) bei einem Alter der Rentenberechtigten von 65 Jahren: 6.000 € x 12,468 = 74.808 €.
Der im Zeitpunkt der Anschaffung des Grundstücks eingebuchte Barwert ist anzupassen.

Rentenverbindlichkeit	1.662 €	an	Sonst. betriebl. Erträge	1.662 €

3.4 Saldierungsverbot

Verbindlichkeiten dürfen in der Bilanz grundsätzlich nicht mit Forderungen verrechnet werden (Saldierungsverbot gem. § 246 Abs. 2 HGB).

Ausnahmen:
- Vermögensgegenstände, die ausschließlich der Erfüllung von Schulden aus Altersversorgungsverpflichtungen dienen, sind mit diesen Schulden zu verrechnen (§ 246 Abs. 2 S. 2 HGB),
- Bildung von Bewertungseinheiten (§ 254 HGB).

---

151 Für einen Fall der Veräußerungsleibrente BFH vom 02.05.2001 (BFH/NV 2002, 10).

VII Übertragung von Wirtschaftsgütern auf andere Betriebsvermögen

1 Grundsatz

Die Überführung von WG von einem BV in das andere desselben StPfl. stellt eine Entnahme i. S. d. § 4 Abs. 1 S. 2 EStG aus dem abgebenden und eine Einlage i. S. d. § 4 Abs. 1 S. 8 1. HS EStG in das aufnehmende BV dar, deren Bewertung abweichend von § 6 Abs. 1 Nr. 4 und 5 EStG geregelt ist (BMF vom 08.12.2011, BStBl I 2011, 1279). Gem. § 6 Abs. 5 S. 1 EStG ist die Überführung zum Buchwert vorzunehmen, sofern die Besteuerung der stillen Reserven sichergestellt ist. Das gilt auch für die Überführung aus einem Einzel-BV eines StPfl. in sein Sonder-BV bei einer MU-schaft und umgekehrt sowie für die Übertragung zwischen verschiedenen Sonder-BV bei unterschiedlichen MU-schaften (§ 6 Abs. 5 S. 2 EStG).

2 Übertragungen in das Gesamthandsvermögen einer Personengesellschaft

Unter bestimmten Voraussetzungen ist auch die Übertragung aus dem Einzel- oder Sonder-BV eines StPfl. in das Gesamthandsvermögen einer PersG, an der der StPfl. als MU beteiligt ist, und umgekehrt zum Buchwert vorzunehmen. Das gilt für die Fälle, in denen ein WG unentgeltlich oder gegen Gewährung bzw. Minderung von Gesellschaftsrechten übertragen wird (§ 6 Abs. 5 S. 3 EStG). Diese Regelung ist jedoch nicht anzuwenden, soweit der Anteil einer Körperschaft, Personenvereinigung oder Vermögensmasse an dem WG unmittelbar oder mittelbar begründet wird oder dieser sich erhöht. Insoweit ist das übertragene WG mit dem Teilwert anzusetzen (§ 6 Abs. 5 S. 5 EStG).

Die Übertragungsmöglichkeiten im Einzelnen ergeben sich aus der folgenden Tabelle.

Übertragungsmöglichkeiten nach § 6 Abs. 5 S. 5 EStG:

Übertragung	Gegenleistung	Bewertung
aus anderem BV des G'fters (inkl. Sonder-BV) in das Gesamthandsvermögen	unentgeltliche Übertragung oder gegen Gewährung von Gesellschaftsrechten auf eine PersG, an der nur natürliche Personen beteiligt sind	Bewertung mit dem Buchwert (§ 6 Abs. 5 S. 3 EStG)
	unentgeltliche Übertragung oder gegen Gewährung von Gesellschaftsrechten auf eine PersG, an der auch Körperschaften, Personenvereinigungen oder Vermögensmassen beteiligt sind	Bewertung mit dem Buchwert, soweit sich durch die Übertragung der Anteil einer **natürlichen** Person an dem übertragenen WG erhöht (§ 6 Abs. 5 S. 3 EStG)
		Bewertung mit dem Teilwert, soweit sich durch die Übertragung der Anteil einer **Körperschaft** usw. an dem übertragenen WG erhöht (§ 6 Abs. 5 S. 5 EStG)
aus dem Gesamthandsvermögen in ein anderes BV des G'fters (inkl. Sonder-BV)	unentgeltliche Übertragung oder Übertragung gegen Minderung der Gesellschaftsrechte auf eine natürliche Person	Bewertung mit dem Buchwert (§ 6 Abs. 5 S. 3 Nr. 1 und 2 EStG)
	unentgeltliche Übertragung oder Übertragung gegen Minderung der Gesellschaftsrechte auf eine Körperschaft, Personenvereinigung oder Vermögensmasse	Bewertung mit dem Teilwert (§ 6 Abs. 5 S. 5 EStG)

Beachte:

Die vorstehende Bewertung gilt dann **nicht**, wenn ein entgeltlicher Veräußerungsvorgang gegeben ist, der wie ein Veräußerungsgeschäft unter fremden Dritten abgewickelt wird, d. h. insb. mit einem Entgelt, das dem **Teilwert** des übertragenen WG entspricht. In diesen Fällen ist das WG beim Erwerber mit den **AK** anzusetzen; der Veräußerer erzielt in derselben Höhe einen **Veräußerungsgewinn** (BMF vom 07.06.2001, BStBl I 2001, 367).

Entgeltliche Übertragungen mit einer Gegenleistung, die niedriger ist als der Teilwert des übertragenen WG, sind in einen voll entgeltlichen und einen voll unentgeltlichen Vorgang aufzuteilen (BMF vom 08.12.2011, BStBl I 2011, 1279, Rn. 15). Der Umfang der Entgeltlichkeit bestimmt sich nach dem Verhältnis des Kaufpreises zum Verkehrswert des übertragenen WG (BMF vom 07.06.2001, a. a. O.).

Beispiel 1: Übertragung eines WG auf das Gesamthandsvermögen einer Personengesellschaft zu einem Entgelt, das niedriger ist als der Teilwert

Ein StPfl. übereignet einen in seinem Einzel-BV enthaltenen Gabelstapler an eine KG, an der er als MU beteiligt ist, zu einem Preis von 10.000 €. Der Teilwert des Fahrzeugs beträgt im Übereignungszeitpunkt 15.000 €. Der Gabelstapler steht zu diesem Zeitpunkt im Einzel-BV des StPfl. mit 9.000 € zu Buche.

Lösung: Es handelt sich um die Übertragung eines WG, das im BV eines G'fters steht, in das Gesamthandsvermögen der PersG gegen ein Entgelt, das niedriger ist als der Teilwert. Die Übertragung ist im Verhältnis des gezahlten Entgelts zum Verkehrswert des Gabelstaplers in einen entgeltlichen und einen unentgeltlichen Vorgang aufzuteilen. Der Gabelstapler ist bei der KG anzusetzen mit dem gezahlten Entgelt i. H. v. 10.000 € + einem Drittel des Buchwerts = 3.000 €, zusammen 13.000 €.

Gewinnrealisierung im Einzel-BV des A:	13.000 €
abzüglich Buchwert i. H. v. ./.	9.000 €
	4.000 €

Mit Urteil vom 19.09.2012 (DStR 2012, 2051) hat der IV. Senat des BFH entgegen der Verwaltungsmeinung entschieden, dass die teilentgeltliche Übertragung eines WG des Sonder-BV in das Gesamthandsvermögen nicht zur Realisierung eines Gewinns führt, wenn das Entgelt den Buchwert nicht übersteigt. Das BMF hat mit Schreiben vom 12.09.2013 (BStBl I 2013, 1164) die Veröffentlichung des vorgenannten BFH-Urteils im BStBl vorläufig zurückgestellt, bis der BFH in den anhängigen Verfahren X R 28/12 und I R 80/12[152] entschieden hat.

Anmerkung:

Zur Übertragung von Einzel-WG zwischen (beteiligungsidentischen) PersG liegen unterschiedliche Rechtsauffassungen des I. und des IV. Senats des BFH vor.[153]

Mit BMF-Schreiben vom 29.10.2010 (BStBl I 2010, 1206) wird zu der BFH-Rspr. wie folgt Stellung genommen: Unter die Übertragung von WG nach § 6 Abs. 5 S. 3 Nr. 2 EStG fällt ausschließlich die Übertragung zwischen dem Sonder-BV eines MU in das Gesamthandsvermögen derselben oder einer anderen MU-schaft, an der der MU beteiligt ist, oder die umgekehrte Übertragung. Die unmittelbare Übertragung von einzelnen WG zwischen den Gesamthandsvermögen von Schwesterpersonengesellschaften stellt hingegen keinen Anwendungsfall des § 6 Abs. 5 S. 3 Nr. 2 EStG dar und ist somit nicht zu Buchwerten zulässig. Ein Analogieschluss

---

152 Der I. Senat hat inzwischen mit Beschluss vom 10.04.2013 (DStR 2013, 2158) die Rechtsfrage dem Bundesverfassungsgericht vorgelegt. S. hierzu ausführlich die Diskussion in Teil B Kap. VI 1.

153 Urteil vom 25.11.2009 (BStBl II 2010, 471) und Beschluss vom 15.04.2010 (BStBl II 2010, 971); s. hierzu auch *Bünning*, BB 2010, 2357 (Gestaltungsmöglichkeiten).

dahingehend, dass eine steuerneutrale Übertragung von WG auch in diesem Fall möglich sein müsse, weil die stillen Reserven auch in diesem Fall in einem inländischen BV verbleiben, ist für die Übertragung von einzelnen WG zwischen den Gesamthandsvermögen von Schwesterpersonengesellschaften nicht zulässig, da dies eine planwidrige Unvollständigkeit des Gesetzes voraussetzen würde, die nach dem Willen des historischen Gesetzgebers nicht gegeben ist. Dies gilt auch für beteiligungsidentische Schwesterpersonengesellschaften.

Der Gleichheitsgrundsatz ist ebenfalls nicht verletzt, da es im deutschen Steuerrecht keinen allgemeinen Grundsatz gibt, der eine gewinnneutrale Übertragung zulässt oder vorschreibt, soweit die Besteuerung der stillen Reserven im Inland sichergestellt ist.

Bei Erlass von Feststellungsbescheiden ist weiterhin daran festzuhalten, dass die Übertragung eines WG des Gesamthandsvermögens einer Personengesellschaft auf eine beteiligungsidentische Schwesterpersonengesellschaft zur Aufdeckung stiller Reserven führt. Aufgrund des BFH-Beschlusses vom 15.04.2010 (BStBl II 2010, 971) ist allerdings auf Antrag des StPfl. Aussetzung der Vollziehung zu gewähren (§ 361 Abs. 2 und 3 AO).

Mit Beschluss vom 10.04.2013 (DStR 2013, 2158) hat der erste Senat des BFH dem BVerfG die Frage zur Entscheidung vorgelegt, ob die fehlende Buchwertübertragung von Wirtschaftsgütern zwischen beteiligungsidentischen Personengesellschaften gleichheitswidrig ist.

3   Ergänzende Bestimmungen
3.1   Übertragung mit dem Buchwert
Wird das übertragene WG innerhalb einer Sperrfrist veräußert oder entnommen, ist rückwirkend auf den Zeitpunkt der Übertragung der Teilwert anzusetzen, es sei denn, die bis zur Übertragung entstandenen stillen Reserven sind durch Erstellung einer Ergänzungsbilanz dem übertragenden G'fter zugeordnet worden; diese Sperrfrist endet drei Jahre nach Abgabe der Steuererklärung des Übertragenden für den VZ, in dem die Übertragung erfolgt ist (§ 6 Abs. 5 S. 4 EStG).

Beispiel 2: Erstellung einer Ergänzungsbilanz im Zeitpunkt der Übertragung

Der G'fter A der A & B-OHG, an der nur natürliche Personen beteiligt sind, bringt ein unbebautes Grundstück aus seinem Einzelunternehmen gegen Gewährung von Gesellschaftsrechten in das Gesamthandsvermögen der OHG ein. Das Grundstück hat im Einzelunternehmen A einen Buchwert i. H. v. 80.000 €. Der Teilwert des Grundstücks beträgt 120.000 €.

Lösung: Die Übertragung in das Gesamthandsvermögen wird zum Teilwert vorgenommen. Wegen des zwingenden Ansatzes des Grundstücks in der StB mit dem Buchwert erstellt A eine **negative steuerliche Ergänzungsbilanz**, in der er den Differenzbetrag zwischen dem Buchwert und dem Teilwert des Grundstücks ausweist:

Kapital   40.000 € Minderwert Grundstück   40.000 €

Wenn das Grundstück veräußert oder entnommen wird, muss die Ergänzungsbilanz aufgelöst werden. Durch die Auflösung der Ergänzungsbilanz entsteht bei dem einbringenden G'fter A ein Gewinn i. H. d. stillen Reserven des eingebrachten Grundstücks im Zeitpunkt der Einbringung.

3.2   Übertragung mit dem Teilwert
Soweit innerhalb von sieben Jahren nach der Übertragung des WG der Anteil einer Körperschaft, Personenvereinigung oder Vermögensmasse an dem übertragenen WG aus einem anderen Grund unmittelbar oder mittelbar begründet wird oder dieser sich erhöht, ist rückwirkend auf den Zeitpunkt der Übertragung ebenfalls der Teilwert anzusetzen (§ 6 Abs. 5 S. 5 EStG).

Beispiel 3: Nachträgliche Begründung der Beteiligung einer KapG an dem übertragenen WG

Der G'fter B der A & B-OHG, an der nur natürliche Personen beteiligt sind, überträgt im Jahr 02 aus seinem Sonder-BV einen Lkw gegen Gewährung von Gesellschaftsrechten in das Gesamthandsvermögen der OHG. Der Lkw steht in der Sonderbilanz des B mit 15.000 € zu Buche und hat einen Teilwert von 20.000 €. Die Übertragung erfolgt zutreffend zum Buchwert.

Mit Wirkung vom 01.01.04 veräußert der G'fter A seinen 50 %igen MU-Anteil an die A-GmbH, die an seiner Stelle als G'fterin in die A & B-OHG eintritt. Infolge des Eintritts der A-GmbH in die OHG wird der Anteil einer Körperschaft an dem übertragenen Lkw i. S. v. § 6 Abs. 5 S. 5 EStG begründet.

Lösung: Da dieser Umstand innerhalb der Frist von sieben Jahren nach der Übertragung eintritt, ist rückwirkend der anteilige Teilwert des Lkw in der Höhe anzusetzen, die dem Beteiligungsverhältnis der KapG an der PersG entspricht. Die A-GmbH ist mit 50 % am Gesamthandsvermögen beteiligt. Dementsprechend ist der Lkw rückwirkend mit 50 % des Buchwerts und 50 % des Teilwerts = 17.500 € anzusetzen. Dadurch tritt im Sonder-BV B eine Gewinnauswirkung von 2.500 € ein.

4 Überführung von Wirtschaftsgütern zwischen dem inländischen Betriebsvermögen und einer ausländischen Betriebsstätte

4.1 Gesetzliche Regelung

Die Regelung in § 4 Abs. 1 S. 3 EStG enthält einen Ersatzrealisierungstatbestand. Durch die Vorschrift wird der Ausschluss oder die Beschränkung des Besteuerungsrechts der Bundesrepublik Deutschland hinsichtlich des Gewinns aus der Veräußerung oder Nutzung eines WG der Entnahme für betriebsfremde Zwecke gleichgestellt. Gem. § 6 Abs. 1 Nr. 4 S. 1, 2. HS EStG ist die Entnahme nach § 4 Abs. 1 S. 3 EStG mit dem gemeinen Wert anzusetzen, d. h. die Differenz zwischen dem gemeinen Wert und dem Buchwert wird besteuert.

Folgerichtig wird die Begründung des Besteuerungsrechts der Bundesrepublik Deutschland hinsichtlich des Gewinns aus der Veräußerung eines WG nach neuem Recht einer Einlage gleichgesetzt (§ 4 Abs. 1 S. 8 2. HS EStG). Gem. § 6 Abs. 1 Nr. 5a EStG ist die Einlage nach § 4 Abs. 1 S. 8 2. HS EStG mit dem gemeinen Wert anzusetzen.

4.2 Ausgleichsposten nach § 4 g EStG

Sofern ein WG des Anlagevermögens in eine EU-Betriebsstätte überführt wird, besteht die Möglichkeit der Vermeidung der Sofortversteuerung der nach § 4 Abs. 1 S. 3 EStG aufzudeckenden stillen Reserve durch Bildung eines Ausgleichspostens in der StB, der gem. § 4 g Abs. 2 EStG grundsätzlich im Wj. der Bildung und in den vier folgenden Wj. zu jeweils 1/5 gewinnerhöhend aufzulösen ist. Der Antrag auf Bildung des Ausgleichspostens kann für jedes Wj. nur einheitlich für alle betroffenen WG gestellt werden.

Der Ausgleichsposten wird ermittelt aus dem gemeinen Wert des überführten WG abzüglich dessen Buchwert im Zeitpunkt der Überführung.

Bei der Auflösung des Ausgleichspostens unterscheidet man zwischen der gewinnerhöhenden und der gewinnneutralen Auflösung.

- Gewinnerhöhende Auflösung
  a) ratierliche Auflösung:
     im Wj. der Bildung und in den folgenden vier Wj.;
  b) Vollauflösung bei
  – Ausscheiden des WG aus dem BV,
  – Ausscheiden des WG aus der Besteuerungshoheit (Transfer in den Nicht-EU-Bereich),
  – Aufdeckung der stillen Reserven des WG nach ausländischem oder entsprechend deutschem Steuerrecht,

- Verletzung der WG-bezogenen Anzeige-, Aufzeichnungs- oder sonstigen Mitwirkungsrechten (§ 4 g Abs. 5 EStG).
- Gewinnneutrale Auflösung (bei WG-Rückführung)
  bei Zuordnungsänderung oder -aufhebung des WG zu anderer Betriebsstätte in anderem EU-Staat (»Rückführung«) in der tatsächlichen Nutzungsdauer, spätestens im Fünf-Jahres-Zeitraum.

Das rückgeführte WG ist mit den fortgeführten AK, erhöht um zwischenzeitlich gewinnerhöhend berücksichtigte Auflösungsbeträge und um den Unterschiedsbetrag zwischen dem Rückführungswert und dem Buchwert im Zeitpunkt der Rückführung, höchstens jedoch mit dem gemeinen Wert anzusetzen.

Der passive Ausgleichsposten gem. § 4 g EStG ist ein Merkposten der StB. Da handelsrechtlich zum Buchwert übertragen werden kann, hat der Ausgleichsposten nur Relevanz für die steuerliche Gewinnermittlung.

VIII Technische Fragen

1 Notwendigkeit von Anpassungen

1.1 Betriebsvermögensvergleich

Im Fall der Korrektur von Bilanzposten ist es von Bedeutung, welche Auswirkungen die Berichtigung auf den Erfolg (Gewinn oder Verlust) des Unternehmens hat, um den endgültigen Gewinn/Verlust für die betreffenden Wj. zu ermitteln. Grundlage für die Feststellung der Gewinnauswirkungen ist die Gewinnermittlung nach BVV:

Gewinnbegriff gem. § 4 Abs. 1 EStG:

	BV am Schluss des Wj.
./.	BV am Schluss des vorangegangenen Wj.
=	Erhöhung oder Minderung des BV
+	Entnahmen
./.	Einlagen
=	**Gewinn oder Verlust**

1.2 Die Zweischneidigkeit der Bilanz

Mit Ausnahme der Betriebseröffnungsbilanz (auf den Zeitpunkt der Betriebseröffnung) und der Betriebsschlussbilanz (auf den Zeitpunkt der Schließung des Betriebs) sind alle Bilanzen **zweischneidig.** Sie beeinflussen als SB des abgelaufenen Wj. und gleichzeitig EB des folgenden Wj. das Betriebsergebnis zweier Geschäftsjahre. Aus diesem Grund ist die strenge Identität der beiden Bilanzen vorgeschrieben (§ 252 Abs. 1 Nr. 1 HGB). Daraus ergibt sich wiederum der Grundsatz des formellen Bilanzenzusammenhangs, der grundsätzlich nicht durchbrochen werden darf. Zum Bilanzenzusammenhang wird auf die Ausführungen zur Bilanzberichtigung und Bilanzänderung hingewiesen (s. Kap. 4).

1.3 Gewinnauswirkung von Bilanzberichtigungen auf das Ergebnis von zwei aufeinander folgenden Jahren

Das folgende Beispiel soll die Auswirkung von Bilanzberichtigungen auf den Gewinn zweier aufeinander folgender Jahre aufzeigen.

Beispiel 1: Gewinnauswirkung von Bilanzberichtigungen in zwei aufeinanderfolgenden Geschäftsjahren

Beim Unternehmen A hat eine steuerliche BP für die Wj. 01 und 02 stattgefunden. Die Betriebsprüferin nahm in der Bilanz per 31.12.01 verschiedene zusätzliche Aktivierungen vor. Der Gesamtbetrag der Aktivierungen nach Prüfung beläuft sich auf 14.000 €. Die Bilanz per 31.12.02 wird von der BP unverändert übernommen.

Lösung: Infolge der zusätzlichen Aktivierungen erhöht sich das Kapital per 31.12.01 nach Prüfung um 14.000 €. Das Kapital am 31.12.02 bleibt durch die BP unverändert. Das erhöhte Kapital am 31.12.01 löst eine Gewinnerhöhung für das Wj. 01 i. H. v. 14.000 € aus. Da das Kapital vom 31.12.01 gleichzeitig das Anfangskapital des Wj. 02 darstellt, kommt es bei unverändertem Endkapital im Wj. 02 zu einer Gewinnminderung von 14.000 €. Darstellung mithilfe des BVV:

	vor der Berichtigung		nach der Berichtigung	
	Jahr 01	Jahr 02	Jahr 01	Jahr 02
Kapital 31.12.	40.000 €	60.000 €	54.000 €	60.000 €
./. Kapital 01.01.	./. 30.000 €	./. 40.000 €	./. 30.000 €	./. 54.000 €
	10.000 €	20.000 €	24.000 €	6.000 €
+ Entnahmen	20.000 €	15.000 €	20.000 €	15.000 €
./. Einlagen	./. 5.000 €	0 €	./. 5.000 €	0 €
Gewinn	25.000 €	35.000 €	39.000 €	21.000 €
./. Gewinn vor Berichtigung			./. 25.000 €	./. 35.000 €
Gewinnunterschied nach Berichtigung			+ 14.000 €	./. 14.000 €

Erläuterung: Die Zweischneidigkeit der Bilanz führt zu dem Ergebnis, dass die Vermögensmehrung am Schluss eines Jahres zu einer Gewinn**erhöhung** im abgelaufenen Jahr und zu einer Gewinn**minderung** in gleicher Höhe im folgenden Jahr führt. Bei einer Vermögensminderung entsteht im abgelaufenen Jahr eine Gewinnminderung und im folgenden Jahr in gleicher Höhe eine Gewinnerhöhung. Jede Änderung eines Bilanzpostens hat Auswirkungen auf den Gewinn **zweier Jahre**.

1.4 Gewinnauswirkung der Berichtigung von Entnahmen und Einlagen

Im Gegensatz zu Bilanzpostenkorrekturen wirken sich Berichtigungen der Entnahmen und Einlagen nur auf das Ergebnis **eines Jahres** aus.

Beispiel 2: Gewinnauswirkung der Berichtigung von Entnahmen und Einlagen

Der Unternehmer B hat im Wj. 03 den Erlös aus der Veräußerung eines privaten Wertpapierpakets i. H. v. 20.000 € auf das betriebliche Bankkonto eingezahlt. Die Buchhalterin kannte den zutreffenden Sachverhalt nicht und buchte den Betrag auf dem Konto »sonstige betriebliche Erträge«. Außerdem erfasste sie die Bankgebühren für das private Wertpapierdepot des B i. H. v. 350 € auf dem Konto »Gebühren und Beiträge«.
Lösung: Der in das Unternehmen eingeflossene Erlös aus dem Verkauf privater Wertpapiere stellt keine Betriebseinnahmen, sondern eine Einlage dar. Die Aufwendungen für das Wertpapierdepot sind als private Kosten der Vermögensverwaltung anzusehen und stellen keine BA, sondern Entnahmen dar.
Entsprechend dieser Beurteilung sind die Einlagen des Jahres 03 um 20.000 € zu erhöhen und die Entnahmen 03 um 350 € zu erhöhen. Da bei der Gewinnermittlung durch BVV die Entnahmen der Differenz zwischen dem Endvermögen des laufenden Wj. und dem Endvermögen des vorangegangenen Wj. hinzuzurechnen und die Einlagen zu kürzen sind, ergeben sich folgende Gewinnauswirkungen für das Jahr 03:

- Mehr an Entnahmen = Mehr an Gewinn   350 €
- Mehr an Einlagen = Weniger an Gewinn   20.000 €

2 Die »Mehr/Weniger«-Rechnung

Die Mehr/Weniger-Rechnung ist ein Instrument, das in tabellarischer Form einen zuverlässigen Überblick über die **Gewinnauswirkung** von Geschäftsvorfällen liefert. Damit ist sie für die Steuerermittlung (bei allen Unternehmen), für das Ausschüttungsvolumen (bei KapG) sowie allgemein für die Gewinnverteilung (PersG und KapG) bedeutungsvoll.

Grundsätzlich dient sie als schnelle Erkenntnisquelle für Korrektur- oder Vergleichstatbestände. Ihr Einsatzgebiet ist z. B. die **Außenprüfung**, wenn die vorgenommenen Änderungen der FinVerw mit den Originalbuchungen bzw. der Originalbilanz des Unternehmers verglichen werden. Sie dient aber auch dem WP und StB, wenn etwa auf der Grundlage der Maßgeblichkeit die Werte aus der HB mit denen aus der StB verglichen werden. Ganz allgemein stellt sie ein probates Mittel dar, bei sehr komplexen Geschäftsvorfällen – vor allem bei Gestaltungsüberlegungen und bei Berichtigungen – einen raschen Überblick über die Auswirkungen zu erhalten. Ihre Wirkung kann bei Planspielen und **virtuellen Szenarien** optimal eingesetzt werden.

In der Praxis gibt es zwei Methoden der Mehr/Weniger-Rechnung, die sog. Bilanzpostenmethode und die G+V-Methode.

2.1   Die Bilanzpostenmethode

Die Bilanzpostenmethode (BiPo-Methode) beruht auf dem BVV und ordnet jeden Geschäftsvorfall einem (oder mehreren) Bilanzposten zu. Es erfolgt dabei eine **Momentaufnahme** des einzelnen Geschäftsvorfalles in seiner Auswirkung auf die Bilanz und damit den Gewinn. Von zentraler Bedeutung ist das Grundverständnis einer jeden Bilanz:

1. Aktiva und Passiva gleichen sich aus (identische Bilanzsumme).
2. Die Summe der Aktiva entspricht der Bilanzsumme.
3. Das (Eigen-)Kapital als reine Rechengröße wird wie folgt definiert:
   Bilanzsumme ./. Fremdkapital
4. Jede Änderung auf der Aktivseite löst automatisch eine Änderung der Bilanzsumme aus und ändert damit das Eigenkapital und den Gewinn.
5. Jede Änderung beim Fremdkapital zieht per se ein geändertes Eigenkapital nach sich.

Drei Besonderheiten treten noch hinzu:

1. Nicht nur der einzelne Geschäftsvorfall wird isoliert in seiner Bilanz-(Gewinn-)Wirkung gezeigt; auch der jeweils davon betroffene Bilanzposten wird einzeln-atomisiert dargestellt. Erst die Präsentation aller betroffenen Bilanzposten ergibt die Gesamtgewinnauswirkung.
2. Obwohl Einlagen/Entnahmen keine eigenständigen Bilanzposten sind, müssen Auswirkungen hierauf im Rahmen der BiPo-Methode erfasst werden, da sie Unterkonten des Kapitalkontos sind.
3. Das G+V-Konto bzw. seine Unterkonten haben in der BiPo-Version nichts zu suchen.

Während die aktiven und passiven Bestandskonten die Variablen in dieser Rechnung darstellen, sind die durch die Bilanzsumme repräsentierte Bilanzgleichung und die Bilanzidentität »naturgegebene« Konstanten. Das berichtigte (Eigen- oder Schluss-)Kapital ist die Zielgröße.

Aufgrund des BVV werden die Schlusskapitalien zweier Jahre miteinander verglichen. Dabei führt jede Erhöhung des Schlusskapitals des betreffenden Jahres automatisch zu einer Gewinnerhöhung und – vice versa – führt jede Verminderung des Schlusskapitals 02 zu einer Reduzierung des Gewinns im Jahr 02, da die Vergleichsgröße, das Schlusskapital 01, nicht mehr verändert werden kann.

2.2   Die G+V-Methode

Bei der G+V-Methode werden die Feststellungen der BP entsprechend ihrer Auswirkung auf die Posten der G+V dargestellt. In der Mehr/Weniger-Rechnung nach der G+V-Methode erscheinen – anders als bei der Bilanzposten-Methode, die auch sich gegenseitig wieder aufhebende Gewinnunterschiede bei Vermögensumschichtungen zeigt – nur endgültige

Gewinnauswirkungen. Die G+V-Methode ist insoweit übersichtlicher als die Bilanzposten-Methode und einfacher zu handeln.

2.3 Einzelfälle (gleichzeitig formale Darstellung)

2.3.1 Erhöhung eines Aktivpostens[154]

Wieder einmal kommt den GWG eine hervorgehobene didaktische Bedeutung zu.

Beispiel 3: Ein Jahr plus, ein Jahr minus inkl. Lösung

Auf dem Konto GWG für das Jahr 01 sind u. a. eine Schreibmaschine im Nettowert von 410 € sowie ein Aufsetzwagen (Schlitten) für die Schreibmaschine im Wert von 40 € enthalten, die beide im Juli 01 angeschafft wurden. Betriebsgewöhnliche ND – seit 2001 – neun Jahre (früher fünf Jahre).

	Vor Außenprüfung				Nach Außenprüfung		
A	01.01.01 (in €)		P	A	01.01.01 (in €)		P
BGA	7.500	Kapital	7.001	BGA	7.500	Kapital	7.001
GWG	1	VB	1.000	GWG	1	VB	1.000
s. Aktiva	500			s. Aktiva	500		
	8.001		8.001		8.001		8.001

A	31.12.01 (in €)		P
BGA	8.000	Kapital	7.501
GWG	1	VB	1.000
s. Aktiva	500		
	8.501		8.501

Die Feststellung des Prüfers führt zu folgenden Korrekturen:

- Die Behandlung von Schreibmaschine/Schlitten als GWG gem. § 6 Abs. 2 EStG war unzutreffend, da es sich um ein einheitliches WG handelt und für dieses die Grenze als GWG (410 €) überschritten ist. Vielmehr handelt es sich um ein WG der BGA, das mit 450 € zu aktivieren ist.
- Dieses WG muss zum 31.12.01 abgeschrieben werden; bei neun Jahren ND und linearer AfA (1/9) ergibt sich bei 450 € AK eine Jahres-AfA von 50 €. Nachdem das WG im Juli 01 angeschafft wurde, können in 01 maximal für sechs Monate AfA (25 €) angesetzt werden; damit Bilanzansatz zum 31.12.01: **425 €**, für BGA insgesamt: **8.425 €**.
- Sonst ergeben sich keine Bilanzauswirkungen. Die Stornierung der GWG-Aufwandbuchung wirkt sich nur über die Erhöhung des BGA-Aktivums aus, bei dem aber noch die Jahres-AfA zu berücksichtigen ist.

Dies führt zu folgender Prüferbilanz für 01:

	Nach Außenprüfung		
A	31.12.01 (in €)		P
BGA	8.425	Kapital	7.926
GWG	1	VB	1.000
s. Aktiva	500		
	8.926		8.926

---

154 Alle nachfolgenden Beispiele gehen von einem Prüfungszeitraum aus, der die Jahre 01 und 02 umfasst.

Bei der Ermittlung des berichtigten Gewinnes für das Jahr 01 bedeutet dies, dass sich der Vermögensvergleich wie folgt darstellen lässt:

Schlusskapital 01	7.926 €
./. Anfangskapital 01	./. 7.001 €
Gewinn nach AP	**925 €**

Die Firma hat demgegenüber ihren Gewinn 01 wie folgt ermittelt:

Schlusskapital 01	7.501 €
./. Anfangskapital 01	./. 7.001 €
ursprünglicher Gewinn	500 €

Korrektur nach der BiPo-Methode:

Ein **Vergleich** der ursprünglichen Firmen-StB (FStB) mit der berichtigten AP-Bilanz (APStB) ergibt den **Gewinnunterschied**: 925 € ./. 500 € = **425 €**. Es ist unschwer zu erkennen, dass es sich dabei um die Berichtigung des falschen Buchungssatzes (der fehlerhaften Bilanz) des Jahres 01 handelt.

Dieser Überlegung folgend hat sich für die formale Darstellung folgendes Schema für das Jahr der Gewinnkorrektur eingebürgert:

Posten	FStB	APStB	VU[155]	GU[156]	+	./.
BGA	8.000 €	8.425 €	425 €	425 €	425 €	
–	–	–	–	–	–	–
Summe					**+ 425 €**	

Es werden dabei nur die zu berichtigenden Bilanzposten entwickelt und dargestellt.

Korrektur nach der G+V-Methode:

Weniger GWG-Aufwandsbuchung = Mehrgewinn	450 €
Mehr an AfA = Wenigergewinn	25 €

Es erfolgt keine Darstellung der bilanziellen Behandlung, lediglich die **Auswirkung auf die G+V-Rechnung wird dargestellt.**

Ein weiteres Problem tritt nun in der **Gewinndarstellung des Folgejahres** auf. Wegen der **Bilanzidentität** (Zweischneidigkeit der Bilanz) führt jede Änderung der Vorjahresbilanz (01) automatisch zu einer Korrektur der Folgebilanz (02) und des Gewinnes 02 (und zwar mit **umgekehrten Vorzeichen**).[157] Dies sei an folgendem Kurzbeispiel – mit grafischem Anhang – erläutert:

	01	02
Die Firma nimmt folgende GruBo-Ansätze vor	1,0 Mio. €	1,0 Mio. €
Der Prüfer erhöht nur in 01 den Wert um 100 T€	1,1 Mio. €	1,0 Mio. €
Dies führt wiederum zu folgendem VU	0,1 Mio. €	0,0 Mio. €

Dabei muss aber zusätzlich berücksichtigt werden, dass die Mehrung des Aktivums »GruBo« zum 31.12.01 gleichzeitig eine Mehrung der EB 02 darstellt und damit den Gewinn des Jahres 02 mindert. Jede **Aktivmehrung** in 01 führt zu einer identischen **Gewinnmehrung in 01,** wegen der Zweischneidigkeit der Bilanz automatisch im Folgejahr 02 zu einer identischen Gewinnminderung.

---

155 Mit VU ist die statische Momentaufnahme gemeint; es wird das Vermögen der FStB mit der APStB verglichen.
156 Mit GU ist die dynamische »Momentaufnahme« gemeint. Damit wird die Gesamtgewinnauswirkung angesprochen. Diese ist im ersten Jahr der Berichtigung immer identisch mit dem VU. S. aber sogleich für die folgenden Jahre.
157 Dabei wird unterstellt, dass die nächstjährige Folgebilanz richtig ist, also nicht mehr den Fehler wie die Vorjahresbilanz enthält.

Die obigen Feststellungen des Prüfers lassen sich nun komplett darstellen:

	01	02
FStB – GruBo	1,0 Mio. €	1,0 Mio. €
AP-StB – GruBo	1,1 Mio. €	1,0 Mio. €
Vermögensunterschied (VU)	+ 0,1 Mio. €	0,0 Mio. €
Gewinnunterschied (GU)	+ 0,1 Mio. €	./. 0,1 Mio. €

Zurückkommend auf den Ausgangsfall erfolgt zunächst eine isolierte Darstellung der Folgeentwicklung des Bilanzpostens »BGA«. Der SB-Wert der Schreibmaschine zum 31.12.01 war 425 €. Wegen der Abschreibung in 02 (50 €) wird der Wert zum 31.12.02 folglich 375 € betragen.

Auf beide Bilanzen wirkt sich die Entwicklung so aus, wie die Synopse zeigt:

	Vor Außenprüfung				Nach Außenprüfung		
A	31.12.02 (in €)		P	A	31.12.02 (in €)		P
BGA[158]	9.000	Kapital	8.501	BGA	9.375	Kapital	8.876
GWG	1	VB	1.000	GWG	1	VB	1.000
s. Aktiva	500			s. Aktiva	500		
	9.501		**9.501**		**9.876**		**9.876**

In der schematischen Darstellung der **Bilanzposten-Methode** ergibt dies als Gesamtergebnis:

Posten	FStB	APStB	VU	GU	01		02	
					+	./.	+	./.
BGA 01	8.000 €	8.425 €	425 €	425 €	+ 425 €			
BGA 02	9.000 €	9.375 €	375 €	./. 50 €				./. 50 €

Das Beispiel verdeutlicht, dass im Folgejahr 02 in der Spalte Gewinnunterschied »GU« neben dem statischen Vergleich beider Bilanzen, der zu einem »Plus« von 375 führt, noch die gegenläufige Wirkung der Erhöhung aus dem Jahr 01 hinzukommt. Dies ergibt: + 375 € ./. 425 € = ./. 50 € (GU). Eine andere Erklärung hierfür lautet, dass sich in 02 alleine die AfA von 50 € gewinnwirksam (hier: aufwandswirksam) bemerkbar gemacht hat.

Hieraus kann der allgemeine Schluss gezogen werden, dass sich der VU des Vorjahres (01) in der Rubrik GU des Folgejahres (02) immer mit **negativen Vorzeichen** auswirkt (Grundsatz der Bilanzidentität).

Anmerkungen:

Die Ausführungen zur Erhöhung eines Aktivums gelten sinngemäß reziprok für die Verminderung eines Aktivpostens (Gewinnminderung im Änderungsjahr und Gewinnerhöhung im Folgejahr).

Nach der Darstellung in der G+V-Methode ergibt sich folgendes Bild:

1. Weniger GWG-Aufwand = Mehrgewinn 01   450 €
    Mehr an AfA = Wenigergewinn 01   25 €
2. Mehr an AfA = Wenigergewinn 02   50 €

---

158 Die Änderung geht immer von dem neuen Ausgangswert der FStB (9.000 €) aus.

2.3.2   Erhöhung eines Passivpostens

Nach einer Außenprüfung erhöht sich die GewSt um die jeweiligen Ertragsteuermehrungen.

Beispiel 4: Die »leidige« GewSt nach einer Außenprüfung

Für die Jahre 01 und 02 sind lt. FStB bislang GewSt-Rückstellungen von je 3.000 € gebildet worden. Die Prüfungsfeststellungen führten in der Summe zu einer Erhöhung der GewSt in 01 um 100 € und in 02 um 400 €. Wie sind die Auswirkungen nach der BiPo-Methode und der G+V-Methode?
   Korrektur nach der BiPo-Methode:
   Anders als bei den Aktiva-Erhöhungen führt die Erhöhung eines Passivum (genauer: von Fremd-kapital) zu weniger Eigenkapital und damit zu weniger Gewinn. Wegen der Bilanzidentität wirkt sich dies im Folgejahr mit »umgekehrten Vorzeichen« aus.

   Lösung:

	FStB	APStB	VU	GU
GewSt 01	3.000 €	3.100 €	./. 100 €	./. 100 €
GewSt 02	3.000 €	3.500 €[159]	./. 500 €	./. 400 €

Die Ausführungen gelten sinngemäß umgekehrt für die Verminderung eines Passivpostens. Unter-stellt, dass im Beispiel 4 die GewSt in 01 um 200 € auf 2.800 € reduziert wird und die GewSt lt. AP in 02 mit 3.500 € angesetzt wird, ergäbe dies für 01 ein Vermögens- und Gewinnplus von 200 €, in 02 hin-gegen einen VU von ./. 500 € (3.500 € ./. 3.000 €) und einen GU von
   ./. 700 € (./. 500 € ./. 200 € – aus dem Vorjahr).
   Korrektur nach der G+V-Methode:
   Nach der G+V-Methode wird isoliert der jeweilige Korrektur-Buchungssatz (z. B. in 02 Steueraufwand 400 an GewSt-Rückstellung 400) zugrunde gelegt.

Mehr Steueraufwand = Wenigergewinn 01   100 €
Mehr Steueraufwand = Wenigergewinn 02   400 €

2.3.3   Änderungen im »Privatbereich«

Korrekturen im Privatbereich (Mehr-/Minder-Entnahmen und -Einlagen) beeinflussen nur den Gewinn des jeweiligen Wj., haben von daher keine Folgewirkung auf Bilanzposten der nächsten Jahre. Dies gilt allerdings nicht für häufig mitbetroffene USt (§ 12 Nr. 3 EStG), da sich dortige Änderungen wegen ihres Charakters als Bestandskonto auf die nächsten Jahre fortsetzen.

Beispiel 5: Mehr Privates/Weniger Privates

   a)   Für 01 wird eine private Telefonnutzung von 500 € (netto) festgestellt.
   b)   Eine während des Jahres 02 aktivierte Darlehensforderung von 2.000 € stellt in Wirklichkeit ein Privatdarlehen dar. Der Schuldner hat die Forderung noch in 02 getilgt (BS: Kasse 2.000 € an Darlehen 2.000 €), sodass das Darlehen auch nicht in der SB des Jahres erscheint.

---

159 Trotz der Erhöhung der GewSt um nur 400 € in 02 muss berücksichtigt werden, dass zusätzlich bei der Bildung des Bilanzposten »GewSt«-Rückstellung die Erhöhung aus dem Jahr 01 um 100 € miterfasst werden muss. Ansonsten »verpufft« die Erhöhung des Jahres 01. Hierauf (auf die Mitberücksichtigung der Änderungen der Vorjahre) ist insb. bei der Bildung der korrigierten USt für mehrere Jahre zu achten.

Die Vorgänge betreffen sowohl die Entnahmen (private Telefonnutzung) als auch die Einlagen (privat veranlasster Kassenzugang). Die Korrekturen sind auf den privaten Sektor – und dies auch nur im jeweiligen VZ – beschränkt.

Lösung nach der BiPo-Methode:

a) Die **(Nutzungs-)Entnahme** der betrieblichen Telefonanlage führt zu einer Entnahmeerhöhung in 01 um 500 € zzgl. der (sich gem. § 3 Abs. 9a UStG ergebenden) USt von 95 €. Wegen § 12 Nr. 3 EStG ist die Entnahme mit 595 € anzusetzen; gleichzeitig muss die USt-Mehrung erfasst werden. Dies führt in 01 zu folgenden Konsequenzen:
Mehr-Gewinn durch Mehr-Entnahmen: + 595 €

	FStB	APStB	VU	GU
USt-Schuld 01	1.000 €	1.095 €	./. 95 €	./. 95 €
USt-Schuld 02	1.000 €	1.095 €	./. 95 €	./. 0 €

Gesamtgewinnauswirkung 01 beträgt somit + 500 €
Anmerkungen:
Die USt-Erhöhung wirkt sich auch auf das Folgejahr aus; dementsprechend ist auch in 02 der entsprechende Bilanzposten (hier: Verbindlichkeiten) um 95 € erhöht. Die Verbindlichkeiten nach der AP betragen in beiden Jahren (01 und 02) nunmehr 1.095 €. Die Mehr-Entnahmen des Jahres 01 i. H. v. 595 € werden gem. § 4 Abs. 1 EStG nach dem Kapitalkontenvergleich erfasst. Dabei zeigt sich, dass auch das berichtigte Kapitalkonto letztlich von dem Vorfall nicht tangiert ist.

BVV		Kapitalkontenentwicklung	
Kapital 31.12.01	7.406 €[160]	Kapital 01.01.01	7.001 €
./. Kapital 01.01.01	./. 7.001 €	+ Gewinn	+ 1.000 €
	405 €		8.001 €
+ Entnahmen	+ 595 €	./. Entnahmen	./. 595 €
Gewinn	1.000 €	Kapital 31.12.01	7.406 €

b) Private Darlehensforderung: Von der Verbuchung der privaten Zahlung bleibt das Konto »Kasse« (hier: sonstige Aktiva) unbeeinflusst, da der Betrag tatsächlich das BV vermehrt hat. Auch auf dem Konto »Darlehensforderung« kommt es zu keiner Berichtigung, da dieses weder zu Beginn noch am Ende des Jahres in der Bilanz erschienen ist (Grund: BVV setzt entsprechende Bestände am Jahresende voraus). Die Auswirkung für 02 zeigt sich nur an der aufwandswirksamen Mehrung der Einlagen (02) i. H. v. 2.000 € (= Wenigergewinn, § 4 Abs. 1 S. 1 EStG).

Mehr Entnahmen = Mehrgewinn   2.000 € (Auskehrung der privaten Darlehensforderung)

Mehr Einlagen = Wenigergewinn   2.000 €
(Kasseneingang wg. Tilgung der privaten Darlehensforderung)

---

160 Durch die USt i. H. v. 95 € werden die Verbindlichkeiten von 1.000 € auf 1.095 € erhöht. Dadurch verringert sich das Schlusskapital 01 von 7.501 € auf 7.406 €.

Lösung nach der G+V-Methode:

Weniger Telefonaufwand = Mehrgewinn 01   500 €

Die Passivierung der USt berührt die G+V-Rechnung nicht, weil die Gegenbuchung auf dem Entnahmekonto vorgenommen wird.
Die Aktivierung und Tilgung der privaten Darlehensforderung hat die G+V-Rechnung nicht berührt. Deshalb bleibt der Vorgang in der G+V-Methode unberücksichtigt.

2.3.4   Korrektur der nicht abzugsfähigen Betriebsausgaben gemäß § 4 Abs. 5, 5b und 7 EStG

Neben den Berichtigungen im Privatbereich sind noch Korrekturen nach § 4 Abs. 5 EStG zu erfassen.

Beispiel 6: Der spendable Unternehmer

Der Unternehmer im Beispiel 3 versendet in 02 an zehn Geschäftsfreunde Jahreskalender im Wert von je 35 €. Er bucht den Vorfall bei Erhalt der Rechnung der Buchhandlung (350 € zzgl. USt) über VSt und »Werbeaufwand«.

Nicht abzugsfähige BA sind bei den Korrekturen ähnlich wie die Entnahmen/Einlagen nur im Jahr der Korrektur als Gewinn zu erfassen, der weder die Bilanz noch die G+V-Konten berührt.

Lösung:

Die (materiellen!) Voraussetzungen der **besonderen Aufzeichnung** gem. § 4 Abs. 7 EStG für sog. nicht abzugsfähige BA nach § 4 Abs. 5 EStG sind bei einer Verbuchung über das Konto »Werbeaufwand« nicht erfüllt (R 4.11 EStR). Von daher ist der Betrag von 416,50 € (vgl. § 15 Abs. 1a UStG), obwohl die Wertgrenze von § 4 Abs. 5 Nr. 1 EStG hier nicht überschritten ist, außerbilanziell hinzuzurechnen; dem steht die USt-Erhöhung von 66,50 € gegenüber.

Lösung nach der BiPo-Methode:

Der Bruttobetrag von 416.50 € ist dem Gewinn 02 außerbilanziell hinzuzurechnen. Die USt wird am 31.12.02 passiviert.

	FStB	APStB	VU	GU
USt-Schuld 02	0 €	66,50 €[161]	./. 66,50 €	./. 66,50 €

Die Gewinnauswirkung 02 beträgt somit   350 €.

Lösung nach der G+V-Methode:

Mehr an Umsatzsteueraufwand = Wenigergewinn 02   66,50 €
Außerbilanzielle Hinzurechnung = Mehrgewinn 02   416,50 €

Außerdem ist der Gewerbesteueraufwand dem Gewinn außerbilanziell hinzuzurechnen, weil die Gewerbesteuer gem. § 4 Abs. 5b EStG keine bei der steuerlichen Gewinnermittlung abzugsfähige Betriebsausgabe ist.

Lösung nach der BiPo-Methode:

außerbilanzielle Hinzurechnung 01   100 €
außerbilanzielle Hinzurechnung 02   400 €

---

161 Trotz der Erhöhung der GewSt um nur 400 € in 02 muss berücksichtigt werden, dass zusätzlich bei der Bildung des Bilanzposten »GewSt«-Rückstellung die Erhöhung aus dem Jahr 01 um 100 € miterfasst werden muss. Ansonsten »verpufft« die Erhöhung des Jahres 01. Hierauf (auf die Mitberücksichtigung der Änderungen der Vorjahre) ist insb. bei der Bildung der korrigierten USt für mehrere Jahre zu achten.

Lösung nach der G+V-Methode:

außerbilanzielle Hinzurechnung 01	100 €
außerbilanzielle Hinzurechnung 02	400 €

2.3.5 Zusammenfassung/Formular bei der Mehr/Weniger-Rechnung
Alle Korrekturen werden in einem einheitlichen Formular erfasst (Beträge in €).

Nach der BiPo-Methode:

Posten	FStB	APStB	VU	GU	Jahr 01		Jahr 02	
					+	./.	+	./.
BGA 01	8.000,00	8.425,00	+425,00	+425,00	425,00			
BGA 02	9.000,00	9.375,00	+375,00	./.50,00				50,00
GewSt 01	3.000,00	3.100,00	./.100,00	./.100,00		100,00		
GewSt 02	3.000,00	3.500,00	./.400,00	./.400,00				400,00
USt-Schuld 01	1.000,00	1.095,00	./.95,00	./.95,00		95,00		
USt-Schuld 02	1.000,00	1.161,50	./.161,50	./.66,50				66,50
Summe BiPo-Änderung					425,00	195,00	0,00	516,50
Mehrentnahmen 01					595,00			
Mehrentnahmen 02							2.000,00	
Mehreinlagen 02								2.000,00
Änderungen nach BP					1.020,00	195,00	2.000,00	2.516,50
Gewinn vor BP					500,00		1.000,00	
Bilanzgewinn nach BP					1.325,00		483,50	
außerbilanzielle Hinzu-rechnung:								
Beispiel 4					100,00		400,00	
Beispiel 6							416,50	
steuerliches Ergebnis					1.425,00		1.300,00	

Nach der G+V-Methode:

Posten	Jahr 01		Jahr 02	
	+	./.	+	./.
BGA 01	450,00	25,00		
BGA 02				50,00
GewSt-Aufwand 01		100,00		
GewSt-Aufwand 02				400,00
Telefonkosten 01	500,00			

Posten	Jahr 01		Jahr 02	
	+	./.	+	./.
USt-Aufwand 02				66,50
Änderungen nach BP	950,00	125,00	0,00	516,50
Gewinn vor BP	500,00		1.000,00	
Bilanzgewinn nach BP	**1.325,00**		**483,50**	
außerbilanzielle Hinzurechnung Geschenke			416,50	
außerbilanzielle Hinzurechnung GewSt	100,00		400,00	
steuerliches Ergebnis	**1.425,00**		**1.300,00**	

3   Notwendigkeit der Anpassungen an die Prüferbilanz

3.1   Allgemeines

Wenn eine BP zu Berichtigungen der StB des geprüften Unternehmens geführt hat, stellt der Betriebsprüfer für den Prüfungszeitraum berichtigte StB auf, die den Berichtigungsveranlagungen zugrunde gelegt werden. Zwecks Wahrung des Bilanzenzusammenhangs ist das geprüfte Unternehmen gehalten, seine StB an die Prüferbilanzen anzupassen. Das kann auf zwei Arten geschehen. Entweder werden die Bilanzpostenkorrekturen durch Anpassungsbuchungen in die Buchführung des geprüften Unternehmens übernommen oder die Auswirkungen der Bilanzberichtigungen der BP werden in den Folgejahren durch Gewinnkorrekturen berücksichtigt (§ 60 Abs. 2 S. 1 EStDV).

Die Einbuchung der Abweichungen bei den einzelnen Bilanzposten in der Buchführung des geprüften Unternehmens muss erfolgen, wenn die BP Fehlerkorrekturen vorgenommen hat, die sowohl nach handelsrechtlichen als auch nach steuerrechtlichen Vorschriften erforderlich waren.

Die außerbilanzielle Korrektur der Folgebilanzen ist geboten, wenn die Berichtigungen durch die BP **nur aus steuerlichen Gründen** erfolgt sind. In diesem Fall ist die Buchführung als Grundlage der **HB** von den Berichtigungen nicht berührt.

Ein weiteres Anwendungsgebiet der außerbilanziellen Anpassungen stellen die Fälle dar, in denen die Folgebilanz/en der letzten von der steuerlichen BP korrigierten Bilanz bereits aufgestellt wurde/n. In diesen Fällen sind Anpassungsbuchungen in dem auf den Prüfungszeitraum folgenden Wj. nicht mehr möglich. Die Anpassungsbuchungen müssen im ersten Wj. vorgenommen werden, für das noch kein Jahresabschluss vorliegt. In den dazwischen liegenden Wj. sind die Folgewirkungen der Bilanzpostenberichtigungen durch die BP außerbilanziell zu berücksichtigen.

3.2   Anpassungsbuchungen in der Buchführung des geprüften Unternehmens

Die nachstehenden Beispiele sollen die Anpassungsbuchungen bei den einzelnen Unternehmensformen aufzeigen.

Beispiel 7: Anpassungsbuchungen bei Personenunternehmen

Bei einem Unternehmen fand im Jahr 04 eine Außenprüfung statt. Geprüft wurden die Jahre 01 bis 03. FStB und APStB weichen am 31.12.03 wie folgt voneinander ab:

Bilanzposten	FStB	APStB
Grund und Boden	43.100 €	41.000 €
Gebäude	66.370 €	111.848 €
Betriebsausstattung	9.700 €	15.500 €
Büroeinrichtung	5.100 €	3.850 €
Lagereinrichtung	1.150 €	3.160 €
Fuhrpark	9.050 €	11.950 €
Warenbestand	111.635 €	113.854 €
USt-Erstattungsanspruch	0 €	5.280 €
Rückstellungen	10.200 €	6.378 €
Passive RAP	11.755 €	9.305 €

Im geprüften Unternehmen wurden bisher buchhalterisch keine Konsequenzen aus den Bilanzposten-Berichtigungen durch die BP gezogen.

Lösung:

a) **Angleichungsbuchungen bei einem Einzelunternehmen:**

Die Bilanzposten sind zu korrigieren mit einer Gegenbuchung direkt auf dem Kapitalkonto. Die Soll- und Habenbuchung auf dem Kapitalkonto stellt **keine** Entnahme oder Einlage dar; es handelt sich vielmehr um die Korrektur des Kapitalkontos am 01.01. des Jahres, in dem die Korrekturbuchungen vorgenommen werden.

Kapital	3.350 €	an	Grund und Boden	2.100 €
			Büroeinrichtung	1.250 €
Gebäude	45.478 €	an	Kapital	69.959 €
Betriebsausstattung	5.800 €			
Lagereinrichtung	2.010 €			
Fuhrpark	2.900 €			
Warenbestand	2.219 €			
USt-Erstattungs-anspruch	5.280 €			
Rückstellung	3.822 €			
Passive RAP	2.450 €			

b) **Angleichungsbuchungen bei einer PersG:**

Unterstellt wird, dass es sich bei der PersG um eine OHG handelt, an der die G'fter A zu 70 % und B zu 30 % beteiligt sind.

Bei PersG ist die Kapitalangleichung in der für das Einzelunternehmen demonstrierten Weise unübersichtlich.

Man schaltet zweckmäßigerweise ein »Kapitalangleichungskonto« ein. Der Saldo des Kapitalangleichungskontos wird entsprechend dem Beteiligungsverhältnis der G'fter aufgeteilt und auf die Kapitalkonten der G'fter umgebucht.

Kapitalangleichungskonto	3.350 €	an	Verschiedene Konten	
			(s. Einzelunternehmen)	3.350 €

| Verschiedene Konten (s. Einzelunternehmen) | 69.959 € | an | Kapitalangleichungskonto | 69.959 € |

Saldo auf dem Kapitalangleichungskonto nach vorstehenden Buchungen:
69.959 €
./. 3.350 €
66.609 €

Davon entfallen auf den G'fter A 46.626,30 € sowie auf den G'fter B 30 % 19.982,70 €.

Umbuchung des Saldos:

| Kapitalangleichungskonto | 66.609 € | an | Kapital A | 46.626,30 € |
| | | | Kapital B | 19.982,70 € |

Beispiel 8: Gewinnkorrektur und anschließende Angleichungsbuchungen

Im Jahr 05 fand eine AP für die Jahre 01 bis 03 statt. Die Prüfung wird im Oktober 05 abgeschlossen, nachdem die Bilanz per 31.12.04 dem FA eingereicht worden ist.

Prüfungsfeststellungen:

Maschinelle Anlagen

Bei einem Zugang im Jahr 03 wurden die Anschaffungsnebenkosten als Aufwand gebucht.

Kontoentwicklung	vor AP	nach AP
Maschinelle Anlagen		
Zugang Februar 02 lt. FStB	100.000 €	100.000 €
+ Anschaffungsnebenkosten	–	20.000 €
	100.000 €	120.000 €
./. AfA 03 (20 % linear)	./. 20.000 €	./. 24.000 €
	80.000 €	96.000 €

Darlehen

Der Unternehmer nahm im Januar 02 ein Fälligkeitsdarlehen i. H. v. 200.000 € auf. Rückzahlung am 31.12.11; Auszahlungskurs 98 %.

| Geldkonto | 196.000 € | an | Darlehensschuld | 196.000 € |

Kontoentwicklung	vor AP	nach AP
Damnum		
Zugang 02	0 €	4.000 €
./. Tilgung	0 €	./. 400 €
31.12.02	**0 €**	**3.600 €**
./. Tilgung	0 €	./. 400 €
31.12.03	**0 €**	**3.200 €**
Darlehensschuld		
31.12.02/31.12.03	196.000 €	200.000 €

Lösung:
Der Gewinn des Jahres 04 ist außerhalb der Bilanz zu korrigieren.

Maschinelle Anlagen	FStB	APStB	VU	GU
01.01.04	80.000 €	96.000 €	+ 16.000 €	–
31.12.04	60.000 €	72.000 €	+ 12.000 €	./. 4.000 €

Damnum	FStB	APStB	VU	GU
01.01.04	–	3.200 €	+ 3.200 €	–
31.12.04	–	2.800 €	+ 2.800 €	./. 400 €

Darlehensschuld
> Keine Gewinnänderung
> **Zusammenfassung:**
> Außerbilanzielle Gewinnkürzung 04 i. H. v. 4.400 €.
> Die **Anpassung der Bilanzposten in der Buchführung** des geprüften Unternehmens ist im Jahr 05

wie folgt vorzunehmen:

Maschinelle Anlagen	12.000 €	an	Kapital	14.800 €
Damnum	2.800 €			
Kapital	4.000 €	an	Darlehensschuld	4.000 €

Beispiel 9: Angleichungsbuchungen bei KapG

Bei der XY-GmbH wurde im Jahr 04 für die Jahre 01 bis 03 eine BP durchgeführt. Der Betriebsprüfungsbericht ging bei der GmbH im November 04 ein. Er enthält folgende Prüfungsfeststellungen:
> **Grund und Boden**
> Der Betriebsprüfer aktivierte die im Jahr 03 als Aufwand gebuchten Anschaffungsnebenkosten
i. H. v. 15.000 € in der APStB per 31.12.03.
> **Gebäude**
> Die von der Gesellschaft für ein im Jahr 03 erworbenes Wohngebäude (Baujahr 01) gebuchte AfA von 5 % der AK von 2 Mio. € (§ 7 Abs. 5 S. 1 Nr. 3 Buchst. b EStG) wurde von der BP nicht anerkannt, weil die GmbH das Gebäude nicht im Jahr der Fertigstellung erworben hat; stattdessen erfolgt der Ansatz einer AfA von 2 % (§ 7 Abs. 4 S. 1 Nr. 2 Buchst. a EStG).
> **Warenbestand**
> Der Warenbestand am 31.12.03 musste infolge eines Rechenfehlers bei der Inventur um 10.000 €
erhöht werden.
> **Rückstellungen**
> Durch Passivierung der Mehrsteuern nach Prüfung erhöhen sich die Rückstellungen am 31.12.03
um 17.350 € für KSt und um 15.600 € für GewSt.

A	Bilanz der GmbH per 31.12.03 vor Prüfung		P
Grund und Boden	100.000 €	Stammkapital	2.000.000 €
Gebäude	1.900.000 €	Rücklagen	200.000 €
Fahrzeuge	250.000 €	Gewinnvortrag	30.000 €
Geschäftsausstattung	70.000 €	Jahresüberschuss	300.000 €
Warenbestand	130.000 €	Rückstellungen	150.000 €
Debitoren	225.000 €	Kreditoren	80.000 €
Geldbestände	85.000 €		
	2.760.000 €		2.760.000 €

Der Betriebsprüfer hat auf den 31.12.03 folgende Bilanz aufgestellt:

A		P	
Grund und Boden	115.000 €	Stammkapital	2.000.000 €
Gebäude	1.960.000 €	Rücklagen	200.000 €
Fahrzeuge	250.000 €	Gewinnvortrag	30.000 €
Geschäftsausstattung	70.000 €	Jahresüberschuss	352.000 €
Warenbestand	140.000 €	Rückstellungen	182.950 €
Debitoren	225.000 €	Kreditoren	80.000 €
Geldbestände	85.000 €		
	2.845.000 €		2.845.000 €

Lösung: Erforderliche Angleichungsbuchungen der GmbH im Jahr 04 (entsprechend der Empfehlung lt. HFA-Stellungnahme 2/91):

Grund und Boden	15.000 €	an	Sonst. betriebl. Ertrag	85.000 €
Gebäude	60.000 €			
Wareneinkaufskonto	10.000 €			
Steuern vom Einkommen und Ertrag	32.950 €	an	Rückstellungen	32.950 €

Die Gewinnauswirkungen der Angleichungsbuchungen sind mit einer **außerbilanziellen Kürzung** von 52.050 € rückgängig zu machen. Die Angleichungsbuchungen können auch über offene Rücklagen vorgenommen werden. In dem Fall erübrigt sich eine Gewinnkorrektur.

Beispiel 9a: Angleichungsbuchungen bei Kapitalgesellschaft II (aus StB-Prüfung 2011)

Für die Jahre 08 und 09 fand bei der X-GmbH eine steuerliche BP statt. Die einzige Feststellung im Rahmen dieser Prüfung war die Aufwandsbuchung von 20.000 € Anschaffungskosten für eine am 03.01.09 angeschaffte Maschine. Der Betriebsprüfer aktivierte diesen Betrag und berücksichtigte wegen der fünfjährigen Nutzungsdauer in der Gewinnermittlung lt. BP eine (lineare) AfA von 4.000 €. Aufgrund der Gewinnerhöhung von (saldiert) 16.000 € wurden in der Prüferbilanz noch Rückstellungen für Gewerbesteuer und Körperschaftsteuer von je 2.400 € gebildet. Als steuerlicher Ausgleichsposten wurde in der Prüferbilanz ein Betrag von 11.200 € ausgewiesen.

Die aufgrund der geänderten Steuerbescheide nachzuzahlende Gewerbesteuer und Körperschaftsteuer wurde im November 10 durch Banküberweisung gezahlt und in der Buchführung als Aufwand im Konto Steuern vom Einkommen und Ertrag gebucht.

Außerdem wurde der Anlagenspiegel korrigiert sowie gebucht:

Technische Anlagen und Maschinen	20.000 €	an	Erhöhung des Bestands an Sachanlagen	20.000 €
Abschreibungen auf Sachanlagen	8.000 €	an	Technische Anlagen und Maschinen	8.000 €

Lösung: Zu prüfen ist die Angleichungsbuchung der GmbH. Bei KapG werden die Angleichungsbuchungen in der Form vorgenommen, dass bei den durch BP berichtigten Bilanzposten die Endbestände lt. Prüferbilanz gegen sonstige betriebliche Aufwendungen oder Erträge einzubuchen sind. Die gewinnmäßige Auswirkung dieser Buchungen wird durch außerbilanzliche Hinzurechnungen bzw. Kürzungen neutralisiert.

Die Buchwerte der von der BP berichtigten Bilanzpositionen betragen:

Maschine	16.000 €,
Steuerrückstellungen	4.800 €

Zutreffende Angleichungsbuchung:

Technische Anlagen und Maschinen	16.000 €	an	Sonstige betriebliche Erträge	16.000 €
Sonstige betriebliche Aufwendungen	4.800 €	an	Steuerrückstellungen	4.800 €

Korrekturbuchung (bei Unterstellung, dass das Konto »Erhöhung des Bestands an Sachanlagen« ein Ertragskonto ist):

Erhöhung des Bestands		an	Technische Anlagen	
an Sachanlagen	4.000 €		und Maschinen	4.000 €
Sonstige betriebliche Aufwendungen	4.800 €	an	Steuerrückstellungen	4.800 €
Außerbilanzliche Kürzung	4.000 €			
Außerbilanzliche Hinzurechnung	4.800 €			

Außerdem ist die Buchung der AfA zu korrigieren. Die zutreffende AfA für das Jahr 10 beträgt 4.000 €.
   Korrekturbuchung:

Technische Anlagen und Maschinen	4.000 €	an	Abschreibungen auf Sachanlagen	4.000 €

4   Bilanzberichtigung, Bilanzänderung und Bilanzenzusammenhang

4.1   Bilanzberichtigung und Bilanzänderung

Das Gesetz spricht in § 4 Abs. 2 S. 1 und 2 von Bilanzänderung. In der Praxis hat sich für den Fall des § 4 Abs. 2 S. 1 EStG die Bezeichnung **Bilanzberichtigung** durchgesetzt, während man in den Fällen von § 4 Abs. 2 S. 2 EStG von einer **Bilanzänderung** spricht. Es ergeben sich folgende Grundsätze.

4.1.1   Bilanzberichtigung nach § 4 Abs. 2 S. 1 EStG

Ein unrichtiger Bilanzansatz wird durch den richtigen ersetzt. Ein Bilanzansatz ist unrichtig, wenn er gegen zwingende Vorschriften des Handelsrechts oder Steuerrechts oder gegen die Grundsätze ordnungsmäßiger Buchführung (GoB) verstößt.
   Voraussetzungen für eine Bilanzberichtigung:

* Ein Bilanzposten entspricht nicht den zu beachtenden Bilanzierungs- und/oder Bewertungsvorschriften.
* Die Berichtigung der von der Bilanz betroffenen Steuerveranlagungen muss verfahrensrechtlich möglich[162] sein oder die Bilanzberichtigung wirkt sich nicht auf die Höhe der veranlagten Steuer aus.

Eine Zustimmung des FA zur Bilanzberichtigung ist nicht erforderlich. Wenn die falsche Bilanzierung zu Steuerverkürzungen geführt hat, ist der StPfl. zur Bilanzberichtigung verpflichtet (§ 153 Abs. 1 AO).
   Einzelheiten zu den Voraussetzungen der Bilanzberichtigung:

1. Fehler in der zu berichtigenden Bilanz: Die Posten in der Bilanz entsprechen nicht den zwingenden Bilanzierungs- und/oder Bewertungsvorschriften des Handels- und des Steuerrechts.

---

162 Hinweis auf den durch das JStG 2007 in § 4 Abs. 2 S. 1 EStG eingefügten zweiten Halbsatz: »diese Änderung ist nicht zulässig, wenn die Vermögensübersicht (Bilanz) einer Steuerfestsetzung zugrunde liegt, die nicht mehr aufgehoben oder geändert werden kann«.

Nach der Bilanzaufstellung erlangte bessere Kenntnisse über die Verhältnisse am Bilanzstichtag können eine Bilanzberichtigung nicht begründen.

Mit Beschluss vom 31.01.2013 (BStBl II 2013, 317) hat der Große Senat des BFH den **subjektiven Fehlerbegriff aufgegeben** und festgestellt, dass das FA im Rahmen der steuerlichen Gewinnermittlung auch dann nicht an die rechtliche Beurteilung gebunden ist, die der vom StPfl. aufgestellten Bilanz (und deren einzelnen Ansätzen) zugrunde liegt, wenn diese Beurteilung aus der Sicht eines ordentlichen und gewissenhaften Kaufmanns im Zeitpunkt der Bilanzaufstellung vertretbar war. Damit ist das FA auch dann nicht an eine rechtliche Beurteilung in dessen Bilanz gebunden, wenn diese im Zeitpunkt der Bilanzaufstellung zwar objektiv unzutreffend, aber aus der Sicht eines ordentlichen und gewissenhaften Kaufmanns im Zeitpunkt der Bilanzaufstellung subjektiv vertretbar war.

2. Die Berichtigung der HB ist nicht Voraussetzung für die Berichtigung der StB, weil bei unrichtigen Ansätzen in der HB die Bindung der StB an die HB entfällt.

3. Die Bilanzberichtigung ist uneingeschränkt möglich, solange die Veranlagungen, denen die zu berichtigende Bilanz zugrunde liegt, noch nicht durchgeführt oder noch nicht bestandskräftig sind. Nach Bestandskraft der Veranlagungen ist eine Bilanzberichtigung nur zulässig, wenn die Berichtigung der Veranlagungen verfahrensrechtlich möglich ist oder sich die Bilanzberichtigung nicht auf die Höhe der veranlagten Steuer auswirkt.

Beispiel 10: Bilanzberichtigung bei bestandskräftiger Veranlagung

A hat per 31.12.01 eine Garantierückstellung i. H. v. 5.000 € gebildet, obwohl nach den tatsächlichen Inanspruchnahmen in der Vergangenheit eine Rückstellung von 10.000 € gerechtfertigt wäre. Die Veranlagung aufgrund der unrichtigen Bilanz war bestandskräftig, als A dem FA anlässlich der Abgabe der ESt-Erklärung für das Jahr 02 den Fehler mitteilte.

Lösung: Auf den 31.12.01 ist eine Bilanzberichtigung vorzunehmen, weil gem. § 173 Abs. 1 Nr. 2 AO eine Bescheidänderung durchzuführen ist. Es lag ein falscher Bilanzansatz vor. Ein grobes Verschulden des StPfl. i. S. v. § 173 Abs. 1 Nr. 2 S. 1 AO ist nicht zu erkennen. Es bestand für den StPfl. in Bezug auf die Bilanzierung und auf den Wertansatz auch kein Wahlrecht.

4. Auch bei der Bilanzberichtigung ist der Bilanzenzusammenhang zu wahren. Grundsätzlich ist die Berichtigung bis zur Fehlerquelle zurück durchzuführen. Wenn das nicht möglich ist, weil einige Veranlagungen bestandskräftig und verfahrensrechtlich nicht berichtigungsfähig sind oder die Festsetzungsverjährung eingetreten ist, so ist die Frage zu prüfen, ob und wann die Berichtigungen vorzunehmen sind.

Der Berichtigung der Anfangsbilanz des ersten berichtigungsfähigen Jahres steht grundsätzlich der Bilanzenzusammenhang entgegen. In den Fällen, in denen der Bilanzenzusammenhang nicht durchbrochen werden darf, ist die Berichtigung in der **SB** des ersten berichtigungsfähigen Jahres **erfolgswirksam** vorzunehmen (R 4.4 Abs. 1 S. 9 EStR, bestätigt durch BFH-Urteil vom 09.05.2012, BStBl II 2012, 725).

Beispiel 11: Erfolgswirksame Berichtigung im ersten berichtigungsfähigen Jahr

Der Unternehmer B hat im Jahr 01 ein unbebautes Grundstück für 200.000 € zuzüglich Anschaffungsnebenkosten i. H. v. 20.000 € erworben. Die Nebenkosten hat er als Aufwand gebucht. Der Fehler wird im Jahr 08 festgestellt. Die Veranlagungen bis einschließlich 05 können nicht mehr berichtigt werden.

Lösung: Eine Berichtigung im Jahr der Fehlerquelle ist nicht möglich. Ein Fall für die Zulässigkeit der Durchbrechung des Bilanzenzusammenhangs ist nicht gegeben. Die Fehlerberichtigung ist deshalb **erfolgswirksam** in der SB des ersten berichtigungsfähigen Jahres (Jahr 06) vorzunehmen (R 4.4 Abs. 1 S. 3 EStR). Es muss eine erfolgswirksame Nachaktivierung der Anschaffungsnebenkosten i. H. v. 20.000 € am 31.12.06 vorgenommen werden.

Eine Ausnahme von dieser Regel besteht nach der Rspr. für

- WG des notwendigen Privatvermögens, die zu Unrecht als BV bilanziert worden sind, und für
- WG des notwendigen BV, die zu Unrecht nicht als solches bilanziert worden sind.

Die vorgenannten WG sind **erfolgsneutral** aus- bzw. einzubuchen (H 4.4 EStH).

Beispiel 12: Erfolgsneutrale Bilanzberichtigung

C hat ein unbebautes Grundstück, das sich in seinem PV befindet, seit dem Jahr 01 betrieblich genutzt, ohne es zu bilanzieren. Als das FA davon erfährt, sind die Veranlagungen für die Jahre 01 bis 09 bestandskräftig.

Lösung: Im Wege der Durchbrechung des Bilanzzusammenhangs kann die Bilanz per 01.01.10 berichtigt werden, weil sich aus dem falschen Bilanzansatz in den relevanten Veranlagungszeiträumen keine steuerlichen Auswirkungen ergeben haben. Bei der Bilanzberichtigung auf den 01.01.10 sind die Werte aus dem Jahr 01 zugrunde zu legen. Dadurch bleibt die Bilanzberichtigung erfolgsneutral.

4.1.2   Bilanzänderung nach § 4 Abs. 2 S. 2 EStG

Ein zulässiger Bilanzansatz wird durch einen anderen zulässigen Bilanzansatz ersetzt. Gem. § 4 Abs. 2 S. 2 EStG ist eine solche Änderung nur zulässig, wenn sie in einem engen zeitlichen und sachlichen Zusammenhang mit einer Bilanzberichtigung steht und soweit die Auswirkung der Bilanzberichtigung auf den Gewinn reicht.

Durch diese gesetzliche Regelung ist es weitgehend möglich, die sich bei einer Außenprüfung ergebenden Mehrgewinne mit einer anderweitigen Ausübung eines Bewertungswahlrechts wieder auszugleichen.

Voraussetzungen für eine Bilanzänderung:

- Es liegt ein Bewertungswahlrecht vor, d. h. der StPfl. kann für den betroffenen Bilanzposten in der StB verschiedene Werte ansetzen.
- Ein Bilanzansatz war im Zeitpunkt der Bilanzaufstellung rechtlich vertretbar, erweist sich aber im weiteren Verlauf als unrichtig (BFH vom 17.07.2008, BStBl II 2008, 924).

Beispiel 13: Bewertungswahlrecht

Bei einem beweglichen abnutzbaren Anlagegegenstand kann entweder die lineare (§ 7 Abs. 1 EStG) oder die Leistungs-AfA (§ 7 Abs. 1 S. 6 EStG) in Anspruch genommen werden.

- Die der Bilanz zugrunde liegenden Veranlagungen sind noch nicht durchgeführt worden oder die der Bilanz zugrunde liegenden Veranlagungen können nach den Vorschriften der AO berichtigt werden.
- Die Bilanzänderung muss in einem engen zeitlichen und sachlichen Zusammenhang mit einer Bilanzberichtigung stehen.
- Die Bilanzänderung ist nur soweit zulässig, wie die Bilanzberichtigung auf den Gewinn reicht.

Beispiel 14: Wertmäßige Grenze für die Bilanzänderung

In der StB per 31.12.02 wurde bei einem nicht abnutzbaren WG des Anlagevermögens eine Teilwertabschreibung vorgenommen, die auf einer vorübergehenden Wertminderung beruht. Der Bilanzansatz vom 31.12.02 wurde in die StB auf den 31.12.03 unverändert übernommen. Der Sachbearbeiter des FA bemerkt bei den Veranlagungsarbeiten den Fehler und nimmt in der StB per 31.12.03 gem. § 6 Abs. 1 Nr. 2 S. 3 EStG eine Wertaufholung vor. Gewinnauswirkung: + 10.000 €.

Lösung: Der Unternehmer kann im Wege der Bilanzänderung z. B. eine bisher nicht beanspruchte steuerfreie Rücklage bis zur Höhe von 10.000 € bilden, weil die Bilanzänderung sachlich und zeitlich mit der Bilanzberichtigung durch das FA im Zusammenhang steht und die durch die Bilanzänderung eintretende Gewinnminderung die bei der Bilanzberichtigung eingetretene Gewinnerhöhung nicht übersteigt (§ 4 Abs. 2 S. 2 EStG).

Das Bundes-FinMin hat den sachlichen und zeitlichen Zusammenhang mit einer Bilanzberichtigung im Schreiben vom 18.05.2000 (BStBl I 2000, 587) weit ausgelegt: »Der zeitliche und sachliche Zusammenhang zwischen Bilanzberichtigung und Bilanzänderung setzt voraus, dass sich beide Maßnahmen auf dieselbe Bilanz beziehen. Die Änderung der Bilanz eines bestimmten Wj. ist danach **unabhängig** von der Frage, **auf welche WG oder RAP** sich die Berichtigung dieser Bilanz bezieht, bis zur Höhe des gesamten Berichtigungsbetrags zulässig. Ein zeitlicher Zusammenhang liegt darüber hinaus nur vor, wenn die Bilanz unverzüglich nach einer Bilanzberichtigung geändert wird.«

Nach dem BFH-Urteil vom 31.05.2007 (BStBl II 2008, 665) liegt der Zusammenhang einer Bilanzänderung mit einer Bilanzberichtigung auch dann vor, wenn sich die Gewinnänderung im Rahmen der Bilanzberichtigung aus der Nicht- oder der fehlerhaften Verbuchung von Entnahmen und Einlagen ergibt. Das BMF hat mit Schreiben vom 13.08.2008 (BStBl I 2008, 845) auf das Urteil reagiert und sich der Meinung des BFH angeschlossen.

Gem. R 4.4 Abs. 2 S. 6 EStR beziehen sich beide Maßnahmen auf die Bilanz der MU-schaft (Gesellschaftsgesamthandsbilanz, Ergänzungsbilanz und Sonderbilanz); beispielsweise kann eine Bilanzberichtigung in der Gesamthandsbilanz eine Bilanzänderung in der Ergänzungsbilanz oder Sonderbilanz der MU zulassen.

Eine Zustimmung des FA zur Bilanzänderung ist nicht erforderlich.

4.2 Der Bilanzenzusammenhang und seine Durchbrechung

Grundsätzlich ist der Bilanzenzusammenhang (Identität der SB des vorangegangenen Wj. mit der EB des laufenden Wj.) im Interesse der zutreffenden Ermittlung des Totalgewinns von der Gründung bis zur Schließung des Unternehmens zu wahren. Ausnahmsweise darf der Bilanzenzusammenhang durchbrochen werden,

- wenn sich der fehlerhafte Bilanzansatz steuerlich nicht ausgewirkt hat;

Beispiel 15: Zulässige Durchbrechung des Bilanzenzusammenhangs (Fall I)

Der Unternehmer bilanziert ein unbebautes Grundstück, das seit seiner Anschaffung im Jahr 01 privat genutzt wird, mit seinen AK von 250.000 €. Der Fehler wird anlässlich einer Außenprüfung für die Jahre 12 bis 14 aufgedeckt.

Lösung: Korrektur in der EB des Jahres 12 (01.01.12); dadurch erfolgsneutrale Berichtigung.

- wenn der StPfl. den fehlerhaften Bilanzansatz **bewusst zur Erlangung steuerlicher Vorteile** gewählt hat (BFH vom 03.07.1956, BStBl III 1956, 250); jedoch ist die Durchbrechung des Bilanzenzusammenhangs in diesen Fällen nur zulässig, wenn sie sich **zuungunsten** des StPfl. auswirkt. Insb. darf dabei bewusst nicht in Anspruch genommene AfA nicht nachgeholt werden, wenn das Verhalten des StPfl. gegen die Grundsätze von Treu und Glauben verstößt (BFH vom 03.07.1980, BStBl II 1981, 255).

Beispiel 16: Zulässige Durchbrechung des Bilanzenzusammenhangs (Fall II)

Der Unternehmer hat im Januar 01 eine Maschine angeschafft; AK 10.000 €, ND fünf Jahre. Da er im Jahr 01 einen Verlust erzielt hat, nimmt der Unternehmer in diesem Jahr bewusst keine AfA vor. Die Veranlagung 01 kann verfahrenstechnisch nicht mehr berichtigt werden.

Lösung: Es muss eine Korrektur in der EB des Jahres 02 (01.01.02) in der Weise vorgenommen werden, dass die Maschine mit dem fiktiven Buchwert von 8.000 € aktiviert wird. Dadurch verliert der Unternehmer die bewusst nicht in Anspruch genommene AfA für das Jahr 01 i. H. v. 2.000 €.

Die Fehlerberichtigung in der Betriebseröffnungsbilanz und in der Betriebs-SB wird vom Bilanzenzusammenhang nicht berührt, weil diesen Bilanzen die Zweischneidigkeit fehlt. Bei Bilanzberichtigungen, die aufgrund von Fehlern notwendig werden, die das FA verursacht hat, darf der Bilanzenzusammenhang nur **zugunsten** des StPfl. durchbrochen werden.

Beispiel 17: Unzulässige Durchbrechung des Bilanzenzusammenhangs

Ein Kaufmann hat im Jahr 01 ein unbebautes Grundstück für seinen Betrieb angeschafft. Die AK betrugen 100.000 €. In seiner StB zum 31.12.01 wies er das Grundstück nach Vornahme einer Abschreibung von 30.000 € mit 70.000 € aus, weil er diesen Wert für den TW hielt. In Wirklichkeit war der TW jedoch höher als die AK.

Dem FA gelangten die Gründe für die AfA zunächst nicht zur Kenntnis.

Alle Steuern, denen der Gewinn des Jahres 01 als Besteuerungsgrundlage gedient hat, waren bis zum 31.12.07 verjährt. Die Veranlagungen bis einschließlich 07 sind bestandskräftig und können nach § 173 Abs. 2 AO nicht mehr berichtigt werden.

Erst bei der Veranlagung zur ESt für das Jahr 08 im Laufe des Jahres 09 erlangt das FA Kenntnis von der in 01 zu Unrecht vorgenommenen TW-AfA. In den Bilanzen per 31.12.07 und 31.12.08 wird das Grundstück trotz des immer noch über den AK liegenden TW mit 70.000 € ausgewiesen.

Lösung: Eine Berichtigung der Veranlagung zur ESt und GewSt für das Jahr 01 kommt nicht in Betracht, weil die Festsetzungsverjährung eingetreten ist (§ 169 Abs. 1 AO).

Auch eine Durchbrechung des Bilanzenzusammenhangs, d. h. eine Berichtigung der EB 01.01.08 in der Weise, dass hier – abweichend vom Ansatz in der SB per 31.12.07 – das Grundstück mit 100.000 € angesetzt wird, was bei gleichem Ansatz in der SB per 31.12.08 eine erfolgsneutrale Richtigstellung im Jahr 08 bedeuten würde, ist nicht zulässig, weil der StPfl. weder **bewusst** einen Aktivposten zu hoch noch einen Passivposten zu niedrig angesetzt hatte (H 4.4 »Berichtigung einer Bilanz, die einer bestandskräftigen Veranlagung zugrunde liegt« EStH). Übrig bleibt eine erfolgswirksame Berichtigung der SB per 31.12.08 (R 4.4 Abs. 1 S. 3 EStR). Dadurch erhöht sich der Gewinn 08 um 30.000 €.

B Besteuerung der Personengesellschaft als Mitunternehmerschaft

I Grundfragen zur Mitunternehmerschaft inklusive Einkunftsermittlung

1 Die Personengesellschaft im Steuerrecht – Überblick

Die PersG nimmt im Steuerrecht eine Zwitterstellung ein. Während sie in den meisten Steuerarten ein eigenständiges Steuerrechtssubjekt ist, gilt dies nicht für die ESt.

Beispiel 1: Die Personengesellschaft im Steuerrecht und § 35 EStG

Die gewerbliche X-OHG (KG, GbR) mit den G'ftern A und B hat in 01 – zusätzlich zu ihren satzungsgemäßen Aktivitäten – ein Grundstück erworben. Wer hat für die in 01 verwirklichten Sachverhalte Steuern zu zahlen? Wer begründet mit welchem FA ein Steuerschuldverhältnis? Welche Bedeutung hat in diesem Zusammenhang § 35 EStG?

Die drei Fragestellungen haben nur ein Thema zum Gegenstand: Ist die PersG ein Steuerrechtssubjekt? Für das Steuerrecht hat der Gesetzgeber die Frage beantwortet, während für das Zivilrecht trotz mehrerer BGH-Entscheidungen aus den Jahren 2001 bis 2012 zur BGB-Gesellschaft[1] die endgültige Antwort noch aussteht. Zurzeit wird das Reformvorhaben diskutiert, die GbR ab 2021 mit einem neuen Konzept auszustatten (sog. Mauracher Entwurf).

Als Grundlage muss die Grundsatzentscheidung des BGH »ARGE Weißes Ross« (Az. II ZR 331/00, BGHZ 146, 341) vom 29.01.2001 mit einbezogen werden, welche die Rechtsfähigkeit einer GbR anerkannt hat, sofern sie am Rechtsverkehr teilnimmt. Eine Außen-GbR wird seitdem als (teil-)rechtsfähig angesehen unter Herstellung einer Analogie zu § 124 HGB, der die Rechtsfähigkeit für eine OHG bestimmt. Nach dieser Entscheidung hat sich eine Spaltung zwischen der Rspr. und der Kautelarpraxis auf der einen Seite und dem Gesetz auf der anderen Seite entwickelt. Diese Spaltung soll durch die vorgeschlagenen Änderungen im Mauracher Entwurf behoben und die entsprechend notwendigen Anpassungen in den Gesetzen vorgenommen werden.

Lösung:

Die nachfolgende Übersicht geht von der Annahme aus, dass die PersG im Beispiel 1 die sonstigen Merkmale der aufgezählten Steuern erfüllt und dass bei allen Rechtshandlungen nur WG der PersG betroffen sind, also z. B. keine Privatgrundstücke der G'fter.

Steuer	Rechtssubjekt	Rechtsgrundlage
1. ESt	die G'fter	§ 15 Abs. 1 S. 1 Nr. 2 EStG i. V. m. § 1 Abs. 1 EStG
2. USt	die PersG; u. U. im Verhältnis zur PersG die G'fter	§ 2 Abs. 1 UStG
3. GewSt	die PersG[2]	§ 5 Abs. 1 S. 3 GewStG
4. Grundsteuer	die PersG	§ 10 GrStG i. V. m. BewG
5. Grunderwerbsteuer	die PersG	§ 13 GrEStG
6. Erbschaftsteuer	die PersG (nicht vermögensverwaltend)	§§ 2, 20 Abs. 1 ErbStG

---

1 BGH vom 29.01.2001 (DB 2001, 423) und BGH vom 17.07.2001 (NJW 2001, 3121); bestätigt durch BGH vom 18.02.2002 (NJW 2002, 1207): In allen Entscheidungen wird nunmehr von der Rechtsfähigkeit der BGB-Außengesellschaft (= GbR mit Gesamthandsvermögen) ausgegangen (vgl. zum Begriff der Rechtsfähigkeit *Beuthien*, NJW 2005, 855). Zuletzt BGH vom 05.03.2008, NJW 2008, 1737.

2 Dies betrifft die Steuerschuldnerschaft bei der GewSt (§ 5 Abs. 1 S. 3 GewStG).

Bei[3] den Objekt- und Verkehrssteuern ist die PersG[4] selbst Steuerschuldnerin, bei der ESt ist es immer der einzelne G'fter[5], der die Ergebnisse der PersG mit seinem Anteil zu versteuern hat.

Das Auseinanderfallen der persönlichen Steuerpflicht verdeutlicht am besten § 35 Abs. 2 EStG, der für die Anrechnung der GewSt auf die ESt die salomonische Regelung bereithält, dass die Anrechnung der GewSt auf die persönliche ESt-Schuld des G'fters nach dem Gewinnverteilungsschlüssel zu erfolgen habe.[6]

Zwei Neuerungen der Legislative werden angeführt:

- Von der Bundesregierung wurde das sog. Optionsmodell für PersG angekündigt. Es wurde allerdings nicht Teil des Corona-Steuerhilfegesetzes.
- Mit dem geplanten Gesetz zur Modernisierung des Personengesellschaftsrechts (MoPeG) und der geänderten Umwandlungsrichtlinie (RL 2019/2121/EU) soll ab 01.01.2022 (oder 01.01.2023; das genaue Datum ist noch nicht bekannt) die GbR weiter der OHG angenähert und gleichzeitig in ein Register (Gesellschafts- oder Unternehmensregister) eingetragen werden. Damit ist auch die Umwandlungsfähigkeit gem. § 3 UmwG gesichert.

2   Mitunternehmerschaft vs. Personengesellschaft und andere Begrifflichkeiten

2.1   Mitunternehmerschaft und Personengesellschaften

Gesellschaftsrechtlich liegt eine PersG vor, wenn die Beteiligten sich zur gemeinsamen Zweckverfolgung mittels Arbeits- und Kapitaleinsatz zusammenschließen (vgl. § 705 BGB). Dabei wird bei **Außengesellschaften** (Außen-GbR, OHG, KG und Partnerschaft) gemeinsames **Gesamthandsvermögen** gebildet, während dies bei den Innengesellschaften (Unterbeteiligung, stille Gesellschaft etc.) nicht der Fall ist. Schließlich kennt das Gesellschaftsrecht eine weitere Differenzierung nach Personenhandelsgesellschaften (= PersHG wie z. B. OHG und KG) und sonstigen Personengesellschaften (= PersG wie z. B. die GbR).

Im Unterschied zu KapG sind PersG immer noch durch folgende Merkmale gekennzeichnet:

- Grundsatz der Selbstorganschaft (vertretungsberechtigte Organe sind nur die G'fter); anders bei KapG: Grundsatz der Fremdorganschaft.
- Trotz der Annäherung (vgl. § 124 HGB und die oben zitierte BGH-Rspr.) sind die PersG (noch) keine juristischen Personen.
- Die PersG sind in ihrem Bestand nicht vollkommen unabhängig von ihren Mitgliedern.

In § 15 Abs. 1 S. 1 Nr. 2 EStG sind ausdrücklich nur die Personenhandelsgesellschaften (OHG/KG) als Träger der gemeinschaftlichen unternehmerischen Betätigung genannt. Darüber hinaus lässt der Wortlaut die Einbeziehung **anderer** Gesellschaften zu, wenn diese G'fter als Mitunternehmer **(MU)** anzusehen sind. Unter dieser Voraussetzung (mitunternehmerische Qualifikation der G'fter) erfolgt eine **steuerliche »Erhöhung«** der PersG zur steuerlichen **MU-schaft.**

---

3   S. im Einzelnen *Ossinger*, Band 3, Teil B, Kap. III »Unternehmerbegriff«. Auch der G'fter kann in seiner Eigenschaft als GF bzw. als Nutzungsüberlassender an seine PersG Unternehmer i. S. d. § 2 UStG sein.

4   Zuständig ist hier das Betriebs-FA (§ 22 Abs. 1 AO i. V. m. § 18 Abs. 1 Nr. 2 AO für die GewSt und § 21 AO für die USt) bzw. das Lage-FA (§ 22 Abs. 1 i. V. m. § 18 Abs. 1 AO für die Grundsteuer).

5   Zuständig ist hierfür das Wohnsitz-FA des einzelnen G'fters (§ 19 Abs. 1 S. 1 AO).

6   Im Einzelnen s. Kap. VI 2 sowie BMF vom 24.02.2009, BStBl I 2009, 440.

Auf diese Weise sind folgende Gesellschaften (und ihre G'fter) in den Anwendungsbereich des § 15 Abs. 1 Nr. 2 EStG einbezogen:

a) andere PersG wie die GbR (BGB-Gesellschaft), Partenreederei, die sog. fehlerhafte (oder faktische) PersG[7] und atypische Innengesellschaften sowie

b) andere vergleichbare Gemeinschaftsverhältnisse[8] wie die Erbengemeinschaft und die Gütergemeinschaften, ja sogar Bruchteilsgemeinschaften und Nießbrauchskonstellationen und

c) internationale Gesellschaften (ausländische PersG mit inländischer Betriebsstätte und inländischer PersG mit ausländischer PersG)

Darüber hinaus ist der steuerliche MU-Begriff auf verschiedene (und nicht nur gewerbliche) Einkunftsträger anzuwenden. So gibt es neben den gewerblichen MU-schaften auch freiberufliche MU-schaften und L+F-Mitunternehmerschaften (s. Kap. 3.2.1).

Fazit: Die **PersG mutiert zur steuerlichen MU-schaft** bei Vorliegen der Zusatzvoraussetzungen aus dem EStG. Zusätzlich nimmt der Steuerterminus weitere Rechtsgebilde auf, auf die der Transparenzgedanke (G'fter als MU des Betriebs der Gesellschaft) anzuwenden ist.

2.2 Begrifflichkeiten und kohärente Rechtsinstitute
2.2.1 Die Gesamthand
Mehrere Fachbegriffe durchziehen das Recht der PersG, die sich gerade im Steuerrecht wiederfinden und die – wegen des häufig widersprüchlichen/missverständlichen Gebrauchs – einer kurzen Erklärung bedürfen.

Der Prototyp des gemeinschaftlichen Vermögens einer MU-schaft ist das **Gesamthandsvermögen**. Dieses ist die dritte dem Zivilrecht bekannte Form, wie mehrere Personen gemeinschaftliches Vermögen bilden können.

Beispiel 2: Ein Gegenstand – zwei Personen – drei Eigentumsvarianten

Vorhanden seien: ein Grundstück sowie zwei Personen A und B. A und B wollen wissen, wie sie gemeinsam Gesamthandseigentümer des Grundstücks sein (werden) können?

Lösung: A und B können eine PersG (z. B. eine GbR) gründen und in diese das Grundstück einbringen; gem. **§§ 717 ff. BGB** wird dieses Grundstück sodann **Gesamthandsvermögen** mit der Folge, dass es beiden gemeinsam in gesamthänderischer Verbundenheit zusteht. Dies meint, dass bei mehreren Gegenständen, die in diese Vermögensmasse eingebracht werden, **keiner der G'fter** (= Gesamthänder) ein Verfügungsrecht über einen einzelnen Gegenstand hat (§ 719 Abs. 1 1. HS BGB). Gleichzeitig können die Anteile am Gesamthandsvermögen und die gesellschaftsrechtliche Beteiligung nur gemeinsam veräußert[9] werden (§ 717 BGB; sog. Abspaltungsverbot).

Die weiteren Möglichkeiten des BGB, z. B. gemeinschaftliches Eigentum nach dem WEG bzw. bei Ehepartnern durch Gütergemeinschaft zu bilden, stellen nur Varianten der o. g. drei Grundformen dar.

---

7 Hierunter fallen gesellschaftsrechtlich PersG mit einem »rechtlichen Geburtsfehler – z. B. wegen der Beteiligung Geschäftsunfähiger –«, die aber ins Werk gesetzt wurden.

8 BFH vom 25.06.1984 (BStBl II 1984, 751), vom 05.07.1990 (BStBl II 1990, 837) und vom 03.07.1995 (BStBl II 1995, 617).

9 Die Verfügung über den Anteil am Gesamthandsvermögen wird bei Zustimmung der Partner – entgegen dem Wortlaut von § 719 Abs. 1 1. HS BGB – zwischenzeitlich vom BGH zugelassen; ansonsten könnten keine Beteiligungen an PersG veräußert werden.

Für das Steuerrecht kommt dem **Gesamthandsvermögen** allein deshalb große Bedeutung zu, weil gemeinschaftliches Vermögen bei allen **Außengesellschaften** (OHG/KG/unternehmerische Außen-GbR) auf diese Weise gebildet wird: So ist z. B. in der HB einer OHG nur Gesamthandsvermögen dargestellt.

2.2.2 Kapitalanteil, Vermögenswert und Gesellschaftsanteil

Auf der Ebene der G'fter wird man immer wieder mit den Begriffen Kapitalanteil, Vermögenswert und Gesellschaftsanteil konfrontiert.

Beispiel 3: Ein G'fter und mehrere WG der PersG

A ist zu 1/3 an der ABC-Speditions-OHG beteiligt, die Eigentümer und Halter von 100 Lkw ist, denen Schulden von 3 Mio. € gegenüberstehen. Die Buchwerte der Lkw entsprechen zu 2/3 ihren Teilwerten.
   Die Bilanz der OHG hat folgendes Aussehen:

A	Bilanz der OHG		P
AV (Lkw)	6.000.000 €	Kapital A	1.000.000 €
		Kapital B	1.500.000 €
		Kapital C	500.000 €
		Verbindlichkeiten	3.000.000 €
	6.000.000 €		6.000.000 €

A möchte über die Bedeutung der Begriffe Kapitalkonto, Gesellschaftsanteil und Vermögenswert seiner Beteiligung informiert werden.
   Lösung:
*   Der **Kapitalanteil** gibt als rechnerischer Wert (»Bilanzziffer«) den gegenwärtigen Stand der Einlage (inkl. der Veränderungen) des G'fters wieder. Die entscheidende Aussage liegt jedoch in der Relation der jeweiligen Kapitalkontenstände zueinander, da nur das **Verhältnis** der Kapitalkonten zueinander Rechenschaft über die Beteiligungsquote am Gesamthandsvermögen gibt. Vorliegend ist A zu 1/3, B zur Hälfte und C zu einem Sechstel am Vermögen beteiligt.
*   Der **Vermögenswert** der A-Beteiligung wird nur indirekt durch die Bilanz wiedergespiegelt. Dazu ist eine Vermögensbilanz erforderlich, die ad hoc ein aktives Gesamthandsvermögen von 9 Mio. € (6 Mio. € = 2/3 der Teilwerte) ausweisen würde; bei identischem Fremdkapital von 3 Mio. € beträgt das echte Reinvermögen der OHG 6 Mio. €. Bei einer 1/3 – Beteiligung ist der Vermögenswert des A mit 2 Mio. € anzusetzen.
*   Der **Gesellschaftsanteil** des A umfasst neben seinem Vermögenswert vor allem seine gesellschaftsrechtlichen Verwaltungsrechte und -pflichten. Die ideellen Mitwirkungsrechte (Beispiel: Geschäftsführung) fallen hier ebenso darunter wie evtl. Haftungsverpflichtungen.

2.2.3 Eine Personengesellschaft – eine Mitunternehmerschaft – ein Gewerbebetrieb?

Nach einhelliger Auffassung in der Rspr. und im Schrifttum kann eine PersG nur ein Unternehmen (einen Gewerbebetrieb) betreiben.[10] Als weitere Konsequenz gibt es für eine PersG im Steuerrecht nur eine MU-schaft, auch bei verschiedenartiger Tätigkeit.[11] Dies steht im Gegensatz zum Einzelunternehmer, der mehrere organisatorisch und wirtschaftlich getrennte Gewerbebetriebe, zumal in verschiedenen Gemeinden, unterhalten kann.

---

10 Ausnahme: die Zweigniederlassung gem. §§ 13 ff. HGB (vgl. auch § 30 HGB).
11 Einhellige Auffassung (BFH vom 25.06.1996, BStBl II 1997, 202 sowie *Wacker* in *Schmidt*, EStG – nachfolgend 39. Aufl., 2020, § 15 Rz. 194).

3 Transparenzgrundsatz und Besteuerung gemäß § 15 Abs. 1 S. 1 Nr. 2 EStG

3.1 Einführung

Die Grundaussage des § 1 Abs. 1 EStG i. V. m. § 15 Abs. 1 S. 1 Nr. 2 S. 1 EStG[12] mit der persönlichen ESt-Pflicht der G'fter (und nicht der PersG) wird als »Transparenzkonzept« bezeichnet. Damit schlagen die Ergebnisse der gemeinsamen gesellschaftsrechtlichen Betätigung bei einer PersG **unmittelbar** auf die individuelle ESt des G'fters durch; exakter: bei einer gewerblichen PersG sind die Beteiligungsergebnisse des G'fters Teil seiner gewerblichen Einkünfte. Der Gegensatz dazu ist die »Abschottungswirkung« bei der Beteiligung an einer KapG. Dort machen sich erfolgreiche Jahre der KapG allein durch die Dividendenhöhe bemerkbar, Verlustjahre hingegen überhaupt nicht[13] bzw. erst im Fall der Veräußerung der Beteiligung.

Die Regelung des § 15 Abs. 1 Nr. 2 EStG verdeutlicht aber auch, dass die gewerblichen Einkünfte eines G'fters aus einem **gemeinschaftlichen** Bezug eines gewerblichen Unternehmens resultieren. Bereits hieraus ergeben sich für die Besteuerung des Personen-G'fters Konsequenzen:

- Die individuelle Gewinnerfassung setzt eine einheitliche Quelle voraus. Insoweit ist die PersG (MU-schaft) verselbständigt; sie ist **Gewinnermittlungssubjekt**. Der Gewinn wird einheitlich bei ihr ermittelt und festgestellt.
- Die PersG (MU-schaft) hat über die Funktion des Gewinnermittlungssubjektes hinaus weitere Besteuerungsmerkmale wie z. B. die Gewerblichkeitseigenschaft (§ 15 Abs. 2 EStG) zu erfüllen, die bei ihr zu prüfen sind. Insoweit ist sie steuerliches **Tatbestandssubjekt**. Die Prüfung der Gewerblichkeit erfolgt demnach auch auf der Ebene der PersG.
- In verfahrensrechtlicher Hinsicht ergänzen die §§ 179, 180 Abs. 1 Nr. 2a und § 182 Abs. 1 AO mit der Notwendigkeit eines einheitlichen und gesonderten **Grundlagenbescheides** die materielle Ausgangslage des § 15 Abs. 1 Nr. 2 EStG.
- Andererseits ist für den G'fter (MU) als **ESt-Subjekt** die Nähe zum Einzelunternehmer festgeschrieben. Auch beim MU wird die Gewerblichkeit nochmals geprüft.

Die Vorwegdarstellung wird Bedeutung für die Frage haben, wie bestimmte personenbezogene Steuermerkmale (z. B. die Verbleibenszeit bei § 6b EStG oder die »Herstellereigenschaft« bei § 7 Abs. 5 EStG) auszulegen sind. Außerdem erklärt die Einheitstheorie am besten das Verhältnis zwischen PersG und G'fter. Die zunehmende Verselbständigung der PersG verdankt ihren Ausgangspunkt der **Aufgabe der Bilanzbündeltheorie** des RFH und des (frühen) BFH zu Anfang der 70er-Jahre: Damals hatte man sich die Bilanz einer PersG noch als die konsolidierte Bündelung der Einzelbilanzen der G'fter vorgestellt.[14] Das heutige Verständnis fußt auf einer Einheitsbilanz, die die PersG (MU-schaft) erstellt.

3.2 Ebene der Mitunternehmerschaft

Auf der Ebene der MU-schaft ist vorweg die gemeinsame Verwirklichung des einschlägigen einkunftsqualifizierenden Merkmals zu prüfen. Auch wegen der Querverweisung aus L+F (§ 13 Abs. 7 EStG) und aus der selbständigen Arbeit (§ 18 Abs. 4 S. 2 EStG) auf § 15 Abs. 1 Nr. 2 EStG ist die von der MU-schaft realisierte Einkunftsart zu prüfen. Darüber hinaus erfordert die »Tatbestandssubjektivität« die Prüfung, ob es sich um eine gewerbliche, freiberufliche

---

12 Im Folgenden nur § 15 Abs. 1 Nr. 2 EStG.

13 Abgesehen von der in engen Grenzen möglichen TW-AfA auf die Beteiligung.

14 Aus der Rspr.: RFH vom 14.07.1937 (RStBl 1937, 937) sowie der (frühe) BFH vom 29.09.1966 (BStBl III 1967, 180). Hingegen ganz deutlich das heutige Verständnis aufzeigend der BFH im Urteil vom 05.07.1972 (mit der erstmaligen Verwendung des Begriffes Sonder-BV – BStBl II 1972, 928).

oder L+F-Mitunternehmerschaft handelt. Nicht zuletzt kommt der konkret verwirklichten Einkunftsart seit 01.07.1998 erhöhte Bedeutung zu, da seitdem auch die Gründung einer vermögensverwaltenden[15] PersHG (§ 105 Abs. 2 für die OHG bzw. § 161 Abs. 2 HGB für die KG) zulässig ist.

Anders als im Gesellschaftsrecht spielt im Steuerrecht neben der originär-gewerblichen MU-schaft noch die gewerblich geprägte PersG eine wichtige Rolle.

3.2.1 Die gewerblich tätige Mitunternehmerschaft

Die »Gewerbe«-Merkmale des § 15 Abs. 2 EStG müssen zunächst auf der Ebene der MU-schaft erfüllt sein. Neben der Umqualifizierung bei vermögensverwaltenden PersG nach §§ 20, 21 EStG kommt dieser Prüfung vor allem bei Verlustzuweisungsgesellschaften[16] und bei Mischaktivitäten eine erhöhte Bedeutung zu.

Beispiel 4: Die vielfältige GbR

Der gemeinsame Aufgabenkatalog der AB-GbR umfasst:

    a) die Holznutzung des eigenen gemeinschaftlichen Waldbesitzes,

    b) das Erstellen von forstwissenschaftlichen Gutachten und

    c) den gewerblichen Holzhandel.

---

§ 15 Abs. 3 Nr. 1 EStG (sog. »Abfärbetheorie«) hat sich in der mehrfach entschiedenen Fallgruppe der **teilweise gewerblichen Tätigkeit** einer PersG für manche Freiberufler-Sozietät als steuerlicher Bumerang erwiesen, da für den Zusammenschluss von Freiberuflern über § 18 Abs. 4 S. 2 EStG die Ausführungen zu § 15 Abs. 1 Nr. 2 EStG entsprechend gelten. Der eindeutigen Subsumtion als gemeinschaftlich betriebene selbständige Arbeit nach § 18 EStG (Beispiel 4 Fall b) bei zusätzlichen gewerblichen Aktivitäten (Beispiel 4 Fall c); weiteres Beispiel: Medikamentenhandel einer gemeinschaftlichen Tierarztpraxis) steht der Wortlaut des § 15 Abs. 3 Nr. 1 EStG entgegen. Mit dem Tatbestandsmerkmal »auch« in Nr. 1 und der Rechtsfolge »in vollem Umfang« im Einleitungssatz entnahm die Rspr. bis vor kurzem immer eine **voll umfängliche Infektion** der sonstigen Einkünfte durch die (auch minimal) gewerblichen Einkünfte dieser PersG.[17] Es lagen somit komplett gewerbliche Einkünfte vor (BFH vom 05.05.1999, BFH/NV 1999, 1328).

Aufgrund der massiven Kritik im Schrifttum[18] hatte der BFH ursprünglich im Urteil vom 11.08.1999 (BStBl II 2000, 229) bei äußerst geringfügiger gewerblicher Betätigung eine **Ausnahme** – contra legem – zunächst für den Fall zugelassen, dass die gewerblichen Einnahmen weniger als 1,25 % aller Einnahmen ausmachen.

In späteren drei Entscheidungen vom 27.08.2014 (DStR 2015, 345, BFH/NV 2015, 592 und 595) ist der BFH nunmehr zu dem Ergebnis gelangt, dass gewerbliche Umsätze **bis zu 3 % (Gesamtnettoumsatz) unschädlich** sind, wenn sie **zugleich** die absolute Untergrenze von **24.500 € nicht übersteigen**. Dies gilt allerdings nicht für Berufsfremde (gem. § 18 EStG) und

---

15 Darunter versteht man eine PersG, die nur Kapital- oder Immobilienvermögen verwaltet und keinen aktiven Erwerbsgeschäften nachgeht.

16 So muss § 15b EStG auf der Ebene der Gesellschaft geprüft werden; vgl. auch Fondserlass (BMF vom 20.10.2003, BStBl I 2003, 546).

17 § 15 Abs. 3 Nr. 1 EStG wird nur bei PersG (und nicht bei vergleichbaren Rechtsgemeinschaften) angenommen (Anm.: hier gebotene restriktive Auslegung).

18 Verletzung von Art. 3 GG: der Einzelunternehmer (keine Abfärbetheorie) sei gegenüber der PersG bevorzugt.

für Beteiligungseinkünfte i. S. v. § 15 Abs. 3 Nr. 1, 2. HS. Bzgl. gewerblicher **Verluste** hat das JStG 2019 (BGBl I 2019, 2451) die Abfärbung negativer Einkünfte ausdrücklich angeordnet.

Lösung:

1. Prüfung der Einkunftsarten:
   Die AB-GbR erzielt – isoliert betrachtet – drei verschiedene Einkünfte. Die Nutzung des eigenen Waldbesitzes (a), wozu auch der Verkauf gehört, führt zu forstwirtschaftlichen Einkünften nach § 13 EStG. Bei entsprechender Vorbildung der beiden G'fter ist die Gutachtentätigkeit (b) § 18 EStG zuzurechnen. Der (offensichtlich durch Ankauf fremder Hölzer) durchgeführte Holzhandel (c) erfüllt alle Merkmale gewerblicher Betätigung.
2. Gesamtprüfung:
   Nach der Segmentprüfung hat der BFH in früheren Urteilen zunächst darauf abgestellt, ob bei fehlender Trennbarkeit der Einzelsegmente die gewerbliche Tätigkeit den anderen nicht ohnehin schon das Gepräge gibt.
   Ist das – wie vorliegend – nicht der Fall und können die Segmente neben der abstrakten steuerlichen Prüfung auch betriebswirtschaftlich getrennt werden, so liegen nach der neueren BFH-Erkenntnis, die die Verwaltung übernommen hat (bestätigt durch H 15.8 Abs. 5 EStH), insgesamt gewerbliche Tätigkeiten der AB-GbR vor, wenn die Einnahmen aus dem gewerblichen Holzhandel (c) 3 % der Gesamtumsätze übersteigen.

Hinweis: Die Bagatellgrenze gilt weder für Berufsfremde i. S. v. § 18 EStG noch für gewerbliche Beteiligungseinkünfte (s. *Wacker* in *Schmidt*, EStG, § 15 Rz. 188 a. E.).

Die Lösung verdeutlicht einmal mehr den Gestaltungszwang zur **Ausgliederung** der gewerblichen Aktivitäten auf eine personenidentische zweite (Pers- oder Kap-)Gesellschaft, die sich ausschließlich des gewerblichen Bereichs annimmt. BFH (Urteil vom 12.06.2002, BFH/NV 2002, 1554) und FinVerw folgen aber dann nicht der Ausgliederungstheorie, wenn der Wille der G'fter gar nicht auf die Begründung eines eigenständigen zweiten Gesellschaftsvermögens gerichtet ist. Häufig wird daher die Behauptung einer zweiten gewerblichen Gesellschaft (im Urteilsfall: Saunabetrieb-GbR) neben der freiberuflichen GbR (im Urteilsfall: Massagepraxis-GbR) bereits am fehlenden Willen der beteiligten G'fter scheitern, überhaupt eine eigenständige Gesellschaft zu gründen.

Zur gestaltungstechnischen **Ausgliederung** gesellt sich an dieser Stelle eine weitere Tendenz in der BFH-Rspr. (Urteil vom 04.11.2004, DStR 2005, 705: der Restauratorenfall), wenn irgend möglich ein vorhandenes Konglomerat von gewerblichen, handwerklichen und künstlerischen Aktivitäten bei einer PersG aufzuteilen und zu einer getrennten Beurteilung zu gelangen. Überspitzt formuliert kann man von einer »richterlichen Ausgliederung« sprechen. Die Grenze der »gewerbefeindlichen« Rspr. liegt allerdings dort, wo der BFH aufgrund eigener Präjudizien in der Urteilsfindung gebunden ist: So führen – nach wie vor – Leistungen von Zahntechnikern, die als PersG erbracht werden, zu gewerblichen Einkünften, die ggf. andere Einkünfte überlagern können (BFH vom 29.07.2004, BFH/NV 2005, 352).

Einen besonders mutigen Schritt tat der BFH mit dem Urteil vom 06.10.2004 (BStBl II 2005, 383) für einen Fall der Beteiligung einer vermögensverwaltenden PersG (Obergesellschaft) an einer gewerblichen PersG (Untergesellschaft). Entgegen R 15.8 Abs. 5 S. 4 EStR 2005 entschied der BFH, dass dies **nicht** zur Folge hat, dass diese Einkünfte damit per se als **gewerblich** gelten. Die Ablehnung dieses Urteils durch die Verwaltung – zunächst durch einen Nichtanwendungserlass zum Ausdruck gebracht (BMF vom 18.05.2005, BStBl I 2005, 698 [= 1, § 15/13]) – führte schlussendlich zur **Änderung des § 15 Abs. 3 EStG**. Seit Inkrafttreten des JStG 2007 findet sich nun in § 15 Abs. 3 Nr. 1 EStG **ein zweiter Halbsatz**, welcher auch die Einkünfte einer vermögensverwaltenden PersG durch das (mitunternehmerische) Halten einer Beteiligung an einer PersHG insgesamt zu gewerblichen Einkünften umqualifiziert.

Zur Abrundung der Thematik ist weiterhin darauf hinzuweisen, dass die Beteiligung eines **Berufsfremden** an einer Freiberufler-GbR nach § 18 Abs. 4 S. 2 EStG i. V. m. § 15 Abs. 1 Nr. 2 EStG (im Beispiel bei der AB-GbR bzgl. der Gutachtenerstellung) in (noch) geltender BFH-Rspr. zu gesamtgewerblichen Einkünften der Sozietät führt. Dies ist schon der Fall, wenn sich ein Minder- oder Andersqualifizierter (Beispiel: Steuerfachangestellter) an einer Berufsträger-Sozietät (Beispiel: StB-GbR) beteiligt.[19] Der BFH bestätigte in seinem Urteil vom 10.08.2010 (BFH/NV 2011, 20) erneut, dass eine MU-schaft gewerbliche Einkünfte erzielt, wenn ein Angehöriger eines freien Berufs i. S. d. § 18 Abs. 1 Nr. 1 EStG mit einem Berufsfremden eine MU-schaft eingeht. Die genannten Grundsätze (gewerbliche Infektion) gelten auch bei einer mittelbaren Beteiligung (Beteiligung an einer Unter-PersG über eine Ober-PersG, bei der ein Berufsfremder G'fter ist, vgl. BFH vom 28.10.2008, BStBl II 2009, 642); dies gilt selbst bei einem geringen Beteiligungsumfang (im Beispiel: 3,35 % Beteiligung eines Berufsfremden).

Besonders bedeutsam ist in diesem Zusammenhang die Entscheidung des BFH vom 10.10.2012 (BStBl II 2013, 79), wonach selbst dann, wenn die Komplementär-GmbH ohne Ergebnisbeteiligung bei einer Steuer- und Wirtschaftsprüfungs-KG **nur eine Haftungsvergütung** erhält, die KG gewerbliche Einkünfte erzielt.

Für eine bedeutsame Fallgruppe – **gewerbliche Einkünfte** des Partners einer freiberuflichen MU-schaft im **Sonderbetriebsbereich** – setzte der BFH seine restriktive Rspr. zur Abfärbetheorie weiter fort, indem er auch hier eine **Infektion** der individuellen gewerblichen Sondereinkünfte eines Partners auf die Einkunftsart der freiberuflichen Hauptbeschäftigung **ablehnte** (BFH vom 28.06.2006, BStBl II 2007, 378). Im entschiedenen Fall hat eine von Eheleuten paritätisch (50/50) betriebene Zahnarzt-GbR Räume an eine Dentallabor-GmbH vermietet, an der (nur) der Ehemann zu 52 % beteiligt war. Nachdem hier – mangels personeller Verflechtung – keine Betriebsaufspaltung vorlag, waren die von der GbR erzielten Mieteinnahmen, soweit sie auf den Ehemann entfallen, als gewerblich zu erfassen. Eine Umqualifizierung der freiberuflichen Haupteinkunftsart lehnte der BFH jedoch ab.

Hinweis: Bei der gewerblichen Tätigkeit spielt häufig die Abgrenzungsfrage zur vermögensverwaltenden Tätigkeit eine große Rolle. Von besonderer Bedeutung ist dabei die Fallgruppe des gewerblichen Grundstückshandel – und dort wiederum das Thema der Beteiligung eines einzelnen StPfl. an einer gewerblichen Grundstücksgesellschaft.

Für den Fall, dass ein Beteiligter in eigener Person überhaupt kein Grundstück veräußert, hat der BFH am 22.08.2012 (DB 2012, 2378 = BB 2012, 2657) entschieden, dass der Beteiligte allein durch die Zurechnung der Grundstücksverkäufe der gewerblichen Grundstücksgesellschaft entsprechend Rn. 13 f., 17 und 26 des BMF-Schreibens vom 26.03.2004 (BStBl I 2004, 434) einen gewerblichen Grundstückshandel betreiben kann.

Noch wichtiger erscheint in dem Urteil der Abgrenzungsfall (= Bestätigung der alten Rspr., BFH vom 03.07.1995 = Rn. 16 des BMF a. a. O.), wonach diese Zurechnung zu einem G'fter dann nicht erfolgen dürfe, wenn eine zu einem anderen Zweck gegründete PersG im Rahmen ihres gewöhnlichen Geschäftsbetriebs Grundstücke veräußert.

---

19 So führt die Beteiligung einer **KapG an einer GbR** zu gewerblichen Einkünften, auch wenn es sich bei den G'ftern der KapG ausschließlich um Berufsträger handeln sollte (BFH vom 15.05.1997, BFH/NV 1997, 751).

3.2.2 Die gewerblich geprägte Personengesellschaft

§ 15 Abs. 3 Nr. 2 EStG enthält bewusst eine Absage an das gegensätzliche Urteil des BFH vom 25.06.1984 (BStBl II 1984, 751) und stellt somit die alte **Gepräge-Theorie** wieder her. Danach liegt in steuerlicher Wertung immer eine gewerbliche (geprägte) PersG (MU-schaft) vor, wenn

- sie keiner gewerblichen, aber ansonsten steuerbaren Tätigkeit nachgeht[20],
- sich nur eine oder mehrere **KapG** an ihr als **persönlich haftende G'fter**[21] beteiligt haben und
- die **Geschäftsführung** nur von der (den) KapG oder von Nicht-G'fter ausgeübt wird.

Idealtypisch ist davon die GmbH & Co. KG betroffen, bei der die GmbH alleinige Komplementärin ist und gleichzeitig alleine die Geschäfte der KG führt. Bei der KapG (als Komplementärin) kann es sich nach dem BFH-Urteil vom 14.03.2007 (BStBl II 2007, 924) auch um eine ausländische KapG handeln, wenn diese ihrem rechtlichen Aufbau nach einer deutschen KapG entspricht (Kriterien s. Kap. 2.1).

Im zweiten Satz von § 15 Abs. 3 Nr. 2 EStG wird die Rechtsfolge einer gewerblich geprägten PersG ausgedehnt auf die mehrstöckige PersG, bei der eine GmbH & Co. KG die Komplementärrolle übernimmt.

Die gewerblich geprägte **KapG & Co. KG** ist zu einem Lieblingskind in der Gestaltungsberatung avanciert, wenn es gilt, eine an sich drohende Betriebsaufgabe zu verhindern: Durch die Aufnahme einer GmbH in eine bestehende – aufgabebedrohte – PersG oder durch die Einbringung eines Einzelunternehmens (Betriebs) in eine GmbH & Co. KG kann die Aufdeckung der stillen Reserven bis zur Liquidation der Doppelgesellschaft hinausgeschoben werden. Einige sprechen – in Übertreibung – von einem »Gewerbebetrieb auf Antrag«.[22] Die an sich eindeutigen Tatbestandsmerkmale des § 15 Abs. 3 Nr. 2 EStG erweisen sich bei näherer Betrachtung als heimtückisch, zumindest als »hochproblematisch«.

Beispiel 5: Die »gewerblich geprägt – gestaltete« PersG (nachgebildet einer StB-Klausur)

Der 80-jährige Flickschuster F betreibt seinen Laden in einem (viel zu) großen Etablissement in der Innenstadt von Frankfurt/Main. Das Grundstück mitsamt dem Geschäftsgebäude hat F 1950 von seinem Vater geerbt. Zu seinem Pech findet F weder in der Familie einen Nachfolger für sein redliches Gewerbe noch einen redlichen Käufer für seinen Betrieb. Sein StB rät ihm daher, das »sterbende« Einzelunternehmen in eine GmbH & Co. KG einzubringen, um auf diese Weise – so der StB – der »konfiskatorischen« Besteuerung zu entgehen. Bei der am 01.07.2021 gegründeten GmbH & Co. KG pocht F (der einzige Kommanditist) darauf, wenigstens im Innenverhältnis mitreden zu dürfen, wenn schon die GmbH (Allein-G'fter: F) im Außenverhältnis das Sagen hat.

Lösung:

- Gegen die Gründung einer KG ohne aktive gewerbliche Betätigung am 01.07.2021 ist wegen §§ 105 Abs. 2, 161 Abs. 2 HGB (Geltung seit 01.07.1998) nichts einzuwenden. Sie erlangt allerdings erst mit der Eintragung in das HR (konstitutive Wirkung!) die Eigenschaft als PersHG, auf die uneingeschränkt die Regeln des HGB anwendbar sind.
- Das Wunschergebnis von F und seinem StB (Fortbestand der steuerlichen Gewerblichkeit) setzt voraus, dass zunächst das Einzelunternehmen zu Buchwerten in die KG eingebracht wurde. Diese nach § 24 UmwStG bestehende Möglichkeit wird unterstellt.

---

20 Aktuell bestätigt durch BFH vom 28.11.2012, BFH/NV 2013, 773 (Leitsatz 8).

21 Dabei orientiert sich das Hess FG (Urteil vom 03.07.2013, Az.: 8 K 2647/06) am typisierenden gesellschaftsrechtlichen Status des G'fters.

22 Vgl. *Reiß* in *Kirchhof-kompakt*, § 15 Rz. 132. »Antrag« ist dabei nicht wörtlich zu nehmen. Immerhin sind bei der Gründung einer GmbH 25 T€ (bzw. die Hälfte, vgl. § 7 Abs. 1 GmbHG) zzgl. der Gründungskosten aufzubringen.

Außerdem muss die GmbH **alleinige** persönlich haftende G'fterin der KG (§ 161 Abs. 2 i. V. m. § 128 HGB) sein. Auch hiervon ist lt. Sachverhalt auszugehen. Sollte neben der GmbH auch F persönlich haftender G'fter sein wollen, läge in Wirklichkeit eine OHG und keine KG vor.

- Fraglich ist jedoch, wie – wegen der notwendigen **alleinigen Geschäftsführungsbefugnis** der GmbH – die Mitsprachebefugnis des F geregelt wird.
§ 164 HGB, der den Kommanditisten von der Geschäftsführung ausschließt, ist nach allgemeiner Auffassung abdingbar, da er eine Regelung des Innenverhältnisses zum Gegenstand hat (vgl. § 163 HGB). Sollte man F im Gesellschaftsvertrag auch zum GF ernannt haben, läuft § 15 Abs. 3 Nr. 2 EStG leer, da nur auf dieses Merkmal (Geschäftsführung) abzustellen ist. Die **einzige** Möglichkeit, F in dieser Interessenskonstellation Mitspracherechte einzuräumen und trotzdem das Ziel einer gewerblich geprägten PersG zu garantieren, liegt darin, F als GF der Komplementär-GmbH zu bestellen.[23] Somit übt F über die GmbH indirekt die Geschäftsführung der KG aus. Dies kollidiert nicht mit dem Wortlaut des § 15 Abs. 3 Nr. 2 EStG.

Die Lösung des Falles offenbart die gesetzestechnische Schwäche der gewerblich geprägten PersG. Mit einem – **kaum überprüfbaren** – Merkmal des **Innenverhältnisses** (»Geschäftsführung«), das jederzeit ohne Registereintrag geändert werden kann[24], hat der Gesetzgeber eine so weitreichende **Fiktion** wie die der gewerblichen Betätigung angeordnet. Hieraus ergeben sich – selten ausgenutzte – Gestaltungsspielräume.

Je nach Gestaltungsbeliebigkeit kann z. B. eine vermögensverwaltende GmbH & Co. KG für einige Jahre – durch die Aufnahme einer natürlichen Person als Kommanditisten in die Geschäftsführung – Überschusseinkünfte und in der nächsten Epoche gewerbliche Einkünfte erzielen, wenn obige Anordnung annulliert wird.

Hinweis: Mit Urteil vom 14.03.2007 (BStBl II 2007, 924) entschied der BFH, dass auch eine **ausländische KapG**, die nach ihrem rechtlichen Aufbau und nach ihrer wirtschaftlichen Gestaltung einer inländischen KapG entspricht, eine PersG gewerblich prägen kann.

Im Urteil vom 15.11.2012 hat das Hessische FG die Geprägeregelung des § 15 Abs. 3 Nr. 2 EStG auf eine vermögensverwaltende **britische Partnership (PersG)** erstreckt (IStR 2012, 157 = EFG 2013, 503).

3.2.3   Die weder gewerblich tätige noch gewerblich geprägte Personengesellschaft mit gewerblicher Beteiligung

Wie schon mehrfach ausgeführt, kann seit der zweiten Jahreshälfte 1998 bedenkenlos eine vermögensverwaltende KG (OHG) gegründet werden. Früher geschah dies durch allmähliches »Herabfahren« einer ursprünglich aktiven PersHG auf das (damals) minderkaufmännische Niveau des § 4 HGB. Probleme treten auf, wenn an einer vermögensverwaltenden KG (OHG/GbR) eine KapG beteiligt ist, ohne dass eine gewerblich geprägte PersG vorliegt.

Beispiel 6: Die »Zebragesellschaft« (Thema der StB-Ertragsteuerklausur 2010, Teil III)

Der vermögensverwaltenden A-KG gehören zehn Zinshäuser. Ihre G'fter sind die Eheleute A sowie die A-GmbH. GF der KG sind die A-GmbH und Herr A. In einem der rentablen Mietwohnhäuser steht am Jahresende 21 die Dezembermiete des Studenten S i. H. v. 100 € aus. Was ist zu veranlassen?

Zunächst ist Kennzeichen der MU-schaft, dass auf ihrer Ebene die Einkunftsart ermittelt wird (»Tatbestandssubjekt«). Die Subsumtion erfolgt unabhängig von der Rechtsform. Bei vermö-

---

23   So auch der BFH vom 23.05.1996 (BStBl II 1996, 523).
24   Nach FG Brandenburg vom 12.12.2001 genügt ein Protokoll der G'fter-Versammlung, in dem die geänderte Geschäftsführung dokumentiert ist.

gensverwaltenden PersG kommen die Einkunftsarten § 20 und § 21 EStG in Betracht. Soweit an einer solchen KG nur natürliche Personen beteiligt sind, bereitet die Eingruppierung als V+V-Einkünfte oder in solche aus Kapitalvermögen und die Verteilung der Überschusseinkünfte auf die G'fter keine Probleme. In dem Augenblick, in welchem eine KapG beteiligt ist, gibt es nicht nur ein Qualifikationsproblem, sondern auch eine bis heute nicht geklärte Zuständigkeitsfrage, da KapG gem. § 8 Abs. 2 KStG nur gewerbliche Einkünfte erzielen können.

Die PersG (bzw. deren G'fter) erzielt demnach verschiedene Einkünfte (»Zebra-Gesellschaft«).

Lösung:

In materieller Hinsicht führt die ausstehende Miete von 100 € dazu, dass sie bei den Eheleuten A wegen des bei ihnen geltenden Zuflussprinzips nach §§ 11, 21 EStG **im VZ 21** nicht zu erfassen ist. Anders ist die Rechtslage bei der GmbH, da der BVV die gewinnwirksame Aktivierung der Mietzinsforderung gebietet. Die Frage, die die Rspr. und die Verwaltung spaltete, gilt dem Zeitpunkt und dem Procedere.

Nach einem langjährigen Streit zwischen dem BFH (zuletzt Urteil vom 21.09.2000, BStBl II 2001, 299), der ein mehrstufiges Verfahren – sog. »Ping-Pong-Lösung« – favorisierte), und der FinVerw (Nichtanwendungserlass des BMF vom 08.06.1999, BStBl I 1999, 592, das sog. Zwei-Schritte-Modell) hat sich der Große Senat im Beschluss vom 11.04.2005 (BStBl II 2005, 679) der Auffassung der FinVerw angeschlossen:

- Die Umqualifizierung der Einkünfte vollzieht sich »außerhalb« der Zebragesellschaft.
- Die Umqualifizierung im ESt-Bescheid des G'fters berührt nicht die Grundlagenentscheidung.
- Bei Beteiligungen an Zebragesellschaften stehen die persönlichen Verhältnisse, die zur Umqualifizierung geführt haben, in keinem Zusammenhang mit der Beteiligung.

Die Zweifelsfrage ist damit entschieden (**Umqualifizierung auf der Ebene des G'fters**).

3.2.3.1 Verfahrensrechtliche Konsequenzen
Die Tatsache, dass die Beteiligten an der gemeinsamen Einkunftsquelle unterschiedliche Einkunftsarten realisieren, ist kein Hinderungsgrund für eine einheitliche und gesonderte Einkünftefeststellung (vgl. § 180 Abs. 2 Nr. 1 AO). Hieraus ergibt sich für die PersG die Pflicht, für die betrieblich beteiligten G'fter (GmbH) StB und für die »privat« beteiligten G'fter sowie für die KG (als Einkunftsermittlungssubjekt) Überschussrechnungen zu erstellen. Damit ist der Feststellungsbescheid Grundlagenbescheid für die ESt-/(KSt-)Bescheide der einzelnen G'fter. Die Korrekturvorschriften der AO zu den Grundlagenbescheiden gelten sinngemäß (insb. § 175 Abs. 1 Nr. 1 AO).

3.2.3.2 Materiell-rechtliche Konsequenzen
3.2.3.2.1 Konsequenzen für die privaten Gesellschafter
Für die nicht betrieblich Beteiligten gelten ausnahmslos die Zuflussbestimmungen der §§ 8, 9 und 11 EStG und – vor allem – nicht § 15 Abs. 1 S. 2 EStG, sodass Tätigkeitsvergütungen und dgl. im Rahmen der ursprünglichen Einkunftsart zu erfassen sind. Das Soll-Prinzip (Ausweis von Forderungen etc.) kommt nicht zur Anwendung.

3.2.3.2.2 Konsequenzen für die betrieblich Beteiligten (KapG)

Sämtliche Gewinnermittlungsvorschriften (Soll-Prinzip, Teilwertabschreibung, Bewertungsvorschriften des § 6 EStG) sind anteilig für den betrieblich beteiligten G'fter anzuwenden.

Auf der Ebene der PersG sind dessen WG anteilig zu erfassen und fortzuschreiben.

Diese quotalen Ergebnisse hat der betrieblich Beteiligte in seine StB zu übernehmen. Die Aktivierung der Beteiligung an der vermögensverwaltenden KG selbst folgt den allgemeinen bilanziellen Regeln (spiegelbildliche Übernahme des Kapitalkontos, so wie es in der KG-Bilanz erfasst wird).

Es gilt § 15 Abs. 1 Nr. 2 EStG, der allerdings wegen § 8 Abs. 2 KStG ohnehin greift (Austauschbeziehungen zur KG werden als gewerbliche Einkünfte erfasst).

3.2.3.2.3 Das Betriebsvermögen

Die Differenzierung bei der Einkünfteermittlung setzt sich bei der Erfassung des BV fort. Nur der Anteil des betrieblich beteiligten G'fters unterliegt der Qualifikation des BV, womit die Steuerverstrickung hinsichtlich des laufenden Gewinns ebenso wie die des Veräußerungsgewinns (§ 16 Abs. 1 Nr. 2 EStG kommt nach Mindermeinung zur Anwendung) betroffen ist.

Für den privat Beteiligten ergeben sich allenfalls Konsequenzen aus §§ 17, 22, 23 EStG.

Für die Frage der **Übertragung von WG** fehlt es bei der Zebra-KG an der Eigenschaft der MU-schaft (und damit bei der betrieblich beteiligten GmbH an der Qualifikation als MU). Damit ist für Übertragungen von WG zwischen der KG und der GmbH der Buchwert gem. § 6 Abs. 5 S. 1 EStG anzusetzen. Satz 3 ist nicht einschlägig.

Im Urteil vom 26.04.2012 (BStBl 2013, 142) hat der BFH diese Erkenntnis (**Buchwertfortführung** bei Übertragung eines Einzel-WG) auch auf die Übertragung des WG eines **G'fters (natürliche Person) auf seine Zebra-KG** erstreckt, soweit und wenn die Beteiligung betrieblich gehalten wird. Diese Rechtsfolge wurde mit § 39 Abs. 2 Nr. 2 AO (steuerlich erforderliches Bruchteilseigentum statt Gesamthandseigentum) begründet.

Folgerichtig (anteiliges BV) ist die Rücklagenbildung gem. § 6b EStG für das anteilige BV des betrieblich beteiligten G'fters (GmbH) bei der Zebragesellschaft in beide Richtungen (Rücklagenbildung wie Reinvestition) möglich.

Eine eventuelle GewSt-Anrechnung nach § 35 EStG kommt für alle Beteiligten einer Zebragesellschaft nicht in Betracht.

3.2.3.3 Grundstückshandel mit betrieblicher Beteiligung

Für die nahe liegende Frage der Einbeziehung von vermögensverwaltenden Zebragesellschaften in die Berechnung der schädlichen Drei-Objekt-Grenze sind zwei Aspekte zu unterscheiden:

1. die Ebene der PersG und
2. die Ebene der G'fter.

Zu 1.: Gewerbliche Betätigung auf der Ebene der Zebragesellschaft:

Die Zebra-PersG ist – für sich betrachtet – nicht als Gewerbebetrieb zu behandeln. Bei der vorrangigen Prüfung der Gewerblichkeit auf der Ebene der PersG unterhält sie aber dann einen gewerblichen Grundstückshandel, wenn sie (und nur sie) innerhalb von fünf Jahren mehr als drei Objekte veräußert, die von ihr angeschafft bzw. bebaut wurden. Dabei ist zu berücksichtigen, dass die Drei-Objekt-Grenze keine absolute Größe mehr darstellt (BMF vom 26.03.2004, BStBl I 2004, 434), sondern ihr nur noch Indiz-Wirkung zukommt.

Zu 2.: Gewerbliche Betätigung auf der Ebene der G'fter:

Bei der Beteiligung an PersG allgemein und an Zebragesellschaften im Speziellen gibt es keine Trennungs- oder Abschirmwirkung, die von der PersG ausgeht. Aktivitäten der Zebragesellschaft werden daher dem G'fter unmittelbar zugerechnet (Transparenz-Wirkung), wenn er wenigstens zu 10 % an der Zebragesellschaft beteiligt ist bzw. wenn bei einer geringeren Beteiligungsquote der Verkehrswert des Anteils an der PersG (bzw. des Anteils am veräußerten Objekt) mehr als 250 000 € beträgt (BMF vom 26.03.2004, BStBl I 2004, 434, Rz. 14).

Beispiel 7: Die Vermehrung der drei Objekte

Veräußern PersG und G'fter im maßgeblichen Fünfjahreszeitraum je zwei Objekte, so unterhält der G'fter (und nicht die PersG) wegen der Zusammenrechnung einen gewerblichen Grundstückshandel.

Dies gilt für den G'fter erst recht bei der Beteiligung an einer gewerblich (qualifizierten) Zebragesellschaft und nach BMF vom 26.03.2004 (BStBl I 2004, 434, Rz. 18 aber auch bei der Beteiligung an mehreren Zebragesellschaften, die für sich betrachtet noch nicht gewerblich sind; auch dort kann der G'fter wegen der mehrfachen Transparenzwirkung (Addition der Beteiligungen) zum gewerblichen Grundstückshändler werden; in diesem Fall gehören die verschiedenen Beteiligungen zum BV des G'fters.

Dem Fall der Objektveräußerungen (durch die Zebragesellschaft) werden die **Anteilsveräußerungen** (an der Zebragesellschaft) gleichgestellt.

Es findet aber keine Zusammenrechnung von verkauften Grundstücken bei beteiligungsidentischen Schwester-PersG statt (BFH vom 17.12.2008, BStBl II 2009, 795).

Problematisch ist die Frage, auf welcher Ebene **§ 15a-Verluste** festzustellen sind. Entgegen der h. M. (statt aller *Wacker* in *Schmidt*, EStG (2021), § 15 Rz. 206 (7)) spricht sich das BMF (BStBl I 2020, 919, Tz. 20) dafür aus, dass dies auf Ebene der PersG darzustellen ist.[25]

3.3   Ebene der Gesellschafter (Mitunternehmer-Initiative und Mitunternehmer-Risiko)

Die Annahme gewerblicher Einkünfte bei mehreren Beteiligten einer PersG (oder eines vergleichbaren Gemeinschaftsgebildes) setzt des Weiteren voraus, dass jeder einzelne die Merkmale der MU-Initiative und des MU-Risikos erfüllt. Dabei handelt es sich, wie der BFH in einer der grundlegenden Entscheidungen zur MU-schaft vom 25.02.1991 (BStBl II 1991, 691) feststellt, um sog. **Typus**begriffe. Damit ist zum Ausdruck gebracht, dass hier – anders als bei gesetzlichen Tatbestandsmerkmalen – keine abschließende Aufzählung vorliegt, sondern eine summarische Anordnung von Einzelmerkmalen über das (Nicht-)Vorliegen entscheidet, wobei auch eines der üblichen Kriterien fehlen darf.

Die Überprüfung anhand der MU-Kriterien verfolgt den weiteren Zweck, auf der G'fter-Ebene die Gewinnerzielungsabsicht eines jeden MU zu verifizieren. So entspricht es einhelliger Auffassung (ausschlaggebendes Urteil des BFH vom 25.06.1984, BStBl II 1984, 751), dass bei einer **befristeten Kommanditbeteiligung**, die nur für die Laufzeit der Sonder-AfA bzw. der erhöhten Abschreibung (i. d. R. fünf bis sieben Jahre) gezeichnet wurde, die Gewinnerzielungsabsicht dieses G'fters fehlt. Wenn in dieser Zeit die Möglichkeit fehlt, an einer Vermehrung des BV der KG teilzuhaben, sind die zugewiesenen Verluste für diesen G'fter **Liebhaberei** (keine Gewinnchance), auch wenn die KG erfolgreich die Prüfung nach § 15b EStG bestehen sollte.

Am deutlichsten kann das (Nicht-)Vorliegen einer (in diesem Fall allerdings freiberuflichen) MU-schaft im Vergleich einer Büro- zu einer Praxisgemeinschaft aufgezeigt werden

---

25   Gleicher Ansicht für § 15b-Merkmal (Tz. 20, a. a. O.).

(vgl. BFH vom 14.04.2005, BStBl II 2005, 752). Das gemeinsame Auftreten im Außenverhältnis und die gemeinsame Nutzung von Einrichtungsgegenständen macht aus einer Bürogemeinschaft noch keine MU-schaft, solange eine individuelle Gewinnerzielung beabsichtigt ist. Erst bei gemeinschaftlicher Gewinnerzielungsabsicht und bei einem gemeinsamen Geschäfts-(bzw. Praxis-)wert liegt eine Praxisgemeinschaft und damit eine MU-schaft vor.

3.3.1 Mitunternehmer-Initiative

Für das Merkmal der Mitwirkungsbefugnis (MU-Initiative) des einzelnen G'fters genügt es nach ständiger Rspr., dass er wenigstens über die Kontroll- und Widerspruchsrechte eines Kommanditisten (nach §§ 164 ff. HGB) verfügt.[26] Insgesamt kommt dem Merkmal allenfalls bei der Ausgrenzung von minderjährigen Kindern bei den Familien-PersG und bei Innengesellschaften eine besondere Rolle zu.[27]

3.3.2 Mitunternehmer-Risiko

Bedeutsamer ist das Kriterium des MU-Risikos. Hierunter fallen als Mindestvoraussetzung das Ertragsrisiko, worunter eine Beteiligung am Misserfolg verstanden wird (also Gewinn- **und** Verlustbeteiligung) und das Kapitalrisiko, worunter eine Beteiligung an den stillen Reserven (inkl. Firmenwert) fällt. Dieses Merkmal wird beim Ausscheiden des G'fters evident. Werden mit der Vereinbarung über die Höhe des Auseinandersetzungsanspruches (nach § 738 BGB) auch die zwischenzeitlich mitverdienten stillen Reserven abgegolten, so ist zweifelsfrei das MU-Risiko aufgrund der BFH-Rspr. gegeben.

Von besonderer Bedeutung und kennzeichnend für den Typus-Begriff ist nun, dass eine im Einzelfall vorliegende hohe Ausprägung der MU-Initiative (z. B. durch die alleinige Geschäftsführung) ein geringes MU-Risiko (z. B. kein Anteil an den stillen Reserven oder keine Verlustbeteiligung) ausgleichen kann. Dies gilt auch im umgekehrten Fall.

Eine gewisse **Grenze nach unten** hat allerdings der BFH im Urteil vom 28.10.1999 (BStBl II 2000, 183) gezogen, als einem **Kommanditisten** mit den regulären Mitwirkungsbefugnissen der §§ 164 ff. HGB ohne Beteiligung an den stillen Reserven und ohne Gewinnbeteiligung bei üblicher fester Verzinsung der Kapitaleinlage die MU-Eigenschaft abgesprochen wurde.

Mit einer weiteren restriktiven Entscheidung vom 01.07.2003 (BFH/NV 2004, 27) gibt der BFH zu erkennen, dass er die Prüfungsstation der MU-Eigenschaft wieder ernst nimmt. So genügt es für die Annahme der MU-Stellung bei einer Ehegatten-GbR nicht, wenn die Ehefrau alleine ihren Namen für die Gewerbean- und -ummeldung »hergegeben« hat und ansonsten nur das Firmenkonto auf ihren Namen lautet. Es müssen weitere Merkmale hinzukommen.[28]

Hinweis: In diesem Zusammenhang kommt dem BFH-Urteil vom 16.12.2009 (BFH/NV 2010, 690) erhöhte Praxisbedeutung zu. Für den Fall einer geschenkten KG-Beteiligung an einen Minderjährigen unter Nießbrauchsvorbehalt hat der BFH selbst bei einem dem Schenker (= Nießbraucher) übertragenen Stimmrecht dann noch eine MU-schaft angenommen, solange er im Bereich der **Grundlagengeschäfte** – mit Zustimmung des Schenkers – noch sein Stimmrecht ausüben durfte.[29]

---

26 Positiv entschieden durch BFH vom 01.08.1996 (BStBl II 1997, 272).

27 Das Thema der Familien(Pers)G wird hier bei der Frage der personellen Zurechnung von Einkünften behandelt, *Preißer*, Band 1, Teil B, Kap. I 4.4.

28 Der Urteilsfall ist zusätzlich in verfahrensrechtlicher Hinsicht bedeutsam: Ein Gewinnfeststellungsbescheid ist auch dann noch durchzuführen, wenn gegen einen der Ehegatten ein bestandskräftiger ESt-Bescheid vorliegt (keine sinngemäße Anwendung von § 173 Abs. 1 Nr. 1 AO auf erstmalige Gewinnfeststellungsbescheide).

29 S. Näheres zum mitunternehmerischen Nießbrauch in *Wälzholz*, DStR 2010, 1930.

Man wird diese Entscheidung wohl als den wirklichen Grenzfall zur An- bzw. Aberkennung der MU-schaft annehmen dürfen.

3.3.3 Einzelfälle

Bei den verschiedenen MU-schaften und den davon betroffenen G'ftern mit prototypischen Erscheinungsbild kann eine tabellarische Auflistung vorgenommen werden:

Gesellschaft	G'fter	MU ja/nein	Ausnahme
(gewerbliche) GbR	GbR-G'fter	wegen der persönlichen Haftung i. d. R. ja	ggf. Haftungsbeschränkung, BMF vom 18.07.2000 (BStBl I 2000, 1198)
OHG	OHG-G'fter	wegen § 128 HGB ja	
KG	Komplementär	wegen § 128 HGB ja	
	Kommanditist	Einzelprüfung	s. gewerbliche GbR
PartnerschaftsG	wie OHG	ja, aber § 18 Abs. 4 EStG	

Besondere Probleme mit der Überprüfung der MU-Merkmale bereiten Innengesellschaften, zunächst am Beispiel der atypischen Unterbeteiligung dargestellt.

Beispiel 8: Der unterbeteiligte Prokurist als Drahtzieher der OHG

A, B und C sind G'fter einer OHG mit einer Einlage von je 50 T€. C ließ sich die Hälfte seiner Einlage vom Prokuristen P zur Verfügung stellen und vereinbarte mit P, dass dieser zur Hälfte am Gewinn- und Verlustanteil des C beteiligt sein sollte. Bei Beendigung der zwischen C und P bestehenden Beziehung soll P seine Einlage zurückerhalten.

Variante: P führt die Geschäfte der OHG alleine und ist zusätzlich am Anteil des B beteiligt, wobei er hier die Einlage, ggf. vermindert um Verlustanteile, zurückerhält.

Innengesellschaften sind durch das Fehlen eines gemeinsamen (dinglich wirkenden) Gesamthandsvermögens gekennzeichnet. Typisch (und namensgebend) für Innengesellschaften ist des Weiteren, dass das Außenverhältnis (dokumentiert durch den Registereintrag) nicht mit den wahren Macht- und Vermögensstrukturen übereinstimmt. Gesellschaftsrechtlich gesprochen, sind die Organverhältnisse abweichend vom Regelstatut des HGB (BGB) geregelt. Neben der stillen Gesellschaft und der Ehegatten-Innen-GbR ist die **Unterbeteiligung** ein Hauptanwendungsfall. Bei dieser liegt keine Beteiligung am Handelsgewerbe vor, vielmehr nur eine **Beteiligung am Gesellschaftsanteil** eines anderen.

Lösung (Ausgangsfall): Schematisch weist die OHG folgende Gesellschaftsstruktur auf:

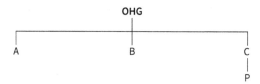

Mit der Beteiligung des P am OHG-Gesellschaftsanteil des C unterliegen seine Beteiligungseinkünfte § 20 Abs. 1 Nr. 4 EStG. Gleichzeitig stellen die von C an P zu zahlenden hälftigen

Gewinnanteile bei C sog. Sonder-BA dar. Man nennt diese Form die typische Unterbeteiligung.

In der **Variante** liegt nicht nur eine zweifache Unterbeteiligung vor, sondern hier ist P wegen der alleinigen Geschäftsführung und der **schuldrechtlichen** Beteiligung[30] an den stillen Reserven so gestellt, dass man von einer **atypischen Unterbeteiligung** spricht.

Dies hat zur Konsequenz, dass P steuerrechtlich in den Kreis der MU einbezogen wird[31] und gewerbliche Einkünfte nach § 15 Abs. 1 Nr. 2 S. 2 EStG versteuert. Dabei wird die Unterbeteiligungsgesellschaft zwischen P und B/C jeweils als MU der Hauptgesellschaft angesehen.

Der auf ihn über C und B entfallende Gewinn wird im Rahmen einer besonderen gesonderten Gewinnfeststellung nach § 179 Abs. 2 S. 3 AO erfasst.

Variante (zu Beispiel 8):

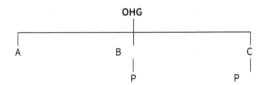

Zusätzliche Merkmale:
- Schuldrechtliche Vermögensbeteiligung (B)
- Geschäftsführung (OHG)

Der BFH bestätigt im Urteil vom 28.03.2003 (BFH/NV 2003, 1308) seine bisherige Rspr. zum atypisch stillen G'fter als MU, wenn dieser mit einer hohen Vermögenseinlage am Gewinn eines Handelsunternehmens beteiligt ist und wie ein Unternehmer auf das Schicksal dieses Unternehmens Einfluss nehmen kann. Ähnlich auch der BFH-Beschluss vom 15.01.2004 (Az.: VIII B 62/03), in dem nochmals betont wird, dass ein eingeschränktes MU-Risiko durch eine besonders starke MU-Initiative ausgeglichen werden kann.

Andererseits verneint der BFH im Urteil vom 27.06.2013 (Az.: IV, R 53/10; n. n. v.) bei einem atypisch stillen G'fter das MU-Risiko, wenn ihn **kein Verlustrisiko** trifft.

Insoweit liegt mit den zitierten Urteilen eine **klare Grenzlinie** bei der Frage der MU-Stellung eines atypisch stillen G'fters vor.

3.3.4 Die verdeckte Mitunternehmerschaft
Noch einen Schritt weiter als bei der atypischen Unterbeteiligung, bei der immerhin ein (Innen-)Gesellschaftsvertrag zwischen den beteiligten Personen vorliegt, ging die Rspr. in einzelnen Konstellationen ohne gesellschaftsrechtlichen Zusammenschluss. Dort führte allein die konzentrierte Machtfülle eines Nicht-G'fters zur Annahme einer »verdeckten« MU-schaft.

---

30 Eine unmittelbare, dinglich wirkende Beteiligung am Gesamthandsvermögen kommt nur bei den G'ftern (= Hauptbeteiligte) in Betracht.
31 BFH vom 02.10.1997 (BStBl II 1998, 137).

Beispiel 9: Der Nicht-G'fter als Mitunternehmer?

S führt die Geschäfte seines bisherigen Einzelunternehmens in der Weise fort, dass er i. R. d. von seiner Ehefrau und seiner Schwester gegründeten GmbH & Co. KG folgende Geschäftsvorfälle tätigt:

- Er verpachtet das AV seines früheren Einzelunternehmens an die GmbH & Co. KG,
- S verkauft an die KG sein Umlaufvermögen und
- er wird alleiniger GF der Komplementär-GmbH.

Lösung: In diesem am 22.01.1985 entschiedenen Fall stellte der BFH (BStBl II 1985, 363) die Weichen für die grundsätzliche Anerkennung bzw. Ablehnung der »verdeckten« MU-schaft. Es ist offensichtlich, dass S mit der GmbH & Co. KG kein gesellschaftsrechtlicher Status verbindet; er ist lediglich Angestellter der GmbH und Verpächter an die KG.

Der BFH führte aus, dass zwar keine formale zivilrechtliche Betrachtungsweise (Vorliegen einer Gesellschaft im zivilrechtlichen Sinne) gefordert wird und somit auch Angestellte, Darlehensgläubiger oder Verpächter als MU in Betracht kämen. Voraussetzung müsse aber immer sein, dass ein **gemeinschaftliches** Handeln zur **gemeinsamen Zweckverfolgung** vorliege.[32] Als Anhaltspunkt hierfür gilt nicht nur die Mitarbeit (nicht einmal die hauptsächliche Arbeit) in dem Unternehmen, sondern die Tatsache, dass eine **unangemessen hohe Vergütung** für die erbrachte Leistung vereinbart wurde und dass sich die betreffende Person dabei wie ein Unternehmer verhalte.

Im damaligen, vom BFH a. a. O. entschiedenen Fall war dies noch nicht der Fall und die MU-schaft des S war folglich zu versagen.

In mehreren Folgeentscheidungen nahm der BFH bei unüblich hohen Vergütungen (90 % Arbeitslohn des Angestellten gegenüber 10 % verbleibendem Gewinn der Unternehmer-Ehefrau – BFH vom 02.09.1985, BStBl II 1986, 10 – oder eine Tantieme i. H. v. 56 % des Reingewinnes – BFH vom 21.09.1995, BStBl II 1996, 66) eine **MU-schaft des angestellten Ehegatten** an.

Es ist offensichtlich, dass der BFH in seinen Entscheidungen zur verdeckten MU-schaft bemüht war (ist), mit einem Drittvergleichsmaßstab Leistungsaustauschbeziehungen unter Ehegatten wieder »gerade zu ziehen«, die ansonsten wegen des BA-Abzugs, der sich bei der GewSt definitiv auswirkt, als (Gewerbe-)Steuersparmodell gehandelt worden wären. Mit Einführung von § 35 EStG n. F. ist abzusehen, dass das Rechtsinstitut der verdeckten MU-schaft in Zukunft der Vergangenheit angehören wird.

Es wird aber unterstrichen, dass sich der BFH in den meisten anhängigen Verfahren im Ergebnis gegen eine verdeckte MU-schaft ausgesprochen hat (gute Übersicht bei *Wacker* in *Schmidt*, EStG, § 15 Rz. 285 mit zehn Einzel-BFH-Entscheidungen gegen die verdeckte MU-schaft und sechs Entscheidungen für eine verdeckte MU-schaft).

Die FinVerw (BMF, BStBl I 2001, 175) stellt z. B. bei Medienfonds darauf ab, ob es einen Anteil an den Einspielergebnissen gibt (dann besteht – auch ohne G'fter-Stellung – eine MU-schaft.

3.3.5 Die doppelstöckige (mehrstöckige) Personengesellschaft

3.3.5.1 Die Grundaussage zu § 15 Abs. 1 Nr. 2 S. 2 EStG

Die doppelstöckige PersG verdankt ihre Existenz der Tatsache, dass an einer PersG (1) eine weitere PersG (2) beteiligt ist. Die PersG (1) wird Untergesellschaft genannt, die an ihr beteiligte PersG (2) heißt Obergesellschaft. Mit ihr sollten früher laufende und nachträgliche Vergütungen für Tätigkeiten, die gegenüber der Untergesellschaft erbracht wurden, bei Letzterer als BA abgezogen werden.

---

32 Insoweit wird doch wieder auf § 705 BGB zurückgegriffen. So auch ausdrücklich der BFH im Urteil vom 01.07.2003 (BFH/NV 2003, 1564) für den (Nur-)GF der Komplementär-GmbH einer KG, der die G'fter-Position in KG/GmbH ausgeschlagen hat und nur an besonders hohen Gehaltsansprüchen Interesse zeigt.

Beispiel 10: Das steuerliche »Tiefparterre« (bzw. das »gesellschaftliche Hochhaus«)

An der X-KG ist die Y-KG als Komplementärin mit den G'fterinnen A und B beteiligt. Kommanditisten der X-KG sind Frau A und ihr Mann. Frau B erledigt die Geschäfte der X-KG und bekommt dafür ein Gehalt von 100.000 €/Jahr.[33]

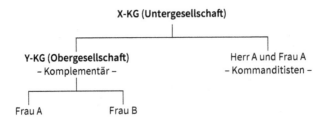

Vor Einführung des § 15 Abs. 1 S. 1 Nr. 2 S. 2 EStG hat der BFH im Beschluss vom 25.02.1991 (BStBl II 1991, 691) den Charakter **jeder** PersG als eigenständiges **Steuersubjekt** betont und demzufolge nur die Y-KG als MU-in der X-KG (neben den Kommanditisten Herrn A und Frau A) behandelt. Die Folge war, dass beide G'fterinnen der Y-KG (Frau A und Frau B) steuerlich nicht an der Untergesellschaft beteiligt waren – abgesehen von der Direktbeteiligung von Frau A. Auf diese Weise hätten Leistungsaustauschbeziehungen zwischen diesen G'ftern auf der »Subebene« mit der Untergesellschaft aufgebaut werden können, deren steuerliche Folgen zu BA bei der Y-KG geführt hätten, da die spezielle Vorschrift des § 15 Abs. 1 Nr. 2 S. 1 2. HS EStG (Tätigkeitsvergütungen u. a. dürfen den Gewinn der PersG nicht mindern) nicht gegriffen hätte. Vor allem sollten mit dieser Gestaltung Pensionsverpflichtungen der Haupt-G'fter zur Untergesellschaft mit der Folge gewerbe- und ertragsteuermindernder Wirkung aufgebaut werden.

Lösung:

Mit Einführung des **2. Satzes** in § 15 Abs. 1 S. 1 Nr. 2 EStG hat der Gesetzgeber im Jahre 1992 diesen Gestaltungsmöglichkeiten einen Riegel vorgeschoben. Danach sind G'fter (die Frauen A/B), die über eine andere PersG (Y-KG) an einer Untergesellschaft (X-KG) beteiligt sind, den unmittelbar beteiligten G'fter (hier: Herrn A) gleichzustellen.

Außerdem werden die G'fter der Y-KG auf die gleiche Stufe wie Herr A gestellt, soweit davon ihr steuerliches Verhältnis zur X-KG betroffen ist. Dies ist – wie hier bei Frau B – bei Dienstleistungen oder Nutzungsüberlassungen im Verhältnis zur X-KG der Fall. Die GF-Vergütung, die Frau B von der Untergesellschaft erhält, wird im Rahmen der Gewinnermittlung der X-KG nach § 15 Abs. 1 Nr. 2 EStG als gewerblicher Gewinnanteil von Frau B behandelt.

Außerdem ist darauf hinzuweisen, dass Frau A in **zwei Gewinnermittlungsverfahren** einbezogen ist, einmal zur X-KG und sodann zur Y-KG, bei der sie Hauptg'fterin ist.

Es ist hervorzuheben, dass die Fiktion der Beteiligung der Sub-G'fter an der Untergesellschaft nur dann greift, wenn es sich bei der vermittelnden Obergesellschaft um eine PersG handelt und beide G'fter (der Sub-G'fter wie die vermittelnde Obergesellschaft) in ihrem Beteiligungsstrang als MU anzusehen sind.

---

33   In den meisten Lehrbüchern ist die bildliche Darstellung auf den Kopf gestellt (dort befindet sich die Obergesellschaft auf dem Bild oben). Die hier favorisierte Darstellung wird m. E. besser der zentralen Bedeutung der Untergesellschaft gerecht.

Schließlich wurde mit der Pluralformulierung im Einleitungssatz (S. 2: »Der [...] über eine oder **mehrere PersG** beteiligte G'fter [...]«) erreicht, dass selbst bei einem über mehrere Ebenen in die Tiefe reichenden Beteiligungsstrang (mehrstöckige PersG) steuerlich der unmittelbare Bezug zur Untergesellschaft hergestellt wird. Auch beliebig viele zwischengeschaltete PersG entfalten keine Abschirmwirkung.

3.3.5.2 Präzisierungen

Unter zwei Aspekten wird § 15 Abs. 3 EStG bei der doppel- bzw. mehrstöckigen PersG diskutiert.

3.3.5.2.1 Die Abfärbetheorie gem. § 15 Abs. 3 Nr. 1 EStG?

Nach früherer BFH-Rspr. galt die Infektionstheorie uneingeschränkt bei der doppelstöckigen PersG.

Mit dem Urteil vom 06.10.2004 (BFH vom 06.10.2004, BStBl II 2005, 383) wollte der BFH diesen Fall der Abfärbung zukünftig unterbinden.

Durch die Einführung eines **zweiten Halbsatzes** in § 15 Abs. 3 Nr. 1 EStG i. d. F. JStG 2007 ist diese neuere BFH-Rspr. jedoch hinfällig geworden. Ähnlich wie bei der Geprägetheorie kodifizierte der Gesetzgeber hier – die zur Rspr. gegensätzliche – Verwaltungsanschauung (vgl. Nichtanwendungserlass des BMF vom 18.05.2005, BStBl I 2005, 698). Die gewerblichen Einkünfte aus dem (mitunternehmerischen) **Halten einer Beteiligung** an einer gewerblich tätigen PersG durch eine vermögensverwaltende PersG qualifizieren somit alle anderen Einkünfte dieser PersG in gewerbliche Einkünfte um.

3.3.5.2.2 Die gewerblich geprägte doppelstöckige PersG gem. § 15 Abs. 3 Nr. 2 EStG

Ohne dass es sich bei der Obergesellschaft um eine KapG handelt, führt die Implementierung einer Komplementär-GmbH bei der Obergesellschaft dazu, dass die Untergesellschaft gem. § 15 Abs. 3 Nr. 2 S. 2 EStG als gewerblich geprägt zu bezeichnen ist.

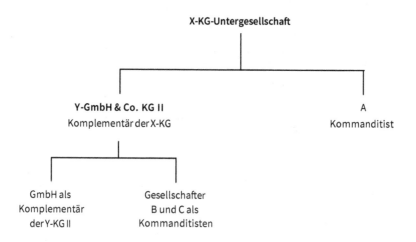

3.3.5.2.3   Bilanz- und Ertragsfragen

a) Die Beteiligung an der Untergesellschaft

Wie bei allen Beteiligungen an PersG ist auch die Beteiligung der Obergesellschaft an der Untergesellschaft kein eigenes WG. Sie wird nicht i. S. d. § 6 Abs. 1 Nr. 2 EStG aktiviert, weshalb auch keine Gewinnminderung durch Abschreibung auf einen aktiven Bilanzposten in Betracht kommt (BFH/NV 2010, 2056). Vielmehr soll die Beteiligung zwar in der StB der Obergesellschaft ausgewiesen werden, aber ohne eigene steuerliche Konsequenzen. So kann z. B. keine Abschreibung auf die Beteiligung vorgenommen werden und die Erträge aus der Beteiligung werden steuerneutral nach der Spiegelbildmethode dargestellt.

b) Sonderbilanz und Sondervergütungen

aa) Anteile an der KapG

Im Falle der gewerblich geprägten doppelstöckigen PersG sind zwei Varianten denkbar:
- die Anteile an der Komplementär-GmbH werden von den G'ftern der Obergesellschaft gehalten und
- die Anteile an der Komplementär-GmbH werden von den Direkt-G'ftern der Untergesellschaft gehalten.

In beiden Fällen stellen die Anteile **notwendiges Sonder-BV II** der jeweiligen G'fter bei der Untergesellschaft dar (§ 15 Abs. 1 Nr. 2 S. 2 EStG).[34]

Hieraus folgt, dass Gewinnanteile als gewerbliche Erträge umzuqualifizieren sind – und zwar auf der Ebene der Gewinnermittlung bei der Untergesellschaft.

bb) Sonder- und Tätigkeitsvergütungen

Vergütungen der G'fter der Obergesellschaft für Nutzungsüberlassungen und vergleichbare Tätigkeiten bei der Untergesellschaft werden als Sonder-Betriebseinnahmen in der Gewinnfeststellung der Untergesellschaft erfasst.

Umgekehrt verhält es sich mit den Aufwendungen dieses G'fter-Kreises, wenn sie sich im Organisationsbereich der Untergesellschaft niederschlagen. So gehören etwa Finanzierungsaufwendungen für den Beteiligungserwerb an der Komplementär-GmbH zu Sonderbetriebsausgaben im »Buchungskreis« der Untergesellschaft. Diese Behandlung ist letztlich identisch mit derjenigen der Direkt-G'fter der Untergesellschaft. Daneben können die G'fter der Obergesellschaft Sonderbetriebseinnahmen und -ausgaben im »Buchungskreis« der Obergesellschaft haben, wenn sie in deren Bereich tätig werden.

Beispiel 11: Der Wiederholungsfall

In Beispiel 10 gewährt B der gewerblich geprägten X-KG ein verzinsliches Darlehen.
Lösung: Die Zinsen für das Darlehen sind bei der X-KG als Sonderbetriebseinnahmen des B in der Gewinnfeststellung der Untergesellschaft zu erfassen.

---

34   So auch *Wacker* in *Schmidt*, EStG (2021), § 15 Rz. 617.

c) Ergänzungsbilanzen

Kommt es zu einer entgeltlichen Übertragung der Beteiligung eines G'fters an der Obergesellschaft, die über dem Wert des Kapitalkontos des G'fters liegt, so sind zwei Ergänzungsbilanzen zu erstellen, wenn sich der Mehrwert auf beide verteilt:

1. In der ersten Ergänzungsbilanz, die bei der Obergesellschaft zu erstellen ist, werden die
   Mehrwerte dargestellt, die auf das anteilige Gesamthandsvermögen bei dieser entfallen
   und

2. in einer zweiten Ergänzungsbilanz, die bei der Untergesellschaft zu platzieren ist, werden die Mehrwerte für den Anteil an den stillen Reserven an den letztlich bei der Untergesellschaft erfassten WG eingestellt.

d) Die Ermittlung des Gewinns

aa) Der Gewinn der Untergesellschaft

Der Gesamtgewinn der Untergesellschaft wird aus deren StB entwickelt und um die individuellen Komponenten (Tätigkeitsvergütungen etc.) ergänzt. Die Gewinnanteile sowie die
»persönlichen Einkunftskomponenten« sind den G'ftern mitzuteilen. Bei der einheitlichen
und gesonderten Gewinnverteilung sind dies die zivilrechtlichen G'fter der Untergesellschaft
einschließlich der Obergesellschaft. Zum Gesamtgewinn der Untergesellschaft gehören auch
die Ergebnisse aus den Sonder- und Ergänzungsbilanzen ihrer G'fter sowie als individuelle
gewerbliche Erträge auch die Vergütungen für die G'fter der Obergesellschaft (§ 15 Abs. 1
Nr. 2 **S. 2** EStG).

bb) Der Gewinn der Obergesellschaft

In einer zweiten Grundlagengewinnermittlung wird auf der Ebene der Obergesellschaft
zunächst deren StB-Ergebnis, in das auch der Gewinnanteil aus der Beteiligung an der Untergesellschaft eingeflossen ist, festgestellt. Hinzu kommen alle individuellen gewerblichen
Komponenten ihrer G'fter gem. § 15 Abs. 1 Nr. 2 **S. 1** 2. HS EStG).

3.3.5.2.4 Veräußerungstatbestände

a) Die einzelnen Veräußerungstatbestände

Neben dem Verkauf einzelner WG der Untergesellschaft, die bei ihr zu laufendem Gewinn
führen, kann es bei der doppelstöckigen PersG auch zur Veräußerung des Betriebs sowie der
Beteiligungen an der Untergesellschaft kommen.

b) Veräußerung des Betriebs

Veräußert die Untergesellschaft ihren ganzen Betrieb bzw. einen Teilbetrieb (d. h. alle
wesentlichen Betriebsgrundlagen inkl. des notwendigen Sonder-BV), so kommen §§ 16, 34
EStG zugunsten aller G'fter zur Anwendung. Der begünstigte Veräußerungsgewinn wird allen
G'ftern anteilig zugeschrieben. Der an persönliche Voraussetzungen geknüpfte Freibetrag
gem. § 16 Abs. 4 EStG kann allerdings von der Obergesellschaft nicht ausgenutzt werden.

c) Veräußerung der Obergesellschaft

Veräußert die Obergesellschaft ihren Betrieb (Teilbetrieb), so liegt die Veräußerung eines
MU-Anteils gem. § 16 Abs. 1 Nr. 2 EStG vor.

d) Veräußerung des Anteils der G'fter (natürliche Personen)

Veräußern die G'fter ihre jeweiligen Anteile an der Untergesellschaft bzw. an der Obergesellschaft, so wird auf diese Veräußerung ebenfalls § 16 Abs. 1 Nr. 2 i. V. m. §§ 16 Abs. 4, 34 EStG angewandt.

Hinweis: Für die Frage, wer **Träger des Verlustabzugs** (nach § 10a GewStG) bei **doppelstöckigen PersG** ist, führt der BFH im Urteil vom 11.10.2012 (BStBl II 2013, 176) aus, dass die Obergesellschaft als MU'in der Untergesellschaft auch Trägerin des Verlustabzugs sei.

3.3.5.2.5 Sonderbetriebsvermögen bei mehrstöckigen Personengesellschaften

Werden bei einer doppelstöckigen PersG Finanzierungsaufwendungen für den Erwerb von Anteilen an der Obergesellschaft getätigt, die sich auch (mittelbar) auf die Untergesellschaft auswirken, kann eine Aufteilung entsprechend der AK für die anteiligen WG von Ober- und Untergesellschaft erfolgen (BFH vom 12.10.2016, DStR 2017, 589).

3.3.6 Der Nießbrauch an der Beteiligung

Ein Nießbrauch kann an Beteiligungen an PersG, insb. an Kommanditanteilen, begründet werden. Die steuerliche Behandlung des Nießbrauchs ist weitestgehend in BMF-Schreiben und Erlassen geregelt (zuletzt BMF-Schreiben vom 27.03.2013, BStBl I 2013, 403). Diese beziehen sich grundsätzlich nur auf Vermietungstatbestände. Die steuerliche Behandlung des Nießbrauchs an Unternehmensbeteiligungen orientiert sich an diesen Erkenntnissen.

Bzgl. der **Entstehung** (Rechtsgrund) des Nießbrauchs ist zwischen dem sog. **Zuwendungs-**, dem **Vorbehalts-**, dem **Vermächtnis-** und dem **Sicherungsnießbrauch** zu unterscheiden (s. *Carlé/Bauschatz*, KÖSDI 6/2001, 12873). Während beim Zuwendungsnießbrauch sich an der zivilrechtlichen G'fter-Stellung nichts ändert und nur das Nießbrauchsrecht übertragen wird, stellt der Vorbehaltsnießbrauch den umgekehrten Fall dar, mithin den Zurückbehalt des Nießbrauchsrechts und Übertragung des Gesellschaftsanteils. Um einen Vermächtnisnießbrauch handelt es sich, wenn ein Nachlassgegenstand aufgrund der letztwilligen Verfügung des Erblassers mit der Verpflichtung belastet wird, einem Dritten (Begünstigten) den Nießbrauch an der Sache oder an dem Recht einzuräumen. Schließlich ist ein Sicherungsnießbrauch dadurch gekennzeichnet, dass dieser für Zwecke der Sicherung von Ansprüchen des Nießbrauchers gegen den Besteller eingeräumt wird.

Die **steuerliche Behandlung** des Nießbrauchs ist hingegen von der Form und seiner Natur unabhängig zu beurteilen. Diese Beurteilung ist vielmehr an den **Umfang** des Nießbrauchs geknüpft. Demnach kann der Nießbrauch entweder als Ertrags- oder als Unternehmensnießbrauch ausgestaltet werden.

Die Einräumung eines **Ertragsnießbrauchs** ist dadurch gekennzeichnet, dass der Nießbraucher lediglich einen Anspruch auf den laufenden Gewinnanteil hat (s. *Söffing/Jordan*, BB 2004, 353). Mangels weiterer (Mit-)Verwaltungsrechte kann eine **MU-Stellung nicht** erlangt werden (BFH vom 06.05.2010, BStBl II 2011, 261), mit der Folge, dass der Nießbraucher in Abhängigkeit von der **Entstehung** des Nießbrauchs nicht einkommensteuerpflichtig bzw. Einkünfte aus Kapitalvermögen i. S. d. § 20 Abs. 1 Nr. 7 EStG (Ausnahme: § 20 Abs. 8 EStG) oder sonstige Einkünfte gem. § 22 EStG bezieht (s. *Wacker* in *Schmidt*, EStG, § 15 Rn. 308). Der Nießbrauchbesteller bleibt hingegen weiterhin MU. Die an den Nießbraucher zu entrichtenden Ertragsanteile stellen bei ihm korrespondierend zu der Behandlung beim Nießbraucher Sonderbetriebsausgaben, Sonderausgaben oder eine unbeachtliche Einkommensverwendung i. S. d. § 12 EStG dar.

Für den **Vorbehaltsnießbraucher** gelten die Grundsätze der Betriebsverpachtung.

Im Unterschied zum Ertragsnießbrauch werden dem Nießbraucher beim **Unterneh-mensnießbrauch** neben dem Anteil am Gewinn und Verlust weitergehende (Mit-)Verwaltungsrechte eingeräumt (BFH vom 06.05.2010, BStBl II 2011, 261), sodass er auf diese Weise – je nach deren Ausgestaltung – als MU zu qualifizieren ist. Es ist darauf hinzuweisen, dass die Einräumung von (Mit-)Verwaltungsrechten lediglich bei der echten Nießbrauchslösung erforderlich ist, da bei der Treuhandlösung der Nießbraucher diese bereits aufgrund seiner zivilrechtlichen G'fterstellung innehat. Mithin sind die aus dem Anteil bezogenen Gewinne und Verluste solche i. S. d. § 15 Abs. 1 S. 1 Nr. 2 EStG (s. *Schulze zur Wiesche*, DB 2008, 2728 zur Problematik i.Z.m. §§ 4 Abs. 5b, 34a und 35 EStG). Da dem Nießbrauchbesteller bei Vereinbarung einer echten Nießbrauchslösung weiterhin das Stimmrecht zu Grundlagenbeschlüssen zusteht und er weiterhin an den stillen Reserven beteiligt bleibt, ist dieser grds. ebenfalls als MU anzusehen, sodass auch er Einkünfte aus § 15 Abs. 1 S. 1 Nr. 2 EStG erzielt. Dies gilt im Regelfall auch in Fällen der Treuhandlösung (s. *Schulze zur Wiesche*, BB 2004, 355).

Eine Ausnahme von der MU-Stellung des Nießbrauchbestellers sieht der BFH (BFH vom 23.02.2010, BStBl II 2010, 555) jedoch in den Fällen vorliegen, in denen sowohl Stimm- als auch Verwaltungsrechte nur vom (Vorbehalts-)Nießbraucher wahrgenommen werden sollen.

4   Technik des Transparenzgrundsatzes: Die Gewinnkomponenten der Mitunternehmer
4.1   Einführung: Zweistufige Gewinnermittlung
Die Erfassung des G'fters als ESt-Subjekt sagt noch nichts über die Ermittlung seines Gewinnes aus. Gem. § 15 Abs. 1 **S. 1** Nr. 2 S. 1 EStG setzt sich der gewerbliche Gewinn des MU aus seinem Gewinnanteil (1. HS) und aus Vergütungen für Tätigkeiten im Dienste der PersG sowie für die Überlassung von WG (2. HS) zusammen.

In der Lehre werden hieraus zwei Gewinnermittlungsstufen gebildet, von denen die erste den Anteil des MU am Gesamthandsgewinn der PersG darstellt und die zweite seinen persönlichen Anteil im Dienste der PersG abbildet. Man kann die erste Stufe auch als die »**kollektive**« Ermittlungsstufe und die zweite als die »**individuelle**« Ermittlungsstufe bezeichnen.

In der Abschlusspraxis einer PersG findet sich noch eine dritte Komponente, die der sog. **Ergänzungsbilanzen**. Diese stellen zwar (abweichend von der Hauptbilanz) individuelle Werte dar, bilden diese aber im Vergleich zur kollektiven Hauptbilanz ab, sodass sie von der h. M. zu Recht der ersten Ermittlungsstufe zugeschrieben werden.

4.2   Der Hintergrund der Regelung
4.2.1   »Gewinnanteil«
Die erste Ermittlungsstufe (»Gewinnanteil«; es müsste heißen: »Ergebnisanteil«, da hierunter auch Verluste fallen) trägt der Tatsache Rechnung, dass die PersG ein eigenständiges Gewinnermittlungssubjekt ist. Auf der Ebene der MU-schaft wird der aus der HB kommende **HB-Gewinn der PersG** (§ 238 HGB i. V. m. §§ 105, 161 HGB) in das Steuerrecht transformiert (§ 5 Abs. 1 EStG) und bildet als **StB-Gewinn der MU-schaft** die Ausgangsgröße für die Aufteilung unter den G'ftern. Entgegen dem dispositiven § 121 Abs. 3 HGB (Aufteilung nach Köpfen) bildet die konkrete Gewinnverteilungsabrede unter den G'fter die Grundlage für die Aufteilung. In der Kautelarpraxis (= Vertragsgestaltung) wird in dieser Aufteilungsfrage gewohnheitsrechtlich auf den Stand des **Kapitalkontos I** verwiesen.

Wiederum abweichend vom Regelstatut des HGB werden nach den meisten Verträgen in den HB der PersG drei (manchmal vier) Kapitalkonten gebildet[35]:

- Das **Kapitalkonto I** (auch Festkapitalkonto genannt) wird für jeden G'fter nach seiner ursprünglichen Einlage festgesetzt und – abgesehen von Nachschüssen – unverändert fortgeführt. Diese »eingefrorene« Größe repräsentiert als Kapitalanteil die verhältnismäßige Beteiligung am Vermögen der PersG und ist gleichzeitig der unveränderliche Maßstab für die Stimmrechte, den **Gewinn- und Verlustanteil** sowie die Beteiligung am Liquidationsguthaben.
- Das **variable Kapitalkonto II** nimmt die zwischenzeitlichen jährlichen Ergebnisanteile und im Regelfall auch die entnommenen und ggf. eingelegten Beträge (Nachschüsse) auf.

Für den Fall, dass die Gesellschaftsverträge – aus Gründen der Eigenkapitalbildung – nicht den ganzen Gewinnanteil für entnahmefähig erklären, wird im Kapitalkonto II nur der nicht entnahmefähige Gewinn erfasst.

- Der entnahmefähige Gewinn wird bei der differenzierten Behandlung dem **Kapitalkonto III** zugeschrieben und kann insoweit als Forderung gegen die PersG gewertet werden. Hierfür hat sich auch die Bezeichnung »Verrechnungskonto« eingebürgert.
- Manchmal wird für die »echten« Forderungen der G'fter gegen die PersG, z. B. aus einer Darlehensvergabe, noch ein **Kapitalkonto IV** gebildet. Ein Kapitalkonto IV (mit dem o. g. Inhalt) wird steuerlich im sog. Sonder-BV (s. Kap. II 4) abgebildet.

(Gelegentlich wird auch eine Kapitalkontenstruktur bei den PersG entsprechend dem Eigenkapitalausweis gem. § 266 Abs. 3 HGB bei KapG empfohlen.[36] Dabei ist darauf zu achten, dass die dortige Begriffswelt – insb. zu den Rücklagen – den PersG fremd ist und nur bei hierauf abgestimmten Gesellschaftsverträgen kompatibel ist.)

4.2.2 Vergütungen für Tätigkeit im Dienst der Personengesellschaft und für die Überlassung von Wirtschaftsgütern

§ 15 Abs. 1 Nr. 2 S. 1 2. HS EStG hat die Aufgabe, den MU weitgehend dem Einzelunternehmer gleichzustellen. Ebenso wenig wie der Einzelunternehmer »seinen« Unternehmerlohn als BA bei der Gewinnermittlung abziehen darf, verhindert die Erfassung der Tätigkeitsvergütungen von MU als deren gewerblicher Gewinn den steuerlichen BA-Abzug. Noch einen Schritt weiter: es erfolgt mit der zweiten Aussage eine **Umqualifikation** der Einkünfte. Anstelle von Lohn-, Vermietungs- oder von Kapitaleinkünften erzielt der MU bei der entsprechenden Nutzungsüberlassung an die PersG **gewerbliche** Einkünfte. Für diese Erlöse bildet die Verwaltung verkürzt den Ausdruck »Sonder-BE«, denen begriffsnotwendig Aufwendungen als »Sonder-BA« gegenüberstehen.

Die Umqualifikation führt über diesen Akt hinaus zu einer neuen, nur steuerlichen Bilanzkategorie, dem sog. **Sonderbetriebsvermögen**. Mit der gewerblichen Umqualifikation werden aus den vorherigen WG des PV nunmehr WG des (steuerlichen) BV (im Einzelnen s. Kap. II 4).

---

35 Sehr instruktiv zum Ganzen *Preißer/von Rönn*, Die KG und die GmbH & Co. KG (2018), 4. Aufl., 139 ff.
36 S. Empfehlungen der Bundessteuerberaterkammer (Juli 1999) zum Ausweis des Eigenkapitals in der HB der Personenhandelsgesellschaften.

Beispiel 12: Eine neue Vermögenskategorie

A	Schlussbilanz der AB-OHG in 21		P
Diverse Aktiva	200.000 €	Kapital A	100.000 €
		Kapital B	100.000 €
	200.000 €		200.000 €

Wie ist die Tatsache zu berücksichtigen, dass G'fter A seiner OHG einen Lkw mit AK (Januar 21) von 50.000 € vermietet (Monatsmiete: 500 €), den die OHG zur Besorgung geschäftlicher Angelegenheiten benutzt?

Häufig verbleiben WG im Eigentum eines G'fters, während sie zum betrieblichen Einsatz bei der PersG vorgesehen sind. Anstelle einer möglichen (Sach-)Einlage[37] in das Gesamthandsvermögen der PersG behält sich somit der G'fter das alleinige Verfügungsrecht über den Gegenstand zurück. Der häufigste Fall sind die der PersG zur Nutzung überlassenen Grundstücke. § 15 Abs. 1 Nr. 2 S. 1 2. HS EStG »zieht« dieses WG in den steuerlichen gewerblichen Rechnungskreis der PersG, an der der G'fter beteiligt ist. § 15 Abs. 1 Nr. 2 S. 1 2. HS EStG übt insoweit eine gewerblich-betriebliche **Konzentrationswirkung** auf die WG – hin zur PersG – aus.

Mit der Umqualifikation von Vermietungseinkünften zu gewerblichen Einkünften[38] sind die eingesetzten WG zu (steuerlichem) BV geworden, das es in der HB der PersG nicht gibt. Gleichzeitig gelten für diese WG des **Sonder-BV** die Grundsätze der (nun!) gewerblichen Gewinnermittlung nach § 2 Abs. 2 Nr. 1 EStG. Damit sind diese WG nicht nur steuerverstrickt, sondern unterliegen per se der Ermittlung nach § 4 EStG. In der Praxis werden die Ergebnisse in eine steuerliche **Sonderbilanz** eingestellt und – zusammen mit einer Sonder-G+V – fortentwickelt.

Lösung:

Für den Lkw des A ist im Januar 21 eine steuerliche Sonderbilanz zu bilden, in die der Lkw eingelegt wird. Entsprechend der Kontendarstellung beim Einzelunternehmer wird der Lkw als WG des abnutzbaren AV bis zum 31.12.2021 buchungstechnisch fortentwickelt. Die Ergebnisse aus der Sonderbilanz werden ausschließlich in der Gewinnermittlung des A berücksichtigt, während die Geschäftsvorfälle, die die OHG betreffen (Zahlung der Miete) in deren Buchungskreis berücksichtigt werden. Der Mietaufwand von 6.000 € schlägt sich als gemeinschaftlicher Aufwand von A und B in der G+V der OHG nieder, während der Mietertrag allein von A erfasst wird. Während der Aufwand »sozialisiert« wird, ist der Ertrag »individualisiert«.

Sonder-BV und Sonder-G+V des A (bei der OHG) entwickeln sich in 21 (ND: fünf Jahre für Lkw, AfA gem. § 7 Abs. 1 EStG wie folgt (in €):

A	Sonderbilanz		P
Lkw	50.000	Mehrkapital A[39]	50.000
	./. 10.000		./. 10.000
	40.000		40.000

---

37 Eine andere Möglichkeit ist die der Nutzungseinlage des G'fters (sog. Einlage »quoad usum«), bei der die – nicht bezahlte – Miete nach und nach den festgelegten G'fter-Beitrag erreicht und gegen das Kapitalkonto gebucht wird.

38 § 15 Abs. 1 Nr. 2 EStG hat neben der Eigenschaft als Qualifikationsnorm noch die Funktion einer Zurechnungsnorm: WG aus dem Einzelunternehmen werden bei Überlassung an die PersG dieser – qua Sonder-BV – zugerechnet (s. Kap. II 4).

39 Statt »Mehrkapital« wird auch »Sonderkapital« verwendet.

	Lkw				AfA				Mietertrag	
AB	50.000	(1)	10.000	(1) 10.000					(2)	6.000
SB	40.000					(3)	10.000	(4)	6.000

	Sonder-G+V				Mehrkapital A				Sonderprivatkonto	
(3)	10.000	(4)	6.000	(5)	Verlust	AB	50.000	(2)	**6.000**	(6)	6.000
		(5)	**4.000**		4.000					
				(6)	6.000					
				SB	40.000					

Erläuterungen:

1. Die nach § 7 Abs. 1 EStG zu bildende lineare AfA beträgt 10.000 €.
2. Mangels Bankkontos im Sonder-BV des A erfolgt die Gegenbuchung des Mietertrages auf dem Privatkonto.
3. Trotz der Verringerung des Kapitalkontos des A um 10.000 € beträgt der **steuerliche (Sonder-)Verlust** des A nach der G+V sowie nach dem BVV (§ 4 Abs. 1 EStG)[40] immer **4.000 €.**
4. Sollte dies der einzige Geschäftsvorfall bei der OHG im Wj. 21 gewesen sein, so setzt sich das Gesamtergebnis des A gem. § 15 Abs. 1 Nr. 2 EStG zusammen aus:

»Gewinnanteil« nach Nr. 2 1. HS:		
(hälftiger Mietaufwand)	./.	3.000 €
Ergebnis nach Nr. 2 2. HS	./.	4.000 €
gewerblicher Verlust des A aus OHG	./.	**7.000 €**

Vorbehaltlich der umfassenden Darstellung zum Sonder-BV (s. Kap. II 4[41]) wird nochmals betont, dass die **HB ein Sonder-BV nicht** kennt.

4.2.3   Die Ergänzungsbilanz

Eine gänzlich andere Funktion kommt der Ergänzungsbilanz zu. Sie enthält alle notwendigen **individuellen Abweichungen** eines **G'fters** von den Werten der **Gesamthandsbilanz**. Trotz des Dogmas von der MU-schaft (PersG) als »Gewinnermittlungssubjekt« gibt es zahlreiche in der Person des einzelnen MU liegende Normabweichungen, die in der Ergänzungsbilanz zu berücksichtigen sind. Dies können personenbezogene Steuervergünstigungen sein, die nur einem (nicht allen) G'fter zu gewähren sind.

Der Hauptanwendungsfall für Ergänzungsbilanzen tritt bei der Veräußerung einer Beteiligung an einer PersG ein: Der Kaufpreis stellt immer AK für den Erwerb einer Beteiligung an einer PersG dar und wird im Zweifel höher als das entsprechende Kapitalkonto des veräußernden Alt-G'fters ausfallen.

---

40   Gewinnermittlung nach § 4 Abs. 1 EStG: 40 T€ (Schlussvermögen) ./. 50 T€ (Anfangsvermögen) + 6 T€ (Entnahme) = ./. 4 T€.

41   S. auch zur allgemeinen WG-Diskussion des Sonder-BV *Girlich*, Teil A, Kap. III.

Beispiel 13: Zivilrecht und Bilanzrecht beim Verkauf einer Beteiligung

An der X-KG sind X (Komplementär) und Y (Kommanditist) beteiligt. Die Kapitalkonten von X und Y betragen jeweils 100.000 €. Nach einem Zerwürfnis mit X veräußert Y die Kommanditbeteiligung an Z. Dieser schätzt den Wert der Beteiligung unter Berücksichtigung des Substanzwertes und der Gewinnchancen auf 150.000 €. Z und Y einigen sich auf diesen Kaufpreis.

Bei der Veräußerung einer Beteiligung divergieren – zumindest unter Fremden – immer die Buchwerte und der Kaufpreis. Dieser Mehrwert kann nicht im Kapitalkonto des Erwerbers in der Hauptbilanz berücksichtigt werden, da dieses erstens nur den Buchwert repräsentiert und da vor allem mit einem höheren Kapitalausweis des Neu-G'fters der Beteiligungswert des verbleibenden G'fters sinken würde. Somit sind die Aufwendungen des Erwerbers, soweit sie das Buchkapital des Veräußerers überschreiten, in eine Ergänzungsbilanz einzustellen.

Lösung: Die Bilanzen der X-KG haben vor und nach dem G'fter-Wechsel folgendes Aussehen (in €):

A	Bilanz X-KG (vorher)		P		A	Bilanz X-KG (nachher)		P
Aktiva	300.000	Kap. X	100.000		Aktiva	300.000	Kap. X	100.000
		Kap. Y	100.000				**Kap. Z**	**100.000**
		VB	100.000				VB	100.000

A	Ergänzungsbilanz Z		P
Mehrwert	50.000	Mehrkapital	50.000

Losgelöst von den Einzelheiten zur Ergänzungsbilanz, die beim G'fter-Wechsel anzusprechen sind, wird deutlich, dass es sich um eine **akzessorische Ergänzung** zur Hauptbilanz handelt, da der Mehrwert (bzw. Minderwert) mit den WG des Gesamthandsvermögens zusammenhängt. Allein dieser technische Aspekt erlaubt die Berücksichtigung der Ergänzungsbilanz auf der ersten (kollektiven) Stufe der Gewinnermittlung der MU-schaft. Deutlich wird bereits jetzt, dass die Ergänzungsbilanz eine – bilanztechnisch notwendige – Abkehr vom zivilrechtlich geschlossenen Gesamthandsmodell des § 719 BGB darstellt.

4.2.4 Ein Problemfall: Die Tätigkeitsvergütung als Sonder-Betriebseinnahme, Gewinnvorweg oder Entnahme?

Der häufige Fall einer Tätigkeitsvergütung für den GF einer OHG (KG) wirft bereits Probleme in der Zuordnung zu den einzelnen Komponenten der Gewinnermittlung auf. Vorweg werden die generellen Auswirkungen eines GF-Gehalts erläutert.

Als Instrumente der gewinnwirksamen Erfassung der Tätigkeitsvergütung, insb. bei der Korrektur bislang unterlassener erfolgswirksamer Verbuchung, kommen – wie immer – innerbilanzielle Maßnahmen (qua Entnahme) oder außerhalb der Bilanz liegende Möglichkeiten (qua außerbilanzielle Hinzurechnung) in Betracht. Der Unterschied liegt nur in der Fest- und Fortschreibung bei der innerbilanziellen Gewinnzurechnung, da hierdurch das Kapitalkonto des einzelnen G'fters dauerhaft betroffen ist. Bei der Hinzurechnung handelt es sich hingegen nur um einen singulären Vorgang in diesem VZ.

Beispiel 14: Ein Vorfall – fünf (mögliche) Buchungen

Für das überwiesene Monatssalär des Komplementär K bei der X-KG (8.000 €) finden sich in einem Wj. drei verschiedene Buchungen:
   a) Gehalt an Bank,
   b) Privat an Bank,
   c) Gehalt an Kapital.

Nachdem das Dezembergehalt noch nicht ausgezahlt ist, wird diskutiert, ob
  a)   gebucht werden soll:
  b)   a Gehalt an sonstige VB oder
  c)   b »mangels Geschäftsvorfall« nichts.
In den Fällen a) bis c) wurde zusätzlich ein Sozialversicherungsbeitrag einbehalten und zusammen mit dem gleich hohen AG-Anteil an die Sozialversicherungträger abgeführt;
  In den Fällen a), c) und d) aa) ist gleichzeitig die LSt angemeldet und an das FA überwiesen worden.

Losgelöst von allen gesellschaftsvertraglichen Regelungen lässt die Wertung des § 15 Abs. 1 Nr. 2 2. HS EStG einen **steuerlichen BA-Abzug** der Tätigkeitsvergütung **nicht** zu. Dabei fallen unter den Begriff der Tätigkeiten eines G'fters sämtliche Dienstleistungen, die dieser im Interesse der Gesellschaft erbringt. Damit werden nicht nur »Managementaufgaben« abgegolten, sondern auch freiberufliche Leistungen (z. B. eines RA/StB), die ein G'fter zugunsten seiner PersG erbringt. Ausgenommen sind nach einer (allerdings) uneinheitlichen BFH-Rspr. nur solche Vergütungen, für die keine gesellschaftsrechtliche Veranlassung ersichtlich ist[42] oder wenn Veräußerungsgeschäfte zwischen PersG und G'fter zu fremdüblichen Bedingungen abgeschlossen werden (BFH vom 28.10.1999, BStBl II 2000, 339 – für einen Werkvertrag). Mit dem Beschluss vom 24.04.2002 (BFH/NV 2002, 1292) hat der BFH den (gesellschaftsfreien) Exklusivbereich für G'fter, die gegenüber ihrer PersG Leistungen erbringen, allerdings bedenklich erweitert: Das Architektenhonorar des G'fters für ein Gebäude seiner GbR wurde dem allgemeinen (synallagmatischen) Leistungsaustausch und nicht der Gesellschaftssphäre zugeschlagen (Folge: Besteuerung gem. § 18 EStG).[43]

Die verschiedenartigen Verbuchungen wiederum hängen mit der »offenen« Jahresabschlusspraxis bei PersG zusammen. So kann es vorkommen, dass das (nicht ausbezahlte) GF-Gehalt laufend als Gewinnvorweg behandelt wird und nur noch der Restgewinn unter den G'ftern verteilt wird. Bei der am häufigsten vorkommenden Variante der Aufwandsverbuchung a) des Gehaltes tritt ein Problem bei der Kapitalkontenentwicklung auf. Dort werden die GF-Gehälter gleichzeitig als Entnahmen und Vorabgewinn behandelt.

Lösung:

- Der Unterschied in den Hauptvarianten a) (= Aufwand) und b) (= Entnahme), die beide gegen das Bankkonto gebucht wurden, liegt in der Erfolgsneutralität des Buchungssatzes b), während der aufwandswirksame Buchungssatz a) den Gewinn der KG gemindert hat. Damit steht fest, dass bei a) eine Hinzurechnung nach § 15 Abs. 1 Nr. 2 **2. HS** EStG um monatlich 8.000 €, und zwar **bei K**, als Tätigkeitsvergütung erfolgt.
- Bei b) wird zu Recht ein aktiver Bestandsposten (Bank) verringert, durch die gleichzeitige Verbuchung als Entnahme wird am Jahresende nach dem BVV der identische Betrag nach § 4 Abs. 1 S. 1 EStG wieder hinzugerechnet, sodass sich für die KG (bzw. für K) per Saldo keine Gewinnauswirkung ergibt. Aus steuerlicher Gewinn-Sicht ist keine Korrektur erforderlich. Als weiterer gesellschaftsrechtlicher Unterschied zu a) ist bei der Verbuchung im Fall b) das Kapitalkonto des K alleine belastet, während bei a) durch die Aufwandswirkung bei der KG alle G'fter entsprechend dem Gewinnverteilungsschlüssel belastet sind.

Die technischen Unterschiede bei der Verbuchung, je nachdem ob es sich um **Gewinnvorweg** (oder »Gewinnvoraus«[44]) oder um die Erfassung als **Sondervergütung** handelt, müssen zusätzlich berücksichtigt werden.

---

42   In der Lit. (*Reiß* in *Kirchhof-kompakt*, § 15, Rz. 385 u. a.) wird hier mit der »Negativ-Formel« gearbeitet: Bei fehlendem Zusammenhang mit der G'fter-Stellung findet keine Berücksichtigung nach § 15 Abs. 1 Nr. 2 2. HS EStG statt.

43   Der Grund für die überraschende Entscheidung des BFH liegt offensichtlich darin, dass die GbR das Ergebnis der Arbeit ihres Architekten über die Gebäude-HK, d. h. über ein aktiviertes WG, zu berücksichtigen hat.

44   Wird das Gehalt als »Gewinnvorab« einem G'fter unterjährig gutgeschrieben, so müssen am Jahresende die Kapitalkonten wieder »glattgezogen« werden.

Exkurs:

Mit Urteil des BFH vom 23.01.2001 (BStBl II 2001, 621) nimmt der BFH – vor dem Hintergrund des § 15a EStG – die Abgrenzung von Dienstleistungsentgelt und **Gewinnvorab** wie folgt vor:

Dienstleistungsentgelte – ohne Beeinflussung des Kapitalkontos – sind schuldrechtlich vereinbarte Tätigkeitsvergütungen, die bei der PersG zu betrieblich veranlasstem Aufwand und beim G'fter zu **Sonderbetriebseinnahmen** führen.

Sonder-BE liegen vor bei

a) Vereinbarungen in einem besonderen Dienstvertrag
oder

b) Regelungen im Gesellschaftsvertrag, wenn die Vergütung handelsrechtlich als Kosten zu behandeln sind und auch dann zu zahlen sind, wenn kein Gewinn erwirtschaftet wird.

Hat der Kommanditist hingegen Anspruch auf die Berücksichtigung der Tätigkeitsvergütung als Gewinnvorab, so beeinflusst dies lediglich den ihm zuzurechnenden Ergebnisanteil in Form eines höheren Gewinnanteils oder eines geringeren – und ggf. nur nach § 15a EStG zu berücksichtigenden – Verlustanteiles.

Ein Gewinnvorab liegt vor, wenn die Tätigkeitsvergütungen

a) handelsrechtlich nicht als Kosten (Aufwand) zu behandeln sind und

b) nur bei Erwirtschaftung eines ausreichenden Gewinnes gezahlt werden.

Lösung:

In der ersten Variante läuft es darauf hinaus, dass nach der Vorabberücksichtigung des GF-Gehalts als anteiliger Gewinn des »Managers« (Komplementär, OHG-G'fter) nur noch ein Restgewinn zur Verteilung für die G'fter übrigbleibt.

Bei der Sondervergütung, die ggf. über ein eigenes Konto des G'fters erfasst wird, wird das Gehalt zusätzlich in einem eigenen Buchungskreis (Sonder-BV) des geschäftsführenden G'fters berücksichtigt.

In beiden – richtig verbuchten – Varianten wird jedoch der Personalaufwand im Buchungskreis der PersG »sozialisiert« (vergemeinschaftet), während das steuerliche Ergebnis nur von dem tätigen G'fter realisiert wird.

- Der Vorfall c) ist falsch gebucht worden; statt einer Gutschrift auf dem Privatkonto (Einlage) ist das Bestandskonto Bank gemindert; erforderlicher Korrektur-BS: per Kapital 8.000 € an Bank 8.000 €.
  Ansonsten muss bei c) steuerlich nach § 15 Abs. 1 Nr. 2 2. HS EStG der gewerbliche Gewinn des K um 8.000 € Sondervergütung erhöht werden.

- Der **ausstehende Dezemberlohn** (d):
  Bei bb) (= unterlassener BS) ist vom steuerlichen Gesamtergebnis nichts veranlasst, da der KG-Gewinn (und damit ihr Gewerbeertrag) richtig festgestellt ist.
  Allerdings ist seitens der KG die vertragliche Verpflichtung zur Bezahlung des Dezembergehaltes nach dem Vollständigkeitsgebot (§ 246 HGB) und nach dem Realisationsgrundsatz (§ 252 Nr. 4 HGB) als Schuld (sonstige Verbindlichkeit) auszuweisen. Gleichzeitig ist dies der einzige Fall (abgesehen von der Pensionsverpflichtung, s. später), in dem ein Personen-G'fter in seiner Sonderbilanz die Tätigkeitsvergütung erfassen darf. Da die Sonderbilanz nur WG erfasst, ist hier ausnahmsweise der Gehalts-**Anspruch** zu aktivieren.
  Damit (BS in der Sonderbilanz: »Gehaltsforderung an Tätigkeitsvergütung«) ist auch dieser Geschäftsvorfall gewinnwirksam als echte Sonder-BE bei der richtigen Person (K) erfasst.

Nicht selten kommen auch sog. »mittelbare Tätigkeitsvergütungen« vor, bei denen keine direkten Leistungsbeziehungen zwischen der KG und ihren G'ftern bestehen.[45] In einem vom BFH am 10.07.2002 entschiedenen Fall hatte eine KG an eine ausländische Komplementär-KapG Entgelte bezahlt. Die zwischengeschaltete KapG gab die Beträge an den Kommanditisten der KG als Gegenleistung für dessen Managementleistungen im Dienste der KG weiter. Über die Erfassung als mittelbare Tätigkeitsvergütungen gelangte der I. Senat zu neuen Erkenntnissen, da er bei der abkommensrechtlichen Würdigung auf den Tätigkeitsort (Ausland!) abstellte (BStBl II 2003, 191).

Hinweise:

(1) **Sondervergütungen** setzen nach dem Urteil des BFH vom 24.01.2008 (BStBl II 2008, 428) allerdings eine (Vor-)Leistung des G'fters voraus, die abgegolten wurde. Fehlt es hingegen an einer Gegenleistung für die kaufmännische oder technische Geschäftsführung, so liegt in der Bezahlung des G'fters eine Entnahme vor. Im vorliegenden Fall sollte der G'fter an noch nicht realisierten Gewinnen der PersG beteiligt werden.

(2) Bei **Aufnahme** eines **neuen G'fters** in eine PersG (gem. § 24 UmwStG) wird häufig mit dem **Gewinn-Vorab-Modell** gearbeitet. Danach erhalten die Alt-G'fter eine über ihre Quote hinausgehenden künftigen Gewinn (und der neue G'fter einen geringeren Gewinn). Damit wird erreicht, dass seitens der Alt-G'fter kein Veräußerungsgewinn (der MU-Anteile) entsteht. Nach einer neueren BFH-Entscheidung gilt dies allerdings **nicht**, wenn der Vorab-Gewinn-Betrag **fixiert ist**. Der BFH hat im Urteil vom 27.10.2015

(BStBl II 2016, 600) entschieden, dass bei einer Übertragung des MU-Anteils (im Urteilsfall gem. § 24 UmwStG) gegen Gewinn-Vorab, der i. S. e. einklagbaren Anspruchs bis zum Erreichen eines Sockelbetrags zu leisten sei, ein **Veräußerungsfall** vorliege. Dies soll nach den Urteilsgründen auch dann der Fall sein, wenn der MU-Anteil gegen einen **variablen** Gewinn-Vorab übertragen werde (s. *Levedag* in NWB 2016, 534).

Rspr.-Hinweise (zu mittelbarer Tätigkeitsvergütung – § 15 Abs. 1 Nr. 2 S. 1 2. Alt. analog EStG – und Gewinn-Vorab, § 15 Abs. 1 Nr. 2 S. 1 EStG):

Nicht selten kommen auch sog. »**mittelbare Tätigkeitsvergütungen**« vor, bei denen keine direkten Leistungsbeziehungen zwischen der KG und ihren G'ftern bestehen (Hauptfall: der über die Komplementär-GmbH für die KG tätige Kommanditist).

1. Fallgruppe: In einem vom BFH (Urteil vom 10.07.2002 BStBl II 2003, 191) entschiedenen Fall hatte eine KG an eine ausländische Komplementär-KapG Entgelte bezahlt. Die **zwischengeschaltete** KapG gab die Beträge an den Kommanditisten der KG als Gegenleistung für dessen Managementleistungen im Dienste der KG weiter.

2. Fallgruppe: Der BFH hat im Urteil vom 27.10.2015 (BStBl II 2016, 600) entschieden, dass bei einer Übertragung des MU-Anteils (im Urteilsfall gem. § 24 UmwStG) **gegen Gewinn-Vorab**, der i. S. e. einklagbaren Anspruchs zu leisten sei, bis ein Sockelbetrag erreicht ist, ein **Veräußerungsfall** vorliege. Dies soll nach den Urteilsgründen auch dann der Fall sein, wenn der MU-Anteil gegen einen **variablen** Gewinn-Vorab übertragen werde (vgl. *Levedag*, NWB 2016, 534).

---

45   Hauptfall ist der über die Komplementär-GmbH für die KG tätige Kommanditist.

5 »Mehr- und Weniger-Rechnung« bei der Personengesellschaft (Mitunternehmerschaft)

Die Verprobung des Transparenzkonzeptes erfolgt am besten anhand einer »Mehr- und Weniger-Rechnung« anlässlich einer Außenprüfung bei einer PersG zum Thema »GF-Gehalt«.

Beispiel 15: Eine jede (hier: PersG) ist mal dran

An einer X-OHG sind Y und Z mit gleicher Gewinnquote beteiligt. Y erhält als GF der OHG ein Gehalt von 60.000 €. Der Restgewinn wird unter den G'ftern Y und Z nach dem paritätischen Verteilungsschlüssel (je 1/2) aufgeteilt. Wie üblich, wurde auf eine Kapitalverzinsung nach § 120 f. HGB verzichtet. Als Prüfungsfeststellungen für den VZ 21 sind zu verarbeiten:

a) Z ist nebenher als StB tätig und fertigte für die OHG ein steuerliches Optimierungskonzept an. Hierüber erstellte er der OHG am 20.12.2021 eine Rechnung über 10.000 €[46], die in den Bilanzen der OHG als sonstige Verbindlichkeit (31.12.2021) ausgewiesen ist (Gegenbuchung: Rechtsberatungskosten); die Rechnung wurde am 30.01.2022 bezahlt.

b) Die laufend bezahlte GF-Vergütung des Y i. H. v. 5.000 €/Monat ist in 21 als Personalaufwand verbucht worden, ohne dass LSt und Sozialversicherungsbeiträge einbehalten und abgeführt wurden.

Lösung:

- In beiden Fällen a) und b) bleiben die Bilanzposten der OHG unbeanstandet. Die Bilanz der OHG muss die Honorarrechnung des Z als sonstige Verbindlichkeit ausweisen (§§ 246, 252 Nr. 4 HGB).
- Die Honorarrechnung des Z ist gleichzeitig als sonstige Forderung in einer Sonderbilanz des Z i. H. v. 10.000 € zu aktivieren (Gegenbuchung: Beteiligungsertrag bzw. Mehrkapital). Der spätere Zahlungseingang ist sowohl **in 21** wie auch **in 22** obsolet. Diese Behandlung gilt unabhängig von der Streitfrage, ob man die Dienstleistung des Z als unmittelbaren Anwendungsfall der »Tätigkeitsvergütung« versteht oder als hiervon getrennten Vorgang (sodann notwendiges Sonder-BV I). Mit dem o. g. »Architektenurteil« des BFH vom 24.04.2002 wird die Sphäre der OHG dann verlassen, wenn im Erbringen des Steuerkonzepts kein – im weitesten Sinne – gesellschaftsrechtlicher Beitrag gesehen wird und sich ein aktivierungsfähiges WG anbietet. Beide Voraussetzungen liegen jedoch nicht vor:
  - Das Steuerkonzept ist gerade für die OHG erstellt worden und hat darüber hinaus keinen Marktwert (damit – mangels Verkehrsfähigkeit – kein WG) und
  - außerdem verbietet § 5 Abs. 2 EStG die Aktivierung eines im Betrieb geschaffenen immateriellen WG.
- Die GF-Vergütung des Y hingegen ist eindeutig als »Tätigkeitsvergütung« nach § 15 Abs. 1 Nr. 2 2. HS EStG zu qualifizieren und wird in einem Prüfungsbericht außerbilanziell dem G'fter Y hinzugerechnet. Für eine Erfassung als Entnahme und eine Berücksichtigung in der berichtigten Kapitalkontendarstellung ist sodann kein Platz.

Sollten dies die einzigen Prüfungsfeststellungen gewesen sein, so müssen die Gesamthandsbilanzen der OHG inkl. der Kapitalkontenentwicklung nicht geändert werden.

In der Frage der GF-Vergütung einer PersG sind durch das BFH-Urteil vom 06.06.2002 (BFH/NV 2002, 1268) zur Umsatzsteuer(-barkeit) der GF-Leistungen neue Erkenntnisse erkennbar geworden, die mittlerweile auch die ESt erreicht haben. Die Verwaltung (BMF vom 13.12.2002, BStBl I 2003, 68 sowie BMF vom 23.12.2003, BStBl I 2004, 240; für nach dem 30.04.2004 ausgeführte Leistungen s. nunmehr BMF vom 31.05.2007, BStBl I 2007, 503 sowie ergänzend OFD Frankfurt vom 27.06.2007, StED 2007, 619) hat sich zwischenzeitlich dieser Ansicht angeschlossen.

---

46 Hier ohne USt. Zu den USt-Fragen anlässlich des Leistungsaustausches zwischen G'fter und PersG s. *V. Schmidt*, Band 3, Teil B, Kap. III »Unternehmerbegriff«.

Danach sind – in Abkehr bisheriger Rspr. (BFH vom 17.07.1980, BStBl II 1980, 622) GF-Tätigkeiten, die gegen ein **garantiertes Sonder-Entgelt** erbracht werden, umsatzsteuerbar und der Charakter der Umsatzsteuereinheit zwischen PersG und G'fter (sog. »Organwalter-theorie«) tritt demzufolge zurück. Der Gegenfall (keine Umsatzsteuerbarkeit) liegt dann vor, wenn es sich um eine gewinnabhängige Vergütung handelt.

II Das Betriebsvermögen und die Ermittlung des laufenden Gewinns bei der Mitunternehmerschaft

1 Übersicht zur Gewinnermittlung bei der Mitunternehmerschaft – Schema

Die Gewinnermittlung der PersG (MU-schaft) erfolgt auf zwei Stufen. Für die Komplettdarstellung des steuerlichen Gesamtgewinns der MU-schaft gibt es mehrere Schemata. Hier wird eine kombinierte Version favorisiert. Die Abbildung ist zugleich der Fahrplan für die folgenden Ausführungen sowie für die Klausur zur Besteuerung der PersG. Dem Schema liegt die Ermittlung des **Gewinnes** für das **Jahr 21** zugrunde.

I. Gewinnermittlung auf der ersten (kollektiven) Stufe:

HB	(Gesamthandsvermögen)	HB 21	StB 21
	(+/./. Ansatz-/Bewertungskorrekturen gem. §5 Abs. 6 EStG bzw. §5 Abs. 1 S. 1 2. HS EStG)		
./.	HB (Gesamthandsvermögen)	HB 20	StB 20
	(+/./. Ansatz-/Bewertungskorrekturen gem. §5 Abs. 6 EStG bzw. §5 Abs. 1 S. 1, 2. HS EStG)		
→	StB 21 ./. StB 20 = BVV gem. §4 Abs. 1 EStG		
	+ Entnahmen 21 gem. §4 Abs. 1 EStG		
	./. Einlagen 21 gem. §4 Abs. 1 EStG		
=	StB-Gewinn		
	./. steuerfreie Erträge (§3 EStG, InvZul u. a.[47])		
=	steuerliches Ergebnis der Gesamthand (21)		

Ia. Ermittlung der Ergänzungsbilanzen (pro G'fter):

Ergänzungsbilanz-Vermögen	21
./. Ergänzungsbilanz-Vermögen	20
+ Entnahmen (21) ./. Einlagen (21)	
Steuerliches Ergebnis aus der Ergänzungsbilanz	**21**
× G'fter	
= Gesamtergebnis aus den Ergänzungsbilanzen	

II. Gewinnermittlung auf der zweiten (individuellen) Stufe – getrennt nach G'ftern –

a) Tätigkeitsvergütungen gem. §15 Abs. 1 S. 1 Nr. 2 2. HS, 1. Alt. EStG
b) Ergebnis aus der (den) Sonderbilanzen eines jeden G'fters

Sonder-BV (§15 Abs. 1 S. 1 Nr. 2 2. HS, 2. Alt. EStG)		Sonderbilanz		21
./.	Sonder-BV (§15 Abs. 1 S. 1 Nr. 2 2. HS, 2. Alt. EStG)	./. Sonderbilanz		20
+	Entnahmen (Sonderentnahmekonto)	21		
./.	Einlagen (Sondereinlagekonto)	21		
Sonderbilanzgewinn		**21**		

---

47 Falls nicht schon in den StB eliminiert. Hier werden auch außerbilanzielle Hinzurechnungen gem. §4 Abs. 5 Nr. 7 EStG und §12 EStG berücksichtigt, falls es zu einem Mittelabfluss gekommen ist.

III. Steuerliches Gesamtergebnis (VZ 2021)

I	Ergebnis der MU-schaft (»Gewinnanteil«)	
+ Ia	Ergänzungsbilanzergebnisse aller G'fter	**Steuer-Gesamtergebnis der MU-schaft**
+ II	Sonderergebnisse aller G'fter	

Das steuerliche Gesamtergebnis der MU-schaft ist identisch mit dem **Gewerbeertrag** der MU-schaft (§ 7 GewStG). Für Zwecke der einheitlichen und gesonderten Gewinnfeststellung wird der Gewinn zu 1.) entsprechend der Verteilungsabrede aufgeteilt und bildet zusammen mit den jeweiligen Einzelergebnissen (Ia + II) den gewerblichen (bzw. freiberuflichen) Gewinnanteil eines MU.

2   Die Gewinnermittlung auf der ersten Stufe (I): Das Steuerergebnis der Gesamthand

Bei der hier favorisierten Vermögensvergleichsmethode nach § 4 Abs. 1 EStG stehen Inhalte und Abgrenzung des BV methodisch im Vordergrund.[48]

2.1   Die Steuerbilanz der Gesamthand

Die allgemeinen Grundsätze zur Ableitung der StB aus der HB aufgrund der direkten Maßgeblichkeit (§ 5 Abs. 1 EStG) sind hier ebenso anzuwenden wie beim Einzelunternehmer. Dies hat sich auch nach Einführung des Gesetzes zur Modernisierung des Bilanzrechts vom 25.05.2009 (BStBl I 2009, 650) (»BilMoG«) nicht verändert (s. BMF vom 12.03.2010, BStBl I 2010, 239, Rn. 2). Wie beim Einzelunternehmer, soweit dieser nicht von der Befreiungsmöglichkeit des § 241a HGB fällt, ergibt sich in formeller Hinsicht bei der gewerblichen MU-schaft die steuerliche Buchführungspflicht bereits aus § 140 AO (i. V. m. § 238 HGB).[49]

Bei der Herleitung aus der HB stellen – in materieller Hinsicht – alle WG des betrieblichen Gesamthandsvermögens in steuerlicher Hinsicht **notwendiges BV** dar. Nach h.A. gibt es jedoch für die MU-schaft kein gewillkürtes BV (grundlegend BFH vom 23.05.1991, BStBl II 1991, 800). Wenn R 4.2 EStR unter bestimmten Voraussetzungen beim Einzelunternehmer die Behandlung eines Gebäudes, das auch privat genutzt wird, als BV im Ganzen ermöglicht (R 4.2 Abs. 9 EStR), so besteht dieses **Wahlrecht nicht** bei der **PersG** (H 4.2 Abs. 11 EStH 2019). Sollten danach G'fter einer PersG ein/en Gebäude/teil, das/der sich im Eigentum der PersG befindet, dauerhaft privat nutzen, so handelt es sich steuerlich um **notwendiges PV** der G'fter.[50] Mit der Reduzierung der WG-Trias auf zwei Gruppen bei § 15 Abs. 1 Nr. 2 EStG (notwendiges BV der MU-schaft und notwendiges PV) geht – im Gegenzug – in erweiterter Anwendungsbereich des notwendigen BV einher; so zählen von der PersG fremdvermietete Gebäudeteile zu deren notwendigem BV.

In mehreren Entscheidungen wendet der BFH diese Formel (WG wäre kein gewillkürtes BV beim Einzelunternehmer und ist damit auch bei einer MU-schaft notwendiges PV) auch auf sog. **»verlustbringende«** oder »verlustgezeichnete« WG an. Stand im Augenblick der Darlehensvergabe für die (GF der) PersG die Wertlosigkeit des Darlehens bereits fest, ist die Forderung nicht aktivierbar (s. BFH vom 19.02.1997, BStBl II 1997, 399).

---

48   Eine andere Vorgehensweise orientiert sich an der G+V der PersG.
49   Bei den anderen MU-schaften kann sich der Zwang zum BVV aus § 141 AO ergeben. Dessen ungeachtet können freiberufliche MU-schaften freiwillig nach § 4 Abs. 1 EStG die doppelte Buchführung einrichten und so ihren Gewinn ermitteln.
50   An dieser Stelle fallen HB und StB der PersG wegen § 5 Abs. 6 EStG auseinander.

2.2   Auswirkungen für die Gewinnermittlung

Unter drei Gesichtspunkten gibt es bei der PersG Besonderheiten, wenn es um die Ableitung des steuerlichen Gewinns der MU aus dem HB-Vermögensvergleich (s. Kap. 1 die zweite und vierte Zeile des Gewinnschemas) geht:

- Wegen der Charakterisierung der PersG als steuerliches Gewinnermittlungssubjekt können WG des Gesamthandsvermögens nur einheitlich behandelt werden.
- Im Privatbereich (Entnahmen/Einlagen) ist darauf zu achten, ob alle G'fter (oder nur einzelne) betroffen sind; dies hat Auswirkungen auf die Entwicklung der Kapitalkonten.
- Wegen der Aufteilung des kollektiven Gewinnes kommt den Gewinnverteilungsabreden und deren Änderung eine besondere Bedeutung zu. Letzteres kommt häufig bei Korrekturen aufgrund späterer Außenprüfungen zum Tragen.

Beispiel 1: Fortführung der Außenprüfung

Bei der X-OHG (obiges Beispiel Kap. I 5: Y und Z sind zu je 50 % beteiligte G'fter) kommt der Außenprüfer zu weiteren Feststellungen für das Jahr 21:

a) Im Fuhrpark der OHG ist lt. Firmen-StB ein Pkw enthalten, der im November 21 zu 20.000 € zzgl. USt erworben wurde und sogleich der Freundin des Y zum 18. Geburtstag geschenkt wurde. Der zu AK (zusammen mit der Vorsteuer) eingebuchte Pkw war zum 31.12.20 lt. Inventar mit 16.000 € erfasst, da Y die degressive Ganz-Jahres-AfA wünschte, während Z auf einen Bilanzausweis bei linearer AfA von 3.333 € (sechs Jahre ND) mit 16.667 € bestand.

b) Z erhielt von einem Lieferanten der OHG einen Scheck über 4.165 € als Preisnachlass für gekaufte Ware im gesamten Einkaufswert von 35.000 €. Der Scheck wurde dem privaten Konto des Z gutgeschrieben. Die Ware ist noch komplett inventarisiert.

c) Die OHG hat eine Segeljacht, auf der die besten Kunden der OHG alljährlich zu einem Törn eingeladen werden. Die Kosten hierfür (»Personalaufwand« i. H. v. 100.000 €) sind auf dem Konto »Repräsentationsaufwand« verbucht.

Die steuerbilanziellen Konsequenzen für die OHG sind vorzunehmen. Dabei haben die Kapitalkonten von Y und Z den identischen Anfangsbestand von 10.000 € (01.01.2021) und verzeichnen beide einen Zugang von je 5.000 € Gewinnanteil (jeweiliger Endbestand: 15.000 €).

Neben den eigentlichen Prüfungsfeststellungen macht der Sachverhalt zu a) auf das Problem der begrenzten Steuerrechtsfähigkeit der MU-schaft aufmerksam. Eine Divergenz in den Bilanzwerten der PersG (degressive oder lineare AfA) ist nicht zulässig. Der Eigenschaft der PersG als Gewinnermittlungssubjekt ist es zu verdanken, dass die WG des **Gesamthandsvermögens einheitlich** dargestellt sein müssen. Dies ist auch kein Anwendungsbereich für Ergänzungsbilanzen, da es sich nicht um eine notwendige individuelle Wertkorrektur eines MU handelt. Meinungsverschiedenheiten über Bilanzansätze werden kraft G'fter-Beschluss einheitlich entschieden.

Lösung:

1. Bilanzpostenkorrektur und berichtigter Gewinn 21

a) **Aktivierter Pkw**
- Der Ansatz als WG des BV ist unzutreffend. Auf die verschiedenen Bilanzwerte zum 31.12.2021 ist daher nicht näher einzugehen (bei beiden Alternativen wurde zu Unrecht eine Ganz-Jahres-AfA vorgenommen).
- Mit der Eliminierung des Pkw aus der Bilanz und der Stornierung der Vorsteuer (3.800 €) ist gleichzeitig eine **Entnahme** des Y verbunden, da der Pkw notwendiges PV des Y darstellt (Mehrentnahme Y: 23.800 €).

b) **Preisnachlass**

–   Der betriebliche Vorgang ist nachträglich als solcher zu erfassen und führt zu Anschaffungs-preisminderungen (§ 255 Abs. 1 S. 3 HGB) i. H. v. 3.500 €, die von den bilanzierten AK abzuset-zen sind. Der Preisnachlass stellt gleichzeitig eine Änderung der USt-BMG gem. § 17 Abs. 1 UStG dar und führt zu einem Vorsteuerminus (= Umsatzsteuerplus) i. H. v. 665 €.

–   Die Überweisung auf ein Privatkonto des Z ist als dessen **Privatentnahme** (+ 4.165 €) zu erfassen.

c) **Segeljacht**

Die Kosten für die Segeljacht sind i. H. v. 100.000 € **außerbilanziell hinzuzurechnen** (§ 4 Abs. 5 Nr. 4 EStG i. V. m. R 4.10 Abs. 1 S. 3 EStR).

Die »Mehr- und Weniger-Rechnung« hat folgendes Aussehen (in €)[51]:

Posten VZ 21	FStB[52]	APStB	VU		GU		21 +	(21) ./.
Fuhrpark	16.667	–	./.	16.667	./.	16.667		16.667
Waren	35.000	31.500	./.	3.500	./.	3.500		3.500
USt[53]	–	4.465	./.	4.465	./.	4.465		4.465
BiPo/Summe			./.	24.632	./.	24.632		24.632

BiPo/Summe	./. 24.632 €
+ Mehrentnahmen (Z: 4.165 €; Y: 23.800 €)	27.965 €
Mehrgewinn – BP in 21	**3.333 €**
Gewinne FStB (21)	10.000 €
Festgestellter Gesamtgewinn (21)	13.333 €
+ außerbilanzielle Hinzurechnung	100.000 €
Festgestellter Gewinn (20) i. R. d. einheitlichen und gesonderten Gewinnfeststellung = **Gewerbeertrag der X-OHG (21)**	**113.333 €**

2. Kapitalkontenentwicklung (in €)

	Y-FStB	Y-APStB	Z-FStB	Z-APStB
01.01.21	10.000	10.000	10.000	10.000
Einlagen	–	–	–	–
Gewinn	5.000	6.666	5.000	6.667
Entnahme	–	23.800	–	4.165
31.12.21	**15.000**	**./. 7.134**	**15.000**	**12.502**

---

51   Zu den Begriffen und zur Technik s. Teil A, Kap. V 2.2.1.

52   FStB = Firmensteuerbilanz.

53   Hier ohne Corona-Hilfsmaßnahmen.

3. Verteilung des festgestellten Gewinnes (in €)

	Insgesamt	G'fter Y (50 %)	G'fter Z (50 %)
Gewinn lt. AP	13.333	6.666	6.667
Außerbilanzielle Hinzu-rechnung	100.000	50.000	50.000
Zu versteuernde Gewinnanteile		56.666	56.667

2.3 Geänderte Gewinnverteilung, insbesondere bei späteren Betriebsprüfer-Feststellungen

Gerade im Anschluss an Außenprüfungen ist häufig festzustellen, dass die ursprünglichen Gewinnabreden geändert werden. Immer dann, wenn es sich um einen einseitig verursachten (z. B. Bilanz-)Fehler handelt, der sodann über die Gewinnabrede »vergemeinschaftet« wird, kann man sich leicht Gespräche über eine auch einseitige Steuerverantwortung vorstellen.

Zwar bezieht sich die Gewinnverteilungsabsprache grundsätzlich nur auf den HB-Gewinn, sie wird vom BFH jedoch auch auf den **StB-Gewinn** übertragen (BFH vom 24.10.1996, BStBl II 1997, 241; dort allerdings bei einer Einheitsbilanz). **Nachträgliche** Änderungen unterlagen eigentlich uneingeschränkt dem steuerlichen Rückwirkungsverbot. Mit zwei Entscheidungen ist diese Dogmatik aufgeweicht worden (BFH vom 13.02.1997, BStBl II 1997, 535 und BFH vom 09.09.1999, BFH/NV 2000, 313). Unter zwei Voraussetzungen sind somit nachträgliche Änderungen auch steuerlich zu akzeptieren:

*   Bei gerichtlich dokumentierten Vergleichen wird man den Rechtsgedanken des § 175 Abs. 1 Nr. 2 AO (rückwirkendes Ereignis) respektieren müssen, zumal wenn
*   zusätzlich im Gesellschaftsvertrag eine Öffnungsklausel für abweichende Gewinnzuweisungen anlässlich späterer steuerlicher Erkenntnis vorhanden ist.

Die Frage der Änderungen **während** des Wj. stellt sich vor allem beim unterjährigen Eintritt von neuen G'ftern (und beim Austritt der Ex-G'fter). Wird tatsächlich eine rückbezügliche Eintrittsvereinbarung vollzogen, soll dies nach h. M. einer erfolgswirksamen[54] Übertragung von **Teilen von MU-Anteilen** gleichkommen.[55] Für Sonderabschreibungen gewährt die FinVerw ein Wahlrecht, neu eintretende G'fter ab Beginn des Wj. daran zu beteiligen (OFD Hannover vom 27.03.2000, DStR 2000, 730).

3 Die Ergänzungsbilanz: Individueller Anteil am Gesamthandsergebnis

Wie schon erwähnt, nimmt die Ergänzungsbilanz mit ihren Ergebnissen an der Gewinnermittlung auf der ersten (kollektiven) Stufe teil, obwohl es sich um rein persönliche Steuermerkmale eines einzelnen G'fters handelt. Die **bilanztechnische Akzessorietät** – und damit ein praxisorientiertes Kriterium – ist hierfür ebenso verantwortlich zu machen wie die Auslegungsnähe zu § 15a EStG. Auch dort fließt nach heutiger Erkenntnis die Ergänzungsbilanz in das Steuermerkmal »Kapitalkonto« ein und ihre Ergebnisse nehmen am Verlustschicksal

---

54 Vgl. § 16 Abs. 1 S. 2 EStG: laufender Gewinn!
55 Statt aller *Wacker* in *Schmidt*, EStG, § 15, Rz. 454 m. w. N.

des § 15a EStG teil.[56] Abgesehen von den technischen Fragen beim G'fterwechsel wird die Thematik häufig anhand einer persönlichen Steuervergünstigung diskutiert, an der ein G'fter aufgrund eines G'fterwechsels nicht teilnimmt.

Beispiel 2: Geteilte Steuerfreuden

X, zu 1/3 an der gewerblich geprägten GmbH & Co. KG beteiligt, veräußert zum 01.01.2021 seinen Anteil an der KG an den Erwerber Z.

Zum BV gehört u. a. ein bebautes Mietwohngrundstück (z. B. für die AN der KG):

	AK/HK	Anteil X	anteiliger Buchwert
GruBo	150.000 €	50.000 €	50.000 €
Gebäude, hergestellt in 19 (§ 7 Abs. 5 EStG AfA)	300.000 €	100.000 €	90.000 €[57]

Der Erwerber Z übernimmt den Anteil des X zu Buchwerten. Entwicklung des Bilanzwertes »Bebautes Grundstück« in 21?

Mit § 7 Abs. 5 EStG lag eine personenbezogene (Hersteller-)AfA vor.[58] An dieser erhöhten Abschreibungsmöglichkeit nehmen nur die G'fter einer PersG teil, die diese Voraussetzungen erfüllen. Wegen der These vom »**einheitlichen Gewinnermittlungssubjekt**« muss die AfA und das WG »bebautes Grundstück« in der steuerlichen Hauptbilanz einheitlich gebildet werden. Hierzu erforderliche Korrekturen sind in einer (negativen wie positiven) Ergänzungsbilanz vorzunehmen.

Lösung:

a) Behandlung in der StB der GmbH & Co. KG
Da ein Wechsel der AfA nicht vorgesehen ist, wird in der Hauptbilanz der KG die AfA weiterhin mit 5 % gebildet, sodass der Bilanzposten »bebautes Grundstück« zum 31.12.2021 mit 405.000 € ausgewiesen ist (150 T€ GruBo und 255 T€ Gebäude [300 T€ ./. 45 T€ (3 x 5 % der HK)].

b) Korrekturen bei Z
Der neue G'fter darf nicht an der »Hersteller-AfA« partizipieren. Über die Gewinnverteilung in der KG ist dies jedoch kraft Gesetzes der Fall. Für Z kommen nur der nach § 7 Abs. 4 EStG gültige AfA-Satz (2 %) und die lineare Abschreibungsmethode in Betracht. Bezogen auf die **anteiligen** AK von 90.000 € stehen Z jährlich 1.800 € AfA zu.

Jeweils für sich betrachtet wird die überhöhte AfA durch eine **negative** Ergänzungsbilanz i. H. v. 100.000 € (anteiliger Minderwert Gebäude) ausgeglichen und die richtige AfA mittels einer **positiven** Ergänzungsbilanz i. H. v. 90.000 € (Mehrwert Gebäude) gebildet.

A	Negative Ergänzungsbilanz Z zum 01.01.21 (in €)		P
Minderkapital Z	100.000[59]	Minderwert Gebäude	100.000

---

56   Zu § 15a EStG und Ergänzungsbilanzen s. auch Kap. V 4.3.

57   Das Wohngebäude (i. S. d. § 7 Abs. 4 Nr. 2 EStG) wurde zwei Jahre gem. § 7 Abs. 5 EStG mit 5 % abgeschrieben, sodass der BW zum 31.12.19 beträgt: 270.000 € [300.000 € ./. 30.000 € (2 × 5 %ige AfA)]; bei X folglich 90.000 €.

58   Hier Staffel-degressive AfA gem. § 7 Abs. 5 Nr. 3b EStG (zwischenzeitlich i. d. R. überholt): in den ersten acht Jahren = 5 %. **Klausur-Hinweis:** Schon mehrfach wurden in StB-Klausuren **nicht aktuelle AfA**-Regelungen gebracht (→ Lösung gem. § 52 Abs. 21 EStG). Es ist auch ein aktueller § 7 Abs. 5 Nr. 3b-Fall denkbar.

59   (= anteilige Bemessungsgrundlage für die § 7 Abs. 5 – AfA). Nach anderer Ansicht (vorrangige Berücksichtigung der Gesamt-AK des Z) müssen statt 100 T€ nur 90 T€ in die negative Ergänzugsbilanz eingestellt werden; die Abschreibung soll aber die gleiche (5.000 € p. a.) bleiben.

A	Positive Ergänzungsbilanz Z zum 01.01.21 (in €)		P
Mehrwert Gebäude	90.000	Mehrkapital Z	90.000

Beide Ergänzungsbilanzen werden entsprechend ihrer Zielsetzung fortentwickelt. So wird in der negativen Ergänzungsbilanz die AfA von 5 % mit gegenläufiger Wirkung (»Ertrag«) gebucht, während in der positiven Ergänzungsbilanz des Z die lineare AfA mit 2 % abgesetzt wird.

A	Negative Ergänzungsbilanz Z zum 31.12.21 (in €)		P
Minderkapital Z	100.000		
./. Ertrag	5.000	Minderwert Gebäude	100.000
./. AfA	5.000		
Kapital (31.12.21)	**95.000**	Wert (31.12.21)	95.000

Aufgrund des reduzierten Minderkapitals ergibt sich ein **Gewinn** aus der **negativen Ergänzungsbilanz** i. H. v. 5.000 €. Damit ist die zu hohe anteilige AfA aus der Hauptbilanz (15.000 € : 3 = 5.000 €) vollständig **neutralisiert**.

A	Positive Ergänzungsbilanz Z zum 31.12.21 (in €)		P
Mehrwert Gebäude	90.000	Mehrkapital	90.000
./. AfA	1.800	**./. Verlust**	**1.800**
Wert (31.12.21)	88.200	**Kapital (31.12.21)**	**88.200**

Z erzielt aus der positiven Ergänzungsbilanz die ihm zustehende AfA von 1.800 €, die gleichzeitig seinen Verlust aus der Ergänzungsbilanz ausmacht.

Anstelle der zweifachen Korrektur mit positiver und negativer Ergänzungsbilanz, die allein bei komplexeren Vorgängen die richtige Gesamtgewinnwirkung garantiert, wird gelegentlich in der Lit. auch nur mit einer positiven Ergänzungsbilanz (wie hier mit 90.000 €) gearbeitet und die Kompensation der zu hohen AfA nur in der Hauptbilanz vorgenommen.

Aus Vereinfachungsgründen ist es auch zulässig (sog. **Praktikermethode**), in der (positiven) Ergänzungsbilanz nur die laufende Minder-AfA (hier: 3.200 €) zu buchen. Bei einer Veräußerung bzw. Entnahme des Grundstücks wird sodann der Buchwert erfolgsneutral aufgelöst.

Die Akzessorietät zwischen Hauptbilanz und Ergänzungsbilanz ist im Urteil des BFH vom 20.11.2014 (BFH/NV 2015, 409) infrage gestellt worden, wenn jetzt

- die **AfA** auf die **Restnutzungsdauer** eines abnutzbaren WG des Anlagevermögens vorzunehmen ist und
- dem G'fter dafür die Abschreibungswahlrechte zustehen, wie wenn er im Zeitpunkt des Anteilserwerbs Einzelunternehmer gewesen wäre.

Hinweis: Mit diesem Urteil kann es zur **Abweichung** des Abschreibungszeitraumes in der Ergänzungsbilanz gegenüber der Gesamthandsbilanz kommen (so nun auch BMF vom 19.12.2016, BStBl I 2017, 34 sowie *Ley* in KÖSDI 2017, 20278). Für Fälle des § 24 UmwStG ergeben sich keine Auswirkungen (*Demuth* in Gestaltende Steuerberatungspraxis 2017 (KSp 29), Tz. B/64).

4   Das Sonder-Betriebsvermögen und die Sonderbilanz

4.1   Übersicht

Bei allen steuerlichen Standardwerken und in der Praxis zur Besteuerung der PersG nimmt die Sonderbilanz und das Sonder-BV einen hohen Stellenwert ein. Dies liegt zum einen an der dogmatischen Ableitung aus § 15 Abs. 1 S. 1 Nr. 2 2. HS EStG[60] – anders als bei der Ergänzungsbilanz – und beruht zum zweiten auf der enormen Tragweite in fiskalischer und in steuergestaltender Hinsicht.

Bedingt durch zahlreiche BFH-Entscheidungen, die von der Verwaltung punktuell übernommen wurden (R 4.2 Abs. 2 EStR 2012, H 5.1 und H 15.8 Abs. 4 EStH 2019), hat sich folgende Klassifizierung des Sonder-BV durchgesetzt.

Sonder-BV I		Sonder-BV II	
»WG, deren **Nutzung** betrieblichen Zwecken der **MU-schaft** zugute kommt«		»WG im Zusammenhang mit der **Beteiligung** des G'fters«	
notwendiges Sonder-BV I	gewillkürtes Sonder-BV I	notwendiges Sonder-BV II	gewillkürtes Sonder-BV II
»unmittelbare Nutzung für MU-schaft«	objektiv geeignet und subjektiv für die MU-schaft bestimmt	unmittelbarer Zusammenhang mit der Beteiligung	objektiv geeignet und subjektiv für die Beteiligung bestimmt

Zur Komplettierung der Übersicht wird hinzugefügt, dass in beiden Kategorien aktive wie passive WG vertreten sind.

Wie bereits gesehen, zieht jedes Sonder-BV einen eigenen Kontenkreis nach sich (Sonder-WG, Sonder-G+V, Sonderprivatkonto, Sonderkapitalkonto). Innerhalb des Buchungskreises des Sonder-BV gelten die Regeln der doppelten Buchführung und damit des BVV (BFH vom 11.03.1992, BStBl II 1992, 797). Nach der BFH-Rspr. ist die PersG für die Aufstellung der Sonderbilanzen und der Gewinnermittlung des Sonder-BV verantwortlich (BFH vom 23.10.1990, BStBl II 1991, 401[61]). Sie ist getrennt vom Rechenkreis der steuerlichen Gesamthandsbilanz durchzuführen und kennt kein Pendant im Handelsrecht.

Hinweis: Die Trennung in die Kategorien Sonder-BV I und Sonder-BV II wird in der Praxis häufig unterlassen, hat aber enorme Bedeutung für das Verständnis der isolierten Buchungskreise und ist dringend zu empfehlen.

Hauptsächlich für vier Bereiche sind die Unterschiede praxisrelevant:

1. für die Frage der Bilanzierungskonkurrenz
2. für das gewillkürte BV,
3. für die Frage der wesentlichen Betriebsgrundlage und
4. für die korrespondierende Bilanzierung mit der Hauptbilanz.

Die beiden letzten sind die bei weitem wichtigsten Auswirkungen. Auf die genannten Aspekte wird nachfolgend im Detail eingegangen.

---

60 Daneben steht § 4 Abs. 1 EStG (BV-Begriff) Pate für die Erklärung des Sonder-BV.
61 Hierzu sehr kritisch und überzeugend *Knobbe-Keuk*, UR/BilR 1993, 442 f.

Vorweg ist darauf hinzuweisen, dass die eher terminologischen Fragen des gewillkürten BV (oben 2.) bzw. der wesentlichen Betriebsgrundlagen (oben 3.) nur bei exakter Zuordnung zu einer der beiden Kategorien beantwortet werden können. Die Frage nach der Bilanzierungskonkurrenz (zwischen Sonder-BV und einem daneben existierenden Einzelunternehmen = oben 1.) und die »korrespondierende Bilanzierung« (zwischen Gesamthandsbilanz und Sonderbilanz = oben 4.) kommen nur beim Sonder-BV I vor.

Sollten vom Lebenssachverhalt beide Sonder-BV angesprochen sein (etwa bei einer doppelten Betriebsaufspaltung), so geht nach BFH vom 10.05.2012 (BStBl II 2013, 471) das Sonder-BV I dem Sonder-BV II vor.

4.2 Das Sonder-Betriebsvermögen I

4.2.1 Der Grundtatbestand

Die herkömmliche Umschreibung, dass **notwendiges** Sonder-BV I vorliegt, wenn das betreffende WG unmittelbar der MU-schaft dient und bei ihr zum betrieblichen Einsatz kommt, hat zur Konsequenz, dass bei fehlendem Ausweis eine falsche Steuer-Bilanz vorliegt. Andererseits hängt es bei **gewillkürtem** Sonder-BV I neben der objektiven Geeignetheit für den betrieblichen Einsatz allein von der Willensentscheidung der PersG (und ihres G'fters) ab, das konkrete WG als BV zu willküren (zuletzt wieder vom BFH im Beschluss vom 17.12.2009, BFH/NV 2010, 1422 ausdrücklich betont). Bei unterlassenem Bilanzausweis kann der Willkürakt allenfalls zum nächsten Bilanztermin nachgeholt werden, eine falsche Bilanz liegt hier nicht vor.

Beispiel 3: Falsche oder richtige Bilanz? – Teil I

Der G'fter A einer gewerblichen MU-schaft überlässt der ABC-GbR ein ihm gehörendes Grundstück I, worauf diese den Parkplatz errichtet.

B erwirbt ein Grundstücksareal II in der Absicht, es einige Zeit später an die GbR zu verpachten.

C verleast an die GbR eine Immobilie III, damit diese für ihn auf dem Grundstück ein EFH errichtet.

Die Nutzungsüberlassung eines Grundstücks bildet den Prototyp des Sonder-BV I. Hiervon ist der Fall der Sacheinlage[62] einer Immobilie zu unterscheiden, bei der der G'fter jede eigene Verfügungsmacht verliert und stattdessen eine Gesamthandsberechtigung – wie die anderen G'fter auch – erhält. Die Frage der zulässigen bzw. notwendigen Bilanzierung hat nicht nur wegen der Steuerverstrickung des betrieblichen WG weit reichende Konsequenzen.

Lösung:

*   Bei A/Immobilie I liegt notwendiges Sonder-BV I vor.
*   Das Grundstück II stellt für B ein WG des gewillkürten Sonder-BV I dar, da auch eine künftige betriebliche Nutzung geeignet ist, den objektiven Zusammenhang herzustellen. Je nach Willensentscheidung von B (und der GbR) erzielt B gewerbliche Einkünfte (bei Bilanzierung im Sonder-BV) oder Vermietungs-Einkünfte (bei Nichtbilanzierung).
*   C fällt mit dem Immobilien Leasing weder unter den Anwendungsbereich des notwendigen noch des gewillkürten Sonder-BV I, da das Grundstück III in steuerlicher Hinsicht notwendiges PV des C bildet. Daran ändert selbst eine alternative Ergänzung des Sachverhalts dergestalt, dass die GbR wirtschaftlicher Eigentümer der Immobilie III werden sollte[63], nichts. Hier hat die GbR zwar in ihrer HB das Grundstück III zu aktivieren, darf dies wegen § 5 Abs. 6 EStG aber nicht in der StB.

---

62   Ebenso fällt die Nutzungseinlage (»quoad usum«) nicht darunter. Hier wird mit dem Nutzungswert (z. B. jährlicher Mietzins) bei einer unentgeltlichen Nutzungsüberlassung kontinuierlich das Kapitalkonto aufgefüllt.

63   Zur Gestaltung beim Immobilien-Leasing, wonach der Leasingnehmer wirtschaftlicher Eigentümer des Grundstücks wird s. *Bressler*, Teil A, Kap. II.

Weitere entschiedene Fälle (Sonder-BV: ja/nein):

Notwendiges Sonder-BV I		Gewillkürtes Sonder-BV I	
Sachverhalt	Zugehörigkeit	Sachverhalt	Zugehörigkeit
Grundstücksüberlassung zur (teilweisen) Weitervermietung durch PersG	Ja	Grundstücksüberlassung zur ausschließlichen Fremdvermietung durch PersG	Ja
Darlehensforderungen gegen PersG	Ja	Unbebautes Grundstück als Tauschobjekt	Ja
Vermietung des Pkw an PersG bei einer betrieblichen Nutzung von > 50 %	Ja	Vermietung des Pkw an PersG bei einer betrieblichen Nutzung > 10 % und < 50 %	Ja
G'fter nutzt eigenen Pkw zu > 50 % für betriebliche Zwecke	Nein; es liegt Sonder-BV II vor	Vermietung des Pkw an PersG bei einer betrieblichen Nutzung von < 10 %	Nein; es liegt PV vor
Überlassung einer wesentlichen Betriebsgrundlage an eine PersG durch einen Einzelgewerbetreibenden, an der er beherrschend beteiligt ist (s. BFH vom 18.08.2005, BStBl II 2005, 830) (mitunternehmerische Betriebsaufspaltung)	Ja, Zuordnung zum notwendigen Sonder-BV I bei der Besitzgesellschaft geht der Zuordnung zum Sonder-BV II bei der Betriebsgesellschaft vor	Grundstück des G'fters ohne entsprechende Widmung, um dem Betrieb der PersG zu dienen (fehlender Ausweis in der Buchführung, in einer Sonderbilanz, in der Gesamtbilanz der KG)	Nein (s. BFH vom 06.05.1986, BStBl II 1986, 838)
Erwerb eines Grundstückes in der Absicht, es später an die KG zu veräußern, die noch nicht werbend tätig ist	Nein (s. BFH vom 06.05.1986, BStBl II 1986, 838)	Anteile der MU an einer KapG	Im Einzelfall ja (s. FG Rheinland-Pfalz vom 12.09.1994, EFG 1995, 108 f.)

4.2.2 Das Konkurrenzproblem mit dem eigenen Betriebsvermögen

Eine der umstrittensten Fragen war lange Zeit die Behandlung eines eigenen betrieblichen WG, das der PersG zur Nutzung überlassen wird. Reicht die Konzentrationswirkung von § 15 Abs. 1 Nr. 2 2. HS EStG aus, um ein WG des G'fters, das bereits in einem BV (**Beispiel** Einzelunternehmen) aktiviert ist, um es steuerlich als Sonder-BV zur MU-schaft zu ziehen?

Beispiel 4: Doppeltes BV?

K, der als Einzelunternehmer eine Kfz-Vertragswerkstatt betreibt, ist zusätzlich als Kommanditist an der Y-KG (Geschäftszweig: Taxigewerbe) beteiligt. K schließt mit der Y-KG einen Jahresmietvertrag über einen Mercedes 220 CDI, den er bis vor kurzem als Firmenwagen gefahren hat und nach Ablauf des Mietvertrages wieder entsprechend nutzen möchte. Ist die AfA für den Mercedes als BA bei der Vertragswerkstatt oder als Sonder-BA bei der Y-KG zu erfassen?

Lösung: Entgegen der ursprünglichen Verwaltungsauffassung (so noch der MU-Erlass 1977: sog. »Subsidiaritätsthese«) hat heute bei der Bilanzierungskonkurrenz von Sonderbetrieb und Eigenbetrieb **§ 15 Abs. 1 Nr. 2 EStG Vorrang** vor der Erfassung im Einzelunternehmen (s. aber unten Hinweis!).

Danach kommt § 15 Abs. 1 Nr. 2 2. HS EStG nicht nur der Charakter einer Qualifikationsnorm zu (aus Überschusseinkünften werden gewerbliche Einkünfte). Vielmehr hat diese Norm auch eine **Zuordnungsfunktion** dergestalt, dass WG im Doppeleinsatz im Zweifel der MU-schaft zugewiesen werden.[64] Die AfA, aber auch die Mieterträge sind im Sonder-BV des K und nicht in dessen Einzelbetrieb zu erfassen. Die steuerliche Übertragung des Pkw aus dem BV des Einzelunternehmens in das Sonder-BV der OHG erfolgt nach den Regelungen des § 6 Abs. 5 S. 2 EStG zum Buchwert. Mangels Rechtsträgerwechsels entstehen in der Handelsbilanz keine neuen Anschaffungskosten für die Beteiligung. Wird hingegen die Stellung als MU aufgegeben (z. B. durch Veräußerung des Anteils) und dabei das WG jedoch zurückbehalten, ist das WG wieder in der Bilanz des Einzelunternehmens zu erfassen (BFH vom 06.03.2002, BStBl II 2002, 737).

Von diesem Vorrang wird nur bei Leistungen im Rahmen des **laufenden Geschäftsverkehrs eine Ausnahme** gemacht, wenn ein zufälliges Zusammentreffen stattfindet.[65] Diese aus § 97 Abs. 1 Nr. 5 S. 2 2. HS BewG abgeleitete Auffassung, wonach bewertungsrechtlich gegenseitige Forderungen aus dem regelmäßigen Geschäftsverkehr zwischen G'fter und PersG nicht anzusetzen sind, wird durch den BFH vom 26.03.1987 (BStBl II 1987, 564) auf das Ertragsteuerrecht übertragen.

Handelt es sich bei der das WG überlassenden Person wiederum um eine (Schwester-)PersG, so kommen die besonderen Grundsätze der mitunternehmerischen Betriebsaufspaltung zum Tragen (s. BMF vom 28.04.1998, BStBl I 1998, 583). Demnach haben die Grundsätze der Betriebsaufspaltung und die Behandlung als eigenes BV der vermietenden PersG in Fällen einer entgeltlichen Nutzungsüberlassung Vorrang vor der Anwendung des § 15 Abs. 1 S. 1 Nr. 2 S. 1 2. HS EStG.

4.2.3   Die spezielle Gewinnermittlung beim Sonder-Betriebsvermögen I

Nur beim Sonder-BV I tritt ein weiteres Bilanzproblem auf. Oftmals werden in den Sonderbilanzen WG (Forderungen) ausgewiesen, die mit einem entgegengesetzten Bilanzposten in der Hauptbilanz der PersG (Verbindlichkeiten) korrelieren. Im einfachsten Fall kann man sich das für eine **ausstehende Monatsmiete** für das überlassene WG vorstellen. Da es sich um zwei getrennte Buchungskreise mit unterschiedlichen »Bilanzträgern« (Einzelperson in der Sonderbilanz und PersG in der Hauptbilanz) handelt, kommen zwangsläufig verschiedene Bilanzierungsgrundsätze zum Tragen. Am eklatantesten prallen die verschiedenen Auffassungen beim Imparitätsprinzip des § 252 Abs. 1 Nr. 4 HGB aufeinander, wie schon der Name verrät: Während der Kaufmann drohende Verluste (»schwache Pflichten«) nach dem Vorsichtsprinzip zum Bilanzstichtag berücksichtigen muss, darf (und muss) er Gewinne erst dann ausweisen, wenn er seinerseits einwendungsfrei geleistet hat (Realisationsgebot bei den »schwachen Rechten«).[66] Dies wird bei gegenseitigen Beziehungen beim (vermeintlich) Verpflichteten bereits zu einer Rückstellung führen, während beim (vermeintlich) Anspruchsberechtigten noch lange keine Forderung aktiviert werden darf.

4.2.3.1   Ein Standardfall (Fremdwährungsdarlehen)

Bei Darlehensverträgen zwischen dem G'fter und der PersG wird sich sehr schnell das Problem der – wegen § 252 Nr. 4 HGB – unterschiedlichen Bewertung der gegenseitigen Ansprüche ergeben. Ganz offenkundig ist dies bei Fremdwährungsdarlehen.

---

64   S. BFH vom 24.03.1999 (BStBl II 2000, 399) sowie BMF vom 28.04.1998 (BStBl I 1998, 583 Nr. 6).

65   Vgl. nur *Wacker* in *Schmidt*, EStG, § 15 Rz. 535.

66   »Drohgewinne« sind noch nicht zu berücksichtigen.

Beispiel 5: Das Fremdwährungsdarlehen in der MU-schaft

B ist zu 50 % an der AB-PartG beteiligt. B gewährt der PartG zum 20.12.01 ein Darlehen i. H. v. 100.000 US-$ (zum Kurs von 1 € = 0,665 US-$; umgerechnet etwa: 150.000 €), das diese zwei Jahre später ebenfalls in US-$ zurückzuzahlen hat. Für das Darlehen werden 5 % Zinsen vereinbart. Zum 31.12.02 ist der Kurs auf 0,66 US-$ gefallen, sodass sich der Kurswert des Darlehens um etwa 1.000 € erhöht. Welche Auswirkungen ergeben sich für beide Bilanzen zum 31.12.02?

Bei Fremdwährungsdarlehen kann der Darlehensgeber nur einen gestiegenen Umrechnungskurs (der Euro steigt gegenüber der ausländischen Währung im Wert (BMF vom 25.02.2000, BStBl I 2000, 372); damit fällt der Wert der in Euro umzurechnenden Auslandsvaluta) durch eine TW-AfA berücksichtigen. Umgekehrt (sinkender Kurs) sind ihm die Hände gebunden, da sich der Kurs bis zum Rückgabetag noch ändern kann (Realisationsgebot). Die durch das BilMoG eingeführte Regelung des § 256a HGB ändert daran nichts, da einerseits die Laufzeit der hier vorliegenden Forderung mehr als zwölf Monate beträgt und andererseits für Zwecke des steuerlichen Ansatzes weiterhin die Grundsätze der ordnungsmäßigen Buchführung des § 252 HGB gelten (s. BMF vom 12.03.2010, BStBl I 2010, 239).

Wiederum anders muss der Darlehensnehmer bei dauerhaft gesunkenen Kursen den höheren Wert der Verbindlichkeit ansetzen (BFH vom 15.11.1990, BStBl II 1991, 228), ohne steigende Kurse berücksichtigen zu dürfen.

Lösung:

Auf der Ebene der **PartG (Gewinnermittlungssubjekt)** wird die Schuld einheitlich passiviert. Zum 20.12.01 (und zum 31.12.01) erfolgt dies zum Nennbetrag der Verbindlichkeit i. H. v. 150.000 €. Der gesunkene Kurs zum 31.12.02 führt gem. § 252 Nr. 4 i. V. m. § 253 Abs. 1 S. 2 HGB zum Ansatz des – nachhaltig – erhöhten Erfüllungsbetrages von 151.000 €. Für die StBil der PartG wird das gleiche Ergebnis nach § 6 Abs. 1 Nr. 3 i. V. m. Nr. 2 EStG sowie § 5 Abs. 1 EStG erreicht.

In der G+V der PartG führt dies – neben dem regulären Zinsaufwand (7.500 €) – zu einem sonstigen betrieblichen Aufwand (Erhöhung der Darlehensschuld um 1.000 €).

Auf der 2. Stufe der betrieblichen Gewinnermittlung wird das **Sonderergebnis des G'fters B** festgestellt (additive Gewinnermittlung).

In seiner Sonderbilanz ist die Darlehensforderung gegen die PartG zu erfassen (notwendiges Sonder-BV I, da der PersG von einem G'fter Kapital überlassen wird, die dieses für betriebliche Zwecke unmittelbar nutzt). In der Sonder-G+V des B ist zunächst der Zinsertrag i. H. v. 7.500 € zu erfassen. Nach dem Imparitätsprinzip darf B aber die Wertsteigerung seines Rückzahlungsanspruchs nicht erfassen, da der Ertrag noch nicht gesichert ist.

Nach nunmehr gesicherter BFH-Rspr. (BFH vom 28.03.2000, BStBl II 2000, 612) und nach h. A. in der Literatur (*Wacker* in *Schmidt*, § 15, Rz. 404 ff. (405) m. w. N.; ähnlich auch *Reiß* in *Kirchhof-kompakt*, § 15, Rz 313 ff.) gilt im Verhältnis von Hauptbilanz und Sonderbilanz (Sonder-BV I) der Grundsatz der **additiven Gewinnermittlung** mit **korrespondierender Bilanzierung**.

Danach stimmen der sachlich korrespondierende Aufwand und Ertrag betragsmäßig überein. Ebenso weisen die gegenseitigen Forderungen und Schulden in beiden Bilanzen den gleichen Bestand auf. Noch ungeklärt ist, welche der beiden Bilanzen dabei »den Ton angibt«. Losgelöst von abstrakten Überlegungen kann die praxisgerechte Lösung nur lauten, dass **zuerst** der **bilanzielle Regelfall** – egal bei welcher Bilanz – entschieden wird und der Ausnahmetatbestand sich hieran anschließt.

Vorliegend entspricht es sicher primär dem Vorsichtsprinzip, die Darlehensverbindlichkeit höher anzusetzen als die Forderung einzufrieren, sodass zunächst in der Hauptbilanz der PartG die Schuld mit 151.000 € passiviert wird, um sodann in der Sonderbilanz des B mit der Forderung »nachzuziehen«.

Im Ergebnis erzielt B im Sonder-BV einen Ertrag aus der Werterhöhung seiner Rückzahlungsforderung gegen die PartG i. H. v. 1.000 €.

Exkurs (1): Verzicht auf die Forderung

Der in diesem Zusammenhang häufig vorkommende Fall des Forderungsverzichts ist vom BFH für beide Gesellschaftsformen (PersG wie KapG) fast identisch gelöst worden (BFH-GrS-Entscheidung vom 09.06.1997, BStBl II 1998, 307).

- Verzichtet der G'fter aus »eigenbetrieblichem Interesse«, so liegt i. H. d. **werthaltigen** Teils der Forderung bei der PersG eine Einlage und beim G'fter eine Entnahme vor. I. H. d. **nicht werthaltigen** Teils der Forderung liegt bei der PersG ein stpfl. Ertrag vor und beim G'fter kommt es zum (Sonder-)BA-Abzug.
- Verzichtet der G'fter aus »gesellschaftsrechtlichem Interesse«, so kommt dies einer unentgeltlichen Übertragung eines WG zu Buchwerten gleich (unabhängig von der Werthaltigkeit), vgl. § 6 Abs. 5 S. 3 Nr. 2 EStG.

Exkurs (2): Wertminderung auf Forderungen

Der korrespondierenden Bilanzierung ist es auch zuzuschreiben, dass sich **Wertminderungen** auf Forderungen des G'fters erst bei **Vollbeendigung** der PersG auswirken (BStBl II 1993, 594).

4.2.3.2   Pensionszusagen

Nach älterer Rspr. des BFH sind Rückstellungen für Pensionszusagen an G'fter-GF von PersG nicht mit steuerlicher Aufwandswirkung in der MU-Bilanz zugelassen, da sie in entsprechender Wertung des § 15 Abs. 1 Nr. 2 S. 1 EStG als »nachträgliche« Tätigkeitsvergütungen den MU-Gewinn nicht mindern dürfen. Handelsrechtlich wiederum gibt es für Zusagen, die nach dem 31.12.1986 erfolgten, keinen Ausweg: Es handelt sich um eine passivierungspflichtige Rückstellung gem. § 249 Abs. 1 HGB.

Der BFH hat mit Urteil vom 02.12.1997 (BFH/NV 1998, 779, 781 und 783) entschieden, dass im Rahmen der zweistufigen Gewinnermittlung Pensionsrückstellungen gebildet werden müssen. Durch den Grundsatz der **additiven Gewinnermittlung mit korrespondierender Bilanzierung** muss jedoch in der Sonderbilanz ein der Rückstellung entsprechender Betrag als Aktivposten ausgewiesen werden. Damit hat die Rückstellungsbildung in der StB der PersG keinen Einfluss auf den Gesamtgewinn der MU-schaft, da die Aufwandsbuchung in der PersG (»Pensionsaufwand an Pensionsverpflichtung«) durch die Ertragsbuchung in der Sonderbilanz (»Pensionsanwartschaft an Ertrag bzw. an nachträgliche Tätigkeitsvergütung«) in voller Höhe ausgeglichen wird.

Für den Fall, dass sich diese steuerliche Buchungspraxis einbürgert, wird § 15 Abs. 1 **S. 2** i. V. m. Nr. 2 EStG demnächst obsolet werden, zumindest seinen Hauptanwendungsfall »verlieren«. Danach sind (waren) **Pensionszahlungen** nachträgliche gewerbliche Einkünfte, die über die analoge Anwendung von § 15 Abs. 1 Nr. 2 EStG den steuerlichen Gewinn der PersG nicht mindern dürfen. Nach älterer überholter Rechtsauffassung führten erst die Zahlungen – auch an die Witwe des Ex-G'fters – zu einer entsprechenden steuerlichen Null-Wirkung. Wird hingegen bereits die Anwartschaft erfasst, so stellen die späteren Zahlungen nur noch einen gewinnneutralen Aktivtausch dar (BS: Geld (bzw. Entnahme) an Anwartschaft). Nach anderer Ansicht sind bei Zufluss die Pensionsbezüge um die jährliche Minderung des Aktivpostens in der Sonderbilanz zu vermindern.

Im BMF-Schreiben vom 29.01.2008 (BStBl I 2008, 317) schließt sich die FinVerw unzweideutig der Rspr. an und betont dabei, dass die **aktivische Korrektur nur beim begünstigten G'fter** stattfindet (ebenso BFH vom 05.05.2010, BStBl II 2010, 923, zwar zu § 13a ErbStG, aber mit unmittelbarer Geltung für § 15 Abs. 1 Nr. 2 EStG).

Als weiteres bilanzrechtliches Thema ist der Fall anzusprechen, dass die Anwartschaft auf die Pension durch vorzeitigen Tod oder ein durch anderes im Gesellschaftsvertrag geregeltes Ereignis entfällt. Bei Wegfall der Zusage entsteht in der Sonderbilanz ein Sonderbetriebsaufwand (BS: »sonstiger betrieblicher Aufwand an Pensionsanwartschaft«) und in der Hauptbilanz ein Ertrag (BS: »Pensionsrückstellung an sonstiger betrieblicher Ertrag«).

Zur bilanzsteuerlichen Behandlung (§ 6a EStG) von sog. Nur-Pensionszusagen s. BMF-Schreiben vom 13.12.2012 (BStBl I 2013, 35) sowie von gewinnabhängigen Pensionsleistungen (§ 6a Abs. 1 Nr. 2 EStG) s. BMF-Schreiben vom 18.10.2013 (BStBl I 2013, 1268).[67]

Hinweise:

1. Für den Fall, dass nach Ausscheiden aus dem aktiven Dienst nicht nur die Ex-G'fter, sondern auch deren Witwen eine Pension erhalten, hat der BFH in einer Entscheidung zum Erbschaftsteuerrecht vom 05.05.2010 (BStBl II 2010, 923) entschieden, dass auch diese im Sonder-BV des G'fters zu aktivieren war.

2. **Ausländische KapG** im Sonder-BV einer GmbH & Co. KG
   Eine britische Ltd war die VertriebsG einer deutschen GmbH & Co. KG. An dieser waren deutsche und ausländische Steuerbürger beteiligt. Da die Vertriebs-Ltd zum Sonder-BV der G'fter der KG gehörte, waren die Zinsen für ein G'fterdarlehen nach dem BFH-Urteil vom 12.06.2013 (Az.: I R 47/12) auch für den ausländischen G'fter (aus Thailand) als Unternehmensgewinne (und nicht als Darlehenszinsen) zu behandeln.

3. **Ausscheiden aus dem Sonder-BV**
   Für den Fall, dass ein Mitunternehmen in seinem Sonder-BV befindliche GmbH-Anteile schenkweise auf einen Angehörigen überträgt, scheiden die GmbH-Anteile mit der Übertragung aus dem Sonder-BV aus. Dies gilt auch dann, wenn die Anteile nach der Übertragung im Außenverhältnis treuhänderisch für den Angehörigen gehalten werden. Der BFH hat im Urteil vom 24.04.2014 (BFH/NV 2014, 1519) entschieden, dass ein etwaiger Entnahmegewinn im Jahr der Übertragung der GmbH-Anteile zu erfassen ist.

4.2.3.3 Sonderbetriebsvermögen bei mehrstöckigen Personengesellschaften

Werden bei einer doppelstöckigen PersG Finanzierungsaufwendungen für den Erwerb von Anteilen an der Obergesellschaft getätigt, die sich auch (mittelbar) auf die Untergesellschaft auswirken, kann eine Aufteilung entsprechend der AK für die anteiligen WG von Ober- und Untergesellschaft erfolgen (BFH vom 12.10.2016, DStR 2017, 589).

4.3 Das Sonder-Betriebsvermögen II

4.3.1 Der Grundtatbestand

Zum notwendigen Sonder-BV II zählen die WG, die in einem unmittelbaren wirtschaftlichen Zusammenhang mit der **Beteiligung** des MU stehen. In der gleichen Abgrenzung wie beim Sonder-BV I (bzw. beim Einzelunternehmer) gehören zum gewillkürten Sonder-BV II diejenigen WG, die objektiv geeignet und subjektiv bestimmt sind, die **Beteiligung** des G'fters zu fördern.

---

67   S. zum Ganzen *Weber-Grellet* in *Schmidt*, EStG, § 6a Rz. 35 und *Wacker* in *Schmidt*, EStG, § 15 Rz. 586.

Beispiel 6: Falsche oder richtige Bilanz? – Teil II

G'fter X der XYZ-KG nimmt bei seiner Bank ein Darlehen i. H. v. 100.000 € zu banküblichen Zinsen (6 %) auf, um seiner Einlageverpflichtung gegenüber der KG nachzukommen. Daneben erwirbt er mit privaten Mitteln Wertpapiere, mit denen er spekulieren möchte und die er später als Verpfändungsmöglichkeit für Kredite der KG bereithalten möchte.

X (bzw. die KG) hat bis zum heutigen Tage keine Sonderbilanz für X erstellt. Zu Recht?

Das Sonder-BV II ist unter Gestaltungsaspekten von großer Bedeutung, da sich wegen des »Beteiligungsbezugs« Finanzierungskredite mit steuerlicher Absetzungswirkung kreieren lassen. Die Zinsen stellen Sonder-BA dar und lassen sich zur Verlustbildung bei einer gewerblichen MU-schaft optimal einsetzen. Der unmittelbare Finanzierungskredit für die Beteiligung ist ein notwendiges passives WG des Sonder-BV II (so auch der BFH vom 12.02.2004, BFH/NV 2004, 951).

Lösung:

a) Die unterlassene Passivierung des Kredits ist ein Bilanzierungsfehler, da es sich um notwendiges Sonder-BV II handelt.
b) Andererseits erfüllt der Erwerb von Wertpapieren mit privaten Mitteln weder die Kriterien von notwendigem noch von gewillkürtem Sonder-BV II. Insoweit liegt notwendiges PV des X vor. In dem Augenblick, in dem er die Wertpapiere für Betriebskredite verpfänden lässt, handelt es sich m. E. um gewillkürtes Sonder-BV I, da die Wertpapiere eher geeignet sind, dem Betrieb der PersG als der Beteiligung zu dienen.

Sonderbilanz X (in T€)				Sonder-G+V (in T€)			
Minderkapital	100	Darlehen	100	(1) Zinsen	6		
(2) + 6						(2) **Verlust**	6
(1) ./. 6							
Schlusskapital	100						

Sonderprivatkonto[68] (in T€)			
		(1) Einlage	6
(3) Kapitalkonto	6		

X hat aus der Sonderbilanz 6 T€ Verlust erzielt, die bei seinem gewerblichen Ergebnis bei der XYZ-KG berücksichtigt werden.

Verprobung: Nach dem BVV (SB 100 ./. AB 100 ./. Einlage) wird das identische Ergebnis (Verlust i. H. v. 6 T€) erzielt.

4.3.2   Anwendungsfälle zum notwendigen und gewillkürten Sonder-Betriebsvermögen II

Die nachfolgende Tabelle listet die zusätzlichen und **wichtigsten vom BFH positiv entschiedenen Fälle zum Sonder-BV II** auf:

---

68   Für den (häufigen) Fall, dass im Sonder-BV für den Zahlungsverkehr kein eigenes Geldkonto (»Sonder-Bank«) geführt wird, ist immer auf den (Sonder-)Privatkonten zu buchen.

Notwendiges Sonder-BV II		Gewillkürtes Sonder-BV II	
Sachverhalt	Zugehörigkeit	Sachverhalt	Zugehörigkeit
Anteile an der Komplementär-GmbH, die vom Kommanditisten einer GmbH & Co. 10 % und < 50 % gehalten werden (s. BFH vom 30.03.1993, BStBl II 1993, 706); die GmbH darf keinen eigenen Geschäftsbetrieb unterhalten. Einzelheiten s. OFD Frankfurt vom 03.12.2015, DStR 2016, 676)	Ja	Anteile eines Kommanditisten einer GmbH & Co. an der Komplementär-GmbH mit einem eigenen Geschäftsbetrieb von nicht ganz untergeordneter Bedeutung	Ja
KapG-Anteile bei der Betriebsaufspaltung	Ja	Vorratsgrundstück (s. BFH vom 19.03.1981, BStBl II 1981, 731)	Ja
Sonstige KapG-Anteile, wenn zur PersG eine enge Beziehung (z. B. GmbH & atypisch still) besteht	Ja	Pkw des G'fters mit einer betrieblichen Nutzung von > 10 % und < 50 %	Ja
Bei Bürgschaften (passives Sonder-BV II), Auswirkung als Sonder-BA aber erst bei Inanspruchnahme (s. BFH vom 24.03.1999, BStBl II 2000, 399 und vom 27.06.2006, BStBl II 2006, 874)	Ja	Darlehensforderung des Kommanditisten einer KG gegenüber dem Geschäftspartner der KG, wenn dieser keine wesentliche wirtschaftliche Funktion der KG innehat (s. FG München vom 25.10.2005, Az.: 6 K 4031/04)	Nein
Beteiligung eines Kommanditisten an der Allein-G'fterin der Komplementär-GmbH bei eigenem Geschäftsbetrieb der Allein-G'fterin (s. FG Berlin-Brandenburg vom 14.10.2008, EFG 2009, 179; Revision ist eingelegt)	Nein	–	–
< 10%-Anteil des Kommanditisten an der geschäftsführenden Komplementär-GmbH, falls für Abstimmungen das Mehrheitsprinzip gilt	Nein! (BFH vom 16.04.2015, BStBl II 2015, 705)		

Anders als beim Sonder-BV I gibt es beim Sonder-BV II keinen Vorrang des Sonderbetriebes vor dem Eigenbetrieb für den Fall, dass die WG gleichzeitig im Einzelunternehmen des G'fters erfasst sind.

Auf den konkreten Veranlassungszusammenhang (WG-Beteiligung), der für alle Formen des Sonder-BV II zu prüfen ist, hat der BFH nochmals im Beschluss vom 02.04.2003 (BFH/NV 2003, 1309) für einen Fall der Betriebsaufspaltung hingewiesen. Im Beschlussfall ist das vom Besitz-G'fter an die Betriebs-GmbH überlassene WG nur dann Sonder-BV II, wenn sein Einsatz in der GmbH durch die betrieblichen Interessen der BesitzG (!) veranlasst war.

Besonders hohe Anforderungen sind beim gewillkürten Sonder-BV II an die Deutlichkeit der Widmung (des Willkürens) gerichtet. Nach ständiger BFH-Rspr. muss sich die Charakterisierung als BV aus der Buchführung ergeben (BFH vom 07.04.1992, BStBl II 1993, 21). Anderen Willensäußerungen wie etwa der Mitteilung an das FA (durch konkludente Erfassung in der

Steuererklärung) steht die Rspr. reserviert gegenüber. Spätestens im Falle eines drohenden Dauerverlustes (z. B. bei Wertpapieren) muss sich der Widmungsakt rechtzeitig aus den Bilanzen ergeben.

4.3.3   Sonderbetriebsvermögen über die Grenze

4.3.3.1   Ausländisches Sonderbetriebsvermögen eines ausländischen Gesellschafters einer inländischen Personengesellschaft

Unbestritten sind etwaige Aufwendungen der inländischen PersG in Zusammenhang mit dem WG Betriebsausgaben, die im kollektiven Ergebnis der PersG aufwandswirksam berücksichtigt werden.

Die deutsche Steuerpflicht der Sondervergütungen des ausländischen G'fters hängt allein davon ab, ob mit dem ausländischen WG (Grundstück, Patent), das der PersG überlassen wird, eine **inländische Betriebsstätte** (§ 12 AO) begründet wird und die Tätigkeit bzw. das überlassene WG dieser Betriebsstätte zuzuordnen ist (s. BFH vom 10.07.2002, BStBl II 2003, 191 und BFH vom 08.09.2010, BFH/NV 2011, 138 sowie BMF vom 16.04.2010, BStBl I 2010, 354, Rn 2.2.1 und 5.1). Falls dies zutrifft, unterliegen die Vergütungen der deutschen Steuerpflicht des ausländischen G'fters.

Falls dies nicht der Fall ist, sind die Vergütungen vorbehaltlich einer DBA-Regelung im Ausland steuerbar.

4.3.3.2   Ausländisches Sonderbetriebsvermögen eines inländischen Gesellschafters

§ 1 Abs. 1 EStG i. V. m. § 15 Abs. 1 S. 1 Nr. 2 S. 1 2. HS EStG beziehen in doppelter Konzentrationswirkung (Welteinkommensprinzip und im Zweifel gewerbliche Einkünfte) Vergütungen für etwaigen Leistungsaustausch in die deutsche Steuerpflicht mit ein.

Hinweis: Veräußert ein MU Sonder-BV, bevor er den ihm verbleibenden MU-Anteil unentgeltlich überträgt, so steht dies der unentgeltlichen Übertragung nach § 6 Abs. 3 EStG nicht entgegen (BFH vom 09.12.2014, BFH/NV 2015, 415). Dieses Urteil hängt mit der Gesamtplan-Rspr. zusammen.

4.4   Verfahrensrechtliche Fragen

Nach §§ 179, 180 Abs. 1 Nr. 2 Buchst. a AO ergehen einheitliche Feststellungsbescheide bei PersG, da »an der Besteuerungsgrundlage mehrere Personen beteiligt sind und die Einkünfte diesen Personen steuerlich zuzuordnen sind«. Von der Konzentrationswirkung der Grundlagenbescheide sind insb. die Sonder-BE und Sonder-BA der G'fter mit erfasst.[69] So überrascht es nicht, dass die PersG für die Ermittlung der Besteuerungsgrundlagen – und nicht der G'fter – verantwortlich ist.

Kommt es zu einer geänderten Rechtslage (zu Unrecht erfasstes Sonder-BV erweist sich als PV der G'fter und umgekehrt), so gilt im Verhältnis zwischen dem Gewinnfeststellungsbescheid der PersG und dem ESt-Folgebescheid des G'fters nach dem BFH-Urteil vom 15.06.2004 (BStBl II 2004, 914) allerdings nicht § 174 Abs. 5 AO: Die Berichtigungsautomatik der widerstreitenden Steuerfestsetzung gilt hier nicht, da der G'fter nicht als »Dritter« i. S. d. § 174 Abs. 5 AO anzusehen ist.[70]

---

69   S. hierzu auch *Bähr*, Band 3, Teil A, Kap. V 3.
70   Daneben kann aber § 174 Abs. 4 AO in Betracht kommen (identische Voraussetzungen wie § 175 Abs. 5 AO).

III Die Doppelgesellschaften im Konzept der Mitunternehmer-Besteuerung

1 Klarstellung

Unter dem Begriff der Doppelgesellschaften werden zahlreiche Mischformen verstanden, bei denen aus dem Angebot der Rechtsordnung neue Typenkombinationen geschaffen wurden. Nachdem wegen des gesellschaftsrechtlichen Numerus clausus (geschlossener Kreis der zulässigen Gesellschaftsformen) keine neuen Gesellschaften erfunden werden können, obliegt es dem Rechtsverkehr, die vorhandenen Gesellschaften zu kombinieren. Meist sind es steuerliche Optimierungsgründe, die für die Kreationen verantwortlich sind.[71]

Innerhalb der Doppelgesellschaften nehmen die GmbH & Co. KG und die Betriebsaufspaltung alleine wegen der Häufigkeit eine Sonderstellung ein. Auch die Innengesellschaften in Form der GmbH & atypisch still erfreuen sich großer Beliebtheit. Neue Formen wie die Stiftung & Co. sowie die (atypische) KGaA werden in die Darstellung miteinbezogen.

Die (typische) GmbH & Co. KG steht dabei für den gesellschaftsrechtlichen Zusammenschluss, wonach die GmbH und ihre G'fter gleichzeitig G'fter der KG sind. Demgegenüber steht die Betriebsaufspaltung eher für den betriebswirtschaftlichen Zusammenschluss von mehreren rechtlich selbständigen Gesellschaften.

2 Die GmbH & Co. KG[72]

2.1 Grundsatzverständnis und Erscheinungsformen

Die GmbH & Co. KG ist wirtschaftlich eine Doppelgesellschaft, zivilrechtlich eine PersG und steuerlich (in den meisten Fällen) eine MU-schaft.

An einer KG ist eine KapG (GmbH) beteiligt. Somit kommen beide Säulen des Gesellschaftsrechts wie des Steuerrechts gleichzeitig zum Tragen. Anknüpfungspunkt ist aber immer das Recht der **PersG** bzw. der MU-schaft. Körperschaft(steuer)rechtliche Fragen kommen nur auf der Ebene der G'fter, d. h. bei der GmbH, zum Tragen.

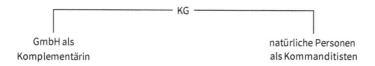

2.1.1 Zivilrechtliche Grundlagen, insbesondere bei Errichtung der GmbH & Co. KG

Der Unterschied im **G'fter-Bestand** zu einer KG besteht darin, dass bei **gleichzeitiger Errichtung** von GmbH und KG die Komplementär-GmbH als juristische Person noch nicht besteht (§ 11 und § 13 GmbHG). Während die KG gem. § 123 Abs. 2 HGB bereits mit einvernehmlichem Geschäftsbeginn im Rechtsverkehr wirksam auftritt, hat man es bei der GmbH in Gründung zunächst mit einer Vorgründungsgesellschaft und sodann mit einer Vor-GmbH (bis zur Eintragung im HR) zu tun. Während die G'fter-Fähigkeit beider Vorstufen einer KapG keine Prob-

---

leme verursacht, kann es im Falle der unterlassenen Registereintragung zu »dramatischen« Haftungskonsequenzen für die Gründungs-G'fter der GmbH kommen.

Die dort von der Rspr. entwickelte Differenzhaftung sowie die gesetzliche Haftung nach § 11 Abs. 2 GmbHG (die sog. Handelndenhaftung) kann – im Zusammenwirken mit der Haftung des Komplementärs gem. § 128 HGB (!) – dazu führen, dass bei einer missglückten Registereintragung der GmbH deren Gründungs-G'fter wie Komplementäre persönlich und mit ihrem Privatvermögen haften.

Beim Gesellschaftsvertrag ist darauf zu achten, dass § 2 GmbHG die notarielle Beurkundung der Satzung vorschreibt, während der KG-Gesellschaftsvertrag grundsätzlich formfrei ist. Im Unterschied zur KG gibt es im GmbHG zwingende Vorschriften zur Kapitalausstattung (Mindeststammkapital von 25.000 €), zur Sacheinlage (Sachgründungsbericht gem. § 5 Abs. 4 GmbHG) sowie zur notariellen Abtretung der Geschäftsanteile (§ 15 Abs. 3 GmbHG), die nicht nur eingehalten, sondern mit dem grundsätzlich disponiblen KG-Recht abgestimmt werden müssen.

Der GF der GmbH wird gerade bei typischen GmbH & Co. KG mit sich selbst Verträge abschließen (Beispiel: Anstellungsvertrag bei einer Einmann-GmbH). Für diese **In-Sich-Geschäfte** greift das Verbot des Selbstkontrahierens nach § 181 BGB. Der Gesellschaftsvertrag sollte deshalb die Möglichkeit der Befreiung von § 181 BGB vorsehen (wirksam wird die Befreiung erst mit der späteren Eintragung im HR).

Aus den Strukturunterschieden zwischen den PersG und den KapG ergeben sich mehrere abstimmungsbedürftige Punkte, ohne die der Vertrag nicht »steht«; hierzu gehören:

- Selbstorganschaft bei der KG und (mögliche) Fremdorganschaft bei der GmbH;
- die Bedeutung des G'fter-Wechsels für den Fortbestand von KG (§ 131 Abs. 3 HGB) und von GmbH (unbedeutend);
- die unterschiedlichen Rechtsfolgen bei Ausscheiden (Tod) der jeweiligen G'fter bedingen aufeinander abgestimmte Nachfolgeregeln;
- das Vorverständnis zum Gesellschaftsvermögen (Gesamthandsvermögen bei der KG einerseits und die juristische Person als Trägerin bei der GmbH andererseits);
- Kündigung und Ausschluss von G'ftern sind – trotz unterschiedlicher Terminologie – bei beiden möglich, bestimmen aber wegen der Rechtsfolge der An-/Abwachsung bei der KG (§ 738 BGB) u. U. die Existenz der KG.

Aufgrund des KapCoRiLiG vom 24.02.2000 unterliegen nach einem jahrzehntelangen Streit mit der EU (Vertragsverletzungsverfahren) die deutschen GmbH & Co. KG denselben Regeln wie die KapG. Entsprechend der Eingruppierung in die jeweilige Größenklasse werden vergleichbare externe Vorschriften zur Rechnungslegung auch für die GmbH & Co. KG festgelegt, wie sie seit Inkrafttreten des BiRiLiG ab 1986 für alle (mittel-)großen KapG gegolten haben (Umfang des **Jahresabschlusses, Publizitäts- und Testatzwang**). Der ursprüngliche Vorteil der prüfungsfreien GmbH & Co. KG ist damit verloren gegangen. Seit dem Gesetz vom 17.07.2015 (BGBl I 2015, 1245) sind die Größenklassen (§ 267 HGB) geändert worden (Große KapG und GmbH & Co. KG sind solche ab 20 Mio. € Bilanzsumme bzw. ab 40 Mio. € Umsatz bzw. ab 250 AN; zwei Merkmale genügen). Mittelgroße sind solche KapG mit einer Bilanzsumme zwischen 6 Mio. € und 20 Mio. € bzw. zwischen 12 Mio. € und 40 Mio. € Umsatz (und mehr als 50 AN; auch hier genügen zwei Merkmale).

2.1.2   Erscheinungsformen der GmbH & Co. KG

Vier konkrete praxisorientierte Gebilde konkurrieren um die Anwendergunst:

1.   Unter der **typischen** (personengleichen) GmbH & Co. KG wird die personen- und beteiligungsidentische Doppelgesellschaft verstanden, bei der die G'fter der Komplementär-GmbH und die Kommanditisten identisch sind. Idealtypisch kann dies auch bei einer (natürlichen) Person der Fall sein, die sowohl einzige G'fterin der Komplementär-GmbH wie auch einzige Kommanditistin ist (sog. Einpersonen-GmbH & Co. KG).

2.   Daneben gibt es die **GmbH-beherrschte** GmbH & Co. KG mit einer dominanten Rolle der GmbH, die meistens einen Fremd-GF (kein Kommanditist) hat.

3.   Ineinander verschachtelt ist schließlich die **Einheitsgesellschaft** (oder Einheits-GmbH & Co. KG), bei der die KG (und nicht ihre Kommanditisten) Allein-G'fterin der GmbH ist. Der Geburtsvorgang wird sich im Regelfall so vollziehen, dass nach der Gründung der GmbH (im Beispiel: mit den G'ftern A/B) eine KG mit den GmbH-G'ftern gegründet wird. Die Kommanditeinlage in die KG erfolgt durch Einbringung der GmbH-Anteile seitens A/B. Auf diese Weise sind beide Gesellschaften durch die gegenseitige Beteiligung miteinander verbunden. Die Einheitsgesellschaft wirft einige Fragen auf.

4.   Schließlich gibt es noch die **doppel-(mehrstöckige)** GmbH & Co. KG I, an der als Komplementärin die GmbH & Co. KG II beteiligt ist.

2.1.3   Das dogmatische Grundmuster im Steuerrecht

Die Grundlage zum modernen Verständnis der GmbH & Co. KG legte der BFH im Beschluss vom 25.06.1984 (BStBl II 1984, 751). Zu beurteilen war die Verlustfeststellung für Treugeber-Kommanditisten, die an einer GmbH & Co. KG beteiligt waren, deren Geschäftszweck der Bau und Betrieb eines Containerschiffes nach dem sog. Bremer Modell war (§ 82 f. EStDV). Diese Erscheinungsform einer GmbH & Co. KG wird auch »mittelbare Anlagegesellschaft« genannt.

Der (vereinfachte) Sachverhalt zu dieser doppelstöckigen GmbH & Co. KG im Bild:

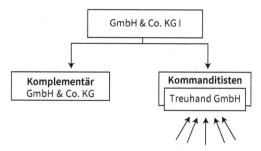

Treugeber[73]-Kommanditisten
Problem: Verlustfeststellung der Kommanditisten an der GmbH & Co. KG I, die in die KG I eine Einlage von insgesamt über 2 Mio. DM zu leisten hatten und der KG I ein Darlehen i. H. v. 4,5 Mio. DM gaben.

---

73   Gem. § 39 Abs. 2 Nr. 1 S. 2 AO werden die WG bei aufgedeckter Treuhandschaft (§ 159 AO) dem Treugeber zugewiesen. Die Aufdeckung erfolgt nur gegenüber der FinVerw und nicht gegenüber den Mit-G'ftern.

Der BFH verwarf im Beschluss von 1984 die sog. alte Geprägerechtsprechung und stellte bei der Beurteilung der steuerlichen Aktivitäten der KG (auch) auf die originären Tätigkeiten der KG ab. Deren Aktivitäten **und** die Tätigkeit der G'fter mussten als gewerblich nach § 15 Abs. 2 (insb. S. 2) EStG (damals § 1 Abs. 1 GewStDV) eingestuft werden, um bei den G'ftern gewerbliche Verluste zum steuerlichen Ausgleich zuzulassen (ansonsten unbeachtliche Liebhaberei). Mit dem Verzicht auf eine verkürzte Betrachtungsweise (»die gewerbliche GmbH als Komplementärin gibt der KG das gewerbliche Gepräge«) stellt die Entscheidung einen Meilenstein in der Entwicklung der MU-schaft als begrenztes (partielles) Steuerrechtssubjekt dar. Die Tatsache, dass der Gesetzgeber später mit einem Federstrich (§ 15 Abs. 3 Nr. 2 EStG) die alte Geprägetheorie wieder einführte, ändert nichts an der wegweisenden und heute uneingeschränkt akzeptierten Grundaussage des BFH-Urteils, demzufolge die KG (und nicht deren Komplementär) in das Zentrum der Beurteilung gerückt wird. Die Auswirkungen verdeutlicht das folgende Beispiel.

Beispiel 1: Die »bunte« GmbH & Co. KG

Ein Wirtschaftsjurist W und ein Makler M sind zu je 30 % als Kommanditisten an einer KG beteiligt. Als Komplementärin fungiert eine GmbH, deren alleinige G'fter W und M (zu je 50 %) sind. Die GmbH ist GF der im Handelsregister eingetragenen KG und bedient sich zur Erledigung dieser Arbeiten des W bzw. fremder Angestellter. Die GmbH selbst erhält neben der GF-Vergütung nur noch einen Haftanteil; am Vermögen und an eventuellen Verlusten ist sie nicht beteiligt.

    Variante: Lt. Gesellschaftsvertrag ist W zweiter GF der KG.

    Die gesellschaftsrechtlichen und steuerrechtlichen Grundaussagen sind vorzunehmen, der Geschäftszweig der KG ist bewusst offen gelassen.

Bei der vorliegenden GmbH & Co. KG wird der Status der GmbH als »vermögenslos« bezeichnet. Dies ist zulässig, da nicht alle G'fter einer KG am Gesamthandsvermögen beteiligt sein müssen. Die vermögenslose GmbH tritt häufig als reine Komplementärin auf, die an mehreren KG beteiligt ist (sog. »sternförmige GmbH & Co. KG«).[74] Gleichzeitig handelt es sich um eine typische GmbH & Co. KG, da die G'fter in beiden Firmen identisch sind.

Lösung:

1. In **gesellschaftsrechtlicher** Sicht kann der Gegenstand der KG dahingestellt bleiben, da sie mit Eintragung ohnehin als kaufmännische Personenhandelsgesellschaft gewertet wird. Ansonsten erfolgt die Beurteilung der PersG zweigleisig. Wird der Geschäftszweck als »Handelsgewerbe« i. S. d. § 1 Abs. 2 HGB[75] eingestuft, so liegt eine PersHG vor (§ 105 Abs. 1 HGB), bei der die Eintragung im HR nur deklaratorische (bestätigende) Wirkung hat. Ist dies nicht der Fall, so wird die KG gem. § 105 Abs. 2 HGB mit der konstitutiv wirkenden HR-Eintragung eine PersHG, für die die identischen Rechtsfolgen (insb. die Buchführungspflicht gem. § 238 HGB) gelten.
Alleine dann, wenn die PersG wissenschaftlichen, künstlerischen oder – allgemein – gewerbeunfähigen Aktivitäten nachgeht, bleibt ihr der Status als PersHG verwehrt, sodass materiellrechtlich nur eine GbR vorliegen kann.[76]
2. In **steuerrechtlicher** Sicht beantwortet im Ausgangsfall § 15 Abs. 3 Nr. 2 EStG auf der **Ebene der MU-schaft** die Frage der Gewerblichkeit. Ist – wie hier – die GmbH als Komplementärin alleinige GF, so werden gewerbliche Einkünfte auf der Ebene der KG (MU-schaft) unterstellt (vgl. **gewerblich geprägte GmbH & Co. KG**).

---

74 Dort tritt regelmäßig das Problem auf, bei welcher KG die Beteiligung zu erfassen ist. Nach h. A. soll dies diejenige KG sein, an der sie sich zum ersten Mal beteiligt hat.

75 Hauptkriterium: Umfangreiche, bargeldlose Geschäfte, die eine doppelte Buchführung erfordern.

76 Vor allem gibt es im Gesellschaftsrecht keine Geprägetheorie.

In der **Alternative** (W als zweiter GF der KG) zwingt das Merkmal der Geschäftsführung in § 15 Abs. 3 Nr. 2 EStG zur Überprüfung der konkreten Tätigkeit der KG. Bei echter gewerblicher Betätigung (§ 15 Abs. 2 und Abs. 3 Nr. 1 EStG) ist die Rechtslage mit derjenigen des Ausgangsfalles identisch. Betreibt die GmbH & Co. KG jedoch Vermögensverwaltung, ergeben sich Einkünfte nach §§ 20, 21 EStG. Nur bei der GmbH als G'fterin werden diese umqualifiziert in gewerbliche Einkünfte.

Die Entscheidung hängt u. a. davon ab, ob die Tätigkeit der KG primär mit der Absicht der Einkommensteuerersparnis verbunden ist. Wird dies bejaht, können wegen § 15 Abs. 2 S. 2 EStG keine gewerblichen Einkünfte vorliegen (Tatfrage[77]).

3. Auf der steuerlichen **Ebene der G'fter** muss zusätzlich deren MU-Eigenschaft geprüft und bejaht werden, sollen und wollen sie gewerbliche Verluste geltend machen (unterstellt, dass die KG als gewerblich einzustufen ist).

Während dies bei einem Komplementär unterstellt wird, müssen die Kommanditisten die Unternehmerinitiative und das Unternehmerrisiko substantiieren. Zu Recht wurde daher vom BFH 1984 a. a. O. die MU-Eigenschaft bei einem Kommanditisten verneint, wenn – wie im Ausgangsfall bei einigen Treugeber-Kommanditisten – die Beteiligung bis zum Ablauf der Sonderabschreibung befristet war. Ebenso entschied der BFH am 30.06.2005 (BFH/NV 2005, 1994), dass bei einem Treuhand-Kommanditisten mit fehlendem MU-Risiko keine MU-schaft vorliegt.

Die Berufsträgereigenschaft (Makler/Wirtschaftsjurist) ist hingegen bei einer gewerblich klassifizierten PersG belanglos.

4. Nach vorheriger einkommensteuerlicher Prüfung und (ggf.) Bejahung der Gewerblichkeit der KG ist die GewSt-Pflicht der KG gem. § 2 Abs. 1 S. 2 (i. V. m. § 5 Abs. 1 S. 3) GewStG indiziert.

Nicht zu verwechseln ist die hier diskutierte Grundform einer GmbH & Co. KG mit der Gesetzesänderung des § 15 Abs. 3 Nr. 1 EStG durch das JStG 2007.

Bekanntlich entschied der BFH mit dem Urteil vom 06.10.2004 (BStBl II 2005, 383) für einen Fall der **Beteiligung einer vermögensverwaltenden PersG** (Obergesellschaft) an einer gewerblichen PersG (Untergesellschaft), dass diese Beteiligung **nicht** zur Folge habe, dass die Einkünfte der Obergesellschaft damit per se als **gewerblich** gelten. Die Ablehnung dieses Urteils durch die Verwaltung – zunächst durch einen Nichtanwendungserlass zum Ausdruck gebracht (BMF vom 18.05.2005, BStBl I 2005, 698) – führte schlussendlich zur **Änderung des § 15 Abs. 3 EStG**. Seit Inkrafttreten des JStG 2007 findet sich nun in § 15 Abs. 3 **Nr. 1** EStG n. F. **ein zweiter Halbsatz,** welcher auch die Einkünfte einer vermögensverwaltenden PersG durch das (mitunternehmerische) **Halten** einer **Beteiligung an einer PersHG** insgesamt zu gewerblichen Einkünften umqualifiziert.

Hinweis: Neben dem Grundfall der **gewerblich geprägten GmbH & Co. KG** kommt es in der Vertragsgestaltung häufig vor, dass die **Kommanditisten** organschaftsrechtlich zu (weiteren) **GF** der KG bestimmt werden. Somit liegt nach § 15 Abs. 3 Nr. 2 EStG der Ausnahmetatbestand vor: eine sog. **entprägte GmbH & Co. KG.** Diese erzielt Einkünfte entsprechend ihrer originären Tatbestandsverwirklichung, also z. B. Vermietungseinkünfte gem. § 21 EStG, wenn diese KG als Vermieterin von Immobilien auftritt. Dabei ist jedoch zu beachten, dass die GmbH als G'fterin der KG immer gewerbliche Einkünfte erzielt (sog. Zebra-Gesellschaft).

Für den Fall, dass aus einer gewerblich geprägten GmbH & Co. KG handlungsbedingt eine entprägte KG wird (z. B. durch das »Einrücken« des Kommanditisten in die Geschäftsführung), fällt ein Tatbestandsmerkmal des § 15 Abs. 3 Nr. 2 EStG weg, und es liegt eine **Betriebsaufgabe** vor.

---

77 S. hierzu die Diskussion bei *Preißer*, Band 1, Teil A, Kap. III.

2.2   Die Gewinnermittlung bei der GmbH & Co. KG

2.2.1   Die Grundaussage

Bei der Ermittlung der Besteuerungsgrundlagen für die KG und ihre G'fter kommt den Erkenntnissen zu § 15 Abs. 1 Nr. 2 EStG besondere Bedeutung zu. Gerade hier erweist sich das Transparenzkonzept als unverzichtbare Säule zum Verständnis der Gesamtsteuerbelastung.

Beispiel 2: Die GmbH & Co. KG mit »bunten« Ergebnissen

Die GmbH & Co. KG (variiertes **Beispiel 1**: W und M zu je 30 %, die GmbH mit 40 % beteiligt) erzielt einen HB-Gewinn von 100 T€. Die Gewinnverteilung entspricht den Beteiligungsverhältnissen. Die GmbH erhält für ihre GF-Tätigkeit 50 T€, die sie in gleicher Höhe an W (**Alternative**: an einen Angestellten) weiterleitet. Für die Komplementäraufgabe (Haftungsfunktion) bekommt die GmbH 5 T€. M hat zur Finanzierung der Beteiligung ein zu 10 % verzinsliches Darlehen i. H. v. 50 T€ aufgenommen.

Wie errechnet sich der Gewinn der KG, wie wird er verteilt?

Zunächst sind auch hier beide Gewinnermittlungsstufen nach dem Besteuerungskonzept für MU-schaften zu durchlaufen. Im Anschluss hieran erfolgt die Zusammenfassung zum einheitlichen Gewinn der GmbH & Co. KG, die gleichzeitig deren Gewerbeertrag bildet.

Lösung:

a) Gewinnermittlung auf der ersten Stufe (»Gewinnanteil«)

(in €)	KG	GmbH	M	W
HB-Gewinn	100.000			
Gewinnanteil		40.000	30.000	30.000
Alternative	–	–	–	–

Entsprechend der festgelegten Kapitalkonten erfolgt die Gewinnverteilung und die Zuweisung der Gewinnanteile nach § 15 Abs. 1 S. 1 Nr. 2 1. HS EStG. Auch bei der Alternative gibt es keinen geänderten HB-Gewinn. Auf eine etwaige Ergänzungsbilanz ist nicht einzugehen.

b) Gewinnermittlung auf der zweiten Stufe (»Tätigkeitsvergütungen« u. a.)

Im Unterschied zu den Verwaltungsformularen[78] erfolgt hier eine Auflistung nach:
- Tätigkeitsvergütungen,
- Sondervergütungen und
- Ergebnissen aus der Sonderbilanz (Sonder-BE und Sonder-BA i. e. S.).

(in €)	KG (Summe)	GmbH	M	W
Tätigkeitsvergütung	**50.000**	+ 50.000		
		./. 50.000		+ 50.000
Sondervergütung	+ **5.000**	5.000		
Sonderbilanz	./. **5.000**		./. 5.000	
Ergebnis	**50.000**	5.000	./. 5.000	+ 50.000

---

78   Die Lektüre der Verwaltungsformulare, Erklärungsvordrucke etc. wird allerdings jedem StB-Kandidaten dringend empfohlen.

Die GF-Vergütung der GmbH wirkt sich bei ihr wie ein durchlaufender Posten aus. W erzielt – obwohl GF der GmbH – bei ausschließlicher Wahrnehmung der GF-Aufgaben für die KG eine mittelbare Tätigkeitsvergütung im Dienste der KG (BFH vom 06.07.1999, BStBl II 1999, 720), die § 15 Abs. 1 Nr. 2 EStG unterliegt.

Die Haftungsvergütung der GmbH stellt eine Sondervergütung dar, die ebenfalls § 15 Abs. 1 Nr. 2 EStG unterliegt.

M hat schließlich in einer Sonderbilanz das Darlehen (notwendiges passives Sonder-BV II) auszuweisen, als dessen Folge die damit zusammenhängenden Schuldzinsen als Sonder-BA abzugsfähig sind.

Die Vorspalte (KG) fasst redaktionell die Einzelergebnisse zusammen.

Alternative: Nicht W, sondern ein Angestellter der GmbH erhält die GF-Entlohnung.

(in €)	KG (Summe)		GmbH	M	W
Tätigkeitsvergütung		–	+ 50.000		–
			./. 50.000		
Sondervergütung	+	5.000	+ 5.000		
Sonderbilanz	./.	5.000		./. 5.000	
Ergebnis		0	+ 5.000	./. 5.000	

In der Alternative wird die GF-Vergütung im Ergebnis **nicht im Kreis der MU-schaft** versteuert; der Fremdangestellte versteuert 50 T€ gem. § 19 EStG.

c) Zusammenfassung (Ausgangssachverhalt)

(in €)	KG (Summe)		GmbH	M		W
Gewinn(-anteile)		100.000	40.000	30.000		30.000
Tätigkeitsvergütung		50.000	0			50.000
Sondervergütung		5.000	5.000			
Sonderbilanz	./.	5.000		./.	5.000	
Gesamt(-anteil)		150.000	45.000	25.000		80.000
Alternative		100.000	45.000	25.000		30.000

Als weitere Anmerkung ist hinzuzufügen, dass die KG im Ausgangsfall wegen § 7 GewStG einen steuerbaren Gewerbeertrag von 150.000 € erzielt, da die individuellen Ergebnisse mitgezählt werden (R 7.1 Abs. 3 GewStR i. V. m. H 7.1 Abs. 3 »Ermittlung des Gewerbeertrags bei Mitunternehmerschaften« GewStH 2016).

(In der Alternative reduziert sich das Ergebnis um den bei W entfallenden Gewinnanteil; ergo: 100 T€.)

Bei der ebenfalls gewerbesteuerpflichtigen GmbH kommt die Kürzungsvorschrift von § 9 Nr. 2 GewStG zum Tragen. Ihr bereits von der KG versteuerter Beteiligungsertrag ist von der GewSt freigestellt.

2.2.2   Die Familien-GmbH & Co. KG

Die Thematik der Angehörigenverträge (zivilrechtliche Wirksamkeit, Fremdvergleich und tatsächliche Durchführung[79]) kommt bei einer Familien-GmbH & Co. KG in doppelter Hinsicht zum Tragen:

Zum einen sind hiervon die Fragen betroffen, die bei der Aufnahme minderjähriger Kinder in ein Familienunternehmen dem Grunde nach (MU-Initiative und MU-Risiko) und der Höhe nach gelten (angemessener Gewinnanspruch: 15 % – bei geschenkter Beteiligung; s. BFH vom 25.10.2004, BFH/NV 2005, 339). Die Tatsache, dass nunmehr die Eltern die Kinder über ihre

---

79   S. hierzu ausführlich *Preißer*, Band 1, Teil B, Kap. I 4.4, s. auch *Pfeffer/Zipfel*, BB 2010, 343.

Funktion als G'fter-GF der GmbH »beherrschen«, steht der unmittelbaren Einflussnahme als Komplementäre einer KG ggf. den »Kinder-Kommanditisten« gleich.

Zum anderen gelten die Angemessenheitskriterien sowohl bei § 15 Abs. 1 Nr. 2 EStG im Verhältnis der MU untereinander wie auch zur GmbH (Gesichtspunkt der **vGA**, s. Kap. 2.4).

Eine zusätzliche Prüfungsstation bei einer Familien-KG besteht schließlich in der Frage, inwieweit die Eltern ihren Einfluss auf die Kinder als »**wirtschaftliche Eigentümer**« der geschenkten Anteile geltend machen mit der Folge, dass ihnen gem. § 39 AO die Anteile zuzurechnen sind.[80]

2.2.3 Die GmbH & Co. KG und gewerblicher Grundstückshandel

Beim Zwischenschalten einer GmbH & Co. KG für anderweitige Grundstücksaktivitäten, die nicht in die Drei-Objekt-Berechnung einbezogen werden sollen, ist je nach Beteiligungsansatz auf die spezifischen Zuordnungsfragen zu achten.

*   Bei einer Kommanditbeteiligung gelten Rz. 13 ff. des BMF-Schreibens vom 26.03.2004, BStBl I 2004, 434, die den Transparenzgrundsatz in verschärfter Form auf den gewerblichen Grundstückshandel übertragen.
*   Bei einem GmbH-G'fter, der ein MFH an seine GmbH veräußert und wenn diese sodann die Aufteilung und den Verkauf vornimmt, kann dies nach dem BFH-Urteil vom 18.03.2004 (BStBl II 2004, 787) nur unter dem Gesichtspunkt des Gestaltungsmissbrauchs zu einer Zurechnung führen. Nach dem o. g. Urteil ist § 42 AO bereits dann indiziert, wenn die Mittel für den an den G'fter der GmbH zu entrichtenden Kaufpreis zu einem großen Teil erst aus den Weiterverkaufserlösen zu erbringen sind.

2.2.4 Die »Einmann«-GmbH & Co. KG

Bei der Einpersonen-GmbH & Co. KG gibt es nur eine natürliche Person als G'fter sowohl der GmbH wie der KG. In klassischer Umschreibung ist es eine typische GmbH & Co. KG als Organisationsform, bei der die psychologische Motivation eines Einzelunternehmers mit der Haftung einer GmbH und den steuerlichen Transparenz-Vorteilen einer KG (Verlustberücksichtigung) verbunden werden können. Sie hat darüber hinaus noch weitere Vorteile (Diversifizierung der Nachfolgegestaltung).

Es wird diskutiert, ob bei einer gewerblich geprägten »Einmann-GmbH & Co. KG« die Buchwertfortführung gem. § 6 Abs. 5 S. 3 EStG gilt, wenn die KapG ein Einzel-WG in die »Schwester-PersG« einlegt.

2.3 Das Betriebsvermögen bei der GmbH & Co. KG
2.3.1 Die Handelsbilanz-Besonderheiten

In formaler Hinsicht (Bilanzgliederung) ist für die HB festzuhalten, dass gem. § 264c HGB die formalen Bilanzvorschriften des § 266 HGB, die grundsätzlich nur für KapG gelten, mit Modifikationen auf die KapG & Co. übertragbar sind.

Der **Eigenkapitalausweis** bei einer GmbH & Co. KG sieht analog § 266 Abs. 3 (A) HGB – wie folgt – aus:

---

80 S. hierzu *Wacker* in *Schmidt*, EStG, § 15 Rz. 766. Dort auch zur Abgrenzung, ob nicht die KG selbst wirtschaftlicher Eigentümer geworden ist.

Bezeichnung	Erläuterung
Kapitalanteile	Enthält zusammengefasst (oder einzeln): 1. Kapitalanteile der Komplementäre und **gesondert** 2. Kapitalanteile der Kommanditisten
Rücklagen	Nur solche, die auf einer **gesellschaftsrechtlichen Vereinbarung** gebildet wurden
Gewinnvortrag/Verlustvortrag	Übertrag vom letzten Jahr
Jahresüberschuss/Jahresfehlbetrag	G+V-Ergebnis der GmbH & Co. KG

2.3.2   Das steuerliche Betriebsvermögen

Die GmbH & Co. KG wird gelegentlich als paradigmatischer Testfall des Einkünftedualismus bezeichnet. Es soll der BFH-Rspr. Rechnung getragen werden, die die Anteile der Kommanditisten an der **Komplementär-GmbH als deren Sonder-BV II** mit der Begründung qualifiziert hat, dass damit für die Kommanditisten ein mittelbarer Einfluss auf die KG gegeben sei. Gem. § 20 Abs. 3 EStG sind danach etwaige Gewinnausschüttungen als gewerbliche Einkünfte zu qualifizieren. Zusammenspiel und Konkurrenz der verschiedenen Sonder-BV lassen darüber hinaus die GmbH & Co. KG als beliebten Grundtyp bei schriftlichen Aufgaben zur StB-Prüfung erscheinen, da mit wenigen Zeilen Sachverhalt die Grundzüge des kompletten Ertragsteuerrechts erfasst werden können.

An dieser Auffassung (**Beteiligung an der Komplementär-GmbH als notwendiges BV**) hat der BFH auch jüngst im Urteil vom 12.06.2013 (BB 2013, 2608) für den Fall einer Betriebsaufspaltung selbst dann festgehalten, wenn die Komplementär-GmbH weder zum Besitzunternehmen noch zur Betriebs-KapG unmittelbare Geschäftsbeziehungen unterhalten hat.

Beispiel 3: Die GmbH & Co. KG mit »buntem« Sonder-BV

1. A, Einmann-G'fter der am 30.12.2021 gegründeten A-GmbH (vollständig eingezahltes Mindeststammkapital), gründet zusammen mit B und C am 31.12.2021 eine KG, an der die GmbH als Komplementärin zu 2/5 und die Kommanditisten A, B und C zu je 1/5 beteiligt sind. A, der ein dreigeschossiges Wohn-/Geschäftshaus mit einem Wert von 3 Mio. € geerbt hat, überlässt das EG (gleiche Wertigkeit aller drei Geschossflächen) der KG für deren betriebliche Zwecke. Die KG-Einlage des A wird in Geld geleistet, C erbringt seinen KG-Beitrag durch eine vollwertige Sacheinlage, B kann seinen Beitrag noch nicht leisten. Die GmbH legt ihr ganzes Vermögen ein. **Bilanzen 21?**
2. Im Kj. 22 wird B als GF der GmbH angestellt und erhält dafür exakt den Betrag, den die KG als Auslagenersatz an die GmbH bezahlt (100 T€). Die an A bezahlte Jahresmiete beträgt 10 T€, wobei als Verhältnis GruBo/Gebäude an der vererbten Immobilie 1:1 errechnet wurde. Die KG erzielt in 21 einen Gewinn von 25 T€; der auf die GmbH entfallende Gewinn wurde als Vorabgewinn noch in 22 an A in voller Höhe ausgeschüttet. **Gewinn 22?**

Lösung:

1. Die Bilanzfragen des Jahres 21

a) GmbH-Bilanz

Bei der Erstellung der Bilanzen für die GmbH im Kj. 21 (= Wj.) ist es offensichtlich, dass dort anstelle des Bankguthabens i. H. v. 25.000 € nunmehr aufgrund des Aktivtauschs die Beteiligung an der KG ausgewiesen ist, während sich auf der Passivseite nichts geändert hat.

A	A-GmbH-Bilanz 31.12.21 (in T€)		P
KG-Beteiligung	25	Gezeichnetes Kapital	25

b) KG-Bilanzen

Die KG-Bilanz nimmt auf der Aktivseite die verschiedenen Beiträge auf und weist auf der Passivseite die Kapitalkonten ihrer G'fter aus.

A	KG-Bilanz 31.12.21 (in T€)		P
Ausstehende Einlage	12,5	GmbH-Kapitalkonto	25,0
AV/UV	12,5	Kapitalkonto A	12,5
Bank	37,5	Kapitalkonto B	12,5
		Kapitalkonto C	12,5
	62,5		62,5

a) Darüber hinaus ist der Gebäudeteil des A, soweit es der KG überlassen ist, als eigenständiges WG (R 4.2 Abs. 12 EStR und EStH 4.2 Abs. 12 »Notwendiges SonderBV« EStH 2019) des notwendigen **Sonder-BV I** auszuweisen. Dem Aktivposten von 1 Mio. € steht das Sonder- oder Mehrkapital des A in gleicher Höhe gegenüber.

b) Ebenso ist der GmbH-Geschäftsanteil des A (25 T€) als notwendiges **Sonder-BV II** aus seinem privaten **Status** in den (sonder-)betrieblichen Status zu überführen.

2. Gewinnauswirkung in 22

a) Gewinnermittlung erster Stufe

Der HB-Gewinn von 25 T€ wird entsprechend der Kapitalkonten aufgeteilt, die Gewinnanteile betragen:

- für die GmbH: 10 T€,
- für A, B und C: je 5 T€.

b) Gewinnermittlung zweiter Stufe

aa) Tätigkeitsvergütung

Die von der KG an die GmbH und von dieser an B weiterbezahlte GF-Vergütung sind bei B i. H. v. 100 T€ als gewerblicher Gewinn zu erfassen. Der mittelbar über die GmbH für die KG tätige B wird dabei einem G'fter mit direktem Anstellungsvertrag zur KG gleichgestellt (BFH vom 06.07.1999, BStBl II 1999, 720).

bb) Das notwendige Sonder-BV I

Die Sonder-G+V für das überlassene EG weist die Posten auf:

Sonder-G+V (A) 22 (in T€)			
AfA (3 % von 500 T€[81])	15	Mietertrag	10
		Verlust	**5**

c) Das notwendige Sonder-BV II

Die Aktivierung des GmbH-Geschäftsanteiles als Sonder-BV II bringt es mit sich, dass Gewinnausschüttungen (hier: 10 T€) als gewerbliche Einkünfte nach § 15 Abs. 1 Nr. 2 2. HS EStG versteuert werden. Bei unterstellter neuer Rechtslage hat die GmbH folgende Steuern von der »Dividende« abzuziehen:

Dividende	10.000 €
./. KSt i. H. v. 15 %	./. 1.500 €
./. 25 % KapESt	./. 2.500 €
= **Nettodividende**	**6.000 €**[82]

---

81 Gerechnet nach § 7 Abs. 4 Nr. 1 EStG.
82 Hier ohne SolZ gerechnet.

Dies führt bei A zu folgender gewerblichen steuerbaren Gewinnausschüttung (§ 20 Abs. 8 i. V. m. § 20 Abs. 1 Nr. 1 EStG):

Nettodividende	6.000 €
+ KapESt	2.500 €
= Bardividende	8.500 €

Nachdem hiervon gem. § 3 Nr. 40d i. V. m. § 3 Nr. 40 S. 2 EStG nur 60 % zu versteuern ist, betragen seine gewerblichen steuerbaren Einkünfte aus dem Sonder-BV II **5.100 €**.

Hinweis: Bei einem **geringeren Anteil als 10 % des Kommanditisten** an der geschäftsführenden Komplementär-GmbH liegt kein notwendiges Sonder-BV II des Kommanditisten vor, falls für Abstimmungen bei der KG das **Mehrheitsprinzip** gilt (BFH vom 16.04.2015, BStBl II 2015, 705).

3. Zusammenfassung

	KG (zusammen)	GmbH	A	B	C
HB-Gewinn	25.000 €	10.000 €	5.000 €	5.000 €	5.000 €
Tätigkeitsvergütung	100.000 €			100.000 €	
Sonder-BV I	./. 5.000 €		./. 5.000 €		
Sonder-BV II	5.100 €		5.100 €		
Gesamt	125.100 €	10.000 €	5.100 €	105.000 €	5.000 €

Die KG hat den Gewerbeertrag von 125.100 € der GewSt zu unterwerfen, während die G'fter die jeweiligen Beteiligungsergebnisse der KSt (GmbH) zu unterwerfen haben bzw. bei ihrer persönlichen Einkommensteuererklärung anzugeben haben (A kann aus dem Vorgang noch einen Kapitalertragsteueranspruch gem. § 36 Abs. 2 Nr. 2 EStG geltend machen).

2.4   Besonderheiten

2.4.1   Die einheitliche GmbH & Co. KG

Die Situation bei der einheitlichen GmbH & Co. KG (auch Einheits-GmbH & Co. KG genannt) ist dadurch gekennzeichnet, dass die KG gleichzeitig Allein-G'fterin ihrer Komplementär-GmbH ist. Dies wird dadurch erreicht, dass die Kommanditisten ihre GmbH-Geschäftsanteile an der GmbH als Einlageleistung in die gemeinsam zu errichtende KG erbringen. Damit ist die KG Allein-G'fterin der GmbH geworden, die ihrerseits an der KG beteiligt ist. Diese grundsätzlich anerkannte Gesellschaftsform[83] führt die gesellschaftsrechtliche Zersplitterung als Doppelgesellschaft wieder zusammen und wird von daher auch als Vereinheitlichungsmodell bezeichnet.

Problematisch ist diese Form der Einheitsgesellschaft, wenn auf die GmbH-Geschäftsanteile noch nicht der volle Betrag geleistet wurde. Die handelsrechtliche Antwort hierauf hält § 172 Abs. 6 HGB bereit, der – in allen Fällen – die Einlage des Kommanditisten in die KG als nicht geleistet ansieht (Sanktion: Aufleben der persönlichen Haftung gem. § 171 HGB), soweit sie in Anteilen an der Komplementär-GmbH der GmbH & Co. KG bestehen.

---

83   Vgl. dazu grundlegend – und immer noch lesenswert – *Knobbe-Keuk*, 1993, 370 ff., 393 ff.

Steuer- und bilanzrechtlich existiert das Problem der »aufgeblähten« Bilanz, wenn und soweit die GmbH-Bilanz die KG-Beteiligung und umgekehrt die KG-Bilanz den GmbH-Geschäftsanteil ausweist. Auch hier verweigert das **Steuerrecht** die Anerkennung nur dann, wenn die Einlagen der GmbH-Gründungs-G'fter **noch nicht** erbracht sind.

Für den Fall, dass den Kommanditisten einer **Einheits-GmbH & Co. KG** die organschaftliche Geschäftsführung übertragen wurde, läge nach allgemeinen Grundsätzen eine **entprägte GmbH & Co. KG** vor, **die jedwede** Einkunftsart erzielen kann. Der BFH hat jedoch im Urteil IV/R 42/14, BStBl II 2017, 1126 entschieden, dass dies für die Frage der gewerblichen Prägung – entgegen der Grundsätze zu § 15 Abs. 3 Nr. 2 EStG – **unschädlich** sei, da die Kommanditisten hier keinen bestimmenden Einfluss auf die Geschäftstätigkeit haben. Zur Kritik vgl. *Wachter*, DB 2017, 2827; m. E. verwechselt der BFH an dieser Stelle den Anwendungsbereich des § 15 Abs. 3 Nr. 2 EStG mit der Charakterisierung der Komplementär-GmbH-Anteile als (notwendiges) Sonder-BV II.

2.4.2 Die Anteilsveräußerung

2.4.2.1 Technische Fragen bei der (unterjährigen) Veräußerung von Anteilen

Europarechtliche, bilanzrechtliche und gesellschaftsrechtliche Aspekte treffen mit steuerlichen Fragen zusammen, wenn inmitten eines Jahres ein GmbH-Anteil, der sich im Sonder-BV eines G'fters befindet, veräußert wird.

Beispiel 4: Die »verstrickte« Veräußerung

An der B-GmbH & Co. KG sind seit der Gründung (01) A und B als Kommanditisten beteiligt. Bei der B-GmbH (25 T€) sind Frau A (10 T€ Geschäftsanteil) und B (15 T€ Geschäftsanteil) G'fter. In der zweiten Jahreshälfte 21 hat A die Anteile von B zu einem Kaufpreis von 20 T€ erworben, sodass nunmehr die B-GmbH den Eheleuten A »gehört«.

Als »Dividende« schüttete die B-GmbH in der ersten Jahreshälfte 21 für das abgelaufene Geschäftsjahr 20 einen Betrag i. H. v. 10 %, bezogen auf die Stammeinlage (Nominalkapital), aus. Für das Geschäftsjahr 21 wird die Dividende aller Voraussicht nach wieder – wie in den Jahren davor – 20 % betragen.

Wie ist der Vorfall, insb. in Hinblick auf die Sonderbilanzen des B im Jahre 20, zu werten?

Eine der bizarrsten Entwicklungen hat im vorletzten Jahrzehnt (in den 90er-Jahren) mit dem Beschluss des GrS des BFH am 07.08.2000 (BStBl II 2000, 632) seinen Abschluss gefunden. Der I. Senat des BFH legte am 16.12.1998 die Frage der zeitkongruenten (oder phasengleichen) Aktivierung von betrieblichen Dividendenansprüchen dem Großen Senat vor (BStBl II 1999, 551). Dessen Entscheidung vom 07.08.2000 (BStBl II 2000, 632) schließlich kommt ohne neue Argumente zu dem einfachen Ergebnis, dass mangels Gewinnausschüttungsbeschlusses im abgelaufenen Jahr (16) kein WG (keine Forderung)[84] vorliegt, das in der Bilanz des Gewinnentstehungsjahres (16) berücksichtigt werden darf.[85]

Damit gibt es in Zukunft im Steuerrecht **keine phasengleiche Aktivierung** des Dividendenanspruchs.

Lösung: Sonderbilanz und Sonder-G+V haben nachfolgendes Aussehen:

---

84 Rein formal: Es gibt nur rechtlich entstandene Forderungen (dies eben erst im nächsten Jahr) und keine wirtschaftlich entstandenen Forderungen.

85 Demgegenüber billigt die FinVerw für die Zeit des noch geltenden Anrechnungsverfahrens (2000, spätestens 2001) die bisherige Praxis, die nach der eingeschränkten Nettomethode zum Ausweis der Dividende einschließlich der KapESt führte (BStBl I 2000, 1510).

A	Sonderbilanz B (II/21) (in €)		P
GmbH-Anteil	15.000	Sonderkapital 01.01.21	15.000
./. Abgang	15.000	./. Entnahme[86]	21.500
		Gewinn	6.500
	0		0

	Sonder-G+V B (in €)		
Gewinn	6.500	Beteiligungsertrag	1.500
		Ertrag aus Anlageabgang[87]	5.000
	6.500		6.500

Außerbilanziell ist der Gewinn um 40 % der BV-Mehrung durch die Veräußerung der Beteiligung (vgl. § 3 Nr. 40 Buchst. a EStG) zu kürzen. Gem. § 3c Abs. 2 S. 1 EStG sind allerdings 40 % der BV-Minderung wieder hinzuzurechnen.

In der Sonderbilanz des A mit AK von 20.000 € für den GmbH-Geschäftsanteil darf noch kein Anspruch auf die Dividende für das Jahr 20 aktiviert werden.

2.4.2.2   § 15a EStG bei einer GmbH & Co. KG

Aus der großen Anzahl von aktuellen BFH-Entscheidungen zu § 15a EStG, die im Anwendungsbereich einer GmbH & Co. KG spielen, sind zwei hervorzuheben[88]:

- Im Urteil vom 12.02.2004 (BStBl II 2004, 423) wird der Statuswechsel beleuchtet. Der BFH bestätigt die Verwaltungsauffassung, der zufolge mit dem unterjährigen Wechsel eines Kommanditisten in die Stellung eines Komplementärs nur die Ausgleichsfähigkeit der Verluste im Wj. des Wechsels erreicht werden kann. Eine Umpolung der verrechenbaren Verluste des Vorjahres in ausgleichsfähige Verluste findet nicht statt.

- Für den Fall einer doppelstöckigen GmbH & Co. KG hat der BFH am 07.10.2004 (BFH/NV 2005, 533) zunächst entschieden, dass § 15a EStG auch für Doppelgesellschaften gilt und gleichzeitig bestätigt, dass eine bloße Verlustübernahmeerklärung zugunsten der KG (abgegeben im entschiedenen Fall kurz vor Jahresende) nicht das Kapitalkonto des Kommanditisten i. S. d. § 15a EStG erhöht.

2.4.2.3   Die »In Sich«-Veräußerung

Bei der Veräußerung von MU-Anteilen liegt gem. § 16 Abs. 2 S. 3 EStG dann laufender Gewinn vor, wenn auf Seiten des Veräußerers und auf Seiten des Erwerbers dieselben Personen MU sind. Der BFH hatte diese Aussage im Urteil vom 15.06.2004 (BStBl II 2004, 754) auch für eine GmbH angewandt, die als Kommanditistin (!) auf Seiten der veräußernden KG (I) zu 70 % und auf Seiten der erwerbenden KG (II) zu 50 % beteiligt war. Der BFH stellt in der Entscheidung klar, dass der Veräußerungsgewinn insoweit zum laufenden – der GewSt unterliegenden – Gewinn gehört, wenn Personenidentität auf beiden Seiten des Erwerbsvorgangs besteht. Das maßgebliche Beteiligungsverhältnis bestimmt sich nach dem jeweiligen Gewinnverteilungsschlüssel der erwerbenden PersG.

---

86   Mangels Bankkonto im Sonder-BV bleibt nur das Privatkonto, auf dem der Erlös erfasst wird.
87   Erlös (20.000 €) ./. Buchwert (15.000 €) = sonstiger betrieblicher Ertrag (5.000 €).
88   Zu den anderen Fragen bei § 15a EStG vgl. *Preißer*, Band 1, Teil B, Kap. IV 3.5.

2.4.3   Die verdeckte Gewinnausschüttung bei der GmbH & Co. KG

Einer der häufigsten Anwendungsfälle einer vGA[89] bei einer GmbH & Co. KG, bei der begrifflich die GmbH auf einen Vermögensvorteil verzichtet bzw. konkret eine Vermögensminderung (mit Einkommensauswirkung[90]) erfährt, ist die **Weiterleitung** des GF-Gehalts an ihren GF-Kommanditisten in **unangemessener** Höhe oder der **Verzicht auf eine Haftungsprämie**. Nach ständiger BFH-Rspr. hat zumindest die »vermögenslose« GmbH, die nicht am Vermögen der KG beteiligt ist, einen Anspruch auf eine Haftungsprämie (Avalprovision) i. H. v. 2 % – 5 % des potenziellen Haftungsvermögens der GmbH (BFH vom 03.02.1977, BStBl II 1977, 346). Wie immer beim Rechtsinstitut der vGA, sind darüber hinaus die verschiedensten Sachverhalte vorstellbar, bei denen die G'fter der GmbH von Vermögensvorteilen profitieren, für die es keinen schuldrechtlich plausiblen Grund gibt. Die vGA führt bei den personenidentischen Kommanditisten zu gewerblichen Einkünften (§ 20 Abs. 8 i. V. m. § 20 Abs. 1 Nr. 1 S. 2 EStG).

Andere Fälle der vGA sind:

- ist die GmbH am **Kapital beteiligt**, soll sie – neben dem Auslagenersatz – eine Renditeverzinsung von 10 % – 20 %, bezogen auf den Kapitaleinsatz, erhalten;
- unangemessene **Gewinnanteile** (entscheidendes Urteil des BFH vom 15.11.1967, BStBl II 1968, 152);
- Fallgruppe des **beherrschenden G'fters** mit dem sog. Rückwirkungsverbot (eindeutig im Vorhinein fixierte Verträge für jedweden Leistungsaustausch zwischen GmbH und beherrschendem G'fter);
- die Änderung von Gewinnverteilungsabreden zulasten der GmbH (BFH vom 27.02.1992, BFH/NV 1993, 386).

Beispiel 5: Eine »bunte« vGA

A, Einmann-G'fter und Allein-GF der A-GmbH gründet mit dieser eine GmbH & Co. KG (Beteiligungsverhältnisse = Gewinnbezugsrechte nach Kapitalkonten: GmbH 75 %, A als Kommanditist 25 %). Die A-GmbH erbringt ihre Einlage u. a. durch die Übereignung eines Grundstücks mit dem Teilwert (§ 5 Abs. 4 GmbHG) im Einlagezeitpunkt von 55 T€.

A	Die Eröffnungsbilanz der KG (in €)		P
Grundstück	55.000	Kapital A-GmbH	75.000
Liquide Mittel	45.000	Kapital A	25.000
	100.000		100.000

Die KG verkaufte nach der Einlage das Grundstück ihres Gesamthandsvermögens an A für 82.500 €, nachdem kurz davor ein Bebauungsplan bestandskräftig wurde und die Immobilie dadurch eine Wertsteigerung um 100 % auf 110.000 € erfuhr. Die KG buchte:

Bank	82.500 €	an	Grundstück	55.000 €
			sonstiger betrieblicher Ertrag	27.500 €

A hat sofort nach der Übertragung mit dem Bau eines EFH begonnen.

Lösung: Bei der Übertragung eines WG aus dem Gesamthandsvermögen in das **PV** eines G'fters liegt grundsätzlich eine Entnahme vor (anders, falls das WG in das BV eines G'fters übertragen wird, vgl. § 6 Abs. 5 S. 3 EStG).

---

89   S. im Einzelnen *Maurer*, Teil C, Kap. IV.
90   S. aber BFH vom 06.07.2000, BStBl II 2002, 490: vGA auch dann, wenn sich die Vermögensminderung nicht auf das Einkommen ausgewirkt hat.

Wird – wie vorliegend – ein Entgelt vereinbart, das niedriger als der TW des WG ist, so wird die Differenz zwischen dem Entgelt und dem TW als **Sachentnahme** des G'fters angesetzt (BMF vom 06.02.1981, BStBl I 1981, 76).

Verkauft jedoch eine **GmbH & Co. KG** WG des Gesamthandsvermögen an den G'fter unter dem erzielbaren Marktpreis, so stellt der verdeckte **Wertabfluss i. H. d. Beteiligungsquote** der GmbH an der KG eine **vGA** dar (hier: zu 75 % beteiligt).

I. Ü. ist der (weitere) Wertabfluss als (verdeckte) **Entnahme** (hier: 25 %) anzusehen, die mangels abweichender Gewinnabsprachen den Gewinnanteil des Kommanditisten erhöht.

Lösung (in Zahlen):
- vGA zu 75 % von der Differenz i. H. v. 27.500 € = 20.625 €; davon 60 %[91] stpfl.,
- Sachentnahme (= Mehrgewinnanteil A zu 25 %) = 6.875 €.

Übertragen auf die zweistufige Gewinnermittlung der GmbH & Co. KG bedeutet dies, dass sich der Gewinnanteil des A i. S. d. § 15 Abs. 1 S. 1 Nr. 2 1. HS EStG um 6.875 € erhöht und dass zusätzlich Sonder-BE nach § 15 Abs. 1 S. 1 Nr. 2 **2. HS** EStG i. H. v. 20.625 € vorliegen (die außerbilanziell – Teileinkünfteverfahren – um 40 % zu kürzen sind), da die GmbH-Beteiligung des A im Sonder-BV gehalten wird (notwendiges Sonder-BV II).

Rechtsinstitut und -folgen einer vGA bei der GmbH & Co. KG sind auch dann gegeben, wenn eine unangemessen niedrige Gewinnverteilung zulasten der GmbH vereinbart wird. Dies gilt auch bei der Änderung von Gewinnverteilungsabreden zulasten der GmbH (BFH vom 27.02.1992, BFH/NV 1993, 386).

Im umgekehrten Fall, führt ein überhöhter Gewinnanteil zugunsten der GmbH zu einer verdeckten Einlage, mit der weiteren Konsequenz, dass die Kommanditisten, die gleichzeitig G'fter der GmbH sind, nachträgliche AK auf ihre Beteiligung i.d.H. erzielen, da ihnen zusätzlich Gewinnanteile zugerechnet werden (BFH vom 23.08.1990, BStBl II 1991, 172).

2.4.4   Entnahmen und Einlagen bei der GmbH & Co. KG

Im Bereich der zentralen Korrekturvorschriften zu der Gewinnermittlung, d. h. zu den Entnahmen und Einlagen, liegen zwei bedeutsame BFH-Entscheidungen aus dem Jahre 2004 vor.

Im Beschluss vom 11.02.2004 (BFH/NV 2004, 1060) befasst sich der BFH mit der häufig gestellten Frage, ob die Umwandlung der Einlage eines Kommanditisten in ein Darlehen an seine GmbH & Co. KG als Rückzahlung der Einlage i. S. d. § 172 Abs. 4 HGB zu werten ist. Im Beschluss stellt der BFH klar, dass die Umwandlung **nicht** als Rückgewähr i. S. d. § 172 HGB anzusehen ist, solange nicht die Darlehensschuld beglichen ist.

Erfolgt schließlich die Einbringung eines Einzelunternehmens in eine neue GmbH & Co. KG gem. § 24 UmwStG zu Buchwerten und werden weitere Personen an der KG wertmäßig über ihre Einlage hinaus beteiligt, so liegt nach Auffassung des BFH vom 16.12.2004 (BFH/NV 2005, 767) ein entgeltliches Rechtsgeschäft vor. Dies gilt – wie im Urteilsfalle – insb. dann, wenn damit **private Ansprüche** der weiteren G'fter abgefunden werden sollen.

Soweit dem Einbringenden keine Gesellschaftsrechte und auch keine sonstigen Leistungen gewährt werden, liegt eine **verdeckte Einlage** vor.[92] Sie ist grundsätzlich nach § 4 Abs. 1 S. 7 EStG n. F. i. V. m. § 6 Abs. 1 Nr. 5 EStG zu bewerten, auch wenn sie in der StB der Gesellschaft das Kapital erhöht.

---

91   § 3 Nr. 40 Buchst. d i. V. m. § 3 Nr. 40 S. 2 EStG.
92   S. dazu allgemein *Preißer*, Teil A, Kap. I 3.4.3.

Eine Übertragung im Wege der verdeckten Einlage ist auch dann anzunehmen, wenn die Übertragung des WG auf einem **gesamthänderisch** gebundenen **Kapitalrücklagenkonto** gutgeschrieben wird oder als (handelsrechtlicher) Ertrag gebucht wird. Ohne dass in diesen Fällen der Einbringende (neue) Gesellschaftsrechte erhält, erhöhen diese Buchungsvorgänge das Eigenkapital der PersG. Nach dem BMF-Schreiben vom 26.11.2004 (BStBl I 2004, 1190, Tz. 2b) soll in diesen Fällen der Einbringende keine individuelle Rechtsposition erhalten, sondern nur eine Erhöhung des (potenziellen) Auseinandersetzungsanspruchs, wobei der »Mehrwert« allen G'ftern reflexartig und gleichmäßig zugutekommt.

Diese Grundsätze überträgt das BMF-Schreiben a. a. O. (Tz. 2c) auch auf eine »Einmann-GmbH & Co. KG«, bei der es bekanntlich keine Interessensgegensätze gibt. Der G'fter hat es hier in der Hand, die Ausgangsbuchung wieder rückgängig zu machen (z. B. durch den BS: per Kapitalrücklage an Kapitalkonto). Das BMF gibt jedoch zu bedenken, dass es sich gerade in den Fällen einer **Immobilien-Einlage bei einer** »**Einmann-GmbH & Co. KG**« wegen der Umgehung von § 23 Abs. 1 Nr. 1 EStG um einen Gestaltungsmissbrauch i. S. d. § 42 AO handeln könnte. Dies wird a. a. O. dann angenommen, wenn die Übertragung der Immobilie zunächst einem gesamthänderisch gebundenen Rücklagenkonto gutgeschrieben wird.

2.5   Die »Körperschaftsklausel«

An zwei Stellen sind seit Inkrafttreten des UntStFG 2000 (mit Wirkung ab VZ 2001) sog. Körperschaftsklauseln eingeführt worden: bei § 6 Abs. 5 S. 5 f. EStG und bei § 16 Abs. 3 S. 4 EStG. Immer dann, wenn bei einer betrieblichen Umstrukturierung von PersG oder bei einer Auflösung einer PersG in Form der Realteilung an den Vorgängen als **MU eine KapG** beteiligt ist, sieht der Gesetzgeber Handlungsbedarf und »bestraft« eine Übertragung von WG auf eine KapG, die ansonsten im Anwendungsbereich von PersG (MU) zu Buchwerten vorgenommen wird, mit dem (anteiligen) **Teilwertansatz**. Der Anwendungsfall bei der **betrieblichen MU-Umstrukturierung** gem. § 6 Abs. 5 S. 5 EStG ist dadurch gekennzeichnet, dass auf der Erwerberseite eine PersG mit einer KapG als MU vorkommt und der Gesetzgeber befürchtet, dass mit der Übertragung von WG auf eine GmbH & Co. KG nunmehr die Steuervorteile des Halbeinkünfteverfahrens (heute: TEV; § 3 Nr. 40 EStG bzw. § 8b Abs. 2 KStG) erschlichen werden können. Nach der Gesetzesbegründung gilt dies insb. für sog. »Objekt-PersG«, bei denen Grundstücke in KapG-Anteile verpackt werden, um die o. g. Veräußerungsprivilegien zu beanspruchen.

Beispiel 6:

Der Kommanditist K, der mit 80 % an der GmbH & Co. KG beteiligt ist (die GmbH soll mit 20 % beteiligt sein), überträgt ein WG aus seinem Einzelunternehmen auf die KG mit einem BW von 100 T€ (Teilwert 200 T€). Zu 80 % kann der Buchwert des WG in der GmbH & Co. KG-Bilanz angesetzt werden (80 T€), während zu 20 % der Teilwert (d. h. 40 T€) anzusetzen ist. Damit verbunden ist eine anteilige Gewinnrealisation im Einzelunternehmen des K (§ 6 Abs. 1 Nr. 4 EStG) sowie eine Erhöhung seiner Anteile an der GmbH, da insoweit eine verdeckte Einlage gem. § 6 Abs. 6 S. 2 EStG vorliegt.

Die anteilige Gewinnrealisation liegt nicht vor, wenn – im umgekehrten Fall – die KapG ein WG in eine Tochter-PersG einbringt, an der die KapG zu 100 % beteiligt ist (BMF vom 07.02.2002, DStR 2002, 635).

2.6   Ausländische KapG im Sonder-BV einer GmbH & Co. KG

Eine britische Ltd war die VertriebsG einer deutschen GmbH & Co. KG. An dieser waren deutsche und ausländische Steuerbürger beteiligt. Da die Vertriebs-Ltd zum Sonder-BV der G'fter der KG gehörte, waren die Zinsen für ein G'fterdarlehen nach dem BFH-Urteil vom 12.06.2013

(Az.: I R 47/12) auch für den ausländischen G'fter (aus Thailand) als Unternehmensgewinne (und nicht als Darlehenszinsen) zu behandeln.

3   Die (atypisch) stille Gesellschaft, insbesondere die GmbH & atypisch still

3.1   Die Grundaussage zur stillen Gesellschaft

3.1.1   Die Unterscheidung zwischen typisch und atypisch stiller Gesellschaft

Die stille Gesellschaft gem. § 230 ff. HGB erfreut sich in der Praxis großer Beliebtheit, da man sich mit ihr an einem Handelsgewerbe beteiligen kann, ohne im Register eingetragen zu sein, m. a. W. ohne Publizitätsakt. Dies ist für bestimmte Berufsträger deshalb von Bedeutung, wenn und weil ihr jeweiliges Berufsrecht (z. B. bei Beamten und weitgehend auch bei Freiberuflern) ein gewerbliches Engagement verbietet. Ein anderer Grund liegt häufig im Gebot der kaufmännischen Verschwiegenheit, das etwa aus Gründen eines Wettbewerbsverbotes ein finanzielles Engagement als tätiger Teilhaber verhindert.

Bei der stillen Gesellschaft wird die Einlage des stillen G'fters (im Folgenden: der Stille) in das BV des Inhabers des Handelsgeschäfts (§ 230 Abs. 1 HGB) geleistet. Dies bedeutet zunächst, dass der Stille und der tätige Teilhaber **kein gemeinsames Gesamthandsvermögen** bilden (Kennzeichen der Innengesellschaft). Andererseits ist die Einlage des Stillen grundsätzlich als Fremdkapital im Unternehmen auszuweisen, da sie dessen Rückzahlungsanspruch darstellt (§ 235 HGB). Dieser kann in der Insolvenz des Unternehmens als reguläre Forderung geltend gemacht werden (§ 236 HGB).

Beispiel 7: Die typisch stille Gesellschaft – eine Art »Risikokapital«

Im Wohnhaus des Rentners Greenspan (G) befindet sich das Büro des Newcomers und Softwareentwicklers Bill (B). G will B finanziell unterstützen, ohne dass sich dabei steuerliche Nachteile oder Haftungsprobleme ergeben sollen. Da er vom geschäftlichen Erfolg des B überzeugt ist, soll die finanzielle Unterstützung mehr erwirtschaften als eine Anlage »auf der Bank«. G ist bewusst, dass sich beim Berufsstart des B auch Durststrecken ergeben können und möchte B auch in dieser Phase begleiten.

Lösung: In nahezu »klassischer« Form bietet sich für G die Unterstützung des B in der Form einer typisch stillen Beteiligung an. Auf alle Fälle soll eine Haftungs- und Steuerverstrickung des privaten Grundstücks vermieden werden. Bei einer offenen gesellschaftsrechtlichen Beteiligung (PersG) wird das an B vermietete Grundstück zum notwendigen (Sonder-)BV und ist damit steuerverstrickt; eine Kommanditbeteiligung scheidet daher aus.

Von den verbleibenden Beteiligungsmöglichkeiten kommen noch das »klassische« Darlehen und das »partiarische« Darlehen in Betracht.

Das klassische Darlehen mit einer festen prozentualen Verzinsung scheidet ebenfalls aus, da G ein riskantes Engagement tätigen will.

Rein theoretisch ist die Abgrenzung der stillen Gesellschaft vom **partiarischen Darlehen**, bei dem sich der Darlehensgeber die Valuta nicht fest, sondern ebenfalls durch eine Gewinnbeteiligung verzinsen lässt, einfach. Bei gleicher Modalität (Gewinnbeteiligung) fußt das partiarische Darlehen auf einem allgemeinen schuldrechtlichen Rechtsgrund, während die stille Gesellschaft auf einer gesellschaftsrechtlichen Causa aufbaut. Die weitergehende Differenzierung kommt zu dem Ergebnis, dass bei **gemeinsamer** Zweckverfolgung (§ 705 BGB) eine stille Gesellschaft vorliegt und dass bei primär eigenen Interessen ein partiarisches Darlehen gegeben ist.

Ein verlässliches Unterscheidungsmerkmal liegt jedoch allein in der Tatsache, dass ein partiarisches Rechtsverhältnis[93] keine **Verlustbeteiligung** kennt, während dies bei einer stillen Gesellschaft möglich ist (§ 231 Abs. 2 HGB). Immer dann, wenn – wie hier (»Unterstützung in der Talsohle«) – auch eine Verlustbeteiligung möglich ist und vereinbart wird, liegt eine stille Gesellschaft vor.

Rein steuerlich und bilanzrechtlich unterscheiden sich die stille Gesellschaft und das partiarische Darlehen nicht, da die jeweiligen jährlichen **Gewinnanteile** zu Einkünften nach § 20 Abs. 1 Nr. 4 EStG

---

93   Neben dem partiarischen Darlehen gibt es auch partiarische Arbeitsverhältnisse.

führen und in der Bilanz des tätigen Unternehmers als **BA** zu erfassen sind. Von dieser Grundaussage (Gewinnanteile des Stillen = BA des Inhabers) hat der BFH in einem allseits beachteten Urteil vom 06.03.2003 (BStBl II 2003, 656) eine wichtige Ausnahme gemacht:

- Die Rspr. des BFH vom 05.02.2002, BFH/NV 2002, 908 zur privaten Veranlassung einer Darlehens-verbindlichkeit – und damit der Eliminierung aus dem BA-Bereich – wurde auf die stille Beteili-gung erstreckt und
- damit sind Gewinnanteile des Stillen, soweit dessen Vermögenseinlage zur Finanzierung privater Aufwendungen verwendet wird (im Urteil: zur Deckung einer Zugewinnausgleichsforderung), nicht länger als BA anzusetzen.

Die Einlage (das Darlehen) selbst (Fremdkapital) und die Rückzahlung sind gewinnneutral.

Als Ergebnis bleibt festzuhalten, dass B mit seiner Einlage als **typisch stiller** G'fter anzusehen ist, der Überschusseinkünfte nach § 20 EStG erzielt. Für die Anerkennung einer stillen Beteiligung eines minderjährigen Kindes gelten schließlich die allgemeinen Grundsätze zu FamilienPersG (BFH vom 14.05.2003, BFH/NV 2003, 1547).[94]

Häufig vereinbaren die Beteiligten eine stärkere gegenseitige Abhängigkeit, als dies bei einer nur finanziellen Gewinnbeteiligung der Fall ist. Die Gründe können im umfangreichen »Mit-regieren« des Stillen ebenso liegen wie in einem stärkeren Risikoengagement der Einlage (= Rückzahlungsanspruch).

Beispiel 8: Die atypisch stille Gesellschaft– eine Art »risk management«

Softwareentwickler B (**Beispiel 7**) expandiert. Er hat für eine Filiale ein zweites Geschäftslokal von Donald (D) angemietet (Monatsmiete: 1.000 €). Nachdem D erkennt, dass die Geschäfte des B immer bes-ser florieren, beteiligt er sich mit einer Einlage von 1 Mio. € als Stiller an dem Softwarehaus des B. Er ist mit 15 % am Gewinn und Verlust beteiligt und hat außerdem die Kontrollrechte eines Kommanditisten (§ 166 HGB und § 233 HGB sind nahezu identisch). Bei Kündigung der stillen Beteiligung (§ 234 HGB) wird eine Auseinandersetzungsbilanz erstellt, in der die Teilwerte der WG einschließlich eines Geschäftswer-tes anzusetzen sind. Danach bemisst sich sein Abfindungsanspruch. Wie sind die steuerlichen Folgen?

Die (typisch) stille Gesellschaft mutiert steuerlich zu einer **atypisch stillen Gesellschaft** – und damit zu einer **MU-schaft** –, wenn zu den ohnehin schon gegebenen Merkmalen der §§ 230 ff. HGB noch die MU-Initiative und das MU-Risiko hinzukommen (BFH vom 15.10.1998, BStBl II 1999, 286 zur Initiative und BFH vom 27.01.1994, BStBl II 1994, 635 zum Risiko.[95] Im letzten einschlägigen Beschluss vom 14.10.2003, BFH/NV 2004, 188, nimmt der BFH eine atypische stille Gesellschaft auch bei fehlender Beteiligung an den stillen Reserven an, wenn der Stille mit einer erheblichen Vermögenseinlage – und damit einem erheblichen Gewinnanspruch – beteiligt ist). Der BFH bestätigte dies im Urteil vom 01.07.2010 (BFH/NV 2010, 2056) erneut.

Lösung:

D erfüllt alle Merkmale eines **atypisch stillen G'fters.** Vor allem die Verlustbeteiligung und die schuld-rechtliche[96] Beteiligung an den stillen Reserven, die während seines Engagements gebildet werden, weisen auf ein (sehr) starkes MU-Risiko hin. Dabei genügt eine Kontrollbefugnis entsprechend dem HGB-Regelstatut. Bei einer stärker ausgeprägten Initiative (aktive Geschäftsführungsbefugnisse) müs-sen nicht alle – der hier vorliegenden – Risikomerkmale erfüllt sein.

---

94   Dies betrifft insb. Fragen der Schenkung und dabei insb. die Heilung nach § 518 Abs. 2 BGB; s. dazu *Preißer*, Band 3, Teil C, Kap. II.

95   Dort lässt der BFH endlich auch die Kontrollbefugnisse gem. § 233 HGB gelten, ohne – völlig überflüssig – auf den inhaltsgleichen § 166 HGB abzustellen.

96   Es wird beim (typisch wie atypisch) Stillen nie eine dingliche (unmittelbare, gegenüber jedem wirkende) Beteiligung am Gesellschaftsvermögen geben. Über die Höhe des Abfindungsanspruches kann eine schuldrechtliche Teilhabe an den stillen Reserven erreicht werden.

Als (wichtigste) **Folgen** der atypischen stillen Gesellschaft sind zu verzeichnen:

a) D erzielt mit seinen Gewinnanteilen gewerbliche Einkünfte gem. § 15 Abs. 1 Nr. 2 EStG; eine KapESt – anders als bei der typisch stillen Gesellschaft (vgl. § 43 Abs. 1 Nr. 3 EStG) – ist daher nicht einzubehalten.

b) Auch bei mehreren atypisch stillen Beteiligungsverhältnissen ist darauf abzustellen, dass und ob gemeinschaftliche Einkünfte aller G'fter vorliegen[97] (atypisch stille Gesellschaft als Gewinnermittlungssubjekt).

c) Das vermietete Geschäftslokal wird zum Sonder-BV I (überlassenes WG). Die Mieten sind damit ebenfalls gewerblich; der überlassene Gebäudetrakt (R 4.2 EStR) ist steuerverstrickt.

d) Das BV der MU-schaft umfasst neben dem Handelsgeschäft das Sonder-BV I und II des atypisch Stillen (BFH vom 02.05.1984, BStBl II 1984, 820). Nicht geklärt ist, ob ein eigenes Hauptvermögen der MU-schaft zu bilden ist, bei dem sodann auch das Handelsgeschäft den Charakter von Sonder-BV hat.[98]

e) Der Gewinn wird nach §§ 179, 180 Abs. 1 Nr. 2 Buchst. a AO einheitlich und gesondert festgestellt (i. V. m. § 183 Abs. 2 AO); s. auch BFH vom 12.02.2015 (BFH/NV 2015, 1075). Der Feststellungsbescheid ist Grundlagenbescheid für die Besteuerung der Einkünfte des Inhabers des Handelsgewerbes und des stillen G'fters.

f) Bei geschenkten stillen Beteiligungen gelten die Grundsätze zur Angemessenheit der Gewinnverteilung wie bei den FamilienPersG.[99]

g) Bzgl. der Verlustbeteiligung gelten die Restriktionen des § 15a Abs. 5 Nr. 1 EStG.

h) Steuerschuldner des GewSt-Bescheides (und des USt-Bescheides) ist allein der Inhaber des Handelsgeschäfts, da eben nur eine Innengesellschaft vorliegt, die Auswirkungen auf der ESt-Ebene (s. a – c) hat; bestätigt durch BFH vom 28.03.2003, BFH/NV 2003, 1308.

i) Die Kündigung der stillen Gesellschaft führt zu deren Auflösung und zur Auseinandersetzung zwischen dem Inhaber des Handelsgeschäfts und dem stillen G'fter, bei der die wechselseitigen Ansprüche grundsätzlich unselbständige Rechnungsposten der Gesamtabrechnung werden und vor Beendigung der Auseinandersetzung nur ausnahmsweise geltend gemacht werden können, wenn dadurch das Ergebnis der Auseinandersetzung (teilweise) in zulässiger Weise vorweggenommen wird und insb. die Gefahr von Hin- und Herzahlungen nicht besteht (BFH vom 03.02.2015, DB 2015, 1336).

j) Beteiligt sich der G'fter einer KapG an dieser zugleich als atypisch stiller G'fter und verzichtet die KapG im Interesse des stillen G'fters auf eine fremdübliche Gewinnbeteiligung, wird der KapG bei der gesonderten und einheitlichen Feststellung der Einkünfte der atypisch stillen Gesellschaft der angemessene Gewinnanteil zugerechnet (so BFH vom 18.06.2015, BFH/NV 2015, 1640).

Hinweis: Eine atypisch stille Gesellschaft kann auch gem. **§ 24 UmwStG begründet** werden, indem die Einbringung durch den Inhaber des Handelsgeschäfts erfolgt.

Die Abgrenzung zwischen typisch stiller und atypisch stiller Gesellschaft verdeutlicht die folgende Übersicht:

---

97   Damit verbunden ist die (problematische) Erkenntnis des BFH vom 05.07.2002 (BFH NV 2002, 1447), dass die erforderliche »Einkunftserzielungsabsicht der Gesellschaft« erst dann abzulehnen ist – und damit Liebhaberei anzunehmen ist –, wenn die verlustverursachenden Umstände sich den einzelnen G'ftern »aufgedrängt« hätten. Auf die Erkenntnis des GF allein kommt es dabei nicht an.

98   Die h. M. (vgl. *Bitz* in *Littmann/Bitz/Pust*, § 15, Rz. 51) geht davon aus, dass es keine Bilanz der atypisch stillen Gesellschaft gibt, d. h. die StB des Geschäftsinhabers ist wie die StB einer KG zu behandeln.

99   S. *Preißer*, Band 1, Teil B, Kap. I 4.4.3.5 (15 %-Grenze).

Die MU-schaft ist zu bejahen,	Die MU-schaft ist zu verneinen
• wenn der stille G'fter am laufenden Gewinn **und** Verlust beteiligt ist. Darüber hinaus soll er bei Auflösung der Gesellschaft neben seiner Einlage auch einen Anteil an den Wertsteigerungen des BV einschließlich des Geschäftswertes erhalten (s. BFH vom 09.12.2002, BFH/NV 2003, 601); • wenn das MU-Risiko besonders stark ausgeprägt ist, sodass bereits die Informations- und Kontrollrechte eines stillen G'fters i. S. d. § 233 HGB für eine MU-Initiative ausreichen (s. BFH vom 11.12.1990, BFHE 163, 346; BFH vom 07.11.2006, BFH/NV 2007, 906);	• bei Ausschluss der Gewinnbeteiligung, da die Voraussetzungen aus § 230 HGB nicht erfüllt werden (s. BFH vom 09.07.1969, BStBl II 1969, 690); • bei Fehlen der **Gewinnerzielungsabsicht** des Inhabers des Handelsgeschäfts oder des stillen G'fters, da diese gem. § 15 Abs. 2 EStG als Grundvoraussetzung für die Erzielung von gewerblichen Einkünften gilt (s. BFH vom 14.07.1998, BFH/NV 1999, 169; BFH vom 24.01.2001, BFH/NV 2001, 895);
• ist die Beteiligung an den stillen Reserven für den Fall eines vorzeitigen Ausscheidens des Stillen ausgeschlossen, steht es – wie auch bei einem Kommanditisten – **nicht** der Annahme einer MU-schaft entgegen (s. BFH vom 18.02.1993, BFH/NV 1993, 647);	• dies gilt auch für eine GmbH & Still, bei der die GmbH ausschließlich eine vermögensverwaltende Tätigkeit ausübt (dabei ist § 8 Abs. 2 KStG für die Innen-Gesellschaft GmbH & Still unbeachtlich (s. BFH vom 14.07.1998, BFH/NV 1999, 169; Tz. 49 ff.);
• wenn der stille G'fter als GF oder Prokurist bzw. leitender Angestellter des Handelsgewerbes tätig ist. Die MU-Initiative ist besonders stark ausgeprägt; • der Ausschluss bzw. die Beschränkung seiner Beteiligung an den Wertsteigerungen des BV **allein** ist für die Annahme einer MU-schaft unschädlich (s. BFH vom 09.12.2002, BFH/NV 2003, 601; BFH vom 07.11.2006, BFH/NV 2007, 906);	• bei einer Beteiligung am Umsatz oder bei einer festen Vergütung (s. BFH vom 26.06.1990, BStBl II 1994, 645); • bei Vereinbarung einer festen Verzinsung mit der Option auf Gewinnbeteiligung (s. BFH vom 27.05.1993, BStBl II 1994, 700);
• Letzteres gilt auch für den Fall, in dem der stille G'fter in seiner Funktion als GF des Handelsgeschäfts sich mit einer Vermögenseinlage in erheblichem Umfang – und damit einem erheblichen Gewinnanspruch – beteiligt (s. BFH vom 14.10.2003, BFH/NV 2004, 188).	• bei Vereinbarung einer Beteiligung an den stillen Reserven bzw. Geschäftswert, wenn davon ausgegangen werden kann, dass sich keine stillen Reserven bzw. Geschäftswert bilden können (s. BFH vom 18.02.1993, BFH/NV 1993, 647).

3.1.2   Die stille Beteiligung und deren Veräußerung

Die Beteiligung selbst kann im PV (**Beispiel**: Beamter) wie im BV (**Beispiel**: Einzelkaufmann) gehalten werden. Dies hat sowohl Auswirkungen auf die Einkunftsart als auch auf die Erfassung etwaiger Veräußerungsgewinne.

Bei der **Veräußerung** von stillen Beteiligungen kommt der Einkunftsarten-Dualismus zum Tragen: grundsätzlich (vorbehaltlich §§ 17, 23 EStG) kommt es nur bei betrieblichen stillen Beteiligungen zu steuerbaren Veräußerungsgewinnen nach § 16 Abs. 1 Nr. 2 (bzw. § 16 Abs. 3) EStG. Zu einer praxisrelevanten Frage hat der BFH am 06.03.2002 (BStBl II 2002, 737) in Abweichung der sonstigen Ermittlungsgrundsätze Stellung bezogen. Im vorliegenden Fall wurde die Einlageforderung des atypisch Stillen, der die Beteiligung im BV gehalten hat, bei der Veräußerung der Beteiligung zurückbehalten und – wider Erwarten – später getilgt. Die Frage war nun, ob es sich bei der späteren Begleichung der (früher wertberichtigten) Forderung um ein rückwirkendes Ereignis i. S. d. § 175 Abs. 1 S. 1 Nr. 2 AO handelt mit der Folge, dass der gewinnwirksame Vorfall rückwirkend bei der Ermittlung des steuerbegünstigten Aufgabegewinnes zu erfassen wäre. Diese sonst vorgesehene Rechtsfolge hat der BFH (a. a. O.) dem Beteiligten jedoch vorenthalten, da davon auszugehen ist, dass nach dem Verlust der MU-Stellung die ursprüngliche gesellschaftliche Einlageforderung einer regulären Kapitalforderung Platz gemacht hat. Für diese gelten sodann die regulären Bilanzierungsgrundsätze, wonach die spätere Begleichung der abgeschriebenen Forderung zu laufendem Ertrag ohne die Steuervergünstigungen der §§ 16, 34 EStG führt.

3.2   Die GmbH & atypisch still – ein Kind der Praxis

Eine gesteigerte Form der Innengesellschaft ist die GmbH & atypisch still. Bei der GmbH kann es sich dabei auch um eine Einmann-GmbH handeln, an der der »Einmann« als atypisch Stiller beteiligt ist. Rein begrifflich bereitet dies keine Probleme, da § 230 Abs. 1 HGB eine stille Beteiligung an dem Handelsgewerbe eines »anderen« zulässt und nach einhelliger Auffassung als »anderer« – wegen der Abschottungswirkung der juristischen Person – jede GmbH zu verstehen ist. Der Grund für die »eigene« GmbH & atypisch still ist weitgehend ein steuerlicher, da mit ihr – neben der Organschaft – die einzige Möglichkeit besteht, auch am Misserfolg der GmbH als atypisch Stiller mit gewerblichen Verlusten steuerlich partizipieren zu können.

Insoweit stellt die GmbH & atypisch still die (gelungene) **Quadratur des Kreises** dar. Anders formuliert: Eine Person wird aus steuerlichen Gründen aufgespalten in zwei Funktionen, einmal in die des GmbH-G'fter und zum zweiten in die des Innen-G'fters. Die Annahme einer »aufgespaltenen Person« des GmbH & Innen-G'fters wurde durch zwei BFH-Urteile zur MU-schaft bei der GmbH & Co. KG erleichtert.[100] Die dortigen Grundsätze zur MU-Initiative und zum MU-Risiko wurden auf die Innengesellschaft übertragen. Damit war der Weg frei für die Anerkennung der GmbH & atypischen still bei einem beherrschenden GmbH-G'fter (BFH vom 05.12.1992, BStBl II 1994, 702). Nachdem der BFH in diesem Zusammenhang auch die Einmann-GmbH & typisch still abgesegnet hat, steht der Anerkennung einer Einmann-GmbH & atypisch still nichts mehr im Wege.

Wegen der – nach wie vor bestehenden – Eigentümlichkeit dieses Gebildes sind Hürden für die Anerkennung einer GmbH & atypisch still zu überwinden. Als Mindestvoraussetzung sind die jeweils auslösenden Vermögensgegenstände (die Einlage bei der GmbH und die stille Einlage bei der Innengesellschaft) getrennt und transparent zu handhaben.

Beispiel 9: Das steuerlich-gesellschaftsrechtliche In-sich-Geschäft

D ist mit 100.000 € an der D-GmbH als Allein-G'fter beteiligt. Er leistet gleichzeitig mit 103.000 € eine Einlage als stiller G'fter. Die Rückzahlung erfolgt unter Einbeziehung der zwischenzeitlichen anteiligen stillen Reserven. D erhält aufgrund eines Anstellungsvertrages als GF eine Vergütung von 50.000 €. Bei der Bestellung zum Organ hat man vergessen, die Befreiung vom Selbstkontrahierungsverbot in das HR einzutragen. Für die Einlage als Stiller gibt es folgende Alternativen:
a) D soll auch am Verlust beteiligt sein.
b) Die Einlage soll zwei Jahre im Unternehmen stehen bleiben.
c) Die Rückzahlung der Einlage soll gleichberechtigt mit den Forderungen anderer Gläubiger geltend gemacht werden.
d) Es wird eine erfolgsabhängige Vergütung vereinbart.

Wie bei jeder atypischen Innengesellschaft, muss der präsumtive MU zunächst alle dort bekannten Voraussetzungen (MU-Initiative und MU-Risiko; gewerbliche Qualifikation nach

---

100   BFH vom 20.11.1990 (DB 1991, 1052) und vom 11.12.1990 (BStBl II 1991, 390).

§ 15 Abs. 2 EStG) in seiner Person erfüllen. Wegen der Gefahr der Vermengung der verschiedenen Funktionen (GmbH-G'fter einerseits und atypisch Stiller andererseits) wird zusätzlich gefordert, dass der Kapitaleinsatz des Stillen über dem Beitrag als GmbH-G'fter liegt, um auf diese Weise das gesteigerte Interesse zu dokumentieren. Selbstredend sollen wegen der drohenden Interessensvermengung eindeutige und klare vorherige Absprachen über die Aufgabengebiete vorliegen.[101]

Eine der Barrieren zum Gesamtverständnis der GmbH & atypisch Still liegt im Auseinanderfallen des Vermögensträgers in handelsrechtlicher und in steuerrechtlicher Hinsicht. Handelsrechtlich bleibt es immer bei einem Vermögensträger (GmbH als Inhaber des Handelsgewerbes), obwohl das nicht die Bildung von Eigenkapital in der HB ausschließt. In steuerlicher Hinsicht führt die Annahme der MU-schaft nicht nur zu steuerlichem Eigenkapital, sondern auch zu einem einheitlichen Gewinnermittlungssubjekt, an dem der tätige und der stille Teilhaber beteiligt sind (BFH vom 26.11.1996, BStBl II 1998, 328). Eingedenk dieser statusimmanenten Unterscheidung kann der Fall beantwortet werden.

Lösung:

1. Steuerliche Vorfragen

Alle Steuermerkmale für eine MU-schaft (GmbH & atypisch still) liegen vor bzw. sind zu unterstellen (kein Gegenbeweis):
- höherer Kapitaleinsatz des Stillen (103 T€), verglichen mit der Stammeinlage (100 T€),
- Trennung der Aufgabengebiete (Tatfrage),
- MU-Risiko (Abfindungsanspruch),
- MU-Initiative (Allein-GF).

2. Handelsbilanzielle Konsequenzen

Handelsrechtlich geht die h. M. von einem materiellen Kapitalbegriff aus mit der Folge, dass bei kumulativem Vorliegen von zwei Voraussetzungen (Dauerhaftes zur Verfügung Stellen und Nachrangigkeit der Einlage im Insolvenzfall) auch dort die Einlage als Eigenkapital[102] behandelt wird.

Vorliegend ist dies bei den Varianten a)[103] und d) der Fall, wenn die Nachrangigkeit hinzukommt, hingegen nicht bei der Variante c) (= Fremdkapital).

Bei Variante b) ist entscheidend, in welchem Bereich die GmbH & atypisch still agiert. Unterliegt sie – z. B. als Finanzierungsinstitut – den Bestimmungen des KWG, so wäre die Haltedauer von zwei Jahren zu kurz. Ansonsten genügt ein zweijähriger Mindestverbleib den Dauerhaftigkeitskriterien der InsO.

3. Steuerliche Folgen:

- In der StB sind die Anteile des atypisch Stillen an der GmbH in einer Sonderbilanz (notwendiges Sonder-BV II) zu erfassen. Losgelöst von der sogleich behandelten Gepräge-Frage des § 15 Abs. 3 Nr. 2 EStG lässt der BFH eine Hintertür für die Qualifizierung der GmbH-Beteiligung als Sonder-BV II offen. Notwendiges Sonder-BV II liegt dann nicht vor, wenn die GmbH noch einer anderen Geschäftstätigkeit (von nicht untergeordneter Bedeutung) nachgeht (BFH vom 31.08.1999, BFH/NV 2000, 420).
- Die jährliche GF-Vergütung i. H. v. 50.000 € ist bei einem beherrschenden GmbH-G'fter-GF – wie hier bei D – dann eine vGA, wenn der Anstellungsvertrag irreparable Fehler (wie hier: Verstoß gegen § 35 Abs. 4 GmbHG und § 181 BGB[104]) aufweist. Auf keinen Fall darf die auch angemessene GF-Vergütung des atypisch Stillen, für die § 15 Abs. 1 Nr. 2 EStG gilt, den Gewerbeertrag der Gesellschaft schmälern (nochmals bekräftigt durch BFH vom 28.03.2003, BFH/NV 2003, 1308).
- Wegen § 20 Abs. 3 EStG (sonderbetriebliche GmbH-Beteiligung) ist die vGA als gewerblich einzustufen und löst damit zusätzlich GewSt aus.

---

101 BFH(!) vom 10.04.1997 (BFH/NV 1997, 662). Dies wäre eigentlich eine Erkenntnispflicht des BGH.

102 Der Bilanzausweis erfolgt nach h. M. als »Kapitalrücklage« in der GmbH-Bilanz (§ 272 Abs. 2 HGB).

103 Neben der Einlage (als EK) ist der zu erwartende Verlust als Rückstellung zu erfassen.

104 Dies (»irreparabler Fehler«) unterstellt, dass – im Hinblick auf BFH/NV 1998, 746 – keine nachträgliche Genehmigung mehr möglich ist.

Losgelöst vom Geschäftszweig der GmbH ist die weitere Frage, ob § 15 Abs. 3 Nr. 2 EStG (**Geprägetheorie**) auch auf eine Innengesellschaft anzuwenden ist mit der Folge, dass sodann bei negativen Gesamtergebnissen der MU-schaft **immer** gewerbliche Verluste beim atypisch Stillen vorliegen. Der BFH hat in zwei Entscheidungen (BFH vom 26.11.1996, BStBl II 1998, 328 und BFH vom 15.10.1998, BStBl II 1999, 286) diese Frage bejaht, wenn der stille G'fter im Innenverhältnis dem tätigen G'fter gleichgestellt ist, somit also MU-Initiative und MU-Risiko bei ihm vorliegen. Dies wurde für den Fall angenommen, dass sich der Stille bei Krediten für die GmbH persönlich verbürgt.

Grenzüberschreitend nimmt die Bedeutung der internationalen GmbH & atypisch Still immer stärker zu.[105]

3.3   Optionen der GmbH & atypisch still

Weder die Teileinkünftebesteuerung bei KapG, noch die Thesaurierungsbesteuerung bei Personenunternehmen (und damit die bestehen bleibende Besteuerung bei den G'ftern einer PersG) ändern etwas an der Notwendigkeit eines steuerlichen Verlusttransfers von der GmbH auf die persönliche Ebene des G'fters. Dafür bietet die GmbH & atypisch still bei geringem Gestaltungsaufwand immer noch einen optimalen Rahmen.

Verluste bleiben hier – anders als bei der GmbH – nicht eingesperrt. Trotz der Gefahr des § 15a EStG (die Einbeziehung der GmbH-Anteile als Sonder-BV erhöht nicht das Kapitalkonto[106]) kann durch die konkrete Einlageleistung aus einer nur virtuellen Verrechnungsgröße sogleich ein **aktueller Verlustausgleich** erzielt werden. Die früher durch § 2 Abs. 3 EStG a. F. aufgezwungene »Einkunftsartentreue« stellte bei der GmbH & atypisch Still bei **neutralem** Geschäftszweck kein Gestaltungsproblem dar.

Für **KapG** als atypisch stille **Beteiligte** wie als typisch stille Beteiligte an einer **anderen KapG** gibt es ein **Ausgleichs- und Abzugsverbot für Verluste**.[107] Der interne Verlustverrechnungskreis bezieht sich folglich nur auf KapG als mittelbar oder unmittelbar Beteiligte einer »kapitalistischen« Innengesellschaft, was sich aus § 15 Abs. 4 S. 8 EStG ergibt.

Dies ändert jedoch nichts am Verlustausgleich und -abzug einer **natürlichen Person** als Innen-G'fter.

Schließlich lässt sich aus einer Einmann-GmbH durch die Aufnahme von Familienmitgliedern als (typisch/atypisch) stille G'fter zwanglos eine »Einfamilien-GmbH & Still« gründen.

Derzeit offene Anwendungsfragen zu § 35 EStG (s. Kap. VI 2) können unabhängig von künftigen Erkenntnissen der Verwaltung und der Rspr. »maßgeschneidert« gelöst werden.

Für einen besonders komplexen Fall (Beteiligung einer atypisch stillen Gesellschaft an einer doppelstöckigen PersG mit ausländischen Zinseinkünften) gelangte der BFH im Beschluss vom 26.04.2005 (BFH/NV 2005, 1560) in verfahrensrechtlicher Hinsicht zu folgender Erkenntnis: Bei einer doppelstöckigen PersG ist ein zweistufiges Feststellungsverfahren durchzuführen, bei dem im Bescheid für die Untergesellschaft der auf die Obergesellschaft entfallende Teil an den Einkünften der Untergesellschaft gesondert und einheitlich festgestellt wird.

---

105 Hierzu BFH vom 21.07.1999, BStBl II 1999, 812 (Gewinneinkünfte sind keine Zinseinkünfte, sondern Unternehmensgewinne nach Art. 7 OECD-Muster-DBA mit Freistellung); anders BMF vom 28.12.1999 (BStBl I 1999, 1121); EStG-Kartei NW § 2a EStG Nr. 800: Quellenstaatbeurteilung ist entscheidend.

106 BMF vom 15.12.1993 (BStBl I 1993, 976).

107 S. näher *Preißer*, Band 1, Teil B, Kap. IV 3.3: Die Regelung versteht sich als Parallelmaßnahme zur Abschaffung der Mehrmütterorganschaft.

4   Die Betriebsaufspaltung

4.1   Kennzeichen der Betriebsaufspaltung und Gestaltungsmöglichkeiten

Weder der sächsische RA Walther als angeblicher Begründer der Betriebsaufspaltung in den 20er-Jahren des vorigen Jahrhunderts noch der RFH in seiner ersten amtlichen Einlassung am 03.12.1924 (RFHE 16, 15) konnten ahnen, in welcher Vielfalt diese **Doppelgesellschaft** einmal vertreten sein würde.

Dabei handelt es sich in der Grundform nur um die – wirtschaftliche – Ausgliederung eines unternehmerischen Außenbereichs (Produktion/Vertrieb/Export etc.) in eine andere Gesellschaft, meistens in eine KapG, die »Betriebsgesellschaft« (oder noch allgemeiner: Betriebsunternehmen) genannt wird. Wesentliche Vermögensteile bleiben dabei im Eigentum der ursprünglichen G'fter bzw. des ursprünglichen Inhabers zurück, im sog. Besitzunternehmen. Je nach Erscheinungsform hat man es mit einem Besitz-Einzelunternehmen oder mit einer Besitzgesellschaft zu tun.

Beide Unternehmen (beide Gesellschaften) bleiben dabei **rechtlich selbständig**. Die »Ausgliederung« hat man sich organisatorisch so vorzustellen, dass das Besitzunternehmen einzelne werthaltige WG (wie z. B. Immobilien – Hauptfall) an die Betriebsgesellschaft verpachtet, die ansonsten zusätzliches eigenes Vermögen haben kann.

Im Unterschied zur GmbH & Co. KG steht dabei nicht eine gesellschaftsrechtliche Regelung im Vordergrund, sondern eine **betriebswirtschaftliche Um- oder Neuorganisation**. Sie geht einher mit einer **zivilrechtlichen Haftungsbegrenzung**, da nunmehr allein die Betriebsgesellschaft (die Betriebs-GmbH) als Vertragspartner den Ansprüchen ausgesetzt ist. Damit werden die werthaltigen WG vor dem Gläubigerzugriff der Geschäftspartner (aus Produkthaftung, aus Gewährleistungsansprüchen oder aus deliktischer Haftung) abgeschottet. Dieses Ergebnis lässt sich mit der bloßen Gründung einer Einzel-KapG (einer GmbH) nicht erzielen, da bekanntlich deren ganzes Vermögen, also auch die kraft Sacheinlage eingebrachten WG den Gläubigeransprüchen zur Verfügung stehen.

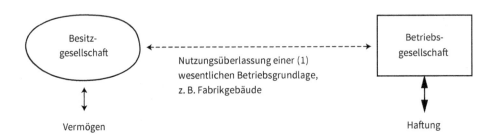

Der engere Begriff der Betriebsaufspaltung hat sich gebildet, weil idealtypisch ursprünglich ein Einzelunternehmen oder eine PersG am Markt beteiligt waren, deren Funktion jetzt die GmbH wahrnimmt. Anstelle der Zerschlagung der ursprünglichen wirtschaftlichen Einheit (mit der möglichen Folge eines stpfl. Aufgabegewinnes gem. § 16 EStG!) wird das unternehmerische Engagement von nun an rechtlich auf zwei Schultern verteilt.

Unter dem Terminus der Betriebsaufspaltung mit identischen Rechtsfolgen werden ihrem Erscheinungsbild nach sehr unterschiedliche Phänomene (Doppelunternehmen) erfasst. So versteht man unter dem Begriff der »umgekehrten« Betriebsaufspaltung die Fälle, in denen das Besitzunternehmen eine KapG und das Betriebsunternehmen eine PersG ist. Des Weiteren haben sich die »mitunternehmerische« Betriebsaufspaltung und die »kapitalistische« Betriebsaufspaltung herausgebildet. Diese Erscheinungsformen sind dadurch gekennzeichnet, dass im ersten Fall ausschließlich PersG und im zweiten Fall nur KapG beteiligt sind. Die nachfolgende Darstellung basiert jedoch auf dem klassischen – und weit verbreiteten – Modell einer Trennung in ein personalistisches Besitzunternehmen und in eine kapitalistische Betriebsgesellschaft.

Entgegen dem Begriff der Betriebs»**aufspaltung**« werden heute vermehrt synchron Doppelgesellschaften **gegründet**, die die Vorteile der Betriebsaufspaltung von Anfang an in sich vereinen (sog. unechte Betriebsaufspaltung).

Damit lassen sich idealtypisch die Vorteile beider Gesellschaftsformen (KapG und PersG) kombinieren.

Die wichtigste Rechtsfolge der Betriebsaufspaltung liegt im **Fortbestand** (bzw. in der Begründung) eines **gewerblichen Besitzunternehmens**, auch wenn deren ursprünglichen operativen (betrieblichen) Aktivitäten nicht mehr ausgeübt werden. In dem gleichen Sinne, wie in der Einkommensteuer eine Aufdeckung der Reserven vermieden wird; ist die GewSt-Pflicht des Besitzunternehmens festgeschrieben (BFH vom 12.11.1985, BStBl II 1986, 296). Für steuerliche Zwecke wird die Besitzgesellschaft, deren eigentliche Tätigkeit sich prototypisch nur noch auf die Verpachtung von WG an die Betriebsgesellschaft beschränkt, über das Medium der Betriebsgesellschaft als Marktteilnehmer fingiert. Die gesetzlichen Grundaussagen zur Gewerblichkeit nach § 15 Abs. 2 EStG (hier: »die Beteiligung am allgemeinen wirtschaftlichen Verkehr«) sowie deren Ausschluss bei § 14 S. 3 AO (»private Vermögensverwaltung«) werden bei diesem Rechtsinstitut nach einhelliger Auffassung überlagert durch eine wirtschaftliche Betrachtungsweise: Danach liegt eine **gewerblich qualifizierte Vermietung/ Verpachtung** vor.

Bei der klassischen Betriebsaufspaltung ist Garant für den Fortbestand des gewerblichen Besitzunternehmens – und damit für das Fehlen einer Betriebsaufgabe nach § 16 Abs. 3 EStG – die Figur des »**einheitlichen geschäftlichen Betätigungswillens**« (auch als personelle Verflechtung bezeichnet).

Hinweise:

(1)   Die Betriebsaufspaltung stellt auch für **Nachfolgeregelungen** von Todes wegen bei mehreren Nachkommen einen Vorteil dar, da die Vergünstigungen der §§ 13a, 19a ErbStG mehrfach in Anspruch genommen werden können. Vor allem erlaubt die **Diversifikation** der Anteile eine bessere Personalentscheidung für den (die) Unternehmensgründer. So können die echten Unternehmensnachfolger ihren persönlichen Fähigkeiten entsprechend z. B. als GmbH-G'fter mit einer stärkeren Beteiligungsquote berücksichtigt werden, ohne dass die weniger talentierten Nachfolger sogleich auf Pflichtteilsansprüche verwiesen werden müssen.

(2)   Auch bei einer **vermögensverwaltenden Betriebsgesellschaft (GmbH)** wird bei Vorliegen der sonstigen Voraussetzungen (personelle und sachliche Verflechtung) eine Betriebsaufspaltung begründet (BFH vom 18.06.2015, BFH/NV 2015, 1405).

(3)   Bei nachträglichem Bekanntwerden einer Betriebsaufspaltung (nach einer Außenprüfung) erfolgt eine Korrektur des Gewinnfeststellungsbescheids gem. § 173 Abs. 1 Nr. 1 AO, wenn dies zu einer Erhöhung der Besteuerungsgrundlagen wenigstens eines der Feststellungsbeteiligten führt (BFH vom 16.04.2015, BFH/NV 2015, 1331).

4.2 Steuerrechtliche Gestaltungsparameter (Voraussetzungen) bei der Betriebsaufspaltung

Voraussetzung für eine Betriebsaufspaltung sind die personelle Verflechtung (der einheitliche Geschäftswille) der Besitz- und Betriebsgesellschaft und die sachliche Verflechtung.

4.2.1 Die erste Voraussetzung: Die sachliche Verflechtung

Für die sachliche Verflechtung (objektive Verklammerung des einheitlichen Geschäftswillens) lässt es die Rspr. des BFH genügen, dass nur eine der für die Betriebsgesellschaft wesentlichen Betriebsgrundlagen an diese zur Nutzung überlassen wird. Während es nach der früheren BFH-Rspr. noch erforderlich war, dass die Besitzgesellschaft Eigentümerin der überlassenen **wesentlichen Betriebsgrundlage** war, kommt es seit der Entscheidung vom 12.10.1988 (BStBl II 1989, 152) hierauf nicht mehr an. Ebenso bedeutungslos wurde die Frage, auf welcher exakten Rechtsgrundlage (Miete, Pacht, unentgeltliche Leihe, dinglicher Nießbrauch) die **Nutzungsüberlassung** erfolgt (BFH vom 24.04.1991, BStBl II 1991, 713). Während aus diesem Grund die Höhe der Nutzungsvergütung für das Vorliegen einer Betriebsaufspaltung keine Rolle spielt, kommt dieser Frage aber i. R. d. vGA-Diskussion eine gewisse Bedeutung zu. Von einer Ausnahme abgesehen, ist die **funktionale Notwendigkeit** des überlassenen WG für die Betriebsgesellschaft von entscheidender Bedeutung für die Annahme und Begründung der sachlichen Verflechtung (»betriebsnotwendiges WG«).

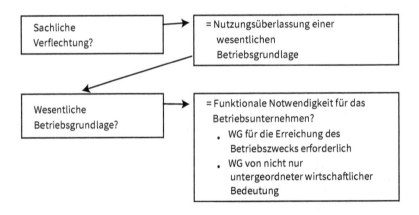

Beispiel 10: Der Legehennenfall und die Betriebsaufspaltung

B betreibt zunächst als Einzelunternehmer ein Bauunternehmen. Er überträgt den Fuhrpark und die Maschinen auf die ihm zu 100 % gehörende B-GmbH (Geschäftszweck: Errichtung und Verkauf von Eigentumswohnungen). B behält als Eigentümer folgende WG (alternativ) zurück, die er der GmbH zur Nutzung überlässt:

- a) eine **Wiese** als Vorratsgrundstück für einen künftigen Anbau,
- b) das **Fabrikationsgebäude**, auf dem die Anlagen für die Erstellung von Fertigbeton untergebracht sind,
- c) das **Bürogebäude**,
- d) ein besonderes **Patent** für Bauvorhaben in der Winterzeit, das der GmbH auch Bauten in der Frostperiode ermöglicht.
- e) B leiht der GmbH **Geld**.

Die BFH-Rspr. zur sachlichen Verflechtung lässt sich einerseits als Kasuistik (Fallgruppen-Rspr.) und andererseits als das Bemühen um Kriterienfindung charakterisieren. Anhand des Beispiels lassen sich die Entwicklung der BFH-Rspr. und der heutige Rechtsstand exemplarisch verdeutlichen.

- Das **unbebaute Grundstück (a)** stellt eine wesentliche Betriebsgrundlage dar, wenn es nach den Bedürfnissen der Betriebsgesellschaft bebaut werden kann und in einem Funktionszusammenhang mit dem Geschäftszweck steht (BFH vom 26.03.1992, BStBl II 1992, 830). Dies soll nach BFH-Beschluss vom 11.09.2003 (BFH/NV 2004, 180) selbst dann gelten, wenn es sich um ein unbebautes Grundstück handelt und dieses nur zur Überbrückung bis zum Bezug eines angemessenen Grundstücks erforderlich war.

  Fehlt es hingegen an der unmittelbaren Zweckbestimmung oder ist das Grundstück für das Betriebsunternehmen entbehrlich (die **Unentbehrlichkeit** ist vom BFH als eine »Auffangklausel« eingebaut worden), stellen verpachtete unbebaute Grundstücke keine wesentliche Betriebsgrundlage dar.

  Je nach Zielsetzung des Unternehmens stellt ein unbebautes Grundstück daher eine Gestaltungsoption für/gegen die Betriebsaufspaltung dar. Mit der dauerhaften Widmung (z. B. durch Asphaltierung) als Kfz-Abstellfläche kann eine Betriebsaufspaltung begründet werden. Bei einer gelegentlichen Nutzung als Parkplatz sind diese Rechtsfolgen zwingend noch nicht zu ziehen.

- Überlassene **Fabrikationsgrundstücke (b)** begründen immer eine Betriebsaufspaltung, wenn die Betriebsgesellschaft darauf angewiesen ist (so auch die zitierte Rspr. in H 137 Abs. 5 EStH 2004). Dabei ist es nach dem BFH sogar unerheblich, ob auch andere Firmen die Fabrikationshalle nutzen könnten oder ob sich die konkrete Betriebsgesellschaft anderweitig am Markt hätte bedienen können.

- Bei **Büro- und Verwaltungsgebäuden (c)** war die Rspr. restriktiv und verneinte früher grundsätzlich wegen des fehlenden Geschäftsbezuges die Eignung für eine sachliche Verflechtung (BFH vom 02.04.1997, BStBl II 1997, 565). Eine Ausnahme wurde – im Dienstleistungsbereich (z. B. für Steuerberater) – zugelassen, wenn ein besonderer Zuschnitt für die Belange der Betriebsgesellschaft vorlag.

  Nach dem Grundsatz-Urteil vom 23.05.2000, BStBl II 2000, 621 (bestätigt am 23.01.2001, BFH/NV 2001, 894), genügt es allerdings, dass das Bürogebäude den **räumlichen und funktionalen Mittelpunkt** der Betriebsgesellschaft bildet. Die Verwaltung hat zwischenzeitlich das Urteil übernommen, lässt aber im BMF-Schreiben vom 11.06.2002 (BStBl I 2002, 626) die Rechtsfolgen erst ab 01.01.2003 eintreten.

Diese Rechtsentwicklung hat jedoch ihren Fortgang in zwei Urteilen aus dem Jahre 2003 (BFH vom 11.02.2003, BFH/NV 2003, 910 sowie BFH vom 03.06.2003, BFH/NV 2003, 1321) genommen. Dort verzichtet der BFH auch auf jedweden branchenspezifischen Zuschnitt der Gebäude und nimmt die wesentliche Betriebsgrundlage – in Übereinstimmung mit den o. g. Urteilen aus den Jahren 2000/2001 – bereits dann an, wenn das Gebäude den räumlichen und funktionalen Mittelpunkt der Betriebsgesellschaft bildet.

Trotz der immer großzügigeren BFH-Rspr. zur sachlichen Verflechtung, wonach auch bewegliche WG und sogar Umlaufvermögen der Besitzgesellschaft die wesentliche Betriebs-grundlage darstellen können, ist bei **Gebäuden/Grundstücken** auf zwei Besonderheiten hinzuweisen. Diese stellen dann keine wesentliche Betriebsgrundlage dar, wenn sie ent-weder nicht gewerblich gewidmet sind (Schulgebäude) oder wenn sie unter **quantitati-ven** Gesichtspunkten im »Immobilienpark« der Betriebsgesellschaft von **untergeordneter** Bedeutung sind. Eine exakte Größe sind sowohl der BFH als auch die Verwaltung schuldig geblieben. Keine sachliche Verflechtung liegt vor bei einem Anteil der von der Besitzgesell-schaft angemieteten »Immobilienmasse« von < 10 % – verglichen mit den sonst einschlägig genutzten Grundstücken der Betriebsgesellschaft. Bei einer Fläche von > 22 % befindet man sich im sicheren Bereich (BFH vom 04.11.1992, BStBl II 1993, 245 sowie OFD Frankfurt vom 02.07.2004, StEK EStG § 15/356 Tz. 2.1.1 a. E.).

Kritisch – und demzufolge nur mittels einer verbindlichen Auskunft des FA im Einzelfall klärbar – ist der Bereich zwischen **10 % und 22 %** der angemieteten Fläche, verglichen mit der gesamten genutzten Fläche des Betriebsunternehmens.

Die weiteren Kriterien **für** das Vorliegen einer Betriebsaufspaltung lauten sodann:

1. räumlicher und funktionaler Mittelpunkt für die Betriebsgesellschaft und/oder
2. Unentbehrlichkeit für das Betriebsunternehmen.

Umgekehrt kann eine Betriebsaufspaltung ceterum paribus, also bei ansonsten gleichen Gegebenheiten, in den Fällen »geringwertiger Bürogebäude« **vermieden** werden.

Zusammenfassender Hinweis:

*   Eine (vorsichtige) Klärung in der quantitativen Frage der **hinreichenden »Immobilien-masse«** brachte das BFH-Urteil vom 13.07.2006 (BStBl II 2006, 804). Für den Fall, dass die Besitzgesellschaft (paritätische Eheleute-GbR) an ihre Betriebs-GmbH (Beteili-gungsidentität) ein **Einfamilienhaus** vermietet, nahm der BFH selbst dann die sachliche Verflechtung an, wenn das EFH nicht für Zwecke der Betriebs-GmbH besonders her-gerichtet und gestaltet war. Noch hat der BFH die Prüfungshürde aufgebaut, dass die Geschäftsleitung der GmbH ihren Mittelpunkt in diesen Räumen haben müsse, wobei die Rezensionsliteratur davon ausgeht, dass auch diese Hürde demnächst fällt.[108] Von besonderer (Gestaltungs-)Bedeutung ist allerdings der letzte Satz im Urteilstenor, dass dies nur dann gelte, wenn der überlassene Gebäudeteil die in **§ 8 EStDV** genannten Grenzen unterschreitet. Für den Fall, dass die überlassenen Räume **weniger als 1/5** des gemeinen Werts des gesamten Gebäudes oder dieser weniger als **20.500 €** beträgt, ist wohl eine sachliche Verflechtung vermeidbar.[109]

---

108 Vgl. hierzu *Wacker* in *Schmidt*, EStG (39. Aufl., 2020), § 15 Rz. 812 f.
109 Der BFH hat sich dazu nur negativ und nicht positiv – und damit nicht ausdrücklich – geäußert.

- **Immaterielle WG (d)** wie Patente oder Erfindungen stellen dann eine wesentliche Betriebsgrundlage dar, wenn sie unmittelbar von der Betriebsgesellschaft genutzt werden können. Im Urteil vom 06.11.1991 (BStBl II 1992, 415) hat der BFH dies sogar für **ungeschützte** Erfindungen (später auch für privat veranlasste Erfindungen, BFH vom 28.03.2000, HFR 2000, 787) angenommen.
- Eine **Kapitalüberlassung** (Darlehen = **(e)**) alleine begründet keine Betriebsaufspaltung.

Lösung:

Die unter a), b) und d) genannten überlassenen WG führen zu einer Betriebsaufspaltung; beim Bürogebäude (c) hängt es von der relativen Größe im Verhältnis zu dem ganzen genutzten Grundstücks-Areal ab; allein das Darlehensverhältnis (e) ist nicht geeignet, eine sachliche Verflechtung herbeizuführen.

Tendenz: Da aufgrund der Rspr. sogar ein »Allerweltsgebäude« eine wesentliche Grundlage darstellen kann (BFH vom 13.07.2006, IV R 25/05, BStBl II 2006, 804), ist bei einer überlassenen Immobilie die wesentliche Betriebsgrundlage nur noch dann zu verneinen, wenn die Merkmale des § 8 EStDV unterschritten sind **und** wenn jedwede gewerbliche Widmung ausgeschlossen werden kann (FG München vom 26.02.2013, 2 K 26/11, EFG 2013, 846; Rev. Az.: BFH IV R 16/13; BFH vom 16.02.2012, X B 99/10, BFH/NV 2012, 1110).

4.2.2   Die personelle Verflechtung

Mit dem Begriff des einheitlichen geschäftlichen Betätigungswillen (hier: der personellen Verflechtung) ist untrennbar die sog. **Beherrschungsidentität** verbunden. Damit ist als Mindestvoraussetzung für die »personelle Klammer« zu beiden Gesellschaften definiert, dass in **beiden** Gesellschaften **eine Person** oder **eine Personengruppe mehrheitlich beteiligt** sein muss, damit diese in beiden Unternehmen ihren entscheidenden Willen durchsetzen kann. Vorbehaltlich vertraglicher oder gesetzlicher Stimmrechtserfordernisse erfüllt zunächst eine mehrheitliche Beteiligung sowohl an der Besitz-PersG als auch an den Geschäftsanteilen der Betriebs-GmbH diese Voraussetzung. Eine darüber hinaus gehende **Beteiligungsidentität** i. d. S., dass in beiden Gesellschaften gleich anteilige (d. h. paritätische) Beteiligungen vorliegen müssen, wird nicht gefordert.

4.2.2.1   Grundzüge, insbesondere die Stimmrechtserfordernisse

Nachdem die Beteiligungsverhältnisse alleine keine Durchsetzung des geschäftlichen Betätigungswillens vermitteln können, hält der BFH die **Stimmrechte** der einzelnen G'fter für die ausschlaggebende Größe (BFH vom 27.08.1992, BStBl II 1993, 134). Diese bestimmen sich nach den entsprechenden gesetzlichen Vorgaben (§ 709 BGB für die GbR, § 119 HGB für die OHG bzw. gem. § 161 HGB auch für die KG, sowie § 47 GmbHG und §§ 133 ff. AktG). Da es sich hierbei um dispositives Recht handelt, sind im Zweifel einzelvertragliche Absprachen vorrangig.

Beispiel 11:

Die aus M und F bestehende Grundstücksgemeinschaft (M zu 60 %; F zu 40 %) verpachtet an die M-GmbH (M als 100 %-G'fter) als wesentliche Betriebsgrundlage ein Gebäude. Folgende Stimmrechtskonstellationen sind zu beurteilen:

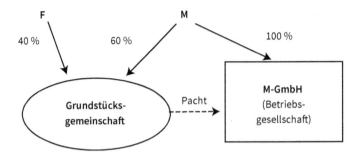

1. Variante:
Über die Geschäftsführung/Vertretung in der Grundstücksgemeinschaft (hier: GbR) ist nichts vereinbart.

2. Variante:
Es handelt sich bei der Grundstücksgemeinschaft um eine OHG (bzw. eine KG).
Frage: Wann liegt eine personelle Verflechtung vor?
Lösung: In der **1. Variante** weist ein Blick in die Regelungen des BGB zur Geschäftsführung/Vertretung den Weg. Nachdem §§ 709, 714 BGB für die GbR gemeinschaftliches Handeln vorsehen und außerdem § 709 Abs. 2 BGB von der gleichen Stimmberechtigung aller G'fter ausgeht, kann M mangels dispositiver vertraglicher Regelungen seinen Willen in der GbR rechtlich nicht durchsetzen. Vorbehaltlich der Ausnahmetatbestände der faktischen Beherrschung und der Stimmrechtsbindungsverträge (s. Kap. 4.2.2.4) liegt in der 1. Variante keine Betriebsaufspaltung vor.

In der **2. Variante (OHG)** gilt zwar grundsätzlich die »Einzelvertretungs- und -geschäftsführungsbefugnis« (§§ 114, 125 HGB) eines jeden G'fters. Nur bei Grundlagengeschäften und außergewöhnlichen Geschäften bedarf es der Zustimmung aller G'fter (§ 116 Abs. 2 HGB); dies ist auch die gesetzliche Antwort für die Beschlussfassung in der OHG (§ 119 Abs. 1 HGB). Die vertragliche Stimmrechtswertigkeit selbst bestimmt sich gem. § 119 Abs. 2 HGB nach »Köpfen«, wird aber in den meisten Verträgen in Abhängigkeit von der Einlageleistung definiert. In diesen (praxisrelevanten) Fällen gibt das Kapitalkonto I (auch festes Kapital genannt) Aufschluss über die Wertigkeit der Beteiligung.

Bei einer **KG** wiederum kann nur der Komplementär wirksam die **KG** vertreten (§§ 164, 171 HGB) und auch er ist nur lt. Gesetz geschäftsführungsbefugt; für außergewöhnliche Geschäfte ist aber auch bei der KG die Zustimmung aller G'fter erforderlich. Auch hier kann nur über den Gesellschaftsvertrag und über das Kapitalkonto I (kautelarjuristischer Regelfall) eine verlässliche Aussage zur personellen Verflechtung gewonnen werden.

Hinweis: Ohne Einsichtnahme in die Gesellschaftsverträge kann im Zweifel die Frage der personellen Verflechtung nicht entschieden werden.

4.2.2.2 Die Gruppentheorie

Während die sachliche Verflechtung wegen der tendenziellen und kalkulierbaren Rspr. keine großen Probleme – weder für das Begründen noch für das Vermeiden einer Betriebsaufspaltung – bereitet, ist die personelle Verflechtung zumindest in der zweiten Hälfte der 80er-Jahre zu einem Gestaltungsrisiko in der Praxis geworden. Später kamen gesellschaftsrechtliche Besonderheiten hinzu, die das Kriterium der personellen Verflechtung gelegentlich zu einem Vabanquespiel werden ließ (und teilweise noch werden lässt). Eine Einführung liefert das nachfolgende Beispiel.

Beispiel 12:

Max M und Felix F sind G'fter einer GmbH mit je 50 % Geschäftsanteilen. Das Grundstück, von dem aus das Unternehmen betrieben wird, ist auf die Belange der GmbH ausgerichtet und von der M und F zu gleichen Teilen gehörenden Grundstücksgemeinschaft gepachtet worden.

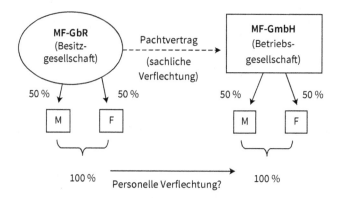

Variante: An der Grundstücksgemeinschaft sind diesmal Max (M) und Xaver (X) zu je 50 % beteiligt.

Frage: Liegen die Voraussetzungen der personellen Verflechtung vor und ist dadurch die jeweilige Besitzgesellschaft gewerbesteuerpflichtig?

Lösung: Weder im Ausgangsfall noch in der Variante von Beispiel 12 verfügt eine Einzelperson über die Mehrheit der Anteile. Mit dem Urteil des BFH vom 08.11.1971 (BStBl II 1972, 63) ist das Mehrheitserfordernis auf die mitgliederidentische **Personengruppe** erstreckt worden.

Im **Ausgangsfall** bilden M und F diese Gruppe, die zu 100 % an beiden Unternehmen beteiligt ist. Die personelle Verflechtung liegt vor. Die Voraussetzungen für eine Betriebsaufspaltung sind erfüllt. Die Grundstücksgemeinschaft M-F erzielt gewerbliche und gewerbesteuerpflichtige Einkünfte.

In der **Variante** gibt es keine mitgliederidentische Gruppe, die über die Mehrheit der Anteile an beiden Gesellschaften verfügt. M und X erzielen für die Immobilienüberlassung Einkünfte nach § 21 EStG.

20 Jahre später dehnte der BFH aufgrund einer notwendigen Neuinterpretation der personellen Verflechtung, die durch eine Entscheidung des BVerfG erforderlich wurde, die Gruppentheorie auch auf Familienangehörige, insb. auf Ehegatten aus (BFH vom 28.05.1991, BStBl II 1991, 801). Dies hat nichts mit der sogleich zu besprechenden Problem-Fallgruppe der »Ehegatten-Betriebsaufspaltung« zu tun (s. Kap. 4.2.2.3).

Der **BFH** hat im Urteil vom 28.11.2001 (BFH/NV 2002, 453) auch eine mittelbare personelle Verflechtung genügen lassen, wenn eine GmbH als Hauptmieter eines Grundstücks zwischengeschaltet wird (Untermieter: Betriebs-GmbH) und ansonsten die Voraussetzungen für eine Beherrschung beider Gesellschaften vor liegen. In diesem Fall war der Alleineigentümer des Grundstücks gleichzeitig der Mehrheits-G'fter der Betriebs-GmbH. Man spricht hier auch von einer »mittelbaren Vermietung«.

4.2.2.3   Die Ehegatten- (und Familien-)Betriebsaufspaltung

In der Diskussion der personellen Verflechtung nehmen die Angehörigen eine Sonderstellung ein.

Beispiel 13:

Zu beurteilen sind folgende Konstellationen einer Ehegatten-Betriebsaufspaltung (X und Y als Ehegatten; K ist das gemeinsame Kind):

Alt.	Besitzunternehmen		Betriebsgesellschaft	
1	X 60 %	Y 40 %	X 40 %	Y 60 %
2	X 60 %	C 40 %	D 60 %	Y 40 %
3	X 60 %	Y 40 %	Y 60 %	B 40 %
4	X 48 % K 4%	Y 48 %	X 100 %	

Lösung (1. Teil):

Mit der Übernahme der Gruppentheorie auf Eheleute ist bei **Alt. 1** eine personelle Verflechtung gegeben, da X und Y eine »Gruppe« bilden, die in beiden Unternehmen die alleinige Mehrheit der Anteile innehat; Beteiligungsidentität wird nicht gefordert. Die Tatsache schließlich, dass beide Personen je wechselseitig mehrheitlich beteiligt sind, steht einer Zusammenrechnung und damit einer personellen Verflechtung nicht entgegen.

Bei **Alt. 2** verfügt keiner der beteiligten G'fter und auch keine Gruppe über die Mehrheit der Anteile, sodass hier keine personelle Verflechtung gegeben ist.

Die **Alt. 3** leitet zur Entscheidungspraxis des BVerfG (und später des BFH) zur **Ehegatten-Betriebsaufspaltung** über. Bis zum Jahre 1985 rechneten der BFH und die Verwaltung Ehegatten-anteile automatisch zusammen, wenn es galt, über die Gruppenbildung eine Betriebsaufspaltung zu begründen. So hätte in Alt. 3 das Ehepaar XY alleine (bzw. zusammen mit B) die Beherrschungsidentität in beiden Gesellschaften gehabt. In der **Automatik** der Zusammenrechnung erblickte das BVerfG im Beschluss vom 12.03.1985 (BStBl II 1985, 475) einen **Verstoß gegen Art. 3 GG und – vor allem – gegen Art. 6 GG**, da bekanntlich das Steuerrecht die Ehe nicht benachteiligen dürfe. Der steuerliche Nachteil lag nach der Erkenntnis des BVerfG in der für die Annahme einer Betriebsaufspaltung »gesetzesimmanenten« GewSt-Pflicht der Besitzgesellschaft begründet.

Die auf den BVerfG-Beschluss hin eintretende Rechtsunsicherheit (Betriebsaufgabe bei nicht mehr konformer Ehegatten-Betriebsaufspaltung?, echte vs. unechte Entnahme) wurde mit dem BMF-Schreiben vom 18.11.1986 (BStBl I 1986, 537) beseitigt.

Seit dem BMF-Schreiben von 1986 werden Anteile von **Ehegatten**, die an beiden Gesellschaften beteiligt sind, nur noch dann **zusammengerechnet**, wenn es Beweisanzeichen für **gleichgerichtete wirtschaftliche Interessen** der Eheleute gibt, die über den familienrechtlichen Interessenskanon der ehelichen Lebensgemeinschaft **hinausgehen**. Indikatoren dafür sind etwa eine unwiderrufliche Stimmrechtsvollmacht. Der BFH hält diesen Nachweis allein aufgrund faktischer Umstände für nicht gegeben, sondern verlangt dafür Mittel des Gesellschaftsrechts (BFH vom 15.10.1998, BStBl II 1999, 445). Den BFH-Entscheidungen lässt sich entnehmen, dass der Ausnahmefall der ehelichen Zweck- und Wirtschaftsgemeinschaft immer vom Vorliegen einer Ehegatten-Innengesellschaft abhängig ist.

So wird bei Ehegatten, die gemeinschaftlich ein Grundstück erwerben, um es im Rahmen einer Ehegatten-Betriebsaufspaltung zu verpachten, vom BFH unterstellt (Urteil vom 29.08.2001, BFH/NV 2002, 185), dass für das Besitzgrundstück eine GbR gebildet wird, um den hervorgehobenen wirtschaftlichen Willen zu begründen. Soweit dies vom BFH auch bei einem ausdrücklichen Bruchteilserwerb von Ehegatten angenommen wird, wird allerdings damit gegen das Verbot der Besteuerung hypothetischer Sachverhalte verstoßen.

Lösung (Fortsetzung):

Liegen die Voraussetzungen der »ultraeherechtlichen« wirtschaftlichen Interessensgemeinschaft bei X und Y (z. B. durch Stimmrechtsgestaltungen) vor, ist im Fall (3) eine Betriebsaufspaltung gegeben.

Im Fall (4) schließlich setzt eine Familien-Betriebsaufspaltung zwischen X und (dem minderjährigen) K nach R 15.7 Abs. 8 S. 4 EStR 2012 voraus, dass X das alleinige Vermögenssorgerecht für das Kind hat (Ausnahmefall). Ansonsten, bei gemeinsamem Sorgerecht der Eltern (gesetzlicher Regelfall), können die Anteile von X und K jedenfalls alleine nicht zusammengerechnet werden. Es existiert sodann keine personelle Verflechtung und damit keine Betriebsaufspaltung.

4.2.2.4   Stimmrechtsvereinbarungen und personelle Verflechtung

Die personelle Verflechtung kann mit Mitteln des Gesellschaftsrechts bei Ehegatten begründet oder verneint werden. Die Thematik der personellen Verflechtung kann jedoch auch unter Dritten von gesellschaftsrechtlichen Stimmrechtsvereinbarungen überlagert werden.

Beispiel 14:

Die aus M und F bestehende PersG (M zu 60 %; F zu 40 %) verpachtet an die M-GmbH (M als 100 %-G'fter) als wesentliche Betriebsgrundlage ein Gebäude. Folgende Stimmrechtskonstellationen sind zu beurteilen:

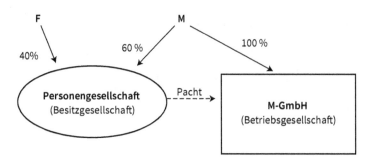

1. In der PersG ist Einstimmigkeit vereinbart.
2. Für Geschäfte zwischen der PersG und der GmbH soll M wegen Interessenskonflikts nicht stimmberechtigt sein.
3. In der GmbH ist M zusammen mit dem Dritten D Geschäftsführer. Auch hier ist vereinbart, dass D für die Geschäfte der GmbH/PersG alleine zuständig sein soll (§ 47 Abs. 4 GmbHG).

Aufgrund der wirtschaftlichen Betrachtungsweise belässt es die Rspr. nicht nur bei einer numerischen Prüfung zur Frage der Mehrheitsbeteiligung, sondern unterzieht die rein nominale Beteiligungsfrage einer rechtlichen Qualitätsprüfung, um den einheitlichen geschäftlichen Betätigungswillen zu untermauern. In die Wertigkeit der Nominalanteile werden gesellschaftsrechtliche **Stimmrechtsabreden** miteinbezogen. Die Verwaltung hat sich nach langem Zögern der Rspr. wie folgt angeschlossen (BMF vom 07.10.2002, BStBl I 2002, 1028).

Lösung:

Immer dann, wenn seitens der Besitzgesellschaft das **Einstimmigkeitsprinzip** (1. Variante) vertragsgemäß festgeschrieben ist oder wenn es kraft Gesetzes gilt, verneint der BFH zu Recht die personelle Verflechtung, da M eben alleine seinen Geschäftswillen nicht in beiden Unternehmen durchsetzen kann (BFH vom 29.10.1987, BStBl II 1989, 96).

Die Verwaltung lässt drei Ausnahmen zu:

1. Das Einstimmigkeitsprinzip bezieht sich konkret nicht auf die laufende Verwaltung der vermieteten WG (sog. Geschäfte des täglichen Lebens), sondern nur auf Geschäfte außerhalb des täglichen Lebens (Tz. III des BMF-Schreibens vom 07.10.2002, a. a. O. sowie BFH vom 23.12.2003, Az. beim BFH: IV B 45/02).

2. Eine weitere Ausnahme besteht zudem bei **faktischer Beherrschung**. Eine faktische Beherrschung wird dann angenommen, wenn ein G'fter ohne entsprechenden Anteilsbesitz in der Betriebsgesellschaft eine solche Machtposition innehat, dass sich die anderen G'fter seinem Willen unterwerfen (müssen) (BFH vom 27.02.1991, BFH/NV 1991, 454). Dies ist etwa dann der Fall, wenn der betreffende (faktische Macht-)G'fter der Betriebs-GmbH unverzichtbare WG zur Nutzung überlässt und sie ihr ohne weiteres wieder entziehen kann. Auch die Anordnung einer (Dauer-)**Testamentsvollstreckung** ändert nach dem BFH-Urteil vom 05.06.2008 (BStBl II 2008, 858) nichts am einheitlichen geschäftlichen Betätigungswillen des Erben und führt nicht zwangsläufig zur Betriebsaufgabe.

3. Eine dritte Ausnahme hat der BFH im Urteil vom 01.07.2003 (BStBl II 2003, 757) trotz einer Einstimmigkeitsabrede dann zugelassen, wenn die Geschäftsführung einem einzelnen beherrschenden G'fter überlassen wurde.

Noch deutlicher formuliert der BFH im Urteil vom 30.11.2005 (BStBl I 2006, 415): Ein Besitzunternehmer beherrscht die Betriebs-KapG auch, wenn er nur über die einfache Stimmrechtsmehrheit (und nicht über die vorgeschriebene qualifizierte Mehrheit) verfügt, wenn er als GF-G'fter der KapG deren Geschäfte des täglichen Lebens beherrscht, sofern ihm die Geschäftsführungsbefugnis nicht gegen seinen Willen entzogen werden kann.

In der 2. und 3. Variante liegt der vom BFH mehrfach entschiedene Fall des **Stimmrechtsausschlusses** vor. Kann die an sich »beherrschende« Person bei Rechtsgeschäften der Besitzgesellschaft mit der Betriebsgesellschaft nicht abstimmen, so wird ebenfalls eine personelle Verflechtung verneint. Umgekehrt, bei einem Stimmrechtsausschluss bei der Betriebs-GmbH für laufende Geschäfte mit der Besitzgesellschaft, ist dies wegen dem gegenüber einer PersG abgeschwächten GF-Status bei der GmbH allerdings nicht der Fall (BFH vom 26.01.1989, BStBl II 1989, 455).

In allen Fällen, in denen es hiernach zur Ablehnung der personellen Verflechtung kommt (Varianten 2., 3. und bei entsprechender Handhabung auch 1.) ist als letzte Prüfungsstation noch zu prüfen, ob nicht der »Mehrheits-G'fter ohne Stimmrecht« aufgrund **faktischer Beherrschung** beide Gesellschaften dominiert (s. dazu oben Ausführungen bei der 2. Ausnahme).

Hinweis: Im o. g. BMF-Schreiben vom 07.10.2002 werden die Rechtsfolgen einer fehlenden personellen Verflechtung, d. h. die Beendigung der bestehenden Betriebsaufspaltung aufgehoben bzw. relativiert.

Die neue Verwaltungsauffassung führt aber nicht alleine unmittelbar zur Zwangsbetriebsaufgabe des Besitzunternehmens gem. § 16 Abs. 3 EStG (s. hierzu auch BFH-Beschluss vom 01.04.2010, BFH/NV 2010, 1450 zur Notwendigkeit einer Betriebsaufgabeerklärung). Vielmehr ist zu prüfen, ob die der Betriebsgesellschaft überlassenen WG aus anderen Gründen zum BV der Besitzgesellschaft gehören können. In Betracht kommen:

- das sog. Verpächterwahlrecht (R 16 Abs. 5 EStR 2012 mit H 16.5 EStH 2019, insb. zur Aufgabeerklärung),
- die Grundsätze des ruhenden Gewerbebetriebs,
- die Anwendung von § 15 Abs. 3 Nr. 1 und Nr. 2 EStG.

Gestaltungshinweis: Um die Folgen einer drohenden Betriebsaufgabe wegen Annullierung der personellen Verflechtung zu vermeiden, kann über die Implementierung einer GmbH als GF'in bei der Besitzgesellschaft (§ 15 Abs. 3 Nr. 2 EStG) oder über eine zusätzlich gewerblich qualifizierende Tätigkeit (Nr. 1 a. a. O.) die Aufdeckung der Reserven (§ 16 Abs. 3 EStG) vermieden werden.

Durch die Erweiterung des Kreises der an die GmbH überlassenen WG auf alle betriebs-notwendigen WG können die Vorteile des Verpächterwahlrechts geltend gemacht werden.

Ergänzende Rspr.: Im Urteil vom 16.05.2013 (GmbH 2013, 1001) zur Personengruppen-theorie hat der BFH eine Betriebsaufspaltung wegen fehlender personeller Verflechtung für den Fall **verneint**, da an der **BetriebsG nicht alle G'fter der BesitzG** beteiligt waren und bei dieser die Beschlüsse **einstimmig** gefasst wurden. Der entscheidende Grund liegt nach BFH-Auffassung darin, dass das alleinige Abstellen auf das Mehrheitsprinzip bei Geschäfts-führungsmaßnahmen nicht immer dem Erfordernis der Beherrschungsidentität entspricht.

Hinweis: Die Betriebsaufspaltung wird – wegen des **Vorrangs des Sonder-BV bzw. von Sondervergütungen**) – verdrängt, wenn **eine Person** (natürliche Person, PersG oder KapG), die wesentliche Betriebsgrundlagen der BetriebsG zur Nutzung überlässt, an dieser selbst beherrschend beteiligt ist (BMF, BStBl I 1998, 583).

Wiederum anders (**Vorrang der mitunternehmerischen Betriebsaufspaltung**), verhält es sich, wenn die **PersG selbst** die WG vermietet (s. zum Ganzen auch 4.4.3).

4.3   Die steuerlichen Folgen der Betriebsaufspaltung

4.3.1   Begründung der Betriebsaufspaltung (der Weg in die Betriebsaufspaltung)[110]

Die echte Betriebsaufspaltung, d.h. die Auslagerung des operativen Geschäfts auf eine Betriebsgesellschaft, geht aus einem ehemaligen aktiven Personenunternehmen (Einzelun-ternehmen oder PersG) hervor.

Bei der unechten Betriebsaufspaltung hingegen werden beide Gesellschaften gleichzei-tig errichtet oder die Voraussetzungen einer Betriebsaufspaltung stellen sich erst ein, wenn durch Übertragungsvorgänge im betrieblichen oder im privaten Bereich (!) die tatbestandli-che »Weichenstellung« erfolgt. Manchmal geschieht dies sogar ohne willentliches Zutun der G'fter. Die treffendere Bezeichnung hierfür wäre »originäre« Betriebsaufspaltung.

4.3.1.1   Die echte Betriebsaufspaltung

Noch vor der Verpachtung einer wesentlichen Betriebsgrundlage wird das Einzelunterneh-men (bzw. die PersG) der (späteren) **Betriebs-GmbH einzelne WG** übereignen, damit diese mit ihrem Geschäftsbetrieb beginnen kann. Soweit es sich dabei um Vorgänge handelt, bei denen aus dem BV des Ausgangsunternehmens WG in eine Betriebs-KapG eingebracht wer-den, liegt keine Einbringung nach §20 UmwStG vor, da kein kompletter Betrieb eingelegt wird. Es geht beim betriebsinternen Transfer von WG bekanntlich immer um die Frage der möglichen **Buchwertverknüpfung.**

Soweit mit der Übereignung von Einzel-WG eine Sacheinlage in die GmbH getätigt wird, liegt gem. §6 Abs. 6 S. 1 EStG ein Tausch vor (Übertragung gegen Gewährung von Anteilen), bei dem der gemeine Wert anzusetzen ist.

Mit der seit 01.01.1999 geltenden »Rechtsträger-Ideologie«, wonach es bei der Übertra-gung von WG auf einen anderen Rechtsträger gem. §6 Abs. 6 S. 2 und S. 3 EStG immer zu einer Steuerentstrickung kommt (Ansatz des gemeinen Werts), werden bei diesen Gründungsvor-gängen die stillen Reserven aufgedeckt. Der Vorgang der Sacheinlage (oder der bloßen Über-tragung) eines WG aus einem Personenunternehmen in eine KapG wird als offene (bzw. bei der bloßen Übertragung als verdeckte) Einlage gewertet. Damit verbunden ist die Erhöhung der Anteile an der Betriebs-KapG um den eingelegten gemeinen Wert.

---

110 Lit.: OFD Frankfurt vom 07.04.2004 und BMF vom 03.03.2005, BB 2005, 1046 (Stellungnahme).

Hinweis: Es bestehen zwei **Auswege** aus der Zwangsaufdeckung:
1. Die übertragenen WG stellen einen Teilbetrieb dar.
2. Wegen § 6 Abs. 1 Nr. 5a EStG werden junge (allenfalls drei Jahre alte) WG übertragen.

Im Einzelnen:

Zu 1. Soweit es sich bei den übertragenen WG um einen selbständigen lebensfähigen Organismus des (alten) Besitzunternehmens handelt, ist mit der Übertragung zumindest der Tarifvorteil der §§ 16 Abs. 1 Nr. 1 (»Teilbetrieb«), 34 EStG verbunden. Noch optimaler wird es, wenn der – sodann existierende – Teilbetrieb (es gilt der europäische Teilbetriebsbegriff, vgl. UmwStAE 2011, Rz. 20) zum Gegenstand einer steuerneutralen Einbringung nach § 20 UmwStG in die Betriebs-KapG gemacht wird.

Zu 2. Bei der Übertragung »junger« WG sind ggf. niedrigere historische (fortgeführte) AK anzusetzen.

Soweit Einzel-WG auf das **Besitzunternehmen** übertragen werden (z. B. weil es sich beim Ausgangsunternehmen um ein Einzelunternehmen gehandelt hat), ist bei entsprechender Beteiligung des vormaligen Einzelunternehmers an der Besitz-PersG gem. § 6 Abs. 5 S. 3 EStG zwingend der Buchwert anzusetzen.

Die Streitfrage, ob bei der Entstehung einer Betriebsaufspaltung auch der **Geschäftswert** vom bisherigen Einzelunternehmen (bzw. der PersG) auf die Betriebsgesellschaft entgeltlich übergehen kann, ist vom BFH im Urteil vom 27.03.2001 (BStBl II 2001, 771) grundsätzlich bejaht worden.

Dabei muss man sich vergegenwärtigen, dass die maßgeblichen Kriterien für den Geschäftswert (z. B. Kundenstamm und betriebswirtschaftliches Know-how) zumeist beim operativen Geschäft der GmbH anzusiedeln sind. Einen Verbleib bei der PersG (beim jetzigen Besitzunternehmen) wird man sich nur dann vorstellen können, wenn nur das Umlaufvermögen auf die Betriebs-GmbH übertragen wird und das gesamte Anlagevermögen bei dem Besitzunternehmen verbleibt (so auch der BFH vom 14.01.1998, BFHE 185, 230).

Wird hingegen nur das Grundstück zurückbehalten, während Umlauf- und bewegliches Anlagevermögen sowie immaterielle WG auf die Betriebsgesellschaft übertragen werden, so folgt der Geschäftswert diesen WG und ist in der Konsequenz der Betriebsgesellschaft zuzurechnen (BFH vom 28.06.1989, BStBl II 1989, 982).

Im Urteil vom 27.03.2001 (BStBl II 2002, 771) hat der BFH klargestellt, dass der Geschäftswert bei der Betriebsaufspaltung denjenigen geschäftswertbildenden Faktoren folgt, die durch ihn verkörpert werden. Er nannte dabei vor allem die besonders qualifizierte Arbeitnehmerschaft sowie eine spezielle betriebliche Organisation.

Einen gewissen Abschluss brachte das Urteil vom 16.06.2004, BStBl II 2005, 378: Werden bei der Begründung einer Betriebsaufspaltung sämtliche Aktiva und Passiva einschließlich der Firma – mit Ausnahme des Immobilienvermögens (= Gegenstand der Nutzungsüberlassung) – auf die Betriebs-KapG übertragen, so geht der im bisherigen (Einzel-)Unternehmen entstandene originäre Geschäftswert grundsätzlich auf die Betriebs-KapG über.

4.3.1.2 Die unechte Betriebsaufspaltung im Gründungsstadium

Die Rechtsfolge hier ist identisch mit der bei der Begründung einer Betriebsaufspaltung: Erstellen einer Eröffnungsbilanz für das gewerbliche Besitzunternehmen mit den sich aus § 6 Abs. 1 Nr. 6 i. V. m. § 6 Abs. 1 Nr. 5 EStG ergebenden Teilwerten (bzw. mit den fortgeführten AK).

Die Auswirkungen bei der unechten Betriebsaufspaltung, bei der erstmalig ein betriebliches Besitzunternehmen mit WG des Privatvermögens begründet wird, lassen sich am besten anhand eines Kurzfalles aufzeigen:

Beispiel 15:

Anton P (AP), zusammenveranlagt mit Berta P (BP), macht in der Anlage »V« seiner Steuererklärung für das Jahr 21 folgende Angaben:

(I) Angaben zu V+V:
- Grundstück X in P-Stadt, angeschafft in 10 vom verstorbenen Onkel Josef P (JP).
- Eigentümer: seit 01.07.2021 AP zu 100 %, Erbfall nach JP (AP ist einziger Erbe).
- Mieteinnahmen: 01.01.2021 bis 31.12.2021: 18.000 €.
- Allgemeine Angaben:
  - GruBo: 2.500 qm erworben durch JP mit Kaufvertrag vom 17.03.2012 für 100 T€; heutiger Wert: 260.000 €.
  - Gebäude: bis 14 unbebaut; in 16 Bau eines Lagerhauses für 150 T€; derzeitiger Wert: 140 T€.
  - AfA: § 7 Abs. 4 Nr. 2 EStG: 2 %.
  - Verpachtung 01.04.2012 bis Ende 19 an Baufirma XY und ab 01.01.2020 an AP-Spielwaren-GmbH (Auslieferungslager).
  - WK: AfA (wie Vorjahre): 3.000 € und Grundsteuer (vierteljährlich i. H. v. 500 €): 2.000 €.
  - Folglich beträgt die Summe der WK 5.000 €.

(II) Sonstige Erklärungen:
AP und BP sind G'fter der AP-GmbH (Gründung: 01.01.2019) mit Sitz in P-Stadt. Die AP-GmbH vertreibt Spielwaren aller Art (Stichtag: 31.12.).
Die Beteiligungsverhältnisse im Einzelnen:

- AP   64.000 €,
- BP   20.000 €,
- H. Flick (F)   16.000 €.

Die GmbH zahlte am 01.09.2021 eine Dividende i. H. v. 10 %, bezogen auf das Nominalkapital.
Die ertragsteuerlichen Folgen für das Ehepaar P sind aus dem Sachverhalt zu ziehen.
Lösung:
1. Ganzjahresvermietung?
In der ersten Jahreshälfte erzielt JP bis zum Todestag (01.07.2021) Einkünfte nach V+V i. H. v. 9.000 €, entsprechende Werbungskosten können in der ersten Jahreshälfte abgezogen werden. Die Einkünfte werden nach den persönlichen Steuermerkmalen des JP besteuert. Die ermittelte ESt-Schuld des JP geht gem. § 45 AO, § 1922 BGB auf AP als Nachlassverbindlichkeit über.
2. Vermietung ab 01.07.2021 durch AP
Ab 01.07.2021 liegt eine **(unechte) Betriebsaufspaltung** vor. Das Auslieferungslager ist eine wesentliche Betriebsgrundlage für die AP-GmbH (sachliche Verflechtung). Gleichzeitig ist jetzt die personelle Verflechtung gegeben, da das Lager zu 100 % AP gehört und dieser zu 64 % an der GmbH beteiligt ist.
Dies hat zur Konsequenz, dass für das Besitzunternehmen ein gewerblicher Gewinn festzustellen ist. In der Praxis geschieht dies durch das Aufstellen einer Eröffnungsbilanz und durch die Gewinnermittlung mittels BV-Vergleich (§ 4 Abs. 1 EStG).
Die Begründung einer unechten Betriebsaufspaltung steht einer Betriebseröffnung gem. § 6 Abs. 1 Nr. 6 EStG gleich. Damit sind die nach § 6 Abs. 1 Nr. 5 EStG maßgeblichen Einlage-Werte anzusetzen:

a)	Einlage des Grundstücks in das BV mit dem Teilwert	260.000 €
b)	Einlage des Gebäudes mit dem Teilwert	140.000 €

c) Einlage der Beteiligung an der GmbH, da notwendiges BV:
Gem. § 6 Abs. 1 Nr. 5b EStG sind die GmbH-Geschäftsanteile
des AP mit den historischen AK anzusetzen   64.000 €

3. Ermittlung der Einkünfte **im zweiten Halbjahr 21**

   a) Mieteinnahmen als gewerbliche Einkünfte   9.000 €
   b) Dividendeneinnahmen (§ 20 Abs. 8 EStG i. V. m. § 3 Nr. 40d EStG)   3.840 €
Summe **Betriebseinnahmen**   **12.840 €**

   c) Betriebsausgaben

aa)	Grundsteuer	1.000 €
bb)	AfA	2.100 €

Die vom verstorbenen JP gem. § 7 Abs. 4 Nr. 2 EStG gebildete 2 %ige lineare AfA ist nach der Einlage nicht mehr zulässig (R 7.4 Abs. 10 € StR 2012 und H 7.4 »AfA nach einer Nutzungsänderung« EStH 2019). Nach der Einlage müssen die neuen Verhältnisse zugrunde gelegt werden, sodass nunmehr gem. § 7 Abs. 4 Nr. 1 EStG die »betriebliche« AfA von 3 %, bezogen auf die AfA-BMG von 140 T€ zu bilden ist; AfA daher: 4.200 € x 6/12 = 2.100 €

Summe **Betriebsausgaben**   **3.100 €**

Die aus der Betriebsaufspaltung im
zweiten Halbjahr 21 erzielten gewerblichen
Einkünfte des AP betragen   **9.740 €**

Im ersten Halbjahr 21 stehen den Mieteinnahmen i. H. v. 9.000 € WK von 2.500 € (1.500 € AfA und 1.000 € Grundsteuer) gegenüber; die Einkünfte aus V + V gem. § 21 EStG betragen 6.500 €.

Hinweis: Ebenso wichtig wie das Steuerschicksal der übertragenen WG ist auch die Frage, was bei der erstmaligen **Begründung** einer Betriebsaufspaltung zu geschehen hat. Diese Situation liegt dann vor, wenn mit dem tatbestandlichen Vorliegen einer Betriebsaufspaltung erstmalig ein gewerbliches Besitzunternehmen geschaffen wird (sog. »unechte Betriebsaufspaltung«). In diesem Fall liegt eine »Eröffnung« eines Betriebes i. S. d. § 6 Abs. 1 Nr. 6 EStG vor, mit dessen Verweis auf § 6 Abs. 1 Nr. 5 EStG die Werte für die Eröffnungsbilanz festgeschrieben werden: Grundsätzlicher Ansatz der Teilwerte.

4.3.2   Laufende Besteuerung – Chancen und Gefahren

Die Frage nach den Konsequenzen aus einer angenommenen Betriebsaufspaltung gewinnt in den letzten Jahren die volle Aufmerksamkeit der Rspr. Ausgangspunkt aller Rechtsfolgen ist die Erkenntnis des BFH, dass mit der Besitzgesellschaft und der Betriebsgesellschaft **zwei** rechtlich selbständige **Gewerbebetriebe** bestehen, die beide **gewerbesteuerpflichtig** (BFH vom 02.02.2000, BFH/NV 2000, 1135) sind.

4.3.2.1   Das Betriebsvermögen bei der Betriebsaufspaltung, insbesondere beim Besitzunternehmen (Besitzgesellschaft oder EU)

Zum **notwendigen BV** der Besitzgesellschaft (Einzelunternehmen) zählen:

   a) Die WG, die der Betriebsgesellschaft zur Nutzung überlassen werden. Da sie den eigentlichen Geschäftsbetrieb der Besitzgesellschaft abbilden, wäre eine Bilanz falsch, wenn diese WG nicht bilanziert wären. In der Praxis geschieht dies durch das

Aufstellen einer Eröffnungsbilanz und durch die Gewinnermittlung mittels BV-Vergleich (§ 4 Abs. 1 EStG).

b) Damit verbunden ist wegen § 15 Abs. 3 Nr. 1 EStG (Allgewerblichkeit oder Abfärbetheorie) die Einbeziehung aller WG des Gesamthandsvermögens der Besitzgesellschaft, wenn es sich dabei um eine **PersG** handelt (BFH vom 24.11.1998, BStBl II 1999, 483 sowie BMF vom 08.06.1999, BStBl I 1999, 545). Damit werden auch die WG, die als nicht wesentliche Betriebsgrundlagen an das Betriebsunternehmen vermietet werden, zum notwendigen BV des Besitzunternehmens.

Bei einem Einzelunternehmen greift bekanntlich die Infektionstheorie nicht.

c) Vor allem gehören die **Anteile** an der **Betriebs-GmbH** grundsätzlich zum notwendigen BV (Einzelunternehmen bzw. wenn die GmbH-Geschäftsanteile unmittelbar der PersG gehören – etwa nach einer Sacheinlage). Vorrangige Folge ist die Umqualifizierung erhaltener Gewinnausschüttungen seitens der GmbH in gewerbliche Beteiligungserträge gem. § 20 Abs. 3 EStG.

Für den Fall einer Besitzgesellschaft, die in der Rechtsform einer **GmbH & Co. KG** gehalten wird, stellt sich bei der Subsumtion der **Komplementär-GmbH als notwendiges BV der KG** die Frage nach der Intensität ihrer Geschäftätigkeit. Hierzu hat der BFH am 12.06.2013 (DB 2013, 2304) entschieden, dass die Komplementär-GmbH keine unmittelbaren Geschäftsbeziehungen zu beiden Gesellschaften halten müsse; es genüge bereits ein **dauerhafter Einfluss** auf den Geschäftsbetrieb der KG, die ihrerseits aufgrund ihrer Geschäftsbeziehungen zur Betriebs-KapG die gewerbliche Betätigung fördert.

d) Mit Urteil vom 25.11.2004 (BFH/NV 2005, 610) hat der BFH ein Darlehen der Besitz-PersG an **Geschäftspartner** der Betriebs-GmbH als notwendiges BV behandelt. Dies gilt auch, wenn nur einer der G'fter der PersG an der Darlehensnehmerin beteiligt ist.

Bei **Einzelunternehmen** als Besitzunternehmen, kann auch **gewillkürtes** BV gebildet werden. Davon betroffen sind WG, die objektiv den Einfluss auf die Betriebsgesellschaft stärken können und subjektiv dazu bestimmt sind, wie z.B. gegenseitige und wechselbezügliche Darlehensforderungen und -verbindlichkeiten.

Bei einer Besitz-**PersG** stellen die einzelnen (und unterschiedlichen) Anteile der G'fter an der Betriebs-GmbH **notwendiges Sonder-BV II** dar, da die Geschäftsanteile unmittelbar der Beteiligung an der Besitzgesellschaft zugutekommen. Vom Sonder-BV II ist auch bei WG auszugehen, die zu Bedingungen überlassen werden, die einem Fremdvergleich nicht standhalten. Dies wurde vom BFH im Urteil vom 19.10.2000 (BStBl II 2001, 335) etwa für den Fall eines ungesicherten und unkündbaren Darlehens mit einer 16-jährigen Laufzeit angenommen, wenn die Zinsen erst am Ende der Laufzeit gezahlt werden. Ist die Überlassung hingegen durch eine andere betriebliche oder private Tätigkeit des G'fters veranlasst, so liegt kein Sonder-BV II vor (so auch BFH vom 17.12.2008, BStBl II 2009, 371: »gleichrangige« außerbetriebliche Interessen).

Für einen möglichen Konkurrenzfall bei einer **mitunternehmerischen BA** mit Beteiligung des Besitz-G'fters und einem überlassenen WG (Sonder-BV I bei der Betriebs-PersG oder Sonder-BV II bei der Besitz-PersG?) hat sich der BFH im Urteil vom 18.08.2005 (BStBl II 2005, 830) eindeutig für den Vorrang von Sonder-BV I entschieden.

Daneben besteht für die G'fter der Besitzgesellschaft die Möglichkeit, gewillkürtes Sonder-BV zu bilden. Dies wird für den Fall angenommen, wenn ein G'fter der Besitz-PersG eigene WG unmittelbar an Dritte vermietet, sofern die Überlassung in einem gewissen objektiven Zusammenhang mit dem Betrieb der PersG steht.

§ 8 Abs. 2 KStG schließlich beantwortet für die **Betriebs-GmbH** die Frage nach dem Umfang der bilanzierungspflichtigen WG allumfassend: Es sind alle WG betroffen.

4.3.2.2   Die Ermittlung des laufenden Gewinns

Naheliegend handelt es sich bei den Einnahmen der Besitz-PersG um gewerbliche Einkünfte der G'fter der Besitzgesellschaft. Nicht ganz naheliegend ist diese Rechtsfolge auch für die »Nur-Besitz-G'fter«, die nicht an der Betriebs-GmbH beteiligt sind. Dies liegt an der »Allgewerblichkeit« von § 15 Abs. 3 Nr. 1 EStG. M. a. W. gibt es **keine Zebragesellschaft mit umgekehrtem Vorzeichen**.

Bei der Bilanzierung gilt nach der Rspr. für gegenseitige Pachtansprüche/-verbindlichkeiten immer noch der Grundsatz der **korrespondierenden Bilanzierung**. So müssen die Werte für die Rückstellung bei bestehender Substanzerhaltungspflicht des Pächters mit den aktivierten Ansprüchen (!) des Verpächters übereinstimmen: I. d. R. werden die Wiederbeschaffungskosten angesetzt (BFH vom 23.06.1966, BStBl III 1966, 589 und vom 26.06.1975, BStBl II 1975, 700).

Die **Pachtzahlungen** selbst sind bei der Besitzgesellschaft Betriebseinnahmen und bei der Betriebs-GmbH Betriebsausgaben. Dies hat zur Folge, dass überhöhte Pachtzahlungen als (gewerbliche) vGA (§ 20 Abs. 1 Nr. 1 S. 2 i. V. m. § 20 Abs. 3 EStG) zu beurteilen sind; umgekehrt stellt der Verzicht auf eine werthaltige Pachtforderung eine verdeckte Einlage (Einlagenkonto i. S. d. § 27 KStG) dar. Dies hat nichts damit zu tun, dass Nutzungen und Leistungen für sich betrachtet nicht einlagefähig sind.

Anders als bei der GmbH & Co. KG bleiben **GF-Vergütungen** eines Besitz-G'fters für Dienste bei der Betriebsgesellschaft nichtselbständige Einkünfte nach § 19 EStG (BFH vom 09.07.1970, BStBl II 1970, 722).

Ein besonderes Problem stellt die Behandlung von **Darlehensverlusten** und die Inanspruchnahme bei **Bürgschaften** dar.

Ein **Darlehen** des G'fters des Besitzunternehmens, das dieser zur Verbesserung der Ertrags- und Vermögenssituation der Betriebs-KapG gewährt, gehört zum notwendigen Sonder-BV der Besitzgesellschaft (BFH vom 10.11.1994, BStBl II 1995, 452). Die erforderliche **betriebliche** Veranlassung ist dann anzunehmen, wenn das Darlehen in einem engen zeitlichen Zusammenhang mit der Begründung der Betriebsaufspaltung oder zu **fremd- oder marktunüblichen** Konditionen gewährt wurde (BFH vom 19.10.2000, BStBl II 2001, 335). Dies wird insb. bei **kapitalersetzenden** G'fter-Darlehen wie z. B. Krisendarlehen oder Finanzplandarlehen angenommen (BMF vom 08.06.1999, BStBl I 1999, 545), die auch nach der Neuregelung des eigenkapitalersetzenden Darlehens (Eliminierung der §§ 32a ff. GmbHG a. F. und »Verbannung« der Fallgruppe in die InsO) Bedeutung haben.

Bürgschaften schließlich, die zu marktunüblichen Bedingungen der Betriebs-GmbH gegeben werden, sind ebenfalls passives Sonder-BV II. Die **Inanspruchnahme** aus der Bürgschaft führt – anders als bei § 17 EStG – nicht zu nachträglichen AK der im Sonder-BV II gehaltenen Anteile an der GmbH (BFH vom 18.12.2001, BStBl II 2002, 733). Von daher (keine nachträglichen AK) könnten auch Rückstellungen wegen drohender Inanspruchnahme gebildet werden.

Für die Anwendung der Zinsschranke (§ 4h EStG) führt BR-Drs. 16/4841, 50 aus, dass im Falle der Betriebsaufspaltung kein Konzern i. S. d. § 4h Abs. 3 S. 6 EStG vorliegt.

Bei der Anwendung der § 6b-Rücklage in den Fällen der Betriebsaufspaltung wird jeder Betrieb für sich einzeln betrachtet. Darüber hinaus sind aber die Besitzzeiten des »früheren«

Personenunternehmens und der nach der Aufspaltung entstandenen Besitzgesellschaft zu addieren.

Für die Frage der Betriebsmerkmale bei § 7 g EStG wird ebenfalls auf die Merkmale der Einzelbetriebe abgestellt (R 7 g Abs. 4 S. 4 EStR).

4.3.2.3 Gewerbesteuerliche Konsequenzen

Unter gewerbesteuerlichen Gesichtspunkten überrascht zunächst die Versagung der erweiterten Kürzung nach § 9 Nr. 1 S. 2 GewStG durch den BFH (Urteil vom 29.03.1973, BStBl II 1973, 686 und vom 28.06.1973, BStBl II 1973, 688). Der Gewerbeertrag der Besitzgesellschaft kann also nicht um die erhaltenen Mieten/Pachtzinsen gekürzt werden, wie dies ansonsten bei einer exklusiv vermögensverwaltenden Gesellschaft der Fall ist. So auch BFH vom 28.01.2015 (BFH/NV 2015, 1109): Wird eine KapG als Besitzunternehmen durch persönliche und sachliche Verflechtung mit einer Betriebsgesellschaft **originär gewerblich** tätig (**kapitalistische Betriebsaufspaltung**), ist ihr die erweiterte Kürzung nach § 9 Nr. 1 S. 2 GewStG zu versagen.

Die Ablehnung dieser faktischen Gewerbesteuerbefreiung stellt aber die »Kehrseite der Medaille« dar. Wenn schon ertragsteuerlich der gewerbliche Fortbestand der Besitzgesellschaft über das Medium der Betriebsgesellschaft fingiert wird, verdient die Rspr. des BFH in diesem Punkt unter dem Gesichtspunkt der Rechtsfolgenkonsistenz Zustimmung.

Die frühere Unterscheidung bei § 8 Nr. 1 GewStG a. F. bzgl. der an die »Partnergesellschaft« bezahlten Darlehensentgelten nach Sachwertdarlehen (Dauerschulden) und solchen Darlehen mit bloßer Pflicht zur Substanzerhaltung (keine Dauerschulden) ist mit der Neufassung des § 8 Nr. 1a GewStG hinfällig geworden. Es werden nunmehr immer 25 % Zinsanteil hinzugerechnet.

Aus dem gleichen Grunde ändert sich für die von der Betriebsgesellschaft angepachteten WG (nicht mehr Teil-/Betrieb) die Hinzurechnungsregel von § 8 Nr. 7 GewStG a. F. Nunmehr führen gem. § 8 Nr. 1d GewStG immer 1/20 der Mietzinsen zur Hinzurechnung, ohne dass es bei der Besitzgesellschaft zur Kürzung kommt (§ 9 Nr. 4 GewStG a. F. ist aufgehoben).

Bei der Besitzgesellschaft kommt es gem. § 9 Nr. 2a GewStG zu einer Kürzung um die nicht steuerbefreite Dividende (§ 3 Nr. 40d EStG) der Betriebsgesellschaft. Geändert hat sich dabei die **Beteiligungsquote, die nunmehr 15 %** beträgt (sog. gewerbesteuerliches Schachtelprivileg).

Die gewerbesteuerliche Selbständigkeit beider Gesellschaften der Betriebsaufspaltung wird schließlich durch den BFH vom 19.03.2002 (DB 2002, 1085) unterstrichen, wo darauf erkannt wurde, dass sich eine GewSt-Befreiung bei der Betriebsgesellschaft (dort: § 3 Nr. 20 GewStG) nicht auf die Besitzgesellschaft erstreckt (so auch noch die Verfügung der OFD Frankfurt vom 07.04.2004, StEK EStG § 15/356 Tz. 7). Gegen diese Entscheidung richtet sich der X. Senat mit seiner Anfrage an den Großen Senat vom 12.05.2004 (BStBl II 2004, 607), in welcher er von der bisherigen Rspr. abweichen will. Für den Fall eines in der Form einer Betriebsaufspaltung betriebenen Wohn- und Pflegeheimes wird die Erstreckung des § 3 Nr. 20c GewStG auf das Besitzunternehmen gefordert. Mit dem hypothetischen Argument, dass ein als Alternative gedachtes Einheitsunternehmen auch komplett von der GewSt befreit wäre, versucht der BFH die Trendwende herbeizuführen. M. E. sind die eher rechtspolitischen Gründe nicht überzeugend genug, um zu einer Änderung der (zugegeben) formalen Rspr. zu gelangen.

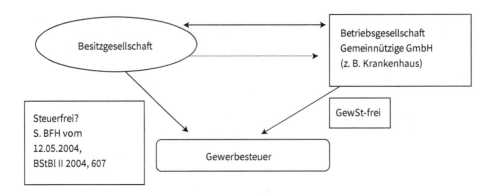

Hinweis: In den Urteilen vom 29.03.2006 (BStBl II 2006, 61) und vom 19.10.2006 (BFH/NV 2007, 149) schließen sich der IV. und VIII. Senat der Auffassung des X. Senats (Einheitstheorie = Befreiung auch für die Besitzgesellschaft) an.

4.3.2.4 Die Investitionszulage bei der Betriebsaufspaltung

Anders als (noch) bei der GewSt gehen Rspr. und Verwaltung (BMF vom 19.03.1999, BStBl I 1999, 839) für Fragen der Investitionszulage von der wirtschaftlichen Einheit bei der Betriebsaufspaltung aus. Dies bedeutet, dass es für die Kriterien der Zugehörigkeit und der Behaltefrist zu einer »Merkmalübertragung« auf die Besitzgesellschaft kommt. Man spricht in diesem Zusammenhang von der sog. »Einheitsbetrachtung«.

4.3.2.5 Betriebsaufspaltung und Organschaft

Im Unterschied zur USt wurde bis 2000 eine gewerbesteuerliche und körperschaftsteuerliche Organschaft zwischen der Besitzgesellschaft als OrgT und der Betriebs-KapG als Organtochter wegen fehlender wirtschaftlicher Eingliederung versagt. Nachdem ab 2001 nur noch die finanzielle Eingliederung (inkl. eines Ergebnisabführungsvertrags) gefordert ist, steht einer umfassenden Betriebsaufspaltungs-Organschaft nichts mehr im Wege.

Andererseits gibt es wegen § 2 Abs. 2 S. 2 GewStG ab 2002 keine reine GewSt-Organschaft mehr.

Zur Organschaft bei einer Betriebsaufspaltung hat der BFH am 28.08.2003 (BStBl II 2004, 216) grundsätzlich Stellung bezogen. Danach stellen die Anteile von Beteiligten (= MU) der OrgT-PersG an der OrgG (GmbH) notwendiges Sonder-BV II dar. Dies gilt aber dann nicht, wenn die Anteile weniger als 1 % vom Kapital der GmbH ausmachen und die GmbH auch anderen (eigenen) Geschäften nachgeht. Unter diesen (Negativ-)Voraussetzungen sind die Eingliederungsvoraussetzungen der GmbH nicht gegeben und deren Ergebnisse können nicht direkt in die Ergebnisermittlung der OrgT-PersG eingespielt werden.

4.3.2.6 Betriebsaufspaltung und Anrechnung nach § 35 EStG

In der Literatur wird wegen der GewSt-Neutralität, die mit der Anrechnung nach § 35 EStG verbunden ist, die Forderung nach Abschaffung der Betriebsaufspaltung verbunden.[111] Dieser Aspekt greift allein deshalb zu kurz, weil ihm nur steuerliche Überlegungen zugrunde lie-

---

111 Vgl. *Gosch* in *Kirchhof-kompakt*, § 35 Rz. 4 m. w. N.

gen. Die Beweggründe für die Betriebsaufspaltung liegen eher im organisatorisch-betriebs-wirtschaftlichen Bereich, sodass der Ruf nach dem Ende der Betriebsaufspaltung ungehört blieb.

4.3.3   Beendigung der Betriebsaufspaltung

Wie bereits in der Kritik an der BVerfG-Entscheidung zur »Ehegatten-Betriebsaufspaltung« verdeutlicht wurde, können auch externe Umstände das Ende einer Betriebsaufspaltung herbeiführen. Die steuerliche Entflechtung ist z. B. gegeben, wenn die personellen Voraus-setzungen (Beispiel: Unterschreiten der 50%-Grenze – nach der Gruppentheorie – durch Eintritt eines neuen G'fters) oder die sachlichen Voraussetzungen (Beispiel: die Kündigung des Pachtvertrages oder die Veräußerung des betriebsnotwendigen Grundstücks) entfallen.

Für alle Fälle der Beendigung einer Betriebsaufspaltung, gleich ob sie bewusst herbeige-führt wird oder ob sie ungewollt eintritt, wenden Rspr. und Verwaltung mit einer Ausnahme die Grundsätze der Betriebsaufgabe gem. § 16 Abs. 3 EStG an (BFH vom 22.09.1999, BFH/ NV 2000, 559). Danach kommt es – von den bei § 16 Abs. 3 EStG anerkannten Ausnahmen abgesehen (z. B. Strukturwandel) – immer zur kompletten Aufdeckung der stillen Reserven im BV der Besitzgesellschaft. Wenn es danach nicht gelingen sollte, die Besitzgesellschaft als gewerblich tätige oder gewerblich geprägte PersG am »Leben zu halten« – oder die Voraus-setzungen der Betriebsverpachtung vorliegen –, so können die nachfolgend aufgelisteten Fälle zur Steuerentstrickung führen, wenn damit die **personelle oder sachliche Entflech-tung** verbunden ist:

- Ehescheidung bei (ausnahmsweise zusammengerechneten) Ehegattenanteilen,
- Übertragung von Todes wegen oder im Rahmen der Generationennachfolge,
- Anteilsveräußerung (BFH vom 06.03.1997, BStBl II 1997, 460),
- Wohnsitzverlegung des (der) Besitz-G'fter(s) in das Ausland,
- Insolvenz der Betriebsgesellschaft (BFH vom 06.03.1997, BStBl II 1997, 460). Der Grund liegt im Wegfall der personellen Verflechtung, da gem. § 81 InsO nunmehr der Insolvenz-verwalter die alleinige Verwaltungs- und Verfügungsbefugnis über das Gesellschaftsver-mögen erlangt.
  In diesem Zusammenhang ist derzeit ungeklärt, was in den (immer häufigeren) Fällen der eigenkapitalersetzenden Nutzungsüberlassung nach § 39 InsO gilt, wenn die Besitz-gesellschaft gezwungen ist, der Betriebsgesellschaft das Grundstück etc. auch im Zeit-punkt der Insolvenz zu überlassen.
- Grundstücksveräußerung der Besitzgesellschaft bzw. eine Neuinvestition der Betriebs-gesellschaft können zur sachlichen Entflechtung führen.

Einzig in den Fällen, in denen es bei der (zulässigen) Zusammenrechnung der Elternanteile mit minderjährigen Kindern im Zeitpunkt der **Volljährigkeit** zur personellen Entflechtung kommt, gewährt die Verwaltung in R 16 Abs. 2 S. 3 EStR 2012 und H 16, Abs. 2 »Beendigung einer Betriebsaufspaltung« EStH 2019 der Besitzgesellschaft das Verpächterwahlrecht. Dabei müssen die sonstigen Voraussetzungen des Verpächterwahlrechts (Verpachtung aller **wesentlichen Betriebsgrundlagen**) **nicht** vorliegen, da die Betriebsaufspaltung nur die Überlassung einer wesentlichen Betriebsgrundlage erfordert.

Im Anschluss hieran hat sich die Literatur für eine Generalisierung dieser Ausnahme auch für die anderen Fälle ausgesprochen. Man sieht die innere Rechtfertigung für den Auf-schub der Besteuerung insb. darin, dass und wenn die Aufdeckung **nicht handlungsbedingt** herbeigeführt wird. Im Urteil vom 11.05.1999 (BFHE 188, 397 = BB 1999, 1537) hat der BFH den Gedanken aufgenommen. Er schlägt dabei den Weg ein, trotz der Verpachtung nicht aller wesentlichen Betriebsgrundlagen bei Wegfall der persönlichen Voraussetzungen von einem »ruhenden Betrieb« auszugehen, der in diesem Zeitpunkt noch nicht die Zwangsrealisation bedeutet. Solange ein ruhender Gewerbebetrieb angenommen werden kann, tritt die Rechtsfolge der Betriebsaufgabe erst durch eine eindeutige Aufgabeerklärung gegenüber dem FA ein.

Eine erste Reaktion auf die Kritik zeigte die Verwaltung im BMF-Schreiben vom 07.10.2002 (BStBl I 2002, 1028), wonach die Suspendierung der strengen Rechtsfolgen der Betriebsaufspaltung auch im Falle des steuerschädlichen **Einstimmigkeitsprinzips** gilt.

Hinweis: In einem Rechtsmittel (bei einem vergleichbaren, aber ausdrücklich nicht geregelten Fall der Beendigung der Betriebsaufspaltung) kann man mit dem Argument der nur exemplarischen (und nicht abschließenden) Verwaltungsauffassung die Erstreckung der o. g. Grundsätze beanspruchen.

4.4   Besondere Erscheinungsformen der Betriebsaufspaltung

4.4.1   Die umgekehrte Betriebsaufspaltung

Eine »umgekehrte« Betriebsaufspaltung liegt vor, wenn die Umstrukturierung nicht von der PersG (bzw. dem Einzelunternehmer) ausgelöst wurde, sondern von der KapG.

Beispiel 16:

Die G'fter einer unternehmensaktiven GmbH gründen eine PersG, die nunmehr mit von der KapG gepachteten WG die Geschäfte betreibt.

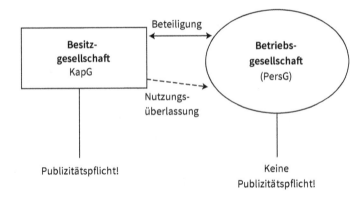

Hier werden Aktiv- und Passivpart in der Unternehmensgruppe umgekehrt zugewiesen. Die jeweilige Gestaltungspriorität hängt nicht selten von gerade geltenden handelsrechtlichen Rahmenbedingungen (zur Bilanzierung, Publizität und Prüfung) ab.

Soweit die Betriebsgesellschaft allerdings – wie so häufig – eine GmbH & Co. KG ist, gelten gem. §§ 264a – 264c HGB die Jahres- und Konzernabschlussregelungen der §§ 264 ff. HGB und das Publizitätsgesetz.

4.4.2   Die kapitalistische Betriebsaufspaltung

Die »kapitalistische« Betriebsaufspaltung ist durch das ausschließliche Auftreten zweier KapG gekennzeichnet. Der Grund hierfür kann in der Vermeidung der Mitbestimmung liegen, wonach auf diese Weise die Belegschaft »halbiert« wird.

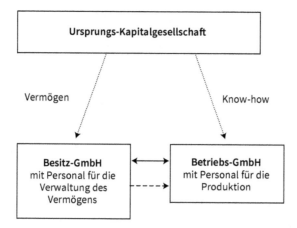

4.4.3   Die mitunternehmerische Betriebsaufspaltung

Bei zwei PersG als Beteiligte einer Betriebsaufspaltung kollidieren das gesetzliche Konzept der Besteuerung nach § 15 Abs. 1 Nr. 2 EStG und das Richterrechtsinstitut der Betriebsaufspaltung.

Beispiel 17:

Die M/F-GbR (M zu 60 %, F zu 40 %) verpachtet an die M/X-OHG (M zu 60 %, X zu 40 %; die OHG ist eine sog. Schwester-PersG) als eine wesentliche Betriebsgrundlage eine Immobilie.

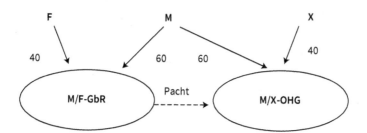

Der Sachverhalt kann zwei rechtstechnisch korrekten, aber divergierenden Lösungen zugeführt werden:

- Entweder (**1. Alt.**) wendet man die Grundsätze der Betriebsaufspaltung an mit der Folge, dass die M/F-GbR eine gewerbliche Besitzgesellschaft ist und zu 100 % gewerbliche Einkünfte erzielt oder
- (**2. Alt.**) man orientiert sich primär an der OHG und weist sodann nur (!) dem M einen 60 %igen Anteil am Grundstück als dessen Sonder-BV I bei der OHG zu (§ 15 Abs. 1 S. 1 Nr. 2 S. 1, 2. HS EStG); F würde dabei Vermietungseinkünfte erzielen.

Während nach der alten Rspr. des BFH die Konkurrenzfrage zugunsten des gesetzlichen MU-Konzepts (2. Alt.) beantwortet wurde (BFH vom 25.04.1985, BStBl II 1985, 622), kam mit den Urteilen vom 23.04.1996 (BStBl II 1998, 325) und vom 24.11.1998 (BStBl II 1999, 483) die Kehrtwende. Danach gelten vorrangig die Grundsätze der Betriebsaufspaltung, wenn die

PersG (bzw. eine Bruchteilsgemeinschaft) einer Schwester-PersG Grundstücke zur Nutzung überlässt.

Lösung (nach BMF vom 28.04.1998, BStBl I 1998, 583):

Mit BMF-Schreiben vom 28.04.1998 hat die Verwaltung das Urteil des BFH mit folgenden Modifikationen übernommen:
- Der Vorrang der Betriebsaufspaltung (1. Alt.) wird davon abhängig gemacht, ob die Besitzgesellschaft mit Gewinnerzielungsabsicht (d. h. gewerblich) verpachtet.
- Andererseits bleibt es beim Vorrang des MU-Konzepts (§ 15 Abs. 1 Nr. 2 EStG = 2. Alt.), wenn sich das überlassene Grundstück im Alleineigentum eines G'fters befindet oder wenn die Grundstücksgesellschaft der Schwester-PersG die Immobilie unentgeltlich überlässt (d. h. verleiht), da hier die Gewinnabsicht fehlt.

Für einem möglichen Konkurrenzfall bei einer **mitunternehmerischen BA** mit Beteiligung des Besitz-G'fters und einem überlassenen WG (Sonder-BV I bei der Betriebs-PersG oder Sonder-BV II bei der Besitz-PersG?) hat sich der BFH im Urteil vom 18.08.2005 (BStBl II 2005, 830) eindeutig für den Vorrang von Sonder-BV I entschieden.

Zwei weitere, hier nur in ihrem Tenor wiedergegebene Urteile runden die Rspr. des BFH zur mitunternehmerischen BA ab:
- Für den Fall, dass die Miteigentümer einer **Bruchteilsgemeinschaft** ein Grundstück als wesentliche Betriebsgrundlage an eine von ihnen beherrschte Betriebs-PersG vermietet haben, unterstellt der BFH, dass sich die Bruchteilseigentümer zumindest konkludent zu einer **GbR** und damit zu einer **Besitz-PersG** zusammengeschlossen haben (Urteil vom 18.08.2005, BStBl II 2005, 830). Mit Schreiben vom 07.12.2006 (BStBl I 2006, 766) hat die Verwaltung die Rspr. (»konkludente Willensbildungs-GbR«) übernommen und gleichzeitig Tz. 22 f. des BMF-Schreibens vom 03.03.2005 (BStBl I 2005, 458) neu geschrieben.[112]
- Umgekehrt soll die Überlassung eines **Praxisgrundstücks** seitens einer ganz oder teilweise personenidentischen Miteigentümergemeinschaft an eine **Freiberufler-GbR** keine mitunternehmerische BA begründen (BFH vom 10.11.2005, BStBl II 2006, 173).

Hinweis: Insgesamt halten sich mit der geänderten Rspr. die Vorteile (doppelter GewSt-Freibetrag und erleichterter Zugang zu § 7 g EStG) und die Nachteile (insb. für den jetzt gewerblichen »Nur-Besitzgesellschafter«) die Waage.

4.4.4 Sonstige Fälle

Darüber hinaus kursieren zahlreiche Modebegriffe wie das »Wiesbadener Modell« oder die »mehrstufige« Betriebsaufspaltung oder die »überlagerte« Betriebsaufspaltung, bei der die Besitzgesellschaft einen eigenen Gewerbebetrieb unterhält.

Beim Wiesbadener Modell ist jeweils nur ein Ehegatte (bzw. sind beide mit extrem unterschiedlichen Beteiligungsverhältnissen) an der einzelnen Gesellschaft beteiligt. Das Wiesbadener Modell erfüllt nach Verwaltungsauffassung (H 15.7 Abs. 7 EStH 2019 zu R 15.7 EStR 2012) nicht die Voraussetzungen einer Betriebsaufspaltung.

---

112 Mit der Änderung der steuerlichen Zuordnung durch die unterstellte Willenserklärung (Sonder-BV) findet nach BMF a. a. O. kein Rechtsträgerwechsel zur Besitz-PersG statt. Es ist nur Sonder-BV und eben kein Gesamthandsvermögen! Es ändert sich aber nichts an der Behandlung der Erbauseinandersetzung bei einer qualifizierten Nachfolgeklausel (ähnlich gelagerte Problematik) vgl. Rz. 72 – 74 des BMF-Schreibens vom 14.03.2006, BStBl I 2006, 432.

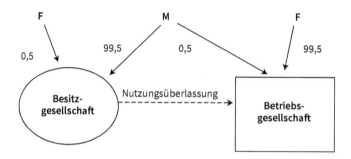

Eine mehrstufige (echte) Betriebsaufspaltung ist durch ineinander geschachtelte Doppelgesellschaften charakterisiert.

4.4.5 Die unerkannte Betriebsaufspaltung (bzw. die Betriebsaufspaltung in der Außenprüfung)

Ein Kuriosum stellt die »unerkannte« Betriebsaufspaltung dar.

Bedingt durch die Organisationsform der FinVerw und durch die Zufälligkeit von Lebensumständen existieren nicht selten im »wahren Wirtschaftsleben« Doppelgesellschaften, ohne dass die Beteiligten (Steuerbürger wie FinVerw) davon Kenntnis haben.

Beispiel 15 (Kap. 4.3.1.2), das in anderer Form auch Gegenstand einer Prüfungsfeststellung anlässlich einer Außenprüfung sein kann, verdeutlicht einmal mehr die Konsequenzen der Betriebsaufspaltung, in dem sie zur **Steuerverstrickung** von WG führt, die ohne dieses Rechtsinstitut sog. Privatvermögen wäre. Insoweit kann man die Betriebsaufspaltung als den »**gelebten und praktizierten Dualismus des Einkommensteuerrechts**« bezeichnen.

Wurde eine Betriebsaufspaltung in der Vergangenheit nicht als solche erkannt, so hat das Besitzunternehmen die überlassenen WG und die Anteile an der Betriebs-KapG mit den fortgeführten AK bzw. HK zu aktivieren, sofern eine Eröffnungsbilanz wegen bereits eingetretener Bestandskraft nicht mehr erstellt werden kann (BFH vom 30.10.1997, BFH/NV 1998, 578).

Bei **nachträglichem Bekanntwerden** einer Betriebsaufspaltung (nach einer Außenprüfung) erfolgt eine Korrektur des Gewinnfeststellungsbescheids gem. § 173 Abs. 1 Nr. 1 AO, wenn dies zu einer **Erhöhung der Besteuerungsgrundlagen wenigstens eines der Feststellungsbeteiligten** führt (BFH vom 16.04.2015, BFH/NV 2015, 1331).

4.4.6 Der Weg aus der Betriebsaufspaltung

Die Wege aus der Betriebsaufspaltung führen einmal bei der Besitzgesellschaft zur Betriebsaufgabe gem. § 16 Abs. 3 EStG und im umgekehrten Fall – bei Einstellung der unternehmerischen Aktivitäten der Betriebsgesellschaft – zu einem stpfl. Liquidationsgewinn gem. § 11 KStG.

Beide Rechtsfolgen stellen die unerwünschte Ultima Ratio der Beendigung unternehmerischer Aktivitäten dar. Sie können bei beiden Gesellschaften vermieden werden:

- auf der Ebene der Besitzgesellschaft sind hier schon vielfältige Alternativen (gewerblich geprägte PersG; anderweitig gewerblich qualifizierte Verpachtung oder Herbeiführen der Voraussetzungen für das Verpächterwahlrecht) aufgezeigt worden;
- auf der Ebene der Betriebs-KapG verbleibt u. a. als Restrukturierungsmaßnahme die steuerneutrale Verschmelzung auf die Besitz-PersG gem. §§ 3 ff. UmwStG.[113]

---

113 Zu beachten sind die einschlägigen Änderungen des SEStEG, vgl. Teil D, Kap. VII a. E.

5   Die KGaA und neuere Typenverbindungen

Ohne den Rahmen eines Lehrbuchs zur Vorbereitung auf die StB-Prüfung zu sprengen, wird noch auf zwei neue Gestaltungsmöglichkeiten hingewiesen.

5.1   Die Kapitalgesellschaft-KGaA bzw. die GmbH & Co. KGaA

Die **KGaA** führt zu Unrecht in der Beratungspraxis ein Schattendasein. Dies mag an ihrer Zwitterstellung als Körperschaft einerseits und der partiellen Besteuerung der Komplementäre nach dem Modell der MU-schaft (§ 15 Abs. 1 Nr. 3 EStG) andererseits liegen. Wahrscheinlicher ist jedoch, dass die bei der KGaA bestehende persönliche Haftung des Komplementärs kaum zu Gestaltungsanreizen geführt hat. Besteht hingegen bei einem Familienunternehmen die Notwendigkeit oder der Wunsch nach stärkerer Eigenkapitalausstattung und erfüllt das Unternehmen die Voraussetzungen für eine Aktienemission, so ergeben sich seit dem BGH-Beschluss vom 24.02.1997 (ZIP 1997, 1027) ungeahnte Möglichkeiten. Mit dieser Entscheidung ist die Zulässigkeit einer **GmbH & Co. KGaA** bejaht worden. Die für Kommanditgesellschaften immer schon bestehende Möglichkeit der Haftungsbegrenzung durch Implementierung einer KapG ist auf die KGaA erstreckt worden; gleichzeitig ist die Praxis der Registergerichte sanktioniert worden, **KapG** als **persönlich haftende** G'fter zuzulassen.

Verbunden mit der exklusiven Möglichkeit einer KGaA (zusammen mit der AG), sich Geld an der Börse zu besorgen, ergeben sich neue Optionen speziell für börsenfähige Familienunternehmen, ohne dabei die Nachteile der AG (Überfremdung und limitierte Gestaltungsfreiheit, § 23 Abs. 5 AktG) in Kauf zu nehmen.

Für die Besteuerungspraxis einer KapG-KGaA bleibt es bei den bekannten Grundsätzen, dass die KGaA als KSt-Subjekt (§ 1 Abs. 1 Nr. 1 KStG) von ihrem Einkommen gem. § 9 Abs. 1 Nr. 1 KStG GF-Vergütungen und die sonstigen Gewinn-Vorteile als BA abziehen darf, die **nicht** auf die **Einlage** entfallen.[114] Umgekehrt stellen diese Gewinnanteile bzw. Sondervergütungen immer gewerbliche Einkünfte des Komplementärs dar. Bei einer natürlichen Person folgt dies aus § 15 Abs. 1 Nr. 3 EStG, bei – neuerdings möglichen – juristischen Personen aus § 8 Abs. 2 KStG und bei – auch neuerdings möglichen – gewerblich geprägten PersG aus § 15 Abs. 3 Nr. 2 EStG. Abgesehen von einem (allerdings) rechtskräftigen Urteil des FG München vom 10.07.2003 (EFG 2003, 1691: keine Ergänzungsbilanzen für Komplementäre) gelten für die Komplementäre einer KGaA die identischen Rechtsfolgen wie für die anderen MU auch (Sonder-BV; korrespondierende Bilanzierung etc.).[115] Ergänzend sei erwähnt, dass die meisten börsenwilligen und -fähigen deutschen Profifußballvereine bei ihren Going-public-Überlegungen bei der GmbH & Co. KGaA angelangt sind.[116]

Bei einer interessanten Sachverhalts-Konstellation (sämtliche Aktien einer KGaA waren in einer GbR gepoolt) gelangte der BFH (Urteil vom 27.08.2003, BFH/NV 2004, 467) zu der Erkenntnis, dass die Pool-GbR und nicht deren G'fter als Anteilsinhaber der KGaA anzusehen sind.

---

114 Zu Bilanzierungsfragen s. *Semler* in *Gessler/Hefermehl,* § 286 und § 288 HGB.

115 Vgl. auch *Wacker* in *Schmidt*, EStG (2011), § 15 Rz. 891.
   Nach dem Urteil des FG München vom 16.01.2003 (EFG 2003, 670) kommt es allerdings nicht zu einer einheitlichen und gesonderten Gewinnfeststellung nach § 180 Abs. 1 Nr. 2 Buchst. a AO zwischen der KGaA und dem Komplementär; a. A. die verfahrensrechtliche Literatur (z. B. *Hübschmann/Hepp/Spitaler* § 180 Anm. 180).

116 Neben den elastischen Satzungsmöglichkeiten hängt dies weitgehend mit der Integration des DFB-Statuts zusammen, wonach die Muttergesellschaft (der Verein) Einflussmöglichkeiten auf die ausgelagerte »Profi«-Tochtergesellschaft haben muss.

Für eine andere Steuer als die Einkommensteuer, nämlich für die Grunderwerbsteuer, hat der BFH am 27.04.2005 (BFH/NV 2005, 1627) entschieden, dass die KGaA keine Gesamthand (i. S. d. §§ 5, 6 GrEStG) ist.

Für die GewSt sind für die KGaA festzuhalten: § 8 Nr. 4 und § 9 Nr. 2b GewStG.

5.2   Die Stiftung & Co. KG

Für die verselbständigte rechtsfähige Vermögensmasse »Stiftung«, die bekanntlich keine Eigentümer kennt, ergeben sich durch den gesellschaftsrechtlichen Verbund mit Kommanditisten in einer KG steuerliche Vorteile (wie z. B. einen Verlustausgleich), die auch eine inländische Stiftung reizvoll erscheinen lassen.[117]

Voraussetzung ist allerdings, dass die inländische Stiftung der hier erwähnten Art nach den jeweiligen Landesgesetzen genehmigt wurde.[118] Im Unterschied zu den gemeinnützigen Stiftungen bzw. zu den öffentlich-rechtlichen Stiftungen handelt es sich vorliegend um private Stiftungen, genauer: um **Unternehmensstiftungen** in Form von **Familienstiftungen**. Bei dieser Erscheinungsform ist es möglich, das Stiftungsvermögen so zu bündeln, dass ihr Vermögen in einem Unternehmen angelegt wird (sog. Unternehmensträgerstiftung). Damit wird dem Unternehmen (im **Beispiel** einer KG) mit der Einlage des Stiftungsvermögens entsprechendes Eigenkapital zugeführt und andererseits kommen die erwirtschafteten Erträge der Stiftung bzw. den Destinatären der Stiftung zugute. Soweit es sich bei den Empfängern in der Mehrzahl (> 50 %) um Angehörige des Stifters handelt, liegt eine Familienstiftung vor.

---

117 Zur ausländischen Stiftung s. *Preißer*, Band 3, Teil C, Kap. II a. E.
118 Seit 01.07.2002 besteht allerdings gem. § 80 BGB ein (bundeseinheitlicher) Anspruch auf Genehmigung (Anerkennung), der stärker ist als landesgesetzliche Vorbehalte.

IV Anfang und Ende einer Personengesellschaft

1 Gründung einer Personengesellschaft

Die Gründung einer PersG hängt – und ab hier wird es für die Ertragsteuer relevant – mit einer Einlage der Gründungs-G'fter zusammen. Soweit es sich dabei um Bareinlagen handelt, ist lediglich der Buchungssatz im Buchungskreis der PersG in Erinnerung zu rufen (BS: Bank an Kapitalkonto). Weitere Folgen ergeben sich daraus nicht.[119]

Bekanntlich können auch Sacheinlagen geleistet werden. Aus rein gesellschaftsrechtlicher Sicht ist bei Sacheinlagen in PersG darauf zu achten, dass diese bei Kommanditisten zu Verkehrswerten erfolgen müssen[120], wenn die haftungsbefreiende Wirkung gem. §§ 171, 172 Abs. 1 HGB herbeigeführt werden soll. Insoweit ist dort die Rechtslage mit derjenigen bei der Sachgründung einer GmbH vergleichbar.

In steuerlicher Hinsicht ist vorweg bei Sacheinlagen nach der Herkunft zu unterscheiden: Stammen die eingelegten Vermögensgegenstände aus dem PV oder aus dem BV des G'fters? Die weitere Differenzierung bei betrieblichen Sacheinlagen erfolgt nach dem Gegenstand der Einlage: Handelt es sich um betriebliche Einzel-WG oder um steuerfunktionale Einheiten? In letzterem Fall liegt eine Einbringung vor (s. Kap. 2).

Von der Rechtsfolge her ist darauf hinzuweisen, dass bei der Einbringung von steuerfunktionalen Einheiten (Sachgesamtheiten) die Einheitstheorie und bei der Einlage von betrieblichen Einzel-WG die Trennungstheorie greift. Der praxisrelevante Unterschied liegt u. a. in der Behandlung einer mitübernommenen Verbindlichkeit: Während die Schuldübernahme bei den steuerfunktionalen Einheiten nicht zu einem (teil-)entgeltlichen Anschaffungsvorgang führt, ist dies bei Einzel-WG umgekehrt der Fall: Dort erhöht die übernommene Schuld – als Teil des Erwerbsvorganges – die AK.

1.1 Sacheinlage aus dem Privatvermögen[121]

An kaum einer anderen Stelle wird die Brüchigkeit des ursprünglichen MU-Erlasses aus dem Jahre 1977 (BStBl I 1978, 8) so deutlich wie in der Frage der Sacheinlage eines G'fters in die PersG.[122] Während nach dem damaligen Verständnis (Tz. 49 des Erlasses) der Aspekt der gewinnneutralen Einlage (vergleichbar dem Einzelunternehmer) im Vordergrund stand, hat sich durch die zwischenzeitliche »Emanzipation« der PersG (MU-schaft) als partielles Steuerrechtssubjekt eine neue Perspektive ergeben. Im Vordergrund – und dies wird durch die Neufassung des § 6 Abs. 5 und 6 EStG ausdrücklich bestätigt – steht die **betriebliche Einheit der MU-schaft**. Bei einer Sacheinlage aus dem PV des G'fters erfolgt in doppelter Hinsicht ein **Zugang von außen**:

- Zum einen liegt ein Rechtsträgerwechsel vor (Neu-Eigentümer ist die PersG als Gesamthandssubjekt).
- Zum anderen liegt ein »Sphärenwechsel« vor: Aus dem PV der Privatperson wird nun BV der PersG.

---

119 Zur grundsätzlichen Bedeutung der Einlage für das Kapitalkonto des G'fters sowie zur Frage der einlagefähigen WG und zu den Begriffen der offenen und verdeckten Einlage s. Teil A, Kap. I 3.4.1 und Kap. I 3.4.2.
120 Bei Komplementären, OHG-G'ftern und den G'ftern einer GbR kann dies wegen der unbeschränkten persönlichen Haftung dahinstehen (kein Gläubigerschutzinteresse). Eine Überbewertung betrifft hier nur das Innenverhältnis und ist damit in Grenzen zulässig.
121 Verwiesen wird auf das Beispiel 26 im Teil A, Kap. I 3.4.2 (kurz: Der G'fter einer OHG erbringt eine Sacheinlage in Form einer privaten 5 %igen Beteiligung an einer GmbH).
122 Nachdem der MU-Erlass auch in anderen wesentlichen Punkten durch die zwischenzeitliche Rspr. als überholt anzusehen ist, wird er auch nicht mehr in den offiziellen Veröffentlichungen des BMF zitiert. Er ist damit nur noch eine historische Erkenntnisquelle.

Beides zusammen veranlasste den BFH – und ihm folgend die Verwaltung (zuletzt BMF vom 26.11.2004, BStBl I 2004, 1190[123] – den Vorgang der »offenen« Sacheinlage eines privaten Gegenstandes als **tauschähnlichen** Vorgang nach § 6 Abs. 6 S. 1 EStG n. F.[124] sowie BMF vom 20.05.2009 (BStBl I 2009, 671) zu behandeln.[125] Die Annahme als tauschähnlicher Vorgang setzt die Gewährung von Gesellschaftsrechten voraus, sodass § 6 Abs. 6 S. 1 EStG nur angenommen wird, wenn die Einlage die Beteiligungsquote des G'fters erhöht (BS im Buchungskreis der PersG: »Aktivum an Kapitalkonto«). Werden – wie üblich – bei der PersG mehrere (variable) Konten geführt, so liegt immer dann eine Einlage (und damit ein tauschähnlicher Vorgang) vor, wenn das Konto den Charakter eines Kapitalkontos (I/II) hat. Letzteres wird angenommen, wenn dieses entweder ein **Unterkonto** des Kapitalkontos ist oder wenn auf ihm auch Verluste gebucht werden (BMF vom 26.11.2004, BStBl I 2004, 1190, Rz. 1a und 1b). Diese Erkenntnis (Einbringung eines WG aus dem PV in die PersG als tauschähnlicher Vorgang mit **AK** – statt Einlage) auf **jedwedem Kapitalunterkonto** hat der BFH im Urteil vom 29.07.2015 (BStBl II 2016, 593) endgültig verworfen. Die FinVerw hat sich dem nunmehr angeschlossen (BMF vom 26.07.2016, BStBl I 2016, 684).

Aus Sicht des einbringenden G'fters ist darauf hinzuweisen, dass mit der Annahme eines tauschähnlichen Vorgangs (offene Einlage) bei den privaten WG dann eine **Realisationsgefahr** besteht, wenn die eingelegten WG die Steuerfolgen nach §§ 17, 20 Abs. 2, 23 EStG auslösen.

Kommt es bei der Sacheinlage zu keiner Gegenleistung (d. h. keine Bildung/Erhöhung der Beteiligungsquote; s. hierzu auch BMF vom 11.07.2011, BStBl I 2011, 713), so liegt hiernach eine »verdeckte Sacheinlage« vor, die nach § 6 Abs. 1 Nr. 5 EStG beurteilt wird. Rein **buchungstechnisch** wäre dies der Fall, wenn die Übertragung des WG auf einem Konto »(Kapital-)Rücklage« gutgeschrieben wird oder sogar als Ertrag erfasst wird (vgl. Rz. 2a des BMF-Schreibens, a. a. O.).

Bei einer verdeckten Einlage wird dies vermieden, wenn es sich um eine wesentliche Beteiligung (§ 6 Abs. 1 Nr. 5 Buchst. b EStG) oder um »junge WG« (§ 6 Abs. 1 Nr. 5 Buchst. a EStG) handelt: jeweils Ansatz der historischen AK. Bei der Einlage von bebauten Grundstücken ist auf § 23 Abs. 1 S. 5 EStG sowie auf § 6 Abs. 1 Nr. 5 S. 2 EStG zu achten: Ansatz der AK ./. AfA. In diesem Zusammenhang ist bei WG, die vor der Einlage zur Erzielung von Einkünften i. S. d. § 2 Abs. 1 Nr. 4 bis 7 EStG verwendet wurden, auf die Regelung des § 7 Abs. 1 S. 5 EStG hinzuweisen (s. BMF vom 27.10.2010, BStBl I 2010, 1204).

1.1.1   Sonderfall: Sacheinlage auf vermögensverwaltende Personengesellschaft

Nach den Urteilen vom 20.04.2004 (BStBl II 2004, 987) und vom 06.10.2004 (BStBl II 2005, 324) geht der BFH bei einer Übertragung von WG auf eine vermögensverwaltende PersG immer von der **Bruchteilsbetrachtung** aus. Danach liegt wegen § 39 Abs. 2 Nr. 2 AO kein Anschaffungsvorgang vor, weil die G'fter weiterhin **im bisherigen** Umfang als Bruchteilseigentümer beteiligt sind. Im Verhältnis der G'fter zueinander liegt allerdings ein Tauschgeschäft vor.

1.1.2   Die Übersicht zu den Einlagen (aus dem Privatvermögen)

Einen ersten Überblick über die verschiedenen Konstellationen von Einlagen gibt die nachfolgende Tabelle.

---

123 Vorher BMF vom 29.03.2000, BStBl I 2000, 462.
124 Bis 1998 konnte dafür keine gesetzliche Grundlage genannt werden.
125 BFH vom 19.10.1998 (BStBl II 2000, 230).

Nr.	Gegenstand	Gegenleistung	Rechtsfolge
1	Einzel-WG des PV → OHG /KG	Begründung (Erhöhung) des **GesR** an der OHG/KG (= offene Einlage)	tauschähnlicher Vorgang, § 6 Abs. 6 S. 1 EStG analog (Gefahr der Aufdeckung gem. §§ 17, 20 Abs. 2, 23 EStG)
2	Einzel-WG des PV → OHG /KG	**ohne** Begründung eines GesR (bzw. Erhöhung) (= verdeckte Einlage)	verdeckte Einlage, § 6 Abs. 1 Nr. 5 EStG: grds. Teilwertansatz (mit AK-Begrenzung)
3	Einzel-WG des PV → OHG/KG	**kein adäquates** GesR bzw. unentgeltlich	S. Nr. 1 (oben), s. BMF vom 11.07.2011, BStBl I 2011, 713; Rn. II 2a und d)
4		**Umgekehrte Fallgruppe**	
4a	Einzel-WG der OHG/KG → PV	gegen **Minderung** der GesR	tauschähnlicher Vorgang
4b		**ohne** Einfluss auf GesR	Entnahme
4c		keine **vollwertige** Minderung des GesR	Entspr. Anwendung der Grundsätze unter Nr. 3 (oben)

Hinweis 1: Im zitierten Schreiben vom 11.07.2011 (BStBl I 2011, 713) hat das BMF unter dem Aspekt »verdeckte Einlage« insb. auf den Unterschied zwischen entgeltlicher und unentgeltlicher Übertragung hingewiesen. Dabei geht die Verwaltung allgemein von einer verdeckten Einlage aus, wenn dem Einbringenden keine Gesellschaftsrechte oder sonstigen Gegenleistungen eingeräumt werden (s. auch *Tiede*, StuB 16/2011).

Dabei gibt es folgende **buchungstechnische Indizien**, die beim Ansatz des gemeinen Werts für die eingebrachten WG von einem (vollständig) **entgeltlichen** Übertragungsvorgang ausgehen:
1. Buchung gegen Kapitalkonto I oder gegen ein variables Kapitalkonto,
2. Buchung gegen Kapitalkonto I oder teilweise gegen ein variables Kapitalkonto,
3. Buchung gegen Kapitalkonto I oder ein variables Rücklagenkonto der PersG und teilweise gegen ein **gesamthänderisch** gebundenes Rücklagenkonto der PersG.

Umgekehrt liegen ein unentgeltlicher Vorgang und damit eine **verdeckte Einlage** nur dann vor, wenn dem Einbringenden überhaupt **keine Gesellschaftsrechte** gewährt werden.

Hinweis 2: Zur Thematik haben BFH (Urteile vom 29.07.2015 – IV R 15/14 – und vom 04.02.2016 – IV R 46/12) und BMF (vom 26.07.2016, BStBl I 2016, 684) erneut Stellung genommen. Danach soll eine Einbringung eines WG aus dem PV, das ausschließlich gegen das **Kapitalkonto II** gebucht wird, eine Einlage sein und somit **keinen entgeltlichen Vorgang** darstellen. Dies gilt auch, wenn **z. T. auf das Kapitalkonto II und z. T. auf das gesamthänderisch gebundene Rücklagenkonto** gebucht wird.

Kritik:
(1) **Methodische Anmerkung:** Mit der Darstellung suggerieren BFH und BMF von Anfang an, dass es sich bei der Einbringung von WG in eine PersHG um das Gegensatzpaar »Einlage vs. entgeltlicher Vorgang« handelt. Dies ist falsch. Die richtigen Gegensatzpaare heißen jedoch:
    a) offene Einlage vs. verdeckte Einlage und
    b) Einlage vs. Entnahme.
Nur mit Übernahme dieser Terminologie kann ein geschlossenes Institut kreiert werden, das auch auf die Einlagethematik bei KapG anwendbar ist.

(2) **Inhaltliche Anmerkung und praktische Anwendung:** Es wird davor gewarnt, diese aufgestellten Grundsätze pauschal dann anzuwenden, wenn die Einbringung gegen das Kapitalkonto II gebucht wird. Vielmehr muss vorweg der Charakter des Kapitalkontos untersucht werden. Wenn – wie häufig – auf dem **Kapitalkonto II nicht entnahmefähige Gewinnanteile** gebucht werden, dann handelt es sich um ein festes Kapitalkonto, das dauernd der Stärkung der Beteiligung dient. Dies ist wie Buchungen auf dem Kapitalkonto I zu behandeln (entgeltlicher Vorgang). Nur wenn es sich bei dem variablen Kapitalkonto um entnahmefähige Gewinnanteile handelt, können die o. g. Grundsätze angewandt werden.

(3) **Weiterführender Hinweis:** Wieder einmal unterlassen es Rspr. und Verwaltung, die Rechtsfolgen wichtiger Fragen zur PersG vor dem Hintergrund der Gesamthand (§§ 717 ff. BGB) zu entwickeln. Mit der unter (2) gezeigten Präzisierung wird dem aber Rechnung getragen.

Ähnlich kritisch zur neuen Rspr.: *Kulosa* in *Schmidt*, EStG (2021), § 6 Rz. 597 ff. (603) und *Niehus*, StuW 2017, 27.

1.2 Sacheinlage aus dem Betriebsvermögen – Einzel-Wirtschaftsgüter

Bei einer geringfügigen Variante der soeben diskutierten privaten Einlagevorgänge (hier: betriebliche Beteiligung als Einlagegegenstand) ändern sich sogleich die Voraussetzungen und Rechtsfolgen der (nunmehr betrieblichen) Einlage.[126]

> **Beispiel 1: GmbH-Geschäftsanteil wechselt den betrieblichen Rechtsträger qua Einlage**
>
> Im Unterschied zu den soeben diskutierten Fällen (WG des PV → steuerliche MU-schaft) legt der G'fter A der AB-OHG nunmehr den in seinem Einzelunternehmen gehaltenen 5 %-GmbH-Geschäftsanteil an der X-GmbH in die OHG ein und steigert damit seine Beteiligungsquote um 10 % auf nunmehr 60 %.

Damit stellte sich die Frage, ob eine (offene, d. h. entgeltliche) Sacheinlage einer Übertragung gleichzustellen ist.

Der Gesetzgeber hat dies ab 2002 bejaht und ordnet nunmehr für die offene Sacheinlage gem. § 6 Abs. 5 S. 3 EStG einen **Buchwertzwang** (= steuerneutrale Übertragung innerhalb der MU-schaft) an.

> **Lösung:**
>
> Ab 2002 ist der GmbH-Geschäftsanteil an der X-GmbH in der OHG-Bilanz zu den Buchwerten (d. h. AK), mit denen er im Einzelunternehmen des A aktiviert war, zu übernehmen (§ 6 Abs. 5 S. 3 EStG).

Einen **ersten Grenzfall** hatte der BFH am 11.12.2001 (BStBl II 2002, 420) entschieden, als eine KG I, die hochwertige **Einzel-WG** (8 Mio. € Verkehrswert; Buchwert: 2 Mio. €) in die KG II einbrachte und dafür neben den Gesellschaftsrechten (5 Mio. €) ein zusätzliches Darlehen (3 Mio. €) erhielt.[127] Die Frage war, zu welcher Bewertung dieses sog. **Mischentgelt** (doppelte Gegenleistung: GesR und Darlehensforderung) führt.

Entgegen der h. L.[128] hat der BFH eine Buchwertfortführung nur in dem Verhältnis zugelassen, der dem Wert der erlangten gesellschaftsrechtlichen Beteiligung entspricht. Als

---

126 S. zur Thematik auch OFD Karlsruhe vom 20.06.2005, Az.: S 2241/27 (umfangreicher Leitfaden mit zahlreichen Vordrucken für sog. »Überwachungsfälle«).

127 Die angeführten Beträge sind die »Saldobeträge«, da die KG II zusätzlich zu den Aktiva noch Schulden von der KG I übernahm.

128 Statt aller *Reiß* in *Kirchhof-kompakt*, § 15, Rz. 449 m. w. N.: uneingeschränkte Befolgung der Einheitstheorie.

Ergebnis dieses Aufspaltungsvorganges sind erfolgsneutral 5/8 des Buchwertes fortzuführen, während i. H. v. 3/8 von 2 Mio. € eine erfolgswirksame Aufdeckung erfolgt.

Einen **zweiten Grenzfall** (Einbringung eines **Betriebs** gegen **Mischentgelt – Gesellschaftsrechte und Darlehen**) hat der BFH am 18.09.2013 (DB 2013, 2538) entschieden. Nach der Verwaltungsauffassung zu § 24 UmwStG (BStBl I 2011, 1314) führen die beiden Teilleistungen zu einem erfolgswirksamen (Darlehen) und einem erfolgsneutralen (Gesellschaftsrechte) Vorgang.

Demgegenüber stellt der BFH die nachfolgende **Gleichung** auf, die eine Erweiterung der neutralen Einbringung ermöglicht:

Keine Gewinnrealisierung (nach § 24 UmwStG), wenn die Summe aus dem Nominalbetrag der **Gutschrift auf dem Kapitalkonto** des Einbringenden und dem gemeinen Wert der eingeräumten **Darlehensforderung** den steuerlichen **Buchwert des eingebrachten Einzelunternehmens nicht** übersteigt.

Für die Übertragung von Einzel-WG auf eine PersG unter Beteiligung von KapG (d. h. bei einer GmbH & Co. KG) wird auf das Kapitel zur GmbH & Co. KG (vgl. Kap. III 2.5) sowie auf die Vfg. der OFD Düsseldorf vom 25.10.2004, Az.: S 2241 A – St 112 verwiesen.

Hinweis: Zusätzlich ist in § 6 Abs. 5 S. 3 Nr. 2 EStG geregelt, dass auch die Buchwertübertragung von einzelnen WG aus einer MU-schaft in das Sonder-BV des MU in einer **anderen MU-schaft** möglich ist. Strittig ist es hingegen, inwieweit die Regelung des § 6 Abs. 5 S. 3 Nr. 2 EStG Anwendung finden soll, wenn es sich um eine Übertragung von WG aus dem Gesamthandvermögen einer MU-schaft (OHG I) in das Gesamthandsvermögen einer anderen (beteiligungsidentischen) MU-schaft (sog. Schwester-PersG oder OHG II) handelt. Während der I. Senat des BFH mit seinem Urteil vom 25.11.2009 (BStBl II 2010, 471) die Anwendung des § 6 Abs. 5 S. 3 Nr. 2 EStG und somit die Buchwertübertragung in diesem Fall verneint hat, äußerte der IV. Senat des BFH in seinem Beschluss vom 15.04.2010 (BStBl II 2010, 971) ernstliche Zweifel an der Nicht-Anwendung der Regelung und einer damit einhergehenden Gewinnrealisierung (auch s. *Gosch*, DStR 2010, 1173). Die FinVerw schließt sich der Auffassung des I. Senats des BFH an, sodass es in diesen Fällen zur **Aufdeckung der stillen Reserven** kommen soll (s. BMF vom 08.12.2011, BStBl I 2011, 1279, Rn. 18).

Hierzu liegt nun der Beschluss des I. Senats des BFH vom 10.04.2013 (DB 2013, 2304) vor, wonach die Entscheidung des BVerfG eingeholt wird, ob die Versagung der Buchwertübertragung von WG bei beteiligungsidentischen (nicht) gegen das Gleichheitsgebot von Art. 3 Abs. 1 GG verstößt.

Nachdem der IV. Senat zu dieser Problematik (neutraler Übergang der G'fterstellung gem. § 6 Abs. 5 S. 3 Nr. 2 EStG) bei anders gelagerten Sachverhalten (Urteil vom 19.09.2012, DB 2012, 2376: teilentgeltliche Übertragung von WG aus dem Sonder-BV in das Gesamthandsvermögen derselben PersG; Urteil vom 21.06.2012, DB 2012, 1598: teilentgeltliche Übertragung eines WG des Sonder-BV in das Gesamthandsvermögen einer **Schwester-PersG**; Urteil vom 02.08.2012: Übertragung eines WG des Sonder-BV auf das Gesamthandsvermögen einer anderen PersG) jeweils einen Nichtanwendungserlass (BMF vom 12.09.2013, BStBl I 2013, 1164) veröffentlicht hat, verbleibt es bis auf weitere Erkenntnisse nach Verwaltungsauffassung dabei, dass es eine **gleichzeitige Inanspruchnahme von § 6 Abs. 3 EStG und § 6 Abs. 5 EStG nicht** geben kann.

Hinweis/Stellungnahme: In dieser strittigen Frage der Übertragung zwischen **Schwestergesellschaften** spricht sich der IV. Senat in verfassungskonformer Anwendung für die Buchwertfortführung aus, während der I. Senat aus Wortlautüberlegungen die Buchwertfortführung ablehnt (Fundstellen s. oben). Die Literatur (statt aller *Kulosa* in *Schmidt*, EStG

(2021), § 6 Rz. 805 ff. (808) widerspricht der Auffassung des I. Senats, da hier kein Besteuerungszweck ersichtlich sei, und löst diese Frage im Ergebnis wie der IV. Senat (Buchwertfortführung) in einfacher verfassungskonformer Anwendung, ohne die Entscheidung des BVerfG abzuwarten (s. auch *Fischer/Petersen*, DStR 2019, 2169).

Für Zwecke der Übertragung der Wirtschaftsgüter zwischen den Gesamthandsvermögen der (beteiligungsidentischen) MU-schaften bietet sich die **Zwischenschaltung** einer Übertragung ins **Sonder-BV** an. Nach Auffassung der FinVerw ist jedoch in diesen Fällen zu prüfen, ob der Buchwertfortführung die Gesamtplanrechtsprechung oder andere missbräuchliche Gestaltungen i.S.d. § 42 AO entgegenstehen (s. BMF vom 08.12.2011, BStBl I 2011, 1279, Rn. 19). Um etwaige Rechtsstreitigkeiten zu vermeiden, ist ggf. vor der Umstrukturierung bzw. Übertragung eine verbindliche Auskunft der FinVerw i.S.d. § 89 Abs. 2 AO einzuholen.

Demgegenüber wird von der Literatur der Weg über die (qua gesellschafterbezogener Auslegung von § 6b EStG) ermöglichte § 6b-Rücklage vorgeschlagen: Das WG wird von KG I an KG II veräußert, und für den Buchgewinn kann eine § 6b-Rücklage bei KG I gebildet werden, die sodann auf die KG II übertragen wird, womit der Aufdeckungstatbestand neutralisiert wird (hiergegen aber OFD Frankfurt, DStR 2013, 2570).

S. zum Ganzen – sehr instruktiv – *Fischer/Petersen*, DStR 2019, 2169 mit neuen Gestaltungsvorschlägen (insb. Einbringung der Schwester-PersG mit anschließender unechter Realteilung) sowie dezidierter Stellungnahme zu einem ggf. vorliegenden (besser zu prüfenden) Gestaltungsmissbrauch gem. § 42 AO (hierzu auch *Niehus/Wilke* in H/H/R, EStG, § 6 Rz. 1531).

2   Der Sonderfall: Die Einbringung nach § 24 UmwStG
2.1   Überleitung von der Sacheinlage (Einzel-Wirtschaftsgüter) zur Einbringung funktioneller Einheiten (Betrieb usw.)
2.1.1   Einführung

Die **Gründung einer PersG** liegt auch vor, wenn ein Einzelunternehmer einen neuen G'fter in sein Unternehmen aufnimmt. Eine ähnliche Konstellation ist gegeben, wenn sich zwei Einzelunternehmen zu einer PersG zusammenschließen. Im Unterschied zu den bislang diskutierten Gründungsfällen ist hier Gegenstand der **(Sach-)Einlage** ein **Betrieb**. Die Einlage eines Betriebs (und ihr gleichgestellt: eines Teilbetriebs und eines MU-Anteils = **steuerfunktionale Einheiten**) wird steuerrechtlich als **Einbringung** charakterisiert und jetzt dem siebten Teil des UmwStG unterstellt, wenn – wie hier – die Zielgesellschaft eine PersG ist. Als weiterer Fall der Unternehmensnachfolge gelten bei § 24 UmwStG vorrangig die Regeln des UmwStG, auf die hier nur verwiesen wird. In diesem Zusammenhang wird der Anwendungsbereich des § 24 UmwStG dargestellt, die Rechtsfolgen können weitgehend der Diskussion zum Grundtatbestand (§ 20 UmwStG, Einbringung in eine KapG), entnommen werden.[129]

Die steuerfunktionalen Einheiten i.S.v. § 24 Abs. 1 UmwStG umfassen den Betrieb, Teilbetrieb und MU-Anteil. Der BFH hat mit Urteil vom 17.07.2008 (BStBl II 2009, 464) entschieden, dass eine 100%-ige Beteiligung an einer KapG keine steuerfunktionale Einheit i.S.v. § 24 UmwStG ist. Insoweit weicht der BFH mit seiner Definition der steuerfunktionalen Einheit für § 24 UmwStG von der Definition in § 16 Abs. 1 EStG ab, in der die 100%-Beteiligung explizit genannt wird.

---

129 S. Teil D, Kap. VII.

Auch die 100%ige Beteiligung an einer KapG stellt einen Teilbetrieb und folglich eine steuerfunktionale Einheit i. S. v. § 24 UmwStG dar (s. UmwStErlass vom 11.11.2011, Rz. 24.03 i. V. m. 20.06 i. V. m. 15.05).

Die Einbringung eines Anteils an einem MU-Anteil ist ebenfalls i. R. d. § 24 UmwStG möglich (s. UmwStErlass vom 11.11.2011, Rz. 24.03 i. V. m. 20.10). Für einen Veräußerungsgewinn aus der Einbringung eines Anteils eines MU-Anteils gewährt § 24 Abs. 3 S. 2 UmwStG jedoch keine begünstigte Besteuerung nach § 24 Abs. 3 UmwStG i. V. m. § 16 Abs. 4, § 34 Abs. 1 und 3 EStG.

Werden MU-Anteile, die zum BV gehören, eingebracht, so liegen unterschiedliche steuerfunktionale Einheiten vor, für die § 24 UmwStG jeweils anzuwenden ist. Dies gilt auch, wenn der Betrieb, zu dem die MU-Anteile gehören, ebenfalls eingebracht wird. In diesem Fall liegen mehrere steuerfunktionale Einheiten vor. Dies gilt ebenfalls für den Teilbetrieb. Doppelstöckige PersG sind stets eine funktionale Einheit und somit nicht getrennt nach § 24 UmwStG zu beurteilen.

Für den Begriff des Teilbetriebs kommt die europarechtliche Auslegung im UmwStG seit 2011 zur Anwendung. Damit wird – entgegen dem nationalen Teilbetriebsbegriff – zum Ausdruck gebracht, dass nunmehr eine ganzheitliche (nicht Einzel-WG-bezogene) Betrachtungsweise erfolgt und dass auch die Schulden (Passiva) in die Beurteilung mit einbezogen werden, ob ein lebensfähiger Teil des Gesamtorganismus »Betrieb« vorliegt.

Grafisch kann die Gründung einer PersG mittels Sachgründung wie folgt dargestellt werden:

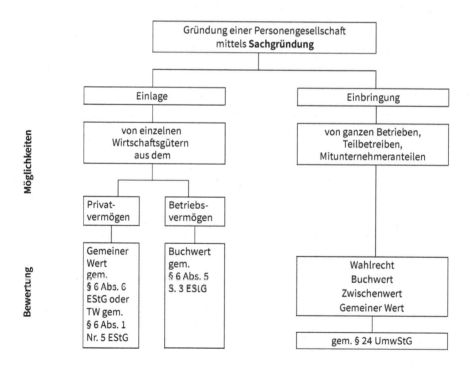

Die Einbringung von steuerfunktionalen Einheiten nach § 24 Abs. 1 UmwStG setzt den Übergang von WG, insb. der wesentlichen Betriebsgrundlagen, in das BV der übernehmenden PersG voraus. Ihr BV setzt sich aus dem Gesamthandsvermögen und dem Sonder-BV zusammen. Damit ist es ausreichend, wenn wesentliche Betriebsgrundlagen in das Sonder-BV überführt werden.[130] Dies entspricht auch der Auffassung nach UmwStE Rz. 24.05, wonach eine teilweise Überführung in das Sonder-BV genügt. Bei ausschließlicher Überführung in das Sonder-BV würde jedoch demgegenüber die Gewährung einer MU-Stellung gegen Einbringung von BV fehlen.

Hinweis: Zur häufig praktizierten **Einbringung gegen Mischentgelt** (G'fterrechte und Darlehensforderung) hat der BFH am 18.09.2013 (DB 2013, 2538) eine überraschende Entscheidung getroffen.

Nach der Verwaltungsauffassung zu § 24 UmwStG (BStBl I 2011, 1314) führen die beiden Teilleistungen zu einem erfolgswirksamen Vorgang (Darlehen) und zu einen erfolgsneutralen Vorgang (Gesellschaftsrechte).

Demgegenüber stellt der BFH die nachfolgende **Gleichung** auf, die eine Erweiterung der neutralen Einbringung ermöglicht:

Keine Gewinnrealisierung (nach § 24 UmwStG), wenn die Summe aus dem Nominalbetrag der **Gutschrift auf dem Kapitalkonto** des Einbringenden und dem gemeinen Wert der eingeräumten **Darlehensforderung** den steuerlichen **Buchwert des eingebrachten Einzelunternehmens nicht** übersteigt.

> § 24 Abs. 2 S. 2 UmwStG ist schließlich mit Wirkung ab 01.01.2015 geändert worden. Nunmehr ist es unschädlich, wenn der Neu-G'fter neben den Gesellschaftsanteilen noch ein **Darlehen bekommt, das nicht mehr beträgt als 25 % des Buchwerts oder 500.000 €.**

2.1.2   Abgrenzung zu ESt-Vorschriften

Neben § 24 UmwStG existieren weitere Vorschriften, die sich mit den Übertragungsvorgängen im Zusammenhang mit der PersG beschäftigen. Dabei können die Vorschriften danach klassifiziert werden, ob sie die Übertragung von **steuerfunktionalen Einheiten** umfassen. Das sind:

Übertragungen nach § 6 Abs. 3 EStG: Anders als § 24 UmwStG liegt hier jedoch ein **unentgeltlicher** Vorgang zugrunde. Sie hat insofern Schenkungscharakter. Die Übertragung nach § 6 Abs. 3 EStG lässt sich in zwei Anwendungsgruppen unterteilen.

1. Die erste Gruppe der **unentgeltlichen Übertragung** bilden die **steuerfunktionalen Einheiten (Betrieb, Teilbetrieb und MU-Anteil).** Prototyp für die unentgeltliche Übertragung ist der Erbfall nach § 1922 BGB. Zusätzlich wird die gewinnneutrale Übertragung i. R. d. vorweggenommenen Erbfolge gesichert. Der Rechtsvorgänger ist an die Werte der Schlussbilanz gebunden. Dies führt zu einer Buchwertverknüpfung bei dem Rechtsnachfolger (§ 6 Abs. 3 S. 1 EStG), bei der die stillen Reserven nicht aufgedeckt werden. Bei Übertragung von steuerfunktionalen Einheiten **müssen** die **funktional wesentlichen Betriebsgrundlagen** uno actu übergehen. Anderenfalls – oder bei einer Übertragung in das Privatvermögen – sind die stillen Reserven aufzudecken und einer Besteuerung nach §§ 16, 34 EStG zu unterziehen. Der »Aufbruch« der steuerfunktionalen Einheiten führt zur Betriebsaufgabe (s. H 6 Abs. 6 »Betriebsaufgabe« EStH).
2. In die zweite Gruppe sind die Fälle der Erweiterung des Unternehmens durch **unentgeltliche Aufnahme** einer **natürlichen Person** in ein bereits bestehendes Einzelunterneh-

---

130 S. BFH vom 17.04.2019, IV R 12/16, BStBl II 2019, 745.

men oder die unentgeltliche Übertragung eines Teils eines MU-Anteils auf eine natürliche Person unter § 6 Abs. 3 S. 1 2. HS EStG zu subsumieren.

3. Weiterhin sind von § 24 UmwStG Vorgänge abzugrenzen, bei denen es um die Übertragung von **Einzel-WG** geht. Zu denken ist hierbei an § 6 Abs. 5 EStG. Wird ein **einzelnes WG** von einem in ein anderes BV (auch Sonder-BV) oder zwischen verschiedenen Sonder-BV **desselben StPfl.** überführt, erfolgt dies buchwertneutral nach § 6 Abs. 5 EStG. Bei der Überführung bleibt der Rechtsträger unverändert. Gem. BMF vom 08.12.2011 zur Anwendung des § 6 Abs. 5 EStG ist es unschädlich, wenn die überführten WG einen Betrieb oder Teilbetrieb bilden oder insgesamt ein MU-Anteil überführt wird.[131] § 24 UmwStG hat als lex specialis jedoch Vorrang. Zudem müssen nach § 24 UmwStG neue G'fter-Rechte gewährt werden, was bei der Überführung nach § 6 Abs. 5 EStG nicht erfolgt. § 6 Abs. 5 EStG kann daher vielmehr als Auffangvorschrift für eine missglückte Buchwerteinbringung nach § 24 UmwStG angewendet werden. Des Weiteren kann nach § 6 Abs. 5 S. 3 EStG auch eine Übertragung (Rechtsträgerwechsel) unentgeltlich oder gegen Gewährung oder Minderung von G'fter-Rechten zwischen den in den Nr. 1 bis 3 aufgeführten Vermögen erfolgen. Für die Haltefristen i. S. v. § 6 Abs. 5 S. 4 f. müssen Sie jedoch beachten, dass Umwandlungsvorgänge trotz etwaigen Buchwertantrages schädlich sind.[132] Neben der Übertragung von Einzel-WG sei als wichtige Besonderheit darauf hingewiesen, dass die Übernahme von Verbindlichkeiten ein Entgelt darstellt. Nach der von der FinVerw vertretenen strengen Trennungstheorie kommt es insoweit stets zur teilweisen Aufdeckung von stillen Reserven. Vorbehaltlich sonstiger Gegenleistungen ergeben sich diese Probleme nicht beim § 24 UmwStG.

Praxishinweis: Hinsichtlich der Übernahme von Verbindlichkeiten ist der Weg über § 24 UmwStG im Verhältnis zur Übertragung nach § 6 Abs. 5 EStG vorzugswürdig.

2.1.3 Die Voraussetzungen des § 24 UmwStG

Die wichtigsten Voraussetzungen des § 24 UmwStG sind:
*   Beim Einbringenden (= Einbringungssubjekt) der steuerfunktionellen Einheit nach § 24 UmwStG kann es sich um jeden Unternehmensträger (Einzelunternehmer, PersG[133] und KapG) oder um einen MU handeln.
*   Zielgesellschaft ist immer eine **inländische PersG**, bei Gesamtrechtsnachfolge muss dies immer eine PersHG (OHG/KG) sein (bzw. der Einbringende = MU der Zielgesellschaft).
*   Einbringungsobjekte sind **steuerfunktionale Einheiten** (Betrieb etc., s. Kap. 2.1.1).

Im Umwandlungsrecht gilt seit dem UmwStErl 2011 der **europarechtliche (Teil-)Betriebsbegriff** (vgl. Rz. 20.06 i. V. m. Rz. 15.2 ff. UmwStErl in Anlehnung an Art. 2j FusionsRL). Danach müssen sämtliche **wirtschaftlich zuordenbaren WG** der organisatorisch getrennten Einheit übertragen werden, insb. auch die **anteiligen Schulden**. Strittig ist im Einzelnen, wie sich der nationale und der europarechtliche Teilbetriebsbegriff unterscheiden (vgl. *Pyszka*, DStR 2016, 2017).

Praxishinweis: Bei der geplanten Einbringung eines Teilbetriebs aus einem Gesamtbetrieb, bei dem in der Vergangenheit eine einheitliche **Globalschuld** vorlag, muss daher die

---

131 S. BMF vom 08.12.2011, IV C 6 – S 2241/10/10002, BStBl I 2011, 1279, Rz. 6.
132 S. BMF vom 08.12.2011, IV C 6 – S 2241/10/10002, BStBl I 2011, 1279, Rz. 33.
133 A. A. *Reiß* in *Kirchhof-kompakt* § 16, Rz. 30: Die einzelnen G'fter sind Einbringungssubjekte.

Schuld im Vorwege nach den jeweiligen Betriebssektoren aufgeteilt werden, um letztlich den Teilbetrieb inkl. der **anteiligen Schuld** nach § 24 UmwStG einzubringen.

- Der Einbringungsvorgang als solcher geschieht entweder durch Einzelrechtsnachfolge oder durch Gesamtrechtsnachfolge. Letztere vollzieht sich ausschließlich nach dem UmwG.
- Die Einbringung erfolgt gegen Gewährung von Gesellschaftsrechten.

2.1.3.1 Einbringung durch Gesamtrechtsnachfolge

Als Akte der **Gesamtrechtsnachfolge (PersHG)** kommen in Betracht:

- die Verschmelzung von PersHG gem. §§ 39 ff. UmwG sowie
- die **Ausgliederung** eines Betriebs (Teilbetriebs) aus Unternehmensträgern (Einzelunternehmen, PersHG und KapG) auf eine PersHG gem. § 123 Abs. 3 UmwG und die
- Auf- oder Abspaltung von PersHG oder PartG auf eine PersHG oder PartG nach § 123 Abs. 1 und 2 UmwG.

Nur bei **Gesamtrechtsnachfolge** ist die **Rückwirkung** (acht Monate) möglich.

2.1.3.2 Einbringung durch Einzelrechtsnachfolge

Vielfältiger sind demgegenüber die Einbringungsakte der **Einzelrechtsnachfolge**, bei denen es im Wesentlichen um die Gründung einer PersG durch die Einbringung eines Betriebes oder durch das Zusammenführen zweier Einzelunternehmen geht.

Geregelte Fälle (Kurzbezeichnung)	Umschreibung der Sachverhalte
Aufnahme eines G'fters in ein Einzelunternehmen gegen Geld- oder Sacheinlage	Altunternehmer bringt sein Einzelunternehmen in eine neue PersG ein. Der aufzunehmende Neu-G'fter leistet eine Einlage.
Aufnahme eines G'fters in eine PersG gegen Geld- oder Sacheinlage	Die bisherigen G'fter der PersG bringen ihre MU-Anteile an der bisherigen PersG in eine neue, durch den neu hinzutretenden G'fter vergrößerte PersG ein. Der bloße G'fter-Wechsel bei einer bestehenden PersG (ein G'fter scheidet aus, ein anderer erwirbt seine Anteile und tritt an seine Stelle) fällt nicht unter § 24 UmwStG.
Einbringung eines Einzelunternehmen in eine PersG	Das Einzelunternehmen des Einbringenden und die MU-Anteile der Alt-G'fter werden in eine neue PersG eingebracht. Der Einzelunternehmer erlangt MU-Stellung.
Zusammenschluss von mindestens zwei Einzelunternehmen zu einer PersG	Mehrere Einzelunternehmer bringen jeweils ihr Einzelunternehmen in eine neue PersG ein und erlangen MU-Stellung.
Einbringung von MU-Anteilen in eine andere MU-schaft unter Anwachsung der WG auf die übernehmende MU-schaft (s. § 738 BGB; s. §§ 105 Abs. 3, 161 Abs. 2 HGB)	Die G'fter einer PersG I bringen deren MU-Anteile in die übernehmende PersG II gegen Gewährung von MU-Anteilen an dieser Gesellschaft ein. Das BV der PersG I wächst der übernehmenden PersG II an.
Kapitalerhöhung durch Geld- oder Sacheinlage	Es entsteht eine **neue** PersG (KG). Die nicht an der Kapitalerhöhung beteiligten G'fter bringen ihre alten MU-Anteile in die neue PersG ein. Die Beteiligungsverhältnisse sind aufgrund der einseitigen Kapitalerhöhung verändert worden.

S. auch UmwStE Rz. 24.01 i. V. m. 01.47.

Diese Einbringungsakte vollziehen sich nach der Einzelrechtsnachfolge.

Hinweis: Für die Einzelrechtsnachfolge kann eine sog technische Rückwirkung von sechs bis acht Wochen anerkannt werden (s. OFD Karlsruhe vom 08.10.2007, Az: S1978/20 – St 111).

2.1.3.3 Die Anwachsung

Einen Sonderfall bildet die Einbringung von MU-Anteilen in eine andere MU-schaft unter Anwachsung (s. § 738 BGB, s. § 105 Abs. 3 HGB; s. 161 Abs. 2 HGB) der Wirtschaftsgüter auf die übernehmende MU-schaft.

Diese stellt einen Unterfall der Gesamtrechtsnachfolge dar, die sog. beschränkte Gesamtrechtsnachfolge (andere Ansicht s. BMF vom 25.03.1998, BStBl I 1998, 268 Rn. 20.02, 22.14, 24.01). Ein Übergang der einzelnen Wirtschaftsgüter i. S. d. Spezialitätengrundsatzes erfolgt bei der Anwachsung nicht, vielmehr geht entsprechend dem Wortlaut des § 738 BGB der Anteil auf die MU über.

2.1.4 Rechtsfolgen der Einbringung

Die wichtigste Rechtsfolge der Einbringung ist das in § 24 Abs. 2 UmwStG vorgesehene Wahlrecht, demzufolge die eingebrachten WG von der PersG mit dem gemeinen Wert angesetzt werden. Auf Antrag kann das übernommene BV auch mit dem Zwischenwert oder dem Buchwert angesetzt werden. Die weiteren Folgen, insb. für den Einbringenden, bestimmen sich nach der Ausübung des Wahlrechts.

Nach § 24 Abs. 3 UmwStG repräsentiert der Ansatz des eingebrachten BV in der Bilanz der PersG (inkl. der Ergänzungsbilanzen der G'fter) den Veräußerungspreis für den Einbringenden gem. § 16 Abs. 2 EStG. Die Gleichung kann aufgestellt werden:

Ansatz des BV bei PersG = Veräußerungspreis für den Einbringenden

Als Besonderheit ist hier jedoch zu beachten, dass für die Bestimmung des Wertansatzes nach § 24 Abs. 3 S. 1 UmwStG die Ergänzungsbilanzen einzubeziehen sind.

Dabei kommen die Tarifprivilegien der §§ 16, 34 EStG für den Einbringenden nur beim Ansatz mit dem **gemeinen Wert** zum Tragen und dies auch nur insoweit, als der Einbringende selbst **nicht** (mehr) an dem Einbringungsobjekt **beteiligt** ist (§ 24 Abs. 3 S. 3 UmwStG).

2.1.5 Ausübung des Wertansatzes über Ergänzungsbilanzen

Bei der Einbringung von steuerfunktionalen Einheiten in eine PersG werden vielfach die Buchwerte des eingebrachten BV in der Bilanz der PersG aufgestockt, um die Kapitalkonten der G'fter im richtigen Verhältnis zueinander auszuweisen. Für eine buchwertneutrale Einbringung wird sodann eine negative Ergänzungsbilanz aufgestellt. Möglich sind auch Einbringungsfälle, bei denen der G'fter als Gesellschaftseinlage einen höheren Beitrag leisten muss, als ihm in der Bilanz der PersG auf dem Kapitalkonto gutgeschrieben wird. In diesen Fällen können G'fter der PersG positive Ergänzungsbilanzen aufstellen, durch die die sofortige Versteuerung eines Veräußerungsgewinns für den Einbringenden nach UmwStE Rz. 24.13 vermieden werden kann. Die Ergänzungsbilanzen werden periodisch fortentwickelt und sorgen für den korrekten Gewinnausweis bei den jeweiligen G'ftern. Erfolgt ein Zwischenwertansatz, so gilt für die Ergänzungsbilanz wie auch für die Gesamthandsbilanz, dass die WG gleichmäßig und verhältnismäßig aufzustocken sind.

Ergänzungsbilanzen unterscheiden sich in positive und negative Ergänzungsbilanzen. Positive Ergänzungsbilanzen enthalten Mehrwerte des jeweiligen G'fters für WG des Gesellschaftsvermögens. Negative Ergänzungsbilanzen enthalten dagegen Minderwerte des jeweiligen G'fters für WG des Gesellschaftsvermögens.

Die Ergänzungsbilanzen sind für die künftige Gewinnermittlung der G'fter fortzuschreiben. Dabei sind in der negativen und positiven Ergänzungsbilanz die WG spiegelbildlich fortzuschreiben. Die Aufstockungen in der positiven Ergänzungsbilanz und die Abstockungen in der negativen Ergänzungsbilanz sind entsprechend dem Verbrauch der WG gewinnwirksam aufzulösen. Ist aufgrund der Einbringung eine negative Ergänzungsbilanz zu bilden, sind die darin gebildeten Abstockungen im gleichen Umfang aufzulösen wie die betroffenen WG in der Gesamthandsbilanz der PersG verbraucht, abgeschrieben oder veräußert werden.[134] Korrespondierend sind die betroffenen WG in der positiven Ergänzungsbilanz zu behandeln.[135] Die Ergebnisse aus den Ergänzungsbilanzen führen sodann zu einer zutreffenden Besteuerung der MU-schaft gem. § 15 Abs. 1 Nr. 2 1. HS EStG. Die Fortentwicklung der WG muss u. E. in der Summe der Regelung des § 23 UmwStG Rechnung tragen.

Beim Wertansatz zum Buchwert werden die stillen Reserven nicht aufgedeckt, was für den Einbringenden eine steuerneutrale Übertragung des BV in die Ziel-PersG bedeutet. Durch diesen Stundungseffekt wird die Versteuerung des Veräußerungsgewinns i. S. d. § 16 EStG vermieden, jedoch steht der Ziel-PersG ein geringeres Abschreibungspotenzial zu Verfügung. Die übertragenen stillen Reserven werden spätestens bei der Veräußerung des MU-Anteils an der neuen PersG gem. § 16 Abs. 1 Nr. 2 EStG versteuert.

Der Buchwertansatz kann durch zwei Varianten vorgenommen werden. In der ersten Variante werden die WG mit dem Buchwert angesetzt (sog. Kapitalkontenangleichungsmethode/Nettomethode). In der zweiten Variante (sog. Bruttomethode) werden die WG zum gemeinen Wert angesetzt, wobei die sodann aufgedeckten stillen Reserven zur Vermeidung der Versteuerung durch eine negative Ergänzungsbilanz für den jeweiligen G'fter ausgeglichen werden.

Bei der Nettomethode werden die Buchwerte der eingebrachten WG in der Gesamthandsbilanz fortgeführt. Die Kapitalkonten der G'fter werden durch entsprechende Umbuchungen an deren vereinbarte Beteiligungsverhältnisse angepasst.[136] Um die steuerlich richtigen Wertansätze zu berücksichtigen, ist für jeden G'fter eine eigene Ergänzungsbilanz aufzustellen. Die Ergänzungsbilanz ist zudem notwendig, um im Falle einer späteren Veräußerung von WG aus dem eingebrachten BV den daraus realisierenden Gewinn dem einbringenden G'fter als Steuersubjekt zuordnen zu können.

2.1.6   Änderungen des § 24 UmwStG aufgrund des SEStEG (2006) sowie des JStG 2009

Grundlegende Änderungen des § 24 UmwStG erfolgten durch die Einführung des »Gesetz über steuerliche Begleitmaßnahmen zur Einführung der Europäischen Gesellschaft und zur Änderung weiterer steuerrechtlicher Vorschriften« (SEStEG), das am 13.12.2006 (BGBl I 2006, 2782) in Kraft getreten ist. Ab dem 13.12.2006 sind steuerfunktionale Einheiten grundsätzlich mit dem **gemeinen** Wert anzusetzen.

---

134 S. BFH vom 28.09.1995. IV R 57/94, BStBl II 1996, 68.

135 Die korrespondierende Weiterentwicklung ist nicht unumstritten, da es insoweit zur sukzessiven Nachversteuerung der stillen Reserven durch den Einbringenden kommt (vgl. hierzu *Schmitt* in *Schmitt/Hörtnagl/Stratz*, Umwandlungsgesetz/Umwandlungssteuergesetz (2018), § 24 Rz. 224f.

136 S. BFH vom 25.04.2006, VIII R 52/04, BStBl II 2006, 847.

Der Begriff des **gemeinen Werts** verdrängt damit den zuvor einschlägigen Teilwertbegriff. Ein Vergleich der beiden legal definierten Begriffe i. S. d. §§ 9 Abs. 2 und 10 S. 2 BewG zeigt, dass der Teilwertbegriff die einzelnen WG bewertet, wie sie bei der Veräußerung des ganzen Unternehmens anzusetzen wären. Die Fokussierung liegt auf dem Betrieb. Hingegen beurteilt der gemeine Wert das einzelne WG mit einem Gewinnaufschlag, wie er im gewöhnlichen Geschäftsverkehr vorzunehmen wäre. Die so zum gemeinen Wert zu bewertenden WG bilden als Konglomerat den gemeinen Wert des gesamten BV. Durch den Bewertungswechsel ist die von der Rspr. entwickelte Teilwertvermutung, nach der eine Obergrenze als Wiederbeschaffungspreis des WG und eine Untergrenze als Einzelveräußerungspreis für die Teilwertbeurteilung heranzuziehen war, in diesem Zusammenhang obsolet geworden.

- Das Antragswahlrecht bzgl. Buchwert oder Zwischenwert bleibt unverändert bestehen.
- Durch § 24 Abs. 5 UmwStG wurde die Körperschaftsteuerklausel gegen den Gestaltungsmissbrauch eingeführt.
- Weitere Änderungen erfolgten durch die Unternehmenssteuerreform 2008. Durch Anfügung des Abs. 6 wurde die Fortführung des Zinsvortrags i. S. d. § 4h Abs. 1 S. 2 EStG der aufnehmenden Gesellschaft versagt.

Die neuerlichen und aktuellen Gesetzesänderungen durch das JStG 2009, die sich nur mittelbar auf § 24 UmwStG auswirken, sind in dem nachfolgenden Gesetzesüberblick herausgehoben dargestellt[137]:

§ 24 Abs. 1 UmwStG	Anwendungsbereich: Einbringung von Betrieben, Teilbetrieben, MU-Anteil in eine PersG gegen Gesellschaftsrechte
§ 24 Abs. 2 S. 1 UmwStG	Ansatz eingebrachtes BV zum gemeinen Wert/für Pensionsrückstellung gilt § 6a EStG
§ 24 Abs. 2 S. 2 UmwStG	Ansatzwahlrecht zum Zwischenwert oder Buchwert
§ 24 Abs. 2 S. 2 Nr. 2 UmwStG i. d. F. des StÄndG 2015	Grenze für **Gegenleistungen**: Der gemeine Wert darf 25 % des Buchwerts des eingebrachten BV oder 500.000 € nicht übersteigen.
§ 24 Abs. 2 S. 3 i. V. m. § 20 Abs. 2 S. 3 UmwStG	Antragsfrist für Zwischenwert/Buchwert
§ 24 Abs. 3 UmwStG	Veräußerungspreis – Verweis auf begünstigte Besteuerung nach § 16 Abs. 4, § 34 Abs. 1 und 3 EStG

§ 24 Abs. 4 1. HS UmwStG	Einbringung als Einzelrechtsnachfolge
Anzuwendende Vorschriften für Einzelrechtsnachfolge durch Verweis von § 24 Abs. 4 1. HS UmwStG:	
§ 23 Abs. 1 UmwStG	Ansatz BV zu Buchwert oder Zwischenwert: Verweis auf § 4 Abs. 2 S. 3 UmwStG = Anrechnung Dauer der Zugehörigkeit der WG zum BV des Übertragenden auf den Übernehmenden Verweis auf § 12 Abs. 3 1. HS UmwStG = Wertkontinuität/»Fußstapfentheorie«

---

137 Vgl. auch *Preißer/Pung*, Besteuerung der Personen- und Kapitalgesellschaften, 2009, Teil B, Kap. X 4.3.

§ 24 Abs. 4 1. HS UmwStG	Einbringung als Einzelrechtsnachfolge
§ 23 Abs. 3 UmwStG	Ansatz zum Zwischenwert: Beschränkung der Wertkontinuität des § 12 Abs. 3 1. HS UmwStG für AfA-BMG
§ 23 Abs. 4 1. HS UmwStG	Ansatz zum **gemeinen Wert:** fingiert die WG als Neuanschaffung
§ 23 Abs. 6 UmwStG	Anwendung von § 6 Abs. 1 und 3 UmwStG: Übernahmefolgegewinn durch sog. Konfusion (Gewinn aus Verschmelzung der untereinander bestehenden Forderungen und Verbindlichkeiten)

§ 24 Abs. 4 2. HS UmwStG	Einbringung als Gesamtrechtsnachfolge
	Anzuwendende Vorschriften der Einzelrechtsnachfolge sind **auch** für die Gesamtrechtsnachfolge anzuwenden, jedoch mit **folgenden Zusätzen:**
§ 23 Abs. 4 2. HS UmwStG	Ansatz BV zum **Zwischenwert/gemeinen Wert:** Verweis auf § 12 Abs. 3 1. HS UmwStG = Wertkontinuität/»Fußstapfentheorie« mit Beschränkung der AfA-BMG nach § 23 Abs. 3 Nr. 1 und 2 UmwStG
§ 20 Abs. 5 und 6 UmwStG	Achtmonatige Rückwirkungsfiktion sowie Verweis durch § 20 Abs. 6 S. 4 UmwStG auf § 2 Abs. 3 und 4 UmwStG – **Abs. 4 neu durch JStG 2009**

§ 24 Abs. 5 UmwStG	»Missbrauchsvorschrift«. Achtung: Für VG keine Anwendung von § 16 Abs. 4 EStG und **§ 34 EStG – geändert durch JStG 2009**
§ 24 Abs. 6 UmwStG	Verweis auf § 20 Abs. 9 UmwStG: Zinsvortrag nach § 4h Abs. 1 S. 2 EStG geht bei Einbringung verloren – **beachte Verrechnungsmöglichkeit mit Übertragungsgewinn (§ 2 Abs. 4 UmwStG nach dem JStG 2009)**

2.1.7   Gegenstand der Einbringung und Voraussetzung für das Wahlrecht

In zweifacher Hinsicht nimmt bei § 24 UmwStG das **Sonder-BV** eine besondere Rolle ein.

Zum Ersten geht es um die Frage, ob und in welchem Umfang ggf. vorhandenes **Sonder-BV** bei der Einbringung eines MU-Anteils mit eingebracht werden muss, um die tatbestandlichen Voraussetzungen zu erfüllen. M. a. W. lautet die Frage hier: Gehört zu allen wesentlichen Betriebsgrundlagen eines MU-Anteils auch etwaiges Sonder-BV? Es handelt sich folglich um eine Definitionsfrage bzgl. des **Einbringungssubjektes** »MU-Anteil«.

Zum Zweiten stellt sich die Frage, ob gem. § 24 UmwStG (bei der PersG) alle eingebrachten WG eines Betriebs in das **Gesamthandsvermögen** der Ziel-PersG eingebracht werden müssen.

Letzteres ist mit einem von der Verwaltung (Rz. 24.06 des UmwSt-Erlasses) übernommenen Urteil des BFH vom 26.01.1994 (BStBl II 1994, 458) nicht der Fall: Danach müssen im Falle der Einbringung eines Betriebes damit zusammenhängende Grundstücke, die im zivilrechtlichen Eigentum des Einbringenden verbleiben, nicht in das Gesamthandsvermögen eingelegt werden. Sie können auch in der Zielgesellschaft die Eigenschaft als Sonder-BV annehmen.

Zurückkommend auf die Ausgangsfrage (**denknotwendige Einbeziehung des Sonder-BV in »alle wesentlichen Betriebsgrundlagen« eines MU-Anteils**) haben zwei Urteile aus dem Jahre 2000 für Aufregung gesorgt.[138] Im ersten Urteil vom 12.04.2000 (BStBl II 2001, 26) wurde für den Fall einer Veräußerung eines (damals noch möglichen) Bruchteiles eines MU-Anteils nach § 16 Abs. 1 Nr. 2 EStG unter Bezugnahme auf § 24 UmwStG ausgeführt, dass auch das anteilige (quotale) Sonder-BV mitveräußert werden müsse (sog. wesentliches Sonder-BV). Im zweiten Urteil wurden die Grundsätze auf die unentgeltliche Übertragung nach § 6 Abs. 3 EStG übertragen.

Während sich das Thema der Mitübertragung des **quotalen Sonder-BV** durch die Neufassung von § 16 Abs. 1 S. 2 EStG i. d. F. des UntStFG 2001 **erübrigt** hat,[139] ist nach wie vor die grundsätzliche Frage zu klären, ob das (jedes) Sonder-BV mit veräußert werden muss, um die Vergünstigungen der §§ 16 Abs. 4, 34 EStG (**Wertansatz gemeiner Wert**) auch in einem Einbringungsfall nach § 24 UmwStG erfolgreich zu reklamieren.[140]

Im Unterschied zu § 16 EStG zählt nach einhelliger Meinung im Umwandlungssteuerrecht **allein** die **funktionale Betrachtungsweise** (BMF vom 16.08.2000, BStBl I 2000, 1253).[141] Diese zu § 20 UmwStG ergangene amtliche Äußerung ist m. E. auch auf § 24 UmwStG zu übertragen. Danach sind m. E. die WG des **notwendigen Sonder-BV I** kraft Definition immer mit einzubeziehen, während es beim gewillkürten Sonder-BV I immer eine Einzelfallentscheidung sein wird, ob das WG für die betrieblichen Belange der PersG unersetzlich ist.[142] In diesem Sinne spricht sich auch das BMF-Schreiben zu § 6 Abs. 3 EStG[143] vom 03.03.2005 (BStBl I 2005, 458) dafür aus, dass **funktional wesentliches Sonder-BV** mit übertragen werden muss. Darunter werden in Rz. 3 a. a. O. solche WG definiert, die für die Funktion des Betriebs von Bedeutung sind. Ausdrücklich wird die quantitative Betrachtungsweise abgelehnt. Für das Sonder-BV II gilt:

Da auch das **Sonder-BV II** zum BV des G'fters gehört, sind auch die darin enthaltenen funktional wesentlichen Betriebsgrundlagen einzubringen. Für die Anwendung der begünstigten Besteuerung nach § 16 Abs. 4 und § 34 Abs. 1 und 3 EStG sind auch quantitativ wesentliche Betriebsgrundlagen bei einer Einbringung zum gemeinen Wert zu übertragen (BFH vom 02.10.1997, BStBl II 1998, 104). Dies gilt zumindest für das notwendige Sonder-BV II.

Zu berücksichtigen ist (war) schließlich noch die »**Gesamtplan**«-Rspr. des BFH (auslösendes Urteil: BFH vom 06.09.2000, BStBl II 2001, 229): Immer dann, wenn ein funktional wesentliches Sonder-BV im zeitlichen und sachlichen Zusammenhang mit der Übertragung (Einbringung) des MU-Anteils zum Buchwert in ein anderes BV (z. B. in eine gewerblich geprägte PersG) überführt oder entnommen wurde, konnte der MU-Anteil nicht zu Buchwerten übertragen werden (s. auch das Beispiel in Rz. 7 des BMF-Schreibens vom 03.03.2005, BStBl I 2005, 458). Diese Rspr. war vom BFH in weiteren Urteilen nur für einen sehr eng begrenzten Anwendungs-

---

138 BFH vom 12.04.2000 (BStBl II 2001, 26) und vom 24.08.2000 (ZEV 2001, 82).

139 S. hierzu auch *Wacker* in *Schmidt*, EStG (2019), § 16 Rz. 410 und 412: mangels vollständiger Realisierung immer laufender Gewinn.

140 S. hierzu auch *Reiß* in *Kirchhof-kompakt*, § 16 Rz. 39 sowie zu § 6 Abs. 3 EStG *Fischer* a. a. O., § 6 Rz. 181. und 182.

141 Ausnahme: Gewählter Ansatz des gemeinen Werts!

142 Aber auch hier gilt: Wird der gW-Ansatz gewählt, so müssen auch die quantitativen Aspekte berücksichtigt werden. Vgl. zum Ganzen *Ley*, KÖSDI 2004, 14024 (31) sowie zur § 6b-Problematik in diesem Zusammenhang *Bogenschütz*, DStR 2003, 1097 (jeweils mit Mindermeinungen, aber die Problematik gut darstellend).

143 § 6 Abs. 3 EStG ist als sedes materiae (Rechtsgrundlage) eher anwendbar als § 16 EStG.

fall bestätigt worden. Im Ergebnis hatte sie nur noch für Fragen der Begünstigungen nach §§ 16, 34 EStG Gültigkeit (vgl. hierzu im Einzelnen *Wacker*, Ubg 2016, 245).

Verfolgte der StPfl. einen solchen Gesamtplan (wie oben dargestellt), wäre die Einbringung nach § 24 UmwStG missglückt. Hinsichtlich des am 20.11.2019 ergangenen BMF-Schreibens zur **Aufgabe der Gesamtplan-Rspr.** zu den Regelungen des § 6 Abs. 3 und 5 EStG[144] deuten sich hier positive Tendenzen an. Danach kommt die Gesamtplan-Rspr.in dieser Sachverhaltsvariante nicht zum Tragen.

2.2 Einführender Fall zu § 24 UmwStG

Ausgehend von einem ersten Akquisitionsgespräch soll zunächst das Grundkonzept und der (natürliche) Interessenswiderstreit bei § 24 UmwStG erläutert werden.

Beispiel 2: Erster Schritt – Das Gespräch

A hatte vor drei Jahren eine Einzelfirma gegründet (18). In 19 wurde Grund für 10 T€ erworben, auf dem ein Gebäude (200 T€ HK) errichtet wurde. Außerdem hat A in 19 für 60 T€ Betriebsvorrichtungen (10 % AfA) und für 10 T€ GWG (Nutzungsdauer: drei Jahre) erworben.

A	Bilanz A (31.12.21)		P
GruBo	10.000 €	Kapital	70.000 €
Gebäude	182.000 €	Verbindlichkeiten	164.000 €
BGA	42.000 €		
	234.000 €		234.000 €

A möchte zum 01.01.2022 sein Einzelunternehmen in eine OHG umwandeln und bietet seinem Prokuristen (P) die Teilhaberschaft (Beteiligung: je 1/2) an.

Die gemeinen Werte (gW) der bilanzierten WG betragen:

GruBo	20.000 €
Gebäude	300.000 €
BGA	60.000 €
GWG	12.000 €
Insgesamt:	392.000 €

Worüber werden sich A und P unterhalten (einigen)?

Lösung:
1. Mit der Gründung einer OHG geht es A nicht um den (anteiligen) Verkauf seiner Einzelfirma (mit der Möglichkeit, den Eintrittspreis im PV anzulegen), sondern um eine Kapitalstärkung und -akkumulation im Betrieb.
   Danach soll der Eintrittspreis (die Einlage) des P im Betrieb der OHG angelegt werden. Nach der Verbuchung der Einlage ist das Kapitalkonto des P und damit seine künftige Beteiligung am Gesamthandsvermögen der OHG festgelegt. Idealtypisch wird die Einlage auf einem festen Kapitalkonto I verbucht.

---

144 BMF vom 20.11.2019, IV C 6 – S 2241/15/10003, BStBl I 2019, 1291.

2. Nachdem die Beteiligungsquote (je 50 %) feststeht, geht es um die Höhe des Eintrittspreises des P (= konkrete Einlageverpflichtung).
   – Hierbei sind für P die gemeinen Werte (und nicht die Buchwerte) von Bedeutung.
   – Zusätzlich werden sich A und P über einen etwaigen Geschäftswert unterhalten, der im Eintrittspreis zu berücksichtigen ist.
   – Umgekehrt wird P seine Haftung nach § 128 HGB, die sich gem. § 130 HGB auch auf Alt-Verbindlichkeiten bezieht, in die Waagschale werfen.
   – Man wird sich auch über die Gründungskosten unterhalten. Hier ist nur die Grunderwerbsteuer einschlägig, die jedoch gem. § 5 Abs. 2 GrEStG nur zu 50 % anfällt, da der hälftige Anteil des Alteigentümers A beim Übergang auf eine Gesamthand steuerbefreit ist. Üblicherweise trägt das neue Rechtsgebilde (die OHG) die Gründungskosten, die sich in ihrer Eröffnungsbilanz als Anschaffungsnebenkosten des bebauten Grundstücks niederschlagen (§ 255 Abs. 1 S. 2 HGB).
3. Einigungsvorschlag:
   – Nach drei Jahren Geschäftstätigkeit sollen sich der zwischenzeitliche Firmenwert (des A) und das Haftungsrisiko (des P) gleichwertig gegenüberstehen; damit wird für diese beiden immateriellen Faktoren kein zusätzlicher Preis vereinbart.[145]
   – Bei einem Verkehrswert des Unternehmens (A) von 228 T€ (392 T€ ./. Schulden i. H. v. 164 T€) wird sich die Einlage des P auf **228 T€** belaufen.

Die weiteren Entscheidungen hängen von den Voraussetzungen und den Rechtsfolgen des nach § 24 Abs. 2 UmwStG bestehenden Wahlrechts ab. Nach § 24 Abs. 2 UmwStG wird das Wahlrecht in der **Eröffnungsbilanz** der gegründeten **PersG** (OHG) ausgeübt.

2.3   Das Wahlrecht und die unterschiedliche Interessenlage

2.3.1   Grundsätzliche Überlegungen

Die Interessenslage ist im Wesentlichen dadurch festgelegt, dass der »Einbringende« die Besteuerung der stillen Reserven vermeiden will und die neue Zielgesellschaft an hohen Werten interessiert ist, um neues Abschreibungspotenzial zu erhalten.

Als Hauptvorteil der **Buchwertvariante** ist daher die Vermeidung eines aktuellen Veräußerungsgewinnes (§ 16 EStG) beim Einbringenden des Betriebs zu vermerken, während die neue PersG über geringes AfA-Potenzial verfügt (Hauptnachteil). Das aufgelistete Pro und Kontra relativiert sich allerdings bei näherer Betrachtung:

- So wird der Veräußerungsgewinn des Einbringenden nur »aufgeschoben« (Stundungseffekt), da er mit der Einbringung als MU der neuen PersG anzusehen ist und somit spätestens bei Veräußerung des Anteils an der neuen PersG gem. § 16 Abs. 1 Nr. 2 EStG die stillen Reserven aufdecken muss.
- Der »AfA«-Nachteil bei der neuen PersG kommt naturgemäß nur dann zum Tragen, wenn es sich bei den eingebrachten Einzel-WG um abschreibungsfähige WG handelt.

---

145 Ansonsten wird der (Preis für den) errechnete(n) Geschäftswert angesetzt und gem. § 7 Abs. 1 S. 3 EStG in den Folgebilanzen der OHG abgeschrieben. Ein etwaiges privates Haftungsrisiko des P hingegen kann nicht passiviert werden.

Beim anderen Extrem, der **Variante Gemeiner Wert (gW),** wenden sich die eben aufgelisteten Vor- und Nachteile in das Gegenteil. Dem neu gewonnenen AfA-Potenzial bei der PersG steht der unvermeidbare »Veräußerungs«- (= Einbringungs-)gewinn des Einbringenden entgegen, § 24 Abs. 3 UmwStG (i. V. m. Rz. 22.11 und Rz. 24.15 ff. UmwSt-Erlass).

- Dabei ist es besonders nachteilig, dass wegen des Verweises in § 24 Abs. 3 S. 3 EStG auf § 16 Abs. 2 S. 3 EStG beim Einbringenden **insoweit** ein **laufender** Gewinn und damit kein steuerbegünstigter Einbringungsgewinn[146] entsteht, als er – wirtschaftlich gesehen – an »**sich selbst veräußert**«. I. H. d. Beteiligungsquote (50 %) an der neuen PersG liegt folglich ein laufender Einbringungsgewinn vor, der gem. Rz. 24.17 UmwSt-Erlass sogar der GewSt unterliegt.
- Als Vorteil der Variante »gW« gilt allerdings die transparente Abbildung der Beteiligungsverhältnisse aller G'fter auf den Kapitalkonten der PersG, da sich der Eintrittspreis des neuen G'fters unschwer nach dem bilanziell aufgedeckten Teilwert des eingebrachten Betriebs bestimmen lässt.

Der dritte Weg, die **Zwischenwertvariante,** hat im aktuellen Einbringungszeitpunkt eigentlich nur Nachteile, da der Einbringungsgewinn in keinem Fall gem. § 24 Abs. 3 S. 2 UmwStG steuerbegünstigt ist (kein Freibetrag und kein ermäßigter Steuersatz).[147] Nachdem hier nicht alle stille Reserven aufgedeckt werden, kann die neue PersG nur eingeschränkt am Reservenpotenzial teilhaben und die Abbildung der Beteiligungsverhältnisse gestaltet sich nach wie vor schwierig. Einzig vor dem Hintergrund der persönlichen Steuerlandschaft des Einbringenden kann sich die Zwischenwertvariante anbieten, wenn Einbringungsgewinne im Rahmen des Verlustausgleiches gem. § 2 Abs. 3 EStG berücksichtigt werden sollen.

---

146 Außerdem ist bei der gW-Variante ein evtl. vorhandener Firmenwert aufzudecken (Rz. 24.15 i. V. m. Rz. 22.11 UmwSt-
       Erlass).
147 Umkehrschluss (»e contrario«).

2.3.2 Ein schematischer Überblick

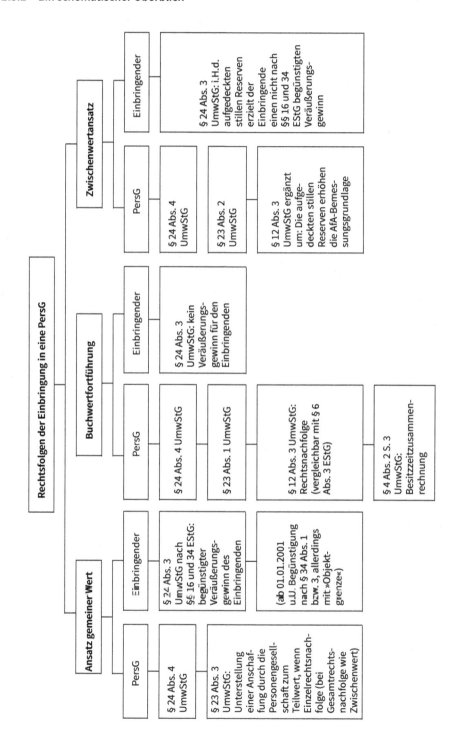

Rechtsfolgen der Einbringung in eine PersG

Ansatz gemeiner Wert

PersG
- § 24 Abs. 4 UmwStG
- § 23 Abs. 3 UmwStG: Unterstellung einer Anschaffung durch die Personengesellschaft zum Teilwert, wenn Einzelrechtsnachfolge (bei Gesamtrechtsnachfolge wie Zwischenwert)

Einbringender
- § 24 Abs. 3 UmwStG nach §§ 16 und 34 EStG: begünstigter Veräußerungsgewinn des Einbringenden
- (ab 01.01.2001 u.U. Begünstigung nach § 34 Abs. 1 bzw. 3, allerdings mit »Objektgrenze«)

Buchwertfortführung

PersG
- § 24 Abs. 4 UmwStG
- § 23 Abs. 1 UmwStG
- § 12 Abs. 3 UmwStG: Rechtsnachfolge (vergleichbar mit § 6 Abs. 3 EStG)
- § 4 Abs. 2 S. 3 UmwStG: Besitzzeitzusammenrechnung

Einbringender
- § 24 Abs. 3 UmwStG: kein Veräußerungsgewinn für den Einbringenden

Zwischenwertansatz

PersG
- § 24 Abs. 4 UmwStG
- § 23 Abs. 2 UmwStG
- § 12 Abs. 3 UmwStG ergänzt um: Die aufgedeckten stillen Reserven erhöhen die AfA-Bemessungsgrundlage

Einbringender
- § 24 Abs. 3 UmwStG: i.H.d. aufgedeckten stillen Reserven erzielt der Einbringende einen nicht nach §§ 16 und 34 EStG begünstigten Veräußerungsgewinn

2.4   Variante – gemeiner Wert[148]

Vor diesem Hintergrund wird das **Beispiel 2** zunächst auf der Basis der gemeinen Werte gelöst. Hier beträgt die realistische Einlageforderung an den paritätisch beteiligten P 228 T€ (392 T€ ./. 164 T€).

Lösung (Variante gW):

Der Ansatz mit dem gemeinen Wert führt zu folgender **Eröffnungsbilanz** der OHG:

A	Eröffnungsbilanz		P
GruBo[149]	20.000 €	Kapital (A)	228.000 €
Gebäude	300.000 €	Kapital (P)	228.000 €
Betriebsvorrichtung	60.000 €	Verbindlichkeiten	164.000 €
GWG	12.000 €		
Einlageforderung (bzw. Geldkonto)	228.000 €		
	620.000 €		620.000 €

2.4.1   Folge für die offene Handelsgesellschaft

Für die Gewinnermittlung des Jahres 22 bei der OHG ergeben sich folgende AfA-Beträge:

AfA für Gebäude:	3 % von	300.000 €	9.000 €
AfA BVO:	10 % von	60.000 €	6.000 €
GWG:	100 % von	12.000 €	12.000 €
			27.000 €

2.4.2   Folge für den Einbringenden

Wegen § 24 Abs. 3 S. 1 UmwStG gilt der für das angesetzte BV des A zugrunde gelegte gemeine Wert als Veräußerungspreis des A gem. § 16 Abs. 2 EStG. Der Veräußerungsgewinn (= Einbringungsgewinn) des A i. H. v. 158.000 € (228.000 € ./. 70.000 €) ist wegen § 24 Abs. 3 S. 3 UmwStG – entsprechend dem Beteiligungsverhältnis von 50 : 50 – aufzuteilen in:

- einen **tarifbegünstigten** (§ 34 EStG) Veräußerungsgewinn des A von 79.000 € und
- in einen **laufenden** Gewinn des A i. H. v. 79.000 € (»Veräußerung an sich selbst«).

Während für den Veräußerungsgewinn der Freibetrag gem. § 34 Abs. 4 EStG beansprucht werden kann (§ 24 Abs. 3 S. 2 EStG) und dieser auch nicht gewerbesteuerpflichtig ist, ist der laufende Gewinn nach Verwaltungsauffassung (Rz. 24.17 UmwSt-Erlass) gewerbesteuerpflichtig.

---

148   Früher (bis 12.12.2006) Teilwert, wobei der Unterschied zwischen beiden Werten bei steuerfunktionellen Einheiten mit **Ausnahme des Umlaufvermögens** (dort bei TW: ohne Gewinnaufschlag; bei gW mit Gewinnaufschlag) vernachlässigenswert ist und TW den Netto-Verkehrswert (ohne USt) und gW den Brutto-Verkehrswert (zzgl. USt) meint.

149   Der Erwerb der Immobilie führt für die OHG zu einer anteiligen Grunderwerbsteuer von 50 % von 3,5 % gem. § 5 Abs. 2, § 1 Abs. 1 Nr. 3 GrEStG i. H. v. 350 € für GruBo und von 5.250 € für den Gebäudeteil, in der Summe: 5.600 €. Als Objektsteuer sind diese Gründungskosten beim erworbenen WG eigentlich als Anschaffungsnebenkosten zu aktivieren. Wegen § 248 HGB und aus Vereinfachungsgründen unterbleibt eine Hinzuaktivierung.

2.5   Buchwertvariante

2.5.1   Die erste Buchwertvariante (die sog. Netto-Methode: Kapitalkontenanpassung)

In der ersten Buchwertvariante, bei der die OHG das Buchvermögen des Betriebs übernimmt, ist zu berücksichtigen, dass P eine Einlage von 228.000 € leistet, da sich der (rechnerische) »Kaufpreis« für die eingeräumte Beteiligung – nach wie vor – an dem gemeinen Wert orientieren wird. Dies führt zur Aufteilung der Kapitalkonten im Verhältnis 50 : 50 und konkret zu anfänglichen Kapitalständen von A und B i.H.v. je 149.000 €.[150] Im Regelfall wird dieser Anfangsbestand auf dem (festen) Kapitalkonto I gebucht, um für die Zukunft eine unveränderbare Verteilungsgrundlage zu haben.

Lösung: Die Eröffnungsbilanz der OHG (01.01.2022) hat folgendes Aussehen:

A	Eröffnungsbilanz		P
GruBo	10.000 €	Kapital (A)	149.000 €
Gebäude	182.000 €	Kapital (P)	149.000 €
Betriebsvorrichtung	42.000 €	Verbindlichkeiten	164.000 €
Einlageforderung (bzw. Bank)	228.000 €		
	462.000 €		462.000 €

Bei dieser Lösung wird die seitherige AfA für Gebäude (6.000 €) und für BVO (ebenfalls 6.000 €) fortgeführt.

Für A ergäbe sich **kein Veräußerungsgewinn** nach § 16 EStG, da die Buchwerte der eingebrachten WG fortgeführt werden; die Tatsache, dass sein Kapitalkonto erhöht wurde, ändert nichts an dieser Beurteilung, da die Aktivseite relevant ist.

Der **Nachteil** dieser Lösung liegt in dem unterrepräsentierten Kapital des P mit 149.000 €, verglichen mit der Einlageleistung von 228.000 €.

Aus diesem Grunde hat sich in der Praxis das Modell der »Buchwertfortführung mit Kapital-Angleichung« durchgesetzt (so auch Rz. 24.14 UmwSt-Erlass).

Die Differenz von 79.000 € (228.000 € ./. 149.000 €) wird daher in eine **positive Ergänzungsbilanz** des G'fters P eingestellt, womit exakt die Hälfte der stillen Reserven erfasst ist.

A	(Positive) Ergänzungsbilanz		P
GruBo	5.000 €	Mehrkapital	79.000 €
Gebäude	59.000 €		
Betriebsvorrichtung	9.000 €		
GWG	6.000 €		
	79.000 €		79.000 €

---

150 Berechnung:
Kapital Einzelunternehmen A   70.000 €
+ Einlageforderung   + 228.000 €
Kapitalkonten insgesamt   298.000 € ; davon jeder 50 % = **149.000 €**.

Als Folge erhält **P** im Jahr 22 **zusätzliche AfA** aus der positiven Ergänzungsbilanz:

AfA Gebäude: 3 % von 59.000 €	1.770 €	
AfA BVO (Rest-ND: 7 Jahre): 9.000 € : 7	1.285 €	
GWG: voll (bzw. verteilt auf drei Jahre)	6.000 €	(bzw. 2.000 €)
	9.055 €	

Der **gravierendere Nachteil** dieser Lösung liegt aber nunmehr im Ignorieren der Ausgangsthese (Vermeidung der Aufdeckung der stillen Reserven beim einbringenden A), da die Werte der Ergänzungsbilanz gem. § 24 Abs. 2 UmwStG bei der Ermittlung des Einbringungsgewinnes mitgerechnet werden.

Die Lösung des vermeintlichen Konfliktes liegt in der Aufstellung einer **negativen Ergänzungsbilanz** des A mit exakt **gegenläufigen** Werten:

A	(Negative) Ergänzungsbilanz A			P
Minderkapital	79.000 €	GruBo		5.000 €
		Gebäude		59.000 €
		Betriebsvorrichtung		9.000 €
		GWG		6.000 €
	79.000 €			79.000 €

Gegensätzlich zu P erhält A im Jahr 22 aus der negativen Ergänzungsbilanz einen laufenden **Ertrag** i. H. v. **9.055 €** zugewiesen.

Auf diese Weise wird erreicht, dass es – im Saldo beider Ergänzungsbilanzen – bei der Buchwertvariante ohne Veräußerungsgewinn (§ 24 Abs. 2 UmwStG) verbleibt; gleichzeitig werden im Gesamtergebnis die Kapitalkonten beider G'fter »glattgezogen« mit der Folge, dass A nunmehr in der Addition exakt sein (ehemaliges) Buchkapital von 70.000 € (149.000 € ./. 79.000 €) zugewiesen erhält.

2.5.2 Die zweite Buchwertvariante (die sog. Brutto-Methode)

Das identische Ergebnis wird erzielt, wenn die OHG in ihrer Eröffnungsbilanz die gemeinen Werte mit der Einlageforderung von 228.000 € – und den gleichen Kapitalkonten beider G'fter – ausweist und wenn sodann nur in der Person des einbringenden A eine negative Ergänzungsbilanz aufgestellt wird, mit der die gemeinen Werte auf das Buchwertniveau heruntergefahren werden.

A	Eröffnungsbilanz der OHG		P
GruBo	20.000 €	Kapital (A)	228.000 €
Gebäude	300.000 €	Kapital (P)	228.000 €
Betriebsvorrichtung	60.000 €	Verbindlichkeiten	164.000 €
GWG	12.000 €	Kapital (A)	228.000 €
Einlageforderung	228.000 €		
	620.000 €		620.000 €

Gleichzeitig:

A	(Negative) Ergänzungsbilanz A		P
Minderkapital	158.000 €	GruBo – Minderwert –	10.000 €
		Gebäude	118.000 €
		Betriebsvorrichtung	18.000 €
		GWG	12.000 €
	158.000 €		158.000 €

Der Ertrag des A in 20 aus der Entwicklung der Werte verdoppelt sich bei dieser Variante und beträgt nunmehr 18.110 €. Dem stehen – ausgleichend – erhöhte Abschreibungen aus der Hauptbilanz der OHG gegenüber.

2.6 Zwischenwertvariante

Rein buchungstechnisch orientiert sich die Zwischenwertvariante an der Variante gemeiner Wert.

Beispiel 2a:

Ein Einzelunternehmen mit einem Buchwert von 100 T€ und einem gemeinen Wert von 800 T€ (inklusive originären Firmenwert von 300 T€) soll in eine KG zum Zwischenwert eingebracht werden. Die Wirtschaftsgüter werden in der Eröffnungsbilanz der PersG zum Zwischenwert von 600 T€ angesetzt.

Lösung: Für den Zwischenwertansatz i. H. v. 600 T€ sind stille Reserven i. H. v. 500 T€ (Zwischenwert 600 T€ ./. Buchwert 100 T€) aufzudecken. Folglich sind zunächst 100 % der stillen Reserven an den Wirtschaftsgütern aufzudecken (ohne Firmenwert). Die Lücke bis zum Zwischenwert i. H. v. 100 T€ wird mit dem Firmenwert aufgefüllt.

Der Zwischenwert bildet für den Einbringenden den Veräußerungspreis. Mangels der vollständig aufgedeckten stillen Reserven ist § 24 Abs. 3 S. 2 UmwStG i. V. m. §§ 16 Abs. 4, 34 Abs. 1 und 3 EStG nicht anzuwenden. Ein Ansatz zum Zwischenwert ist vorteilhaft, soweit ein mit dem Einbringungsgewinn verrechenbarer Verlustvortrag seitens des Einbringenden besteht. Dieser kann mit dem Veräußerungsgewinn verrechnet werden.

Bei der Zwischenwertvariante ist daher zu beachten:

- Aus **Sicht der PersG:** Gem. §§ 24 Abs. 4, 22 Abs. 2, 12 Abs. 3 UmwStG werden die Buchwerte der übernommenen WG um die aufgedeckten stillen Reserven ergänzt, die die AfA-Bemessungsgrundlage und das AfA-Volumen erhöhen.
- Aus **Sicht des Einbringenden** erzielt dieser i. H. d. aufgedeckten stillen Reserven einen nicht nach §§ 16, 34 EStG begünstigten Veräußerungsgewinn.

2.7 Spezialprobleme bei § 24 UmwStG

Vier Fragen beschäftigen Rspr. und Schrifttum seit Bestehen des UmwStG 1977 und können durch Entscheidungen des BFH sowie einer prompten Reaktion des Gesetzgebers (UntStFG 2001) zumindest in einem Punkt als definitiv geregelt angesehen werden:

1. Inwieweit gehört bei der Einbringung eines MU-Anteils in eine PersG nach § 24 UmwStG das **Sonder-BV** zu den wesentlichen Betriebsgrundlagen? S. Kap. 2.7.3.
2. Ändert sich etwas am steuerneutralen Konzept des § 24 UmwStG, wenn das »Eintrittsgeld« (die **Ausgleichszahlung**) des neuen G'fters nicht in den Betrieb eingelegt wird (so die seitherigen Fälle), sondern auf das **Privatkonto** des Alleinunternehmers bzw. der MU bezahlt wird? S. Kap. 2.7.1.

3. Unterliegt die unentgeltliche Aufnahme eines G'fters in ein Einzelunternehmen (in eine Einzelpraxis) § 24 UmwStG?

4. Was geschieht bei einer **einseitigen Kapitalerhöhung**?

Die Fallgruppe ist dadurch gekennzeichnet, dass nur einer der G'fter der aufnehmenden PersG die Einbringung dazu nutzt, durch einen höheren Wertansatz die Beteiligungsverhältnisse an der aufnehmenden PersG zu verändern. Die Alt-G'fter, die in diesem Fall ihre MU-Anteile in die KG einbringen, führen ihre Kapitalkonten unverändert fort und beteiligen sich nicht an einem einheitlichen Ansatz des gemeinen Werts).

Beispiel 2b: Fall des BFH vom 25.04.2006 (BStBl II 2006, 847)

Beim Erwerb einer Beteiligung leistet der neue G'fter eine zusätzliche (d. h. über das übernommene Buchkapital hinausgehende) Einlage in das Gesamthandsvermögen der KG. Mit der zusätzlichen (Bar- oder Sach-)Einlage sollen als Aufgeld die vor der Kapitalerhöhung vorhandenen stillen Reserven im Gesellschaftsvermögen abgegolten werden.

Der Eintritt des Neu-G'fters bedeutet ertragsteuerlich die Gründung einer erweiterten MU-schaft, obwohl die KG handelsrechtlich das identische Rechtssubjekt bleibt.

Es ist offensichtlich, dass die KG das Gesamthandsvermögen zu Buchwerten nach § 24 Abs. 2 S. 1 UmwStG fortführen darf. Werden durch den Beitritt des Neu-G'fters mit einem Zusatzbetrag die Beteiligungsverhältnisse geändert, ist für den Neu-G'fter eine positive Ergänzungsbilanz zu erstellen. In dieser Ergänzungsbilanz wird als Mehr-(oder Ergänzungs-) Kapital der Mehraufwand den einzelnen WG (mit stillen Reserven) anteilig zugeordnet. Die Kombination des Beitritts eines Neu-G'fters bei gleichzeitiger Änderung der Beteiligungsverhältnisse wird vom BFH a. a. O. für zulässig erachtet, während der BFH im Urteil vom 18.03.1999 (BStBl II 1999, 604) diese Frage noch offen ließ.

Lösung:

Die KG hat in **negativen Ergänzungsbilanzen** – aufgegliedert nach den Kapitalschlüsseln der Alt-G'fter – ein Minderkapital in gleicher Höhe (in der Summe aller Minderkapitalien) zu aktivieren, wie sie ein Mehrkapital beim Neu-G'fter gebildet hat. Damit ist der Einbringungsgewinn der Alt-G'fter neutralisiert.

Die aus der korrespondierend zur positiven Ergänzungsbilanz des einbringenden MU spiegelbildlich und **fortlaufend** jährlich vorzunehmende Auflösung der negativen Ergänzungsbilanz der Alt-G'fter ist als **laufender Gewinn** bei der Ermittlung des Gewerbeertrags der KG zu erfassen.

2.7.1 Zuzahlung in das Privatvermögen des bisherigen Einzelunternehmers

Auslöser waren die Fälle des BFH im Urteil vom 18.10.1999 (BStBl II 2000, 123) (GrS) und vom 21.09.2000 (BStBl II 2001, 178), wo ein bisheriger Inhaber einer freiberuflichen Einzelpraxis einen Berufsträger gegen Zuzahlung in sein **PV** in die somit neu gegründete Sozietät aufnahm.

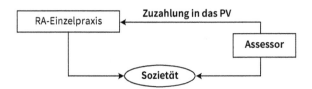

Vorweg zeigt der Sachverhalt den großen und wichtigen Anwendungsbereich des § 24 UmwStG eben auch für personelle Umstrukturierungen bei **freiberuflichen** Zusammenschlüssen auf.[151] Der Sachverhalt ist natürlich auf gewerbliche Einzelunternehmer und die anschließende Gründung einer OHG/KG übertragbar.

In der Entscheidung spielte der Unterschied zwischen der Zuzahlung in das BV der PersG (= Einlage) bzw. in das PV der übertragenden Person eine ebenso große Rolle wie der Unterschied einer Begründung einer PersG mit dem vorherigen Einzelinhaber und der Aufnahme eines neuen G'fters in eine bereits bestehende PersG.

a) **1. Fallgruppe: Zuzahlung** (»Eintrittsgeld«) **in das PV** des Einzelunternehmers – Unterschied zur **Einlage** (in das **BV**)

aa) Die Zahlung in das **PV** behandelt der BFH (vorher schon die Verwaltung) so, als ob der einbringende Einzelunternehmer zunächst »Anteile« an den WG seines Betriebes (seiner Praxis) veräußert[152] und **sodann die ihm verbliebenen (i.d.R. hälftigen) Miteigentumsanteile für eigene Rechnung und die Miteigentumsanteile des Neu-G'fters für dessen Rechnung** in die neue PersG nach § 24 UmwStG einlegt.

Diese Betrachtungsweise führt bei einer beabsichtigten Einbringung zu **Buchwerten** zwangsläufig zu einem Realisationstatbestand (laufender Gewinn!), da wegen der Annahme (Miteigentumsanteile an Einzel-WG) keine steuerfunktionale Einheit eingebracht wird.[153] § 24 UmwStG kann daher für den Zuzahlungstatbestand keine Anwendung finden.

M.a.W. ist der Veräußerungsvorgang nach den allgemeinen Grundsätzen im Zeitpunkt seiner Realisierung als laufender Gewinn zu erfassen. In diesem Zeitpunkt liegt nämlich nach dem Verständnis des BFH keine steuerfunktionelle Einheit i.S.v. § 16 Abs. 1 EStG (auch nicht: MU-Anteile; sondern eben: Anteile an WG) vor, da diese erst durch den Übertragungsvorgang begründet wird.

Durch die Zuzahlung entsteht im einzubringenden Betrieb ein Gewinn, der auch nicht durch eine negative Ergänzungsbilanz vermieden werden kann, da der Vorgang noch im Betrieb des Einbringenden stattgefunden hat und somit noch keine PersG entstanden ist (s. UmwStErlass vom 11.11.2011 Rz. 24.08 f.; BFH vom 08.12.1994, BStBl II 1995, 599). Vor Einbringung des Betriebs gilt der durch die Zuzahlung entstandene Gewinn als entnommen.

Beispiel 3:

RA A (Einzelpraxis mit Buchwert 500 T€ und gemeiner Wert 800 T€) nimmt B gegen Zahlung von 450 T€ ins PV auf und gründet mit diesem eine paritätische GbR (PartG).

Lösung:

1. A erzielt einen laufenden Veräußerungsgewinn (§§ 15, 18 EStG) von 200 T€, da er das hälftige BV (250 T€) gegen 450 T€ veräußert.
2. In der EB der GbR wird die Praxis mit dem Buchwert 500 T€ fortgeführt (bei nunmehr zwei gleich hohen Kapitalkonten A/B zu je 250 T€);
3. Der Mehrbetrag von 200 T€ des B wird in eine Ergänzungsbilanz (B) eingestellt.

---

151 Weder in § 20 UmwStG noch in § 24 UmwStG sind freiberufliche MU-Anteile als Einbringungsgegenstand und Sozietäten als Zielgesellschaften ausgeschlossen (vgl. Rz. 20.05 ff., auf die in Rz. 24.04 des UmwSt-Erlasses verwiesen wird).

152 Dies kann man auch als gewinnrealisierende Entnahme bezeichnen. I.H.d. Differenz zwischen dem Eintrittsgeld (Ausgleichszahlung) und der anteiligen (i.d.R. hälftigen) Buchwerten der WG wird Gewinn realisiert.

153 Ein MU-Anteil liegt in diesem Zeitpunkt noch nicht vor (vgl. Rz. 24.11 mit Beispiel des geänderten UmwSt-Erlasses vom 21.08.2001 (BStBl I 2001, 543)).

bb) Bei der Zahlung in das **BV der PersG** geht die Rspr. hingegen davon aus, dass nicht nur die jeweiligen Anteile an den Einzel-WG eingebracht werden, sondern der ihnen innewohnende Gegenwert, womit offensichtlich die neu gebildeten MU-Anteile gemeint sind. Hier ist § 24 UmwStG uneingeschränkt als **einheitlicher Vorgang** anwendbar. Wirtschaftlich betrachtet wird hier – im Unterschied zur Fallgruppe aa) – die Liquidität dem Betrieb zugeführt. Dies erlaubt die Rechtsfolge einer Buchwertfortführung.

Im obigen Kurz-Beispiel würde A bei Buchwertfortführung keinen Veräußerungsgewinn zu versteuern haben. Die Buchwertfortführung selbst wird durch das Aufstellen einer negativen Ergänzungsbilanz des A erreicht, die spiegelbildliche Werte zu der positiven Ergänzungsbilanz des B aufweist.

Wertung: Abgesehen von der gekünstelten – und vor allem am BGB vorbei entwickelten[154] – Argumentationskette ist von besonderer Bedeutung, dass die gewinnrealisierende Entnahme nur bei der beabsichtigten Buchwertübernahme ansteht.

Haben die Partner des Einbringungsvorganges hingegen die **Variante gemeiner Wert** gewählt, gelangt der BFH (BFH vom 18.10.1999, a.a.O.) zur – im Ergebnis richtigen – Erkenntnis, dass insoweit auch die Tarifbegünstigung gem. §§ 16 Abs. 4, 34 EStG anzuwenden ist (gl. Ansicht das BMF vom 21.08.2001 mit geänderter Rz. 24.12 a), BStBl I 2001, 543). Das Ergebnis ist deshalb richtig, weil in diesem Fall die zusammengeballten stillen Reserven konzentriert aufgedeckt werden und deshalb die Tarifbegünstigung gerechtfertigt ist. Es kann aber nicht darüber hinwegtäuschen, dass eine rein **ergebnisorientierte Rspr.** vorliegt, die noch gewaltigen Substantiierungsbedarf hat.

b)   **2. Fallgruppe: Aufnahme in eine PersG**

Die Rechtsfolge sah bei folgendem Sachverhalt wesentlich steuerfreundlicher aus:

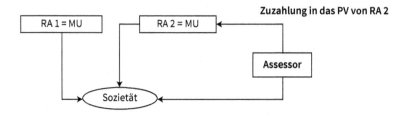

In diesem Fall (auch bei Zahlung in das PV eines der G'fter) gingen Rspr. und Verwaltung von der begünstigten Einbringung von **Bruchteilen von MU-Anteilen** von RA 1 und RA 2 an ihrer schon bestehenden Sozietät in die (nur steuerlich) neue Sozietät aus (Rz. 24.11 a. E. des UmwSt-Erlass sowie noch R 139 Abs. 4 EStR 2001).

Gegen diese Vergünstigung (besser: gegen die Verweigerung der Vergünstigung im erstgenannten Fall der Aufnahme eines Partners in ein Einzelunternehmen) wurde schon immer mit dem Hinweis auf die Ungleichbehandlung beider wirtschaftlich identischer Sachverhalte argumentiert.

Der BFH (BFH vom 18.10.1999, a.a.O.) hat sich dieser Bedenken angenommen und kommt zu dem Schluss, dass die beanspruchte Vergünstigung im zuletzt genannten Fall in der (problematischen) Subsumtion auch der »**Bruchteile** von **MU-Anteilen**« auf § 16 Abs. 1 Nr. 2 EStG a. F. beruhe. Dieser Hypothese, mit der alleine die gewünschte Rechts-

---

154   Nach § 719 Abs. 1 S. 1 BGB gibt es beim Gesamthandsvermögen keinen Anteil des G'fters an den Einzel-WG!

folge begründet werden kann, fehle es jedoch an einer gesetzlichen Grundlage. Solange diese ausbleibt, bleibt es bei der unterschiedlichen Behandlung beider Sachverhalte. Der Gesetzgeber des UntStFG hat den Appell des BFH gehört. Mit der Neufassung des § 16 Abs. 1 S. 1 Nr. 2 EStG (»Gesamter Anteil [...] eines MU-Anteils«) und der redaktionellen Klarstellung in S. 2 (a. a. O.; sinngemäß: »Gewinne aus der Veräußerung von Bruchteilen von MU-Anteilen sind laufender Gewinn«) werden beide Fälle gleich behandelt. Danach führen **ab 2002** bei der Aufnahme eines G'fters in eine (neue wie bestehende) PersG sämtliche Zuzahlungen in das PV eines Einzelunternehmers sowie eines MU zu **laufendem Gewinn** (so auch § 24 Abs. 3 S. 4 UmwStG n. F.).[155]

c) **Auswege/Umwege**

(1) Die Praxis hat sich bislang zur Vermeidung dieser Steuerfolgen bei der entgeltlichen Aufnahme eines Partners in das Einzelunternehmen (Einzelpraxis) des sog. »Zweistufenmodells« bedient. Hierbei wurde zunächst eine Minimalbeteiligung (»Zwergenanteil«) an den Neu-G'fter veräußert und im zweiten Schritt erfolgte nunmehr die Aufnahme aus der existenten PersG in dem Verhältnis, wie es ursprünglich intendiert war. Die im Urteil vom 18.10.1999 hiergegen geltend gemachten Bedenken des Gestaltungsmissbrauchs (§ 42 AO) sind wegen der Neuregelung obsolet. **Seit 01.01.2002 ist jedoch durch die Änderung des § 16 Abs. 1 Nr. 2/3 S. 2 EStG der Weg über das Zweistufenmodell (laufender Gewinn!) versperrt.**[156]

(2) Der BFH hatte im Beschluss vom 26.06.2003 (BFH/NV 2003, 1420) den Fall zu entscheiden, ob bei Zurückbehaltung von betrieblichen Schulden, die aus der einzubringenden Einzelpraxis herrühren, eine schädliche Zuzahlung in das PV der (künftigen) MitG'fter vorliegt. Dabei führte er klarstellend aus, dass nicht die Zuzahlung schädlich sei, sondern der teilweise Buchwertansatz in der PersG. Damit ist diese »Zuzahlung« (zurückbehaltene Verbindlichkeiten) als laufender Gewinn zu erfassen. Umgekehrt – bei Einbringung eines Einzelunternehmens in eine PersG zu Buchwerten – und einer Beteiligung der Kinder an der PersG, mit der private Pflichtteilsverbindlichkeiten abgegolten werden, nimmt der BFH im Urteil vom 16.12.2004 (BStBl II 2005, 554) ein entgeltliches Rechtsgeschäft an, das zu laufendem Gewinn führt.

(3) Um den Schwierigkeiten bei der entgeltlichen Aufnahme eines neuen Partners (neuen G'fters) in eine freiberufliche Praxis (Einzelunternehmen) zu entgehen, ist zusätzlich das sog. »**Gewinnvorab-Modell**« entwickelt worden. Hierbei erfolgt die entgeltliche Aufnahme des neuen Partners in der Weise, dass für einen festgelegten Zeitraum trotz einer beabsichtigten paritätischen Beteiligung (je 50 %) eine **abweichende Gewinnvereinbarung** zugrunde gelegt wird (z. B. erhält der »Einbringende« in den ersten vier Jahren 75 % und der »Neu-G'fter« 25 % des Gewinnes, bevor ab dem fünften Jahr gleiche Gewinnbeteiligung gilt). Die Gefahr der in dieser Vereinbarung liegenden »Kaufpreisraten«-Vereinbarung (die Überlassung von 25 % Gewinnanteil für vier Jahre = Kaufpreisraten) und des damit einhergehenden Veräußerungsgewinnes liegt auf der Hand, wird aber im Fachschrifttum nicht geteilt.[157] Diese Gefahr hat der BFH jüngst bestätigt (BFH vom 27.10.2015, BStBl II 2016, 600).

---

155 Rz. 24.11 a. E. des UmwSt-Erlasses (und R 139 Abs. 4 EStR 2001) ist (sind) somit überholt.

156 S. auch *Wacker* in *Schmidt*, EStG (2021), § 16 Rz. 539.

157 Der Vorwurf des § 42 AO wird mit dem Hinweis widerlegt, dass das außersteuerliche Motiv hier im berechtigten höheren Gewinnanteil des Altpartners sowie im Liquiditätsvorteil des Juniorpartners läge (statt aller *Widmann/Mayer*, § 24 UmwStG, Rz. 187). A. A.: BFH vom 27.10.2015, BStBl II 2016, 600).

2.7.2   Die unentgeltliche Aufnahme eines Partners: Fall des § 24 UmwStG?

Aufgrund der Trennung der verschiedenen Vorgänge bei der Aufnahme eines neuen Partners in eine zu gründende Sozietät, bei der zunächst eine Veräußerung der ideellen Anteile an den WG und später eine Einbringung eines (noch bestehenden) Betriebs gem. § 24 UmwStG angenommen wird, stellt sich zwangsläufig die Frage, wie die unentgeltliche Beteiligung eines neuen Partners zu würdigen ist. Das FG Schleswig-Holstein nahm in seiner Entscheidung vom 24.06.2004 (EFG 2005, 75) das Differenzierungsgebäude des BFH auf und kam zu der Erkenntnis, dass die Einbringung, die auf **fremde** Rechnung (des Aufzunehmenden) **unentgeltlich** erfolgt, zu laufendem Gewinn führt, da insoweit eine Entnahme der ideellen Anteile an den WG anzunehmen sei.[158]

Durch die Änderung des § 6 Abs. 3 EStG ist die aktuelle Lösung ganz einfach: **zwingende Buchwertfortführung!**

In einer zweiten Anwendungsgruppe ist der Schenker des BV weiterhin im Unternehmen, sodass bei Voraussetzung des § 6 Abs. 3 S. 2 EStG eine zurückbehaltene wesentliche Betriebsgrundlage für den Buchwertansatz unschädlich ist (sog. unterquotale Übertragung). Bei der sog. überquotalen Übertragung wird ein größerer Anteil am Sonder-BV übertragen, als dem Übernehmenden im Verhältnis zu dem übertragenden Anteil am Gesamthandsvermögen eigentlich zustehen würde. Nach jüngster Verwaltungsauffassung ist der Vorgang insgesamt nach § 6 Abs. 3 S. 1 EStG begünstigt.[159]

2.8   Zusammenfassung der Rechtsfolgen für die Personengesellschaft

Nachfolgend ein Überblick der Rechtsfolgen für die PersG bei der Einbringung in eine PersG gem. §§ 23, 12 Abs. 3 und 4 Abs. 2 S. 3 UmwStG:

Ansatz gemeiner Wert bei Einzelrechtsnachfolge	• neue AfA-Bemessungsgrundlage (AK i. H. d. gW), • neue AfA-Methode nach nunmehr gültiger RND, • ggf. § 6 Abs. 2 EStG anwendbar, wenn die übrigen Voraussetzungen erfüllt sind, • Anlauf neuer Fristen, soweit diese für die Besteuerung von Bedeutung sind,
Zwischenwertansatz bei Einzel- und Gesamtrechtsnachfolge sowie **Ansatz gemeiner Wert mit Gesamtrechtsnachfolge**	• gleiche AfA-Methode wie in der PersG oder dem EU, • AfA-Bemessungsgrundlage wie EU/PersG + aufgedeckte (ggf. anteilig) stille Reserven, • eventuell für die Besteuerung bedeutsame Fristen laufen neu an, keine Besitzzeitzusammenrechnung (§ 23 Abs. 2 UmwStG verweist nicht auf § 4 Abs. 2 S. 3 UmwStG),
Buchwertansatz bei Einzel- und Gesamtrechtsnachfolge	• gleiche AfA-Methode wie in der PersG oder dem EU, • gleiche AfA-Bemessungsgrundlage wie in PersG/EU, • eventuell für die Besteuerung bedeutsame Fristen laufen weiter, d. h. Besitzzeitzusammenrechnung.

2.9   Zusammenstellung der denkbaren Fälle zu § 24 UmwStG

Die **Wahlmöglichkeiten** nach § 24 UmwStG können – zusammenfassend – bei der Gründung einer PersG nur in folgenden Fällen ausgeübt werden:

---

158 Kritisch zu dieser Annahme äußern sich im Schrifttum *Groh*, DB 2001, 2162 und *Paus*, FR 2001, 342.
159 Vgl. BMF vom 20.11.2019, IV C 6 – S 2241/15/10003, BStBl I 2019, 1291 Rz. 32.

- Ein G'fter X leistet eine Bareinlage in das BV, der zweite G'fter Y bringt eine steuerfunktionale Einheit (Betrieb/Teilbetrieb/MU-Anteil) ein;
- X legt ein WG des PV oder des BV ein, Y bringt seinen Betrieb (Teilbetrieb/MU-Anteil) ein;
- es werden jeweils steuerfunktionale Einheiten von X und Y eingebracht;
- eine bestehende PersG XY-OHG (KG) nimmt einen neuen G'fter Z auf gegen Bareinlage/ Sacheinlage (aus BV/PV) oder gegen Einbringung eines Betriebes etc.;
- zwei PersG fusionieren zu einer PersG.

3 Die laufende Besteuerung der Personengesellschaft

Der Gliederungspunkt wird an dieser Stelle nur aus redaktionellen Gründen der Komplettierung halber erwähnt. Inhaltlich wird auf die vorherigen Kapitel verwiesen.

4 Die Auflösung der Personengesellschaft

Nach Eintritt der rechtlichen Auflösungsgründe (vgl. § 131 Abs. 1 und 2 HGB) kommt es gem. §§ 145 ff. HGB zur faktischen Abwicklung der PersG.

Das nach Vorwegbefriedigung der Gläubiger verbleibende Restvermögen aus der Veräußerung (Versilberung) der einzelnen Gegenstände wird unter den G'ftern nach der Gewinnabrede aufgeteilt (BMG: die Differenz zwischen dem gemeinen Wert und dem Buchwert der WG gem. § 16 Abs. 3 S.5 EStG bzw. das liquide Vermögen). Entsprechend § 16 Abs. 3 EStG werden die Ergebnisse der Betriebsaufgabe i.R.d. einheitlichen und gesonderten Gewinnverteilung aufgeteilt und zugewiesen. § 16 Abs. 4 und § 34 EStG sind auch hier einschlägig.

5 Die Realteilung der Personengesellschaft[160]

5.1 Historische Einleitung und gesellschaftsrechtlicher Hintergrund

In einem interessanten Zusammenspiel zweier (damals noch) unfertiger Rechtsgebilde hat sich seit Anfang der 90er-Jahre die Realteilung als die »dogmatische Schwester« der Erbauseinandersetzung etabliert. Bis zum grundlegenden BFH-Beschluss vom 05.07.1990 (BStBl II 1990, 837), zur Erbauseinandersetzung gab es lediglich zwei BFH-Urteile zur Realteilung.[161] Dies hinderte den GrS jedoch nicht, als dogmatisches Fundament(!) für die Erbauseinandersetzung die Realteilung auszuwählen, die damals noch kein Rechtsinstitut war. Dieser historische Hinweis erfolgt an dieser Stelle, um die Parallelentwicklung beider Institute zu verdeutlichen. Während dort die Einbindung der **Miterbengemeinschaft** in die Realteilung und das konkrete Problem des Mischnachlasses im Vordergrund der Debatte stehen[162], geht es nachfolgend um die Grund- und Strukturfragen der Auflösung **einer PersG mit Gewinneinkünften** im Wege der Realteilung[163]. Unter dem Gesichtspunkt der »Erkenntnisquellen« bzw. der Hilfsmittel ist zu vermerken, dass sich die Verwaltung des speziellen Themas der Erbauseinandersetzung angenommen (BStBl I 1993, 62) und dass sich der Gesetzgeber schon mehrfach am allgemeinen Thema der Realteilung versucht hat. Beide Prozesse sind nicht immer aufeinander abgestimmt gewesen.

Nach einer mehrfachen Kehrtwendung des Gesetzgebers scheint die Realteilung erstmals seit 01.01.2002 auf gesichertem Boden zu stehen. Die Verwaltung veröffentlichte am 28.02.2006 (BStBl I 2006, 228) Verwaltungsgrundsätze zur Realteilung (nachfolgend zitiert als

---

160 S. zum Thema steueroptimale Umstrukturierungen auch *Jacobsen*, BB 2009, 1955 und *Huber/Ostermayer*, BB 2009, 1327 (hier insb. zu Umstrukturierungen von Freiberufler-Sozietäten).

161 BFH vom 10.02.1972 (BStBl II 1972, 419) und BFH vom 19.01.1982 (BStBl II 1982, 456).

162 S. dazu auch das BMF-Schreiben vom 11.01.1993 (BStBl I 1993, 62) sowie vom 28.02.2006 (BStBl I 2006, 228).

163 Zur Realteilung einer vermögensverwaltenden PersG s. *Wübbelsmann*, DStR 2019, 2289.

»VwReal06«. **Beachte:** Dieses Schreiben ist durch BMF-Schreiben vom 20.12.2016, DStR 2017, 105 ergänzt worden – auch dieses Schreiben nimmt nicht Bezug auf das Urteil des BFH vom 17.09.2015, HFR 2016, 340).

Mit BMF-Schreiben vom 19.12.2018 (BStBl I 2019, 6) hat nun auch das BMF die Rspr. des BFH (DStR 2017, 1381) übernommen und die **Unterscheidung** zwischen **echter** Realteilung (Beendigung der PersG) und **unechter** Realteilung (Ausscheiden eines einzelnen MU bei Fortbestand der PersG) **aufgegeben.** Beide Fälle werden gleich behandelt, unabhängig davon, ob der ausscheidende MU einen MU-Anteil oder (nur) Einzel-WG erhält (im Einzelnen s. sogleich).

Beispiel 4: Eine aufzulösende PersG

A	A-KG (in T€)		P
Buchwert	Buchwert		
Teilbetrieb (TB) I	150	Kapital A	150
TB II	150	Kapital B	150
	300		300

Die Auflösung einer PersG ist neben der Liquidation auch in der Form möglich, dass den G'ftern (hier: den Realteilern) einzeln Vermögensgegenstände direkt zugewiesen werden.[164] Gesellschaftsrechtlich wird aus der bisherigen Gesamthandsberechtigung eines jeden G'fters an allen WG der PersG nunmehr **Alleineigentum** an den zugewiesenen **einzelnen Gegenständen.** Diese Form der Auflösung wird Realteilung genannt. Die zugewiesenen Gegenstände heißen »Teilungsmassen« oder »Realteilungsmassen«.

Lösung:

Eine Realteilung liegt dann vor, wenn die G'fter A und B die Teilungsmassen TB I und TB II jeweils zu Alleineigentum erhalten.

Unter dem Einfluss der immer stärker ins Blickfeld rückenden PersG als Tatbestandssubjekt hat der BFH 1982 die Realteilung als Unterfall der Betriebsaufgabe einer PersG nach § 16 Abs. 3 EStG behandelt. Allein dadurch wird die Realteilung heute stärker in die Nähe einer betrieblichen **Umstrukturierungsmaßnahme** einer PersG gerückt.

Der Realteilung vergleichbar – aber nur in den Rechtsfolgen gleichgestellt – ist die Sachwertabfindung (s. Kap. V 4) sowie die Gründung einer beteiligungsidentischen Schwestergesellschaft, auf die (Teile des) BV der ersten PersG übertragen werden (sog. Ausgliederungsmodell). Der Unterschied zu diesen Vorgängen liegt in der – nur bei der Realteilung vorliegenden – **Beendigung** der aufgelösten PersG (sog. echte Realteilung).

Hinweise:

(1)   Das FG Hamburg hat in diesem Zusammenhang am 18.04.2012 (Az.: 3 K 89/11) entschieden, dass bei Ausscheiden eines G'fters unter Übernahme **eines Teilbetriebs** dann eine Realteilung (und keine Sachwertabfindung) vorliegt, wenn die MU-schaft unter den übrigen G'ftern fortgesetzt wird. Dies ist vom BFH mit Urteil vom 17.09.2015 (HFR 2016, 340) bestätigt worden.

---

164   Gem. § 145 Abs. 1 HGB ist dies eine »andere Form« der Auflösung.

(2) Die FinVerw geht auch dann von einer Realteilung aus, wenn die MU-schaft fortgesetzt wird und der ausscheidende G'fter einen Teilbetrieb oder einen MU-Anteil erhält. Für den Fall, dass der ausscheidende G'fter **Einzel-WG** erhält, soll dies kein Fall der Realteilung, sondern ein Fall des § 6 Abs. 5 S. 3 EStG sein, wenn der (die) Verbleibende(n) den Betrieb fortführen (BMF vom 20.12.2016, BStBl I 2017, 36).

Diese Ansicht widerspricht aber dem BFH-Urteil vom 16.03.2017 (DStR 2017, 1376), wonach auch bei Übernahme von Einzel-WG eine Realteilung vorliegen soll.

Während **VwReal06** unter Tz. I am Erfordernis der Beendigung der PersG festhielten, wendet zwischenzeitlich auch die Verwaltung die geänderte Rspr. an.

- Die aktuelle Rspr. des IV. Senats (DStR 2017, 1381 und 1376) unterscheidet zwar im Tatbestand noch zwischen einer echten Realteilung (s. oben: Auflösung der MU-schaft = **Aufgabe des Gewerbetriebs**) und einer **unechten Realteilung**, bei der ein MU Teile des MU-Vermögens bei Fortbestehen der alten MU-schaft mitnimmt und somit seinen **MU-Anteil aufgibt**.
- Der Unterschied zur Verwaltungsauffassung bestand noch darin, dass die Rspr. diese Grundsätze auch gelten lässt, wenn dabei **Einzel-WG** übertragen werden (zuletzt BFH vom 16.03.2017, DStR 2017, 1424), während die Verwaltung (Abschn. II des BMF-Schreibens vom 20.12.2016, BStBl I 2017, 36) dies zunächst nur annahm, wenn der ausscheidende G'fter (Miterbe) Teilbetriebe oder MU-Anteile erhält.

In den Rechtsfolgen gibt es keine Unterschiede zwischen beiden Fällen der Realteilung. Die wichtigste Aussage ist, dass nunmehr für alle im Rahmen der Realteilung übertragenen WG § 6 Abs. 5 S. 3 EStG keine Anwendung mehr findet (Tz. 8 des BMF-Schreibens).

Nunmehr hat sich die Verwaltung in **2019** der Rspr. des BFH angeschlossen (BMF, BStBl I 2019, 6, Rz. 2 und 32 **unechte Realteilung mit Einzel-WG**). Aus dieser neuen Rspr. ergeben sich allerdings folgende weitere Konsequenzen:

- Voraussetzung für die Buchwertfortführung ist nach Tz. 12 des BMF 2019, dass das übernommene BV des MU nach der Realteilung weiterhin BV bleibt. Dabei genügt es, wenn erst im Rahmen der Realteilung ein neuer Betrieb entsteht; der Realteiler muss folglich nicht vorher BV gehabt haben. Das übernommene BV muss nur in das jeweilige (auch zukünftige) BV des einzelnen Realteilers übertragen worden. Zielobjekt kann auch das Sonder-BV bei einer anderen MU-schaft sein. Eine Buchwertübertragung wird aber nicht für den Fall zugelassen, dass es sich bei dem Zielobjekt um das Gesamthandsvermögen einer anderen MU-schaft handelt (auch dann, wenn diese eine Schwester-PersG ist).
- Außerdem sind **zusätzlich die personenbezogenen** Merkmale (u. a. Fortdauer der Steuerverstrickung der betroffenen WG) bei § 16 Abs. 3 S. 2 EStG zu prüfen.

Nicht vergleichbar – und damit nicht den Grundsätzen der Realteilung folgend – ist der Fall, dass einer der MitG'fter bei der Auflösung der PersG mit **Geld** abgefunden wird. Dieser Fall stellt vielmehr einen Anwendungsfall zu § 16 Abs. 1 Nr. 1 EStG dar. Dies hat der BFH im Urteil vom 20.02.2003 (BStBl II 2003, 700) auch für den Fall bestätigt, dass zwei personenidentische PersG auf diese Weise auseinandergesetzt werden, dass jeder der G'fter einen Betrieb als Einzelunternehmer fortführt und der jeweils andere in Geld abgefunden wird.

Unter steuerrechtlichen Gesichtspunkten ist noch darauf hinzuweisen, dass die steuerlichen Rechtsfolgen der Realteilung nur dann gewährt werden, wenn die Teilungsmassen in **inländisches BV** überführt werden, da nur dadurch die Versteuerung der stillen Reserven sichergestellt sei (**Tz. V der VwReal 06**). Die Verwaltung verweist dabei auf den Fall der Übertragung in eine ausländische Betriebsstätte, deren Einkünfte nach DBA freigestellt sind.[165]

Bei den aufnehmenden »Betrieben« kann es sich nach den **VwReal06** um L+F, gewerbliche und freiberufliche Betriebe handeln; ebenso ist die Übertragung auf ein Sonder-BV oder auf Unternehmen im Rahmen einer Betriebsaufspaltung zulässig. Dies hängt (»inländisches« BV) mit dem finalen Entnahmebegriff zusammen, wonach nur solange die Steuerverstrickung gewährleistet ist, wie dem nationalen Fiskus der Zugriff auf die im Inland erwirtschafteten Reserven zusteht.[166] Unter dem Gesichtspunkt der personen- und objektdifferenzierenden Betrachtung beziehen die **VwReal06** nur solche Übertragungen in das Rechtsinstitut der Realteilung mit ein, bei denen die Aufteilung und Zuordnung der Teilungsmassen nicht vor Beendigung der PersG erfolgte (Beispiel: Ausgliederungsmodell). Dies ergibt sich schon aus § 16 Abs. 3 S. 8 EStG.

Hinweis: Bei der neutralen Realteilung einer freiberuflichen MU-schaft (ohne Spitzenausgleich) besteht nach dem BFH-Urteil vom 11.04.2013 (DB 2013, 1938) keine Verpflichtung, eine Realteilungsbilanz aufzustellen, wenn die MU in den Einzelpraxen ihre Gewinnermittlung nach § 4 Abs. 3 EStG (EÜR) fortsetzen.

5.2 Tatbestand und Rechtsfolgen bei einer Realteilung von steuerfunktionalen Einheiten
5.2.1 Die Grundaussage
Solange es sich bei den Teilungsmassen um steuerfunktionale Einheiten (Betriebe/Teilbetriebe oder MU-Anteile) handelt, waren »nur« die Rechtsfolgen umstritten.

Beispiel 5: Realteilung mit Teilbetrieben (unterschiedliche Werte)

A			C-KG (in T€)		P
	Buchwert	TW		Buchwert	TW
(TB) I	100	200	Kapital C	150	200
TB II	200	200	Kapital D	150	200
	300	400		300	400

C soll im Rahmen der Aufgabe den TB I und D den TB II erhalten. Die Teilbetriebe werden im jeweiligen Einzelunternehmen von C und D fortgeführt.

Bereits der idealtypische Grundfall zur Realteilung, wonach sich die G'fter C und D steuerfunktionale Einheiten (hier: Teilbetriebe) mit identischen Teilwerten zugewiesen und diese betrieblich fortgeführt haben, wurde in der **hauptsächlichen** Rechtsfolge unterschiedlich behandelt.

Lösung:

Mit Urteil vom 10.12.1991, BStBl II 1992, 385, hat sich der BFH für die **Kapitalkontenanpassungsmethode**[167] entschieden, wonach die Buchwerte der übernommenen WG (in der Summe = Teilbetrieb) unangetastet bleiben und die Kapitalkonten der Realteiler in ihren Einzelunternehmen **steuerneutral** angepasst werden.[168]

---

165 S. allgemein Schreiben betr. Anwendung der DBA auf PersG vom 16.04.2010 (BStBl I 2010, 354).
166 S. bei der Überführung von WG ins Ausland BMF vom 24.12.1999 (BStBl I 1999, 1076).
167 Beim Gegenmodell (**Buchwertanpassung**) werden die Kapitalkonten fortgeführt und die übernommenen Aktiva den Kapitalkonten angepasst.
168 In einer weiteren Entscheidung vom 18.05.1995, BStBl II 1996, 70 führte der BFH aus, dass bei der Anpassung der Kapitalkonten an die Buchwerte der zugeteilten WG auch Auf- und Abstockungen in evtl. Ergänzungsbilanzen zu berücksichtigen sind.

A	Eröffnungsbilanz des C (in T€)		P
	Buchwert		Buchwert
TB I	100	Kapitalkonto C	150
Sonstige Aktiva			./. 50 = 100
…		Sonstige Verbindlichkeiten	…

Dieser Methode, der sich die Verwaltung (vgl. **Tz. VII der VwReal06**) angeschlossen hat, kann nur unter dem Gesichtspunkt der Praktikabilität zugestimmt werden, da es offensichtlich ist, dass es hier zu einer Verlagerung stiller Reserven zwischen den beiden G'fter kommt, die nicht ihrem vorherigen Anteil entsprechen. Das Überspringen latenter Steuergrößen (wie die stillen Reserven) zwischen zwei Personen (hier: C und D) widerspricht dem Grundsatz der Besteuerung nach der individuellen Leistungsfähigkeit, da nunmehr die Wertigkeit der Teilbetriebe verschoben wurde. Der BFH hat das Problem zwischenzeitlich gesehen (Urteil vom 18.05.1995, BStBl II 1996, 70) und die Ungleichbehandlung »hingenommen«.[169]

In diesem Zusammenhang ist die wegweisende Entscheidung des BFH vom 04.05.2004 (BStBl II 2004, 893) zu erwähnen. Es ging um die Frage, ob die mit Buchwerten aufgestellte **Realteilungsschlussbilanz** identisch mit der **Einbringungsbilanz** sein muss, m. a. W. stellte sich hier die Frage: Gilt bei der Realteilung der **Wertverknüpfungsgrundsatz**?

Im konkreten Fall machte der Realteiler (= StB aus der alten Sozietät) in seiner neuen GbR von dem Wahlrecht nach § 24 UmwStG Gebrauch und aktivierte in der Ergänzungsbilanz der neuen GbR den eingebrachten Mandantenstamm, der in der Schlussbilanz der alten Sozietät nicht aufgedeckt wurde. Mit ausführlicher Begründung verneinte der BFH einen unmittelbaren Zusammenhang beider Vorgänge (Realteilung einerseits und Einbringung andererseits), ignorierte einen Wertzusammenhang und gelangte zum Vorrang der Einbringung (d. h. des **dortigen** Bewertungswahlrechts). Bei Buchwertansatz in der Realteilungsschlussbilanz führt die realgeteilte PersG die Buchwerte fort; es kommt zu keinem Steuertatbestand, wenn der Realteiler diese Werte fortführt. Weicht er hingegen – wie vorliegend – in der Einbringungsbilanz von diesem Wertansatz ab, so entsteht ein Einbringungsgewinn.

Hinweis: Das FG Münster hatte am 10.04.2013 (EFG 2013, 1206) den Fall zu entscheiden, dass nach der Realteilung ein **falscher** Bilanzansatz zu **korrigieren** war. Nach dem Grundsatz des **formellen Bilanzzusammenhangs** trägt daher der Realteiler die Folgen und muss den falschen Bilanzansatz in der Nachfolgegesellschaft korrigieren (s. dazu auch *Wellenkemper*, EFG 2013, 1207).

5.2.2 Weitere bilanztechnische Folgen

Zu zwei bilanztechnischen Fragen liegen nach den *VwReal06* (BStBl I 2006, 228) nunmehr amtliche Antworten vor:

Ein originärer Firmenwert kann in der Eröffnungsbilanz eines Realteilers nicht angesetzt werden, während es umgekehrt möglich sein soll, einen derivativen Firmenwert von der aufzulösenden PersG auf die Betriebe der einzelnen Realteiler zu übernehmen.

---

169 Zumindest bei einer zweigliedrigen PersG mit wenigen (bis zu fünf) WG müsste eine verfassungsrechtlich unbedenkliche Lösung an die Kapitalkontenanpassungsmethode anknüpfen und würde in jeweiligen Ergänzungsbilanzen oder in Kapitalausgleichsposten die anteilige Differenz zwischen Teilwert und Buchwert der WG einstellen und korrespondierend fortschreiben. Im Beispiel 5 müsste C sodann den Mehrwert von stillen Reserven des TB I i. H. v. 50 T€ in eine positive Ergänzungsbilanz (Mehrwert Aktiva an Mehrkapital C) und D den Minderwert in eine negative Ergänzungsbilanz einstellen. Entsprechend müsste bei TB II verfahren werden. Beide Ergänzungsbilanzen sind korrespondierend zur Hauptbilanz fortzuentwickeln.

Für die Frage des Umfangs des Sonder-BV bei einem Transfer eines MU-Anteils verweist Tz. II lapidar auf § 6 Abs. 5 EStG und die dortigen Erkenntnisse.[170]

5.3 Einzelwirtschaftsgüter als Teilungsmassen

Obwohl die früher in Bezug genommene Norm des § 24 UmwStG für die Einbringung steuerliche Funktionseinheiten voraussetzt, erstreckte der BFH im Urteil vom 01.12.1992, BStBl II 1994 (!), 607 die Grundsätze der Realteilung auch auf Einzel-WG.

Beispiel 6: Realteilung mit Einzel-WG

A			Bilanz der E-KG (in T€)		P
	Buchwert	gW		Buchwert	gW
Bet. an X-KG	300	700	Kapital E	500	700
Einzel-WG	1.000	1.000	Kapital F	500	700
			Verb.	300	300
	1.300	1.700		1.300	1.700

Die Zielsetzung der Beteiligten E, F geht dahin, dem E die Einzel-WG – zusammen mit den Schulden – für dessen Betrieb zu übertragen, während F den MU-Anteil an der X-KG erhält. Damit kann zunächst ohne Ausgleichszahlungen eine Auflösung der E-KG erreicht werden.

Lösung:

Zunächst gilt einvernehmlich die Aussage, dass die einseitige Übernahme von Betriebsschulden – wie hier durch E, der alle Schulden der E-KG übernimmt – nicht als Gegenleistung bzw. als sog. »Spitzenausgleich« zu werten ist (Ausfluss der Einheitstheorie). Hieraus ergibt sich eine sehr flexible Gestaltung der Realteilung, da durch **disquotale Übernahme von Betriebsschulden** für einen steuerunschädlichen adäquaten Ausgleich gesorgt werden kann. Eine vergleichbare Möglichkeit besteht auch durch die über-/unterquotale Übernahme evtl. vorhandener **liquider Mittel** (Beispiel: Kasse-, Bankguthaben, da es sich insoweit nicht um wesentliche Betriebsgrundlagen handeln kann; vgl. *Tz. 3.3. der VwReal06*).[171]

Beide Möglichkeiten setzen »taugliche Teilungsmassen« auf der Aktivseite voraus. Im Beispiel 6 fehlt es an einer zweiten steuerfunktionalen Einheit: die Summe von **Einzel-WG** vermag allein keinen Teilbetrieb zu bilden.[172]

§ 16 Abs. 3 S. 2 EStG löste den Normenwiderspruch auf und sprach sich auch bei der Zuteilung von **Einzel-WG** für den **Buchwertzwang** aus.

Dabei werden als zusätzliche Voraussetzung für die neutrale Überführung von bestimmten Einzel-WG (Gebäude, GruBo[173] bzw. »wesentliche Betriebsgrundlagen«) nach S. 3 **Sperr- oder Haltefristen** für die betroffenen WG festgeschrieben. Drei Jahre nach Abgabe der **Feststellungserklärung** enden diese Fristen. Der Begriff der steuerschädlichen Veräußerung (bzw. Entnahme) wird dabei von den *VwReal06* sehr weit gefasst. So fallen hierunter (*Tz. VIII VwReal06*):

170　Damit wird ausdrücklich auch ein Nebeneinander von § 16 Abs. 3 S. 2 ff. EStG und § 6 Abs. 5 EStG anerkannt.

171　Nicht zugelassen wird von *Tz. 3.3 VwReal06* die sog. Einlagelösung, wo die Wertdifferenz durch Kreditaufnahme bzw. durch Direkteinlage ausgeglichen werden soll (sog. Scheineinlage).

172　Zum inhaltlichen Erfordernis des Teilbetriebs s. die ausführliche Diskussion *Preißer*, Band 1, Teil B, Kap. II.

173　Etwas anderes soll nach *Tz. 4.2 der VwReal06* aber dann gelten, wenn es sich bei »GruBo« um Umlaufvermögen handelt. Bedenkliche Auslegung contra legem!

- Tatbestände wie die spätere Aufnahme eines weiteren G'fters oder
- die Einbringung der betroffenen Sachgesamtheiten nach §§ 20, 24 UmwStG oder
- die Verwendung im Rahmen eines Formwechsel gem. § 25 UmwStG.

Dabei gilt diese Sperrfrist nur für wesentliche WG wie GruBo, Gebäude und andere wesentliche Betriebsgrundlagen.[174]

Ebenso gilt nach § 16 Abs. 3 S. 4 EStG die **Körperschaftsklausel**, die bei einer direkten oder reflexartigen Übertragung von Einzel-WG auf eine KapG zur Realisation zwingt. Dies ist immer dann der Fall, wenn die GmbH **vermögensmäßig** an der neuen MU-schaft (KG) beteiligt ist, d. h. bei einer GmbH & Co. KG, in die die Teilungsmassen eingebracht werden. Letzteres gilt auch dann, wenn die Überführung der Einzel-WG auf eine MU-Beteiligung des Realteilers mit einer GmbH im Sonder-BV erfolgt.[175]

Als **Fazit** hat für die Rechtslage ab 2001 eine Realteilung auch mit Einzel-WG zu Buchwerten zu erfolgen. Dies wird nachträglich korrigiert (Aufdeckungszwang), wenn ein **wesentliches Einzel-WG** innerhalb der Sperrfrist veräußert wird. »Profitiert« von der Übertragung direkt oder indirekt eine KapG, so ist insoweit bereits im Zeitpunkt der Zuteilung eine anteilige Aufdeckung der Reserven geboten.

5.4   Der Mitunternehmeranteil als Teilungsgegenstand

Der MU-Anteil, so wie er in § 15 Abs. 1 Nr. 2 EStG definiert ist, ist der idealtypische Teilungsgegenstand, zumal mit ihm sowohl im Ausgangsbetrieb als auch in dem Zielunternehmen wirklich geschlossene funktionelle Einheiten vorliegen.

Aufgrund der zwischenzeitlichen BFH-Rspr. – wenngleich in anderem Zusammenhang – sind derzeit drei Fragen ungeklärt:

    a) Ist auch ein Teil eines MU-Anteils begünstigter Gegenstand der Realteilung?
    b) Muss (und ggf. wie viel) auch Sonder-BV mitübertragen werden?
    c) Können WG – steuerunschädlich – zurückbehalten werden?

Zu a): Ist der **Teil eines MU-Anteils** taugliche Teilungsmasse?

Ein Vergleich der »konkurrierenden« Bestimmungen des § 6 Abs. 3 S. 1 EStG mit § 16 Abs. 3 S. 2 EStG zeigt eindeutig, dass der Gesetzgeber zwar bei § 6 Abs. 3 EStG mit dem 2. HS von S. 1 den Teil eines MU-Anteils einbezogen hat, dies aber in § 16 Abs. 3 S. 2 EStG nicht »nachvollzogen« hat. Dort – und insb. durch die Klarstellung in § 16 Abs. 1 Nr. 2 EStG (»gesamter Anteil« eines MU) – wird eindeutig auf den gesamten MU-Anteil als tauglichen Realteilungsgegenstand abgestellt.

Demgegenüber nimmt ein Teil der Lit. den entgegengesetzten Standpunkt ein und verweist darauf, dass der Gesetzgeber eben nur § 16 Abs. 1 Nr. 2 (gesamter Anteil) geändert hat und § 16 Abs. 3 S. 2 (MU-Anteil) insoweit »ungeschoren« davongekommen sei. Damit nehme der offene Begriff des MU-Anteils in § 16 Abs. 3 S. 2 EStG auch den Teil eines MU-Anteils auf. M. E. liegt eine Auslegung bei § 16 Abs. 3 EStG, die sich an § 16 Abs. 1 EStG orientiert, näher als eine offene Interpretation des Begriffs MU-Anteil. Als Ergebnis der hier vertretenen Auf-

---

174 Es gilt dabei die kombiniert funktional-quantitative Beurteilung. Umgekehrt können unwesentliche Gebrauchs-WG sofort nach der Realteilung veräußert werden, ohne dass rückwirkend der gemeine Wert anzusetzen ist.

175 Damit wird aber auch deutlich, dass der ursprüngliche Zweck der Körperschaftsklausel, Übertragungen auf solche Ziel-(Kapital-)Gesellschaften zu erschweren, deren Vermögen aus einem WG besteht (vgl. *van Lishaut*, DB 2000, 1787 sowie *Reiß*, BB 2000, 1969), mit der Neufassung nicht mehr vereinbar ist.

fassung kommen bei der Teilung von Anteilen eines MU-Anteils allenfalls Einzel-WG – mit den Sicherungsklauseln der Sätze 3 und 4 – in Betracht.

Da nunmehr aber auch Einzel-WG teilungsfähig sind, steht der Einbeziehung von Anteilen an MU-Anteilen nichts mehr im Wege.

Zu b): Zwangsläufige Übertragung des Sonder-BV?

Grundsätzlich zählt das Sonder-BV nach der BFH-Rspr. zum Inhalt des steuerfunktionalen Begriffs des MU-Anteils und stellt eben kein Einzel-WG dar. Im Rahmen der steuerneutralen Realteilung nach § 16 Abs. 3 S. 2 EStG ist somit das Sonder-BV, das zu den wesentlichen Betriebsgrundlagen des MU-Anteils zählt, mit einzubeziehen (sog. wesentliches Sonder-BV). Sind andere Personen an dem Gegenstand des Sonder-BV beteiligt, sollte auch eine kongruente (quotale) Übertragung des wesentlichen Sonder-BV im Rahmen der Realteilung erfolgen, ohne dass für den Teilungsvorgang die Behaltefristen des § 16 Abs. 3 S. 3 und 4 EStG bemüht werden müssen. Strittig ist derzeit, ob die Buchwertfortführung auch bei disquotaler Zuweisung des Sonder-BV gilt, wenn MU-Anteile aufgespalten werden[176] (sehr str.; wie hier *Wacker* in *Schmidt*, EStG (2020), § 16 Rz. 544). Nach dem IV. Senat (DStR 2017, 1376) soll aber Sonder-BV nur im Fall eines Rechtsträgerwechsels gem. § 16 Abs. 3 S. 2 EStG übertragen werden. Als Folge sind § 16 Abs. 3 S. 2 ff. und § 6 Abs. 5 S. 2 EStG kumulativ anwendbar (hierzu auch BMF vom 20.11.2019, DStR 2019, 2882).

Zu c): Steuerunschädliches Zurückbehalten von WG

Losgelöst von der Streitfrage, wie und ob § 6 Abs. 3 EStG und § 16 Abs. 3 S. 2 ff. EStG (eigentliche Realteilungsregelung) aufeinander abzustimmen sind, ist die Zurückbehaltung einzelner WG wegen der zwischenzeitlich zulässigen Realteilung von Einzel-WG heute gegenstandslos geworden. Im schlimmsten Fall (zurückbehaltene wichtige Betriebsgrundlagen) werden sodann als Restmasse – statt des MU-Anteils – Einzel-WG geteilt und zu Buchwerten übertragen; zu achten ist überdies auf die Sicherungsklauseln des § 16 Abs. 3 S. 3 und 4 EStG.

5.5 Realteilung mit Spitzenausgleich

Es sind Fälle denkbar, in denen zwar genügend und geeignete Teilungsmassen für die vorhandenen G'fter (Realteiler) vorhanden sind, die aber unterschiedliche Werte haben. Mangels liquider Mittel oder betrieblicher Verbindlichkeiten, die disproportional aufgeteilt werden, verbleibt den Beteiligten nur der Weg der externen Ausgleichszahlung.

Beispiel 7: Ungleiche Realteilung bei der G-KG/Erbquote zu je 1/2

	Buchwert	gW		Buchwert	gW
Teilungsmasse I	40	400	Kapital G	50	500
Teilungsmasse II	60	600	Kapital H	50	500
	100	1.000		100	1.000

Die Auflösung der G-KG im Wege der Realteilung wird nur dann erfolgen, wenn derjenige der G'fter (im Beispiel G), der die Teilungsmasse II erhält, bereit ist, den Ex-Partner H auszubezahlen (hier i. H. v. 100 T€).

Die Abfindungszahlungen stellen für den übernehmenden Miterben AK und für die Zahlungsempfänger einen Veräußerungserlös dar (s. Beschluss des GrS BFH vom 05.07.1990, BStBl

---

176 Bejahend *Wacker* in *Schmidt*, EStG (2021), § 16 Rz. 544.

II 1990, 837 sowie nunmehr BMF vom 14.03.2006, BStBl I 2006, 253, Rn. 12). Hierbei ist es irrelevant, ob die Ausgleichzahlung auf einer Vereinbarung der Miterben oder auf einem Testament des Erblassers basiert (s. BMF vom 14.03.2006, BStBl I 2006, 253, Rn. 16). Diese Grundsätze sind auch dann anzuwenden, wenn die Erben einzelne WG im Rahmen einer Zwangsversteigerung über den Nachlass erwerben (s. BFH vom 29.04.1992, BStBl II 1992, 727).

In Höhe der Differenz zwischen der Abfindungszahlung und dem Buchwert des hierfür anteilig erworbenen Vermögens sind die stillen Reserven aufzudecken. Im Falle der Übertragung von (Teil-)Betrieben wird der **Veräußerungsgewinn** ermittelt, indem die Abfindungszahlung dem Teil des Kapitalkontos gegenübergestellt wird, der dem Verhältnis der Abfindungszahlung zum hierdurch erworbenen BV entspricht (s. BMF vom 04.03.2006, BStBl I 2006, 253, Rn. 17). Das hier vorgestellte Vorgehen ist auch für den Fall anzuwenden, dass der Nachlass zwei eigenständige Betriebe zum Gegenstand hat, die aus Sicht der Erbengemeinschaft lediglich zwei Teilbetrieben der MU-schaft entsprechen (s. a. a. O., Rn. 17).

Der Veräußerungsgewinn ist nach §§ 16 Abs. 4, 34 EStG begünstigt, sofern die WG anschließend im Rahmen eines einheitlichen Aktes in das PV der Miterben übergehen (s. BMF vom 14.03.2006, BStBl I 2006, 253, Rn. 14).

Gehen die WG aber in das BV der Miterben über, so ist der Veräußerungsgewinn hingegen nicht nach §§ 16 Abs. 4, 34 EStG begünstigt. Gleichwohl unterliegt der Gewinn unter den Voraussetzungen des § 7 S. 2 GewStG nicht der GewSt, sofern dieser nur auf natürliche Personen entfällt (s. a. a. O., Rn. 19).

Übernehmen lediglich ein oder einige Miterben den Gewerbebetrieb und finden die anderen Miterben ab, so entsprechen die Folgen denen der entgeltlichen Veräußerung von MU-Anteilen (s. BFH vom 14.03.1996, BStBl II 1996, 310). Auch die Abfindung, die ein Miterbe für die nach § 1942 BGB erhält, ist als Veräußerungserlös i. S. v. § 16 Abs. 1 Nr. 2 EStG zu qualifizieren (s. BFH vom 20.04.2004, BStBl II 2004, 110 sowie BMF vom 14.03.2006, BStBl I 2006, 253, Rn. 37), obgleich ihm keine laufenden Einkünfte aus dem Gewerbebetrieb zuzurechnen sind.

Sind einem Erben aufgrund von Abfindungszahlungen Kosten für einen Betrieb, Teilbetrieb oder betrieblich genutzte WG entstanden, so liegen AK vor. In Höhe des dem Erben zustehenden Erbanteils liegt ein teilentgeltliches Erwerbsgeschäft vor und es greift die Fußstapfentheorie. In der Folge sind vorbehaltlich der Ausnahmeregelungen des § 16 Abs. 3 S. 3 und 4 EStG die Buchwerte fortzuschreiben, soweit die WG im BV verbleiben (s. BMF vom 14.03.2006, BStBl I 2006, 253, Rn. 20 f.). Überdies werden die Besitzzeiten der Rechtsvorgänger zugerechnet. Dieses ist insb. für die Möglichkeit der Bildung einer Rücklage nach § 6b EStG relevant. Wird das unentgeltlich erworbene WG zu einem späteren Zeitpunkt durch den Erben veräußert, so sind ihm die Besitzzeiten sowohl des Erblassers als auch der Erbengemeinschaft zuzurechnen (s. a. a. O., Rn. 21).

In Höhe des Verhältnisses der **Abfindungszahlung zum Verkehrswert** des durch den die Abfindung zahlenden Erben übernommenen BV liegt ein **teilentgeltliches** Erwerbsgeschäft vor (insoweit Trennungstheorie). Die AK sind auf die erworbenen WG im Verhältnis ihrer Verkehrswerte zu verteilen[177] und stellen in der Folge die AfA-Bemessungsgrundlage dar (s. BMF vom 14.03.2006, BStBl I 2006, 253, Rn. 17). Die AfA-Methode ist grundsätzlich neu zu bestimmen. Es folgen insoweit keine Besitzzeitanrechnung und keine Buchwertfortführung. Auf

---

177   S. auch *Wacker* in *Schmidt* (2019), Rn. 620 zu § 16 EStG.

die durch Abfindungszahlungen entstandenen AK kann eine vom Erben bereits gebildete § 6b-Rücklage übertragen werden (s. a. a. O., Rn. 21).

Lösung (Zahlen zu Beispiel 7):

Der Nachlass hat einen Gesamtwert von 1.000 T€. G und H hätten erbquotal je 500 T€ erhalten sollen. Der von G aufgewendete Ausgleichsbetrag von 100 T€ führt zu einem entgeltlichen Erwerbsanteil von 1/6 (100/600); zu 5/6 erwirbt G unentgeltlich. Auf die Zahlen des Falles bezogen hat G den Buchwert (60 T€) zu 5/6 unentgeltlich (50 €) und zu 1/6 die Teilungsmasse II entgeltlich erworben. Die Aktiva sind um 90 T€ (100 T€ AK zu 10 T€ Buchwert) aufzustocken. Umgekehrt erzielt B einen Veräußerungsgewinn nach § 16 Abs. 1 S. 1 Nr. 2 EStG.

Für das Gebäude eines im BV befindlichen bebauten Grundstücks ergeben sich dabei zwei AfA-Reihen. Hinsichtlich des unentgeltlich erworbenen Teils werden die Buchwerte der Erbengemeinschaft fortgeführt. Die AK stellen die Bemessungsgrundlage für die AfA des entgeltlich erworbenen Teils dar. Im Falle beweglicher WG kann aufgrund der einheitlichen Restnutzungsdauer sowohl für den entgeltlich als auch für den unentgeltlich erworbenen Teil auf eine Aufspaltung der AfA unterbleiben. Die AK werden dem Buchwert hinzugeschrieben und gehen so in die einheitliche AfA-Bemessungsgrundlage ein (s. BMF vom 14.03.2006, BStBl I 2006, 253, Rn. 20).

5.6 Folgewirkungen bei der Realteilung

Mit der Behandlung des Spitzenausgleichs als entgeltlichem Erwerbstatbestand sind Folgefragen verbunden:

Mit dem entgeltlichen Erwerb ist nach BFH-Urteil vom 20.04.2004 (BStBl II 2004, 987) ein Anschaffungsvorgang verbunden, der zum Lauf der Veräußerungs- (früher: Spekulations-)frist des § 23 Abs. 1 S. 1 Nr. 1a EStG führt. Eine ähnliche Beurteilung nimmt der BFH am 08.09.2004 (BStBl II 2005, 41) vor, als er bei der Beurteilung des gewerblichen Grundstückshandels des Erben nur auf den (im Urteilssachverhalt: im Rahmen einer Zwangsversteigerung) entgeltlich erworbenen Part abstellt.

5.7 Auswirkungen auf andere Steuern

Die Realteilung von Teilbetrieben unterliegt § 1 Abs. 1a UStG und stellt somit einen nicht umsatzsteuerbaren Tatbestand dar. Voraussetzung ist auch hier, dass der Teilbetrieb vom Realteiler fortgeführt wird.

Entfielen auf die PersG, deren Teilbetriebe nunmehr fortgesetzt werden, in der Vergangenheit Verluste, so ist beim gewerbesteuerlichen Verlustvortrag nach § 10a GewStG darauf zu achten, dass wegen des Doppelerfordernisses (Unternehmens- und Unternehmeridentität) nur die anteiligen, auf den fortführenden Realteiler entfallenden Verluste vorgetragen werden können.

V Die Beteiligung an einer Personengesellschaft inklusive Personenstandsänderungen, insbesondere die Veräußerung

1 Einführung

Das steuerliche »Innenleben« der PersG wird für einen Augenblick verlassen. Die steuerliche Behandlung des **G'fters (MU)** steht im Vordergrund, insb. seine Beteiligung an der PersG.

Ein kurzer Rückgriff auf das Gesellschaftsrecht führt in den Kern der Debatte. Die zivilrechtliche Betrachtungsweise der Beteiligung basiert auf dem Verständnis zur Gesamthand (§§ 717, 719 BGB, insb. § 719 Abs. 1 S. 1 2. HS BGB). Demnach wird im Falle der Übertragung unter Lebenden die Beteiligung an einer PersG als eigenes Recht bzw. genauer als Bündelung der einzelnen Rechtsbeziehungen und somit als ein Anteil an allen WG der Gesamthand betrachtet.[178] Die Verfügung ist allerdings durch die Mitwirkungsbefugnisse (s. § 709 BGB) der übrigen G'fter der PersG eingeschränkt.[179] Eine Beteiligung an (und Verfügung über) einzelne WG ist somit aus zivilrechtlicher Sicht nicht möglich (s. § 719 Abs. 1 S. 1 1. HS BGB). Vielmehr gibt es bei einer PersG mit Gesellschaftsvermögen nur eine Beteiligung an allen WG der Gesamthand, die allerdings durch die Mitwirkungsbefugnisse der Mit-G'fter eingeschränkt ist. Ebenso ist der einzelne G'fter nicht befugt, eine Teilung (der WG) zu verlangen (s. § 719 Abs. 1 S. 1 2. HS BGB). Außerdem bilden die dingliche Vermögensbeteiligung und die Mitwirkungsrechte nach § 717 BGB eine Einheit (sog. Abspaltungsverbot von Vermögensrecht und Mitgliedschaftsrecht).

Vor diesem Hintergrund haben sowohl das Handelsrecht als auch das Steuerrecht die Aufgabe zu erfüllen, die Beteiligung an einer PersG in ihr jeweiliges Konzept einzufügen. Das Grundproblem der Bilanzierung der Beteiligung an einer PersG in HB und StB – dem Grunde wie der Höhe nach – ergibt sich dabei durch eine grundlegend vom Gesellschaftsrecht abweichende Bilanzierungspraxis im Steuerrecht. Dies entspricht auch der ständigen Rspr. des BFH (ausführlich zuletzt BFH vom 24.06.2009, DStR 2009, 1948, s. BFH vom 02.04.2008, DStRE 2008, 786).

Solange dabei der G'fter »nur G'fter« ist (d. h. seine Beteiligung im **PV** hält), treten noch keine unüberwindbaren Schwierigkeiten auf. § 16 Abs. 1 Nr. 2 EStG erweitert dabei den Bereich der laufenden gewerblichen Einkünfte nach § 15 Abs. 1 Nr. 2 EStG auch auf die **Veräußerungstatbestände.** Man wird allerdings fragen, ob (und wie) das Konzept des Gesamthandsverständnis in das Bilanzrecht übertragen werden kann, insb. wenn es darum geht, die Aufwendungen eines neuen G'fters für eine erworbene Beteiligung bilanziell zu würdigen. Vorgreiflich der detaillierten Darstellung ist jetzt schon darauf hinzuweisen, dass sich die noch h. M. im Steuerrecht die Beteiligung an einer PersG – anders als das BGB – als die »**ideellen Anteile des G'fters an den einzelnen WG des Gesamthandsvermögen**« vorstellt.[180] Entsprechend entscheidet der BFH in ständiger Rspr., beginnend mit dem Urteil vom 23.07.1985 (DB 1985, 1976) und ausdrücklich zuletzt im Urteil vom 02.04.2008, (BStBl II 2008, 679).[181]

Besonders schwierig wird es, wenn die Beteiligung an einer PersG **im BV** des G'fters gehalten wird und dort die Frage lautet, wie und mit welchen Werten die Beteiligung zu erfassen ist. An dieser Stelle muss man auf eine weitere Schwierigkeit der Praxis hinweisen. Es

---

178 Vgl. auch *Preißer/Pung*, Die Besteuerung der Personen- und Kapitalgesellschaften, 2012, Teil B, Kap. VI.

179 S. *Palandt*, § 719 BGB, Rn. 1 ff.

180 So der BFH in ständiger Rspr. (beginnend mit BFH vom 23.07.1985, DB 1985, 1976 und ausdrücklich zuletzt Urteil vom 19.01.1989, BStBl II 1989, 393); s. auch für einen Fall der Betriebsaufspaltung BFH vom 30.10.2002, BStBl II 2003, 272. Aus der Lit. statt aller *Wacker* in *Schmidt* (2016), § 16 Rz. 480 und *Schmidt*, § 15 Rz. 690.

181 S. auch für einen Fall der Betriebsaufspaltung BFH vom 30.10.2002, BStBl II 2003, 272.

gibt – von einigen Vorschlägen (IDW/BStB-Kammer) abgesehen – keine einheitliche handelsrechtliche Darstellungsform für den Kapitalausweis eines G'fters einer PersG und schon gar
keinen verbindlichen Ausweis für die Beteiligung im BV des G'fters.[182]

Unerheblich ist hingegen, wem die Beteiligung an der PersG als (wirtschaftliches) Eigentum zuzurechnen ist. Die nachfolgenden Ausführungen für die bilanzielle Behandlung der
Beteiligung an einer PersG gelten unabhängig davon, ob ein Einzelunternehmen, ein Freiberufler (§ 18 EStG) oder eine andere PersG oder KapG diese Beteiligung hält, sofern diese
Gesellschaften gem. §§ 1 Abs. 1, 6 Abs. 2 (für die KapG'en), 238, 242 HGB i. V. m. §§ 140, 141 AO
zur Buchführung und zur Aufstellung des Jahresabschlusses verpflichtet sind oder freiwillig
Bücher führen und so den steuerlichen Gewinn durch BVV (s. §§ 4 Abs. 1, 5 Abs. 1 und 6 EStG)
ermitteln.[183]

2 Die Bilanzierung der Beteiligung

Das nachfolgende Beispiel verdeutlicht schlagartig die Anwendungshäufigkeit ebenso wie
es die Notwendigkeit nach einer einheitlichen Regelung, zumindest für die StB, manifestiert.

Beispiel 1: Zwei PersG im Beteiligungsverbund

Eine OHG (A/B zu je 50 %) ist seit 01.07.2021 an einer KG als Kommanditistin beteiligt. Der OHG wird
gegen Überweisung von 40.000 € eine Beteiligung in dieser Höhe eingeräumt und auf dem Kapitalkonto gebucht. Gleichzeitig zahlt die OHG für anteilige stille Reserven im Warenbestand 5.000 € und
für einen Firmenwert 8.000 €.

Die KG hat ein abweichendes Wj. (01.07.–30.06.). Für 21 wird ein Gewinnanteil von 9.000 € erwartet, den die OHG noch im Dezember 21 entnimmt.

Der Gewinnfeststellungsbescheid 21/22 für die KG weist der OHG im Oktober 22 einen anteiligen
Gewinn von 20.000 € zu.

Aufgabe: Die Bilanzposten »KG-Beteiligung« sind in der OHG-Bilanz (HB/StB) für die Jahre 21 und
22 darzustellen.

2.1 Die Beteiligung in der Handelsbilanz

Für das Handelsrecht gilt die Beteiligung an einer PersG als Vermögensgegenstand (VG) i. S. d.
§ 246 HGB (bei KapG bzw. bei Anwendbarkeit des § 264a HGB auf bestimmte PersG i. V. m. § 266,
§ 271 Abs. 1 S. 3 HGB), da sie selbständig verkehrsfähig[184] und damit einzeln bewertbar ist.

Bei der handelsrechtlichen Erstbewertung sind in allen Fällen in der Bilanz der OHG **die
AK** der Beteiligung nach § 253 i. V. m. § 255 HGB anzusetzen. Nach der favorisierten Brut-
tomethode ist der vollständige Einlagebetrag zu aktivieren, etwaige Resteinzahlungsver-
pflichtungen sind zu passivieren. Der Ausweis erfolgt bei PersG i. S. d. § 264a HGB gem. § 266
HGB bei den Finanzanlagen als Beteiligung, sofern § 271 Abs. 2 HGB erfüllt ist, als Anteil an
verbundenen Unternehmen. Liegen die Voraussetzungen des § 264a HGB nicht vor, ist die
Anwendung von § 266 HGB für die Bilanzgliederung nicht zwingend. In der Praxis wird § 266
HGB jedoch regelmäßig auch für PersG, die nicht unter § 264a HGB fallen, angewandt (s. auch
Dietel, DStR 2002, 2140 m. w. N.).

Für die handelsrechtliche Folgebewertung werden mit der steuerrechtlichen »Spiegelbildmethode« (vgl. unten Beteiligung in der Steuerbilanz), einer Darstellung entsprechend

---

182 Anders als bei der KapG, vgl. § 266 Abs. 3 HGB. Wohl aus diesem Grunde übernimmt häufig die Praxis das Raster des
§ 266 HGB, um es – ohne Kompatibilitätsprüfung (Kapitalrücklage!) – auf die PersG zu übertragen. Vgl. aber den Kapitalkontenausweis bei einer GmbH & Co. KG, geregelt durch das KapCoG.

183 Vgl. *Preißer/Pung*, Die Besteuerung der Personen- und Kapitalgesellschaften, Teil B, Kap. VI 5 und 13.

184 Kriterien der Verkehrsfähigkeit: Einzeln beschaffbar, veräußerbar und einlegbar.

dem früheren »Equity-Ansatz« bei Konzernabschlüssen[185] und den allgemeinen Bewertungsvorschriften des HGB, drei verschiedene Auffassungen vertreten. Sowohl Spiegelbildmethode als auch der »Equity-Ansatz« können wegen ihrer anderen genuinen Einsatzfelder hier nicht überzeugen und werden mehrheitlich nicht vertreten. Zu bewerten ist die Beteiligung handelsrechtlich demzufolge anhand der allgemeinen Bewertungsvorschriften des HGB.

Da für die Beteiligung auch für die Folgebewertung das Anschaffungskostenprinzip des § 255 HGB gilt, werden Gewinnanteile über den Ausweis einer entsprechenden Forderung dargestellt. Verlustanteile sind bilanziell hingegen grundsätzlich nicht zu erfassen, es sei denn, es liegt eine voraussichtlich dauernde Wertminderung der Beteiligung vor (s. *Bürkle/Knebel*, DStR 1998, 1067 und *Dietel*, DStR 2002, 2140).

Nach der Folgebewertung, aufgrund handelsrechtlicher Bewertung, sind wegen des Realisationsprinzips (§ 252 Abs. 1 Nr. 4 HGB) Gewinnansprüche erst dann zu erfassen, wenn der zugrunde liegende Rechtsakt wirksam ist. Bei einer PersG (hier: KG) ist dies dann der Fall, wenn der Gewinnanteil dem Konto des G'fters (hier: der OHG) gutgeschrieben wird[186]; vorher muss der Gewinn allerdings entstanden sein.

Gewinnentnahmen[187] ändern den Beteiligungswert bei voll erbrachter Einlage nicht. Umgekehrt sind spätere Einlagen nach erbrachter und ausgewiesener Einlage (freiwillige Nachschüsse) als nachträgliche AK auf die Beteiligung zu aktivieren.

Wichtig in diesem Zusammenhang ist, dass gem. § 253 Abs. 3 S. 3 HGB eine dauernde (zu erwartende) Verlustsituation in der HB zu einer zwingenden Wertminderung der Beteiligung und damit zu einer außerplanmäßigen Abschreibung führt. Nach § 253 Abs. 2 S. 4 HGB kann eine außerplanmäßige Abschreibung auch bei voraussichtlich nicht dauernder Wertminderung vorgenommen werden, da die Beteiligung gem. § 266 HGB eine Finanzanlage darstellt. Eine planmäßige Abschreibung ist hingegen auch nach neuer Rechtslage nicht vorgesehen, da die Beteiligung keine zeitlich begrenzte Nutzungsdauer (vgl. § 253 Abs. 3 S. 1 HGB) hat.

Lösung – HB:

Die Beteiligung an der KG ist gem. § 246 Abs. 1 HGB i. V. m. § 264a, § 266, § 271 Abs. 1 S. 3 HGB in der Bilanz der OHG zu aktivieren. Die Erstbewertung zu (unstreitigen) Anschaffungskosten beträgt 53.000 €.

Im Jahr 21 ist die Entnahme von 9.000 € zu erfassen.

Weil der Gewinn aufgrund des abweichenden Wj. der KG noch nicht entstanden ist (noch keine Gewinnentnahme), besteht (vorbehaltlich anderer Regelungen im Gesellschaftsvertrag) noch kein Anspruch der OHG auf Auszahlung, sodass die Entnahme durch Ausweis einer Verbindlichkeit gegenüber der KG in der Bilanz der OHG zu erfassen ist. Eine außerplanmäßige Abschreibung des Bilanzpostens KG-Beteiligung ist hier mangels Verlustsituation zu verneinen. In der Bilanz der KG ist das (variable) Kapitalkonto der OHG entsprechend zu mindern.

Allerdings hat im Jahr 20 eine entsprechende Korrektur zu erfolgen, da nun eine **Gewinnentnahme** (durch Feststellung und Gutschreibung des Gewinnanteils auf dem Kapitalkonto der OHG) vorliegt. Der Gewinnanteil von 20.000 € ist in 22 ebenfalls durch Ausweis einer entsprechenden Forderung zu berücksichtigen. Die Höhe der Forderung der OHG gegenüber der KG beträgt am 31.12.22 demnach 20.000 € ./. bereits ausgezahlter 9.000 € = 11.000 €. In der Bilanz der KG ist das zuvor geminderte Kapitalkonto der OHG um 20.000 € zu erhöhen.

Schematisch entwickelt sich die Bilanz der OHG bezogen auf die KG-Beteiligung wie folgt:

---

185 Durch die Einführung des BilMoG vgl. nun § 312 Abs. 1 S. 2 HGB, nachdem der »Equity-Ansatz« nur noch in Form des Ausweises des Unterschiedsbetrages zum Buchwert im Konzernanhang ausgewiesen wird.

186 Der (wenn überhaupt vorkommende) Gewinnverteilungsbeschluss hat bei PersG nicht die Bedeutung wie bei KapG.

187 Anders Kapitalentnahmen, die das Gegenstück zu späteren Einlagen darstellen und somit den Beteiligungswert mindern (vgl. *Weber*, GoB, 85).

AK 01.07.21	53.000 €
ohne Gewinnanteil	–
./. Entnahme 21	
KG-Beteiligung	**53.000 € (31.12.21)**
+ Gewinn 21/22	
KG-Beteiligung	53.000 € (31.12.21)

Verbindlichkeiten 01.07.21	0 €
+ Entnahme 21	10.000 €
Verbindlichkeiten KG	**10.000 € (31.12.21)**
./. Gewinn 21/22	25.000 €
Forderungen KG	**15.000 € (31.12.22)**

2.2   Die Beteiligung in der Steuerbilanz

Der BFH hat bzgl. der Bilanzierung der Beteiligung an einer KG eine zweistufige Herangehensweise entwickelt. Aufgrund einer rechtsfolgenorientierten Betrachtungsweise weist der BFH im ersten Schritt die Beteiligung an der PersG nicht als eigenständiges WG (mit AK) aus.[188] Nach § 39 Abs. 2 Nr. 2 AO wird die **Gesamthandsbeteiligung** materiell-rechtlich umqualifiziert in einen »ideellen Anteil an den einzelnen WG« des Gesamthandsvermögen. In einem zweiten Schritt wird dem (Transparenz-)Konzept des § 15 Abs. 1 Nr. 2 EStG Rechnung getragen, wonach der Gewinn auf der Ebene der PersG, an der sich der G'fter beteiligt, schon erfasst ist und der G'fter in dieser Eigenschaft – ohne weiteres Zutun – stpfl. wird.

In letzter Konsequenz dürfte der BFH die Beteiligung an einer PersG in der StB mangels WG-Qualität überhaupt nicht ausweisen. Dem folgt allerdings die Praxis nicht, weil sich offensichtlich der Anschaffungsaspekt für einen bezifferbaren und veräußerbaren (!) Gegenstand als hartnäckiger erweist als das Artefakt (= Kunstprodukt) des BFH.

Aus diesem Grunde hat sich die sog. **Spiegelbild-Methode** durchgesetzt, der zufolge der Beteiligungsausweis in der StB des G'fters (auch Obergesellschaft genannt) spiegelbildlich mit dem Kapitalkontenausweis (einschließlich der Sonder- und Ergänzungsbilanzen) bei der Hauptgesellschaft (auch Untergesellschaft genannt) übereinstimmt. Damit wird erreicht, dass Gewinnanteile nicht doppelt oder gar nicht erfasst werden und dass »Gewinnzuweisungen« (Gewinnausschüttungen) keine Rolle spielen. Das **bilanztechnische Problem**, dass sich durch einen erzielten (und gutgeschriebenen) Gewinnanteil der Aktivposten »Beteiligung« automatisch erhöht und damit grundsätzlich ein gewinnerhöhender Vorgang eintritt, wird dadurch vermieden, dass die Erhöhung des Aktivums als »**Quasi-Einlage**« oder durch **außerbilanzielle Kürzung** zu einem **erfolgsneutralen** Vorgang heruntergestuft wird (umgekehrt bei Verlustzuweisungen).

Noch bedeutsamer ist allerdings, dass bei der Darstellung nach der Spiegelbildmethode **verhindert** wird, dass eine **drohende Verlustsituation** der Haupt-PersG über eine Teilwertabschreibung im Vorhinein berücksichtigt werden kann. Erst im Augenblick des feststehenden Jahresergebnisses der PersG kann (und muss) dies bei den G'ftern mit exakten Zahlen (konkreter Verlustanteil an der Untergesellschaft) berücksichtigt werden.

---

188 Unter anderen BFH vom 24.03.1999, BStBl II 2000, 399 und BFH vom 04.03.2009, 1953. Dies ändert jedoch nichts daran, dass in den StB – aus Vereinfachungsgründen – ein Bilanzposten »Beteiligung an PersG« gebildet wird.

Lösung – StB:

1. Aufgrund der Spiegelbildmethode muss zunächst das Kapitalkonto der OHG in der **Bilanz der KG** entwickelt werden (Zwischenstand zum 31.12.21):

A	Kapitalkonto OHG 21		P
Entnahme	9.000 €	AB	40.000 €
SB	**31.000 €**		
	40.000 €		40.000 €

Mangels Gewinnberücksichtigung (vgl. § 4a Abs. 2 Nr. 2 EStG) beträgt das Kapitalkonto der OHG zum 31.12.2021 in der Hauptbilanz der KG 31.000 €. Beim Beteiligungsansatz in der OHG-Bilanz wird zusätzlich ein Kapitalausweis in einer evtl. vorhandenen Ergänzungsbilanz berücksichtigt.

Im Beispiel 1 hat die KG in einer positiven Ergänzungsbilanz den Mehraufwand der OHG zu erfassen.

A	Positive Ergänzungsbilanz OHG 20		P
Mehrwert Waren	5.000 €[189]	Mehrkapital	12.733 €
Firmenwert	7.733 €[190]		
	12.733 €		12.733 €

1. In der OHG-Bilanz des Jahres 21 wird die KG-Beteiligung (eigentlich: Beteiligung an den Anteilen der Einzel-WG der KG) folglich mit **43.733 €** (31.000 € Hauptbilanz und 12.733 € Ergänzungsbilanz) ausgewiesen.
2. Zum **31.12.22** wird das Kapitalkonto in der Hauptbilanz um den Gewinnanteil von 20.000 € (**gewinnneutraler Zugang** am 30.06.22!) auf **51.000 €** erhöht; in der Ergänzungsbilanz beträgt das Schlusskapital **12.200 €** (Fortschreibung des Firmenwerts; kein Warenverkauf).

Der Bilanzposten »KG-Beteiligung« in der OHG-StB (22) beträgt demnach **63.200 €**. Wichtig ist in diesem Zusammenhang der nochmalige Hinweis, dass die Erfassung des Gewinnanteils von 20.000 € steuerneutral (»Quasi-Einlage« oder außerbilanzielle Kürzung) erfolgt. Der Gewinnanteil war bereits auf der Ebene der KG zum 30.06.22 steuerwirksam und darf nicht nochmals zum 31.12.22 gewinnwirksam sein.[191]

3   Der Eintritt in die Personengesellschaft

Der Gliederungspunkt hat hier nur die Funktion eines Erinnerungspostens, um das komplette Schicksal der Beteiligung an einer PersG abzulichten. Inhaltlich wird auf die Diskussion zu § 24 UmwStG verwiesen (s. Kap. IV 2).

4   Die Veräußerung der Beteiligung (§ 16 Abs. 1 Nr. 2 EStG)
4.1   Grundtatbestand und Modalitäten

Bekanntlich interpretiert der BFH die Beteiligung an einer PersG (= MU-Anteil) als die »ideellen Anteile an den WG der PersG« und behandelt – trotz anderslautender Formulierung (gem. § 16 Abs. 1 Nr. 2 EStG: »gesamter Anteil«) – den Veräußerungsvorgang als Übertragung der ideellen Anteile an den WG der PersG.[192] Vergleichbar der Einbringung nach § 24 UmwStG wird die begünstigte (§§ 16, 34 EStG) Veräußerung des **MU-Anteils** nur bei Über-

---

189 Bei den Waren wird unterstellt, dass sie in 10 nicht verkauft wurden.
190 Abschreibung des Firmenwerts von 8.000 € auf 15 Jahre gem. § 7 Abs. 1 S. 3 EStG; davon 1/2 = 267 €.
191 Um Missverständnissen an der Stelle vorzubeugen, ist zu erwähnen, dass eine **einmalige** Einbuchung »Beteiligungsertrag von 20.000 €« genügt!
192 S. die oben zitierten BFH-Urteile; am deutlichsten BFH vom 18.02.1993 BStBl II 1994, 224.

tragung **aller wesentlichen** Betriebsgrundlagen angenommen. Dies umfasst zwangsläufig die Ergänzungsbilanzwerte und das notwendige Sonder-BV, dem diese Wertigkeit zukommt. In verfahrensrechtlicher Hinsicht ist zu berücksichtigen, dass die Ermittlung des Veräußerungsgewinnes eines MU im Rahmen der Feststellungswirkung erfolgt, soweit es sich um gemeinschaftlich verwirklichte Tatbestandsmerkmale handelt; darüber hinaus können nur persönliche Gründe in den Folgebescheiden berücksichtigt werden. So kann es im Einzelfall im Folgebescheid zu einer Umqualifizierung in einen laufenden Gewinn des die Beteiligung veräußernden MU kommen (BFH vom 18.04.2012, BStBl II 2012, 647).

4.1.1 Das Sonder-Betriebsvermögen bei § 16 Abs. 1 Nr. 2 EStG

Anders als bei der Einbringung (gem. §§ 20, 24 UmwStG) wird das wesentliche Sonder-BV bei § 16 Abs. 1 Nr. 2 EStG nicht nur nach funktionalen Kriterien, sondern auch nach **quantitativen** Kriterien gebildet (die sog. kombiniert funktional-quantitative Methode).

Beispiel 2: Die Grüne Wiese und die Universal-OHG

Nach dem Zweiten Weltkrieg nahmen sich die drei Brüder A, B und C gemeinsam des Familienerbes an und schufen im Zentrum einer deutschen Großstadt ein Weltunternehmen (Jahresumsatz: 10 Mrd. €). A hatte der OHG eine Wiese (2.000 qm) zur Nutzung überlassen, auf der früher die Fahrräder der Angestellten »parkten«. Fast 60 Jahre später wird sie kaum mehr genutzt. Gelegentlich dient sie als Müllhalde für Verpackungsmaterial. Die »Wiese« ist mit 1.000 € (»DM-Eröffnungsbilanz«-Wert) im Sonder-BV des A bilanziert.

Nach Streitigkeiten mit seinen Brüdern findet A im Jahre 2020 einen Käufer K, der bereit ist, für die Beteiligung 105 Mio. € zu zahlen (Buchkapital: 100 Mio. €). Schicksal der Wiese?

Die im (notwendigen) Sonder-BV I erfasste Immobilie des A gehört unter **quantitativen** Gesichtspunkten zu den wesentlichen Betriebsgrundlagen.[193] Wegen der Zielsetzung des § 16 EStG (begünstigte Erfassung aller schlagartig aufgedeckten Reserven) zählen auch solche WG wie die Immobilie des A hierzu, die unter rein funktionalen Aspekten nicht darunterfallen würden. Für das Grundstück gibt es mehrere Möglichkeiten:

   a) Verkauf der Wiese an den Erwerber des OHG-Anteils.
   b) Verkauf an eine andere Person, während der OHG-Anteil an K verkauft wird.
   c) Zurückbehalten der Wiese (PV) und Weitervermietung an die OHG.
   d) Übertragung der Wiese auf ein anderes BV des A.
   e) Hinzu kommt die Variante, dass sich A und K bei den Verhandlungen zwar über den Kaufpreis der Immobilie (5 Mio. €) verständigen können und demzufolge nur die Wiese an K verkauft wird, hinsichtlich der OHG-Beteiligung aber uneins auseinandergehen und A weiterhin OHG-G'fter bleibt.

Lösung:
1. **Begünstigter Veräußerungsvorgang nach § 16 Abs. 1 Nr. 2 EStG**
   - §§ 16, 34 EStG setzen voraus, dass die Veräußerung der wesentlichen Betriebsgrundlagen an einen Erwerber erfolgen muss. Damit erfüllt nur **Variante a)** die Voraussetzung einer **begünstigten** Veräußerung des MU-Anteils.
   - Bei **Variante c)** wird man wegen der Zielsetzung des § 16 EStG zu einer Kombination von Veräußerung des MU-Anteils (§ 16 Abs. 1 Nr. 2 EStG) und einer Aufgabe des wesentlichen Sonder-BV nach § 16 Abs. 3 EStG (S. 7: Ansatz mit dem gemeinen Wert)

---

193 Zur Parallelproblematik bei unentgeltlichen Übertragungen (§ 6 Abs. 3 EStG) vgl. BMF vom 03.03.2005, BStBl I 2005, 458.

EStG gelangen und auf den addierten Veräußerungs-/Aufgabegewinn §§ 16, 34 EStG anwenden.

2. **Begünstigte Aufgabe des MU-Anteils nach § 16 Abs. 3 EStG**
Bei der Übertragung der wesentlichen Betriebsgrundlagen an verschiedene Erwerber **(Variante b)** wird insgesamt eine Aufgabe – und keine Veräußerung – angenommen. Die Rechtsfolgen sind mit denen zu 1. weitgehend identisch (Ansatz: gemeiner Wert!).

3. **Laufender Gewinn nach § 15 Abs. 1 Nr. 2 EStG**
Bei **Sachverhalt e)**, in dem nur das wesentliche Sonder-BV veräußert wird, unterliegt der Veräußerungsgewinn bei A der Besteuerung gem. § 15 Abs. 1 Nr. 2 EStG, da das Sonder-BV alleine nie der Auslöser für die steuerfunktionale Einheit »MU-Anteil« sein kann; diese Funktion kommt alleine der Beteiligung an der PersG zu.[194]

4. **Überführung in ein anderes BV (Variante d)**
Während die Überführung des Grundstücks in ein anderes BV des A nach § 6 Abs. 5 S. 2 EStG zu Buchwerten erfolgt, bleibt in diesem Fall dem A die Vergünstigung der § 16, 34 EStG für den Verkauf der OHG-Beteiligung verwehrt, da es nicht zur schlagartigen Aufdeckung aller »wesentlichen stiller Reserven« kommt.[195]

Zwei weitere Problemfelder gesellen sich zwischenzeitlich hinzu:

1. Für den Fall, dass auch die Wiese den drei G'ftern A, B und C gemeinsam gehörte, stellt sich die Frage, ob und welcher Anteil der Wiese auf den Erwerber K übertragen werden muss, damit A die Tarifvergünstigungen der §§ 16, 34 EStG geltend machen kann.
Nach dem BFH vom 12.04.2000 (BStBl II 2001, 91) ist das **Sonder-BV** integraler Bestandteil des MU-Anteils und muss **anteilig** mitveräußert werden. Hieraus ist das Gebot der quotalen (bzw. kongruenten) Übertragung des Sonder-BV abgeleitet worden. Im vorliegenden Fall muss daher 1/3 des Grundstücks (= notwendiges Sonder-BV I) mitübertragen werden.

2. Der MU kann die Tarifermäßigung der §§ 16, 34 EStG dann nicht beanspruchen, wenn das Sonder-BV **unentgeltlich** auf den Erwerber übergeht (BFH vom 06.12.2000, BStBl II 2003, 194), da in diesem Fall keine zusammengeballte Aufdeckung stiller Reserven stattfindet. Dies (keine Anwendung der §§ 16, 34 EStG) gilt auch dann, wenn das Grundstück zu Buchwerten in ein anderes BV überführt wird (BFH vom 02.10.1997, BStBl II 1998, 104).

4.1.2 Bruchteilsveräußerung von Mitunternehmeranteilen

Bruchteile an MU-Anteilen konnten früher in die Veräußerung aufgrund der BFH-Rspr. in den begünstigten Anwendungsbereich von § 16 Abs. 1 Nr. 2 EStG einbezogen werden, sind hingegen ab 2002 durch die Neufassung von § 16 Abs. 1 **S. 2** EStG nicht mehr erfasst. Mit der Neufassung (»gesamter Anteil« eines G'fters) sollte vor allem das Zweistufenmodell unterbunden werden.

Bei dem hier vertretenen Konzept (Beteiligung als eigenständiges WG) kommt eine Veräußerung eines Anteils an dem WG »Beteiligung« ohnehin nicht in Betracht, da die Atomisierung eines WG (einer WG-Einheit) grundsätzlich nicht möglich ist (Ausnahme: Gebäude und R 4.2 EStR 2008).

---

194 Nur unter der Voraussetzung, dass das Sonder-BV selbst die Eigenschaft als Teilbetrieb (wie z. B. die 100%ige Beteiligung an einer GmbH) aufweist, ist nach *Reiß* in *Kirchhof-kompakt*, § 16 Rz. 213 a. E. eine Vergünstigung denkbar. Dies kann aber nur für diesen Ausnahmetatbestand (§ 16 Abs. 1 Nr. 1 S. 2 EStG) gelten, da ein »Teilbetrieb« am »MU-Anteil« nicht vorstellbar ist.

195 Näheres zur Überführung von WG nach § 6 Abs. 5 EStG s. »Leitfaden zur Bearbeitung von Fällen mit Übertragung oder Übertragung von WG nach § 6 Abs. 5 EStG«, OFD Karlsruhe vom 20.06.2006, Az.: S 2241/27 – St 111, Verteiler S 15.

Beispiel 2a:

A ist zu 50 % an der X-KG beteiligt. Sein MU-Anteil beträgt 50 % an den ideellen Anteilen an den Wirtschaftsgütern der X-KG. Sein Kapitalkonto beträgt 100 T€. Möchte A nun 25 % seines MU-Anteils veräußern, beträgt der zu veräußernde Anteil seines MU-Anteils 25 T€. Dies entspricht 25 % seines MU-Anteils. Es gehen 12,5 % der ideellen Anteile an den WG der Gesellschaft auf den neuen G'fter über.

4.1.3 Veräußerungsvorgang und -zeitpunkt

Die Veräußerung des MU-Anteils selbst stellt sich als dreiseitiges Rechtsgeschäft zwischen dem Ausscheidenden, dem Erwerber und der PersG (Zustimmung ist erforderlich) dar. Sie wird heute als Verkehrsgeschäft verstanden, wobei nach h.M. die Mitgliedschaft (inkl. der Vermögensposition) ein subjektives Recht ist, das nach §§ 413, 398 BGB (Abtretung eines Rechts) übertragen wird.[196]

Da häufig bestimmte »Fix«-Daten in den Übertragungsverträgen (»mit Wirkung vom 31.12. oder am 01.01.«) vereinbart werden, sah sich der BFH im Urteil vom 22.09.1992 (BStBl II 1993, 228) gezwungen, den rechtlich exakten Veräußerungszeitpunkt zu definieren. Danach wird auf das dingliche Erfüllungsgeschäft (und nicht auf das schuldrechtliche Verpflichtungsgeschäft) abgestellt, wobei sowohl die Einräumung des bürgerlich-rechtlichen Eigentums als auch des wirtschaftlichen Eigentums für die Zuordnung zum Feststellungszeitraum herangezogen wird. Für die Zukunft festgelegte Übertragungszeitpunkte sind – anders als rückwirkende Vereinbarungen – anzuerkennen, wenn sie entsprechend vollzogen werden.

Beispiel 3: Vater (V) und Sohn (S)

V überträgt am 01.07.2021 seine Kommanditbeteiligung an S gegen Bezahlung von 5 Mio. €. Vereinbart wird: »Mit Wirkung zum 01.01.2022«. Bereits am Silvesterabend 2020 nahm S erstmalig die Rechte des V in der G'fter-Versammlung kraft eigenen Rechts wahr.

Lösung: Als maßgeblicher Zeitpunkt kommen entweder der 31.12.2021 oder der 01.01.2022 in Betracht. Die Vereinbarung inmitten des Jahres lässt sich nur als schuldrechtliches Verpflichtungsgeschäft qualifizieren.

Zivilrechtlich sind die Anteile mit Zustimmung der anderen G'fter und den vertraglich vorgesehenen Willenserklärungen zwischen V und S übergegangen. Eine notarielle Form ist bei der Übertragung von Beteiligungen an PersG nicht vorgesehen, auch wenn z.B. Grundstücke zum Gesamthandsvermögen gehören.

Wirtschaftliches Eigentum (und damit im Zweifel der steuerlich maßgebliche Übergangszeitpunkt) wird an dem Tag begründet, ab dem der Erwerber die G'fter-Rechte kraft eigenen Rechts (und nicht kraft Stimmrechtsbevollmächtigung) wahrnimmt. Damit endet die Beteiligung des V am 31.12.2021 trotz anderslautender vertraglicher Vereinbarung.

Hinweis: Für den Fall einer aufschiebenden Bedingung bei der Veräußerung von MU-Anteilen (konkret: kartellrechtliche Zustimmung) entschied der BFH (Urteil vom 25.06.2009, BStBl II 2010, 182), dass das **wirtschaftliche Eigentum** grundsätzlich erst mit dem **Eintritt der Bedingung** übergeht, wenn dieser **Zeitpunkt nicht allein vom Willen und Verhalten des Erwerbers abhängt**.

Keine tarifbegünstigte Veräußerung eines MU-Anteils liegt hingegen vor, wenn wesentliche Betriebsgrundlagen schon vor der eigentlichen Übertragung des MU-Anteils veräußert wurden (BFH vom 06.09.2000, BStBl II 2001, 229).

---

196 Vgl. *Karsten Schmidt*, GesR 2003, § 45 III.

4.2   Die Besteuerung beim Veräußerer

Die Ermittlung des Veräußerungsgewinnes nach § 16 Abs. 1 Nr. 2 EStG lässt sich aufgrund der Gesetzesvorgabe und der Rspr. hierzu im Schema darstellen:

Gegenstand	Grundtatbestand	Mögliche Alternativen	Rspr.-Besonderheit	+/./.
I. Veräußerungspreis (§ 16 Abs. 2 EStG)	Entgelt (Einmal-Kaufpreis) Zu beachten: teilentgeltliche Übertragungen (Einheitstheorie)	Wiederkehrende Bezüge (Renten/Raten): Wahlrecht und »Soll-Prinzip« ggf. zzgl. Wert der internen Haftungsfreistellung	• Bei nachträglicher Änderung des Kaufpreises bzw. bei Aufhebung: § 175 Abs. 1 Nr. 2 AO • Ansonsten: § 24 Nr. 2 EStG	+
II. Buchwert	Kapitalkonto lt. Bilanz in der Hauptbilanz (Buchwert des Gesamthandsvermögens)	Inkl.: • Kapital lt. Ergänzungsbilanzen und • Kapital lt. Sonderbilanz	Falls inmitten des Jahres: kein Rumpf-Wj. (Schätzung!) • negatives Kapitalkonto	./.
IIa. Veräußerungskosten	Notar-/RA-/StB-Gebühren	Vorfälligkeitsentschädigung von »Schlusskrediten«	Zu unterscheiden von BA für laufendem Geschäftsverkehr	./.
III. Veräußerungsgewinn (§§ 16, 34 EStG)				=

An dieser Stelle wird nur auf Besonderheiten zur Ermittlung des Veräußerungsgewinnes eines MU-Anteils im Vergleich mit der Darstellung zum Grundtatbestand (§ 16 Abs. 1 Nr. 1 EStG)[197] eingegangen:

Zu I.:   Die fortbestehende fünfjährige Haftungssituation des ausscheidenden G'fters gem. § 159 HGB kann in dreifacher Hinsicht berücksichtigt werden:
- Bei drohender Inanspruchnahme ist noch in der Sonderbilanz II eine Rückstellung zu bilden;
- Eine nachträgliche tatsächliche Inanspruchnahme führt zu einer nachträglichen Korrektur des Veräußerungsgewinnes gem. § 175 Abs. 1 Nr. 2 AO bzw. zur Ausbuchung der Rückstellung;
- Eine interne Haftungsfreistellung ist ggf. als zusätzliches Entgelt bei § 16 Abs. 2 EStG zu berücksichtigen.

Zu II.:   Abzugsgrößen (Buchwerte) sind diejenigen Kapitalposten, die zu den mitveräußerten WG in den jeweiligen Bilanzen gehören. Beim Sonder-BV sind dies nur die mitveräußerten WG.

Soweit es sich um wesentliches Sonder-BV handelt, muss dieses mitveräußert oder in das PV überführt werden.

Zu IIa.:   Die Veräußerung ist gem. § 1 Abs. 1a UStG umsatzsteuerfrei. Es fallen daher keine Veräußerungskosten in Form der Umsatzsteuer an.

---

197 Ausführliche Erörterung des Grundtatbestandes bei *Preißer*, Band 1, Teil B, Kap. II 2.

4.3   Auswirkungen auf die Personengesellschaft und den Neugesellschafter

Der Verkauf des MU-Anteils des Ex-G'fters führt nach dem Verständnis der h. M. (Verkauf der ideellen Anteile an den Einzel-WG des Gesamthandsvermögen) zur Erfassung der anteiligen stillen Reserven. Der Mehraufwand des Erwerbers wird in dessen Ergänzungsbilanz berücksichtigt.

4.3.1   Zu- und Abschreibung (?) in der Ergänzungsbilanz des Erwerbers

Auch im Steuerrecht können aus bereits bilanzierten WG neue »Ersatz-WG« kreiert werden, ohne dass die alten WG verschwinden.

Beispiel 4: »Geklonte« WG in der Ergänzungsbilanz

X und Y haben in 18 ein Softwareunternehmen in der Rechtsform einer OHG gegründet und je 10.000 € Einlage erbracht. Das Unternehmen wird in einer ausgebauten Garage betrieben.
    Y verkauft am 31.12.2021 seinen Anteil an Z.

A	StB (sowie Abschichtungsbilanz) der OHG 31.12.21 (in €)				P
	Buchwert	Verkehrswert	Stille Reserven		
GruBo	5.000	15.000	10.000	Kapital X	10.000
Gebäude[198]	8.000	28.000	20.000	Kapital Y	10.000
UV	35.000	45.000	10.000	Verb.	28.000
Erfindung	–	30.000	30.000		
Geschäftswert	–	30.000	30.000		
	48.000	(148.000)	(100.000)		48.000

Der Kaufpreis beträgt 40.000 €.

Nach allgemeiner Auffassung wird der über dem Buchkapital liegende Erwerbspreis zunächst – entsprechend dem Anteil des ausscheidenden G'fters – auf die aktivierten WG verteilt und ein etwaiger Rest auf bislang nicht aktivierungsfähige, originäre immaterielle Einzel-WG (§ 5 Abs. 2 EStG) und im dritten Schritt auf den Geschäftswert verteilt. Dies stellt kein Problem dar, soweit der Mehraufwand identisch mit den anteiligen stillen Reserven ist. Dies wäre bei vorliegendem Zahlenmaterial (Beispiel 4) bei einem Kaufpreis von 60 T€ (10 T€ für die Übernahme der Buchwerte und 50 T€ für die anteiligen stillen Reserven) der Fall. Nachdem dieses idealtypische Verhältnis selten gegeben ist, ist es den »Erkenntnisträgern« aus der Rspr. und der Literatur überlassen, Theorien für den Mehraufwand zu entwickeln, wenn der Kaufpreis zwar das Buchkapital überschreitet, aber die anteiligen stillen Reserven nicht voll berücksichtigt. Nach h. A. soll der Mehraufwand im Verhältnis der stillen Reserven auf die WG aufgeteilt werden.[199]

---

198 Ursprüngliche AK/HK: 12.000 €.
199 Kritisch dazu *Meyering*, DStR 2008, 1011, der eine Verteilung der stillen Reserven im Verhältnis der Teilwerte ansetzt.

Lösung (Darstellung der zwei Theorien für das »Klonen« von WG)[200]:

1. Theorie 1 – »Klassische« Stufentheorie

1. Stufe: Zunächst wird der Mehraufwand (30 T€) bei den aktivierten WG anteilig berücksichtigt. Vorliegend können GruBo 5 T€, Gebäude 10 T€ und UV nochmals 5 T€ aufnehmen[201], »Rest« 10 T€.

2. Stufe: Für den noch nicht platzierten Mehrbetrag (10 T€) wird vermutet, dass er auf (das) immaterielle Einzel-WG entfällt (hier: die Erfindung); danach sind in der Ergänzungsbilanz die Mehraufwendungen aufgebraucht.

3. Stufe: Sollte der Kaufpreis auch diesen Betrag übersteigen (d. h. bei einem Kaufpreis > 45 T€), so wird dieser Mehrbetrag als anteiliger Geschäftswert in der Ergänzungsbilanz erfasst.

A	Ergänzungsbilanz		P
Mehrwert GruBo	5.000 €	Mehr-(Ergänzungs-)	
Mehrwert Gebäude	10.000 €	Kapital Z	30.000 €
Mehrwert UV	5.000 €		
Erfindung	10.000 €		
	30.000 €		30.000 €

2. Theorie 2 – Modifizierte Stufentheorie[202]

Nach dieser Theorie wird der Mehrbetrag (30 T€) proportional auf alle WG (inkl. eines Geschäftswerts) verteilt. Maßgeblich sind die stillen Reserven (oben Spalte 3: 100.000 €). Nachdem nur 3/10 aufgedeckt werden, hat die Ergänzungsbilanz nach dieser Theorie folgendes Aussehen:

A	Ergänzungsbilanz		P
Mehrwert GruBo	3.000 € (3/10 von 10.000 €)	Mehrkapital Z	30.000 €
Mehrwert Gebäude	6.000 € (3/10 von 20.000 €)		
Mehrwert UV	3.000 € (3/10 von 10.000 €)		
Erfindung	9.000 € (3/10 von 30.000 €)		
Geschäftswert[203]	9.000 € (3/10 von 30.000 €)		
	30.000 €		30.000 €

3. Stellungnahme

Nachdem die Veräußerung des MU-Anteils gleichzeitig als Anschaffung seitens des Erwerbers verstanden wird, spricht viel für die Erfassung des anteiligen Geschäftswerts. In der Ergänzungsbilanz des Erwerbers stellt dieser keinen Bilanz-Fremdkörper dar.[204] Es ist jedenfalls nicht ersichtlich, warum das immaterielle Einzel-WG plötzlich aktiviert werden kann, nicht hingegen der Geschäftswert, auf den die gleichen Bedenken (§ 5 Abs. 2 EStG) zutreffen.

---

200 Vgl. *Wacker* in *Schmidt*, EStG (2021), § 16 Rz. 487 ff. m. w. N.

201 Unterschreitet der Kaufpreis die Hinzuaktivierungshöhe der aktivierten WG (Beispiel: Kaufpreis < 30 T€), so werden die stillen Reserven in ihrem Verhältnis zueinander auf die WG der Ergänzungsbilanz übertragen. Bei einem Kaufpreis von 20 T€ würde der Betrag von 10 T€ im Verhältnis GruBo 2,5 T€, Gebäude 5 T€ und UV 2,5 € aufgeteilt werden.

202 Vertreter: BMF vom 25.03.1998, BStBl I 1998, 268 Rz. 24.04 und Rz. 22.08 UmwSt-Erlass a. F. bei der Einbringung zu Zwischenwerten.

203 Der Geschäftswert wird von der Verwaltung mit einbezogen (Rz. 4.06.), einige beziehen ihn bei der modifizierten Methode noch nicht mit ein (*Niehus/Wilke*, 205 f.).

204 Anders in der Hauptbilanz der PersG bei An-/Abwachsung.

Diese Frage ist auch nur von sekundärer Bedeutung und erweist sich als notwendiges Übel der **atomisierten Betrachtungsweise** der h. M., wonach eben der Kaufpreis anteilig den WG zuzuordnen ist und nicht einer einheitlichen WG »Beteiligung«.

Bei der Frage des Aufteilungsmaßstabes [stille Reserven (Theorie 2)] ist es – vom Anschaffungskonzept her – konsequent, sich an den Teilwerten zu orientieren und nicht an den stillen Reserven.

Die FinVerw scheint in anderem Zusammenhang Theorie 2 zu favorisieren (Tz. 22.09 und Tz. 24.04 des UmwStErl bei Einbringung gem. § 20 Abs. 2 S. 2 und gem. § 24 Abs. 2 S. 2 UmwStG zu Zwischenwerten).

4.3.2 Fortschreibung der Ergänzungsbilanz

Zu den im Detail umstrittensten Fragen zählt die Fortschreibung der Ergänzungsbilanzen (vgl. dazu aktuell BFH vom 20.11.2014, FR 2015, 552, der den Eintretenden so weit wie möglich einem Einzelunternehmen gleichstellen will). Dabei besteht noch Einigkeit darin, dass die Korrekturposten (»Mehrwert«/ »Minderwert«) **korrespondierend** mit der Hauptbilanz behandelt werden müssen, wenn diese WG durch Verkauf etc. **ausscheiden**. Über die weitergehende Behandlung besteht Streit, den auch nicht die FinVerw durch eine klärende Äußerung beizulegen bereit ist.[205] Auf *Uelner* ist der bezeichnende Satz zurückzuführen, dass die Entwicklung der Korrekturposten in der Ergänzungsbilanz zur »sachgerechten Besteuerung« des eintretenden G'fters führen müsse.

Beispiel 5: Fortentwicklung der Ergänzungsbilanz (Beispiel 4)

A	Hauptbilanz OHG (01.01.21)		P
GruBo	5.000 €	Kapital X	10.000 €
Gebäude	8.000 €	Kapital Z	10.000 €
UV (Waren)	35.000 €	Verbindlichkeiten	28.000 €
	48.000 €		48.000 €

A	Ergänzungsbilanz Z (01.01.21)		P
Mehrwert GruBo	3.000 €	Mehrkapital	30.000 €
Mehrwert Gebäude	5.700 €		
Mehrwert UV	9.300 €		
Erfindung	6.000 €		
Geschäftswert	6.000 €		
	30.000 €		30.000 €

Neben dem Verkauf eines inventarisierten Warenbestandes von 7.000 € ist zu berücksichtigen, dass für das Gebäude noch für ein Jahr eine erhöhte 10 %ige Abschreibung[206] von 1.200 € gewährt wird, die sich als persönliche Steuervergünstigung für die Gründungs-G'fter X und Y (z. B. § 7 Abs. 5 Nr. 1 EStG) qualifizieren lässt. Der reguläre AfA-Satz für das Gebäude beträgt gem. § 7 Abs. 4 Nr. 1 EStG 360 € (3 % von 12.000 €).

Lösung:[207]
- Bei der Veräußerung von WG oder bei sonstigem Abgang muss dieser Vorfall auch in der Ergänzungsbilanz berücksichtigt werden. Danach führt in der Ergänzungsbilanz der Verkauf von 1/5 des Warenbestandes ebenfalls zu einer Aufwandsbuchung von 1/5 (»Ergänzungs-Wareneinsatz« i. H. v. 1.860 €).

---

205 Wenn amtliche Äußerungen einen Sinn machen, dann zu technischen praxisbedeutsamen Fragen; an dieser Stelle können BMF-Schreiben ein Stück »Rechtssicherheit« bewirken.

206 Die maximal mögliche degressive AfA betrug zuletzt 4 % (§ 7 Abs. 5 Nr. 3c EStG) bei Bauantrag (Vertrag) vor 01.01.2006. Das 10 %-Beispiel mit der »alten« erhöhten AfA wird beibehalten, um die Folgen drastisch vor Augen zu führen.

207 S. auch zu den einzelnen Lösungsansätzen *Zimmermann*, Besteuerung der PersG, J.1. Beispiel 3 m. w. N. sowie *Wacker* in *Schmidt*, EStG (2021), § 15 Rz. 464 ff.

- Ähnlich schlagen außerplanmäßige oder (Teilwert-)Abschreibungen, die in der Hauptbilanz vorgenommen werden, auf die Korrekturposten in der Ergänzungsbilanz nieder, wenn sich nach der TW-AfA in der Hauptbilanz noch ein Abschreibungsbedarf ergibt.
- Bei der Abschreibung von Anlagevermögen wird nach h. M. bei beweglichen WG die Restnutzungsdauer als AfA-Grundlage genommen, und bei Gebäuden soll der typisierende Satz von § 7 Abs. 4 EStG zugrunde gelegt werden.
- Besonders umstritten ist die Behandlung von bereits abgeschriebenen GWG, die beim Anteilserwerb im Kaufpreis berücksichtigt wurden. Nach richtiger Ansicht kann nur der Betrag sofort abgeschrieben werden, der auf WG entfällt, deren anteilige AK unter 410 € liegen und die zusätzlich bei ihrer Erstanschaffung die Voraussetzungen als GWG erfüllt haben.
- Erstmalig aktivierte immaterielle WG sollen entsprechend ihrer voraussichtlichen Nutzungsdauer bzw. nach typisierenden Sätzen (§ 7 Abs. 1 S. 3 EStG) abgeschrieben werden.
- Für die Gebäude-AfA schließlich gilt:
  - In der Hauptbilanz der OHG wird die einmal eingeschlagene AfA (hier: § 7 Abs. 5 EStG) fortgeführt (Gewinnermittlungssubjekt).
  - Die erste Korrektur erfolgt in einer (negativen) Ergänzungsbilanz des Neu-G'fters Z, in dem der ihm nicht zustehende Anteil der erhöhten AfA (1/2 von 10 % von der ursprünglichen BMG) gegenläufig verbucht wird; danach würde auf Z überhaupt keine AfA entfallen.
  - Im nächsten Schritt wird zunächst der AfA-Anteil von Z nach den historischen AK/HK ermittelt (hier: 1/2 von 12.000 € x 3 %) und zusätzlich die AfA (3 %) auf den »Gebäude-Mehrbetrag« beim Erwerb des MU-Anteils.

A	G + V in der Ergänzungsbilanz Z (21) (in €)			P
Aufwand			Ertrag	
AfA-Gebäude[208]			Korrektur-AfA:	
3 % von 1/2 von 12.000	180		10 % von 1/2 von 12.000	
3 % von 5.700	+ 171	351	12.000	600
Wareneinsatz				
1/5 von 7.000		1.860		
Abschreibung				
Erfindung 1/15[209]		400		
Abschreibung				
Firmenwert 1/15		400		
Aufwand (Z)		–		2.411
		3.011		3.011

4.3.3 Besonderheiten

Unter unterschiedlichen Vorzeichen wird die Behandlung von vorhandenen **negativen Kapitalkonten** bei der Anteilsübertragung und die mögliche (?) Erfassung eines **negativen Geschäftswerts** diskutiert. Dabei löst das negative Kapitalkonto den Tatbestand des

---

208 Der Erfassung des Mehraufwands durch den Mehrwert in der Ergänzungsbilanz steht die Korrektur der überhöhten AfA in der Hauptbilanz (50 % von 10 % von 12.000 € HK) gegenüber, da Z in seiner Person nicht die »Hersteller«-Voraussetzung gem. § 7 Abs. 5 EStG a. F. erfüllt. Dies kann auch in einer gesonderten negativen Ergänzungsbilanz vorgenommen werden.
Gleichzeitig (»sachgerechte Besteuerung«) muss der hälftige lineare AfA-Satz gem. § 7 Abs. 4 EStG, bezogen auf die ursprünglichen HK, erfasst werden. Die historischen HK sind im Buchkapital enthalten.
209 Bei abschreibungsfähigen immateriellen Einzel-WG ist entweder § 7 Abs. 1 S. 3 EStG analog oder die geschätzte Nutzungsdauer anzusetzen.

§ 16 Abs. 1 Nr. 2 EStG aus, während der negative Geschäftswert eine Wunsch-Rechtsfolge bleibt.

Beispiel 6: Die doppelte »1«

Bei der L-KG scheiden M und N aus. Beide Anteile werden von O für jeweils 1 € erworben. An der L-KG ist noch der Komplementär L beteiligt. Zwischen den G'ftern ist eine identische Beteiligung (je 1/3) vereinbart.

A			Abschichtungsbilanz L-KG (in €)	P
	Buchwert	Teilwert		
GruBo	10.000	?	Kapitalkonto M	3.001
Sonstige Aktiva	100.000	100.000	Kapitalkonto L	110.000
Kapitalkonto N	3.001			
		113.001		113.001

1. Die Übernahme des Anteils (M) mit positivem Kapitalkonto zum Preis von 1 € wirft die Frage auf, ob M einen Veräußerungsverlust gem. § 16 Abs. 1 Nr. 2 EStG erleidet, ggf. wie sodann der Tatbestand in der Ergänzungsbilanz des O zu werten ist.
    Lösung: Veräußerungsverlust (!) und Erwerbsgewinn als negativer Geschäftswert (?)
    a) **Veräußerungsverlust des M**
        Rein rechnerisch ergibt der Verkauf des MU-Anteils zu 1 € einen Veräußerungsverlust von 3.000 € gem. § 16 Abs. 1 Nr. 2 EStG (1 € ./. 3.001 € = ./. 3.000 €). Dies setzt rein begrifflich voraus, dass es sich um eine entgeltliche Übertragung (= Veräußerung) des Anteils handelt. Soweit eine unentgeltliche Übertragung angenommen wird, greift § 6 Abs. 3 EStG mit der Folge Buchwertzwang und der weiteren Folge, dass M weder einen Verlust noch einen Gewinn »erleidet«, sondern O das Kapitalkonto des M ohne jede Korrektur übernimmt. Daneben besteht noch die (theoretische) Möglichkeit einer teilentgeltlichen Übertragung. Letztere wird bekanntlich im Rahmen der vorweggenommenen Erbfolge angenommen, die hier nicht ersichtlich ist.
        Eine **unentgeltliche** Übertragung der steuerfunktionellen Einheit (MU-Anteil) nimmt der BFH aber nur bei Übertragungen unter **Angehörigen** oder – allgemein – bei privater Veranlassung an. Nachdem es für beide Annahmen keinen Anlass gibt, wird ein betrieblicher Vorgang unter Fremden unterstellt.
        M erzielt einen gewerblichen **Veräußerungsverlust** von **3.000 €** gem. § 16 Abs. 1 Nr. 2 EStG.
    b) **Behandlung in der Ergänzungsbilanz des Erwerbers O**
        Zwischen den AK auf die Beteiligung (1 €) und dem übernommenen Kapitalkonto von 3.001 € klafft eine Differenz von 3.000 €, die in einer negativen Ergänzungsbilanz des O zu erfassen ist. Gem. BFH vom 21.04.1994, BStBl II 1994, 745, hat der Erwerber in einem solchen Fall zunächst eine Abstockung der Buchwerte der übernommenen WG vorzunehmen.
        Im Beispielsfall ist ersichtlich, dass von der Abstockung das WG »GruBo« betroffen ist, das in der Hauptbilanz nicht abgeschrieben werden durfte, aber von O entsprechend wertmindernd eingeschätzt wurde.

A	Negative Ergänzungsbilanz O	P
Minderkapital O	3.000 € | Minderwert GruBo	3.000 €

Der Wert wird in der negativen Ergänzungsbilanz des O solange fortgeführt, bis die Voraussetzungen für eine dauerhafte Wertminderung vorliegen (§ 6 Abs. 1 Nr. 2 S. 2 EStG). Der Teilwertabschreibung in der Hauptbilanz der KG folgt die **gewinnwirksame Auflösung** in der Ergänzungsbilanz des O.
Für den (hier nicht einschlägigen) Fall, dass eine Zuordnung zu überbewerteten WG und damit eine negative Ergänzungsbilanz nicht möglich ist, wurde in der Lit. die Einstellung

des Erwerbsgewinnes in einen »**negativen Geschäftswert**« gefordert.[210] Diesem bilanzrechtlich nicht haltbaren Petitum ist der BFH in einigen Entscheidungen (zuletzt Urteil vom
12.12.1996, BStBl II 1998, 180 und Urteil vom 26.04.2006, BStBl II 2006, 656) entgegenge-
treten und stellt stattdessen einen passiven Ausgleichsposten in der Ergänzungsbilanz des
Erwerbers ein, der gegen künftige Verlustanteile des G'fters erfolgserhöhend aufzulösen ist
(»spiegelbildliches betriebsinternes § 15a-Konzept«).

2. **Die Übernahme des negativen Kapitalkontos von N**
Vorbehaltlich der Detailfragen zum negativen Kapitalkonto eines Kommanditisten und dessen
Übernahme[211] stellt die Übernahme eines negativen Kapitalkontos eines Pers-G'fters steuerlich
immer eine Befreiung von der Ausgleichs-(Nachschuss-?)Pflicht des G'fters gegenüber der PersG
dar.
Lösung: Die Tatsache, dass der Erwerber O den gleichen Kaufpreis für eine »Minus-Beteiligung«
und für eine »Plus-Beteiligung« bezahlt, kann mit der inneren Wertigkeit der jeweiligen Beteiligung (gesellschaftsrechtliche Ausgestaltung) zusammenhängen und ist alleine noch kein Indiz,
den Erwerb von N als privat veranlasst anzusehen.

   a) **Veräußerungsgewinn des N**
   N wird von der Schuld gegenüber der KG befreit und erzielt damit einen Veräußerungsgewinn gem. § 16 Abs. 1 Nr. 2 EStG i. H. v. **3.002 €**.

   b) **Behandlung in der Ergänzungsbilanz O**
   O wird den Mehraufwand von 3.002 € nach der oben diskutierten »klassischen« Stufentheo-
   rie verteilen.
   Sollten sich weder aktivierte WG noch originäre immaterielle WG finden, die einen Mehrbetrag aufnehmen können, so ist in einer positiven Ergänzungsbilanz – spiegelbildlich zu
   Fall 1. – ein aktiver Ausgleichsposten zu bilden, der gegen künftige Gewinne verlustwirksam
   aufgelöst wird.

   c) **Exkurs: Erwerb mehrerer Anteile durch einen G'fter**
   Erwirbt ein Erwerber mehrere MU-Anteile an einer PersG, die beide zu unterschiedlichen
   Ergänzungsbilanzen führen, sollen nach der BFH-Rspr. beide Ergänzungsbilanzen zusam-
   mengefasst werden (so z. B. BFH vom 21.04.1994, BStBl II 1994, 745). M. a. W. ist für einen
   G'fter einer PersG nur eine Ergänzungsbilanz zu führen.

A	Zusammengefasste Ergänzungsbilanz O		P
Ausgleichsposten (N)	3.000 €	Minderwert GruBo	3.000 €
		Mehr-/Minderkapital	0 €
	3.000 €		3.000 €

Durch die Fassung des § 6b Abs. 10 EStG im UntStFG ist ab 2002 die Rücklagenbildung nach
§ 6b EStG nach einer mehrjährigen Unterbrechung wieder **gesellschafterbezogen** (in einem
zunächst reduzierten Umfang) zu interpretieren. Damit ist wieder Platz für die »Schulfälle« in
der Vergangenheit, da und wenn einer der G'fter nicht die persönlichen Voraussetzungen der
§ 6b-Rücklage (sechsjährige Besitzzeit) erfüllt hat.[212]

In diesen Fällen ist in seiner positiven Ergänzungsbilanz der auf ihn entfallende Betrag
der Rücklage zu aktivieren und korrespondierend mit der Hauptbilanz zu behandeln. Wird
die Rücklage auf ein Reinvestitionsobjekt der PersG übertragen, so ist sie folgerichtig in der
positiven Ergänzungsbilanz des G'fters aufwandswirksam aufzulösen.

Sehr spät im Gesetzgebungsverfahren wurde sogar die Rücklagenbildung für veräußerte
Anteile an KapG »restauriert«. Die Eckdaten der Regelung sehen wie folgt aus:

---

210 S. hierzu *Preißer/Bressler*, BB 2011, 427 (share deal) sowie *Preißer/Preißer*, DStR 2011, 133 (asset deal).
211 S. dazu *Preißer*, Band 1, Teil B, Kap. IV (§ 15a EStG).
212 S. *Girlich*, Teil A, Kap. V (§ 6b EStG).

- Bei der **Veräußerung von Anteilen an KapG** ist der Bruttogewinn – ohne Anwendung des Halbeinkünfteverfahrens – mittels einer Rücklage zu erfassen.
- Es erfolgt eine Volumenbegrenzung auf 500 T€, die wegen der gesellschafterbezogenen Leseart für jeden einzelnen MU gilt.[213]
- Als Reinvestitionsobjekte kommen neben KapG-Anteilen auch abnutzbare bewegliche WG (jeweils zweijährige »Wartezeit«) sowie Gebäude (vier Jahre) in Betracht.
- Bei linearer Reinvestition (alte wie neue WG sind Anteile an KapG) wird der Gewinn in voller Höhe auf die neuen Anteile übertragen, während ansonsten nur der stpfl. Teil reinvestitionsfähig ist.
- Ein etwaiger nicht übertragungsfähiger Veräußerungsgewinn ist gewinnerhöhend (6 %) aufzulösen und zu erfassen.

5 Das Ausscheiden durch An-/Abwachsung[214]

5.1 Die An-/Abwachsung als Anwendungsfall des § 16 Abs. 1 Nr. 2 EStG

Als zweite Form der Veräußerung nach § 16 Abs. 1 Nr. 2 EStG wird die An-/Abwachsung behandelt. Scheidet ein G'fter aus einer PersG mit Gesamthandsvermögen (AußenG) aus, so wächst sein Anteil am Gesamthandsvermögen den verbleibenden G'ftern zu.[215] Bei einer mehrgliedrigen PersG übernehmen die verbleibenden G'fter den Betrieb der identischen PersG, bei einer **zweigliedrigen** PersG führt das Ausscheiden des vorletzten G'fters zu einer **Umwandlung** der PersG zu einem Einzelunternehmen.[216] Diese außerhalb des UmwG und des UmwStG stattfindende Umstrukturierung fällt ebenfalls unter **§§ 736, 738 BGB** und damit auch unter § 16 Abs. 1 Nr. 2 EStG.[217] Als Ausgleich für den Verlust an seinem Gesamthandsanteil erhält der Ausscheidende einen **Abfindungsanspruch**, der üblicherweise im Gesellschaftsvertrag geregelt ist.

In der Ausgestaltung als **Buchwertklausel** wird damit nur das Buchkapital des Ausscheidenden abgegolten[218] und der Übergang vollzieht sich steuerneutral. Ist im Vertrag vereinbart, dass der ausscheidende G'fter mit dem **Verkehrswert** seiner Beteiligung abgefunden wird und übersteigt der Abfindungsanspruch das Kapitalkonto (das Buchkapital), so wird ein Veräußerungsgewinn realisiert. Umgekehrt unterschreitet bei einem niedrigeren Verkehrswert der Abfindungsanspruch das Kapitalkonto. Speziell in diesem Fall wird eine private Motivation zu prüfen sein, die ggf. den – rein rechnerisch entstehenden – Veräußerungsverlust verhindern wird (§ 12 EStG). Dies (private Veranlassung) unterstellt die FinVerw, wenn ausschließlich Angehörige an dem Vorgang beteiligt sind.

---

213 S. auch R 6b.2 Abs. 12 und 13 EStR 2008 und *Loschelder* in *Schmidt*, EStG (2020), § 6b Rz. 94.

214 Nach A. A. (*Reiß* in *K/S/M*, § 16 C 110 ff. ders. in *Kirchhof-kompakt*, § 16 Rz. 330 ff. (332)) stellt sich das Ausscheiden des MU als die Aufgabe des MU-Anteils (§ 16 Abs. 3 i. V. m. § 16 Abs. 1 Nr. 2 EStG) dar.
Richtig ist an dieser Beurteilung, die sich in den Rechtsfolgen nicht von der Veräußerung (h. M.) unterscheidet, dass der Fall der Sachwertabfindung für einige Jahre als Unterfall der Realteilung nach § 16 Abs. 3 EStG behandelt wurde. Auch die *VerwReal 06* (BStBl I 2006, 228) behandeln die Sachwertabfindung nicht als einen Unterfall der Realteilung, da die PersG nicht beendet wird.

215 Bei Ausscheiden des G'fters ohne Vermögensbeteiligung führen die verbleibenden G'fter die Buchwerte fort, ohne dass hier ein Übertragungsakt vorliegt (kein Fall des § 6 Abs. 3 EStG); vielmehr waren den verbleibenden G'ftern die Anteile schon vorher zuzurechnen (so auch OFD Berlin vom 19.07.2002, Az.: St 122 – S2241 – 2/02 – Fallgruppe 1); identisch OFD Rostock vom 31.03.2003 (n. n. v.).

216 Speziell an dieser Stelle ist darauf hinzuweisen, dass die An-/Abwachsung ein Unterfall der (partiellen) Gesamtrechtsnachfolge ist, da hier uno actu alle Gesamthands-WG auf die (den) verbleibenden G'fter übergehen.

217 So auch der BFH im Urteil vom 03.06.1997, BFH/NV 1997, 838 und im Urteil vom 10.03.1998 (BStBl II 1999, 269) und zuletzt im Urteil vom 20.02.2003 (BStBl II 2003, 700).

218 Sie hat im Steuerrecht eine besondere Bedeutung bei der Anerkennung von Familien-PersG und führt im Erbschaftsteuerrecht zu einer eigenständigen Bewertung.

Die Berechnung des Veräußerungsgewinnes folgt dem Ermittlungsschema des § 16 Abs. 2 EStG:

Abfindungsanspruch

./. Buchwert

./. evtl. Abfindungskosten

= Veräußerungsgewinn

Beispiel 7: Eine »liquide« Trennung

X und Y sind G'fter der X-Y OHG mit gleichen Beteiligungsverhältnissen. X scheidet zum 31.12.2021 aus der OHG aus. Nach der Abfindungsklausel erhält X zusätzlich einen Anteil an den stillen Reserven.

Die OHG erstellt folgende Abfindungsbilanz zum 31.12.21 (in €).

A		OHG-Abfindungsbilanz zum 31.12.21 (in €)		P
	Buchwert	(Teilwert)		
WG I	100.000	(120.000)	Kapital X	100.000
WG II	100.000	(140.000)	Kapital Y	100.000
Bank	200.000		Verbindlichkeiten	200.000
	400.000			400.000

1. Wie hoch ist der Abfindungsanspruch?
2. Wie lauten die Buchungssätze anlässlich des Ausscheidens?
3. Wie hoch ist ein evtl. Veräußerungsgewinn des X?
4. Wie sieht die Eröffnungsbilanz des Y aus?

Die lt. Abfindungsanspruch vorzunehmende Erfassung der stillen Reserven der aktivierten WG erfolgt in der Form, dass zunächst der Anteil des ausscheidenden G'fters an den stillen Reserven erfasst und dem Konto des Ausscheidenden gutgeschrieben wird. Im zweiten Schritt wird das Ausscheiden durch den erfolgsneutralen Passivtausch (BS: Aufgestocktes Kapitalkonto an Abfindungsschuld) dokumentiert. Im dritten Schritt wird die Erfüllung der betrieblichen Abfindungsverbindlichkeit verbucht.

Lösung:

1. **Höhe des Abfindungsanspruchs**
   Im Ausgangsfall ist X auch an den stillen Reserven der aktivierten WG beteiligt. Entsprechend der Beteiligungsquote von 50 % erhält X über sein Kapitalkonto hinaus einen Betrag von 30.000 €. Die Abfindungsverbindlichkeit beläuft sich auf 130.000 €.
2. **Buchungssätze anlässlich des Ausscheidens**

1. BS:	WG I	10.000 €	an	Abfindungsschuld	130.000 €
	WG II	20.000 €			
	Kapital	100.000 €			
2. BS:	Abfindungsschuld	130.000 €	an	Bank	130.000 €

1. **Veräußerungsgewinn des X**
   Der von X gem. §§ 16, 34 EStG zu versteuernde Veräußerungsgewinn für den MU-Anteil gem. § 16 Abs. 1 Nr. 2 EStG beträgt 30 T€ (130 T€ ./. 100 T€).

2. Eröffnungsbilanz des Y
Durch das Ausscheiden des X aus der zweigliedrigen OHG entsteht jetzt ein Einzelunternehmen Y.

A	Eröffnungsbilanz Y 01.01.22 (in €)		P
WG I	110.000	Kapital Y	100.000
WG II	120.000	Verbindlichkeiten	200.000
Bank	70.000		
	300.000		300.000

Die Eröffnungsbilanz zeigt i. V. m. dem Veräußerungsgewinn des X, dass die anteiligen stillen Reserven aufgelöst sind und sich jetzt hinzuaktiviert im alleinigen BV des Y wiederfinden. Der Realisationsakt selbst ist alleine vom ausscheidenden G'fter X zu versteuern. Bei Y ist die **latente Steuergröße** (steuerliche Belastungsdifferenz zwischen Verkehrswert und Buchwert) »**aktiviert**« worden, ohne dass in seiner Person ein steuerrelevanter Tatbestand vorliegt (identische Kapitalkonten des Y – ohne Vorliegen eines privaten Korrekturbestandes).[219] Der verbleibende G'fter Y erwirbt die Anteile des ausgeschiedenen G'fters X mit dem hinzuaktivierten Betrag, der gleichzeitig den Nennwert der Abfindungsschuld ausmacht.[220]

5.2   Problemfelder beim Ausscheiden
Nicht immer ist der Abfindungsanspruch so einfach zu ermitteln wie im letztgenannten Beispiel 7, wo es nur galt, die stillen Reserven in den bereits aktivierten materiellen WG zu ermitteln und anteilig zuzurechnen. Beinhaltet der Abfindungspassus eine zusätzliche Beteiligung am **Geschäftswert**, so ist dieser – ggf. zusammen mit originären immateriellen Einzel-WG – zu ermitteln und anzusetzen.

Beispiel 8: Eine komplizierte Abfindung
An der V-W-OHG (gleiche Beteiligungsverhältnisse von V und W) scheidet V (negatives Kapital von 100.000 €) inmitten des Jahres aus. Er erhält einen Verrechnungsscheck über 100.000 €. W führt den Betrieb als Einzelunternehmen fort.
Die Abschichtungsbilanz der V-W-OHG zum 30.06.2021 hat folgendes Aussehen:

A	Abschichtungsbilanz der V-W-OHG zum 30.06.21 (in €)			P
	Buchwerte	Teilwerte	Kapital W	900.000
Anlagevermögen	400.000	600.000		
Umlaufvermögen	400.000	500.000		
Kapital V	100.000			
	900.000			900.000

Buchungssätze und die Eröffnungsbilanz sind zu erstellen.

Die Höhe der Abfindung von 100 T€ lässt auf eine Abfindungsklausel schließen, bei der nicht nur die stillen Reserven abgegolten werden, sondern darüber hinaus noch eine Beteiligung am Firmenwert, da mit den anteiligen stillen Reserven aller WG i. H. v. 150.000 € (200.000 € : 2 + 100.000 € : 2) alleine nicht der Verrechnungsscheck von 100.000 € erklärt werden kann.

---

219 Zum darin liegenden Verstoß gegen den Grundsatz der Individualbesteuerung vgl. auch *Reiß* in *Kirchhof-kompakt*, § 16 Rz. 350.
220 Vgl. *Wacker* in *Schmidt*, EStG (39. Aufl., 2020), § 16 Rz. 451 ff. (456 und 463).

Dabei ist zunächst zu unterstellen, dass beim Ausscheiden eines G'fters mit **negativem Kapitalkonto** buchhalterisch eine Schuld des Ausscheidenden gegenüber der PersG gelöscht wird. Die Tilgung der Schuld ist grundsätzlich als Teil des **Veräußerungspreises** anzusehen. Somit erhält V für das Ausscheiden – wirtschaftlich betrachtet – einen Abfindungsanspruch von 200 T€ (Verrechnungsscheck i. H. v. 100 T€ und Schuldbefreiung i. H. v. 100 T€).

Das Ausscheiden eines G'fters inmitten des Jahres führt grundsätzlich nicht zu einem Rumpf-Wj. der PersG, sondern ist mittels einer unterjährigen Abschichtungsbilanz zu erfassen. Die Ergebnisse hieraus (§ 16 Abs. 1 Nr. 2 EStG) werden i. R. d. Gewinnfeststellung nach §§ 179, 180 AO den G'ftern zugewiesen. Wenn, wie hier, eine Umwandlung zu einem Einzelunternehmen stattfindet, ist allerdings die Abschichtungsbilanz gleichzeitig die Schlussbilanz der OHG.

Nicht immer enthält der Abfindungsanspruch nur die Differenz zwischen den Teil- und den Buchwerten der WG.[221] Oftmals ist materieller Bestandteil des Abfindungsanspruchs auch eine interne Freistellung von der fünfjährigen Haftung nach § 159 HGB.[222]

Lösung:

Verbuchung des Ausscheidens (in €)

1.	AV	100.000	an	Kapital V	200.000	100.000
	UV	50.000				50.000
	Firmenwert	50.000				
2.	Kapital V	100.000	an	Abfindungsverb.		100.000
3.	Abfindungsverb.	50.000	an	Bank (UV)		100.000

A		Eröffnungsbilanz des W (in €)		P
AV	400.000		Kapital W	900.000
	+ 100.000	500.000		
UV	400.000			
	+ 50.000			
	./. 100.000	350.000		
Firmenwert		50.000		
		900.000		900.000

Die Behandlung des negativen Kapitalkontos als Schuldbefreiung (d. h. keine Nachschusspflicht gegenüber der PersG) und damit als Bestandteil des Veräußerungspreises entspricht bei unbeschränkt haftenden G'fter der ständigen BFH-Rspr. (Urteil vom 16.12.1992, BStBl II 1993, 436).[223]

Weiterhin ist zu beachten, dass bei der Ermittlung des Veräußerungsgewinnes gem. § 16 Abs. 2 EStG und zwar beim dortigen Abzug des Buchwerts des Kapitalkontos des Ausgeschiedenen die Kapitalien in einer ggf. vorhandenen Ergänzungs- und einer Sonderbilanz mit einzubeziehen sind. Umgekehrt erhöht der Übernahmepreis für etwaiges Sonder-BV den

---

221 Für den Fall, dass der Abfindungsanspruch nicht eindeutig den aktivierten WG zuordenbar ist, stellt sich das identische Problem wie bei der Anteilsübertragung, auf welche WG und in welcher Reihenfolge der Abfindungspreis zu verteilen ist.

222 Im Außenverhältnis ist die nachlaufende Haftung nicht abdingbar, wohl aber im Innenverhältnis.

223 Die (nur vertraglich mögliche) Nachschusspflicht gegenüber der PersG ist nicht zu verwechseln mit der indisponiblen Außenhaftung gem. § 159 HGB.

Veräußerungspreis. Gehört das Sonder-BV zu den wesentlichen Betriebsgrundlagen des MU-Anteils des ausscheidenden G'fters, so muss es in den begünstigten Realisationsvorgang des Ausscheidens entweder durch Veräußerung oder durch Entnahme in das PV (Ansatz gem. § 16 Abs. 3 S. 7 EStG: gemeiner Wert) einbezogen werden.[224]

Für den Fall schließlich, dass die Erfassung des Mehrbetrages als Firmenwert nicht eindeutig möglich und auch kein selbstgeschaffenes immaterielles Einzel-WG ersichtlich ist, hat die BFH-Rspr. den **lästigen G'fter** kreiert (BFH vom 05.10.1989, BFH/NV 1990, 496). Danach sollen Aufwendungen anlässlich des Ausscheidens eines lästigen G'fters (rufschädigender G'fter, den man »loswerden« möchte), die über die stillen Reserven und evtl. immaterielle WG hinausgehen, sofort **abzugsfähige BA** beim Übernehmer sein. Die genaue Lektüre der BFH-Urteile[225] hierzu sowie die zurückhaltende Aufnahme in der Literatur legen jedoch einen sehr sorgfältigen und restriktiven Umgang mit der Kultfigur des lästigen G'fters nahe. Im Regelfall verbirgt sich hinter der »Rechtsfigur« des lästigen G'fters meist ein nicht erkannter (verdeckter) Firmenwert.

5.3 Die Sachwertabfindung als besondere Form der Abfindungsvereinbarung

In vielen Fällen wird der ausscheidende G'fter mit einem WG des BV (häufig mit einem nicht mehr benötigten Betriebsgrundstück) abgefunden.

Beispiel 9: Abfindung mit einer Immobilie[226]

Im Beispiel 7 (stille Reserven bei WG I i. H. v. 20.000 € und bei WG II i. H. v. 40.000 €; gleiche Kapitalkonten von X und Y i. H. v. 100.000 €) erhält der ausscheidende X statt 130.000 € nun das WG I – ein Grundstück mit einem Teilwert von 120.000 € und einem Buchwert von 100.000 € – und zusätzlich 10.000 € in bar.

Das Grundstück soll in das PV (BV) von X übertragen werden.

Bei der Sachwertabfindung mit WG des Gesamthandsvermögen ist vorweg zu differenzieren, ob das WG in das PV oder in das BV des G'fters überführt wird. Bei der **Überführung in das BV** des G'fters unterstellt der Gesetzgeber des StSenkG 2001 die Sachwertabfindung dem Rechtsinstitut der **Realteilung**.[227] Mit dieser gesetzesauthentischen Interpretation ist zumindest die Zuordnungsfrage entschieden.[228]

Mit der folgenden Äußerung des UntStFG (2001) und der Änderung des § 16 Abs. 3 S. 2 EStG ist die weitere schwelende Konkurrenzfrage zwischen § 6 Abs. 5 S. 3 EStG (Buchwertzwang) und § 16 Abs. 3 EStG i. d. F. StSenkG 2001 (Realisationszwang) jetzt eindeutig zugunsten des **Buchwertzwanges** (mit Kapitalkontenanpassung) entschieden.[229] Auch der Fiskus räumt § 16 Abs. 3 EStG eine Vorrangstellung ggü. § 6 Abs. 3, 5 EStG ein (vgl. BMF vom 28.02.2006, BStBl I 2006, 228). Demgegenüber unterstellen die *VwReal06 in Tz. 1.2* die Überführung von WG bei einer Sachwertabfindung in das BV des ausscheidenden G'fters **wieder**

---

224 S. hierzu auch *Wacker* in *Schmidt*, EStG (39. Aufl., 2020), § 16 Rz. 460 m. w. N. zur Rspr. sowie *Ley*, KÖSDI 2002, 13459 zum Ausfall eines zurückbehaltenen G'fterdarlehens.

225 Folgeurteile des BFH vom 26.10.1996, BFH/NV 1996, 438; Urteil vom 14.06.1994, BStBl II 1995, 246 und Urteil vom 30.03.1993, BStBl II 1993, 706.

226 Zur Sachwertabfindung bei der Miterbengemeinschaft s. *Preißer*, Band 1, Teil B, Kap. III und »Erlass betr. Ausscheiden eines Mitunternehmers aus einer Mitunternehmerschaft gegen Sachwertabfindung« FSen Berlin vom 28.12.2009 (DB 2010, 927).

227 BT-Drs. 14/23, 178.

228 Zu offenen Fragen bis 2001 (nach h. M. wurde damals eher die Gegenansicht vertreten – vgl. *Preißer,* Band 1, Teil B, Kap. II 4.3.2). S. aber Tz. 1.1 und 1.2 der *VerwReal 06.*

229 S. hierzu die Ausführungen zur Realteilung unter Kap. IV 5.

§ 6 Abs. 5 EStG. Dies hat unter zwei Gesichtspunkten Konsequenzen, während in der Hauptsache die Buchwertfortführung garantiert ist.

Zum einen liegt bei einer gleichzeitigen Schuldübernahme nach Verwaltungsauffassung (vgl. aber dazu wieder BFH vom 19.09.2012, GmbHR 2012, 1193 und den Vorlagebeschluss des X. Senates vom 27.10.2015, GmbHR 2016, 65) – wegen der nun greifenden Trennungstheorie – ein teilentgeltliches Rechtsgeschäft vor.

Zum anderen gelten bei § 6 Abs. 5 EStG die Sperrfristen für alle WG, während sie bei § 16 Abs. 3 S. 2 f. EStG nur für wesentliche Betriebsgrundlagen gelten.

Bei der Überführung in das **PV** sind unstreitig (vgl. auch *Tz. 1.2 der VwReal 06*) zunächst die identischen Buchungssätze zu bilden wie im Grundfall der Abfindung mit Geld. Lediglich bei der Erfüllung des Abfindungsanspruches, bei der es zu einem Rechtsträgerwechsel (PersG → G'fter) kommt, trägt das Bilanzrecht dem Umstand Rechnung, dass nunmehr auch bei den verbleibenden G'ftern ein Realisationsakt vorliegt.

Lösung:

Die ersten Buchungssätze sind wieder identisch.

1. **Erfassung der anteiligen stillen Reserven bei den Einzel-WG:**

WG I (Grundstück)	10.000 €	an	Abfindungsverb.	130.000 €
WG II	20.000 €			
Kapital	100.000 €			

2. **Erfüllung der Abfindungsverbindlichkeit**

Abfindungsverb.	130.000 €	an	WG I	110.000 €
			sonst. betr. Ertrag	10.000 €
			Bank	10.000 €

Damit ist der realisierte Gewinn aus den stillen Reserven zur Hälfte tarifermäßigt[230] von X und zur anderen Hälfte als **laufender Gewinn** beim verbleibenden G'fter Y zu erfassen.

A	Eröffnungsbilanz Y 01.01.22 (in €)		P
WG II	120.000	Kapital Y	110.000
Bank	190.000	Verbindlichkeiten	200.000
	310.000		310.000

5.4   Das Anwachsungsmodell

Bei einer zweigliedrigen PersG (GmbH & Co. KG) führt das Ausscheiden des vorletzten G'fters (Co. als natürliche Person) zu einer Umwandlung der PersG in eine KapG. Diese Umwandlung vollzieht sich außerhalb des UmwStG nach §§ 736, 738 BGB sowie nach § 16 Abs. 1 Nr. 2 EStG. Als Ausgleich für seinen Verlust erhält der Ex-Kommanditist eine Abfindungszahlung, die seine Veräußerungspreis i. S. d. § 16 Abs. 2 EStG ausmacht.

Für den Fall, dass der (vorletzte) Kommanditist die GmbH-Anteile im Sonder-BV hält, kann dies zu gewerblichen Einkünften (Aufgabegewinn) im Rahmen der einheitlichen und gesonderten Gewinnfeststellung der GmbH & Co. KG führen.

---

230 Unterstellt, dass die übrigen Voraussetzungen des § 34 EStG vorliegen.

Erhält der vorletzte Kommanditist keine Abfindung (oder eine geringere Abfindung als sie dem gemeinen Wert des Kommanditanteils entspricht), stellt dies nach ständiger Rspr. eine verdeckte Einlage in den GmbH-Geschäftsanteil dar.

Scheidet die GmbH aus der KG aus und erhält sie dafür eine Abfindung, liegt ein gewerbesteuerpflichtiger Aufgabegewinn vor (§ 7 S. 2 GewStG).

6   Die Vererbung

Aus Komplettierungsgründen wird zur Vererbung und der damit zusammenhängenden Klauseldiskussion auf *Preißer,* Band 1, Teil B, Kap. III 3.4 verwiesen.[231]

---

231 Wegen der erbschaftsteuerlichen Auswirkungen s. *Preißer,* Band 3, Teil C, Kap. I 4.2.1, Kap. II 3 und Kap. III 3.

VI Sonderfragen

1 Inter-/intrasubjektive Übertragungen[232] von Wirtschaftsgütern bei einer Mitunternehmerschaft

Die Übertragung von **Einzel-WG** (BV) im Kreis der MU-schaften (d. h. unter MU der gleichen PersG sowie zwischen MU und der PersG) war bereits unter Geltung des MU-Erlasses (1977) zu Buchwerten möglich (BStBl I 1978, 7). Dort – wie später in der Rspr. des BFH – wurde den Beteiligten ein Wahlrecht für diesen Wertansatz eingeräumt.[233]

Mit der neuen »rechtsträgerbezogenen« Betrachtungsweise des StEntlG wurde für zwei Jahre (1999/2000) die konträre Rechtsfolge, der gewinnrealisierende Teilwertansatz eingeführt.

Der Kritik des Schrifttums folgend, ist nunmehr für Übertragungen von betrieblichen Einzel-WG im Kreis der MU-schaft ab 2001 (StSenkG 2001) **zwingend** der **Buchwertansatz** festgeschrieben. Den Erklärungshintergrund liefert nunmehr die **betriebliche Umstrukturierung**, die steuerneutral durchzuführen ist.

Dieser Zielsetzung folgend, wird in dieser Buchreihe § 6 Abs. 5 S. 3 ff. EStG ausführlich – als Teil der betrieblichen Umstrukturierung – dargestellt (s. *Preißer,* Band 1, Teil B). Nachfolgend werden nur in einem Schema die einzelnen steuerneutralen Transaktionen aufgelistet.

Wegen der rechtstechnischen Verweisung gem. § 6 Abs. 5 S. 3 auf S. 1 EStG wird zunächst der Anwendungsbereich von § 6 Abs. 5 **S. 1 und 2** EStG in Erinnerung gerufen, bei dem eine steuerneutrale Buchwertfortführung vorgeschrieben ist:

- Einzel-WG/Übertragung von einem Einzelunternehmen auf ein anderes Einzelunternehmen desselben Unternehmers (**intrasubjektive** Übertragung oder bloße Überführung),
- Einzel-WG/Übertragung von Einzelunternehmen auf Sonder-BV desselben Unternehmers (**intrasubjektive** Übertragung oder bloße Überführung),
- Einzel-WG/Übertragung zwischen verschiedenen Sonder-BV desselben Unternehmers (**intrasubjektive** Übertragung oder bloße Überführung).

Vor diesem Hintergrund ergeben sich für die **steuerneutrale** Übertragung von **betrieblichen Einzel-WG** innerhalb einer **MU-schaft** nach § 6 Abs. 5 S. 3 EStG folgende Möglichkeiten der **intersubjektiven** Übertragung:

Ausgangs-BV	(Art der Übertragung)	Ziel-BV
Nr. 1: BV des MU (Einzelunternehmen bzw. BV von KapG)	Unentgeltlich oder gegen Gesellschaftsrechte (GesR)	Gesamthandsvermögen seiner MU-schaft
Oder umgekehrt: Gesamthandsvermögen der PersG	Unentgeltlich bzw. gegen Minderung von GesR	Einzelunternehmen bzw. KapG (hier aber Vorrang des Rechtsinstituts der verdeckten Einlage)

---

232 Dabei ist mit **intrasubjektiven** Übertragungen gemeint, dass der **Rechtsträger identisch** bleibt und eine Übertragung zwischen seinen Betrieben (inkl. seinen Sonder-BV) erfolgt; mit **intersubjektiven** Übertragungen ist ein Rechtsträgerwechsel (natürliche Person Þ PersG u. a.) verbunden. Daher ist es besser, bei intrasubjektiven Übertragungen von Überführungen zu sprechen.

233 Daneben konnte – wegen § 24 UmwStG analog reziprok – auch der Teilwert bzw. ein Zwischenwert gewählt werden.

Ausgangs-BV	(Art der Übertragung)	Ziel-BV
Nr. 2 (Fall 1): Sonder-BV eines MU	Unentgeltlich bzw. gegen GesR	Gesamthandsvermögen seiner MU-schaft
oder umgekehrt: Gesamthandsvermögen	Unentgeltlich bzw. gegen Minderung von GesR	Sonder-BV eines MU
Nr. 2 (Fall 2): Sonder-BV eines MU	Unentgeltlich oder gegen GesR	Gesamthandsvermögen einer anderen MU-schaft (= Schwester-PersG)
oder umgekehrt: Schwester-PersG	Unentgeltlich oder gegen Minderung von GesR	Sonder-BV des MU
Nr. 3: Sonder-BV eines MU	Unentgeltlich	Sonder-BV eines anderen MU bei derselben PersG

Die Übertragung eines WG aus dem Gesamthandsvermögen einer PersG auf eine beteiligungsidentische Schwestergesellschaft führt nach aktueller Erkenntnis des BFH vom 25.11.2009 (BStBl II 2010, 471) und des BMF vom 29.10.2010 (BStBl I 2010, 1206) zur Aufdeckung der stillen Reserven. Dies ist ernstlich zweifelhaft.[234]

Hinweis: Zu zwei in der Praxis häufig vorkommenden, in der Theorie umstrittenen Fragen haben sich BFH und BMF geäußert. Dies betrifft

a) **die teilentgeltliche (bzw. mischentgeltliche)** Übertragung von **Einzel-WG** im Anwendungsbereich des § 6 Abs. 5 EStG und

b) »§ 6 Abs. 5 – Übertragungen« aufgrund eines **Gesamtplans**.

Zu a): Teilentgeltliche Übertragungen von Einzel-WG

Beispiel: Übertragung eines Einzel-WG (BW: 100; Gegenwert: 75) aus dem Sonder-BV in das Gesamthands-BV

Nach **BMF-Auffassung** (BStBl I 2011, 1279) ist bei teilentgeltlichen Übertragungen von Einzel-WG grundsätzlich die **Trennungstheorie** anzuwenden (Ergebnis: zu 75 unentgeltliche Übertragung; zu 25 sonstiger betrieblicher Ertrag).

Der IV. Senat des **BFH** vertritt hingegen in zwei Urteilen aus dem Jahre 2012 (BFH vom 19.09.2012 = BFH/NV 2012, 1880 sowie vom 21.06.2012, BFH/NV 2012, 1536) die Auffassung, dass bei einer Übertragung eines Einzel-WG (im Anwendungsbereich des § 6 Abs. 5 S. 3 EStG) bei Unterschreiten des Buchwerts keine Gewinnrealisierung vorliegt.

Demgegenüber hält die Verwaltung im BMF-Schreiben vom 08.08.2013 (BStBl I 2013, 1164, Tz. II.1.) an ihrer Auffassung (**Trennungstheorie**) bis zur endgültigen Entscheidung über den Vorlagebeschluss des X. Senats (GmbHR 2016, 65) in dieser Frage fest.

---

234 S. hierzu auch Urteil des IV. BFH-Senats vom 15.04.2010 (BStBl II 2010, 971) und *Ley*, DStR 2011, 1208.

Zu b): »§ 6 Abs. 5 – Übertragungen« aufgrund eines Gesamtplans

Im Urteil vom 02.08.2012 (BHF/NV 2012, 2118) gelangt der IV. Senat des BFH bei der unentgeltlichen Übertragung eines MU-Anteils bei gleichzeitiger Ausgliederung von Sonder-BV zur **Aufgabe der Gesamtplanrechtsprechung.**

Im konkreten Fall wurden im Wege der vorweggenommenen Erbfolge – bei Zurückbehaltung des Sonder-BV (Grundstück) – 80 % der MU-Anteile an der KG I (inkl. 100 % Komplementär-GmbH) übertragen, während gleichzeitig das Grundstück auf eine (beteiligungsidentische) Schwester-KG II übertragen wurde.

Demgegenüber ging und geht die Verwaltung weiterhin (BMF vom 08.08.2013, BStBl I 2013, 1164, Tz. II.2.) davon aus, dass die **buchwertneutrale Ausgliederung des Sonder-BV der unentgeltlichen Übertragung eines Teil-MU-Anteils nach § 6 Abs. 3 S. 2 EStG entgegenstehe**. Hier hat sich der BFH inzwischen eindeutig gegen die FinVerw positioniert (BFH vom 02.08.2012, DStR 2012, 2118).

2 § 35 EStG im Recht der Personengesellschaften
2.1 Grundlagen

Bei Bezug von Einkünften aus Gewerbebetrieb aus Wj. ab 2001 kommt eine Steuerermäßigung nach § 35 EStG in Betracht. Nähere Einzelheiten enthält das Anwendungsschreiben vom 19.09.2007 (BStBl I 2007, 701), in dem das Urteil des BFH vom 27.09.2006 (DStR 2007, 387) zur Ermittlung des Anrechnungshöchstbetrages, insb. zur Verlustverrechnung, aufgenommen ist. Im BMF-Schreiben vom 24.02.2009 (BStBl I 2009, 440) hat schließlich noch die Nichtabzugsfähigkeit der Gewerbesteuer nach § 4 Abs. 5b EStG ihren Niederschlag gefunden. Schließlich hat das BMF mit Schreiben vom 22.12.2009 (BStBl I 2010, 43) und vom 25.11.2010 (BStBl I 2010, 1312) auf das BFH-Urteil vom 07.04.2009 (DB 2009, 1330) zur Nichtberücksichtigung der Vorabgewinnanteile reagiert (s. unten).

Die Ermäßigung kann nur für den Teil der ESt beansprucht werden, der auf die in dem zu versteuernden Einkommen enthaltenen Einkünfte aus Gewerbebetrieb entfällt. Werden die Einkünfte aus einem Einzelunternehmen bezogen, ist die Steuerermäßigung auf das 3,8-Fache des für dieses Unternehmen für den VZ entsprechenden Erhebungszeitraum festgesetzten GewSt-Messbetrages beschränkt. Ab dem VZ 2008 ist als weitere Obergrenze die tatsächlich zu zahlende GewSt (vgl. § 35 Abs. 1 S. 5 EStG) eingeführt worden.

Mitunternehmern ist der gegenüber der MU-schaft festgesetzte GewSt-Messbetrag nach Maßgabe des Gewinnverteilungsschlüssels zum Zwecke der Anwendung des § 35 EStG anteilig zuzurechnen. Den MU steht ebenfalls ein Ermäßigungsanspruch i. H. v. maximal dem 3,8-Fachen des ihnen zuzurechnenden Anteils am GewSt-Messbetrag der MU-schaft zu. In den Fällen mehrstöckiger MU-schaften sind die gegenüber den nachgeschalteten MU-schaften festgesetzten GewSt-Messbeträge einzubeziehen.[235] Bezieht ein StPfl. Einkünfte aus mehreren der GewSt unterliegenden Unternehmen, besteht ein Anspruch auf Steuerermäßigung i. H. d. 3,8-Fachen der Summe der ihm zuzurechnenden GewSt-Messbeträge.

Durch die Anrechnung des 3,8-Fachen festgesetzten GewSt-Messbetrages bei der persönlichen Einkommensteuer des Einzel- und Mitunternehmers ist die GewSt – ähnlich wie bei der Rückstellung – an die Einkommensteuer »rückgekoppelt«.

---

235 S. hierzu BMF vom 25.11.2010 (BStBl I 2010, 1312) und *Korn*, DStR 2011, 903 mit Beispielsrechnung.

2.2   Persönlicher und sachlicher Anwendungsbereich – allgemein

Nach Rz. 14 des **BMF-Schreibens vom 24.02.2009** (BStBl I 2009, 440) werden die laufenden gewerblichen Einkünfte nur dann nach § 15 EStG als begünstigungsfähig angesehen, wenn sie gewerbesteuerpflichtig sind, grundsätzlich nicht hingegen die Veräußerungseinkünfte nach § 16, 17 EStG bzw. § 18 Abs. 3 UmwStG. Eine Rückausnahme gilt jedoch für Veräußerungsgewinne, die aus der Veräußerung einer 100 %igen KapG-Beteiligung erzielt werden, die nicht im Zusammenhang mit einer Betriebsaufgabe steht.

Ebenfalls einbezogen werden solche Veräußerungsgewinne, die seit der Neufassung des § 7 GewStG als gewerbesteuerpflichtig behandelt werden. Dies sind die Gewinne aus der Veräußerung von Betrieben und Mitunternehmensanteilen, soweit sie nicht auf eine natürliche Person als unmittelbar beteiligten MU entfallen. Erfasst werden daher insb. Veräußerungsgewinne, die auf KapG oder (zwischengeschaltete) PersG entfallen. Die Steuerermäßigung gem. § 35 EStG kommt zwar nur bei unmittelbar oder mittelbar über eine PersG beteiligten natürlichen Personen in Betracht. Sie kann jedoch auch auf dem anteilig auf eine KapG entfallenden Veräußerungsgewinn basieren, da die GewSt auf Ebene der PersG anfällt und der entsprechende GewSt-Messbetrag nach dem allgemeinen Gewinnverteilungsschlüssel aufgeteilt wird.

Inzwischen ist für die VZ 2004 bis 2007 abschließend geklärt, wie Verluste bei der Ermittlung der gewerblichen Einkünfte zu berücksichtigen sind. Nach dem BMF-Schreiben vom 19.09.2007 (BStBl I 2007, 701, Rz. 12) sind negative Einkünfte vorrangig mit nicht gem. § 35 EStG tarifbegünstigten Einkünften zu verrechnen (sog. **Meistbegünstigungsprinzip**). Nur wenn solche Einkünfte nicht oder nicht in ausreichender Höhe zur Verfügung stehen, ist der Verlustausgleich mit den tarifbegünstigten Einkünften durchzuführen (vgl. BFH vom 27.09.2006, DStR 2007, 387). In dem Urteil hat der BFH (ebenfalls in Übereinstimmung mit dem BMF-Schreiben) auch entschieden, dass die Ermittlung des Ermäßigungshöchstbetrages auf Basis der Summe der Einkünfte und nicht auf Basis des zu versteuernden Einkommens erfolgt.

Nach Tz. 16 des aktuellen BMF-Schreibens vom 24.02.2009 (BStBl I 2009, 440) wird der **Ermäßigungshöchstbetrag wie folgt ermittelt:**

$$\frac{\text{Summe der positiven gewerbl. Einkünfte} \times \text{geminderte tarifliche ESt (i. S. d. § 35 EStG)}}{\text{Summe aller positiven Einkünfte}}$$

Positive Einkünfte i. S. d. Berechnungsformel sind solche aus der jeweiligen Einkunftsquelle. Eine **Saldierung** der positiven mit den negativen Einkunftsquellen innerhalb der gleichen Einkunftsarten (horizontaler Verlustausgleich) sowie zwischen den verschiedenen Einkunftsarten (vertikaler Verlustausgleich) **fand nicht statt.**

Nach BFH, BStBl II 2016, 871 (und der Rspr. jetzt folgend BMF, BStBl I 2016, 1187) ist nunmehr bei Ehegatten ein horizontaler Verlustausgleich vorzunehmen, allerdings nur bzgl. der jeweiligen Einkünfte des jeweiligen Ehegatten (BMF, BStBl I 2016, 1187, Rz. 16 ff., 34).

Weiterhin (Tz. 16 a. a. O.) wird fingiert, dass alle aus § 20 EStG stammenden Einkünfte als solche gelten, die aus einer Einkunftsquelle stammen.

Beispiel 1 (Tz. 17 des BMF-Schreibens, Einzelveranlagung):

Einkünfte des A :

- Gewerbebetrieb 1 (§ 15 EStG)   ./.   150.000 €
- Gewerbebetrieb 2 (§ 15 EStG)   +   120.000 €

- § 17 EStG   +   30.000 €
- Grundstück 1 (§ 21 EStG)   +   200.000 €
- Grundstück 2 (§ 21 EStG)   ./.   100.000 €

Lösung:

$$\frac{120.000\ € \text{ (positiver Betrieb 2)} \times \text{gemindete tarifliche ESt}}{350.000\ € \text{ (120 T€ + 30 T€ + 200 T€)}}$$

Hinweis: Bei zusammenveranlagten Ehegatten, die beide Einkünfte i. S. d. § 35 EStG erzielen, s. Beispiel 2 (Tz. 18 des BMF-Schreibens vom 24.02.2009, a. a. O.): Einkünfteermittlung nach der Individualeinkunftserzielung!

2.3 Besonderheiten (Steuerermäßigung) bei Mitunternehmerschaften

2.3.1 Einheitliche und gesonderte Feststellung (§ 35 Abs. 2 S. 1 EStG)

Mit der Einführung des UntStReformG 2008 (BGBl I 2007, 1912) ist ab **VZ 2008** bei MU-schaften und KGaA der Betrag des **GewSt-Messbetrags**, die **tatsächlich zu zahlende GewSt** und der auf die einzelnen MU oder auf die persönlich haftenden G'fter **entfallende Anteil** gesondert und einheitlich festzustellen.

2.3.2 Gewinnverteilungsschlüssel (§ 35 Abs. 2 S. 2 EStG)

Der Anteil des GewSt-Messbetrags eines MU richtet sich gem. § 35 Abs. 2 S. 2 EStG nach dem Anteil am Gewinn der MU-schaft, für dessen Ermittlung der **allgemeine Gewinnverteilungsschlüssel** maßgebend ist. Damit ist die im **Gesellschaftsvertrag vereinbarte** handelsrechtliche Gewinnverteilung gemeint. Sie stimmt i. d. R. mit den **Festkapitalkonten** (Kapitalkonten I) überein. Bei fehlenden gesellschaftsvertraglichen Vereinbarungen sind die **gesetzlichen Regelungen** des HGB heranzuziehen (s. BMF vom 24.02.2009, BStBl I 2009, 440; Tz. 20). Voraussetzung ist jedoch die **steuerliche Anerkennung** der Gewinnverteilung. Besonderheiten ergeben sich jedoch in erster Linie bei sich einander nahe stehenden Personen (**Familien-PersG**). Hier sind Korrekturen vorzunehmen, wenn die Gewinnverteilung in offensichtlichem Missverhältnis zu den Leistungen des G'fters steht (s. R 15.9 Abs. 3 EStR 2008). Des Weiteren hat eine steuerliche Anerkennung auch in den Fällen zu unterbleiben, in denen eine zivilrechtlich zwar zulässige, **steuerlich** jedoch **unzulässige rückwirkende Änderung** der Gewinnverteilungsabrede vorgenommen wurde (s. BFH vom 15.03.2000, BFH/NV 2000, 1185; BFH vom 21.12.1972, BStBl II 1973, 389, BFHE 108, 495).

Beispiel 2:

An der AB-OHG sind die Freunde A und B zu je 50 % als MU beteiligt. Der Gewinn der MU-schaft beträgt 400.000 €. Der Hinzurechnungsbetrag nach § 8 GewStG beträgt (u. a. wegen zwei Darlehen der G'fter A/B) insgesamt 84.500 € (BMG: nach Abzug der 100.000 €/vom Rest 1/4). Demnach beträgt der Gewerbeertrag 484.500 €. Der Hebesatz der Gemeinde beträgt 400 %. Dies führt zu einem GewSt-Messbetrag von 16.100 € (484.500 € ./. 24.500 € = 460.000 € × 3,5 %) und einer GewSt von 64.400 €.

Lösung: Der anteilige GewSt-Messbetrag beträgt gem. dem allgemeinen Gewinnverteilungsschlüssel 8.050 €, der zu einem entsprechenden Ermäßigungsbetrag i. S. d. § 35 Abs. 1 EStG (8.050 € × 3,8 = 30.590 €) führt.

Bei der Bestimmung des anteiligen GewSt-Messbetrags sind gem. § 35 Abs. 2 S. 2, 2. HS EStG die Vorabgewinnanteile (s. BFH vom 23.01.2001, BStBl II 2001, 621 zur Abgrenzung eines Gewinnvorabs) nicht zu berücksichtigen. Nach dem Schreiben des BMF (a. a. O., Tz. 23 f.) gilt dies auch für die **gewinnunabhängigen** Sondervergütungen i. S. d. § 15 Abs. 1 S. 1 Nr. 2 EStG, Sonderbetriebseinnahmen und Sonderbetriebsausgaben sowie die Ergebnisse aus den Ergänzungsbilanzen des MU. **Gewinnabhängige** Vorabgewinnanteile sowie Sondervergütungen stellten allerdings nach (bisheriger) Auffassung der FinVerw Bestandteil des allgemeinen Gewinnverteilungsschlüssels dar.

Hierüber bestand Uneinigkeit in der Rspr. der Instanzgerichte.[236] Der BFH hat am 07.04.2009 (DB 2009, 1330) entschieden, dass Vorabgewinnanteile (im Urteilsfall: Tätigkeitsvergütungen als Vorabgewinn) bei der Ermittlung des Anteils eines MU am Gewerbesteuermessbetrag für § 35 EStG ebenso wenig wie die Ergebnisse aus einer Ergänzungs- oder Sonderbilanz – entgegen Tz. 23 des BMF (a. a. O.) – nicht zu berücksichtigen sind. Die Verwaltung hat mit Schreiben vom 22.12.2009 (BStBl I 2010, 43) hierauf reagiert. Für nach dem 30.06.2010 beginnende Wj. ist eine Differenzierung zwischen gewinnabhängigen und gewinnunabhängigen Vorabgewinnen nicht mehr vorzunehmen. Für vor dem 01.07.2010 beginnende Wj. sollen jedoch die Regelungen der ursprünglichen Fassung weiterhin gelten, es sei denn, mindestens ein MU beantragt, auf die Anwendung zu verzichten.

Beispiel 2a:

Die Freunde F und N sind zu je 50 % MU der FN-OHG. Der Gewinn der Gesamthand beträgt 10.000 €, an dem jeder gem. seiner Beteiligung beteiligt sein soll. Zusätzlich erhält F für das Überlassen seines Bürogebäudes eine Sondervergütung i. H. v. 202.000 € und für die Hingabe eines Darlehens Zinsvergütungen i. H. v. 222.500 €. Da die Sondervergütungen bereits nach § 15 Abs. 1 S. 1 Nr. 2 EStG über § 7 GewStG im Gewerbeertrag enthalten sind, sind keine Hinzurechnungen nach § 8 GewStG vorzunehmen. Der Gewerbeertrag beträgt mithin insgesamt 434.500 €. Der GewSt-Messbetrag beträgt demnach 14.350 € (434.500 € ./. 24.500 € = 410.000 € x 3,5 %). Bei einem Hebesatz von 400 % beträgt die Gewerbesteuer 57.400 €. Diese ist von der OHG als Steuerschuldnerin gem. § 5 Abs. 1 S. 3 GewStG zu tragen.

Lösung: Der GewSt-Messbetrag ist mit je 1/2 auf die G'fter der FN-OHG und somit i. H. v. 7.175 € zuzurechnen. Der Ermäßigungsbetrag beträgt demnach für jeden 27.265 € (= 7.175 € x 3,8). Für N kann der Ermäßigungsbetrag ins Leere laufen, wenn er keine weiteren bzw. nur geringe Einkünfte erzielt und damit nicht der ESt unterliegt.

---

§ 35 EStG knüpft ausdrücklich an den allgemeinen Gewinnverteilungsschlüssel an. Dies hat zur Folge, dass den **gesellschaftsvertraglichen Vereinbarungen** im Innenverhältnis der G'fter, die eine anderweitige gewerbesteuerliche Belastung vorsehen – wie etwa die anteilig auf seine gewinnunabhängige Sondervergütung entfallende GewSt – steuerlich **keine Bedeutung** beizumessen ist.

2.3.3 Aufteilung bei Auslandsbeteiligungen (§ 35 Abs. 2 S. 3 EStG)

Die Regelung des § 35 Abs. 2 S. 3 EStG wurde im Zuge des Gesetzes zu dem Dritten Zusatzprotokoll vom 04.06.2004 zum DBA Deutschland-Niederlande vom 15.12.2004 eingefügt (BGBl II 2004, 1653). Der Steuerermäßigung des § 35 EStG ist der festgesetzte GewSt-Messbetrag zugrunde zu legen. Bei MU-schaften ist dieser nach § 35 Abs. 2 S. 2 EStG nach Maßgabe des allgemeinen Gewinnverteilungsschlüssels auf die einzelnen MU zu verteilen. Werden jedoch einzelne MU aufgrund eines DBA aus der Besteuerung in Deutschland herausgenommen, wird der GewSt-Messbetrag nur i. H. d. inländischen MU-Anteile festgesetzt.

---

236 Einerseits FG Berlin-Brandenburg vom 23.10.2007 (EFG 2008, 219): keine Einbeziehung. Andererseits FG Saarland vom 24.08.2006 (INF 2006, 770).

2.3.4 Mehrstöckige Personengesellschaften (§ 35 Abs. 2 S. 5 EStG)

Bei mehrstöckigen MU-schaften sind die **anteilig** auf die Obergesellschaft entfallenden **GewSt-Messbeträge** sämtlicher Untergesellschaften **den G'ftern der Obergesellschaft** nach Maßgabe des allg. Gewinnverteilungsschlüssels **zuzurechnen** (s. BMF vom 24.02.2009, BStBl I 2009, 440, Tz. 27). Mithin findet für Zwecke des § 35 EStG ein Durchreichen der anteiligen GewSt-Messbeträge auf die in Form einer natürlichen Person beteiligten MU statt. Hintergrund der Regelung sind §§ 8 Nr. 8, 9 Nr. 2 GewStG. Demnach finden Anteile an Ergebnissen aus einer Beteiligung an MU-schaften (Untergesellschaften) im GewSt-Messbetrag der Obergesellschaft keine Berücksichtigung. Zur Ermittlung einer zutreffenden Steuerermäßigung i. S. d. § 35 GewStG ist die Zurechnung anteiligen GewSt-Messbeträge notwendig. Dies gilt auch für die Zurechnung eines anteiligen GewSt-Messbetrags einer Untergesellschaft an den mittelbar beteiligten G'fter, wenn sich auf der Ebene der Obergesellschaft ein negativer Gewerbeertrag und damit ein GewSt-Messbetrag von 0 € ergibt.

Dieser Aussage wurden folgende Neuregelungen (BMF vom 24.02.2009, BStBl I 2009, 440, Tz. 27 sowie BMF vom 25.11.2010, BStBl I 2010, 1312) hinzugefügt:

Ein GewSt-Messbetrag der Untergesellschaft oder Obergesellschaft, dem jedoch negative gewerbliche Einkünfte auf Ebene der Obergesellschaft unter Berücksichtigung der Einkünfte aus der Untergesellschaft zugrunde liegen, ist nicht zu berücksichtigen. Für die Berücksichtigung der tatsächlich zu zahlenden GewSt (§ 35 Abs. 1 S. 5 EStG) gelten die obigen Aussagen entsprechend.

Nach geänderter Ansicht des BMF vom 25.11.2010 (BStBl I 2010, 1312, Rz. 27f.) bleibt ein GewSt-Messbetrag, genauer eine Hinzurechnung, die aus einem negativen Saldo der Einkünfte von Ober- und Untergesellschaft resultiert, unberücksichtigt.

Beispiel 2b:

(hierzu s. Beispiel Tz. 28 im BMF vom 24.02.2009, BStBl II 2009, 440 sowie *Kortendick/Peters*, DB 2011, 76; *Korn*, DStR 2011, 903):

An der X-KG sind A mit 70 % und B zu 30 % beteiligt. Die X-KG ist wiederum zusammen mit Z zu je 50 % an der Z-OHG beteiligt. Der Gewinn der X-KG aus der operativen Tätigkeit beträgt ./. 25.000 €. Dagegen beträgt der Gewinn der X-OHG 5.000.000 €. Die Hinzurechnungen nach § 8 GewStG betragen insgesamt 824.500 €, sodass ein Gewerbeertrag i. H. v. 5.824.500 € vorliegt. Dies führt bei der X-OHG zu einem GewSt-Messbetrag i. H. v. 203.000 € (5.824.500 € ./. 24.500 € = 5.800.000 € x 3,5 %). Bei einem Hebesatz von 400 % beträgt die tatsächlich zu zahlende Steuer 812.000 €.

Lösung: Durch die Beteiligung an der Z-OHG erzielt die X-KG einen Gewinn i. H. v. 2.475.000 € (1/2 x 5.000.000 € ./. 25.000 €). Nach § 9 Nr. 2 GewStG ist der Gewinnanteil aus der Z-OHG für Zwecke der Ermittlung des Gewerbeertrags jedoch wieder herauszurechnen. Der danach ermittelte Gewerbeertrag beträgt ./. 25.000 €. Dies führt zu einem GewSt-Messbetrag von 0 €. Für Zwecke des § 35 EStG ist der GewSt-Messbetrag der Z-OHG nach dem allgemeinen Gewinnverteilungsschlüssel auf Z und die X-KG aufzuteilen. Somit sind Z und der X-KG je 101.500 € des GewSt-Messbetrags zuzurechnen. Der GewSt-Messbetrag der X-KG beträgt nun 0 € + 101.500 € = 101.500 € (s. § 35 Abs. 2 S. 5 EStG). Dieser ist entsprechend dem allgemeinen Gewinnverteilungsschlüssel den G'ftern A und B zuzurechnen. Auf A entfällt ein GewSt-Messbetrag von 0,7 x 101.500 € = 71.050 €, auf B dementsprechend 0,3 x 101.500 € = 30.450 €. Demnach beträgt der Ermäßigungsbetrag für A 269.990 € (= 71.050 € x 3,8) bzw. für B 115.710 € (= 30.450 € x 3,8). Die tatsächlich zu zahlende GewSt i. S. d. § 35 Abs. 1 S. 5 EStG beträgt für A 284.200 € (= 1/2 von 812.000 €, davon 70 % auf A entfallend) bzw. für B 121.800 € (= 1/2 von 812.000 €, davon 30 % auf B entfallend).

2.3.5   Gewerbesteuer-Messbetrag bei unterjähriger Unternehmensübertragung und Gesellschafterwechsel

Bei einem unterjährig stattfindendem Ein- oder Austritt eines G'fters in/aus eine/r PersG oder einem unterjährigen G'fterwechsel erfolgt die Zurechnung des festgestellten GewSt-Messbetrags an die einzelnen G'fter **zeitanteilig** (s. BMF vom 24.02.2009, BStBl I 2009, 440, Tz. 30). Maßgeblich ist der von den G'ftern gewählte allgemeine Gewinnverteilungsschlüssel sowie die Vereinbarungen, die anlässlich des Ein- oder Austritts des G'fters getroffen worden sind.

Beispiel 3:

Zur Mitte des Geschäftsjahres scheidet B aus der ABC-KG aus. Die Gewinnverteilung erfolgte bis dahin zu je 1/3. Nach seinem Ausscheiden wird der Gewinn zu je 50 % an A und C verteilt. Der Gewinn der ABC-KG beträgt 5.000.000 €. Dabei wird unterstellt, dass auf die beiden Geschäftsjahr-Hälften je 2.500.000 € entfielen. Der Hinzurechnungsbetrag nach § 8 GewStG beträgt insgesamt 824.500 € (u. a. wegen eines Darlehens des C, ebenfalls je 412.250 € je Geschäftsjahr-Hälfte). Dies führt zu einem Gewerbeertrag von 5.824.500 €, sodass der GewSt-Messbetrag der KG zum Jahresende 203.000 € (5.824.500 ./. 24.500 = 5.800.000 € × 3,5 %) beträgt. Aufgrund der gleichmäßigen Gewinnverteilung entfällt auf die beiden Geschäftsjahr-Hälften ein GewSt-Messbetrag i. H. v. je 101.500 € entfallen.

   Lösung: Auf A und C entfallen insgesamt 5/6 (1/3 + 1/2) des GewSt-Messbetrags. Auf die beiden verteilt, ist A und C ein Anteil von je 5/12 des GewSt-Messbetrags zuzurechnen (= 203.000 € × 5/6 = 169.167 €, davon je 1/2 = 84.583,50 €). Auf B entfällt hingegen ein Anteil von 1/6 (= 203.000 € × 1/6 = 33.833 €).

3   Die Thesaurierungsbegünstigung (ab 2008)

3.1   Die Intention des Unternehmenssteuerreformgesetzes (2008)

Das Motto der Unternehmenssteuerreform war die »Belastungsneutralität der unterschiedlichen Rechtsformen«. KapG und Personenunternehmen, insb. PersG, sollten in ihrer Steuerbelastung gleichgestellt werden, um auch im internationalen Vergleich konkurrenzfähig zu sein. Der Vergleich galt dabei auch den ausländischen KapG, da ausländische Unternehmen – im Unterschied zu Deutschland – diese Rechtsform favorisieren. Der Blick führte zwar über die Grenze zu den ausländischen KapG, letztlich gab aber die (neue) Gesamtsteuerbelastung für deutsche KapG mit GewSt und KSt die Messlatte ab (29 % Gesamtsteuerbelastung – ohne Solidaritätszuschlag –: 15 % KSt und 14 % GewSt bei 400 % Hebesatz). Um dieses Ziel zu erreichen, wurde mit § 34a EStG eine Sondertarifierung für **thesaurierte Gewinne** von PersG eingeführt.[237] Die Tarifbegünstigung soll den Steuerbürgern gewährt werden, die durch den Verzicht auf die private Verwendung von Gewinnen ihrem Unternehmen erwirtschaftetes Kapital weiterhin zur Verfügung stellen und damit die Eigenkapitalbasis ihres Unternehmens nachhaltig stärken

   Durch die Einführung des § 34a EStG wird zunächst die Möglichkeit geschaffen, nicht entnommene Gewinne **ganz oder teilweise** mit einem ermäßigten **Steuersatz von 28,25 %** (zzgl. Solidaritätszuschlag) zu besteuern. Werden diese Gewinne zu einem späteren Zeitpunkt wieder entnommen, wird eine Nachbesteuerung analog zur Dividendenbesteuerung vorgenommen, sodass sich bei einem unterstellten durchschnittlichen Hebesatz für die Gewerbesteuer von 400 % eine Gesamtbelastung von 48,33 % ergeben soll. Dieses Rechenmodell berücksichtigt schon die Nichtabziehbarkeit der Gewerbesteuer.

---

237 Die maximale (Grenz-)Belastung der Gewinne von Personengesellschaften würde ab 2008 – ohne § 34a EStG – allein durch ESt und SolZ bei 47,48 % (45 % ESt zzgl. 5,5 % SolZ auf diese) liegen.

Der ermäßigte Steuersatz des § 34a EStG verläuft linear und ist somit unabhängig vom persönlichen Steuersatz des StPfl. Beträgt der persönliche Steuersatz demzufolge bereits weniger als 28,25 %, so ergibt sich aus der Thesaurierungsbegünstigung bereits ohne die Komponente der Nachversteuerung kein steuerlicher Vorteil mehr. Ist der persönliche Steuersatz höher als 28,25 %, so ist eine Vergleichsberechnung zwischen einer sofortigen Versteuerung zum persönlichen Steuersatz und einer möglichen späteren Nachversteuerung zu empfehlen.

Der Gesetzgeber blieb dabei hinter den Forderungen der Wissenschaft zurück, die für PersG die Option zur Körperschaftsteuer gefordert hatten.[238] Weitere systemimmanente Unterschiede in der Besteuerung (z. B. die unterschiedliche Verlustverrechnung auf der Ebene der G'fter oder die Möglichkeit der steuerneutralen Übertragung von Einzelwirtschaftsgütern) blieben erhalten.

Das BMF hat mit Schreiben vom 11.08.2008 (BStBl I 2008, 838) umfassend zu § 34a EStG Stellung bezogen. Die entsprechenden Rz. werden bei den Einzelpunkten als **Rz-BMF** vermerkt.

3.2 Die Regelung im Überblick

3.2.1 Systematische Einordnung

Die **Thesaurierungsbegünstigung** ist im »Tarif«-Abschnitt geregelt und steht damit in einem Regelungszusammenhang mit den »außerordentlichen Einkünften« des § 34 EStG, ohne dass dabei eine systematische Neugliederung dieses Abschnittes vorgenommen wurde.

Die elf Absätze des § 34a EStG sind wie folgt aufgebaut:

Absatz § 34a EStG	Regelungsgehalt
1	Definition des »Grundtatbestandes«; Einschränkungen des begünstigten Betrages; Begründung der Antragspflicht und dessen Regelung im Detail
2	Definition des nicht entnommenen Gewinnes
3	Definition des Begünstigungsbetrages; Definition, Ermittlung und gesonderte Feststellung des nachversteuerungspflichtigen Betrages
4	Definition des Nachversteuerungsbetrages; Grundtatbestand der Nachversteuerung (Entnahme)
5	Nachversteuerung bei Übertragung oder Überführung von Wirtschaftsgütern
6	Weitere Fälle der Nachversteuerung
7	Sonderfälle der unentgeltlichen Übertragung und der Einbringung nach § 24 UmwStG
8	Beschränkung der Verlustverwendung
9, 10, 11	Verfahrensfragen

3.2.2 Regelungsinhalt des § 34a EStG

Der Anteil des Gewinns aus einem Betrieb oder MU-Anteil, den ein StPfl. im Wj. nicht entnommen hat, soll auf Antrag nicht mehr dem (höheren) persönlichen progressiven Steuersatz des StPfl., sondern lediglich einem ermäßigten Steuersatz von 28,25 % (zzgl. Solidaritäts-

---

238 Stiftung Marktwirtschaft, Steuerpolitisches Programm vom 30.01.2006, S. 16 ff.; dazu: *Hering*, Wirtschaftsdienst Heidelberg, Bd. 86, 3, 2006, 147 – 151.

zuschlag) unterliegen. Die Vergünstigung ist **betriebs- und personenbezogen** ausgestaltet. Ob die Voraussetzungen für die Steuerermäßigung erfüllt sind, ist für jeden Betrieb oder MU-Anteil eines StPfl. gesondert zu prüfen.

Bei Entnahme in späteren Wj. erfolgt eine Nachversteuerung mit 25 % zzgl. Solidaritäts-zuschlag.

Hinweis: Sofern die Thesaurierungsbegünstigung beabsichtigt ist, sollte bei der Über-tragung der zugewiesenen Gewinnanteile aus Beteiligungen der PersG an anderen Gesell-schaften soweit möglich darauf geachtet werden, dass diese Beteiligungsgesellschaften ihren Gewinn ebenfalls durch Bestandsvergleich ermitteln. Ist dies nicht der Fall, muss der der PersG zugewiesene Gewinn entsprechend §§ 4 Abs. 1 und 5 EStG »neu« ermittelt werden, insb. müssen Einnahmenzuflüsse und -abflüsse auf Ebene der Beteiligungsgesellschaft auf das Wj. abgegrenzt werden, da i. R. d. Bestandsvergleiches das Zu- und Abflussprinzip des § 11 EStG keine Anwendung findet.

Bei Gewinnermittlung durch Einnahmenüberschussrechnung (§ 4 Abs. 3 EStG) oder bei pauschalierten Gewinnermittlungen (§§ 5a, 13a EStG) ist eine ermäßigte Besteuerung nicht möglich.

3.3 Die Tatbestandsmerkmale für den »nicht entnommenen Gewinn«

3.3.1 Nicht entnommener Gewinn (Rz. 11–21 BMF)

Begünstigt wird das zu versteuernde Einkommen daher nur insofern, als es auf »**nicht ent-nommene Gewinne**« entfällt. Nach der Definition des § 34a Abs. 2 EStG ist der nicht ent-nommene Gewinn des Betriebs- oder MU-Anteils der gem. § 4 Abs. 1 S. 1 EStG oder § 5 EStG ermittelte Gewinn vermindert um den positiven Saldo der Entnahmen und Einlagen des Wirtschaftsjahres. Nicht entnommen ist der Gewinn, der nach Abzug des positiven Saldos der Entnahmen (§ 6 Abs. 1 Nr. 4 EStG) und Einlagen (§ 6 Abs. 1 Nr. 5 EStG) verbleibt.

Beispiel 4: Der Grundfall Einzelunternehmen[239]

Die Gewinn- und Verlustrechnung des Einzelunternehmers E weist im Geschäftsjahr 01 einen Jahres-überschuss (= Gewinn nach § 4 EStG) von 100.000 € aus. Über sein Privatkonto wurden Ausgaben für seine private Lebensführung von 50.000 € gebucht.

Lösung: Es ergibt sich daraus folgender »nicht entnommener Gewinn«:

Gewinn des Jahres 01	100 €
Entnahmen über Privatkonto	./. 50 €
Nicht entnommener Gewinn in 01	50 €

Der begünstigungsfähige Betrag (Abs. 2) errechnet sich somit aus der Differenz des BV am Ende des Wj. und des BV am Ende des vorangegangenen Wirtschaftsjahres.[240]

Zum **Betriebsvermögen** gehören bei einem **Einzelunternehmen** alle WG, die im (mind. wirt-schaftlichen) Eigentum des Unternehmers stehen und in einen tatsächlichen oder wirtschaftlichen Förderungszusammenhang zum Betrieb gestellt sind.[241]

---

239 Die Grundbeispiele 4 und 5 stammen von *von Rönn* und sind aus *Preißer/von Rönn/Schultz-Aßberg,* Die Unternehmen-steuerreform 2008, 2007.

240 Bei vom Kj. abweichendem Wj. ist zwischen den durch die PersG erzielten Gewinneinkünften zu differenzieren (Rz. 19 BMF). Bei Einkünften aus Gewerbebetrieb, die die PersG bezieht, gilt der Gewinn in dem Veranlagungsjahr als bezogen, in dem das Wj. endet (§ 4a Abs. 2 Nr. 2 EStG). Eine Aufteilung des Gewinns des Wj. 2007/2008 sowie der Entnahmen und Einlagen für Zwecke des § 34a EStG ist nicht vorzunehmen.

241 *Loschelder* in *Schmidt,* EStG (39. Aufl., 2020), § 4 Rz. 110 ff.

Bei **PersG** (Rz. 12f und 20 BMF) bilden die WG des Gesamthandsvermögens der MU-schaft (inkl. der Ergänzungsbilanzen) sowie die WG des Sonder-BV das BV. Daher sind bei der Ermittlung des begünstigungsfähigen Betrages bei PersG die Ergebnisse etwaiger Ergänzungs- oder Sonderbilanzergebnisse zu berücksichtigen. Sonderbetriebseinnahmen, wie z. B. ein vom G'fter vereinnahmtes GF-Gehalt sind damit aus systematischen Gründen bei der Ermittlung der privilegierten Gewinne abzuziehen. Ansonsten könnte auf bereits aus der Gesellschaft im Rahmen von Sonderbetriebseinnahmen abgeflossene Gewinne eine begünstigte Besteuerung in Anspruch genommen werden.[242]

Beispiel 5: Der Grundfall Personengesellschaften

Die A-KG erzielt im Geschäftsjahr 01 einen Jahresüberschuss von 200.000 €. Der Kommanditist A hat ein GF-Gehalt von 50.000 € erhalten, das bei der A-KG in der HB als Aufwand verbucht wurde. In einer für ihn geführten Ergänzungsbilanz bei der A-KG sind im Geschäftsjahr 01 Abschreibungen auf Mehrwerte Aktiva von 20.000 € verbucht. Der A hat über sein GF-Gehalt hinaus im Geschäftsjahr 01 Entnahmen aus dem Gesamthandsvermögen von 130.000 € getätigt.

Lösung: Der nicht entnommene Gewinn für den MU-Anteil (= Kommanditanteil des A) errechnet sich wie folgt:

Gesamthands- (= StB-)Ergebnis	200.000 €
Zurechnung nach § 15 Abs. 1 S. 1 Nr. 2, 2. Fall EStG	50.000 €
Zwischensumme	250.000 €
+ / ./. Ergänzungsbilanzergebnis	./. 20.000 €
Gewinn gem. § 4 Abs. 1 EStG	230.000 €
./. Entnahmen i. S. d. § 6 Abs. 1 Nr. 4 EStG	./. 130.000 €
(./. Sonder-BE = GF-Gehalt	./. 50.000 €)
= Nicht entnommener Gewinn i. S. d. § 34a Abs. 2 EStG	50.000 €

Hinweis: Diese Regelung (Abzug der vereinnahmten Sondervergütungen bei der Ermittlung des »nicht entnommenen« Gewinns bei MU-Anteilen) gilt dann nicht, wenn die Sondervergütungen im betrieblichen Bereich verwendet werden (Rz. 20 BMF). Zum betrieblichen Bereich zählt dabei auch das Sonder-BV des G'fters.

Werden die GF-Vergütungen demnach einem Konto gutgeschrieben, das für die Anschaffung von WG dient, die der MU-schaft oder der Beteiligung des G'fters (Sonder-BV) zugutekommen, dann können sie ausnahmsweise bei der Ermittlung des nicht entnommenen Gewinns, soweit er auf einen MU-Anteil entfällt, berücksichtigt werden.[243]

Hinweis: Bei doppel- und mehrstöckigen PersG ist nach Rz. 21 des BMF-Schreibens für den MU der Obergesellschaft nur ein einheitlicher begünstigter Gewinn zu ermitteln. Dieser setzt sich aus dem Gewinn der Obergesellschaft (inkl. Ergebnisse aus Ergänzungs- und Sonderbilanzen) und den Ergebnissen aus einer etwaigen Sonderbilanz nach § 15 Abs. 1 S. 1 Nr. 2 S. 2 EStG bei der Untergesellschaft zusammen. Entnahmen des MU bei der Obergesellschaft sind zu addieren mit Entnahmen, die von ihm aus seinem Sonder-BV bei der Untergesellschaft (§ 15 Abs. 1 Nr. 1 S. 2 S. 2 EStG) getätigt werden. Gleiches gilt für Einlagen. In **Organschaftsfällen** ist auch der von der OrgG an die OrgT-PersG abgeführte Gewinn begünstigungsfähig (Rz. 11 BMF).

242 *Dörfler/Graf/Reichl*, DStR 2007, 645, (647); *Kleineidam/Liebchen*, DB 2007, 409 (410).
243 Vgl. auch *Barth*, UntStReform 2008, Rz. 150 sowie *Hey*, DStR 2007, 925.

Beispiel 6 (nach Rz. 21 BMF):

An der X-KG (Obergesellschaft) ist A zu 50 % als MU beteiligt. Die X-KG ist ihrerseits an der Y-OHG (Untergesellschaft) beteiligt. Die X-KG erzielt (einschließlich des von der Y-OHG stammenden Gewinnanteils) einen Gewinn von 60.000 €, der A zur Hälfte zugerechnet wird. A erzielt aus einem an die Y-OHG vermieteten Grundstück (Sonder-BV des A bei der Y-OHG) einen Gewinn von 10.000 €. Die gesamten Mietzahlungen der Y-OHG i. H. v. 15.000 € hat A privat verwendet. Aus der X-KG hat A 10.000 € entnommen. Weitere Entnahmen oder Einlagen wurden nicht getätigt.

Lösung: Der nicht entnommene Gewinn des A beträgt 15.000 € [(30.000 € Gewinnanteil Obergesellschaft zzgl. 10.000 € Gewinn aus dem Sonder-BV bei der Untergesellschaft) = 40.000 € Gewinn nach § 4 Abs. 1 S. 1 EStG abzgl. Saldo aus Entnahmen (10.000 € aus Obergesellschaft zzgl. 15.000 € aus Sonder-BV bei der Untergesellschaft) = 25.000 €) und Einlagen (0 €)].

Zahlungen (und somit sämtliche Geschäftsbeziehungen) zwischen der Obergesellschaft und der Untergesellschaft haben nach Auffassung des BMF keinen Einfluss auf das Begünstigungsvolumen. Im Allgemeinen wird dies als vorteilhaft gesehen, weil Vermögensverschiebungen zwischen den einzelnen Stufen hierdurch unberücksichtigt bleiben.[244] Folgerichtig ist bei der Überführung eines WG von einem inländischen Betrieb in einen anderen im Ausland belegenen Betrieb desselben unbeschränkt StPfl. (Entnahme aus dem inländischen und eine Einlage in den ausländischen Betrieb) eine Zusammenfassung der beiden Vorgänge – wie bei reinen Inlandsvorgängen – nicht zulässig. Entsprechendes gilt für die Überführung eines WG von einem ausländischen Betrieb in einen anderen im Inland belegenen Betrieb desselben unbeschränkt StPfl. (Rz. 37 BMF).

3.3.2 Steuerfreie Gewinnanteile (Rz. 17 und 18 BMF)

Steuerfreie Gewinnanteile (z. B. Auslandsgewinnanteile, die auf eine Betriebsstätte, die aufgrund DBA oder vergleichbarer Vorschriften nicht der deutschen Besteuerung unterliegt (Rz. 18 BMF), entfallen, steuerfreie Teileinkünfte gem. § 3 Nr. 40d EStG oder auch nicht steuerbare Investitionszulagen gem. § 12 S. 1 InvZulG) sind aufgrund ihrer Steuerfreiheit nicht Gegenstand der Thesaurierungsbegünstigung. Steuerfreie Gewinnanteile sind jedoch in dem nicht entnommenen Gewinn enthalten. Entnahmen werden nach Ansicht des Gesetzgebers vorrangig von den steuerfreien Gewinnanteilen des laufenden Wj. abgezogen, ohne dass eine gesetzliche Verwendungsreihenfolge vorgeschrieben ist.[245] Im Ergebnis soll dem StPfl. dadurch ein erhöhtes Thesaurierungsvolumen zur Verfügung stehen. Werden die steuerfreien Anteile hingegen nicht entnommen und können auch nicht mit nicht abziehbaren Betriebsausgaben verrechnet werden, so sind sie bei der Ermittlung des Begünstigungsbetrages außerbilanziell abzuziehen. Werden die steuerfreien Gewinnanteile erst in einem späteren Veranlagungszeitraum entnommen, bleiben sie steuerfrei. Sie können jedoch nicht mehr vorrangig entnommen werden, sondern erst wenn ein evtl. vorhandener nachversteuerungspflichtiger Betrag vollkommen aufgelöst ist.[246]

Beispiel 7: Investitionszulage und nicht entnommener Gewinn

Der Einzelunternehmer E erzielt im Jahr 21 einen Gewinn aus Gewerbebetrieb von 80.000 €, in dem eine Investitionszulage von 20.000 € enthalten ist. Im Jahr 2019 tätigt E Entnahmen i. H. v. 20.000 €.

Lösung: E kann den Gewinn i. H. v. 60.000 € nach § 34a EStG begünstigt versteuern, da die Entnahmen vorrangig vor dem steuerfreien Gewinnanteil abgezogen werden.

---

244 Vgl. *Rupp* in *Preißer/Pung*, a. a. O., Teil B, Kap. XV 38 m. w. N.

245 Gesetzesbegründung der Bundesregierung, BR-Drs. 220/07, 102; *Thiel/Sterner*, DB 2007, 1099 (1100).

246 Vgl. *Blümich*, Kommentar EStG, § 34a EStG, Rz. 44.

Beispiel 8: Zusätzliche Einlagen

E (Zahlen aus Beispiel 7) tätigt zusätzlich eine Einlage i. H. v. 10.000 €.

Lösung: Der stpfl. Gewinn beträgt 60.000 € (80.000 € ./. 20.000 € InvZulage).

In dem nicht entnommenen Gewinn sind die steuerfreien Gewinnanteile enthalten, folglich ist von einem Gewinn à 80.000 € auszugehen. Abzüglich des positiven Saldos von Entnahmen und Einlagen i. H. v. 10.000 € (20.000 € Entnahmen ./. 10.000 € Einlagen) ergibt sich ein nicht entnommener Gewinn von 70.000 €.[247]

3.3.3 Nicht abzugsfähige Betriebsausgaben (Rz. 16 BMF)

Sofern der im zu versteuernden Einkommen enthaltene Gewinn aufgrund außerbilanzieller Hinzurechnungen (z. B. nichtabzugsfähige Betriebsausgaben gem. § 4 Abs. 5 EStG) entstanden ist, kann die Steuerermäßigung nicht in Anspruch genommen werden. Diese Beträge wurden tatsächlich verausgabt und sind daher nicht entnahmefähig.[248]

Zu beachten ist, dass bei StPfl. mit gewerblichen Einkünften die **Gewerbesteuer** nicht mehr von der Bemessungsgrundlage abziehbar ist (vgl. § 4 Abs. 5 Nr. 5b EStG) und damit den begünstigten Gewinn mindert. Hierdurch erhöht sich auch bei voller Einbehaltung des Gewinns für Unternehmer im Einkommensteuerspitzensteuersatz die Gesamtbelastung auf 32,25 %.[249]

Gleiches gilt auch für andere nichtabzugsfähige Betriebsausgaben, z. B. für Zinsaufwendungen, die nach Anwendung der Zinsschranke gem. § 4h EStG als nichtabzugsfähige Betriebsausgabe gelten.

Die **nichtabziehbaren Betriebsausgaben werden wie entnommene Gewinne** behandelt, obwohl sie dem Einzelunternehmer oder MU nicht zufließen. Sie unterliegen damit dem progressiven ESt-Tarif. Dadurch wird auch eine Ungleichbehandlung mit der KapG herbeigeführt. Bei der KapG werden nichtabziehbare Betriebsausgaben nur auf der Gesellschaftsebene gewinnerhöhend erfasst. Sie unterliegen also der KSt. Da sie den handelsrechtlichen Gewinn gemindert haben, sind sie nicht ausschüttbar und werden damit auf der Ebene des Anteilseigners nicht der Einkommensteuer unterworfen.[250]

Zur »Beseitigung« dieses Nachteils wird z. T. von der Literatur gefordert[251], die Kompensation durch Einlagen vorzunehmen. Diese Auffassung ist aber abzulehnen (arg.: Kompensation ist nur mit steuerfreien Einnahmen möglich).

3.3.4 Gewinneinkünfte

Die Thesaurierungsbegünstigung wird gem. § 34a Abs. 1 EStG nur für Gewinne aus Land- und Forstwirtschaft, Gewerbebetrieb oder selbständiger Arbeit (§ 2 Abs. 1 S. 1 Nr. 1 – 3 EStG) gewährt. Sie kann nur in Anspruch genommen werden, wenn der Gewinn eines Betriebs oder MU-Anteils durch BV-Vergleich ermittelt wurde, nicht jedoch, wenn der Gewinn durch Einnahmeüberschussrechnung (§ 4 Abs. 3 EStG) oder nach § 5a EStG oder § 13a EStG pauschaliert ermittelt wurde.

---

247 Der nicht entnommene Gewinn übersteigt somit den stpfl. Gewinn um 10.000 €; insoweit kann dieser Gewinn noch entnommen werden.

248 Rz. 16 BMF, BR-Drs. 220/07, 103.

249 *Knief/Nienaber*, BB 2007, 1311 (1312); *Thiel/Sterner*, DB 2007, 1099.

250 Kritisch zur Behandlung der nichtabziehbaren Betriebsausgaben auch: *Hey*, a. a. O., 928.

251 Vgl. *Pohl*, BB 2007, 2483 (2485); a. A. *Kessler u. a. Ernst & Young/BDI*, UntSt-Reform 2008, 29 (FN 60).

3.3.5 Ausnahme für Veräußerungsgewinne (Rz. 4 – 6 BMF)

Die Thesaurierungsbegünstigung kann zudem nicht in Anspruch genommen werden für thesaurierte Veräußerungsgewinne, für die eine Ermäßigung nach § 34 Abs. 3 EStG oder § 16 Abs. 4 EStG geltend gemacht wird (z. B. bei Veräußerungs- oder Aufgabegewinnen, bei Doppel- oder mehrstöckigen PersG, die anlässlich des Verkaufes des Anteils an einer Untergesellschaft entstanden sind).[252] Sofern der StPfl. weder den Freibetrag nach § 16 Abs. 4 noch die Tarifermäßigung nach § 34 Abs. 3 EStG in Anspruch nimmt, kommt eine Thesaurierungsbegünstigung in Betracht.[253] Sind sowohl die Voraussetzungen des § 34a EStG als auch des § 16 Abs. 4 und § 34 Abs. 3 EStG erfüllt, so hat der StPfl. ein Wahlrecht, welche Begünstigung er in Anspruch nimmt (vgl. Rz. 5 BMF).

Wird dagegen der Betrieb oder der MU-Anteil an der Obergesellschaft selbst verändert oder aufgegeben, kommt die Begünstigung nach § 34a EStG selbst dann nicht in Betracht, wenn der Freibetrag gem. § 16 Abs. 4 EStG oder die Tarifermäßigung gem. § 34 Abs. 3 EStG nicht in Anspruch genommen wird. In diesen Fällen ist vielmehr gem. § 34a Abs. 6 S. 1 Nr. 1 EStG eine in Vorjahren in Anspruch genommene Thesaurierungsbegünstigung nachzuversteuern.[254]

3.3.6 Antragsrecht

Die Thesaurierungsbegünstigung wird nur auf **Antrag** des StPfl. gewährt (Rz. 7 BMF).

Den Antrag auf Gewährung der Thesaurierungsbegünstigung muss der StPfl. für jeden Betrieb oder MU-Anteil gesondert bei dem für die Einkommensbesteuerung zuständigen FA stellen (§ 34a Abs. 1 S. 2 EStG). Bei **MU-Anteilen** (Rz. 9 BMF) kann ein Antrag nur gestellt werden, wenn der StPfl. zu **mehr als 10 %** am Gewinn der MU-schaft beteiligt ist oder sein Gewinnanteil mehr als 10.000 € beträgt (§ 34a Abs. 1 S. 3 EStG). Nach der Gesetzesbegründung soll diese Regelung der Verwaltungsvereinfachung dienen und verhindern, dass der StPfl. auch für Gewinnanteile, an denen er nur mit einem geringen Anteil beteiligt ist und seine diesbezügliche MU-Initiative daher minimal ausgeprägt ist, z. B. bei Beteiligungen an geschlossenen Fonds, diese Begünstigung in Anspruch nehmen kann.[255] Für Einzelunternehmer gilt diese Einschränkung hingegen nicht. Er kann den Antrag unabhängig von der Höhe des Gewinns stellen.

Gem. § 34a Abs. 1 S. 4 EStG ist dem StPfl. die Möglichkeit eingeräumt, den Antrag bis zur Unanfechtbarkeit[256] des Einkommensteuerbescheides des nächsten Veranlagungszeitraumes ganz oder teilweise zurückzunehmen. Durch diese Regelung sollen insb. Sachverhalte begünstigt werden, in denen es im Folgejahr zu unvorhergesehenen Verlusten kommt. Damit soll diese Regelung unbillige Härten vermieden werden.

Wird der Antrag auf Thesaurierungsbegünstigung des nicht entnommenen Gewinnes fristgerecht zurückgenommen, ist der Einkommensteuerbescheid des Kommanditisten entsprechend zu ändern (§ 34a Abs. 1 S. 4 letzter HS EStG). Ein Bescheid über die gesonderte Feststellung des nachversteuerungspflichtigen Betrages (s. sogleich) ist entsprechend auf-

---

252 Identische Rechtslage beim Carried Interest des § 18 Abs.1 Nr. 4 EStG (arg.: hälftige Steuerbefreiung nach § 3 Nr. 40a EStG).

253 So statt aller *von Rönn*, a. a. O., 124.

254 Vgl. dazu Gesetzesbegründung der Bundesregierung, BR-Drs., 220/07, 102.

255 Gesetzesbegründung der Bundesregierung, BR-Drs. 220/07, 102.

256 Hierzu (Ist mit Unanfechtbarkeit auf die materielle oder auf die formelle Bestandskraft abzustellen?) ist ein heftiger Streit in der Literatur entfacht worden (vgl. *Barth* a. a. O. Rz. 138 mit der richtigen Erkenntnis, dass auf die materielle Bestandskraft abzustellen ist).

zuheben bzw. zu ändern, wenn der Antrag auf Thesaurierungsbegünstigung des nicht entnommenen Gewinnes ganz (Aufhebung) oder teilweise (Änderung) zurückgenommen wird
und sich die Besteuerungsgrundlagen im Einkommensteuerbescheid ändern (§ 34a Abs. 11
S. 1 EStG).

3.3.7   Die persönliche Steuerpflicht

§ 34a EStG findet grundsätzlich sowohl bei unbeschränkter Steuerpflicht (§ 1 Abs. 1 bis 3
EStG) als auch bei beschränkter Steuerpflicht (§ 1 Abs. 4 i.V. m. § 49 ff. EStG) des G'fters der
PersG Anwendung. Antragsberechtigt sind jedoch nur natürliche Personen.[257]

Bei beschränkter Steuerpflicht (des G'fters) erstreckt sich die Regelung des § 34a EStG
allerdings nur auf die Gewinneinkünfte nach § 49 EStG; Einschränkungen durch DBA sind
möglich. Entnahmen und Einlagen, die nicht den Gewinneinkünften des § 49 EStG zugeordnet werden können, bleiben außer Ansatz (Rz. 3 BMF). Ebenso hat die beschränkte Steuerpflicht Auswirkungen auf die antragsgebundene Nichtdurchführung der Nachbesteuerung
nach § 34a Abs. 5 EStG bei der grenzüberschreitenden Übertragung oder Überführung von
WG (vgl. Rz. 34 ff. BMF).

3.4   Die Nachversteuerung

Sofern Gewinne nach § 34 Abs. 1 EStG ermäßigt besteuert wurden und in einem späteren
Veranlagungszeitraum die Entnahmen den laufenden Gewinn übersteigen, erfolgt eine
Nachversteuerung, die mit der Besteuerung von Ausschüttungen bei KapG vergleichbar ist.
Hinsichtlich des Tarifes bei der Nachversteuerung hat sich der Gesetzgeber an der Dividen-
denbesteuerung mit einem **Abgeltungsteuersatz** von 25 % (zzgl. SolZ) orientiert.

Eine Nachversteuerung ist vorzunehmen, wenn und soweit der positive Saldo aus Entnahmen und Einlagen des Wj. bei einem Betrieb oder MU-Anteil den laufenden Gewinn des
Wj. übersteigt (§ 34a Abs. 4 S. 1 EStG). Die Nachversteuerung ist auf die Höhe des nachversteuerungspflichtigen Betrages (§ 34a Abs. 3 EStG) begrenzt.

3.4.1   Der nachversteuerungspflichtige Betrag (Rz. 23 ff. BMF)

Die Obergrenze für eine Nachversteuerung ist der **nachversteuerungspflichtige Betrag,** der
nach § 34a Abs. 3 EStG wie folgt zu ermitteln ist:

> »Der Begünstigungsbetrag ist der im Veranlagungszeitraum nach Abs. 1 S. 1 auf Antrag
> begünstigte Gewinn. Der Begünstigungsbetrag des Veranlagungszeitraums, vermin-
> dert um die darauf entfallende Steuerbelastung nach Abs. 1 und den darauf entfal-
> lenden Solidaritätszuschlag, vermehrt um den nachversteuerungspflichtigen Betrag
> des Vorjahres und den auf diesen Betrieb oder MU-Anteil nach Abs. 5 übertragenen
> nachversteuerungspflichtigen Betrag, vermindert um den Nachversteuerungsbetrag
> i. S. d. Abs. 4 und den auf einen anderen Betrieb oder MU-Anteil nach Abs. 5 über-
> tragenen nachversteuerungspflichtigen Betrag, ist der nachversteuerungspflichtige
> Betrag des Betriebs oder MU-Anteils zum Ende des Veranlagungszeitraums. Dieser ist
> für jeden Betrieb oder MU-Anteil jährlich gesondert festzustellen.«

---

257 Vgl. auch *Blümich,* Kommentar EStG, § 34a Rz. 25.

Der Wortlaut des Gesetzes ist schwer verständlich. Folgende Reihenfolge ist bei der Ermittlung des nachversteuerungspflichtigen Betrages zu beachten[258]:

Der nachversteuerungspflichtige Betrag hat als Bezugsgröße zunächst den Begünstigungsbetrag (§ 34a Abs. 3 S. 1 EStG). Als Begünstigungsbetrag ist der Betrag anzusehen, für den der Unternehmer (MU) die Tarifbegünstigung aufgrund des ihm zustehenden Wahlrechts tatsächlich in Anspruch nimmt.

Entsprechend dem Grundprinzip bei KapG, bei denen Ausschüttungspotenzial nur für die um Ertragsteuern geminderten Gewinne besteht, ist von dem Begünstigungsbetrag die geleistete Steuer zu kürzen, da diese bereits einer Besteuerung mit dem Thesaurierungssteuersatz von 28,25 % zzgl. SolZ unterlag[259]; die Kirchensteuer ist hingegen nicht abzugsfähig (vgl. *Rupp* in *Preißer/Pung*, Die Besteuerung der Personen- und Kapitalgesellschaften, Weil im Schönbuch 2009, Tz. 51).

Beispiel 9 (nach Rz. 24 BMF):

Der StPfl. hat für 120.000 € seines im Jahr 21 nicht entnommenen Gewinns die Tarifbegünstigung nach § 34a EStG beantragt:

Lösung: Der nachversteuerungspflichtige Betrag des Jahres 21 ermittelt sich wie folgt:

Begünstigungsbetrag		120.000,00 €
Abzgl. ESt (28,25 % von 120.000 €)	./.	33.900,00 €
Abzgl. SolZ (5,5 % von 33.900 €)	./.	1.864,50 €
Nachversteuerungspflichtiger Betrag		84.235,50 €

Der Betrag ist ausdrücklich auf Euro und Cent genau zu ermitteln.

Der nachversteuerungspflichtige Betrag ist jährlich zum Ende des Veranlagungszeitraum für jeden Betrieb oder MU-Anteil des StPfl. fortzuschreiben, indem der nachversteuerungspflichtige Betrag des Vorjahres hinzugezählt und im Nachversteuerungsfall um den Nachversteuerungsbetrag des laufenden Veranlagungszeitraumes vermindert wird (§ 34a Abs. 3 S. 2 EStG).

In die Ermittlung des nachversteuerungspflichtigen Betrages sind außerdem von anderen Betrieben oder MU-Anteilen übertragene nachversteuerungspflichtige Beträge einzubeziehen. Nach § 34a Abs. 5 EStG wird StPfl. auf Antrag die Möglichkeit gewährt, bei der Übertragung von WG eine an die WG gekoppelte Nachversteuerung zu vermeiden, indem sie den nachversteuerungspflichtigen Betrag auf den anderen Betrieb oder MU-Anteil übertragen.

Der nachversteuerungspflichtige Betrag ist für jeden Betrieb oder MU-Anteil jährlich gesondert festzustellen (§ 34a Abs. 3 S. 3 EStG).

Die **Ermittlung des nachversteuerungspflichtigen Betrages** ergibt sich aus der nachfolgenden Berechnung (Rz. 25 BMF):

Nachversteuerungspflichtiger Betrag des vorherigen VZ

+	Nachversteuerungspflichtiger Betrag des laufenden VZ
+	§ 34a Abs. 5 EStG (übertragener Nachversteuerungsbetrag von einem anderen Betrieb (MU-Anteil)
./.	Nachversteuerungsbetrag des lfd. VZ
./.	auf einen anderen Betrieb (MU-Anteil) übertragener Betrag
=	Nachversteuerungspflichtiger Betrag des VZ (31.12.)

---

258 Die nachfolgende Darstellung und der »Rechenweg« orientieren sich an *von Rönn* a. a. O.

259 *Dörfler/Graf/Reichl*, DStR 2007, 645 (648); Gesetzesbegründung der Bundesregierung, BR-Drs. 220/07, 103; kritisch dazu: *Kleineidam/Liebchen*, DB 2007, 409 (410)

Beispiel 10:

Bei der A-KG liegen für den VZ 21 die folgenden Angaben vor:

Begünstigungsbetrag nach § 34a Abs. 2 EStG:	50.000,00 €
Nachversteuerungspflichtiger Betrag 20:	25.000,00 €
Nachversteuerungspflichtiger Betrag 21:	35.098,13 €
Nachversteuerungsbetrag 21:	25.000,00 €

Übertragungen von WG/MU-Anteilen auf die A-KG bzw. von der A-KG auf andere PersG erfolgten nicht.

Lösung:

	Nachversteuerungspflichtiger Betrag des vorherigen VZ	25.000,00 €
+	Nachversteuerungspflichtiger Betrag des laufenden VZ	+ 35.098,13 €
+	§ 34a Abs. 5 (übertragener Nachversteuerungsbetrag von einem anderen Betrieb (MU-Anteil))	0,00 €
./.	Nachversteuerungsbetrag des lfd. VZ	./. 25.000,00 €
./.	auf einen anderen Betrieb (MU-Anteil) übertragener Betrag	0,00 €
=	Nachversteuerungspflichtiger Betrag des VZ (31.12.)	35.098,13 €

3.4.2 Nachversteuerungsbetrag (Rz. 27 ff. BMF)

Der Nachbesteuerungsbetrag ist die **Bemessungsgrundlage der Nachversteuerung,** die im Falle sog. »Überentnahmen« erfolgen soll.

> »(4) Übersteigt der positive Saldo der Entnahmen und Einlagen des Wirtschaftsjahres bei einem Betrieb oder Mitunternehmeranteil den nach § 4 Abs. 1 S. 1 oder § 5 ermittelten Gewinn (Nachversteuerungsbetrag), ist vorbehaltlich Abs. 5 eine Nachversteuerung durchzuführen, soweit zum Ende des vorangegangenen Veranlagungszeitraums ein nachversteuerungspflichtiger Betrag nach Abs. 3 festgestellt wurde.«

Gem. § 34a Abs. 4 S. 1 EStG wird der Nachversteuerungsbetrag sonst als der Betrag definiert, um den der positive Saldo aus Entnahmen i. S. v. § 6 Abs. 1 Nr. 4 EStG und Einlagen i. S. v. § 6 Abs. 1 Nr. 5 EStG den in diesem Wj. erzielten Gewinn (einschließlich der steuerfreien Gewinnanteile) übersteigt. Entnahmen, die für die Erbschaftsteuer (Schenkungsteuer) anlässlich der Übertragung des Betriebs oder MU-Anteils entnommen wurden, sind dabei nicht zu berücksichtigen (§ 34a Abs. 4 S. 3 EStG).

Die **Ermittlung des Nachversteuerungsbetrages** ergibt sich entsprechend dem Wortlaut des § 34a Abs. 4 EStG aus nachfolgender Berechnung:

	Entnahmen (§ 6 Abs. 1 Nr. 1 EStG)
./.	Entnahmen für Erbschaftsteuer (§ 34 Abs. 4 S. 3 EStG)
./.	Einlagen (§ 6 Abs. 1 Nr. 5 EStG)
./.	Gewinn (§ 4 Abs. 1 S. 1 EStG oder § 5 EStG)
	d. h.
	Unterschiedsbetrag BV nach § 4 Abs. 1 S. 1 EStG
+	Entnahmen
./.	Einlagen
=	Nachversteuerungsbetrag gem. § 34 Abs. 1 S. 1 EStG

Beispiel 11: Die Nachversteuerung (positives Jahr)[260]

Einzelunternehmer E erzielt im VZ 21 einen Gewinn nach § 4 Abs. 1 S. 1 EStG i. H. v. 50.000 €. Die Entnahmen betragen 120.000 €. Der für das Vorjahr festgestellte nachversteuerungspflichtige Betrag beträgt 60.000 €. Einlagen wurden nicht getätigt.

Lösung: E muss den Gewinn des VZ 21 (50.000 €) gem. § 32a EStG mit seinem persönlichen Steuersatz versteuern. Die Überentnahme beträgt 70.000 €. Die Nachversteuerung ist allerdings auf den nachversteuerungspflichtigen Betrag von 60.000 € beschränkt, sodass nur insoweit eine Nachsteuer anfällt. Die überschießenden 10.000 € kann E steuerfrei entnehmen.

Beispiel 12: Die Nachversteuerung (schlechtes Jahr)

Der Einzelunternehmer E erzielt im VZ 21 einen Verlust von 70.000 €. Er entnimmt aus dem Unternehmen 100.000 €. Der positive Saldo von Entnahmen und Einlagen beträgt 100.000 €.

Lösung: Der Nachversteuerungsbetrag beträgt 100.000 € entsprechend dem positiven Saldo der Entnahmen über die Einlagen. Der Verlust erhöht den Nachversteuerungsbetrag nicht.[261]

Beispiel 13: Nachversteuerung bei einem Kommanditisten

Dem zu 100 % an der X-KG beteiligten E wird im VZ 21 ein Ergebnis von 50.000 € zugewiesen. Der Einzelunternehmer E erzielt im VZ 21 ein Ergebnis von 50.000 €. Er entnimmt aus dem Unternehmen 120.000 €. Der nachversteuerungspflichtige Betrag zum Ende des Jahres beträgt 40.000 €.

Lösung: Ermittlung des Nachversteuerungsbetrages:

Entnahmen		120.000 €
Abzgl. Gewinn i. S. d. § 4 EStG		
• Unterschiedsbetrag		./. 70.000 €
• Entnahmen	120.000 €	50.000 €
Nachversteuerungsbetrag		**70.000 €**

In Beispiel 13 sind dem Einzelunternehmer-Kommanditisten 120.000 € zugeflossen. Er hat aber lediglich einen Gewinn von 50.000 € erzielt. Es handelt sich daher um eine der Nachversteuerung zu unterwerfende **Überentnahme** i. H. v. 70.000 €. Nach der Systematik der Vorschrift werden vorrangig der laufende Gewinn (von 50.000 €) und erst anschließend der in den Vorjahren nicht entnommene Gewinn (von 70.000 €) entnommen, der als sog. Überentnahme hier die Nachversteuerung auslöst.

Die Berechnung des Nachversteuerungsbetrages in dem Beispiel lässt sich vereinfacht wie folgt darstellen:

Gewinn laut StB	50.000 €
Entnahmen	./. 120.000 €
Einlagen	0 €
Nachversteuerungsbetrag	70.000 €

Die Nachversteuerung ist allerdings auf den nachversteuerungspflichtigen Betrag begrenzt. Somit muss E lediglich 40.000 € nachversteuern und kann die übrigen 30.000 € steuerfrei i. S. d. Nachversteuerung entnehmen.

---

260 Beispiel entnommen der Lüneburger Diplomarbeit von *Kopmann* (2008), 57.
261 Lösung nach *von Rönn*, a. a. O., 128 und nach *Thiel/Sterner*, DB 2007, 1099.

3.4.3 Übertragung und Überführung von Wirtschaftsgütern (Rz. 32 ff. BMF)

Gem. § 34a Abs. 5 EStG führt auch die Übertragung oder die Überführung eines WG zum Buchwert nach § 6 Abs. 5 S. 1–3 EStG unter den Voraussetzungen des § 34a Abs. 4 EStG zu einer Nachversteuerung. Soweit WG in ein anderes **Betriebsvermögen** desselben StPfl. zu **Buchwerten** überführt oder übertragen werden, wird auf Antrag des StPfl. allerdings auf eine ggf. im Veranlagungszeitraum der Überführung oder Übertragung daraus resultierende Nachversteuerung **verzichtet**. Der nachversteuerungspflichtige Betrag wird insoweit auf den das WG übernehmenden Betrieb oder den MU-Anteil übertragen.[262]

§ 34a Abs. 5 EStG ist nicht auf Sachverhalte anwendbar, in denen ein WG gegen Gewährung oder Minderung von Gesellschaftsrechten aus dem Sonder-BV des MU in das Gesamthandsvermögen derselben MU-schaft übertragen wird, da das WG in diesen Fällen in derselben MU-schaft verbleibt und deshalb keine Entnahme i. S. d. § 34a EStG vorliegt.

Der Anwendungsbereich des § 34a Abs. 5 EStG erstreckt sich damit nur auf die Fälle des § 6 Abs. 5 S. 1–3 EStG, in denen WG zwischen verschiedenen BV desselben MU oder zwischen verschiedenen MU übertragen werden.[263]

Grundsätzlich ist dies nach Ansicht der FinVerw auch bei der Übertragung oder Überführung von einem inländischen in ein ausländisches BV desselben StPfl. möglich (Rz. 34 ff. BMF).

Hierbei werden die folgenden Fallgruppen unterschieden:

- Überführungen innerhalb eines Betriebs oder MU-Anteils (Rz. 35 f. BMF),
- Überführungen und Übertragungen zwischen mehreren Betrieben oder MU-Anteilen (Rz. 37 ff. BMF),
- Grenzüberschreitende Überführungen und Übertragungen bei Einkünften aus Land- und Forstwirtschaft und selbständiger Arbeit (Rz. 40 BMF).

Hinweis: Nach § 34a Abs. 4 S. 3 EStG ist der Nachversteuerungsbetrag um die entnommenen Beträge zur Bezahlung der Erbschaft-/Schenkungsteuer anlässlich des Betriebsübergangs zu mindern. Dies kann als wegweisender Beitrag für interdisziplinäres Steuerrecht nicht hoch genug gewürdigt werden.[264]

3.4.4 Steuersatz bei der Nachversteuerung

Der Steuersatz der Einkommensteuer bei der Nachversteuerung beträgt 25 % (§ 34a Abs. 4 S. 2 EStG). Anders als bei der Abgeltungsteuer besteht keine Möglichkeit bei niedrigen Einkünften, eine Besteuerung nach dem persönlichen Steuersatz zu beantragen.

3.4.5 Nachversteuerung in sonstigen Fällen

Neben dem Hauptanwendungsfall der Nachversteuerung aufgrund späterer Entnahme der begünstigten Gewinne, sind in § 34a Abs. 6 EStG drei weitere Fälle der Nachversteuerung genannt:

3.4.5.1 Betriebsveräußerung, -aufgabe und Einbringung (Rz. 42 BMF)

Zur Nachversteuerung des nachversteuerungspflichtigen Betrages führen gem. § 34a Abs. 6 S. 1 Nr. 1 und 2 EStG eine Betriebsveräußerung oder Betriebsaufgabe i. S. d. §§ 14, 16 Abs. 1

---

262 Gesetzesbegründung der Bundesregierung, BR-Drs. 220/07, 103.
263 *Thiel/Sterner*, DB 2007, 1099 (1103).
264 Zu Detailfragen vgl. *Grützner*, StuB 2007, 445 und *Barth* a. a. O.

und Abs. 3 EStG sowie des § 18 Abs. 2 EStG sowie die Einbringung eines Betriebs- oder MU-Anteils in eine KapG sowie der Formwechsel einer PersG in eine KapG. Diese Regelung ist vor dem Hintergrund der gesellschafterbezogenen Begünstigung konsequent, weil der StPfl. in diesen Fällen kein BV mehr unterhält und insoweit nach dem Zweck des Gesetzes der Gewährung eines Steuervorteils nicht mehr bedarf.

Die aus der Nachversteuerung geschuldete Einkommensteuer kann auf Antrag des StPfl. oder seines Rechtsnachfolgers auf höchstens zehn Jahre gestundet werden, um unbillige Härten zu vermeiden. Die Stundung ist ratierlich über den Stundungszeitraum aufzulösen (§ 34a Abs. 6 S. 2 EStG).

3.4.5.2   Wechsel der Gewinnermittlungsart (Rz. 44 BMF)

Ohne Stundungsmöglichkeit nach § 34a Abs. 6 S. 1 Nr. 3 EStG findet eine Nachversteuerung statt, wenn der StPfl. von der Gewinnermittlung durch Vermögensvergleich zur Einnahme-überschussrechnung nach § 4 Abs. 3 EStG, zur pauschalierten Gewinnermittlung nach § 5a EStG (Tonnagesteuer) oder zur Gewinnermittlung nach Durchschnittssätzen gem. § 13a EStG übergeht. Nach der Gesetzesbegründung können so Umgehungsgestaltungen verhindert werden, die darin bestehen könnten, dass StPfl. durch den Wechsel der Gewinnermittlungs-art eine Nachversteuerung endgültig vermeiden, indem sie Entnahmen zeitlich aufschieben und erst nach dem Wechsel der Gewinnermittlungsart vornehmen.[265]

3.4.5.3   Nachversteuerung auf Antrag (Rz. 45 BMF)

Schließlich findet eine Nachversteuerung gem. § 34a Abs. 6 S. 1 Nr. 4 EStG statt, wenn der StPfl. die Nachversteuerung beantragt.

Diese Möglichkeit bietet für den StPfl. Gestaltungsmöglichkeiten. Der Antrag kann z. B. vor einer unentgeltlichen Betriebsübergabe sinnvoll sein, um einen Rechtsnachfolger von der Nachversteuerung zu entlasten.

3.5   Besonderheiten

3.5.1   Unentgeltliche Übertragung und Einbringung gem. § 24 UmwStG (Rz. 47 BMF)

Wird ein Betrieb oder MU-Anteil unentgeltlich (Erbfolge oder Schenkung) übertragen, hat gem. § 34a Abs. 7 S. 1 EStG der Rechtsnachfolger den nachversteuerungspflichtigen Betrag fortzuführen. Auch bei den Fällen der Einbringung eines Betriebes oder MU-Anteils zu Buchwerten nach § 24 UmwStG geht der für den eingebrachten Betrieb oder MU-Anteil festgestellte nachversteuerungspflichtige Betrag auf den neuen MU-Anteil über (§ 34a Abs. 7 S. 2 EStG).

3.5.2   Negative Einkünfte

Ermäßigt besteuerte Gewinne i. S. v. § 34a Abs. 1 S. 1 EStG dürfen nicht mit negativen Einkünften ausgeglichen werden (§ 34a Abs. 8 EStG). Sie nehmen also am Verlustausgleich und Verlustabzug nicht teil.[266]

Auch der Verlustrücktrag gem. § 10d Abs. 1 S. 2 EStG ist ausgeschlossen, soweit die Einkünfte im Vorjahr nach § 34a EStG ermäßigt besteuert wurden. Sofern sich ein Verlustausgleich oder ein Verlustabzug als vorteilhaft erweist, besteht die Möglichkeit, den Antrag auf Begünstigung des nicht entnommenen Gewinnes nach § 34a Abs. 1 S. 4 EStG zurückzunehmen.

---

265 Gesetzesbegründung der Bundesregierung, a. a. O., 104.
266 *Förster*, DB 2007, 760 (764); *Thiel/Sterner*, DB 2007, 1099 (1103).

3.5.3 Zuständigkeitsregelungen und Verfahrensvorschriften

Zuständig für den Erlass der Feststellungsbescheide über den nachversteuerungspflichtigen Betrag ist – ebenso wie für den Antrag auf Thesaurierungsbegünstigung – das für die Einkommensbesteuerung zuständige FA des Einzelunternehmers/MU (§ 34a Abs. 9 S. 1 EStG). Vorgesehen ist, dass die gesonderten Feststellungen über den nachversteuerungspflichtigen Betrag mit dem Einkommensteuerbescheid verbunden werden können.

§ 34a Abs. 9 EStG enthält keine Regelung über besondere Anforderungen an Aufzeichnungen auf der Ebene des Einzelunternehmens oder der MU-schaft. Die Vorstellung des Gesetzgebers geht offenbar dahin, dass die Betriebsstätten-FÄ im Rahmen der Feststellung der Einkünfte die Entnahmen und Einlagen sowie den Nachversteuerungsbetrag errechnen und an die Wohnsitz-FÄ übermitteln. Dies wird zu einem erheblichen Verwaltungsaufwand führen, weil die Ermittlung für jeden MU einer PersG gesondert erfolgen muss.

§ 34a Abs. 10 EStG regelt die entsprechende gesonderte Feststellung der für die Tarifermittlung nach den Abs. 1 bis 7 notwendigen Besteuerungsgrundlagen (Einlagen, Entnahmen und weitere) bei Einkünften aus Land- und Forstwirtschaft und aus selbständiger Arbeit. Hierdurch sollen verfahrensrechtliche Probleme vermieden werden, die sich daraus ergeben, dass nachrichtliche Mitteilungen keine Bindungswirkung entfalten (BT-Drs. 16/11 108, 22). Erst der Feststellungsbescheid nach Satz 1 entfaltet Bindungswirkung für den ESt-Bescheid desselben VZ. Diese Feststellung hat aus dem Wortlaut des Gesetzes (»können«) fakultativen Charakter.

§ 34a Abs. 11 EStG regelt neben dem Erlass der gesonderten Feststellung des nachversteuerungspflichtigen Betrages und dessen Änderung bzw. Aufhebung bei ganz- oder teilweiser Rücknahme des Antrages nach § 34a Abs. 1 EStG durch den StPfl. auch eine entsprechende Anwendung dieser Vorschriften, wenn der Erlass, die Aufhebung oder Änderung des Einkommensteuerbescheids mangels steuerlicher Auswirkung unterbleibt. Vergleichbar der Regelung in § 34a Abs. 1 S. 5 EStG endet die Feststellungsfrist nicht, bevor die Festsetzungsfrist für den Veranlagungszeitraum abgelaufen ist, auf dessen Schluss der nachversteuerungspflichtige Betrag des Betriebs oder MU-Anteils gesondert festzustellen ist (§ 34a Abs. 11 S. 3 EStG).

3.5.4 Vorauszahlungen

Gem. § 37 Abs. 3 S. 5 EStG wird bei der Bemessung von Vorauszahlungen die Steuerermäßigung nach § 34a EStG nicht berücksichtigt. Der Begründung des Gesetzgebers, dies sei erforderlich, weil die Begünstigung antragsgebunden sei und der Antrag erst mit der Einkommensteuererklärung gestellt werden könne[267], kann nur fiskalische (Über-)Motivation beigemessen werden.

4 § 15 Abs. 1 Nr. 2 EStG und das SEStEG

Ein neues Kapitel in der Behandlung der MU-schaft wurde mit dem Inkrafttreten des SEStEG (07.12.2006) aufgeschlagen.

---

267 Gesetzesbegründung zu § 37 EStG, a. a. O., 114.

Beispiel 14: Das SEStEG und die PersG

Ein grenznaher Handwerksbetrieb in der Rechtsform einer GmbH & Co. KG möchte einzelne WG in die EU-/EWR-Betriebsstätte überführen. An der KG sind neben ihrer Komplementärin (GmbH) noch zwei Kommanditisten beteiligt, der Steuerinländer K1 und K2, die ihre Wohnsitze (gewöhnliche Aufenthalte) in den EU-/EWR-Staaten haben, in dem auch die Betriebsstätte residiert.

Die Entstrickungsfolgen (Ansatz der überführten Einzel-WG mit dem **gemeinen Wert** nach § 4 Abs. 1 S. 3 EStG i. V. m. § 6 Abs. 1 Nr. 4, S. 1 2. HS EStG)[268] werden auf der Ebene des Gewinnerzielungssubjektes, d. h. hier auf KG-Ebene, erfasst. Anders verhält es sich jedoch beim »Gegensteuern« mit der Bildung eines Ausgleichspostens (APO) nach § 4 g EStG. Die Möglichkeit (Antrag!), mit dem APO die Aufdeckungsfolgen (gemeiner Wert ./. Buchwert) auf fünf Jahre zu verteilen, wird man jedoch als **gesellschafterbezogene** Regelung zu verstehen haben.[269]

Lösung:

Während der § 4 g-Antrag für K1 kein Problem darstellt, ist die Frage der ratierlichen Gewinnstreuung auf fünf Jahre für die GmbH und für die beschränkt stpfl. Kommanditistin K2 zzt. gesetzlich nicht geregelt. Inzwischen ist § 4 g EStG durch den Verweis in § 12 Abs. 1 KStG auf eine GmbH entsprechend anzuwenden. Dagegen ist die Rechtslage bzgl. der ausländischen MU nicht geklärt.[270] Die h. M. geht dahin, den **EU-/EWR-Ausländern** im Hinblick auf eine (mögliche) EuGH-Rspr. (Niederlassungsfreiheit) die Antragstellung nach § 4 g Abs. 1 EStG analog zu ermöglichen und diese den »Drittstaaten-Ausländern« zu verwehren.

In methodischer Hinsicht wir allerdings eingewandt, dass sich eine Analogie wegen des (auch hier) eindeutigen Wortlauts verbietet und dass bei der dann gebotenen gemeinschaftsrechtskonformen Auslegung möglicherweise auf die Korrespondenzthese abzustellen ist (also Geltung nur gegenüber den EU-Bürgern aus Staaten mit der wechselbezüglichen Vergünstigung). Eine andere einschränkende Auslegung könnte aus Gründen des Gemeinschaftsrechts (Rechtfertigungsgrund: Territorialitätsprinzip) nur den EU-Ausländern das Antragsrecht gewähren, bei denen der Betriebsstättensitz und der Wohnsitz/gewöhnliche Aufenthalt des MU identisch sind.

---

268 S. dazu allgemein *Preißer*, Teil A, Kap. I 3.3.

269 Allein der Wortlaut (»ein unbeschränkt Steuerpflichtiger«) und die weiteren Regelungsinhalte des § 4 g EStG (vgl. insb. § 4 g Abs. 5 EStG) legen diese Auslegung nahe.

270 Vgl. *Prinz*, FAnwStR-Arbeitsbuch 2007, 319 ff. (320).

C Körperschaftsteuerrecht

Die Diskussion der Körperschaftsteuer beginnt mit einem sehr kurzen Vergleich der beiden in Deutschland praktizierten Modelle, dem (historischen) Anrechnungsverfahren und der aktuellen Teileinkünftebesteuerung.

I Das Körperschaftsteuersystem vor und nach dem Steuersenkungsgesetz

1 Das Prinzip des Anrechnungsverfahrens

Das Prinzip des Anrechnungsverfahrens beruhte auf dem Grundgedanken, dass die Körperschaftsteuer (KSt) zwar **rechtlich** eine eigene Ertragsteuer für Körperschaften, **wirtschaftlich** aber lediglich eine Interims-Besteuerung darstellt, die im Ausschüttungsfall von der individuellen Besteuerung des Anteilseigners (AE) abgelöst wird. Im Endeffekt (bei Ausschüttung oder spätestens in der Liquidation) wurden die Gewinne mit dem individuellen Steuersatz des AE erfasst.[1]

Technisch wurden die Gewinne zunächst aufgrund einer fiktiv angenommenen Thesaurierung der Tarifbelastung (40 %) unterworfen, die bei der Gewinnausschüttung auf die niedrigere Ausschüttungsbelastung (30 %) heruntergeschleust wurde, wodurch auf der Ebene der KapG ein Anreiz für eine Gewinnausschüttung gegeben war. Die KSt-Minderung, die durch die Gewinnausschüttung realisiert wurde, war Teil der Gewinnausschüttung. Der AE hatte den für die Gewinnausschüttung verwendeten Gewinn (Brutto-Gewinn ohne Abzug der KSt) zu besteuern und konnte die auf der Ebene der KapG einbehaltene KSt auf seine individuelle Steuer (ESt oder KSt) anrechnen. Die KapG war im Ausschüttungsfall wirtschaftlich von der KSt entlastet, der AE nach seinen individuellen Verhältnissen belastet.

2 Das Prinzip der anteiligen Doppelbelastung

Durch den Wechsel vom Anrechnungsverfahren zum sog. **Teileinkünfteverfahren** (früher: Halbeinkünfteverfahren) ist im Prinzip das »klassische System« der Doppelbesteuerung wieder eingeführt worden. Die systemtragende Doppelbelastung von Gewinnen auf der Ebene der KapG und auf der Ebene des AE wird dadurch gemildert, dass der KSt-Satz (15 %) gesenkt worden ist und die Einnahmen auf AE-Ebene nur noch zu **60 %** erfasst werden (§ 3 Nr. 40d EStG). Auf die Systematik der Abgeltungsteuer wird an dieser Stelle nicht eingegangen.[2]

Um in Beteiligungsketten (Beteiligung von KapG an anderen KapG) Mehrfachbelastungen zu vermeiden, ist in klassischen Systemen die **Steuerfreiheit der Ausschüttungen zwischen KapG** systemkonform (vgl. § 8b Abs. 1 KStG).[3] Die mit Wirkung ab 2004 eingetretene 5 %ige Belastung von Beteiligungserträgen und Veräußerungsgewinnen (§ 8b Abs. 5 und Abs. 3 KStG) hat nichts mit der beschriebenen systemtragenden Grundentscheidung zu tun.[4]

Beispiel 1: Beteiligung von natürlichen Personen[5]

Gesellschaftsebene:

z. v. E. der KapG	100,00
./. KSt-Belastung	./. 15,00
ausschüttungsfähiger Gewinn	85,00

---

1   Vgl. zu den Grundentscheidungen des Anrechnungsverfahrens *Herzig*, FR 1977, 405; *Raupach*, FR 1978, 570 f.
2   S. dazu *Preißer*, Band 1, Teil A, Kap. II.
3   *Erle/Sauter*, Reform der Unternehmensbesteuerung, 19.
4   *Gosch*, KStG, 4. Aufl., § 8b Rz. 1 und 452.
5   Vgl. auch *Preißer*, Band 1, Teil A, Kap. II.

G'fter-Ebene:

Einnahmen aus Kapitalvermögen	85,00
davon stpfl. (60 %)	51,00

Steuerbelastung nach individuellem Steuersatz:

a)	bei 40 %-ESt-Satz	20,40
	Gesamtbelastung (KSt + ESt)	**35,40**
b)	bei 20 %-ESt-Satz	10,20
	Gesamtbelastung	**25,20**

Daran erkennt man, dass bei geringeren individuellen ESt-Sätzen als ca. 30 % das Teileinkünfteverfahren zu einer höheren Gesamtbelastung führt als das Anrechnungsverfahren. Bei einem individuellen Steuersatz von 0 bleibt als Mindestbelastung die Definitiv-KSt von 15 %. Hierbei sind WK der natürlichen Person noch nicht berücksichtigt. Durch das sog. Teilabzugsverbot des § 3c Abs. 2 EStG verschlechtert sich die Situation für den AE, soweit er WK getragen hat.[6]

Bei Beteiligungen von KapG an anderen KapG ergeben sich verkürzt folgende Steuerbelastungen:

Beispiel 2: Beteiligung von KapG

Gesellschaftsebene (KapG 1):
  Auf Gesellschaftsebene erfolgen ebenfalls keine Änderungen.
  G'fter-Ebene (KapG 2):

Beteiligungsertrag	85,00
davon als Ertrag stpfl. (§ 8b Abs. 1 KStG)	0,00
davon als Betriebsausgaben nicht abzugsfähig	
(§ 8b Abs. 5 KStG)	4,25
mit KSt belastetes Einkommen bei der KapG	4,25

Bei Weiterausschüttung von KapG 2 an natürliche Personen als AE gelten die im Einführungsschaubild bezeichneten Rechtsfolgen.

Das neue System begünstigt die Thesaurierung von Gewinnen, da eine Ausschüttung i. d. R. zumindest dann eine **Zusatzbelastung** bedeutet, wenn an natürliche Personen ausgeschüttet wird.[7] Die unterschiedliche Belastung von Thesaurierung und Gewinnausschüttungen wird die Praxis nicht nur zu optimalem Ausschüttungsverhalten bzw. anderen Lösungen des Vermögenstransfers von der KapG an die G'fter, z. B. durch Darlehen, sondern auch zu Rechtsformgestaltungen veranlassen, die das Ziel haben, nicht für Konsumzwecke benötigte Gewinne in einer KapG, auszuschüttende bzw. entnahmefähige Gewinne in einer PersG oder sogar unmittelbar bei dem G'fter (z. B. als atypischer stiller G'fter) anfallen zu lassen. Die

---

6   Dieses Teilabzugsverbot gem. § 3c Abs. 2 EStG ist systematisch nicht gerechtfertigt. Es unterstellt, dass Gewinne von KapG nur anteilig besteuert werden. Dies ist jedoch im klassischen System gerade nicht der Fall. Die Besteuerung erfolgt nur auf zwei Ebenen. Insoweit tritt eine nicht gerechtfertigte Mehrbelastung ein. Im System der Abgeltungsteuer sind Werbungskosten überhaupt nicht abzugsfähig.

7   Die Privilegierung der Thesaurierung ist ein erklärtes Ziel des Systemwechsels, vgl. *Oppenhoff/Rädler/Clausen*, Unternehmensbesteuerung, 13.

Rechtsformwahl hat mit dem Systemwechsel eine noch größere Bedeutung eingenommen als früher, da die Rechtsformneutralität der Besteuerung in noch größere Ferne gerückt ist.[8]

3   Die Prinzipien der Unternehmenssteuerreform 2008

Die KSt-Tarifbelastung wurde weiter auf 15 % abgesenkt; allerdings ist die Gewerbesteuer nicht mehr als Betriebsausgabe abzugsfähig, sodass sich die Gesamtbelastung auf knapp 29 % addiert. Die weiteren Gegenfinanzierungsmaßnahmen (insb. bei Fremdfinanzierungen und weitere bei der Gewerbesteuer) relativieren die Tarifsenkung weitgehend.

Bei **Gewinnausschüttungen wird ab 2009** für die Anteilseigner auf eine systemwidrige Abgeltungsteuer (25 %) umgestellt, soweit die Anteilseigner die Anteile im Privatvermögen haben und kein Ausnahmetatbestand i. S. d. § 32 d Abs. 2 EStG vorliegt.[9] Insoweit ist auch ein WK-Abzug ausgeschlossen. Dies bedeutet eine höhere Belastung der Gewinnausschüttung (isoliert betrachtet) gegenüber dem alten Rechtssystem. Die Höherbelastung zeigt sich nicht zuletzt darin, dass sich ab 2009 die Steuerbelastung auf Gewinnausschüttungen auf Anteile, die sich im BV befinden, von 50 % (§ 3 Nr. 40 Buchst. d EStG) auf 60 % erhöht. In den Beispielen wird überwiegend – aus systematischen Gründen – mit dem Teileinkünfteverfahren gearbeitet. Bitte achten Sie in Klausuren darauf, ob die Voraussetzungen der Anwendung der Abgeltungsteuer vorliegen.

---

8   *Dörner*, INF 2000, 589.
9   Auf die Regelung in § 32d Abs. 2 Nr. 3 EStG (Veranlagungsoption bei unternehmerischer Beteiligung) wird hingewiesen.

II Die persönliche Körperschaftsteuerpflicht

1 Die persönliche Steuerpflicht von Körperschaften und Sondervermögen
1.1 Überblick

Das KStG knüpft die KSt-Pflicht für juristische Personen streng an das von den Mitgliedern/ G'ftern/Stiftern verselbständigte Sondervermögen an. Im Ergebnis ist es nicht zu beanstanden, wenn insoweit von einer Akzessorietät des KSt-Rechts an die Rechtsform gesprochen wird. Systemgerecht wird die Maßgeblichkeit der Rechtsform im Ergebnis auch für die mitunternehmerschaftliche Besteuerung von Personenhandelsgesellschaften gelten müssen. Seit der Entscheidung des GrS des BFH vom 25.06.1984 (BStBl II 1984, 756) ist anerkannt, dass Personenhandelsgesellschaften, auch Publikums-Kommanditgesellschaften in der Form der GmbH & Co. KG MU-schaften sind, auch wenn sie körperschaftliche Züge tragen.

Die strenge Akzessorietät an die zivilrechtliche Rechtsform gilt nicht in gleicher Weise für die in § 1 Abs. 1 Nr. 5 KStG genannten Körperschaften. Bei diesen Körperschaften ist im Einzelnen zu prüfen, ob die Einkünfte aufgrund der Verteilung der gesellschaftsrechtlichen Verfügungsrechte in den Körperschaften dem Verband oder den Mitgliedern unmittelbar zuzurechnen sind (§ 3 Abs. 1 KStG). Diese Abgrenzung ist nach zivilrechtlichen Gegebenheiten vorzunehmen. Maßstab für diese Abgrenzung ist die unterschiedliche Verteilung der Verfügungsrechte bei der Organisationsform des Vereins (rechtsfähig oder nicht-rechtsfähig) einerseits und der Gesellschaft (GbR) andererseits. Entscheidend für die konkrete Abgrenzung wird es insb. auf folgende Indizien ankommen[10]:

- Verteilung der Kompetenzen zwischen GF/Vorstand und Mitgliedern,
- Gestaltung des Ein- und Austrittrechtes bzw. Übertragung der Mitgliedschaft,
- Bindung des Vermögens an die Organisation während der Mitgliedschaft,
- Bindung des Vermögens an die Organisation nach Beendigung der Mitgliedschaft.

Körperschaften sind demnach zum einen aufgrund der Organisationsverfassung (nicht-rechtsfähige Körperschaften, § 1 Abs. 1 Nr. 5 KStG) und zum anderen aufgrund des Vermögenszuordnungsprinzips der juristischen Peron (rechtsfähige Körperschaften, § 1 Abs. 1 Nr. 4 KStG) körperschaftsteuerpflichtig.

Diese Abgrenzung kann ihre Wirkung aber nur für Körperschaften, nicht für Sondervermögen und Stiftungen entfalten. Bei diesen Sondervermögen (Stiftungen und andere Zweckvermögen) der §§ 1 Abs. 1 Nr. 5, 3 KStG kommt es darauf an, ob das Vermögen einem **überindividuellen Zweck** gewidmet und dem **jederzeitigen Zugriff** eines Individuums entzogen ist (**Trennungsprinzip**). Ist dies der Fall, unterliegen die mit dem Vermögen erzielten Erträge der KSt, wenn keine Steuerbefreiung (insb. § 5 Abs. 1 Nr. 9 KStG) in Betracht kommt (BFH vom 24.03.1993, BStBl II 1993, 637).

Beispiel 1: Unbürokratische Stiftung

Ein StPfl. S erbt ein Vermögen, welches er unbürokratisch einem gemeinnützigen bzw. mildtätigen Zweck widmen und zuführen will.

Lösung: S kann eine unselbständige Stiftung ohne eigene Rechtsfähigkeit gründen, indem er das Geld auf ein Konto überweist, über welches nur ein Treuhänder nach einer vorgegebenen Stiftungssatzung verfügen darf. Das Vermögen ist dem jederzeitigen Zugriff des S entzogen. Es handelt sich um ein Zweckvermögen i. S. d. § 1 Abs. 1 Nr. 5 KStG. Werden aus diesem Vermögen (Zins-)Erträge erzielt, unterliegen sie der KSt, soweit die Steuerbefreiung des § 5 Abs. 1 Nr. 9 KStG nicht eingreift.

---

10 Wie auch bei ausländischen Körperschaften, bei denen gem. § 2 Nr. 2 KStG die beschränkte Steuerpflicht anhand eines Typenvergleichs zu prüfen ist.

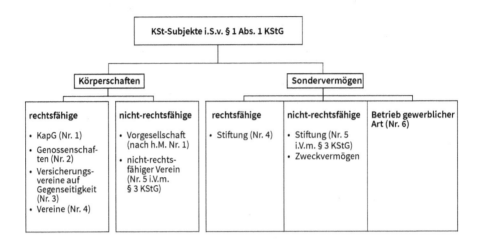

1.2   Körperschaftsteuerpflicht eines Vereins

Neben den Körperschaften bzw. Sondervermögen sind außer den Erwerbs- und Wirtschafts-genossenschaften und Versicherungsvereinen auf Gegenseitigkeit (VVaG, § 1 Abs. 1 Nr. 2 und 3 KStG) auch alle sonstigen juristischen Personen des privaten Rechts körperschaftsteuer-pflichtig; dazu gehören insb. die rechtsfähigen Vereine und die rechtsfähigen Stiftungen (§ 1 Abs. 1 Nr. 4 KStG). Vereine, die nicht in erster Linie wirtschaftliche Zwecke verfolgen, erlangen die Rechtsfähigkeit durch Eintragung in das Vereinsregister (§ 21 BGB). Diese Vereine verfol-gen i. d. R. steuerbegünstigte Zwecke i. S. d. §§ 51 ff. AO, wodurch sich eine partielle Steuerbe-freiung ergibt (§ 5 Abs. 1 Nr. 9 KStG). Andere Vereine i. S. d. § 22 BGB erlangen Rechtsfähigkeit durch eine Konzession, die allerdings nur restriktiv verliehen wird[11] (vgl. z. B. privatärztliche Verrechnungsstelle, Funk-Taxi-Zentralen). Unabhängig davon, ob diese Vereine die Rechtsfä-higkeit erlangen, sind sie KSt-Subjekte, entweder gem. § 1 Abs. 1 Nr. 4 KStG (bei Rechtsfähig-keit) oder gem. § 1 Abs. 1 Nr. 5 KStG (bei Nichtrechtsfähigkeit).

Die Abgrenzung von Idealvereinen und wirtschaftlichen Vereinen (§§ 21, 22 BGB) hat Bedeutung für die Erlangung der Rechtsfähigkeit. Sie ist im Zivilrecht umstritten, es wird ent-scheidend darauf ankommen, ob der Verein wie ein sonstiges wirtschaftliches Unternehmen am Markt auftritt und Gläubigerinteressen beeinträchtigen kann.[12]

Das Besondere an diesen Körperschaften ist, dass sie im Gegensatz zu den KapG nicht ausschließlich den Tatbestand der Einkünfte aus Gewerbebetrieb erfüllen (für KapG vgl. § 8 Abs. 2 KStG). Diese Körperschaften können grundsätzlich Tätigkeiten übernehmen, die unter die Tatbestände der §§ 13, 15, 20, 21 und 22 EStG zu subsumieren sind. Diese Vereine können in Bezug auf die Einkünfte aus Gewerbebetrieb buchführungspflichtig sein, wenn sie im Ein-zelfall die Voraussetzungen, die das HGB an die Buchführungspflicht stellt, erfüllen.

Bei Vereinen (oder anderen Körperschaften i. S. d. § 1 Abs. 1 Nr. 3 – 5 KStG) werden grund-sätzlich keine Gewinnausschüttungen (auch keine vGA) vorgenommen. Doch können auch bei Vereinen zumindest (auch verdeckte) Vermögensverlagerungen von der Körperschaft auf die Vereinsmitglieder vorkommen, die Gewinnausschüttungen oder vGA wirtschaftlich

---

11   Vgl. zur gesellschaftsrechtlichen Vereinsklassenabgrenzung neuerdings umfassend *Fehrenbach*, ZHR 2018, 191 ff.
12   Vgl. nur *MünchKomm-Reuter*, BGB, §§ 21, 22 Tz. 21 ff.; vgl. *Winheller*, DStR 2012, 1562 und *Schauhoff/Kirchhain*, ZIP 2016, 1857 ff.

entsprechen.[13] Durch die Absenkung des KSt-Satzes würden solche – Gewinnausschüttungen vergleichbare – Vermögensverlagerungen beim Verein endgültig mit 15 % KSt besteuert werden, sodass gegenüber der alten Rechtslage ein Wettbewerbsvorteil gegenüber KapG und PersG eintritt. Daher ist mit § 20 Abs. 1 Nr. 9 EStG ein neuer Einnahmetatbestand geschaffen, der solche Vorteile bei den Vereinsmitgliedern nach dem Teileinkünfteverfahren (vgl. § 3 Nr. 40d EStG) besteuert.[14] Damit wird eine mit sonstigen Steuersubjekten vergleichbare Gesamtbelastung hergestellt. Erhält eine an dem Verein beteiligte KapG einen solchen Vorteil, bleibt er bei der Ermittlung des Einkommens der KapG gem. § 8b Abs. 1 i. V. m. § 8b Abs. 5 KStG weitgehend außer Ansatz. Bei Weiterausschüttung an natürliche Personen als AE gelten die allgemeinen Rechtsfolgen.

1.3 Option zur Körperschaftsteuer (§ 1a KStG)

Für PersG ist der Weg eröffnet worden (§ 1a KStG), zur KSt zu optieren. Der Weg in die KSt hat nach den Grundsätzen des UmwStR nach den §§ 20, 22 UmwStG zu erfolgen. Mit dieser »Änderung des steuerlichen Rechtskleides« sind umfangreiche Folgeänderungen verbunden (GrESt, keine Anwendung der §§ 6 Abs. 3 und 5 EStG etc.), sodass vermutlich nicht viele Gesellschaften diesen Weg gehen werden.[15]

2 Die persönliche Steuerpflicht von Kapitalgesellschaften

2.1 Beginn und Ende der unbeschränkten Steuerpflicht

2.1.1 Grundlagen

Die unbeschränkte Steuerpflicht von KapG besteht, wenn sie ihren Sitz oder Ort (§§ 10, 11 AO) der Geschäftsleitung im Inland haben. Unter dem Ort der Geschäftsleitung versteht man den tatsächlichen Ort, von dem aus die KapG tatsächlich geführt wird. Dies kann in Ausnahmefällen auch der Wohnsitz eines der GF sein. Der Ort der Geschäftsleitung ist als Auffangtatbestand zu verstehen, da der statutarische Sitz einer KapG frei zu bestimmen ist, sodass die unbeschränkte Steuerpflicht insoweit in das Belieben der G'fter gestellt wäre (vgl. § 4a GmbHG, § 5 AktG).

Besonderheiten ergeben sich für nach **ausländischem Recht** gegründete KapG, die den Ort der tatsächlichen Geschäftsleitung ins Inland verlegt haben. Da eine KapG erst durch Eintragung in das Handelsregister entsteht, wobei gewisse Normativbestimmungen einzuhalten sind, war die persönliche Steuerpflicht von nach ausländischem Recht gegründeten KapG nach früher h. M. nicht bereits nach § 1 Abs. 1 Nr. 1 KStG gegeben. Die KapG galt wegen der in das KSt-Recht übernommenen Sitztheorie in Deutschland nicht als rechtsfähig. Die unbeschränkte KSt-Pflicht solcher KapG ergab sich i. d. R. aus § 1 Abs. 1 Nr. 5, § 3 Abs. 1 KStG, wenn sie nach diesen Kriterien einer Körperschaft entsprachen.[16] Aus der EuGH-Rspr. (Überseering, EuZW 2002, 754, Inspire-Art, DB 2003, 2219), die im Ergebnis die Sitztheorie[17] abgelehnt und der **Gründungstheorie**[18] im Europäischen Recht zum Durchbruch verholfen hat, lassen sich zu der Rechtsfähigkeit bzw. Eintragungsfähigkeit

---

13 Hierzu eingehend *Pel*, DB 2004, 1065.

14 Vgl. hierzu auch die Ausführungen *Preißer*, Band 1, Teil A, Kap. II 2.

15 Siehe nur *Broemel/Tigges-Knümann*, Ubg 2021, 521 ff.; *Leitsch*, BB 2021, 1943 ff.; *Lüdicke/Eiling*, BB 2021, 1439 ff.

16 Vgl. BFH vom 23.06.1992 (BStBl II 1992, 872) und vom 01.07.1992 (BStBl II 1993, 222).

17 Nach der Sitztheorie (bisherige Geltung in den meisten kontinentaleuropäischen Staaten) greift bei KapG, die im Ausland gegründet wurden und ihren Sitz verlegt haben, das Recht des »Sitzstaates«.

18 Nach der Gründungstheorie gilt bei Sitzverlegung weiterhin das Recht des Gründungsstaates (Geltung u. a. im anglo-amerikanischen Raum und in den Niederlanden und in der Schweiz).

konkrete Rechtsfolgen ableiten: Grenzüberschreitende Sitzverlegungen und Verschmelzungen werden damit leichter ermöglicht.[19] Mit der Gründungstheorie ist es EU-KapG (aus
Staaten mit Geltung der Gründungstheorie) – unter Beibehaltung ihrer Identität – erlaubt,
ihren Verwaltungssitz ins EU-Ausland (z. B. nach Deutschland) zu verlegen. Damit ist eine
KSt-Pflicht bereits nach § 1 Abs. 1 Nr. 1 KStG gegeben, was wiederum Bedeutung für die
Anwendung des §§ 17, 20 Abs. 1 Nr. 1 EStG hat.[20] Dies ist nunmehr in § 1 Abs. 1 Nr. 1 (Klam-
merzusatz) klargestellt worden.

Von besonderer Bedeutung ist in diesem Zusammenhang die »Limited« englischen
Rechts. Sehr intensiv geht die OFD Hannover (Vfg. vom 15.04.2005, FR 2006, 193) auf die
zivil- und steuerrechtlichen Fragen einer Limited ein. Für den Regelfall, dass sie in Großbritannien ihren Satzungssitz und in Deutschland ihren Verwaltungssitz innehat, ist sie nach
der (zumindest steuerrechtlichen) Gründungstheorie zwar in beiden Staaten ansässig, aber
in Deutschland mit ihrem Welteinkommen körperschaftsteuerpflichtig. Dies gilt jedenfalls
dann, wenn sie ihre gesamten Aktivitäten in Deutschland ausübt.[21] Nach dem Austritt von
Großbritannien aus der EU werden sich künftig für die Limited sowohl in steuerrechtlicher
als auch in gesellschaftsrechtlicher Hinsicht neue Fragestellungen ergeben.[22] So stellt sich in
steuerrechtlicher Hinsicht die Frage, ob die Limited im Einzelfall als Körperschaftsteuersub-
jekt anzusehen ist, und in gesellschaftsrechtlicher Hinsicht, ob die Limited in das deutsche
Handelsregister eingetragen werden kann (falls nein, besteht eine unbeschränkte Haftung
der G'fter).

2.1.2   Beginn der unbeschränkten Steuerpflicht

Eine KapG entsteht als solche erst durch Eintragung in das Handelsregister (vgl. z. B. § 11
Abs. 1 GmbH, § 41 AktG). Beim Entstehungsprozess (Gründung) einer KapG sind verschiedene Stadien zu unterscheiden. Zunächst verabreden die späteren Gründer, eine KapG zu
errichten. In dieser Phase (**Vorgründungsgesellschaft**) werden oft die Geschäfte noch nicht
aufgenommen, sodass die Frage der Steuersubjektivität nicht zu entscheiden ist. Falls dies
im Einzelfall anders sein sollte und eine gewerbliche Tätigkeit bereits aufgenommen wird,
liegt entsprechend der zivilrechtlichen Einordnung ein Personenunternehmen vor (Einzelunternehmen oder MU-schaft gem. § 15 Abs. 1 Nr. 1 und/oder 2 EStG).[23] Eine Identität zwischen
Vorgründungsgesellschaft und der sog. Vor-Gesellschaft wird nicht angenommen.

Mit Abschluss des formgültigen Gesellschaftsvertrages hat die Gesellschaft (**Vor-Gesellschaft**) eine körperschaftliche Organisation. Der BGH hat für die Haftung der G'fter einer
Vorgesellschaft entschieden, dass die G'fter für Verluste der Vor-Gesellschaft zwar unbeschränkt, aber nur im Innenverhältnis (sog. Verlustdeckungshaftung) haften. Eine Haftung im
Außenverhältnis unmittelbar gegenüber den Gläubigern kommt nur dann in Betracht, wenn
die Eintragungsabsicht aufgegeben oder die Vor-Gesellschaft bereits in Vermögensverfall
geraten ist.[24] Eine KSt-Pflicht kann zu bejahen sein, wenn die Vor-Gesellschaft Vermögen
besitzt und ihre Geschäftstätigkeit aufgenommen hat. Die h. M. nimmt eine KSt-Subjektivität

---

19   Näher dazu *Preißer/Schmidt*, Band 1, Teil D, Kap. VI.

20   In diesem Sinne auch *Wassermeyer*, EuZW 2003, 257; vgl. Verfügung der OFD Hannover vom 15.04.2005, FR 2006, 193.

21   Die Frage der Gewinnermittlung richtet sich nach der Eintragung im HR. Falls sie eingetragen ist, sind HB und StB zu
     erstellen. Falls sie nicht eingetragen ist, kann sie steuerlich ihren Gewinn auch nach § 4 Abs. 3 EStG ermitteln.

22   Dies gilt insb. Bei einem »No-Deal-Brexit«. Es wird auf die tatsächlichen Vereinbarungen ankommen.

23   Vgl. zu den USt-Problemen der Vorgründungsgesellschaft, insb. § 1 Abs. 1a UStG beim späteren Übergang auf die Vor-
     KapG *V. Schmidt*, Band 3, Teil B, Kap. III.

24   BGHZ 134, 333; vgl. *Baumbach/Hueck*, GmbHG, § 11 Tz. 23 ff. (sog. unechte Vorgesellschaft).

gem. § 1 Abs. 1 Nr. 1 KStG an, da zwischen der Vorgesellschaft und der eingetragenen Gesellschaft Identität bestehen soll (genauer ist wohl von einer Rechtskontinuität zu sprechen). Nach h. M. soll die KSt-Subjektivität mit Rückwirkung aufgehoben werden, wenn die Eintragungsabsicht aufgegeben wird oder die Eintragung fehlschlägt (so BFH vom 18.03.2010, DStR 2010, 1072).

Praktische Probleme können bei späterer Verneinung der KSt-Pflicht der Vorgesellschaft auftreten, wenn in dieser Zeit bereits Gewinnausschüttungen vorgenommen und bei Gesellschaft und G'fter steuerlich entsprechend den Gewinnausschüttungen einer KapG behandelt worden sind. Bei Aufgabe der Eintragungsabsicht bzw. bei Fehlschlagen der Eintragung muss die h. M. bestandskräftige Veranlagungen bei der Vor-Gesellschaft und den G'ftern nach § 175 Abs. 1 Nr. 2 AO (rückwirkendes Ereignis) ändern. Gewinne der Gesellschaft sind unmittelbar den G'ftern nach § 15 Abs. 1 Nr. 2 EStG zuzurechnen.

2.1.3   Ende der unbeschränkten Körperschaftsteuerpflicht

Ähnlich wie das Entstehen ist die Beendigung der KSt-Pflicht einer KapG ein mehrstufiges Verfahren. Zu orientieren hat man sich zunächst an den gesellschaftsrechtlichen Vorgaben. Mit Auflösungsbeschluss wird das Liquidationsverfahren eröffnet (vgl. z. B. §§ 60 ff. GmbHG), was an der Steuersubjektivität der Gesellschaft nichts ändert. Erst mit Verteilung des Vermögens und Ablauf des Sperrjahres ist die Körperschaft beendet. Die Beendigung der Liquidation der Körperschaft ist dem Handelsregister anzumelden, die Gesellschaft ist zu löschen (§ 74 Abs. 1 GmbHG). Die KSt-Subjektivität endet erst, wenn diese Voraussetzungen mit Ausnahme der formalen Löschung vorliegen. Die unbeschränkte KSt-Pflicht endet auch, wenn das Vermögen der KapG nach den Vorschriften des UmwG auf einen Rechtsträger übertragen wird (Verschmelzung/Aufspaltung), wobei insb. der Wegfall der Steuerpflicht auf einen früheren Zeitpunkt als die Eintragung in das Handelsregister rückbezogen werden kann (vgl. § 2 UmwStG). Im Grundsatz das Gleiche gilt auch bei einem Formwechsel einer KapG in eine PersG.

Eine Beendigung der unbeschränkten Steuerpflicht kommt auch bei Verlegung des Sitzes bzw. des Ortes der Geschäftsleitung vom Inland ins Ausland infrage; insoweit ist eine Schlussbesteuerung vorzunehmen, die stillen Reserven müssen aufgelöst werden (§ 12 KStG).[25] Diese Rechtsfolge tritt auch dann ein, wenn die Gesellschaft künftig noch inländische Einkünfte i. S. d. § 49 EStG hat und damit im Inland weiterhin beschränkt stpfl. ist. Die Schlussbesteuerung ist notwendig, da eingetretene Vermögenswertsteigerungen im BV (stille Reserven) nach Wegzug ins Ausland nicht mehr der deutschen Besteuerung unterliegen.

2.2   Folge der unbeschränkten Steuerpflicht

Die Folge der unbeschränkten Steuerpflicht ist, dass die Körperschaft mit ihrem **Welteinkommen** im Wege der Veranlagung besteuert wird (§ 1 Abs. 2 KStG). Einschränkungen des Welteinkommensprinzips ergeben sich durch DBA, in denen aufgrund zwischenstaatlicher Vereinbarungen das Besteuerungsrecht zwischen den Staaten aufgeteilt wird, die einen Zugriff auf das Einkommen haben.

---

25   Auch hier sind gem. § 12 Abs. 1 KStG die §§ 4 Abs. 1 S. 5, 4 g EStG zu beachten.

2.3   Beschränkte Steuerpflicht von Kapitalgesellschaften

Der Grundtatbestand der beschränkten Steuerpflicht liegt vor, wenn eine KapG im Inland weder den Ort der Geschäftsleitung noch ihren statuarischen Sitz, aber inländische Einkünfte i. S. d. § 49 Abs. 1 EStG hat (§ 2 Nr. 1 KStG). Nur mit diesen **inländischen Einkünften** unterliegt die KapG im Inland der Steuerpflicht. Hierfür ist zunächst die Frage zu klären, ob die zu beurteilende Organisation eine KapG bzw. sonstige Körperschaft nach deutschem Verständnis ist – es ist ein Typenvergleich mit deutschen Organisationsformen vorzunehmen. Nur bei kapitalistisch-körperschaftlichen Organisationsstrukturen der zu beurteilenden Organisation ist eine KSt-Pflicht anzunehmen (BFH vom 23.06.1992, BStBl II 1992, 792). Als zweites ist zu entscheiden, ob inländische Einkünfte i. S. d. § 49 Abs. 1 EStG vorliegen. Bei KapG sind alle Einkünfte solche aus Gewerbebetrieb, sodass insb. eine Prüfung des Tatbestandes des § 49 Abs. 1 Nr. 2 EStG (insb. Nr. 2a) vorzunehmen ist. Bei dieser Vorgehensweise könnten sich Besteuerungslücken ergeben, die die sog. isolierende Betrachtungsweise (§ 49 Abs. 2 EStG) zu vermeiden sucht.

Bei inländischen Betriebsstätten-Einkünften ausländischer KapG ist i. d. R. eine Einkunftsabgrenzung zwischen den inländischen Betriebsstätten-Einkünften und den »ausländischen Gesellschaftseinkünften« vorzunehmen. Dafür sind verschiedene Methoden (direkte vs. indirekte Methode) entwickelt worden.[26]

2.4   Beschränkte Steuerpflicht sonstiger Körperschaften

Eine beschränkte Steuerpflicht kommt schließlich für Körperschaften öffentlichen Rechts infrage, soweit sie Einkünfte (außerhalb eines Betriebes gewerblicher Art) erzielen, von denen ein Steuerabzug vorzunehmen ist (§ 2 Nr. 2 KStG). Im Ergebnis ebenfalls eine Art der beschränkten Steuerpflicht ist der Ausschluss der Steuerbefreiung für nach § 5 Abs. 1 KStG steuerbefreite Körperschaften gem. § 5 Abs. 2 Nr. 1 KStG für Einkünfte, die dem Steuerabzug unterliegen. Systematisch liegt hier eine Einschränkung der Steuerbefreiung, inhaltlich eine Form der beschränkten Steuerpflicht vor. Erhält ein gemeinnütziger Verein außerhalb eines wirtschaftlichen Geschäftsbetriebes (z. B. im Rahmen einer Vermögensverwaltung) Zinseinkünfte, von denen ein Zinsabschlag vorgenommen worden ist, ist nach § 5 Abs. 2 Nr. 1 KStG dieser Abschlag eine Definitivsteuer mit Abgeltungswirkung. Ausnahmen in Bezug auf die Erhebung der Kapitalertragsteuer gem. §§ 44a Abs. 4 Nr. 1 und Abs. 7 und Abs. 8 EStG modifizieren die Abzugsbesteuerung gem. §§ 2 Nr. 2, 5 Abs. 2 Nr. 1 KStG. Eine Veranlagung kommt in diesen Fällen nicht in Betracht.

3   Besteuerung der öffentlichen Hand

3.1   Überblick

Körperschaften des öffentlichen Rechts, insb. Gebietskörperschaften, unterliegen in Bezug auf hoheitliche Tätigkeiten nicht der Besteuerung. Außerhalb von Betrieben gewerblicher Art können sie mit Einkünften, die dem Steuerabzug unterliegen (insb. Kapitaleinkünfte), beschränkt stpfl. sein (§ 2 Nr. 2 KStG).

Unbeschränkt stpfl. sind sie mit ihren **Betrieben gewerblicher Art** (§ 1 Abs. 1 Nr. 6, § 4 KStG), die eigene **KSt-Ermittlungssubjekte** sind. Die Körperschaft öffentlichen Rechts steht zu dem BgA wie der Allein-G'fter zu der KapG (Verselbständigungsfiktion des BFH, vgl. insoweit auch § 44 Abs. 6 EStG). Daher können in diesem Verhältnis auch die Grundsätze der

---

26   Vgl. insoweit *Schmidt*, Band 1, Teil D, Kap. III.

vGA angenommen werden, wenn Vermögensübertragungen oder Leistungsbeziehungen zu unangemessenen Konditionen durchgeführt werden.[27]

Die Besteuerung der öffentlichen Hand ist, soweit sie einer privat-wirtschaftlichen Tätigkeit nachgeht, schon aus Gründen der Wettbewerbsneutralität geboten.[28] Darüber hinaus sollte die öffentliche Hand privatwirtschaftlicher Tätigkeit nur in einem Umfang nachgehen, als dies zur Sicherstellung eines ausreichenden Angebots an die Bevölkerung notwendig ist.[29]

Soweit sich die öffentliche Hand privatrechtlicher Organisationsformen bedient, unterliegt sie nach allgemeinen Regeln der KSt-Pflicht (z. B. § 1 Abs. 1 Nr. 1 KStG).

3.2 Tatbestandsmerkmale des Betriebes gewerblicher Art

Nach der gesetzlichen Definition des § 4 Abs. 1 KStG ist ein Betrieb gewerblicher Art (BgA) eine Einrichtung, die einer nachhaltigen wirtschaftlichen Tätigkeit zur Erzielung von Einnahmen außerhalb der Land- und Forstwirtschaft dient und die sich innerhalb der Gesamtbetätigung der juristischen Person heraushebt; eine Gewinnerzielungsabsicht und eine Beteiligung am allgemeinen wirtschaftlichen Verkehr sind nicht erforderlich. Bloße Vermögensverwaltung begründet dagegen noch keinen BgA (BFH vom 17.05.2000, BB 2000, 1822).

Die Tatbestandsmerkmale sind im Einzelnen in A 4.1 KStR wiedergegeben, auf die wichtigsten soll explizit eingegangen werden:

- **Einrichtung**: Unter Einrichtung versteht man eine organisatorische Einheit, die unter einem einheitlichen Willen auf ein bestimmtes wirtschaftliches Ziel ausgerichtet ist. Der Begriff ist extensiv auszulegen und bereits zu bejahen, wenn die notwendigen Tätigkeiten von anderen Stellen unter Einsatz nicht nur für die Einrichtung bestimmten Sachmitteln erledigt wird, wenn eine zeitliche Abgrenzung möglich ist. Indizien sind ein einheitliches Aufgabengebiet, ein geschlossener Geschäftskreis sowie ein eigener Buchhaltungskreis.

- **Nachhaltige wirtschaftliche Betätigung zur Erzielung von Einnahmen**: Bei diesem Tatbestandsmerkmal ist auf den Unternehmerbegriff des § 2 Abs. 1 S. 3 UStG Bezug genommen. Eine wirtschaftliche Betätigung ist gegeben, wenn sich die öffentliche Hand unter Wettbewerbsbedingungen in den Wirtschaftskreislauf einschaltet und die Tätigkeit über Vermögensverwaltung hinausgeht. Bei Beteiligungen an KapG ohne maßgeblichen Einfluss auf die Geschäftsführung ist nach h. M. noch Vermögensverwaltung, bei Beteiligungen an PersG nach h. M. jedoch immer ohne Berücksichtigung der Höhe der Beteiligung ein BgA gegeben.

- **Wirtschaftliches Herausheben**: Nur bei nachhaltigem Übersteigen des Jahresumsatzes i. S. d. § 1 Abs. 1 Nr. 1 UStG von 35.678 € liegt eine wirtschaftliche Bedeutung vor (vgl. auch § 64 Abs. 3 AO). Bei Verpachtung von BgA kommt es auf den Umsatz des Pächters, nicht auf den Pachtumsatz an.

- **Kein Hoheitsbetrieb i. S. d. § 4 Abs. 5 KStG**: Die Ausübung öffentlicher Gewalt ist eine Erfüllung öffentlich-rechtlicher Aufgaben, die sich aus der Staatsgewalt ableitet. Hier stehen Gebietskörperschaften gerade nicht in Wettbewerb zu privatwirtschaftlichen Unternehmen. Anzumerken ist, dass die FinVerw (zu Recht) dazu neigt, die Annahme von

---

27 Vgl. *Bauschatz/Strahl*, DStR 2004, 489; *Kessler/Fritz/Gastl*, BB 2004, 2325.
28 Der BFH hat mit Urteil vom 29.10.2008, GmbHR 2009, 280, den Begriff des BgA zulasten des Hoheitsbetriebs aus Gründen der Wettbewerbsneutralität des Steuerrechts erheblich ausgedehnt.
29 Sehr ausführlich und vertiefend zu diesem Problemkreis *Seer/Klemke*, BB 2010, 2015; hier wird zu Recht kritisiert, dass die Erfassung der unternehmerischen Betätigung der öffentlichen Hand im KStR und UStR unterschiedlich erfolgt.

Hoheitsbetrieben nur selten zu bejahen. Eine Besteuerung der Einnahmen aus diesen Tätigkeiten kommt nicht in Betracht.
- **Typische Betriebe gewerblicher Art sind**: Parkhäuser, Bäder, Versorgungsbetriebe, öffentlicher Nahverkehr (vgl. § 4 Abs. 3 KStG), Tiergarten, Wochenmärkte und die Verpachtung solcher Betriebe.

Die öffentliche Hand kann ihre Steuerbelastung u. a. dadurch optimieren, dass sie gewinn- und verlustträchtige Betriebe gewerblicher Art zusammenfasst. Eine **Zusammenfassung von BgA** ist bei gleichartigen Betrieben uneingeschränkt möglich (§ 4 Abs. 6 KStG, vgl. auch A 4.2 KStR). Verschiedenartige Betriebe gewerblicher Art können nur zusammengelegt werden, wenn objektiv enge wechselseitige technisch-wirtschaftliche Verflechtungen bestehen (vgl. BFH vom 04.12.1991, BStBl II 1992, 432).[30] Hiermit soll eine gewisse Wettbewerbsneutralität zwischen der öffentlichen Hand und Privatunternehmen, die diese Form der Steueroptimierung aus tatsächlichen Gründen nicht haben, hergestellt werden. Im Übrigen ist es der öffentlichen Hand stets möglich, verschiedene Betriebe gewerblicher Art in eine KapG einzubringen und die Beteiligung (bei beherrschendem Einfluss) als BgA zu führen.

3.3   Rechtsfolgen der wirtschaftlichen Betätigung der öffentlichen Hand

In diesem Abschnitt werden die Steuerfolgen der wirtschaftlichen Verfügungsmöglichkeit der öffentlichen Hand über Erträge (§ 20 Abs. 1 Nr. 10b EStG) bei Annahme einer Steuerpflicht beschrieben.[31] Die Schwierigkeit der Besteuerung der wirtschaftlichen Betätigung liegt darin, dass sich Steuerfolgen auf verschiedenen Ebenen ergeben. Zunächst ist die unbeschränkte Steuerpflicht der öffentlich-rechtlichen Körperschaft mit ihrem BgA gem. §§ 1 Abs. 1 Nr. 6, 4 KStG zu beachten. Dies ergibt im Rahmen der unbeschränkten Steuerpflicht eine Steuerbelastung mit 15 %. Aus Gründen der Wettbewerbsneutralität des Steuerrechtes sollte gewährleistet sein, dass alle wirtschaftlichen Tätigkeiten im Prinzip vergleichbar besteuert werden.

Bei KapG ist für die Gesamtsteuerbelastung auch die Ebene der AE hinzuzuziehen. Daher hatte der Gesetzgeber nach der deutlichen Absenkung des KSt-Tarifs die Aufgabe, die Ebene des »AE« (öffentlich-rechtliche Körperschaft) des BgA in die Überlegung miteinzubeziehen. Aus diesem Grund hat der Gesetzgeber einen Einkunftstatbestand geschaffen (§ 20 Abs. 1 Nr. 10a und b EStG), in dem er die Verfügungsmöglichkeit über wirtschaftliche Erträge – unabhängig von der tatsächlich erfolgten Verfügung – der sachlichen Steuerpflicht unterwirft. Durch diesen Einkunftstatbestand ist es systematisch ermöglicht worden, eine weitere Besteuerungsebene vorzusehen. Die öffentlich-rechtliche Körperschaft erzielt gem. § 20 Abs. 1 Nr. 10 EStG Einkünfte, für die sie der beschränkten Körperschaftsteuerpflicht im Rahmen der Kapitalertragsteuerabzuges (§ 2 Nr. 2 KStG, § 43 Abs. 1 Nr. 7c, § 43a Abs. 1 Nr. 2, § 44a Abs. 8 EStG) unterliegt. Der BFH (30.01.2018, VIII R 42/15, DStR 2018, 1063 ff.) lässt der öffentlichen Hand ohne Einschränkungen weitgehende Dispositionsfreiheit, Rücklagen zu bilden;[32] ausreichend ist, dass Mittel für den betreffenden Eigen- oder Regiebetrieb reserviert sind. Erforderlich ist keine Zulässigkeits- oder Notwendigkeitsprüfung der Rücklagenbildung.

Daneben spielt auch das Rechtsinstitut der **vGA** in dem Verhältnis zwischen der Trägerkörperschaft und dem BgA eine Rolle. Eine Besonderheit ergibt sich bei der Finanzierung

---

30   Vgl. ferner *Reich/Helios*, BB 2001, 1442; *Schiffers*, BB 2003, 798.
31   Vgl. im Einzelnen BMF vom 12.11.2009, BStBl I 2009, 1303; hierzu *Strahl*, DStR 2010, 193.
32   *Bott/Gastl*, DStZ 2018, 491 ff.

von BgA durch die öffentliche Hand. Ist die Fremdfinanzierung unüblich hoch (dies dürfte bei einer niedrigeren Eigenkapital-Quote als 30 % der Fall sein, vgl. BFH vom 09.07.2003, BFH/NV 2003, 1665[33]), können die Zinsen insoweit nicht einkommensmindernd abgezogen werden, da sie als vGA an den Träger des BgA angesehen werden (vgl. A 8.2 KStR). Es erhöht sich entsprechend das Einkommen des BgA. Gleiches gilt, wenn der BgA für die Trägerkörperschaft Leistungen zu Bedingungen erbringt, die einem Fremdvergleich nicht standhalten (vgl. BFH vom 28.01.2004, DB 2004, 850). Die Gefahr der Annahme einer vGA eines BgA zugunsten der Trägergemeinde besteht auch dann, wenn der BgA an die Trägergemeinde Spenden tätigt. Die Qualifizierung als vGA – bei vorrangiger Berücksichtigung der Trägergemeinde durch Spenden gegenüber anderen Begünstigten – geht dem Spendenabzug vor.[34] Intensiv wird die Frage diskutiert, ob ein **dauerhaft defizitär** geführter Bäderbetrieb (BgA) einer Gemeinde zwingend zu einer vGA führt.[35] Problematisch ist in dieser Konstellation, dass ein G'fter eine dauerdefizitäre GmbH wohl nicht weiterführen, sondern liquidieren würde. Die öffentlich-rechtliche Körperschaft verhält sich also nicht ökonomisch bzw. nicht fremdüblich, wenn sie diesen Betrieb fortführt. Der BFH hat in einem Grundsatzurteil, welches organschaftlich verbundene Eigengesellschaften (GmbH) betraf[36], festgestellt, dass die Zusammenführung von dauerdefizitären und gewinnträchtigen Eigengesellschaften in einer kommunalen Holding (OrgT) zu einer vGA des OrgT an die Gemeinde führt. Im JStG 2009 ist der steuerliche Quer-Verbund neu geregelt worden. Gem. § 8 Abs. 7 KStG ist eine vGA bei BgA und bei von der öffentlichen Hand beherrschten KapG nicht bereits deshalb anzunehmen, weil diese auf Dauer nur defizitär wirtschaften können.[37] Soweit KapG von dieser Neuregelung betroffen sind, haben sie ihre einzelnen Tätigkeiten nach Sparten zu gliedern (§ 8 Abs. 9 KStG). Für jede sich ergebende Sparte ist der GdE getrennt zu ermitteln.[38] Ob in dieser Begünstigung von durch die öffentliche Hand beherrschten KapG eine unzulässige Beihilfe gesehen werden kann, hat der BFH (Beschluss vom 13.03.2018, I R 18/19, DB 2019, 2438 ff.) dem EuGH zur Entscheidung vorgelegt.[39]

Bei der wirtschaftlichen Betätigung der öffentlichen Hand ist zwischen der unmittelbaren Betätigung über einen BgA, einer mittelbaren wirtschaftlichen Betätigung über eine KapG zu unterscheiden; die Beteiligung an der KapG kann dabei wiederum in einem BgA (maßgeblicher Einfluss auf die Geschäftsführung) oder aber im Rahmen der Vermögensverwaltung (ohne Einfluss auf die Geschäftsführung) gehalten werden. Dabei ist zwischen der unbeschränkten Steuerpflicht des BgA und der beschränkten Steuerpflicht des hoheitlichen Bereichs i. S. d. § 2 Nr. 2 KStG zu unterscheiden.

---

33 Im Urteilsfall lag sie bei 26 %. Näher zur Abgrenzung des BV bei BgA *Gastl*, DStZ 2004, 323.

34 Zu Recht setzt sich *Janssen*, DStZ 2010, 170, kritisch mit dieser Abgrenzung auseinander. Die FinVerw fordert Spenden nach dem »Gießkannen-Prinzip«. Die Abgrenzung ist für die Praxis zu beachten.

35 Vgl. BFH vom 25.01.2005, DB 2005, 1089. Dies hat sich im Ergebnis auch im Urteil des BFH vom 20.08.2007 (DB 2007, 2517) bestätigt; vgl. auch zum Verhältnis von Steuer- und Gesellschaftsrecht in diesem Bereich *Geißelmeier/Bargenda*, DStR 2009, 1333.

36 BFH vom 22.08.2007, DB 2007, 2517.

37 Grundlegend hierzu und zur Rechtsentwicklung sowie in Bezug auf europarechtliche Bedenken s. *Weitemeyer*, FR 2009, 1.

38 Vgl. näher hierzu *Bracksiek*, FR 2009, 20.

39 Siehe auch neuerdings *Hölzer*, DB 2021, 2378 ff.

Beispiel 2: Besteuerung des Tierparks[40]

Die Stadt S unterhält einen Tierpark als unselbständigen BgA (**Eigenbetrieb**). Der Tierpark erwirtschaftet einen Gewinn von 100. Dieser Gewinn soll für S »zur Verfügung« stehen.
      Lösung: Die Steuerfolgen stellen sich wie folgt dar:

Gewinn BgA[41]	100,00
./. 15 % KSt	./. 15,00
»zur Verfügung stehender Gewinn« i. S. d. § 20 Abs. 1 Nr. 10b EStG	85,00
./. 15 % Kapitalertragsteuer (§§ 43 Abs. 1 Nr. 7c, 43a Abs. 1 Nr. 2 EStG)	./. 12,75
Netto-Ertrag	72,25
Steuerbelastung	27,75

Wenn die Beteiligung an einer GmbH von der Körperschaft öffentlichen Rechts unmittelbar i. R. d. Vermögensverwaltung gehalten wird, weil sie keinen unternehmerischen Einfluss auf die GmbH ausübt (Minderheitsbeteiligung), ergeben sich vergleichbare Steuerbelastungen. Es ist zu bedenken, dass die Körperschaft öffentlichen Rechts mit diesen Einkünften – da sie nicht in einem BgA anfallen – nur beschränkt stpfl. ist (§ 2 Nr. 2 KStG). Die auf der Ebene der KapG abgezogenen Steuern wirken für die Körperschaft öffentlichen Rechts endgültig mit der Ausnahme, dass bei Kapitalerträgen u. U. die Kapitalertragsteuer erstattet werden kann (§ 45b EStG).

Beispiel 3 (Abwandlung):

Die Stadt S übt ihre Tierpark-Aktivitäten über eine GmbH aus. Die Beteiligung an der Tierpark-GmbH hält die Stadt i. R. d. Vermögensverwaltung, da sie keinen Einfluss auf die Geschäftsführung ausübt (s. Kap. 4.3.1 und 4.3.2).
      Lösung:

Ausschüttung von GmbH	85,00
./. 15 % Kapitalertragsteuer	
(§§ 43 Abs. 1 Nr. 1, 43a Abs. 1 Nr. 1, 44a Abs. 8 Nr. 2 EStG)	./. 12,75
ausgezahlter Gewinn	72,25
Steuerbelastung	27,75

Hält die Körperschaft öffentlichen Rechtes eine Beteiligung an der Tierpark-GmbH dagegen in einem BgA, weil sie unternehmerischen Einfluss auf die Geschäftsführung ausüben kann (Mehrheitsbeteiligung), ergeben sich marginale Mehrbelastungen. Diese Mehrbelastungen resultieren daraus, dass Gewinnausschüttungen der GmbH an den fiktiven Beteiligungs-BgA gem. § 8b Abs. 1 i. V. m. § 8b Abs. 5 KStG einer geringen Steuerbelastung bei dem fiktiven Beteiligungs-BgA unterworfen werden. Diese Mehrbelastung ist unerheblich, muss jedoch berücksichtigt werden. Die Weiterleitung der Beteiligungserträge von dem fiktiven Beteiligungs-BgA an die Körperschaft öffentlichen Rechtes erfolgt nach den Grundsätzen des Ausgangsbeispiels (Besteuerung des Tierparks).

---

40   S. auch BMF vom 11.09.2002, DStR 2003, 1713.
41   Der Freibetrag gem. § 24 KStG bleibt unberücksichtigt.

4   Besteuerung von steuerbegünstigten Körperschaften

4.1   Überblick

Vergleichbare Fragen stellen sich bei der Besteuerung von steuerbegünstigten Körperschaften. Das KStG enthält für verschiedene Organisationen teils umfassende, teils eingeschränkte Steuerbefreiungen (§ 5 KStG). Bedeutsam sind neben den umfassenden Steuerbefreiungen des § 5 Abs. 1 Nr. 1–2a KStG z. B. für Bundeseisenbahnvermögen der § 5 Abs. 1 Nr. 1 KStG und die Bundesanstalt für vereinigungsbedingte Sonderaufgaben des § 5 Abs. 1 Nr. 2a KStG vor allem die **partiellen Steuerbefreiungen** für unbeschränkt stpfl. Körperschaften bzw. Zweckvermögen, die nach der **Satzung und der tatsächlichen Geschäftsführung** steuerbegünstigte Zwecke gem. §§ 51 ff. AO (gemeinnützige, mildtätige oder kirchliche Zwecke) erfüllen. Diese Steuerbefreiung gilt nur insoweit, als kein wirtschaftlicher Geschäftsbetrieb (wG) unterhalten wird (§ 5 Abs. 1 Nr. 9 KStG). Infrage kommen insb. gemeinnützige Vereine/ Stiftungen, aber auch gemeinnützige KapG.

Bei der Prüfung der Reichweite der subjektiven KSt-Pflicht von solchen Körperschaften ist ein dreistufiges Verfahren anzuwenden:

* Zunächst erfolgt die Prüfung, ob die Körperschaft überhaupt steuerbegünstigten Zwecken dient. Nur wenn diese Frage bejaht wird, kommt eine Anwendung der partiellen Steuerbefreiung infrage.
* Die zweite Prüfung bezieht sich auf die Reichweite der Steuerbefreiung, d. h. ob und inwieweit ein stpfl. wG vorliegt (vgl. § 5 Abs. 1 Nr. 9 KStG) mit der Folge einer partiellen unbeschränkten Steuerpflicht oder ob eine »beschränkte Steuerpflicht« für Einkünfte, die dem Steuerabzug unterliegen, besteht (§ 5 Abs. 2 Nr. 1 KStG).
* Die Steuerbelastung bei Bejahung einer unbeschränkten bzw. »beschränkten Steuerpflicht«.

Dabei ist streng zwischen der unbeschränkten Steuerpflicht des wG und der »beschränkten Steuerpflicht« des ansonsten steuerbefreiten Vereins (§ 5 Abs. 2 Nr. 1 KStG) in Bezug auf den satzungsmäßigen Bereich des Vereins zu unterscheiden.[42] Bedeutsam ist der Einnahmetatbestand des § 20 Abs. 1 Nr. 10b S. 4 EStG, der die Zugriffsmöglichkeit der steuerbefreiten Organisation auf das Einkommen des wG als **ausschüttungsgleichen Vorgang** – wie bei BgA – der (zusätzlichen) Besteuerung unterwirft. Insoweit liegt bei der steuerbefreiten Organisation eine beschränkte Steuerpflicht (§ 5 Abs. 2 Nr. 1 KStG) vor, die mit dem Kapitalertragsteuerabzug abgegolten ist (§ 32 Abs. 1 Nr. 1 KStG). Die Systematik entspricht der Besteuerung der wirtschaftlichen Betätigung der öffentlichen Hand.

4.2   Voraussetzung der Steuerbefreiung

4.2.1   Formale Anforderungen

Die Voraussetzungen für die partielle Steuerbefreiung liegen vor, wenn die Körperschaft die Anforderungen der §§ 51 ff. AO erfüllt.[43] Es war insoweit kein besonderes Verfahren für die Anerkennung vorgesehen, im Zweifel entschied die FinVerw im jeweiligen Veranlagungsverfahren (vgl. § 59 AO). In der Praxis bestand ein Bedürfnis an vorläufigen Bescheinigungen, vor allem für den Empfang von steuerbegünstigten Spenden, welche nach der Vorlage der

---

42   Zur systematischen Klarstellung: Bei Vorliegen der Voraussetzungen des § 5 Abs. 2 Nr. 1 KStG lebt insoweit die unbeschränkte Steuerpflicht wieder auf.

43   Die Anforderungen sind auch erfüllt, wenn die Zwecke überwiegend im Ausland erfüllt werden, BFH vom 14.07.2004, DB 2004, 2135.

Satzung und deren Vereinbarkeit mit den §§ 60, 61 AO erteilt werden kann (vgl. BMF vom 15.05.2000, BStBl I 2000, 814). Diese vorläufige Bescheinigung entfaltete für die FinVerw im Hinblick auf das Veranlagungsverfahren keine Bindungswirkung, sodass hieraus kein Anspruch auf Freistellung im Veranlagungsverfahren hergeleitet werden konnte (BFH vom 23.09.1998, BStBl II 2000, 320). Nun ist in § 60a AO ein gesondertes Feststellungsverfahren vorgesehen, um die Rechtssicherheit zu erhöhen. Die Körperschaft hat die Voraussetzungen für die Steuerbefreiung für den ganzen VZ bzw. Bemessungszeitraum zu erfüllen (§§ 60 Abs. 2, 63 AO); auch bei nur zeitweiser Nichterfüllung fällt die Steuerbefreiung für den ganzen Zeitraum fort. Es besteht in diesen Fällen die Möglichkeit, bei Vorliegen bestimmter Voraussetzungen für den nächsten VZ eine vorläufige Freistellungsbescheinigung zu beantragen.

Eine Besonderheit besteht für die Prüfung einer ausreichenden Vermögensbindung i. S. d. § 55 Abs. 1 Nr. 4 AO. Wird die Satzung, die zunächst die Anforderungen erfüllt hat, später so geändert (§ 61 Abs. 3 AO), dass sie den Anforderungen nicht mehr genügt, so gilt die Satzung als von Anfang an (ex tunc) nicht ausreichend. Es können Steuerbescheide geändert werden, die innerhalb der letzten zehn Kalenderjahre vor der Änderung der betreffenden Satzungsbestimmung entstanden sind.

4.2.2 Materielle Anforderungen

Die materiellen Anforderungen, die an das Vorliegen der Steuerbefreiung gestellt werden, können an dieser Stelle nur gestreift werden; es wird insb. auf das Vorliegen der Voraussetzungen eingegangen.

Gemeinnützige Zwecke liegen vor, wenn die Tätigkeit der Körperschaft darauf ausgerichtet ist,

- die Allgemeinheit ausschließlich und unmittelbar (§§ 56, 57 AO)
- auf materiellem, geistigem oder sittlichem Gebiet
- selbstlos (§ 55 AO) zu fördern.

Die Förderung der Allgemeinheit kann insb. durch die in § 52 Abs. 2 AO genannten Zwecke erfolgen. Diese Zwecke sind jedoch lediglich als Regelbeispiele und nicht als abschließende Aufzählung zu verstehen. Die Förderung der Allgemeinheit kann nicht angenommen werden, wenn aufgrund satzungsmäßiger oder faktischer Gegebenheiten der Zugang zur Körperschaft nur für einen verhältnismäßig kleinen, abgeschlossenen Kreis von Bürgern offen steht. Dies kann vor allem bei entsprechend hohen Mitgliedsbeiträgen (einschließlich Aufnahmegebühren und Investitionsumlagen) der Fall sein (vgl. BMF vom 20.10.1998, BStBl I 1998, 1424). Für die Berechnung der höchstzulässigen Mitgliedsbeiträge kommt es auf eine Durchschnittsberechnung an, die in dem genannten BMF-Schreiben genau erläutert ist.

Selbstlosigkeit i. S. d. § 55 AO liegt vor, wenn dadurch nicht in erster Linie eigenwirtschaftliche Zwecke verfolgt werden (§ 55 Abs. 1 AO) und vor allem

- die gesamten Mittel (auch die der wirtschaftlichen Geschäftsbetriebe) nur für satzungsmäßige Zwecke verwendet werden (§ 55 Abs. 1 Nr. 1 AO),
- das Vermögen auf Dauer (auch bei Auflösung) zeitnah diesen Zwecken zugeführt worden ist (§ 55 Abs. 1 Nr. 4 und 5 AO),
- keine übermäßigen Rücklagen mit Ausnahme von § 58 Nr. 6 und 7 AO gebildet worden sind.

Das Mittelverwendungsgebot nur für satzungsmäßige Zwecke schließt eine **notwendige Rücklagenbildung** im wirtschaftlichen Geschäftsbetrieb und auch in der Vermögensverwaltung nicht aus;[44] diese Rücklagen müssen aber im Zweifel gerechtfertigt werden. Bei dem Merkmal der zeitnahen Verwendung ist zu beachten, dass die in § 55 Abs. 1 Nr. 5 AO nicht genannten Mittel einer zulässigen Rücklage zugeführt oder für steuerbegünstigte Zwecke ausgegeben werden.

Fazit: Ergibt die Prüfung in diesem ersten Schritt, dass die Voraussetzungen der Steuerbefreiung gem. § 5 Abs. 1 Nr. 9 KStG grundsätzlich gegeben sind, sind im zweiten Schritt Rechtsfolgen, insb. die Reichweite der Steuerbefreiung zu überprüfen.

Reichweite der Steuerfreiheit gemeinnütziger Organisationen

Tätigkeitsbereiche	Satzungsmäßiger Bereich (§§ 5 Abs. 1 Nr. 9 KStG i. V. m. §§ 51 ff. AO)	Vermögensverwaltung (§ 14 S. 3 AO)	Zweckbetrieb (§§ 65 ff. AO)[45]	Wirtschaftlicher Geschäftsbetrieb (§§ 14, 64 AO)
Einnahmen insb. durch:	Mitgliedsbeiträge Spenden	langfristige Vermietung von Grundstücken und Sportstätten, Kapitalanlage	Sportveranstaltungen, Krankenhäuser (§§ 67a, 68 AO)	wirtschaftliche Betätigung wie ein Unternehmer (auch bei Betätigung über eine KapG) z. B. Bewirtung bei Festveranstaltungen
Steuerfolgen:	Steuerbefreiung Aber: § 5 Abs. 2 Nr. 1 KStG	Steuerbefreiung Aber: § 5 Abs. 2 Nr. 1 KStG	Steuerbefreiung Aber: § 5 Abs. 2 Nr. 1 KStG	Steuerpflicht, wenn Bagatellgrenze (35.000 €) überschritten wird (§ 64 Abs. 3 AO)

4.3 Rechtsfolgen

4.3.1 Umfang der Steuerbefreiung

Die Steuerbefreiung reicht nur soweit, als die Einkünfte nicht in einem wirtschaftlichen Geschäftsbetrieb anfallen (partielle Steuerbefreiung).[46] Eine steuerbefreite Körperschaft kann in zulässiger Weise wirtschaftliche Geschäftsbetriebe unterhalten, um mit deren Einnahmen die steuerbegünstigten Zwecke zu erfüllen. Ein solcher wG gefährdet die Steuerbefreiung nicht insgesamt, die Steuerbefreiung ist nur für die auf ihn entfallenden Einkünfte ausgeschlossen (§ 5 Abs. 1 Nr. 9 KStG, § 64 Abs. 1 AO). Die Steuerpflicht für wirtschaftliche Geschäftsbetriebe ist bei Vorliegen eines sog. Zweckbetriebs (§ 65 AO) eingeschränkt.

Bei einer steuerbefreiten Körperschaft ergeben sich gem. § 5 Abs. 1 Nr. 9 KStG, §§ 14, 64, 65 AO folgende steuerlich relevante Tätigkeitsbereiche:

- nichtbegünstigter wirtschaftlicher Geschäftsbetrieb (§ 64 AO),
- begünstigter (wirtschaftlicher) Zweckbetrieb (§ 65 AO),
- nicht-wirtschaftliche Vermögensverwaltung (§ 14 AO),
- satzungsmäßiger (ideeller) Bereich.

---

44 Vgl. hierzu näher *Strahl*, GmbHR 2016, 119 ff. Vgl. zu der etwas großzügigeren Rspr. BFH vom 20.03.2017, DB 2017, 1879 ff.

45 Vgl. zu der einschränkenden neueren Rspr. *Hüttemann*, DB 2011, 319.

46 Eine vergleichbare Problematik ergibt sich bei Berufsverbänden, vgl. hierzu *Eggers*, DStZ 2007, 461 und *Kühner*, DStR 2009, 1786.

Die Körperschaft unterliegt nur mit dem nicht-begünstigten wirtschaftlichen Geschäftsbetrieb der unbeschränkten KSt-Pflicht. In Bezug auf Einkünfte aus den anderen Tätigkeitsbereichen ist sie soweit steuerbefreit, als die Einkünfte nicht im Wege des Steuerabzugs erhoben werden und eine »besondere beschränkte Steuerpflicht« nicht gegeben ist (§ 5 Abs. 2 Nr. 1 KStG).

Die einzelnen Tätigkeitsbereiche sind somit voneinander abzugrenzen, wobei im Folgenden nur auf allgemeine Abgrenzungsmerkmale einzugehen ist:

- **Nichtbegünstigter wirtschaftlicher Geschäftsbetrieb (wG):**
  Darunter ist eine von den nicht-wirtschaftlichen Tätigkeiten abgrenzbare Tätigkeit mit Einnahmeerzielungsabsicht zu verstehen, die auf Wiederholung ausgerichtet ist und über eine Vermögensverwaltung hinausgeht (§ 14 AO). Mehrere wirtschaftliche Geschäftsbetriebe einer Körperschaft sind zwingend zusammenzufassen, wobei die Bagatellgrenze des § 64 Abs. 3 AO zu beachten ist.
  Bei gemeinnützigen Vereinen gehören hierzu z. B. die selbstbetriebene Gaststätte, kurzfristige Vermietung der Sportstätten an wechselnde Nichtmitglieder, die Einnahmen aus Trikotwerbung (vgl. näher unten »Bandenwerbung« bei »Nichtwirtschaftlicher Vermögensverwaltung) und Inseraten in der Vereinszeitschrift. Bei Beteiligungen an anderen KapG wird darauf abgestellt, ob ein maßgeblicher Einfluss auf die laufende Geschäftsführung ausgeübt wird (dann wG) oder nicht (dann Vermögensverwaltung).[47] Eine Beteiligung der steuerbegünstigten Körperschaft an einer PersG ist dagegen stets als wG anzusehen.[48]

- **Begünstigter Zweckbetrieb:**
  Ein Zweckbetrieb erfüllt alle Voraussetzungen, die an einen wG zu stellen sind. Der Zweckbetrieb ist nur deshalb und insoweit begünstigt, als die Körperschaft ihre steuerbegünstigten Zwecke nur durch diese Tätigkeit erfüllen kann und die Körperschaft mit dem Zweckbetrieb zu nichtbegünstigten Unternehmen nicht mehr als notwendig in Wettbewerb tritt (§ 65 AO, Gedanke der Wettbewerbsneutralität).[49] Hinzuweisen ist, dass die FinVerw im Anwendungserlass zur AO vor allem zu § 67a AO (»sportliche Veranstaltungen«) großzügig die Anwendung der Steuerbefreiung eines Zweckbetriebes bejaht, womit sich Gestaltungsmöglichkeiten (»Sportreisen«) eröffnen[50]; der Zweckbetrieb hat darüber hinaus im Gesetz spezielle Ausprägungen erfahren (§§ 66, 67, 67a, 68 AO).

- **Sonderfall: Sportliche Veranstaltung:**
  Einnahmen aus sportlichen Veranstaltungen sind dann – der Sache nach – dem Zweckbetrieb zuzuordnen, wenn kein bezahlter Sportler an der Veranstaltung teilnimmt (§ 67a Abs. 3 S. 1 Nr. 1 und 2 AO); ansonsten liegt ein wG vor. Diese Abgrenzung ist in der Praxis nicht leicht durchführbar. Daher gewährt § 67a Abs. 1 AO den Vereinen die Möglichkeit, Sportveranstaltungen insgesamt dem Zweckbetrieb zuzuordnen, wenn die Einnahmen 45.000 € nicht übersteigen. Bei Übersteigen dieses Betrages (unabhängig vom Erzielen eines Überschusses) ist allerdings insgesamt ein wG anzunehmen (Freigrenze). Resultieren aus Sportveranstaltungen Verluste, so ist es sinnvoll, auf die Anwendung der Vereinfachungsregel zu verzichten mit der Folge, dass diese in einem nicht steuerbefreiten wG anfallen.

---

47   Vgl. *Lex*, DB 1997, 349. Vgl. ferner *Arnold*, DStR 2005, 581.
48   BFH vom 27.03.2001 (BFH/NV 2001, 1060). Kritisch *Pezzer*, FR 2001, 838.
49   Vgl. *Kümpel*, DStR 1999, 93; neuestens *Hüttemann*, DB 2011, 319.
50   Vgl. *Bischoff*, StbG 1998, 112.

- **Nicht-wirtschaftliche Vermögensverwaltung (§ 14 AO):**
  Eine steuerbegünstigte Körperschaft kann auch Einnahmen aus einer »nicht-wirtschaftlichen Vermögensverwaltung« erzielen. Daraus erzielte Einnahmen sind von der Steuerbefreiung umfasst, soweit sie nicht dem Steuerabzug unterliegen (§ 5 Abs. 2 Nr. 1 KStG). Typischerweise liegt eine solche Vermögensverwaltung vor, wenn die Körperschaft langfristig Kapital anlegt bzw. unbewegliches Vermögen vermietet oder verpachtet wird. Es kommt für die Abgrenzung zum wirtschaftlichen Geschäftsbetrieb darauf an, ob sich die Körperschaft über die Fruchtziehung hinaus nachhaltig wirtschaftlich betätigt. Die Abgrenzung ist in der Praxis relevant für
  - z. B. **Bandenwerbung**: Eine Vermögensverwaltung liegt vor, wenn die Körperschaft ihre Flächen einem Werbeunternehmer (Dritten) zur Verfügung stellt, der die kurzfristigen Mietverträge mit den Unternehmen abschließt. Der Werbeunternehmer schirmt die Körperschaft vor der nachhaltigen Tätigkeit ab, wenn ihm für seine Tätigkeit ein angemessener Gewinn verbleibt (ca. 15 % der Mieterlöse). Anders, wenn die Körperschaft unmittelbar die Kontrakte mit den Unternehmen abschließt (dann liegt ein wG vor).
  - **Beteiligung an KapG**: Eine Beteiligung an einer wirtschaftlich tätigen KapG ist dann als Vermögensverwaltung anzusehen, wenn sie als Finanzanlage dient. Diese ist dann zu verneinen, wenn die Körperschaft maßgeblichen Einfluss auf die Geschäftsführung nimmt.
- **Satzungsmäßiger/ideeller Bereich:**
  Die Körperschaft erzielt aus dem satzungsmäßigen Bereich in erster Linie Einnahmen durch Mitgliedsbeiträge, Investitionsumlagen und Spenden. Die Notwendigkeit der Abgrenzung zum wG und der Vermögensverwaltung kann bei Einnahmen im Rahmen des sog. »Sponsorings« vorliegen (vgl. hierzu BMF vom 18.02.1998, BStBl I 1998, 212). Wenn die Körperschaft dem »Sponsor« keine Gegenleistung bietet, liegt aus Sicht des Unternehmers eine Spende, aus Sicht des Vereins eine Einnahme im satzungsmäßigen Bereich vor.[51] Wenn der Verein an Werbemaßnahmen des Sponsors aktiv mitwirkt, liegt aus Sicht des Unternehmens eine Betriebsausgabe, aus Sicht des Vereins eine Einnahme im wG vor (z. B. Trikotwerbung, Zurverfügungstellung von Spielern des Vereins für Werbeaufnahmen).

4.3.2 Steuerfolge

Die Körperschaft unterliegt nur mit ihrem wirtschaftlichen Geschäftsbetrieb der KSt. Die Steuerbefreiung der anderen Bereiche ist nur soweit ausgeschlossen, als für die betreffenden Einnahmen ein Steuerabzug vorgenommen worden ist (§ 5 Abs. 2 Nr. 1 KStG). Dabei ist zu berücksichtigen, dass nach § 5 Abs. 1 Nr. 9 KStG steuerbefreite Körperschaften gegenüber Körperschaften des öffentlichen Rechtes Vorteile bei dem Einbehalt der Kapitalertragsteuer genießen. Ab 2004 wird für nach § 5 Abs. 1 Nr. 9 KStG steuerbegünstigte Körperschaften bei Einnahmen gem. § 20 Abs. 1 Nr. 10b EStG entsprechend § 44a Abs. 7 EStG von einem Steuerabzug abgesehen.

Der Kapitalertragsteuerabzug bei einem wG einer steuerbefreiten Organisation bereitet erhebliche gedankliche Schwierigkeiten, weil Schuldner (wG) und Gläubiger (steuerbegünstigter Teil) der Kapitalerträge derselbe Rechtsträger ist. Es werden gem. § 44 Abs. 6 EStG zwei

---

51 Vgl. zu Pauschalierungsmöglichkeiten von Werbeeinnahmen die Vereinfachungsregel in § 64 Abs. 6 AO.

Rechtsträger fingiert, indem die steuerbefreite Organisation als Gläubiger und der wG als Schuldner der Kapitalerträge angesehen werden.

Im Folgenden sollen – wie bei Körperschaften öffentlichen Rechts mit den BgA – die Besteuerungsgrundsätze wirtschaftlicher Tätigkeiten eines gemeinnützigen Vereins abhängig von der Organisation dieser wirtschaftlichen Tätigkeit dargestellt werden.

Beispiel 4: FC Schwarzwald[52]

Der gemeinnützige Verein unterhält eine Merchandising-Abteilung, die einen Gewinn von 100 erzielt. Der Umsatz liegt über den Grenzen des § 20 Abs. 1 Nr. 10b EStG.

Lösung: Der gemeinnützige Verein ist gem. § 1 Abs. 1 Nr. 4 KStG steuerpflichtig. Die Steuerbefreiung gem. § 5 Abs. 1 Nr. 9 KStG ist ausgeschlossen, soweit ein wG unterhalten wird.

Der wG erzielt einen Gewinn von 100, der nach Abzug des Freibetrages gem. § 24 KStG der KSt unterworfen wird.

Hinzu kommt grundsätzlich die beschränkte Steuerpflicht des Vereins für Einkünfte, die einem Steuerabzug unterliegen (§ 5 Abs. 2 Nr. 1 KStG). Die tatsächliche Verfügungsmacht des Vereins über den Gewinn des wG führt zu Einkünften gem. § 20 Abs. 1 Nr. 10b EStG, die gem. §§ 43 Abs. 1 Nr. 7c, 43a Abs. 1 Nr. 2 EStG mit 15 % der Kapitalertragsteuer unterworfen werden. Bei gemeinnützigen Organisationen i. S. d. § 5 Abs. 1 Nr. 9 KStG entfällt allerdings gem. § 44a Abs. 7 EStG der Steuerabzug für Einkünfte des § 20 Abs. 1 Nr. 10b EStG. Daher verbleibt es ausschließlich bei der KSt-Belastung des wG, es besteht also eine Gesamtbelastung von 15 %.

Gewinn wG		100
./. 15 % KSt	./.	15
zur Verfügung stehender Gewinn i. S. d. § 20 Abs. 1 Nr. 10b EStG		85
./. 0 % Kapitalertragsteuer (§ 44a Abs. 7 EStG)	./.	0
Netto-Ertrag		85
Steuerbelastung		15

Beispiel 5: FC Schwarzwald (Abwandlung)

Der FC Schwarzwald hält nunmehr eine 20 %ige Beteiligung an der X-GmbH, die für ihn das Merchandising-Geschäft betreibt. Er kann damit keinen maßgeblichen Einfluss auf die Geschäftsführung ausüben. Die X-GmbH erzielt einen stpfl. Gewinn von 100, den sie in voller Höhe an den Verein ausschüttet. Der Verein verwendet den Kapitalertrag für die Jugendabteilung.

Lösung: Die X-GmbH unterliegt nach allgemeinen Regeln der KSt-Besteuerung. Die Körperschaft hält die Beteiligung im steuerbegünstigten Bereich der Vermögensverwaltung. Die Körperschaft ist zwar unbeschränkt stpfl. (§ 1 Abs. 1 Nr. 4 KStG), aber partiell steuerbefreit (§ 5 Abs. 1 Nr. 9 KStG). Die Steuerbefreiung ist soweit ausgeschlossen, als von den Einkünften ein Steuerabzug vorzunehmen ist (§ 5 Abs. 2 Nr. 1 KStG). Auch in Bezug auf die Ausschüttung von der X-GmbH an den Verein wird gem. § 44a Abs. 7 EStG[53] vom Kapitalertragsteuerabzug abgesehen.

Wenn der Verein die X-GmbH beherrscht und unternehmerischen Einfluss auf die Geschäftsführung ausüben kann, liegt die Beteiligung in einem wG. Der Verein ist insoweit unbeschränkt stpfl., da die Steuerbefreiung nach § 5 Abs. 1 Nr. 9 KStG nicht eingreift. Die Ausschüttungen der X-GmbH an den wG werden gem. § 8b Abs. 1 i. V. m. Abs. 5 KStG zu 5 % erfasst. Die Weiterleitung der Beträge von dem wG an den ideellen Bereich des Vereins erfolgt nach den Grundsätzen des Ausgangsbeispiels (Beispiel 4).

---

52   Vgl. hierzu auch *Engelsing/Muth*, DStR 2003, 917.
53   Vgl. den dortigen Hinweis auf § 43 Abs. 1 Nr. 7c EStG.

Fazit: Man sieht, dass durch die Qualifizierung der Beteiligung als wG keine Mehrbelastung gegenüber der Qualifizierung der Beteiligung als steuerbefreite Vermögensverwaltung eintritt. Allerdings gilt das ab 2004 nicht mehr uneingeschränkt, da i. H. v. 5 % der Dividenden nicht abzugsfähige BA angenommen werden.

Im Ergebnis bedeutet dies, dass Gewinne im wirtschaftlichen Geschäftsbetrieb einer KSt-Belastung von 15 % unterliegen. Damit werden steuerbefreite Körperschaften i. S. d. § 5 Abs. 1 Nr. 9 KStG gegenüber allen anderen steuerbefreiten Körperschaften begünstigt. Dies ist verfassungsrechtlich m. E. nur dann unbedenklich, wenn die Voraussetzungen des § 5 Abs. 1 Nr. 9 KStG (vor allem die §§ 52 ff. AO) eng ausgelegt werden.

III Die sachliche Körperschaftsteuerpflicht

1 Überblick

Das folgende Kapitel befasst sich mit dem Thema »Ermittlung der Bemessungsgrundlage für die KSt«. Grundsätzlich gilt auch im KSt-Recht, dass sich die Steuerschuld aus den Faktoren des zu versteuernden Einkommens (§ 7 Abs. 1 KStG) und des Tarifs (§ 23 Abs. 1 KStG) zusammensetzt.

2 Ermittlung des Einkommens einer Kapitalgesellschaft
2.1 Veranlagungszeitraum und Einkommens-Ermittlungszeitraum

Die KSt richtet sich nach dem zu versteuernden Einkommen der KapG (§ 7 Abs. 1 KStG), welches sich grundsätzlich nach den einkommensteuerlichen Vorschriften bestimmt (§ 8 Abs. 1 KStG). Die KSt ist dabei eine Jahressteuer, d. h., sie wird – unabhängig von der Gewinnermittlungsperiode – für das Kalenderjahr erhoben. Bei nicht zur Buchführung verpflichteten Körperschaften werden die Grundlagen der Besteuerung (Einkommensermittlung) stets für das Kalenderjahr erhoben. Bei Körperschaften, die zur Buchführung verpflichtet sind, ergibt sich der Einkommensermittlungszeitraum (Wj.) nach dem Gesellschaftsvertrag. Der Gesellschaftsvertrag kann ein abweichendes Wj. bestimmen, das für die Ermittlung des Einkommens zugrunde zu legen ist. Veranlagungszeitraum ist in diesen Fällen das Kalenderjahr, in welchem das Wj. endet (§ 7 Abs. 4 S. 2 KStG).

Die Umstellung von Wj. ist grundsätzlich möglich. Bei Umstellung auf ein abweichendes Wj. (auch von einem abweichenden auf ein anderes abweichendes Wj.) ist allerdings die Zustimmung des FA erforderlich. Die Zustimmung des FA ist eine Ermessensentscheidung, die sich an dem Sinn des § 7 Abs. 4 KStG zu orientieren hat. Werden gewichtige **betriebswirtschaftliche Gründe** für eine Umstellung vorgebracht, ist es ermessensfehlerhaft, die Zustimmung zu verweigern. Als solche Gründe sind z. B. anzusehen:

- Inventurschwierigkeiten bei Außenanlagen,
- Inventurerleichterungen bei Saisongeschäften,
- Angleichung von Wj. bei Begründung von Organschaften,
- Umstellung des Wj. bei Beendigung der Organschaft,
- Umstellung auf einen konzerneinheitlichen Abschlusszeitpunkt.

Das FA wird die Zustimmung verweigern, wenn keine betriebswirtschaftlichen Gründe für die Umstellung geltend gemacht werden. Rein steuerlich motivierte Umstellungen der Wj., z. B. zur Erlangung einer Steuerpause, können nicht anerkannt werden.

Eine steuerliche Anerkennung der Umstellung kommt nur in Betracht, wenn diese zivilrechtlich wirksam vorgenommen worden ist. Die Umstellung bedarf bei KapG in den meisten Fällen einer Satzungsänderung, die neben den gesellschaftsinternen Anforderungen (z. B. § 53 GmbHG) vor allem die Eintragung in das Handelsregister voraussetzt (vgl. § 54 Abs. 3 GmbHG); vor der Eintragung in das Handelsregister entfaltet die Satzungsänderung keine Wirkung. Deshalb wird gesellschaftsrechtlich die – zutreffende – Ansicht vertreten, eine Änderung des Wj. kann mit Wirkung für das Außenverhältnis nicht mit Rückwirkung vorgenommen werden (§ 54 Abs. 3 GmbHG).[54] Diese Vorrangigkeit des Zivilrechts ist für das Steuerrecht zu beachten, wenn auch hier u. U. Ausnahmen möglich sind, falls die Anmeldung recht-

---

54 Vgl. nur *Gehrlein/Ekkenga/Simon*, GmbHG, § 54 Tz. 30.

zeitig und die Eintragung alsbald nach Beginn des neuen Wj. erfolgt (vgl. BFH vom 18.09.1996, BFH/NV 1997, 378).[55] Diese Ausnahmen sind jedoch sehr restriktiv zu handhaben.[56]

2.2   Ermittlung des zu versteuernden Einkommens

Das KSt-Recht unterscheidet zwischen den **Einkünften** (vgl. z. B. § 8 Abs. 2 KStG), der **Summe der Einkünfte** (vgl. § 26 Abs. 6 KStG i. V. m. § 34c Abs. 1 S. 2 EStG), dem **Gesamtbetrag der Einkünfte** und dem **Einkommen (A 7.1 KStR)**. Die Grenzziehung zwischen den einzelnen Abschnitten verläuft insb. bei KapG nicht so offensichtlich wie im ESt-Recht und bedarf zusätzlich der Modifikation, wie sich aus den §§ 9, 10 KStG ergibt. Dies führt z. B. dazu, dass die abziehbaren Spenden (§ 9 Abs. 1 Nr. 2 KStG) einen Gewinn mindern (bzw. einen abzugsfähigen Verlust erhöhen), während die nicht-abziehbaren Aufwendungen (§ 10 KStG) den Gewinn erhöhen (bzw. umgekehrt einen evtl. Verlust mindern).

Handelsbilanz-Gewinn

./. Gewinnvortrag
+ Verlustvortrag
./. Entnahmen aus Rücklagen
+ Einstellung in Rücklagen

1. Stufe (= bilanzielle Stufe) Rückabwicklung des § 268 HGB

Handelsrechtliches Jahresergebnis (**Jahresüberschuss**)
+/./. Anpassungskorrekturen zwischen HB und StB

StB-Gewinn [vgl. ab hier auch A 7.1 KStR]
+ steuerlich nicht abzugsfähige Gewinnminderungen
    (z. B. § 8b Abs. 3 S. 3ff. KStG)
+ nicht abzugsfähige BA (§§ 3c Abs. 1, 4 Abs. 5 EStG, § 4 Abs. 5b EStG,
    § 8b Abs. 3 S. 1 und Abs. 5 KStG) und nicht abzugsfähige BA
    bei Unternehmensfremdfinanzierung (§ 4h EStG i. V. m. § 8a KStG n. F.)
+ steuerlich nicht abzugsfähige Aufwendungen (§ 10 KStG)
+ steuerlich nicht ausgleichsfähige Verluste (vor allem § 8c KStG)
+ Spenden (unabhängig von der Abzugsfähigkeit)
+ vGA (§ 8 Abs. 3 S. 2 KStG)
+ Hinzurechnungsbeträge nach dem AStG
./. steuerfreie Dividenden und Veräußerungsgewinne (§ 8b Abs. 1 und 2 KStG)
./. Gewinnanteile und Vergütungen an den Komplementär einer KGaA
    (§ 9 Abs. 1 Nr. 1 KStG)
./. verdeckte Einlagen
./. steuerfreie Vermögensmehrungen (z. B. Investitionszulage)
+/./. Verlustübernahme/Gewinnabführung in Organschaftsverhältnissen

2. Stufe

Einkünfte aus Gewerbebetrieb (bei KapG = Summe der Einkünfte)
./. abzugsfähige Spenden und Beiträge (§ 9 Abs. 1 Nr. 2 KStG)
./. abzugsfähige Großspenden (§ 9 Abs. 1 Nr. 2 S. 4 und 5 KStG)
+/./. Einkommenszurechnung in Organschaftsfällen (vgl. dazu Kap. V 4)

3. Stufe

Gesamtbetrag der Einkünfte
./. Verlustabzug (§ 10d EStG, § 8c KStG)

Einkommen
./. **Freibetrag** (§§ 24, 25 KStG)

= **zu versteuerndes Einkommen (z. v. E.)**

4. Stufe

---

55   Dies ist vor allem in Organschaftsfällen zu beachten, vgl. Kap. V 3.
56   Vgl. nur *Bayer* in *Lutter/Hommelhoff*, GmbHG, § 53 Tz. 42.

Bei KapG, die zwingend eine Bilanz aufstellen, ist das stpfl. Einkommen grundsätzlich zunächst aus der HB zu ermitteln; dabei ist die kapitalgesellschaftsrechtliche Darstellung des Bilanzgewinns zu berücksichtigen, nach der der Bilanzgewinn durch Auflösung bzw. durch Einstellung in Gewinnrücklagen bzw. Berücksichtigung von handelsrechtlichen Verlustvorträgen beeinflusst sein kann (vgl. § 268 HGB). Hiervon ausgehend lässt sich das Einkommen von KapG in folgenden (stark vereinfacht) einzelnen Schritten ermitteln. Bei KapG ist zudem zu beachten, dass alle Einkünfte solche aus Gewerbebetrieb darstellen (§ 8 Abs. 2 KStG), sodass die Einkünfte aus Gewerbebetrieb der Summe der Einkünfte entsprechen.

Es sei bereits an dieser Stelle darauf hingewiesen, dass nur Änderungen auf der **1. Stufe in die StB** eingreifen. Die – in der Praxis und der Klausur wesentlichen – Korrekturen des StB-Gewinns werden oft auf der 2. Stufe **außerhalb der Bilanz** vorgenommen. **In Klausuren sollte anhand dieser Systematik vorgegangen werden. Zunächst sind die Korrekturen innerhalb der Bilanz**[57]**, anschließend außerhalb der Bilanz**[58] **vorzunehmen. Die einzelnen Schritte sollten kenntlich gemacht werden.**

Bei einer KapG, die nur eine betriebliche Sphäre hat, sind alle Ausgaben BA i. S. d. § 4 Abs. 4 EStG. Wenn diese Ausgaben nach handelsbilanz- und/oder steuerbilanzrechtlichen Gesichtspunkten zu hoch angesetzt worden sind, hat eine entsprechende Korrektur **innerhalb der Bilanz** zu erfolgen (z. B. bei einer Pensionsrückstellung, die wegen des Verstoßes gegen das sog. Übermaßverbot oder des Schriftformgebotes nicht den Vorgaben des § 6a EStG entspricht[59]). Wenn diese Ausgaben dagegen nur nach steuerrechtlichen Grundsätzen gesellschaftsrechtlich veranlasst sind (**vGA**), dann ändert dies nichts an der betrieblichen Veranlassung auf der 1. Stufe, die Korrekturen haben auf der 2. Stufe **außerhalb der Bilanz** zu erfolgen (BMF vom 28.05.2002, BStBl I 2002, 603 ff.; dies entspricht auch der fast einhelligen Meinung in der Literatur, vgl. *Wassermeyer*, DB 2010, 1959).[60]

Die Rspr. hat inzwischen ebenfalls mehrfach klargestellt, dass wegen der Abgeschlossenheit der betrieblichen Sphäre der KapG bei dieser nicht die Grundsätze der Liebhaberei anzuwenden sind (vgl. BFH vom 04.12.1996, DB 1997, 707 und vom 15.05.2002, DB 2002, 2082 sowie BFH vom 17.11.2004, DB 2005, 749).[61] Es ist in diesen Fällen – wiederum auf der 2. Stufe außerhalb der Bilanz – zu prüfen, ob für Ausgaben der KapG die Rechtsbeziehung zu den G'ftern eine Bedeutung gehabt hat, m. a. W. eine vGA angenommen werden muss.[62]

M. a. W.: Die Binnensphäre einer KapG ist immer ausschließlich betrieblich. Die Sphäre nach außen kann durch betriebliche oder gesellschaftsrechtliche Beziehungen gestaltet sein. Nur letztere sind auf der Ebene der KapG außerhalb der Bilanz auf einer 2. Stufe zu korrigieren.

3 Körperschaftsteuerliche Besonderheiten
3.1 Überblick

Die körperschaftsteuerlichen Besonderheiten der Ermittlung der Einkünfte aus Gewerbebetrieb ergeben sich aus der Tatsache, dass die KapG keine private Sphäre hat, d. h. alle Einnahmen und Ausgaben auf der 1. Stufe betrieblich veranlasst sind. Der BFH hat demzufolge auch entschieden,

---

57 Vgl. dazu *Preißer*, Teil A, Kap. I; Korrekturen innerhalb und außerhalb der Bilanz.
58 Vgl. insb. Kap. 3 – 5.
59 Vgl. zuletzt BFH vom 09.11.2005, FR 2006, 173.
60 A. A. – soweit ersichtlich – nur *Bareis*, zuletzt GmbHR 2009, 813 und FR 2014, 493 und Siegel, DB 2009, 2116, neuerdings haben sich dieser unberechtigten Kritik angeschlossen *Briese*, BB 2014, 1567 und 1943 sowie *Weber-Grellet*, BB 2014, 2263. Vgl. ab hier auch A 29 KStR.
61 Vgl. auch *Braun*, BB 2000, 283.
62 Es soll bereits hier auf die Beispiele 20 und 21 unter Kap. 4.3.2.2 verwiesen werden.

dass bei KapG eine Erbschaft zwingend eine Betriebseinnahme darstellt.[63] Innerhalb der Bilanz (1. Stufe) stellt die Erbschaft also zwingend eine Betriebseinnahme dar; ob dies außerhalb der Bilanz zu korrigieren ist, ist nach den Grundsätzen der verdeckten Einlage zu beurteilen.[64] An dieser Stelle werden nur die notwendigen Korrekturen auf der 2. und 3. Stufe angesprochen, die außerhalb der Bilanz vorzunehmen sind. Eine Vielzahl von Korrekturen außerhalb der StB sind durch den Systemwechsel verursacht. Erträge und Aufwendungen, die mit Beteiligungen an anderen KapG zusammenhängen, bleiben bei der Ermittlung des Einkommens außer Betracht (vgl. insb. § 8b Abs. 1–5 KStG), wenn es sich nicht um sog. Steuerbesitzdividenden handelt (§ 8b Abs. 4 KStG).

Bezüge, die eine KapG von einer anderen KapG erhält, bleiben bei der Ermittlung des Einkommens außer Betracht (§ 8b Abs. 1 KStG). Dies resultiert aus der Erkenntnis, dass Gewinne von KapG nur auf der Ebene der KapG und der natürlichen Person (Teileinkünfteverfahren) besteuert werden sollen. »Zwischengeschaltete KapG« sollen keine zusätzlichen steuerlichen Folgen auslösen.

Der Gesetzgeber vergleicht den Vorgang der Beteiligungsveräußerung einer Ausschüttung der offenen Rücklagen an den veräußernden AE. Deshalb hat der Gesetzgeber Veräußerungsgewinne von Beteiligungen an KapG freigestellt (§ 8b Abs. 2 KStG). Der Gesetzgeber hat ab 2004 die Besteuerung von inländischen Beteiligungserträgen und Veräußerungsgewinnen der Besteuerung von ausländischen Beteiligungserträgen angeglichen. Es werden 5 % der Bezüge bzw. des Veräußerungsgewinns als nicht abzugsfähige Betriebsausgaben behandelt (vgl. § 8b Abs. 5 KStG und § 8b Abs. 3 S. 1 KStG).[65] Die tatsächlich angefallenen Betriebsausgaben (Zinsen) können dafür uneingeschränkt abgezogen werden. Auf diese Besonderheiten im Zusammenhang mit Beteiligungen an anderen KapG wird der Schwerpunkt gelegt.

3.2   Beteiligungsergebnisse

Aufgrund der Ausgestaltung der KSt als Definitivsteuer ist es, um eine systemwidrige Mehrfachbelastung zu vermeiden, in KapG-Beteiligungsketten notwendig, Dividenden auf einer Zwischenstufe von der Besteuerung auszunehmen (§ 8 b Abs. 1 KStG). Sehr kritisch ist die Besteuerung von sog. Streubesitzdividenden (§ 8 b Abs. 4 KStG) zu sehen. Dies widerspricht der grundsätzlichen und notwendigen Entscheidung des Gesetzgebers, Dividenden freizustellen und widerspricht der verfassungsrechtlich notwendigen Folgerichtigkeit dieser Grundentscheidung, ohne dass es zwingend notwendig gewesen wäre.

Der Gesetzgeber hat, was nicht in gleicher Weise systematisch erforderlich gewesen wäre, die grundsätzliche Freistellung auf Beteiligungsveräußerungsgewinne erweitert. Systematisch fragwürdig und nicht gerechtfertigt ist die Entscheidung des Gesetzgebers, Verluste aus der Veräußerung bzw. Wertminderungen aus Beteiligung an KapG ebenfalls nicht zu berücksichtigen (§ 8b Abs. 3 S. 3 KStG). Ebenfalls nur haushaltspolitisch zu erklären ist die Nichtabzugsfähigkeit von 5 % der Beteiligungserträge als nicht abzugsfähige Betriebsausgaben (vgl. § 8b Abs. 5 und Abs. 3 S. 1 KStG).

3.2.1   Kürzungen der Beteiligungserträge

Erträge, die eine KapG über eine Beteiligung an einer anderen KapG durch Dividenden oder Beteiligungsveräußerung erzielt, haben das StB-Ergebnis erhöht; sie bleiben gem. § 8b Abs. 1 und 2 KStG bei der Ermittlung des Einkommens außer Ansatz, sind außerhalb der Bilanz abzuziehen.

---

63   BFH vom 06.12.2016, DStR 2017, 319 ff.

64   Urteil des Niedersächsischen FG vom 28.06.2016, BB 2017, 341 ff. wurde vom BFH (Urteil vom 06.12.2016, IR 50/16, DB 2017, 285 f.) bestätigt.

65   Ist der AE eine natürliche Person, verbleibt es dagegen bei dem Teilabzugsverbot gem. § 3c Abs. 2 EStG.

Dividenden werden gem. § 8b Abs. 1 und Abs. 5 KStG im Ergebnis mit 5 % belastet. Die Dividenden sind in HB und StB als Beteiligungserträge erfasst, sodass eine entsprechende **außerbilanzielle Kürzung** zu erfolgen hat. Die Kürzungsmöglichkeit gem. § 8b Abs. 1 i. V. m. Abs. 5 KStG besteht nach § 8b Abs. 4 KStG für sog. Streubesitzdividenden nicht mehr. Die Dividendenbesteuerung stand auf dem europarechtlichen Prüfstand; der EuGH (EuGH vom 20.10.2011, GmbHR 2011, 1211) hat die Behandlung der Streubesitzdividenden für ausländische Anteilseigner (Abzug von Kapitalertragsteuer) als Verstoß gegen das Grundrecht der Kapitalverkehrsfreiheit angesehen. Der Gesetzgeber reagierte dadurch, dass er für Streubesitzdividenden die weitgehende Steuerfreiheit der Dividenden auch für inländische Anteilseigner aufgehoben hat. Danach sind Bezüge i. S. d. § 8b Abs. 1 KStG bei der Ermittlung des Einkommens zu berücksichtigen, wenn die Beteiligung zu Beginn des Kalenderjahres unmittelbar weniger als 10 % des Grund- oder Stammkapitals betragen hat. Nach § 8b Abs. 4 S. 6 KStG besteht die Möglichkeit, dass bei einem unterjährigen Erwerb von mindestens 10 % eine Rückbeziehung auf den Beginn des Kalenderjahres erfolgt. Dies führt zu dem grotesken Ergebnis, dass bei einer Beteiligung von 6 % zu Beginn des Jahres und einem weiteren Erwerb von 7 % im Laufe des Jahres nach dem Wortlaut der Vorschrift keine Rückbeziehungsmöglichkeit besteht, obwohl eine höhere Beteiligung an der Gesellschaft vorhanden ist als nach dem Gesetz erforderlich. Das gleiche Ergebnis soll nach Auffassung der FinVerw (OFD Frankfurt, DStR 2014, 427) auch dann gelten, wenn ein unterjähriger Hinzuerwerb von z. B. 36 % erfolgt, wenn dabei kein einzelner Erwerb von 10 % enthalten ist. Die FinVerw nimmt in Konstellationen des Hinzuerwerbs an, dass die Steuerfreiheit nur den Teil der Erträge betrifft, der auf den qualifizierten Hinzuerwerb entfällt. Die Erträge auf die zu Jahresbeginn gehaltene Beteiligung unter 10 % sollen voll stpfl. sein. Auch diese Ansicht widerspricht sowohl dem Ziel als auch dem Wortlaut der Vorschrift.[66]

Soweit § 8b Abs. 4 KStG Anwendung findet, sind Aufwendungen im Zusammenhang mit den Beteiligungen in vollem Umfang abzugsfähig. Aktuell wird der Gesetzesentwurf nicht weiterverfolgt, nach dem die Veräußerungsgewinne bei Streubesitz künftig ebenfalls voll besteuert werden. Hierdurch würde das Körperschaftsteuersystem insgesamt infrage gestellt.

Schließlich ist auf die Erstreckung des § 8b Abs. 1 und 2 KStG auf **mittelbar über eine MU-schaft** gehaltene Anteile an einer anderen KapG hinzuweisen (§ 8b Abs. 6 KStG).[67]

Beispiel 1: Mittelbare Wohltaten

Die A-GmbH ist an der X-KG als Kommanditistin beteiligt. Zum BV der X-KG gehört eine Beteiligung an der B-AG.
- a) Die B-AG schüttet Dividenden an die X-KG aus.
- b) Die X-KG verkauft die Beteiligung an der B-AG.
- c) Die A-GmbH verkauft die Beteiligung an der X-KG.

Lösung: Gem. § 8b Abs. 6 KStG gelten die Abs. 1 – 5 soweit, als mittelbar von einer KapG über eine MU-schaft Beteiligungen an KapG gehalten werden.
- a) Die Dividende erhöht den Gewinnanteil der A-GmbH an der X-KG und ist im StB-Gewinn enthalten. Soweit die Dividende den Gewinnanteil erhöht hat, ist sie außerhalb der Bilanz der A-GmbH gem. § 8b Abs. 6 i. V. m. § 8b Abs. 1 KStG zu kürzen. Die Kürzung betrifft selbstverständlich nur den im gesamten Gewinnanteil enthaltenen Dividendenertrag.

---

66 Zu Recht setzen sich kritisch mit der Ansicht auseinander: *Bolik/Zöller*, DStR 2014, 782; *Mössner*, DStR 2014, 497; *Adrian*, GmbHR 2014, 407 ff.; *Kamphaus/Weihmann/Sauer*, Ubg 2014, 258 ff.; *Schönfeld*, DStR 2014, 937, Letzterer mit vielen – interessanten – Beispielen.
67 Vor dem StSenkG hat die FinVerw Befreiungen gem. § 8b Abs. 1 und 2 KStG 1999 dann versagt, wenn die Bezüge über eine MU-schaft gelaufen sind, vgl. FinMin Bayern vom 09.05.2000 (DB 2000, 1305).

b) Der Gewinnanteil der A-GmbH wird hierdurch erhöht. Er ist bei der A-GmbH um den auf den entfallenden Veräußerungsgewinn außerhalb der Bilanz zu kürzen (§ 8b Abs. 6 i. V. m. § 8b Abs. 2 KStG).

c) Es handelt sich zwar um die Veräußerung eines MU-Anteils gem. §§ 15, 16 EStG, der zunächst nicht begünstigt ist. Soweit dieser Gewinn durch die Mitveräußerung des Anteils an der B-AG entstanden ist, ist er bei der A-GmbH außerhalb der Bilanz zu kürzen (§ 8b Abs. 6 i. V. m. § 8b Abs. 2 KStG).

Aufgrund des Systemwechsels können sich bei Beteiligungsketten Sachausschüttungen als Alternative zu Umstrukturierungen anbieten. Gesellschaftsrechtlich sind Dividenden in Form von Sachleistungen anerkannt (vgl. § 58 Abs. 5 AktG). Die Sachleistung ist auf der Ebene der ausschüttenden KapG mit dem gemeinen Wert anzusetzen, entsprechend hat die Besteuerung beim AE zu erfolgen.[68] Eine Ausschüttung zum Buchwert kommt nicht in Betracht. Diese Möglichkeit kann, wenn es sich bei dem auszuschüttenden Gegenstand um eine Beteiligung an anderen Gesellschaften handelt, zur Vereinfachung von Umstrukturierungsvorgängen genutzt werden.

Beispiel 2: Umstrukturierung durch Sachdividenden

Die X-AG ist alleinige G'fterin der Y-GmbH. Die Y-GmbH hält ihrerseits eine 100 %ige Beteiligung an der Z-GmbH. Die Beteiligung der Y-GmbH an der Z-GmbH ist mit 80 aktiviert, der Verkehrswert entspricht 150.

Die X-AG als Konzernmutter möchte die Organisationsstruktur ändern und sich die Z-GmbH unmittelbar unterordnen, sodass die Z-GmbH und die Y-GmbH Schwestergesellschaften sind.

Lösung: Unter den Voraussetzungen des § 15 Abs. 1 UmwStG könnte die Y-GmbH die 100 %ige Beteiligung an der Z-GmbH zu Buchwerten auf die X-AG abspalten; die Beteiligung an der Z-GmbH gilt insoweit als fiktiver Teilbetrieb (§ 15 Abs. 1 S. 3 UmwStG). Bei diesem Umstrukturierungsvorgang müsste das bei der Y-GmbH verbleibende Vermögen ebenfalls einen Teilbetrieb darstellen, was nicht immer gesichert ist (doppeltes Teilbetriebserfordernis).

Möglich ist auch die Auskehrung der Beteiligung an der Z-GmbH an die X-AG im Wege der Sachdividende. Nach h. M. (vgl. BMF vom 28.04.2003, BStBl I 2003, 292, Tz. 22) wären im Zeitpunkt der »Sachausschüttung« bei der Y-GmbH die stillen Reserven aus der Beteiligung aufzulösen. Bei der Y-GmbH führt dies zu einem steuerfreien »Veräußerungsgewinn« gem. § 8b Abs. 2 KStG, von dem 5 % als nicht abzugsfähige BA gelten (§ 8b Abs. 3 S. 1 KStG).

Bei der X-AG ist die Ausschüttung gem. § 8b Abs. 1 KStG i. V. m. § 8b Abs. 5 KStG i. H. v. 95 % steuerfrei, die Beteiligung wird bei der X-AG mit dem gemeinen Wert angesetzt.

3.2.2 Nicht abzugsfähige Gewinnminderungen aus Beteiligungen

Gem. § 8b Abs. 3 KStG besteht ein allgemeiner Ausschluss der Abzugsfähigkeit von Gewinnminderungen, die mit dem Anteil an einer KapG in Zusammenhang stehen.[69]

§ 8b Abs. 3 KStG spielt insb. bei Teilwert-AfA und bei Verlusten aus Veräußerungen von Anteilen i. S. d. § 8b Abs. 2 KStG eine Rolle.[70]

Beispiel 3: Realisierter Verlust

Eine M-GmbH hält Anteile an einer T-AG. Die Anteile sind zu den AK (500) aktiviert. Die M-GmbH veräußert die Anteile in 03 an X zu 350.

Lösung: Die M-GmbH erleidet i. H. d. Differenz zwischen Veräußerungspreis und AK einen Verlust, der in der StB zu berücksichtigen ist. Diese Gewinnminderung (150) ist außerhalb der StB auf der 2. Stufe wieder hinzuzurechnen (§ 8b Abs. 3 KStG).

---

68 Vgl. *Schulze-Osterloh*, FS Priester 2007, 749; dies hat der BFH neuerdings mit Urteil vom 11.04.2018, I R 34/15, BB 2018, 2864 ff. bestätigt.

69 Vgl. *Rödder/Schumacher*, DStR 2002, 105.

70 Vgl. BMF vom 28.04.2003, BStBl I 2003, 292 ff., Tz. 26.

§ 8b Abs. 3 S. 3 KStG bezog sich bis 2007 nur auf Wertminderungen der Beteiligung, nicht aber auch auf Wertminderungen von **eigenkapitalersetzenden G'fter-Darlehen**[71], welche eine KapG als AE der Beteiligungs-KapG gewährt hat. Auf diese Darlehen war eine Abschreibung nach allgemeinen Grundsätzen auch mit steuerlicher Wirkung möglich.[72]

Beispiel 4: Krisendarlehen bei KapG

Die A-KapG ist Allein-G'fterin der Y-KapG. Die A-KapG gewährt der Y-KapG ein Darlehen. Die Y-KapG gerät in eine wirtschaftliche Krise, worauf die A-KapG eine Teilwert-Abschreibung auf das Darlehen vornehmen will.

Lösung: Durch das JStG (2008) ist § 8b Abs. 3 KStG ergänzt worden. Danach gelten auch Abschreibungen auf Darlehen, die ein maßgeblich Beteiligter gewährt hat, unter bestimmten Voraussetzungen als Wertminderungen auf die »Beteiligungen«. Dies führt zu einer Nichtberücksichtigung der Wertminderung. Systematisch ist die Folge ein weiterer Eingriff in die Besteuerung nach der Leistungsfähigkeit. Die Gesetzgebung bedeutet eine gesetzlich legitimierte Nichtanerkennung der BFH-Rspr. Die FinVerw versucht zu Unrecht, diese Wertung auch für Veranlagungszeiträume vor 2008 durchzusetzen.[73] In § 3c Abs. 2 EStG gab es bis 2015 keine Gesetzesänderung. Daher hatte es bei der Wirksamkeit der Teilwert-Abschreibung zu verbleiben und eine außerbilanzielle Hinzurechnung zu unterbleiben. Dies hat der BFH gegen die Ansicht der FinVerw festgestellt. Mit Wirkung ab 2015 wird in § 3c Abs. 2 EStG eine dem § 8b Abs. 3 S. 4ff. KStG entlehnte Formulierung aufgenommen mit der Folge, dass nur 60 % des Verlustes abzugsfähig sind.

Hinweis: Es ist zu vermerken, dass dem StPfl. ein Gegenbeweis möglich ist, dass auch ein fremder Dritter der Gesellschaft in dieser Zeit das Darlehen zu marktüblichen Konditionen gewährt hätte. Dieser Gegenbeweis wird in der Praxis kaum gelingen können. Fehlende Marktüblichkeit bezieht sich insb. auf eine fehlende bzw. unübliche Verzinsung, fehlende Sicherheitsbestellung und auf die Fälle, in denen die Darlehen in der Krise gegeben oder stehengelassen worden sind. Wenn und soweit wertgeminderte Darlehen, bei denen die Wertminderung außerbilanziell nach § 8b Abs. 3 S.4ff. KStG korrigiert worden ist, wieder ganz oder teilweise werthaltig geworden sind, muss der innerhalb der Bilanz entstandene Ertrag außerhalb der Bilanz gem. § 8b Abs. 2 S. 8 KStG einkommensmindernd korrigiert werden.[74]

3.2.3   Nicht abzugsfähige Betriebsausgaben

Die steuerliche Abzugsfähigkeit von BA bestimmt sich i. d. R. nach den einkommensteuerlichen Vorschriften, sodass auch für KapG die Vorschrift des § 4 Abs. 5 EStG und des § 4 Abs. 5b EStG (Nichtabzugsfähigkeit der GewSt) Anwendung findet. Eine Korrektur der BA, die gem. §§ 4 Abs. 5 f. EStG nicht abziehbar sind, erfolgt auf der 2. Stufe, d. h. außerhalb der Bilanz.

Ab 2004 können **Finanzierungsaufwendungen** in voller Höhe abgezogen werden. Es werden aber 5 % der Bezüge gem. § 8b Abs. 1 KStG (also auch vGA) als nicht abzugsfähige BA behandelt (vgl. § 8b Abs. 5 KStG). Insoweit werden inländische und ausländische Beteiligungserträge in gleicher Weise behandelt. Die Behandlung als nicht abzugsfähige BA kommt jedoch nur insoweit in Betracht, als in dem betreffenden Wj. tatsächlich steuerfreie Dividenden ver-

---

71   Zu beachten ist, dass sich die ursprünglich im GmbHG (§§ 32a, 32b GmbHG) beheimateten Regelungen zum Eigenkapitalersatz nunmehr (seit dem MoMiG 2009) in der InsO wiederfinden (§ 39 InsO) mit – in diesem Punkt – vergleichbarer Rechtsfolge. Die Übertragung der Neuregelung auf das Steuerrecht ist derzeit im Fluss.

72   Vgl. nur *Rödder/Stangl*, DStR 2005, 354 m. w. N.

73   Theoretisch müsste bei solchen Darlehen auch ein Zugang zum steuerlichen Einlagekonto gegeben sein. Ein Verzicht hätte insoweit keine ertragsteuerlichen Auswirkungen auch dann, wenn die Darlehen wertlos geworden sind. So weit will die FinVerw jedoch nicht gehen. Vgl. insoweit aber die Rspr. des BFH zum Rangrücktritt vom 15.04.2015, DB 2015, 1633 f.

74   Vgl. ausführlich *Wolter/Griemla*, FR 2018, 253 ff.).

einnahmt werden. Fragwürdig ist die Regelung jedoch, wenn sicher feststeht, dass keine Aufwendungen angefallen sind. In diesen Fällen bedeutet der pauschale Nichtabzug von 5 % der Dividenden ein weiterer Eingriff in die Leistungsfähigkeit und ist steuersystematisch verfehlt. Ein Problem besteht bei Ausschüttungen in mehrstufigen Beteiligungsketten zwischen KapG darin, dass die Behandlung als nicht abzugsfähige BA i. H. v. 5 % der Bezüge **auf jeder Stufe** außerhalb der Bilanz hinzugerechnet werden müssen. Dies ist bei der Finanzierung eines Konzernaufbaus zu beachten. Insoweit bietet die Organschaft einen Ausweg, als beim OrgT keine Beteiligungserträge gem. § 8b Abs. 1 KStG anfallen (sondern unmittelbare gewerbliche Einkünfte) und daher eine Hinzurechnung gem. § 8b Abs. 5 KStG ausscheidet.

Beispiel 5: Fremdfinanzierte Beteiligung

Die M-GmbH ist an der T-GmbH zu 100 % beteiligt. Die AK von 500 hat die M-GmbH über einen Kredit finanziert. Die Zinsaufwendungen betragen jährlich 50. In 02 und 03 werden von der T-GmbH keine Gewinne ausgeschüttet.
    Lösung: Es ergeben sich keine Änderungen, da die M-GmbH keine Bezüge i. S. d. § 8b Abs. 1 KStG erhalten hat und daher gem. § 8b Abs. 5 KStG eine Hinzurechnung unterbleiben muss.

Beispiel 6: Beteiligungsertrag bei Ausschüttung

Die T-GmbH schüttet in 04 eine Dividende von 30 aus. Die Zinsaufwendungen betragen wiederum 50.
    Lösung: Gem. § 8b Abs. 5 KStG gelten 5 % der Bezüge i. S. d. § 8b Abs. 1 KStG als nicht abzugsfähige BA, die außerhalb der Bilanz wieder hinzugerechnet werden müssen. Es hat insoweit eine außerbilanzielle Korrektur des StB-Ergebnisses zu erfolgen. Die Zinsaufwendungen bleiben als Betriebsausgaben abzugsfähig. Wenn die Muttergesellschaft die Beteiligung einer Tochtergesellschaft mit Fremdkapital finanziert hat, führt die Neuregelung zumeist zu einer niedrigeren Steuerbelastung, da die tatsächlich angefallenen Finanzierungsaufwendungen – außerhalb des Regelungsbereichs der Zinsschranke – in voller Höhe abgezogen werden können.

Inzwischen wird diskutiert, ob eine Hinzurechnung nach § 8 b Abs. 5 KStG zu unterbleiben hat, wenn definitiv keine Betriebsausgaben angefallen sind.[75]
    Die beschriebene Rechtslage bedeutet, dass die angefallenen BA entsprechend der bilanziellen Behandlung weiterhin abzugsfähig bleiben und eine Hinzurechnung i. H. v. 5 % der Dividenden erfolgt, wenn tatsächlich Dividenden geflossen sind. § 8b Abs. 1 i. V. m. Abs. 5 KStG findet auch bei **vGA** Anwendung, sodass vGA innerhalb von KapG-Ketten keine erheblichen Steuerwirkungen auslösen.
    Eine vergleichbare Regelung gilt bei Veräußerungen von Beteiligungen. Der Veräußerungsgewinn bleibt gem. § 8b Abs. 2 KStG zunächst steuerfrei, aber es werden 5 % des Veräußerungsgewinns als nicht abzugsfähige BA außerhalb der Bilanz wieder hinzugerechnet (§ 8b Abs. 3 S. 1 KStG).[76] Die Anknüpfung an den **Veräußerungsgewinn** führt im Ergebnis zu einer **Nichtberücksichtigung der Veräußerungskosten** und zusätzlich zu einer Hinzurechnung von 5 % des Veräußerungsgewinns als nichtabzugsfähige Betriebsausgaben. Die Veräußerungskosten sind demnach im Ergebnis nicht bzw. nur zu 5 % abzugsfähig. Zu den gemeinschaftsrechtlichen Problemen der Nichtanerkennung von (Finanzierungs-)Aufwendungen einer deutschen KapG bei Dividenden, die sie von EU-KapG erhalten hat, vgl. BFH vom 14.07.2004, BStBl II 2005, 53 (im Urteil allerdings zu § 3c EStG).

---

75   Da es sich um fiktive nichtabzugsfähige Betriebsausgaben handelt, ist von einer Anwendung auszugehen.

76   Nach BFH vom 31.05.2017, BB 2017, 2582 ff. kommt die sog. Schachtelstrafe nicht in Betracht, wenn eine beschränkt ausländische KapG ohne inländische Betriebsstätte Anteile an einer inländischen KapG verkauft. Die Schachtelstrafe läuft in diesen Fällen ins Leere, weil der fingierte betriebliche Aufwand nicht steuerbar wäre.

Beispiel 7: Der Beteiligungsverkauf[77]

Die inländische A-KapG verkauft die Beteiligung an der B-KapG zu einem Preis von 250; der Buchwert der Beteiligung beträgt 140, Veräußerungskosten sind i. H. v. 30 angefallen.

Lösung: Gem. § 8b Abs. 3 S. 1 KStG sind 5 % des Veräußerungs**gewinns** als nicht abzugsfähige BA wieder hinzuzurechnen. Der Gewinn beträgt 80, die hinzuzurechnenden (fiktiven) BA 4. Da die Veräußerungskosten den steuerfreien Gewinn mindern, wirken sie sich im Ergebnis nicht aus.

Hinweis: Auch Wertaufholungen bei Beteiligungen an anderen KapG sind nach Maßgabe des § 8b Abs. 2 i. V. m. Abs. 3 KStG zu 95 % steuerfrei. Es gilt jedoch dann nicht, wenn sich die Teilwertabschreibung auf die Beteiligung steuerlich ausgewirkt hat. Wenn eine KapG auf eine Beteiligung an einer anderen KapG Abschreibungen vorgenommen hat, die sich einmal steuerlich ausgewirkt haben und bei späteren Abschreibungen gem. § 8b Abs. 3 KStG nicht ausgewirkt haben, stellt sich bei der Wertaufholung das Problem, welche Teilwertabschreibung korrigiert wird. Wird die frühere Abschreibung zunächst korrigiert, bedeutet dies, dass die Wertaufholung voll stpfl. ist, wird dagegen die unter Geltung des § 8b Abs. 3 KStG vorgenommene Abschreibung korrigiert, ist die Wertaufholung zu 95 % steuerfrei (vgl. auch § 8b Abs. 2 S. 4 KStG). Man wird den Unternehmen aus systematischen Gründen ein Wahlrecht zugestehen müssen, wenn sie die Abschreibung und die daran anschließenden Wertaufholungen ausreichend dokumentieren.[78] Die FinVerw will jedoch dringend die zuerst geltend gemachte Abschreibung (steuerwirksam) auch stpfl. korrigieren.

Unklar ist auch, ob Aufwendungen, die mit einem vergeblichen Beteiligungsverkauf bzw. -erwerb in Zusammenhang stehen, unter die Regel des § 8b Abs. 3 S. 1 und 3 KStG fallen. Systematisch ist dies abzulehnen, da die Vorschriften nur auf Beteiligungen im Vermögen der KapG anzuwenden sind.[79]

3.2.4 Sonderproblem: Anteilsveräußerungen nach vorangegangener Einbringung
3.2.4.1 Überblick

Veräußerung von Beteiligungen an KapG sind auf Ebene der veräußernden KapG gem. § 8b Abs. 2 und Abs. 3 KStG zu 95 % steuerfrei. Dies legt es nahe, vor geplanten Betriebs- oder Teilbetriebsveräußerungen die Veräußerungsgegenstände in Beteiligungen »umzuwandeln«, um von einem »Vollbesteuerungsregime« in das **begünstigte »Veräußerungs**-Besteuerungsregime« hinüberzuwechseln. Diesen Sachverhaltskomplex hat bis zur Einführung des SEStEG die hochkomplexe Regelung des § 8b Abs. 4 KStG a. F. behandelt.[80] Diese Regelung ist ab diesem Zeitpunkt aufgehoben und eine Nachfolgeregelung in das UmwStG in den §§ 22, 23 UmwStG eingeführt worden. Mit der Einführung der Regelungen in das UmwStG vollzog sich auch inhaltlich ein Paradigmenwechsel. Der Gesetzgeber hat wohl selbst erkannt, dass die Alt-Regelung des § 8b Abs. 4 KStG nicht nur einen Missbrauch verhinderte, sondern in vielen Fällen zu einer Übermaßbesteuerung führte.

---

77 Nach *Dötsch/Pung*, DB 2004, 153.
78 Dies hat der BFH in dem Urteil vom 19.08.2009, DB 2009, 2636 gegen die Auffassung der FinVerw bestätigt. Der BFH nimmt mangels gesetzlicher Regelung an, dass der StPfl. so verfahren kann, wie es für ihn am günstigsten ist. Nunmehr gilt auch in der HB nur ein Abschreibungswahlrecht. Vgl. auch EuGH-Urteil vom 22.01.2009, IStR 2009, 133 zum allgemein geltenden (früheren) Abzugsverbot für Teilwertabschreibungen bei Auslandsbeteiligungen: Verstoß gegen Gemeinschaftsrecht.
79 Zutreffend *Pyszka*, DStR 2010, 1322.
80 Die Regelung war nicht nur sehr komplex, sondern führte auch zu einer Übermaßbesteuerung.

Mit Einführung des **SEStEG** ist die Systematik des § 8b Abs. 4 KStG – wie bereits angedeutet – und des § 21 UmwStG aufgehoben worden. Für am 12.12.2006 einbringungsgeborene oder eingebrachte Anteile gem. diesen Vorschriften gelten die Regeln jedoch weiter (vgl. § 34 Abs. 7a KStG[81]). Ebenso entstehen solche Anteile für Einbringungen bis zu diesem Tage, sodass die vorstehenden Ausführungen noch über Jahre hinweg zu beachten sind,[82] da durch die Weitergeltung der Vorschriften auch deren Anwendungsprobleme in die Zukunft mitgeschleppt werden.

An dieser Stelle soll die **Systematik** der §§ 22, 23 UmwStG in den Grundzügen vorgestellt werden. Durch die Abschaffung des § 8b Abs. 4 KStG a. F. und der vergleichbaren Regelungen im EStG wird die dargestellte Übermaßbesteuerung vermieden. Es findet bei einer Veräußerung des zu Buchwerten eingebrachten Vermögens eine an der Quelle ansetzende Besteuerung des Einbringungsvorganges statt (**Einbringungsgewinn I und Einbringungsgewinn II**). Dieser Einbringungsgewinn wird über sieben Jahre nach der Einbringung **pro Jahr um 1/7 abgeschmolzen**. Durch die Besteuerung des Einbringungsgewinns hat die einbringende KapG erhöhte AK auf die erhaltenen Anteile, wodurch der begünstigte Veräußerungsgewinn – bei Veräußerung der erhaltenen Anteile – entsprechend niedriger ausfällt. Zusätzlich darf die übernehmende KapG das begünstige Vermögen steuerneutral bis auf den gemeinen Wert aufstocken, wenn und soweit die Besteuerung des Veräußerungsgewinns erfolgt ist (§ 23 UmwStG), wodurch eine Verdoppelung der stillen Reserven ausgeschlossen ist. Durch die Berücksichtigung der Folgen an der Quelle (Einbringung) wird vermieden, dass stille Reserven, die sich erst **nach** dem Zeitpunkt der Einbringung gebildet haben, dem ungünstigen Besteuerungsregime unterworfen werden. Die nach der Einbringung gebildeten stillen Reserven unterliegen in voller Höhe dem Besteuerungsregime, welches für Veräußerungen der Beteiligung gilt. Dies ist sachgerecht und verhindert eine Übermaßbesteuerung.

Mit Abschmelzen des Einbringungsgewinns im Zeitablauf werden die AK der Anteile im Falle einer Veräußerung entsprechend niedriger. Dies hat zur Folge, dass der nichtbegünstigte Einbringungsgewinn zwar entsprechend gemindert, der begünstigte Veräußerungsgewinn aber entsprechend erhöht wird. Der Gesamtbetrag der besteuerten stillen Reserven bleibt identisch. Es findet im Lauf der Zeit jedoch eine Verschiebung zu einem begünstigten Besteuerungsregime statt. Gerechtfertigt wird diese Abschmelzungssystematik mit der im Zeitablauf abnehmenden Indizwirkung eines Missbrauchstatbestands. Folgendes Beispiel soll die Systematik verdeutlichen.

Beispiel 8: Der abschmelzende Gewinn

Die A-KapG hat in 01 einen Teilbetrieb zu Buchwerten (Buchwert 100, gemeiner Wert 240) auf die B-KapG gegen Gewährung von Gesellschaftsrechten übertragen.
   a)   Die A-KapG veräußert unmittelbar im Anschluss an die Einbringung die erhaltenen Anteile zu 240.
   b)   Die A-KapG veräußert in 04 die erhaltenen Anteile zu 240.

Lösung:
   a)   **Unmittelbare Veräußerung im Anschluss an die Einbringung**
        Die A-KapG hat den Einbringungsvorgang des Teilbetriebs nachträglich zu versteuern (§ 22 Abs. 1 UmwStG). Hieraus resultiert ein nichtbegünstigter Einbringungsgewinn von 140.

---

81   Die Alt-Regelung ist für einbringungsgeborene Anteile, die aus Vorgängen vor Inkrafttreten des SEStEG stammen, weiterhin anzuwenden; vgl. *Haritz*, GmbHR 2007, 169. Gleiches gilt für die komplementäre Vorschrift in § 3 Nr. 40 S. 3 und 4 EStG; dies ist in § 52 Abs. 4b EStG geregelt.
82   Vgl. zur Langlebigkeit einbringungsgeborener Anteile *Haritz*, GmbHR 2007, 169.

Die AK auf die erhaltenen Anteile erhöhen sich von 100 auf 240. Durch die Erhöhung der AK wird im Zeitpunkt der Veräußerung kein steuerbegünstigter Veräußerungsgewinn nach § 8b Abs. 2 und Abs. 3 KStG erzielt. Soweit die A-KapG Steuer auf den Einbringungsvorgang entrichtet hat, kann die B-KapG die Werte des Teilbetriebs um 140 steuerneutral aufstocken. Eine Verdoppelung der stillen Reserven wird hierdurch vermieden.

b) **Nachträgliche Veräußerung drei Jahre nach Einbringung**

Die A-KapG hat nachträglich den Einbringungsgewinn zu versteuern. Da die Veräußerung drei Jahre nach Einbringung stattfindet, wird der Einbringungsgewinn um 3/7 (60) abgeschmolzen. Der Einbringungsgewinn beträgt 80. Daher hat die A-KapG entsprechend niedrigere AK auf die Beteiligung an der B-KapG (nunmehr 180). Hierdurch entsteht ein begünstigter Veräußerungsgewinn (§ 8b Abs. 2 i. V. m. § 8b Abs. 3 KStG) i. H. v. 60. Man sieht, dass eine Substitution des nicht-begünstigten Einbringungsgewinns durch einen begünstigten Veräußerungsgewinn erreicht wird, soweit die Abschmelzung vorgenommen wird.

3.2.4.2 Sonderprobleme

Die dargestellte Systematik enthält trotz der inzwischen ergangenen BMF-Schreiben vom 28.04.2003 (BStBl I 2003, 292) und vom 05.01.2004 (BStBl I 2004, 44) eine Reihe von Schwierigkeiten, die dem Grundsatz nach im Folgenden dargestellt werden sollen.[83] Diese Sonderprobleme stellen sich sowohl bei alter als auch bei neuer Rechtslage.

Grundsätzlich sind zwei Problemfelder zu unterscheiden. Das erste umfasst primär die Frage, ob die veräußerten Anteile infiziert sind; das zweite bezieht sich auf den Ablauf der Sieben-Jahres-Frist.

Beispiel 9: Die gesperrte Beteiligung[84]

Eine A-KapG bringt in eine neu gegründete (oder bestehende) B-KapG einen Teilbetrieb ein. Zu diesem Teilbetrieb gehört seinerseits auch eine 100 %ige Beteiligung an der C-KapG. Die Einbringung erfolgt zum Buchwert, die A-KapG bekommt als Gegenleistung Anteile an der B-KapG.

Lösung: Unter Geltung der neuen Rechtslage hat sich auch insoweit eine systematische Klarheit ergeben, als nach § 22 Abs. 1 UmwStG für eine miteingebrachte qualifizierte Beteiligung an einer KapG, obwohl sie zu einem Teilbetrieb gehört, die Regelung des § 22 Abs. 2 UmwStG einschlägig ist. Dies hat zur Folge, dass durch die Trennung der Rechtsfolgen der Beteiligung an der KapG von den Rechtsfolgen der Einbringung des sonstigen Teilbetriebs bei einer Einbringung durch eine KapG ohne Abwarten einer Sperrfrist eine begünstigte Veräußerung jederzeit möglich ist. Dies ist sachgerecht, da die einbringende KapG diese Beteiligung auch ohne Probleme steuerbegünstigt hätte veräußern können.[85]

Eine große Problematik kann darin bestehen, dass die **Reichweite der Infektion** von Anteilen nicht leicht feststellbar ist. Es können sich in Einbringungsvorgängen stille Reserven von dem Einbringungsgegenstand auf bereits vorhandene Beteiligungen abspalten. In diesen Fällen ist jeweils zu entscheiden, ob und inwieweit sich die Infektion der »Neu-Anteile« auch auf die »Alt-Anteile« erstreckt.

Diese Situation tritt vor allem dann ein, wenn für einen eingebrachten Teilbetrieb ein unverhältnismäßig kleiner Anteil am Nennkapital gewährt wird. Ein unverhältnismäßig kleiner Anteil besteht immer dann, wenn der Nennwert der neu gewährten Anteile im Verhältnis

---

83 Vgl. die ausführliche Übersicht bei *Dötsch/Pung* in *Dötsch/Pung/Möhlenbrock*, KStG und EStG, § 8b KStG Tz. 10. Bitte beachten Sie darüber hinaus die Darstellung von *Dötsch/Pung*, DB 2000, Beilage 10.

84 Vgl. hierzu BMF vom 05.01.2004, BStBl I 2004, 44.

85 Daher kann eine Veräußerung einer eingebrachten Beteiligung an einer KapG nicht ohne rückwirkende Erfassung des Einbringungsgewinns erfolgen, wenn der Einbringende nicht eine KapG, sondern eine natürliche Person ist. Hier entsteht anschließend die sog. Einbringungsgewinn II, soweit die Gesellschaftsanteile verkauft werden.

zu dem Nennwert der Alt-Anteile nicht dem Verhältnis der Teilwerte des im Zeitpunkt der Einbringung bereits vorhandenen zu dem eingebrachten BV entspricht. Das folgende Beispiel soll diese Problematik näher erläutern.

Beispiel 10: Infizierte Anteile durch Wertabspaltung

Die A-KapG ist bereits zu 100 % an der T-KapG beteiligt. Der Buchwert der Beteiligung soll dem bisherigen Stammkapital der T-KapG i. H. v. 50 entsprechen. Die Anteile sind im Rahmen der Gründung der T-KapG erworben worden, stille Reserven bestehen insoweit nicht. Die A-KapG bringt nunmehr einen Teilbetrieb gem. § 20 Abs. 1 S. 1 UmwStG zu Buchwerten (ebenfalls 50) in die T-KapG ein; der gemeine Wert des eingebrachten Teilbetriebs beträgt 1.050. Die A-KapG will innerhalb von sieben Jahren die Beteiligung an der T-KapG verkaufen.

Welche Besonderheiten sind bei einem Verkauf unmittelbar nach der Einbringung zu beachten?

Lösung: Es stellt sich die Frage, ob und inwieweit bei einer der Einbringung nachfolgenden Veräußerung rückwirkend der Einbringungsgewinn der Besteuerung unterworfen wird. Gem. § 22 Abs. 7 UmwStG gelten die »Alt-Anteile« insoweit auch als erhaltene Anteile i. S. d. § 22 Abs. 1 UmwStG, als im Zuge der Einbringung des Teilbetriebs stille Reserven auf sie übergehen.[86] Verkauft die A-KapG die »Alt-Beteiligung«, wird sie entsprechend der Beteiligung am Gesamtkaufpreis (1.100) einen Veräußerungspreis von 550 realisieren. Die Alt-Anteile gelten demnach entsprechend nach folgender Formel als erhaltene Anteile i. S. d. § 22 Abs. 1 UmwStG.

Es ergibt sich eine Infektion i. H. v. 500 : 550 = 90,9 %.

Hinweis: Bei einer Veräußerung der Anteile ist im Verhältnis der »Infektion« eine Steuerpflicht anzunehmen; eine Aufteilung der veräußerten Anteile ausschließlich auf den nicht infizierten Teil der Alt-Anteile ist nicht möglich, da dieser Anteil lediglich ideell bestimmbar ist. Sollten in den Alt-Anteilen – wie in der Praxis oft – ebenfalls bereits erhebliche stille Reserven ruhen, die nicht infiziert sind, ist der sog. Infektionsanteil entsprechend geringer.

Bei nacheinander geschalteten Einbringungsvorgängen ist der Beginn der Sperrfrist für die Entsperrung nach § 22 Abs. 1 S. 1 UmwStG entscheidend. Er kann bei nachgeschalteten Einbringungsvorgängen fraglich sein.

Beispiel 11: Ketteneinbringung I[87]

U hat sein Einzelunternehmen 2010 durch Ausgliederung zu Buchwerten in die B-GmbH eingebracht. In 2014 bringt er die Anteile an der B-GmbH im Wege der Sachgründung zu Buchwerten in die H-GmbH ein. Im Jahr 2018 verkauft

a)   U die Anteile an der H-GmbH,
b)   die H-GmbH die Anteile an der B-GmbH.

Lösung:

a)   Die erste Einbringung setzt die Laufzeit für die Entsperrung der Anteile in Gang, da die zweite Einbringung keinen neuen Infektionstatbestand darstellt. Dies bedeutet, dass die Sperrfrist bereits abgelaufen ist. Die Frage der Höhe der Abschmelzung stellt sich in diesem Fall nicht mehr, da keine Infektion zu berücksichtigen ist.

b)   Die Sperrfrist läuft in dieser Variante erst ab 2014; dies ergibt sich aus dem Umstand, dass in 2014 eine neuartige Infektion geschaffen worden ist. So findet eine Abschmelzung i. H. v. 4/7 statt. Die Rechtsfolgen sind entsprechend der Lösung des Grundbeispiels für die neue Rechtslage (»der abschmelzende Gewinn«) zu lösen.

86   Vgl. hierzu Schmitt/Schloßmacher, DStR 2009, 828.
87   S. dazu Schwedhelm, BB 2003, 608.

Beispiel 12: Ketteneinbringung II

A hält Anteile an der X-GmbH, die nicht einbringungsgeboren sind. A bringt diese Anteile in 01 in die M-GmbH gegen Gewährung von Gesellschaftsrechten ein. Später bringt die M-GmbH in 05 die Anteile an der X-GmbH in die T-GmbH wiederum gegen Gewährung von Gesellschaftsrechten ein. Die T-GmbH veräußert die Anteile an der X-GmbH in 09. Welche Rechtsfolgen treten durch den Verkauf ein?

Lösung: Die Sperrfrist ist bereits abgelaufen. Hierbei ist zu berücksichtigen, dass die aufnehmende T-GmbH in die Rechtstellung der M-GmbH nach den Grundgedanken der §§ 22 Abs. 1 und 2 i. V. m. 12 Abs. 2 S. 1 UmwStG eintritt und daher nur für den Rest der Sieben-Jahres-Frist den Rechtsfolgen des § 22 UmwStG unterliegt. Mit Einbringung der Anteile an der E-GmbH in die T-GmbH wird damit keine neue Sperrfrist in Gang gesetzt. Die Anteile können nach neuer Rechtslage ohne Auswirkungen auf den Einbringungsgewinn steuerbegünstigt verkauft werden.

Hinweis: Eingebrachte Anteile liegen immer nur dann vor, wenn die KapG die Anteile von einem **Nicht-Begünstigten unter dem Teilwert** erworben hat. Erfolgt die Einlage im Wege der verdeckten Einlage und treten im Zeitpunkt der Einlage die Rechtsfolgen des § 17 Abs. 1 S. 2 EStG ein, sind die eingebrachten Anteile nicht infiziert. Die stillen Reserven, die im Zeitpunkt der Einlage in den eingebrachten Anteilen ruhten, sind durch die verdeckte Einlage aufgedeckt worden.

3.3 Sonstige Hinzurechnungen und Kürzungen

3.3.1 Nicht abzugsfähige Aufwendungen

In § 10 KStG sind bestimmte nicht abzugsfähige Aufwendungen enthalten. Diese Vorschrift dient z. T. der steuerlichen Gleichstellung von Personenunternehmen mit KapG (vgl. § 10 Nr. 1 – 3 KStG); die Hinzurechnung der Hälfte der Aufsichtsrats-Vergütungen (§ 10 Nr. 4 KStG) ist systematisch nicht einzuordnen und nur aus einem gewissen Misstrauen bezüglich der Rechtsbeziehungen zwischen der Gesellschaft und den Überwachungsorganen verständlich.[88]

§ 10 Nr. 2 und 3 KStG bestimmen eine Korrektur der auf der 1. Stufe als Betriebsausgabe abgezogenen Aufwendungen, die auch bei natürlichen Personen die Einkünfte bzw. den Gesamtbetrag der Einkünfte nicht mindern dürfen (§ 12 EStG). Diese Aufwendungen sind bilanziell BA, dürfen aus Gründen der Wettbewerbsneutralität des Steuerrechtes bei KapG die BMG nicht mindern. Auch sie sind erst auf der 2. Stufe außerhalb der StB wieder hinzurechnen. Hinzuweisen ist darauf, dass die Rspr. den Anwendungsbereich des § 10 Nr. 2 KStG eingeschränkt hat. Schadenersatzansprüche einer KapG gegen einen StB, die aus einer fehlerhaften Beratung resultierten, die zu einer zu hohen KSt-Veranlagung geführt haben, werden nicht mit Erstattungen von KSt gleichgesetzt. Dies hat zur Folge, dass sie voll der KSt unterworfen werden. Die Rspr. trennt hierbei scharf zwischen einer KSt-Erstattung und einer Schadensersatzleistung, die eine zu viel gezahlte KSt ausgleichen soll.

In § 10 Nr. 3 KStG sind nur Strafen bzw. **Geldbußen gegen die KapG** vom Abzug ausgeschlossen; übernimmt hingegen die KapG eine **gegen den GF** persönlich festgesetzte Geldbuße, ist die Zahlung als Betriebsausgabe abzugsfähig und nicht gem. § 10 Nr. 3 KStG außerhalb der Bilanz zu korrigieren. Die Zahlung stellt beim GF Arbeitslohn dar, ein Abzug der Geldbuße als WK kommt gem. § 9 Abs. 5, § 4 Abs. 5 Nr. 8 EStG auch dann nicht in Betracht, wenn dem GF die Geldbuße wegen einer in Ausübung seiner Tätigkeit als GF begangenen Ordnungswidrigkeit auferlegt worden ist.[89] Bei einem G'fter-GF sind vorrangig die Grundsätze einer vGA zu prüfen. Wenn und soweit einem G'fter-GF auferlegte Geldbußen erstattet werden, ist zunächst anhand eines Fremdvergleichs zu prüfen, ob die Erstattung als vGA

---

88   *Clemm/Clemm*, BB 2001, 1873.

89   Ein überwiegend betriebliches Eigeninteresse des AG dürfte in diesen Fällen meistens ausscheiden. Das kann aber z. B. bei Verwarnungsgeldern wegen Verstößen gegen die StVO bei einem Paketzustelldienst anders sein.

anzusehen ist. Soweit dies der Fall ist, wird die vGA bei der KapG außerhalb der Bilanz hinzugerechnet und beim G'fter als Einkünfte aus Kapitalvermögen besteuert.

Vergütungen, die eine KapG an Mitglieder eines (auch) zur Überwachung eingesetzten Organs bezahlt, sind zur Hälfte außerhalb der Bilanz wieder hinzuzurechnen (§ 10 Nr. 4 KStG). Es kommt dabei nicht auf die Bezeichnung des Organs, sondern auf dessen Aufgaben an. Die Vergütungen fallen jedoch nur insoweit unter das hälftige Abzugsverbot, als es sich nicht um konkret nachgewiesenen Aufwendungsersatz handelt (vgl. A 10.3 KStR). Es ist darauf hinzuweisen, dass auch bei überhöhten Vergütungen an Aufsichtsrats-Mitglieder, die zugleich G'fter sind, das Rechtsinstitut der vGA gegenüber § 10 Nr. 4 KStG Vorrang hat.

Beispiel 13: Maßlose Aufsichtsräte

Eine AG bezahlt an die drei Aufsichtsrats-Mitglieder (alles Aktionäre) eine Vergütung i. H. v. jeweils 80. Die angemessene Vergütung liegt bei jeweils 60. Die AG hat die Vergütung in voller Höhe als Betriebsausgabe (240) abgezogen.

Lösung: Der Abzug der Aufsichtsrats-Vergütungen als BA auf der 1. Stufe ist richtig. I. H. d. unangemessenen Vergütung von insgesamt (für drei Aufsichtsrats-Mitglieder) 60 hat eine volle (vGA), i. H. d. angemessenen Vergütung eine hälftige Hinzurechnung (§ 10 Nr. 4 KStG) von insgesamt 90 zu erfolgen. Beim AE liegen in Bezug auf die unangemessenen Vergütungen Einnahmen aus Kapitalvermögen (vGA), i. H. d. angemessenen Teils Einkünfte aus selbständiger Arbeit (§ 18 Abs. 1 Nr. 3 EStG) vor.

Es kann sich die Situation ergeben, dass die als vGA bezogene Aufsichtsrats-Vergütung geringer besteuert wird, da sie beim AE dem Teileinkünfteverfahren unterliegt.

3.3.2   Gewinnanteile an den Komplementär einer Kommanditgesellschaft auf Aktien

Gem. § 9 Abs. 1 Nr. 1 KStG wird der Gewinn einer KGaA insoweit gekürzt, als er auf den Komplementär entfällt. Abgezogen werden auch die Aufwendungen, soweit sie als Vergütungen für die GF verteilt werden. Die Reichweite des § 9 Abs. 1 Nr. 1 KStG ist unklar. Die Bestimmung muss m. E. im Zusammenhang mit § 15 Abs. 1 Nr. 3 EStG, § 8 Nr. 4 GewStG gesehen werden.[90] Die KGaA ist zwar »nach außen« insgesamt KSt-Subjekt, doch ist sie »nach innen« als MU-schaft zwischen dem Aktionärsverein (Gesamtheit der Kommanditaktionäre) und dem Komplementär aufzufassen. Daraus zieht § 9 Abs. 1 Nr. 1 KStG die Konsequenz, dass Aufwendungen in der Höhe abgezogen werden können, in der bei dem Komplementär unmittelbar Einkünfte aus Gewerbebetrieb gem. § 15 Abs. 1 Nr. 3 EStG entstehen. Dabei ist jedoch zu berücksichtigen, dass GF-Vergütungen an den Komplementär bereits – unabhängig von § 9 Abs. 1 Nr. 1 KStG – den StB-Gewinn gem. § 4 Abs. 4 EStG gemindert haben. Ein nochmaliger Abzug gem. § 9 Abs. 1 Nr. 1 KStG kommt nicht in Betracht.

3.3.3   Abziehbare Spenden

Die von der KapG bezahlten Spenden sind zunächst **auf der ersten Stufe** Betriebsausgabe, die das StB-Ergebnis entsprechend gemindert haben. § 9 Abs. 1 Nr. 2 KStG ist systematisch im Rahmen der Einkunftsermittlung nur zu verstehen, wenn vor dessen Anwendung alle Spenden hinzuaddiert werden (vgl. **zweite Stufe**). Erst nach Ermittlung der Einkünfte aus Gewerbebetrieb mindern **auf der dritten Stufe**, die abziehbaren Spenden die BMG. Die Abziehbarkeit lehnt sich im Einzelnen an § 10b EStG an; auf die dortige Darstellung wird verwiesen! Anders als im ESt-Recht erhöhen abziehbare Spenden einen berücksichtigungsfähigen Verlust. Dies ergibt sich aus der Systematik der Einkommensermittlung und der Stellung von § 9 Abs. 1 und 2 KStG innerhalb dieser Systematik.

---

90   Vgl. hierzu *Kusterer*, DStR 2008, 484.

4 Verdeckte Gewinnausschüttungen (vGA)

4.1 Überblick

Das Rechtsinstitut der vGA dient der Einkommenskorrektur bei Körperschaften. Alle Körperschaften, die einen mitgliederähnlichen Verband darstellen, können in rechtlichen Beziehungen zu ihren Mitgliedern/G'ftern treten, die zu Konditionen abgeschlossen werden, die einem Nicht-G'fter nicht eingeräumt worden wären.[91] Das Einkommen der Körperschaften/KapG ist auf der Einkommenserzielungsebene vermindert (**Normalfall**) bzw. nicht entsprechend vermehrt worden (**Ausnahmefall**), wobei diesem Nachteil i. d. R. ein Vorteil bei dem G'fter gegenübersteht.[92]

Die Besonderheit besteht bei KapG darin, dass sie aufgrund ihrer Unternehmensverfassung und Vermögensordnung (einem bestimmten Unternehmen zugeordnete verselbständigte Vermögensmasse) nur einen betrieblichen Bereich haben, d. h. alle Aufwendungen sind auf der **ersten Stufe** der Erfolgsermittlung (StB) BA; es gibt insoweit auch keinen Zweifel, dass diese Aufwendungen betrieblich veranlasst sind (§ 4 Abs. 4 EStG), da die KapG keine Privatsphäre kennt. Dies heißt aber nicht zwingend, dass die Zuordnung der Aufwendungen zu den betrieblich veranlassten Ausgaben bei der Einkommensermittlung der KapG endgültig ist.[93] Bei KapG können aus diesem Grund keine Entnahmen in Betracht kommen. Entnahmen setzen unterschiedliche steuerliche Vermögensbereiche (steuerlich relevante und steuerlich irrelevante) des gleichen Rechtsträgers bzw. des gleichen Steuersubjekts voraus. KapG haben nur einen betrieblichen Bereich, sodass kein Transfer von einem steuerlich relevanten in einen irrelevanten Bereich denkbar ist.[94] Eine Entnahme ist jedoch bei Vereinen oder juristischen Personen öffentlichen Rechts denkbar, da dort die unterschiedlichen (steuerlichen) Vermögensbereiche bei ein und demselben Rechtsträger vorkommen.

Das Steuerrecht kennt verschiedene Korrekturvorschriften, die das auf der ersten Stufe (StB) gewonnene Ergebnis beeinflussen (z. B. die Vorschriften des AStG, die nicht abziehbaren Aufwendungen in § 10 KStG). Diese Systematik hat zur Folge, dass Leistungen zwischen Gesellschaft und G'fter auf der **zweiten Stufe**[95] danach untersucht werden müssen, ob das auf der ersten Stufe gefundene Ergebnis mit dem Grundsatz übereinstimmt, dass nur Vorgänge, die nach einem **normativen Verständnis** durch die Einkommenserzielung veranlasst sind, das Einkommen auch tatsächlich mindern dürfen. Es geht somit auf dieser zweiten Stufe um einen Kausalzusammenhang und um die Unterscheidung zwischen Einkommenserzielungs- und Einkommensverwendungsebene. Leistungen, die dem G'fter nach normativem Verständnis (**Fremdvergleich**) einen Vorteil und der Gesellschaft einen vermögensbezogenen Nachteil bringen, werden außerhalb der Bilanz auf der 2. Stufe als »**faktische Einkommensverwendung**« behandelt und in die BMG einbezogen. Damit ist auch klargestellt, dass nur dann auf der zweiten Stufe eine Korrektur notwendig ist, wenn durch den Vorgang das Ergebnis der ersten Stufe innerhalb der StB (**Vermögensminderung oder nicht eingetretene Vermögensmehrung**) beeinflusst worden ist. Soweit eine Korrektur innerhalb der Bilanz erfolgen muss, tritt kein Vermögensnachteil bei der KapG ein (**Vorrang der Bilanzkorrek-**

---

91 VGA können grundsätzlich auch im Verhältnis einer KöR zu dem BgA auftreten, da die KöR insoweit als Allein-G'fterin des BgA angesehen wird (vgl. hierzu *Pinkos*, DB 2006, 692).

92 Zumindest muss die vGA geeignet sein, dem G'fter einen Vorteil zu verschaffen. Dies hat der BFH in mehreren Entscheidungen wiederholt. Vgl. hierzu Beispiel 29.

93 *Wassermeyer*, GmbHR 2002, 1 (instruktiv hierzu BFH vom 17.11.2004, DB 2005, 940).

94 Hierzu kritisch *Bareis*, FR 2014, 493 und *Briese*, BB 2014, 1943. Die Kritik verkennt, dass die KapG eine abgeschlossene betriebliche Einheit ist, deren Ergebnis in der aus der HB abgeleiteten StB abgebildet wird. Körperschaftsteuerliche Besonderheiten sind erst anschließend zu berücksichtigen.

95 Außerhalb der Bilanz bei der Ermittlung der Einkünfte aus Gewerbebetrieb, vgl. zur Einkommensermittlung Kap. 2.2.

tur vor der Einkommenskorrektur). Es gibt also (nur) aus gesellschaftsrechtlicher Sicht eine vGA mit und ohne Einkommensauswirkung bei der KapG, während die steuerliche vGA immer eine Einkommensauswirkung voraussetzt (s. Kap. 4.2).

Daran erkennt man, dass das Rechtsinstitut der vGA auf verschiedenen Ebenen eine Bedeutung hat, die zwar oft zusammentreffen, dies aber nicht zwingend müssen:

- Einkommensermittlung der KapG (§ 8 Abs. 3 S. 2 KStG),
- Einkommensebene des G'fters (§ 20 Abs. 1 Nr. 1 EStG).[96]

Dabei kann die erste Ebene von der zweiten Ebene völlig getrennt sein, sodass im Einzelnen untersucht werden muss, ob tatsächlich ein Vorgang zwischen KapG und G'fter Auswirkungen auf die Einkommensermittlung der KapG hat (erste Ebene, z. B. Überlassung eines Darlehens an den beherrschenden G'fter ohne entsprechende Sicherung). Es kann allerdings auch vorkommen, dass ausschließlich die erste Ebene von einem Vorgang betroffen ist, wie dies z. B. bei einer unangemessenen Pensionszusage der Fall ist. In diesen Fällen findet auf der Ebene der KapG kein Abfluss (keine Folgen auf der Einkommensverwendungsebene) und auf der Ebene des G'fter-GF kein Zufluss (keine Einnahmenerhöhung beim G'fter) statt.

Zwischen den verschiedenen Ebenen bestanden bis 2006 **keine verfahrensrechtliche Verknüpfungen.** Wenn die Veranlagung der KapG im Jahr der Einkommenserzielung bestandskräftig war und wenn sie nicht mehr geändert werden konnte, kam eine Berücksichtigung der vGA auf der Einkommenserzielungsebene der KapG nicht in Betracht. Floss die Leistung in einem späteren Jahr von der KapG an den G'fter, mussten die steuerlichen Folgen der vGA auf der zweiten Ebene dennoch berücksichtigt werden.

Ab 2007 gilt das Korrespondenzprinzip zwischen der Besteuerung der Gesellschaft und des G'fters bei vGA und verdeckten Einlagen, welches teils verfahrensrechtlich, teils materiellrechtlich abgesichert ist.[97]

Beispiel 14 (ab 2006): Die festgefahrene Tantieme

Dem G'fter-GF ist in 01 eine Tantieme i. H. v. 100 zugesagt worden, die aus verschiedenen Gründen in voller Höhe als vGA anzusehen ist. Die GmbH hat in 01 eine entsprechende Tantiemerückstellung gebildet. Eine außerbilanzielle Hinzurechnung ist nicht erfolgt. Eine Zahlung an den GF ist in 06 erfolgt. Die Veranlagung der GmbH in 01 kann nicht mehr geändert werden, eine verfahrensrechtliche Berücksichtigung kommt nicht in Betracht.

Lösung: Da die vGA das Einkommen der KapG gemindert hat und eine Änderung des KSt-Bescheides nicht mehr möglich ist, kommt beim AE eine Besteuerung nach dem Teileinkünfteverfahren nicht in Betracht. Er hat die Tantiemezahlungen zwar als Einkünfte aus Kapitalvermögen (vGA), jedoch ohne Anwendung des Teileinkünfteverfahrens zu erfassen (vgl. § 3 Nr. 40d S. 2 EStG).

Es wird zu zeigen sein, dass das Rechtsinstitut der vGA auch eine gesellschaftsrechtliche und handelsbilanzrechtliche Bedeutung hat. Soweit die Gesellschaft aufgrund von Leistungsbeziehungen zwischen Gesellschaft und G'fter nach handelsbilanzrechtlichen Grundsätzen einen Anspruch erfolgswirksam aktivieren muss, kommt insoweit eine Einkommenskorrektur außerhalb der Bilanz nicht infrage. Die »richtige Bilanzierung« (1. Stufe) geht insoweit vor

---

96   Oft nimmt die FinVerw in Hinzuschätzungsfällen »automatisch« auch eine vGA auf der Einkommensebene des G'fters an. Hierzu zu Recht kritisch *Breke*, GmbHR 2010, 911.

97   Vgl. näher unter Kap. 6.

(z. B. BFH vom 30.08.1995, DB 1995, 2451). Der inzwischen unbestrittene systematische Vorrang der 1. Stufe wird in der Praxis und in der Rspr. nicht hinreichend beachtet.[98]

4.2   Abgrenzung offene Gewinnausschüttung und verdeckte Gewinnausschüttung

Unter einer vGA i. S. d. § 8 Abs. 3 S. 2 KStG ist

* eine **Vermögensminderung** oder **verhinderte Vermögensmehrung** zu verstehen,
* die durch das **Gesellschaftsverhältnis veranlasst** ist,
* sich **auf die Höhe des Unterschiedsbetrags i. S. d. § 4 Abs. 1 S. 1 EStG**[99] **auswirkt** und
* **nicht** auf einen den gesellschaftsrechtlichen Vorschriften entsprechenden **Gewinnverteilungsbeschluss beruht** (A 8.5 KStR).

Die Abgrenzung hat zunächst nach **handels- und gesellschaftsrechtlichen Kriterien** zu erfolgen. Die **oGA** (auch die Vorabausschüttung) hat in der HB und StB nur Auswirkung auf das Eigenkapital, nicht aber auf den Gewinn. Die **vGA** hat i. d. R. (Ausnahme: vGA durch verhinderte Vermögensmehrung) Auswirkung auf das Ergebnis der KapG, sie wird (soweit sie auf der Einkommenserzielungsebene gem. § 8 Abs. 3 S. 2 KStG relevant ist) über das Jahresergebniskonto abgewickelt.

Gesellschaftsrechtlich hat die oGA ihren Rechtsgrund in einem Gewinnverwendungsbeschluss, wobei dieser Beschluss in der Zuständigkeit der G'fter-Versammlung liegt (§ 46 Nr. 1 GmbHG, § 119 Abs. 1 Nr. 2 AktG). Der Rechtsgrund für eine vGA liegt i. d. R. in einem zweiseitigen Rechtsgeschäft zwischen der Gesellschaft und dem G'fter oder nahestehender Person, eine vGA kann aber auch durch eine rein tatsächliche Handlung des betreffenden G'fters oder des Organs verwirklicht werden.[100] Subjektive Momente spielen für das Vorliegen einer vGA keine Rolle, es kommt vielmehr auf ein »**objektiviertes (normatives) Veranlassungsprinzip**« an, nach dem auf der zweiten Stufe der Einkommensermittlung entschieden wird, ob eine betreffende Vermögensverlagerung auf gesellschaftsrechtlichen Gründen beruht.[101]

Durch das Rechtsinstitut der vGA sollen im Ergebnis alle Transaktionen zwischen Gesellschaft und G'fter, die – aufgrund eines normativen Verständnisses – auf dem **gesellschaftlichen Verhältnis** beruhen, der Einkommensverwendungsebene zugeordnet werden. Nur so wird das Einkommen der Gesellschaft und dem G'fter nach normativen Grundsätzen richtig ermittelt und den verschiedenen Rechtssubjekten richtig zugeordnet. Die vGA hat also nach normativen Gesichtspunkten eine Einkommensermittlungs- und eine Einkommenzuordnungsfunktion.

4.3   Grundlagen der verdeckten Gewinnausschüttung
4.3.1   Tatbestand der verdeckten Gewinnausschüttung
4.3.1.1   Grundtatbestand

Eine vGA i. S. d. § 8 Abs. 3 S. 2 KStG ist bei einer KapG eine Vermögensminderung oder verhinderte Vermögensmehrung, die durch das Gesellschaftsverhältnis veranlasst ist, sich auf die Höhe des Einkommens auswirkt und in keinem Zusammenhang mit einer offenen Ausschüttung steht.

---

98   Vgl. hierzu den Kommentar von *Schwedhelm/Binnewies*, GmbHR 2005, 65 zu BFH vom 25.05.2004, GmbHR 2005, 60; vgl. ferner *Schütz*, DStZ 2004, 14. S. auch BFH vom 29.04.2008, GmbHR 2008, 940.

99   In den KStR 2004 hat sich insoweit gegenüber der alten Definition eine Änderung ergeben. Damit soll lediglich klargestellt werden, dass sich die vGA auch gewerbesteuerlich auswirkt.

100   Vgl. *Groh*, DB 1995, 844; vgl. hierzu BFH vom 19.06.2007, BStBl II 2007, 830.

101   Vgl. hierzu *Schmitz*, GmbHR 2009, 910.

Eine Veranlassung durch das Gesellschaftsverhältnis liegt vor, wenn ein ordentlicher und gewissenhafter Geschäftsleiter die Vermögensminderung oder verhinderte Vermögensmehrung gegenüber einer Person, die nicht G'fter ist, unter sonst gleichen Umständen nicht hingenommen hätte.

Dies ist der **Grundtatbestand** der vGA. Entscheidend für das Vorliegen einer vGA i. S. d. § 8 Abs. 3 S. 2 KStG ist demnach, ob die Transaktion – auf rechtsgeschäftlicher oder tatsächlicher Grundlage – zwischen Gesellschaft und G'fter auf dem Gesellschaftsverhältnis beruht (**normatives Veranlassungsprinzip**). Der BFH hat »wohl« klargestellt, dass es für den Tatbestand einer vGA nicht auf den Zuwendungswillen ankommt (Urteil vom 29.04.2008, GmbHR 2008, 940).[102] Dies ist zwar zunächst richtig, weil die vGA nur eine objektive Einkommensverlagerung voraussetzt. Wenn aus einer irrtümlichen Leistung jedoch eine erfolgswirksam zu aktivierende Rückforderung entsteht, fehlt es bereits an der Einkommensauswirkung (streitig, vgl. Kap. 4.4.2 »Rückabwicklung«). Auf dem Gesellschaftsverhältnis beruht eine Transaktion, wenn sie dem sog. **Fremdvergleich** nicht standhält, welcher wieder nach dem vermuteten Verhalten eines GFs gegenüber einem Nicht-G'fter überprüft wird. Das Verhältnis zwischen dem Veranlassungsprinzip und dem Fremdvergleich sowie die Einbindung des ordentlichen und gewissenhaften GF in dieses Verhältnis ist nicht immer hinreichend klar. Man sollte von einem folgenden abgestuften Verhältnis ausgehen:

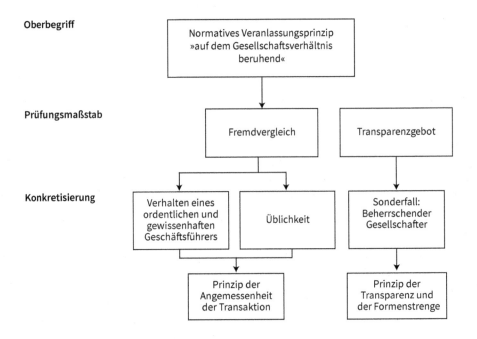

Dieser Prüfungsmaßstab bedeutet, dass der Fremdvergleich bei gesellschaftsinternen Transaktionen den zwischen Fremden bestehenden Interessengegensatz ersetzt und insoweit auf ein **hypothetisches marktkonformes Verhalten** abgestellt wird.[103] Insoweit wird auf eine

---

102 Allein auf den objektiven Tatbestand abstellend *Schmitz*, GmbHR 2009, 910.
103   Das Abstellen auf ein hypothetisches marktkonformes Verhalten entspricht zumindest im Ergebnis weitgehend der Fiktionstheorie.

»Soll-Gewinnbesteuerung« abgestellt. Diese Soll-Gewinnbesteuerung kann aber nur soweit eingreifen, als es um gesellschaftsinterne Transaktionen geht, weil nur insoweit auf der Einkommensverwendungsebene eine Überprüfung der Veranlassung der Transaktion erfolgt.[104]

Es wird im Ergebnis nicht alles, was einem Fremdvergleich widerspricht, automatisch nach dem Veranlassungsprinzip der Gesellschaftsebene und damit der Einkommensverwendungsebene zugeordnet. Es wird aber **vermutet**, dass die causa (= Rechtsgrund) der Transaktion im Gesellschaftsverhältnis liegt. Diese Vermutung kann und muss im Einzelfall vom StPfl. widerlegt werden (BFH vom 17.10.2001, DB 2001, 2474).[105] Der StPfl. trägt dann, wenn die Transaktion von einem Fremdvergleich abweicht, das Beweisrisiko dafür, dass die Transaktion nicht gesellschaftlich veranlasst ist.[106] Der StPfl. kann darlegen, dass trotz Abweichens von dem objektivierten (standardisierten) fremdüblichen Verhalten betriebliche Gründe für die Vereinbarungen mit den G'ftern zugrunde liegen.

4.3.1.2 Sonderfall: Beherrschender Gesellschafter

Die Überprüfung der gesellschaftlichen Veranlassung bedarf bei **beherrschenden G'fter** noch einer Ergänzung. Ungeachtet der Angemessenheit bedarf es bei Transaktionen zwischen Gesellschaft und beherrschenden G'fter des Transparenzgebotes und einer gewissen zivilrechtlichen Formenstrenge, weil es sonst – was dem Interesse der KapG nach eigenständigem Gewinnstreben zuwiderlaufen würde – möglich wäre, Ergebnisse der KapG zu manipulieren. Die Möglichkeit der Manipulation aufgrund nicht festgelegter bzw. unklarer Vereinbarungen spricht für die gesellschaftliche Veranlassung, weil sie einem Regelverhalten eines gewinnstrebenden Steuersubjektes nicht entspricht.

Ein **beherrschender Einfluss** liegt dann vor, wenn der betreffende G'fter den Abschluss und den Inhalt erzwingen und bestimmen kann. Es wird also darauf ankommen, ob der G'fter aufgrund der ihm zukommenden Stimmrechte (unmittelbare oder mittelbare Mehrheitsbeteiligungen oder über entsprechende Stimmbindungsverträge) in der Gesellschaft langfristig und rechtlich abgesichert seinen Willen durchsetzen kann. Es kann hierfür ausreichen, dass bei Fehlen der Beherrschung durch einen einzelnen G'fter mehrere G'fter ihren Willen in der Gesellschaft bündeln und für ihre Zwecke gleichgerichtet durchsetzen. Es sollten allerdings eindeutige Indizien vorhanden sein (z. B. Pool-Verträge), da einmaliges gleichgerichtetes Abstimmungsverhalten oder verwandtschaftliche Nähe der G'fter allein nicht ausreichen. Der von der FinVerw früher vertretenen Ansicht, allein persönliche Beziehungen zwischen G'ftern sprächen für gleichgerichtetes Abstimmungsverhalten in der G'fter-Versammlung, wodurch sich eine beherrschende Stellung ergeben könne **(Cliquentheorie)**, hat das BVerfG eine Absage erteilt (BVerfG vom 01.02.1989, BStBl II 1989, 522). Der G'fter muss die Stimmabgabe des anderen G'fters dauernd und schrankenlos beeinflussen können.

Formale Voraussetzungen zur Vermeidung des »Manipulationsverdachtes« bei Vereinbarungen zwischen Gesellschaft und G'fter sind insoweit

- **zivilrechtliche Wirksamkeit** und
- **klare Vorabvereinbarungen**.

In Bezug auf die zivilrechtliche Wirksamkeit ist insb. auf Formvorschriften und innergesellschaftliche Kompetenzordnung (vor allem Verbot des Selbstkontrahierens, Befreiung vom

---

104 *Wassermeyer*, DB 2001, 2465.
105 Darauf ist in Examensklausuren nur bei konkreten Anhaltspunkten hinzuweisen.
106 *Seer* in *Tipke/Kruse*, AO/FGO, § 162 Tz. 31 und 34.

Verbot des Selbstkontrahierens und Zuständigkeit der G'fter-Versammlung für die Regelung des Anstellungsverhältnisses von GF) zu achten.

Bei dem Erfordernis der klaren Vorabvereinbarung (**Rückwirkungsverbot**) kommt es sowohl auf den **zeitlichen** als auch auf den **inhaltlichen** Aspekt der Vereinbarung an.[107] So ist eine rückwirkende Gehaltserhöhung aufgrund eines G'fter-Beschlusses vom 30.06.01 zum 01.01.01 unabhängig von der inhaltlichen Vereinbarung (Fremdvergleich) allein wegen des Rückwirkungsverbotes als vGA anzusehen, soweit es den Zeitraum bis zum 30.06.01 betrifft. Eine Tantiemevereinbarung, welche die BMG für die Tantieme im Unklaren lässt, ist aufgrund der inhaltlichen Unbestimmtheit als gesellschaftlich veranlasst anzusehen. Ein außenstehender Dritter muss die Höhe der Tantieme zweifelsfrei errechnen können. Die Vereinbarung darf keine Ermessensentscheidung beinhalten, da sonst der Raum für eine willkürliche Einkommensverlagerung auf den G'fter gegeben wäre.[108]

Rückwirkend abgeschlossene Vereinbarungen sowie inhaltlich unbestimmte Vereinbarungen begründen zivilrechtlich einen Anspruch des G'fters gegen die Gesellschaft, der in der StB zu einem entsprechenden Aufwand führt. Auf der ersten Stufe (Ermittlung des StB-Ergebnisses) liegen betrieblich veranlasste Aufwendungen vor (§ 4 Abs. 4 EStG). Die entsprechende erfolgswirksame Erfassung der Transaktion in der Bilanz und GuV ist zweifellos zwingend. Die Frage der gesellschaftlichen Veranlassung nach den genannten Kriterien ist erst auf der zweiten Stufe (außerhalb der Bilanz) zu prüfen und durch eine entsprechende Korrektur auszugleichen.[109]

Bei **Dauerschuldverhältnissen** sind die **tatsächliche Übung** und der regelmäßige Leistungsaustausch gegenüber der vereinbarten Form vorrangig (BFH vom 29.07.1992, BStBl II 1993, 139). Die tatsächliche Übung sorgt insoweit für die erforderliche Transparenz.[110]

Beispiel 15: Die mündliche Gehaltserhöhung

In dem Anstellungsverhältnis zwischen dem beherrschenden G'fter-GF und der GmbH ist vereinbart, dass Abänderungen der Leistung nur aufgrund eines schriftlichen Vertrages mit Zustimmung der G'fter-Versammlung wirksam sein sollen. Die G'fter-Versammlung stimmt einer Gehaltserhöhung ab 01.01.01 zu, eine schriftliche Vereinbarung wird nicht geschlossen.

Lösung: Wenn die Leistungen ab dem 01.01.01 regelmäßig in der abgeänderten Weise erbracht werden, kann auf das Schriftformerfordernis verzichtet werden. Eine gesellschaftliche Veranlassung liegt dann nicht vor, wenn das Rückwirkungsverbot und der Fremdvergleichsmaßstab beachtet worden sind; so auch aktuell – und zu einem vergleichbaren Fall – der BFH im Urteil vom 17.07.2008, BFH/NV 2009, 417.

4.3.2 Erscheinungsformen der verdeckten Gewinnausschüttung und Konkurrenzen
4.3.2.1 Erscheinungsformen

Es ist bereits angedeutet worden, dass die vGA mehrere Bereiche der Besteuerung von KapG berührt. Zunächst kann die Ebene der **Einkommenserzielung der KapG** (§ 8 Abs. 3 S. 2 KStG) betroffen sein. Dies ist der Fall, wenn sich eine Transaktion zwischen Gesellschaft und G'fter

---

107 Vgl. dazu näher *Gosch*, FR 1997, 438.

108 Wenn und soweit die Tantieme von einer Zielgröße des Jahresabschlusses abhängig ist, kann diese Tantieme auch bei einem beherrschenden G'fter erst frühestens mit Feststellung des Jahresabschlusses zufließen (BFH vom 28.04.2020, DB 2020, 1882 ff.).

109 Diese Sichtweise hat Auswirkungen auf eine spätere Korrekturmöglichkeit. Vgl. hierzu Kap. 4.1 Beispiel 14 und in Kap. 4.4.2.1, Beispiele 26, 27, 28.

110 Diese Grundsätze gelten allerdings nicht für Wiederkehrschuldverhältnisse, da bei diesen kein einheitliches Vertragsverhältnis besteht.

auf die GuV ausgewirkt hat oder hätte auswirken sollen, was auch bei einer vGA in Form der verhinderten Vermögensmehrung der Fall ist.

Beispiel 16: Das billige Grundstück

Eine GmbH verkauft ihrem Allein-G'fter ein unbebautes Grundstück zum Buchwert von 40.000 €. Der Verkehrswert liegt bei mindestens 70.000 €.

Lösung: Die Transaktion wirkt sich zwar nicht auf die Erfolgsermittlung der Gesellschaft aus, hätte sich bei Vereinbarung von fremdüblichen Konditionen aber auswirken müssen. Es liegt eine vGA in Form der **verhinderten Vermögensmehrung** vor. Das Einkommen der GmbH ist außerhalb der Bilanz zu korrigieren.

Daneben treten **Rechtsfolgen bei dem AE** auf, der einen Beteiligungsertrag bzw. Einnahmen aus Kapitalvermögen erzielt.

Durch das verfahrens- und materiellrechtliche Korrespondenzprinzip wird abgesichert, dass die Rechtsfolgen der vGA bei Gesellschaft und G'fter in gleicher Weise – wenn auch nicht zwingend mit einem systematisch richtigen Ergebnis – eintreten.[111]

In der Praxis kommt es vor, dass Vorgänge nicht unmittelbar zwischen Gesellschaft und G'fter, sondern zwischen Gesellschaft und einer dem G'fter **nahe stehenden Person** verwirklicht werden. Diese nahe stehenden Personen können sowohl nach familienrechtlichen als auch nach gesellschaftsrechtlichen Grundsätzen »nahe stehende« sein. Entscheidend ist, dass vGA nur zwischen Gesellschaft und den G'ftern (Valutaverhältnis) angenommen werden können, die Leistung an den Nicht-G'fter als Einkommensverwendung beim G'fter (Deckungsverhältnis) angesehen wird (BMF vom 20.05.1999, BStBl I 1999, 514).[112]

Beispiel 17: Begünstigung der Ehefrau

Die GmbH veräußert an die Ehefrau des Allein-G'fters ein WG unter dem Verkehrswert.

Lösung: Wenn nach den Prüfungskriterien eine gesellschaftliche Veranlassung der Transaktion angenommen wird, kann dies nur zwischen Gesellschaft und Allein-G'fter zu unmittelbaren Rechtsfolgen führen. Der Allein-G'fter hat Einnahmen aus Kapitalvermögen, zwischen ihm und seiner Ehefrau können steuerliche unbeachtliche Unterhaltsleistungen angenommen werden.

Bei gesellschaftsrechtlichem Näheverhältnis (zwei Schwestergesellschaften unterhalten unübliche Rechtsbeziehungen zueinander, AE ist jeweils die gleiche Person) muss die vGA steuerlich dem unmittelbaren AE zugerechnet werden. Die Rechtsfolgen der »Weiterleitung der vGA vom AE an die begünstigte nahe stehende Person« hängen davon ab, ob der zugewendete Vorteil einlagefähig ist oder nicht.[113]

Eine gesellschaftliche Veranlassung kann schließlich auch gegenüber »**Noch-Nicht-G'ftern**« bzw. »**Nicht-Mehr-G'ftern**« angenommen werden. Bei diesem Personenkreis ist jedoch die gesellschaftliche Veranlassung besonders genau zu überprüfen.

---

111 Beim materiellen Korrespondenzprinzip wird dem Gleichlauf des Ergebnisses bei Gesellschaft und G'fter der Vorrang gegenüber der Richtigkeit des Ergebnisses eingeräumt, vgl. dazu unter Kap. III 6.

112 *Frotscher*, GmbHR 1998, 29. Auf die schenkungsteuerlichen Folgen von vGA wird hier nicht eingegangen.

113 Vgl. hierzu die Beispiele 57 und 58 in Kap. 5.4.3.

Beispiel 18: Der baldige G'fter

Eine GmbH steht mit einem Lieferanten in laufender Geschäftsverbindung. Ab Juni 01 werden an den Lieferanten erhebliche Vorauszahlungen geleistet, zudem haben sich die Konditionen erheblich verschlechtert. Im September 01 wird der Lieferant G'fter der GmbH.
Lösung: Es wird in diesem Fall die gesellschaftliche Veranlassung genau zu überprüfen sein. Obwohl sich Gesellschaft und G'fter im Zeitpunkt der Transaktion nicht in einem gesellschaftsrechtlichen Verhältnis gegenüber gestanden haben, ist fraglich, ob der »Marktmechanismus« bei dem Vorgang unterstellt werden kann. Es wird aufgrund des engen zeitlichen Zusammenhangs des Vorgangs mit dem Gesellschaftsbeitritt der Fremdvergleich anzustellen und eine vGA anzunehmen sein.

Ähnliche Probleme stellen sich, wenn einem G'fter aufgrund eines Dauerschuldverhältnisses (i. d. R. Pensionszusagen) Leistungen versprochen werden, die als vGA angesehen werden müssen, und die Auszahlung der Leistung erst in einem Zeitpunkt erfolgt, in dem der G'fter nicht mehr der Gesellschaft angehört.[114]

Beispiel 19: Der »Nicht-Mehr-G'fter«

Die B-GmbH gewährt in 02 ihrem 60-jährigen Allein-G'fter B eine Pensionszusage bei Vollendung des 65. Lebensjahres. In 03 veräußert B die Anteile an C, bleibt aber weiterhin GF der B-GmbH. Die B-GmbH führt in 03 und in den kommenden Jahren entsprechende Beträge der Pensionsrückstellung zu. Ab 07 kommt es zur Auszahlung entsprechender Pensionen.
Lösung: Die Pensionszusage ist mangels Erdienbarkeit in vollem Umfang gesellschaftlich veranlasst und stellt eine vGA dar. Die der Pensionsrückstellung zugeführten Beträge bleiben – soweit sie den Grundsätzen des § 6a EStG entsprechen – in der StB unangetastet, werden aber außerhalb der Bilanz in vollem Umfang hinzugerechnet. Dies gilt auch für die Beträge, die nach Veräußerung der Beteiligung durch B in die Rückstellungen eingestellt werden. Durch die Veräußerung der Beteiligung an C wird die **ursprüngliche gesellschaftliche Veranlassung** nicht beseitigt. Daher sind die Pensionszahlungen an B als Einnahmen aus Kapitalvermögen anzusehen.

4.3.2.2 Konkurrenzen

Das Rechtsinstitut der vGA kann in **Konkurrenz** zu dem Rechtsinstitut der nicht abziehbaren BA gem. § 4 Abs. 5 EStG stehen. Das Konkurrenzverhältnis kann nur bei solchen vGA entstehen, die sich auf der ersten Stufe der Erfolgsermittlung (Ermittlung des StB-Gewinns) als Aufwand ausgewirkt haben. Beiden Rechtsinstituten ist gemeinsam, dass die zugrunde liegenden Vorgänge handels- und steuerbilanzrechtlich Aufwand darstellen. Die Rechtsfolge ist auf der Einkommenserzielungsebene der KapG dem Grunde nach identisch, da die Beträge außerhalb der Bilanz wieder hinzugerechnet werden (Einkommenskorrektur auf der 2. Stufe).

Die Rechtsfolge differiert jedoch in Bezug auf die Höhe, wenn es sich um eine vGA in Form der verhinderten Vermögensmehrung handelt, da bei den **nicht abziehbaren BA nur tatsächlich eingetretene Vermögensminderungen** korrigiert werden, während bei der Korrektur durch die Annahme einer **vGA zusätzlich Gewinnzuschläge** berechnet werden müssen.[115] Zudem besteht ein wesentlicher Unterschied darin, dass die vGA Rechtsfolgen auf der Einkommensverwendungsebene auslöst und beim AE i. d. R. zu Einnahmen führt, während

---

114 Aber auch dann, wenn einem vormaligen G'fter irrtümlich Leistungen gewährt werden, auf die er keinen Anspruch hat, wird vom BFH eine vGA angenommen, BFH vom 29.04.2008, GmbHR 2008, 940.

115 Wie diese Gewinnaufschläge zu berechnen sind, steht nicht zweifelsfrei fest, vgl. *Kohlhepp*, DStR 2009, 357.

dies bei nicht-abziehbaren BA nicht unbedingt der Fall ist.[116] Die Abgrenzung zwischen beiden Rechtsinstituten hat demnach eine größere Bedeutung, als vielfach angenommen wird. So hat der BFH (Urteil vom 23.01.2008, FR 2008, 963) beispielsweise entschieden, dass bei einer vertragswidrigen privaten Pkw-Nutzung des G'fter-GF die vGA nicht mit 1 % des Listenpreises, sondern nach Fremdvergleichsmaßstäben mit dem gemeinen Wert der Nutzungsüberlassung zuzüglich eines angemessenen Gewinnaufschlags zu bewerten ist. Die FinVerw lässt hier systemwidrig ausnahmsweise zu, dass die vGA mittels der 1%-Methode ermittelt werden kann. Ein Fremdvermietungspreis ist nicht einzuholen.

Für die Abgrenzung beider Rechtsinstitute ist maßgebend, dass die nicht-abziehbaren BA auf der zweiten Stufe nicht gesellschaftlich veranlasst sind; soweit eine gesellschaftliche Veranlassung aufgrund eines durchgeführten Fremdvergleichs bejaht werden müsste, geht das Rechtsinstitut der vGA vor. Soweit diese Veranlassung auf der zweiten Stufe nicht gegeben ist, ist das Vorliegen einer nicht abziehbaren Betriebsausgabe zu prüfen. Eine kumulative Anwendung beider Vorschriften kann nie infrage kommen. Die Rechtsinstitute stehen sich im Verhältnis der Exklusivität gegenüber, wie sich aus der Notwendigkeit der gesellschaftlichen Veranlassung bei der vGA ergibt.

Beispiel 20: Segeljacht I[117]

Eine GmbH, mit Sitz in Friedrichshafen, betreibt eine Lebensmittel-Einzelhandelskette. Sie unterhält auf dem Bodensee eine Segeljacht zu Repräsentationszwecken. Der G'fter-GF nutzt die Jacht fast ausschließlich für berufliche Zwecke (Repräsentationszwecke).
Lösung: Die Aufwendungen für die Segeljacht haben das Ergebnis gemindert. Nach der Veranlassungsprüfung auf der zweiten Stufe ist vorliegend eine gesellschaftliche Veranlassung zu verneinen (Unüblichkeit nicht über den in § 4 Abs. 5 Nr. 4 EStG typisierten Rahmen hinaus). Die Hinzurechnung der Aufwendungen hat ausschließlich nach § 4 Abs. 5 Nr. 4 EStG zu erfolgen, die Annahme einer vGA scheidet aus. Dieser Vorgang löst nur Rechtsfolgen auf der Einkommenserzielungsebene der KapG aus, nicht aber auf der Einkommensverwendungsebene der KapG und ebenfalls nicht beim G'fter.

Beispiel 21: Segeljacht II

Der Allein-G'fter lässt eine überwiegend privat genutzte Segeljacht durch die GmbH anschaffen. Sie wird künftig gelegentlich zu Repräsentationszwecken genutzt.
Lösung: Die Aufwendungen für das Schiff stellen wiederum auf der ersten Stufe BA dar. Die Prüfung der gesellschaftlichen Veranlassung auf der zweiten Stufe ergibt, dass die Einlage (und die Nutzung) aus gesellschaftlichen Gründen erfolgt ist. Die Aufwendungen stellen, soweit sie durch die Repräsentation veranlasst sind, nicht abzugsfähige BA, soweit sie darüber hinausgehen, eine vGA dar. Die auf die Selbstnutzung entfallenden Aufwendungen sind mit einem **entsprechenden Gewinnzuschlag** als vGA bei der KapG und beim G'fter anzusetzen.

Abschließend ist in diesem Zusammenhang darauf hinzuweisen, dass bei der vGA das aus § 12 EStG abgeleitete Aufteilungsverbot nicht gilt,[118] Aufwendungen können daher bei teilweiser nicht-betrieblicher Veranlassung in Betriebsausgaben aufzuteilen sein, die nur teilweise auf der zweiten Stufe der Gewinnermittlung als vGA zu korrigieren sind.

---

116 Vgl. aber jetzt § 4h EStG i. V. m. § 8a KStG wo es zu einer partiellen Doppelbesteuerung kommen kann.
117 Vgl. hierzu das Segeljacht-Urteil vom 07.02.2007, DB 2007, 1118; vgl. hierzu auch *Weber/Grellet* DB 2014, 2265 ff.
118 Der BFH hat selbst für § 12 EStG neuerdings das Aufteilungsverbot insgesamt infrage gestellt; vgl. GrS des BFH vom 21.09.2009, DB 2010, 148.

4.4 Rechtsfolgen der verdeckten Gewinnausschüttung

4.4.1 Überblick

Die Rechtsfolgen der vGA auf der **Ebene der KapG** lassen sich unterscheiden in

* Rechtsfolgen auf der Einkommenserzielungsebene und
* Rechtsfolgen auf der Einkommensverwendungsebene (bis 2007).[119]

Bei dem **Anteilseigner** können vGA zu Einnahmen aus Kapitalvermögen führen, wenn ein Vermögensabfluss von der KapG an den AE stattfindet. Hält der AE seine Beteiligung im BV, bezieht der AE aus der Beteiligung (auch in Bezug auf die vGA) Einkünfte **aus Gewerbebetrieb**. Hat der AE den Zufluss bereits bei einer anderen Einkunftsart erklärt, kommt eine **Umqualifizierung** der Einkünfte infrage.

Diese Rechtsfolgen kommen nur bei einem Vermögensabfluss an den AE zum Tragen. Dieser findet aber nicht immer statt, z. B. dann nicht, wenn die KapG dem G'fter-GF eine nach steuerrechtlichen Kriterien erhöhte Pensionszusage verspricht. Diese löst nur eine vGA auf der Ebene der Einkommenserzielung bei der KapG aus (außerbilanzielle Korrektur).

Beispiel 22: Das hohe Gehalt I

Die A-GmbH vereinbart mit dem G'fter-GF A ein um 100 überhöhtes GF-Gehalt, welches auch regelmäßig ausbezahlt wird. Der Sachverhalt wird im Rahmen der BP aufgegriffen.

Lösung: Auf der Ebene der A-GmbH ist das Einkommen außerhalb der Bilanz um 100 zu erhöhen. Auf der Ebene des GF hat eine Umqualifizierung der Einkünfte aus nichtselbständiger Arbeit in Einkünfte aus Kapitalvermögen zu erfolgen.

Hinweis: Bei einem beherrschenden G'fter-GF ist Zufluss auch ohne tatsächliche Auszahlung anzunehmen.

Bei überhöhten GF-Gehältern werden Einkünfte aus nichtselbständiger Arbeit in Einkünfte aus Kapitalvermögen umqualifiziert, wobei die Besonderheiten dieser Einkunftsart zu beachten sind (z. B. Einbehalt der Kapitalertragsteuer, Abgeltungsteuer, Teileinkünfteverfahren). Wenn die vGA durch das FA erkannt wird, löst die Ausschüttung an den AE **Kapitalertragsteuer** gem. §43 Abs. 1 Nr. 1 EStG aus (vgl. noch einmal grundlegend BFH vom 20.08.2008, GmbHR 2008, 1334). Im Zeitpunkt der Ausschüttung ist die Kapitalertragsteuer nicht einbehalten worden, da die Beteiligten den Vorgang gerade nicht als Gewinnausschüttung behandeln wollten. In den meisten Fällen wird von einer nachträglichen Erhebung der Kapitalertragsteuer abgesehen werden, da die Besteuerung durch eine entsprechende Veranlagung des betreffenden G'fters bereits erfolgt ist.

4.4.2 Rechtsfolgen bei der Kapitalgesellschaft

Bei der KapG wird das StB-Ergebnis durch das Aufdecken einer vGA unmittelbar nicht berührt. Die vGA ist außerhalb der Bilanz bei der Ermittlung der Einkünfte aus Gewerbebetrieb hinzuzurechnen (Einkommenskorrektur auf der zweiten Stufe). Das StB-Ergebnis wird durch einen erhöhten Steueraufwand (KSt und GewSt) gemindert, was zur Verminderung des Eigenkapitals in der StB führt, was künftig Rechtsfolgen im Hinblick auf die Verwendung des steuerlichen Einlagekontos (§27 KStG) auslösen kann, da sich der sog. ausschüttbare Gewinn i. S. d. §27 Abs. 1 S. 5 KStG verändert.

---

119 Es soll hier darauf hingewiesen werden, dass auf die Behandlung beim AE i. R. d. Abgeltungsverfahrens nicht eingegangen wird.

Die vGA ist mit dem gemeinen Wert anzusetzen. Unstrittig gehört zu dem gemeinen Wert auch die USt, sodass stets von dem Brutto-Betrag auszugehen ist. Diese – überwiegend für richtig erachtete – Folge führt jedoch in manchen Fällen zu einer Überkompensation bei der Einkommensermittlung der KapG. Durch eine vGA soll die eingetretene Vermögensminderung oder die verhinderte Vermögensmehrung ausgeglichen werden. Bei Lieferungen zwischen der Gesellschaft und dem G'fter »unter Preis« ist hinsichtlich des Warenwertes die Differenz zwischen vereinbarter Gegenleistung und allgemein üblichem Verkaufspreis eine vGA eingetreten. Hinsichtlich der USt ist jedoch zu berücksichtigen, dass auf diesen Vorgang USt nur auf die Mindestbemessungsgrundlage, i. d. R. der Einkaufspreis, erhoben wird. Also dürfte das Einkommen der KapG in diesen Fällen auch nur um die Differenz des Warenwertes im beschriebenen Sinne zuzüglich der Differenz der USt auf die vereinbarte Gegenleistung und der Mindestbemessungsgrundlage korrigiert werden. Ein Beispiel[120] möge dies erläutern.

Beispiel 23: Die USt-Differenz

Eine KapG verkauft ihrem G'fter einen Neuwagen für 13.000 € zuzüglich USt, den sie für 15.000 € zuzüglich USt eingekauft hat. Der im normalen Geschäftsgang verlangte Veräußerungspreis liegt bei 20.000 € zuzüglich USt.[121]

    Lösung: Durch die Veräußerung ist folgende Vermögensminderung eingetreten:
1. Vermögensminderung bzw. verhinderte Vermögensmehrung in Bezug auf den Warenwert: Nettodifferenz 7.000 € (20.000 € ./. 13.000 €).
2. Vermögensminderung aufgrund erhöhter USt-Schuld: USt auf die Mindestbemessungsgrundlage beträgt 2.850 €, die erhaltene USt 2.470 €, sodass diesbezüglich eine weitere Verminderung i. H. v. 380 € eintritt.

Insgesamt ist also »nur« eine Differenz von 7.380 € eingetreten, weil USt nur auf die Mindestbemessungsgrundlage und nicht auf den im Geschäftsgang zu verlangenden Veräußerungspreis erhoben wird. Nur insoweit ist auch nach unserer Ansicht eine Einkommenskorrektur vorzunehmen.

Hinweis: Auf G'fter-Ebene ist die vGA ohne USt anzusetzen, da insoweit keine Vorteilsgeneigtheit besteht.

    Eine vGA ist außerhalb der Bilanz dem Einkommen der KapG hinzuzurechnen.

Beispiel 24: Das hohe Gehalt II

Eine KapG gewährt dem G'fter-GF ein um 20.000 € überhöhtes Gehalt. Die gesamten Bezüge haben sich bei der KapG als Personalaufwand ausgewirkt.

    Lösung: Gem. § 8 Abs. 3 S. 2 KStG ist das Einkommen der KapG außerhalb der Bilanz um 20.000 € zu erhöhen.[122]

Die Einkommenserhöhung durch die vGA löst bei der KapG nur dann und insoweit Steuerfolgen aus, wenn es sich bei dem zugerechneten Einkommen nicht um steuerfreie Einkommensbestandteile handelt.

Beispiel 25: Die billige Beteiligung

Die T-GmbH ist an der E-GmbH zu 100 % beteiligt. Allein-G'fter der T-GmbH ist ihrerseits die M-GmbH, es liegt ein zweistufiges Konzernverhältnis vor. In der Bilanz der T-GmbH ist die Beteiligung an der E-GmbH zu 100 aktiviert, der Verkehrswert der Beteiligung beträgt 150. Die T-GmbH veräußert die Beteiligung an der E-GmbH zu 100 an die M-GmbH.

---

120 Nach *Dötsch/Pung/Möhlenbrock*, KStG, § 8 Abs. 3, Teil C, Tz. 425.
121 Es wird vorliegend mit 19 % gerechnet.
122 Vgl. BMF vom 28.05.2002, BStBl I 2002, 603.

Lösung: Es liegt eine vGA i. H. v. 50 in Form der verhinderten Vermögensmehrung der T-GmbH an die M-GmbH vor. Das Einkommen der T-GmbH ist außerhalb der StB um 50 zu erhöhen. Die Frage ist, ob auf diese Einkommenserhöhung bei der T-GmbH § 8b Abs. 2 KStG mit der Folge anzuwenden ist, dass die Einkommenserhöhung steuerlich außer Betracht zu bleiben hat. Dies ist zu bejahen, sodass bei der T-GmbH durch diese vGA nur Steuerfolgen nach Maßgabe der § 8b Abs. 2 i. V. m. Abs. 3 KStG ausgelöst werden (vgl. BFH vom 06.07.2000, DB 2000, 1940). Unstrittig ist, dass bei M Steuerfolgen gem. § 8b Abs. 1 i. V. m. Abs. 5 KStG ausgelöst werden.

Die Rechtsfolge bei der KapG hängt weiter davon ab, wie eine **erfolgte vGA** zu korrigieren ist. Dies ist insb. in Fällen der Übertragung von WG zwischen der Gesellschaft und den G'ftern zu unangemessenen Bedingungen der Fall. Die Korrektur hat jeweils im Zeitpunkt der Vorteilsgewährung anhand eines Vergleichs mit einer fremdüblichen Transaktion zu erfolgen (**Fiktionstheorie**).

Beispiel 26: Das teure Grundstück

An der X-GmbH ist der G'fter Y zu 100 % beteiligt. Y veräußert aus seinem Privatvermögen ein unbebautes Grundstück an die X-GmbH für 200, der Verkehrswert liegt bei 120.[123]
Lösung: Zunächst wird die X-GmbH das Grundstück in der HB und StB zu 200 aktivieren. Dieser Bilanzierungsvorgang hat keine Auswirkungen auf das Einkommen und braucht zunächst nicht als solcher korrigiert zu werden. Die erste Frage ist, ob der Bilanzansatz zu 200 richtig ist bzw. so bleiben kann. Die Auffassungen gehen hierzu auseinander. M. E. hat die GmbH den Bilanzansatz sowohl in der Handels- als auch in der StB auf den Verkehrswert zu korrigieren, wodurch in der StB ein Aufwand i. H. v. 80 entsteht, der auf der zweiten Stufe außerhalb der Bilanz zu korrigieren ist. Die X-GmbH hat auf das Grundstück nur 120 aufgewendet, 80 sind nicht in dem Anschaffungsvorgang begründet (vgl. BMF vom 28.05.2002, BStBl I 2002, 603). Bei der Kürzung handelt es sich nach richtiger Ansicht der FinVerw nicht um eine TW-Abschreibung, sondern um eine aufwandswirksame Korrektur des Bilanzansatzes. Dies hat zur Folge, dass bei einer späteren Erhöhung des Wertes keine Zuschreibung des Bilanzansatzes zu erfolgen hat (vgl. § 6 Abs. 1 Nr. 1 S. 4 EStG).

Dieses Problem zeigt sich noch schärfer, wenn es sich bei dem Vertragsgegenstand um ein **abnutzungsfähiges WG** handelt.

Beispiel 27: Korrigierte AK

Der G'fter Y überträgt der X-KapG eine Maschine zu 150 (Verkehrswert: 100). Die Restnutzungsdauer soll fünf Jahre betragen.
Lösung: Nach der hier vertretenen Auffassung hat die X-GmbH den Bilanzansatz aufwandswirksam auf 100 zu korrigieren. Dieser Aufwand wird auf der zweiten Stufe (außerhalb der Bilanz) korrigiert, sodass dieser Vorgang keine Auswirkung auf das Einkommen hat. Die AfA-BMG ist der korrigierte Bilanzansatz, also 100. In der Folgezeit sind keine Korrekturen erforderlich.

Weitere Probleme können entstehen, wenn das WG in dem ersten VZ veräußert wird, der nach verfahrensrechtlichen Vorschriften geändert werden kann.

Beispiel 28: Späterer Verkauf des überteuerten WG

Am 10.01.01 kauft die X-GmbH (Wj. = Kj.) von ihrem AE ein abnutzbares WG, welches eine betriebsgewöhnliche Nutzungsdauer von fünf Jahren hat. Der Anschaffungspreis beträgt 200.000 €, angemessen wären 120.000 €. Die X-GmbH aktiviert das WG mit 200.000 € und schreibt es jährlich mit 40.000 € ab. Die Veranlagungen der Jahre 01 und 02 sind bestandskräftig und können nicht mehr geändert werden.

---

123 Vgl. auch *Briese*, DB 2014, 2610 ff., der allerdings von einem bilanzmäßigen Verständnis der vGA ausgeht. Dies widerspricht der h. M., die die vGA zu Recht außerhalb der Bilanz korrigiert.

Am 01.01.03 veräußert die X-GmbH das WG für 80.000 € an einen fremden Dritten. Dieser Sachverhalt wird im Rahmen einer BP, welche im Jahr 04 für die Jahre 01 – 03 durchgeführt wird, aufgegriffen.

Lösung: Der Bilanzansatz zum 31.12.02 hat (nach Abschreibungen für zwei Jahre) bei der X-GmbH 120.000 € betragen, durch die Veräußerung hat sich deshalb ein Verlust von 40.000 € ergeben. Hätte die GmbH zutreffend bilanziert, wäre der Bilanzansatz zum 31.12.02 72.000 € gewesen, es wäre durch den Verkauf ein Gewinn von 8.000 € entstanden. Auch wenn die Veranlagungen in 01 und 02 nicht mehr geändert werden können, kann der Bilanzansatz zum 01.01.03 noch erfolgswirksam berichtigt werden, wodurch im Ergebnis ein Bilanzansatz von 72.000 € herbeigeführt wird und ein Veräußerungsgewinn in 03 von 8.000 € entsteht. Es ist statt eines Veräußerungsverlustes von 40.000 € ein Veräußerungsgewinn von 8.000 € entstanden, der auch in 03 noch berücksichtigt werden kann. Der Bilanzansatz kann auch dann korrigiert werden, wenn die VZ, in denen der unangemessene Kaufpreis bezahlt worden ist, nicht mehr geändert werden können. Insoweit handelt es sich nicht um eine bilanztechnische Verlagerung der vGA in spätere VZ.

Es können sich bei der KapG aufgrund von Übertragungsvorgängen auch Konstellationen ergeben, in denen aus gesellschaftlichen Gründen **Leistungen an Dritte (Zinsen)** zu erbringen sind.

Beispiel 29: Fremdfinanzierte vGA

Die X-GmbH erwirbt vom Allein-G'fter Y ein WG für 200, der Verkehrswert liegt bei 120. Der Kauf des WG ist vollständig über eine Bank fremdfinanziert, die Zinsen betragen p.A. 7 %.

Lösung: Das Beispiel ist bezüglich des Anschaffungsvorganges wie die vorhergehenden Beispiele zu lösen. Hierbei ergeben sich keine Veränderungen. Es stellt sich jedoch zusätzlich die Frage, wie die Zinsen zu behandeln sind, die auf den Teil des Kaufpreises entfallen, der gesellschaftsrechtlich veranlasst ist.

Unstreitig ist zunächst, dass die Schuld gegenüber der Bank in der Bilanz in voller Höhe zu passivieren ist. Die Bank hat einen zivilrechtlich durchsetzbaren Anspruch. Grundsätzlich sind die Zinsen, soweit sie auf den überhöhten Kaufpreis entfallen, gesellschaftsrechtlich veranlasst; hier könnte eine vGA angenommen werden. Es ist aber zu beachten, dass eine vGA nach der Rspr. des BFH[124] nur dann anzunehmen ist, wenn sie grundsätzlich zu einem Vorteil beim G'fter führen kann (sog. Vorteilsgeneigtheit). Dieses Kriterium versteht der BFH in einem unmittelbaren Sinn, sodass mittelbare Vorteile des G'fters, in unserem Fall der Vorteil, der in dem überhöhten Kaufpreis besteht, nicht ausreicht. Daher nimmt die Rspr. – entgegen ihrer eigenen früheren Auffassung (vgl. BFH vom 18.12.1996, BStBl II 1997, 301) – in diesen Fällen keine vGA an.

In der Praxis bestehen zwischen Anteilseigner und Gesellschaft oft umfangreiche Geschäftsverbindungen (vor allem bei verbundenen Unternehmen). Es stellt sich dann die Frage, ob bei diesen Geschäftsbedingungen innerhalb eines Konzerns für die Annahme einer gesellschaftlichen Veranlassung jede einzelne Transaktion für sich oder die Geschäftsverbindung als »**Verbund**« zu beurteilen ist (Berücksichtigung von **Vorteilsausgleichen**). M. E. sind innerhalb eines Konzerns die sachlich zusammenhängenden Geschäfte zu saldieren und im Zweifel nur der Saldo zulasten der KapG als vGA zu werten.[125] Der sachliche Zusammenhang sollte innerhalb von verbundenen Unternehmen eher weit als eng angenommen werden. Man wird davon ausgehen müssen, dass der BFH einer geschäftsfallbezogenen Sichtweise den Vorzug geben wird.

---

124 Vgl. insb. die Entscheidung des BFH vom 07.08.2002, BFH/NV 2003, 124.
125 Vgl. die Gesetzessystematik zu §§ 311, 317 AktG.

Exkurs: Rückabwicklung (Korrektur) einer vGA

Ungeklärte Fragen tauchen in der Praxis dann auf, wenn eine Transaktion zwischen Gesellschaft und G'fter bei der Gesellschaft einen Anspruch auf Rückgewähr des Vorteils gegenüber dem G'fter auslöst. Diese Sachverhalte werden in der Literatur oft undifferenziert als »**Rückgängigmachung von vGA**« diskutiert. M. E. sind verschiedene Fragen auseinander zu halten[126]:

- Ist eine vGA überhaupt entstanden?
- Wie wird die Rückabwicklung einer vGA beurteilt?

Zunächst ist festzustellen, dass das Rechtsinstitut der vGA der Einkommenskorrektur dient und deshalb bei einer erfolgswirksamen Aktivierung eines Anspruchs der Gesellschaft gegen die G'fter die Annahme einer vGA ausscheidet, da der richtige Ausweis innerhalb der Bilanz der Korrektur außerhalb der Bilanz vorgeht. Die Rspr. hat deshalb folgerichtig klargestellt, dass zivilrechtliche Ansprüche einer KapG gegen ihren G'fter-GF, die in der StB erfolgswirksam zu aktivieren sind, nicht gleichzeitig die Rechtsfolge des § 8 Abs. 3 S. 2 KStG auslösen können (BFH vom 18.12.1996, BStBl II 1997, 301). Ergänzend ist darauf hinzuweisen, dass in diesen Fällen bereits keine vGA entstanden ist. Im Umkehrschluss kann eine vGA angenommen werden, wenn ein Rechtsgeschäft zwischen KapG und alleinigem G'fter in der Bilanz nicht zutreffend abgebildet worden ist und ein ordentlicher und gewissenhafter GF den Bilanzierungsfehler hätte erkennen können (BFH, Beschluss vom 13.06.2006, GmbHR 2006, 943). Dies gilt jedoch – nach vorstehenden Grundsätzen – nur dann, wenn eine Berichtigung der Bilanz (Aktivierung oder Reduzierung der Passivierung) nicht mehr infrage kommt bzw. bewusst unterbleibt.

Entscheidend ist in diesen Fällen, ob ein Ersatzanspruch der KapG gegen ihren G'fter **erfolgswirksam** oder **erfolgsneutral** zu aktivieren ist. Bei einer erfolgswirksamen Aktivierung scheidet von vornherein die Annahme einer vGA aus. Nur bei einer erfolgsneutralen Aktivierung des Rückforderungsanspruchs als »Einlageforderung« hat der Vorgang Auswirkungen auf das Einkommen gehabt. Nur insoweit stellt sich das Problem, ob durch die Geltendmachung des Anspruchs die vGA **rückabgewickelt** wird.[127] Darüber besteht im Grundsatz Einigkeit. Die Ansichten gehen allerdings bei der Frage auseinander, ob ein Anspruch erfolgswirksam oder als Rückforderung der erfolgten vGA (als Einlageforderung) erfolgsneutral aktiviert werden muss.[128] Aus meiner Sicht wird dies von der Rspr. nicht ausreichend beachtet. Die Rspr. begründet das Vorliegen einer vGA in diesen Fällen stets damit, dass zivilrechtliche Ansprüche der Gesellschaft gegen den G'fter, die sich aus einem als vGA zu qualifizierenden Vorgang ergeben, stets als Einlageforderung gegen den G'fter zu behandelt ist, die erfolgsneutral zu aktivieren und somit nicht geeignet ist, die durch die vGA bereits eingetretene Vermögensminderung auszugleichen.[129]

---

126 *Wichmann*, BB 1995, 433, neuerdings *ders.*, DStZ 2019, 157 (161 ff.).

127 *Hoffmann*, DStR 1995, 368; vgl. hierzu auch *Kohlhepp*, DB 2010, 1486.

128 Vgl. hierzu die Kontroverse zwischen *Wassermeyer* einerseits und *Schwedhelm/Binnewies* andererseits (GmbHR 2005, 149), die durch das Urteil des BFH vom 26.05.2004, GmbHR 2005, 60 ausgelöst worden ist. Ferner *Schütz*, DStZ 2004, 14 und *Wichmann*, DStZ 2019, 161 ff.

129 Vgl. Urteil des BFH vom 25.05.2004, GmbHR 2005, 60, sowie Urteil vom 29.05.2008, GmbHR 2008, 940.

Beispiel 30: Untreuer GF

Der G'fter-GF Y der X-GmbH verstößt gegen das bestehende Wettbewerbsverbot. Er hat in eine Geschäftschance der GmbH eingegriffen. Die GmbH macht den Schadensersatzanspruch in entsprechender Anwendung des § 46 Nr. 8 GmbHG i. V. m. den §§ 112, 113 HGB bzw. § 88 AktG gegen den G'fter-GF geltend.

Lösung: Die Lösung hängt davon ab, ob man den Schadensersatzanspruch in der Bilanz erfolgswirksam oder erfolgsneutral als Einlageforderung gegen den G'fter aktiviert. Die Antwort hängt zunächst vom Gesellschafts- und Bilanzrecht ab. Es erscheint aus gesellschafts- und handelsrechtlichen Gründen zwingend, dass der Anspruch gegen den G'fter-GF erfolgswirksam zu aktivieren ist. Dies ergibt sich m. E. aus der Rechtsfolge des § 113 HGB, welche neben dem Schadensersatzanspruch auch ein Eintreten in das Geschäft, welches der G'fter statt der GmbH abwickelt, vorsieht. Bei Eintritt in das Geschäft gem. § 113 HGB wird der Anspruch erfolgswirksam erfasst, der gleichwertige Schadensersatzanspruch kann keine andere Rechtsfolge auslösen. Durch die erfolgswirksame Aktivierung des Schadensersatzanspruches, die zunächst geboten ist, und die Durchsetzung dieses Anspruches zeigt die GmbH, dass die Transaktion marktkonform abgewickelt wird; für das Rechtsinstitut der vGA bleibt nach der hier vertretenen Ansicht kein Raum. Eine vGA kann daher nur in einem späteren Verzicht oder der Nicht-Durchsetzung des Schadensersatzanspruches liegen.

Die Rspr. und FinVerw gehen in diesem Sachverhalt offenbar davon aus, dass § 8 Abs. 3 S. 2 KStG auf die ursprüngliche Schadenszuführung Anwendung findet und der Ersatzanspruch seinen Rechtsgrund in der wirtschaftlichen Rückgängigmachung einer vGA hat.

Diese Ansicht lässt m. E. unberücksichtigt, dass es der GmbH – als ein von dem G'fter-GF zu unterscheidenden Rechtssubjekt – möglich sein muss, einen Eingriff in ihre Erwerbschancen unter marktkonformen Bedingungen mit erfolgswirksamer Durchsetzung des Schadensersatzanspruches abzuwehren. Bei dieser Abwicklung entsteht bereits keine vGA, eine gesellschaftliche Veranlassung ist nicht gegeben.[130] Es wird ausdrücklich darauf hingewiesen, dass die Rspr. und die FinVerw in diesen Fällen eine vGA bereits mit Verletzung des Wettbewerbsverbotes annehmen werden.[131]

Die dargestellte Streitfrage spielt vor allem in den Fällen eine Rolle, in denen die G'fter eigenmächtig in den Vermögensbereich bzw. in die Geschäftschancen der GmbH eingreifen.[132] Soweit dies einvernehmlich geschieht, dürfte kein Anspruch erfolgswirksam zu aktivieren sein. Dann kann es sich nur um eine **echte Rückabwicklung** handeln. Bei einer echten Rückabwicklung (z. B. aufgrund einer in der Satzung vorgesehenen »Steuerklausel«) kann die vGA als tatsächlicher Vorgang in der Tat nicht mehr rückgängig gemacht werden. Die echte Rückabwicklung ist bei der KapG als **Einlageforderung** zu behandeln. Hat die Gesellschaft die Forderung in der StB erfolgswirksam aktiviert, ist sie außerhalb der Bilanz abzuziehen. Eine Rückabwicklung, die gesellschaftsrechtlich veranlasst ist, kann die gesellschaftliche Veranlassung der vGA nicht ungeschehen machen, sondern ist ebenfalls als gesellschaftlicher Einlagevorgang zu qualifizieren (BFH vom 29.05.1996, BStBl II 1997, 92).

Diese beiden Fälle unterscheiden sich in der Praxis zudem in zeitlicher Hinsicht. Die sog. echte Rückgängigmachung von vGA aufgrund von Steuerklauseln wird erst Jahre später durch eine BP vollzogen; der Schadensersatzanspruch, der erfolgswirksam aktiviert und zeitnah durchgesetzt worden ist, wird in einer späteren BP bereits »abgewickelt« sein.

4.4.3   Rechtsfolgen beim Anteilseigner

Beim AE gehört eine vGA zu den sonstigen Bezügen gem. § 20 Abs. 1 Nr. 1 S. 2 EStG. Es erfolgt eine spiegelbildliche (wertmäßige) Erfassung der vGA auf G'fter-Ebene. In zeitlicher Hinsicht

---

130 So auch *Schwedhelm/Binnewies*, DStR 2005, 151.
131 Vgl. *Wassermeyer*, DStR 1997, 681.
132 Vgl. hierzu auch Urteil des BFH vom 19.06.2007 (VIII. Senat!), BStBl II 2007, 830.

kann eine Berücksichtigung beim AE erst in einem späteren VZ erfolgen. Die vGA wird beim AE, der die Beteiligung im PV hält, erst in dem VZ erfasst, in dem die vGA dem G'fter nach allgemeinen Kriterien zugeflossen ist. Soweit ein G'fter der KapG ein WG zu überhöhtem Preis verkauft und der Kaufpreis in Raten zu zahlen ist, liegt beim AE erst dann eine vGA vor, wenn die Ratenzahlungen den angemessenen Kaufpreis übersteigen.

Besonderheiten können dann auftreten, wenn die vGA bei dem AE bereits einer anderen Einkunftsart zugerechnet worden ist.

Beispiel 31: Gute Gelegenheit

An der X-GmbH ist Y als Allein-G'fter beteiligt. Y veräußert aus seinem Privatvermögen ein unbebautes Grundstück an die X-GmbH zu 200; der Verkehrswert liegt bei 120. Das unbebaute Grundstück hat Y zwei Jahre vor diesem Vorgang zu 80 erworben. Y hat diesen Vorgang als privates Veräußerungsgeschäft gem. §§ 22 Nr. 2, 23 Abs. 1 EStG behandelt.

Lösung: Y erzielt Einnahmen aus Kapitalvermögen gem. § 20 Abs. 1 Nr. 1 S. 2 EStG i. H. d. Differenz (80) zwischen Veräußerungspreis (200) und dem Verkehrswert (120). Die Einnahmen unterliegen bei Y im Regelfall der Abgeltungsteuer. I. H. d. Differenz des Verkehrswertes zu seinen AK (40) liegt ein privates Veräußerungsgeschäft vor. Entsprechende Korrekturen sind bei der ESt-Veranlagung des Y vorzunehmen.

Eine Umqualifizierung kommt in der Praxis auch vor, wenn der G'fter-GF eine überhöhte GF-Vergütung erhalten hat und i. H. d. gesellschaftlichen Veranlassung (Unangemessenheit) eine vGA anzunehmen ist. Die KapG hat in diesen Fällen bereits Lohnsteuer einbehalten, die nach Umqualifizierung der Einkünfte in Einkünfte aus Kapitalvermögen i. H. d. Überzahlung an den AE rückerstattet werden muss. Grundsätzlich ist auch bei einer vGA gem. § 43 Abs. 1 Nr. 1 EStG **Kapitalertragsteuer** einzubehalten. Durch die Umstellung der Besteuerung der Einkünfte aus Kapitalvermögen auf ein Teileinkünfteverfahren mit entsprechender niedrigerer Steuerbelastung beim AE wird von dem Kapitalertragsteuerabzug in diesen Fällen Abstand genommen, da der AE eine Steuererstattung zu erwarten hat; im Übrigen gilt grundsätzlich der Vorrang der Veranlagung gegenüber dem Steuerabzug, sodass bei nachträglicher Umqualifizierung von Einkünften aus nichtselbständiger Arbeit bzw. §§ 22, 23 EStG in Einkünfte aus Kapitalvermögen von dem Kapitalertragsteuerabzug abgelassen werden kann.

Hinweis: Wird die vGA im Rahmen einer BP erst später entdeckt, kann der G'fter nach der Entscheidung des BFH vom 14.05.2019 (VIII R 25/16, DB 2019, 1996 ff.) den Antrag nach § 32d Abs. 2 Nr. 3 EStG nicht mehr stellen, da die Antragsfrist nach § 32d Abs. 2 Nr. 3 S. 4 EStG abgelaufen sei. Damit hält der BFH an seiner sehr positivistischen Gesetzesauslegung fest. Damit wird der G'fter wohl stets gezwungen sein, einen bedingten Antrag nach § 32d Abs. 2 Nr. 3 EStG für den Fall zu stellen, dass Zahlungen der Gesellschaft an ihn als vGA qualifiziert werden.

Die vGA führt beim AE im Ergebnis dazu, dass der marktübliche Transaktionspreis den vereinbarten Preis ersetzt und die Differenz durch die vGA ausgeglichen wird.

Beispiel 32: AfA-BMG und vGA

Eine X-GmbH verkauft an Y, ihren Allein-G'fter, ein von ihr nicht mehr benötigtes bebautes Grundstück zu einem Preis von 250, wovon auf Grund und Boden 50 entfallen. Der Verkehrswert des bebauten Grundstücks beträgt 380, wobei auf Grund und Boden 80 entfallen. Y erzielt aus dem Gebäude Einkünfte aus Vermietung und Verpachtung.

Lösung: I. H. d. Differenz des vereinbarten Preises zu dem Verkehrswert (130) liegt bei Y eine vGA vor, die ihm durch Vollzug der Transaktion auch zugeflossen ist (vGA in Form der verhinderten Vermögensmehrung); in dieser Höhe hat Y Einnahmen aus Kapitalvermögen (§ 20 Abs. 1 Nr. 1 S. 2 EStG), die er nach dem Teileinkünfteverfahren zu versteuern hat. Bei seinen Einkünften aus V+V hat Y als AfA-BMG die marktüblichen AK (300) anzusetzen. Dies ist die Konsequenz daraus, dass die gesellschaftlich veranlasste Transaktion durch die marktübliche Transaktion ersetzt wird. Nur diese Lösung entspricht der Systematik der Einkommenskorrektur im Ertragsteuerrecht.

Besonderheiten bestehen dann, wenn eine **KapG AE ist**. Bei einer KapG bleiben Gewinnausschüttungen, auch vGA, die sie von einer anderen KapG erhält nach Maßgabe der § 8b Abs. 1 i. V. m. Abs. 5 KStG zu 95 % außer Ansatz.

Beispiel 33: Günstige vGA

Die X-GmbH veräußert an die Allein-G'fterin Y-AG ein unbebautes Grundstück zu dem Buchwert von 300, der Verkehrswert liegt bei 500.
Lösung: Bei der X-GmbH ist das Einkommen außerhalb der Bilanz um 200 zu erhöhen. Bei der Y-AG handelt es sich um einen Beteiligungsertrag von 200, der gem. § 8b Abs. 1 i. V. m. § 8b Abs. 5 KStG bei der Ermittlung des Einkommens außer Ansatz bleibt. Das Grundstück ist bei der Y-AG mit 500 zu aktivieren, insoweit ist bei ihr steuerfrei eine stille Reserve gebildet worden. Bei einer späteren Veräußerung fällt ein Veräußerungsgewinn entsprechend niedriger aus.

Bei dem AE kann dem Zufluss der vGA auch ein entsprechender **Verbrauch** gegenüberstehen, sodass insoweit bei dem AE keine Steuerbelastung eintritt.

Beispiel 34: Verbrauchte vGA I

Die X-GmbH gewährt dem Y als Allein-G'fter ein zinsloses Darlehen, welches Y seinem Einzelunternehmen zur Verfügung stellt. Der Zinsvorteil soll jährlich 200 betragen.
Lösung: Der Zinsvorteil ist im Gesellschaftsverhältnis verursacht und als vGA zu qualifizieren. Die vGA i. H. v. 200 ist außerhalb der Bilanz dem Einkommen der X-GmbH hinzuzurechnen. Bei dem Y führt die vGA zu Einnahmen aus Kapitalvermögen. Nach dem Beschluss des GrS des BFH vom 26.10.1987 (BStBl II 1988, 348) führt der Verbrauch des Zinsvorteils zugunsten seines Einzelunternehmens bei Y zu BA innerhalb des Einzelunternehmens. Dieses Ergebnis berücksichtigt, dass der als vGA beurteilten Transaktion eine marktübliche Transaktion gegenüber gestellt wird. Bei einer Transaktion zwischen fremden Dritten hätte die KapG entsprechende Zinsen verlangt, die zu BA des EU geführt hätten. Diese BA stehen nicht mit Einnahmen aus der X-GmbH in unmittelbarem Zusammenhang und dürfen deshalb in voller Höhe abgezogen werden (keine Anwendung des § 3c Abs. 2 EStG).[133]

Beispiel 35 (Abwandlung): Verbrauchte vGA II

Wenn an einer T1-GmbH eine Mutter-KapG beteiligt ist, die den Zinsvorteil einer T2-GmbH zur Verfügung stellt, ergeben sich folgende steuerliche Konsequenzen[134]:
Lösung: Bei der T1-GmbH ist die vGA wiederum außerhalb der Bilanz hinzuzurechnen. Der Zinsvorteil ist bei der M-GmbH als vGA zu erfassen, der bei der Ermittlung des Einkommens außer Ansatz bleibt (§ 8b Abs. 1 KStG). Allerdings sind 5 % der Bezüge gem. § 8b Abs. 5 KStG als nichtabzugsfähige Ausgaben außerhalb der Bilanz wieder hinzuzurechnen. Der Verbrauch des Zinsvorteils stellt sich als Betriebsausgabe der M-GmbH dar, der voll abzugsfähig ist.

---

133 *Starke*, DB 2000, 2347, der explizit allerdings den in der Abwandlung behandelten Fall anspricht; vgl. nunmehr auch BFH vom 19.05.2005, GmbHR 2005, 1198.
134 Vgl. hierzu auch FG Nürnberg, GmbHR 2010, 831.

4.5   Einzelfälle

Im Folgenden sollen wichtige Einzelfälle dargestellt werden. Es wird insb. auf die Tatbestandsvoraussetzungen der vGA eingegangen, d.h. unter welchen Bedingungen Rspr. und FinVerw von nicht marktkonformen Transaktionen zwischen Gesellschaft und G'fter ausgehen.

4.5.1   Verstoß gegen das Wettbewerbsverbot/Geschäftschancenlehre
4.5.1.1   Zivilrechtliche Grundlagen

Das gesellschaftsrechtliche Wettbewerbsverbot gründet sich auf der gesellschaftsrechtlichen Treuepflicht, nach der die einzelnen G'fter verpflichtet sind, die Interessen der Gesellschaft zu fördern.[135] Dies bedeutet, dass ein Minderheits-G'fter der GmbH lediglich einem Schädigungsverbot, ein Mehrheits-G'fter aber einem Loyalitätsgebot bzw. Förderungsgebot – vergleichbar mit einem G'fter einer OHG – unterliegen kann (§§ 112, 113 HGB analog). Das gesellschaftsrechtliche Wettbewerbsverbot als Ausfluss der verbandsrechtlichen Treuepflicht unterliegt bei einem Allein-G'fter Beschränkungen, da dieser lediglich dem Kapitalerhaltungsinteresse der GmbH verpflichtet ist.

Aus diesen gesellschaftsrechtlichen Grundlagen wird die Reichweite des Wettbewerbsverbotes klarer. Ein Wettbewerbsverbot kann grundsätzlich nur in Angelegenheiten bestehen, die zum Unternehmensgegenstand der KapG gehören. Für Angelegenheiten außerhalb dieses Unternehmensgegenstandes besteht keine verbandsrechtliche Treuepflicht, da der Wirkungskreis der KapG nicht berührt ist. Aus dem verbandsrechtlichen Ansatz ist weiterhin zu folgern, dass die G'fter-Versammlung »Herrin des Umfanges des Wettbewerbsverbotes« ist. Es besteht für die G'fter-Versammlung die Möglichkeit, die G'fter generell (in der Satzung) oder punktuell von dem Wettbewerbsverbot zu befreien. Die Befreiung kann entgeltlich oder unentgeltlich erfolgen; aus der unentgeltlichen Befreiung kann nicht ohne weiteres auf eine marktunübliche Transaktion geschlossen werden.

Aus der Verletzung des Wettbewerbsverbotes resultiert neben einem Unterlassungs- auch ein Ersatzanspruch; gegebenenfalls kann die Gesellschaft verlangen, dass der G'fter-GF den Gewinn aus dem Geschäft an die Gesellschaft herausgibt (dies entspricht dem oben erwähnten Eintrittsrecht). Ein Ersatzanspruch kann aber i.d.R. nur dann bestehen, wenn die KapG das Geschäft hätte selbst ausnutzen können, dieses Geschäft für sie eine sog. **Geschäftschance** dargestellt hätte. Wenn sich aus dem zunächst abstrakt bestehenden Wettbewerbsverbot kein gesellschaftsrechtlicher Vermögensanspruch gegen den G'fter-GF herleiten lässt (mangels Vermögensschadens), kann nicht das Problem einer marktunüblichen Transaktion (mit der Folge einer vGA) von der Gesellschaft auf den G'fter entstehen, da dieser Transaktion ein Wert beigemessen werden muss, der vorliegend aber nicht besteht.[136]

Der G'fter-GF verstößt auch dann gegen eine gesellschaftsrechtliche Treuepflicht, wenn er sich Informationen oder **konkrete Geschäftschancen** der GmbH **auch ohne das Bestehen eines ausdrücklichen Wettbewerbsverbotes** zu Eigen macht. Die Zuordnung von Geschäftschancen (ohne Bestehen eines Wettbewerbsverbots) zum Vermögen der GmbH, wird man in diesen Fällen anhand der auf das Geschäft getätigten Aufwendungen vornehmen müssen. Dies bedeutet im Ergebnis, dass immer dann, wenn die GmbH bereits Aufwendungen auf ein bestimmtes Geschäft vorgenommen hat, eine Geschäftschance der GmbH zugeordnet wird.

---

135 *Wiedemann*, FS Heinsius, 949 m.w.N.
136 Vgl. hierzu grundlegend aus gesellschaftsrechtlicher Sicht *Kübler*, FS Werner, 437.

Ein Eingriff in diese Geschäftschance kann zur Annahme einer vGA führen, wenn nicht von einem ertragswirksam aktivierungspflichtigen Ersatzanspruch gegen den GF ausgegangen wird, der bereits das Eintreten einer vGA verhindert, da durch entsprechende erfolgswirksame Aktivierung weder das Vermögen noch das Einkommen der GmbH gemindert werden kann.

Ergebnis: Ein vermögensrechtlicher Anspruch besteht – unabhängig vom satzungsmäßigen Bestehen eines Wettbewerbsverbots – nur dann, wenn in eine konkrete Geschäftschance eingegriffen worden ist, die aus Sicht der KapG einen Wert verkörpert. Dies ist Ausgangspunkt der steuerlichen Überlegungen.

4.5.1.2 Steuerliche Folgen

Der BFH kommt im Anschluss an die zivilrechtlichen Grundlagen (vgl. BFH vom 18.12.1996, BStBl II 1997, 301) zu folgenden Feststellungen:

Schließt der G'fter einer GmbH unter Verstoß gegen ein (vertragliches) Wettbewerbsverbot einen Vertrag mit einem Dritten ab, so kann eine vGA i. S. d. § 8 Abs. 3 S. 2 KStG nur dann angenommen werden, wenn konkrete Anhaltspunkte dafür festgestellt werden, dass der Auftrag geschäftschancenmäßig der GmbH zuzurechnen war. Dabei können Geschäftschancen nicht nach formalen Kriterien (allein durch den satzungsmäßigen Unternehmensgegenstand) zugeordnet werden.

Hieraus ist zu schließen, dass es – entsprechend der gesellschaftsrechtlichen Ausgangslage – auf die **konkrete Geschäftschance** ankommt, da nur diese Gegenstand einer marktunüblichen Transaktion sein kann.

Bei einer **Befreiung von dem Wettbewerbsverbot** hat die FinVerw (BMF vom 04.02.1992, BStBl I 1992, 137) zunächst gefordert, diese Befreiung müsse entgeltlich erfolgen, da sonst eine vGA angenommen werden müsse. Dieser – mit der zivilrechtlichen Ausgangslage nicht übereinstimmenden – Ansicht hat der BFH eine Absage erteilt:

Wird ein Dispens (= Befreiung) vom Wettbewerbsverbot erteilt, so begründet die fehlende Abgrenzung zwischen den wechselseitigen Geschäftsbereichen für sich genommen noch keine vGA. Es ist Sache der G'fter, die Aufgaben einer KapG zu bestimmen. Das Steuerrecht muss die Aufgabenzuweisung durch die G'fter im Grundsatz akzeptieren.

Nicht geklärt ist jedoch, ob bei Annahme eines Verstoßes gegen das Wettbewerbsverbot bzw. gegen die Zuordnung einer Geschäftschance zur GmbH ein Anspruch **erfolgswirksam** oder **erfolgsneutral** in der Bilanz erfasst werden muss. Dies ist entscheidend für die Frage, ob eine vGA vorliegen kann. Der BFH scheint der Ansicht zuzuneigen, dass die vGA bereits in der Verletzungshandlung liegt, ein Anspruch deshalb auf die Rückabwicklung der vGA gerichtet ist. Dieser Ansicht wird sich hier nicht angeschlossen, da die unserer Ansicht nach notwendige erfolgswirksame Aktivierung des Ersatzanspruches bereits das Entstehen einer vGA ausschließt.[137]

Zur Verdeutlichung und Zusammenfassung möge folgendes **Prüfschema** für eine vGA bei Verletzung eines Wettbewerbsverbotes dienen, welches die Ansicht der Rspr. zugrunde legt.

---

137 Nochmals der Hinweis auf die Auseinandersetzung zwischen *Schwedhelm/Binnewies* und *Wassermeyer* (GmbHR 2005, 149).

Prüfungsschema[138]
Zivilrechtsebene:

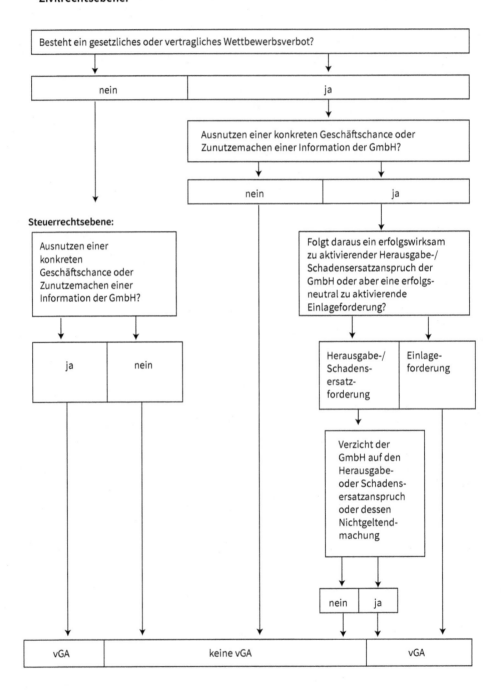

---

138 Vgl. *Gosch*, DStR 1997, 442.

Im Anschluss ist darauf hinzuweisen, dass die FinVerw diese Grundsätze und die stärkere Anlehnung an das Zivilrecht nicht in gleicher Weise vollzogen hat. Sie hält – offenbar – immer noch die vorherige entgeltliche Befreiung vom Wettbewerbsverbot für erforderlich, um eine vGA zu vermeiden. Der FinVerw ist insoweit zuzustimmen, als sie bei einem **beherrschenden G'fter** eine klare Vorabbefreiung vom Wettbewerbsverbot für notwendig erachtet. Nachdem sich eine Geschäftschance für die GmbH bereits konkretisiert hat, ist es nicht mehr möglich, diesen Vermögenswert dem G'fter ohne Entgelt zu überlassen; dies wäre in der Tat kein marktübliches Regelverhalten und insoweit als vGA anzusehen.

In die »Geschäftschancenlehre« des BFH ist durch zwei Urteile des I. Senats vom 09.07.2003 Bewegung geraten. Im ersten Fall (BFH/NV 2003, 1349) hat der BFH nochmals erläutert, dass sich die unentgeltliche Befreiung des beherrschenden G'fter-GF einer StB-GmbH vom Wettbewerbsverbot nicht zwangsläufig auf die Überlassung der Mandantenverträge erstrecken kann. Falls dies aber so praktiziert wird, liegt erst im Entgeltsverzicht der GmbH eine vGA.

Im wichtigeren zweiten Fall (BFHE 203, 77) war der Auftrag zunächst dem G'fter-GF angeboten, den dieser sodann der GmbH überlassen hat (Umgekehrte Geschäftschancenüberlassung), während er bei der Abwicklung als Subunternehmer für die GmbH tätig wurde. Bei einer solchen Sachverhaltskonstellation ergibt sich für den BFH zumindest dann keine vGA, wenn zwischen GmbH und G'fter-GF eine angemessene Vergütung vereinbart wird. Soweit es sich hierbei um freiberuflich zu erbringende Leistungen handelt – und dies ist die zweite wichtige Aussage – kann eine sich im **üblichen** Rahmen befindliche **Honorar**abrechnung das ansonsten erforderliche Gebot der klaren **Vorabvereinbarung** ersetzen. Urteil und Entscheidungsgründe dieses BFH-Urteils können als **Gestaltungsanleitung** in der Praxis herangezogen werden.[139]

4.5.2   Geschäftsführer-Vergütung (außer Pensionszusage)

Die Höhe der G'fter-GF-Vergütung stellt vor allem auch nach der Systemumstellung des KSt-Rechts eine Möglichkeit dar, das »Ausschüttungsverhalten« zu optimieren. Es stellt sich die Frage, wie weit sich die Steuerbelastung ändert, wenn statt einer Gewinnausschüttung die Beträge als GF-Vergütung an den GF transferiert werden. Gehaltszahlungen sind – abhängig von der individuellen Steuerbelastung der betreffenden G'fter – in der Gesamtbelastung günstiger als die entsprechende Gewinnausschüttung.

4.5.2.1   Gesellschaftsrechtliche Grundlagen

Die Höhe und Art der GF-Vergütung ist zivilrechtlich in das Ermessen der G'fter-Versammlung gestellt (§ 46 Nr. 5 GmbHG).[140] Gesellschaftsrechtlich kann es angezeigt sein, dass der GF bei erheblicher Verschlechterung der finanziellen Rahmenbedingungen einer Herabsetzung der Bezüge zustimmt (vgl. § 87 Abs. 2 AktG). Zunächst bleibt festzuhalten, dass die Art und Höhe der GF-Vergütung relativ frei zu bestimmen ist, das zuständige Organ hierfür bei GmbH die G'fter-Versammlung, bei AktG der Aufsichtsrat ist. Der Inhalt der fortgefallenen Vorschrift des § 86 Abs. 2 AktG (insb. auch die Berücksichtigung von Verlusten bei der BMG für die Tantieme), nach der die Bemessungsgrundlage für eine Gewinntantieme der Gewinn vor Abzug der Tantieme und KSt und nach Berücksichtigung von Verlusten zu berechnen ist,

---

139   Noch nicht hat der BFH den Fall entschieden, dass es dem Vertragspartner egal ist, wer (GmbH oder G'fter-GF) ihm als Vertragspartner gegenüber tätig wird.

140   Zum Verhältnis zwischen Gesellschaftsrecht und Steuerrecht instruktiv OLG Frankfurt vom 22.12.2004, DB 2005, 492.

die in der Zeit der entsprechenden GF-Tätigkeit des Organs entstanden sind, ist weiterhin zu beachten (BFH vom 17.12.2003, BB 2004, 1090).[141] Die Rspr. orientiert sich in Bezug auf das Vorliegen einer vGA damit weiterhin streng an den zivil- bzw. gesellschaftsrechtlichen Vorgaben. Der BFH (Beschluss vom 06.10.2006, GmbHR 2007, 104) nimmt daher entsprechend der zivilrechtlichen Ausgangssituation bei einer Abgeltung nicht genommenen Urlaubs in der Höhe der Abgeltung nicht ohne weiteres eine vGA an. Er stellt ausdrücklich fest, dass der Abgeltungsanspruch nicht automatisch ab einem bestimmten Zeitpunkt verfällt, sondern den allgemeinen zivilrechtlichen Regeln über Verjährung und Verwirkung unterliegt. Nur wenn er nach diesen Regeln nicht mehr besteht bzw. gegen diesen Anspruch Einreden geltend gemacht werden könnten, ist eine trotzdem vorgenommene Erfüllung des Anspruchs als vGA anzusehen.

4.5.2.2   Steuerliche Folgerungen

Das BMF hat mit Schreiben vom 14.10.2002[142] **die Reihenfolge der Prüfung** der Angemessenheit von G'fter-GF-Vergütungen präzisiert. Weitgehend unberührt von diesem Schreiben ist die Überprüfung der Gesamtausstattung dem Grund und der Höhe nach sowie die Prüfung der einzelnen Bestandteile. Hierfür sind die bisherigen Grundsätze weiter maßgeblich. Daher soll im Folgenden zunächst die methodische Prüfungsreihenfolge beschrieben werden, bevor auf die inhaltliche Prüfung der Gesamtausstattung und der Einzelbestandteile eingegangen wird.[143]

- In einem ersten Schritt sind die **einzelnen vereinbarten Vergütungsbestandteile** daraufhin zu überprüfen, ob sie dem **Grunde nach** einem Fremdvergleich standhalten. Zu beachten sind dabei z. B.
  - das Verbot, für den beherrschenden G'fter-GF rückwirkend Vereinbarungen zu treffen,
  - die Unüblichkeit, dem G'fter-GF eine Überstundenvergütung einzuräumen (BFH vom 27.03.2001, BStBl II 2001, 655), wie auch die Unüblichkeit, Arbeitszeitkonten einzurichten (vgl. BFH vom 11.11.2015, BStBl II 2016, 489).
  - die grundsätzliche Unangemessenheit, Pensionszusagen ohne Wartezeit einzuräumen oder zeitlich unbefristet ausschließlich Tantiemen als Vergütung zuzusagen (BMF vom 01.02.2002, BStBl I 2002, 219).
- Anschließend sind die (nach Ausschluss der dem Grunde nach unangemessenen Vergütungsbestandteile) **verbleibenden Vergütungsbestandteile** danach zu beurteilen, ob sie **der Höhe nach** als angemessen zu beurteilen sind – z. B. Überschreiten des variablen Bestandteils von Tantiemen (hierbei ist für die Überprüfung von der **vereinbarten Gesamtvergütung** auszugehen).
- Schließlich ist die Summe der nach den beiden ersten Schritten noch verbleibenden Bestandteile auf die Angemessenheit der Gesamtausstattung[144] zu untersuchen.

---

141 Vgl. im Einzelnen *Janssen*, BB 2004, 1776. In diesem Zusammenhang ist auf das BFH-Urteil vom 18.09.2007, BStBl II 2008, 314, zu verweisen.

142 BStBl I 2002, 972.

143 Sehr anschaulich zu den einzelnen kritischen Punkten der Angemessenheitsprüfung von Gehältern von G'fter-GF *Ott*, Inf 2004, 188; *Schwedhelm*, GmbHR 2006, 281.

144 Der Aspekt der Gesamtausstattung wird vom BFH insb. bei sog. »Mehrfach-GF« betont, die für mehrere GmbHs tätig sind (Urteil vom 15.12.2004, BFH/NV 2005, 1147).

Es kann also eine vGA wegen Unüblichkeit einzelner Bestandteile dem Grunde und der Höhe nach vorliegen, obwohl die Gesamtvergütung als angemessen anzusehen ist, z. B. wenn der G'fter-GF neben einer Festvergütung noch eine Überstundenvergütung erhält.[145]

Für die steuerlichen Folgen der Vereinbarung von G'fter-GF Vergütung dem Inhalt nach kommt es auf den Fremdvergleich an (externer und interner Betriebsvergleich).[146] Gegenüber einem Fremd-GF verhält sich eine GmbH marktüblich, wenn ihr nach der erwarteten Ertragslage nach Abzug der GF-Vergütung eine **angemessene Verzinsung des Eigenkapitals** verbleibt. Es ist kein marktkonformes Verhalten, wenn durch die GF-Vergütung der Gewinn der GmbH »abgesaugt« wird. Die Angemessenheit der GF-Vergütung ist demnach in erster Linie von den Ertragserwartungen, aber auch vom **Umsatz** bzw. der **Branche** und **Arbeitnehmerzahl** abhängig. Hierzu geben vielfältige Studien der Wirtschaft Anhaltspunkte.[147] Eine **Gewinnabsaugung** ist insb. zu prüfen, wenn der GmbH eine geringere Eigenkapital-Rendite als 10 % verbleibt. Bei dem Eigenkapital sind allerdings nicht die Buchwerte, sondern die Teilwerte unter Einschluss der stillen Reserven anzusetzen.[148] Bei der Angemessenheit der Gesamtausstattung wird auch darauf abzustellen sein, ob der G'fter-GF für mehrere oder nur eine Gesellschaft tätig ist. Bei der **Tätigkeit für mehrere Gesellschaften** ist ein Abschlag von der Summe der angemessenen Vergütung in den einzelnen Gesellschaften vorzunehmen, da auch der Tag eines GF begrenzt ist, sodass der Umfang der Tätigkeit in den einzelnen Gesellschaften zwangsläufig abnehmen muss. Schließlich ist bei der Angemessenheit der Gesamtausstattung zu berücksichtigen, wie viele GF die Tätigkeit unter sich aufteilen. Bei kleineren GmbHs kann bei drei GF im Einzelfall ein Abschlag bis zu 30 % der »angemessenen Normalwerte« erforderlich sein (vgl. auch BFH vom 04.06.2003, DB 2003, 2260). Insb. bei Familiengesellschaften ist die Frage berechtigt, ob nicht manche GF-Verträge eher der Versorgung dienen, als dass sie eine Gegenleistung für die tatsächliche Tätigkeit darstellen. In diesen Fällen wäre eine vGA anzunehmen. Bei der Prüfung der Gesamtausstattung der Bezüge sind einzelne Bestandteile zu bewerten und zu addieren. So ist z. B. bei der Prüfung der Angemessenheit der Gesamtbezüge eine Pensionszusage mit der fiktiven Jahresnettoprämie nach dem Alter des G'fter-GF zum Zeitpunkt der Pensionszusage, die er selbst für eine entsprechende Versicherung zu zahlen hätte, zu berücksichtigen.

Weicht die konkrete Vereinbarung der G'fter-GF-Vergütung von einer marktüblichen Vergütung ab, so steht – wie bereits ausgeführt worden ist – noch nicht fest, dass i. H. d. Differenz eine vGA vorliegt. Die KapG muss allerdings die Umstände darlegen, die die Vergütung trotz des Abweichens noch als marktkonforme Vergütung erscheinen lassen (**Beweisrisikoverteilung**).

Bei der Art der Vergütung spielen in der Vergütungspraxis aus naheliegenden betriebswirtschaftlichen Gründen (anreizorientierte Vergütungssysteme) **Tantiemevereinbarungen**[149] eine immer größere Rolle, zu denen die Rspr. und die FinVerw verschiedene Grundsätze (BMF vom 01.02.2002[150]) aufgestellt hat. Zu diesen Grundsätzen ist festzuhalten, dass

---

145 Eine vGA kann – wegen des dreistufigen Prüfungsschemas – auch bei einer bloß geänderten Zusammensetzung der Bezüge (bei unveränderter Höhe) angenommen werden, vgl. hierzu BFH vom 17.02.2010, GmbHR 2010, 820.

146 Der Fremdvergleich ist auch dann Maßstab, wenn der GF-Vergütung ein statutarischer Beirat zugestimmt hat, vgl. BFH vom 22.10.2015, ZIP 2016, 670 ff.

147 Vgl. z. B. *Tänzer*, GmbHR 1997, 1085; *Feldkamp*, StbG 1999, 136 und 181.

148 Bei einem Unterschreiten der Verzinsung kann jedoch nicht ohne weiteres von einer vGA ausgegangen werden.

149 Tantiemevereinbarungen sollten in der Praxis zwingend alle drei Jahre überprüft werden. Besser erscheint eine jährliche Überprüfung der konkreten Vereinbarung (insb. der Höhe der Beteiligung) i. R. d. Feststellung des Jahresabschlusses.

150 S. BStBl I 2002, 219.

sie betriebswirtschaftliche Kriterien und einem realen Marktvergleich nicht immer standhalten können, in der steuerlichen Praxis aber beachtet werden sollten (vgl. auch A 8.8 KStR), auch wenn die Rspr. die Grundsätze für die Gewinntantiemen gelockert hat.

- **Umsatztantieme**

  Leistungsvergütungen in Form von Umsatztantiemen sind grundsätzlich als vGA anzusehen, da sie unabhängig von der Ertragslage zu bezahlen sind und daher dem Gewinninteresse der GmbH widersprechen (BFH vom 20.08.1997, GmbHR 1998, 148; BFH vom 09.09.1998, GmbHR 1999, 196; BFH vom 11.08.2004, GmbHR 2005, 111). Nur in wenigen Ausnahmefällen kann eine Umsatztantieme zulässig sein, z. B. bei einer Gesellschaft im Aufbau, wo nur eine Beteiligung am Umsatz einen Anreiz bieten kann oder bei im Vertrieb tätigen G'fter-GF, wo eine Umsatztantieme noch als üblich angesehen werden kann.

- **Rohgewinntantieme**

  Rohgewinntantiemen stehen grundsätzlich zwischen Umsatztantiemen und Reingewinntantiemen. Die Anknüpfung an den Rohertrag bedeutet eine Einbeziehung von Aufwandspositionen in die BMG. Rohgewinntantiemen sind nicht von vornherein als vGA anzusehen. Je nach Gewichtung dieser Aufwandsposition nähert sich die Rohgewinntantieme der Umsatztantieme oder der Reingewinntantieme an. Je mehr sich unter diesen Aspekten eine Vergleichbarkeit mit der Umsatztantieme ergibt, ist eine nicht-marktkonforme Vergütungsform bereits dem Grunde nach gegeben. Soweit diese Vereinbarungen wegen der Vergleichbarkeit mit einer Reingewinntantieme dem Grunde nach anzuerkennen sind, ist im Einzelfall eine Angemessenheitsprüfung der Höhe nach vorzunehmen.

  Es ist darauf hinzuweisen, dass der BFH auch einer »Nur-Rohgewinntantieme« die Anerkennung nicht bereits aus grundsätzlichen Erwägungen versagt (BFH vom 26.01.1999, BStBl II 1999, 241). Bisher hat die FinVerw sog. »Nur-Tantiemen« die Anerkennung versagt, da sie nicht einem marktkonformen Regelverhalten entsprechen (vgl. BMF vom 13.10.1997, BStBl I 1997, 900).

- **Reingewinntantieme**

  Reingewinntantiemen unterliegen zunächst geringeren Bedenken als Umsatz- und Rohgewinntantiemen, da sie nur im Gewinnfall zu zahlen sind. Die BMG ist entsprechend dem früheren § 86 Abs. 2 AktG der handelsrechtliche Jahresüberschuss abzüglich eines Verlustvortrages und satzungsgemäß in die Rücklagen einzustellende Beträge. Die Tantieme und die KSt werden nicht von der BMG abgezogen (BFH vom 04.06.2003, DStR 2003, 1747). Eine Vereinbarung einer Tantieme ohne Verlustberücksichtigung ist als vGA anzusehen (BFH vom 17.12.2003, BStBl II 2004, 524 und vom 18.09.2007, DB 2008, 216). Man wird auf den handelsrechtlichen Verlustvortrag abzustellen haben.

- Eine immer größere Rolle spielen Zeitwertkonten für G'fter-GF. Fraglich ist hier, ob bereits die Gutschrift auf dem Konto oder erst die spätere Auszahlung zu einem Zufluss führt. Nun hat der BFH – gegen die überwiegende finanzgerichtliche Rspr.[151] – bereits mit der Gutschrift eine vGA angenommen.[152]

Der BFH (insb. vom 05.10.1994, BStBl II 1995, 549; vom 27.03.2001, DB 2001, 1340 und vom 04.06.2003, DStR 2003, 1747) und ihm folgend die FinVerw (vgl. das frühere Schreiben des BMF vom 05.01.1998, BStBl I 1998, 90 und das BMF-Schreiben vom 01.02.2002, DB 2002, 295) haben einige **Grundsätze** zu **Tantiemen** in Form einer Regelvermutung aufgestellt. Ein

---

151   Vgl. nur FG D'dorf vom 21.03.2012, EFG 2012, 1400.
152   BFH vom 11.11.2015, DB 2016, 805; vgl. hierzu ausführlich Schwedhelm/Zapf, DB 2016, 2200 ff.

Abweichen von diesen Grundsätzen führt nicht zwangsläufig zu der Annahme einer vGA. Die KapG kann und muss die Umstände darlegen, die eine andere Tantiemeberechnung als marktüblich erscheinen lassen kann (vgl. BFH vom 27.02.2003, DStR 2003, 1567 und BFH vom 04.06.2003, DStR 2003, 1747).

1. Soweit die Tantiemezusagen **insgesamt 50 % des Jahresüberschusses** übersteigen, spricht der Beweis des ersten Anscheins für die Annahme einer vGA (Gedanke der Gewinnabschöpfung). Hält sich die Tantieme (bzw. die Tantiemen) innerhalb dieser Grenzen, ist sie für sich genommen nicht als vGA zu qualifizieren. Es ist aber zu prüfen, ob die Gesamtausstattung (alle Bestandteile inkl. evtl. Pensionszusagen) innerhalb der Angemessenheitsgrenze liegt.[153] Bei Tantiemezusagen über 50 % geht nach Ansicht des BFH das Beweisrisiko für eine marktübliche Vergütung auf die KapG über, während Finanzgerichte (vgl. nur FG München vom 24.08.1999, EFG 1999, 1248) diese Grenze offensichtlich etwas großzügiger handhaben wollen.

2. Neben dieser Gesamthöhe der Tantiemezahlungen spielt nach dieser Rspr. aber auch das **Verhältnis** von Tantiemezahlung zu den Festbezügen eine erhebliche Rolle. Die Jahresgesamtbezüge sind in einen **Festgehaltsanteil von 75 %** und einem **Tantiemeanteil von 25 %** aufzugliedern. Dabei ist der Tantiemeanteil in Relation zum erwarteten Durchschnittsgewinn auszudrücken.

Zwischenzeitlich lässt der BFH in drei Entscheidungen aus dem Jahre 2003 erkennen, dass er von der schematischen (und vor allem praxisfremden) 25/75-Relation abrücken will, auch wenn die Verwaltung im Jahre 2002 diesen Schematismus übernommen hat. Dies (eine im Zweifel höhere zulässige Tantieme als 25 % der Gesamtbezüge) soll immer dann gelten, wenn:

- die Gesamtausstattung des G'fter-GF angemessen ist (BFH vom 27.02.2003, BFH/NV 2003, 1346)
- die Tantieme dem entspricht, was der G'fter-GF als früherer angestellter Fremd-GF erhalten hat (BFH vom 09.07.2003, BFH/NV 2004, 88).

Da der Tantiemeanteil von dem Gewinn der KapG abhängig ist, kann sich dieser Anteil verschieben, sodass allein aufgrund der Abweichung des eingetretenen von dem geplanten (und bei der Festlegung der Tantieme berücksichtigten) Erfolg die Gefahr einer vGA eintritt. Daher hat die FinVerw bestimmt, dass der Tantieme-Anteil in einem Dreijahresrhythmus überprüft werden muss. Danach führt auch ein kurzfristiger sprunghafter Anstieg einer Gewinntantieme nicht zwangsläufig zu einer vGA (BFH vom 10.07.2002, BStBl II 2003, 418).

Beispiel 36 (nach BFH vom 05.10.1994): Der abweichende Gewinn

Eine GmbH geht im Zeitpunkt des Abschlusses eines GF-Vertrages von einem durchschnittlich erzielbaren Gewinn vor Abzug von KSt, Gewerbeertragsteuer und GF-Vergütungen i. H. v. 800.000 € jährlich aus. Das angemessene GF-Gehalt beträgt 200.000 €. Es soll i. H. v. 150.000 € als Festgehalt und i. H. v. 50.000 € in Form einer Gewinntantieme ausgezahlt werden, die 6,25 % von dem Gewinn vor Abzug von KSt, Gewerbeertragsteuer und GF-Vergütungen beträgt (kalkulatorische BMG 6,25 % von 800.000 € = 50.000 €).

Zwei Jahre später erzielt die GmbH einen Gewinn vor Abzug von KSt, Gewerbeertragsteuer und GF-Vergütungen i. H. v. 2 Mio. € Der GF erhält ein Festgehalt von 150.000 € und eine Gewinntantieme

---

153 Dabei ist nach der vorgestellten methodischen Prüfungsreihenfolge vorzugehen.

von 6,25 % von 2 Mio. € = 125.000 €. Der Betrag entspricht nun 13,75 % der ursprünglich gedachten BMG. Die Tantieme beträgt jedoch 45,45 % der gesamten GF-Vergütung. Sie ist dennoch angemessen.

Ein weites Jahr später erzielt die GmbH einen Gewinn vor Abzug von KSt, Gewerbeertragsteuer und GF-Vergütungen i. H. v. nur 400.000 €. Der GF erhält ein Festgehalt von 150.000 € und eine Gewinntantieme von 6,25 % von 400.000 € = 25.000 €, insgesamt also 175.000 €. Dieser Betrag entspricht 45,75 % von 400.000 €. Die Tantieme beträgt nur 14,28 % der gesamten GF-Vergütung. Sie ist angemessen.

- **Überstundenvergütung**

  Es ist weiter darauf hinzuweisen, dass in der Rspr. bei der Prüfung der Angemessenheit der Bezüge auch eine **Gleichstellung** zwischen **GF** und sonstigen **leitenden Angestellten** vorgenommen worden ist. So hat der BFH (Urteil vom 13.12.2006, GmbHR 2007, 384) die Gewährung von Zuschlägen für Sonntags-, Feiertags-, Mehr- und Nachtarbeit an eine G'fterin, die **leitende Angestellte** war, nicht den steuerfreien Einnahmen i. S. d. § 3b EStG bei den Einkünften aus dem § 19 EStG, sondern als vGA den Einkünften aus § 20 EStG zugerechnet. Schließlich ist darauf hinzuweisen, dass die Pkw-Nutzung zeitweise zu einer Divergenz zwischen dem I. und VI. Senat des BFH geführt hat. Diese Divergenz ist dahingehend beseitigt worden, dass bei einer **vertragswidrigen** Pkw-Nutzung eine vGA, während bei einer – angemessenen – **vertragsgemäßen** Nutzung Arbeitslohn angenommen wird (vgl. BFH vom 23.01.2008, DB 2008, 962). In diesem Zusammenhang ist darauf hinzuweisen, dass sog. Zeitwertkonten bei G'fter-GF stets als vGA angesehen werden.[154]

- **Besonderheiten beim beherrschenden G'fter**

  Bei Tätigkeitsvergütungen zugunsten des beherrschenden G'fters sind zusätzlich zu dem inhaltlichen die formellen Voraussetzungen der Klarheit und der Vorabvereinbarung (**Rückwirkungsverbot**) zu beachten (vgl. dazu eingehend BFH vom 22.10.2003, ZIP 2004, 558). Das Gebot der Klarheit bezieht sich insb. auf die BMG für die Tantieme. Das Gebot der Klarheit ist aber erst verletzt, wenn **nach der gebotenen Auslegung** immer noch Zweifel bestehen (vgl. BFH vom 11.08.2004, GmbHR 2005, 111). So ist z. B. schon aus formalen Erwägungen eine Regelung nicht marktkonform, die die Berechnungsgrundlage für die Tantieme im Unklaren lässt, so z. B. nicht regelt, ob der Jahresüberschuss vor Abzug der KSt bzw. vor Abzug der Tantieme herangezogen werden soll. Die rückwirkende Vereinbarung sowohl der Tantieme an sich als auch ihrer BMG wird von Rspr. und FinVerw als marktunübliches Verhalten angesehen und somit als vGA qualifiziert.

Beispiel 37: Gesplittete Tantieme I

Die A-GmbH gewährt dem G'fter-GF A eine Tantiemezusage, nach deren Inhalt dem A zum 31.12.01 eine Reingewinntantieme i. H. v. 60.000 € zusteht. Nach den vorgestellten Grundsätzen ist die Tantieme i. H. v. 20.000 € als vGA anzusehen. Die A-GmbH bildet zum 31.12.01 zulässigerweise eine Rückstellung i. H. v. 60.000 €. Die Tantieme wird am 30.06.02 ausbezahlt (vgl. BMF vom 28.05.2002, BStBl I 2002, 603).

Lösung: Bei der A-GmbH kommt es außerhalb der Bilanz zu einer Hinzurechnung i. H. v. 20.000 €. Diese Hinzurechnung erhöht das Einkommen in 01.

Bei A führt der Zufluss in 02 i. H. v. 40.000 € zu Einnahmen aus nicht-selbständiger Arbeit, i. H. v. 20.000 € zu Einnahmen aus Kapitalvermögen (vGA).

Nach BMF vom 28.05.2002 (a. a. O.) ist außerhalb der Bilanz eine Nebenrechnung zu führen, in der festzuhalten ist, in welcher Höhe eine vGA anzunehmen ist (Teilbetrag I) und in welchem Umfang der Teilbetrag I dem StB-Gewinn hinzugerechnet worden ist (Teilbetrag II). Vorliegend entsprechen sich beide Teilbeträge, nach der Auszahlung der Tantieme sind beide Teilbeträge aufzulösen.

---

154 Vgl. BMF vom 08.08.2019, BStBl I 2019, 286 sowie *Meurs*, BB 2019, 2333 ff.

Eine steuerliche Relevanz bekommt die Nebenrechnung, wenn eine Tantieme-Rückstellung in der StB z. B. wegen des Verzichtes des G'fter-GF fortfällt. Um keine Doppelbelastung der als vGA qualifizierten Beträge zu erreichen, müssen außerbilanzielle Korrekturen vorgenommen werden.

Beispiel 38: Gesplittete Tantieme II

Dem G'fter-GF G wurde für das Wj. 02 eine Umsatz-Tantieme i. H. v. 30.000 € zugesagt und in der StB eine entsprechende Rückstellung gebildet. Die Tantieme ist in voller Höhe als vGA (dem Grunde nach) zu qualifizieren und wird in der Veranlagung entsprechend hinzugerechnet. Am 15.01.03 verzichtet G aus gesellschaftlichen Gründen auf die Auszahlung der Tantieme, der Anspruch war nur noch zu 70 % werthaltig.

Lösung: Entsprechend der Grundsätze im genannten Schreiben des BMF vom 28.05.2002 betragen die Teilbeträge I und II jeweils 30.000 €. Aufgrund des Verzichtes auf die Tantieme entsteht in der StB ein Ertrag i. H. d. Nennwerts der Rückstellung (30.000 €), außerhalb der Bilanz hat ein Abzug i. H. d. Teilwertes zu erfolgen (verdeckte Einlage). Der Teilwert beträgt 21.000 €. I. H. d. nicht werthaltigen Teils (9.000 €) hat eine außerbilanzielle Kürzung als sog. **negative vGA** zu erfolgen, da der Betrag im Zeitpunkt der Rückstellungsbildung als vGA angenommen worden ist. Dies ist notwendig, um eine doppelte Auswirkung zu vermeiden.

Steuerliche Probleme können in Krisensituationen von KapG entstehen. Vorstände bzw. GF von KapG sind gesellschaftsrechtlich u. U. verpflichtet, eine Reduzierung der Bezüge zuzustimmen (vgl. § 87 Abs. 2 AktG). Dabei wird oft vereinbart, dass für die Zukunft auf Gehalt verzichtet wird, im Besserungsfall aber eine Nachzahlung erfolgt.

Die FinVerw hat in der Vergangenheit überwiegend die Auffassung vertreten, ein solcher Verzicht sei steuerlich nicht möglich und Gehaltsnachzahlungen seien deshalb als vGA mit entsprechenden Folgen auf der Einkommenserzielungs- und Einkommensverwendungsebene anzusehen. Der BFH (Urteil vom 18.12.2002, DStRE 2003, 666) hat dieser Auffassung – zu Recht – eine eindeutige Absage erteilt. Die Gehaltsnachzahlungen stellen auf Ebene der GmbH abzugsfähige BA und beim G'fter-GF Einkünfte gem. § 19 EStG dar. Bei beherrschenden G'fter-GF ist jedoch zu beachten, dass diese Vereinbarungen nicht gegen das formale Transparenzgebot und inhaltliche Rückwirkungsverbot verstoßen dürfen.[155]

4.5.3 Pensionszusagen

Bei der Gewährung von Pensionszusagen hat die GmbH zunächst zu beachten, dass sich die steuerlich abzugsfähigen Beträge bereits in der StB von der handelsrechtlichen Gewinnermittlung unterscheiden (§ 6a EStG). Soweit hier eine Differenz vorliegt, ist diese auf der ersten Stufe der Gewinnermittlung innerhalb der StB zu korrigieren. Bei Pensionszusagen, die die Grenzen des § 6a EStG (vgl. insb. § 6a Abs. 3 Nr. 1 EStG) übersteigen (sog. Überversorgung[156], auch in Form der Nur-Pension), hat deshalb **innerhalb der Bilanz** eine Korrektur zu erfolgen. Für alle steuerlich anzuerkennenden Pensionszusagen gilt das strenge

---

155 Zu den steuerlichen Auswirkungen eines Forderungsverzichtes gegen Besserungsschein für die Vergangenheit vgl. Kap. 5.4.1.

156 Vgl. auch BMF vom 03.11.2004, DB 2004, 2500; zu den einzelnen Voraussetzungen einer Überversorgung (bei Barlohnumwandlung) s. BFH vom 15.09.2004, BStBl II 2005, 176; BFH vom 09.11.2005, FR 2006, 173: Falls die Versorgung des AN – zusammen mit der gesetzlichen Rentenversicherung – 75 % der am Bilanzstichtag bezogenen Aktivbezüge übersteigt, so liegt eine Überversorgung vor, die zur Kürzung der Pensionsrückstellung (§ 6a EStG) führt.

Schriftformgebot. Dies wurde im Urteil vom 22.10.2003 (BStBl II 2004, 121) nochmals für alle Anwendungsbereiche der Pensionszusage, gegenüber AN wie gegenüber G'fter-GF, betont.[157]

Probleme können in Bezug auf die Überversorgung und entsprechender notwendiger Auflösung der Pensionsrückstellung in der Bilanz dann auftreten, wenn der G'fter-GF in Krisenzeiten zeitlich befristet, vielleicht auch dauerhaft, eine Reduzierung seiner Aktivbezüge hinnimmt, ohne aber entsprechend die Pensionszusage zu kürzen. Die konsequente Anwendung der Grundsätze des BFH würde zu einem Zwang der teilweisen Auflösung der Pensionsrückstellung führen, wenn und soweit eine Anpassung der Pensionsrückstellung an die abgesenkten Aktivbezüge erforderlich ist. Der BFH nimmt eine Überversorgung an, wenn am Bilanzstichtag wegen der Reduktion der Aktivbezüge die Pensionszusage mehr als 75 % der Aktivbezüge beträgt.[158] Für die Vergangenheit dürfte eine Herabsenkung nicht infrage kommen.

Darüber hinaus stellen Rspr. und FinVerw Anforderungen an eine marktkonforme Pensionszusage (vgl. im Einzelnen R 8.7 und H 8.7 KStR).[159] Wenn diese Anforderungen nicht eingehalten werden, stellt dies eine vGA dar.

Eine solche Marktkonformität besteht nur dann, wenn die Erfüllung der Verpflichtung ernsthaft gewollt ist und vom GF erdient werden kann. Eine Erfüllbarkeit der Verpflichtung wird dann zu verneinen sein, wenn die KapG wirtschaftlich nicht in der Lage ist, das mit der Pensionszusage übernommene Risiko zu tragen.[160] Die Rspr. (BFH vom 28.11.2001, GmbHR 2002, 446) hat im Ausnahmefall eine vGA z. B. dann angenommen, wenn die Wahrscheinlichkeit der vorzeitigen Inanspruchnahme der Pensionszusage gegenüber dem Normalablauf außergewöhnlich hoch sei. Dies kann z. B. dann der Fall sein, wenn der G'fter-GF an einer schweren Erkrankung leidet und dies bekannt sei.

Nach der Rspr. und der ihr insoweit folgenden FinVerw (BMF vom 07.03.1997, BStBl I 1997, 637) gilt eine Pensionszusage dann vom GF als nicht »**erdienbar**«,
- wenn der Zeitraum zwischen dem Zeitpunkt der Zusage der Pension und dem vorgesehenen Zeitpunkt des Eintritts in den Ruhestand weniger als zehn Jahre beträgt (BFH vom 30.01.2002, GmbHR 2002, 795);
- oder wenn dieser Zeitraum zwar mindestens drei Jahre beträgt, der G'fter-GF dem Betrieb aber weniger als zwölf Jahre angehört;
- oder wenn eine Pensionszusage kurz vor dem 64. Lebensjahr des GF eingeräumt wurde und die Pension ab dem 70. Lebensjahr gezahlt worden wäre; diese Entscheidung bezog sich auf einen »DDR«-GF, denen gegenüber die Rspr. immer großzügiger war (BFH vom 23.07.2003, BStBl II 2003, 926; ebenso BFH vom 09.11.2005, BFH/NV 2006, 616: vGA bei Gewährung an 63-jährigen GF).

Der **Zehnjahreszeitraum** dient (lediglich) als Anhaltspunkt und als Indiz für die ausschließlich im Dienstverhältnis begründete Veranlassung der Zusage. Er ist jedoch nicht völlig starr anzuwenden, allerdings liegt bei Unterschreiten dieses Zeitraumes das Beweisrisiko für die nicht-gesellschaftliche Veranlassung bei der Gesellschaft (BFH vom 17.07.2004, GmbHR

---

157 Im Grundfall des § 6a EStG (Pensionszusage gegenüber AN) führt dies bei fehlender Schriftform zur Bilanzberichtigung (bzw. zur Ausbuchung der Verbindlichkeit).
158 Vgl. hierzu BFH vom 23.08.2017, DStR 2017, 2634 ff. Diese Rspr. wird als zu restriktiv angesehen, wenn die Herabsetzung der Aktivbezüge während einer zeitweisen Krisensituation erfolgt.
159 Einen guten Überblick über vGA im Zusammenhang mit Pensionszusagen bieten *Herlinghaus*, GmbHR 2003, 373; *Finsterwalder*, DB 2005, 1189; *Mahlow*, DB 2005, 2651; vgl. BMF vom 06.09.2005, BStBl I 2005, 875 sowie *Brinkmeier*, GmbH-StB 2005, 297.
160 Vgl. zu den Kriterien der Prüfung einer vGA bei Pensionszusagen *Wellisch/Gabl*, BB 2009, 2340.

2005, 112). Der BFH wendet die Grundsätze nicht nur bei der Erstzusage, sondern auch bei nachträglichen Erhöhungen an.[161] Eine Rechtfertigung für die Erhöhung kann darin bestehen, dass die erteilte Pensionszusage wegen nicht vorhersehbarer Steigerung der Lebenshaltungskosten nicht mehr zur Versorgung ausreicht. Das Lebensalter bestimmt sich hierbei nach den Vertragsbedingungen und nicht nach der Regelaltersgrenze der gesetzlichen Rentenversicherung (vgl. hierzu BFH vom 11.09.2013, DB 2014, 758 ff.). Im Urteil vom 23.09.2008 (BFH/NV 2009, 297) hat der BFH seine Rspr. zur zehnjährigen Erdienensdauer auch auf den Fall einer nachträglichen Erhöhung der Pensionszusage erstreckt.

Bei dem **beherrschenden G'fter** ist dabei zusätzlich zu beachten, dass aufgrund des sog. Rückwirkungsverbotes für den Erdienungszeitraums nur die Zeit als GF berücksichtigungsfähig ist. Der beherrschende G'fter muss sich die Pensionszusage in seiner Funktion als GF erdienen.

Neben diesem Erdienungszeitraum ist bis zur Erteilung einer Pensionszusage von dem GF eine Probe- und Wartezeit von zwei bis drei Jahren abzuwarten. Diese Voraussetzungen (**Erdienungszeitraum und Wartezeit**) sind zwischen FinVerw und Rspr. weitgehend unstreitig. Die Wartezeit kann im Einzelfall auch kürzer oder ganz abbedungen sein.[162] Dies gilt z. B. dann, wenn die GmbH aus einer bereits länger existierenden Gesellschaft hervorgeht (Betriebsaufspaltung bzw. Umwandlung) oder an der künftigen Ertragsfähigkeit der GmbH keine begründeten Zweifel bestehen, weil der GF erheblichen Umsatz (z. B. eigener Mandanten- bzw. Kundenstamm) in die Gesellschaft einbringt (BFH vom 24.04.2002, BStBl II 2002, 670; vgl. auch BFH vom 20.08.2003, DStRE 2004, 273).

Der BFH geht davon aus, dass eine Finanzierbarkeit dann nicht mehr vorliegt, wenn durch das Versorgungsrisiko eine Überschuldung im insolvenzrechtlichen Sinn eintritt (so deutlich BFH vom 04.09.2002, DB 2003, 242; bestätigt vom BFH vom 31.03.2004, BFH/NV 2004, 1191). Allerdings muss der GF bei Erteilung einer Pensionszusage nur dasjenige Versorgungsrisiko berücksichtigen, dass sich im Barwert der künftigen Pensionsleistungen i. S. d. § 6a Abs. 3 S. 2 Nr. 2 EStG (Anwartschaftsbarwert) niederschlägt; für die Prüfung der Überschuldung in einem Insolvenzstatus ist die Pensionszusage nur mit diesem Wert anzusetzen (BFH vom 07.11.2001, a. a. O.). Der Anwartschaftsbarwert wird versicherungstechnisch auch als »Einmalprämie« bezeichnet und stellt nach richtiger Ansicht den heutigen Wert der künftigen Versorgungsleistungen dar. Würde man diese Einmalprämie heute aufwenden, so wären damit die künftigen Pensionsleistungen voll ausfinanziert. Ausnahmsweise kommt für den Ansatz im Insolvenzstatus auch der niedrigere handelsrechtliche TW infrage. Diesen Ausnahmefall hat jedoch die KapG darzulegen und zu beweisen (BFH vom 04.09.2002, DB 2002, 242[163]).[164] Ist für die Pensionszusage eine Rückdeckungsversicherung abgeschlossen, kommt es für die Frage der Finanzierbarkeit nur auf die jährlichen Versicherungsbeiträge an.

---

161 BFH vom 23.09.2008, DStR 2009, 43.

162 Vgl. FG Mecklenburg-Vorpommern vom 22.02.2006, DStRE 2006, 607: Eine Wartezeit von drei Jahren und elf Monaten seit der Gründung war ausreichend (keine vGA); ähnlich das FM Mecklenburg-Vorpommern vom 14.06.2006, DStR 2006, 1371.

163 S. nahezu gleichzeitig BMF vom 09.12.2002, GmbH-StB 2003, 10 zu zwei Aspekten der vGA bei Pensionszusagen an G'fter-GF:
  • zum Stichwort »Unverfallbarkeit der Zusage« liegt bei vorzeitigem Ausscheiden dann eine vGa vor, wenn es sich nicht um eine sofortige ratierliche Unverfallbarkeit handelt,
  • zum Stichwort »Erdienungszeitraum« ist die Neufassung des BetrAVG vom 26.06.2001 (Verkürzung der Unverfallbarkeitsfristen) zu beachten.

164 Es deutet viel darauf hin, dass sich die FinVerw den Grundsätzen des BFH anschließen wird, vgl. OFD Hannover, DB 2005, 747.

Zur **Klarstellung**: Führt die Aufstockung der Pensionsrückstellung auf den Anwartschaftsbarwert zu einer Überschuldung im insolvenzrechtlichen Sinn, so ist die Pensionszusage insoweit nicht finanzierbar, als die Gesellschaft überschuldet ist. Konkret ist bei der insolvenzrechtlichen Überschuldungsprüfung auch zu berücksichtigen, ob bei positiver Fortführungsprognose ein Insolvenzantrag zu stellen gewesen wäre. Wäre nach insolvenzrechtlichen Kriterien keine Stellung des Insolvenzantrags zwingend erforderlich gewesen, kann es dabei bleiben, dass die Pensionszusage trotz rechnerischer Überschuldung insgesamt finanzierbar ist.[165]

Bei einer hinsichtlich der Finanzierbarkeit überhöhten Pensionszusage wird nur der überhöhte Teil als vGA behandelt. Der BFH hat klargestellt, dass die Pensionszusage nicht einheitlich zu würdigen, sondern nur der überhöhte Teil außerhalb der Bilanz hinzuzurechnen ist.[166] Es geht einzig um die Frage, in welcher Höhe eine Pensionszusage gegenüber einem fremden GF gegeben worden wäre.[167] Wenn die Pensionszusage nur **z. T. finanzierbar** ist, kommt nach der Rspr. (BFH vom 07.11.2001, GmbHR 2002, 118) eine teilweise steuerliche Anerkennung in Betracht, denn ein gewissenhafter GF würde eine Versorgungszusage nicht völlig verweigern, wenn er nur einen Teil des übernommenen Risikos nicht finanzieren kann. Eine Aufteilung kommt sowohl hinsichtlich der Bestandteile (z. B. Altersversorgung und Invalidität) als auch hinsichtlich des Betrages in Betracht. Etwas anderes kann gelten, wenn der finanzierbare Teil nur einen verhältnismäßig kleinen Umfang ausmacht[168]; dann ist die Pensionszusage insgesamt nicht anzuerkennen. Es bleibt festzuhalten, dass an der ursprünglichen Einheitstheorie der FinVerw nicht mehr festgehalten werden kann.

Soweit eine Pensionszusage nach diesen **normativen Kriterien** als vGA anzusehen ist, kommt keine gewinnerhöhende Auflösung der Rückstellung, sondern lediglich eine Hinzurechnung der im Veranlagungszeitraum erfolgten Zuführungen zur Pensionsrückstellung **außerhalb der Bilanz** in Betracht. Soweit frühere Zuführungen, die als vGA zu werten waren, aus verfahrensrechtlichen Gründen nicht mehr geändert werden können, kommt eine spätere Korrektur nicht mehr in Betracht.

Nach der zutreffenden Rspr.[169] (BFH vom 24.01.1996, BStBl II 1997, 440) des BFH sind Prämien für eine Rückdeckungsversicherung auch dann keine vGA, wenn sie der Rückdeckung für eine Pensionszusage dienen, die ganz oder teilweise als vGA anzusehen ist. Es fehlt bei der KapG eine Vermögensminderung, da die KapG einen eigenen Anspruch gegen die Rückdeckungsversicherung erwirbt.[170] Dazu fehlt beim G'fter das Kriterium der sog. **Vorteilsgeneigtheit**.[171]

Spannungsfelder zwischen der bilanzinternen Behandlung und außerbilanzieller Korrektur des Ergebnisses treten auch dann auf, wenn die Pensionsrückstellung innerhalb der Bilanz gewinnerhöhend aufzulösen ist (z. B. bei Tod des Berechtigten) und entsprechende Zuführungen zu dieser Rückstellung das Ergebnis der KapG bereits erhöht haben.

---

165 Hierzu instruktiv *Keil/Prost*, DB 2006, 355.
166 Vgl. *Gosch*, StBp 1999, 276.
167 *Wassermeyer*, GmbHR 2002, 2.
168 I.d.S. auch *Buciek*, DStZ 2002, 116.
169 In diesem Zusammenhang ist das BFH-Urteil vom 07.08.2002 (BFH/NV 2003, 124) von Bedeutung, dass die Beiträge einer GmbH zur Rückdeckungsversicherung, die für eine überhöhte Pension bezahlt werden, selbst keine vGA sind.
170 Vgl. BFH vom 07.08.2002, BFH/NV 2003, 124.
171 Eingehend hierzu FG Schleswig-Holstein, Urteil vom 17.12.2020, DB 2021, 592 ff.

Beispiel 39: Die nicht erlebte Pension I

Die A-GmbH verspricht ihrem G'fter-GF A eine um 50 % (125.000 €) unangemessen hohe Pension. In dieser Höhe kann die A-GmbH die Pension im Versorgungsfall nicht finanzieren. Die Pensionsrückstellung beträgt zum 31.12.01 250.000 €. Am 04.01.02 stirbt A noch während der Ansparphase. Eine außerbilanzielle Hinzurechnung ist erfolgt.

Lösung: In der Höhe der vGA (125.000 €) ist zum 31.12.01 der Teilbetrag I festzuhalten. In gleicher Höhe ist der Teilbetrag II (tatsächliche Hinzurechnung) festzuhalten. Durch den Todesfall ist in 02 die Rückstellung in voller Höhe erfolgswirksam aufzulösen. I. H. d. als vGA hinzugerechneten Teilbetrags II soll sich die Auflösung nicht noch einmal auf das Einkommen der A-GmbH auswirken. I. H. d. Teilbetrags II hat in 02 eine Kürzung des Einkommens (**negative vGA**) außerhalb der Bilanz zu erfolgen. Die Nebenrechnung soll doppelte Auswirkungen auf das Einkommen der GmbH vermeiden, die aus der StB nicht ersichtlich sind.

Schließlich bestehen steuerliche Besonderheiten, wenn der G'fter-GF auf seine durch eine Rückdeckungsversicherung abgesicherte Pensionsanwartschaft verzichtet[172] und ihm dafür als Abfindung der Versicherungsanspruch gegen die Rückdeckungsversicherung abgetreten wird.[173]

Folgende Beispiele gehen zunächst davon aus, dass die Abfindung – trotz der einschränkenden Rspr. des BFH (vgl. BFH vom 23.10.2013, DStR 2014, 637 ff.) – betrieblich veranlasst ist.[174]

Beispiel 40: Die abgesicherte Pension I[175]

B verzichtet auf seine Pensionsanwartschaft gegen Abtretung des Versicherungsanspruches, da B seine Beteiligung an der GmbH verkaufen und der Erwerber diese nicht übernehmen will. In der Bilanz der A-GmbH ist zugunsten des G'fter-GF B eine Pensionsrückstellung i. H. v. 500 passiviert. Der Anspruch gegen die Rückdeckungsversicherung besteht i. H. v. 400, der Teilwert der Pensionsanwartschaft beträgt 300. B verzichtet auf seine Pensionsanwartschaft gegen Abtretung des Versicherungsanspruches.

Lösung: Die GmbH hat in der Bilanz wie folgt zu buchen:

Rückstellung	500	an	Forderung	400
			außerordentlicher Ertrag	100

Die Differenz zwischen dem Teilwert der Pensionsanwartschaft und dem abgetretenen Anspruch gegen die Rückdeckungsversicherung ist als vGA zu beurteilen (100). B hat hierauf keinen Anspruch, die Abtretung ist insoweit aus gesellschaftlichen Gründen erfolgt; die vGA ist außerhalb der Bilanz hinzuzurechnen. Bei B liegen Einkünfte gem. § 19 EStG i. H. v. 300, Einkünfte gem. § 20 Abs. 1 Nr. 1, 3 Nr. 40d EStG i. H. v. 100 vor.

Die Abfindung einer **verfallbaren** Anwartschaft aus einer Pensionszusage an einen ausscheidenden G'fter-GF im Wege der Abtretung der Anwartschaft aus der Rückdeckungsversicherung führt immer zu einer vGA.[176] Die Abfindung einer noch verfallbaren Anwartschaft stellt nach dieser Auffassung eine vGA dar, weil ein ordentlicher und gewissenhafter GF diese vermeidbare Vermögensminderung nicht hingenommen hätte. Dies gilt stets bei einer Abfin-

---

172 Es wird vorliegend davon ausgegangen, dass der Verzicht auf gesellschaftlicher Grundlage beruht, vgl. zu der Abgrenzung der betrieblichen und der gesellschaftsrechtlichen Veranlassung, *Heeg*, DStR 2009, 567.

173 Zur bilanziellen Darstellung s. näher *Perwein*, GmbHR 2010, 523.

174 Vgl. aber auch Beispiel 42.

175 Vgl. zu den folgenden Fällen auch *Lederle*, GmbHR 2004, 269; ferner BFH vom 14.03.2006, GmbHR 2006, 822.

176 FG Berlin-Brandenburg, Urteil vom 16.06.2009, EFG 2009, 1677.

dung auch einer bereits unverfallbaren Anwartschaft, die »ad hoc« vereinbart worden ist. Etwas anderes soll gelten, wenn die Abfindungsmöglichkeit bereits im Versorgungsvertrag vorgesehen ist (BMF vom 06.04.2005, DStR 2005, 2062).[177] Es bleiben Restzweifel, wie lange vor der erfolgten Abfindung die Vereinbarung aufgenommen werden muss.

Beispiel 41 (Abwandlung): Die abgesicherte Pension II

Sachverhalt wie oben, nur beträgt der Anspruch gegen die Rückdeckungsversicherung 300, der Teilwert der Pensionsanwartschaft 400.

Lösung: Die GmbH bucht in der Bilanz wie folgt:

B **verzichtet** im Ergebnis auf 100, da der abgetretene Anspruch weniger Wert ist als der Teilwert der Pensionsanwartschaft beträgt. Insoweit liegt eine **verdeckte Einlage** vor, die GmbH kürzt außerhalb der Bilanz das StB-Ergebnis um 100; in gleicher Weise erhöht sich das steuerliche Einlagekonto (vgl. sogleich zur verdeckten Einlage unter Kap. 5).

B erzielt Einkünfte aus § 19 EStG i. H. v. 400 (der Verzicht bedeutet insoweit einen fingierten Zufluss); i. H. d. verdeckten Einlage (100) erhöhen sich seine AK auf die Beteiligung (§ 17 EStG, vgl. Einzelheiten unter Kap. 5.4.2).

Die Korrespondenz zwischen dem Verzicht auf die Pensionsanwartschaft als einer verdeckten Einlage bei der GmbH und gleichzeitig der Abfindung für diesen Verzicht als vGA ist im BFH-Urteil vom 14.03.2006 (BFH/NV 2006, 1515) bestätigt worden.[178]

Rückstellung	500	an	Forderung	300
			außerordentlicher Ertrag	200

Grundsätzlich ist es möglich, dass die Pensionsanwartschaft bzw. der künftige Anspruch auf die Pension gegen eine Kapitalleistung abgefunden wird. Der BFH sieht das aber als unüblich an, wenn der G'fter-GF nach Fälligkeit der Pensionszusage weiterhin für die GmbH arbeitet und sich die Pensionszusage abfinden lässt. In der Abfindung liegt nach Ansicht des BFH in diesen Fällen eine vGA vor (BFH vom 05.03.2008, FR 2008, 1022).[179] Eine vertragswidrige Abfindung liegt nach Ansicht des BFH (BFH vom 23.10.2013, DStR 2014, 637) auch dann vor, wenn der G'fter-GF ohne vereinbarungsgemäßes Ausscheiden die Abfindung erhält. Dies ist in allen Fällen relevant, in denen der GF über den Zeitpunkt des Versorgungsalters weiterarbeitet. So hält der BFH (BFH vom 23.10.2013, DStR 2014, 641) eine gleichzeitige Leistung von laufender Vergütung (bei entsprechendem Weiterarbeiten) und Pensionszahlung für unüblich und wertet sie als vGA. Der BFH hält grundsätzlich jede Form der »Doppelvergütung« für problematisch.[180]

Wenn die Abfindung – unabhängig von der Höhe – nach den Kriterien des BFH (z. B. weil der Pensionsberechtigte nicht aus dem Dienstverhältnis mit der GmbH ausscheidet) dem Grunde nach bereits als vGA anzusehen sein sollte, wird der Vorgang nach der Rspr. des BFH in getrennte Vorgänge aufzuteilen sein.

Die Abfindung ist nach dieser Ansicht von einem möglichen Verzicht auf einen Anspruch zu unterscheiden. Mithin wird die Abfindung, z. B. die Abtretung eines Anspruchs gegen die Rückdeckungsversicherung, stets als vGA (gesellschaftsrechtlich veranlasste Vermögens-

---

177 Vgl. ausführlich zu dem Problemkreis »Pensionszusage und Abfindung« *Bareis*, FR 2014, 493 und *Briese*, BB 2014, 1567.

178 Vgl. hierzu *Briese*, GmbHR 2008, 568, der die Rspr. allerdings missverständlich interpretiert.

179 Kritisch hierzu *Schothöfer/Killat*, DB 2011, 896.

180 Offener FG Münster (DStR 2019, 8 ff.), welches eine Doppelzahlung ausnahmsweise nicht als vGA wertet, wenn der G'fter-GF erst als GF ausgeschieden ist und dann ausschließlich im Interesse der GmbH seine Funktion wieder übernommen hat.

minderung) und der gesellschaftsrechtlich veranlasste Verzicht auf die Pensionszusage als verdeckte Einlage anzusehen sein (sog. Doppelsachverhalt). Der Verzicht auf den werthaltigen Teil stellt eine verdeckte Einlage dar, die kraft der Zuflussfiktion zu Einkünften nach § 19 EStG und zu nachträglichen Anschaffungskosten auf die GmbH-Beteiligung führt. Die Abfindung führt beim Anteilseigner zu einer vGA. Bei der GmbH hat dies folgende Konsequenzen:

Durch den Verzicht wird die Pensionsrückstellung innerhalb der Bilanz erfolgswirksam aufgelöst, in Höhe des Teilwerts der verdeckten Einlage erfolgt außerhalb der Bilanz ein korrigierender Abzug (vgl. § 8 Abs. 3 S. 3 KStG). Die Abfindungszahlung führt innerhalb der Bilanz zu einem Aufwand, der als vGA außerhalb der Bilanz wieder hinzuzurechnen ist (§ 8 Abs. 3 S. 2 KStG).

Folgendes zusammenfassende Beispiel soll die Folgen einer als vGA anzusehenden Abfindung erläutern.

Beispiel 42: Die verunglückte Abfindung

X hat von der X-GmbH als G'fter-GF eine Pensionszusage erteilt bekommen. Aufgrund von Liquiditätserwägungen verzichtet X auf seine Pensionszusage gegen Abfindung in Höhe des Teilwertes von 500. Die Pensionsrückstellung in der Bilanz der GmbH beträgt 400.

Lösung: Die Abfindung ist, weil sie gesellschaftsrechtlich veranlasst ist, als vGA anzusehen. Der gleichzeitige Verzicht auf die Pensionszusage führt nach der Rspr. des BFH gleichzeitig zu einer verdeckten Einlage.

Bei der GmbH ergeben sich folgende steuerrechtliche Folgen:

Innerhalb der Bilanz:

Die überschießende Besteuerung auf Anteilseignerseite wird gemindert, wenn der Anteilseigner seine Beteiligung verkauft. Dann gleichen sich die höheren Anschaffungskosten auf die Beteiligung und die zugerechnete vGA im Ergebnis wieder aus.

Auflösung der Pensionsrückstellung	+ 400
Abfindungsleistung	./. 500
außerhalb der Bilanz: verdeckte Einlage	./. 500
vGA	+ 500
Einkommen auf Ebene der GmbH	./. 100

Auf Ebene des Anteilseigners:

Einkünfte aus § 19 (wegen Zuflussfiktion)	500
Nachträgliche Anschaffungskosten i. S. d. § 17	500
Einkünfte aus § 20	500

4.5.4 Risikogeschäfte

Zwischen der FinVerw und dem StPfl. kommt es häufiger zu Auseinandersetzungen bei der Frage, ob und inwieweit G'fter-GF sog. Risikogeschäfte (vor allem in der Form von Devisentermingeschäften) im Interesse der GmbH durchführen können. Die FinVerw (BMF vom 19.12.1996, BStBl I 1997, 112) geht von einer gesellschaftlichen Veranlassung der Durchführung von Risikogeschäften aus, wenn

- das Geschäft unüblich und
- mit hohen Risiken verbunden sei.

Der BFH überprüft die Marktkonformität solcher Geschäfte mit gesellschaftsrechtlichen Überlegungen (BFH vom 14.09.1994, BStBl II 1997, 89). Es kommt zunächst darauf an, ob der GmbH gegen den G'fter-GF wegen der Durchführung dieser Geschäfte ein Schadensersatzanspruch zustehe, der erfolgswirksam zu aktivieren ist. Nur die Nichtgeltendmachung des Schadensersatzanspruches könne zu der Annahme einer vGA führen.[181] Bei der Beurteilung der Geschäfte ist insb. zu berücksichtigen, dass es Sache der G'fter-Versammlung ist zu entscheiden, in welchen Bereichen sich die GmbH engagiert. Die Zuordnung von Risikogeschäften zu der GmbH kann i. d. R. allein durch die GmbH und nicht durch die FinVerw erfolgen. Eine vGA kann demnach nur dann vorliegen, wenn

- die Gesellschaft sich verpflichtet, Spekulationsverluste zu tragen, Gewinne aber an den G'fter abzuführen,
- die Spekulationsgeschäfte erst auf die GmbH übertragen werden, wenn sich die dauerhafte Verlustsituation der Geschäfte konkret abzeichnet.

In diesen Fällen kann kein Interesse der GmbH an den Tätigkeiten bestehen, sodass von einem nicht-marktkonformen Verhalten eines G'fter-GF, ausgerichtete am Maßstab eines ordentlichen und gewissenhaften GF, ausgegangen werden kann. Diese einschränkende Annahme von gesellschaftlicher Veranlassung und Anknüpfung an gesellschaftsrechtliche Wertung entspricht der Tendenz in der Rspr. und wird künftig noch stärker zu beachten sein (vgl. BFH vom 08.08.2001, BFH/NV 2001, 1678; das BMF hat mit Schreiben vom 20.05.2003, DStR 2003, 939 in Bezug auf dieses Urteil einen Nichtanwendungserlass herausgegeben. Dieser Ansicht folgt inzwischen auch das BMF (vgl. BMF vom 14.12.2015, GmbHR 2016, 86).

4.6   Unternehmensfremdfinanzierung

4.6.1   Grundfragen der Regelung[182]

Die Berücksichtigung von Kosten der Fremdfinanzierung ist durch das UntStRefG umgestellt worden. Systematisch gehören die »überschießenden Kosten« zu den nicht abzugsfähigen Betriebsausgaben. Im Sinne der didaktischen Klarheit sollen die Grundlagen dennoch an dieser Stelle behandelt werden.

Durch das UntStRefG ist die bisherige Regelung der schädlichen G'fter-Fremdfinanzierung (§ 8a KStG a. F.) durch eine rechtsformübergreifende, wenn auch nicht rechtsformneutrale Erfassung der Unternehmens-Fremdfinanzierung abgelöst worden.[183] Regelungsgegenstand ist nicht mehr die aus Sicht des Gesetzgebers missbräuchliche »übermäßige« (qualitativ oder quantitativ) Fremdfinanzierung eines wesentlich beteiligten G'fters[184], sondern allgemein die Schaffung von »asymmetrischen Finanzierungsstrukturen« (BT-Drs. 16/4841, 31) zulasten des deutschen Fiskus.[185]

Typische Beispiele sind:

- übermäßige Fremdkapital-Finanzierung einer inländischen Gesellschaft durch eine ausländische Muttergesellschaft;

---

181 Vgl. Kap. 4.5.1.

182 Es können hier nur Grundlagen der Vorschrift behandelt werden, die aber bereits erhebliche Schwierigkeiten in der Anwendung der Vorschrift erahnen lassen; zu Zweifelsfragen ist – wenn auch nicht immer zufriedenstellend – in dem BMF-Schreiben vom 04.07.2008, BStBl I 2008, 718, Stellung genommen worden.

183 Treffend *Prinz*, DB 2008, 368.

184 Nach früherer Rechtslage hat man die Substitution von Eigenkapital durch Fremdkapital durch G'fter als missbräuchlich angesehen.

185 Diese Regelung sieht sich – zu Recht – starken verfassungsmäßigen Zweifeln ausgesetzt: BFH vom 18.12.2013, DStR 2014, 788 und *Prinz*, DB 2014, 1102. Dagegen *Irmer*, FR 2014, 777 und *Staats*, Ubg 2014, 520.

- Eigenkapitalfinanzierung der deutschen Muttergesellschaft an eine ausländische Tochtergesellschaft, die ihrerseits die inländische Muttergesellschaft oder eine inländische Schwestergesellschaft mit einem Darlehen refinanziert.

Eine G'fter-Fremdfinanzierung wirkt sich bei KapG sozusagen »steuerverschärfend« aus, da die allgemeinen Ausnahmetatbestände des § 4h Abs. 2 S. 1 Buchst. b und c EStG nicht anwendbar sind, wenn eine maßgebliche G'fter-Fremdfinanzierung i. S. d. § 8a Abs. 2 und 3 KStG hinzutritt. Durch die Neuorientierung ergeben sich unzählige Zweifelsfragen, die schon zu einer Flut an literarischen Stellungnahmen geführt haben.[186] Im Folgenden kann nur auf den Grundtatbestand und die Grundprobleme eingegangen werden. Bereits an dieser Stelle sei jedoch darauf hingewiesen, dass neben gravierenden europarechtlichen auch ganz erhebliche verfassungsrechtliche Bedenken geltend gemacht werden.[187] Insoweit ergeben sich Zweifel an der Verfassungsmäßigkeit vor allem in Bezug auf das Leistungsfähigkeitsprinzip in Form des Nettoprinzips, hier in Bezug auf eine Doppelbesteuerung (zumindest zeitlich befristet) und im Hinblick auf die Abhängigkeit des Steuertatbestands von den IFRS (i. S. einer dynamischen Verweisung), die aus deutscher Sicht von einem nicht demokratisch legitimierten Standard-Setter entwickelt und geändert werden (vgl. BFH vom 13.03.2012, DStR 2012, 955). Ökonomische Bedenken bestehen in Bezug auf sanierungsbedürftige Unternehmen, bei denen ein steuerlich wirksamer Abzug von Zinsaufwendungen nicht infrage kommen und der Zinsvortrag i. d. R. verpuffen wird.

4.6.2 Grundtatbestand des § 4h EStG

Nach § 4h Abs. 1 S. 1 EStG sind Zinsaufwendungen eines Betriebs bis zur Höhe des Zinsertrags des Betriebs in voller Höhe abzugsfähig, darüber hinaus (**Nettozinsaufwendungen**) nur bis zur Höhe von 30 % des modifizierten maßgeblichen Einkommens (modifiziertes steuerliches EBITDA).

Das **steuerliche EBITDA** ist nach § 4h Abs. 1 S. 1 und Abs. 3 EStG wie folgt zu ermitteln:

Maßgebliches Einkommen i. S. d. § 8a Abs. 1 S. 2 KStG (entspricht weitgehend Einkünften aus Gewerbebetrieb)

- \+ Zinsaufwendungen
- \+ Sofortabschreibung auf GWG gem. § 6 Abs. 2 S. 1 EStG
- \+ Abschreibungen auf Sammelposten gem. § 6 Abs. 2a S. 2 EStG
- \+ Absetzungen für Abnutzung gem. § 7 EStG
- ./. Zinserträge

= **korrigiertes maßgebliches Einkommen (Bemessungsgrundlage für 30 %ige Abzugsbeschränkung)**

Die Bezugnahme auf das maßgebliche Einkommen bei KapG statt des maßgeblichen Gewinns bei Personenunternehmen soll insb. sicherstellen, dass sich die außerhalb der Bilanz vorzunehmenden Korrekturen auf die Bemessungsgrundlage für die abzugfähigen Zinsen auswir-

---

186 Vgl. nur: *Köhler*, DStR 2007, 597; *Rödder/Stangl*, DB 2007, 479; *Töben/Fischer*, GmbHR 2007, 532; *Homburg*, FR 2007, 717; *Dörfler/Vogl*, BB 2007, 1084 jeweils m. w. N.; *Hölzer/Nießner*, FR 2008, 845; *Schwedhelm/Finke*, GmbHR 2009, 281.

187 S. nur *Prinz*, DB 2013, 1571 und *Heuermann*, DStR 2013, 1 und *Eilers*, FR 2007, 733 sowie neuerdings *Glahe*, Ubg 2015, 454 ff. jeweils mit weiteren Hinweisen. Interessant ist, dass die Verfassungswidrigkeit der Vorschrift unterschiedlich begründet wird. Der BFH, Beschluss vom 14.10.2015 (FR 2016, 416), hat die Frage dem BVerfG zur Entscheidung vorgelegt. Das FG München hält dagegen die Regelung mit nicht überzeugender Begründung in zwei Gerichtsbescheiden aus dem März 2015 für verfassungsgemäß. Wie FG München auch *Mitschke*, FR 2016, 412 ff.

ken. § 4h EStG stellt auf die Fremdfinanzierung eines Betriebs ab. Natürliche Personen können mehrere Betriebe, PersG und KapG dagegen nur einen Betrieb unterhalten. Bei PersG gehört das Sonder-BV zum Betrieb der PersG, woraus sich rechtsformspezifische Sonderprobleme ergeben[188]; der Organkreis ist ein Betrieb, da sich organschaftsinterne Finanzierungen nicht auf das Einkommen auswirken.

Beispiel 43: Zinsschranken-Grundfall

Eine KapG (Handelsunternehmen) hat ein maßgebliches Einkommen von 120. Bei der Einkommensermittlung werden Zinsaufwendungen von 100 und Zinserträge von 40 sowie eine lineare Abschreibung (§ 7 Abs. 1 EStG) von 20 berücksichtigt.

Lösung: Das steuerlich maßgebende EBITDA beträgt 200 (120 + 100 ./. 40 + 20), die Nettozinsaufwendungen betragen 60. Es ergibt sich ein abziehbarer Zinssaldo von 60. Es können somit alle Zinsaufwendungen abgezogen werden. Es tritt keine Änderung des maßgeblichen Einkommens ein.

Ein anderes Bild ergibt sich, wenn die KapG über entsprechend niedrigere Zinserträge verfügt (höhere Nettozinsaufwendungen). Damit werden Gesellschaften bevorzugt, die Gewinne am Kapitalmarkt (Fremdkapital), und nicht in Produktivvermögen oder Beteiligungen anlegen. Die Bevorzugung besteht darin, dass Zinserträge die Abziehbarkeit von Zinsen in voller Höhe erhöhen (eingeschränkt ist nur der Abzug der Nettozinsaufwendungen), während Erträge aus Realinvestitionen nur zu einem erhöhten Zinsabzug i. H. v. 30 % führen. Realinvestitionen werden also benachteiligt.[189]

Beispiel 44: Fehlen von Zinserträgen

Wie Beispiel 43, nur hat die Gesellschaft keine Zinserträge.

Lösung: Das EBITDA beträgt nunmehr 240, die Nettozinsaufwendungen 100. Es ergeben sich abziehbare Zinsaufwendungen von 72 und ein steuerliches Einkommen von 148. Die nicht-abziehbaren Zinsen von 28 werden außerhalb der Bilanz hinzugerechnet und im Rahmen einer gesonderten Feststellung vorgetragen (Zinsvortrag) und gelten im Vortragsjahr als Zinsaufwendungen.

Die Anknüpfung an das steuerliche EBITDA führt zu weiteren Ungereimtheiten.

Beispiel 45: Holdingproblematik

Es handelt sich um eine Holding-KapG, die Beteiligungserträge von 200 und Zinsaufwendungen von 200 hat. AfA und Zinserträge sollen nicht angefallen sein.

Lösung: Das maßgebliche Einkommen beträgt ./. 190, da die Beteiligungserträge zu 95 % steuerfrei sind (§ 8b Abs. 1 und Abs. 5 KStG). Das EBITDA beträgt 10, die Nettozinsaufwendungen 200. Es können nur Zinsaufwendungen von 30 % des EBITDA (3) abgezogen werden, sodass die KapG ein stpfl. Einkommen von 7 und einen Zinsvortrag von 197 hat.

Das Beispiel zeigt, dass Holding-Gesellschaften die Verlierer der Neuregelung sind; der Zinsvortrag kann sich bei Holding-Gesellschaften ökonomisch wie der nicht mehr anwendbare § 3c Abs. 1 EStG auswirken. Dies ist systematisch nicht zu rechtfertigen.

Bei der Ermittlung des steuerlichen EBITDA ergeben sich weitere Zweifelsfragen. Unstrittig werden nur Zinsen für eine Geldüberlassung (nicht für Sachüberlassungen) von der Vor-

---

188 Diese können an dieser Stelle nicht behandelt werden.
189 Daher erscheint eine Anknüpfung an die Nettozinsaufwendungen systematisch fraglich.

schrift erfasst. Soweit allerdings diese Zinsen bereits nach allgemeinen Vorschriften nicht die Bemessungsgrundlage der KapG mindern (weil sie z. B. eine vGA gem. § 8 Abs. 2 S. 2 KStG darstellen), sind sie von dem Anwendungsbereich der Vorschrift nicht erfasst. Soweit eine KapG an einer PersG beteiligt ist und hieraus Beteiligungserträge erzielt werden, sind diese nach Ansicht der FinVerw (Tz. 42 des BMF-Schreibens) nicht zu berücksichtigen, um Kaskadeneffekte zu vermeiden.[190] Diese Erträge erhöhen bereits das EBITDA der MU-schaft, an der die KapG beteiligt ist und sollen sich nicht doppelt auswirken.

4.6.3 Zinsvortrag und EBITDA-Vortrag

Die nicht abzugsfähigen Zinsen werden vorgetragen und gelten im Vortragsjahr als Zinsaufwendungen und erhöhen in diesem Jahr zwar die Nettozinsaufwendungen, aber nicht das steuerliche EBITDA, welches für die Abzugsfähigkeit entscheidend ist.[191] Dies führt dazu, dass der Zinsvortrag in die Bemessung der Freigrenze einzubeziehen ist. Dies kann zu einem Überschreiten der Freigrenze in einem Folgejahr führen, obwohl die aktuellen Zinsaufwendungen (des Vortragsjahres) geringer als 3 Mio. € sind. Die Nichtberücksichtigung beim EBITDA auf der einen Seite und die Einbeziehung für die Bemessung des Erreichens der Freigrenze auf der anderen Seite sind systematisch nicht zwingend und stellen eine nicht unwesentliche Belastung für die Unternehmen dar.

Der Zinsvortrag kann trotz Überschreitens im Folgejahr dann in vollem Umfang abzugsfähig sein, wenn die KapG im Vortragsjahr entweder nicht mehr zu einem Konzern gehört oder aber der KapG der EK-Test erstmalig gelingt und keine Rückausnahme eingreift (vgl. hierzu Kap. 4.6.4.3).

Der Zinsvortrag ist jedoch wie der Verlustvortrag nicht bestandsfest, sondern unterliegt der Gefahr des Verlustes bei Umstrukturierungen (vgl. § 8a Abs. 1 S. 3 KStG). Bei entsprechenden Änderungen im G'fter-Kreis (vgl. § 8c KStG) oder Umstrukturierungen (vgl. § 4h Abs. 5 EStG) geht der Zinsvortrag anteilig oder ganz unter.[192] Diese Regelungen erschweren die Sanierungen von KapG erheblich.

Durch das »Wachstumsbeschleunigungsgesetz« kann das in der Vergangenheit für den Schuldzinsenabzug nicht ausgeschöpfte EBITDA auf die folgenden fünf Jahre vorgetragen werden. Wenn eine KapG in einem Wj. das für die Abzugsfähigkeit der Zinsen maßgebende EBITDA nicht ausschöpft, kann dieses nicht ausgeschöpfte EBITDA auf fünf Jahre vorgetragen werden, um periodenübergreifend den Grundgedanken der Zinsschranke durchzusetzen. Dabei gilt wegen der zeitlichen Beschränkung des Vortrages eine Verwendungsreihenfolge des EBITDA dergestalt, dass das zeitlich zuerst vorgetragene EBITDA auch zeitlich zuerst ausgenützt wird (»first in – first out«). Ein Vortrag ist nicht möglich, wenn für das Wj. der Grundtatbestand der Zinsschrankenregel nicht angewendet wird, z. B. weil die Freigrenze nicht überschritten wird. Eine nicht geklärte Frage ist, ob in Jahren, in denen ein Zinsertragsüberhang besteht, wodurch die Zinsschrankenregelung in diesem Jahr keine Anwendung findet, ein EBITDA-Vortrag entstehen kann. Der Wortlaut ist insoweit nicht eindeutig, lässt aber vermuten, dass der Vortrag nur entstehen soll, wenn steuerliches EBITDA für Zinsaufwendungen – wenn auch nicht vollständig – verbraucht ist. Der Grundgedanke der Einführung des EBITDA-Vortrags, nicht verbrauchte EBITDA künftig nutzen zu können, zwingt jedoch

---

190 Vgl. nur *Schwedhelm/Finke*, GmbHR 2009, 283.

191 Wohl herrschende Ansicht, vgl. nur *Möhlenbrock*, Ubg 2008, 5.

192 Vgl. im Einzelnen §§ 4 Abs. 2, 12 Abs. 3, 15 Abs. 3, 20 Abs. 9, 24 Abs. 6 UmwStG. Vgl. zum Wegfall des EBITDA und Zinsvortrags beim unterjährigen schädlichen Ereignis FinMin Schleswig-Holstein vom 27.01.2012, DStR 2012, 1555 sowie die Kritik hieran in *Fischer*, DStR 2012, 2000.

in diesen Fällen zur Anwendung der EBITDA-Vortrags-Regelung. Hinzuweisen ist auch auf das Paradoxon, dass ein Überhang an Zinserträgen nicht vortragsfähig ist, sondern nur ein entsprechendes EBITDA. Zum Ausgleich von schwankenden Finanzergebnissen wäre dies jedoch sinnvoll und wünschenswert.[193] Verfahrensrechtlich ist der nicht ausgeschöpfte, in der Zukunft verrechenbare EBITDA gesondert festzustellen. Ein Beispiel möge dies erläutern:

Beispiel 46: EBITDA-Vortrag

Die Zinsaufwendungen der X-KapG beliefen sich im Jahr 01 auf 2,5 Mio. € und in den Jahren 02 und 03 jeweils auf 7 Mio. €. Das in den Wj. maßgebende EBITDA betrug in den Jahren 01 und 02 30 Mio. € und 3 Mio. € im Jahr 03.

Lösung: Die Nettozinsaufwendung des Jahres 01 können vollständig abgezogen werden; ein Vortrag des nicht ausgeschöpften EBITDA kommt demnach nicht in Betracht. Im Jahr 02 entsteht ein verrechenbares EBITDA (30 % des EBITDA) i. H. v. 9 Mio. €. Dieses EBITDA wird i. H. v. 2 Mio. € durch die Nettozinsaufwendungen nicht ausgeschöpft und kann in dieser Höhe auf die Folgejahre vorgetragen werden. Im Jahr 03 besteht ein originäres verrechenbares EBITDA i. H. v. 900.000 € und ein vorgetragenes EBITDA i. H. v. 2 Mio. €. Die Nettozinsaufwendungen können demnach i. H. v. 2,9 Mio. € abgezogen werden; i. H. v. 4,1 Mio. € werden die Zinsen in folgende Jahre vorgetragen.

4.6.4 Ausnahmen und Rückausnahmen

4.6.4.1 Freigrenze

Es ist bereits ausgeführt worden, dass eine Abzugsbeschränkung der Nettozinsaufwendungen auf 30 % des steuerlichen EBITDA dann nicht infrage kommt, wenn die Nettozinsaufwendungen weniger als 3 Mio. € betragen (**Freigrenze**).[194] Diese Freigrenze gilt pro Betrieb und Wirtschaftsjahr. Auch bei Rumpf-Wj. kann also die Freigrenze in voller Höhe ausgeschöpft werden. Bei Nichterreichen der Freigrenze bleiben die Nettozinsaufwendungen Betriebsausgaben und mindern in voller Höhe die BMG für die Körperschaftsteuer. Allerdings erfolgt unter den dort zu prüfenden Voraussetzungen eine gewerbesteuerliche Hinzurechnung gem. § 8 Nr. 1 Buchst. a GewStG.

4.6.4.2 Konzernklausel

Eine weitere Ausnahme für die Anwendung der Zinsschrankenregelung besteht dann, wenn die Gesellschaft nicht zu einem Konzern i. S. d. § 4h Abs. 2 S. 5 und 6 EStG gehört (§ 4h Abs. 2 S. 1 Buchst. b EStG). Hiernach ist der steuerliche Konzernkreis größtmöglich anzunehmen, da eine theoretische Konsolidierungsmöglichkeit ausreichend ist und zudem – über die entsprechenden Rechnungslegungsstandards hinaus – ein Konzern auch angenommen werden soll, wenn die Finanz- und Geschäftspolitik mit einem oder mehreren anderen Betrieben einheitlich bestimmt werden kann (S. 6). Diese Klausel soll Gesellschaften einbeziehen, die von einer Privatperson, die auch Mehrheitsbeteiligungen an anderen G'ftern innehat, mehrheitlich beherrscht wird. Obwohl sowohl die Betriebsaufspaltung als auch die GmbH & Co. KG die Merkmale des weiten Konzernbegriffs erfüllen, sieht die FinVerw davon ab, diese Rechtsinstitute als Konzerntatbestand zu begreifen (vgl. Tz. 63 und 66 des BMF-Schreibens).

---

193 Vgl. zu diesem Problemkreis *Rödder*, DStR 2010, 529; *Herzig/Liekenbrock*, DB 2010, 690 und schließlich *Kessler/Lindemer*, DB 2010, 472. Die OFD Frankfurt lehnt einen EBITDA-Vortrag in diesen Fällen ab (DStR 2012, 1660).

194 Durch das Bürgerentlastungsgesetz vom 16.07.2009 wurde die Freigrenze von 1 Mio. € auf 3 Mio. € zeitlich befristet angehoben. Die zeitliche Befristung wurde durch das Wachstumsbeschleunigungsgesetz aufgehoben. Der angehobene Sockelbetrag gilt gem. § 52 Abs. 12d S. 3 EStG bereits ab dem erstmaligen Inkrafttreten der Zinsschranke.

Bedeutend in diesem Zusammenhang ist für KapG die Rückausnahme[195] des §8a Abs. 2 KStG, wonach die Flucht aus §4h Abs. 1 EStG nur gelingt, wenn die Vergütungen für Fremdkapital an einen

- zu mehr als 25% beteiligten Anteilseigner oder
- eine diesem nahe stehende Person oder
- ein auf diese Person rückgriffsberechtigter Dritter (insoweit weiter Rückgriffsbegriff – faktische Rückgriffsmöglichkeit ist ausreichend)

nicht mehr als 10% der Nettozinsaufwendungen betragen und die Körperschaft dies nachweist. Hierbei dürfen die Vergütungen für Fremdkapital an die einzelnen qualifiziert beteiligten G'fter nicht addiert werden.[196] Wenn eine solche schädliche G'fter-Fremdfinanzierung vorliegt, gilt wieder die Zinsschranken-Grundregel, auch dann, wenn die Gesellschaft nicht zu einem Konzern gehört. Problematisch ist an dieser Vorschrift, dass eine Brutto-Größe (Zinsaufwendungen an den maßgeblich beteiligten G'fter) mit einer Netto-Größe (Nettozinsaufwendungen) verglichen wird. Einleuchtender wäre es gewesen, die Fremdkapitalvergütungen an den G'fter mit dem Gesamtzinsaufwand zu vergleichen.[197] Dies führt zu nicht einleuchtenden Ergebnissen. Die G'fter-Fremdfinanzierung ist umso gefährlicher (bei unterstellten gleich hohem Zinsaufwand), je höher der Zinsertrag der Gesellschaft (desto geringer sind die Netto-Zinsaufwendungen) ist.[198]

Beispiel 47[199]: Übermäßige Gesellschafterfinanzierung

An der X-GmbH sind A und B mit jeweils 30% und C mit 40% beteiligt. Die Nettozinsaufwendungen betragen 3,5 Mio. €, die Vergütung für G'fter-Fremdkapital an C betragen:
- a) 300.000€,
- b) 400.000€.

Das steuerliche EBITDA soll 5 Mio. € betragen.

Lösung: Die X-GmbH ist nicht konzernzugehörig, sodass die Ausnahme des §4h Abs. 2 S. 1 Buchst. b infrage kommt.

Im Fall a) betragen die G'fter-Fremdkapitalvergütungen weniger als 10% der Nettozinsaufwendungen, sodass die Rückausnahme des §8a Abs. 2 KStG keine Anwendung findet und alle Zinsvergütungen abzugsfähig sind.

Im Fall b) findet die Rückausnahme Anwendung. Es dürfen 30% des steuerlichen EBITDA (1,5 Mio. €) abgezogen werden und es müssen 2 Mio. € der Nettozinsaufwendungen als Zinsvortrag festgestellt werden.

4.6.4.3 Eigenkapital-Test

Schließlich besteht eine Escape-Möglichkeit, wenn der Gesellschaft der Nachweis gelingt, dass ihre Eigenkapitalquote unter Zugrundelegung einer konzernweiten Analyse dem Durchschnitt entspricht (bzw. nicht wesentlich von dem Durchschnitt abweicht, unwesentliche Abweichung bis 2% ist unschädlich) und in keiner **Konzerngesellschaft** eine schädliche G'fter-Fremdfinanzierung vorliegt (Rückausnahme i. S. d. §8a Abs. 3 KStG).

---

195 In Prüfungen wird die Rückausnahme zuerst geprüft werden, da bei Erfüllen des Tatbestands der Rückausnahme die Prüfung der Ausnahmevorschrift entfällt. Dies gilt sowohl für §8a Abs. 2 KStG i. V. m. §4h Abs. 2 S. 1 Buchst. b KStG als auch für §8a Abs. 3 i. V. m. §4h Abs. 2 S. 1 Buchst. c EStG.
196 BFH vom 11.11.2015, NZG 2016, 718 ff. gegen BMF vom 04.07.2008, BStBl I 2008, 718.
197 Vgl. insoweit *Dötsch/Pung/Möhlenbrock*, KStG und EStG, §8a Tz. 30.
198 In diesem Sinn auch *Schwedhelm/Finke*, GmbHR 2009, 288.
199 Nach *Dötsch/Pung/Möhlenbrock*, KStG und EStG, §8a Tz. 118.

Der hochkomplexe – die FinVerw und mittelständische Praxis inhaltlich, zeitlich, organisatorisch und finanziell überfordernde[200] – Eigenkapital-Test soll dokumentieren, dass nicht eine missbräuchliche Verlagerung von Fremdkapital nach Deutschland stattgefunden hat. Gehören mehrere KapG zu einem Konzern (inländisch oder international), kann der Eigenkapital-Test bei einer Gesellschaft gelingen und bei der anderen nicht. Liegt allerdings nur bei einer konzerngehörigen Gesellschaft – im Inland oder Ausland – eine nach Maßgabe des § 8a Abs. 3 KStG schädliche G'fter-Fremdfinanzierung vor, hat dies für alle inländischen Betriebe die Konsequenz, dass die Zinsschranken-Grundregel anzuwenden ist.

Der Eigenkapital-Test hat stichtagsbezogen zum vorangegangenen Abschlussstichtag zu erfolgen, wodurch den KapG eine gewisse Planungssicherheit gegeben ist. Als Rechnungslegungsstandard für den Eigenkapital-Test[201] kommen zunächst die IFRS, das Handelsrecht eines anderen EU-Mitgliedstaats oder die US-GAAP in Betracht. Für die Abgrenzung des Konsolidierungskreises gilt allerdings ausschließlich IFRS bzw. der steuerlich weitergehende Konsolidierungskreis. Formal sind die Abschlüsse in deutscher Sprache vorzulegen und von einem Abschlussprüfer zu testieren. Dieses Testat bereitet jedoch in der Praxis große Schwierigkeiten, da der Abschlussprüfer einen nicht mit den Grundsätzen der IFRS, nämlich weiteren, Konsolidierungskreis zu untersuchen hat. Darüber hinaus sind in Bezug auf das Eigenkapital noch Besonderheiten zu beachten, die sich aus den unterschiedlichen Abgrenzungen von Eigenkapital- und Fremdkapital nach HGB und IFRS ergeben können. Insoweit gilt der Eigenkapitalbegriff des HGB. Zusätzlich ergeben sich bei PersG diverse Besonderheiten, dass das Sonder-BV dem Eigenkapital der MU-schaft zuzuordnen ist, obwohl es handelsrechtlich Privatvermögen darstellt. Man will hier relativ einfache Gestaltungsmöglichkeiten der Verlagerung von Vermögen bzw. Schulden ins Sonder-BV vermeiden.

Schließlich ergeben sich Modifikationen der Berechnung des Eigenkapitals, die folgend nur vereinfacht als tabellarisches Schaubild dargestellt werden sollen:

Eigenkapital nach den jeweils geltenden Rechnungslegungsstandards
(mind. aber Eigenkapital lt. HGB)

+	anteiliger Firmenwert (soweit im Konzernabschluss enthalten)
+	Hälfte der Sonderposten mit Rücklagenanteil
./.	stimmrechtsloses Eigenkapital (außer Vorzugsaktien)
./.	Anteile an anderen Konzerngesellschaften
./.	kurzfristige Einlagen
+/./.	Sonderbetriebsvermögen (nur bei PersG)
=	**modifiziertes Eigenkapital**

Auf die Einzelheiten der einzelnen Modifikationen kann und soll an dieser Stelle nicht eingegangen werden.[202]

Bei KapG ist zudem – wie bereits erwähnt – die Rückausnahme des § 8a Abs. 3 KStG zu beachten. Es kommt die Escape-Klausel unabhängig vom Bestehen des Eigenkapital-Tests nur in Betracht, wenn die Vergütungen für Fremdkapital der Körperschaft oder jeder anderen Körperschaft innerhalb des Gesamtkonzerns an einen

---

200 Zustimmend *Kußmaul/Pfirmann/Meyering/Schäfer*, DB 2005, 135.
201 Vgl. hierzu *Ganssauge*, DStR 2008, 213 und 267 jeweils m. w. N.
202 Vgl. hierzu *Ganssauge*, DStR 2008, 213 und 267.

- zu mehr als 25 % beteiligten Anteilseigner oder
- eine diesem nahe stehende Person oder
- einen auf diese Person rückgriffsberechtigten Dritten

nicht mehr als 10 % der Nettozinsaufwendungen betragen und die Körperschaft dies nachweist.

Dabei werden nur Vergütungen für Fremdkapital berücksichtigt, die im konsolidierten Konzernabschluss nicht ausgewiesen werden. Damit werden nur Vergütungen an Gläubiger erfasst, die nicht zu dem Konzern gehören. Wenn die Körperschaft nicht durch in deutscher Sprache vorgelegte Unterlagen den Vergütungsnachweis erbringt und die Vergütungen jeweils (aber **alle**!) niedriger als 10 % der Nettozinsaufwendungen des jeweiligen Rechtsträgers betragen, gibt es für den Gesamtkonzern keine Escape-Möglichkeit nach § 4h Abs. 2 S. 1 Buchst. c EStG. Eine im Konzernverhältnis völlig untergeordnete Fremdkapitalfinanzierung kann somit auch dann den Gesamtkonzern für Zwecke des § 4h i. V. m. § 8a KStG infizieren, wenn die schädliche Finanzierung gegenüber einer ausländischen Gesellschaft vorgenommen worden ist. Es bleibt unklar, was diese Erweiterung des Tatbestands des § 4h EStG i. V. m. § 8a Abs. 3 KStG mit den (ohnehin bedenklichen) Zielen der Vorschrift zu tun hat. Die Rechtsfolge ist wiederum die Anwendung der allgemeinen Zinsschrankenregelung.

5 Verdeckte Einlagen
5.1 Überblick

Das Rechtsinstitut der verdeckten Einlage grenzt ähnlich wie das Rechtsinstitut der vGA auf einer **zweiten Stufe** außerhalb der Bilanz die betriebliche von der gesellschaftsrechtlichen Veranlassung ab. Dies entspricht dem Grundgedanken des § 4 Abs. 1 EStG, der auch bei vE in KapG Anwendung findet. Dabei ist die Frage der gesellschaftsrechtlichen Veranlassung nach gleichen Kriterien zu entscheiden wie bei der vGA.[203]

Das Rechtsinstitut der verdeckten Einlage will zum einen sicherstellen, dass alle durch den Betrieb der KapG veranlassten Aufwendungen das steuerliche Ergebnis berühren und zum anderen verhindern, dass beim Einlegenden gebildete stille Reserven nach der Überführung in ein anderes BV (der KapG) systemwidrig der Besteuerung unterworfen werden. Insoweit dient dieses Rechtsinstitut dem Subjektsprinzip der Besteuerung, nach dem Gewinne bzw. stille Reserven grundsätzlich (Ausnahmen § 6 Abs. 3 und Abs. 5 EStG) dort besteuert werden sollen, wo sie entstanden sind (vgl. BFH vom 26.10.1987, BStBl II 1998, 1348).

Beispiel 48: Die begünstigte GmbH

Der G'fter legt ein WG (TW 500, ND vier Jahre) verdeckt ohne Gegenleistung in die GmbH ein.

Lösung: Das WG ist mit dem TW anzusetzen, was innerhalb der betrieblichen GuV zu einem außerordentlichen Ertrag i. H. v. 500 führt. Die Abschreibungen mindern das Betriebsergebnis. **Außerhalb der Bilanz** ist das Ergebnis um den Wert der verdeckten Einlage (TW) zu mindern. Hierdurch wird erreicht, dass sich die Aufwendungen (AfA) in der GmbH niederschlagen, die Zuführung des WG zum BV entsprechend der gesellschaftlichen Veranlassung jedoch steuerneutral erfolgt. Soweit die stillen Reserven auf der Ebene der Einlegenden nach allgemeinen Regeln steuerverstrickt sind, sind sie dort erfolgswirksam zu erfassen.

Hinweis: Wenn eine entsprechende Vereinbarung besteht, kann auch eine neutrale Erfassung über die Kapitalrücklage erfolgen (»sonstige Zuzahlung« i. S. d. § 272 Abs. 2 Nr. 4 HGB).

---

203 Vgl. auch die Ausführung von *Preißer*, Teil A, Kap. I 3.3 und 3.4.1.2.

Die vE dient der unter normativen Gesichtspunkten richtigen Zuordnung von Einkommens-zuwächsen. Sie bildet dabei umgekehrte Leistungsbeziehungen zwischen Gesellschaft und G'fter ab wie die vGA. Sie kann aber nicht in jeder Beziehung als Spiegelbild der vGA ange-sehen werden. Dies zeigt sich insb. bei Aufwendungen von Nutzungsvorteilen zwischen **Schwester-KapG.**

Beispiel 49: KapG als Begünstigte

Die M-GmbH hält Beteiligungen an der T1-GmbH und der T2-GmbH. Die T1-GmbH überlässt der T2-GmbH zinslos ein Darlehen.

    Lösung: Die Überlassung der Zinsersparnis ist zunächst eine vGA von T1 an M. Da es sich aber lediglich um einen (nicht-einlagefähigen) Nutzungsvorteil handelt, liegt zwischen M und T2 keine verdeckte Einlage vor; die T2 erzielt ein um die Zinsersparnis höheres Einkommen, welches nicht zu korrigieren ist. Zur Rechtsfolge bei M vgl. Beispiel 58.

Dabei decken sich die **Rechtsfolgen** (bzw. der Wertansatz) der verdeckten Einlage bei dem einlegenden G'fter und der KapG zwar häufig, aber nicht zwingend. Dies hat der BFH (Beschluss vom 16.05.2001, DB 2001, 1858) zu dem Verzicht des G'fters auf ein **eigenkapita-lersetzendes** G'fter-Darlehen festgestellt.[204]

Beispiel 50: Hilfe in der Not

Der G'fter Y hat der X-GmbH – individualvertraglich festgelegt – ein krisenbestimmtes Darlehen i. H. v. 120 gegeben. Y verzichtet in der Krise auf das Darlehen, als diesem noch ein Wert von 70 beigelegt werden konnte.

    Lösung: Bei der X-GmbH entsteht zunächst ein außerordentlicher Ertrag in der HB und StB i. H. v. 120 (Wegfall der Darlehensverbindlichkeit). Auf der zweiten Stufe (außerhalb der Bilanz) wird die gesellschaftlich veranlasste Einlage mit dem **TW** (!) i. H. v. 70 abgezogen.

    Bei dem G'fter Y entstehen nach der Rspr. des VIII. Senates des BFH und gem. § 17 Abs. 2a EStG bei einem Verzicht auf sog. Krisendarlehen (auch bei eigenkapitalersetzenden Darlehen) i. H. d. Nennwer-tes (120) des Darlehens nachträgliche AK auf die Beteiligung. Dies hatte sich durch die neue Rspr. nicht geändert. Die Höhe der nachträglichen AK beim G'fter und die Höhe der verdeckten Einlage decken sich demnach in diesem Fall nicht.[205]

    Die Voraussetzungen und Rechtsfolgen sind demnach auf der Ebene der KapG und der Ebene des AE getrennt zu prüfen. Die Abweichung resultiert aus einem – isolierten – normativen AK-Begriff i. R. d. § 17 EStG, der nicht auf Beteiligungen im BV entsprechend anzuwenden ist. Soweit die Darlehensfor-derung des G'fters gegen die KapG wertlos geworden ist, kommt eine Abschreibung in Betracht, wenn der G'fter das Darlehen und die Beteiligung in einem BV hält. Der durch die Abschreibung entstehende Aufwand unterliegt nach der Änderung des § 3c Abs. 2 EStG ab 2015 dem anteiligen Abzugsverbot, was zu einer außerbilanziellen Hinzurechnung von 40 % führt.[206]

Die Rspr. des BFH hatte sich in Bezug auf den normativen AK-Begriff am Eigenkapitalersatz-recht des BGH bzw. des § 32a GmbHG orientiert. Durch das MoMiG ist dieses Rechtsinstitut, aber nicht das zugrunde liegende Problem, mit einem Federstrich aufgehoben worden. Es stellt sich insoweit die Frage, ob und inwieweit diese Aufhebung Folgerungen auf die Rspr. zu § 17 EStG bzw. auf den normativen AK-Begriff haben kann. Dies kann an dieser Stelle nicht abschließend und im Detail analysiert werden. Die h. M. hat die frühere Rechtslage auch nach

---

204 *Eilers/Wienands*, GmbHR 1998, 618; *Buciek*, Stbg. 2000, 109.
205 Dies hat der Gesetzgeber nunmehr in § 17 Abs. 2a EStG festgelegt.
206 Vgl. hierzu *Wassermeyer*, DB 2006, 296.

MoMiG für anwendbar erklärt.[207] Dies hat der BFH durch Urteil vom 11.07.2017 (DStR 2017, 2098 ff.) abgelehnt, da aufgrund der geänderten gesellschaftsrechtlichen Betrachtung (Aufhebung des Eigenkapitalersatzrechtes) dieser Ansicht die Rechtsgrundlage entzogen sei. Unserer Ansicht nach war diese Betrachtung nicht zwingend, wird aber zu beachten sein. Daher sollten in Darlehensverträgen entsprechende Regeln individualvertraglich vereinbart werden, dass eine entsprechende einlagengleiche Kapitalbindung des Darlehens erfolgt.

Der BFH hält einen Verlust eines G'fter-Darlehens jedoch im Rahmen des § 20 Abs. 2 Nr. 7 EStG für abzugsfähig (vgl. BFH vom 24.10.2017, Ubg 2018, 172 ff.). Dies hilft den Beteiligten jedoch nicht in allen Fällen weiter. Vor allem dürfte nur der tatsächliche Wert des Darlehens als Verlust berücksichtigt werden; der Verlust ist nur mit anderen Einkünften aus Kapitalvermögen zu verrechnen (vgl. § 20 Abs. 6 EStG), wenn nicht die Voraussetzungen des § 32d Abs. 2 Nr. 3 EStG gegeben sind. Inzwischen hat der Gesetzgeber die alte Rechtslage weitgehend wiederhergestellt (§ 17 Abs. 2a EStG).

5.2 Begriff der verdeckten Einlage

Aus der Abgrenzung zwischen offenen und verdeckten Einlagen ergibt sich unmittelbar der Begriff der verdeckten Einlage, der von Rspr. (vgl. nur GrS des BFH vom 09.06.1997, BStBl II 1998, 308) und FinVerw (A 8.9 KStR) identisch verwendet wird:

»Eine verdeckte Einlage ist gegeben, wenn ein G'fter oder eine ihm nahe stehende Person außerhalb der gesellschaftsrechtlichen Einlagen einen einlagefähigen Vermögensvorteil zuwendet und die Zuwendung ihre Ursache im Gesellschaftsverhältnis hat. Dies ist dann der Fall, wenn ein Nicht-G'fter bei Anwendung der Sorgfalt eines ordentlichen Kaufmanns der Gesellschaft den Vermögensvorteil nicht eingeräumt hätte. Gegenstand der verdeckten Einlage kann auch der Erlass einer Forderung gegen die Gesellschaft sein. Dem Erlass steht unter dem Gesichtspunkt der Einlage der Verzicht auf die Rückzahlung gleich.«

Die verdeckte Einlage kann nur von einem G'fter oder einer ihm nahe stehenden Person vorgenommen werden. Hierzu gelten die gleichen Ausführungen wie bei der vGA in Bezug auf »Noch-Nicht-G'fter« bzw. »Nicht-Mehr-G'fter«.[208] Wendet eine dem G'fter **nahe stehende** Person (aus familien- oder gesellschaftsrechtlichen Gründen nahe stehend) der KapG den Vorteil zu, wird dies dem G'fter zugerechnet. Welchen Rechtsgrund die (in einem ersten Schritt gedanklich zu vollziehende) Zuwendung von der nahe stehenden Person an den G'fter (Deckungsverhältnis) hatte, ist für die Behandlung der verdeckten Einlage bei der Gesellschaft und den G'fter ohne Belang. Es kann sich bei Darlehens- oder Bürgschaftsübernahmen durch die nahstehende Person die Problematik des **Drittaufwands** ergeben, wenn eine Inanspruchnahme aufgrund der Bürgschaft erfolgt.[209] M. E. führt nur eine konsequente Zurechnung der Steuerfolgen beim AE zu einem sachgerechten **Ergebnis**.

Die Zuwendung muss in einem **einlagefähigen Vermögensvorteil** bestehen. Nach der steuerlichen Rspr. können nur solche WG eingelegt werden, die bei der empfangenden Gesellschaft dem Grundsatz nach bilanzierungsfähig sind. Dabei steht der Wegfall eines Passivpostens der Hinzufügung eines Aktivpostens gleich. Ein grundsätzlich einlagefähiger Vermögensvorteil besteht auch bei immateriellen WG, das Aktivierungsverbot des § 5 Abs. 2 EStG gilt hier nicht.

207 Vgl. insb. *Groh*, FR 2008, 264; *Hölzle*, DStR 2008, 1185.
208 Vgl. dazu Kap. 4.3.2.
209 *Wassermeyer*, DB 1999, 2486.

Fraglich ist, ob die Einlagefähigkeit eine Einschränkung insoweit zu erfahren hat, dass nicht alles, was gesellschaftsrechtlich einlagefähig ist, auch Gegenstand einer verdeckten Einlage sein kann. Der BGH hat zur Einlagefähigkeit von Nutzungen bzw. Nutzungsrechten ausgeführt, dass sich die Bilanzierungsfähigkeit nach der Einlagefähigkeit richte und nicht umgekehrt (GmbHR 2000, 870). Die Einlagefähigkeit richte sich – entsprechend den Grundsätzen der Kapitalaufbringung und der Kapitalerhaltung – entscheidend nach der Bewertbarkeit und Verwertbarkeit in der Zwangsvollstreckung (Gläubigerschutz). Damit hat der BGH die Einlagefähigkeit von bewertbaren Nutzungsrechten (aber auch Nutzungen) dokumentiert. Aus Gründen einer sachgerechten Besteuerung können diese gesellschaftsrechtlichen Grundsätze nicht uneingeschränkt auf das Steuerrecht – insb. auf die Einlagefähigkeit im Rahmen von verdeckten Einlagen – übertragen werden. Der Ansatz dieser **Nutzungsvorteile** in der Bilanz der aufnehmenden Gesellschaft hätte zur Folge, dass der Nutzungsertrag (Zinsvorteil) im Ergebnis bei der Gesellschaft der Besteuerung entzogen sein würde, da dem Bilanzansatz ein zusätzlicher Aufwand i. H. d. (TW-)AfA gegenübersteht (BFH vom 26.10.1987, BStBl II 1998, 348).

Beispiel 51: Verlagerung von Vorteilen

Die M-GmbH überlässt der T-GmbH ein Darlehen mit einer Laufzeit von vier Jahren, ohne Zinsen zu verlangen.

Lösung: Es sollen – an dieser Stelle – nur die Auswirkungen auf die T-GmbH betrachtet werden. Bei Ansatz des Nutzungsvorteils in der Bilanz der T-GmbH würde auf der ersten Stufe der Gewinnermittlung (Bilanz bzw. GuV) durch die Zuwendung des Vorteils ein außerordentlicher Ertrag entstehen, der auf der zweiten Stufe – entsprechend der gesellschaftsrechtlichen Veranlassung – neutralisiert werden muss. Zusätzlich würden bei der Aktivierung des Nutzungsvorteils durch die Abschreibung auf das Nutzungsrecht über die Laufzeit des Darlehens Aufwendungen entstehen, sodass der tatsächliche Vorteil der T-GmbH, verbilligt Fremdkapital nutzen zu können, endgültig der Besteuerung entzogen worden wäre.

Man wird also – unabhängig von der Rspr. des BGH – auch weiterhin davon auszugehen haben, dass bloße **Nutzungsvorteile nicht** Gegenstand einer verdeckten **Einlage** sein können. Im vorstehenden Beispiel wird der Nutzungsvorteil nicht aktiviert und nicht abgeschrieben, sodass die ersparten Aufwendungen den Gewinn der T-GmbH erhöhen.

Die **gesellschaftliche Veranlassung** ist – wie bei der vGA – erst auf der zweiten Stufe, d. h. außerhalb der Bilanz zu prüfen. Dies bedeutet, dass eine Korrektur **außerhalb der Bilanz** nur dann möglich ist, wenn der Vorgang sich **innerhalb der Bilanz** ausgewirkt hat. Die gesellschaftliche Veranlassung als solche ist nach den gleichen Maßstäben wie bei der vGA zu prüfen, es hat also ein Fremdvergleich (»Markttest«) stattzufinden; auf obige Ausführungen ist daher zu verweisen.

5.3 Rechtsfolgen der verdeckten Einlage

Bei der Rechtsfolge der verdeckten Einlage ist zwischen der Gesellschafts- und der G'fter-Ebene zu unterscheiden. Beide Ebenen sind ab 2007 durch das formelle und materielle Korrespondenzprinzip miteinander verbunden.[210]

---

210 Zu Problemen bei der Anwendung dieses Korrespondenzprinzips und der Unvollständigkeit des Gesetzesbefehls vgl. *Pohl/Raupach*, GmbHR 2007, 210.

5.3.1 Rechtsfolgen auf der Ebene der Kapitalgesellschaft

Auf der Ebene der KapG hat sich die verdeckte Einlage in der Bilanz auf der ersten Stufe i. d. R. **ergebniserhöhend** ausgewirkt; es ist aber bei entsprechender Gestaltung auch möglich, die verdeckte Einlage innerhalb der Bilanz ergebnisneutral über die Kapitalrücklage abzubilden. Entsprechend der Zielsetzung des § 4 Abs. 1 EStG ist eine Korrektur des Einkommens i. H. d. verdeckten Einlage vorzunehmen (§ 8 Abs. 3 S. 3 KStG – hier erfolgt zum ersten Mal eine gesetzliche Klarstellung). Die verdeckte Einlage ist dabei mit dem **TW** zu bewerten. Bei der Bewertung verdeckter Einlagen sind zusätzlich insoweit allgemeine Bewertungsvorschriften maßgebend (vgl. z. B. § 6 Abs. 1 Nr. 5a EStG), als es um den Wertansatz in der StB der aufnehmenden KapG geht. In diesen Fällen hat die Korrektur entsprechend dem Bilanzansatz zu erfolgen.

Bei der Einlage von abnutzbaren WG, die zuvor zur Erzielung von Einkünften gem. § 2 Abs. 1 Nr. 4 – 7 EStG verwendet worden sind, ist § 7 Abs. 1 S. 5 EStG zu beachten. Die AfA-BMG vermindert sich um die Abschreibungen (einschließlich der Sonderabschreibungen und erhöhten Absetzungen), die bis zur Einlage vorgenommen worden sind. Damit soll verhindert werden, dass durch die Einlage von WG in BV neues AfA-Volumen ohne stpfl. Aufdeckung der stillen Reserven generiert wird. Diese Regelung hat jedoch **keinen Einfluss auf den Einlagewert**, dieser ist unabhängig von der AfA-BMG mit dem TW anzusetzen.

Beispiel 52: Das unverbrauchte Gebäude

A hat als Allein-G'fter in die X-GmbH ein bebautes Grundstück verdeckt eingelegt. A hat dieses bebaute Grundstück vor der Einlage 15 Jahre vermietet, soll nun aber betrieblich genutzt werden. Die ursprünglichen AK des Gebäudes betragen 900, die aufgelaufenen Abschreibungen 270, der TW zum heutigen Zeitpunkt 1.100.

Lösung: Die Einlage ist bei der KapG mit dem TW (1.100) zu bewerten, in gleicher Höhe hat eine außerbilanzielle Korrektur zu erfolgen. Die AfA-BMG beträgt 830 (1.100 ./. 270), die jährliche Abschreibung 3 % dieser BMG (§ 7 Abs. 4 Nr. 1 EStG). Nach vollständigem Verbrauch des AfA-Volumens bleibt in der Bilanz der X-GmbH ein nicht abschreibungsfähiger Restwert von 270 stehen (vgl. insoweit BFH vom 18.08.2009, DStR 2009, 2655).[211] Dieser Restwert (bzw. der sonstige höhere Buchwert in der Bilanz) wirkt sich im Verkaufsfall (oder Entnahme) erfolgsmindernd aus.

Hinweis: Anderes gilt, wenn die Einlage gegen Gewährung von Gesellschaftsrechten erfolgt. Insoweit kann nach allgemeinen Tauschgrundsätzen eine Aufstockung des Wertes auch mit Wirkung für die AfA-Bemessungsgrundlage erfolgen.

Bei **verdeckten Einlagen von Beteiligungen** an anderen KapG i. S. v. § 17 EStG ist die Regelung des § 17 Abs. 1 S. 2 EStG zu beachten, nach der eine verdeckte Einlage einer solchen Beteiligung in eine KapG einer Veräußerung gleichsteht. Zur Vermeidung einer doppelten Besteuerung ist insoweit der Anwendungsbereich des § 6 Abs. 1 S. 1 Nr. 5b EStG einzuschränken und eine **korrespondierende Bewertung** der Beteiligung beim einlegenden G'fter und der aufnehmenden KapG herbeizuführen.

Beispiel 53: Einlage von Beteiligungen

A ist Allein-G'fter der X-GmbH; die X-GmbH hat ein Stammkapital von 100, in gleicher Höhe hat A AK auf die Beteiligung gehabt. A ist zudem noch an der Y-GmbH zu 50 % beteiligt; die AK dieser Beteiligung haben 150 betragen, der gemeine Wert beträgt 280. A legt seine Beteiligung an der Y-GmbH verdeckt in die X-GmbH ein.

---

211 Zu den Rechtsfolgen des Verbots der Doppelabschreibung vgl. *Levedag*, DStR 2010, 249.

Lösung: Aus Sicht des A ist die verdeckte Einlage der Beteiligung an der Y-GmbH einer Veräußerung an die X-GmbH gleichzustellen (§ 17 Abs. 1 S. 2 EStG); statt eines Veräußerungspreises ist der gemeine Wert anzusetzen (280), bei A entsteht ein entsprechender Veräußerungsgewinn, der dem Teileinkünfteverfahren unterliegt (vgl. § 3 Nr. 40c EStG).

Bei der X-GmbH ist die Beteiligung an der Y-GmbH korrespondierend mit diesem Wert und nicht entsprechend § 6 Abs. 1 S. 1 Nr. 5b EStG mit den ursprünglichen AK anzusetzen (vgl. BMF vom 02.11.1998, BStBl I 1998, 1227). In dieser Höhe entsteht auf der ersten Stufe der Gewinnermittlung bei der X-GmbH ein außerordentlicher Ertrag, der außerhalb der Bilanz zu korrigieren ist. Wenn A an der Y-GmbH zu mehr als 50 % beteiligt ist, muss § 21 UmwStG beachtet werden, wenn A als Gegenleistung (tauschähnlicher Vorgang) neue Anteile an der X-GmbH erhält.

Ein anderes Ergebnis kann aber bei der vE von Anteilen der GmbH gerechtfertigt sein, in die die Anteile eingelegt werden. Wenn der Einlegende diese Anteile einlegt, erhöhen sich systematisch die Anschaffungskosten an dieser Beteiligung. Da der Einlegende aber nach der Einlage dieser Beteiligung nicht mehr an der Gesellschaft beteiligt ist, würden die erhöhten Anschaffungskosten ins Leere gehen. Dies entspricht nicht den Wertungen der verdeckten Einlage, nach der sich die Erhöhung der Anschaffungskosten bei einem späteren Ausfall oder sonstiger Realisierung über § 17 EStG auswirken. Aus diesem Gesichtspunkt sind richtiger Ansicht nach bei der vE von eigenen Anteilen an der GmbH, in die die Anteile eingelegt werden, keine stillen Reserven zu realisieren.[212]

Hinweis: Die Abgrenzung von tauschähnlichen Einlagevorgängen und bloßen Einlagen ist in der Rspr. unter verschiedenen Blickwinkeln untersucht und entschieden worden.[213] Entscheidend ist die Gewährung von Gesellschaftsrechten; ob bei einer Kapitalerhöhung darüber hinaus ein über den Wert der gewährten Gesellschaftsrechte hinausgehender Betrag der Sacheinlage in die Kapitalrücklage eingestellt wird, ist unerheblich. Entscheidend ist allein, dass auch Gesellschaftsrechte gewährt werden. Auch eine Teilung des einheitlichen Vorgangs, zum einen die Annahme eines tauschähnlichen Einlagevorgangs (soweit Gesellschaftsrechte gewährt werden), zum anderen die Annahme einer bloßen Einlage (soweit eine Einstellung die Rücklage vorgenommen wird), kommt nach übereinstimmender Ansicht des BFH zu Recht nicht in Betracht.

Trotz der **Neutralisation der verdeckten Einlage** bei der Einkommensermittlung der aufnehmenden Gesellschaft hat die Zuwendung das Eigenkapital in der Bilanz erhöht, welches für Gewinnausschüttungen verwendet werden kann. Da die Rückzahlung einer verdeckten Einlage materiell keine Gewinnausschüttung, sondern eine Kapitalrückzahlung darstellt (vgl. § 20 Abs. 1 Nr. 1 S. 3 EStG), führen sie beim AE nicht zu Einnahmen aus Kapitalvermögen. Aus diesem Grund sind verdeckte Einlagen gesondert auszuweisen, um im Ausschüttungsfall die angemessenen Steuerfolgen ziehen zu können. Der gesonderte Ausweis hat in dem steuerlichen Einlagekonto i. S. d. § 27 KStG zu erfolgen. Werden für eine Gewinnausschüttung nach der Differenzrechnung des § 27 Abs. 1 S. 3 KStG Beträge des steuerlichen Einlagekontos mitverwendet, ist diese Verwendung dem AE zu bescheinigen (vgl. § 27 Abs. 3 KStG). Die Rückzahlung dieser Beträge führt unter Beachtung der sog. Differenzrechnung beim AE zu einem veräußerungsgleichen Vorgang (vgl. § 17 Abs. 4 EStG), nicht zu Einnahmen aus Kapitalvermögen. Die AK des AE mindern sich entsprechend, übersteigen die Rückzahlungen die AK des AE entsteht ein Gewinn, der gem. § 17 EStG i. V. m. § 3 Nr. 40c EStG zu erfassen ist.

---

212 So richtig *Schmid*, DStR 2017, 1306 ff. gegen BFH vom 16.12.2016, DStR 2017, 1315 ff.
213 Vgl. die Entscheidungen des BFH vom 24.01.2008 (Az.: IV R 37/06), vom 24.04.2007, FR 2007, 1064, vom 25.04.2006, BStBl II 2006, 847.

Fraglich ist, wie Rückzahlungen an AE zu behandeln sind, die unterhalb der Schwelle des § 17 Abs. 1 EStG beteiligt sind. Im Rahmen der Abgeltungsteuer unterliegen diese Einkünfte der Steuerpflicht.

Ist eine KapG Anteilseigner, so ist ein den Beteiligungsbuchwert übersteigender Rückzahlungsbetrag nach Ansicht des BFH nicht unter § 8b Abs. 1 EStG, sondern unter § 8b Abs. 2 EStG zu subsumieren.[214] Damit schließt sich der BFH der Ansicht der FinVerw an.

5.3.2 Rechtsfolgen auf der Ebene des Anteilseigners

Beim Anteilseigner erhöhen sich durch eine verdeckte Einlage, wie bei einer offenen Einlage, die AK der Beteiligung. Die Erhöhung der AK (bzw. des Beteiligungsbuchwertes) korrespondieren i. d. R. mit dem Wertansatz der verdeckten Einlage auf der Ebene der KapG, zwingend ist dies jedoch nicht. Entscheidend ist, was der Anteilseigner »auf seine Beteiligung aufwendet«.

In dem letztgenannten Beispiel 53 wendet A den gemeinen Wert (280) der Beteiligung an der Y-GmbH auf seine Beteiligung an der X-GmbH auf. Die AK an der X-GmbH erhöhen sich demnach um 280 auf 380. In diesem Beispiel korrespondieren die Aufwendungen des A auf seine Beteiligung mit dem Wertansatz der verdeckten Einlage aus Sicht der X-GmbH.

Eine solche Korrespondenz ist aber in der folgenden Konstellation nicht möglich.

Beispiel 54: Die Krise aus der Sicht des G'fters[215]

A gewährt der X-GmbH ein sog. – im Darlehensvertrag gesondert vereinbartes – **Krisendarlehen**[216] i. H. v. 600, welches aufgrund einer Absprache[217] ausdrücklich – einlagengleich – in der Krise zur Stärkung der Kapitalbasis in der Gesellschaft verbleiben soll. In der Krise verzichtet er auf diese Darlehen, der TW des Darlehens beträgt aus Sicht des A (unter Berücksichtigung der Bonität der X-GmbH) noch 200.[218]

Lösung: Auf der Ebene der KapG entsteht auf der ersten Stufe ein außerordentlicher Ertrag i. H. d. Wegfalls der Darlehensverbindlichkeit (600). I. H. d. **TW** (GrS des BFH vom 09.06.1997, BStBl II 1998, 307) der Verbindlichkeit kann eine vE angenommen werden, die zu einer Minderung des Ergebnisses außerhalb der Bilanz führt (**Korrektur um 200**). Auf der Ebene des G'fters führt der Verzicht (i. Ü. auch der Verlust) auf ein einlagengleiches Darlehen zu nachträglichen AK i. H. d. **Nennwertes** des Darlehens (**600**). Da in dem Beispiel die »Krisenbindung« des Darlehens individualvertraglich festgelegt ist, ist die neue Rspr. nach unserer Ansicht nicht einschlägig. Es besteht also nicht zwingend eine Korrespondenz zwischen der Behandlung bei der KapG und dem AE. Dies hängt insoweit mit einem normspezifischen AK-Begriff i. R. d. § 17 EStG zusammen (vgl. auch § 17 Abs. 2a EStG), der sich nicht auf die Höhe der verdeckten Einlage bei der Gesellschaft übertragen lässt (vgl. zuletzt BFH vom 16.05.2001, DB 2001, 1431).

Hinweis: Eine Einlage kann bei der KapG einerseits so lange (auch bei Darlehen mit Rangrücktritt[219]) nicht angenommen werden, als auf das Darlehen nicht verzichtet wird. Das Darlehen

---

214 Vgl. nur BFH vom 28.10.2009, DStR 2010, 215.

215 Vgl. umfassend *Förster/Wendland*, GmbHR 2006, 169.

216 Nach MoMiG dürfte es allein auf den Tatbestand der Krise nicht mehr entscheidend ankommen.

217 Besteht die Bindung nicht gesetzlich, sondern auf vertraglicher Grundlage, sollten die althergebrachten Grundsätze des normspezifischen Anschaffungskostenbegriffs trotz Neuausrichtung der Rspr. weiterhin anwendbar sein; vgl. zu der Neuausrichtung der Rspr. *Kahlert*, DStR 2017, 2305 ff.

218 In dieser Konstellation wirkt sich die Darlehenshingabe wie eine Einlage aus. Künftig wird der Zustand vor Änderung der Rspr. wiederhergestellt (§ 17 Abs. 2a EStG, noch nicht in Kraft).

219 Hier können die Beurteilung bei der Gesellschaft und beim G'fter divergieren. Bei der Gesellschaft nimmt die FinVerw inzwischen bei Vereinbarungen eines einfachen Rangrücktritts die Anwendung des § 5 Abs. 2a EStG an. Vgl. hierzu auch die BFH-Entscheidung vom 15.04.2015, DB 2015, 1633 ff. Zu dem Kontext instruktiv *Schmidt*, DB 2015, 600 ff. sowie *Baschnagel*, Ubg 2014, 769 ff.

muss in Handels- und StB weiterhin passiviert werden.[220] Andererseits liegt eine verdeckte Einlage auch bei einem Verzicht gegen Besserungsschein vor, da dieser Verzicht zunächst wie ein unbedingter Verzicht wirkt. Dies gilt nach h. M. trotz der Entscheidung des BFH vom 15.04.2015 (DB 2015, 1633 ff.), in der dieser § 5 Abs. 2a EStG auf Darlehen anwendet, die nur aus einem zukünftigen Bilanzgewinn und einem etwaigen Liquidationsüberschuss zu tilgen sind. Insoweit hält der BFH – entgegen der h. M. – eine verdeckte Einlage für gegeben. Die Rspr. ist jedoch – wohl unstrittig – dann nicht anwendbar, wenn das Darlehen auch aus sonstigem freien Vermögen rückzahlbar ist.[221]

Auf eine weitere Rechtsfolge auf Seiten des AE hat der BFH (GrS vom 09.06.1997, BStBl II 1998, 307) hingewiesen. Der AE könne der KapG nur etwas zuwenden, worüber er zunächst – zumindest für eine logische Sekunde – die Verfügungsbefugnis gehabt habe. Dies führt bei dem AE bei einem Forderungsverzicht (verdeckte Einlage durch Wegfall eines Passivpostens) zu einer **zweistufigen Betrachtung**.

Beispiel 55: Nicht erhaltene Zinsen als Zufluss

A hat der X-GmbH als Allein-G'fter ein Darlehen (100) zu einem marktüblichen Zins (8 %) gewährt. Es war vereinbart, dass die Zinsen gestundet werden und am Ende der Laufzeit (fünf Jahre) das Darlehen zusammen mit diesen in einer Summe zurückbezahlt werden. Nach zwei Jahren verzichtet der G'fter auf das Darlehen und den Zins. Das Darlehen ist als vollwertig anzusehen.

Lösung: Bei der X-GmbH liegt bilanziell ein außerordentlicher Ertrag i. H. d. Wegfalls der passivierten Darlehensverbindlichkeit und der Zinsverbindlichkeit vor. Da vorliegend der Nennwert dem TW entspricht, ist diese Erhöhung außerhalb der Bilanz zu korrigieren.

Bei A führt der Verzicht zunächst zur Annahme der wirtschaftlichen Verfügungsbefugnis, weil A nur auf etwas verzichten kann, worüber er auch verfügen kann. A erhält – lediglich fiktiv – den Darlehens- und den Zinsbetrag ausbezahlt, um diesen in einem zweiten Schritt wieder in die Gesellschaft einzulegen. Deshalb sind ihm die Zinsen zugeflossen (§ 11 EStG), die zu Einnahmen aus Kapitalvermögen führen (§ 20 Abs. 1 Nr. 7 EStG). Die »rückgezahlten Beträge« verwendet er – wiederum fiktiv – unmittelbar anschließend zur Einlage in die KapG; entsprechend erhöhen sich seine AK um diese Beträge.

Dieses zweistufige Verfahren ist vor allem bei dem Verzicht auf stehengelassene Forderungen des AE zu beachten, deren Zufluss beim AE zu stpfl. Einnahmen führen, so z. B. **auch beim Verzicht auf gestundete GF-Vergütungen**.[222] In diesen Fällen wird das Korrespondenzprinzip eine größere Rolle spielen. Eine Korrektur des Einkommens auf der Ebene der KapG soll nur in Betracht kommen, wenn die verdeckte Einlage beim AE erfasst worden ist (vgl. § 8 Abs. 3 S. 3 – 5 KStG).

5.4   Einzelfälle

5.4.1   Forderungsverzicht

Der GrS des BFH hat mit Beschluss vom 09.06.1997 (BStBl II 1998, 307) entschieden, dass die Bewertung einer vE immer nur mit dem TW zu erfolgen hat; ergänzend hat der BFH im Beschluss vom 16.05.2001 (DB 2001, 858) festgestellt, dass dies auch für Krisendarlehen und Darlehen mit Rangrücktritt zu gelten habe. Dies erklärt sich daraus, dass der AE nur das einlegen könne, über das er selbst verfüge. Dies sei jedoch immer nur das Darlehen mit dem zu dem jeweiligen Zeitpunkt feststellbaren Wert. Die Behandlung auf der **Ebene der Gesell-**

---

220 Dies gilt auch für sog. Finanzplankredite, die eine eigenständige Kategorie der eigenkapitalersetzenden Darlehen bilden; vgl. *Brauer*, GmbHR 1999, 914.

221 Vgl. hierzu *Wacker*, DB 2017, 26 ff.

222 Zu beachten ist aber, dass beim beherrschenden G'fter-GF der Zufluss bereits im Zeitpunkt der Stundung angenommen wird.

schaft war somit hinreichend klar; diese Klarheit ist infolge neuerer Rspr. (vgl. etwa BFH vom 11.07.2017, DStR 2017, 2098 ff.) etwas verloren gegangen:

- Solange nicht auf das Darlehen verzichtet worden ist, lag keine Einlage vor. Darlehen, die eigenkapitalersetzend oder mit einem Rangrücktritt versehen waren, bleiben aus der Sicht der KapG Fremdkapital und stellen vor Verzicht keine Einlage dar. Insoweit modifiziert § 5 Abs. 2a EStG diese Grundsätze steuerlich in der Weise, dass Verbindlichkeiten nicht zu passivieren seien, die nur aus Gewinnen oder Liquidationsüberschüssen zurückzuzahlen sind. Dies gelte insb. auch für Verbindlichkeiten, für die ein einfacher Rangrücktritt erklärt worden sei (vgl. BFH vom 15.04.2015, DB 2015, 1633 ff.). Wenn nach steuerbilanzrechtlichen Gesichtspunkten eine solche Verbindlichkeit entweder von vornherein nicht zu passivieren oder später aufzulösen sei, könne eine verdeckte Einlage in Höhe des werthaltigen Teils der Forderung des G'fters vorliegen.[223] Finanzierungstitel, die nach handelsrechtlichen Grundsätzen materielles Eigenkapital darstellen (z. B. aktienähnliche Genussrechte), stellen unabhängig von einem Verzicht Eigenkapital dar, wenn sie zusätzlich den steuerlichen Anforderungen des § 8 Abs. 3 S. 3 KStG entsprechen.[224]

- Bei einem Verzicht auf ein Darlehen liegt eine vE i. H. d. TW vor.
  Dies gilt auch für den sog. **Verzicht gegen Besserungsschein.**[225] Im Zeitpunkt des Verzichts wird die Verbindlichkeit erfolgswirksam ausgebucht. Es liegt eine verdeckte Einlage nur i. H. d. Teilwertes vor, die außerhalb der Bilanz zu korrigieren ist. In dieser Höhe wird das steuerliche Einlagekonto (§ 27 KStG) erhöht. Bei einem Verzicht gegen Besserungsschein lebt die Verbindlichkeit wieder auf, wenn und soweit sie befriedigt werden kann, ohne das Nennkapital anzugreifen (Befriedigung aus freiem Vermögen ist möglich). In der Bilanz wird die Verbindlichkeit im Zeitpunkt des Wiederauflebens aufwandswirksam passiviert. Außerhalb der Bilanz wird der Betrag i. H. d. verdeckten Einlage wieder hinzugerechnet, die im Zeitpunkt des Verzichts vorgenommene Korrektur außerhalb der Bilanz wird somit rückgängig gemacht (dies kann als **negative verdeckte Einlage** verstanden werden). Insoweit muss ein Abzug vom steuerlichen Einlagekonto vorgenommen werden, das dadurch auch negativ werden kann (vgl. hierzu BMF vom 04.06.2003, BStBl I 2003, 366, Tz. 29; ferner BMF vom 16.12.2003, DB 2004, 35). Wenn im Zeitpunkt des Besserungsfalls auch Zinsen für die Vergangenheit wieder aufleben, wird der frühere Veranlassungszusammenhang wirksam. Daher sind auch die Zinsen, die für den Zeitraum des auflösend bedingten Verzichtes nachgezahlt werden, als Betriebsausgabe abzuziehen unter der Voraussetzung, dass § 4h EStG i. V. m. § 8a KStG nicht eingreift. Dies gilt auch für den beherrschenden G'fter, das Nachzahlungsverbot gilt insoweit nicht.
  Hinweis: Ist der Verzicht von dem G'fter oder einem Dritten nicht aus gesellschaftlichen, sondern aus betrieblichen Gründen erfolgt, kommt eine verdeckte Einlage nicht in Betracht. Zu prüfen ist in diesen Fällen, ob nach § 3a EStG eine steuerliche ergebnisneutrale Ausbuchung der Verbindlichkeiten erfolgen kann.[226]

---

223 Vgl. insoweit *Wacker*, DB 2017, 26 ff. Vgl. auch *Altrichter-Herzberg*, GmbHR 2017, 185 ff.

224 Vgl. zu den unklaren Anforderungen an Eigenkapital WPg 1994, 419; die OFD Nordrhein-Westfalen hat mit Schreiben vom 12.05.2016, GmbHR 2016, 1338 ff. für Irritationen gesorgt. Vgl. aber BFH vom 14.08.2019, DB 2020, 1376 ff.

225 Vgl. hierzu näher *Briese*, DStR 2017, 799 ff.

226 Der BFH (Beschluss vom 28.11.2016, BStBl II 2017, 393 ff.) hatte der praktizierten Verwaltungsauffassung des Sanierungserlasses ohne ausreichende Rechtsgrundlage eine Absage erteilt.

- Durch die Übernahme einer Bürgschaft und die Erfüllung der Verbindlichkeit durch den Bürgen (G'fter-Bürgen) wird noch keine verdeckte Einlage bewirkt. Die Gesellschaft wird noch nicht von einer Verbindlichkeit befreit, sondern erst dann, wenn der Bürge auf die gem. § 774 BGB auf ihn übergegangene Forderung verzichtet. Dann gelten die o.g. Grundsätze entsprechend.

Bei dem G'fter ist die steuerliche Behandlung differenzierter:
- Im Zeitpunkt des Verzichts ist von einer **fiktiven Rückzahlung** i.H.d. werthaltigen Teils der Forderung auszugehen. Soweit es sich um einen Verzicht auf eine Darlehensforderung handelt, ist diese Rückzahlung erfolgsneutral. Besteht bei Zufluss der Forderung aber eine Steuerpflicht (z.B. Verzicht auf gestundete Zinsen, Mietansprüche, Gehalts- und Pensionsansprüche), ist i.H.d. werthaltigen Teils eine stpfl. Einnahme anzusetzen. I.H.d. nicht werthaltigen Teils liegt ein Verlust vor, der nur dann steuerlich wirksam ist, wenn sich die Forderung in einem BV befunden hat bzw. der Verlust als WK bei einer Einkunftsart berücksichtigt werden kann.

  Bei einem Forderungsverzicht gegen Besserungsschein werden im Besserungsfall die Rechtsfolgen im Zeitpunkt des Verzichtes wieder »zurückgedreht«. So mindern sich die nachträglichen Anschaffungskosten wieder entsprechend, und in Höhe des nicht werthaltigen Teils der Forderung erzielt der G'fter – im Falle der Auszahlung – entsprechende, u.U. stpfl. Einnahmen. In Höhe des werthaltigen Teils der Forderung wurde bereits im Zeitpunkt des Verzichtes ein Zufluss angenommen, sodass im Zeitpunkt des Wiederauflebens der Forderung nicht noch einmal Einnahmen angenommen werden können.
- Aufgrund der Neuregelung in § 17 Abs. 2a EStG wird der frühere Rechtszustand weitgehend wiederhergestellt.[227] Die AK sind in der Höhe der Darlehensforderung begründet, die im Zeitpunkt der Finanzierungsentscheidung bestand.[228] Die Höhe der AK betrug demnach bei den verschiedenen Darlehensformen:

Darlehensform	Höhe der AK
krisenbestimmtes Darlehen	Nennwert
in der Krise gegebenen Darlehen	Nennwert
Finanzplandarlehen/Darlehen mit Rangrücktritt[229]	Nennwert
in der Krise stehengelassenes Darlehen	TW im Zeitpunkt der Prolongation

Bei einem Ausfall (nicht Verzicht) eines G'fter-Darlehens gilt der »normspezifische Anschaffungsbegriff«. Der Begriff ist nun auf eine steuerrechtliche Grundlage gestellt worden.

5.4.2   Verzicht auf eine Pensionszusage

Die Grundsätze des Beschlusses des BFH vom 09.06.1997 sind grundsätzlich auch auf den Verzicht auf die Pensionszusage anzuwenden.[230] Dies bedeutet bei der KapG, dass i.H.d. TW der Pensionsanwartschaft eine verdeckte Einlage anzunehmen ist (zur Klarstellung:

---

227 Vgl. umfassend hierzu Ott, DStR 2020, 313 ff.
228 *Preißer*, Band 1, Teil B, Kap. II.
229 Hier kommt je nach Gestaltung der Bedingungen nach der Rspr. des BFH eine verdeckte Einlage in Betracht.
230 Instruktiv *Egner/Sartoris*, DB 2011, 2804.

innerhalb der StB entsteht ein außerordentlicher Ertrag i. H. d. Nennwertes, der außerhalb der Bilanz i. H. d. TW korrigiert wird). Dem AE fließt im Zeitpunkt des Verzichts der **TW der Pensionsanwartschaft** zu, in gleicher Höhe entstehen bei ihm nachträgliche AK auf seine Beteiligung. Der AE hat im Zeitpunkt des »fiktiven Zuflusses« Einnahmen aus nichtselbständiger Arbeit gem. § 19 EStG.[231] Wenn nur auf einen Teil der Pensionsanwartschaft, insb. auf die sog. »futures services« verzichtet wird, ist eine verdeckte Einlage insoweit anzunehmen, als der Barwert der bis zum Verzichtszeitpunkt bereits erdienten Versorgungsleistungen den Barwert der nach dem Teilverzicht noch verbleibenden Versorgungsleistungen übersteigt. Demnach muss ein Verzicht auf die künftigen Leistungen nicht stets eine verdeckte Einlage darstellen. Folgendes Beispiel soll dies verdeutlichen (nach BMF vom 14.08.2012, DB 2012, 2016 ff.).

Beispiel 56: »Der halbe Verzicht«

Der beherrschende G'fter-GF einer GmbH, geb. am 01.01.1960, tritt am 01.01.1986 seinen Dienst in der GmbH an. Am 01.01.1996 erhält er die Zusage für eine Alters- und Invalidenrente über 3.000 €/monatlich. Der Pensionseintritt erfolgt mit Vollendung des 66. Lebensjahres. Am 01.01.2011 wird die Versorgungsanwartschaft auf 1.500 €/monatlich herabgesetzt.

Lösung: Der erdiente Anteil der Versorgungsleistungen zum Zeitpunkt der Herabsetzung ermittelt sich wie folgt:

Quotient nach Rz. 3:

tatsächlich geleistete Dienstjahre ab Zusageerteilung (da beherrschend)/maximal mögliche Dienstjahre ab Zusageerteilung = 15/30 = 0,5 erdienter Anteil zum 01.01.2011: 1.500 €/monatlich.

Da die nach Herabsetzung noch verbleibenden Versorgungsleistungen genau dem bereits erdienten Anteil entsprechen, liegt keine verdeckte Einlage vor. Dadurch ergibt sich die Reihenfolge, dass erst auf den sog. »future service« und anschließend auf den »past service« verzichtet wird.

Eine Besonderheit erfährt jedoch die Bestimmung des TW durch die Entscheidung des BFH (vom 15.10.1997, BStBl II 1998, 305), wonach nicht der gem. § 6a EStG ermittelte passivierte Wert, sondern der Wert der Pensionsanwartschaft aus Sicht des G'fter-GF maßgebend sein soll. Es soll für die Bestimmung des Wertes sowohl der verdeckten Einlage auf der Ebene der KapG als auch für die Höhe der Einnahmen aus § 19 EStG sowie die nachträglichen AK auf die Beteiligung entscheidend sein, was der AE für eine Pensionszusage bei einem anderen Versicherungsunternehmen als Einmalprämie hätte aufwenden müssen.[232] Wie dieser Wert aber im Einzelnen – außer durch Vergleichsangebote – zu bestimmen ist, ist in der Rspr. bisher nicht abschließend geklärt (wohl der versicherungsmathematische Anwartschaftsbarwert).

Zusätzlich wird die Bonität der KapG zumindest dann von Bedeutung sein, wenn sie für die Pensionszusage keine Rückdeckungsversicherung abgeschlossen hat. Aus Sicht des G'fter-GF ist der Anspruch auf die Pensionszusage vor allem dann vollwertig, wenn die KapG den Anspruch gegen die Rückdeckungsversicherung an ihn zur Sicherheit abgetreten oder verpfändet hat.

---

231 Erlass des FinMin Nordrhein-Westfalen vom 17.12.2009, DStR 2010, 603.
232 Vgl. auch hierzu BFH vom 21.08.2007, GmbHR 2008, 108.

Beispiel 57: Die abgesicherte Pension III[233]

In der Bilanz der A-GmbH ist eine Pensionsrückstellung zugunsten des G'fter-GF B i. H. v. 500 passiviert; es wurde eine Rückdeckungsversicherung i. H. v. 300 abgeschlossen, der versicherungsmathematische Anwartschaftsbarwert beträgt 400. B verzichtet gegen Abtretung des Anspruches aus der Rückdeckungsversicherung auf diese Pensionszusage.

Lösung: Durch den Verzicht und die Auflösung in der Pensionsrückstellung entsteht in der StB zunächst ein außerordentlicher Ertrag i. H. v. 200 (die Auflösung der Rückstellung wird i. H. v. 300 mit dem Anspruch gegen die Rückdeckungsversicherung »verrechnet«). Der G'fter-GF B verzichtet im Ergebnis auf 100, da der abgetretene Anspruch (300) weniger wert ist, als der Anwartschaftsbarwert der Pensionszusage (400); insoweit liegen eine verdeckte Einlage und stpfl. Einnahmen i. S. d. § 19 EStG vor. Die GmbH hat in dieser Höhe eine Kürzung außerhalb der Bilanz vorzunehmen. In entsprechender Höhe erhöhen sich die AK des G'fter-GF B auf seine Beteiligung. Bei allen Beispielen ist davon ausgegangen worden, dass der Verzicht »causa societatis« erfolgt ist. Verzichtet der G'fter aus betrieblichen Gründen, kommen weder eine außerbilanzielle Korrektur noch ein Zufluss beim G'fter infrage.

Hinweis: Anders als der Verzicht wirkt sich der Widerruf der Pensionszusage durch die GmbH aus. Wenn – aufgrund einer entsprechenden Klausel – die Gesellschaft die Pensionszusage widerruft, führt dies nicht zu einem Lohnzufluss.

5.4.3 Zuwendung von Vorteilen an Schwestergesellschaften

Die Zuwendung von Vorteilen an Schwestergesellschaften findet in der Praxis oft zwischen verbundenen Unternehmen statt. Die Konzernmutter bestimmt nach betriebswirtschaftlichen Kriterien, zu welchen Bedingungen Geschäfte innerhalb des Konzernverbundes, also auch zwischen den Schwestergesellschaften, abgewickelt werden. Der folgende Sachverhalt sei Ausgangspunkt für die Darstellung der Grundproblematik[234]:

Die M-GmbH sei Allein-G'fterin der T1-GmbH und der T2-GmbH. Zwischen der T1 und der T2 werden Geschäfte auf Weisung der M abgewickelt. Die gesellschaftliche Veranlassung der Transaktionen kann unterstellt werden.

Beispiel 58: Die nette Schwester I

Die T1-GmbH erbringt gegenüber T2-GmbH unentgeltliche Beratungsleistungen; diese haben einen Marktwert von 50.000. Bei T1 und T2 ist jeweils die M-KapG Allein-G'fterin.

Lösung: Die Transaktion ist in zwei Schritten zu beurteilen. Zunächst liegt in der unentgeltlichen Erbringung von Dienstleistungen der T1 an T2 eine vGA der T1 zugunsten der M vor. Bei der T1 ist außerhalb der Bilanz das Einkommen entsprechend zu erhöhen, bei M bleibt die vGA gem. § 8b Abs. 1 und Abs. 5 KStG bei der Ermittlung des Einkommens zu 95 % außer Ansatz.

Die Weitergabe des Vorteils von M an die T2 stellt bei dieser einen nicht einlagefähigen Vorteil dar; das Ergebnis der T2 ist im Ergebnis um den Wert der Beratungsleistung erhöht. Bei M stellt diese Weitergabe an T2 einen »Verbrauch der vGA«[235] dar, der bei M zu BA führt.[236]

---

233 Vgl. hierzu auch die Beispiele 40 und 41 (»Abgesicherte Pension I« und »Abgesicherte Pension II«) unter Kap. 4.5.3.

234 *Starke,* DB 2000, 2347.

235 Vgl. dazu Kap. 4.4.3, Beispiele 34 und 35 (»Verbrauchte vGA I und II«), sowie BFH vom 19.05.2005, GmbHR 2005, 1198.

236 *Pung* in *Dötsch/Pung/Mühlenbrock,* KStG und EStG, § 3c EStG Tz. 81. Hierzu kritisch *Haussmann,* StuW 2014, 305 ff., die hierin eine unsystematische Verschiebung von Einkommen sieht. M. E. ist dies aber nicht in der Problematik von Dreiecksverhältnissen, sondern in der Systematik der Besteuerung von verdeckten Einlagen bzw. in der Behandlung von nicht einlagefähigen Vorteilen begründet. Wäre in Beispiel 59 der AE M eine natürliche Person, will die h. M. den Aufwand durch Verbrauch nur zu 60 % zum Abzug zulassen.

Beispiel 59: Die nette Schwester II

T1 hat bei T2 die Beratungsleistung zu marktüblichen Konditionen durchgeführt. Aufgrund von Liquiditätserwägungen der M verzichtet T1 nachträglich auf die Begleichung der Rechnung.

Lösung: In dem Verzicht liegt zunächst wieder eine vGA von T1 an M vor. Insoweit ändert sich gegenüber dem vorhergehenden Beispiel nichts. Der Verzicht bedeutet jedoch gleichzeitig eine verdeckte Einlage der M an T2 (bei T2 fällt ein Passivposten weg). Bei T2 führt der Wegfall der Verbindlichkeit in der StB zu einem außerordentlichen Ertrag, der als verdeckte Einlage außerhalb der Bilanz korrigiert wird. Bei M führt – anders als im vorhergehenden Beispiel – die verdeckte Einlage zu einer entsprechenden Erhöhung des Beteiligungsansatzes, ein unmittelbarer Abzug als BA kommt nicht in Betracht.

5.4.4 Verdeckte Einlage von nahe stehenden Personen

Verdeckte Einlagen sind auch dann gesellschaftlich veranlasst, wenn sie von einer dem AE nahe stehenden Person erbracht werden. Die vE wird – wie bei der vGA – dem AE (Valutaverhältnis) zugerechnet.[237] Das Verhältnis zwischen nahe stehender Person und G'fter (Deckungsverhältnis) kann eigene Rechtsfolgen auslösen.

Beispiel 60: Nette Verwandtschaft I

Die M-GmbH ist Allein-G'fterin der T-AG, diese wiederum Allein-G'fterin der E-GmbH. Die M gibt unmittelbar der E ein Darlehen zu marktüblichen Konditionen. Nach drei Jahren verzichtet M auf die Rückzahlung des Darlehens.

Lösung: In dem Verzicht auf die Rückzahlung des Darlehens ist eine verdeckte Einlage der M in die T und der T in die E zu sehen. Es treten die Rechtsfolgen jeweils in der unmittelbaren gesellschaftsrechtlichen Beziehung ein (verdeckte Einlage durch die gesamte Beteiligungskette).

Verdeckte Einlagen durch nahe stehende Personen werden oft auch im Verwandtschaftsverhältnis durchgeführt. Die Rechtsfolgen entsprechen im Wesentlichen dem zuvor Dargestellten.

Beispiel 61: Nette Verwandtschaft II

Die Ehefrau des Allein-G'fters A der A-GmbH verzichtet auf ein Darlehen, welches sie der A-GmbH gegeben hat.

Lösung: Bei gesellschaftlicher Veranlassung ist der Verzicht auf das Darlehen als **mittelbare verdeckte Einlage** des A in die A-GmbH anzusehen. Eine mittelbare verdeckte Einlage liegt vor, wenn – was meistens der Fall sein dürfte – zunächst eine Zuwendung des Dritten an den G'fter anzunehmen ist, welche der G'fter in die KapG einlegt. Dies kann nur dann zu verneinen sein, wenn der Dritte selbst eine Verpflichtung gegenüber der KapG erfüllen will. Der Verzicht der Ehefrau auf das Darlehen ist dem A zuzurechnen. Eine andere Frage ist, wie die Zuwendung der Ehefrau an den G'fter zu würdigen ist. Infrage kommen sowohl Schenkung als auch ein unterhaltsrechtlicher Rechtsgrund. Die Vereinbarung ist im Einzelfall auszulegen.

6 Materielles und formelles Korrespondenzprinzip
6.1 Ausgangslage und Problem

Die Besteuerung der Gesellschaft und G'fter folgten auch verfahrensrechtlich dem Trennungsprinzip.[238] Beide Besteuerungsebenen waren verfahrensrechtlich nicht miteinander verbunden. Die Körperschaftsteuerbescheide stellten für die Einkommensteuer- bzw. Körperschaftsteuerbescheide der G'fter keine Grundlagenbescheide i. S. d. § 175 Abs. 1 Nr. 1 AO

---

237 Vgl. zu der Problematik des Drittaufwands *Preißer*, Band 1, Teil B, Kap. I 3.4.
238 Vgl. nur OFD München, DB 2002, 1857.

dar, eine verfahrensmäßige Verknüpfung i. S. d. § 174 Abs. 2 AO kam ebenfalls nicht in Betracht (vgl. BFH vom 27.10.1992, BStBl II 1993, 69).

So konnten einerseits für den Bereich der vGA Besteuerungslücken eintreten, wenn auf Ebene der KapG eine vGA übersehen wurde und der Einkommensteuerbescheid nicht mehr geändert werden konnte; der G'fter war nicht gehindert, bei einer späteren Leistung an ihn die Leistung als vGA zu qualifizieren, um in den Genuss des HEV zu kommen.

Andererseits bestand die Gefahr der Doppelbesteuerung, wenn bei einer späteren BP auf Ebene der KapG das Vorliegen einer vGA (z. B. überhöhtes GF-Gehalt) festgestellt wurde, eine Änderung auf Ebene des G'fters aus verfahrensrechtlichen Gründen nicht mehr in Betracht kam.

Vergleichbare Probleme konnten im Zusammenhang mit der vE auftreten. Das Herstellen der steuerlichen Kongruenz auf beiden Ebenen soll durch die Einführung einer sog. materiellen und formellen Korrespondenz für vGA und vE abgesichert werden. Aus Gründen der Übersichtlichkeit wird das materielle und formelle Korrespondenzprinzip für vGA und vE getrennt dargestellt, wobei die Grundprobleme zusammen behandelt werden.

6.2   Das formelle und materielle Korrespondenzprinzip bei verdeckten Gewinnausschüttungen

6.2.1   Grundtatbestand und Grundfälle

Gem. § 32a Abs. 1 KStG wird die Bestandskraft der Steuerbescheide (oder Feststellungsbescheide) auf Ebene der G'fter durchbrochen, soweit auf Ebene der KapG/Körperschaft ein Steuerbescheid in Hinblick auf die Berücksichtigung einer vGA erlassen, aufgehoben oder geändert wird. Es kommt dabei zunächst nicht darauf an, ob der Steuerbescheid der KapG selbst noch änderbar ist oder auch seinerseits angegriffen wird (**formelle Korrespondenz**).[239]

Beispiel 62: Die spätere Erkenntnis

Im Rahmen einer BP wird das um 50.000 € überhöhte GF-Gehalt aufgegriffen und der KSt-Bescheid gem. § 164 Abs. 2 AO entsprechend geändert. Der G'fter-GF hatte diese Bezüge bisher seinen Einkünften aus § 19 EStG zugeordnet.

Lösung: Gem. § 32a Abs. 1 KStG kann der Steuerbescheid des Anteilseigners insoweit geändert werden, als die Einkünfte in Bezug auf die Höhe der Vergütung von § 19 in § 20 Abs. 1 Nr. 1 S. 2 EStG i. V. m. § 3 Nr. 40d EStG umqualifiziert werden.

Für die Änderung auf Anteilseigner-Ebene kommt es nicht darauf an, ob die körperschaftsteuerliche Beurteilung richtig ist. Richtiger Ansicht nach hat die FinVerw – trotz des insoweit unklaren Wortlauts – kein freies Ermessen bei Änderung auf Ebene der Anteilseigner, soweit die Voraussetzungen des § 32a Abs. 1 KStG vorliegen.[240]

Regelmäßig wird sich die Änderungsmöglichkeit des § 32a Abs. 1 KStG zugunsten des G'fters auswirken, da dies i. d. R. eine Umqualifizierung von der Voll-Besteuerung unterliegenden Einkünften in Einkünfte bedeutet, die dem Teileinkünfteverfahren unterliegen. Dies kann sich aber im Einzelfall auch zuungunsten des StPfl. auswirken, wie folgender Fall zeigt.

---

239 Vgl. neuerdings *Stöber*, FR 2013, 448.
240 Vgl. insoweit richtig *Trossen*, DStR 2006, 2295; näher dazu *Kohlhaas*, GmbHR 2010, 748.

Beispiel 63: Billiges Grundstück

Die KapG veräußert an den G'fter ein unbebautes Grundstück zum Buchwert von 100, wobei der Verkehrswert 250 beträgt. Der Sachverhalt wird von einer BP auf Ebene der KapG aufgegriffen und der KSt-Bescheid der KapG entsprechend § 164 Abs. 2 AO geändert.

Lösung: Der Sachverhalt löste – ohne Berücksichtigung der vGA – bei dem G'fter zunächst keine Rechtsfolgen aus. Durch die Änderung des KSt-Bescheids werden beim G'fter erstmalig Einkünfte aus Kapitalvermögen i. H. v. 150 angesetzt und dem Teileinkünfteverfahren unterworfen.

Positiv wirkt sich die Änderungsmöglichkeit aus, wenn der G'fter das von der Gesellschaft erworbene Grundstück innerhalb der Spekulationsfrist zu einem hohen Preis wieder weiterveräußert. Die als vGA gewerteten Bezüge von 150 erhöhen seine AK, wodurch der der Voll-Besteuerung unterliegende Veräußerungsgewinn nach § 23 Abs. 3 EStG entsprechend gemindert wird.

I. d. R. gegenläufig wirkt sich die sog. **materielle Korrespondenz** der vGA (vgl. § 3 Nr. 40d S. 2 EStG und § 8b Abs. 1 S. 2 KStG) aus.[241] Beim Anteilseigner werden die materiell-rechtlich als vGA zu wertenden Bezüge nur dann dem Regime des § 3 Nr. 40d EStG bzw. des § 8b Abs. 1 i. V. m. Abs. 5 KStG unterworfen, soweit diese Bezüge das Einkommen der leistenden KapG nicht gemindert haben.[242] Soweit diese Bezüge das Einkommen der KapG gemindert haben und die Körperschaftssteuerbescheide nach allgemeinen Änderungsmöglichkeiten der AO nicht mehr änderbar sind (**Vorrang des formellen Korrespondenzprinzips vor dem materiellen Korrespondenzprinzip**), müssen die Einkünfte zwar als Einkünfte nach § 20 Abs. 1 Nr. 1 EStG, aber eben ohne die für diese Einkünfte bestehenden Besteuerungsprinzipien (Teileinkünfteverfahren bzw. Abgeltungsteuer) besteuert werden.

Beispiel 64: Die günstige Pension

Die X-GmbH gewährt dem G'fter-GF eine Pensionszusage, die mangels Erdienbarkeit in voller Höhe als vGA zu beurteilen ist. Es wurde vom FA auf Ebene der KapG nicht berücksichtigt, der KSt-Bescheid kann nicht mehr geändert werden. In der Auszahlungsphase behandelt der G'fter-GF die Bezüge als Bezüge i. S. d. § 20 Abs. 1 Nr. 1 S. 2 EStG und unterwirft sie dem Teileinkünfteverfahren.

Lösung: Die Pensionszusage hat das Einkommen der KapG im Zeitpunkt der Zuführung zur Rückstellung gemindert und kann nicht mehr – außerhalb der Bilanz – als vGA erfasst werden. Demzufolge hat der G'fter-GF die Bezüge gem. § 20 Abs. 1 Nr. 1 S. 2 EStG i. V. m. § 3 Nr. 40d S. 2 EStG in voller Höhe der Besteuerung zu unterwerfen.

Ergeben sich nach Aufdecken der vGA weitere Konsequenzen, die mit der vGA in unmittelbarem Zusammenhang stehen, sind auch diese Folgerungen aufgrund des Korrespondenzprinzips zu würdigen.

Beispiel 65: Das günstige Darlehen

Die GmbH gewährt dem G'fter ein Darlehen i. H. v. 1 Mio. € zu einem Zinssatz von 3 %. Der marktübliche Zinssatz beträgt 7 %. Der G'fter stellt das Darlehen seinem Einzelunternehmen zur Verfügung; dieser Sachverhalt wird bei einer BP entdeckt.

Lösung: Der KSt-Bescheid der KapG wird gem. § 164 Abs. 2 AO geändert. Die vGA in Form der verminderten Vermögensmehrung wird dem Einkommen außerhalb der Bilanz hinzugerechnet. Der G'fter hat in gleicher Höhe Einkünfte aus Kapitalvermögen, die mit dem Teileinkünfteverfahren anzusetzen sind. Da er den ersparten Zinsaufwand, d. h. den Vorteil, jedoch einkunftsrelevant verbraucht, hat er bei seinen Einkünften gem. § 15 EStG Betriebsausgaben, die er in voller Höhe (ohne Anwendung des § 3c Abs. 2 EStG) abziehen kann.

---

241 Vgl. hierzu *Birker/Schänzle*, Ubg 2016, 320 ff.
242 Für die Abgeltungsteuer vgl. § 32d Abs. 2 Nr. 4 EStG.

6.2.2 Systematische Schwächen

In diesen Grundkonstellationen führt das Korrespondenzprinzip zu befriedigenden Ergebnissen. Dennoch seien erhebliche Schwachpunkte und systematische Ungenauigkeiten nicht verschwiegen. Systematisch fragwürdig ist die Einordnung der Vorschrift in das KSt-Recht; die Vorschrift des § 32a KStG begründet nur eine durchbrechende Bestandskraft der Steuerbescheide auf Anteilseigner-Ebene, nicht jedoch bei der KapG selbst. Dort wird eine Änderung vorausgesetzt. Eine Einordnung in das EStG oder besser in die AO hätte sich systematisch eher angeboten.[243]

Die zweite systematische Schwäche liegt darin begründet, dass § 32a Abs. 1 KStG an die **Änderung der Steuerbescheide** der KapG anknüpft. Es sind jedoch Fälle denkbar, in denen eine vGA keine Auswirkung auf die Bemessungsgrundlage der KapG hat und es deshalb nicht zu einer Änderung des KSt-Bescheides kommt. Zunächst sind dies Fälle, bei denen aufgrund eines hohen Verlustvortrags nur dieser Feststellungsbescheid, nicht aber der KSt-Bescheid aufgrund der vGA geändert wird.[244] Nach dem Wortlaut der Vorschrift kommt es insoweit nicht zu einer Anwendung des § 32a KStG, obwohl der Sachverhalt steuerrelevante Folgewirkungen (schnellerer Verbrauch des Verlustvortrags) auf Ebene der KapG hat. Es gibt aber darüber hinaus verschiedene Konstellationen, in denen das Aufdecken einer vGA keine Auswirkungen auf das Einkommen der KapG hat, sich aber indessen bei der Gesellschaft steuerlich nicht neutral verhält.

Beispiel 66: Das teure Grundstück

Die KapG kauft vom G'fter ein Grundstück innerhalb der Spekulationsfrist zu einem überhöhten Preis (Verkehrswert = 450, Preis 700). Die GmbH hat das Grundstück zu 700 aktiviert, der G'fter hat einen Gewinn gem. § 23 Abs. 1 Nr. 1 EStG i. H. v. 500 erklärt; seine AK sollen 200 betragen haben.

Lösung: Im Rahmen einer BP wird der Wert zumindest in der StB (richtiger Ansicht nach auch in der HB) aufwandswirksam auf 450 vermindert. Dies stellt keine Teilwertabschreibung, sondern lediglich eine aufwandswirksame, notwendige Anpassung an den von vornherein vorhandenen richtigen Wert dar. Außerhalb der Bilanz wird diese Abschreibung durch eine entsprechende Hinzurechnung korrigiert. Die vGA wirkt sich auf das Einkommen der KapG neutral aus, der KSt-Bescheid braucht nicht geändert zu werden. Folgewirkungen treten erst ein, wenn das Grundstück von der GmbH verkauft wird. Beim G'fter kommt es nach dem Wortlaut der Vorschrift nicht zwingend zu einer steuerlichen Reduktion des Gewinns gem. § 23 EStG um den überhöhten Preis und ein entsprechender Ansatz einer vGA, die bei ihm nach den Grundsätzen des Teileinkünfteverfahrens zu erfassen ist. M. E. muss § 32a KStG auch auf diesen Fall angewendet oder zumindest eine Änderung nach § 173 Abs. 1 Nr. 2 AO zugelassen werden (vgl. auch Beispiel 65).

6.3 Formelle und materielle Korrespondenz bei verdeckten Einlagen

Die Rechtsfolgen der vE sind – im Gegensatz zur vGA – durch das SEStEG erstmalig im KStG geregelt worden[245] (§ 8 Abs. 3 S. 3 ff. KStG). Ob es dieser ausdrücklichen Anordnung im KStG bedurft hätte, darf mit Blick auf den auch im KSt-Recht anzuwendenden § 4 Abs. 1 EStG bezweifelt werden. Die Vorschrift ist vielmehr auch als Überleitung zum materiellen Korrespondenzprinzip bei vE zu verstehen. Die fehlende verfahrensrechtliche Verknüpfung konnte auch bei vE zu inkongruenten Ergebnissen zwischen der KapG und dem Anteilseigner führen.

---

243 Vgl. auch *Dötsch/Pung*, DB 2007, 12.
244 *Pohl/Raupach*, FS 2007, 210.
245 Vgl. speziell zum Korrespondenzprinzip für vE *Dieterlen/Dieterlen*, DStZ 2007, 489.

Beispiel 67: Die teure Anmietung I

Der G'fter der GmbH mietet von der GmbH von dieser nicht genutzte Bürogebäude an. Der Mietzins beträgt 180, die marktübliche Miete 150. Die GmbH hat die Miete voll umfänglich als Ertrag, der G'fter als Aufwand erfasst. Die Veranlagung der GmbH ist bestandskräftig, die des G'fters kann noch geändert werden.

Lösung: Es liegt eine Zuwendung eines Vorteils des G'fters an die Gesellschaft i. H. v. 30 vor, die ihre Ursache im Gesellschaftsverhältnis hat. Beim G'fter ist der eingetretene Aufwand zu kürzen, da es sich hinsichtlich der überhöhten Zahlung um einen Vorgang handelt, der – normativ betrachtet – die Ursache nicht im Mietverhältnis, sondern im Gesellschaftsverhältnis hat. Es sind die AK um 30 auf die Beteiligung an der KapG aufzustocken. § 32a Abs. 2 KStG legt erstmals die Grundlage für eine Änderung des KSt-Bescheids auf Ebene der KapG. Der Ertrag ist außerhalb der Bilanz um 30 zu kürzen, wodurch die Kongruenz der Besteuerung auf beiden Ebenen erreicht ist.

Durch die materielle Korrespondenz (§ 8 Abs. 3 S. 4 ff. KStG) wird die gegenläufige verfahrensrechtliche Situation gelöst, in der der KSt-Bescheid – wie oft – noch geändert werden kann, nicht jedoch die Besteuerung auf Ebene des G'fters.

Beispiel 68: Die teure Anmietung II

Sachverhalt wie oben, nur kann nunmehr noch der KSt-Bescheid der Gesellschaft, nicht aber der ESt-Bescheid des G'fters geändert werden.

Lösung: Obwohl der KSt-Bescheid des KapG noch geändert werden kann und eine verdeckte Einlage vorliegt, darf der überhöhte Mietzins nicht außerhalb der Bilanz abgezogen werden (§ 8 Abs. 3 S. 4 KStG). Nur so können Besteuerungslücken vermieden werden, da der G'fter den überhöhten Mietzins bestandskräftig als Aufwand behandelt hat.

Die formelle Korrespondenz führt – von Schwächen abgesehen – zu steuersystematisch richtigen Ergebnissen. Dies wird durch die Durchbrechung der Bestandskraft erreicht. Das Prinzip der materiellen Korrespondenz nimmt bewusst in Kauf, dass bei Gesellschaft und G'fter systematisch – isoliert betrachtet – falsch besteuert wird. Nur durch das korrespondierende Ergebnis auf beiden Ebenen wird insgesamt ein mit den Grundwertungen des Steuerrechts übereinstimmendes Ergebnis erreicht.

6.4 Korrespondenz in Dreiecksverhältnissen

In der Praxis spielen vGA bzw. vE oft in Dreiecksverhältnissen eine erhebliche Rolle. In diesen Konstellationen werden vGA bzw. vE nur über das direkte Verhältnis zwischen G'fter und G'fter steuerlich abgerechnet. Auch insoweit setzt sich das formelle und materielle Korrespondenzprinzip durch. Dies sollen folgende Beispiele zeigen.

Beispiel 69: Das unvollständige Dreieck I

A ist jeweils alleiniger G'fter der A1-GmbH und der A2-GmbH. Die A2-GmbH überlässt der A1-GmbH ein Grundstück für eine Jahresmiete von 150.000 €. Angemessen wäre lediglich eine Miete i. H. v. 100.000 €. Bei der A2-GmbH ist der Mietertrag i. H. v. 150.000 € im StB-Gewinn erfasst. Die Steuerfestsetzungen der A1-GmbH und des AE A sind bestandskräftig und nicht mehr änderbar. Der KSt-Bescheid der A2-GmbH steht jedoch noch unter dem Vorbehalt der Nachprüfung.

Lösung: Materiell-rechtlich liegt eine vGA der A1-GmbH an A i. H. v. 50.000 € und eine vE des A in die A2-GmbH i. H. v. 50.000 € vor.

Grundsätzliche materiell-rechtliche Folgen:

A1-GmbH: außerbilanzielle Einkommenskorrektur (+ 50.000 €) nach § 8 Abs. 3 S. 2 KStG;

A: hälftige Besteuerung (bzw. ab 2009 Abgeltungsteuer oder Teileinkünfteverfahren) als erhaltene vGA (§ 20 Abs. 1 Nr. 1 S. 2 EStG/§ 3 Nr. 40d S. 1 Buchst. d EStG),

Nachträgliche AK auf die Beteiligung an der A2-GmbH;

A2-GmbH: außerbilanzielle Steuerfreistellung der überhöhten Mietzahlung (./. 50.000 €; § 8 Abs. 3 S. 3 KStG),

Zugang auf dem steuerlichen Einlagekonto (+ 50.000 €).

Eine Besteuerung der vGA ist jedoch aus **verfahrensrechtlichen Gründen** weder bei der A1-GmbH noch bei A möglich.

Deshalb darf die vE bei der A2-GmbH – obwohl verfahrensrechtlich noch offen – nach § 8 Abs. 3 S. 5 KStG bei der Einkommensermittlung nicht steuerfrei gestellt werden. Insoweit ergeben sich dann auch keine nachträglichen AK des A auf die Anteile an der A2-GmbH (§ 8 Abs. 3 S. 6 KStG). Ein Zugang auf dem Einlagekonto i. H. v. 50.000 € ist jedoch als vE zu erfassen, da § 27 KStG keine entsprechende Ausnahmeregelung enthält.

Beispiel 70: Das unvollständige Dreieck II

A ist jeweils alleiniger G'fter der A1-GmbH und der A2-GmbH. Die A2-GmbH überlässt der A1-GmbH ein Grundstück für eine Jahresmiete von 150.000 €. Angemessen wäre lediglich eine Miete i. H. v. 100.000 €. Bei der A2-GmbH ist der Mietertrag i. H. v. 150.000 € im StB-Gewinn erfasst. Die Steuerfestsetzungen der A1-GmbH sind noch offen und können geändert werden. Die Bescheide des A und der A2-GmbH sind demgegenüber nach den Vorschriften der AO nicht mehr änderbar.

Lösung: Nun kann die Steuerfestsetzung der A1-GmbH nach allgemeinen Vorschriften der AO geändert und die vGA berücksichtigt werden. Somit greift auf der Ebene des A die Regelung des § 32a Abs. 1 KStG. Die vGA wird bei ihm berücksichtigt. Die vGA wurde für die Beteiligung an der A2-GmbH verbraucht und führt bei ihm insoweit zu nachträglichen Anschaffungskosten. Allerdings wirkt sich dies bei A zumindest nicht sofort einkünftemindernd aus. Da bei A die vGA zu einer Änderung des ESt-Bescheids führt und diese vGA auch gleichzeitig wieder eine vE darstellt, greift bei der A2-GmbH die Korrekturvorschrift des § 32a Abs. 2 KStG. Der überhöhte Mietvertrag kann deshalb bei ihr noch außerbilanziell korrigiert werden. Außerdem ist ein entsprechender Zugang zum steuerlichen Einlagekonto anzunehmen.

IV Die steuerliche Behandlung der Ergebnisverwendung bei Kapitalgesellschaften

1 Überblick

Ziel der Unternehmenssteuerreform war u. a. die mit dem Anrechnungsverfahren verbundenen Schwierigkeiten auf der Ebene der KapG, insb. die Gliederung des verwendbaren Eigenkapitals nach der Steuervorbelastung und das Herstellen der Ausschüttungsbelastung, abzuschaffen. Daher soll im neuen Recht eine Gewinnausschüttung auf der Ebene der KapG keine Steuerfolgen mehr auslösen, es sei denn, die Gewinnausschüttung wird aus dem steuerlichen Einlagekonto finanziert (vgl. insb. § 27 Abs. 3 KStG).

2 Steuerliche Folgen der Gewinnthesaurierung
2.1 Rechtsfolgen in der Übergangszeit (bis 2006)

Die Gewinnthesaurierung von **nach der Systemumstellung** erzielten Einkommensbestandteilen führte bereits in der Übergangszeit zu keinen steuerlichen Rechtsfolgen auf der Einkommensverwendungsebene. Besonderheiten bestehen nur für **vor dem Systemwechsel** erzielte Einkommensbestandteile, die nach der Umgliederungsrechnung i. S. d. § 36 KStG noch in den Übergangszeitraum mitgenommen wurden. Aus diesen »alten Einkommensbestandteilen«, die als KSt-Guthaben (vgl. § 37 KStG) und als EK 02 (vgl. § 38 KStG) u. U. bis zum Ende des Übergangszeitraums jeweils gesondert festgestellt werden müssen, konnten bis 2006 nach einer sog. Differenzrechnung im Ausschüttungsfall weiterhin Steuerfolgen eintreten (vgl. z. B. § 38 Abs. 2 KStG). Die neuen Einkommensbestandteile werden nicht mehr gesondert festgestellt und können nur mittelbar zu Steuerfolgen bei einer Gewinnausschüttung führen.[157]

2.2 Rechtsfolgen ab der Umstellung (ab 2007)

Ab 2007 wurde der lange Übergangszeitraum abgekürzt, indem auf ein ausschüttungsunabhängiges System der Realisierung des KSt-Guthabens (vgl. § 37 Abs. 3 ff. KStG) und der KSt-Erhöhung (durch das JStG 2008 – vgl. den eingeführten § 38 Abs. 4 ff. KStG) umgestellt worden ist.

3 Besonderheiten bei Gewinnausschüttungen

Der Gesetzgeber hat durch die Jahressteuergesetze 2007 (§ 37 KStG) und 2008 (§ 38 KStG) den Übergangszeitraum im Hinblick auf die Besonderheiten bei der Einkommensverwendung faktisch beendet. Sowohl das KSt-Guthaben als auch die latente KSt-Erhöhung werden nun ausschüttungsunabhängig realisiert. Der steuerlich einzig relevante Bestandteil des EK bleibt das sog. steuerliche Einlagekonto (§ 27 KStG), dessen Bestand zu diesem Zweck jährlich gesondert festgestellt wird (§ 27 Abs. 2 KStG).

Das KSt-Guthaben wurde letztes Mal auf den 31.12.2006 festgestellt (§ 37 Abs. 4 KStG). Die KapG hatte innerhalb eines Auszahlungszeitraumes von 2008 bis 2017 einen Anspruch auf Auszahlung des KSt-Guthabens in zehn gleichen Jahresraten. Diesen ausschüttungsunabhängigen Anspruch hat die KapG in der Bilanz zum 31.12.2006 gewinnerhöhend mit dem Barwert zu aktivieren. Außerhalb der Bilanz hat eine entsprechende Kürzung zu erfolgen, da KSt-Erstattungsansprüche das Einkommen nicht erhöhen dürfen. Dies ergibt sich unmittel-

---

157 Vgl. näher Kap. 3 und 4.

bar aus § 37 Abs. 7 KStG, mittelbar jedoch auch aus einer spiegelbildlichen Anwendung des § 10 Nr. 2 KStG.

Durch das JStG 2008 wurde auch die Realisierung der KSt-Erhöhung auf ein ausschüttungsunabhängiges System umgestellt. Hierbei hatte der Gesetzgeber jedoch zu beachten, dass es den Unternehmen möglich war, die Gewinnausschüttungen so zu planen, dass eine Verwendung des Teilbetrags des EK 02 i. S. d. § 38 KStG (aufgrund der Verwendungsreihenfolge) verhindert wurde. Daher sieht der eingefügte § 38 Abs. 5 KStG vor, dass der Erhöhungsbetrag auf 3/100 des Teilbetrags des EK 02 festgelegt wird.[247] Sowohl der Anspruch aus dem KSt-Guthaben als auch die Verpflichtung aus der KSt-Erhöhung gehen auf Rechtsnachfolger im Wege von Umwandlungen über bzw. müssen sofort realisiert werden.[248]

Besonderheiten können sich bei Gewinnausschüttungen dementsprechend nur ergeben, als es um die Verwendung des **steuerlichen Einlagekontos** geht. Die »fiktive« Verwendung dieses Teilbetrags erfolgt – unabhängig der handelsrechtlichen Einordnung der Auszahlung –, wenn kein sog. neutrales Vermögen vorhanden ist. Die Verwendungsreihenfolge gilt demnach auch, wenn eine Kapitalrücklage aufgelöst wird; ein direkter Zugriff auf das steuerliche Einlagekonto ist auch in diesem Fall nicht möglich. Etwas anderes gilt nur bei ordentlicher Kapitalherabsetzung mit Rückzahlung an die AE (§ 28 Abs. 2 S. 2 KStG).

Folgende Differenzrechnung (§ 27 Abs. 1 S. 3 KStG) ist aufzustellen:

Leistungen ./. ausschüttbarer Gewinn (aG) > 0

Soweit für Ausschüttungen das steuerliche Einlagenkonto verwendet wird, wird eine Minderung der AK angenommen; soweit die Auszahlungen die AK übersteigen, entsteht ein fiktiver Veräußerungsgewinn. Daher sind die AK für die Anteile individuell fortzuentwickeln.

Wegen der Besonderheiten der Auszahlung des steuerlichen Einlagekontos auf G'fter-Ebene wird diese Verwendung bescheinigt.

Auch wenn sich das für die Gewinnausschüttung zu verwendende neutrale Vermögen durch eine BP verringert und nach der Differenzrechnung des § 27 Abs. 1 S. 3 KStG mehr aus dem steuerlichen Einlagekonto finanziert werden muss, bleibt die Bescheinigung der Verwendung unverändert, da aus der Bescheinigung u. U. bereits Rechtsfolgen gezogen worden sind. Eine solche Verwendungsfestschreibung macht jedoch keinen Sinn – würde jedoch aber nach dem Wortlaut gedeckt sein –, wenn eine BP für frühere Jahre erstmals eine vGA annimmt, die aus dem steuerlichen Einlagekonto finanziert werden müsste. Dies gilt vor allem dann, wenn ursprünglich keine Verwendung des steuerlichen Einlagekontos verwendet worden ist (sog. Nullbescheinigung nach § 27 Abs. 5 S. 2 KStG). Die FinVerw will in diesen Fällen den Grundsatz der Verwendungsfestschreibung anwenden.[249]

Es gibt auch bei gesellschaftsrechtlicher Einlagenrückgewähr keinen direkten Zugriff auf das steuerliche Einlagekonto, die Verwendungsreihenfolge des § 27 Abs. 1 S. 3 KStG gilt auch hier (vgl. BFH vom 11.02.2015, DB 2015, 1635 ff.). Einen direkten Zugriff gibt es also nur bei

- Nennkapitalherabsetzung,
- Mehrabführungen bei Organschaft (§ 27 Abs. 6 KStG),
- Wiederaufleben einer Forderung bei vorhergehendem Forderungsverzicht gegen Besserungsschein.

---

247 Gem. § 34 Abs. 16 KStG wurde für besondere Wohnungsbauunternehmen eine Freistellung von der zwangsweisen Realisierung der KSt-Erhöhung erreicht.

248 Daraus resultieren die Abschaffung des § 10 UmwStG und § 40 KStG durch das JStG 2008.

249 OFD Münster vom 27.11.2009, FR 2010, 46. Dafür besteht weder eine Notwendigkeit noch eine ausreichende Rechtsgrundlage; vgl. auch FG Rheinland-Pfalz vom 18.07.2014, EFG 2014, 2081. Diese systemwidrige Auffassung wurde vom BFH mit Beschluss vom 18.11.2015 bestätigt (Az.: I B 48/14), dagegen *Neyer*, DStR 2016, 1841 ff.

Besondere Fragen der Korrektur stellen sich, wenn bei Leistungen in die Kapitalrücklage eine entsprechende Erhöhung und entsprechende Feststellung des Einlagekontos vergessen wurde. Hier kommt evtl. eine Änderung nach § 129 AO infrage.[250] Dies gilt insb. dann, wenn bei Gründung von KapG Zuzahlung in die Kapitalrücklage vereinbart worden sind und hierbei eine entsprechende Feststellung des steuerlichen Einlagekontos vergessen wurde. Bei verdeckten Einlagen ist § 129 AO nicht anzuwenden, da es hier auch auf eine rechtliche Beurteilung eines Sachverhalts ankommt, welche eine Anwendung des § 129 AO ausschließt.

4 Steuerliche Folgen von Verlusten
4.1 Grundlagen
Der Verlustabzug ist – wie dargestellt – in Form des Verlustrücktrages (VRt) und des Verlustvortrages (VVt) möglich. Ab den Verlusten des Jahres 1999 ist nur noch ein einjähriger VRt möglich, der nach Wahl der KapG überhaupt nicht oder nicht in voller Höhe vorgenommen werden muss (§ 10d Abs. 1 S. 4 und 5 EStG). Auch bei KapG ist die Neuregelung des Verlustabzugs ab 2004 von Bedeutung. Es kann ab 2004 nur noch ein Verlust bis zur Höhe von 1 Mio. € unbeschränkt, darüber hinaus jedoch nur noch bis zu 60 % des 1 Mio. € übersteigenden Gesamtbetrags der Einkünfte als Verlustvortrag abgezogen werden. Diese eingeführte »Deckelung« des Verlustabzugs (sog. **Mindestbesteuerung**) betrifft nur den Verlustvortrag, beim Verlustrücktrag hat sich der rücktragsfähige Verlust von 511.500 € auf 1 Mio. € erhöht. Diese Regeln gelten für die Einkommensermittlung von KapG ab 2004, es können demgemäß von der Deckelung auch »Alt-Verluste« betroffen sein. Darüber hinaus ist zu berücksichtigen, dass – anders als bei der Regelung des Moratoriums gem. § 37 Abs. 2a KStG – diese Deckelung im Liquidationsfall endgültig wirkt. Über die Beschränkungen hinausgehende Verluste können in diesen Fällen nicht mehr berücksichtigt werden.[251] Darüber hinaus ist zu bedenken, dass nur die Verluste, die nicht durch die Abzugsbeschränkung des § 8c KStG untergegangen sind, nach § 10d EStG abgezogen werden können. Systematisch wird § 10d EStG erst nach § 8c KStG angewendet.

Es ist bereits angedeutet worden, dass die sog. Mindestbesteuerung verfassungsrechtlichen Zweifeln unterliegt. Sie ist insb. dann kritisch zu sehen, wenn und soweit sie sich in der Zukunft nicht ausgleichen kann, sondern definitiv wirkt. Auch in der Rspr. bestehen hier erhebliche Bedenken, wie der Vorlagebeschluss des BFH vom 26.02.2014 (I R 59/12, FR 2014, 1033 ff.) zeigt. Auch in der Literatur wird die Vorschrift noch weitgehender kritisch gesehen.[252]

4.2 Verlustvortrag ab dem Veranlagungszeitraum 2004 (Korb II-Gesetz) – Überblick
Während der Verlustrücktrag (möglich bis 1 Mio. €) nicht geändert wurde, gibt es beim Vortrag im Rahmen der Mindestbesteuerung folgende Einschränkungen:

- Bis zu einem Betrag von 1 Mio. € können Verluste unbeschränkt abgezogen werden (sog. Sockelbetrag).
- Ein über den Sockelbetrag hinausgehender Verlust ist nur bis zu 60 % der verbleibenden positiven Einkünfte verrechenbar.
- Diese Regelung gilt auch für die GewSt.

---

250 Vgl. hierzu und zu Heilungsmöglichkeiten *Ott*, DStR 2014, 673 ff. sowie DStZ 2016, 227 ff.; vgl. aber FG Baden-Württemberg vom 16.09.2013 und vom 04.02.2015, EFG 2016, 954. Hierdurch kann die »Mehrausschüttung« durch einen entsprechenden Verlust nach § 17 Abs. 4 EStG kompensiert werden. Materiellrechtlich kommt eine Kapitalerhöhung aus Gesellschaftsmitteln und anschließender Kapitalherabsetzung oder eine Liquidation infrage.

251 Vgl. hierzu *Dötsch/Pung*, DB 2004, 151.

252 Vgl. statt vieler *Bareis*, DB 2013, 144; *Röder*, StuW 2012, 18 ff.

Im Beispiel bedeutet dies etwa[253]:

nicht rücktragfähige Verluste der X-GmbH in 2004	./.	5.000.000 €
Einkünfte der X-GmbH in 2005	+	4.000.000 €
Verlustvortragsberechnung zum 31.12.2005:		
Einkünfte (2005)		4.000.000 €
Uneingeschränkt verrechenbar	./.	1.000.000 €
Verbleiben		3.000.000 €
Bis zu max. 60 % verrechenbar	./.	1.800.000 €
z. v. E. in 2005		**1.200.000 €**

Verbleibender Verlustvortrag (31.12.2005): 5 Mio. € ./. 2,8 Mio. € = 2,2 Mio. €

Die Kürzung bei der **GewSt** um vorgetragene Verluste wird ebenfalls auf 60 % des laufenden Gewerbeertrags mit einem Sockelbetrag von 1 Mio. € begrenzt.

4.3   Die neue Verlustabzugsbeschränkung des § 8c KStG – Überblick[254]

4.3.1   Vom Mantelkauf zum schädlichen Beteiligungserwerb

Mit Wirkung von VZ 2008 ist die Vorschrift des § 8 Abs. 4 KStG a. F. (sog. Mantelkaufregelung) durch die Vorschrift des § 8c KStG abgelöst worden, wodurch sich die Beschränkung bzw. Versagung des Verlustabzugs allein aufgrund einer qualifizierten Anteilsübertragung bzw. eines vergleichbaren Sachverhalts ergeben soll. Darüber hinaus ist jedoch gem. § 34 Abs. 6 KStG die Vorschrift des § 8 Abs. 4 KStG a. F. insoweit weiter anzuwenden, als Anteile an einer KapG vor dem 01.01.2008 übertragen worden sind und innerhalb eines Zeitraumes von fünf Jahren mehr als die Hälfte der Anteile übertragen wird und der Verlust der wirtschaftlichen Identität vor dem 01.01.2013 eintritt.[255] Während gem. § 8 Abs. 4 KStG a. F. der Wechsel der wirtschaftlichen Identität bei einem Anteilseignerwechsel einschließlich einer Zuführung von überwiegend neuem BV noch als »Missbrauchsvorschrift« angenommen werden konnte, legt § 8c KStG fest, dass allein die Übertragung von einer qualifizierten Höhe an Anteilen für die Beschränkung bzw. Versagen des Verlustabzugs entscheidend sein soll.

Die Änderung der Vorschrift verursacht einen nicht gerechtfertigten Eingriff in das Nettoprinzip und ist in Form der ersten Alternative vom **BVerfG** bereits für **verfassungswidrig** erklärt worden.[256] Nicht zu übersehen war, dass die Alt-Regelung des § 8 Abs. 4 KStG a. F. aufgrund unterschiedlicher Ansichten in fast allen Tatbestandselementen zwischen Rspr. und FinVerw zu einem erheblichen Maß an Rechtsunsicherheit geführt hat, welches im Ergebnis die Änderung der Vorschrift mitverursacht hat.

Im Folgenden seien die wesentlichen Zweifelsfragen zu der Regelung des § 8 Abs. 4 KStG a. F. überblicksartig aufgeführt, da diese Probleme bei künftig notwendig werdenden Reformvorhaben berücksichtigt werden müssen.

- Nach der Rspr. führte nur ein unmittelbarer Anteilseignerwechsel zu der Anwendung des § 8 Abs. 4 KStG; die FinVerw nahm dagegen einen schädlichen Anteilseignerwechsel

---

253 Vgl. *Dötsch/Pung*, DB 2004, 151.

254 Zu den Einzelheiten hierzu vgl. *Preißer*, Band 1, Teil B, Kap. IV 4 und BMF vom 04.07.2008, GmbHR 2008, 883.

255 Durch diese gesetzliche Übergangsregel hat der Gesetzgeber die Ansicht der FinVerw gestützt, nach der für den zeitlichen und sachlichen Zusammenhang ein Zeitraum von fünf Jahren angemessen ist. Der BFH hat demgegenüber einen Zeitraum von max. zwei Jahren als angemessen angesehen.

256 Die Literatur zu diesem Problemkreis ist nicht überschaubar; vgl. hierzu nur *Schwedhelm*, GmbHR 2008, 404.

sowohl bei einer unmittelbaren als auch bei einer mittelbaren Übertragung der Beteiligung an.

- Anteilsübertragungen können nach der Rspr. nur dann zusammengezählt werden, wenn zwischen ihnen ein Zeitraum von max. zwei Jahren bestand; die FinVerw nahm demgegenüber einen Zeitraum von fünf Jahren an.
- Zwischen der Übertragung und der Beteiligung und der Zuführung von überwiegend neuem BV musste nach Ansicht der Rspr. ebenfalls ein vergleichbarer kurzer Zeitraum bestehen; auch hier nahm die FinVerw einen Zeitraum von fünf Jahren an.
- Bei der Zuführung des überwiegend neuen BV reicht es nach Ansicht der Rspr. aus, wenn **gegenständlich** überwiegend neues BV zugeführt wurde; die FinVerw nahm eine – insoweit zugunsten des StPfl. – **Saldobetrachtung** (oder bilanzielle Betrachtung) vor, nach der insb. bei Ersatzbeschaffungen nur der neue Wert abzüglich des ausgeschiedenen alten Wertes als Zuführung gewertet worden ist.
- Des Weiteren gab es unterschiedliche Auffassungen darüber, ob BV von außen zugeführt werden musste oder ob es ausreichte, wenn es durch Gewinne gebildet worden ist.

Die wesentlichen Änderungen des § 8c KStG aufgrund der soeben dargestellten Zweifelsfragen sind wie folgt charakterisiert:
- Hinzuführung von BV ist irrelevant, sodass die Streitfragen insoweit aufgehoben sind.
- Es ist ein maßgebender Zeitraum von fünf Jahren festgelegt.
- Es werden sowohl unmittelbare als auch mittelbare Beteiligungsveräußerungen eingerechnet.

Man kann feststellen, dass sich die FinVerw gegenüber der Rspr. beim Gesetzgeber in allen Punkten durchgesetzt hat.[257]

4.3.2   Grundsystematik des § 8c KStG

Die Abzugsbeschränkung knüpft technisch nur noch an den sog. **schädlichen Beteiligungserwerb** bzw. einen vergleichbaren Sachverhalt an. Ein schädlicher Beteiligungserwerb liegt immer vor, wenn die in § 8c Abs. 1 S. 1 oder S. 2 KStG genannten Schwellen von 25 bzw. 50 % übertreten werden. Erwerbe innerhalb der genannten Schwellen sind unschädlich, wodurch sich interessante – vielleicht auch systemwidrige – Ergebnisse ergeben.

Das BVerfG hat in seiner Entscheidung vom 29.04.2017 (2 BvL 6/11, DB 2017, 1124 ff.) die Vorschrift des § 8c S. 1 KStG für verfassungswidrig erklärt. Im Ergebnis habe der Gesetzgeber im KSt-Recht mit dem Trennungsprinzip eine wesentliche Grundentscheidung getroffen und den Körperschaften eine eigenständige Leistungsfähigkeit zugeschrieben. Diese Grundentscheidung könne nur in sehr engen Fällen durchbrochen werden. Gem. § 8c Abs. 1 S. 1 KStG nimmt der Gesetzgeber einen Ausschluss der Verlustberücksichtigung auf Ebene der Körperschaft an, soweit innerhalb eines Zeitraumes von 5 Jahren ein schädlicher Beteiligungserwerb zwischen 25 % und 50 % der Anteile stattfindet. Das BVerfG hat den bloßen Anteilseignerwechsel in dieser Höhe als keinen Rechtfertigungsgrund für die Durchbrechung des Trennungsprinzips angesehen. Nun hat aktuell das FG Hamburg (DStR 2017, 2377 ff.) in seinem Vorlagebeschluss (2 K 245/17) § 8c S. 2 KStG, nach dem ein vollständiger Ausschluss der Verlustberücksichtigung bei einem schädlichen Beteiligungserwerb von über 50 % ange-

---

257   Dieses fragwürdige Verständnis des Gewaltenteilungsgrundsatzes lässt sich in der Steuergesetzgebung leider immer mehr beobachten.

nommen wird, für verfassungswidrig erachtet. Es hat dem BVerfG diese Frage zur Prüfung vorgelegt. Hierbei ist bemerkenswert, dass sich das FG sehr eng an die Argumentation des BVerfG anlehnt.[258] Durch das JStG ist nunmehr geregelt worden, dass § 8c Abs. 1 S. 1 KStG mit Wirkung für die Vergangenheit weggefallen ist.

Der Gesetzgeber hat nach Einführung des § 8c KStG offensichtlich selbst die überschießende Wirkung des § 8c KStG als allgemeine Verlustvernichtungsvorschrift eingesehen und sie in verschiedenen Schritten abgemildert, wodurch der Missbrauchscharakter wiederum stärker zum Vorschein gekommen ist.

4.3.3 Abmilderungen der Vorschrift[259]

Bei der durch das Wachstumsbeschleunigungsgesetz eingeführten **Konzernklausel** sollen Umstrukturierungen innerhalb eines Konzerns erleichtert werden. Die Konzernklausel ließ die Verlustabzugsbeschränkung zunächst nicht eingreifen, wenn an der übertragenden und an der übernehmenden Gesellschaft dieselben G'fter zu 100 % beteiligt sind. Dadurch sind nur Strukturen begünstigt, in denen nicht nur eine Beherrschungsidentität, sondern eine G'fter-Identität besteht. Daher musste zumindest ein dreistufiger Konzernaufbau vorliegen. Dies erschien auch unter rechtspolitischen Aspekten zu eng.[260] Der Gesetzgeber hat diese rechtspolitischen Erwägungen aufgegriffen und entgegen einem bereits vorliegenden Entwurf eines BMF-Schreibens die Konzernklausel i. S. d. herrschenden Auffassung erweitert. Damit ist eine konzerninterne Übertragung auch bei einem zweistufigen Konzernaufbau in vielen Fällen möglich (vgl. § 8c Abs. 1 S. 5 KStG).

Schließlich sollen die Rechtsfolgen des § 8c KStG nicht eingreifen, soweit der Erwerber stille Reserven von im Inland stpfl. BV erwirbt. Dies bedeutet im Ergebnis, dass i. H. d. stillen Reserven der Verlustabzug unberührt bleibt. Die Anforderungen an die stillen Reserven knüpfen tatbestandlich an den Untergang des Verlustabzugs an.

Beispiel 1: Erhöhte Zurechnung von stillen Reserven

Der Wert der B-GmbH, deren Allein-G'fter B ist, beläuft sich auf 2 Mio. € (buchmäßiges Eigenkapital entspricht 500.000 €). Der Verlustvortrag ist auf 2 Mio. € festgestellt. C erwirbt von B 80 % der Beteiligung. Der Kaufpreis beträgt 1,6 Mio. €.

Lösung: Ohne die Einführung der Stillen-Reserven-Escape-Klausel würde der gesamte Verlustvortrag untergehen (§ 8c Abs. 1 S. 2 KStG). I. R. d. Anwendung der neu eingeführten Klausel wird deshalb dem C nicht nur der Erwerb der stillen Reserven zu 80 %, sondern zu 100 % zugerechnet. C erwirbt stille Reserven von 1,5 Mio. € (Unternehmenswert von 2 Mio. € abzüglich des buchmäßigen Eigenkapitals von 0,5 Mio. €). Der Verlustvortrag bleibt also i. H. v. 1,5 Mio. € unberührt und geht nur i. H. v. 0,5 Mio. € unter.

Darüber hinaus wurde § 8d KStG eingeführt, der unter engen Voraussetzungen bei einem schädlichen Beteiligungserwerb den Verlust retten kann (sog. fortführungsgebundener Verlustvortrag). Ob diese Vorschrift allerdings die Verfassungsmäßigkeit des § 8c KStG retten kann, bleibt wegen der sehr restriktiven Voraussetzungen mehr als zweifelhaft.

---

258 Vgl. hier ausführlich *Dreßler*, DB 2017, 2629 ff.

259 Auf Einzelheiten wird verwiesen auf *Preißer*, Band 1, Teil B, Kap. IV 4; vgl. aber *Ballwieser*, BB 2009, 1502; *Ziegenhagen*, BB 2009, 2116; *Neyer*, BB 2009, 2284; *Sistermann/Brinkmann*, DStR 2009, 1453.

260 Daher insoweit für eine erweiternde Auslegung *Bien/Wagner*, BB 2010, 923 sowie *Franz*, BB 2010, 991. Eine Verlustverschiebung auf Dritte soll durch diese Klausel vermieden werden; dies findet auch bei Strukturen mit einer Beherrschungsidentität nicht statt. Daher für eine umfassende Freistellung von konzerninternen Umstrukturierungen *Ballwieser/Frase*, BB 2009, 1502.

V Die Bedeutung der Organschaft

1 Überblick

Das Rechtsinstitut der Organschaft berücksichtigt die gesellschaftsrechtliche Möglichkeit, Gesellschaften als abhängige – rechtlich zwar selbständige, wirtschaftlich aber eingegliederte – Glieder eines Konzerns zu führen. Diese Gesellschaften verfolgen nicht mehr ein eigenes wirtschaftliches Ziel der Gewinnmaximierung, sondern dienen als Glieder des Unternehmensverbundes der Erreichung eines übergeordneten Konzernerfolgs.[261] Dieser wirtschaftlichen Unselbständigkeit entspricht – mit unterschiedlichen Voraussetzungen und Rechtsfolgen im Einzelnen – der Grundgedanke der Organschaft, dass das abhängige Unternehmen (**Organgesellschaft**) nicht selbst zur Besteuerung herangezogen, sondern das Einkommen der übergeordneten Einheit (**Organträger**) zugerechnet wird.

Die körperschaftsteuerliche Organschaft berücksichtigt die rechtliche Selbständigkeit der OrgG und lässt die Verpflichtung der OrgG, das Einkommen in einem ersten Schritt zu ermitteln, unberührt.[262] Allerdings wird das **ermittelte Einkommen** in einem zweiten Schritt dem OrgT im Prinzip wie ein eigenes Einkommen **zugerechnet**. Das Rechtsinstitut der Organschaft ist insb. wegen des Erfordernisses eines Ergebnisabführungsvertrages (künftig: EAV) und der damit verbundenen Binnenwirkung unter Reformdruck geraten.[263] Ob die Reform in einer Umorientierung der Organschaft zu einer Gruppenbesteuerung führt oder nur kleine Erleichterungen bei Formerfordernissen das Ergebnis sein werden, bleibt abzuwarten. Durch das Gesetz zur Änderung und Vereinfachung der Unternehmensbesteuerung und des steuerlichen Reisekostenrechtes sind nur punktuelle Änderungen, die das Erfordernis des EAV unberührt lassen, aufgenommen worden.[264]

2 Gesellschaftsrechtliche Grundlagen der Organschaft

Für die Frage des Vorliegens der Voraussetzungen einer Organschaft sind die gesellschaftsrechtlichen Vorschriften maßgeblich. Dies gilt insb. für die Frage der **finanziellen Eingliederung**, wo es auf die Mehrheit der Stimmrechte ankommt, die durch gesellschaftsrechtliche Besonderheiten von der kapitalmäßigen Beteiligung abweichen kann; sodann spielen die gesellschaftsrechtlichen Erfordernisse beim **Abschluss des EAV** bei AG (vgl. § 14 Abs. 1 Nr. 3 KStG i. V. m. §§ 293, 294 AktG) als auch mit anderen KapG (§ 17 KStG mit Bezug auf aktienrechtliche Normen) sowie in Bezug auf die **Durchführung des EAV** eine erhebliche Rolle. Der Abschluss eines EAV innerhalb eines Eingliederungskonzerns bedarf – anders als beim Vertragskonzern – nicht der Beschlussfassung der Hauptversammlung der beteiligten Gesellschaften. Bei der Möglichkeit, **Gewinne aus vororganschaftlicher Zeit** an den OrgT auszukehren, unterscheiden sich der Vertragskonzern und der Eingliederungskonzern. Bei dem Vertragskonzern ist aus § 301 S. 2 AktG – aus Schutz der außenstehenden G'fter – zu schließen, dass eine Abführung dieser vororganschaftlicher Rücklagen unzulässig ist, während dies bei Eingliederungskonzernen gem. § 324 Abs. 2 AktG möglich ist. Dieser Unterschied ergibt sich daraus, dass bei Eingliederungskonzernen ab dem Zeitpunkt des Wirksamwerdens der Eingliederung (Eintragung im Handelsregister) außenstehende Aktionäre aus der Gesellschaft »gedrängt« werden und somit

---

261 *Hommelhoff*, DB 1992, 309.

262 Vgl. hierzu BMF vom 26.08.2003, DB 2003, 1982. Manche Äußerungen in diesem Schreiben sind durch divergierende Gesetzgebungstätigkeit bereits wieder überholt.

263 Vgl. hierzu die Berichte zum 2. Münchner Unternehmenssteuerforum »Organschaft im Umbruch«, DStR 2010, Beihefter zu Heft 30.

264 Vgl. *Schulze zur Wiesche*, DStZ 2013, 621. Vgl. hierzu auch umfassend *Schneider/Sommer*, GmbHR 2013, 22.

Regeln des Minderheitenschutzes nicht mehr beachtet werden müssen (vgl. §320a AktG). Wenn innerhalb eines Vertragskonzerns gegen die Höchstgrenze der Gewinnabführung des §301 AktG (zu den steuerlichen Mindestgrenzen vgl. §14 Abs. 1 Nr. 4 KStG) verstoßen wird, gilt der EAV insoweit als nicht durchgeführt, was insb. innerhalb der ersten fünf Jahre die Unwirksamkeit der körperschaftsteuerlichen Organschaft von Beginn an nach sich zieht (Gefahr einer verunglückten Organschaft, vgl. hierzu Kap. 5.1).

Auf folgende Zusatzschwierigkeit für das **GmbH-Konzernrecht** wird hingewiesen.

Eine der Voraussetzungen für die Anerkennung eines Organschaftsverhältnisses nach §17 KStG (u.a. GmbH-Konzern) ist die ausdrücklich vereinbarte Verlustübernahme gem. §302 AktG. §302 AktG wurde – mit Wirkung ab 01.01.2005 – um eine Verjährungsregel ergänzt, der zufolge nach §302 Abs. 4 AktG eine zehnjährige Verjährung gilt. Zur Sicherheit sollte im Ergebnisabführungsvertrag vollumfänglich auf §302 AktG in der jeweiligen Fassung verwiesen werden, auch wenn dies nach der gesellschaftsrechtlichen Ausgangslage unnötig ist, da im GmbH-Konzernrecht analog die Vorschriften des Aktien-Konzernrechts angewendet werden.[265] Inzwischen hat der Gesetzgeber eine dynamische Verweisungsklausel in §17 KStG eingeführt, nach der Voraussetzung ist, dass für eine Verlustübernahme ein Verweis auf §302 AktG »in seiner jeweils gültigen Fassung« vereinbart wird. In der Praxis ist darauf zu achten, dass Altverträge, die den bisherigen Vorschriften entsprochen haben, aber keine dynamische Verweisungsklausel enthalten, bis zum 31.12.2014 (richtiger Ansicht nach 01.01.2015) angepasst werden müssen.

3   Steuerrechtliche Voraussetzungen der Organschaft

3.1   Organgesellschaft und Organträger

Beteiligte eines Organschaftsverhältnisses sind die OrgG als abhängiges Unternehmen und der OrgT als herrschendes Unternehmen.[266] Die OrgG muss eine KapG mit Geschäftsleitung im Inland sein; der Sitz der KapG kann jedoch in einem anderen EU- oder EWR-Staat liegen. Der doppelte Inlandsbezug ist aufgegeben worden. Auch eine Vorgesellschaft kann bereits Beteiligte eines Organschaftsverhältnisses sein. Die Beschränkung auf KapG als Beteiligte eines Organschaftsverhältnisses auf der Ebene der OrgG ergibt sich daraus, dass bei PersG der Gewinn unabhängig vom Vorliegen eines Organschaftsverhältnisses den G'ftern unmittelbar zugerechnet wird.

PersG kommen ab 2003 als OrgT nur noch infrage, wenn sie selbst eine **originär gewerbliche** Tätigkeit i. S. d. §15 Abs. 2 EStG ausüben. Die gewerbliche Prägung ist nicht mehr ausreichend. Hierfür reicht nach bisher h. M. auch eine geringfügige, aber nicht völlig untergeordnete eigengewerbliche Tätigkeit aus, wie z. B. eine Besitzgesellschaft im Rahmen der Betriebsaufspaltung oder eine Managementholdinggesellschaft.[267] Nach dem BMF-Schreiben vom 10.11.2005[268] stellt die FinVerw strengere Anforderungen an die Eigengewerblichkeit[269]; demnach reicht eine bloße Abfärbung von Einkünften in gewerbliche Einkünfte nicht mehr aus. Bei inländischen KapG als

---

265 Vgl. hierzu *Hahn*, DStR 2009, 1834. Im JStG 2013 ist eine dynamische Verweisung auf die jeweils gültige Fassung vorgesehen.

266 Vgl. zu dem folgenden Problemkreis BMF vom 26.08.2003, DB 2003, 1982; *Dötsch/Pung*, DB 2003, 1970; neuerdings BMF vom 10.11.2005, DB 2005, 2547; hierzu *Dötsch*, DB 2005, 2541. Diese Quellen sollten **Pflichtlektüre** sein.

267 S. BFH vom 17.09.2003 (drei Az.: I 95, 98/01, n. n. v.). Aus der Literatur: vgl. *Förster*, DB 2003, 903; *Rödder/Schumacher*, DStR 2003, 808; *Orth*, DB 2005, 741; *Rautenstrauch/Adrian*, DB 2005, 1018; das o. g. BMF-Schreiben (in Tz. 17 ff.) stellt ohne ausreichende Begründung weitere einschränkende Anforderungen an die eigene gewerbliche Tätigkeit der PersG auf.

268 Vgl. BStBl I 2005, 1038.

269 Zum Entwurf vgl. *Orth*, DB 2005, 741. Im BMF wird nunmehr eine »Organ«-Gewerblichkeit eigener (oder strengerer) Art für PersG gefordert (vgl. mit §15 Abs. 1 Nr. 1, Abs. 2 EStG).

OrgT ist der **doppelte Inlandsbezug** (Sitz und Geschäftsleitung im Inland) aufgehoben worden, es reicht nunmehr aus, dass sich die Geschäftsleitung im Inland befindet.[270]

Es besteht auch die Möglichkeit, den Gewinn an ein ausländisches gewerbliches Unternehmen abzuführen, wenn das Unternehmen eine Betriebsstätte i. S. d. § 12 AO im Inland hat und die dieser Betriebsstätte zuzurechnenden Einkünfte nach dem anzuwendenden DBA der inländischen Besteuerung unterliegen. Der OrgT kann daher unter den vorgenannten Voraussetzungen auch eine natürliche Person oder Körperschaft sein, die ihre Geschäftsleitung oder Sitz nicht in einem EU- oder EWR-Staat hat[271], der EAV mit einer im Inland im Handelsregister eingetragenen Zweigniederlassung unter deren Firma abgeschlossen ist und die Voraussetzungen der Eingliederung zur Zweigniederlassung bestehen (die Beteiligung an der OrgG muss sich im BV der Zweigniederlassung befinden). Demgegenüber ist aus gesellschaftsrechtlichen Gründen eine Organschaft zu einer ausländischen KapG, die im Inland unbeschränkt stpfl. ist, nicht möglich.[272]

3.2 Finanzielle Eingliederung

Gem. § 14 Abs. 1 Nr. 1 KStG muss der OrgT die Mehrheit der Stimmrechte an der OrgG halten. Es ist dazu notwendig, dass die Stimmrechtsmehrheit gesellschaftsrechtlich legitimiert ist und nicht allein auf zweiseitigen Verträgen, z. B. Stimmbindungsverträgen, beruht. Die Stimmrechtsmehrheit kann sowohl durch unmittelbare Beteiligung des OrgT an der OrgG als auch durch mittelbare Beteiligungen sowie durch eine Kombination aus unmittelbarer und mittelbarer Beteiligung vermittelt werden. Eine mittelbare Beteiligung kann jedoch nur berücksichtigt werden, wenn die Beteiligung des OrgT an der vermittelnden Gesellschaft die Mehrheit der Stimmrechte gewährt. Liegt diese Voraussetzung vor, kann die mittelbare Beteiligung in voller Höhe – nicht nur quotal – berücksichtigt werden.

Beispiel 1: Finanzielle Eingliederung durch unmittelbare Beteiligung

Eine A-GmbH mit Geschäftsleitung im Inland ist zu 60 % an der B-AG beteiligt.
Lösung: Die unmittelbare Beteiligung vermittelt mehr als die Hälfte der Stimmrechte, eine finanzielle Eingliederung ist gegeben.

Beispiel 2: Finanzielle Eingliederung durch mittelbare Beteiligung

Die A-GmbH ist zu 30 % an der B-AG und zu 60 % an der C-GmbH beteiligt, die wiederum 50 % der Stimmrechte an der B-AG hält.

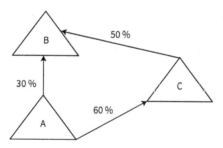

---

270 Vgl. hierzu den Fall einer US-KapG mit tatsächlicher Geschäftsleitung in D als OrgT einer GmbH (BMF vom 08.12.2004, BStBl I 2004, 1181 gegen BFH vom 29.01.2003, GmbHR 2003, 722, das es für zulässig erachtet hat). Vgl. ferner *Gründig/Schmid*, DStR 2013, 617.

271 Hierzu *Schulze zur Wiesche*, DStZ 2013, 622.

272 Fraglich ist, ob dies nach dem sog. Überseering-Urteil des EuGH, EuZW 2002, 754 und der Weiterentwicklung des Urteils in Inspire-Art, DB 2003, 2219, noch haltbar ist.

Lösung: Die B-AG ist finanziell in die A-GmbH eingegliedert, da die unmittelbare und mittelbare Beteiligung die Mehrheit der Stimmrechte gewähren (vgl. hierzu A 14.2 KStR). Die finanzielle Eingliederung würde auch dann bejaht werden, wenn A unmittelbar nur zu 10 % an der B beteiligt wäre. Es kommt bei der mittelbaren Beteiligung der A an der B nicht auf die durchgerechnete quotale Beteiligung (hier 30 %), sondern nur auf die Beteiligung von C an B (50 %) an, wenn A an der vermittelnden Gesellschaft die Mehrheit der Stimmrechte zustehen. Die unmittelbaren (30 %) und mittelbaren (50 %) Beteiligungen sind zu addieren.

Ist der OrgT eine PersG, die ein gewerbliches Unternehmen betreibt, muss die finanzielle Eingliederung im **Verhältnis zur PersG selbst** bestehen (§ 14 Abs. 1 S. 1 Nr. 2 S. 3 KStG).[273]

Ob nach diesen Anforderungen auch eine atypische stille Gesellschaft selbst OrgT sein kann, ist in der Literatur umstritten.[274] Die FinVerw fordert Zugehörigkeit der Beteiligung an der OrgG zum Gesamthandsvermögen der PersG. Ob das »schuldrechtliche Gesamthandsvermögen« einer atypisch stillen Gesellschaft dem gleichzusetzen ist, erscheint fraglich. Darüber hinaus ist aus systematischen Gründen OrgT stets der Vertragspartner des EAV. Dies ist jedoch nicht die atypisch stille Gesellschaft als solche, sondern stets nur der Inhaber des Handelsgewerbes (z. B. die GmbH). Eine GmbH & atypisch still kommt nach insoweit richtiger Ansicht der FinVerw als OrgG nicht infrage.

Die finanzielle Eingliederung muss gem. § 14 Abs. 1 Nr. 1 KStG **mit Beginn des Wj. der OrgG ununterbrochen** bestehen. Erwirbt ein OrgT die Beteiligung an der OrgG in der Mitte des Wj. und soll die Organschaft von Beginn an bestehen, ist das Wj. der OrgG auf den Zeitpunkt des Erwerbs der Beteiligung umzustellen, die Zustimmung ist vom FA in Organschaftsfällen zu erteilen (vgl. § 7 Abs. 4 S. 3 KStG).[275]

Beispiel 3: Notwendigkeit eines Rumpf-Wj.

Die X-GmbH ist zu 100 % an der B-AG beteiligt, ein Organschaftsverhältnis besteht nicht. Das Wj. der B-AG ist das Kalenderjahr. Die X-GmbH verkauft und überträgt die Beteiligung an der B-AG auf den 01.07. an die Y-GmbH. Die Y-GmbH will ab Erwerb der Beteiligung mit der B-AG eine Organschaft bilden (die Voraussetzungen des EAV sollen vorliegen).

Lösung: Die B-AG muss ihr Wj. auf ein abweichendes Wj. vom 01.07. bis 30.06. umstellen, damit sie in die Y-GmbH von Beginn des am 01.07. beginnenden Wj. eingegliedert ist. Die B-AG kann nach dem Erwerb ihr Wj. wieder umstellen; bei Umstellung auf das Kalenderjahr ist die Zustimmung des FA nicht erforderlich, bei Umstellung auf ein anderes, im Konzernkreis angewendetes, abweichendes Wj., hat das FA sein Einvernehmen zu erteilen.

Wenn in dem vorgenannten Beispiel die X-GmbH zu der B-AG ein Organschaftsverhältnis gehabt hätte und dies **bis zum Ende** durchführen wollte, ist es bei der OrgG ebenfalls notwendig, zum Verkaufs- und Abtretungszeitpunkt das Wj. umzustellen (A 14.4 KStR).

3.3 Ergebnisabführungsvertrag

Nur durch einen EAV wird die Möglichkeit eröffnet, das Einkommen der OrgG dem OrgT unmittelbar zuzurechnen. Selbst eine gesellschaftsrechtliche Eingliederung (§§ 319 ff. AktG) der OrgG in den OrgT ist für sich allein nicht ausreichend, gesellschaftsrechtlich ergeben sich lediglich Erleichterungen in Bezug auf den Abschluss eines EAV (§ 324 Abs. 2 AktG).

---

273 Bis 2002 konnte die finanzielle Eingliederung sowohl zu der PersG als auch zu den G'ftern bestehen, wenn nur unbeschränkt stpfl. G'fter MU sind, vgl. zur alten Rechtslage *Schmidt/Müller/Stöcker*, Organschaft, Tz. 320.

274 Bejahend u. a.: *Hageböke/Heinz*, DStR 2005, 761 und DB 2006, 473; verneinend u. a.: *Dötsch*, DB 2005, 2543 und DB 2006, 475.

275 Vgl. unter Kap. III 2.1.

Das Einkommen der OrgG kann dem OrgT erstmals in dem Wj. zugerechnet werden, in dem das Wj. endet, in dem der EAV wirksam (also mit **vollzogener Eintragung**) wird (A 14.5 Abs. 1 KStR).[276] Der bloße Abschluss des EAV zu diesem Zeitpunkt reicht nicht mehr aus. Dies führt insb. bei Unternehmenskäufen oft zu Schwierigkeiten, die nur durch Umstellung des Wj. zu lösen sind.[277] Da nicht hinreichend sicher geklärt ist, ob die fünf Zeitjahre erst ab Vorliegen der weiteren organschaftlichen Voraussetzungen (insb. die finanzielle Eingliederung) zu laufen beginnen (m. E. wohl nein), muss in der Praxis auf eine Absicherung in Form einer Mindestlaufzeit geachtet werden.[278] Der BFH (Urteil vom 23.08.2017, I R 80/15, DB 2017, 3036 ff.) hält die tatsächliche Eintragung auch dann für die Wirksamkeit der Organschaft in steuerlicher Hinsicht für entscheidend, wenn die Eintragung durch Verschulden des HR hinausgezögert wird.

Der EAV selbst bedarf lediglich der Schriftform und muss – aus steuerlichen Gründen – die Verpflichtung der vollständigen Gewinnabführung (zur Klarstellung auch der Verlustübernahme) und die Mindestlaufzeit enthalten.

Der Vertrag muss auf mindestens **fünf (Zeit-)Jahre** abgeschlossen und für diesen Zeitraum auch durchgeführt werden.[279] Eine Beendigung des EAV während eines Jahres wirkt dabei auf den Beginn dieses Wj. zurück (vgl. § 14 Abs. 1 Nr. 3 KStG). Der Vertrag muss auch während dieser Zeit entsprechend dem (handelsrechtlichen und steuerlichen) Vertragsinhalt durchgeführt werden.[280] Eine Beendigung des Vertrages vor Ablauf der Mindestlaufzeit führt zu einer rückwirkenden Nichtanerkennung der Organschaft, aus den in der Vertragslaufzeit abgeführten Gewinnen bzw. übernommenen Verlusten sind die allgemeinen steuerlichen Folgerungen zu ziehen.[281] Eine Beendigung vor Ablauf der Mindestzeit ist nur dann (für die Vergangenheit) unschädlich, wenn für die Kündigung des Vertrages ein **wichtiger Grund**[282] bestand, z. B. die Beteiligung an der OrgG verkauft wurde oder eine der Parteien des EAV nach den Vorschriften des UmwG umstrukturiert worden ist.[283] Wurde ein EAV nach fünf Jahren zunächst nicht weiter durchgeführt, anschließend aber wieder aufgenommen, muss die »neue Vertragsdauer« wiederum fünf Jahre betragen. Richtiger Ansicht nach ist bei einer Verlängerung des EAV über fünf Jahre hinaus die Mindestlaufzeit erfüllt. Bei Nichtdurchführung des EAV nach Ablauf von fünf Jahren und Verlängerung der Organschaft ergeben sich die Folgen einer verunglückten Organschaft nur für die Jahre, in denen der EAV nicht durchgeführt wird.[284] (Auch unwesentliche) **Vertragsänderungen** des EAV bedürfen zu ihrer steuerlichen Anerkennung der Eintragung im HR und der Zustimmung der G'fter-Versammlung der beherrschten Gesellschaft (so der BFH im Beschluss vom 22.10.2008, BFH/NV 2009, 299).

Hinweis: Wenn zivilrechtlich der EAV wirksam ist, steuerlich aber die Voraussetzungen der Organschaft innerhalb der fünf Jahre nicht in jedem Jahr erfüllt sind (z. B. weil die OrgT-PersG nicht in jedem Jahr ausreichend eigengewerblich tätig war), liegen die Vorausset-

---

276 Hierbei ist zudem die Mindestlaufzeit zu beachten; das kann bei Nichtbeachten der Formvorschriften bei Änderung von EAV zu den Rechtsfolgen einer verunglückten Organschaft führen, vgl. BFH, Beschluss vom 22.10.2008, GmbHR 2009, 329.
277 Dies ist in der Praxis bei der Festlegung der erstmaligen Kündigungsmöglichkeit zu beachten.
278 S. hierzu *Scheifele/Marx*, DStR 2014, 1793.
279 Darauf wurde wieder von FG hingewiesen.
280 Vgl. zu diesem Problemkreis auch unter gesellschaftsrechtlichen Aspekten *Gärtner*, AG 2014, 793 ff.
281 Sog. verunglückte Organschaften. Die Gewinnabführungen sind als vGA der OrgG, die Verlustübernahme als verdeckte Einlage des OrgT, anzusehen.
282 Dieser wichtige Grund muss nach steuerrechtlichen Kriterien vorliegen, vgl. BFH vom 13.11.2013, BB 2014, 997 und FG Hessen vom 28.05.2015, DStRE 2016, 666 ff.
283 Zu dem wichtigen Grund vgl. BFH vom 13.11.2013, AG 2014, 369 ff.
284 Vgl. auch insoweit *Schneider/Hinz*, Ubg 2009, 739 m. w. N.

zungen der Organschaft nur in dem betreffenden Jahr nicht vor; die Folgen in den anderen Jahren, in denen die steuerlichen Voraussetzungen der Organschaft gegeben sind, bleiben davon unberührt (BFH vom 10.05.2017, I R 51/15, DB 2017, 2267 ff.).[285]

Das **Durchführungsgebot** bezieht sich zum einen auf die tatsächliche Verlustübernahme, zum anderen auf die Abführung des ganzen Gewinns der OrgG auf den OrgT und schließlich auf die Nichtabführung von vororganschaftlichen Gewinnrücklagen an den OrgT bei nicht-eingegliederten OrgG. Die beteiligten Gesellschaften haben also auf die Mindest- und die Höchstabführung des Gewinnes zu achten. Es ist bei der Höhe des abzuführenden Gewinnes darauf hinzuweisen, dass die Beträge der Gewinnabführung zwischen Gesellschaftsrecht und Steuerrecht differieren. Nach den **gesellschaftsrechtlichen Anforderungen** darf eine nichtein-gegliederte OrgG (vgl. § 301 AktG) **höchstens** den ohne die Verpflichtung zur Gewinnabfüh-rung entstehenden Jahresüberschuss, vermindert um einen Verlustvortrag aus dem Vorjahr und um die in die gesetzlichen Rücklagen einzustellenden Beträge, abführen. Eine Rücklagen-bildung bei der OrgG ist dabei ausdrücklich zugelassen, eine Abführung vororganschaftlicher Rücklagen verboten. **Steuerlich** besteht gem. § 14 Abs. 1 Nr. 4 KStG nur eine eingeschränkte Zulässigkeit der Rücklagenbildung bei der OrgG; nur die Rücklagen (mit Ausnahme der gesetz-lichen Rücklagen), die bei **vernünftiger kaufmännischer Beurteilung** zu bilden sind, dürfen den abgeführten Gewinn mindern. Es ist in der Praxis also darauf zu achten, dass bei der OrgG keine Rücklagen entgegen dem Durchführungsgebot des EAV gebildet werden. Auch steuer-lich sind die zwingenden – durch das BilMoG entstandenen – Abführungsverbote zu beachten.

Hinweis: Gesellschaftsrechtlich muss der EAV Ausgleichszahlungen an außenstehende Aktionäre enthalten (§ 304 AktG).

Dieser Ausgleich kann entweder in einem sog. festen oder in einem variablen Ausgleich bestehen, bei dem sich die Ausgleichszahlung an dem hypothetischen Gewinnanteil des außenstehenden Aktionärs an der Konzernmutter orientiert (vgl. § 304 Abs. 2 AktG).

Wenn aufgrund der Vereinbarung eines variablen Ausgleichs die Ausgleichshöhe an die außenstehenden Aktionäre vom Ergebnis des OrgT abhängig ist, ging der BFH davon aus, dass dies die Abführung des **ganzen Gewinns** infrage stellen kann (vgl. BFH vom 10.05.2017, I R 93/15, DB 2017, 2650 ff.). Durch § 14 Abs. 2 KStG hat der Gesetzgeber die großzügigere Ansicht der FinVerw gesetzgeberisch klargestellt. Voraussetzung für die Anerkennung ist allerdings, dass die Ausgleichszahlung nicht höher als der totale Gewinnanteil ohne EAV ist.

Eine Besonderheit besteht in Fällen, in denen die OrgG zum Zeitpunkt des Abschlus-ses eines EAV über einen handelsrechtlichen und steuerlichen Verlustvortrag verfügt. Gem. § 301 AktG ist vor einer Gewinnabführung zunächst der Verlustvortrag auszugleichen; bei Nichtbeachtung gilt der EAV steuerlich als nicht durchgeführt.[286] Die Gefahr der »Nicht-Durchführung« des EAV bei fehlerhafter Bilanzierung ist durch die neuen Heilungsmöglich-keiten des § 14 Abs. 1 S. 1 Nr. 3 S. 4 KStG abgemildert worden. Hiernach hat der Gesetzgeber eine Durchführungsfiktion angenommen, wenn

1. der Jahresabschluss wirksam festgestellt ist,
2. die Fehlerhaftigkeit bei Erstellung des Jahresabschlusses unter Anwendung der Sorgfalt eines ordentlichen Kaufmanns nicht hätte erkannt werden müssen (vgl. aber Ausnahme in S. 5) und

---

285 *Prinz/Keller*, DB 2018, 400 ff.
286 Steuerlich darf der vororganschaftliche Verlust gem. § 15 S. 1 Nr. 1 KStG nicht abgezogen werden. Im Ergebnis resul-tiert hieraus eine Minderabführung, da das der OrgT hinzugerechnete Einkommen höher ist als die Gewinnabführung. Hierfür hat der OrgT einen aktiven Ausgleichsposten zu bilden.

3. ein von der FinVerw beanstandeter Fehler spätestens in dem nächsten nach dem Zeitpunkt der Beanstandung des Fehlers aufzustellenden Jahresabschluss der OrgG und des OrgT korrigiert und das Ergebnis entsprechend abgeführt oder ausgeglichen wird, soweit es sich um einen Fehler handelt, der in der Handelsbilanz zu korrigieren ist. Zu beachten ist, dass die Voraussetzungen kumulativ vorliegen müssen.[287] Fraglich ist in den Fällen, wer entscheidet, ob der Fehler in der HB zu korrigieren ist. Während die OFD KA eine Entscheidung des WP zur Korrekturnotwendigkeit für maßgeblich hält, will die OFD Frankfurt offensichtlich selbst über die Notwendigkeit einer Korrektur entscheiden (vgl. jetzt in DStR 2016, 1375 f.).

Bei eingegliederten OrgG ist es möglich, auch **vorvertragliche Gewinnrücklagen** an den OrgT auszukehren.[288] [289] Ab 2005 ist durch § 14 Abs. 3 KStG geregelt, dass die Mehrabführungen, die ihre Ursache in vororganschaftlicher Zeit haben, als Gewinnausschüttung gelten.[290] Dann sind die allgemeinen Folgen auf der Einkommenserzielungsebene des OrgT (§ 8b Abs. 1, Abs. 5 KStG) zu beachten. Die Auskehrung vororganschaftlicher Rücklagen in Form der Gewinnausschüttung widerspricht nicht dem Durchführungsgebot des EAV.

4 Einkommensermittlung bei der Organschaft

4.1 Überblick

Die steuerliche Einkommensermittlung der Organschaft für die OrgG und den OrgT hat zunächst von der HB der beteiligten Gesellschaften auszugehen. Handelsrechtlich wird die Gewinnabführung bzw. die Verlustübernahme über die GuV abgewickelt, steuerrechtlich handelt es sich um eine außerbilanzielle Einkommenszurechnung. Daher ist zunächst das Einkommen der OrgG und des OrgT so zu ermitteln, als ob sie unabhängige Gesellschaften wären. Daraus folgt, dass die bilanziellen Auswirkungen der Organschaft in einem **ersten Schritt** rückgängig gemacht werden, bevor in einem **zweiten Schritt** das Einkommen der OrgG dem OrgT zugerechnet wird. Diese beiden Schritte werden außerhalb der Bilanz der OrgG und des OrgT vollzogen. Eine Besonderheit bilden Ausgleichszahlungen (§ 304 AktG, § 16 KStG), sie sind jeweils von der OrgG selbst zu versteuern. Die Höhe der Ausgleichszahlungen bildet (zur Sicherstellung der Einmalbesteuerung) »eigenes Einkommen der OrgG« unabhängig davon, wer die Ausgleichszahlungen leistet.

4.2 Einkommensermittlung der Organgesellschaft

Die OrgG ist steuerlich ein eigenes Einkommensermittlungssubjekt; auszugehen ist – wie bei der unabhängigen KapG – von dem allgemeinen Einkommensermittlungsschema, welches sich aus § 8 Abs. 1 KStG ableitet.

---

287 Vgl. hierzu ausführlich *Schulze zur Wiesche*, DStZ 2013, 625.

288 Es ist kein Minderheitenschutz notwendig

289 Nach dem BFH gehen die Regeln der §§ 14 ff. KStG den Regeln über die Gewinnausschüttungen vor, soweit sie reichen. Vgl. BFH vom 07.08.2002, GmbHR 2003, 118 und vom 18.12.2002, GmbHR 2003, 363. Diese Urteile betreffen zwar nicht unmittelbar die beschriebene Problematik, haben aber hierauf Auswirkungen.

290 Die frühere Rspr. vgl. BFH vom 07.08.2002, GmbHR 2003, 118, und vom 18.12.2002, GmbHR 2003, 363, ist damit überholt.

	Jahresüberschuss lt. Handelsrecht (§§ 275, 277 Abs. 3 HGB)	
+/./.	steuerliche Korrekturen	
=	StB-Ergebnis	
+	Ausgleichszahlungen (§ 4 Abs. 5 Nr. 9 EStG)	
	Jahresüberschuss lt. Handelsrecht (§§ 275, 277 Abs. 3 HGB)	
+	nichtabziehbare BA	
./.	Erstattung nicht abziehbarer BA	nur beispielhaft[291]
+	verdeckte Gewinnausschüttung	
./.	verdeckte Einlagen	
=	**Einkünfte aus Gewerbebetrieb (Zwischensumme I)**	
+	an den OrgT abgeführter Gewinn	**1. Schritt**
./.	vom OrgT übernommener Verlustausgleich	
=	**Zwischensumme II**	
./.	z. B. abzugsfähige Spenden (§ 9 KStG)	
=	**Einkommen der OrgG (Zwischensumme III)**	
./.	dem OrgT zuzurechnendes Einkommen	**2. Schritt**
+	vom OrgT übernommener Verlust	
=	**eigenes Einkommen der OrgG**	

Beispiel 4: Einkommensermittlung ohne Rücklagenbildung

Die X-AG ist ein von der Y-AG abhängiges und mit einem EAV verbundenes Unternehmen. Die Voraussetzungen der Organschaft sind erfüllt. Die X-AG erzielt in 01 einen vorläufigen Jahresüberschuss (vor Gewinnabführung) i. H. v. 200, den sie vollständig an die Y-AG als OrgT abführt. Besonderheiten bei der Einkommensermittlung der X-AG (z. B. vGA) haben sich nicht ergeben.

Besonderheiten können sich ergeben, wenn die OrgG steuerlich zulässig (§ 14 Abs. 1 Nr. 4 KStG) Gewinnrücklagen bildet. Der handelsrechtliche Jahresüberschuss besteht in diesem Fall in der Höhe der Rücklagenbildung, die **Gewinnabführung** an den OrgT **unterschreitet** das diesem zuzurechnende Einkommen ebenfalls i. H. d. Rücklagenbildung.[292] Die zulässige Rücklagenbildung hat keinen Einfluss auf das steuerlich dem OrgT zuzurechnende Einkommen.

Lösung (verkürzt):

Jahresüberschuss laut Handelsrecht (§ 277 Abs. 3 HGB)	0[293]
StB-Ergebnis	0
+/./. außerbilanzielle Korrekturen	0
Einkünfte aus Gewerbebetrieb (Zwischensumme I)	0

---

291 Vgl. zur Einkommensermittlung Kap. III 2.2.

292 In der Literatur wird von einer Mehr-Minderabführung auch dann gesprochen, wenn sich die Gewinnabführung von dem StB-Ergebnis unterscheidet. Der BFH stellt umfassender auf die Differenz zwischen der Gewinnabführung und dem zuzurechnenden Einkommen ab, vgl. statt aller *Gosch*, KStG, 3. Aufl., § 14 Rz. 416a, vgl. neuerdings *Trautmann/Faller*, DStR 2012, 890, die zu Recht eine Bildung von Ausgleichsposten nur bei Einkommensrelevanz von Bilanzabweichungen vornehmen wollen; vgl. insoweit BFH vom 29.08.2012, DStRE 2013, 73 sowie hierzu *Trautmann/Faller*, DStR 2013, 293. Neuerdings umfassend vgl. *Joisten/Lüttchens*, Ubg 2017, 561 sowie *Dötsch/Pung*, DB 2018, 1424 ff. Vgl. ferner *Gosch/Adrian*, GmbHR 2017, 965 ff.

293 200 (vorläufiger Jahresüberschuss) ./. Abführungsschuld (200) = 0.

+ an den OrgT abgeführter Gewinn	200
Zwischensumme II (entspricht Einkommen der OrgG)	200
./. dem OrgT zuzurechnendes Einkommen	./. 200
eigenes Einkommen der OrgG	0

Beispiel 5: Einkommensermittlung mit Rücklagenbildung

In dem vorgenannten Beispiel hat die X-AG im zulässigen Rahmen von dem vorläufigen Jahresüberschuss 20 in die Gewinnrücklagen eingestellt.

Lösung:

Bilanzgewinn laut Handelsrecht	0
+ Einstellung in die Gewinnrücklagen	20
+/./. steuerliche Korrekturen	0
StB-Ergebnis	20
+/./. außerbilanzielle Korrekturen	0
Einkünfte aus Gewerbebetrieb (Zwischensumme I)	20
+ an den OrgT abgeführter Gewinn	180
Zwischensumme II (entspricht Einkommen der OrgG)	200
./. dem OrgT zuzurechnendes Einkommen	./. 200
eigenes Einkommen der OrgG	0

In diesem Fall unterschreitet die handelsrechtliche Gewinnabführung das steuerlich dem OrgT zugerechnete Einkommen, es handelt sich um eine sog. **Minderabführung** aufgrund von während der Organschaft gebildeten Rücklagen. Gem. § 27 Abs. 6 KStG erhöht sich i. H. d. Minderabführung das steuerliche Einlagekonto der OrgG; es wird eine Einlage des OrgT fingiert. Insoweit kann man von einer Fiktion eines Schütt-aus-Hol-zurück-Verfahrens sprechen.[294] Bei **Auflösung der Rücklage** während des Bestehens der Organschaft ergibt sich das **umgekehrte Bild** bei der Einkommensermittlung der OrgG:

Bilanzgewinn laut Handelsrecht	0
./. Auflösung der Gewinnrücklagen	./. 20
+/./. steuerliche Korrekturen	0
StB-Ergebnis	./. 20
+/./. außerbilanzielle Korrekturen	0
Einkünfte aus Gewerbebetrieb (Zwischensumme I)	./. 20
+ an den OrgT abgeführter Gewinn	20
Zwischensumme II (entspricht Einkommen der OrgG)	0
= Einkommen der OrgG	0
./. dem OrgT zuzurechnendes Einkommen	0
eigenes Einkommen der OrgG	0

---

294 Für das alte System hat der BFH letztmals mit Urteil vom 18.12.2002, GmbHR 2003, 363 diese Rechtsfolge mangels Rechtsgrundlage abgelehnt. M. E. hat der Gesetzgeber die Rechtsgrundlage in § 27 Abs. 6 KStG nachgeholt. Im JStG 2008 ist nunmehr in § 14 Abs. 4 KStG geregelt, dass der OrgT weiter aktive bzw. passive Ausgleichsposten zu bilden hat. Die Einlagenlösung wurde zwar intensiv diskutiert, letztendlich aber abgelehnt.

In dem Fall der Rücklagenauflösung überschreitet die Gewinnabführung das dem OrgT zuzurechnende Einkommen, es handelt sich um eine sog. **Mehrabführung** aufgrund von während der Organschaft gebildeten Rücklagen. Gem. § 27 Abs. 6 KStG wird hierdurch das steuerliche Einlagekonto der OrgG gemindert, das hierdurch auch negativ werden kann. Die Mehrabführung wird steuerlich als Einlagenrückgewähr erfasst (A 14.6 KStR). Eine Saldierung von Mehr- und Minderabführungen kommt nur zwischen innerorganschaftlichen Vorgängen in Betracht. Eine Saldierung von innerorganschaftlichen und vororganschaftlichen Differenzen in der Abführung kommt nicht in Betracht. Ob nur bei einkommenserheblichen oder auch bei sonstigen (bilanziellen) Abweichungen Ausgleichsposten zu bilden sind, ist zwischen der FinVerw und der Literatur streitig. Entgegen der Auffassung der FinVerw wird man – wegen der systematischen Rechtfertigung des Ausgleichspostensystems – auf die Einkommensrelevanz abstellen müssen.[295] Künftig wird die Differenzierung keine Bedeutung mehr haben, da der Gesetzgeber auch für »organschaftliche Mehr-Minderabführungen« die gleichen Rechtsfolgen wie für vororganschaftliche Mehr-Minderabführungen anordnet.[296]

Sog. **Mehr- bzw. Minderabführungen**[297] treten während der Laufzeit des EAV vor allem auch bei Abweichungen der steuerlichen Einkommensermittlung von der handelsrechtlichen Gewinnermittlung (und damit auch Gewinnabführung) auf. Solche Differenzen können aufgrund von Bilanzierungsunterschieden in Handels- und StB (z. B. Rückstellung wegen drohender Verluste in der OrgG wird steuerlich nicht anerkannt; Aktivierung von Ingangsetzungsaufwendungen gem. §§ 269, 282 HGB) oder aufgrund von Einkommensermittlungsunterschieden und damit verbundenen Differenzen zwischen Einkommen und Gewinnabführung (bzw. Verlustübernahme) eintreten.[298]

Beispiel 5a:

Die OrgG X-AG hat ohne Berücksichtigung des EAV ein handelsrechtliches Jahresergebnis von 140 erzielt, welches sie in voller Höhe an den OrgT, die Y-AG, abführt. Bei der Ermittlung des Ergebnisses ist eine Drohverlustrückstellung i. H. v. 20 berücksichtigt. Die Y-AG erzielt ein handelsrechtliches Ergebnis von 210; hierbei ist die EAV nicht berücksichtigt.

   Lösung (verkürzt): Es liegt eine Minderabführung vor, die als »Quasi-Einlage« des OrgT das steuerliche Einlagekonto gem. § 27 Abs. 6 KStG erhöht.

Jahresüberschuss X-AG lt. Handelsrecht	0
+ steuerliche Korrektur gem. § 5 Abs. 4a EStG	20
StB-Ergebnis	20
+/./. außerbilanzielle Korrekturen	0
Einkünfte aus Gewerbebetrieb	20
+ an den OrgT abgeführter Gewinn	140
Einkommen der OrgG (Zwischensumme 1)	160
./. dem OrgT zuzurechnendes Einkommen	160
z. v. E. der X-AG	0

---

295 *Faller*, DStR 2013, 1977; *Suchanek/Jansen/Hesse*, Ubg 2013, 280; *Neumann/Suchanek*, Ubg 2013, 549 (sehr lesenswert).
296 Vgl. nur *Schwalm*, DStR 2021, 980 ff.
297 Vgl. hierzu grundlegend *Preißer/Seeliger*, BB 1999, 393; ferner *Bareis*, FR 2008, 649; zur Vertiefung wird die Lektüre von *Sedemund*, DB 2010, 1256 dringend empfohlen.
298 Vgl. zu Sonderproblemen von Mehrabführungen i. R. v. Umstrukturierungen *Heerdt*, DStR 2009, 938 und *Meining*, BB 2009, 1444; diese Problematik wird auch unter dem Stichwort »außerorganschaftliche Verursachung« diskutiert, vgl. ausführlich *Sedemund*, DB 2010, 1257.

Beispiel 5b:

Wie Beispiel 5a (ohne Drohverlustrückstellung), nur hat die X-AG hier in der StB eine § 6b-Rücklage i. H. v. 20 gebildet.
   Lösung:

Jahresüberschuss X-AG lt. Handelsrecht	0
./. steuerliche Korrektur gem. § 6b EStG	20
StB-Ergebnis	./. 20
+/./. außerbilanzielle Korrekturen	0
Einkünfte aus Gewerbebetrieb	./. 20
+ an den OrgT abgeführter Gewinn	140
Einkommen der OrgG (Zwischensumme 2)	120
./. dem OrgT zuzurechnendes Einkommen	120
z. v. E. der X-AG	0

Weitere Differenzen treten auf, wenn der OrgT handelsrechtlich zum vorherigen Ausgleich eines **vororganschaftlichen** Verlustes verpflichtet ist, ein steuerlicher Verlustabzug aber nicht möglich ist (vgl. § 15 Nr. 1 KStG). Wird dem OrgT steuerlich aber wegen § 15 Nr. 1 KStG (merke: ein Abzug vororganschaftlicher Verluste ist während der Organschaft nicht möglich) das volle Einkommen der OrgG zugerechnet, liegt eine Minderabführung vor, die bei der OrgG zu einer Erhöhung des steuerlichen Einlagekontos führt.[299] Klarstellend sei nochmals betont, dass Mehr- und Minderabführung bedeuten, dass zwischen handelsrechtlicher Gewinnabführung und steuerlicher Einkommenszurechnung eine Differenz besteht. Immer dann, wenn die handelsrechtliche Gewinnabführung die steuerliche Einkommenszurechnung übersteigt (Mehrabführung), ist bei dem OrgT ein passiver Ausgleichsposten, im umgekehrten Fall ein aktiver Ausgleichsposten zu bilden.

Für Wj. ab 2004 verweist das BMF für die Fallgruppe der vororganschaftlichen Mehr- und Minderabführungen nunmehr (BMF vom 22.12.2004, BStBl I 2005, 65 und vom 28.06.2005, BStBl I 2005, 813) auf § 14 Abs. 3 KStG.[300]

Eine weitere Besonderheit liegt bei **vGA der OrgG an den OrgT** vor.[301] Hierbei ist zu beachten, dass aufgrund der getrennten Einkommensermittlung und der sich hieran anschließenden Einkommenszurechnung an den OrgT eine doppelte Erfassung der vGA beim OrgT, nämlich sowohl beim zugerechneten als auch beim eigenen Einkommen droht. Die h. M. nimmt diese notwendige Korrektur nicht beim zugerechneten, sondern beim eigenen Einkommen des OrgT vor.[302]

Beispiel 6: vGA innerhalb der Organschaft (A 14 Abs. 7 KStR)

Die OrgG verkauft an den OrgT Waren zu einem Preis unterhalb des Marktpreises. Der OrgT verkauft diese Waren innerhalb des gleichen Jahres zu dem Marktpreis an Dritte.
   Lösung: Die vGA (in Form der verhinderten Vermögensmehrung) erhöht zunächst das Einkommen der OrgG, welches dem OrgT zugerechnet wird. Bei dem OrgT entsteht jedoch – wegen des zu niedrigen Einkaufspreises – ein zu hoher eigener Gewinn, sodass die vGA doppelt erfasst werden

---

299 Dies ist nunmehr durch das JStG 2008 in § 14 Abs. 4 KStG positiv geregelt worden.

300 Somit können ab 2004 Mehrabführungen gem. § 37 Abs. 2 S. 2 KStG zu einer KSt-Minderung führen.

301 Ausführlich *Herlinghaus*, GmbHR 2002, 989; ders. in *Herzig* (Hrsg.), Organschaft, 124.

302 *Schmidt/Müller/Stöcker*, Organschaft, Tz. 529, 531; vgl. auch neuerdings *Thiel*, DB 2006, 633 und der Hinweis auf sonst – bei bestimmten Konstellationen – eintretenden Besteuerungslücken. *Thiel* wendet sich ausdrücklich gegen die Auffassung von *Wassermeyer*, DB 2006, 296, der die BFH-Lösung nach wie vor für richtig hält.

würde. Die Verwaltung und h. M. eliminieren die vGA beim OrgT; die vGA sind wie Vorgewinnabführungen zu behandeln, bei der Ermittlung des eigenen Einkommens des OrgT bleibt das abgeführte Einkommen außer Ansatz.

M. E. ist eine Korrektur in diesen Fällen bei dem Einkommen der OrgG systematisch befriedigender und praktisch einfacher. Die vGA führt bei der OrgG nicht zu einer Erhöhung des Einkommens, das zugerechnete Einkommen ist entsprechend niedriger. Die vGA wird lediglich bei Veräußerung der Waren an Dritte beim OrgT erfasst. Dies entspricht dem konzernrechtlichen System, dass erst der Umsatz an außenstehende Dritte zu einer Erhöhung des Konzernerfolgs führen soll (vgl. auch BFH vom 20.08.1986, BStBl II 1987, 455).

In diesem Beispiel führen beide Lösungen zu einem vergleichbaren Ergebnis, sodass der Streit eher akademischer Natur ist.

In Dreiecksfällen, in denen eine OrgG 1 einer OrgG 2 einen Vermögensvorteil zuwendet, wird nach allgemeinen Grundsätzen zunächst eine vGA der OrgG 1 an dem OrgT angenommen. Dies gilt als Vorabgewinnabführung. Liegt bei der Vorteilsgewährung ein einlagefähiger Vermögensvorteil vor, würde nach allgemeinen Grundsätzen der Beteiligungsbuchwert des OrgT an OrgG 2 erhöht werden. Da aber dieser Vorteil über den Ergebnisabführungsvertrag von OrgG 2 an den OrgT ausgekehrt wird (Mehrabführung), wird der Beteiligungsbuchwert wieder gemindert, sodass von einer Erhöhung insgesamt abgesehen werden kann.[303]

Bei verdeckten Einlagen gelten dagegen die allgemeinen Grundsätze. Bei der OrgG erhöht sich das Einkommen nicht (§ 8 Abs. 3 S. 3 KStG), bei dem OrgT findet eine entsprechende Erhöhung des Beteiligungsbuchwertes statt.

4.3   Einkommensermittlung des Organträgers

Für die Einkommensermittlung des OrgT ist zunächst wiederum an § 8 KStG anzuknüpfen. Ausgangspunkt ist auch hier die handelsrechtliche Gewinnermittlung des OrgT. Dabei ist zu berücksichtigen, dass sich die handelsrechtliche Gewinnabführung als Betriebseinnahme, die Verlustübernahme als Betriebsausgabe (§§ 275, 277 Abs. 3 HGB) ausgewirkt hat, während steuerlich das Einkommen der OrgG **außerhalb der Bilanz** zugerechnet wird. Daher ist das Einkommen des OrgT – ähnlich wie das der OrgG – zweistufig in der Weise zu ermitteln, dass die Gewinnabführung/Verlustübernahme zunächst außerhalb der Bilanz eliminiert und anschließend das Einkommen der OrgG zugerechnet wird.[304]

Einkommensermittlung des OrgT (berücksichtigt sind hier nur die organschaftsspezifischen Ermittlungsschritte):

Handelsrechtlicher Jahresüberschuss (§§ 275, 277 Abs. 3 HGB)

./.	steuerliche Korrekturen
=	StB-Ergebnis
+/./.	Korrektur nach § 15 S. 1 Nr. 2 KStG (Bruttomethode)
./.	**von der OrgG abgeführter Gewinn**
+	**an die OrgG geleisteter Verlustausgleich**
=	**eigenes Einkommen des OrgT**
+/./.	**zugerechnetes Einkommen der OrgG**
=	**vom OrgT z. v. E.**

---

303 Vgl. *Dötsch*, in *Dötsch/Pung/Möhlenbrock*, KStG und EStG, § 14 Tz. 780.
304 Vgl. hierzu auch *Wassermeyer*, GmbHR 2003, 313.

Aus diesem Einkommensermittlungsschema lässt sich erkennen, dass nicht die Gewinn-abführung bzw. Verlustübernahme, sondern ausschließlich das **zugerechnete Einkommen** stpfl. ist.

Beispiel 7: Das Einkommen des OrgT bei Rücklagenbildung

Die OrgG bildet in handels- und steuerrechtlich zulässiger Weise eine Gewinnrücklage (§ 14 Abs. 1 Nr. 4 KStG), die nicht die Höhe des zugerechneten Einkommens, aber die Höhe der Gewinnabführung beeinflusst. Der (vorläufige, d. h. vor Abführung) Jahresüberschuss der OrgG habe 200, die Gewinn-rücklage 20 betragen. Der »eigene Gewinn« des OrgT beläuft sich auf 100.

    Lösung:

Handelsrechtlicher Jahresüberschuss	280
./. steuerliche Korrekturbeträge	0
StB-Gewinn	280
./. **von der OrgG abgeführter Gewinn**	./. 180
eigenes Einkommen des OrgT	100
+ **zugerechnetes Einkommen der OrgG**	200
vom OrgT z. v. E.	300

Entsprechendes kann gelten, wenn der handelsbilanzielle Gewinn der OrgG aufgrund von steuerlich unzulässigen Rückstellungen (Aufwands-Rückstellung gem. § 249 Abs. 2 HGB) oder steuerlich unzulässige Mehrabschreibungen in HB geringer ist als das steuerliche Ein-kommen. In diesen Fällen wird an den OrgT weniger abgeführt als steuerlich zugerechnet (Minderabführung). Der OrgT hat in diesen Fällen ein höheres z. v. E. als handelsrechtlichen Jahresüberschuss; die Differenz liegt in der sog. Minderabführung. Nach § 14 Abs. 4 KStG wird die Minderabführung durch einen aktiven **Ausgleichsposten** bei der OrgT berücksichtigt.

Wird die Rücklage bei der OrgG in späteren Jahren aufgelöst, wodurch die Gewinnab-führung das zugerechnete Einkommen übersteigt (**Mehrabführung**), hat eine entsprechende Verrechnung mit dem aktiven Ausgleichsposten zu erfolgen.

Hinweis: Es ist in der Praxis oftmals nicht einfach, zwischen inner- und vororganschaftli-chen Mehr- und Minderabführungen zu unterscheiden. Dies ist wegen der unterschiedlichen Systematik aber notwendig (vgl. § 14 Abs. 3 und 4 KStG). Mit der h. M. wird man eine inner-organschaftliche Verursachung annehmen, wenn das Ergebnis, auf dem der Unterschied zwi-schen der HB und der StB bzw. der Einkommenszurechnung beruht, zeitlich in das Bestehen der Organschaft fällt.[305] Künftig entfällt diese Unterscheidung, da beide Fälle über die sog. Einlagenlösung gleich behandelt werden.

Fortführung der Beispiele 5a und 5b auf Ebene der OrgT:

---

305 Vgl. *Gosch*, KStG, 3. Aufl., § 14 Rz. 417 m. w. N.

Beispiel 7a: Einkommensermittlung der Y-AG

Lösung:

Es liegt eine Minderabführung vor. Bei der Y-AG ist ein aktiver Ausgleichsposten gem. § 14 Abs. 4 KStG zu bilden.

Jahresüberschuss lt. Handelsrecht	350
./. steuerliche Korrektur	0
StB-Ergebnis	350
./. von der OrgG abgeführter Gewinn	140
eigenes Einkommen der OrgT	210
+ zugerechnetes Einkommen der OrgG	160
z. v. E.	370

Beispiel 7b:

Lösung:

Jahresüberschuss lt. Handelsrecht	350
./. steuerliche Korrektur	0
StB-Ergebnis	350
./. von der OrgG abgeführter Gewinn	140
eigenes Einkommen der OrgT	210
+ zugerechnetes Einkommen der OrgG	120
z. v. E.	330

Es liegt eine Mehrabführung vor. Daher ist bei der Y-AG ein passiver Ausgleichsposten zu bilden.

Eine besondere Behandlung haben **steuerfreie Erträge** der OrgG gem. § 8b Abs. 1 KStG und die Zurechnung dieser steuerfreien Erträge zum Einkommen des OrgT erfahren. Diese Erträge werden unmittelbar bei der Ermittlung des Einkommens des OrgT erfasst, d. h., diese Erträge unterliegen nicht dem von der OrgG zugerechneten, sondern dem eigenen Einkommen des OrgT. Das zugerechnete Einkommen ist entsprechend zu modifizieren. Nach § 15 Nr. 2 KStG finden abweichend von dem Grundsatz der eigenen Einkommensermittlung auf Ebene der OrgG die Vorschriften des § 8b Abs. 1–6 KStG keine Anwendung. Sie werden unmittelbar beim OrgT angewendet. Daher müssen diese Erträge von den OrgG an den OrgT weitergemeldet werden (**Brutto-Methode**).

Beispiel 8: Weiterleitung steuerfreier Erträge

Die OrgG erzielt in 01 einen StB-Gewinn i. H. v. 400.000 €; darin sind Beteiligungserträge i. S. v. § 8b Abs. 1 KStG i. H. v. 150.000 € enthalten. Der OrgT erzielt ein eigenes Einkommen (ohne die Gewinnabführung) von 100.000 €.

Lösung: Das Einkommen des OrgT wird – **stark vereinfacht** – wie folgt ermittelt:

Eigenes Einkommen	100.000 €
+ zugerechnetes Einkommen der OrgG (ohne Anwendung des § 8b Abs. 1 KStG)	400.000 €
./. steuerfreie Beteiligungserträge gem. § 8b Abs. 1 KStG (Abzug beim OrgT)	./. 150.000 €
+ fingierte nicht abzugsfähige BA von 5 % (§ 8b V)	7.500 €
zu versteuerndes Einkommen des OrgT	357.500 €

Wenn bei der OrgG im Zusammenhang mit den Beteiligungserträgen Betriebsausgaben anfallen, werden diese zunächst bei der OrgG berücksichtigt. Die Vorschrift des § 8b Abs. 5 KStG wird nur auf der Ebene des OrgT angewendet. Die Einführung der Brutto-Methode hat körperschaftsteuerlich dann keine Auswirkung, wenn sowohl OrgG als auch OrgT in der Rechtsform der KapG organisiert sind. Es findet dann lediglich eine Verlagerung vom zugerechneten auf das eigene Einkommen des OrgT statt.

Bedeutung hat die Brutto-Betrachtung jedoch dann, wenn der OrgT in der Rechtsform einer PersG oder eines Einzelunternehmens geführt wird. In diesem Fall hat der OrgT das Teileinkünfteverfahren für die Beteiligungserträge anzuwenden, eine Weiterleitung der Steuerfreiheit von der OrgG an den OrgT ist nicht mehr möglich.[306]

Nachfolgend soll ein Beispiel die Grundsätze der Einkommensermittlung bei der OrgG und dem OrgT veranschaulichen.

Beispiel 9: Zusammenfassende Einkommensermittlung

Die X-GmbH ist an der Y-GmbH zu 100 % beteiligt. Zwischen beiden Gesellschaften ist ein EAV zivilrechtlich wirksam abgeschlossen worden. Die weiteren steuerlichen Voraussetzungen der Organschaft liegen vor.[307]

Die Y-GmbH erzielt vor Gewinnabführung einen handelsrechtlichen Jahresüberschuss von 200. Dabei wurde eine Drohverlustrückstellung i. H. v. 30 gebildet; enthalten sind Beteiligungserträge i. H. v. 25 von der T-GmbH, an der die Y-GmbH zu 20 % beteiligt ist.

Die X-GmbH erzielt einen handelsrechtlichen Jahresüberschuss (vor Gewinnabführung) i. H. v. 170. Sie hat in der StB zulässigerweise eine § 6b-Rücklage i. H. v. 20 gebildet. Die Y-GmbH führt den Gewinn in voller Höhe an die X-GmbH ab.

Einkommen der Y-GmbH (OrgG)

	Jahresüberschuss lt. Handelsrecht	0
+	steuerliche Korrekturen	30
=	StB-Ergebnis	30

keine weiteren Korrekturen

=	**Einkünfte** aus Gewerbebetrieb	30
+	an den OrgT abgeführter Gewinn	200
=	**Einkommen der OrgG**	230
./.	dem OrgT zuzurechnendes Einkommen	230
=	**eigenes Einkommen der OrgG**	0

Erläuterungen: Die Gewinnabführung wird handelsrechtlich als Aufwand (vgl. § 277 Abs. 3 HGB) erfasst; daher beträgt der handelsrechtliche Jahresüberschuss »0«. Die Drohverlustrückstellung ist steuerlich nicht abzugsfähig (§ 5 Abs. 4a EStG). Es liegt demnach eine Minderabführung i. H. v. 30 vor, die einen entsprechenden Zugang in das steuerliche Einlagekonto i. S. d. § 27 KStG bedeutet (§ 27 Abs. 6 KStG). Die Vorschriften der §§ 8b Abs. 1 und 5 KStG finden auf der Ebene der OrgG keine Anwendung (sog. Bruttomethode, § 15 S. 1 Nr. 2 KStG).

---

306 Zu Gestaltungsmöglichkeiten *Heurung/Möbus*, BB 2003, 772.
307 Auf GewSt wird aus dem Gesichtspunkt der Transparenz nicht eingegangen.

Einkommen der X-GmbH (OrgT)

	handelsrechtlicher Jahresüberschuss	370
./.	§ 6b-Rücklage	20
=	StB-Ergebnis	350
./.	§ 8b Abs. 1	25
+	§ 8b Abs. 5	1,25
./.	abgeführter Gewinn	200
=	eigenes Einkommen des OrgT	126,25
+/./.	zugerechnetes Einkommen der OrgG	230
=	vom OrgT z. v. E.	356,25

Erläuterungen: Im handelsrechtlichen Jahresüberschuss ist die Gewinnabführung (200) als Ertrag enthalten. Die §§ 8b Abs. 1 und 5 KStG sind gem. § 15 S. 1 Nr. 2 KStG auf Ebene des OrgT anzuwenden. Es liegt eine Minderabführung i. H. v. 30 vor. In dieser Höhe ist in der StB des OrgT ein aktiver Ausgleichsposten zu bilden (§ 14 Abs. 4 KStG).

5   Besonderheiten der Organschaft

5.1   Vorzeitige Beendigung von Organschaften und verunglückte Organschaft

Es ist bereits ausgeführt worden, dass bei Nicht-Einhaltung der Mindestlaufzeit des EAV von fünf Jahren, aber auch bei Verstoß gegen das Durchführungsgebot innerhalb der ersten fünf Jahre (z. B. zu hohe Rücklagenbildung unter Verstoß gegen § 14 Abs. 1 Nr. 4 KStG bzw. die Abführung von vororganschaftlichen Rücklagen im Vertragskonzern) die Wirkungen der körperschaftsteuerlichen Organschaft **von Anfang an** nicht eintreten (**verunglückte Organschaften**). **Dies gilt bei einer vorzeitigen Beendigung nur dann nicht, wenn die Kündigung auf einem wichtigen Grund beruht.** Die bereits gezogenen Folgerungen aus der steuerlichen Organschaft sind bei einer Unwirksamkeit ex tunc für die Vergangenheit rückgängig zu machen.

Die OrgG ist mit ihrem Einkommen zu veranlagen, die vollzogenen Gewinnabführungen sind als **andere Ausschüttungen** zu werten (BFH vom 13.09.1989, BStBl II 1990, 24). Es besteht bei vororganschaftlichen Verlusten und späterem positiven Einkommen der OrgG nunmehr die Möglichkeit, den Verlustabzug auf Ebene der OrgG gem. § 10d EStG geltend zu machen.[308] Beim OrgT stellen die Abführungen einen Bezug i. S. d. § 20 Abs. 1 Nr. 1 S. 2 EStG dar, der bei KapG als OrgT entsprechend § 8b Abs. 1 S. 1 i. V. m. § 8b Abs. 5 KStG zu 95 % bei der Einkommensermittlung außer Ansatz bleibt. Hat die OrgG während der Organschaft Verluste erlitten und sind diese vom OrgT im Wege des Verlustausgleichs übernommen worden, ist dies als verdeckte **Einlage** des OrgT in die OrgG anzusehen, die bei der OrgG steuerlich zu neutralisieren ist. Bei der OrgG erhöht sich das steuerliche Einlagekonto, beim OrgT der Buchwert der Beteiligung. Von Bedeutung kann in Einzelfällen sein, dass bei einer verunglückten Organschaft OrgT und OrgG für den betreffenden Zeitraum nicht als **ein Betrieb** i. S. d. Zinsschranke gem. § 15 S. 1 Nr. 3 KStG zu behandeln sind. Die Vorschriften des § 4h EStG und § 8a KStG finden auf beide Gesellschaften Anwendung.

Wegen der erheblichen Rechtsfolgen der verunglückten Organschaft seien nochmals die wesentlichen Ursachen für dieses Rechtsinstitut zusammengefasst[309]:

---

308 Allerdings mit der Einschränkung der Mindestbesteuerung, sodass u. U. nicht alle Verluste steuerlich abgezogen werden können.
309 Zusammenfassend *Schöneborn*, DB 2010, 245; *Rödder*, DStR 2010, 1218.

- Zivilrechtliche Unwirksamkeit des EAV (wegen fehlender Eintragung, fehlendem Formerfordernis, fehlende Regelungen über den Ausgleich nach § 304 AktG),
- Verstoß gegen die Mindestlaufzeit[310],
- fehlerhafter Verweis auf § 302 AktG gem. § 17 KStG[311],
- Verstoß gegen die Mindestabführung (auch bei fehlerhafter HB)[312],
- Abführung vorvertraglicher Rücklagen,
- Höhe und Art der Ausgleichszahlung nach § 304 AktG.[313]

5.2 Besteuerung von Ausgleichszahlungen

Die OrgG kann verpflichtet sein, an außenstehende Aktionäre Ausgleichszahlungen zu leisten (vgl. § 304 AktG). Dieser Ausgleich kann entweder in einem – auf die Verhältnisse des Vertragsabschlusses abstellenden – festen Ausgleich (sog. Garantiedividende, § 304 Abs. 2 S. 1 AktG) oder in einem – auf die jeweilige Ertragssituation des OrgT abstellenden – variablen Ausgleich (§ 304 Abs. 2 S. 2 AktG) bestehen. Eine Ausgleichszahlung an einen außenstehenden Aktionär mit der zusätzlichen variablen Komponente »Differenz zwischen einem hypothetischen Gewinnanspruchs ohne EAV und dem Festbetrag« wurde vom BFH steuerlich nicht anerkannt (Urteil vom 04.03.2009, BFH/NV 2009, 1716; arg.: keine Ausgleichszahlung, sondern eine Gewinnbeteiligung).[314] Da das KSt-Recht sowohl nach altem als auch nach neuem Recht ein geschlossenes System darstellt, ist die einmalige Erfassung der Ausgleichszahlungen als Einkommen der OrgG sicherzustellen.[315] Da diesen Ausgleichszahlungen gedanklich ein Gewinn der OrgG gegenübersteht, muss insoweit positives Einkommen der Besteuerung unterworfen werden.

Es muss gewährleistet sein, dass »Einkommen von KapG« sowohl auf der Ebene der KapG als auch auf der Ebene der Anteilseigner (Teileinkünfteverfahren) steuerlich erfasst werden.

Der Gesetzgeber hat sich dazu entschieden, die Ausgleichszahlungen bei der Gesellschaft, die sie tatsächlich geleistet hat, als nicht abzugsfähige BA zu behandeln (§ 4 Abs. 5 Nr. 9 EStG) und bei der OrgG ein von dieser z. v. E. i. H. d. Ausgleichszahlungen und der darauf lastenden KSt anzusetzen. Nach altem Recht beträgt das Einkommen 4/3 der Ausgleichszahlung, nach Herabsenkung des Körperschaftsteuersatzes auf 15 % beträgt das Einkommen 20/17 (100 : 85) der Ausgleichszahlungen. Die unterschiedliche Besteuerung entspricht dem unterschiedlichen KSt-Satz.

---

310 Sehr ausführlich hierzu *Fichtelmann*, GmbHR 2010, 577.

311 Die BFH-Rspr. ist insoweit sehr formal, vgl. zuletzt BFH vom 03.03.2010, DStR 2010, 858 und auflockernd BFH vom 28.07.2010, DB 2010, 2031. Die FinVerw (OFD Rheinland vom 12.08.2009, DStR 2010, 1136) verlangte noch weiteren Formalismus (vgl. aber nun auch großzügiger BMF vom 19.10.2010, DB 2010, 2362). Im JStG 2010 sollte § 17 Nr. 2 KStG dahingehend entschärft werden, dass eine gesellschaftsrechtlich bestehende Ausgleichsverpflichtung ausreichend sein soll, vgl. insoweit aber FG Köln vom 13.05.2009, DB 2009, 2016, welches wiederholt einen Verweis auf die Vorschrift nach § 302 AktG wegen der zivilrechtlichen Ausgangslage für entbehrlich hält. Diese Änderung wird wegen der genannten Auflockerung der Rspr. – zu Unrecht – nicht umgesetzt.

312 Allerdings zieht die FinVerw aus der Änderung des § 301 AktG und § 249 HGB durch das BilMoG für das Bestehen von Organschaftsverhältnissen keine nachteiligen Folgen, vgl. BMF vom 14.01.2010, DStR 2010, 113; zu weiteren Fragen der Mindestabführung vgl. *Meining*, GmbHR 2010, 309 sowie *Schmitt/Werner*, GmbHR 2010, 29.

313 Vgl. *Lohmann/von Goldacker/Annecke*, BB 2009, 2344; bei GmbH als OrgG ist gesellschaftsrechtlich strittig, ob es eines Ausgleichs bedarf. Die h. M. hält eine Ausgleichsregelung für entbehrlich, weil sie für den Abschluss eines EAV einen einstimmigen Beschluss voraussetzt, wodurch dem Minderheitenschutz Genüge getan ist. Richtiger Ansicht nach wird man jedoch auch hier nur eine qualifizierte Mehrheit fordern können, wodurch die Regeln des aktienrechtlichen Ausgleichs- und Abfindungssystems angewendet werden müssen.

314 Dies stellt eine Verschärfung gegenüber der bisherigen Verwaltungsauffassung dar, die beide Komponenten weitgehend unkritisch akzeptiert hat (s. auch *Hubertus/Lüdemann*, DStR 2009, 2136).

315 *Sauter/Heurung*, GmbHR 2001, 758.

Die OrgG hat die Ausgleichszahlungen auch dann als eigenes Einkommen zu versteuern, wenn die **Ausgleichszahlungen** tatsächlich vom **OrgT übernommen** werden. Dies hat der OrgT bei der Ermittlung des eigenen Einkommens zu berücksichtigen, indem er das von der OrgG zuzurechnende Einkommen i. H. d. Ausgleichszahlungen (ohne KSt) bei seiner Einkommensermittlung abzieht.

Bei einer **verunglückten Organschaft** (z. B. wegen vorzeitiger Beendigung des EAV) müssen auch die Ausgleichszahlungen steuerlich anders gewertet werden. Die von der OrgG geleisteten Ausgleichszahlungen sind andere Gewinnausschüttungen, die Leistung der Ausgleichszahlungen durch den OrgT ist als Einlage in die OrgG anzusehen, wodurch sich der Beteiligungs-Buchwert beim OrgT entsprechend erhöht.

5.3   Verfahrensrechtliche Besonderheiten bei der Organschaft

Bis 2013 waren die Steuerbescheide von OrgG und OrgT verfahrensrechtlich nicht miteinander verbunden. Der BFH hat dies mit Urteil vom 28.01.2004 (BStBl II 2004, 539) bekräftigt. Trotz der partiellen Durchbrechung des Trennungsprinzips hat der BFH zu Recht darauf abgestellt, dass OrgG und OrgT KSt-Ermittlungssubjekte sind und lediglich das Einkommen der OrgG der OrgT zugerechnet wird. Grundsatz für die verfahrensrechtlichen Schwierigkeiten lagen in dem Auseinanderfallen der formalen und materiellen Sichtweise bei der Organschaft. Formal steht die steuerrechtliche Selbständigkeit der an der Organschaft beteiligten Gesellschaften, materiellrechtlich Einkommenszurechnung im Vordergrund. Obwohl das Einkommen zugerechnet wird, fehlte bis 2013 die verfahrensrechtliche Verknüpfung. Durch § 14 Abs. 5 KStG ist nunmehr ein Feststellungsverfahren geschaffen, wodurch diese Feststellung der Einkommen Bindungswertung i. S. d. § 182 AO erzeugt. Dieser Feststellungbescheid entfaltet Grundlagenwirkung hinsichtlich der Einkommenszurechnung zum OrgT.

VI   Die steuerliche Behandlung von Kapitalmaßnahmen

1   Die Behandlung von Kapitalerhöhungen
1.1   Gesellschaftsrechtliche Grundlagen der Kapitalerhöhung

Unter einer Kapitalerhöhung versteht man die Erhöhung des Nennkapitals einer KapG. Die Erhöhung des Nennkapitals kann bei KapG erfolgen durch eine zusätzliche Zuführung von Kapital von außen (**Kapitalerhöhung gegen Einlagen**, vgl. §§ 182 ff. AktG und §§ 55 ff. GmbHG) oder durch eine **Umwandlung von Rücklagen in Nennkapital** (vgl. §§ 207 ff. AktG, §§ 57c ff. GmbHG).

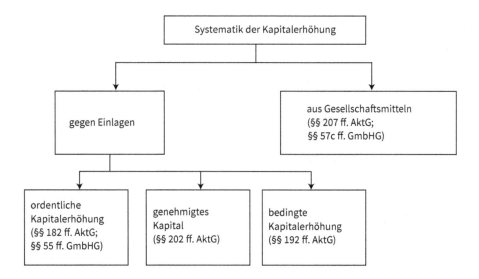

Bei Kapitalerhöhung gegen Einlagen kann die Einlage entweder gegen Bar- oder gegen Sacheinlage erfolgen; das Bezugsrecht der G'fter kann unter bestimmten Voraussetzungen ausgeschlossen werden. Die Kapitalerhöhung wird mit der Eintragung in das Handelsregister wirksam (vgl. § 189 AktG, §§ 54 Abs. 3, 57 GmbHG).

Bei der **Kapitalerhöhung aus Gesellschaftsmitteln** erfolgt – anders als bei der Kapitalerhöhung gegen Einlagen – keine Vermehrung des Gesamteigenkapitals der Gesellschaft. Das Eigenkapital der Gesellschaft bleibt unverändert, die Aktivseite der Bilanz wird davon nicht berührt. Es ändert sich jedoch die Bindung des Kapitals an die Gesellschaft.

Unabhängig davon, ob durch die Kapitalerhöhung aus Gesellschaftsmitteln neue Geschäftsanteile gebildet werden oder lediglich der Nennbetrag der Geschäftsanteile erhöht wird, entstehen dem AE steuerlich keine zusätzlichen AK. Die AK der AE verteilen sich nunmehr auf alle Geschäftsanteile im Verhältnis der Nennbeträge (vgl. § 57o GmbHG, § 220 AktG für das Gesellschaftsrecht, § 3 KapErhStG für das Steuerrecht).[316]

---

316 Vgl. hierzu kritisch *Kraft*, FS Siegel, 439.

Beispiel 1: Verteilung der AK

Bei einer Ein-Mann-GmbH wird das Stammkapital von 30.000 € auf 50.000 € durch Umwandlung von Gewinnrücklagen erhöht. Die ursprünglichen AK der Anteile haben 30.000 € betragen.

Lösung: Nach Kapitalerhöhung verteilen sich die AK nunmehr auf alle Anteile. Veräußert der AE einen 50 %igen Anteil (Nennwert entspricht 25.000 €) für 100.000 €, erzielt er einen Veräußerungsgewinn gem. § 17 Abs. 2 EStG i. H. v. 85.000 €, da dem Veräußerungspreis von 100.000 € nur AK von 15.000 € gegenüberstehen. Die Gewinnrücklagen werden im Zeitpunkt der Veräußerung des Anteils der Besteuerung unterworfen.

1.2 Steuerliche Besonderheiten der Kapitalerhöhung

Die Kapitalerhöhung gegen Einlagen führt auf der Ebene der KapG zu keinen steuerlichen Besonderheiten. Die Anteilseigner haben insoweit erhöhte AK. Im Ergebnis hat sich durch die Systemumstellung hieran nichts geändert.

Werden die Anteile in Ausübung eines Bezugsrechts erworben, ist der Anschaffungspreis der Einzahlungsbetrag zuzüglich der nach der sog. Gesamtwertmethode ermittelten AK des Bezugsrechtes; die AK der Alt-Anteile mindern sich dabei entsprechend.[317]

Die steuerliche Grundproblematik der **Kapitalerhöhung aus Gesellschaftsmitteln** hat sich auch nach dem Systemwechsel nicht geändert. Das neue System besteuert Gewinne von KapG – nach seiner Vorstellung – ebenfalls in einem geschlossenen System, wenn auch auf zwei Ebenen (KapG und AE). Gewinne werden nur dann endgültig richtig erfasst, wenn neben der **Körperschaftsbesteuerung auch das Teileinkünfteverfahren**[318] auf der Ebene des Anteilseigners zur Anwendung kommt. Deshalb muss sichergestellt werden, dass in Nennkapital umgewandelte Gewinnrücklagen dokumentiert werden, damit sie spätestens im Liquidationsfall (oder im Fall der Kapitalherabsetzung) nach dem Teileinkünfteverfahren besteuert werden und nicht als steuerneutrale Nennkapitalrückzahlungen (u. U. mit der Folge des § 17 Abs. 4 EStG) behandelt werden können.[319]

Gem. § 28 Abs. 1 KStG wird bei Umwandlungen von Rücklagen in Nennkapital ein positiver Bestand des »steuerlichen Einlagekontos« i. S. d. § 27 KStG vor den anderen Rücklagen verwendet; maßgebend ist der sich am Schluss des Wj. der Umwandlung (maßgebend ist die Eintragung im Handelsregister) ergebende Betrag, sodass diese Rechtsfolge steuerlich durch nachträgliche Zuzahlung in das Einlagekonto erreicht werden kann. Werden sonstige (über das steuerliche Einlagekonto hinausgehende) Rücklagen für die Kapitalerhöhung verwendet (steuerliche Gewinne), erfolgt ein **Sonderausweis der umgewandelten Gewinnrücklagen, der gesondert festzustellen ist (§ 28 Abs. 1 S. 3 KStG)**, da insoweit die Besteuerung auf AE-Ebene noch nicht erfolgt und im Falle der Auskehrung nachzuholen ist.[320]

Eine Veränderung gegenüber dem alten System hat sich durch die Einfügung des § 28 Abs. 3 KStG in Bezug auf die Fortführung des Sonderausweises ergeben. Gem. § 28 Abs. 3 KStG wird der Sonderausweis jeweils am Ende eines Wj., mit einem positiven Stand des steuerlichen Einlagekontos verrechnet. Dies führt im Ergebnis dazu, dass die sonstigen Rücklagen durch nachträgliche Einlagen der Anteilseigner ersetzt werden.[321] Die Regelung des § 28 Abs. 3 KStG dient in erster Linie der Vereinfachung, da der Sonderausweis möglichst schnell abgeschmolzen werden soll. Systematisch ist die Vorschrift des § 28 KStG darauf ausgerichtet, einen Sonderausweis am besten nicht oder nur in geringer Höhe entstehen und – soweit

---

317 *Schmidt*, EStG, § 17 Tz. 157.
318 Bzw. die Abgeltungsteuer.
319 Vgl. zum Folgenden BMF vom 04.06.2003, DB 2003, 1352, Tz. 31 ff.; *Dötsch/Pung*, DB 2003, 1345.
320 Der Sonderausweis soll die spätere Besteuerung als Gewinnausschüttung sicherstellen.
321 Vgl. *Linklaters & Oppenhoff/Rädler*, Beilage DB 1/2002, 53.

einer gebildet werden musste – möglichst schnell verschwinden zu lassen. Diese Systematik dient im Ausschüttungsfall aber auch der möglichst schnellen Durchsetzung des Teileinkünfteverfahrens, bei dem GA nicht aus dem steuerlichen Einlagekonto finanziert werden können, solange ein Sonderausweis besteht.

Hinweis: Gem. § 28 Abs. 3 KStG wird ein unterjähriger Zugang des steuerlichen Einlagekontos mit dem Sonderausweis verrechnet. Der BFH hat mit Urteil vom 30.01.2013 (GmbHR 2013, 716) dagegen entschieden, dass unterjährige Zugänge zum steuerlichen Einlagekonto nicht bei der Verwendung des steuerlichen Einlagekontos berücksichtigt werden können. Die Verwendung des steuerlichen Einlagekontos ist auf den zum Ende des vorangegangenen Wj. festgestellten positiven Bestand des Kontos begrenzt. Diese Begrenzung ergibt sich nicht zwingend aus dem Gesetzeswortlaut und widerspricht auch der Rspr. des BFH in vergleichbaren Fällen zum früheren Körperschaftsteuer-Guthaben. Insb. führt sie zu einer ökonomisch und steuersystematisch nicht zu rechtfertigenden temporären Vermehrung von Gewinnen, wie in der Literatur zutreffend festgestellt worden ist.[322]

2   Die Behandlung der Kapitalherabsetzung

2.1   Die gesellschaftsrechtlichen Grundlagen der Kapitalherabsetzung

Gesellschaftsrechtlich unterscheidet man die **ordentliche Kapitalherabsetzung** mit Auskehrung des freiwerdenden Vermögens an die Anteilseigner und die **vereinfachte Kapitalherabsetzung** zum Ausgleich von Verlusten (vgl. für die ordentliche Kapitalherabsetzung: §§ 222 ff. AktG, § 58 GmbHG; für die vereinfachte Kapitalherabsetzung: §§ 229 ff. AktG, §§ 58a ff. GmbHG).

Steuerlich hat die Kapitalherabsetzung als gesellschaftsrechtlicher Vorgang keine **Auswirkungen** auf das **Einkommen** der Gesellschaft. Auswirkungen können sich in erster Linie dann ergeben, wenn eine Kapitalherabsetzung nach erfolgter Kapitalerhöhung aus Gesellschaftsmitteln **mit Auszahlung an die Anteilseigner** erfolgt. Hier ist zu unterscheiden, ob die Auszahlung auf Ebene der Anteilseigner als Gewinnausschüttung oder als Einlagenrückzahlung zu werten ist.

2.2   Steuerliche Besonderheiten der Kapitalherabsetzung

Keine Besonderheiten bestehen zunächst, wenn eine Kapitalherabsetzung ausschließlich unter Verwendung von eingezahltem Nennkapital erfolgt. Auf Ebene der Gesellschaft ergeben sich keine Auswirkungen, auf der Ebene der G'fter führt die Rückzahlung nicht zu Einkünften aus Kapitalvermögen, sondern stellt sich als fingierte »Teil-Veräußerung« dar, welche sich nach § 17 Abs. 4 EStG beurteilt. Einkünfte können entstehen, wenn der zurückgezahlte Betrag die AK der Anteilseigner übersteigt. Auf diesen Teil des Herabsetzungsbetrages ist das Teileinkünfteverfahren gem. § 3 Nr. 40c S. 2 EStG anzuwenden. Bei Beteiligungen im BV werden die Rückzahlungen mit dem Beteiligungsbuchwert verrechnet, übersteigen die Rückzahlungen den Beteiligungsansatz, liegen Einkünfte gem. §§ 15, 3 Nr. 40a EStG vor. Ist Anteilseigner selber eine KapG, findet auf die Rückzahlung, soweit sie den Beteiligungsansatz übersteigt, § 8b Abs. 2 KStG Anwendung[323]; der den Beteiligungsbuchwert übersteigende Rückzahlungsbetrag bleibt bei der Ermittlung des Einkommens nach Maßgabe der § 8b Abs. 2 i. V. m. § 8b Abs. 3 KStG zu 95 % außer Ansatz.[324]

---

322   Vgl. hierzu *Bareis*, DB 2013, 2231.

323   Die Auffassung der FinVerw hat der BFH im Urteil vom 28.10.2009, DB 2010, 256, bestätigt.

324   Diese Rechtsfolge konnte der BFH in der angesprochenen Entscheidung vom 28.10.2009 offenlassen. Aber nur eine solche Behandlung des den Beteiligungsbuchwert übersteigenden Rückzahlungsbetrags entspricht der Systematik, auch wenn sie vom Wortlaut nicht zwingend gefordert ist.

2.2.1   Behandlung der Kapitalherabsetzung nach Systemwechsel

Das KSt-System geht von einer primären Verwendung der in dem Sonderausweis dokumentierten, im Stammkapital gewandelten Gewinnrücklagen aus (§ 28 Abs. 2 S. 1 KStG).

Eine Kapitalherabsetzung mit Ausschüttung an die Anteilseigner führt auf Ebene der KapG zu keinen steuerlichen Folgen.

2.2.2   Vereinfachte Kapitalherabsetzung ohne Auskehrung von Vermögen

Bei der vereinfachten Kapitalherabsetzung findet auf Ebene der KapG ein zweistufiges Verfahren statt. Zuerst wird gem. § 28 Abs. 2 KStG der Sonderausweis gemindert, der bisher im Sonderausweis festgehaltene Betrag fließt den allgemeinen Rücklagen zu und erhöht somit wiederum den aG. Der den Sonderausweis übersteigende Kapitalherabsetzungsbetrag wird dem steuerlichen Einlagekonto gutgeschrieben. Diese Gutschrift kommt nicht infrage, soweit noch Einlagen der G'fter ausstehen (vgl. § 28 Abs. 2 S. 1 KStG).

Durch die Systematik wird verhindert, dass umgewandelte Gewinnrücklagen bei Herabsetzung ohne Rückzahlung an die Anteilseigner als Auszahlungen aus dem Einlagekonto im Ergebnis steuerfrei ausgekehrt werden könnten. Durch dieses Verständnis ist zumindest eine Besteuerungslücke verhindert worden; evtl. Auskehrungen aus dem Sonderausweis entsprechenden Kapital unterliegen beim Anteilseigner anschließend als Gewinnausschüttungen dem Teileinkünfteverfahren.

In diesen Fällen steht die Sicherung der Nachbesteuerung beim Anteilseigner durch das Teileinkünfteverfahren im Vordergrund.

Beispiel 2: Beispiel zur Kapitalerhöhung aus Gesellschaftsmitteln mit anschließender Kapitalherabsetzung

An der X-GmbH sind A und B zu jeweils 50 % beteiligt. Beide haben ihre Stammeinlage auf die übernommenen Geschäftsanteile i. H. v. jeweils 25 T€ bezahlt. Die X-GmbH erhöht in 03 ihr Nennkapital von 50 auf 400 durch Umwandlung von Gewinnrücklagen. Das steuerliche Einlagekonto beträgt aufgrund eines in 01 erklärten Forderungsverzichtes von A zum 31.12.02 70.

In 04 setzt die GmbH das Kapital wiederum auf 50 herab und zahlt an die G'fter jeweils 175 aus.

Lösung: Durch die Kapitalerhöhung um 350 vermindert sich das steuerliche Einlagekonto um 70, und es wird ein Sonderausweis gem. § 28 Abs. 1 KStG i. H. v. 280 gebildet. Zum 31.12.03 sind das steuerliche Einlagekonto mit »0« und ein Sonderausweis i. H. v. 280 festzustellen.

Durch die Kapitalherabsetzung in 04 werden zunächst das steuerliche Einlagekonto um 70 und die sonstigen Gewinnrücklagen um 280 erhöht. Durch die Auszahlung an die G'fter tritt eine entsprechende Minderung ein, sodass zum 31.12.04 das steuerliche Einlagekonto wieder mit »0« festzustellen ist. Ein Sonderausweis ist nicht mehr festzustellen.

Bei den G'ftern wird durch die Auszahlung die Verwendung des steuerlichen Einlagekontos i. H. v. 70 bescheinigt, die beiden Gesellschaften je zur Hälfte zusteht. Es treten damit folgende Rechtsfolgen bei den G'ftern ein:

Beide G'fter erzielen jeweils Einkünfte aus Kapitalvermögen gem. § 20 Abs. 1 Nr. 2 EStG und § 28 Abs. 2 KStG i. H. v. 140; darüber hinaus realisieren beide G'fter einen veräußerungsgleichen Vorgang i. H. v. jeweils 35, soweit das steuerliche Einlagekonto verwendet wird (§ 17 Abs. 4 EStG). Bei A werden die 35 mit seinen AK i. H. v. insgesamt 95 (nachträgliche AK i. H. v. 70 durch den Forderungsverzicht) steuerneutral verrechnet (verbleibende AK 60), bei B entsteht ein Veräußerungsgewinn gem. § 17 Abs. 4 EStG i. H. v. 10, da er nur die ursprünglichen AK i. H. v. 25 »gegenrechnen« kann.

---

3   Die steuerliche Behandlung der Liquidation

3.1   Gesellschaftsrechtliche Grundlagen der Liquidation

Unter der Liquidation einer Gesellschaft versteht man deren Auflösung in einem geordneten privatautonomen (z. B. §§ 60 ff. GmbHG oder §§ 262 ff. AktG) oder staatlich vorgegebenen

(Insolvenzordnung) Verfahren. Eine Gesellschaft kann also durch Beschluss der G'fter, durch Insolvenzeröffnungsbeschluss des Insolvenzgerichts und in Ausnahmefällen auch durch Urteil eines Zivilgerichts **aufgelöst** werden. Sowohl bei dem **privatautonomen** Verfahren als auch dem **Insolvenzverfahren** steht die Sicherung der Gläubiger im Vordergrund. Für die Besteuerung der Gesellschaft in der Liquidation sind gesellschaftsrechtliche und bilanzrechtliche Vorfragen maßgebend, die nicht immer hinreichend beachtet werden.

Nach fast unbestrittener Auffassung endet mit dem Auflösungsbeschluss die Gesellschaft als werbende Gesellschaft. Der Zweck der Gesellschaft ist nunmehr auf die Abwicklung der Gesellschaft und Verteilung des Restvermögens gerichtet. Daher hat der G'fter auf den Tag vor dem Auflösungsbeschluss einen letzten Jahresabschluss für die Gesellschaft aufzustellen.[325] Bilanzidentität zwischen **diesem Jahresabschluss** und der **notwendigen Liquidationseröffnungsbilanz** besteht nach der hier vertretenen Auffassung nicht.[326] Gesellschaftsrechtlich ist – unabhängig von dieser Streitfrage – also **zwingend** ein **Rumpf-Wj.** zu bilden, einer Umstellung des im Gesellschaftsvertrag festgeschriebenen Wj. bedarf es nicht.[327]

Die Liquidatoren bzw. der Insolvenzverwalter haben während der Liquidation nach allgemeinen Vorschriften einen Jahresabschluss aufzustellen. Für diese Jahresabschlüsse gelten besondere Bewertungsvorschriften (keine Bewertung nach Going-Concern-Grundsätzen), ansonsten unterliegen sie allgemeinen Regeln, wie z. B. in Bezug auf die Prüfung und Offenlegung. Auf den Schluss der Liquidation und nach Ablauf des Sperrjahres haben die Liquidatoren eine Schlussbilanz aufzustellen, sodass auch bei Beendigung der Liquidation ein Rumpf-Wj. entstehen kann.

3.2   Besonderheiten der Liquidation auf Gesellschaftsebene

3.2.1   Systematische Grundlagen

Die Liquidation einer KapG führt auf der Ebene der Gesellschaft in Bezug auf zwei Aspekte zu körperschaftsteuerlichen Folgen, die streng zu unterscheiden sind. Zum einen geht es um die **Besteuerung des während der Abwicklung erzielten Einkommens**, zum anderen um die **Auswirkungen der Verteilung des Vermögens an die G'fter**. Es ging – wie auch bei der werbenden Gesellschaft – um die Trennung der körperschaftsteuerlichen Auswirkungen der **Ebene der Einkommenserzielung** von der **Ebene der Einkommensverwendung**.

Die FinVerw (A 11 Abs. 1 KStR) gewährt der KapG ein Wahlrecht, ob sie das Einkommen des letzten Wj. bis zum Beginn der Liquidation in den Abwicklungszeitraum einbeziehen oder ob sie insoweit ein **Rumpf-Wj.** bilden will. Die Gesellschaft hat – wie soeben erläutert worden ist – handelsbilanzrechtlich zwingend auf den Tag vor Beginn der Liquidation eine HB aufzustellen, m. a. W. **zwingend** ein Rumpf-Wj. zu bilden.

3.2.2   Einkommensermittlung im Abwicklungszeitraum

Für die Ermittlung des im Abwicklungszeitraum erzielten Einkommens sind neben § 11 KStG die allgemeinen Vorschriften maßgebend. Zu beachten ist, dass der **Einkommensermittlungszeitraum** im Liquidationsstadium die gesamte Liquidation umfasst, aber grundsätzlich drei Jahre nicht übersteigen soll. Dauert die Liquidation ersichtlich länger, soll nach drei Jahren auf Ebene der KapG zwar eine Liquidationsbesteuerung vorzunehmen sein, die in Bezug auf die tatsächliche Besteuerung des längeren Zeitraums lediglich als Zwischenveranlagung

---

325   Vgl. statt aller *Scholz/Schmidt*, GmbHG, 12. Aufl., § 71 Tz. 8.

326   Vgl. *Hueck/Haas*, GmbHG, 19. Aufl., § 71 Tz. 3.

327   Vgl. aber *Förschle/Kropp/Deubert*, DB 1994, 1000.

anzusehen ist.[328] Die Zwischenveranlagung sollte dann bei Endveranlagung der Liquidation gem. § 175 Abs. 1 Nr. 2 AO aufgehoben werden.[329]

Hinweis: Die FinVerw (A 11 Abs. 4 KStR) geht davon aus, dass die Zwischenveranlagungen endgültige Veranlagungen sind, deren Ergebnis nach allgemeinen Gewinnermittlungsregeln zu erfassen ist. Nur für die die Liquidation abschließende Veranlagung ist der Abwicklungsgewinn nach § 11 Abs. 2 KStG zu ermitteln. Dies hat zwingend zur Folge, dass die Bilanz, die der letzten »normalen Veranlagung« zugrunde gelegt worden ist, als die für das Abwicklungs-Anfangsvermögen maßgebende Bilanz anzusehen ist.[330]

Die Ermittlung des Abwicklungsgewinns erfolgt durch Gegenüberstellung des

* Abwicklungsendvermögens (**§ 11 Abs. 3 KStG**) und
* Abwicklungsanfangsvermögens (**§ 11 Abs. 4 KStG**).

Das **Abwicklungsanfangsvermögen** (§ 11 Abs. 4 KStG) ist das BV am Schluss des der Liquidation vorangegangenen bzw. das BV der letzten »normalen« Veranlagung. Dieses Vermögen ist zu Buchwerten anzusetzen. Gem. § 11 Abs. 4 S. 3 KStG ist das Anfangsvermögen um Ausschüttungen zu kürzen, die in dem Abwicklungszeitraum vorgenommen worden sind. Auf diese Weise wird technisch sichergestellt, dass Vorgänge der Gewinnverteilung auf die Ermittlung des Gewinns keine Auswirkungen haben können (vgl. § 8 Abs. 3 KStG). Es sei aber darauf hingewiesen, dass nach gesellschaftsrechtlichen Vorgaben mit Auflösungsbeschluss vor Beendigung der Liquidation und Ablauf des Sperrjahres keine Verteilung des Vermögens an die G'fter erfolgen darf. Hierzu zählen auch Gewinnausschüttungen für frühere Jahre und evtl. vorzunehmende Abschlagszahlungen in der Liquidation (**striktes Thesaurierungsgebot**).

Das **Abwicklungsendvermögen** (§ 11 Abs. 3 KStG) ist das zur Verteilung kommende Vermögen abzüglich der steuerfreien Vermögensmehrungen. Das Endvermögen ist entsprechend der Regelung des § 16 Abs. 3 EStG mit dem gemeinen Wert auszusetzen.

Das so ermittelte Abwicklungs-Endvermögen ist erst nach Anwendung allgemeiner Einkommens-Ermittlungsvorschriften der KSt zu unterwerfen. Das bedeutet, dass die Ausgangsgröße vor allem um nicht abzugsfähige BA (§§ 3c, 4 Abs. 5, 4h EStG, § 10 KStG), verdeckte Vermögensverlagerungen auf die G'fter sowie verdeckte Einlagen der G'fter im Abwicklungszeitraum zu korrigieren sind. Das Einkommen im Abwicklungszeitraum kann sich durch einen Verlustvortrag aus früheren Jahren ebenso mindern; ein Verlust im Abwicklungszeitraum ist in gleicher Weise auf den dem Abwicklungszeitraum vorangegangene Veranlagungszeitraum zurückzutragen. Der Verlustvortrag ist ab 2004 betragsmäßig begrenzt worden. In Liquidationsfällen führt das dazu, dass der nicht verbrauchte Verlustvortrag endgültig verloren ist (Minderbesteuerung).

Die **Entwicklung des steuerlichen Einkommens** im Abwicklungszeitraum lässt sich – stark vereinfacht – wie folgt darstellen:

---

328 Nach richtiger Ansicht des BFH (Urteil vom 18.09.2007), FR 2008, 268 ist die FinVerw stets berechtigt, nach Ablauf von drei Jahren einen KSt-Bescheid zu erlassen.

329 Im Einzelnen fraglich, vgl. *Hübl* in *H/H/R*, KStG, § 11 Tz. 25 einerseits und *Dötsch/Pung*, DB 2003, 1923 andererseits; vgl. jetzt BFH vom 18.09.2007, FR 2008, 268 (vor allem die Anmerkung von *Pezzer*).

330 Vgl. A 51 Abs. 2 KStR und die kritische Anmerkung von *Lohmann/Bascope*, GmbHR 2006, 1313.

Abwicklungsendvermögen (gemeiner Wert)

./.	steuerfreie Vermögensvermehrungen z. B. Beteiligungserträge (§ 8b Abs. 1 und 2 KStG)
./.	abziehbare Aufwendungen (§ 9 KStG)
./.	verdeckte Einlagen
+	nicht abziehbare BA (§§ 3c, 4 Abs. 5, 4h EStG, § 10 KStG)
+	fingierte nicht abziehbare BA (§§ 8b Abs. 5, 8b Abs. 3 KStG)
+	verdeckte Vermögensverlagerungen auf G'fter (entsprechend § 8 Abs. 3 S. 2 KStG)
=	**Steuerliches Endvermögen**
./.	**steuerliches Anfangsvermögen (Buchwert)** (bereits gekürzt um Gewinnausschüttungen für vorvergangene Jahre)
=	**Steuerlicher Abwicklungsgewinn**
./.	z. B. Verlustvortrag aus früheren Jahren
=	**steuerliches Einkommen im Abwicklungszeitraum**

Die Ermittlung des körperschaftsteuerpflichtigen Einkommens im Rahmen der Liquidation nach diesem Schema ist nur dann schlüssig, wenn – wovon i. d. R. auszugehen ist – die Liquidation **in einem** Besteuerungszeitraum abgeschlossen wird. Erfolgt die Liquidation in mehreren Besteuerungszeiträumen, gilt diese Einkommensermittlung nur für den letzten Besteuerungszeitraum. Für die vorherigen Besteuerungszeiträume ist das Einkommen nach allgemeinen Vorschriften zu ermitteln.

Fraglich sind die Auswirkungen der Mindestbesteuerung auf die Besteuerung im Liquidationszeitraum. Es stellt sich die Frage, ob und inwieweit der Sockelbetrag des uneingeschränkten Verlustabzugs (1 Mio. €) bei einem dreijährigen Liquidationszeitraum mehrfach zu gewähren ist. Würde man während des Liquidationszeitraums – was möglich ist – mehrere Veranlagungszeiträume wählen, ist dieser Sockelbetrag des Verlustabzugs mehrfach zu gewähren; darüber besteht Einigkeit. Der BFH hat (BFH vom 23.01.2013, DB 2013, 1031) die Auffassung vertreten, dass der Sockelbetrag im mehrjährigen Besteuerungszeitraum nach § 11 Abs. 1 KStG nur einmal zu gewähren ist. Diese Auffassung stößt in der Literatur zu Recht auf Kritik.[331] Die Kritik richtet sich insb. dagegen, dass durch die BFH-Rspr. das Einkommen im Liquidationszeitraum je nach Wahl des steuerlich erheblichen Veranlagungszeitraumes unterschiedlich ausfällt. Dies verstößt gegen den Gleichheitsgrundsatz des Art. 3 GG. Diese Kritik ist gut nachzuvollziehen.

3.3   Besonderheiten auf der Ebene des Anteilseigners

3.3.1   Systematische Grundlagen

Das KSt-System versteht sich als geschlossenes System. Eine systemgerechte Besteuerung ist nur unter Einbeziehung der Steuerfolgen beim AE möglich.

Beim Teileinkünfteverfahren kommt es bei Verteilung des Vermögens beim AE zu der »Nachbelastung« i. H. eines Teils der Einnahmen (vgl. § 3 Nr. 40e EStG). Soweit steuerlich

---

331   Vgl. hierzu *Bareis*, DB 2013, 1265.

keine Gewinne, sondern Einlagen[332] ausgekehrt werden, liegt ein fingierter Veräußerungsvorgang gem. § 17 Abs. 4 EStG vor; bei einem unter der Schwelle des § 17 Abs. 1 S. 1 EStG beteiligten AE, der die Beteiligung im Privatvermögen hält, sind diese Auszahlungen nunmehr gem. § 20 Abs. 2 Nr. 1 EStG steuerbar. Bei einem AE, der die Beteiligung im BV hält, stellen die den Beteiligungsbuchwert übersteigenden Auszahlungen aus dem steuerlichen Einlagekonto bzw. Nennkapital stpfl. Beteiligungserträge dar, bei KapG als AE steuerfreie Erträge nach Maßgabe der § 8b Abs. 2 i. V. m. § 8b Abs. 3 S. 1 KStG (FinVerw: § 8b Abs. 2 i. V. m. § 8b Abs. 3 S. 1 KStG).[333]

3.3.2 Behandlung eines Auflösungsverlustes

In vielen Fällen entsteht bei Liquidationen ein **Auflösungsverlust**, da AE der Gesellschaft Krisendarlehen gegeben hatten, die die AK der Beteiligung erhöht hatten, aber in der Liquidation nicht zurückbezahlt werden konnten. Künftig wird für eine Berücksichtigung des Darlehensverlustes eine individualvertragliche Vereinbarung notwendig sein, die das Darlehen einer einlagengleichen Bindung unterwirft.[334]

Ein Auflösungsverlust ist entstanden, sobald feststeht, dass mit Zuteilungen nach § 17 Abs. 2 S. 2 EStG nicht mehr zu rechnen ist und in welcher Höhe dem AE nachträgliche AK oder sonstige i. R. d. § 17 Abs. 2 EStG zu berücksichtigende Aufwendungen entstanden sind.[335]

---

332 Die Auszahlung von Beträgen aus dem steuerlichen Einlagenkonto und Nennkapital, welches nicht in dem sog. Sonderausweis enthalten ist, wird steuerlich als Einlagenrückgewähr qualifiziert.

333 Diese Behandlung hat sich der BFH im Urteil vom 28.10.2009, DB 2010, 256 angeschlossen. A. A. *Gosch*, KStG, 3. Aufl., § 8b Rz. 106, der diese Auszahlung als in voller Höhe stpfl. ansieht, soweit sie den Beteiligungsbuchwert überschreitet. Dieser Ansicht kann aus systematischen Gründen nicht zugestimmt werden.

334 Der BFH wird nach seinem Urteil vom 11.07.2017, DB 2017, 2330 ff. prüfen, ob eine erhöhte Bindung aufgrund individualvertraglicher Vereinbarung vorliegt.

335 Vgl. hierzu BFH vom 25.06.2009, DStR 2009, 1843. Diese Rspr. hat der BFH mehrfach bestätigt, sodass die FinVerw den Nichtanwendungserlass zurückgezogen hat. Im JStG 2010 wird in § 3c Abs. 2 EStG künftig nur auf eine Einnahmeerzielungsabsicht abgestellt, sodass der BFH-Rspr. die rechtliche Grundlage entzogen sein dürfte. Vgl. zu diesem Problemkreis nunmehr auch *Jehke/Pitzal*, DStR 2010, 256 und 1163; *Dötsch/Pung*, DB 2010, 977 und schließlich *Förster*, GmbHR 2010, 1009.

D Umwandlungssteuerrecht

I Zivilrechtliche Grundlagen der Umwandlung

1 Allgemeines

Das Umwandlungsgesetz (UmwG) behandelt die folgenden Arten der Umwandlung und ist wie folgt aufgebaut:

Verschmelzung	§§ 2 – 122 I UmwG
Spaltung	§§ 123 – 173 UmwG
Vermögensübertragung	§§ 174 – 189 UmwG
Formwechsel	§§ 190 – 304 UmwG

Hinsichtlich der an den Umwandlungen beteiligten Rechtsträger soll hier nur auf die »gängigen« Rechtsformen (wie AG, GmbH, OHG, KG und GmbH & Co. KG, die GbR, die PartG und die Einzelunternehmen) eingegangen werden. Bereits einleitend wird darauf verwiesen, dass es sich bei den Unternehmensträgern, die an Umwandlungen (mit Vermögensübertragung) beteiligt sind, um **registerfähige** Rechtsträger handeln muss. Aus diesen Gründen scheidet z. B. die GbR als Rechtsträger für Umwandlungen grundsätzlich aus (einzige Ausnahme: aufnehmender Rechtsträger beim Formwechsel).

Die Verschmelzung – es handelt sich hier um die Übertragung des Vermögens eines Rechtsträgers auf einen anderen bestehenden Rechtsträger bzw. von zwei oder mehreren Rechtsträgern auf einen neu zu gründenden Rechtsträger – ist als »Grundfall« der Umwandlung sehr ausführlich geregelt; die übrigen Formen der Umwandlung greifen darauf zurück, sofern keine vorrangigen Spezialregelungen bestehen. § 1 UmwG legt den Anwendungsbereich[1] des Gesetzes fest. Nach dem Gesetzeswortlaut können an der Umwandlung nur Rechtsträger mit Sitz im Inland beteiligt sein (§ 1 Abs. 1 UmwG). Die frühere h. M. vertrat die Auffassung, dass dies sowohl für den übertragenden als auch für den übernehmenden Rechtsträger gelten müsste, um in den Anwendungsbereich des UmwG zu gelangen. Folge dieser Auffassung war, dass grenzüberschreitende Umwandlungen grundsätzlich ausgeschlossen waren. Bekräftigt durch mehrere Entscheidungen des EuGH, insb. der sog. »SEVIC«-Entscheidung vom 13.12.2005[2], setzte sich jedoch die Auffassung durch, dass das Erfordernis eines Sitzes im Inland grenzüberschreitende Umwandlungen nicht ausschließt. Vielmehr wird dadurch lediglich die Aussage getroffen, dass **das UmwG** ausschließlich auf solche Rechtsträger anzuwenden ist, die ihren Sitz im Inland haben. Soweit ausländische Rechtsträger in eine grenzüberschreitende Umwandlung involviert sind, richten sich die Voraussetzungen und die Rechtsfolgen nach der Rechtsordnung der jeweiligen Jurisdiktion[3] oder gar der EU-Verordnungen (z. B. der SE-VO).[4] Diese Sichtweise wird durch die ergänzenden Vorschriften des § 122a – l UmwG bestätigt, wonach innerhalb der EU/FWR eine

---

[1] Zur Abgrenzung der Umwandlung zur Anwachsung i. S. d. § 738 BGB s. *Breiteneicher*, DStR 2004, 1405. *Breiteneicher* sieht die Anwachsung (als Anwendungsfall der beschränkten Gesamtrechtsnachfolge) als steuerliches Umwandlungsinstrument, mit Vorteilen gegenüber der Umwandlung aber auch mit einigen Nachteilen (z. B. keine Rückwirkungsmöglichkeit). Zur Gestaltung von Umwandlungen durch das Instrument der Anwachsung s. *Ege/Klett*, DStR 2010, 2463. Die Autoren stellen verschiedene Anwachsungsmodelle hinsichtlich Unternehmensumwandlungen dar.

[2] BB 2006, 11 ff.

[3] *Hörtnagl* in *Schmitt/Hörtnagl/Stratz*, a. a. O., Einf. UmwG, Tz. 23 ff.; *Drinhausen* in *Semler/Stengel*, Umwandlungsgesetz, Einl. C, Tz. 15 ff. sowie Tz. 36 ff.

[4] Verordnung (EG) Nr. 2157/2001 des Rates über das Statut der Europäischen Gesellschaft (SE) vom 08.10.2001, ABl. EG L 294, 1, zuletzt geändert durch Änderungsverordnung (EU) 517/2013 vom 13.05.2013, ABl. L 158, 1.

Verschmelzung von KapG über die Grenze möglich ist, wenn eine der beteiligten KapG dem Recht eines anderen Mitgliedstaats der EU/EWR unterliegt.

Demnach kommen zu den Umwandlungen innerhalb des deutschen Territoriums bzw. mit Rechtsträgern mit Sitz im Inland als Beteiligten, für die das UmwG unmittelbar und alleine anwendbar ist, vergleichbare ausländische Vorgänge oder Verordnungen der EU als weitere Rechtsquellen hinzu, die als Grundlage für die grenzüberschreitende Umwandlung zu berücksichtigen sind. Bei den **vergleichbaren** ausländischen Vorgängen soll nach der Gesetzesbegründung die Umwandlung (grenzüberschreitender oder ausländischer Vorgang) im Wesen einer deutschen Umwandlung entsprechen.[5]

Hinsichtlich der Umwandlungen mit Auslandsbezug sind bei den grenzüberschreitenden Verschmelzungen die folgenden Varianten möglich[6]:

- **Inlandsverschmelzung mit Auslandsbezug**
  Hier sind die an der Verschmelzung beteiligten Gesellschaften im Inland ansässig, während sich die G'fter im Ausland befinden oder das von der Verschmelzung betroffene Vermögen im Ausland vorliegt.

- **Hinausverschmelzung**
  Die übertragende Gesellschaft ist im Inland und die aufnehmende Gesellschaft ist im Ausland ansässig. Die G'fter können dabei sowohl im Inland als auch im Ausland ansässig sein.

- **Hineinverschmelzung**[7]
  Die übertragende Gesellschaft ist im Ausland und die aufnehmende Gesellschaft ist im Inland ansässig. Auch hier können wieder die G'fter sowohl im Inland als auch im Ausland ansässig sein.

- **Auslandsverschmelzung mit Inlandsbezug**
  Die an der Verschmelzung beteiligten Rechtsträger sind im Ausland ansässig. Zumindest ein Teil der G'fter muss im Inland ansässig sein oder es muss Inlandsvermögen als Gesellschaftsvermögen der verschmelzenden Gesellschaften vorliegen.

2   Fälle der Verschmelzung

Die Vorschriften zur Verschmelzung sind im zweiten Buch des UmwG in den §§ 2 – 122 geregelt. Die Vorschriften der §§ 2 – 38 UmwG beinhalten den allgemeinen Teil. Diese Regelungen sind bei der Beurteilung der Verschmelzungsanforderungen immer mit heranzuziehen, die besonderen Regelungen der §§ 39 – 122 UmwG stellen nur ergänzende Vorschriften dar.

Hauptkennzeichen der Verschmelzung ist dabei, dass der (die) übertragende(n) Rechtsträger **ohne Abwicklung** aufgelöst wird (werden). Mit dieser »stillen« Beendigung des übertragenden Rechtsträgers sind weitreichende Vorteile verbunden, die sich auch steuerrechtlich auswirken (möglicher Verzicht auf die Aufdeckung stiller Reserven).

Ebenso bedeutsam ist die Tatsache, dass es sich bei der Vermögensübertragung anlässlich von Verschmelzungen immer um einen Fall der **Gesamtrechtsnachfolge** handeln muss. Damit ist nicht nur der »Rechtskomfort« verbunden, dass alle vom übertragenden Rechtsträger auf den übernehmenden Rechtsträger transferierten Wirtschaftsgüter in einem Akt (uno actu) übergehen und dass hierfür nur eine Handlung erforderlich ist (anstelle der ansonsten dafür vorgesehenen Einzelübertragungsakte). Vielmehr bedeutet dies z. B. auch, dass Schul-

---

5   S. hierzu UmwStErl vom 11.11.2011 (UE 2011), BStBl I 2011, 1314, Tz. 01.20 ff.
6   S. *Hagemann/Jakob/Ropohl/Viebrock*, NWB Sonderheft 1/2007, 11.
7   Auch als »Hereinverschmelzung« bezeichnet.

den ohne Gläubigerzustimmung auf den neuen Rechtsträger übergehen. Umgekehrt erhöhen sich die formalen Voraussetzungen (s. Kap. 1.2), die an den Übergang gebunden sind.

2.1 Beteiligte Rechtsträger

Gem. § 3 UmwG können an der Verschmelzung als übertragende, übernehmende oder neu gegründete Rechtsträger beteiligt sein:

PersHG (OHG, KG) und Partnerschaftsgesellschaften	§ 3 Abs. 1 Nr. 1 UmwG
KapG (GmbH, AG, KGaA)	§ 3 Abs. 1 Nr. 2 UmwG
Eingetragene Genossenschaften	§ 3 Abs. 1 Nr. 3 UmwG
Eingetragene Vereine (§ 21 BGB)	§ 3 Abs. 1 Nr. 4 UmwG
Genossenschaftliche Prüfungsverbände	§ 3 Abs. 1 Nr. 5 UmwG
Versicherungsvereine auf Gegenseitigkeit	§ 3 Abs. 1 Nr. 6 UmwG

Gem. § 3 Abs. 2 und 3 UmwG können noch weitere Rechtsträger an der Verschmelzung beteiligt sein:

Wirtschaftliche Vereine (§ 22 BGB), soweit sie übertragender Rechtsträger sind	§ 3 Abs. 2 Nr. 1 UmwG
Natürliche Personen, die als Allein-G'fter einer KapG deren Vermögen übernehmen	§ 3 Abs. 2 Nr. 2 UmwG
Aufgelöste Rechtsträger, wenn die Fortsetzung dieser Rechtsträger beschlossen werden kann	§ 3 Abs. 3 UmwG

Nach § 3 Abs. 4 UmwG ist es möglich, dass eine Verschmelzung von Rechtsträgern mit gleicher Rechtsform sowie zwischen Rechtsträgern mit unterschiedlicher Rechtsform (sog. »Mischverschmelzungen«) durchgeführt werden kann. Ein Teil der Verschmelzungsmöglichkeiten ist der nachfolgenden Tabelle zu entnehmen.[8]

Übertragender Rechtsträger	Übernehmender oder neuer Rechtsträger			
	AG	GmbH	PersG	Natürliche Person
AG	§§ 60 – 77	§§ 46 – 59 §§ 60 – 77	§§ 39 – 45 §§ 60 – 77	§§ 120 – 122 §§ 60 – 77
GmbH	§§ 46 – 59 §§ 60 – 77	§§ 46 – 59	§§ 39 – 45 §§ 46 – 59	§§ 120 – 122 §§ 46 – 59
PersG	§§ 39 – 45 §§ 60 – 77	§§ 39 – 45 §§ 46 – 59	§§ 39 – 45	

2.2 Weitere Voraussetzungen

Mit der obigen Tabelle werden nur die gängigen Verschmelzungsmöglichkeiten aufgezeigt. Die dort aufgeführten Vorschriften beinhalten unter anderem die Verfahrensabläufe aus zivilrechtlicher Sicht (Verschmelzungsbericht, Unterrichtung der G'fter, G'fter-Versammlun-

---

8 Alle Paragrafen in dieser Übersicht sind solche des UmwG.

gen, Beschlussfassungen u. a.). Das UmwG enthält in den allgemeinen Vorschriften (§§ 2 – 38 UmwG) die Regelungen, die für alle Verschmelzungsfälle anzuwenden sind. Diese Vorschriften gelten gem. § 125 UmwG auch für die Fälle der Spaltung, soweit dort nichts anderes geregelt ist. Hinsichtlich des Formwechsels bestehen in den §§ 190 ff. UmwG eigenständige Vorschriften. Als besonders wichtig von den allgemeinen Vorschriften des Zweiten Buches – Erster Teil – sind die folgenden Regelungen hervorzuheben:

Verschmelzungsvertrag	§ 4 UmwG
Inhalt des Verschmelzungsvertrags	§ 5 UmwG
Form des Verschmelzungsvertrags	§ 6 UmwG
Verschmelzungsbericht	§ 8 UmwG
Beschlüsse über den Verschmelzungsvertrag	§ 13 UmwG
Anmeldung der Verschmelzung	§ 16 UmwG
Anlagen der Anmeldung – insb. Bilanz des übertragenden Rechtsträgers	§ 17 UmwG
Eintragung und Bekanntmachung der Verschmelzung	§ 19 UmwG
Wirkung der Eintragung	§ 20 UmwG
Wertansätze des übernehmenden Rechtsträgers	§ 24 UmwG
Abfindungsangebot im Verschmelzungsvertrag	§ 29 UmwG

Neben den formalen Vorschriften der §§ 17, 20, 24 und 29 UmwG befinden sich hierunter zentrale Regelungen zu den bilanziellen Möglichkeiten und zur Wirkung der Umwandlung. So regelt § 20 UmwG, dass mit Eintragung der Verschmelzung – bei der Spaltung gem. § 131 UmwG – der übertragende Rechtsträger sein Vermögen auf den übernehmenden Rechtsträger übertragen hat und er damit erloschen ist, **ohne** dass er **abgewickelt** werden müsste.

Beim Formwechsel, der keinen Vermögensübergang beinhaltet, gibt es hinsichtlich der Wirkung der Umwandlung mit § 202 UmwG eine eigenständige Vorschrift.

Nach § 16 UmwG haben die an der Umwandlung beteiligten Rechtsträger die Verschmelzung, die Spaltung (gem. § 125 i. V. m. § 16 UmwG) und den Formwechsel (§ 198 UmwG) beim Registergericht (Handels-, Partnerschafts-, Genossenschafts- oder Vereinsregister) anzumelden.

Bezüglich des Formwechsels enthält das Fünfte Buch, Erster Teil in § 199 UmwG auch hier wieder eigenständige Regelungen. Die Anforderungen an die Anlagen für die Verschmelzung und die Spaltung sehen neben den Verträgen, Beschlüssen, Zustimmungserklärungen, Verzichtserklärungen im § 17 Abs. 2 UmwG vor, dass die Umwandlung rückwirkend durchgeführt werden kann.

Die Rückwirkungsmöglichkeit wird auf **acht Monate** befristet. Der Gesetzgeber hat diese Frist mit der Bilanz des übertragenden Rechtsträgers gekoppelt, d. h. beim Registerrichter muss als Anlage zur Anmeldung beim Gericht auch eine Bilanz beigefügt werden, die nicht älter als acht Monate sein darf. Als weitere Voraussetzung für die Bilanz sieht § 17 Abs. 2 UmwG vor, dass diese Bilanz nur nach den Vorschriften zur Erstellung einer Jahresbilanz – somit also nach handelsrechtlichen Grundsätzen – aufgestellt sein darf. Auf die Diskrepanz zwischen dem UmwG (§ 17 Abs. 2 UmwG) und dem UmwStG (§ 3 UmwStG) wird in dem steuerrechtlichen Teil eingegangen.

Hinweis: Im Zuge der COVID-19-Pandemie hat der Bundestag am 25.03.2020 u. a. das »Gesetz über Maßnahmen im Gesellschafts-, Genossenschafts-, Vereins-, Stiftungs- und

Wohnungseigentumsrecht zur Bekämpfung der Auswirkungen der COVID-19-Pandemie« beschlossen. Die Zustimmung des Bundesrates folgte am 27.03.2020.[9] Dabei wurde in § 17 Abs. 2 S. 4 UmwStG die Frist zur Aufstellung der handelsrechtlichen Schlussbilanz für sämtliche Anmeldungen, die im Jahr 2020 vorgenommen werden, temporär auf zwölf Monate ausgedehnt. § 8 des Gesetzes sieht zudem eine Ermächtigung des Bundesministeriums der Justiz und für Verbraucherschutz vor, durch Rechtsverordnung ohne Zustimmung des Bundesrates die Geltung der Neuregelung bis (höchstens) zum 31.12.2021 zu verlängern, sofern dies geboten erscheint. Von dieser Ermächtigung wurde entsprechend Gebrauch gemacht, womit die Rückwirkungsmöglichkeit auch für das Jahr 2021 auf zwölf Monate ausgeweitet wurde.[10]

2.3   Die Grundentscheidungen des Umwandlungsgesetzes

Der **übernehmende** Rechtsträger kann gem. § 24 UmwG entscheiden, wie er die WG des übertragenden Rechtsträgers in seiner **Bilanz ansetzen** will. Er ist nicht an die Wertansätze des übertragenden Rechtsträgers gebunden, sondern hat gem. § 24 UmwG **ein Ansatzwahlrecht**. Hintergrund dieses Ansatzwahlrechts ist, dass durch die zwingende Buchwertverknüpfung i. d. R. beim übernehmenden Rechtsträger trotz erheblicher stiller Reserven in den übernommenen WG Verluste entstehen können, die den Wert der Anteile der bisherigen G'fter des übernehmenden Rechtsträgers mindern, obwohl wirtschaftlich keine Wertminderung eingetreten war.[11] Zu Übernahmeverlusten kommt es i. d. R. dann, wenn der übernehmende Rechtsträger höhere AK (z. B. nach einem kurz vorher erfolgten Erwerbsvorgang) als den BW des übernommenen Vermögens hat oder die untergehenden Anteile einen höheren BW als das übergehende Vermögen haben. Dies kann insb. negative bilanzielle Folgen nach sich ziehen (z. B. handelsbilanzielle Überschuldung).

Mit der Verschmelzung einher geht die Pflicht des übernehmenden Rechtsträgers, den **Anteilsinhabern** des übertragenden Rechtsträgers **Anteile** zu gewähren. Diese Anteilsgewährpflicht korrespondiert mit der weiteren Rechtsfolge der Verschmelzung, wonach die Vermögensübertragung auf den übernehmenden Rechtsträger bei diesem eine **Sachkapitalerhöhung** (vgl. § 55 und § 69 UmwG für KapG) darstellt.[12] Hierbei wiederum ist von entscheidender Bedeutung, dass das **Umtauschverhältnis** der beteiligten Rechtsträger (und deren Anteile) richtig ermittelt wird (vgl. § 12 UmwG).

Nach § 13 Abs. 1 UmwG wird der **Verschmelzungsvertrag** nur **wirksam**, wenn die Anteilsinhaber der beteiligten Rechtsträger zustimmen. Damit ist jedoch noch nichts über die Qualität dieser Mehrheit ausgesagt. Hinsichtlich der einzelnen Mehrheitsverhältnisse ist zwischen den Gesellschaftsformen zu unterscheiden, somit sind diese in den besonderen Vorschriften des UmwG zu finden. Folgende Mehrheitsverhältnisse sind hier zu berücksichtigen:

---

9   BGBl I 2020, 569.
10   Verordnung zu § 27 Abs. 15 des Umwandlungssteuergesetzes vom 18.12.2020 (BGBl I 2020, 3042).
11   S. *Hörtnagl* in *Schmitt/Hörtnagl/Stratz*, a. a. O., Tz. 1 zu § 24 UmwG.
12   Hiervon ausgenommen sind nach § 54 bzw. § 68 UmwG lediglich bestimmte Konzernverschmelzungen, insb. der Upstream-merger (§ 54 Abs. 1 Nr. 1 UmwG); s. Beispiel 2.

Gesellschaftsform	Mehrheitsverhältnisse bezüglich der Zustimmung zum Verschmelzungsvertrag
PersHG[13]	Grundsätzlich Einstimmigkeit gem. § 43 Abs. 1 UmwG. Der Gesellschaftsvertrag kann eine Mehrheitsentscheidung von mindestens 3/4 der Stimmen vorsehen (§ 43 Abs. 2 UmwG).
PartG	Grundsätzlich Einstimmigkeit gem. § 45d Abs. 1 UmwG. Der Gesellschaftsvertrag kann eine Mehrheitsentscheidung von mindestens 3/4 der Stimmen vorsehen (§ 45d Abs. 2 UmwG).
GmbH	Der Verschmelzungsbeschluss bedarf einer Mehrheit von 3/4 der abgegebenen Stimmen der G'fter-Versammlung (§ 50 Abs. 1 UmwG). Der Gesellschaftsvertrag kann eine **größere** Mehrheit vorsehen.
Aktiengesell-schaft[14] und KGaA	Der Verschmelzungsbeschluss bedarf einer Mehrheit von 3/4 des bei Beschlussfassung vertretenen Grundkapitals (§ 65 Abs. 1 UmwG). Der Gesellschaftsvertrag kann eine **größere** Mehrheit vorsehen.

Nach der obigen Übersicht erscheint es, als müssten Minderheits-G'fter gegen ihren Willen an einer Umwandlung teilnehmen. Der Gesetzgeber hat mit § 29 UmwG das Abfindungsangebot als zwingenden Bestandteil des Verschmelzungsvertrages vorgesehen. Danach hat der übernehmende Rechtsträger jedem G'fter den Erwerb seiner Anteile gegen eine angemessene Barabfindung anzubieten. Da diese Barabfindung ein zwingender Bestandteil des Verschmelzungsvertrages ist, darf der Registerrichter die Umwandlung beim Fehlen dieser Voraussetzung nicht eintragen. Sollte eine Eintragung dennoch erfolgen, ist die Umwandlung dadurch allerdings nicht gescheitert, denn hier greift die Vorschrift des § 20 Abs. 2 UmwG, wonach Mängel der Verschmelzung die Wirkung der Eintragung gem. § 20 Abs. 1 UmwG unberührt lassen. Die G'fter, die an der Umwandlung nicht teilnehmen wollen, können dieses Angebot gem. § 31 S. 1 UmwG nur binnen zwei Monaten nach dem Tage der Eintragung der Verschmelzung annehmen.

Die Einwendungen der G'fter des übertragenden Rechtsträgers können in zwei unterschiedlichen Verfahren ihre – überstimmten – Bedenken vortragen:

1. als unmittelbare Einwendungen gegen die rechtliche Zulässigkeit der konkreten Verschmelzung als Anfechtungsklage oder Nichtigkeitsklage nach §§ 14 f. UmwG (ggf. i. V. m. §§ 241 ff. AktG)[15], die aber durch das sog. Unbedenklichkeitsverfahren nach § 16 Abs. 3 UmwG ausgehebelt werden können,

2. als Klage nach dem SpruchVerfG, die sich gegen die Angemessenheit der neuen Beteiligung bzw. gegen die konkret gewährte Barabfindung richtet.

---

13 S. hierzu *Priester*, DStR 2005, 788. Priester behandelt die PersG im UmwG und Zivil-/Handelsrecht und stellt in dem Beitrag die Stellung der PersG in den Umwandlungsarten Verschmelzung, Spaltung und Formwechsel umfassend dar.

14 Aktiengesellschaft wird im Folgenden mit AG abgekürzt.

15 Auf diese Bestimmungen wird im GmbH-Recht analog verwiesen. Für PersG gelten die allgemeinen Regeln des HGB und des BGB, gegen G'fter-Beschlüsse vorzugehen.

II Steuerrechtliche Grundlagen der Umwandlung

1 Aufbau und Rechtsquellen

1.1 Allgemein

Die Überschrift des Gesetzes lässt vermuten, dass bei Umwandlungen eine entsprechende Steuer zu erheben ist. Das UmwStG regelt jedoch eher den gegenteiligen Fall: Mit dem UmwStG werden die Fälle behandelt, bei denen es durch Umwandlung von einem auf ein anderes Unternehmen grundsätzlich zur Aufdeckung von stillen Reserven kommen würde. Die Besteuerung dieser stillen Reserven wird durch das UmwStG hinausgeschoben (Stichwort: Steuerstundung), da bei Umstrukturierungen in der Regel kein Entgelt fließt. Es kommt jedoch durch das UmwStG nicht zu einer endgültigen Nichtbesteuerung, da die Besteuerung der stillen Reserven in Zukunft entweder im Rahmen von Veräußerungen oder durch schädliche Vorgänge i. S. d. § 22 UmwStG weiterhin erfolgen kann. Ziel des UmwStG ist es, die steuerrechtlichen Vorschriften an die durch das UmwG geschaffenen Umwandlungsmöglichkeiten anzupassen. Betriebswirtschaftlich erwünschte Umstrukturierungen, die durch das UmwG handelsrechtlich möglich sind, sollen nicht durch steuerliche Folgen behindert werden, soweit dem nicht spezifische Belange des Steuerrechts entgegenstehen.[16] Im Ergebnis soll das UmwStG dazu dienen, Umstrukturierungen **erfolgsneutral** begleiten zu können. Daraus folgt, dass das UmwStG ausschließlich die steuerlichen Folgen einer Umwandlung für die **Ertragsteuern** (Körperschaft-, Einkommen- und Gewerbesteuer) regelt. Andere Steuerarten, wie z. B. die Umsatz-, die Grunderwerb- oder die Erbschaftsteuer, regelt das UmwStG nicht.[17]

Das UmwStG besteht insgesamt aus zehn Teilen. Der Aufbau des UmwStG ist der nachfolgenden Übersicht zu entnehmen.[18]

Vorschriften des UmwStG	Umwandlungen von der KapG auf PersG/Einzelunternehmen/KapG
§§ 1–2 (1. Teil des UmwStG)	• Anwendungsbereich und Begriffsbestimmungen (§ 1) • Regelung zur steuerlichen Rückwirkung (§ 2)
§§ 3–19 (2.–5. Teil des UmwStG)	• Verschmelzung von KapG auf PersG/Einzelunternehmen (§§ 3–8) • Verschmelzung von KapG auf KapG (§§ 11–13) • Formwechsel von KapG auf PersG (§ 9) • Auf- und Abspaltung von KapG auf KapG (§ 15) • Auf- und Abspaltung von KapG auf PersG (§ 16) • Gewerbesteuerliche Behandlung der o. g. Umwandlungen (§§ 18–19)
	Umwandlungen von PersG/Einzelunternehmen/KapG auf KapG (sog. Einbringungen auf KapG)
§§ 20–23 und 25 (6. und 8. Teil des UmwStG)	• Verschmelzung von PersG auf KapG • Formwechsel von PersG in KapG • Ausgliederung des Vermögens eines Einzelunternehmers in eine KapG • Ausgliederung des Vermögens einer KapG auf eine andere KapG • Alle übrigen Einbringungsvorgänge in KapG, die nicht unter das UmwG fallen (z. B. Einbringung eines freiberuflichen Vermögens in eine KapG)
	Umwandlungen von PersG/Einzelunternehmen auf PersG (sog. Einbringung auf PersG)

---

16 S. BT-Drs. 12/6885, 14.
17 S. Umwandlungssteuererlass vom 11.11.2011 (UE 2011), BStBl I 2011, 1314, Tz. 01.01.
18 Alle Paragrafen in dieser Übersicht sind solche des UmwStG.

Vorschriften des UmwStG	Umwandlungen von der KapG auf PersG/Einzelunternehmen/KapG
§ 24 (7. Teil des UmwStG)	• Verschmelzung von PersG auf PersG • Spaltung von PersG auf PersG • Ausgliederung von Vermögen eines Einzelunternehmers in eine PersG • Einbringung von freiberuflichem BV in eine PersG • Aufnahme eines neuen G'fters in Einzelunternehmen bzw. in eine PersG
§ 26 (9. Teil des UmwStG)	Verhinderung von Missbräuchen (weggefallen)
§ 27 (10. Teil des UmwStG)	Zeitliche Anwendungsvorschrift

Neben den in der obigen Übersicht aufgeführten Vorschriften des UmwStG sind auch noch Vorschriften aus anderen Steuergesetzen bei der Umwandlung zu beachten. Hierzu zählen vorrangig die Regelungen des KStG.

§ 27 KStG	Einlagekonto bei Verschmelzung und Spaltung
§ 28 KStG	Umwandlung von Rücklagen in Nennkapital und Herabsetzung des Nennkapitals
§ 29 KStG	Kapitalveränderungen bei Umwandlungen

Ergänzend zu diesen gesetzlichen Normen hat die Verwaltung ihrerseits zum UmwStG Verwaltungsanweisungen herausgegeben. Der Umwandlungssteuererlass (a.a.O.) vom 11.11.2011 ist ein BMF-Schreiben, er hat aber schon fast die Form eines verwaltungsinternen Kommentars und behandelt alle Vorschriften des UmwStG und alle anderen Vorschriften anderer Gesetzesnormen, die mit der Umwandlung im Zusammenhang stehen.[19] Mit BMF-Schreiben vom 16.12.2003, BStBl I 2003, 786[20] hat das BMF darüber hinaus zu den Zweifelsfragen aufgrund der Änderungen durch das Steuersenkungsgesetz und des Gesetzes zur Fortentwicklung des Unternehmenssteuerrechts Stellung genommen.[21]

1.2   Geltungsbereich des Umwandlungssteuergesetzes

Der Anwendungsbereich des Umwandlungssteuergesetzes wird durch die Vorschriften des § 1 UmwStG konkretisiert. Die Vorschriften des § 1 Abs. 1 und 3 UmwStG umschreiben den sachlichen Anwendungsbereich des UmwStG durch Bezugnahme auf die dort aufgezählten Umwandlungsarten. Demnach bestimmt sich der Anwendungsbereich des UmwStG im Grundsatz nach dem **umzuwandelnden Rechtsträger**.

Nach § 1 Abs. 1 Nr. 1 bis 4 UmwStG sind auf Umwandlungen einer KapG (als umzuwandelnden Rechtsträger) nur der zweite bis fünfte Teil des UmwStG anzuwenden. Dabei wird ersichtlich, dass es sich hierbei grundsätzlich nur um Umwandlungen i.S.d. UmwG handelt. Demnach kann es sich um eine Umwandlung einer KapG sowohl in eine andere KapG als auch in eine PersG handeln. Durch die Bezugnahme auf das UmwG fallen gem. § 1 Abs. 1

---

19 S. *Hörtnagl* in *Schmitt/Hörtnagl/Stratz*, UmwG/UmwStG, 7. Aufl., Tz. 18 ff. Einf. UmwStG.

20 Die Geltung des genannten BMF-Schreibens wird ausdrücklich nicht durch den Umwandlungssteuererlass vom 11.11.2011 (UE 2011), BStBl I 2011, 1314, Tz. 00.01 außer Kraft gesetzt.

21 Kritisch hierzu s. *Dötsch/Pung*, DB 2004, 208; *Haritz/Wisniewski*, GmbHR 2004, 150.

Nr. 1 UmwStG auch grenzüberschreitende Verschmelzungen von in der EU oder dem EWR ansässigen KapG i. S. d. §§ 122a ff. i.V.m § 2 UmwG in den sachlichen Anwendungsbereich des UmwStG. Dabei ist darauf hinzuweisen, dass eine grenzüberschreitende Verschmelzung i. S. d. § 122a ff. UmwG nur zwischen KapG möglich ist (§ 122b UmwG).

Andere Vermögensübertragungen nach den Regelungen des UmwG, darunter **insb.** Umwandlungen einer PersG in eine KapG im Wege der Gesamtrechtsnachfolge, Sonderrechtsnachfolge oder des Formwechsels, fallen gem. § 1 Abs. 3 UmwStG in den Anwendungsbereich des sechsten bis achten Teils des UmwStG (§§ 20 bis 25 UmwStG). Hierzu zählt jedoch auch die in § 123 Abs. 3 UmwG geregelte Ausgliederung aus einer KapG heraus sowie der Austausch von Anteilen.

Darüber hinaus sind die Regelungen des sechsten bis achten Teils auch auf Vermögensübertragungen i. R. d. Einzelrechtsnachfolge anzuwenden, d. h. in den Fällen, in denen zivilrechtlich die Vermögensgegenstände und Schulden einzeln auf die übernehmende Person übertragen werden müssen (sog. »Einbringungsfälle«).

Weiterhin fallen in den Anwendungsbereich des § 1 Abs. 1 und Abs. 3 UmwStG auch vergleichbare ausländische Vorgänge, auf die das UmwG zwar keine Anwendung findet, jedoch die Voraussetzungen des § 1 Abs. 2 S. 1 UmwStG vorliegen und ein Inlandsbezug (z. B. inländische Betriebsstätte oder inländischer G'fter[22]) besteht. Ein ausländischer Vorgang ist vergleichbar, wenn er seinem Wesen nach einer Umwandlung i. S. d. UmwG entspricht. Für Zwecke der Vergleichbarkeit ist mithin zunächst im Rahmen eines Rechtstypenvergleichs zu prüfen, ob die ausländischen Rechtsträger einem umwandlungsfähigen Rechtsträger i. S. d. UmwG entsprechen.[23] Zusätzlich ist zu prüfen, inwieweit die Umstrukturierung unter Heranziehung von sonstigen Vergleichskriterien (z. B. bare Zuzahlungen) in ihrer Rechtsnatur sowie Rechtsfolgen den Umstrukturierungen des UmwG entspricht.[24]

§ 1 Abs. 2 und 4 UmwStG regeln den persönlichen Anwendungsbereich und beantworten damit die Frage, welche Personen bzw. Gesellschaften an einer Umwandlung nach § 1 Abs. 1 und 3 UmwStG beteiligt sein müssen, damit diese in den Anwendungsbereich des UmwStG fallen.[25]

§ 1 Abs. 1 UmwStG	Umwandlung von Körperschaften • Anwendung der Teile 2 – 5 • Verschmelzung/Auf- und Abspaltung/Formwechsel i. S. d. § 1 Abs. 2 UmwG • Erfassung vergleichbarer ausländischer Vorgänge • Ausgenommen ist die Ausgliederung nach § 123 Abs. 3 UmwG
§ 1 Abs. 2 UmwStG	Beschränkung der ausländischen Vorgänge auf die EU/EWR-Umwandlungen • Beschreibung der möglichen Rechtsträger/-personen
§ 1 Abs. 3 UmwStG	Einbringungstatbestände i. S. d. §§ 20 ff. UmwStG • Anwendung der Teile 6 – 8 • Erfassung vergleichbarer ausländischer Vorgänge • Fälle der Einzelrechtsnachfolge

---

22 S. *Schell*, IStR 2011, 704, 709.

23 S. UE 2011, Tz. 01.27; BMF vom 24.12.1999, BStBl I 1999, 1076 sowie BMF vom 19.03.2004, BStBl I 2004, 411.

24 Zu den vergleichenden Umstrukturierungsmerkmalen UE 2011, Tz. 01.24; *Hörtnagl* in Schmitt/Hörtnagl/Stratz, a. a. O., § 1 UmwStG, Tz. 31 ff.; *Widmann* in Widmann/Mayer, Umwandlungsrecht, § 1 UmwStG, Tz. 17 mit Verweis auf *Benecke/Schnitger*, IStR 2006, 765, 769.

25 S. *Graw* in Rödder/Herlinghaus/van Lishaut, UmwStG, § 1 Tz. 2.

§ 1 Abs. 4 UmwStG	Beschränkung der ausländischen Vorgänge auf die EU/EWR-Umwandlungen • Beschreibung der möglichen Rechtsträger/-personen
§ 1 Abs. 5 UmwStG	Begriffsbestimmungen

2 Zeitliche Anwendung des Umwandlungssteuergesetzes

Die Anwendung des UmwStG ist in § 27 UmwStG geregelt.

§ 27 Abs. 1 S. 1 UmwStG regelt den Grundsatz, dass das Gesetz erstmals auf Umwandlungen anzuwenden ist, bei denen die **Anmeldung zur Eintragung** in das für die Wirksamkeit des jeweiligen Vorgangs maßgebende öffentliche Register **nach dem 12.12.2006** erfolgt ist. Diese Vorschrift ist auf alle Umwandlungsvorgänge anzuwenden, soweit die Umwandlung vor der Eintragung in ein öffentliches Register zu erfolgen hat.

3 Steuerliche Rückwirkung

3.1 Grundzüge, insbesondere zum Übertragungsstichtag

Nach § 20 Abs. 1 UmwG für die Verschmelzung sowie § 202 UmwG für den Formwechsel wird die Umwandlung erst mit der Eintragung in das Handelsregister rechtlich wirksam. Da in den Fällen der Verschmelzung aufgrund des Rechtsträgerwechsels eine Vermögensübertragung stattfindet und die an der Umwandlung teilnehmenden Rechtsträger auf den Tag der Eintragung ins Handelsregister nur bedingt Einfluss nehmen können, ist gem. § 5 Abs. 1 Nr. 6 UmwG der **handelsrechtliche Umwandlungsstichtag** festzulegen, d. h. der Tag, von dem an die Handlungen der KapG als für Rechnung der PersG vorgenommen **gelten**. Weiterhin hat der **übertragende Rechtsträger** gem. § 17 Abs. 2 UmwG auf den Schluss des Tages, der dem Umwandlungsstichtag vorausgeht, eine **handelsrechtliche Schlussbilanz** aufzustellen. Die handelsrechtliche Schlussbilanz muss dabei auf einen **höchstens acht Monate** vor der Anmeldung der Umwandlung liegenden Stichtag aufgestellt sein (sog. Rückwirkungsfiktion).

Den handelsrechtlichen Vorschriften entsprechend kennt auch das Steuerrecht für die Umwandlungen einer **KapG** i. S. d. § 1 Abs. 1 UmwStG durch die Regelung des § 2 UmwStG eine Rückwirkungsfiktion (steuerliche Rückwirkung) und bestimmt den **steuerlichen Übertragungsstichtag** als den Tag, auf den die KapG die (steuerliche) Schlussbilanz aufzustellen hat. Dieser liegt ebenfalls einen Tag vor dem handelsrechtlichen Umwandlungsstichtag und ist identisch mit dem Stichtag der handelsrechtlichen Schlussbilanz i. S. d. § 17 Abs. 2 UmwG. Da die Steuerpflicht der **KapG** mit Ablauf des steuerlichen Übertragungsstichtags endet und die des übernehmenden Rechtsträgers beginnt, ist die Wahl des handelsrechtlichen Umwandlungsstichtags von erheblicher Bedeutung. In Fällen des Formwechsels findet hingegen handelsrechtlich keine Vermögensübertragung statt, sodass eine Rückbeziehung in § 202 UmwG nicht erforderlich ist. Steuerlich hingegen ist die ergänzende Rückwirkungsregelung des § 9 UmwStG zu beachten, die inhaltlich den Regelungen des § 2 UmwStG i. V. m. § 17 Abs. 2 UmwG entspricht.

COVID-19-Pandemie – Hinweis: Im Zuge der COVID-19-Pandemie hat der Bundestag am 25.03.2020 u. a. das »Gesetz über Maßnahmen im Gesellschafts-, Genossenschafts-, Vereins-, Stiftungs- und Wohnungseigentumsrecht zur Bekämpfung der Auswirkungen der COVID-19-Pandemie« beschlossen. Die Zustimmung des Bundesrates folgte am 27.03.2020.[26] Dabei wurde in § 17 Abs. 2 S. 4 UmwStG die Frist zur Aufstellung der handelsrechtlichen Schlussbi-

---

26 BGBl I 2020, 569.

lanz für sämtliche Anmeldungen, die im Jahr 2020 vorgenommen werden, temporär auf zwölf Monate ausgedehnt. § 8 des Gesetzes sieht zudem eine Ermächtigung des Bundesministeriums der Justiz und für Verbraucherschutz vor, durch Rechtsverordnung ohne Zustimmung des Bundesrates die Geltung der Neuregelung bis (höchstens) zum 31.12.2021 zu verlängern, sofern dies geboten erscheint. Durch eine entsprechende Verfügung wurde die Rückwirkungsmöglichkeit inzwischen auch für das Jahr 2021 auf zwölf Monate ausgeweitet.[27]

Da das Umwandlungssteuerrecht in § 2 UmwStG an den Tag anknüpft, auf den die handelsrechtliche Umwandlungsbilanz des übertragenden Rechtsträgers aufzustellen ist, und diesen Tag zum steuerlichen Umwandlungsstichtag bestimmt, verlängert sich durch die Verlängerung der Frist für handelsrechtliche Zwecke unmittelbar auch die steuerliche Rückwirkungsfiktion.

Die Rückwirkungsfiktion erfasst gemäß dem Wortlaut des § 2 Abs. 1 UmwStG nur den **übertragenden und den übernehmenden Rechtsträger**. G'fter sind von der Rückwirkung grundsätzlich **nicht erfasst**, es sei denn, die G'fter stellen ihrerseits einen übernehmenden Rechtsträger dar. Mithin sind ausscheidende G'fter des übertragenden Rechtsträgers (KapG) von der Rückwirkung nicht betroffen. Darüber hinaus bestimmt § 2 Abs. 2 UmwStG eine weitere Ausnahme, dass in dem Fall, in dem es sich bei dem übernehmenden Rechtsträger um eine PersG handelt, die steuerliche Rückwirkung auch für das Einkommen und das Vermögen der G'fter der PersG anzuwenden ist. **Die Folge** der steuerlichen Rückwirkung ist, dass ein Übertragungsgewinn bzw. -verlust i. S. d. §§ 3, 11 UmwStG sowie ein Übernahmeergebnis i. S. d. §§ 4, 13 UmwStG und die offenen Rücklagen i. S. d. § 7 UmwStG grundsätzlich in dem Veranlagungszeitraum zu besteuern sind, in dem das Wj. endet, in das der steuerliche Übertragungsstichtag fällt.[28]

Der steuerliche Übertragungsstichtag für Übertragungen i. S. d. § 1 Abs. 3 UmwStG i. V. m. §§ 20 und 24 UmwStG wird in der Vorschrift des § 20 Abs. 6 UmwStG geregelt. Bei Sacheinlagen **in eine KapG** wird dabei zwischen einer Sacheinlage im Wege des UmwG und einer Sacheinlage außerhalb des UmwG unterschieden. Bei der Sacheinlage nach dem UmwG wird an die Vorschriften des UmwG geknüpft, sodass der steuerliche Übertragungsstichtag in diesen Fällen mit dem handelsrechtlichen Übertragungsstichtag identisch ist. Hingegen wird der steuerliche Übertragungsstichtag bei Sacheinlagen außerhalb des UmwG grundsätzlich durch den Zeitpunkt der Übertragung des **wirtschaftlichen Eigentums** bestimmt.[29] Jedoch gewährt der Gesetzgeber den an der Übertragung beteiligten Parteien die Möglichkeit, den steuerlichen Übertragungsstichtag innerhalb eines Zeitfensters von **acht Monaten** frei zu wählen. Im Ergebnis besteht in beiden Fällen die Möglichkeit die Übertragung rückwirkend bis zu acht Monaten vorzunehmen. Bei Sacheinlagen **in eine PersG** sind die Vorschriften des § 20 Abs. 6 UmwStG gem. § 24 Abs. 4 2. HS UmwStG nur für Übertragungen im Wege einer Gesamtrechtsnachfolge möglich. Bei Sacheinlagen im Wege der Einzelrechtsfolge ist eine Rückbeziehung grundsätzlich nicht vorgesehen.[30]

COVID-19-Pandemie – Hinweis: Anders als § 2 UmwStG enthält die Regelung des § 20 Abs. 6 UmwStG – trotz des Verweises auf § 17 Abs. 2 UmwStG – eine eigenständige Rückwirkungsregelung, sodass die Verlängerung der handelsrechtlichen Rückwirkungsfiktion bei Einbringungen i. S. d. § 20 UmwStG keine Anwendung findet. Diesen »Redaktionsfehler« hat

27 Verordnung zu § 27 Abs. 15 des Umwandlungssteuergesetzes vom 18.12.2020 (BGBl I 2020, 3042).
28 S. UE 2011, Tz. 02.03 ff.
29 S. *Mutscher* in *Frotscher/Maas*, KStG/GewStG/UmwStG, § 20 UmwStG, Tz. 402.
30 S. *Mutscher* in *Frotscher/Maas*, a. a. O., § 24 UmwStG, Tz. 259.

der Gesetzgeber mit dem »Gesetz zur Umsetzung steuerlicher Hilfsmaßnahmen zur Bewältigung der Coronakrise (Corona-Steuerhilfegesetz)« vom 19.06.2020[31] korrigiert und in § 27 Abs. 15 UmwStG eine Regelung geschaffen, der zufolge § 9 S. 3 sowie § 20 Abs. 6 S. 1 und 3 UmwStG mit der Maßgabe anzuwenden sind, dass an die Stelle des Zeitraums von acht Monaten ein Zeitraum von zwölf Monaten tritt, wenn die Anmeldung zur Eintragung oder der Abschluss des Einbringungsvertrags im Jahr 2020 erfolgt.

Erlässt das Bundesministerium der Justiz und für Verbraucherschutz eine Rechtsverordnung auf Grundlage des § 8 i. V. m. § 4 des Gesetzes über Maßnahmen im Gesellschafts-, Genossenschafts-, Vereins-, Stiftungs- und Wohnungseigentumsrecht zur Bekämpfung der Auswirkungen der COVID-19-Pandemie vom 27.03.2020 (BGBl I 2020, 569 f.), wird das Bundesministerium der Finanzen ermächtigt, durch Rechtsverordnung mit Zustimmung des Bundesrates die Geltung des Satzes 1 für Anmeldungen zur Eintragung und Einbringungsvertragsabschlüsse zu verlängern, die bis zu dem Tag erfolgen, der in der Rechtsverordnung des Bundesministeriums der Justiz und für Verbraucherschutz festgelegt wurde. Eine entsprechende Verfügung ist inzwischen erfolgt, womit auch für das Jahr 2021 ein Rückwirkungszeitraum von zwölf Monaten gilt.[32]

Beispiel 1: Rückwirkende Verschmelzung

Es wird eine GmbH-1 mit einer GmbH-2 verschmolzen. Der Beschluss der G'fter-Versammlung dazu wird am 15.03.2022 gefasst. Als Verschmelzungsstichtag wird der 01.01.2022 gewählt, sodass auf den 31.12.2021 eine Umwandlungsbilanz aufgestellt wird. Die Anmeldung der Eintragung in das Handelsregister erfolgt am 17.05.2022, die Eintragung am 04.08.2022.

Lösung: Die Voraussetzungen des § 2 Abs. 1 UmwStG sind erfüllt. Die Umwandlung findet (steuerlich) am 31.12.2021 statt. Damit fallen der Übertragungs- und der Übernahmegewinn im VZ 2021 an.

3.2　Von der Rückwirkung erfasste Steuerarten

Das UmwStG soll dazu dienen Umstrukturierungen **erfolgsneutral** durchführen zu können. Daraus folgt, dass das UmwStG ausschließlich die steuerlichen Folgen einer Umwandlung für die **Ertragssteuern** (Körperschaft-, Einkommen- und Gewerbesteuer) regelt. Andere Steuerarten wie z. B. die Umsatz-, die Grunderwerb- oder die Erbschaftsteuer regelt das UmwStG nicht.[33] Dennoch gilt die steuerliche Rückwirkung gem. § 2 Abs. 1 S. 1 UmwStG für Steuern vom Einkommen und Vermögen. Unter die Steuern vom Vermögen fallen insb. die Grundsteuer und die Erbschaftsteuer. Während die steuerliche Rückwirkung auf die Grundsteuer Anwendung finden soll[34], kann eine Begünstigung der erbschaftsteuerlichen Rechtsfolgen nach herrschender Meinung nicht durch eine Umwandlung erreicht werden.[35]

Die steuerliche Rückwirkung gilt gem. § 2 Abs. 1 S. 1 UmwStG für das Einkommen und das Vermögen und somit für alle einkommens- und vermögensbezogenen Steuern. Die Rückwirkung gilt mithin nicht für die Verkehrssteuern (USt und die GrESt). Von der Rückwirkung werden folgende Steuern erfasst:

Die steuerliche Rückwirkung gilt, wie oben dargestellt, nicht für die **Grunderwerbsteuer**. Die Umwandlungsvorgänge mit entsprechender Vermögensübertragung lösen jedoch eine

---

31　BGBl I 2020, 1385.

32　Verordnung zu § 27 Abs. 15 des Umwandlungssteuergesetzes vom 18.12.2020 (BGBl I 2020, 3042).

33　S. UE 2011, Tz. 01.01.

34　S. *Widmann* in *Widmann/Mayer*, a. a. O., § 2 UmwStG, Tz. R 73.

35　S. *van Lishaut* in *Rödder/Herlinghaus/van Lishaut*, a. a. O., § 2 Tz. 10 m. w. N.; a. A. *Hörtnagl* in *Schmitt/Hörtnagl/Stratz*, a. a. O., § 2 UmwStG, Tz. 36 m. w. N.

GrESt-Pflicht aus, d. h. für die Fälle der Verschmelzung und der Spaltung, nicht jedoch für die Fälle des Formwechsels.

Die GrESt entsteht mit Eintragung der Umwandlung in das HR. Nach Ansicht der Verwaltung[36] handelt es sich bei der Umwandlung (Verschmelzung/Spaltung) um einen Anschaffungsvorgang. Die objektbezogenen Kosten (hier: GrESt) sind daher grundsätzlich als Nebenkosten der Anschaffung zu aktivieren.

3.3 Folgerungen aus der Rückwirkung

3.3.1 Leistungsbeziehungen zwischen den beteiligten Rechtsträgern und ihren Gesellschaftern

Die steuerliche Rückwirkung bedeutet, dass das Einkommen und das Vermögen des übertragenden und des übernehmenden Rechtsträgers so ermittelt werden, als ob der Vermögensübergang bereits mit Ablauf des steuerlichen Übertragungsstichtages stattgefunden hätte und (bei Verschmelzung und Aufspaltung) der übertragende Rechtsträger gleichzeitig aufgelöst worden wäre. Kommt jedoch die zivilrechtliche Umwandlung nicht zustande (z. B. keine Eintragung im HR), so ist auch steuerlich keine Umwandlung durchzuführen. Es verbleibt somit bei der bisherigen Rechtsform. Die bisher schon steuerlich vorgenommenen Maßnahmen (z. B. Versteuerung des Übernahmegewinns) sind gem. § 175 Abs. 1 Nr. 2 AO wieder rückgängig zu machen. Für die Ertragsbesteuerung sind die Einkünfte somit schon nach den Besteuerungsgrundsätzen bei dem übernehmenden Rechtsträger zu ermitteln. Schuldrechtliche Vereinbarungen (z. B. Darlehens-, Kauf-, Miet- oder Pachtverträge) zwischen dem übertragenden und dem übernehmenden Rechtsträger dürfen den Gewinn des Übernehmers nicht mehr beeinflussen.

Ausgehend von dem Grundfall des UmwStG – Verschmelzung von der KapG auf eine PersG – ist die Rückwirkung hinsichtlich der **Leistungsbeziehungen** zwischen den beteiligten Rechtsträgern besonders zu betrachten. Die in dem Zeitraum zwischen Übertragungsstichtag und Eintragung in das HR angefallenen Leistungsbeziehungen werden nicht aufgehoben, da es sich hier um reine innerbetriebliche Vorgänge handelt. Die Vergütungen (Miete, Pacht, Gehälter, Zinsen) sind nach dem Übertragungsstichtag von einer KapG auf eine PersG zwar weiterhin BA auf der Gesamthandsebene, die jedoch gleichzeitig Sondervergütungen der G'fter i. S. d. § 15 Abs. 1 S. 1 Nr. 2 EStG darstellen und das steuerliche Gesamtergebnis der PersG nicht mindern, wenn die G'fter gleichzeitig auch MU bei der übernehmenden PersG sind. Ist der G'fter nicht an der übernehmenden PersG beteiligt, stellen diese Ausgaben weiterhin das Gesamtergebnis der PersG mindernde BA dar.

Besonders zu betrachten sind in diesem Zusammenhang die bei der übertragenden KapG gebildeten **Pensionsrückstellungen** für die G'fter der KapG. Diese Pensionsrückstellungen sind nach der Übertragung auf die PersG nicht gewinnerhöhend aufzulösen. Sie werden bei der PersG mit dem Anschaffungsbarwert fortgeführt (UE 2011, Tz. 06.04 ff.). Die Erhöhung der Rückstellung um die jährlichen Zinsen kann von der PersG vorgenommen werden. Weitere Zuführungen sind Vergütungen i. S. d. § 15 Abs. 1 S. 1 Nr. 2 EStG. Wird hingegen eine KapG auf einen Einzelunternehmer übertragen, ist die Pensionsrückstellung gewinnerhöhend aufzulösen (UE 2011, Tz. 06.07). Für den Auflösungsgewinn kann eine steuerliche Rücklage i. S. d. § 6 Abs. 2 UmwStG gebildet werden.

---

36   S. UE 2011, Tz. 04.34 sowie OFD Nordrhein-Westfalen, Verfügung vom 21.04.2015, DB 2015, 1013.

Beispiel 2:

Die A-GmbH wird in die Z-OHG umgewandelt. G'fter der A-GmbH sind A und B, B scheidet im Zuge der Umwandlung aus der A-GmbH aus und wird auch nicht G'fter der Z-OHG. Der steuerliche Übertragungsstichtag ist der 31.12.2021. Die Eintragung der Umwandlung erfolgt am 05.07.2022. Die A-GmbH weist gegenüber A eine Pensionsrückstellung i. H. v. 100.000 € aus. B vermietet an die A-GmbH sein Grundstück für monatlich 5.000 €.

Lösung: Die Pensionsrückstellung gegenüber A wird ab dem 01.01.2022 nach Maßgabe des § 6a EStG in seinem Sonder-BV i. S. d. § 15 Abs. 1 S. 1 Nr. 2 EStG ausgewiesen. Bei B findet eine Umqualifizierung seiner Mieteinkünfte in solche des § 15 EStG nicht statt, da er an der Z-OHG nicht beteiligt wird. Er erzielt in 2022 weiterhin Einkünfte aus Vermietung und Verpachtung gem. § 21 EStG.

3.3.2 Gewinnausschüttungen

Die Problematik bezüglich der von der übertragenden KapG **beschlossenen Gewinnausschüttungen**[37] nach dem steuerlichen Übertragungsstichtag und der Gewinnausschüttungen, die nach dem steuerlichen Übertragungsstichtag abfließen, deren Beschluss aber vor diesem Stichtag lag, hat die Verwaltung in den UE 2011, Tz. 02.25 – 02.35 für die KSt geregelt. Die steuerliche Behandlung von Gewinnausschüttungen im Zusammenhang mit Umwandlungen hängt zunächst davon ab, ob es sich bei dem übernehmenden Rechtsträger um eine PersG oder eine KapG handelt. Darüber hinaus hängt die steuerliche Behandlung insb. auch vom Zeitpunkt des Ausschüttungsbeschlusses bzw. der Durchführung einer (verdeckten) Gewinnausschüttung ab. Wurden die Ausschüttungen nach dem steuerlichen Übertragungsstichtag beschlossen und durchgeführt, handelt es sich bei der übernehmenden PersG um eine Entnahme der G'fter der PersG.

3.3.3 Ausnahmen der steuerlichen Rückwirkung

Die Regelung zu § 2 Abs. 3 UmwStG beinhaltet die Sonderfälle bei grenzüberschreitenden Umwandlungen. Hier gibt es keine Rückbeziehung des Umwandlungsstichtages, soweit ein Vorgang i. S. d. § 1 Abs. 1 UmwStG vorliegt, der das Besteuerungsrecht eines anderen Staats entzieht. Der Begriff »anderer Staat« wird in der Literatur[38] kritisch hinterfragt. Einhellig wird in der Literatur die Auffassung vertreten, dass es sich bei dieser Vorschrift um die Vermeidung der Entstehung sog. »weißer Einkünfte« handeln soll.

Beispiel 3: Weiße Einkünfte[39]

Das Vermögen der D-GmbH besteht nur aus Patenten. Die D-GmbH wird grenzüberschreitend auf die F-SA verschmolzen, nach dem deutschen Steuerrecht rückwirkend auf den 31.12.2021, während Frankreich den Übergang steuerlich erst ab dem 01.04.2022 wirken lässt.

Lösung: Mit der Hinausverschmelzung nach Frankreich werden die Patente steuerlich entstrickt. Durch die unterschiedliche zeitliche Zuordnung in Deutschland und Frankreich entsteht eine Besteuerungslücke von drei Monaten (01.01.2022 – 31.03.2022). In diesem Zeitraum werden Lizenzerträge und Veräußerungserlöse aus den Patenten in Deutschland und Frankreich nicht besteuert. Nach § 2 Abs. 3 UmwStG gilt in diesem Fall als steuerlicher Übertragungsstichtag der 31.03.2022.

Durch das JStG 2009 wurde vom Gesetzgeber die Vorschrift des § 2 UmwStG um den Abs. 4 erweitert. Nach Ansicht des Gesetzgebers soll mit dieser Vorschrift ein »Aushebeln« der Vorschrift des § 8c KStG durch Umwandlungsvorgänge verhindert werden. In der Gesetzesbe-

---

37 S. hierzu auch ausführlich *Pung* in *Dötsch/Pung/Möhlenbrock*, KStG, § 2 UmwStG, Tz. 56 ff.
38 S. hierzu *Dötsch* in *Dötsch/Pung/Möhlenbrock*, a. a. O., § 2 UmwStG, Tz. 77 ff.
39 Entnommen von *van Lishaut* in *Rödder/Herlinghaus/van Lishaut*, a. a. O., § 2 Tz. 103.

gründung wird dazu ausgeführt, »dass aufgrund der steuerlichen Rückwirkungsfiktion in § 2 Abs. 1 UmwStG gestalterisch eine Verlustnutzung oder ein Erhalt des Zinsvortrags erreicht werden kann, obwohl der Verlust oder Zinsvortrag wegen § 8c KStG bereits untergegangen ist. Voraussetzung für die Verlustnutzung oder Nutzung des Zinsvortrags durch Rückwirkung ist deshalb, dass ein Verlust oder ein Zinsvortrag auch ohne die Umwandlung hätte ausgeglichen werden können«.

Aufgrund dieser Vorschrift ist bei der rückwirkenden Umwandlung mit Verlustnutzung durch Ansatz eines Übertragungsgewinns zu prüfen, ob die Verlustnutzung auch ohne Rückwirkung vorgenommen hätte werden können. *Rödder/Schönfeld*[40] vertreten dazu die Auffassung, dass die Vorschrift um das ungeschriebene Tatbestandsmerkmal eines schädlichen Beteiligungserwerbs i. S. v. § 8c KStG zu ergänzen sei.

Beispiel 4: Schädlicher Beteiligungserwerb

Die Anteile an der A-GmbH werden durch die B-GmbH am 01.06.2022 zu 100 % erworben. Die A-GmbH hat zum 31.12.2021 einen festgestellten Verlustvortrag i. S. d. § 10d Abs. 4 EStG i. H. v. ./. 500.000 €. Die B-GmbH beschließt am 15.06.2022 die Verschmelzung der A-GmbH auf die B-GmbH – rückwirkend zum 01.01.2022 (steuerlicher Übertragungsstichtag = 31.12.2021). I. R. d. Übertragung wird ein Übertragungsgewinn bei der A-GmbH durch Aufdeckung stiller Reserven ermittelt, der mit dem Verlustvortrag kompensiert wird.

Lösung: Nach § 8c Abs. 1 S. 1 KStG wäre durch den Beteiligungserwerb am 01.06.2022 der Verlust der A-GmbH untergegangen, soweit es sich nicht um einen Sachverhalt des § 8c Abs. 1 S. 4 KStG handelt. Durch die Rückwirkung gem. § 2 Abs. 1 UmwStG könnte aufgrund der Verschmelzung die Vorschrift § 8c KStG umgangen werden. Der Gesetzgeber hat mit der Vorschrift § 2 Abs. 4 UmwStG diese Fälle in der Weise geregelt, dass eine Prüfung dahingehend erfolgen muss, ob die A-GmbH auch ohne Anwendung der Vorschrift § 2 Abs. 1 und 2 UmwStG die Verluste hätte nutzen können. Dies ist hier zu verneinen, denn nach § 8c Abs. 1 S. 1 KStG wären die Verluste weggefallen. Zusätzlich ist darauf hinzuweisen, dass auch der neu eingefügte § 8d KStG[41] aufgrund seiner Systematik und seines Anwendungsbereichs an diesem Ergebnis nichts ändert.[42] Es bleibt jedoch abzuwarten, wie die Vorlage des Beschlusses des FG Hamburg vom 29.08.2017[43] an das BVerfG von diesem entschieden wird. Sollte das BVerfG auch die neue Regelung des § 8c Abs. 1 S. 1 KStG[44] für verfassungswidrig erklären und eine rückwirkende Änderung der Regelung verlangen, ist fraglich, welchen Anwendungsbereich § 2 Abs. 4 UmwStG – ggf. im Zusammenhang mit einer Neuregelung des § 8c KStG – noch haben wird.

Nach § 27 Abs. 9 UmwStG ist diese Regelung auf Umwandlungen und Einbringungen anzuwenden, bei denen der schädliche Beteiligungserwerb nach dem 28.11.2008 stattgefunden hat.

Wie in den nachfolgenden Ausführungen noch aufgezeigt wird, gehen etwaige Verlustvorträge des **übertragenden** Rechtsträgers im Rahmen einer Verschmelzung auf einen **übernehmenden** Rechtsträger unter. Eine Möglichkeit des übernehmenden Rechtsträgers, an diesen Verlustvorträgen zu partizipieren, besteht demnach nicht. Umgekehrt verhält es sich jedoch, wenn der **übernehmende** Rechtsträger Verluste erwirtschaftet. Etwaige Verlustvorträge können demnach dann genutzt werden, wenn es sich bei dem **übertragenden** Rechtsträger um einen Rechtsträger mit Gewinnen handelt. Insb. ist es aufgrund der Regelung des

---

40 DStR 2009, 560 – a. a. O. auch noch mit weiteren Beispielsfällen.
41 S. Gesetz zur Weiterentwicklung der steuerlichen Verlustverrechnung bei Körperschaften vom 20.12.2016, BGBl I, 2998.
42 S. hierzu *Leibner/Dötsch* in *Dötsch/Pung/Möhlenbrock*, a. a. O., § 8d KStG, Tz. 8.
43 Az.: 2 K 245/17, EFG 2017, 1906; anhängig beim BVerfG – 2 BvL 19/17.
44 Die alte Regelung des § 8c Abs. 1 S. 1 KStG (Übertragung von bis zu 25 % der Anteile) hat das BVerfG bereits mit Beschluss vom 29.03.2017, DStR 2017, 1094 als nicht mit dem Grundgesetz vereinbar erklärt.

§ 2 Abs. 1 UmwStG grds. möglich, Gewinne des übertragenden Rechtsträgers mit den Verlusten des übernehmenden Rechtsträgers zu verrechnen. Diese Regelung führte in der Praxis zu Gestaltungen, in denen insb. Ein-Objekt-Gesellschaften nach Veräußerung des einzigen werthaltigen WG mit Gewinnrealisierung auf eine Verlustgesellschaft verschmolzen wurden und somit die durch die Veräußerung entstehenden Gewinne der Besteuerung vorenthalten haben. Um diese Gestaltungen zu unterbinden, führte der Gesetzgeber im Rahmen des Amtshilferichtlinie-Umsetzungsgesetzes vom 26.06.2013 (BGBl I 2013, 1809) die Regelungen des § 2 Abs. 4 S. 3 bis 6 UmwStG ein.[45] Nach § 2 Abs. 4 S. 3 UmwStG dürfen nunmehr die positiven Einkünfte des übertragenden Rechtsträgers **im Rückwirkungszeitraum** nicht mit verrechenbaren Verlusten, Verlustvorträgen, nicht ausgeglichenen negativen Einkünften oder einem Zinsvortrag ausgeglichen oder verrechnet werden. Nach den § 2 Abs. 4 S. 4 und 5 UmwStG gilt dies entsprechend im Falle einer OrgG bzw. im Falle einer PersG als übernehmendem Rechtsträger (Ausschluss des Ausgleichs und Verrechnung beim OrgT bzw. bei den G'ftern der übernehmenden PersG). Ausnahmsweise sollen gem. § 2 Abs. 4 S. 6 UmwStG die genannten Regelungen nicht greifen, wenn es sich bei dem übertragenden und übernehmenden Rechtsträger bereits **vor dem Ablauf des steuerlichen Übertragungsstichtags** um verbundene Unternehmen i. S. d. § 271 Abs. 2 HGB handelte (sog. Konzernklausel).

Beispiel 5[46]:

Die G-GmbH wird zum 31.12.2021 auf die V-GmbH verschmolzen. Die V-GmbH als Verlustgesellschaft verfügt über einen festgestellten Verlustvortrag i. S. d. § 10d Abs. 4 EStG i. H. v. ./. 500.000 €. Die Anmeldung zur Eintragung erfolgt am 15.06.2022. Die Eintragung erfolgt am 30.09.2022. Im gesamten Jahr 2021 erzielt die V-GmbH weiterhin Verluste i. H. v. ./. 250.000 €, wohingegen die G-GmbH weiterhin floriert und bis zum 30.09.2022 einen Gewinn i. H. v. 1.000.000 € erzielt. Am 01.10.2022 erzielt die V-GmbH aufgrund einer bereits im Rückwirkungszeitraum noch durch die G-GmbH (erlischt mit Eintragung der Umwandlung) vereinbarten Transaktion außerordentliche Gewinne von 100.000 €.

Lösung: Durch die Verschmelzung der G-GmbH auf die V-GmbH ist der Gewinn i. H. v. 1.000.000 € ab dem 01.01.2022 der V-GmbH zuzurechnen (§ 2 Abs. 1 UmwStG). Ein Ausgleich mit laufenden Verlusten der V-GmbH i. H. v. ./. 250.000 € sowie mit Verlustvorträgen i. H. v. 500.000 € scheidet aus (gesperrte Verlustpositionen). In 2022 hat die V-GmbH ein zu versteuerndes Einkommen von 1.000.000 €. Die sog. gesperrten Verlustpositionen i. H. v. insgesamt ./. 750.000 € können mit Gewinnen i. H. v. 100.000 € verrechnet werden. Es verbleiben zum 31.12.2022 festzustellende Verlustvorträge i. H. v. 650.000 €. Diese können im VZ 2023 unter Anwendung der Regelungen des § 8 Abs. 1 S. 1 KStG i. V. m. § 10d Abs. 2 EStG und § 2 Abs. 4 S. 3 UmwStG mit den in 2023 erzielten positiven Ergebnissen verrechnet werden.

Gem. § 27 Abs. 12 S. 1 UmwStG sind die Reglungen für **eintragungspflichtige** Umwandlungen erstmals anzuwenden, wenn die Anmeldung zur Eintragung der Umwandlung nach dem 06.06.2013 erfolgt ist. Für zur Eintragung angemeldete Umwandlungen bis einschließlich 06.06.2013 bleibt es jedoch bei der alten Regelung und der Möglichkeit der Verlustnutzung im Rückwirkungszeitraum. Für nicht eintragungspflichtige Einbringungen, insb. für solche i. S. d. § 20 Abs. 6 S. 4 UmwStG, ist die Regelung gem. § 27 Abs. 12 S. 2 UmwStG erstmals anzuwenden, wenn das wirtschaftliche Eigentum an den eingebrachten WG nach dem 06.06.2013 übergeht.

---

45   Zur Kritik am Wortlaut vgl. *Adrian/Franz*, BB 2013, 1879; *Viebrock/Loose*, DStR 2013, 1364.

46   S. auch *Viebrock/Loose*, DStR 2013, 1364; *Behrendt/Klages*, BB 2013, 1815.

III Umwandlung von der Kapitalgesellschaft auf die Personengesellschaft

Das UmwG bietet den KapG die Möglichkeit, i. R. d. Umwandlung in eine Personen**handels**gesellschaft – insb. durch eine Verschmelzung i. S. d. §§ 2 – 122 UmwG – das Vermögen im Wege der Gesamtrechtsnachfolge bzw. ohne Rechtsnachfolge im Wege eines Formwechsels i. S. d. §§ 190 – 304 UmwG auf die PersG zu übertragen. Steuerrechtlich ist die Übertragung des Vermögens einer KapG auf eine PersG im Wege der Umwandlung gem. § 1 Abs. 1 Nr. 1 sowie Nr. 2 UmwStG nach den Vorschriften der §§ 3 bis 8, 9 und 18 UmwStG zu beurteilen. Dabei ist zu beachten, dass, soweit es sich um eine Übertragung im Wege der Gesamtrechtsnachfolge handelt, steuerlich grundsätzlich von einem **tauschähnlichen Vorgang** mit der Folge der Aufdeckung von stillen Reserven ausgegangen wird[47], sodass das UmwStG lediglich dazu dienen soll, Umstrukturierungen **erfolgsneutral** durchzuführen. Die lediglich formwechselnde Umwandlung ohne Vermögensübertragung wird steuerlich aufgrund des Wechsels der Besteuerungssystematik der übertragenden Umwandlung gleichgestellt.[48] Die Gründe für eine Umwandlung können vielschichtig sein und ergeben sich in der Regel durch Aufstellung von steuerlichen Belastungsvergleichen. Insb. können folgende Gründe angeführt werden:

* künftiges niedrigeres Einkommensteuerniveau;
* GewSt-Anrechnung nur für Personenunternehmen;
* erbschaftsteuerliche Aspekte;
* Umstrukturierungen nach § 6 Abs. 5 EStG (dies gilt insb. für Personenunternehmen);
* Unternehmensveräußerungen, bei denen der Erwerber an einem möglichst hohen Abschreibungssubstrat interessiert ist.

Unter die Regelungen der §§ 3 bis 8, 9 und 18 fallen auch **grenzüberschreitende Verschmelzungen**, soweit die **Voraussetzungen des § 1 Abs. 2 S. 1 UmwStG** erfüllt sind.[49] Damit sind steuerrechtlich sowohl die Verschmelzung einer inländischen KapG auf eine in der EU/EWR ansässige ausländische PersG bzw. ausländische natürliche Person (sog. **Hinausverschmelzung**) als auch die Verschmelzung einer EU-/EWR-KapG auf eine inländische PersG bzw. inländische natürliche Person (sog. **Hereinverschmelzung**) möglich.

1 Steuerliche Regelungen für den übertragenden Rechtsträger – Ermittlung des Übertragungsgewinns

Nach dem Aufbau des UmwStG sind zunächst immer die Regelungen für den übertragenden Rechtsträger aufgeführt. Danach werden die übernehmenden Rechtsträger sowie die Anteilseigner/G'fter behandelt. Mithin gelten für den übertragenden Rechtsträger, in diesem Fall die KapG, die Vorschriften des § 3 UmwStG, die in Abhängigkeit der Wertansätze der Ermittlung eines etwaigen **Übertragungsgewinns** dienen sollen.

1.1 Ansatz mit dem gemeinen Wert

Nach § 3 Abs. 1 UmwStG sind die i. R. d. Verschmelzung auf die PersG übergehenden WG in der steuerlichen – auf den Übertragungsstichtag i. S. d. § 2 Abs. 1 UmwStG zu erstellen-

---

47 S. Schmitt in *Schmitt/Hörtnagl/Stratz*, a. a. O., Vor §§ 3 – 9 UmwStG, Tz. 6 m. w. N.

48 S. BFH vom 11.12.2001, BStBl II 2004, 474; Schmitt in *Schmitt/Hörtnagl/Stratz*, a. a. O., § 9 UmwStG, Tz. 2 f. und 8.

49 S. tabellarische Übersicht der grenzüberschreitenden Vorgänge von *Möhlenbrock* in *Dötsch/Pung/Möhlenbrock*, KStG, § 1 UmwStG, Tz. 88 sowie zu Verschmelzungen mit Auslandsbezug die Fallübersicht von *Möhlenbrock/Pung* in *Dötsch/Pung/Möhlenbrock*, a. a. O., § 3 UmwStG, Tz. 119 und *Pung/Werner* in *Dötsch/Pung/Möhlenbrock*, a. a. O., § 4 UmwStG, Tz. 6.

den – Schlussbilanz der KapG grds. einheitlich mit dem gemeinen Wert anzusetzen. Eine Ausnahme besteht lediglich für die Pensionsrückstellungen, die mit dem Teilwert i. S. d. § 6a EStG anzusetzen sind. Der Ansatz mit dem gemeinen Wert gilt demnach auch für nicht entgeltlich erworbene und selbstgeschaffene immaterielle WG[50] sowie für die auf Ebene der Überträgerin vorhandenen Verpflichtungen mit stillen Lasten.[51]

Nach dem Willen der FinVerw handelt es sich bei der steuerlichen Schlussbilanz um eine eigenständige, von der Gewinnermittlung nach §§ 4 Abs. 1, 5 Abs. 1 EStG unabhängige Bilanz, sodass steuerliche Ansatzverbote des § 5 EStG nicht gelten.[52] Die Werte der handelsrechtlichen Schlussbilanz i. S. d. § 17 Abs. 2 UmwG sind dabei mangels Anwendung des Maßgeblichkeitsprinzips für Fälle des Umwandlungssteuerrechts nicht ausschlaggebend. Zur Bestimmung des gemeinen Werts ist mangels eigener Definition auf die Regelung des § 9 Abs. 2 BewG zurückzugreifen. Demnach ist der gemeine Wert der Betrag, der im gewöhnlichen Geschäftsverkehr nach der Beschaffenheit des WG bei einer Veräußerung zu erzielen wäre. Für die Ermittlung des gemeinen Werts von Wertpapieren sowie Anteilen an Tochter-KapG gelten grundsätzlich die Regelungen des § 11 BewG. Der Ansatz der WG mit dem gemeinen Wert führt zur Entstehung eines **Übertragungsgewinns**, der bei der KapG der Besteuerung nach den allgemeinen Vorschriften unterliegt. Etwaige Gewinne aus dem Ansatz von gemeinen Werten von Wertpapieren oder Anteilen an KapG unterliegen mithin den Regelungen des § 8b Abs. 2 und 3 KStG. Die GewSt-Pflicht ergibt sich aus § 18 Abs. 1 i. V. m. § 3 UmwStG. Soweit etwaige Verlustvorträge i. S. d. § 10d Abs. 4 i. V. m. Abs. 2 EStG vorhanden sind, können diese grds. – unter der Voraussetzung der Nichtanwendung des § 2 Abs. 4 UmwStG[53] – mit dem Übertragungsgewinn insoweit verrechnet werden.[54]

Nach § 3 Abs. 3 UmwStG kommt in Fällen einer Verschmelzung mit Bezug zum EU-Ausland eine Anrechnung **fiktiver** ausländischer Steuern auf die durch den Übertragungsgewinn ausgelöste Körperschaftsteuer in Betracht. Die Vorschriften der § 26 KStG i. V. m. § 34c Abs. 1 EStG gelten entsprechend. Dies ist insb. in den Fällen von Bedeutung, in denen eine in Deutschland unbeschränkt stpfl. (umzuwandelnde) KapG über eine Betriebsstätte im EU-Ausland verfügt und mit dem jeweiligen EU-Staat ein DBA besteht, der die Anrechnungsmethode vorsieht. Soweit die Bundesrepublik Deutschland durch die Verschmelzung das Besteuerungsrecht an den WG der ausländischen Betriebsstätte verliert, liegen die Voraussetzungen des § 3 Abs. 2 S. 1 UmwStG nicht vor, sodass die WG insoweit mit dem gemeinen Wert anzusetzen sind. Folgerichtig entsteht insoweit ggf. ein körperschaftsteuerpflichtiger Übertragungsgewinn.

---

50 In diesem Zusammenhang ist es unklar, inwieweit ein (nicht entgeltlich erworbener bzw. selbstgeschaffener) Firmenwert einen gemeinen Wert haben kann. Vgl. Diskussion von *Möhlenbrock/Pung* in *Dötsch/Pung/Möhlenbrock*, a. a. O., § 3 UmwStG, Tz. 34 und *Bodden*, FR 2007, 66, 69 sowie *Frotscher* in *Frotscher/Maas*, a. a. O. § 11 UmwStG, Tz. 78.

51 Zur Anwendung des § 4f EStG vgl. Diskussion von *Möhlenbrock/Pung* in *Dötsch/Pung/Möhlenbrock*, a. a. O., § 3 UmwStG, Tz. 40 f.

52 S. UE 2011, Tz. 03.01 und Tz. 03.04.

53 S. hierzu *Rödder/Schönfeld*, DStR 2009, 560.

54 Zu Möglichkeiten der Nutzung des Verlustvortrags s. *Wittkowski*, GmbHR 2007, 352. Zwar beschränken sich die Ausführungen auf die Verschmelzung von KapG auf eine KapG i. S. d. § 11 bis 13 UmwStG, jedoch gelten die Ausführungen entsprechend, da es sich bei dem übertragenden Rechtsträger jeweils um eine KapG handelt.

Beispiel 1:

Zum 31.12.2021 soll die A-GmbH auf die Z-OHG verschmolzen werden. Ihre (laufende) Schlussbilanz weist folgende Werte aus:

A	SB zum 31.12.2021 der A-GmbH		P
Grund und Boden	200.000 €	Stammkapital	50.000 €
Gebäude	500.000 €	Kapitalrücklagen	1.030.000 €
Maschinen	600.000 €	Gewinnrücklagen	20.000 €
Waren	100.000 €	Rückstellungen	200.000 €
		Verbindlichkeiten	100.000 €
	1.400.000 €		1.400.000 €

In den Aktiva sind folgende stille Reserven enthalten:

Grund und Boden	50.000 €
Gebäude	150.000 €
Maschinen	10.000 €
Waren	25.000 €
Selbstgeschaffener Firmenwert	500.000 €

Lösung: Neben dem für das Jahr 2021 zu ermittelnden laufenden Ergebnis erzielt die A-GmbH vor Verrechnung mit dem Verlustvortrag einen Übertragungsgewinn, der wie folgt zu ermitteln ist:

Gemeiner Wert Grund und Boden	250.000 €
Gemeiner Wert Gebäude	650.000 €
Gemeiner Wert Maschinen	610.000 €
Gemeiner Wert Vorratsvermögen	125.000 €
Gemeiner Wert Firmenwert	500.000 €
Buchwerte sämtliche Aktiva zum 31.12.2021	1.400.000 €
	735.000 €

Der Übertragungsgewinn ist mit den Verlustvorträgen zu verrechnen und unterliegt im Veranlagungszeitraum 2021 sowohl der KSt als auch der GewSt.

1.2 Ansatz mit dem Buchwert/Zwischenwert

Abweichend vom Grundsatz – Ansatz mit dem gemeinen Wert nach § 3 Abs. 1 UmwStG – können die WG **auf Antrag einheitlich** mit dem Buchwert oder einem Zwischenwert angesetzt werden, **soweit** die Voraussetzungen des § 3 Abs. 2 S. 1 Nr. 1 bis 3 UmwStG vorliegen. Der Buchwert ist dabei gem. § 1 Abs. 5 Nr. 4 UmwStG der Wert, der sich nach den steuerlichen Vorschriften über die Gewinnermittlung ergibt oder ergäbe. Die **Obergrenze** bildet jedoch stets der gemeine Wert i. S. d. § 3 Abs. 1 UmwStG. Zum **steuerlichen Übertragungsstichtag** müssen folgende Voraussetzungen kumulativ vorliegen[55]:

- Die übergehenden WG werden BV der übernehmenden PersG; die Besteuerung der darin vorhandenen stillen Reserven ist sichergestellt.

---

55   S. UE 2011, Tz. 03.11.

- Das Besteuerungsrecht (gesellschafter- und wirtschaftsgutbezogen) der Bundesrepublik Deutschland hinsichtlich der Einkommensteuer oder Körperschaftsteuer ist auch nach der Umwandlung gegeben.[56]
- Eine Gegenleistung wird nicht gewährt oder besteht ausschließlich in Gesellschaftsrechten.[57]

Die Antragsvoraussetzungen sind für **jeden MU der übernehmenden PersG** gesondert zu prüfen. Dies kann unter Umständen dazu führen, dass, soweit die WG einem nicht unbeschränkt stpfl. G'fter der PersG zuzurechnen sind, sie anteilig mit dem gemeinen Wert anzusetzen sind. Dies gilt auch, soweit einem MU eine Zuzahlung (die z. B. auch durch Verbuchung auf einem Darlehenskonto des jeweiligen G'fters der PersG erfolgt) oder andere Gegenleistungen gewährt werden.

In dem Umfang, in dem die Voraussetzungen für einen Ansatz zu Buchwerten bzw. Zwischenwerten aufgrund des Verlustes des Besteuerungsrechts nicht vorliegen, will die FinVerw für die dadurch aufgedeckten stillen Reserven für einen ausländischen Anteilseigner eine positive bzw. für die inländischen Anteilseigner eine negative Ergänzungsbilanz bei der übernehmenden PersG bilden.[58]

Weiterhin ist, soweit die Voraussetzungen des § 3 Abs. 2 Nr. 1 bis 3 UmwStG nicht vorliegen, ggf. die Anwendung des § 3 Abs. 3 UmwStG zu prüfen. Dies gilt auch bei einem Ansatz mit einem Zwischenwert. Werden die WG mit dem Buchwert angesetzt, ergibt sich bei der übertragenden KapG **kein Übertragungsgewinn**. Es ist darauf hinzuweisen, dass ein einheitlicher Ansatz mit dem Buchwert ausscheidet, soweit der gemeine Wert der Sachgesamtheit geringer ist als die Summe der Buchwerte der übergehenden WG, sodass insoweit eine **Abstockung** vorzunehmen ist.[59]

Die Ausübung des Wahlrechts des § 3 Abs. 2 UmwStG in Richtung auf einen Zwischenwert ist für den übertragenden Rechtsträger nur sinnvoll, wenn dieser i. H. d. dadurch aufgedeckten stillen Reserven über Verlustvorträge i. S. d. § 10d Abs. 4 EStG verfügt. Diese Verlustvorträge könnten somit – unter der Voraussetzung der Nichtanwendbarkeit des § 2 Abs. 4 UmwStG[60] – noch auf der Ebene des übertragenden Rechtsträgers unter Anwendung der Regelungen zur Mindestbesteuerung[61] ausgenutzt werden, da die Verlustvorträge gem. § 4 Abs. 2 S. 2 UmwStG nicht auf die übernehmende PersG übergehen.[62] Daran ändert auch die Regelung des § 8c Abs. 1 S. 4 EStG nichts. Die übernehmende PersG hätte jedoch bei einem

---

56   S. ausführlich *Schnitter* in *Frotscher/Maas*, a. a. O., § 3 UmwStG, Tz. 150 ff. sowie Beispiel *Widmann* in *Widmann/Mayer*, a. a. O., § 3 UmwStG, Tz. R 63.26 ff.

57   Der Regelfall umfasst die Zahlung eines Spitzenausgleichs an die Anteilseigner der übertragenden KapG. S. UE 2011, Tz. 03.21 bis 03.24 sowie ausführlich *Schnitter* in *Frotscher/Maas*, a. a. O., § 3 UmwStG, Tz. 183 sowie Beispiel *Widmann* in *Widmann/Mayer*, a. a. O., § 3 UmwStG, Tz. R 63.29.

58   S. UE 2011, Tz. 04.24; *Frotscher*, KStG/GewStG/UmwStG, Umwandlungssteuererlass 2011, Tz. 04.24; *Pyszka/Jüngling*, BB Special 1/2011 zu Heft 35, 4, 8; *Schell*, IStR 2011, 704.

59   S. UE 2011, Tz. 03.12.

60   S. hierzu *Rödder/Schönfeld*, DStR 2009, 560.

61   S. *Möhlenbrock/Pung* in *Dötsch/Pung/Möhlenbrock*, KStG, § 3 UmwStG, Tz. 133.

62   Zur möglichen Verfassungswidrigkeit der Mindestbesteuerung nach § 10d EStG in diesem Zusammenhang s. BFH vom 26.08.2010, BFH/NV 2010, 2356 sowie BFH vom 26.02.2014, BStBl II 2014, 1016. In seinem Urteil vom 22.08.2012, BStBl II 2013, 512 hat der BFH zwar entschieden, dass die Grundsätze der Mindestbesteuerung in Fällen lediglich einer zeitlichen Streckung des Verlustvortrags nicht verfassungswidrig sind, die Frage nach der Verfassungswidrigkeit in Fällen eines »Definitiveffekts« jedoch ausdrücklich offen gelassen.

Ansatz des gemeinen Werts bzw. bei Zwischenwertansatz in der Bilanz der übertragenden KapG später die Möglichkeit, durch erhöhte Abschreibungen den Verlust nutzbar zu gestalten.

Zur Ermittlung des Übertragungsgewinns wird auf das Beispiel 1 in Kap. IV sowie Beispiel 2 in Kap. V 1.2 verwiesen, mit der Abweichung, dass die Regelungen des § 3 UmwStG anzuwenden sind.

2   Steuerliche Regelungen für den übernehmenden Rechtsträger – Ermittlung des Übernahmeergebnisses bzw. eines Beteiligungskorrekturgewinns

2.1   Wertansatz und Rechtsnachfolge

Nach § 4 Abs. 1 S. 1 UmwStG ist die übernehmende PersG an die Wertansätze der übertragenden KapG ausdrücklich gebunden. Eine Maßgeblichkeit der handelsrechtlich nach § 24 UmwG angesetzten Werte besteht nicht. Mithin kann der gem. § 24 UmwG handelsrechtlich bei der übernehmenden PersG vorzunehmende Wertansatz von dem nach § 4 Abs. 1 S. 1 UmwStG abweichen und je nach Zielsetzung ein **Gestaltungsinstrument** darstellen.

Beispiel 2: Steuerneutrale Verschmelzung

Die M-GmbH soll zum 01.01.2022 auf die Z-KG verschmolzen werden. Die Z-KG hält die Anteile an der M-GmbH und hat sie mit den AK bilanziert. Folgende HB werden zum 31.12.2021 vorgelegt.

A	HB zum 31.12.2021 der M-GmbH		P
Anlagevermögen	150.000 €	Stammkapital	100.000 €
Umlaufvermögen	150.000 €	Rücklagen	50.000 €
		Verbindlichkeiten	150.000 €
	300.000 €		300.000 €

A	HB zum 31.12.2021 der Z-KG		P
Anlagevermögen	400.000 €	Kapital Komplementär	100.000 €
Beteiligung an der M-GmbH	300.000 €	Kapital Kommanditist	100.000 €
		Verbindlichkeiten	500.000 €
	700.000 €		700.000 €

Unter dem Gesichtspunkt, dass die **Z-KG handelsrechtlich keinen Übernahmeverlust** ausweisen möchte, sind die entsprechenden HB zu erstellen. Im Anlagevermögen der M-GmbH sind stille Reserven von 500.000 € vorhanden.

Lösung: Ohne die Aufstockung würde bei der übernehmenden Z-KG ein Übernahmeverlust i. H. v. 150.000 € auszuweisen sein (übergehendes Vermögen von 150.000 € abzüglich BW der Anteile von 300.000 €). Nach § 24 UmwG kann dieser Übernahmeverlust durch Ansatz eines höheren Wertes bei den übergehenden WG ausgeglichen werden. Dieser Ausgleich erfolgt jedoch erst in der nächsten Jahresbilanz, d. h. in der HB zum 31.12.2022. Aufgrund der Umwandlung werden die HB der beteiligten Rechtsträger nicht rückwirkend geändert. Unter der Annahme, dass die Z-KG in 2022 keine weiteren Zugänge in ihrer HB zu verzeichnen hatte, würde sich zum 31.12.2022 folgende Bilanz ergeben.

A	HB zum 31.12.2022 der Z-KG		P
Anlagevermögen	400.000 €	Kapital Komplementär	100.000 €
Beteiligung an der M-GmbH	weggefallen	Kapital Kommanditist	100.000 €
Anlagevermögen der M-GmbH – aufgestockt i. S. d. § 24 UmwG	300.000 €		
Umlaufvermögen der M-GmbH	150.000 €	Verbindlichkeiten	500.000 €
		Verbindlichkeiten der M-GmbH	150.000 €
	850.000 €		850.000 €

Hier wird ersichtlich, dass über § 24 UmwG der eigentliche handelsbilanzielle Übernahmeverlust ausgeglichen wird.

Ein Wertansatz nach § 3 Abs. 2 UmwStG mit Zwischenwerten in der steuerlichen Übertragungsbilanz der M-GmbH ist nicht sinnvoll, da dies zur Besteuerung des Übertragungsgewinns bei der M-GmbH führen würde (Belastung mit KSt/SolZ/GewSt).

Nach § 4 Abs. 1 UmwStG ist die übernehmende PersG an die Wertansätze der übertragenden KapG ausdrücklich gebunden. Wenn also die M-GmbH die Buchwerte wählt, wären bei der Inanspruchnahme des Wertansatzwahlrechts gem. § 24 UmwG die HB und die StB nicht mehr identisch.

Wird bei der übertragenden Gesellschaft eine **Außenprüfung bzw. Betriebsprüfung** durchgeführt und ändern sich dadurch die Werte in der steuerlichen Schlussbilanz der übertragenden KapG, sind die Werte bei der übernehmenden PersG entsprechend anzupassen.

Nach § 4 Abs. 2 UmwStG tritt die übernehmende PersG i. R. d. Gesamtrechtsnachfolge in die Rechtsstellung der umgewandelten KapG ein, und zwar hinsichtlich der (Sonder-)Abschreibungen, Rücklagen sowie der Dauer der Betriebszugehörigkeit. Dies soll jedoch nicht gelten für einen etwaigen verbleibenden Verlustabzug i. S. d. § 10d EStG, verrechenbare Verluste (§§ 2a, 15 Abs. 4 und 15a EStG), vom übertragenden Rechtsträger nicht ausgeglichene negative Einkünfte sowie für den EBITDA- bzw. Zinsvortrag i. S. d. § 4h Abs. 1 S. 3 und 5 EStG. Dies gilt auch, wenn im Übrigen alle Voraussetzungen des § 8c Abs. 1 S. 4 KStG erfüllt sind, da die Regelungen des § 4 Abs. 2 UmwStG von einem Verweis absehen.

Weiterhin zu beachten ist, dass nach Auffassung der FinVerw die in der steuerlichen Schlussbilanz der übertragenden KapG – entgegen dem Ansatzverbot des § 5 EStG[63] – angesetzten WG bei der übernehmenden PersG in der Folgezeit wieder erfolgswirksam aufzulösen sind.[64] Die Auffassung der FinVerw führt mithin beim übernehmenden Rechtsträger zum Entstehen eines »Erwerbsgewinns« und widerspricht der Auffassung des BFH, nach der die »angeschafften« Rückstellungen als ungewisse Verbindlichkeiten grundsätzlich mit den Anschaffungskosten oder ihrem höheren TW auszuweisen sind.[65] Da die Auffassung der FinVerw vor dem Hintergrund der klaren Rspr. des BFH wohl nicht aufrechtzuerhalten war, führte der Gesetzgeber im Rahmen des AIFM-Steuer-Anpassungsgesetzes vom 18.12.2013 (BGBl I 2013, 4318) die Regelungen § 4f EStG bzw. § 5 Abs. 7 EStG ein, von denen insb. § 5

---

63   Zur Anwendung des § 4f EStG vgl. Diskussion von *Möhlenbrock/Pung* in *Dötsch/Pung/Möhlenbrock*, a. a. O., § 3 UmwStG, Tz. 40 f.

64   S. UE 2011, Tz. 04.16; BMF vom 24.06.2011, BStBl I 2011, 627. Kritisch hierzu s. *Pyszka/Jüngling*, BB Special 1/2011 zu Heft 35, 4, 6; *Rogall*, NZG 2011, 810, 812.

65   S. BFH vom 16.12.2009, BStBl II 2011, 566; BFH vom 14.12.2011, BFH/NV 2012, 635, DStR 2012, 386; BFH vom 12.12.2012, BFH/NV 2013, 840.

Abs. 7 EStG wohl auch bei Vorgängen i. S. d. UmwStG anzuwenden ist.[66] Eine Ausnahme von der ertragswirksamen Auflösung soll lediglich für den in der Schlussbilanz der KapG angesetzten originären Geschäfts-/Firmenwert der KapG gelten.[67]

Hinweis: Bei KapG mit hohen Verlustvorträgen sollte vor einer Umwandlung in eine PersG zunächst immer die Veräußerung der WG aus der KapG heraus an die übernehmende PersG geprüft werden. Durch diese über mehrere Veranlagungszeiträume zu planende Gestaltung kann ein hoher Verlustvortrag genutzt werden; die übernehmende PersG kann aus den hohen AK der einzelnen erworbenen WG hohe Abschreibungen generieren. Die aus der Veräußerung auf Ebene der KapG stehengelassene Forderung erlischt auf Ebene der späteren PersG im Wege einer Konfusion.

Soweit i. R. d. Verschmelzung die übertragenen WG mit einem Zwischenwert oder gemeinen Wert angesetzt worden sind, bestimmt sich die **AfA-Bemessungsgrundlage** nach den Vorschriften des § 4 Abs. 3. Eine Besonderheit gilt demnach für Gebäude, deren Abschreibung vor der Umwandlung nach § 7 Abs. 4 S. 1 und Abs. 5 EStG erfolgte. Eine Aufstockung der **Bemessungsgrundlage** um die aufgedeckten stillen Reserven findet dem Wortlaut der Regelung nach in diesen Fällen nicht statt, sodass es zu einer Verlängerung des Abschreibungszeitraums kommt.[68] Die FinVerw will in diesen Fällen jedoch abweichend hiervon eine Aufstockung der bisherigen Bemessungsgrundlage und die Abschreibung nach dem bisherigen Prozentsatz vornehmen.[69] Demnach kann die nach Umwandlung vorzunehmende Abschreibung wie folgt zusammenfassend dargestellt werden.

Ansatz der WG mit einem Wert über dem bisherigen Buchwert (§ 4 Abs. 3 UmwStG):

AfA bisher nach	AfA-Bemessungsgrundlage	AfA-Satz
• § 7 Abs. 4 S. 1 EStG • § 7 Abs. 5 EStG	bisherige Bemessungsgrundlage + aufgedeckte stille Reserven = neue AfA-Bemessungsgrundlage	unverändert nach dem bisherigen Prozentsatz
• § 7 Abs. 1 EStG • § 7 Abs. 2 EStG • § 7 Abs. 4 S. 2 EStG	bisheriger Buchwert + aufgedeckte stille Reserven = neue AfA-Bemessungsgrundlage	Linear nach der neu zu schätzenden Rest-Nutzungsdauer (UE 2011, Tz. 04.10)
• § 7 Abs. 1 S. 3 EStG	bisheriger Buchwert + aufgedeckte stille Reserven = neue AfA-Bemessungsgrundlage	1/15 gem. § 7 Abs. 1 S. 3 EStG

2.2 Beteiligungskorrekturgewinn

Befinden sich die Anteile an der übertragenden KapG im (Sonder-)BV[70] der übernehmenden PersG, so ist vor und für Zwecke der Ermittlung eines Übernahmeergebnisses (§ 4 Abs. 4 UmwStG) zunächst eine etwaige Beteiligungskorrektur nach § 4 Abs. 1 S. 2 UmwStG vorzunehmen. Die Wertaufholung betrifft insb. etwaige in der Vergangenheit steuerwirksam vor-

---

66 *Möhlenbrock/Pung* in *Dötsch/Pung/Möhlenbrock*, a. a. O., § 3 UmwStG, Tz. 41; kritisch *Bohnhardt* in *Haritz/Menner*, UmwStG, § 4 Tz. 98; *Fuhrmann*, DB 2014, 9 (15).

67 S. UE 2011, Tz. 04.16.

68 So auch *Widmann* in *Widmann/Mayer*, a. a. O., § 4 UmwStG, Tz. 873 ff.; *Schmitt* in *Schmitt/Hörtnagl/Stratz*, a. a. O., § 4 UmwStG, Tz. 79 ff.

69 S. UE 2011, Tz. 04.10.

70 Ohne die Anwendung der Einlagefiktion nach § 5 Abs. 2 und 3 UmwStG. Für Anteile, die im BV eines Anteilseigners gehalten werden, gelten die entsprechenden Regelungen des § 5 Abs. 3 S. 1 UmwStG.

genommene TW-Abschreibungen sowie Abzüge i. S. d. § 6b EStG und ähnliche Abzüge. Die Obergrenze der Wertaufholung bildet der gemeine Wert i. S. d. § 11 BewG. In diesem Zusammenhang ist jedoch zu beachten, dass die Wertaufholung vom Buchwert ausgeht, sodass die Zuschreibung nach § 1 Abs. 5 Nr. 4 UmwStG i. V. m. § 6 Abs. 1 Nr. 2 S. 3 i. V. m. Nr. 1 S. 4 EStG Vorrang vor der Wertaufholung nach § 4 Abs. 1 S. 2 UmwStG hat. Der Vorrang der Zuschreibung nach den allgemeinen Vorschriften des EStG wirkt sich insb. dann aus, wenn der steuerliche Übertragungsstichtag auf den regulären Bilanzstichtag fällt. Demnach ist eine Wertaufholung nach § 4 Abs. 1 S. 2 UmwStG nur noch dann vorzunehmen, soweit in der Steuerbilanz die Zuschreibung nach § 6 Abs. 1 Nr. 2 S. 3 i. V. m. Nr. 1 S. 4 EStG bis zum **Teilwert** vorgenommen worden ist und der **gemeine Wert** noch nicht erreicht ist.[71] Die Wertaufholung erfolgt eine logische Sekunde vor der steuerlichen Verschmelzung, sodass ein etwaiger Gewinn nicht zum Übernahmeergebnis gehört und als laufender Gewinn gem. § 4 Abs. 1 S. 3 UmwStG i. V. m. § 8b Abs. 2 S. 4 und 5 KStG sowie § 3 Nr. 40 S. 1 Buchst. a S. 2 und 3 EStG in voller Höhe zu besteuern ist. Er unterliegt gem. § 18 Abs. 1 i. V. m. § 4 Abs. 1 S. 2 UmwStG der GewSt.

Der nach der Zuschreibung bzw. Wertaufholung ermittelte Wert der Beteiligung geht in die Ermittlung des Übernahmeergebnisses nach § 4 Abs. 4 und 5 UmwStG ein (s. Beispiel 4 in Kap. IV 2.3.2).

Beispiel 3:

Die C & D OHG hält 100 % der Anteile an der E-GmbH. Die E-GmbH soll im Wege der Verschmelzung zur Aufnahme gem. § 2 Nr. 1 UmwG auf die C & D OHG verschmolzen werden. Als steuerlicher Übertragungsstichtag wurde der 31.12.2021 bestimmt. Die Umwandlung wurde beim HR am 10.06.2022 angemeldet. Folgende steuerliche Schlussbilanzen liegen vor:

A	SB zum 31.12.2021 der E-GmbH		P
Anlagevermögen	400.000 €	Stammkapital	100.000 €
Umlaufvermögen	300.000 €	Rücklagen	140.000 €
		Jahresüberschuss	75.000 €
		Verbindlichkeiten	360.000 €
		KSt-Rückstellung	25.000 €
	700.000 €		700.000 €

Die Bilanz der C & D OHG weist zum 31.12.2021 folgende Werte aus:

A	HB zum 31.12.2021 der C & D OHG		P
Anlagevermögen	200.000 €	Kapital C	150.000 €
Beteiligung E-GmbH	100.000 €	Kapital D	150.000 €
Umlaufvermögen	200.000 €	Verbindlichkeiten	200.000 €
	500.000 €		500.000 €

Die C & D OHG hat die Beteiligung an der E-GmbH vor Jahren zu einem Kaufpreis von 300.000 € erworben. Seit dem Erwerb wurden steuerwirksame TW-Abschreibungen i. H. v. 200.000 € vorgenommen. Zum Übertragungsstichtag beträgt der TW 150.000 €, der gemeine Wert hingegen 180.000 €.

Lösung: Zunächst ist eine bilanzielle Zuschreibung i. H. v. 50.000 € nach den allgemeinen Vorschriften gem. § 6 Abs. 1 Nr. 2 S. 3 i. V. m. Nr. 1 S. 4 EStG bis zum TW vorzunehmen, sodass die Bilanz der C & D OHG entsprechend zu berichtigen ist. Darüber hinaus ist zusätzlich außerbilanziell eine Wert-

---

71 S. *Pung/Werner* in *Dötsch/Pung/Möhlenbrock*, a. a. O., § 4 UmwStG, Tz. 17; *Schnitter* in *Frotscher/Maas*, a. a. O., § 4 UmwStG, Tz. 39.

aufholung i. H. v. 30.000 € gem. § 4 Abs. 1 S. 2 UmwStG bis zum gemeinen Wert vorzunehmen. Auf beide Hinzurechnungen sind – in Abhängigkeit der Rechtsform der G'fter – die Vorschriften § 8b Abs. 2 S. 4 und 5 KStG und § 3 Nr. 40 S. 1 Buchst. a S. 2 und 3 EStG anzuwenden.

Soweit die C&D OHG neben den steuerwirksamen auch nicht steuerwirksame TW-Abschreibungen vorgenommen hat, gehen diese in der Reihenfolge der Wertaufholung den steuerwirksamen TW-Abschreibungen vor.

2.3 Übernahmeergebnis (§§ 4 Abs. 4, 5 UmwStG): Übernahmegewinn/Übernahmeverlust

Wird eine KapG auf eine PersG verschmolzen, ist gem. § 4 Abs. 4 und 5 UmwStG ein Übernahmeergebnis zu ermitteln. Die **gesellschafterbezogene** Ermittlung des Übernahmeergebnisses erfolgt in zwei Schritten (Stufe I und II). Aus der gesellschafterbezogenen Ermittlung des Übernahmeergebnisses ergibt sich, dass, soweit G'fter der übertragenden KapG im Zuge der Umwandlung ausscheiden und nicht G'fter der übernehmenden PersG werden, kein Übernahmeergebnis zu ermitteln ist.[72] Die Errechnung des Übernahmeergebnisses kann anhand folgenden Schemas dargestellt werden:

	Wert, mit dem die übergegangenen WG zu übernehmen sind (§ 4 Abs. 1 S. 1 UmwStG)
+	Zuschlag für neutrales Vermögen (§ 4 Abs. 4 S. 2 UmwStG)
./.	Kosten für den Vermögensübergang
./.	Wert der Anteile an dem übertragenden Rechtsträger (nach etwaigen Beteiligungskorrekturen i. S. d. § 4 Abs. 1 S. 2 UmwStG sowie ggf. nach Anwendung der Anschaffungs- bzw. Einlagefiktion des § 5 Abs. 1 bis 3 UmwStG)
=	Übernahmeergebnis **i. S. d. § 4 Abs. 4 UmwStG, Stufe I**
+	Sperrbetrag gem. § 50c Abs. 4 EStG (weggefallen)
./.	Bezüge i. S. d. § 7 UmwStG
=	Übernahmeergebnis i. S. d. § 4 Abs. 5 UmwStG, **Stufe II** (Gegenstand der gesonderten und einheitlichen Feststellung i. S. d. §§ 179, 180 AO)

2.3.1 Übernahmeergebnis Stufe I – Anschaffungs-, Einlage- und Überführungsfiktion

Befinden sich im Zeitpunkt der Umwandlung die Anteile an der übertragenden KapG nicht im (Sonder-)BV der übernehmenden PersG, ist bei der Ermittlung des Übernahmeergebnisses Stufe I die **Anschaffungs- bzw. Einlage- und die Überführungsfiktion** des § 5 Abs. 1 bis 3 UmwStG zu beachten. So **gelten** nach § 5 Abs. 1 UmwStG insb. Anteile an der übertragenden KapG, die durch die PersG oder einen ihrer G'fter (ggf. zusätzlich) nach dem steuerlichen Übertragungsstichtag angeschafft worden sind, als an diesem Stichtag angeschafft. Zu den Anschaffungen i. S. d. § 5 Abs. 1 UmwStG zählt auch die Übertragung aus dem (Sonder-)BV eines G'fters heraus in das Gesamthandsvermögen der PersG.[73]

Wird eine Beteiligung i. S. d. § 17 EStG (d. h. mind. 1%-Beteiligung[74]) im **PV** eines G'fters der übernehmenden PersG gehalten, so **gilt** diese gem. § 5 Abs. 2 UmwStG als zum steuerlichen Übertragungsstichtag in das BV der übernehmenden PersG mit den AK eingelegt.[75] Ein etwaiger unter den AK liegender Teilwert ist nicht maßgebend, sodass auch solche Anteile

---

[72] Die Besteuerung der anteiligen offenen Rücklagen gem. § 7 UmwStG bleibt hiervon jedoch unberührt.

[73] S. *Widmann* in *Widmann/Mayer*, a. a. O., § 5 UmwStG, Tz. 9; *Schmitt* in *Schmitt/Hörtnagl/Stratz*, a. a. O., § 5 UmwStG, Tz. 13.

[74] Dabei kann u. U. auf den Rechtsvorgänger abzustellen sein (§ 17 Abs. 1 S. 4 EStG).

[75] Mit der Folge, dass auch Gewinne aus der fiktiven Totalausschüttung i. S. d. § 7 UmwStG auf Ebene der PersG zu besteuern sind (s. BFH vom 11.04.2019, BStBl II 2019, 501).

zu erfassen sind, deren Veräußerung zu einem Veräußerungsverlust führen würde. In diesen Fällen ist jedoch zu prüfen, ob ein etwaiger Übernahmeverlust nach § 4 Abs. 6 S. 6 UmwStG i. V. m. § 17 Abs. 2 S. 6 EStG auch zu berücksichtigen ist. Der Umkehrschluss aus der Regelung des § 5 Abs. 2 UmwStG ist, dass Beteiligungen, die im Zeitpunkt der Eintragung der Umwandlung ins Handelsregister[76] die Voraussetzungen des § 17 EStG nicht erfüllen (sog. **Minderheits-G'fter**), für Zwecke der Ermittlung des Übernahmeergebnisses nicht zu erfassen sind. Folgerichtig schreibt § 4 Abs. 4 S. 3 UmwStG deshalb vor, eine entsprechende anteilige Kürzung der auf die PersG übergegangenen WG bei der Ermittlung des Übernahmeergebnisses vorzunehmen. Für die an der PersG weiterhin beteiligten G'fter, die die Voraussetzungen des § 5 Abs. 2 UmwStG nicht erfüllen, ist ein Übernahmeergebnis, wie auch bei ausscheidenden G'ftern, nicht zu ermitteln. Die Besteuerung der anteiligen offenen Rücklagen nach § 7 UmwStG bleibt hiervon jedoch unberührt.

Hält ein an der übernehmenden PersG beteiligter G'fter im Zeitpunkt des steuerlichen Übertragungsstichtags[77] die Beteiligung an der übertragenden KapG in einem (anderen, inländischen oder ausländischen) **BV**, so ist für ihn die **Überführungsfiktion** des § 5 Abs. 3 UmwStG anzuwenden. Die Anteile an der umgewandelten KapG **gelten** als zum – nach Vornahme etwaiger Zuschreibungen und Wertaufholungen erhöhten – Buchwert in das BV der PersG überführt. Es ist darauf hinzuweisen, dass in Fällen des § 5 Abs. 2 und 3 UmwStG eine tatsächliche Einlage bzw. Überführung nicht stattfindet. Die Einlage- bzw. Überführungsfiktion dient lediglich ausschließlich der Ermittlung des Übernahmeergebnisses. In der Bilanz der aufnehmenden PersG bleiben die Fiktionen ohne Auswirkung.

Die Einlage- und Überführungsfiktion des § 5 UmwStG kann vereinfacht wie folgt zusammengefasst werden:

Anteile an der übertragenden KapG gehören G'fter(n) der übernehmenden PersG und befanden sich am Übertragungsstichtag:	Einlagefiktion bzw. Überführungsfiktion	Vorschrift
im (Sonder-)BV	Kommt nicht zur Anwendung, da die Anteile an der KapG bereits BV darstellen	§ 4 Abs. 4 UmwStG
im BV eines eigenen Betriebes	Gelten zum Buchwert, höchstens zum gemeinen Wert als in das BV der PersG überführt	§ 5 Abs. 3 S. 1 UmwStG (i. V. m. § 5 Abs. 1 UmwStG analog)
im PV, die Anteile stellen solche i. S. d. § 17 EStG dar	Gelten mit den AK als in das BV der PersG eingelegt Die Einlagefiktion kommt nicht zur Anwendung;	§ 5 Abs. 2 UmwStG
keine § 17 EStG-Anteile	keine Ermittlung eines Übernahmeergebnisses; § 7 UmwStG	

---

76   S. *Pung* in *Dötsch/Pung/Möhlenbrock*, a. a. O., § 5 UmwStG, Tz. 27; *Widmann* in *Widmann/Mayer*, a. a. O., § 5 UmwStG, Tz. 132; *Schmitt* in *Schmitt/Hörtnagl/Stratz*, a. a. O., § 5 UmwStG, Tz. 25; zu Fragen der Einlagefiktion eines ausländischen G'fters s. *Schell*, IStR 2011, 704.

77   Bei Erwerb der Beteiligung nach dem steuerlichen Übertragungsstichtag und vor der Eintragung der Umwandlung ins Handelsregister gilt die Beteiligung gem. § 5 Abs. 1 UmwStG analog als zum steuerlichen Übertragungsstichtag angeschafft und gem. § 5 Abs. 3 UmwStG eingelegt. S. *Widmann* in *Widmann/Mayer*, a. a. O., § 5 UmwStG, Tz. 504; *Schmitt* in *Schmitt/Hörtnagl/Stratz*, a. a. O., § 5 UmwStG, Tz. 34.

2.3.2 Übernahmeergebnis Stufe II – Besteuerung der offenen Rücklagen

Bei der Ermittlung des Übernahmeergebnisses Stufe II ist das Ergebnis der Stufe I gem. § 4 Abs. 5 UmwStG um Bezüge i. S. d. § 7 UmwStG zu mindern. Da der Sperrbetrag i. S. d. alten § 50c Abs. 4 EStG längstens bis zum Jahre 2011 fortbestehen konnte[78] und mithin in der Praxis keine Bedeutung mehr hat, liegt der Schwerpunkt bei der Ermittlung des Übernahmeergebnisses Stufe II insb. in der Kürzung um Bezüge nach § 7 UmwStG. Aus Gründen der Systematik bzw. der Vereinfachung der Ermittlung des Übernahmeergebnisses könnte es dabei sinnvoll sein, bereits **vor der Anwendung der §§ 4 Abs. 4 und 5 UmwStG** die Bezüge nach § 7 UmwStG zu ermitteln. Aufgrund der gesellschafterbezogenen Ermittlung des Übernahmeergebnisses scheidet **die Kürzung** um solche Bezüge i. S. d. § 7 UmwStG aus, die auf G'fter entfallen, für die kein Übernahmeergebnis zu ermitteln ist. Dies gilt für G'fter, die im Zuge der Umwandlung aus der übertragenden KapG ausscheiden, ohne an der übernehmenden PersG beteiligt zu sein bzw. zu werden oder G'fter, deren Anteile an der KapG nicht die Voraussetzungen der § 5 Abs. 2 UmwStG i. V. m. § 17 EStG erfüllen (§ 4 Abs. 4 S. 3 UmwStG).

Nach § 7 UmwStG sind die offenen Rücklagen anteilig auf die jeweiligen G'fter **der übertragenden KapG** zu verteilen und als Einnahmen nach § 20 Abs. 1 Nr. 1 EStG zu besteuern. Zur Ermittlung der offenen Rücklagen ergibt sich folgendes Schema:

	Eigenkapital der Steuerbilanz
./.	Bestand des Einlagekontos gem. § 27 KStG **nach Anwendung des § 29 Abs. 1** i. V. m. § 28 Abs. 2 KStG
=	Offene Rücklagen, die im Verhältnis der Anteile zum Nennkapital der übertragenen Körperschaft aufzuteilen sind
=	Einnahmen i. S. d. § 20 Abs. 1 Nr. 1 EStG

Die Einnahmen nach § 20 Abs. 1 Nr. 1 EStG unterliegen unabhängig davon, ob ein Gewinn oder Verlust nach den §§ 4 und 5 UmwStG ermittelt wird, der Besteuerung beim jeweiligen Anteilseigner der übertragenden KapG. Die Besteuerung der Einnahmen erfolgt dabei aufgrund der Anwendung der Rückwirkungsfiktion des § 2 Abs. 2 UmwStG rückwirkend zum steuerlichen Übertragungsstichtag.[79] Bei der Besteuerung ist jedoch zu berücksichtigen, dass soweit für den jeweiligen G'fter ein Übernahmeergebnis zu ermitteln ist, die Einnahmen nach den Regelungen des § 20 Abs. 8 i. V. m. § 3 Nr. 40 EStG bzw. § 8b Abs. 1, 4 und 5 KStG zu besteuern sind, da die Anteile an der KapG – ggf. nach Anwendung der Einlage- und Überführungsfiktion des § 5 Abs. 2 und 3 UmwStG – BV der übernehmenden PersG darstellen.[80] Unterbleibt hingegen die Ermittlung des Übernahmeergebnisses, so erfolgt die Besteuerung der Einnahmen nach allgemeinen Grundsätzen und unter Beachtung der Änderung der Rechtslage ab dem 01.01.2009. Eine GewSt fällt gem. § 18 Abs. 2 S. 2 UmwStG nicht an.

Die Einnahmen i. S. d. § 20 Abs. 1 Nr. 1 EStG unterliegen nach § 43 Abs. 1 Nr. 1 bzw. Nr. 6 i. V. m. § 43a Abs. 1 Nr. 1 EStG der Kapitalertragsteuer. Diese entsteht mit Wirksamwerden der Verschmelzung, d. h. im Zeitpunkt der Eintragung ins Handelsregister der übernehmenden PersG, sodass eine Passivierung der Kapitalertragsteuer in der Schlussbilanz der übertra-

---

78 Vgl. zur Anwendung § 50c Abs. 3 EStG i. d. F. des StSenkG vom 23.10.2000, BGBl I 2000, 1433 i. V. m. § 52 Abs. 59 EStG a. F. Folgerichtig konnten die Regelungen aufgrund der steuerlichen Rückwirkungsfiktion nur noch bei Umwandlungen bis zum 31.08.2012 Anwendung finden.

79 S. UE 2011, Tz. 02.04.

80 S. BFH vom 11.04.2019, BStBl II 2019, 501.

genden KapG nicht in Betracht kommt. Die Kapitalertragsteuer ist grds. durch die übernehmende PersG als Gesamtrechtsnachfolgerin einzubehalten und nach den Regelungen des § 44 Abs. 1 S. 5 EStG abzuführen[81], sodass auf Ebene der PersG diese als Entnahme zu erfassen ist. Demzufolge ist eine Minderung des Kapitalkontos des jeweiligen G'fters vorzunehmen.[82] In Abhängigkeit von der Besteuerung hat der KapESt-Abzug entweder abgeltende Wirkung gem. § 43 Abs. 5 S. 1 EStG oder ist gem. § 36 Abs. 2 Nr. 2 EStG auf die Einkommen- bzw. Körperschaftsteuerschuld anzurechnen.

Das Übernahmeergebnis der Stufe I und II stellt einen laufenden Gewinn bzw. Verlust dar, der nach § 2 Abs. 1 UmwStG zum steuerlichen Übertragungsstichtag entsteht und nach der Systematik des § 4 Abs. 6 und 7 UmwStG wie ein Veräußerungsgewinn bzw. -verlust besteuert wird. Es ist jedoch darauf hinzuweisen, dass die Anwendung des § 6b Abs. 10 EStG in diesen Fällen nicht in Betracht kommt.

Die Ermittlung des Übernahmeergebnisses soll anhand folgenden Beispiels verdeutlicht werden:

Beispiel 4:

Die X & Y OHG hält 100 % der Anteile an der I-GmbH. Die G'fter der OHG (X und Y) sind jeweils zu 50 % an der PersG beteiligt. Die I-GmbH soll im Wege der Verschmelzung in die X & Y OHG umgewandelt werden. Als steuerlicher Übertragungsstichtag wurde der 31.12.2021 bestimmt. Die Voraussetzungen für eine Verschmelzung zu Buchwerten sollen vorliegen. Folgende steuerliche Schlussbilanzen liegen der Umwandlung zugrunde:

A	SB zum 31.12.2021 der I-GmbH		P
Anlagevermögen	500.000 €	Stammkapital	50.000 €
Umlaufvermögen	200.000 €	Kapitalrücklagen	250.000 €
		Jahresüberschuss	50.000 €
		Verbindlichkeiten	320.000 €
		Rückstellungen	30.000 €
	700.000 €		700.000 €

Das steuerliche Einlagenkonto der I-GmbH i. S. d. § 27 KStG wurde auf 30.000 € gesondert festgestellt.

A	SB zum 31.12.2021 der X & Y OHG		P
Anlagevermögen	200.000 €	Kapital C	175.000 €
Beteiligung I-GmbH	250.000 €	Kapital D	175.000 €
Umlaufvermögen	300.000 €	Verbindlichkeiten	400.000 €
	750.000 €		750.000 €

Die Beteiligung an der I-GmbH wird mit den AK ausgewiesen. Die Kosten der Umwandlung betragen bei der I-GmbH 1.000 € und wurden als Rückstellung bereits in der Bilanz berücksichtigt. Der X & Y OHG sind Umwandlungskosten i. H. v. ebenfalls zutreffend 1.000 € entstanden, jedoch bilanziell noch nicht erfasst.

Lösung: Die Lösung kann in drei Schritte aufgegliedert werden.

1. Schritt: I. R. d. Verschmelzung hat die I-GmbH zunächst einen Übertragungsgewinn zu ermitteln. Dieser ist abhängig vom Ansatz der auf die X & Y OHG übergehenden WG (§ 3 UmwStG). Da die Voraussetzungen für einen Buchwertansatz nach § 3 Abs. 2 UmwStG gemäß der Vorgabe vorliegen sollen, entsteht bei der I-GmbH kein Übertragungsgewinn.

---

81 S. UE 2011, Tz. 07.08.

82 S. *Schnitter* in *Frotscher/Maas*, a. a. O., § 7 UmwStG, Tz. 24; *Schmitt* in *Schmitt/Hörtnagl/Stratz*, a. a. O., § 7 UmwStG, Tz. 15.

2. Schritt: Weiterhin hat die X & Y OHG ein Übernahmeergebnis i. S. d. § 4 Abs. 4 und 5 UmwStG zu ermitteln. Dabei bietet es sich an, im Vorwege die offenen Rücklagen gem. § 7 UmwStG für die G'fter der X & Y OHG zu errechnen.

Eigenkapital der I-GmbH lt. Steuerbilanz	350.000 €
./. Einlagenkonto nach Anwendung des § 29 Abs. 1 KStG i. V. m. § 28 Abs. 2 KStG	./. 80.000 €
= offene Rücklagen der Gesellschaft	270.000 €

Die G'fter X und Y haben diese offenen Rücklagen i. H. v. jeweils 135.000 € als Einnahmen aus Kapitalvermögen gem. § 20 Abs. 1 Nr. 1 i. V. m. § 20 Abs. 8 EStG i. V. m. § 15 Abs. 1 Nr. 2 EStG zu 60 %, d. h. jeweils 81.000 €, nach § 3 Nr. 40 S. 2 EStG zu versteuern.

3. Schritt: Im nächsten Schritt ist das Übernahmeergebnis i. S. d. §§ 4 Abs. 4 und 5 UmwStG zu ermitteln.

Übergehendes Vermögen der I-GmbH		350.000 €
./. Umwandlungskosten, jedoch bereits als Rückstellung im übergehenden Vermögen der I-GmbH erfasst		
./. Umwandlungskosten der X & Y OHG	./.	1.000 €
./. Wert der Anteile an der übertragenden Gesellschaft	./.	250.000 €
= Übernahmeergebnis i. S. d. § 4 Abs. 4 UmwStG, Stufe I		99.000 €
./. Bezüge i. S. d. § 7 UmwStG (§ 4 Abs. 5 UmwStG)	./.	270.000 €
= Übernahmeergebnis i. S. d. § 4 Abs. 4 UmwStG, Stufe II	./.	171.000 €

Der Übernahmeverlust entsteht mit Ablauf des 31.12.2021 (steuerlicher Übertragungsstichtag) und ist i. R. d. einheitlichen und gesonderten Feststellung nach §§ 179 Abs. 2, 180 Abs. 1 Nr. 2 Buchst. a AO auf X und Y jeweils i. H. v. ./. 85.500 € zu verteilen. Zur steuerlichen Behandlung wird auf die Ausführungen unter Kap. IV 2.4 und 2.5 verwiesen.

Die X & Y OHG hat die WG mit dem in der Schlussbilanz der I-GmbH angesetzten Wert zu übernehmen. Dabei sind die bilanziell noch nicht erfassten Umwandlungskosten der X & Y OHG von 1.000 € zu berücksichtigen. Der Buchungssatz der Transaktion lautet wie folgt:

Anlagevermögen	500.000 €			
Umlaufvermögen	200.000 €			
Umwandlungsaufwand	1.000 €			
		an	Verbindlichkeiten	320.000 €
			Rückstellungen	31.000 €
			Beteiligung I-GmbH	250.000 €
			Ertrag	100.000 €

Die Steuerbilanz der X & Y OHG hat zum 31.12.2021 (steuerlicher Übertragungsstichtag) unter Berücksichtigung des übergegangenen Vermögens der I-GmbH und der als Rückstellung zu erfassenden Umwandlungskosten der X & Y OHG folgendes Bild:

A	SB zum 31.12.2021 der X & Y OHG nach Umwandlung		P
Anlagevermögen	700.000 €	Kapital X	224.500 €
Beteiligung I-GmbH	entfallen	Kapital Y	224.500 €
Umlaufvermögen	500.000 €	Verbindlichkeiten	720.000 €
		Rückstellungen	31.000 €
	1.200.000 €		1.200.000 €

Der Übernahmegewinn der Stufe I wird den G'ftern der OHG anteilig auf ihren Kapitalkonten zugewiesen. Der Abzug der offenen Rücklagen nach § 4 Abs. 5 i. V. m. § 7 UmwStG erfolgt außerhalb der Bilanz und hat keine Auswirkungen auf das **bilanzielle** Übernahmeergebnis. Die als Rückstellung auszuweisenden Umwandlungskosten der X & Y OHG wirken sich im Ergebnis über § 4 Abs. 6 UmwStG max. nur i. H. v. 60 % aus. Die auf die Einnahmen i. S. d. § 20 Abs. 1 Nr. 1 EStG einzubehaltende und abzuführende KapESt mindert als Entnahme die Kapitalkonten von X und Y im Jahr 2022.

2.4   Behandlung des Übernahmeverlustes

Soweit auf einen G'fter i. R. d. Ermittlung des Übernahmeergebnisses ein Verlust entfällt, hängt die Berücksichtigung des Verlustes nach § 4 Abs. 6 UmwStG von der Rechtspersönlichkeit des MU der übernehmenden PersG ab. So gilt für G'fter in der Rechtsform einer Körperschaft, Personenvereinigung oder Vermögensmasse gem. § 4 Abs. 6 S. 1 UmwStG der Grundsatz, dass die Verluste nicht zu berücksichtigen sind. Eine Ausnahme gibt es nach § 4 Abs. 6 S. 2 und 3 UmwStG für die Anteile an der übertragenden Gesellschaft, die die Voraussetzungen des § 8b Abs. 7 und 8 KStG erfüllen. Hier ist der Übernahmeverlust bis zur Höhe des Werts gem. § 7 UmwStG zu berücksichtigen. In allen anderen Fällen und mithin insb. in den Fällen, in denen der G'fter der übernehmenden PersG eine natürliche Person ist, erfolgt gem. § 4 Abs. 6 S. 4 UmwStG die Berücksichtigung des Verlustes zu 60 %, **höchstens** jedoch 60 % der jeweiligen Bezüge gem. § 7 UmwStG. Im Übrigen kann sich die Nichtberücksichtigung eines Verlustes in den Fällen des § 4 Abs. 6 S. 6 UmwStG i. V. m. § 17 Abs. 2 S. 6 EStG ergeben. Für Zwecke der GewSt ist ein (berücksichtigungsfähiger) Übernahmeverlust nach § 18 Abs. 2 S. 1 UmwStG nicht zu erfassen.

Beispiel 5: Übernahmeverlust

Das Beispiel 4 soll fortgeführt werden. Der mit Ablauf des 31.12.2021 entstandene Übernahmeverlust beträgt ./. 171.000 € und ist i. R. d. einheitlichen und gesonderten Feststellung nach §§ 179 Abs. 2, 180 Abs. 1 Nr. 2 Buchst. a AO auf X und Y jeweils i. H. v. ./. 85.500 € zu verteilen.

	G'fter X	G'fter Y
Einnahmen i. S. d. § 20 Abs. 1 EStG – § 7 UmwStG	135.000 €	135.000 €
davon 60 %	81.000 €	81.000 €
Übernahmeverlust	./. 85.500 €	./. 85.500 €
Ansatz zu 60 %	./. 51.300 €	./. 51.300 €
max. Ansatz sind 60 % der Einnahmen i. S. d. § 7 UmwStG	./. 81.000 €	./. 81.000 €

Mithin kann der Übernahmeverlust i. H. v. 51.300 € geltend gemacht werden. Eine Beschränkung kommt nicht in Betracht.

2.5   Besteuerung des Übernahmegewinns

Wie die Erfassung eines Übernahmeverlustes ist die Besteuerung eines Übernahmegewinns nach § 4 Abs. 7 UmwStG von der Rechtspersönlichkeit des MU der übernehmenden PersG abhängig. Dies ist dem Umstand geschuldet, dass das Übernahmeergebnis **wie** ein (lfd.) Veräußerungsgewinn besteuert werden soll, der in Abhängigkeit von der Rechtspersönlichkeit unterschiedlichen Besteuerungsregelungen unterliegt. Soweit der Übernahmegewinn auf eine Körperschaft, Personenvereinigung oder Vermögensmasse entfällt, gelten gem. § 4 Abs. 7 S. 1 UmwStG die Grundsätze des § 8b Abs. 2 und 3 KStG. Zu beachten ist jedoch, dass, soweit es sich bei dem übertragenden Rechtsträger um eine Gesellschaft i. S. d. § 8b Abs. 7

und 8 KStG handelt, der Übernahmegewinn durch den Verweis des § 4 Abs. 7 S. 1 UmwStG auf § 8b KStG in voller Höhe stpfl. ist. Entfällt ein Übernahmegewinn auf eine natürliche Person, so ist dieser gem. § 4 Abs. 7 S. 2 UmwStG grds. nach den Regelungen des Teileinkünfteverfahrens gem. § 3 Nr. 40 und § 3c EStG zu besteuern.

MU	Übernehmende PersG			
	KapG als MU	Inländische Betriebs-stätte einer beschränkt stpfl. KapG als MU	PersG als MU	Natürliche Person als MU
Rechts-folge	Keine Besteuerung des Übernahmege-winns; 5 % des Über-nahmegewinns als nicht abzugsfähige Betriebsausgabe	Keine Besteuerung des Übernahmegewinns, Betriebsstätte wird der inländischen KapG gleich-gestellt	Besteuerung in Abhängigkeit der G'fter der PersG	Besteuerung nach dem Teileinkünfte-verfahren

Der Übernahmegewinn unterliegt keiner Begünstigung (z. B. § 34 EStG), er wird gem. § 18 Abs. 2 S. 1 UmwStG nicht der GewSt unterworfen. Um missbräuchliche Gestaltungen zu verhindern, hat der Gesetzgeber mit der Vorschrift des § 18 Abs. 3 UmwStG die GewSt-Freiheit gem. § 18 Abs. 2 UmwStG dergestalt eingeschränkt, dass eine **Aufgabe** oder **Veräußerung** des aus der Umwandlung der KapG entstandenen Einzelunternehmens oder PersG (§ 16 EStG), die innerhalb von fünf Jahren **nach dem steuerlichen Übertragungsstichtag**[83] vorgenommen wird, schädlich ist und eine Belastung mit GewSt auslöst. Dieses gilt gem. § 18 Abs. 3 S. 2 UmwStG auch, wenn ein Teilbetrieb oder ein Anteil an einer PersG aufgegeben oder veräußert wird.[84] Dabei ist eine Veräußerung innerhalb von fünf Jahren auch dann anzunehmen, wenn ein Verschmelzungsvertrag und ein Vertrag über die Veräußerung eines Anteils an der aufnehmenden PersG den Zeitpunkt der Umwandlung bzw. des Vermögensübergangs und der Veräußerung einheitlich bestimmen.[85]

Mit der Regelung des § 18 Abs. 3 UmwStG soll aus der Sicht des Gesetzgebers die Umgehung der GewSt durch Umwandlung verhindert werden. Würde z. B. eine KapG liquidiert, unterliegt der Liquidationsgewinn der GewSt. Dieses könnte man durch Umwandlung von der KapG auf die PersG (mit natürlicher Person als MU) bzw. auf das Einzelunternehmen und nachfolgender Aufgabe des Betriebs verhindern. Die GewSt ist nach § 18 Abs. 3 S. 3 UmwStG auch nicht auf die ESt i. S. d. § 35 EStG anzurechnen.[86]

Gem. § 18 Abs. 3 S. 1 UmwStG unterliegt auch der Aufgabe- bzw. Veräußerungsgewinn der GewSt, der auf das BV entfällt, das bereits vor der Umwandlung BV der übernehmenden PersG darstellte. Hintergrund dieser Regelungen ist, dass der BFH entgegen der Verwaltungsauffassung in diesen Fällen insoweit nicht von einer GewSt-Pflicht ausging.[87]

---

83   S. UE 2011, Tz. 18.05; *Pung* in *Dötsch/Pung/Möhlenbrock*, a. a. O., § 18 UmwStG, Tz. 44.
84   Zu weiteren Einzelfragen s. OFD Koblenz, Kurzinformation vom 27.12.2004, DStR 2005, 194.
85   S. BFH vom 26.04.2012, BStBl II 2012, 703.
86   S. BMF vom 24.02.2009, BStBl I 2009, 440, Tz. 13 sowie BFH vom 15.04.2010, BStBl II 2010, 912; vgl. jedoch für Fälle einer vorher bestehenden Organschaft BFH vom 28.05.2015, DStR 2015, 1796.
87   S. BFH vom 16.11.2005, BStBl II 2008, 62; BFH vom 20.11.2006, BFH/NV 2007, 637 sowie 793. S. auch BFH vom 28.04.2016, BStBl II 2016, 725 zum § 18 Abs. 4 UmwStG a. F.

Bei Veräußerung eines Unternehmens oder MU-Anteils gegen wiederkehrende Bezüge sehen *Neu* und *Hamacher*[88] für die Fälle des § 24 Nr. 2 EStG keine Anwendung des § 18 Abs. 3 UmwStG vor.

3 Gewinnerhöhung und -minderung durch Vereinigung von Forderungen und Verbindlichkeiten – Übernahmefolgeergebnis

Bestehen zwischen dem übertragenden Rechtsträger (KapG) und dem übernehmenden Rechtsträger (PersG) am steuerlichen Übertragungsstichtag Forderungen und – ggf. als Rückstellungen ausgewiesene ungewisse – Verbindlichkeiten, führt die Vermögensübertragung im Zuge der Umwandlung dazu, dass sich diese vereinigen und mithin zivilrechtlich erlöschen (sog. Konfusion).[89] Soweit diese sich mit unterschiedlichen Werten gegenüberstehen – **inkongruente Konfusion** –, kommt es zur Entstehung eines **Übernahmefolgegewinns** bzw. eines **Übernahmefolgeverlusts**.[90] Die unterschiedlichen sich gegenüberstehenden Werte können insb. in den Fällen des Ausweises von Rückstellungen vorkommen, da für den Rückstellungsbilanzierenden das Imparitätsprinzip des § 252 Abs. 1 Nr. 4 S. 1 HGB gilt. Der etwaige Anspruchsberechtigte darf jedoch aufgrund des Realisationsprinzips des § 252 Abs. 1 Nr. 4 S. 2 HGB grds. keine entsprechende Forderung ausweisen. Weitere Fälle bilden u. a. die unterschiedliche Vornahme von Abzinsungen bzw. Wertberichtigungen.

Das Übernahmefolgeergebnis ist ein laufender Gewinn bzw. Verlust der übernehmenden PersG. Auf einen etwaigen Gewinn fallen somit ESt bzw. KSt und GewSt an. Nach Auffassung der FinVerw soll ein Übernahmefolgegewinn auch dann in voller Höhe stpfl. sein, wenn sich etwaige Wertberichtigungen auf Forderungen nicht oder nur z. T. ausgewirkt haben.[91] Das Übernahme**folge**ergebnis entsteht eine logische Sekunde nach dem Ablauf des steuerlichen Übertragungsstichtags und ist somit nicht als Teil des Übernahmeergebnisses anzusehen, sodass eine Saldierung nicht vorgenommen werden kann.[92] Soweit eine GewSt angefallen ist, kommt die Steuerermäßigung des § 35 EStG in Betracht.

§ 6 Abs. 1 UmwStG bietet die Möglichkeit, dass ein aus der Konfusion entstandener Gewinn mittels einer Rücklage nicht der sofortigen Besteuerung unterworfen wird. Die Rücklage ist jedoch in den folgenden drei Jahren zu mindestens einem Drittel gewinnerhöhend aufzulösen. Weiterhin zu beachten ist die Missbrauchsklausel des § 6 Abs. 3 UmwStG. Demnach entfällt die Möglichkeit der Bildung einer Rücklage **rückwirkend**, wenn die übernehmende PersG den auf sie übergegangenen Betrieb innerhalb von fünf Jahren nach dem steuerlichen Übertragungsstichtag in eine KapG einbringt oder ohne triftigen Grund veräußert oder aufgibt.

---

88 DStR 2010, 1453.

89 S. *Schmitt* in *Schmitt/Hörtnagl/Stratz*, a. a. O., § 6 UmwStG, Tz. 1. Zu beachten ist, dass zwischen der übertragenden KapG und den G'ftern der übernehmenden PersG bestehende Rechtsbeziehungen zivilrechtlich (mangels eines zivilrechtlichen SBV) zu keiner Konfusion führen. Steuerrechtlich hingegen kann es zu einer Konfusion kommen, wenn die Forderung des G'fters im Zuge der steuerlichen additiven Gewinnermittlung mit korrespondierender Bilanzierung als Eigenkapital auszuweisen ist. S. hierzu *Schmitt* in *Schmitt/Hörtnagl/Stratz*, a. a. O., § 6 UmwStG, Tz. 14 ff.; *Widmann* in *Widmann/Mayer*, a. a. O., § 6 UmwStG, Tz. 78 ff.

90 Zwar beschränkt sich der Wortlaut des § 6 UmwStG auf eine Gewinnerhöhung, dies schließt die Entstehung eines Übernahmefolgeverlusts und die damit einhergehende Gewinnminderung jedoch nicht aus. S. *Pung/Werner* in *Dötsch/Pung/Möhlenbrock*, a. a. O., § 6 UmwStG, Tz. 6; *Widmann* in *Widmann/Mayer*, a. a. O., § 6 UmwStG, Tz. 18 und 73.

91 S. UE 2011, Tz. 06.02.

92 S. UE 2011, Tz. 06.02; *Pung/Werner* in *Dötsch/Pung/Möhlenbrock*, a. a. O., § 6 UmwStG, Tz. 6 und 22; *Schmitt* in *Schmitt/Hörtnagl/Stratz*, a. a. O., § 6 UmwStG, Tz. 3.

4   Besteuerung nicht wesentlich beteiligter Anteilseigner

Die Regelungen bezüglich der Ermittlung des Übernahmegewinns nach den Vorschriften der §§ 4 ff. UmwStG gelten nicht für die Anteilseigner, die nicht wesentlich i. S. d. § 17 EStG an der übertragenden KapG beteiligt sind. Für diese Personengruppe gilt aber § 7 UmwStG, wonach auch diese Personen die offenen Rücklagen als Einnahmen aus Kapitalvermögen i. S. d. § 20 Abs. 1 Nr. 1 EStG versteuern müssen. Insoweit bleibt der Wert der übergehenden WG bei der Ermittlung des Übernahmegewinns außer Ansatz (vgl. § 4 Abs. 4 S. 3 UmwStG). Diese Folge ergibt sich allerdings automatisch, wenn für jeden G'fter isoliert ein Übernahmegewinn ermittelt wird; insoweit geht das BV zur Ermittlung des Übernahmegewinns nur quotal auf den einzelnen G'fter über.

Dem nicht wesentlich beteiligten Anteilseigner werden i. R. d. Umwandlung die offenen Rücklagen der übertragenden Gesellschaft als Einkünfte aus Kapitalvermögen zum steuerlichen Übertragungsstichtag zugerechnet. Die so ermittelten Einkünfte aus Kapitalvermögen unterliegen ab dem steuerlichen Übertragungsstichtag gem. § 32d Abs. 1 EStG grds. dem einheitlichen Einkommensteuersatz von 25 %. Dadurch, dass die Einkünfte als solche i. S. d. § 20 Abs. 1 Nr. 1 EStG qualifiziert werden, muss für diese Einkünfte Kapitalertragsteuer[93] einbehalten und abgeführt werden (§ 43 Abs. 1 Nr. 1 EStG). Die Kapitalertragsteuer hat dabei gem. § 43 Abs. 5 EStG grds. abgeltende Wirkung. Die AK des unwesentlich beteiligten Anteilseigners sind nicht zum Abzug zu bringen.

5   Vermögensübergang auf eine natürliche Person

Nach §§ 2, 3 Abs. 2 Nr. 2 UmwG ist es auch möglich, die Verschmelzung von der KapG auf den **Allein-G'fter** vorzunehmen. Die Verschmelzung ist nach den Regelungen der § 1 Abs. 1 Nr. 1 i. V. m. §§ 3 bis 8 UmwStG zu behandeln, sodass sich in diesem Fall keine Besonderheiten ergeben.

6   Umwandlung von der GmbH in die GmbH & Co. KG

Die Umwandlung von der GmbH in die GmbH & Co. KG ist im Wege der Verschmelzung, Spaltung und des Formwechsels möglich. Es handelt sich hierbei um eine Umwandlung in eine PersG, sodass grds. die allgemeinen Regelungen der §§ 3 – 9 UmwStG anzuwenden sind. Der umgekehrte Fall (Umwandlung einer GmbH & Co. KG in eine GmbH unter gleichzeitiger Kapitalerhöhung) wird als Anwachsungsmodell bezeichnet und ist nach den Regelungen des § 20 UmwStG zu behandeln.

Bei der Verschmelzung sind die Verschmelzungen zur Neugründung und zur Aufnahme denkbar. Bei der Verschmelzung zur Neugründung wird zunächst eine weitere GmbH (Neu-GmbH) gegründet, die als Komplementärin zusammen mit den G'ftern der zu übertragenden KapG als Kommanditisten eine GmbH & Co. KG begründet. Sodann erfolgt eine Verschmelzung der KapG auf die neu gegründete GmbH & Co. KG. Hinsichtlich der Verschmelzung zur Aufnahme ergeben sich hier keine Besonderheiten.

Als Standardfall für die Umwandlung von der GmbH auf die GmbH & Co. KG gilt jedoch in der Praxis weiterhin der Formwechsel. Dabei kann die als **Komplementär-GmbH** vorgesehene GmbH trotz des im Rahmen des Formwechsels geltenden Identitätsprinzips unmittelbar in die GmbH & Co. KG eintreten.[94]

In Sonderfällen, insb. dann, wenn nicht das gesamte Vermögen der GmbH auf **eine** PersG übertragen werden soll, wird eine Spaltung oder die Einbringung von **einzelnen** WG in eine GmbH & Co. KG in Betracht gezogen werden müssen.[95] Die Übertragung erfolgt nach den all-

---

93   BMF vom 16.12.2003, BStBl I 2003, 786, Tz. 10.
94   BGH vom 09.09.2005, DStR 2005, 1539.
95   *Sigel*, GmbHR 1998, 1209 sowie verschiedene Modellüberlegungen von *Binz/Hagedorn*, DB 2007, 765.

gemeinen Vorschriften des § 16 i. V. m. §§ 3 bis 8 und 15 UmwStG[96] für die Auf- und Abspaltung sowie nach § 6 Abs. 5 EStG für die Übertragung von einzelnen WG. Bei der Auf- und Abspaltung auf neu errichtete Rechtsträger ist jedoch zu beachten, dass für die Übertragung auf eine GmbH & Co. KG die G'fter-Stellung der Komplementär-GmbH an der übertragenden KapG (Spaltungsträger) vorausgesetzt wird. Dies ergibt sich aus den Regelungen des § 123 UmwG. Demnach liegt eine Auf- bzw. Abspaltung nur vor, wenn das jeweilige Vermögen gegen Gewährung von Gesellschaftsrechten **an die bisherigen Anteilsinhaber** der übertragenden KapG übertragen wird.

Sind an der übertragenden Gesellschaft zunächst nur natürliche Personen bzw. PersG beteiligt, müssen diese G'fter daher Bruchteile ihrer Anteile an eine zuvor neu gegründete GmbH abtreten.[97]

Beispiel 6: Aufspaltung mit Umwegen

An der A-GmbH sind die G'fter B und C (beides natürliche Personen) zu je 50 % beteiligt. Die G'fter planen eine Umstrukturierung ihres Unternehmens dahingehend, dass die beiden Teilbetriebe (nachfolgend TB) TB I + TB II der GmbH im Wege der Aufspaltung auf zwei GmbH & Co. KG übertragen werden sollen. Im Zuge der Vorbereitung wird von den G'ftern B und C die D-GmbH gegründet. Die D-GmbH erhält von den G'ftern B und C durch Abtretung jeweils 5 % Anteile an der A-GmbH.

Die Anteile an der A-GmbH werden nunmehr wie folgt gehalten:

- B: 45 %,
- C: 45 %,
- D-GmbH: 10 %.

Lösung: Durch Spaltungsvertrag werden der TB I und der TB II auf die neu zu gründende PersG übertragen.

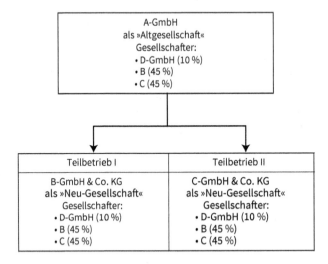

Dabei reicht es aus, wenn die Übertragung der Beteiligung an der A-GmbH auf die D-GmbH unmittelbar vor Wirksamwerden der Spaltung nach § 131 Abs. 1 UmwG vollzogen wird.[98]

---

96 Auf die Ausführungen in Kap. VI wird verwiesen.
97 S. Beispiel *Schulze zur Wiesche*, DB 1996, 1539, 1542.
98 S. *Hörtnagl* in *Schmitt/Hörtnagl/Stratz*, a. a. O., § 131 UmwG, Tz. 87; *Vossius* in *Widmann/Mayer*, a. a. O., § 131 UmwG, Tz. 186 ff.

7   Formwechsel von einer Kapitalgesellschaft in eine Personengesellschaft

Bei einem zivilrechtlich nach den Vorschriften der § 1 Abs. 1 Nr. 4 i. V. m. §§ 190 bis 304 UmwG zu beurteilenden Formwechsel einer KapG in eine PersG findet eine Vermögensübertragung nicht statt. Steuerrechtlich wird hingegen gem. § 1 Abs. 1 Nr. 2 i. V. m. § 9 UmwStG aufgrund des Wechsels der Besteuerungssystematik ein Vermögensübergang fingiert.[99] Demnach gelten die Vorschriften der §§ 3 bis 8 UmwStG entsprechend, mit der Maßgabe, dass nach § 9 S. 2 UmwStG für den übertragenden Rechtsträger zum **steuerlichen** Übertragungsstichtag eine Übertragungsbilanz und für die PersG eine Eröffnungsbilanz zu erstellen ist.

Folgende Arten des Formwechsels können vorliegen:

Arten des Formwechsels			
zwischen KapG	von der KapG in die PersG	von der PersG in die KapG	zwischen PersG
Hier liegen keine steuerlichen Folgen vor. Das Steuersubjekt bleibt unverändert.	Die §§ 3 – 8 UmwStG gelten entsprechend, also wie bei der Umwandlung von der KapG auf die PersG (§ 9 UmwStG).	Behandlung wie bei der Einbringung in die KapG, nach den Vorschriften der §§ 20 ff. UmwStG (§ 25 UmwStG)	Hier liegen keine steuerlichen Folgen vor. Das Steuersubjekt bleibt unverändert.

---

99   S. BFH vom 11.12.2001, BStBl II 2004, 474; allgemeine Ausführungen unter Kap. IV 1 sowie zum steuerlichen Übertragungsstichtag Kap. III 3.1.

IV Verschmelzung von Kapitalgesellschaften

Die Verschmelzung einer KapG auf eine andere KapG wird zivilrechtlich in den Vorschriften der §§ 2–122 m UmwG geregelt.[100] Dabei stellen nach §§ 122a ff. UmwG auch grenzüberschreitende Verschmelzungen von KapG, die in der EU oder dem EWR ansässig sind, Umwandlungen i. S. d. § 2 UmwG dar. Es handelt sich hierbei um eine Vermögensübertragung im Wege der Gesamtrechtsnachfolge. Steuerrechtlich fällt die Verschmelzung von KapG in den Anwendungsbereich des § 1 Abs. 1 Nr. 1 i. V. m. §§ 11 bis 13 bzw. 19 UmwStG. Soweit es sich um grenzüberschreitende Verschmelzungen[101] handelt, müssen zusätzlich die Voraussetzungen des § 1 Abs. 2 UmwStG erfüllt sein. Weiterhin fallen in den Anwendungsbereich des § 1 Abs. 1 Nr. 1 i. V. m. §§ 11 bis 13 und 19 UmwStG insb. auch vergleichbare ausländische Vorgänge, für die das UmwG keine Anwendung findet, jedoch die Voraussetzungen des § 1 Abs. 2 S. 1 UmwStG vorliegen und ein Inlandsbezug besteht.[102] Bei in den Anwendungsbereich der §§ 11 bis 13 UmwStG fallenden Verschmelzungen von KapG sind insb. folgende Fälle denkbar:

- Verschmelzung einer Tochter-KapG auf die Mutter-KapG (**Up**stream-merger); die steuerliche Behandlung der Verschmelzung richtet sich nach § 1 Abs. 1 Nr. 1 i. V. m. **§§ 11 und 12 bzw. 19 UmwStG**;
- Verschmelzung einer Mutter-KapG auf die Tochter-KapG (**Down**stream-merger); die steuerliche Behandlung der Verschmelzung richtet sich nach § 1 Abs. 1 Nr. 1 i. V. m. **§§ 11 bis 13 und 19 UmwStG**;
- Verschmelzung einer Tochter-KapG auf eine andere Tochter-KapG, ohne dass zwischen diesen ein Beteiligungsverhältnis besteht (**Side**stream-merger); die steuerliche Behandlung der Verschmelzung richtet sich nach § 1 Abs. 1 Nr. 1 i. V. m. **§§ 11 bis 13 und 19 UmwStG**.

Die Regelungen bezüglich des Eigenkapitals der KapG sind dem KStG zu entnehmen. Hierzu sind anzuführen die §§ 27, 28 und 29. Zur Veranschaulichung der Verschmelzung von KapG wird zunächst ein Grundfall vorgestellt.

Beispiel 1: Grundfall zur Verschmelzung von KapG

Die X-GmbH ist an der Y-GmbH zu 100 % beteiligt. Die Tochter (Y-GmbH) soll im Wege der Verschmelzung zur Aufnahme auf die Muttergesellschaft (X-GmbH) verschmolzen werden. Als handelsrechtlicher Verschmelzungsstichtag wurde im Verschmelzungsvertrag der 01.01.2022 aufgenommen. Dem HR wird gem. § 17 Abs. 2 UmwG folgende SB des übertragenden Rechtsträgers (Y-GmbH) zum 31.12.2021 zur Anmeldung vorgelegt:

A	Bilanz zum 31.12.2021 der Y-GmbH		P
Anlagevermögen	300.000 €	Stammkapital	100.000 €
		Rücklagen	100.000 €
		Jahresüberschuss	50.000 €
		Verbindlichkeiten	50.000 €
	300.000 €		300.000 €

---

100 Die Ausführungen unter Kap. IV 1 gelten entsprechend.

101 Zu steuerlichen Praxisfragen s. *Beinert/Scheifele* in *Prinz*, Umwandlungen im Internationalen Steuerrecht, Kap. 8 sowie *Figna/Fürstenau*, BB 2010, 12; *Grambow/Stadler*, BB 2010, 977 sowie die Fallstudie von *Kraft/Poley*, Steuer und Studium 2013, 161.

102 S. Fallübersicht von *Möhlenbrock* in *Dötsch/Pung/Möhlenbrock*, a. a. O., § 1 UmwStG, Tz. 86 ff.

Der aufnehmende Rechtsträger hat zum 31.12.2021 folgende Bilanz vor Verschmelzung aufgestellt:

A	Bilanz zum 31.12.2021 der X-GmbH		P
Anlagevermögen	500.000 €	Stammkapital	200.000 €
Beteiligung Y-GmbH	100.000 €	Rücklagen	200.000 €
		Jahresüberschuss	100.000 €
		Verbindlichkeiten	100.000 €
	600.000 €		600.000 €

Lösung: Für die Verschmelzung sind aus steuerlicher Sicht die § 1 Abs. 1 Nr. 1 i. V. m. §§ 11 – 13 UmwStG maßgebend, die nachfolgend näher erläutert werden. Die aufnehmende KapG (X-GmbH) hat steuerlich die übergehenden WG der übertragenden KapG (Y-GmbH) zum steuerlichen Übertragungsstichtag (= 31.12.2021) in ihre StB aufzunehmen.

So wird nach der Verschmelzung vom übernehmenden Rechtsträger folgende StB erstellt:

A	Bilanz zum 31.12.2021 der X-GmbH		P
Anlagevermögen	800.000 €	Stammkapital	200.000 €
Beteiligung Y-GmbH	weggefallen	Rücklagen	200.000 €
		Jahresüberschuss	100.000 €
		Übernahmegewinn	150.000 €
		Verbindlichkeiten	150.000 €
	800.000 €		800.000 €

Es ist darauf hinzuweisen, dass nach der Entscheidung des BFH vom 24.01.2018 (DStR 2018, 1366) eine (Aufwärts-)Verschmelzung eine Veräußerung i. S. d. § 22 Abs. 2 S. 1 UmwStG darstellt, sodass vor Verschmelzungen stets geprüft werden sollte, inwieweit dadurch ggf. ein Einbringungsgewinn II ausgelöst werden könnte.

1   Steuerliche Behandlung beim übertragenden Rechtsträger

1.1   Ansatz mit dem gemeinen Wert

Entsprechend den Vorschriften des § 3 Abs. 1 UmwStG hat die übertragende KapG gem. § 11 Abs. 1 UmwStG die übergehenden WG in ihrer steuerlichen – gem. § 2 Abs. 1 UmwStG auf den Übertragungsstichtag aufzustellenden – Schlussbilanz grds. einheitlich mit dem gemeinen Wert anzusetzen. Der Ansatz mit dem gemeinen Wert gilt demnach auch für nicht entgeltlich erworbene und selbstgeschaffene immaterielle WG sowie für die auf Ebene der Überträgerin vorhandenen Verpflichtungen mit stillen Lasten. Lediglich der Ansatz von Pensionsrückstellungen erfolgt mit dem Teilwert i. S. d. § 6a EStG.

Die steuerliche Schlussbilanz i. S. d. § 11 Abs. 1 i. V. m. § 2 Abs. 1 UmwStG stellt nach Auffassung der FinVerw eine eigenständige von der Gewinnermittlung nach §§ 4 Abs. 1, 5 Abs. 1 EStG unabhängige Bilanz dar.[103] Steuerliche Ansatzverbote des § 5 EStG gelten demnach nicht.[104] Der Grundsatz der Maßgeblichkeit der Handelsbilanz für die Steuerbilanz ist durch die Änderung des UmwStG durch das SEStEG aufgegeben worden.[105] Zur Ermittlung

---

103   S. UE 2011, Tz. 11.02 und 11.03 i. V. m. Tz. 03.01 bzw. 03.04.

104   Zur Anwendung des § 4f EStG vgl. Diskussion von *Möhlenbrock/Pung* in *Dötsch/Pung/Möhlenbrock*, a. a. O., § 11 UmwStG, Tz. 25a f.

105   S. *Dötsch* in *Dötsch/Pung/Möhlenbrock*, a. a. O., § 11 UmwStG, Tz. 16; *Schmitt* in *Schmitt/Hörtnagl/Stratz*, a. a. O., § 11 UmwStG, Tz. 19.

der gemeinen Werte sind die Vorschriften der §§9 Abs. 2 und 11 BewG anzuwenden.[106] Der aufgrund des Ansatzes der WG mit dem gemeinen Wert zum steuerlichen Übertragungsstichtag entstehende Übertragungsgewinn unterliegt der Besteuerung nach den allgemeinen Regelungen. Die Vorschriften des §8b Abs. 2 und 3 KStG sind anzuwenden. Ein etwaiger vorhandener Verlustvortrag i. S. d. §10d Abs. 4 EStG kann unter Anwendung der Grundsätze der Mindestbesteuerung des §10d Abs. 2 EStG – und unter der Voraussetzung der Nichtanwendung des §2 Abs. 4 UmwStG[107] – mit diesem verrechnet werden. Der Übertragungsgewinn unterliegt gem. §19 Abs. 1 i. V. m. §11 UmwStG der GewSt.

Durch den Verweis des §11 Abs. 3 UmwStG auf die entsprechende Anwendung des §3 Abs. 3 UmwStG kommt in Fällen einer Verschmelzung mit Bezug zum EU-Ausland eine Anrechnung **fiktiver** ausländischer Steuern auf die durch den Übertragungsgewinn ausgelöste Körperschaftsteuer in Betracht. Die Vorschriften der §§26 KStG i. V. m. 34c Abs. 1 EStG gelten entsprechend.

1.2 Ansatz mit dem Buchwert/Zwischenwert

Nach §11 Abs. 2 S.1 UmwStG können die übertragenen WG – abweichend von §11 Abs. 1 UmwStG – **auf Antrag einheitlich** mit dem Buchwert i. S. d. §1 Abs. 5 Nr. 4 UmwStG oder einem Zwischenwert angesetzt werden, **soweit** die Voraussetzungen des §11 Abs. 2 S. 1 Nr. 1 bis 3 UmwStG vorliegen. Jedoch ist zu beachten, dass bei einem unter dem Buchwert liegenden gemeinen Wert i. S. d. §11 Abs. 1 UmwStG, der gemeine Wert die Obergrenze bildet. Die Voraussetzungen müssen **zum steuerlichen Übertragungsstichtag**[108] vorliegen und sind:

* die Sicherstellung der Besteuerung der in den übertragenen WG vorhandenen stillen Reserven,
* das Besteuerungsrecht der Bundesrepublik Deutschland ist **auch** nach der Verschmelzung gegeben[109],
* eine Gegenleistung wird nicht gewährt oder besteht ausschließlich in Gesellschaftsrechten.[110]

Liegen die Voraussetzungen nur für **einzelne WG** oder nur für einen Teil des übergehenden Vermögens nicht vor, sind für diese WG bzw. für diesen Teil des Vermögens (»soweit«) zwingend die gemeinen Werte anzusetzen.[111]

Werden die WG mit dem Buchwert angesetzt, ergibt sich bei der übertragenden KapG **kein Übertragungsgewinn**. Liegen die Voraussetzungen nicht vor, mit der Folge, dass ein Antragswahlrecht nicht besteht, erfolgt insoweit zwingend der Ansatz mit dem gemeinen Wert i. S. d. §11 Abs. 1 UmwStG. Dabei ist bei der Besteuerung des Übertragungsgewinns zu prüfen, ob eine Anrechnung fiktiver ausländischer Steuer nach §11 Abs. 3 i. V. m. §3 Abs. 3

---

106 S. entsprechende Ausführungen in Kap. IV 1.1.

107 S. hierzu *Rödder/Schönfeld*, DStR 2009, 560 sowie entsprechende Ausführungen in Kap. III 3.3.3.

108 S. UE 2011, Tz. 11.05.

109 S. ausführlich *Frotscher* in *Frotscher/Maas*, a. a. O., §11 UmwStG, Tz. 123 ff. sowie Beispiel *Schießl* in *Widmann/Mayer*, a. a. O., §11 UmwStG, Tz. 50.1 – 50.73 und *Schönfeld*, IStR 2011, 497. Im Rahmen eines Downstream-mergers (d. h. Verschmelzung der Mutter-KapG auf ihre Tochter-KapG) ist dies insb. dann nicht der Fall, wenn die Anteilseigner der Mutter-KapG im Ausland ansässig sind und das Besteuerungsrecht Deutschlands an den Gewinnen aus der Veräußerung der Anteile an der Tochter-KapG beschränkt/ausgeschlossen wird, vgl. BFH vom 30.05.2018, DStR 2018, 2474.

110 Der Regelfall umfasst die Zahlung eines Spitzenausgleichs an die Anteilseigner der übertragenden KapG. S. UE 2011, Tz. 11.10 i. V. m. Tz. 03.21 bis 03.24 sowie ausführlich *Frotscher* in *Frotscher/Maas*, a. a. O., §11 UmwStG, Tz. 154 ff. sowie Beispiel *Schießl* in *Widmann/Mayer*, a. a. O., §11 UmwStG, Tz. 51 ff.

111 S. *Frotscher* in *Frotscher/Maas*, a. a. O., §11 UmwStG, Tz. 101.

UmwStG vorgenommen werden kann. Dies gilt auch, soweit die Antragsvoraussetzungen vorliegen, jedoch der Ansatz mit einem Zwischenwert erfolgt. Der Ansatz der WG mit einem Zwischenwert bietet sich insb. in den Fällen an, in denen die übertragende KapG insoweit über Verlustvorträge i. S. d. § 10d Abs. 4 EStG verfügt, die unter Anwendung der Grundsätze zur Mindestbesteuerung nach § 10d Abs. 2 EStG mit einem Übertragungsgewinn verrechnet werden können.[112] Ein dabei nach der Verrechnung noch vorhandener Übertragungsgewinn ist nach den allgemeinen Regelungen zu besteuern. Er unterliegt gem. § 19 Abs. 1 i. V. m. § 11 UmwStG der GewSt.

Die Ermittlung des Übertragungsgewinns kann schematisch vereinfacht wie folgt dargestellt werden[113]:

	Übergehende WG zu Buch-, Zwischen- oder gemeinen Werten (bei Pensionsrückstellungen der Wert gem. § 6a EStG)
./.	(ggf. auf den Übertragungsstichtag fortgeschriebener) steuerbilanzieller Buchwert der übergehenden WG
=	Buchgewinn (vor Steuern)
./.	Verschmelzungskosten
./.	außerbilanzielle Kürzungen (z. B. § 8b Abs. 2 KStG)
+	außerbilanzielle Hinzurechnungen (z. B. § 8b Abs. 3 KStG)
./.	Verlustvorträge i. S. d. § 10d Abs. 4 i. V. m. Abs. 2 EStG
./.	GewSt und KSt (bilanzieller Aufwand)
+	außerbilanzielle Hinzurechnung von GewSt und KSt (§ 10 Nr. 2 KStG, § 4 Abs. 5b EStG)
=	steuerlich anzusetzender Übertragungsgewinn

Beispiel 2: Verschmelzung ohne den Minderheitsgesellschafter

Die A-GmbH soll im Wege der Verschmelzung auf die B-GmbH umgewandelt werden. Der Minderheits-G'fter der A-GmbH, M, wird i. R. d. Verschmelzung mit 500.000 € abgefunden. Die Gegenleistung wird von der B-GmbH gewährt. Die A-GmbH stellt zum 31.12.2021 folgende SB auf.

A	Bilanz der A-GmbH zum 31.12.2021		P
Anlagevermögen	600.000 €	Stammkapital	200.000 €
Umlaufvermögen	700.000 €	Gewinnrücklagen	600.000 €
		Sonstige Passiva	500.000 €
	1.300.000 €		1.300.000 €

Zum 31.12.2021 sind folgende stille Reserven vorhanden:

- Firmenwert   1.000.000 €
- immaterielle WG   250.000 €
- Anlagevermögen   250.000 €
- Umlaufvermögen   200.000 €

---

112 S. *Dötsch/Pung*, DB 2006, 2704, 2714; zu weiteren im Zuge der Aufstockung möglichen Schwierigkeiten s. *Hagemann/ Jakob/Ropohl/Viebrock*, NWB 2007, Sonderheft 1, 26.

113 Vgl. *Frotscher* in *Frotscher/Maas*, a. a. O., § 11 UmwStG, Tz. 197.

Lösung:

Der BW der A-GmbH beträgt zum 31.12.2021: 800.000 €

Der gemeine Wert der A-GmbH beträgt zum 31.12.2021: 2.500.000 €

Die Lösung erfolgt in zwei Schritten.

1. Ermittlung des Teils, der entgeltlich übertragen wurde:
   In Zahlen ausgedrückt:
   500.000 € (Gegenleistung)/2.500.000 € (gemeiner Wert) x 100 = **20 %**
2. Es erfolgt eine Aufstockung der Werte der einzelnen WG i. H. v. 20 % der jeweiligen stillen Reserven (stille Reserven = 2.500.000 € ./. 800.000 € = 1.700.000 €).

Hiernach müsste die A-GmbH zum 31.12.2021 folgende Übertragungsbilanz aufstellen:

A	Bilanz der A-GmbH zum 31.12.2021		P
Firmenwert	200.000 €	Stammkapital	200.000 €
Immaterielle WG	50.000 €	Gewinnrücklagen	600.000 €
Anlagevermögen	650.000 €	Übertragungsgewinn	238.000 €
Umlaufvermögen	740.000 €	Sonstige Passiva	500.000 €
		KSt	51.000 €
		GewSt	51.000 €
	1.640.000 €		1.640.000 €

Der Übertragungsgewinn ermittelt sich wie folgt:

Übergehendes Vermögen		1.140.000 €
BW des Vermögens	./.	800.000 €
		340.000 €
GewSt (Annahme 15 %)	./.	51.000 €
KSt (15 %)	./.	51.000 €
bilanzieller Übertragungsgewinn		238.000 €
GewSt (§ 4 Abs. 5b EStG)	+	51.000 €
KSt (§ 10 Nr. 2 KStG)	+	51.000 €
Übertragungsgewinn		340.000 €

S. hierzu auch ein anderweitiges Beispiel in UE 2011, Tz. 03.23.

1.3 Beteiligungskorrekturgewinn

In Fällen des sog. **Downstream-mergers**, d. h. der Verschmelzung der Mutter-KapG auf die Tochter-KapG, ist bei **Ausübung des Wahlrechts** nach § 11 Abs. 2 S. 1 UmwStG zusätzlich die Regelung des § 11 Abs. 2 S. 2 UmwStG zu beachten. Demnach sind Anteile der Mutter-KapG an der Tochter-KapG im Zuge der Verschmelzung neu zu bewerten und mindestens mit dem Buchwert anzusetzen, erhöht um die **steuerwirksam** in früheren Jahren vorgenommenen (TW-)Abschreibungen sowie Abzüge i. S. d. § 6b EStG und ähnliche Abzüge, höchstens jedoch mit dem gemeinen Wert. Da Gewinne aus der Veräußerung von Anteilen an KapG grds. der Steuerbefreiung des § 8b Abs. 2 und 3 KStG unterliegen und § 6b Abs. 10 EStG auf Körperschaften nicht anzuwenden ist, werden von der Regelung **insb.** die bis zum Veranlagungszeitraum 1999 nach § 6b EStG a. F. vorgenommenen Abzüge sowie die vor dem Veranlagungszeitraum 2002 steuerwirksam vorgenommenen und unter § 8b Abs. 2 S. 4 und 5 KStG fallenden

TW-Abschreibungen erfasst. Entsprechend den Ausführungen unter Kap. IV 2.2 zum Beteiligungskorrekturgewinn i. S. d. § 4 Abs. 1 S. 2 UmwStG ist jedoch auch hier zu beachten,
dass den Ausgangswert der Buchwert i. S. d. § 1 Abs. 5 Nr. 4 UmwStG bildet, sodass etwaige
Zuschreibungen nach § 6 Abs. 1 Nr. 1 S. 4, Nr. 2 S. 3 EStG Vorrang vor der Wertaufholung nach
§ 11 Abs. 2 S. 2 UmwStG haben. Demnach kommt eine Wertaufholung im Zusammenhang
mit TW-Abschreibungen nur noch dann in Betracht, wenn der gemeine Wert den zum Bilanzstichtag nach der Zuschreibung anzusetzenden Teilwert übersteigt. Durch den Verweis auf
§ 8b Abs. 2 S. 4 und 5 KStG unterliegt ein daraus entstehender Beteiligungskorrekturgewinn
als laufender Gewinn in voller Höhe der KSt und der GewSt.[114] Werden die Anteile an der
Tochter-KapG als Gegenleistung für die untergehenden Anteile an der Mutter-KapG direkt an
die G'fter der Mutter-KapG ausgekehrt, gehören diese grds. nicht zu den übergehenden WG
i. S. d. § 11 Abs. 2 S. 1 UmwStG. Es liegt ein sog. **Direkterwerb** und kein **Durchgangserwerb**
vor.[115]

2 Steuerliche Behandlung beim übernehmenden Rechtsträger – Ermittlung des Übernahmeergebnisses bzw. eines Beteiligungskorrekturgewinns

2.1 Wertansatz und Rechtsnachfolge

Der übernehmende Rechtsträger, d. h. die KapG, ist gem. § 12 Abs. 1 UmwStG verpflichtet, die
Werte der auf sie übergegangenen WG zu übernehmen, die die übertragende KapG in ihrer
steuerlichen Schlussbilanz i. S. d. § 2 Abs. 1 UmwStG angesetzt hat. Diese Wertverknüpfung
stellt die spätere Besteuerung der stillen Reserven sicher. Demnach können die steuerlichen
Werte durch die Aufgabe des Maßgeblichkeitsgrundsatzes von denen der handelsrechtlichen Schlussbilanz nach § 24 UmwG abweichen.[116] Wird bei der übertragenden Gesellschaft
eine Außenprüfung bzw. Betriebsprüfung durchgeführt und ändern sich dadurch die Werte
in der steuerlichen Schlussbilanz der übertragenden KapG, sind die Werte bei der übernehmenden KapG entsprechend anzupassen.[117]

Da die Verschmelzung eine Vermögensübertragung im Wege der Gesamtrechtsnachfolge darstellt, tritt die übernehmende KapG gem. § 12 Abs. 3 2. HS i. V. m. § 4 Abs. 2 und 3
UmwStG in die steuerliche Rechtstellung der übertragenden KapG ein. Dies gilt insb. bezüglich der Bewertung, der (Sonder-)Abschreibungen, etwaigen Rücklagen sowie der Besitzzeitanrechnung. Hiervon ausgenommen ist jedoch die Übertragung eines etwaigen Verlustvortrags sowie eines EBITDA- bzw. Zinsvortrags i. S. d. § 4h Abs. 1 S. 3 und 5 EStG der lediglich
verrechenbaren Verluste und nicht ausgeglichenen negativen Einkünfte. Dies gilt auch, wenn
im Übrigen alle Voraussetzungen des § 8c Abs. 1 S. 4 KStG erfüllt sind, da die Regelungen des
§ 12 Abs. 3 2. HS i. V. m. § 4 Abs. 2 UmwStG von einem Verweis absehen.

WG, die entgegen dem Ansatzverbot des § 5 EStG in der steuerlichen Schlussbilanz der
übertragenden KapG angesetzt worden sind, sollen nach Auffassung der FinVerw bei der
übernehmenden KapG wieder erfolgswirksam aufzulösen sein.[118] Die Auffassung der Fin-
Verw führt mithin beim übernehmenden Rechtsträger zum Entstehen eines »Erwerbsgewinns« und widerspricht der Auffassung des BFH, der nach die »angeschafften« Rückstellun-

---

114 S. UE 2011, Tz. 11.17; *Schießl* in *Widmann/Mayer*, a. a. O., § 11 UmwStG, Tz. 282, insb. Beispiel in Tz. 289; *Dötsch* in
   Dötsch/Pung/Möhlenbrock, a. a. O., § 11 UmwStG, Tz. 111.
115 S. UE 2011, Tz. 11.18 mit Verweis auf BFH vom 28.10.2009, BStBl II 2011, 315.
116 S. *Dötsch/Stimpel* in *Dötsch/Pung/Möhlenbrock*, a. a. O., § 12 UmwStG, Tz. 8; *Frotscher* in *Frotscher/Maas*, a. a. O., § 12
   UmwStG, Tz. 13 ff.
117 S. *Schießl* in *Widmann/Mayer*, a. a. O., § 12 UmwStG, Tz. 7.
118 S. UE 2011, Tz. 11.03 bzw. 12.04 i. V. m. 03.06 bzw. 04.16.

gen als ungewisse Verbindlichkeiten grundsätzlich mit den Anschaffungskosten oder ihrem höheren TW auszuweisen sind.[119] Da die Auffassung der FinVerw vor dem Hintergrund der klaren Rspr. des BFH wohl nicht aufrechtzuerhalten war, führte der Gesetzgeber im Rahmen des AIFM-Steuer-Anpassungsgesetzes vom 18.12.2013 (BGBl I 2013, 4318) die Regelungen § 4f EStG bzw. § 5 Abs. 7 EStG ein, von denen insb. § 5 Abs. 7 EStG wohl auch bei Vorgängen i. S. d. UmwStG anzuwenden ist.[120] Eine Ausnahme von der ertragswirksamen Auflösung soll lediglich für den in der Schlussbilanz der KapG angesetzten originären Geschäfts-Firmenwert der KapG gelten.[121]

Soweit die übergehenden WG mit einem über dem Buchwert liegenden Wert angesetzt worden sind (Zwischenwert, gemeiner Wert), ist darüber hinaus in künftigen Veranlagungszeiträumen der übernehmenden KapG die **AfA-Bemessungsgrundlage** nach § 12 Abs. 3, 2. HS i. V. m. § 4 Abs. 3 UmwStG zu bestimmen. Auf die Ausführungen unter Kap. IV 2.1 wird insoweit verwiesen.

Neben den in § 12 Abs. 3 UmwStG dargestellten Rechtsfolgen der Verschmelzung sind für die übernehmende KapG – soweit es durch die Verschmelzung zu Änderungen der Beteiligungsverhältnisse kommt – darüber hinaus die Regelungen des § 8c KStG zu beachten, da die Umwandlung unter Umständen einen der Anteilsübertragung vergleichbaren Sachverhalt darstellt.[122] In diesem Zusammenhang ist darauf hinzuweisen, dass der Beschluss des BVerfG vom 14.08.2017[123] lediglich die Regelung des § 8c Abs. 1 S. 1 KStG für den Zeitraum vom 01.01.2008 bis zum 31.12.2015 für verfassungswidrig erklärt hat.[124] Als Reaktion auf den Beschluss des BVerfG hat der Gesetzgeber die Regelung des § 8c Abs. 1 S. 1 KStG mit dem JStG 2018[125] rückwirkend ersatzlos gestrichen.

2.2   Beteiligungskorrekturgewinn

Parallel zu der Vorschrift des § 11 Abs. 2 S. 2 UmwStG für Fälle der sog. Downstream-merger verweist § 12 Abs. 1 S. 2 UmwStG für Fälle der sog. Upstream-merger auf die Anwendung des § 4 Abs. 1 S. 2 und 3 UmwStG. Demnach kann auf die Ausführungen unter Kap. V 1.3 und Kap IV 2.2 verwiesen werden, mit der Ausnahme, dass für einen etwaigen Beteiligungskorrekturgewinn ausschließlich die Vorschriften des § 8b Abs. 2 S. 4 und 5 KStG anzuwenden sind. Die GewSt-Pflicht ergibt sich aus § 19 Abs. 1 i. V. m. § 12 UmwStG. Die Wertaufholung erfolgt eine logische Sekunde vor der steuerlichen Verschmelzung. Ein etwaiger aus der Korrektur entstandener Gewinn stellt keinen Bestandteil des Übernahmeergebnisses dar, sondern unterliegt als laufender – außerhalb der Bilanz zu berücksichtigender – Gewinn der vollen Besteuerung.[126]

---

119 S. BFH vom 16.12.2009, BStBl II 2011, 566; BFH vom 14.12.2011, BFH/NV 2012, 635, DStR 2012, 386; BFH vom 12.12.2012, BFH/NV 2013, 840.

120 Zur Anwendung des § 4f EStG vgl. Diskussion von *Dötsch/Stimpel* in *Dötsch/Pung/Möhlenbrock*, a. a. O., § 12 UmwStG, Tz. 20. Kritisch *Bohnhardt* in *Haritz/Menner*, UmwStG, § 4 Tz. 98; *Fuhrmann*, DB 2014, 9 (15).

121 S. UE 2011, Tz. 04.16.

122 S. BMF vom 28.11.2017, BStBl I 2017, 1645 Tz. 7; *Schießl* in *Widmann/Mayer*, a. a. O., Vor § 11 UmwStG, Tz. 141 ff.; *Dötsch/Stimpel* in *Dötsch/Pung/Möhlenbrock*, a. a. O., § 12 UmwStG, Tz. 79.

123 BStBl II 2017, 1082.

124 Bzgl. der Frage der Verfassungsmäßigkeit der Regelung des § 8c Abs. 1 S. 2 KStG bei Übertragungen von mehr als 50 % s. die Vorlage des FG Hamburg an das BVerfG vom 29.08.2017, EFG 2017, 1906.

125 BGBl I 2018, 2338.

126 S. *Dötsch/Stimpel* in *Dötsch/Pung/Möhlenbrock*, a. a. O., § 12 UmwStG, Tz. 23 ff.; *Frotscher* in *Frotscher/Maas*, a. a. O., § 12 UmwStG, Tz. 28 sowie Beispiel *Schießl* in *Widmann/Mayer*, a. a. O., § 12 UmwStG, Tz. 112 – 118.

2.3 Übernahmeergebnis und dessen Besteuerung

Durch die Verschmelzung erwirbt die übernehmende KapG die WG der übertragenden KapG mit der Folge, dass ein Übernahmeergebnis zu ermitteln ist. § 12 Abs. 2 S. 1 UmwStG definiert diesen als Unterschiedsbetrag zwischen dem Wert der auf sie übergegangenen WG i. S. d. § 12 Abs. 1 S. 1 UmwStG und dem Buchwert der Anteile an der übertragenden KapG abzüglich etwaiger Umwandlungskosten. Der Abzug eines Buchwerts der Anteile an der übertragenden KapG kann lediglich in den Fällen des Upstream-merger vorgenommen werden, da diese im Zuge der Verschmelzung untergehen. Dabei ist für Anteile, die nach dem steuerlichen Übertragungsstichtag, jedoch vor der Verschmelzung angeschafft worden sind, gem. § 12 Abs. 2 S. 3 UmwStG die Anschaffungsfiktion des § 5 Abs. 1 UmwStG anzuwenden. Mit dem Urteil vom 09.01.2013[127] stellte der BFH zusätzlich klar, dass die Regelung des § 12 Abs. 1 UmwStG auch dann anzuwenden ist, wenn eine Beteiligung an der übertragenden KapG nicht vorhanden ist bzw. war. In diesen Fällen ist als Buchwert ein Betrag von 0,00 € anzusetzen.

Demnach kann die Ermittlung des Übernahmeergebnisses wie folgt dargestellt werden:

	Wert der übergegangenen WG (§ 12 Abs. 1 S. 1 UmwStG)
./.	Buchwert der Anteile (nach Anwendung des § 5 Abs. 1 sowie außerbilanzielle Korrektur i. S. d. § 12 Abs. 1 S. 2 UmwStG)
./.	Umwandlungskosten[128]
=	Übernahmegewinn/-verlust

Nach § 12 Abs. 2 S. 1 UmwStG bleiben sowohl ein Übernahmegewinn als auch ein Übernahmeverlust außer Ansatz. Dies gilt gem. § 19 Abs. 1 i. V. m. § 12 Abs. 2 UmwStG auch für die GewSt. Soweit die übernehmende KapG Anteile an der übertragenden KapG hält (Upstream-merger), sind zusätzlich im Falle eines Übernahme**gewinns** die Regelungen des § 12 Abs. 2 S. 2 UmwStG zu beachten. In diesen Fällen wird der Verschmelzungsvorgang einem Veräußerungsvorgang gleichgestellt, sodass gem. § 12 Abs. 2 S. 2 UmwStG i. V. m. § 8b Abs. 3 KStG 5 % des Übernahmegewinns als nicht abzugsfähige Betriebsausgaben gelten. Darüber hinaus sind die Einschränkungen des § 8b Abs. 7 und 8 KStG zu beachten.[129] Soweit der Übernahmegewinn oder -verlust bilanziell entsteht und sich auf das Ergebnis der KapG auswirkt, ist die Korrektur außerbilanziell vorzunehmen.

Hinweis: Erfolgt eine Verschmelzung auf eine OrgG und setzt die übernehmende OrgG die WG für steuerliche Zwecke mit den Buchwerten, für handelsrechtliche Zwecke jedoch mit den Verkehrswerten an, ist zu beachten, dass die FinVerw die sich daraus ergebende Mehrabführung auf Ebene der OrgG entgegen der h. M. als vororganschaftlich ansieht.[130] Dies hat zur Folge, dass auf diese Mehrabführungen einerseits die KapESt nach § 43 Abs. 1 Nr. 1 EStG abzuführen und andererseits eine Besteuerung im Rahmen des § 8b KStG vorzunehmen ist. Die Vorschriften des § 9 Nr. 2a GewStG zum Schachtelprivileg sind zu beachten. Dies stellt insb. im Rahmen von Umstrukturierungen nach Unternehmenskäufen ein großes Hindernis dar.

---

127 S. BFH/NV 2013, 881.

128 Zur Zuordnung und Abgrenzung zu aktivierungspflichtigen AK s. *Dötsch* in *Dötsch/Pung/Möhlenbrock*, a. a. O., § 12 UmwStG, Tz. 54 ff.; *Frotscher* in *Frotscher/Maas*, a. a. O., § 12 UmwStG, Tz. 60 ff. und *Schießl* in *Widmann/Mayer*, a. a. O., § 12 UmwStG, Tz. 267.16 ff.

129 S. *Dötsch* in *Dötsch/Pung/Möhlenbrock*, a. a. O., § 12 UmwStG, Tz. 59; *Frotscher* in *Frotscher/Maas*, a. a. O., § 12 UmwStG, Tz. 75; *Schmitt* in *Schmitt/Hörtnagl/Stratz*, a. a. O., § 12 UmwStG, Tz. 47 ff.

130 S. UE 2011, Tz. ORG 33; a. A. FG Rheinland-Pfalz vom 10.09.2019, EFG 2020, 61; anhängig beim BFH unter Az. I R 51/19.

Beispiel 3:

Die A-GmbH soll im Rahmen eines **Sidestream-mergers** auf die B-GmbH zum 31.12.2021 verschmolzen werden. Die Eintragung der Verschmelzung ins Handelsregister erfolgte am 30.06.2021. G'fter der A-GmbH sind die X-GmbH (60 %, Buchwert: 50.000 €) und A (40 %, Anschaffungskosten: 35.000 €, PV). Voraussetzungen für eine Übertragung zu Buchwerten bzw. Zwischenwerten sollen annahmegemäß gegeben sein. Die Bilanzen der A-GmbH und der B-GmbH sehen zum steuerlichen Übertragungsstichtag vereinfacht wie folgt aus:

A	Bilanz zum 31.12.2021 der A-GmbH		P
Anlagevermögen	400.000 €	Stammkapital	100.000 €
Umlaufvermögen	200.000 €	Verlustvortrag	200.000 €
		Sonstige Passiva	300.000 €
	600.000 €		600.000 €

Der gemeine Wert des Anlagevermögens i. S. d. § 9 BewG beträgt 450.000 € (stille Reserven: 50.000 €). Der gemeine Wert des Umlaufvermögens beträgt hingegen 250.000 € (stille Reserven: 50.000 €). Neben dem ausgewiesenen Vermögen verfügt die A-GmbH trotz der Verluste aufgrund von hervorragenden Zukunftsaussichten über einen Firmenwert i. H. v. 50.000 €. Der in der Bilanz ausgewiesene Verlustvortrag entspricht dem Verlustvortrag i. S. d. § 10d EStG.[131] Der Unternehmenswert der A-GmbH beträgt zum 31.12.2021 375.000 €.

A	Bilanz zum 31.12.2021 der B-GmbH		P
Anlagevermögen	500.000 €	Stammkapital	100.000 €
Umlaufvermögen	600.000 €	Kapitalrücklagen	150.000 €
		Gewinnrücklagen	50.000 €
		Jahresüberschuss	120.000 €
		Sonstige Passiva	680.000 €
	1.100.000 €		1.100.000 €

Die B-GmbH hat einen Vermögenswert von 500.000 €.

Lösung:

1. Schritt: Zunächst ist im Zuge der Verschmelzung bei der B-GmbH eine Kapitalerhöhung für die neuen Anteile von der X-GmbH und A zu ermitteln. Diese ermittelt sich auf Grundlage des Umtauschverhältnisses der tatsächlichen Unternehmenswerte:

$$\text{Umtauschverhältnis:} \quad \frac{375.000 \, €}{500.000 \, €}$$

Das Umtauschverhältnis beträgt 0,75, sodass das Nennkapital der B-GmbH um 75 % zu erhöhen ist: 100.000 € x 75 % = 75.000 €. Das Nennkapital der B-GmbH beträgt nach der Verschmelzung 175.000 €.

2. Schritt: Bei der A-GmbH ist gem. § 1 Abs. 1 Nr. 1, Abs. 2 i. V. m. § 11 UmwStG ein **Übertragungsgewinn** zu ermitteln. Laut der getroffenen Annahme liegen die Voraussetzungen für einen Buch- bzw. Zwischenwertansatz vor, sodass grds. eine Übertragung ohne Aufdeckung von stillen Reserven möglich ist. Jedoch verfügt die A-GmbH über steuerliche Verlustvorträge i. H. v. 200.000 €, sodass es sinnvoll ist, **insoweit** die stillen Reserven aufzudecken. Da der Verlustvortrag die stillen Reserven i. H. v. insgesamt 150.000 € (AV: 50.000 €, UV: 50.000 €, Firmenwert: 50.000 €) übersteigt, ist es sinnvoll, auf die Ausübung des Wahlrechts nach § 11 Abs. 2 UmwStG zu verzichten und die WG mit ihrem gemeinen Wert anzusetzen. Die Übertragungsbilanz der A-GmbH sieht demnach nach Aufdeckung der stillen Reserven wie folgt aus:

---

131 Aus Vereinfachungsgründen wird auf die GewSt nicht eingegangen.

A		Übertragungsbilanz zum 31.12.2021 der A-GmbH		P
Firmenwert	50.000 €	Stammkapital	100.000 €	
Anlagevermögen	450.000 €	Verlustvortrag	200.000 €	
Umlaufvermögen	250.000 €	Übertragungsgewinn	150.000 €	
		Sonstige Passiva	300.000 €	
		KSt auf Übertragungs-gewinn	0 €	
	750.000 €		750.000 €	

Der Übertragungsgewinn ermittelt sich wie folgt:

Übergehendes Vermögen der A-GmbH	750.000 €
Buchwert des Vermögens	./. 600.000 €
Buchgewinn	150.000 €
Verlustvortrag i. S. d. § 10d EStG	./. 150.000 €
stpfl. Übertragungsgewinn	0 €
GewSt/KSt	0 €
Übertragungsgewinn	0 €

3. Schritt: Die B-GmbH hat die in der steuerlichen Übertragungsbilanz der A-GmbH angesetzten Werte nach § 12 Abs. 1 UmwStG zu übernehmen. Sie tritt gem. § 12 Abs. 3 UmwStG in die steuerliche Rechtsstellung der A-GmbH ein. Der nicht verbrauchte Verlustvortrag i. H. v. 50.000 € geht jedoch nicht über (§ 12 Abs. 3 2. HS i. V. m. § 4 Abs. 2 UmwStG). Die künftige AfA bemisst sich nach den Regelungen des § 12 Abs. 3 2. HS i. V. m. § 4 Abs. 3 UmwStG.

Mit der Einbuchung des Vermögens geht mangels vorherigen Anteils keine Beteiligung an der A-GmbH unter. Soweit das übergegangene Vermögen den Wert der im Zuge der Kapitalerhöhung geschaffenen neuen Anteile übersteigt, ist dieser als Agio i. S. d. § 272 HGB in die Kapitalrücklage einzustellen.[132]

Ermittlung der Kapitalrücklage:

Übergegangenes Vermögen (750.000 € ./. 300.000 €)	450.000 €
Nennwert neue Anteile	./. 75.000 €
Agio (= Kapitalrücklage)	375.000 €

Der Übernahmegewinn ist gem. § 12 Abs. 2 UmwStG wie folgt zu berechnen:

Übergehendes Vermögen der A-GmbH		450.000 €
abzgl. Anteile an der A-GmbH	./.	0 €
Übernahmegewinn i. S. d. § 12 Abs. 2 UmwStG		450.000 €

Der Übernahmegewinn bleibt gem. § 12 Abs. 2 S. 1 UmwStG außer Ansatz. Eine außerbilanzielle Korrektur ist jedoch nicht vorzunehmen, da aufgrund der Einbuchung in die Kapitalrücklage kein bilanzieller Gewinn entstanden ist. Die Bilanz der B-GmbH sieht nach der Verschmelzung wie folgt aus:

---

132 In Fällen eines Upstream-mergers werden mangels einer Kapitalerhöhung keine neuen Anteile ausgegeben. Die Beteiligung an der Tochter-KapG ist in diesen Fällen gegen die übergegangenen WG auszubuchen. Die Differenz ist handelsrechtlich als Ertrag und steuerlich über einen Ausgleichsposten einzubuchen.

A	Bilanz zum 31.12.2021 der B-GmbH nach Verschmelzung		P
Firmenwert	50.000 €	Stammkapital	175.000 €
Anlagevermögen	950.000 €	Kapitalrücklagen	525.000 €
Umlaufvermögen	850.000 €	Gewinnrücklagen	50.000 €
		Jahresüberschuss	120.000 €
		Sonstige Passiva	980.000 €
	1.850.000 €		1.850.000 €

Zu Besteuerung der Anteilseigner wird auf das Beispiel 6 in Kap. V 5.3 verwiesen.

Beispiel 4:

Die C-GmbH ist an der D-GmbH zu 100 % beteiligt. Die Tochter (D-GmbH) soll im Wege eines **Upstream-mergers** auf die Muttergesellschaft (C-GmbH) verschmolzen werden. Als handelsrechtlicher Verschmelzungsstichtag wurde im Verschmelzungsvertrag der 01.01.2022 aufgenommen. Die Verschmelzung soll steuerlich möglichst neutral durchgeführt werden. Voraussetzungen für eine Übertragung zu Buchwerten bzw. Zwischenwerten sollen annahmegemäß gegeben sein. Im Anlagevermögen der D-GmbH sind stille Reserven i. H. v. 100.000 € enthalten. Dem HR wird gem. § 17 Abs. 2 UmwG folgende SB des übertragenden Rechtsträgers (D-GmbH) zum 31.12.2021 zur Anmeldung vorgelegt:

A	Bilanz zum 31.12.2021 der D-GmbH		P
Anlagevermögen	200.000 €	Stammkapital	100.000 €
Umlaufvermögen	250.000 €	Rücklagen	100.000 €
		Jahresüberschuss	50.000 €
		Verbindlichkeiten	200.000 €
	450.000 €		450.000 €

Der aufnehmende Rechtsträger hat zum 31.12.2020 folgende Bilanz vor Verschmelzung aufgestellt:

A	Bilanz zum 31.12.2021 der C-GmbH		P
Anlagevermögen	300.000 €	Stammkapital	200.000 €
Beteiligung D-GmbH	100.000 €	Rücklagen	300.000 €
Umlaufvermögen	300.000 €	Jahresüberschuss	100.000 €
		Verbindlichkeiten	100.000 €
	700.000 €		700.000 €

Lösung:

1. Schritt: Eine Stammkapitalerhöhung ist bei dieser Umwandlung gem. § 54 Abs. 1 Nr. 1 UmwG nicht vorzunehmen.

2. Schritt: Für die Verschmelzung sind aus steuerlicher Sicht die §§ 11 – 12 UmwStG maßgebend. Die Verschmelzung ist grundsätzlich so durchzuführen, dass in der Übertragungsbilanz der D-GmbH die gemeinen Werte zum Ansatz kommen. Auf Antrag können gem. § 12 Abs. 2 UmwStG die Buchwerte fortgeführt werden. Die Voraussetzungen sollen hierfür gegeben sein. Ein Übertragungsgewinn entsteht demnach nicht.

3. Schritt: Die C-GmbH hat die in der steuerlichen Übertragungsbilanz der D-GmbH angesetzten Werte nach § 12 Abs. 1 UmwStG zu übernehmen. Sie tritt gem. § 12 Abs. 3 UmwStG in die steuerliche Rechtsstellung der D-GmbH ein. Nach § 12 Abs. 2 S. 1 UmwStG bleibt der Übernahmegewinn/Übernahmeverlust außer Ansatz. Es ist jedoch § 8b KStG anzuwenden (§ 12 Abs. 2 S. 2 UmwStG), soweit die übernehmende Körperschaft an der übertragenden Körperschaft beteiligt ist. Die C-GmbH hält 100 % der Anteile an der D-GmbH.

Übergehendes Vermögen der D-GmbH	250.000 €	
abzüglich Buchwert der Anteile an der D-GmbH	100.000 €	
Übernahmegewinn i. S. d. § 12 Abs. 2 S. 1 UmwStG	150.000 €	
Dieser Übernahmegewinn ist nach den Vorschriften des § 12 Abs. 2 S. 2 UmwStG i. V. m. § 8b Abs. 3 und 5 KStG mit 5 % zu versteuern (fiktive nicht abziehbare Ausgaben)	7.500 €	
darauf Gewerbesteuer (ca. 15 %)[133]	1.125 €	
Tarifbelastung KSt (15 % von 7.500 €)	1.125 €	
gesamte steuerliche Belastung	2.250 €	

Diese Steuerbelastung entsteht bei der aufnehmenden C-GmbH zum steuerlichen Übertragungsstichtag. So wird nach der Verschmelzung vom übernehmenden Rechtsträger folgende StB erstellt:

A	Bilanz zum 31.12.2021 der C-GmbH		P
Anlagevermögen	500.000 €	Stammkapital	200.000 €
Beteiligung B-GmbH	weggefallen	Rücklagen	300.000 €
Umlaufvermögen	550.000 €	Jahresüberschuss	97.750 €
		Übernahmegewinn	150.000 €
		Verbindlichkeiten	302.250 €
	1.050.000 €		1.050.000 €

Die Position Übernahmegewinn in der Bilanz der aufnehmenden C-GmbH soll nur verdeutlichen, dass die Verschmelzung hier zu einem Übernahmegewinn führt. Es wäre auch denkbar, dass die Rücklagen der D-GmbH Rücklagen in der C-GmbH werden. Die Gesamtrechtsnachfolge bezieht sich auch auf die beschlossenen Einstellungen in die Rücklage der übertragenden Gesellschaft.

3   Gewinnerhöhung und -minderung durch Vereinigung von Forderungen und Verbindlichkeiten – Übernahmefolgeergebnis

Die Eintragung der Verschmelzung in das Handelsregister der übernehmenden KapG führt dazu, dass Forderungen und (ungewisse) Verbindlichkeiten infolge der Konfusion erlöschen. Soweit sich diese nicht mit gleichen Werten gegenüberstehen (inkongruente Konfusion), kommt es bei der übernehmenden KapG zu einem Übernahmefolgeergebnis, auf den gem. § 12 Abs. 4 UmwStG die Regelungen des § 6 UmwStG anzuwenden sind. Auf die Ausführungen unter Kap. IV 3 wird verwiesen. Ein etwaiger Übernahmefolgegewinn unterliegt der GewSt gem. § 19 Abs. 1 i. V. m. § 12 Abs. 4 UmwStG.

4   Auswirkungen auf den steuerlichen Eigenkapitalausweis: Nennkapitalherabsetzung beim übertragenden Rechtsträger und Nennkapitalerhöhung beim aufnehmenden Rechtsträger

§ 54 UmwG regelt abschließend, in welchen Fällen bei einer Verschmelzung zweier KapG beim übernehmenden Rechtsträger keine Nennkapitalerhöhung vorzunehmen ist. Hierzu zählt die große Gruppe des Upstream-mergers gem. § 54 Abs. 1 Nr. 1 UmwG in den Fällen, in denen die übernehmende Mutter-KapG an der übertragenden Tochter-KapG 100 % der Anteile hält. In allen anderen Fällen erfolgt beim aufnehmenden Rechtsträger immer eine

---

133 Unter Beachtung von § 4 Abs. 5b EStG.

(ggf. anteilige) Kapitalerhöhung. Auf die Kapitalveränderung im Zusammenhang mit einer Umwandlung gelten die Regelungen des § 29 KStG.

Nach § 29 Abs. 1 KStG gilt das Nennkapital der **übertragenden** KapG in Fällen des § 1 UmwG als in vollem Umfang nach § 28 Abs. 2 S. 1 KStG herabgesetzt. Soweit demnach ein Sonderausweis i. S. d. § 28 Abs. 1 KStG nicht vorhanden ist, führt die Kapitalherabsetzung zu einer Erhöhung des steuerlichen Einlagenkontos der übertragenden KapG. Dieser Bestand des Einlagenkontos ist gem. § 29 Abs. 2 KStG dem steuerlichen Einlagenkonto der übernehmenden KapG hinzuzurechnen, soweit die übernehmende KapG nicht an der übertragenden KapG beteiligt ist. Nach Anwendung der § 29 Abs. 1 und 2 ist darüber hinaus grds. die Anpassung des Nennkapitals nach § 29 Abs. 1 KStG und des Sonderausweises nach § 29 Abs. 3 KStG vorzunehmen. Demnach lassen sich die Auswirkungen vereinfacht wie folgt darstellen[134]:

1. Schritt: Fiktive Herabsetzung des Nennkapitals der übertragenden KapG nach § 29 Abs. 1 i. V. m. § 28 Abs. 2 S. 1 KStG.

Rechtsfolge: Minderung/Auflösung eines vorhandenen Sonderausweises und Erhöhung des steuerlichen Einlagenkontos i. H. d. den Sonderausweis übersteigenden Betrags.

2. Schritt: Anpassung der steuerlichen Einlagenkonten der übertragenden bzw. übernehmenden KapG nach § 29 Abs. 2 KStG. Für Fälle der Auf- oder Abspaltung erfolgt die Anpassung nach den Regelungen des § 29 Abs. 3 KStG.

Rechtsfolge: Soweit die übernehmende KapG an der übertragenden KapG nicht beteiligt ist, erfolgt eine Erhöhung des steuerlichen Einlagenkontos der übernehmenden KapG.

3. Schritt: Anpassung des Nennkapitals der beteiligten Rechtsträger nach § 29 Abs. 4 KStG auf die Verhältnisse nach der Umwandlung.

Beispiel 5:

Eine GmbH soll auf eine andere GmbH verschmolzen werden. Das Stammkapital der aufnehmenden GmbH wird nach der Verschmelzung um 100.000 € erhöht.

Die übertragende GmbH hat folgendes Kapital:

Nennkapital:	300.000 €
Davon Sonderausweis i. S. d. § 28 Abs. 1 KStG:	100.000 €
Rücklagen:	200.000 €

Die übernehmende GmbH hat vor der Verschmelzung folgendes Kapital:

Nennkapital:	200.000 €
Rücklagen:	300.000 €

Lösung: Maßgebend ist hier die Vorschrift § 29 KStG. Zunächst muss bei der übertragenden GmbH gem. § 29 Abs. 1 i. V. m. § 28 Abs. 2 S. 1 KStG eine Kapitalherabsetzung vorgenommen werden.

---

134 S. UE 2011, Tz. K.01 ff.

	Vorspalte	Einlagekonto	Sonderausweis
Anfangsbestand		0 €	100.000 €
Nennkapital	300.000 €		
Abzgl. Verringerung des Sonderausweises	./.100.000 €		./. 100.000 €
Rest – Zugang beim Einlagekonto	./. 200.000 €	200.000 €	
Abgang aus dem Einlagekonto aufgrund der Verschmelzung		./. 200.000 €	

Das Stammkapital bei der aufnehmenden GmbH sieht nach der Umwandlung wie folgt aus:

	Vorspalte	Einlagekonto	Sonderausweis
Anfangsbestand		0 €	0 €
Betrag der fiktiven Kapitalherabsetzung bei der übertragenden Gesellschaft und gleichzeitig Zugang im Einlagekonto der übernehmenden Gesellschaft	200.000 €	200.000 €	
Abgang wegen Kapitalerhöhung gem. § 28 Abs. 1 KStG	./. 100.000 €	./. 100.000 €	
Rest – Zugang beim Einlagekonto	100.000 €	100.000 €	

Hinsichtlich der übergehenden Rücklagen sind keine Feststellungen zu treffen.

5 Besteuerung der Anteilseigner der übertragenden Kapitalgesellschaft

5.1 Anwendung des § 13 UmwStG

Die Verschmelzung führt zum Erlöschen der **übertragenden** KapG, sodass die bisherigen Anteilseigner ihre Anteile an dieser verlieren. Soweit für den Untergang der Anteile den Anteilseignern als Gegenleistung Anteile an der übernehmenden KapG gewährt werden, liegt eine **fiktive** Veräußerung der Anteile an der übertragenden KapG und Anschaffung der Anteile an der übernehmenden KapG vor, die als **tauschähnlicher Vorgang** nach den Regelungen des § 13 UmwStG zu behandeln ist.[135] Im Umkehrschluss folgt daraus, dass insb. in Fällen der Upstream-merger § 13 UmwStG **keine Anwendung** findet, da die übernehmende Mutter-KapG insoweit keine Anteile erhält. Soweit die Gegenleistung für den Verlust der Anteile in anderen Werten als in Gesellschaftsrechten besteht, findet § 13 UmwStG ebenfalls keine Anwendung. Insoweit ist die Gegenleistung nach den allgemeinen Grundsätzen für die (anteilige) Veräußerung der Anteile zu behandeln.[136] Die allgemeinen Grundsätze sind auch dann anzuwenden, soweit die nach der Verschmelzung vorliegenden Anteilsverhältnisse nicht die Verhältnisse vor der Verschmelzung widerspiegeln, sodass – im Wege einer verdeckten Einlage oder verdeckten Gewinnausschüttung – eine Werteverschiebung vorliegt.[137] In diesen Fällen ist nach Auffassung der FinVerw ggf. eine freigebige Zuwendung zwischen

---

135 S. *Dötsch/Werner* in *Dötsch/Pung/Möhlenbrock*, a. a. O., § 13 UmwStG, Tz. 1; *Frotscher* in *Frotscher/Maas*, a. a. O., § 13 UmwStG, Tz. 2 und 10.
136 *Frotscher* in *Frotscher/Maas*, a. a. O., § 13 UmwStG, Tz. 6 ff.
137 S. UE 2011, Tz. 13.03; BFH vom 09.11.2010, BStBl II 2011, 799.

den G'ftern zu prüfen. Eine freigebige Zuwendung soll insb. dann anzunehmen sein, wenn den G'ftern der übertragenden KapG eine Beteiligung gewährt wird, die den (anteiligen) Wert der übertragenden KapG übersteigt.[138]

Darüber hinaus fallen **nicht** in den Anwendungsbereich des § 13 UmwStG solche Anteile an der übertragenden KapG, die **nicht steuerverhaftet** sind (z. B. eines ausländischen Anteilseigners, die nicht unter das Besteuerungsrecht Deutschlands fallen) oder die nach dem 31.12.2008 angeschafften Anteile im PV, die die Voraussetzungen des § 17 EStG nicht erfüllen.[139] Letztere fallen ab dem 01.01.2009 ausdrücklich vorrangig in den Regelungsbereich des § 20 Abs. 4a S. 1 und 2 EStG, sodass bei Vorliegen der Voraussetzungen der Tausch in diesen Fällen **zwingend** steuerneutral vorzunehmen ist. Zu einer Besteuerung kommt es demnach erst, wenn die Anteile an der übernehmenden KapG veräußert werden.

Im Übrigen sind die Vorschriften des § 13 UmwStG auch bei **grenzüberschreitenden** Verschmelzungen sowie bei Verschmelzung in Drittstatten i. S. d. § 12 Abs. 2 S. 2 KStG und unabhängig von der Ausübung des Bewertungswahlrechts nach § 11 UmwStG anzuwenden.[140]

5.2 Bestimmung des fiktiven Veräußerungspreises

Nach § 13 Abs. 1 UmwStG gilt als fiktiver Veräußerungspreis grds. der gemeine Wert der Anteile an der übertragenden KapG, der nach den Regelungen des § 11 BewG zu bestimmen ist. Dieser Veräußerungspreis dient der Ermittlung des Veräußerungsgewinns bzw. -verlusts nach den allgemeinen Regelungen gem. §§ 17, 23 Abs. 3 EStG a. F. oder §§ 4 Abs. 1, 5 EStG. Gleichzeitig gilt er in diesen Fällen als Anschaffungspreis der Anteile an der übernehmenden KapG, sodass eine doppelte Erfassung etwaiger stiller Reserven unterbleibt. Abweichend hiervon sind jedoch gem. – in seinem Wortlaut missglückten – § 13 Abs. 2 S. 1 UmwStG die Anteile an der übernehmenden KapG mit dem Buchwert bzw. gem. § 13 Abs. 2 S. 3 UmwStG mit den AK anzusetzen, **wenn** die Voraussetzungen der § 13 Abs. 2 S. 1 Nr. 1 und 2 UmwStG erfüllt sind. Dabei ist zu beachten, dass der Ansatz mit einem Zwischenwert **nicht** möglich ist. Die Antragsvoraussetzungen sind erfüllt[141], wenn

- das deutsche Besteuerungsrecht hinsichtlich der Besteuerung der stillen Reserven der Anteile an der übernehmenden KapG nicht beschränkt wird oder
- die Mitgliedstaaten der EU bei der Verschmelzung Art. 8 der Fusionsrichtlinie anzuwenden haben.

Liegen die Voraussetzungen vor, so treten **auf Antrag** gem. § 13 Abs. 2 S. 2 UmwStG die Anteile an der übernehmenden KapG steuerlich an die Stelle der Anteile an der übertragenden KapG (sog. Fußstapfentheorie). Eine fiktive Veräußerung liegt in diesen Fällen nicht vor.[142] Folglich gehen grds. sämtliche in den untergegangenen Anteilen behafteten Verpflichtungen, (Halte-) Fristen und Beteiligungsverhältnisse auf die neuen Anteile über.[143] Die Besteuerung von Streubesitzdividenden durch die Regelung des § 8b Abs. 4 KStG kann demzufolge nicht ver-

---

138 S. gleichlautende Erlasse vom 14.03.2012, BStBl I 2012, 331, Tz. 2.

139 *Frotscher* in *Frotscher/Maas*, a. a. O., § 13 UmwStG, Tz. 8 f.

140 S. *Dötsch/Werner* in *Dötsch/Pung/Möhlenbrock*, a. a. O., § 13 UmwStG, Tz. 4 ff.; *Schießl* in *Widmann/Mayer*, a. a. O., § 13 UmwStG, Tz. 1; *Kraft/Poley*, Steuer und Studium 2013, 161 sowie IStR 2013, 328 und IStR 2013, 866.

141 S. im Einzelnen *Dötsch/Werner* in *Dötsch/Pung/Möhlenbrock*, a. a. O., § 13 UmwStG, Tz. 26 ff.; *Frotscher* in *Frotscher/Maas*, a. a. O., § 13 UmwStG, Tz. 30 ff.

142 S. *Frotscher* in *Frotscher/Maas*, a. a. O., § 13 UmwStG, Tz. 33; a. A. *Dötsch/Werner* in *Dötsch/Pung/Möhlenbrock*, a. a. O., § 13 UmwStG, Tz. 55a.

143 S. im Einzelnen *Klingberg* in *Blümich*, a. a. O., § 13 UmwStG, Tz. 38; *Schmitt* in *Schmitt/Hörtnagl/Stratz*, a. a. O., § 13 UmwStG, Tz. 48.

mieden werden, soweit bereits vor der Umwandlung eine Beteiligung von weniger als 10 % bestand und diese sich nach der Umwandlung auf mind. 10 % erhöht hat.

5.3 Besteuerung des (fiktiven) Veräußerungsgewinns/-verlusts

Zum Entstehen eines (fiktiven) Veräußerungsgewinns bzw. -verlusts kommt es nur, wenn die Antragsvoraussetzungen des § 13 Abs. 2 S. 1 UmwStG nicht vorliegen oder das Antragswahlrecht nicht ausgeübt wird. Der Gewinn oder Verlust entsteht im Zeitpunkt der Eintragung der Verschmelzung ins Handelsregister, da die steuerliche Rückwirkung des § 2 UmwStG seinem Wortlaut nach nicht auf die Fälle des § 13 UmwStG angewendet werden kann.[144] Hinsichtlich der Besteuerung gelten die allgemeinen Grundsätze der §§ 17, 23 Abs. 3 EStG a. F. oder §§ 4 Abs. 1, 5 EStG. Die Regelungen des § 8b KStG sowie der §§ 3 Nr. 40, 3c EStG sind ebenfalls anzuwenden. Für Anteile i. S. d. § 20 Abs. 4a EStG sind ggf. die Regelungen des § 20 Abs. 6 EStG zu beachten.

Beispiel 6:

Das Beispiel 3 in Kap. V 2.3 soll nun unter Hinzuziehung der G'fter fortgeführt werden. Die G'fter der auf die B-GmbH verschmolzenen A-GmbH sind demnach die X-GmbH (60 %, Buchwert: 50.000 €) und A (40 %, Anschaffungskosten: 35.000 €, PV). Die Voraussetzungen des § 13 Abs. 2 UmwStG sollen annahmegemäß vorliegen.

Lösung: Die steuerliche Behandlung der X-GmbH und des A richtet sich nach den Regelungen des § 13 UmwStG. Die Anteile des A erfüllen dabei die Voraussetzungen des § 17 EStG. Unabhängig von den Wertansätzen auf Ebene der A-GmbH nach § 11 UmwStG haben sowohl die X-GmbH als auch A ein Wahlrecht.

X-GmbH: Bei der X-GmbH ist die Beteiligung an der A-GmbH auszubuchen und die an der B-GmbH zu bilanzieren. Übt die X-GmbH das Wahlrecht dahingehend aus, dass als Veräußerungspreis der (anteilige) gemeine Wert (375.000 € x 60 % = 225.000 €) angesetzt wird, ist der daraus entstehende Gewinn (225.000 € ./. 50.000 € = 175.000 €) nach § 8b Abs. 2 KStG steuerfrei. Es sind jedoch gem. § 8b Abs. 3 KStG 5 % des Gewinns (= 8.750 €) als nicht abzugsfähige Betriebsausgaben dem Gewinn hinzuzurechnen. Die Rechtsfolgen treten im Jahr 2022 ein. Bei einem Ansatz mit dem Buchwert ändert sich lediglich der Name der Beteiligung.

A: Für A entsteht im Falle des Ansatzes des gemeinen Werts ein Veräußerungsgewinn i. S. d. § 17 Abs. 2 EStG. Der gemeine Wert seiner Beteiligung beträgt 150.000 € (375.000 € x 40 % = 150.000 €). Als Veräußerungspreis ist gem. § 3 Nr. 40 S. 1 Buchst. c EStG ein Wert i. H. v. 90.000 € (= 60 % von 150.000 €) anzusetzen. Die Anschaffungskosten sind gem. § 3c Abs. 2 EStG i. H. v. 21.000 € (= 60 % von 35.000 €) abzuziehen. Es ergibt sich ein Veräußerungsgewinn i. H. v. 69.000 €. Ein Freibetrag i. H. v. 3.624 € (= 40 % von 9.060 €) ist nicht zu gewähren, da eine Kürzung des Freibetrags nach § 17 Abs. 3 S. 2 EStG in voller Höhe erfolgt (3.624 € ./. 40 % von 36.100 € = 14.440 €, verbleibender Freibetrag = 0 €). Der Veräußerungsgewinn ist im Jahr 2022 zu versteuern. Bei einem Ansatz mit dem Buchwert ist kein Veräußerungsgewinn zu ermitteln. In diesem Fall treten die neuen Anteile an der B-GmbH an die Stelle der Anteile an der A-GmbH.

---

144 S. UE 2011, Tz. 13.06; *Frotscher* in *Frotscher/Maas*, a. a. O., § 13 UmwStG, Tz. 20; *Dötsch/Werner* in *Dötsch/Pung/Möhlenbrock*, a. a. O., § 13 UmwStG, Tz. 25.

V Spaltung

Die Spaltung wird zivilrechtlich in den Vorschriften des § 1 Abs. 1 Nr. 2 i. V. m. §§ 123 UmwG ff. geregelt. Die – im Wege der Aufnahme oder im Wege der Neugründung gegen Gewährung von Anteilen – mögliche Spaltung wird gem. § 123 Abs. 1 bis 3 UmwG wie folgt untergliedert:
1. Aufspaltung,
2. Abspaltung,
3. Ausgliederung.

Die Aufspaltung ist in § 123 Abs. 1 UmwG geregelt. Danach wird das Vermögen eines Rechtsträgers unter Auflösung ohne Abwicklung auf mindestens zwei andere Rechtsträger aufgeteilt. Der aufnehmende Rechtsträger hat im Gegenzug den Anteilseignern des übertragenden Rechtsträgers Anteile zu gewähren. Folgendes Schaubild verdeutlicht die Aufspaltung.

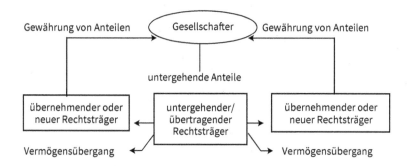

Bei der Abspaltung – geregelt in § 123 Abs. 2 UmwG – bleibt der übertragende Rechtsträger bestehen, er überträgt lediglich Teile seines Vermögens auf einen oder mehrere Rechtsträger. Der aufnehmende Rechtsträger hat im Gegenzug den Anteilseignern des übertragenden Rechtsträgers Anteile zu gewähren – s. nachfolgendes Schaubild.

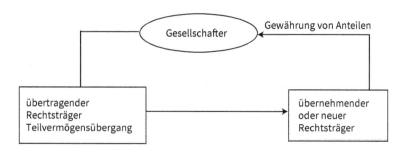

Durch den Verweis in § 125 UmwG auf die – mit Ausnahme einzelner Vorschriften – Anwendung der Regelungen zur Verschmelzung könnte die Spaltung auch als »anteilige« Verschmelzung bezeichnet werden. Dabei ist es im Rahmen der **Auf- und Abspaltung** auch möglich, eine Änderung der Beteiligungsverhältnisse herbeizuführen. In diesen Fällen spricht man von der **nicht verhältniswahrenden Spaltung**, für die zivilrechtlich die Regelungen des § 128 UmwG zu beachten sind.[145] Die nicht verhältniswahrende Spaltung bietet sich insb. zur Trennung von G'fter-Stämmen an.[146]

Strittig ist, inwieweit das **UmwG** auch auf grenzüberschreitende Spaltungen anzuwenden ist, da § 125 UmwG ausdrücklich nicht auf die Regelungen des §§ 122a UmwG ff. verweist.[147] Unabhängig von der hierzu geführten Diskussion können rein ausländische Vorgänge grds. als vergleichbare ausländische Vorgänge zu qualifizieren sein, auf die das UmwStG Anwendung finden kann.

Die Ausgliederung – § 123 Abs. 3 UmwG – entspricht im Wesentlichen der Abspaltung. Die Anteile an den übernehmenden oder neuen Rechtsträgern fallen jedoch in das Vermögen des ausgliedernden Rechtsträgers.

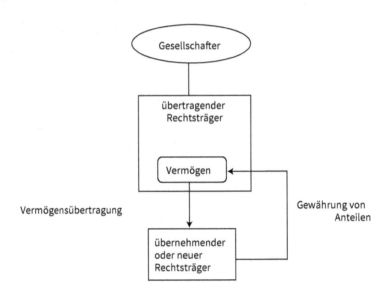

1   Bilanzielle Darstellung der Spaltung

Schematisch gesehen erfolgt eine Aufspaltung oder Abspaltung nach dem nachstehend aufgeführten Muster:

- **Aufspaltung**

A	Bilanz der Altgesellschaft XY (vor der Spaltung)	P
Teilbetrieb I Teilbetrieb II	• Stammkapital	50.000 €

---

145 S. *Hörtnagl* in *Schmitt/Hörtnagl/Stratz*, a. a. O., § 128 UmwG, Tz. 4 ff.; sowie ausführliches Beispiel *Nagel/Thies*, GmbHR 2004, 83.

146 S. *Dötsch/Stimpel* in *Dötsch/Pung/Möhlenbrock*, a. a. O., § 15 UmwStG, Tz. 331 ff.; *Hörtnagl* in *Schmitt/Hörtnagl/Stratz*, a. a. O., § 15 UmwStG, Tz. 216 ff.

147 S. hierzu *Hörtnagl* in *Schmitt/Hörtnagl/Stratz*, a. a. O., § 1 UmwStG, Tz. 30; *Dötsch/Stimpel* in *Dötsch/Pung/Möhlenbrock*, a. a. O., § 15 UmwStG, Tz. 16; *Frotscher* in *Frotscher/Maas*, a. a. O., § 15 UmwStG, Tz. 23 und 51 ff.

A	Bilanz der neu gegründeten KapG A (nach der Spaltung)	P
Teilbetrieb I	• Stammkapital (mindestens 25.000 €/50.000 €[148]) • Gewährung der Anteile für die G'fter der Altgesellschaft, ggf. Kapitalrücklage	50.000 €

A	Bilanz der bisher schon bestehenden KapG B (nach der Spaltung)	P
Bisherige WG der KapG B Teilbetrieb II	• Stammkapital • Kapitalerhöhung um … €; • Gewährung der Anteile für die G'fter der Altgesellschaft, ggf. steuerfreier Übernahmegewinn	50.000 €

• **Abspaltung**

A	Bilanz der Altgesellschaft Z (vor der Spaltung)	P
Teilbetrieb I Teilbetrieb II	• Stammkapital	50.000 €

A	Bilanz der neu gegründeten KapG A (nach der Spaltung)	P
Teilbetrieb I	• Stammkapital (mindestens 25.000 €/50.000 €) • Gewährung der Anteile für die G'fter der Altgesellschaft, ggf. Kapitalrücklage	50.000 €

A	Bilanz der Altgesellschaft Z (nach der Spaltung)	P
Teilbetrieb II	• Stammkapital • Ggf. Kapitalherabsetzung nach § 139 UmwG; allerdings vereinfacht nach § 58a – 58f GmbHG	50.000 €

Der übertragende Rechtsträger hat gem. § 125 i. V. m. § 17 Abs. 2 UmwG eine Bilanz zum Übertragungsstichtag aufzustellen. In den Fällen der Aufspaltung ist die Bilanzierung unproblematisch, da der übertragende Rechtsträger untergeht. In den Fällen der Abspaltung, bei denen die Gegenleistung für die Übertragung eines Teils des Vermögens nicht dem übertragenden Rechtsträger, sondern dessen G'fter gewährt wird, ist für die handelsrechtliche Bilanzierung zu unterscheiden, ob der Saldo aus übertragenen Aktiven und Passiven positiv oder negativ ist. Ein positiver Saldo führt beim übertragenden Rechtsträger zu einer Vermögensminderung, die sich im handelsbilanziellen Ausweis des Eigenkapitals niederschlagen muss. Da die Übertragung der Gesellschaftsrechte unmittelbar an den G'fter erfolgt, ist in der Abspaltung eine Auskehrung eines Teils des Vermögens zu sehen. In diesen Fällen kann es

---

148 Das Mindeststammkapital ist abhängig von der Gesellschaftsform (§ 5 Abs. 1 GmbHG: 25.000 € und § 7 AktG: 50.000 €).

dann auch zu Kapitalherabsetzungen kommen, wenn das zu übertragende Vermögen unter Einbeziehung der stillen Reserven zur Deckung des gezeichneten Kapitals nicht ausreicht.

Beim übernehmenden Rechtsträger sind gem. § 125 UmwG die Vorschriften des UmwG über die Verschmelzung entsprechend anzuwenden. Danach braucht der übernehmende Rechtsträger bei der Spaltung zur Aufnahme keine besondere Bilanz zu erstellen; es handelt sich vielmehr um einen laufenden Geschäftsvorfall. Bei der Spaltung zur Neugründung muss hingegen eine Bilanz (EB) zum Spaltungsstichtag aufgestellt werden.[149]

2 Spaltung im Steuerrecht

Die **Auf- und Abspaltung** sowie diesen vergleichbare ausländische Vorgänge sind steuerrechtlich gem. § 1 Abs. 1 Nr. 1, Abs. 2 UmwStG nach den Regelungen der §§ 15 und 16 UmwStG zu behandeln. In Abhängigkeit des übernehmenden Rechtsträgers sind demnach die Vorschriften der §§ 3 bis 8 bzw. §§ 11 bis 13 UmwStG entsprechend anzuwenden. Dies hat zur Folge, dass die dort genannten Voraussetzungen **neben** denen der §§ 15 und 16 UmwStG vorliegen müssen. Weiterhin führt der Verweis auf die Vorschriften der §§ 3 und 11 UmwStG zu einer entsprechenden Verpflichtung der übertragenden KapG, eine steuerliche Spaltungsbilanz auf den Spaltungsstichtag aufzustellen.[150] Die in § 123 Abs. 3 UmwG geregelte **Ausgliederung** fällt hingegen gem. § 1 Abs. 1 S. 2, Abs. 3 Nr. 2 UmwStG in den Anwendungsbereich der §§ 20, 24 UmwStG. Weiterhin zu beachten ist, dass die Regelungen des UmwStG in Fällen einer zivilrechtlich nicht wirksamen Spaltung keine Anwendung finden, sodass die Regelungen der §§ 15, 16 UmwStG insgesamt nicht anzuwenden sind. Dies hat zur Folge, dass die Aufspaltung wie eine Liquidation und die Abspaltung wie eine Kapitalherabsetzung i. S. d. § 28 Abs. 2 KStG zu behandeln ist. Die Anteilseigner erzielen insoweit Einkünfte aus Kapitalvermögen und führen eine (verdeckte) Einlage zum TW nach § 6 Abs. 1 Nr. 5 EStG bei der übernehmenden KapG bzw. PersG durch.[151] Es gelten insoweit die allgemeinen Grundsätze.

3 Steuerliche Regelungen für den übertragenden Rechtsträger – Ermittlung des Übertragungsgewinns

3.1 Ansatz mit dem gemeinen Wert

Durch den Verweis auf die Regelungen des § 11 bzw. § 3 UmwStG hat die übertragende KapG gem. § 15 Abs. 1 S. 1 bzw. § 16 i. V. m. § 15 UmwStG die WG, die i. R. d. zivilrechtlich wirksamen Spaltung übertragen werden sollen, d. h. in Fällen der Aufspaltung sämtliche und in Fällen der Abspaltung nur die insoweit übergehenden WG, grds. mit dem gemeinen Wert anzusetzen. Die i. R. d. Abspaltung zurückbehaltenen WG sind weiterhin mit dem Buchwert zu bilanzieren. Ein ggf. entstehender Übertragungsgewinn ist sowohl körperschaft- als auch gewerbesteuerpflichtig. Insoweit kann auf die Ausführungen in Kap. IV 1.1 und Kap. V 1.1 verwiesen werden. Die durch den Vermögensabgang entstehende **bilanzielle** Vermögensminderung ist aufgrund ihrer gesellschaftsrechtlichen Veranlassung außerbilanziell zu neutralisieren.[152]

3.2 Ansatz mit dem Buchwert/Zwischenwert

Liegen die Voraussetzungen der §§ 3 Abs. 2 und 11 Abs. 2 UmwStG vor, so können die **übertragenen** WG mit dem Buchwert bzw. einem Zwischenwert nur dann angesetzt werden, **wenn**

---

149 S. *Dötsch/Stimpel* in *Dötsch/Pung/Möhlenbrock*, a. a. O., § 15 UmwStG, Tz. 56.

150 S. UE 2011, Tz. 15.14.

151 S. *Schießl* in *Widmann/Mayer*, a. a. O., § 15 UmwStG, Tz. 134.

152 *Hörtnagl* in *Schmitt/Hörtnagl/Stratz*, a. a. O., § 15 UmwStG, Tz. 245; *Dötsch/Stimpel* in *Dötsch/Pung/Möhlenbrock*, a. a. O., § 15 UmwStG, Tz. 376.

gem. § 15 Abs. 1 S. 2 (i. V. m. § 16) UmwStG in Fällen der Aufspaltung auf die übernehmende(n) Körperschaft(en) (jeweils) ein **Teilbetrieb** übertragen wird. In Fällen der Abspaltung muss darüber hinaus zusätzlich bei der übertragenden KapG ein (weiterer) Teilbetrieb verbleiben.[153] Nach dem Willen der FinVerw muss es sich dabei in jedem Falle um einen »Nur-Teilbetrieb« handeln, d. h. in den Fällen, in denen WG nicht zu einem Teilbetrieb zugeordnet werden können, eine erfolgsneutrale Spaltung nicht in Betracht kommt.[154] In diesen Fällen bietet es sich an, die sog. spaltungshindernden WG zu veräußern.

Der Ansatz der WG zu Buchwerten bzw. einem Zwischenwert ist weiterhin auch dann ausgeschlossen, wenn die Tatbestände des § 15 Abs. 2 (i. V. m. § 16) UmwStG erfüllt werden (sog. Missbrauchstatbestände[155]). Sind die Voraussetzungen für eine erfolgsneutrale Spaltung gegeben, so kann das Wahlrecht i. S. d. § 3 Abs. 2 bzw. § 11 Abs. 2 UmwStG nach Auffassung der Literatur für **jeden übertragenen Teilbetrieb** unterschiedlich ausgeübt werden.[156]

3.2.1 Definition des Teilbetriebs

Abweichend vom Handelsrecht bzw. UmwG, in dem das Übertragen von bereits einzelnen WG im Wege der Spaltung genügt, ist die steuerlich erfolgsneutrale Übertragung von WG i. R. d. Spaltung zusätzlich an das Vorliegen eines **Teilbetriebs** geknüpft. Da § 15 UmwStG eine eigenständige Definition des Teilbetriebs nicht enthält, ist fraglich, inwieweit der Begriff des Teilbetriebs in Anlehnung an die entwickelten Grundsätze zu § 16 EStG oder gar an die Definition des Art. 2 Buchst. j der Fusionsrichtlinie[157] auszulegen ist.

Nach der ständigen Rspr. des BFH ist unter einem Teilbetrieb ein organisch geschlossener, mit einer gewissen Selbständigkeit ausgestatteter Teil des Gesamtbetriebs zu verstehen, der für sich allein funktions- bzw. lebensfähig ist, d. h. über die für seinen Betrieb wesentlichen Betriebsgrundlagen verfügt.[158] Abweichend von § 16 EStG[159] gilt für Zwecke des UmwStG mithin nur die rein **funktionale** Betrachtungsweise. Weitere Voraussetzung ist, dass sämtliche zum Teilbetrieb gehörenden wesentlichen Betriebsgrundlagen auf den Erwerber übergehen, ein obligatorisches Nutzungsrecht reicht nach Auffassung des BFH nicht aus.[160] Inwieweit von der Übertragung eines Teilbetriebs ausgegangen werden kann, wenn der Erwerber durch das Nutzungsverhältnis wirtschaftlicher (Mit-)Eigentümer der überlassenen WG wird, ließ der BFH hingegen offen. Nach Auffassung der FinVerw soll die Begründung des **wirtschaftlichen Eigentums** ausreichend sein.[161] In seinem Urteil vom 07.04.2010[162] vertritt der BFH darüber hinaus die Auffassung, dass die Bestimmungen der Fusionsrichtlinie auf § 15 UmwStG keine Anwendung finden, um jedoch gleichwohl festzustellen, dass die Teilbe-

---

153 Zur Definition des Teilbetriebs s. nachfolgend in Kap. IV 3.2.1.

154 S. UE 2011, Tz. 15.01; *Dötsch/Stimpel* in *Dötsch/Pung/Möhlenbrock*, a. a. O., § 15 UmwStG, Tz. 90 und 154; kritisch *Heuerung/Engel/Schröder*, GmbHR 2012, 273.

155 S. nachfolgend in Kap. VI 3.2.2.

156 S. *Hörtnagl* in *Schmitt/Hörtnagl/Stratz*, a. a. O., § 15 UmwStG, Tz. 249.

157 Richtlinie 90/434/EWG des Rates vom 23.07.1990 über das gemeinsame Steuersystem für Fusionen, Spaltungen, die Einbringung von Unternehmensteilen und den Austausch von Anteilen, die Gesellschaften verschiedener Mitgliedstaaten betreffen, geändert durch die Richtlinie 2005/19/EG des Rates vom 17.02.2005 und die Richtlinie 2009/133/EG des Rates vom 25.11.2009.

158 S. BFH vom 22.06.2010, BFH/NV 2011, 10; BFH vom 07.04.2010, BStBl II 2011, 467.

159 Für Zwecke des § 16 EStG kann ein Teilbetrieb auch dann vorliegen, wenn die WG zwar keine wesentlichen Betriebsgrundlagen darstellen, jedoch erhebliche stille Reserven enthalten (sog. funktional-quantitative Betrachtungsweise). Vgl. H 16.8 »Begriff der wesentlichen Betriebsgrundlage« EStH.

160 S. BFH vom 07.04.2010, BStBl II 2011, 467 sowie *Pyszka*, DStR 2013, 1462.

161 S. UE 2011, Tz. 15.07. So auch schon *Hörtnagl* in *Schmitt/Hörtnagl/Stratz*, a. a. O., § 15 UmwStG, Tz. 73 und *Schießl* in *Widmann/Mayer*, a. a. O., § 15 Tz. 26.

162 S. BStBl II 2011, 467.

triebsbegriffe sich grds. im Wesentlichen decken. Die FinVerw geht hingegen wohl von einem Teilbetrieb i. S. d. Fusionsrichtlinie aus.[163]

Hinweis: Gem. UE 2011, **Tz. 15.02** ist nach Auffassung der FinVerw für die Anwendung des **UmwStG** nunmehr der **europarechtliche Teilbetriebsbegriff** zugrunde zu legen. Demnach handelt es sich bei einem Teilbetrieb um eine Gesamtheit der in einem Unternehmensteil einer Gesellschaft vorhandenen aktiven und passiven WG, die in organisatorischer Hinsicht einen selbständigen Betrieb, d. h. eine aus eigenen Mitteln funktionsfähige Einheit, konstituieren.

Der Unterschied zum nationalen Teilbetriebsbegriff liegt darin, dass eine **ganzheitliche** Betrachtungsweise stattfindet, bei der auch die **Passiva** zu berücksichtigen sind, die mit übertragen werden müssen.

Besondere Probleme treten in der Praxis bei der **Zuordnung von WG zu Teilbetrieben** auf. Dabei gilt nach UE 2011, Tz. 15.09:

- Werden wesentliche Betriebsgrundlagen zurückbehalten, liegt ein Spaltungshindernis vor.
- Bei nicht eindeutiger (bilanzieller) Zuordnung erfolgt die Zuweisung (zu den TB) nach der überwiegenden Nutzung.
- Bei **neutralem Vermögen** (Beispiel: Softwareprogramme oder Verrechnungskonten) kann die Zuordnung nach Tz. 15.09 noch im Rückwirkungszeitraum erfolgen.

Nach § 15 Abs. 1 S. 3 UmwStG gelten als – **fiktive** – Teilbetriebe auch **MU-Anteile** sowie **100 %ige** Beteiligungen **an einer KapG**. Ein MU-Anteil stellt auch dann einen Teilbetrieb dar, wenn dieser Anteil selbst als eine funktional wesentliche Betriebsgrundlage eines Teilbetriebs anzusehen ist.[164]

Nach dem Verständnis der FinVerw soll ein Teilbetrieb in den Fällen nicht steuerneutral übertragen werden können, in denen eine funktional wesentliche Betriebsgrundlage von mehreren Teilbetrieben genutzt wird (sog. Spaltungshindernis). Handelt es sich bei dieser Betriebsgrundlage um ein Grundstück, so ist bis zum Zeitpunkt des Spaltungsbeschlusses eine zivilrechtliche Realteilung vorzunehmen, damit die Spaltung auch steuerlich durchgeführt werden kann. Aus Billigkeitsgründen lässt die Verwaltung eine ideelle Teilung (Bruchteilseigentum) im Verhältnis der tatsächlichen Teilung unmittelbar nach der Spaltung zu.[165]

Nach dem Willen der FinVerw müssen die Teilbetriebsvoraussetzungen bereits **zum steuerlichen Übertragungsstichtag** vorliegen[166], sodass die in der Vergangenheit gegebene Möglichkeit eines **Teilbetriebs im Aufbau**[167] nicht gegeben sein soll.

3.2.2 Missbrauchstatbestände des § 15 Abs. 2 UmwStG

Wie bereits eingangs beschrieben, ist die Möglichkeit des Ansatzes der WG zu Buchwerten bzw. Zwischenwerten nur dann gegeben, wenn zusätzlich **neben** den Voraussetzungen des § 15 Abs. 1 S. 2 UmwStG keine der in § 15 Abs. 2 (i. V. m. § 16) UmwStG aufgeführten Missbrauchstatbestände vorliegen.

---

163 S. UE 2011, Tz. 15.02.

164 S. BFH vom 25.02.2010, BStBl II 2010, 726. S. auch *Nöcker*, DStR 2013, 1530.

165 S. UE 2011, Tz. 15.08.

166 S. UE 2011, Tz. 15.03; s. auch *Hörtnagl* in *Schmitt/Hörtnagl/Stratz*, a. a. O., § 15 UmwStG, Tz. 84.

167 Dabei müssen insb. die wesentlichen Betriebsgrundlagen bereits vorhanden und bei zielgerichteter Weiterverfolgung des Aufbauplans ein selbständig lebensfähiger Organismus zu erwarten sein (vgl. BFH vom 22.06.2010, BFH/NV 2011, 10; BFH vom 03.04.2014, BStBl II 2014, 1000; H 16 Abs. 3 »Teilbetrieb im Aufbau« EStH).

Gem. § 15 Abs. 2 S. 1 UmwStG liegt ein Missbrauchstatbestand vor, wenn **einzelne WG der zu spaltenden KapG durch Einlage**[168] auf eine PersG oder KapG übertragen werden, die zum Erwerb bzw. Aufstockung **der Beteiligung** (d. h. MU-Anteile und 100 %-Beteiligung an einer KapG) führen und dadurch ein Teilbetrieb i. S. d. § 15 Abs. 1 S. 3 UmwStG geschaffen wird. Der Erwerb bzw. die Aufstockung muss für das Vorliegen des Missbrauchstatbestands innerhalb von drei Jahren vor dem steuerlichen Übertragungsstichtag stattgefunden haben.

Nach einhelliger Auffassung der Literatur fallen jedoch nur solche Übertragungen unter die Regelung des § 15 Abs. 2 S. 1 UmwStG, die **erfolgsneutral**, d. h. ohne Aufdeckung **vorhandener** stiller Reserven, vorgenommen werden.[169] Darunter fallen insb. alle **Einbringungs- und Einlagevorgänge** des UmwStG und des EStG, die als Gegenleistung für die einzelnen WG einen MU-Anteil bzw. Anteil an der KapG zum Gegenstand haben. Im Falle der Abspaltung gilt § 15 Abs. 2 S. 1 UmwStG sowohl für den übertragenen als auch den zurückbehaltenen Teilbetrieb. Mithin sind die Missbrauchstatbestände auch für den zurückbehaltenen Teilbetrieb zu beachten.[170]

Beispiel 1: Missbräuchliche Gestaltung?

Die E-GmbH hält neben einem echten Teilbetrieb 70 % der Anteile an der X-GmbH. In 2021 bringt die E-GmbH diese Anteile in die neu zu gründende Z-GmbH gegen Gewährung von 100 % der Anteile an der Z-GmbH erfolgsneutral nach § 21 UmwStG ein. In 2022 soll die E-GmbH erfolgsneutral aufgespalten werden.

Lösung: Hinsichtlich der 100 %igen Beteiligung an der Z-GmbH handelt es sich um einen Teilbetrieb i. S. d. § 15 Abs. 1 S. 3 UmwStG, sodass grds. eine erfolgsneutrale Aufspaltung möglich ist. Jedoch greift § 15 Abs. 2 UmwStG, da die 70 %ige Beteiligung an der X-GmbH keinen Teilbetrieb i. S. d. § 15 Abs. 1 S. 3 UmwStG darstellte und der Teilbetrieb in Form der Z-GmbH erst durch die erfolgsneutrale Einbringung dieser Beteiligung innerhalb eines Zeitraums von drei Jahren vor dem steuerlichen Übertragungsstichtag geschaffen wurde.

Weiterhin ist gem. § 15 Abs. 2 **S. 2 bis 4** UmwStG eine steuerneutrale Spaltung nicht möglich, wenn die Spaltung nur dazu dient, eine Veräußerung von Anteilen an den beteiligten KapG bzw. PersG an außenstehende Personen[171] zu vollziehen bzw. vorzubereiten. Nach der unwiderlegbaren gesetzlichen Vermutung ist dies der Fall, wenn innerhalb von fünf Jahren nach dem steuerlichen Übertragungsstichtag Anteile an den an der Spaltung beteiligten Rechtsträgern (KapG, PersG) **entgeltlich** übertragen werden,[172] die mehr als 20 % der vor Wirksamwerden der Spaltung **an der übertragenden Körperschaft** bestehenden Anteile ausmach(t)en.

Beispiel 2[173]:

Die A-KapG spaltet sich in die B-KapG und in die C-KapG jeweils durch Einbringung eines Teilbetriebs.

Wert des Teilbetriebs 1 (KapG B)	400.000 €
Wert des Teilbetriebs 2 (KapG C)	600.000 €

---

168 Ein entgeltlicher Erwerb gegen einen Kaufpreis in Geld stellt hingegen keinen Missbrauchstatbestand dar.

169 S. *Frotscher* in *Frotscher/Maas*, a. a. O., § 15 UmwStG, Tz. 144; *Schießl* in *Widmann/Mayer*, a. a. O., § 15 UmwStG, Tz. 175. So auch die FinVerw, UE 2011, Tz. 15.16 und 15.20.

170 S. UE 2011, Tz. 15.17. Kritisch hierzu Stellungnahme des Ausschusses Steuerrecht des Deutschen Anwaltsvereins, NZG 2011, 819, 823.

171 G'fter sowie konzernzugehörige Unternehmen i. S. d. § 271 Abs. 2 HGB stellen keine außenstehenden Personen dar. S. UE 2011, Tz. 15.26.

172 Vgl. hierzu auch *Peetz*, GmbHR 2020, 467.

173 S. auch *Dötsch/Stimpel* in *Dötsch/Pung/Möhlenbrock*, a. a. O., § 15 UmwStG, Tz. 271 ff.

Der Allein-G'fter veräußert:

a) 40 % seiner Beteiligung an der KapG B,

b) 40 % seiner Beteiligung an der KapG C,

c) jeweils 30 % seiner Beteiligung an der KapG B + C.

Lösung:

a) Es werden 40 % von 400.000 € = 160.000 € veräußert, was einer Quote von 16 % entspricht und somit unter der Grenze von 20 % liegt. Es handelt sich um keine schädliche Veräußerung i. S. d. § 15 Abs. 2 S. 3 und 4 UmwStG.

b) Es werden 40 % von 600.000 € = 240.000 € veräußert, was einer Quote von 24 % entspricht und somit über der Grenze von 20 %[174] liegt. Es handelt sich um eine schädliche Veräußerung i. S. d. § 15 Abs. 2 S. 3 und 4 UmwStG.

c) Jede Veräußerung für sich gesehen liegt unterhalb von 20 % (12 % und 18 %). Insgesamt beträgt die Quote jedoch 30 %, da spätestens mit der zweiten Veräußerung § 15 Abs. 2 S. 3 und 4 UmwStG greift.

Schließlich wird gem. § 15 Abs. 2 S. 5 UmwStG ein weiterer Missbrauch mit der Folge der Versagung einer erfolgsneutralen Spaltung angenommen, wenn in Fällen der Trennung von G'fter-Stämmen die Beteiligung an der übertragenden KapG – unabhängig von der Höhe und der Art des Erwerbs – vor dem steuerlichen Übertragungsstichtag nicht mindestens fünf Jahre bestanden hat.[175]

Beispiel 3:

An der E-GmbH sind die G'fter-Stämme A, B und C beteiligt. C hat die Beteiligung erst in 2021 von A erworben. Die E-GmbH hat insgesamt drei Teilbetriebe (I, II und II). Im Zuge der Abspaltung in 2022 sollen der Teilbetrieb I auf die X-GmbH, der Teilbetrieb II auf die Y-GmbH übertragen werden. Alleiniger G'fter der X-GmbH wird C. A und B übernehmen die Anteile an der Y-GmbH.

    Lösung: Es liegt eine (nichtverhältniswahrende) Spaltung vor, bei der es zur Trennung von G'fter-Stämmen kommt, da C nicht an der Y-GmbH und A bzw. B nicht an der X-GmbH beteiligt werden. Die Spaltung ist steuerlich nach den Regelungen des § 15 i. V. m. §§ 11 bis 13 UmwStG zu beurteilen. Soweit die Spaltung den auf die X-GmbH übergehenden Teilbetrieb I betrifft, ist eine erfolgsneutrale Spaltung nach § 15 Abs. 2 S. 5 UmwStG nicht möglich, da C nicht mehr als fünf Jahre an der E-GmbH beteiligt war.

3.3 Beteiligungskorrekturgewinn

Entsprechend einer Verschmelzung einer Mutter-KapG auf eine Tochter-KapG (sog. **Down**stream-merger) ist im Rahmen einer **Downstream-Spaltung** bzw. Abwärtsspaltung, bei der der übernehmende Rechtsträger ebenfalls eine KapG ist, gem. § 15 Abs. 1 S. 1 i. V. m. § 11 Abs. 2 S. 2 UmwStG auch ein etwaiger Beteiligungskorrekturgewinn auf Ebene der übertragenden KapG zu ermitteln. Dies setzt jedoch voraus, dass die Anteile an der übernehmenden KapG im Zuge der Spaltung auch tatsächlich übertragen werden.[176] Auf die weiteren Ausführungen unter Kap. V 1.3 wird verwiesen.

---

174 § 15 Abs. 2 S. 4 UmwStG bestimmt als Bagatellgrenze 20 % der vor Wirksamwerden der Spaltung an der übertragenden Körperschaft bestehenden Anteile. Ein Bezug auf das Nominalkapital wird durch die Vorschrift allerdings nicht hergestellt, sodass es auf den tatsächlichen Wert zum Zeitpunkt des Wirksamwerdens der Spaltung ankommt.

175 S. ausführlich *Dötsch/Stimpel* in *Dötsch/Pung/Möhlenbrock*, a. a. O., § 15 UmwStG, Tz. 331 ff.; *Frotscher* in *Frotscher/Maas*, a. a. O., § 15 UmwStG, Tz. 224 ff.

176 S. *Dötsch/Stimpel* in *Dötsch/Pung/Möhlenbrock*, a. a. O., § 15 UmwStG, Tz. 83; *Frotscher* in *Frotscher/Maas*, a. a. O., § 15 UmwStG, Tz. 249.

3.4 Minderung von Steuerkapazitätspositionen[177]

Durch den Verweis auf die Regelungen der §§ 3 bis 4 sowie §§ 11 bis 13 UmwStG finden im Rahmen einer **Auf**spaltung die Vorschriften des (§ 12 Abs. 3 2. HS i. V. m.) § 4 Abs. 2 S. 2 UmwStG ebenfalls Anwendung, mit der Folge, dass ungenutzte verrechenbare Verluste, verbleibende Verlustvorträge, nicht ausgeglichene negative Einkünfte sowie ein EBITDA- bzw. Zinsvortrag i. S. d. § 4h Abs. 1 S. 3 und 5 EStG verlorengehen. Da jedoch im Rahmen einer **Ab**spaltung der übertragende Rechtsträger weiter bestehen bleibt, gilt dies gem. § 15 Abs. 3 UmwStG nur in dem Verhältnis, in dem bei Zugrundlegung des gemeinen Werts das Vermögen auf eine andere KapG bzw. über § 16 UmwStG andere PersG übergeht.

4 Steuerliche Behandlung beim übernehmenden Rechtsträger – Ermittlung des Übernahmeergebnisses bzw. eines Beteiligungskorrekturgewinns

Die Rechtsfolgen der Spaltung für die übernehmende PersG bzw. KapG ergeben sich insoweit aus der entsprechenden Anwendung der Regelungen §§ 4 bis 7 UmwStG sowie § 12 UmwStG. Mithin kann auf die Ausführungen unter Kap. IV 2 und 3 sowie Kap. V 2 und 3 verwiesen werden.

5 Auswirkungen auf den steuerlichen Eigenkapitalausweis

In Fällen der Auf- und Abspaltung, bei denen es sich bei dem aufnehmenden Rechtsträger um eine KapG handelt, sind zusätzlich die Vorschriften des § 29 Abs. 3 KStG zu beachten. Demnach ist das steuerliche Einlagenkonto der übertragenden KapG im Verhältnis der übergehenden Vermögensteile zu dem vor dem Abgang bestehenden Vermögen aufzuteilen. Das Verhältnis ist dabei grds. aus den Angaben zum Umtauschverhältnis der Anteile im Spaltungs- und Übernahmevertrag oder im Spaltungsplan zu entnehmen. In besonderen Fällen kann das Verhältnis auch anhand der gemeinen Werte der übergehenden Vermögensteile zum vorhandenen Vermögen bestimmt werden. Die Ausführungen unter Kap. V 4 gelten sinngemäß.

Liegt hingegen eine Abspaltung vor, bei der es sich bei dem aufnehmenden Rechtsträger um eine PersG handelt, so mindert sich das steuerliche Einlagenkonto der übertragenden KapG gem. § 29 Abs. 3 S. 4 KStG in dem Verhältnis der übergehenden Vermögensteile zu dem vor der Spaltung bestehenden Vermögen.

6 Besteuerung der Anteilseigner der übertragenden Kapitalgesellschaft

Die Besteuerung der Anteilseigner richtet sich nach den für die Spaltung entsprechend geltenden Vorschriften. Demnach ist im Falle eines **übernehmenden** Rechtsträgers in der Rechtsform einer **PersG** für jeden an der PersG beteiligten G'fter insoweit ein Übernahmeergebnis nach § 16 S. 1 i. V. m. § 4 Abs. 4 und 5 UmwStG zu ermitteln, dessen steuerliche Behandlung sich nach den Regelungen des § 4 Abs. 6 und 7 UmwStG richtet. Dabei ist zu beachten, dass für Zwecke der Ermittlung des Übernahmeergebnisses von dem Wert des übergegangenen Teilbetriebs nur der anteilige Buchwert der Anteile an der übertragenden KapG abzuziehen ist. Darüber hinaus haben die G'fter anteilig die offenen Rücklagen nach § 7 UmwStG als Einnahmen i. S. d. § 20 Abs. 1 Nr. 1 EStG zu versteuern. Als Maßstab für die Bestimmung des anteiligen Buchwerts bzw. der anteiligen offenen Rücklagen ist grds. das Umtauschverhältnis der Anteile im Spaltungs- oder Übernahmevertrag bzw. Spaltungsplan oder das Verhältnis der gemeinen Werte der übertragenen zum gesamten vor der Spaltung

---

177 S. *Klingberg* in *Blümich*, a. a. O., § 15 UmwStG, Tz. 125.

vorhandenen Vermögen ausschlaggebend.[178] Hinsichtlich weiterer Einzelheiten kann auf die Ausführungen unter Kap. IV 2 und 4 verwiesen werden.

Handelt es sich hingegen bei dem **übernehmenden** Rechtsträger um eine **KapG**, gelten gem. § 15 Abs. 1 S. 1 UmwStG die Regelungen des § 13 UmwStG. Demnach liegt in Fällen der Spaltung eine fiktive (Teil-)Veräußerung vor, im Rahmen derer die Anteile an der übertragenden KapG grds. mit dem gemeinen Wert zu bewerten sind. Soweit i. R. d. Abspaltung nur eine fiktive Teilveräußerung anzunehmen ist, sind die Anschaffungskosten bzw. die Buchwerte der Anteile an der übertragenden KapG – entsprechend den Regelungen der § 16 i. V. m. §§ 3 bis 7 UmwStG – nach Maßgabe des Umtauschverhältnisses der Anteile im Spaltungs- oder Übernahmevertrag bzw. Spaltungsplan oder der gemeinen Werte des übergehenden Vermögens zum gesamten Vermögen aufzuteilen.[179] Eine Besonderheit ist lediglich dahingehend zu beachten, dass das Wahlrecht des § 13 Abs. 2 UmwStG nach § 15 Abs. 1 S. 2 UmwStG nur dann – bei Vorliegen entsprechender Voraussetzungen – ausgeübt werden kann, wenn es sich i. R. d. Aufspaltung bei dem übergegangenen Vermögen um einen Teilbetrieb handelt bzw. i. R. d. Abspaltung bei der übertragenden KapG zusätzlich ein Teilbetrieb verbleibt. Darüber hinaus kann auf die Ausführungen unter Kap. V 5 verwiesen werden.

Beispiel 4: Abschließendes Beispiel zur Spaltung

An der AB-GmbH sind seit Gründung die G'fter A und B zu je 50 % beteiligt. Die Anteile werden in deren PV gehalten. Die Bilanz 2021 der AB-GmbH wurde am 15.03.2022 erstellt und hat folgendes Bild:

A	Bilanz zum 31.12.2021		P
Teilbetrieb Münzprägerei	3.500.000 €	Stammkapital	200.000 €
Beteiligung EURO Geld-	500.000 €	Gewinnrücklage	1.000.000 €
automaten GmbH		Bilanzgewinn	1.000.000 €
		Verbindlichkeiten	1.800.000 €
	4.000.000 €		4.000.000 €

Die Beteiligung an der EURO Geldautomaten GmbH wird von der AB-GmbH zu 100 % gehalten. Diese Beteiligung wurde zum 31.12.2019 durch Einbringung der Anteile an der ADDI GmbH erworben. Die Anteile an der ADDI GmbH (60 % des Stammkapitals) wurden von der AB-GmbH in 2000 für 500.000 € erworben und so auch in den Bilanzen aufgeführt. Durch Einbringungsvertrag vom 31.12.2019 wurde diese 60 %ige Beteiligung in die EURO Geldautomaten GmbH gegen Gewährung von neuen Gesellschaftsrechten – 100 % – (Sachgründung) eingebracht. Die aufnehmende EURO Geldautomaten GmbH hat die Anteile mit dem BW angesetzt. Die Anteile haben zum 31.12.2021 einen Verkehrswert von 1.000.000 €.

Mit Spaltungsvertrag vom 22.08.2022 wurde beschlossen, dass die Beteiligung an der EURO Geldautomaten GmbH rückwirkend zum 01.01.2022 auf die Z-GmbH abgespalten wird. Die G'fter der Z-GmbH haben einen entsprechenden G'fter-Beschluss gefasst. Laut Spaltungsplan entspricht die Beteiligung an der EURO Geldautomaten GmbH einem Anteil von 25 % des Gesamtvermögens der AB-GmbH.

Bei der aufnehmenden Z-GmbH wird aufgrund der Spaltung eine Nennkapitalerhöhung von 100.000 € vorgenommen.

---

178 S. UE 2011, Tz. 16.01 i. V. m. Tz. 15.43.
179 S. UE 2011, Tz. 15.43.

Die Z-GmbH hat vor der Spaltung die folgende Bilanz aufgestellt:

A	Bilanz zum 31.12.2021 (Z-GmbH)		P
Anlagevermögen	2.500.000 €	Stammkapital	200.000 €
Umlaufvermögen	11.750.000 €	Gewinnrücklage	2.100.000 €
RAP	1.050.000 €	Bilanzgewinn	800.000 €
		Verbindlichkeiten	12.200.000 €
	15.300.000 €		15.300.000 €

Die Spaltung wurde am 15.11.2022 in das HR eingetragen.

Aufgabe: Führen Sie bitte die Spaltung aus steuerlicher Sicht durch. Es soll von einer Gewerbesteuerbelastung von 15 % ausgegangen werden.

Lösung: Gem. §§ 123 ff. UmwG ist die Abspaltung der Beteiligung an der EURO Geldautomaten GmbH möglich. Auch eine rückwirkende Spaltung kann hier vorgenommen werden – § 125 i. V. m. § 17 UmwG. Nach dem Zivilrecht kommt es nur darauf an, dass überhaupt Vermögen abgespalten wird. Durch die Eintragung in das HR wird gem. § 131 Abs. 1 Nr. 1 UmwG bewirkt, dass das im Spaltungsplan vorgesehene Vermögen als Gesamtheit auf den übernehmenden Rechtsträger übergeht.

Nach § 15 Abs. 1 UmwStG sind bei der Abspaltung die §§ 11 – 13 UmwStG entsprechend anzuwenden. Voraussetzung dafür ist jedoch, dass das abgespaltene Vermögen zum Zeitpunkt des steuerlichen Übertragungsstichtages die Voraussetzungen eines Teilbetriebes erfüllt – Tz. 15.03 UE 2011 – und das verbleibende Vermögen ebenfalls einen Teilbetrieb darstellt.

Als fiktiver Teilbetrieb ist auch die 100 %ige Beteiligung an einer KapG anzusehen – § 15 Abs. 1 S. 3 UmwStG. Gem. § 15 Abs. 2 S. 1 UmwStG ist § 11 Abs. 2 UmwStG – Ansatz mit dem BW – nicht anzuwenden, wenn die Anteile an der KapG innerhalb von drei Jahren vor der Abspaltung durch Einbringung von WG, die keinen Teilbetrieb i. S. d. § 15 Abs. 1 UmwStG darstellen, erworben wurden. In diesem Fall wurde die – nicht als Teilbetrieb zu qualifizierende – 60 %ige Beteiligung an der ADDI GmbH durch Einbringung in die EURO Geldautomaten GmbH zu einer 100 %igen Beteiligung, die damit dann die Voraussetzungen des § 15 Abs. 1 S. 3 UmwStG erfüllt. Da die Einbringung jedoch in einem Zeitraum von drei Jahren vor der Abspaltung gemacht worden ist, kommt die Missbrauchsvorschrift des § 15 Abs. 2 UmwStG zum Tragen.

In der Bilanz der übertragenden Gesellschaft ist somit gem. § 11 Abs. 1 UmwStG wegen Tz. 15.12 UE 2011 die Abspaltung des fiktiven Teilbetriebs (100 %ige Beteiligung an der EURO Geldautomaten GmbH) zum gemeinen Wert vorzunehmen. Der gemeine Wert der Beteiligung an der EURO Geldautomaten GmbH beträgt nach dem Sachverhalt 1.000.000 €. Es entsteht ein Übertragungsgewinn i. H. v. 500.000 €, auf den u. E. die Regelungen des § 8b Abs. 2 und 3 KStG anzuwenden sind.[180] Es verbleibt ein körperschafts- und gewerbesteuerpflichtiger Gewinn von 25.000 €. Unter der Annahme einer Steuerbelastung von 30 % fallen Steuern i. H. v. 7.500 € an.

Bei den G'ftern A und B der AB-GmbH liegt hingegen eine (Teil-)Veräußerung der Anteile an der AB-GmbH nach § 13 Abs. 1 UmwStG i. V. m. § 17 EStG und eine Anschaffung der Anteile an der Z-GmbH vor. Die Anwendung des Bewertungswahlrechts des § 13 Abs. 2 UmwStG ist insoweit gesperrt. Es kommt zu einer Minderung der Anschaffungskosten der Anteile an der AB-GmbH und zum Erwerb der Anteile an der Z-GmbH i. H. d. Minderungsbetrags. Zu diesem Zwecke sind die Anschaffungskosten nach dem Verhältnis des gemeinen Werts des übergehenden Vermögens zu dem gesamten gemeinen Wert des Vermögens der übertragenden AB-GmbH aufzuteilen. Laut Spaltungsplan entspricht die Beteiligung an der EURO Geldautomaten GmbH einem Anteil von 25 % des Gesamtvermögens der Z-GmbH, sodass eine Veräußerung von 25 % der Anteile an der AB-GmbH anzunehmen ist. Auf die Ausführungen unter Kap. V 5.3 wird verwiesen.

---

180 S. *Dötsch/Pung* in *Dötsch/Pung/Möhlenbrock*, a. a. O., § 15 UmwStG, Tz. 376; *Beutel* in *Schneider/Ruoff/Sistermann*, UE 2011, Tz. 15.34.

Die Bilanz der AB-GmbH zum steuerlichen Übertragungsstichtag hat folgendes Bild:

A	Bilanz zum 31.12.2021		P
Teilbetrieb Münzprägerei	3.500.000 €	Stammkapital	200.000 €
Beteiligung EURO Geldautomaten GmbH	1.000.000 €	Gewinnrücklage	1.000.000 €
		Bilanzgewinn	1.492.500 €
		KSt und GewSt	7.500 €
		Verbindlichkeiten	1.800.000 €
	4.500.000 €		4.500.000 €

Bei der aufnehmenden Z-GmbH wird die Beteiligung an der EURO Geldautomaten GmbH zum gemeinen Wert angesetzt.

Die Bilanz der Z-GmbH ist zum 31.12.2021 wie folgt aufzustellen:

A	Bilanz zum 31.12.2021 (Z-GmbH)		P
Anlagevermögen	2.500.000 €	Stammkapital	300.000 €
Beteiligung EURO Geldautomaten GmbH	1.000.000 €	Gewinnrücklage	2.100.000 €
Umlaufvermögen	11.750.000 €	Bilanzgewinn	1.700.000 €
RAP	1.050.000 €	Verbindlichkeiten	12.200.000 €
	16.300.000 €		16.300.000 €

Die aufgrund der Spaltung beschlossene Nennkapitalerhöhung ist trotz der fehlgeschlagenen steuerneutralen Spaltung durchzuführen. I. H. v. 100.000 € liegt eine gesellschaftsrechtliche Einlage vor, die bei der Einkommensermittlung nicht zu berücksichtigen ist. Der darüber hinausgehende Betrag von 900.000 € ist als gesellschaftsrechtliche Einlage dem steuerlichen Einlagenkonto i. S. d. § 27 KStG der G'fter A und B zuzuschreiben und bei der Ermittlung des Einkommens wieder als sog. »Agiogewinn« abzusetzen.

VI Einbringung in eine Kapitalgesellschaft

Mit dem SEStEG hat der Gesetzgeber den wichtigsten Konzeptwechsel bei der Einbringung von Betrieben, Teilbetrieben oder MU-Anteilen vorgenommen. Zum einen sind die Vorschriften (§§ 20 – 23 UmwStG) europäisiert und in manchen Teilen sogar globalisiert worden.[181] Nach § 1 Abs. 3 i.V.m. § 1 Abs. 4 UmwStG ist der 6. bis 8. Teil des UmwStG auch für grenzüberschreitende Einbringungen anzuwenden. Damit können aufnehmende Gesellschaften EU/EWR-Gesellschaften und Einbringende können natürliche Personen mit Ansässigkeit in der EU/EWR sein. Einbringender kann aber auch ein in einem Drittstaat Ansässiger sein (§ 1 Abs. 4 Nr. 2 Buchst. b UmwStG). Dafür ist erforderlich, dass das deutsche Besteuerungsrecht an den erhaltenen Anteilen nicht ausgeschlossen oder beschränkt wird.

Das UmwStG regelt in den Teilen 1 – 5 die Fälle, bei denen es sich um Umstrukturierungsmaßnahmen handelt, wo als übertragender Rechtsträger eine KapG auftritt. Im 6. und 8. Teil des UmwStG werden vom Gesetzgeber die Einbringungsfälle in eine KapG behandelt. Diese werden auch als Einbringung bezeichnet. Hierunter fallen aber auch die Umwandlungsarten des UmwG, d.h. die Verschmelzung, Spaltung und der Formwechsel in eine KapG sind ebenfalls möglich. Dabei handelt es sich gleichermaßen um Fälle der Gesamtrechtsnachfolge. In den §§ 20 – 23 UmwStG finden sich Regelungen zur steuerlichen Behandlung der sog. Sacheinlage in eine KapG. Hierunter sind ebenfalls die Fälle der Einzelrechtsnachfolge zu subsumieren wie zum Beispiel[182] die Sacheinlage bei Gründung einer KapG (§ 5 Abs. 4 GmbHG, § 27 AktG), die Sachkapitalerhöhung aus Gesellschaftsmitteln (§§ 56 GmbHG, 183, 194, 205 AktG), die Einbringung eines Einzelunternehmens und der Zusammenschluss von Einzelunternehmungen. Anders als bisher umfasst die Sacheinlage nunmehr nur noch die Einbringung von betrieblichen Sachgesamtheiten.[183] Darüber hinaus werden dann in § 24 UmwStG die Einbringungen von BV in eine PersG behandelt.[184]

Die Vorschriften der Einbringung im Überblick:

Vorschrift	Inhalt
§ 20 UmwStG	Sacheinlage
§ 21 UmwStG	Anteilstausch
§ 22 UmwStG	Besteuerung des Anteilseigners
§ 23 UmwStG	Auswirkungen bei der übernehmenden Gesellschaft

Der Systemwechsel durch das SEStEG hat auch im Bereich der Einbringung zur Folge, dass zunächst die Wertansätze mit dem gemeinen Wert zu erfolgen haben.

Die Voraussetzungen, nach denen eine Einbringung in eine KapG ohne Gewinnrealisierung möglich ist, sind in § 20 Abs. 2 S. 2 UmwStG aufgeführt. Die Einbringung eines Betriebs usw. in eine KapG gegen Gewährung von Gesellschaftsrechten ist ein Tauschvorgang, der grundsätzlich zur Realisierung der stillen Reserven des eingebrachten BV führen müsste, was aber durch die Wahl des Wertansatzes gem. § 20 Abs. 2 S. 2 UmwStG vermieden werden kann.

---

181 *Dötsch/Pung*, DB 2006, 2763.
182 S. *Knoll*, Grundzüge des UmwG und UmwStG, Tz. 18.4.3.
183 *Patt* in *Dötsch/Pung/Möhlenbrock*, KStG, § 20 UmwStG, Tz. 1.
184 S. hierzu *Preißer*, Teil B, Kap. IV 2.

Schematisch stellt sich eine Einbringung wie folgt dar:

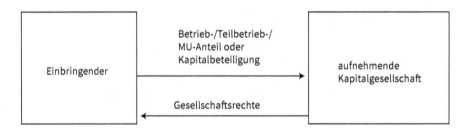

Für die begünstigte Einbringung i. S. d. § 20 UmwStG müssen folgende Tatbestandsvoraussetzungen erfüllt sein, wenn die Rechtsfolgen des § 20 Abs. 2 UmwStG – BW-Fortführung oder Zwischenwertansatz – erreicht werden sollen. Danach muss es sich handeln um die Einbringung eines

- Betriebs,
- Teilbetriebs,
- MU-Anteils.

Die Einbringung muss in eine unbeschränkt stpfl. KapG erfolgen und die aufnehmende KapG muss dem Einbringenden dafür neue Gesellschaftsanteile gewähren.

Bei der Einbringung müssen auch die Tatbestandsvoraussetzungen des § 20 Abs. 1 UmwStG erfüllt sein. Werden nur einzelne WG eingebracht, treten die Rechtsfolgen des § 20 UmwStG nicht ein. Ebenfalls kommt es nicht zu einer Einbringung i. S. d. § 20 UmwStG, wenn einzelne WG, die eine wesentliche Betriebsgrundlage des Betriebs sind, in die KapG nicht miteingebracht werden. Unschädlich ist es jedoch, wenn nicht wesentliche WG nicht mit auf die KapG übergehen. Für diese WG ist dann ein Entnahmegewinn zu versteuern.

Zivilrechtlich und steuerrechtlich wird die **verschleierte Sachgründung** nicht anerkannt. Dabei wird zunächst eine Bareinlage geleistet. Unter Umgehung der strengen Sachgründungsbestimmungen (vgl. § 5 Abs. 4 GmbHG) zahlt anschließend die KapG die Bareinlage zurück und erwirbt einen Sachgegenstand vom G'fter. Als eine andere Möglichkeit der verschleierten Sacheinlage verrechnet die GmbH im Fall einer nur teilweisen Erbringung der Bareinlage den Kaufpreis für den Sachgegenstand mit der noch nicht eingezahlten Bareinlage. Dabei werden im Zuge des Gründungsvorgangs »neue Anteile« i. S. d. § 20 Abs. 1 UmwStG gewährt.[185]

Beispiel 1: Sachgründung

Der Einzelunternehmer Bauer bringt sein Einzelunternehmen in eine KapG (Münster GmbH) ein, die durch diese Sacheinlage gegründet werden soll. Zum 31.12.2021 wurde von dem Einzelunternehmer Bauer folgende Bilanz aufgestellt. Das Stammkapital der KapG soll 50.000 € betragen.

A	Bilanz zum 31.12.2021 des Einzelunternehmers Bauer		P
Anlagevermögen	500.000 €	Kapital	50.000 €
Umlaufvermögen	100.000 €	Verbindlichkeiten	550.000 €
	600.000 €		600.000 €

Die Einbringung soll zum 31.12.2021 erfolgen.

---

185 S. *Patt* in *Dötsch/Pung/Möhlenbrock*, a. a. O., § 20 UmwStG, Tz. 170 ff.

Lösung: Der Einzelunternehmer kann sein Einzelunternehmen im Wege der Sachgründung in eine KapG einbringen. Es handelt sich hier zivilrechtlich um eine Ausgliederung des BV aus dem gesamten Vermögen des Einzelunternehmers Bauer, also eine Unterart der Spaltung – § 152 UmwG. Nach § 20 Abs. 1 i. V. m. Abs. 2 UmwStG kann Bauer bei der KapG die BW fortführen. Die EB der KapG ist wie folgt aufzustellen:

A	Bilanz zum 31.12.2021 (Münster GmbH)		P
AV	500.000 €	Stammkapital	50.000 €
UV	100.000 €	Verbindlichkeiten	550.000 €
	600.000 €		600.000 €

Mit dem Konzeptwechsel durch das SEStEG wurde auch die bisherige Möglichkeit der Einbringung von Anteilen an KapG verlagert. Diese Möglichkeit ist nunmehr als eigenständige Vorschrift in § 21 UmwStG zu finden. Diese Vorschrift beinhaltet den Anteilstausch, unterschieden in **qualifizierten Anteilstausch**[186] und normalen Anteilstausch (Minderheitsbeteiligung ohne Bildung einer Stimmenmehrheit). Voraussetzung für den Anteilstausch ist, dass die aufnehmende Gesellschaft eine EU/EWR-Gesellschaft ist. Als Einbringender kann jedoch jede Person angesehen werden, da die in § 1 Abs. 4 Nr. 2 UmwStG enthaltenen Einschränkungen auf den Anteilstausch i. S. d. § 1 Abs. 3 Nr. 5 UmwStG nicht anzuwenden sind.

Für die Inlandsfälle bleibt der Grundsatz der Wertverknüpfung – § 21 Abs. 2 UmwStG – bestehen. Bei Auslandseinbringungen – grenzüberschreitender Anteilstausch – gilt unabhängig von der Bewertung bei der übernehmenden Gesellschaft der gemeine Wert der eingebrachten Anteile als steuerliche AK der erhaltenen Anteile für den Einbringenden.[187] Auch gibt der Gesetzgeber in § 21 Abs. 2 S. 3 UmwStG auf Antrag wieder Ausnahmen, wenn im Grundsatz das Besteuerungsrecht der Bundesrepublik Deutschland nicht ausgeschlossen ist oder der Gewinn aus dem Anteilstausch nach Art. 8 der Richtlinie 90/434 EWG nicht besteuert werden darf.

Eine Rückwirkung – wie zuvor in § 20 Abs. 8 UmwStG a. F. – gibt es für den Anteilstausch nicht. Es gelten die allgemeinen Grundsätze, d. h. die zivilrechtliche Übertragung der Anteile ist maßgebend.[188]

1   Steuerliche Ansätze bei der Kapitalgesellschaft

Nach § 20 Abs. 2 S. 1 UmwStG und § 21 Abs. 1 S. 1 UmwStG hat die aufnehmende Gesellschaft die WG mit dem gemeinen Wert anzusetzen.

Im Gegensatz zu den Regelungen der §§ 3 und 11 UmwStG hat das Ansatz**wahlrecht**[189] i. S. d. § 20 Abs. 2 S. 2 bzw. § 21 Abs. 1 S. 2 UmwStG für die übergehenden WG nach dem Gesetzeswortlaut nicht der Einbringende, sondern die **aufnehmende KapG**. Gem. § 20 Abs. 2 S. 2 UmwStG hat die KapG die Wahlmöglichkeit, ob sie die WG mit dem Buchwert oder einem höheren Wert (Zwischenwert) ansetzt. Der Einbringungsgewinn, der sich beim Ansatz der WG über dem BW ergibt, ist von dem Einbringenden zu versteuern.

---

186 Die aufnehmende Gesellschaft hat nach der Einbringung nachweislich die Mehrheit der Stimmrechte (eigene und eingebrachte) an der aufgenommenen Gesellschaft.

187 *Patt* in *Dötsch/Pung/Möhlenbrock*, a. a. O., § 21 UmwStG, Tz. 42.

188 S. hierzu kritische Anmerkungen von *Patt* in *Dötsch/Pung/Möhlenbrock*, a. a. O., § 21 UmwStG, Tz. 43.

189 Zu den Grenzen des Ansatzwahlrechts nach § 20 Abs. 2 S. 1 UmwStG bei der Einbringung von Anteilen in Kapitalgesellschaften, s. *Starke*, GmbHR 2006, 86.

Beispiel 2: Nicht genügend Kapital zur Finanzierung des Stammkapitals

Der Einzelunternehmer Lippelt möchte sein Einzelunternehmen zum 31.12.2020 in eine KapG einbringen. Folgende HB wurde zum 31.12.2021 erstellt. In der Bilanz der KapG soll das Mindeststammkapital von 25.000 € ausgewiesen werden.

A	Bilanz zum 31.12.2021 des Einzelunternehmers Lippelt		P
Anlagevermögen (stille Reserven 100.000 €)	400.000 €	Kapital	10.000 €
Umlaufvermögen	300.000 €	Verbindlichkeiten	690.000 €
	700.000 €		700.000 €

Lösung: Wird die Einbringung zu BW durchgeführt, kann das Stammkapital der GmbH i. H. v. 25.000 € nicht finanziert werden. Handelsrechtlich müssen somit stille Reserven von 15.000 € aufgedeckt werden. Hier werden steuerlich gem. § 20 Abs. 2 S. 2 UmwStG Zwischenwerte angesetzt. Ein Buchwertansatz ist nicht mehr möglich, da das Stammkapital aus den Mitteln – Aufdeckung stiller Reserven – finanziert werden muss. Die HB der GmbH hat somit folgendes Bild:

A	EB (HB) zum 31.12.2021 GmbH		P
AV	415.000 €	Stammkapital	25.000 €
UV	300.000 €	Verbindlichkeiten	690.000 €
	715.000 €		715.000 €

Damit entsteht aber für den Einbringenden auch ein Einbringungsgewinn i. H. v. 15.000 €, der von diesem besteuert werden muss.

Die handelsrechtliche Notwendigkeit, stille Reserven aufzudecken, kann steuerrechtlich dadurch vermieden werden, dass in der StB anstatt des Ansatzes der stillen Reserven ein »Ausgleichsposten« in der Bilanz eingestellt wird.[190]

A	EB (StB) zum 31.12.2021 GmbH		P
AV	400.000 €	Stammkapital	25.000 €
UV	300.000 €	Verbindlichkeiten	690.000 €
Ausgleichsposten	15.000 €		
	715.000 €		715.000 €

Der Maßgeblichkeitsgrundsatz der HB für die StB – § 5 Abs. 1 EStG gilt in den Einbringungsfällen nach dem SEStEG nicht mehr. So ist das Wahlrecht des § 20 Abs. 2 UmwStG ein autonomes steuerliches Bewertungswahlrecht, das unabhängig von § 5 Abs. 1 S. 2 EStG ist.[191] Die steuerliche Regelbewertung (gemeiner Wert) und das Wahlrecht (Zwischenwert) hat keine korrespondierenden handelsrechtlichen Bewertungswahlrechte.

Neben dem Grundsatz des § 20 Abs. 2 S. 1 UmwStG bezüglich des Ansatzes der WG in der Bilanz der aufnehmenden KapG, geht der Gesetzgeber in § 20 Abs. 2 S. 2 UmwStG abweichend davon aus, dass die aufnehmende Gesellschaft das BV mit dem Buchwert oder Zwischenwert (einheitlich höherer Wert) anzusetzen kann, wenn

190 S. UE 2011, Tz. 20.20.
191 S. *Patt* in *Dötsch/Pung/Möhlenbrock*, a. a. O., § 20 UmwStG, Tz. 210.

- sichergestellt ist, dass es später bei der übernehmenden Körperschaft der Besteuerung mit Körperschaftsteuer unterliegt,
- die Passivposten des eingebrachten BV die Aktivposten nicht übersteigen,
- das Recht der Bundesrepublik Deutschland hinsichtlich der Besteuerung des Gewinns aus der Veräußerung des eingebrachten BV bei der übernehmenden Gesellschaft nicht ausgeschlossen oder beschränkt wird und
- der gemeine Wert von sonstigen Gegenleistungen, die neben den neuen Gesellschafts-anteilen gewährt werden, nicht mehr beträgt als
  a) 25 % des Buchwerts des eingebrachten BV oder
  b) 500.000 €, höchstens jedoch den Buchwert des eingebrachten BV.

Der Antrag (s. Tz. 20.21 i. V. m. Tz. 03.29 ff. UE 2011) ist spätestens mit der Abgabe der steuerlichen Schlussbilanz bei dem FA der übernehmenden Körperschaft zu stellen.

Abs. 2 S. 2 Nr. 2 UmwStG regelt einen gesetzlichen Zwang zur Aufdeckung von stillen Reserven. In den Fällen, in denen die **Passivposten die Aktivposten übersteigen**, ist das BV so anzusetzen, dass sich die Aktivposten und die Passivposten ausgleichen, wobei das Eigenkapital nicht zu berücksichtigen ist.

Beispiel 3: Teilaufdeckung

Der Einzelunternehmer Moor möchte sein Einzelunternehmen zum 31.12.2021 in eine KapG einbringen. Folgende HB wurde zum 31.12.2021 erstellt. In der Bilanz der KapG soll das Mindeststammkapital von 25.000 € ausgewiesen werden.

A	Bilanz zum 31.12.2021 des Einzelunternehmers Moor		P
Anlagevermögen	400.000 €	Verbindlichkeiten	750.000 €
(stille Reserven 100.000 €)			
Umlaufvermögen	300.000 €		
Kapital	50.000 €		
	750.000 €		750.000 €

Lösung: Bevor das Vermögen in die KapG eingebracht werden kann, müssen die Aktiv- und die Passivposten ausgeglichen werden. In der Bilanz des Einzelunternehmers Moor sind deshalb zunächst 50.000 € stille Reserven aufzudecken. Zur Finanzierung des Stammkapitals von 25.000 € werden handelsrechtlich aber auch noch weitere stille Reserven von 25.000 € benötigt. Die HB der GmbH hat somit folgendes Bild:

A	EB (HB) zum 31.12.2021 GmbH		P
Anlagevermögen	475.000 €	Stammkapital	25.000 €
Umlaufvermögen	300.000 €	Verbindlichkeiten	750.000 €
	775.000 €		775.000 €

Steuerrechtlich liegt in diesem Fall ein Ansatz mit Zwischenwerten vor. Moor hat einen Einbringungsgewinn i. H. v. 75.000 € zu versteuern. Es ist aber nur erforderlich, dass in der StB das eingebrachte Vermögen mit mindestens 0 angesetzt wird. So ist der § 20 Abs. 2 S. 2 Nr. 2 UmwStG auszulegen. Danach wäre es in diesem Fall möglich, den Einbringungsgewinn auf 50.000 € zu reduzieren. Die StB hätte dann folgendes Bild:

A	EB (StB) zum 31.12.2021 GmbH		P
Anlagevermögen	450.000 €	Stammkapital	25.000 €
Umlaufvermögen	300.000 €	Verbindlichkeiten	750.000 €
aktiver Ausgleichsposten	25.000 €		
	775.000 €		775.000 €

Diese Vorschrift kann auch Auswirkungen haben, wenn nicht ein Einzelunternehmen in eine KapG eingebracht wird, sondern eine PersG. Nach Verwaltungsauffassung – Tz. 20.03 UE 2011 – ist nicht die PersG als eigenständige Rechtspersönlichkeit als Einbringende zu betrachten, sondern vielmehr bringen die einzelnen MU ihren MU-Anteil in die KapG ein. Verdeutlicht wird dieses durch das nachfolgende Beispiel.

Beispiel 4: Doppelte Aufdeckung

Die Mauer & Kelle OHG mit den G'ftern Mauer und Kelle – zu je 50 % – soll in die Mauer & Kelle GmbH formwechselnd zum 31.12.2021 umgewandelt werden. Zum 31.12.2021 wird folgende Bilanz der OHG aufgestellt.

A	Bilanz zum 31.12.2021 der Mauer & Kelle OHG		P
Anlagevermögen (stille Reserven 100.000 €)	200.000 €	Kapital Mauer	100.000 €
Umlaufvermögen (stille Reserven 100.000 €)	200.000 €	Kapital Kelle	100.000 €
Kapital Kelle	150.000 €	Verbindlichkeiten	350.000 €
	550.000 €		550.000 €

Das Stammkapital der GmbH soll 25.000 € betragen.

Lösung: Sieht man sich die Summe der Kapitalkonten an, dann übersteigen die Passivposten nicht die Aktivposten, sodass es nicht zum Ausgleich i. S. d. § 20 Abs. 2 S. 2 Nr. 2 UmwStG käme. Da jedoch die Einbringung von jedem MU einzeln vorzunehmen ist, hat der G'fter Kelle ein negatives Kapitalkonto, welches i. S. d. § 20 Abs. 2 S. 2 Nr. 2 UmwStG auszugleichen ist.

Der G'fter Kelle muss 50.000 € stille Reserven aufdecken. Die Aufdeckung erfolgt natürlich nur anteilig auf seine persönlichen stillen Reserven. Ihm stehen von Anlage- und Umlaufvermögen jeweils 50 % der stillen Reserven zu. Die Verteilung der stillen Reserven, die aufzudecken sind, erfolgt quotal gleichmäßig auf alle WG. Für den G'fter Kelle werden jeweils 25.000 € im Anlage- und Umlaufvermögen aufgedeckt. Des Weiteren hat der G'fter Kelle noch sein anteiliges Stammkapital von 12.500 € zu finanzieren. In der HB werden dafür stille Reserven aufgedeckt. Der G'fter Kelle könnte auch in diesem Fall analog zur Tz. 20.20 UE 2011 für die Finanzierung des anteiligen Stammkapitals einen steuerlichen Ausgleichsposten wählen.

A	Bilanz (HB) zum 31.12.2021 der Mauer & Kelle GmbH		P
Anlagevermögen	231.250 €	Stammkapital	25.000 €
Umlaufvermögen	231.250 €	Darlehen Mauer	87.500 €
		Verbindlichkeiten	350.000 €
	462.500 €		462.500 €

A	Bilanz (StB) zum 31.12.2021 der Mauer & Kelle GmbH		P
Anlagevermögen	225.000 €	Stammkapital	25.000 €
Umlaufvermögen	225.000 €	Darlehen Mauer	87.500 €
Ausgleichsposten	12.500 €	Verbindlichkeiten	350.000 €
	462.500 €		462.500 €

Aufgrund der aufgedeckten stillen Reserven entsteht in der Bilanz der KapG erhöhtes Abschreibungsvolumen. Dieses Abschreibungsvolumen steht der GmbH und damit den beiden Anteilseignern der GmbH zu. Versteuern muss dieses Abschreibungsvolumen durch seinen Einbringungsgewinn der G'fter Kelle. Anders als bei PersG ist es hier nicht möglich, die Aufstockungsbeträge in Ergänzungsbilanzen einzustellen. Gegebenenfalls müssen sich die beiden G'fter privatrechtlich über einen finanziellen Ausgleich einigen.

Gewährt die aufnehmende KapG dem Einbringenden andere WG neben den Gesellschaftsrechten – und zwar bei der Sach- und Anteilseinbringung (§§ 20 und 21 UmwStG) – so hat bei der aufnehmenden Gesellschaft zwingend eine Wertaufstockung zu erfolgen, wenn der gemeine Wert der anderen WG die Buchwerte übersteigt. Das Eigenkapital wird bei dieser Betrachtung nicht berücksichtigt. Eine Gewährung von zusätzlichen Leistungen kann z. B. begründet sein durch[192]:

- Ausweis eines G'fter-Darlehens,
- Übernahme von privaten Schulden des/der Einbringenden,
- Gewährung von Geld- oder Sachwerten (auch eigene Anteile),
- Einräumung einer typischen stillen Beteiligung.

2   Veräußerungspreis und Anschaffungskosten bei der Einbringung

Eine Sacheinlage stellt begrifflich eine Veräußerung von BV dar. Deshalb ist der Wert, mit dem die KapG die Einlage ansetzt, der Veräußerungspreis des Einbringenden (§ 20 Abs. 3 S. 1 UmwStG).

Der Veräußerungspreis ist also abhängig von dem Ansatz des gemeinen Werts – § 20 Abs. 2 S. 1 UmwStG oder von der Wahlrechtsausübung des § 20 Abs. 2 S. 2 UmwStG. Bei der BW-Fortführung ergibt sich somit ein Veräußerungsergebnis von 0 € (Aktiva abzgl. Passiva).

Beispiel 5: Kein Veräußerungsergebnis?

A	Bilanz zum 31.12.2021 der Schön & Schrill OHG		P
Anlagevermögen	500.000 €	Kapital Schön	100.000 €
Umlaufvermögen	500.000 €	Kapital Schrill	100.000 €
		Verbindlichkeiten	800.000 €
	1.000.000 €		1.000.000 €

Die OHG soll zu BW gem. § 20 Abs. 2 S. 2 UmwStG in die Schön & Schrill GmbH umgewandelt werden. Das Stammkapital wird auf 100.000 € festgesetzt. Das restliche Eigenkapital der G'fter der OHG soll als Darlehen in der Bilanz der GmbH ausgewiesen werden.

---

192 Entnommen von *Patt* in *Dötsch/Pung/Möhlenbrock*, a. a. O., § 20 UmwStG, Tz. 187.

Lösung: Die Bilanz der Schön & Schrill GmbH hat nach der Einbringung folgendes Bild:

A		Bilanz zum 31.12.2021 der Schön & Schrill GmbH	P
Anlagevermögen	500.000 €	Stammkapital	100.000 €
Umlaufvermögen	500.000 €	Darlehen Schön	50.000 €
		Darlehen Schrill	50.000 €
		Verbindlichkeiten	800.000 €
	1.000.000 €		1.000.000 €

Bei der Schön & Schrill GmbH wurde das BV angesetzt mit:
- Stammkapital: 100.000 €,
- andere WG: 100.000 €.

Das Veräußerungsergebnis beträgt 0 €, da das übergehende Vermögen aus der PersG ebenfalls 200.000 € beträgt. Eine Gewährung anderer WG neben den Gesellschaftsrechten i. S. d. § 20 Abs. 2 S. 4 UmwStG liegt nicht vor, da das Darlehen nicht über dem Buchwert des eingebrachten Vermögens hinausgeht. Die Veräußerungspreise sind für jeden G'fter gesondert zu ermitteln.

Bei dem Ansatz mit dem BW ist die Einbringung erfolgsneutral. Wird hingegen seitens der aufnehmenden KapG ein Zwischenwert- oder der Ansatz der gemeinen Werte gewählt, entsteht bei dem Einbringenden ein **Veräußerungsgewinn**. Dieser Veräußerungsgewinn ist nach den Regelungen des § 16 EStG zu besteuern (so zuletzt und eindeutig BFH vom 20.10.2004, BFH/ NV 2005, 428[193]). Ein Veräußerungsgewinn wird gem. § 34 EStG ermäßigt besteuert, wenn der Einbringende eine natürliche Person ist (§ 20 Abs. 4 S. 1 UmwStG). Die Folgerungen der §§ 16 Abs. 4 und 17 Abs. 3 EStG gelten nur beim Ansatz mit dem gemeinen Wert (§ 20 Abs. 4 S. 1 UmwStG).

Der Veräußerungsgewinn des jeweiligen Einbringenden ist gem. § 20 Abs. 4 UmwStG – unabhängig vom Ansatz bei der KapG – nach § 34 Abs. 1 EStG begünstigt, wenn der Einbringende eine natürliche Person ist und der Veräußerungsgewinn nicht bereits durch § 3 Nr. 40 Buchst. b und c EStG begünstigt ist. Dies ist immer dann der Fall, wenn in dem eingebrachten Vermögen auch Anteile an anderen KapG enthalten waren. Durch diese Regelung wird sichergestellt, dass der Einbringungsgewinn nur soweit nach § 34 Abs. 1 EStG begünstigt ist, wie er nicht der Teileinkünftebesteuerung unterliegt.

Beispiel 6: Ermäßigte Besteuerung oder Teileinkünfteverfahren?

Der Einzelunternehmer U bringt per 31.12.2021 seinen Betrieb in eine hierfür gegründete KapG U-GmbH gegen Gewährung von Anteilen zum gemeinen Wert ein. In dem eingebrachten Betrieb ist eine Beteiligung an der A-AG enthalten; stille Reserven werden insoweit i. H. v. 300.000 € durch den Einbringungsvorgang aufgedeckt. Durch die Einbringung der übrigen WG des Einzelunternehmens werden weiter stille Reserven i. H. v. 500.000 € aufgedeckt.

Lösung: Nach § 34 EStG (ermäßigter Steuersatz bei Vollendung des 55. Lebensjahres oder bei dauernder Erwerbsunfähigkeit – ansonsten »Fünftelungsregelung«) ist der Einbringungserfolg i. H. v. 500.000 € begünstigt.

Die aufgedeckten stillen Reserven aus den eingebrachten Anteilen an der A-GmbH sind nicht nach § 34 EStG begünstigt, sondern »nur« nach dem Teileinkünfteverfahren gem. § 3 Nr. 40 Buchst. b EStG.

---

193 Mit der Folge, dass im dortigen Sachverhalt eine Ansparrücklage gem. § 7 g EStG aufzulösen war. Die Besonderheit lag darin, dass der Gewinnzuschlag gem. § 7 g Abs. 5 EStG Teil des tarifbegünstigten Gewinnes nach § 16 EStG wird.

Gem. § 20 Abs. 3 UmwStG gilt als AK der Wert, mit dem die KapG das eingebrachte BV ansetzt. Nach § 20 UmwStG sind die AK für die Anteile an der KapG noch wie folgt zu korrigieren:

- Gem. § 20 Abs. 3 S. 3 UmwStG werden die AK noch um die Gewährung anderer WG vermindert.
- Gem. § 20 Abs. 5 S. 3 UmwStG werden die AK um die Entnahmen vermindert ebenso wie Einlagen die AK erhöhen.

Lösung (Beispiel 5):

Bezogen auf das Beispiel 5 ergeben sich für die G'fter Schön und Schrill folgende AK für die neuen Gesellschaftsrechte an der Schön & Schrill GmbH:

	G'fter Schön	G'fter Schrill
Anteilig übergegangenes Vermögen	100.000 €	100.000 €
Abzüglich Darlehen gem. § 20 Abs. 3 S. 3 UmwStG	50.000 €	50.000 €
AK für die Anteile an der Schön & Schrill GmbH	50.000 €	50.000 €

3   Zeitpunkt der Einbringung und Rückwirkung

Da § 2 UmwStG für die Einbringungsfälle nicht anwendbar ist, musste eine eigenständige Regelung für die Frage der steuerlichen Rückwirkung geschaffen werden – vgl. hierzu § 20 Abs. 5 und 6 UmwStG – vgl. auch Tz. 20.13 ff. UE 2011.

Nach § 20 Abs. 5 UmwStG darf auf Antrag die Besteuerung nach den Regeln des übernehmenden Rechtsträgers bereits zum steuerlichen Übertragungsstichtag erfolgen (steuerliche Rückwirkung). Steuerlicher Übertragungsstichtag ist nach § 20 Abs. 6 UmwStG

- bei Verschmelzungen oder Spaltungen der Stichtag der Übertragungsbilanz, die beim HR nach § 17 Abs. 2 UmwG einzureichen ist; dieser Stichtag darf höchstens acht Monate vor der Anmeldung beim HR liegen;
- in allen übrigen Fällen (z. B. Einbringung eines freiberuflichen Vermögens) ein Stichtag, der höchstens acht Monate vor dem Einbringungsvertrag liegt.

COVID-19-Pandemie – Hinweis: Im Zuge der COVID-19-Pandemie hat der Bundestag am 25.03.2020 u. a. das »Gesetz über Maßnahmen im Gesellschafts-, Genossenschafts-, Vereins-, Stiftungs- und Wohnungseigentumsrecht zur Bekämpfung der Auswirkungen der COVID-19-Pandemie« beschlossen. Die Zustimmung des Bundesrates folgte am 27.03.2020.[194] Dabei wurde in § 17 Abs. 2 S. 4 UmwStG die Frist zur Aufstellung der handelsrechtlichen Schlussbilanz für sämtliche Anmeldungen, die im Jahr 2020 vorgenommen werden, temporär auf zwölf Monate ausgedehnt. § 8 des Gesetzes sieht zudem eine Ermächtigung des Bundesministeriums der Justiz und für Verbraucherschutz vor, durch Rechtsverordnung ohne Zustimmung des Bundesrates die Geltung der Neuregelung bis (höchstens) zum 31.12.2021 zu verlängern, sofern dies geboten erscheint. Eine entsprechende Verfügung ist inzwischen erfolgt, womit auch für das Jahr 2021 ein Rückwirkungszeitraum von zwölf Monaten gilt.[195]

Anders als § 2 UmwStG enthält die Regelung des § 20 Abs. 6 UmwStG – trotz des Verweises auf § 17 Abs. 2 UmwStG – eine eigenständige Rückwirkungsregelung, sodass die Verlän-

---

194 BGBl I 2020, 569.
195 Verordnung zu § 27 Abs. 15 des Umwandlungssteuergesetzes vom 18.12.2020 (BGBl I 2020, 3042).

gerung der handelsrechtlichen Rückwirkungsfiktion bei Einbringungen i. S. d. § 20 UmwStG keine Anwendung findet. Diesen »Redaktionsfehler« hat der Gesetzgeber mit dem »Gesetz zur Umsetzung steuerlicher Hilfsmaßnahmen zur Bewältigung der Coronakrise (Corona-Steuerhilfegesetz)« vom 19.06.2020[196] korrigiert und in § 27 Abs. 15 UmwStG eine Regelung geschaffen, der zufolge § 9 S. 3 sowie § 20 Abs. 6 S. 1 und 3 mit der Maßgabe anzuwenden sind, dass an die Stelle des Zeitraums von acht Monaten ein Zeitraum von zwölf Monaten tritt, wenn die Anmeldung zur Eintragung oder der Abschluss des Einbringungsvertrags im Jahr 2020 bzw. 2021 erfolgt.

Erlässt das Bundesministerium der Justiz und für Verbraucherschutz eine Rechtsverordnung auf Grundlage des § 8 in Verbindung mit § 4 des Gesetzes über Maßnahmen im Gesellschafts-, Genossenschafts-, Vereins-, Stiftungs- und Wohnungseigentumsrecht zur Bekämpfung der Auswirkungen der COVID-19-Pandemie vom 27.03.2020 (BGBl I 2020, 569 f.), wird das Bundesministerium der Finanzen ermächtigt, durch Rechtsverordnung mit Zustimmung des Bundesrates die Geltung des Satzes 1 für Anmeldungen zur Eintragung und Einbringungsvertragsabschlüsse zu verlängern, die bis zu dem Tag erfolgen, der in der Rechtsverordnung des Bundesministeriums der Justiz und für Verbraucherschutz festgelegt wurde.

Wird der Antrag nach § 20 Abs. 5 UmwStG gestellt, sind die Besteuerungsregeln der KapG ab dem steuerlichen Übertragungsstichtag anzuwenden; das gilt allerdings nicht für Entnahmen und Einlagen.

Im Interimszeitraum (Zeitraum zwischen dem steuerlichen Übertragungsstichtag und dem Abschluss des »Einbringungsvertrages«[197]) getätigte Entnahmen und Einlagen mindern das Vermögen der übertragenden PersG bereits zum steuerlichen Übertragungsstichtag.

Bilanztechnisch werden
- die Entnahmen als Passivposten (nachlaufende Entnahmen) und
- die Einlagen als Aktivposten (nachlaufende Einlagen)

in die steuerliche Übertragungsbilanz aufgenommen und gehen über in die Bilanz der KapG. Der Abfluss der Entnahmen bzw. der Zufluss der Einlagen ist dann entsprechend mit diesen Posten zu verrechnen.

Beispiel 7: Nachlaufende Entnahmen

Die vorläufige steuerliche Übertragungsbilanz der A/B/C OHG hat zum 31.12.2021 folgendes Bild:

A	Übertragungsbilanz A/B/C OHG		P
Diverse Aktiva	800.000 €	Kapital A	200.000 €
		Kapital B	100.000 €
		Kapital C	100.000 €
		Diverse Passiva	400.000 €
	800.000 €		800.000 €

Am 30.06.2020 wird der Beschluss gefasst, die PersG rückwirkend zum 01.01.2022 in eine KapG im Wege des Formwechsels umzuwandeln.

Bis zum 30.06.2021 wurden noch Entnahmen der G'fter i. H. v. jeweils insgesamt 60.000 € getätigt.

---

196 BGBl I 2020, 1385.
197 Die FinVerw geht bezüglich des Interimszeitraums von dem Zeitraum zwischen dem steuerlichen Übertragungsstichtag und dem Tag der Eintragung im HR aus – s. UE 2011, Tz. 20.20 i. V. m. Tz. 02.08/02.07. U. E. ist hier aber auch das Ende des Interimszeitraums mit Abschluss des »Einbringungsvertrages« anzusetzen, da zu diesem Zeitpunkt die G'fter die Einbringung gewollt haben.

Lösung: Obwohl bereits am 31.12.2021/01.01.2022 für diesen Personenzusammenschluss die Besteuerungsregelungen für KapG gelten, sind die nach dem steuerlichen Übertragungsstichtag bis zum Ende des sog. Interimszeitraums (m. E. bis zum Beschluss über die Umwandlung) getätigten Entnahmen (und Einlagen) noch der übertragenden PersG und damit den MU zuzurechnen. Vgl. § 20 Abs. 5 S. 2 UmwStG.

Aus praktischen Gründen werden diese sog. nachlaufenden Entnahmen noch in die Bilanz des übertragenden Rechtsträgers PersG erfolgsneutral als Passivposten eingestellt. Entsprechend verändern (vermindern bei Entnahmen) sich die Kapitalkonten der MU um jeweils 60.000 €.

Unter Berücksichtigung der nachlaufenden Entnahmen hat die Bilanz der PersG folgendes Bild:

A	Bilanz der PersG		P
Diverse Aktiva	800.000 €	Kapital A	140.000 €
		Kapital B	40.000 €
		Kapital C	40.000 €
		Nachlaufende Entnahmen A	60.000 €
		Nachlaufende Entnahmen B	60.000 €
		Nachlaufende Entnahmen C	60.000 €
		Diverse Passiva	400.000 €
	800.000 €		800.000 €

Diese nachlaufenden Entnahmen werden dann in der steuerlichen EB der KapG entsprechend übernommen. Wenn die Mittel abfließen, bucht die KapG als aufnehmender Rechtsträger gegen den Passivposten »nachlaufende Entnahmen«.

Die Entnahmen können auch durch Leistungsentnahmen oder durch Entnahme von WG im Interimszeitraum erfolgen. Bei der Entnahme von WG im Interimszeitraum ist der Entnahmegewinn als laufender Gewinn im Zeitpunkt der Entnahme von den G'ftern zu versteuern und generiert nachträgliche Einkünfte i. S. d. § 18/§ 15 EStG. Der Buchwert des entnommenen WG mindert jedoch das von der PersG eingebrachte BV. Bei Leistungsentnahmen erfolgt keine Minderung des eingebrachten BV, soweit keine WG des BV davon betroffen sind.

In gesondert gelagerten Fällen kann es auch dazu kommen, dass durch die nachlaufenden Entnahmen das Buchkapital eines einbringenden MU negativ wird und gem. § 20 Abs. 2 S. 2 Nr. 2 UmwStG stille Reserven zum Ausgleich des negativen Bucheinbringungswerts aufgedeckt werden müssen.

Leistungen an den G'fter im Rückwirkungszeitraum, die aus der Sicht einer KapG vGA darstellen, werden gem. § 20 Abs. 5 UmwStG noch als Entnahmen behandelt.

Nach dem steuerlichen Übertragungsstichtag geschlossene Verträge mit den G'ftern (z. B. Gehalts- oder Mietverträge) wirken nicht auf den steuerlichen Übertragungsstichtag zurück.

Bereits vor dem steuerlichen Übertragungsstichtag geschlossene Verträge, deren Vergütungen bisher unter § 15 Abs. 1 Nr. 2 EStG fielen, werden mit Ablauf des steuerlichen Übertragungsstichtags auch steuerrechtlich als schuldrechtliche Verträge angesehen, sodass der angemessene Teil hiervon eine BA darstellt; der unangemessene Teil ist im Interimszeitraum allerdings keine vGA, sondern eine Entnahme.[198]

---

[198] S. auch *Patt* in *Dötsch/Pung/Möhlenbrock*, a. a. O., § 20 UmwStG, Tz. 313.

Beispiel 8: Rückwirkende Einbringung

Die Bolle GmbH ist an der Muli GmbH & Co. KG als Kommanditistin mit 60 % am Kommanditkapital beteiligt. Am 15.06.2021 wurde von den G'ftern der Bolle GmbH der Beschluss gefasst, dass der MU-Anteil in die Harder GmbH eingebracht werden soll. Die Einbringung soll rückwirkend zum 31.12.2021 erfolgen.

Die Harder GmbH wird durch diese Sacheinbringung gegründet. Das Stammkapital soll 50.000 € betragen.

Die Bolle GmbH hat zum 31.12.2021 folgende Bilanz aufgestellt.

A	Bilanz der Bolle GmbH zum 31.12.2021		P
Anlagevermögen	200.000 €	Stammkapital	100.000 €
Beteiligung	40.000 €	Gewinnrücklage	150.000 €
Umlaufvermögen	495.000 €	Jahresüberschuss	85.000 €
		KSt-Rückstellung 2016	15.000 €
		Restliche Verbindlichkeiten	385.000 €
	735.000 €		735.000 €

Die Bilanz der Muli GmbH & Co. KG wurde vom StB zum 31.12.2021 wie folgt erstellt:

A	Bilanz der Muli GmbH & Co. KG zum 31.12.2021		P
Anlagevermögen	100.000 €	Kapital Muli GmbH	0 €
Umlaufvermögen	200.000 €	Kapital Muli	40.000 €
Variables Kapital der Bolle GmbH	20.000 €	Kapital Bolle GmbH	60.000 €
		Variables Kapital der Muli	100.000 €
		Restliche Verbindlichkeiten	120.000 €
	320.000 €		320.000 €

Im AV der Muli GmbH & Co. KG sind stille Reserven von 200.000 € enthalten.

Aufgabenstellung: Führen Sie bitte die Einbringung i. S. d. UmwStG durch – alle notwendigen Anträge sollen als gestellt gelten – dabei soll der Gewinn steuerlich so niedrig wie möglich bleiben.

- Stellen Sie bitte die EB der Harder GmbH auf.

Welche Auswirkungen ergeben sich für den G'fter Bolle GmbH (Veräußerungsgewinn, Versteuerung, AK der Anteile an der Harder GmbH und Art der Anteile)?

Lösung: Steuerrechtlich erfüllt die vorliegende Umwandlung den Tatbestand der Einbringung i. S. d. §§ 20 ff. UmwStG. Es werden hier MU-Anteile gegen Gewährung von Gesellschaftsrechten in eine KapG eingebracht. Nach § 20 UmwStG liegt eine begünstigende Einbringung vor, wenn diese Voraussetzungen erfüllt sind:

- Einbringung i. S. einer Sacheinlage,
- eines MU-Anteils,
- gegen Gewährung neuer Gesellschaftsanteile,
- zugunsten des Einbringenden,
- in eine KapG.

In dem vorliegenden Sachverhalt wird ein MU-Anteil einer KapG in die KapG eingebracht.

Aufgrund der Einbringung in die KapG wird diese steuerlich grundsätzlich zu dem Zeitpunkt wirksam, in dem das wirtschaftliche Eigentum an dem eingebrachten Vermögen auf die KapG übergeht. Die Übertragung des wirtschaftlichen Eigentums erfolgt regelmäßig zu dem im Einbringungsvertrag vorgesehenen Zeitpunkt des Übergangs der Nutzungen und Lasten.

Abweichend hiervon darf der steuerliche Übertragungsstichtag – entsprechend der Regelung des § 17 UmwG – gem. § 20 Abs. 5 und 6 UmwStG auf Antrag der übernehmenden KapG um bis zu acht Monate zurückbezogen werden.

Gem. § 20 Abs. 6 UmwStG ist in diesem Sachverhalt der 31.12.2021 als steuerlicher Übertragungsstichtag anzusehen.

Die Rückwirkung gilt für die ESt, KSt und auch für die GewSt. Ab der Übertragung, also ab dem 31.12.2021, ist der eingebrachte MU-Anteil bei der aufnehmenden KapG auch steuerlich zu berücksichtigen. Das Einkommen beim Einbringenden und bei der übernehmenden KapG ist so zu ermitteln, als wären die WG mit Ablauf des gewählten steuerlichen Übertragungsstichtags in die KapG eingebracht worden.

Die Harder GmbH wird durch Einbringung neu gegründet, und zwar im Wege der Sachgründung. Als Stammkapital wurde lt. Sachverhalt ein Betrag von 50.000 € angesetzt. Aufgrund des übergehenden Vermögens von 40.000 € wären grundsätzlich stille Reserven von 10.000 € aufzudecken, um das Stammkapital von 50.000 € finanzieren zu können. Laut Aufgabenstellung soll das steuerliche Ergebnis dieser Einbringung so niedrig wie möglich bleiben, sodass hier von dem Ausgleichsposten gem. Tz. 20.20 UE 2011 Gebrauch gemacht wird. So wird vermieden, dass stille Reserven i. H. v. 10.000 € aufgedeckt werden. Die EB der Harder GmbH sieht wie folgt aus:

A	EB der Harder GmbH		P
Beteiligung Muli GmbH & Co.	40.000 €	Stammkapital	50.000 €
Ausgleichsposten	10.000 €		
	50.000 €		50.000 €

Gem. § 20 Abs. 3 UmwStG gilt der Wert, mit dem die aufnehmende KapG das Vermögen ansetzt für den Einbringenden als Veräußerungspreis (VP) sowie gleichzeitig als AK für die Anteile.

	VP	AK
Wert mit dem die aufnehmende KapG das Vermögen ansetzt	50.000 €	50.000 €
./. Ausgleichsposten	./. 10.000 €	10.000 €
Veräußerungspreis	40.000 €	
./. BW des MU-Anteils	./. 40.000 €	
Veräußerungsgewinn	0 €	
AK		40.000 €

In der Bilanz der Bolle GmbH treten an die Stelle der MU-Anteile nunmehr die Anteile an der Harder GmbH.

Immer dann, wenn die Einbringung zu BW oder zu Zwischenwerten erfolgt, kommt es gem. § 22 UmwStG zu einer Steuerverstrickung; diesmal sind die erhaltenen Anteile an der neuen KapG betroffen, § 22 Abs. 1 UmwStG. Die stillen Reserven bleiben in einem Zeitraum von sieben Jahren erfasst, bis es aufgrund einer Veräußerung oder eines Ersatztatbestandes gem. § 22 Abs. 1 S. 6 UmwStG zur Aufdeckung der Reserven kommt.[199]

3.1 Besteuerung der Anteilseigner

Die Besteuerung der Anteilseigner i. R. d. Einbringung wird in § 22 UmwStG geregelt. Die Vorschrift § 22 UmwStG tritt an die Stelle des § 21 UmwStG a. F. Die nach dem alten Recht vorliegenden »einbringungsgeborenen Anteile« sind in dem neuen Recht nicht mehr vorhanden. Damit hat der Gesetzgeber auch die Vorschriften § 3 Nr. 40 S. 2 und 3 EStG a. F.[200]

---

199 S. hierzu *Preißer*, Band 1, Teil B.
200 S. hierzu auch *Preißer*, Band 1, Teil A.

und § 8b Abs. 4 KStG a. F.[201] gestrichen, da es keine einbringungsgeborenen Anteile nach dem neuen Recht mehr gibt. Bis Ende 2006 war es so, dass die Einbringung zu Buchwerten oder Zwischenwerten die gewährten Anteile als einbringungsgeborene Anteile qualifizierten, mit der Folge, dass die Anteile für immer steuerverstrickt waren.[202] Die Steuerverstrickung blieb solange, bis eine Veräußerung stattfand oder die Versteuerung beantragt wurde (sog. Entstrickung). Kam es zu einem Besteuerungsfall, waren diese Gewinne systematisch unter § 16 EStG zu subsumieren. Von diesem System hat sich der Gesetzgeber mit dem neuen Gesetz verabschiedet – allerdings bleibt die alte Regelung für »Altfälle« immer noch bestehen.

Mit Geltung des SEStEG gibt es nur noch eine zeitlich begrenzte Regelung über eine schädliche Veräußerung von Anteilen, die nicht bei der Einbringung mit dem gemeinen Wert bewertet wurden. Die Anteile werden nunmehr auch nur noch als »erhaltene Anteile« bezeichnet. Eine Besteuerung bleibt dennoch bestehen, wenn die Anteile nach der Einbringung zeitlich befristet veräußert werden.

Die Vorschrift § 22 UmwStG ist wie folgt aufgebaut:

Abs. 1	Veräußerung von Anteilen, die durch eine Sacheinlage unter dem gemeinen Wert erworben wurden Ersatztatbestände, die der Veräußerung gleichgestellt werden Einbringungsgewinn I
Abs. 2	Veräußerung von Anteilen durch die übernehmende Gesellschaft, die aufgrund einer Sacheinlage oder eines Anteilstausches erworben wurden Einbringungsgewinn II
Abs. 3	Meldepflicht des Einbringenden
Abs. 4	Besonderheiten bei juristischen Personen des öffentlichen Rechts und steuerbefreiten Gesellschaften
Abs. 5	Bescheinigung des Finanzamtes über die Höhe des zu versteuernden Einbringungsgewinns
Abs. 6	Rechtsnachfolge
Abs. 7	Mitverstrickung von Anteilen

Werden Anteile i. S. d. § 22 Abs. 1 UmwStG veräußert oder liegt einer der fünf Veräußerungsersatztatbestände vor, also
1. unentgeltliche Übertragung der erhaltenen Anteile auf eine KapG oder Genossenschaft,
2. Buchwerteinbringung,
3. Auflösung und Kapitalrückzahlung,
4. Buchwerteinbringung mit anschließender Anteilsveräußerung (Nr. 4 und 5),
5. Verlust der Ansässigkeitsvoraussetzungen,
so findet eine Versteuerung der stillen Reserven statt, wenn die Veräußerung innerhalb von sieben Zeitjahren nach der Einbringung erfolgt. Der Gesetzgeber gibt vor, dass die Versteuerung zurückbezogen wird auf den Einbringungszeitpunkt (Hinweis in § 22 Abs. 1 S. 2 UmwStG auf das rückwirkende Ereignis i. S. d. § 175 Abs. 1 S. 1 Nr. 2 AO). Der zu versteuernde Gewinn wird aufgeteilt in einen Gewinn nach § 16 EStG und in einen Gewinn nach den allgemeinen

---

201   S. hierzu auch *Maurer*, Teil C, Kap. III.
202   S. hierzu (und zur doppelten Buchwertverknüpfung) den BFH-Vorlage-Beschluss vom 07.03.2007, BStBl II 2007, 679: Ist (War) die doppelte Buchwertverknüpfung gemeinschaftswidrig?

Vorschriften des EStG. Die zeitliche Befristung von sieben Jahren hat aber auch noch zur Folge, dass der Gewinn i. S. d. § 16 EStG je nach Länge der Frist vermindert wird. Die Höhe des Einbringungsgewinns I ist wie folgt definiert:[203]

Gemeiner Wert		des eingebrachten BV zum steuerlichen Zeitpunkt der Einbringung
./.	Wert	der Kosten der Vermögensübertragung des Einbringenden
./.	Buchwert oder Zwischen- wert	mit dem die übernehmende Gesellschaft das eingebrachte BV der Sacheinlage tatsächlich auf Antrag angesetzt hat
=	Zwischensumme	
./.	1/7 der Zwischensumme	für jedes seit dem steuerlichen Zeitpunkt der Einbringung abgelau- fene Zeitjahr bis zum steuerlichen Zeitpunkt der Veräußerung bzw. dem Realisationszeitpunkt der gleichgestellten Ereignisse
=	Einbringungsgewinn I	
×	Prozentsatz	der nach § 22 Abs. 1 S. 1 und 6 UmwStG übertragenden Beteiligung im Verhältnis zu der bei der Einbringung erhaltenen Beteiligung
=	festzusetzender Einbringungsgewinn I	

Der festzusetzende Einbringungsgewinn I zählt zu den nachträglichen AK der erhaltenen Anteile.

Beispiel 9:

A (natürliche Person) bringt sein Einzelunternehmen in die bereits bestehende B&C GmbH ein. Die Einbringung, Einbringungszeitpunkt ist der 31.12.2019, erfolgt zu Buchwerten. Das Einzelunternehmen hat einen Buchwert am 31.12.2019 i. H. v. 300.000 € und einen gemeinen Wert von 1.350.000 €. A erhält von der B&C GmbH Anteile, deren AK 300.000 € betragen. Im März 2022 veräußert A die Anteile für 2.000.000 €. Bei der Einbringung sind dem Einzelunternehmer A 700 € an Kosten entstanden.

Lösung: Nach § 22 Abs. 1 UmwStG liegt hier eine schädliche Veräußerung vor. Es ist folgende Berechnung vorzunehmen:

Gemeiner Wert des eingebrachten BV		1.350.000 €
Kosten der Einbringung	./.	700 €
Buchwert	./.	300.000 €
Zwischensumme		1.049.300 €
abzüglich von je 1/7 für jedes abgelaufene Jahr – vom 31.12.2019 bis März 2022 sind zwei Zeitjahre abgelaufen = Abzug von 2/7	./.	299.800 €
Einbringungsgewinn I		749.500 €

Der Einbringungsgewinn I ist als Gewinn i. S. d. § 16 EStG zu versteuern und zwar nach § 22 Abs. 1 S. 1 UmwStG im Jahr 2018. Der Einbringungsgewinn I erhöht aber die AK der erhaltenen Anteile. Damit ergibt sich im Jahr 2021 folgende Berechnung:

Veräußerungspreis	2.000.000 €
abzüglich korrigierte AK	./. 1.049.500 €
Veräußerungsgewinn i. S. d. § 17 EStG	950.500 €

Dieser Veräußerungsgewinn unterliegt dem Teileinkünfteverfahren gem. § 3 Nr. 40 Buchst. a EStG.

---

203 Übernommen von *Patt* in *Dötsch/Pung/Möhlenbrock*, a. a. O., § 22 UmwStG, Tz. 54a.

Besonderheiten ergeben sich im Jahr der Veräußerung bei der Gesellschaft, die das Einzelunternehmen aufgenommen hat. Nach § 23 Abs. 2 UmwStG kann die Gesellschaft den Antrag stellen, dass der Einbringungsgewinn i. S. d. § 22 Abs. 1 S. 1 und 6 UmwStG im Jahr der Veräußerung als Erhöhungsbetrag bei sich berücksichtigt wird. Maßgebend ist allerdings, dass der Nachweis erbracht wird, dass die Steuer auf den ermittelten Einbringungsgewinn gezahlt worden ist.

Dötsch/Pung[204] setzen sich kritisch mit der praktischen Umsetzung der Vorschrift § 23 Abs. 2 UmwStG auseinander, besonders zur Frage der teilweisen Zahlung (z. B. Stundung) und der Änderung der Bilanzen bei den Gesellschaften (Zahlung erfolgt i. d. R. bis zu mehrere Jahre später). Ein weiteres Problem liegt darin begründet, dass die Umwandlungskosten den Einbringungsgewinn beeinflussen und damit bei der Aufstockung i. S. d. § 23 Abs. 2 UmwStG nicht berücksichtigt werden.

3.2   Veräußerungen von Anteilen aus einer Anteilseinbringung (§ 22 Abs. 2 UmwStG)

Neben den Veräußerungsvorgängen des § 22 Abs. 1 UmwStG hat der Gesetzgeber die Veräußerung von Anteilen an einer KapG, die i. R. einer Sacheinlage (§ 20 Abs. 1 UmwStG) oder durch Anteilstausch (§ 21 Abs. 1 UmwStG) eingebracht wurden, im § 22 Abs. 2 UmwStG gesondert geregelt (Einbringungsgewinn II). Veräußerer ist in diesen Fällen die aufnehmende KapG, aber die Besteuerung erfolgt rückwirkend zum steuerlichen Einbringungsstichtag beim Einbringenden. Folgendes Schema ist hier zu berücksichtigen[205]:

	Gemeiner Wert	der eingebrachten Anteile zum steuerlichen Zeitpunkt der Einbringung
./.	Wert	der Kosten der Vermögensübertragung
./.	Buchwert oder Zwischenwert	mit dem der Einbringende (ggf. abweichend vom Wertansatz der übernehmenden Gesellschaft) auf Antrag die erhaltenen Anteile tatsächlich bewertet hat
=	Zwischensumme	
./.	1/7 der Zwischensumme	für jedes seit dem steuerlichen Zeitpunkt der Einbringung abgelaufene Zeitjahr bis zum steuerlichen Zeitpunkt der Veräußerung bzw. dem Realisationszeitpunkt der gleichgestellten Ereignisse
=	Einbringungsgewinn II	
×	Prozentsatz	der nach §§ 20 Abs. 1 oder 21 Abs. 1 S. 2 UmwStG eingebrachten Beteiligung im Verhältnis zu den von der übernehmenden Gesellschaft veräußerten Anteilen
=	festzusetzender Einbringungsgewinn II	als Gewinn des Einbringenden aus der Veräußerung von Anteilen

---

Beispiel 10:

Die Anteile der F-GmbH wurden von dem G'fter K (natürliche Person) aufgrund einer Sacheinlage gem. § 20 Abs. 1 UmwStG zum 31.12.2019 erworben. Die Sacheinlage erfolgte zu Buchwerten gem. § 20 Abs. 2 S. 2 UmwStG. Der Buchwert des Einzelunternehmens betrug 300.000 € und der gemeine Wert im Zeitpunkt der Einbringung 1.000.000 €. Der G'fter K hält 60 % der Anteile an der F-GmbH nach der Einbringung. Zum 01.03.2021 bringt der G'fter K seine Anteile an der F-GmbH (Buchwert 300.000 €, gemei-

---

204   DB 2006, 2766.
205   Übernommen von *Patt* in *Dötsch/Pung/Möhlenbrock*, a. a. O., § 22 UmwStG, Tz. 78.

ner Wert 1.200.000 €) i. R. d. qualifizierten Anteilstausches (§ 21 Abs. 1 S. 2 UmwStG) in die M-GmbH ein und erhält von der M-GmbH Anteile von 40 %.

Die M-GmbH verkauft die Anteile an der F-GmbH am 25.10.2022 zu einem Verkaufspreis von 1.500.000 €.

Lösung: In der Literatur wird die Veräußerung von K kontrovers angesehen.[206] Handelt es sich nun hier schon bei der Weitereinbringung (Anteile an der F-GmbH in die M-GmbH) um einen schädlichen Vorgang i. S. d. § 22 Abs. 1 S. 1 – 5 UmwStG oder kommt hier der Ersatztatbestand des § 22 Abs. 1 S. 6 Nr. 2 UmwStG zum Tragen? Sollte Letzteres vorliegen, ist die Einbringung zu Buchwerten wieder unschädlich. Durch die Veräußerung der Anteile durch die M-GmbH wird ein Einbringungsgewinn I (§ 22 Abs. 1 S. 6 Nr. 4 UmwStG) und ein Einbringungsgewinn II (§ 22 Abs. 2 S. 1 UmwStG) ausgelöst. *Dötsch/Pung* gehen davon aus, dass der Einbringungsgewinn dabei vorrangig zu berechnen und berücksichtigen ist.[207]

Gemeiner Wert des eingebrachten BV zum Einbringungs-zeitpunkt		1.000.000 €
Kosten der Einbringung	./.	0 €
Buchwert	./.	300.000 €
Zwischensumme		700.000 €
abzüglich von je 1/7 für jedes abgelaufene Jahr – vom 31.12.2019 bis März 2021 ist ein Zeitjahr abgelaufen = Abzug von 1/7	./.	100.000 €
Einbringungsgewinn I		600.000 €

Dieser Einbringungsgewinn ist von K im Jahr 2019 als Gewinn i. S. d. § 16 EStG zu versteuern. Entrichtet K die Steuern, erhöhen sich dadurch die Wertansätze bei der aufnehmenden Gesellschaft (F-GmbH). Durch diese Erhöhung verändern sich auch die Wertansätze bei der M-GmbH für die Beteiligung an der F-GmbH um den Betrag von 600.000 €. Es erhöhen sich aber auch die AK des K an der M-GmbH um diesen Betrag, sodass seine AK an der M GmbH nunmehr 900.000 € betragen.

Bei der M-GmbH ist nunmehr der Einbringungsgewinn II zu ermitteln, jedoch unter Berücksichtigung der erhöhten Werte für die Beteiligung F-GmbH. Die Berechnung erfolgt im Jahr 2020 – Zeitpunkt der Einbringung in die M-GmbH.

Gemeiner Wert der eingebrachten Anteile zum Einbringungszeit-punkt		1.200.000 €
Kosten der Einbringung	./.	0 €
Buchwert – erhöht durch Einbringungsgewinn I	./.	900.000 €
Zwischensumme		300.000 €
abzüglich von je 1/7 für jedes abgelaufene Jahr vom 01.03.2021 bis Oktober 2022 ist ein Zeitjahr abgelaufen = Abzug von 1/7	./.	42.857 €
Einbringungsgewinn II		257.143 €

Dieser Einbringungsgewinn II ist von dem G'fter K im Jahr 2021 zu versteuern, allerdings jetzt als Gewinn i. S. d. § 17 EStG. Das Teileinkünfteverfahren findet hier Anwendung (§ 3 Nr. 40 Buchst. a EStG). Dadurch erhöhen sich bei K die AK an der M-GmbH (§ 22 Abs. 2 S. 4 UmwStG). Diese betragen nunmehr 1.157.143 € (Buchwert von 300.000 € + Einbringungsgewinn I 600.000 € + Einbringungsgewinn II 257.143 €).

Durch den Einbringungsgewinn II erhöhen sich wieder die AK der Beteiligung an der F-GmbH bei der M-GmbH, wenn die Steuer von K entrichtet wurde und darüber der Nachweis geführt wurde –

---

206 S. *Patt* in *Dötsch/Pung/Möhlenbrock*, a. a. O., § 22 UmwStG, Tz. 15 ff.; *Dötsch/Pung*, DB 2006, Heft 51/52, 2766 f.
207 *Dötsch/Pung*, DB 2006, 2766.

§ 23 Abs. 2 S. 3 UmwStG. Danach sind jetzt bei der M-GmbH folgende Buchwerte für die Beteiligung an der F-GmbH zu berücksichtigen:

Einbringung zu Buchwerten	300.000 €
Einbringungsgewinn I	600.000 €
Einbringungsgewinn II	257.143 €
neuer Buchwert	1.157.143 €

Der Veräußerungsvorgang bei der M-GmbH führt bei ihr zu weiteren steuerlichen Konsequenzen:

Veräußerungspreis 2021	1.500.000 €
neuer Buchwert	1.157.143 €
Veräußerungsgewinn	342.857 €
steuerfrei gem. § 8b Abs. 2 KStG	./. 342.857 €
nicht abziehbare Betriebsausgaben gem. § 8b Abs. 3 KStG = 5 %	17.142 €

Die Versteuerung bei der M GmbH ist jedoch abhängig von der Vorlage der Bescheinigung von K, dass er die Steuern auf die Einbringungsgewinne auch gezahlt hat. Liegt diese nicht vor, ist der von der M-GmbH zu versteuernde Anteil höher.

3.3   Nachweispflicht über das Halten von Anteilen

In § 22 Abs. 3 UmwStG wurde eine besondere jährliche Nachweispflicht aufgenommen. Danach haben die G'fter oder ihre Rechtsnachfolger innerhalb der Siebenjahresfrist den Verbleib der Anteile jeweils bis zum 31.05. eines Jahres beim FA nachzuweisen. Nach dem Gesetzeswortlaut handelt es sich hier m. E. um eine Ausschlussfrist. Sollte der Nachweis nicht erbracht werden, gilt die Fiktion der Veräußerung und zwar rückwirkend zum Einbringungszeitpunkt (Tz. 22.28 bis 22.33 UE 2011). Die nachträgliche Erbringung des Nachweises soll jedoch nach Auffassung der FinVerw dann berücksichtigt werden können, wenn verfahrensrechtlich eine Änderung der betroffenen Bescheide möglich ist (Tz. 22.33 UE 2011).

3.4   Rechtsfolgen bei der übernehmenden Gesellschaft

Die Auswirkungen bei der übernehmenden Gesellschaft werden in § 23 UmwStG geregelt. Die Vorschrift ist wie folgt aufgebaut[208]:

Abs. 1	Gewinnermittlung im Fall der Übernahme des Vermögens nach dem Buchwert
Abs. 2	Erhöhung der Ansätze (Buchwerte) des übernommenen Vermögens, wenn und soweit der Einbringende einen Einbringungsgewinn nachträglich versteuert
Abs. 3	Gewinnermittlung im Fall der Übernahme des Vermögens mit einem Zwischenwert und (weitere) Behandlung der nachträglichen Wertaufstockung
Abs. 4	Gewinnermittlung im Fall der Übernahme des Vermögens mit dem gemeinen Wert (differenziert nach Einbringung durch Einzelübertragung oder Gesamtrechtsnachfolge)
Abs. 5	Abzug eines vortragsfähigen Fehlbetrags im eingebrachten Betriebsvermögen bei der GewSt der Übernehmerin (Sperrung eines Gewerbeverlustes)
Abs. 6	Verteilung eines Einbringungsfolgegewinns auf vier Wirtschaftsjahre durch entsprechende Rücklagenbildung und rückwirkender Verlust der Steuervergünstigung in bestimmten Fällen

---

208 Entnommen von *Patt* in *Dötsch/Pung/Möhlenbrock*, a. a. O., § 23 UmwStG, Tz. 4.

Entstehen durch die Einbringung Kosten, sind diese nach dem objektiven Veranlassungsprinzip dem Einbringenden und der aufnehmenden KapG zuzurechnen – hier besteht kein Zuordnungswahlrecht.

Durch die Einbringung können auch objektbezogene Kosten entstehen (GrESt), die nicht als Betriebsausgaben sofort in Abzug gebracht werden können.[209] Sie sind als Anschaffungsnebenkosten zu aktivieren.

Für die KapG, die durch die Einbringung neu entsteht, ist für das Einlagekonto i. S. d. § 27 KStG erstmals zum Schluss des Gründungsjahres eine Feststellung vorzunehmen.[210]

209   S. UE 2011, Tz. 23.01.
210   BMF vom 04.06.2003, BStBl I 2003, 366.

VII Formwechsel

Hinsichtlich des Formwechsels ergeben sich aus steuerlicher Sicht keine weiteren Besonderheiten gegenüber der Verschmelzung oder der Einbringung. Wird eine KapG formwechselnd in eine PersG umgewandelt, gelten gem. §9 UmwStG die gleichen Regelungen, wie bei der Verschmelzung von der KapG auf die PersG.

Da handelsrechtlich bei einem Formwechsel i.d.R. keine Bilanzen zum Übertragungsstichtag erstellt werden dürfen, besteht steuerlich die Pflicht, nach §9 S.2 UmwStG für den »übertragenden« Rechtsträger eine Übertragungsbilanz und für die PersG eine EB zu erstellen – und zwar auf denselben Stichtag.

Wird eine PersG formwechselnd umgewandelt in eine KapG, sind die entsprechenden Regelungen in §25 UmwStG aufgeführt. Diesbezüglich gelten die Vorschriften des achten Teils des UmwStG – somit also die §§20 ff. UmwStG. Auch in diesem Fall muss von der übertragenden Gesellschaft zum steuerlichen Übertragungsstichtag eine StB aufgestellt werden – §25 S.2 UmwStG. Im neuen Umwandlungssteuererlass wird in Tz. 25.01 2011 ausgeführt, dass die Tz. 20.01–23.21 UE 2011 entsprechend auch für den Formwechsel gelten. Die frühere Auffassung der Verwaltung, dass bei einem Formwechsel nur die Buchwerte angesetzt werden können (Tz. 20.30 UE i.d.F. vom 25.03.1998), wird nach der jetzigen Verwaltungsregelung nicht mehr so gesehen.

Stichwortverzeichnis